《故宫珍本丛刊》精选整理本丛书·经部

日讲春秋解义

（上册）

清康熙内府刻本
（清）库勒纳等撰
田洪整理注释

海南出版社

图书在版编目(CIP)数据

日讲春秋解义/田洪整理注释.—海口：海南出版社，2013.9
(《故宫珍本丛刊》精选整理本丛书)
ISBN 978-7-5443-4988-8

Ⅰ.①日… Ⅱ.①田… Ⅲ.①中国历史—春秋时代—编年体 ②《春秋》—研究 Ⅳ.①K225.04

中国版本图书馆 CIP 数据核字(2013)第 065227 号

日讲春秋解义

海南出版社出版发行
地　　址：海口市金盘开发区建设三横路 2 号
邮　　编：570216
网　　址：http://www.hncbs.cn
电　　话：0898-66822380；13976008648
责任编辑：李升召　熊　果
经　　销：全国新华书店
印　　刷：长沙市宏发印刷有限公司
出版日期：2013 年 9 月第 1 版　2013 年 9 月第 1 次印刷
开　　本：880mm×1230mm　1/32
印　　张：14.5+15+16
字　　数：1060 千字
书　　号：ISBN 978-7-5443-4988-8
定　　价：99.80 元

目　录

序:对儒家的再认识

首先解释一下什么是儒家,什么是儒家思想的主要内容或主要特点。关于这个问题,我国学术界的认识基本上是一致的,没有什么原则分歧。以《中国大百科全书》的阐述为例:“儒家”是“中国春秋末期孔子创立的学派。”“儒家文化”是“中国传统文化的核心”。“儒家的特点是‘以六艺为法’,‘列君臣父子之礼,序夫妇长幼之别’。‘游文于六经之中,留意于仁义之际,祖述尧舜,宪章文武,宗师仲尼,以重其言。’即宗师孔子,视其言行为最高准则;以《诗》、《书》、《礼》、《乐》、《易》、《春秋》为经典;提倡仁义,作为行为准则;维护君臣、父子、夫妇、兄弟等伦常关系。”(均见2009年版《中国大百科全书》“儒家”条)

儒家自创立至今两千多年来,“尊孔”和“批孔”的争论和斗争一直绵延不断;尤其是自清末民初“新文化运动”提出“打倒孔家店”以来,一直到“文化大革命”的“破四旧”、“批林批孔”运动,恐怕是我国历史上儒家思想受到最严重打击的、且持续时间最长的时代。如今,拨乱反正、改革开放已进行了三十馀年,我国政治体制改革稳步推进,经济建设高速发展,人民生活水平极大提高,中共十六届六中全会做出了“构建社会主义和谐社会”的决定,中共十七大报告和十八大报告又分别发出了“弘扬中华文化,建设中华民族共有家园”和“建设优秀传统文化传承体系,弘扬中华优秀传统文化”的号召,民间更出现了学习传统文化的热潮(到书店去看看经、史、子、集各类古籍的影印本和新排本、注释本即可证明)。

二十多年以来,我有幸接触了一些传统文化,粗浅地体会到我国传统文化的博大精深,这使我常常不由自主地想到百馀年来以儒家为代表的我国传统文化所受到的种种激烈的批判。现在看来,那些批判有不少是过分的,甚至是错误的。恰逢海南出版社准备出版《日讲书经解义》等一系列儒家经典,该书责任编辑认为反思那一段历史对今天弘扬我国传统文化是很有必要的,于是我就将平常思考的一些心得体会敷衍成了此文。

在汉武帝之前,儒家不过是百家争鸣中的一家,并没有像法家一样,得到过当时政权的重视,甚至还受到过秦始皇焚书坑儒的巨大迫害;及至汉武帝采纳董仲舒的对策,罢黜百家、独尊儒术之后,儒家才和政权开始紧密结合在一起。从此以后,直至清朝最后一个皇帝被推翻,绝大多数皇帝都把儒家思想奉为治国安民的法宝。

儒家思想在我国历史上之所以享有这么崇高的政治、学术地位,其原因是很好理解的。因为每一位皇帝都希望自己所统治的国家和社会是稳定的、有秩序的,而儒家思想恰恰可以为这一目的服务。儒家"提倡仁义","维护君臣、父子、夫妇、兄弟等伦常关系"的基本伦理道德原则,正是保证一个国家和社会稳定并有秩序的前提和基础。

从反面来看,凡是企图造反推翻当时政权的,首先就必须反对儒家思想。这一点也是很好理解的。因为,如果遵从"君君、臣臣、父父、子子"的伦常原则,那还怎么"造反"? 太平军就大举焚毁过孔庙和儒家经典。在"文化大革命"的"批林批孔"运动中正式出版过多种《历史上劳动人民的反孔斗争》的小册子,其中介绍了历史上很多反孔的故事,有兴趣的读者不妨查阅。

不过,历史上的反孔斗争都是暂时的,一旦推翻了旧皇朝,新皇朝建立后,必然又要回到尊孔的立场上来。

应当特别指出的是,"五四运动"前后掀起的"新文化运动"却远不止是要批判儒家思想,而是基本上全盘否定了我国传统文化。

胡适先生在《信心与反省》一文中写道:“使人明白我们的固有文化实在是很贫乏的,谈不到‘太丰富’的梦话……在二千多年前,我们在科学上早已太落后了!(少年爱国的人何不试拿《墨子》‘经上篇’里的三五条几何学界说来比较‘几何原本’?)从此以后,我们所有的,欧洲也都有;我们所没有的,人家所独有的,人家都比我们强。”

胡适先生还在《介绍我自己的思想》一文中写道:“我们必须承认我们自己百事不如人,不但物质机械上不如人,不但政治制度不如人,并且道德不如人,知识不如人,文学不如人,艺术不如人,身体不如人。”

“新文化运动”不但全盘否定了传统文化,还提出应废止汉字,废除中医等极端主张,鲁迅先生甚至还说过“汉字不灭,中国必亡”!海南出版社近期出版了一本《问孔》的书,该书收入了29篇文章,均是“五四”先贤们当年发表的批孔的文章,有兴趣的读者可找来一阅。

那么,“新文化运动”为什么要全盘否定传统文化呢?现在有不少文章从各个角度对这个问题进行了研究分析,甚至追溯到是受了日本明治维新时代文化领袖福泽谕吉全盘否定中国传统文化思想的影响。我认为,最基本的原因其实很简单,自清中叶以来,日本逐渐强大,而我国却屡遭外侮,割地赔款,几近亡国。因此,为了救亡图存,迅速改变落后挨打的局面,中华民族愿意承担一切牺牲,这种共识成为当时那个时代民族思想文化的主旋律,就是必然的了。

如果仅仅是面对外国侵略者的船坚炮利、奇技淫巧,我想,我们的“五四”先贤们不至于会提出全盘否定我国传统文化的主张。我国历史上曾多次遭受外族金戈铁马的入侵或骚扰,但在多数情况下都通过厉兵秣马将入侵者赶跑(如汉唐);尽管有几次亡国,最终结果却都是入侵民族被同化了,成了中华民族大家庭中的一员。这其中的原因也很简单,因为相对于当时入侵民族的文化来说,中华文化太先进了,太根深叶茂了。“国”虽亡了,中华民族对自己的文化从来没有丧失过信心,只要文化不被消灭,民族就不会灭亡,国家也就不会灭亡。

可是近现代的入侵者与之前历史上的入侵者不一样,他们都是代表近现代“文明”的国家,这种“文明”不但表现在船坚炮利的科学技术上,更表现在国家政治的民主上。当西方民主国家已经进入全体公民普选国家领导人的时代,我国却还在三拜九叩,山呼“吾皇万岁、万岁、万万岁”!这种强烈对比的反差,使我国当时那些先知先觉、以救国救民为己任的先贤们无不感到痛心疾首,自惭形秽。经过对比、反思,他们把我国落后的原因全部归结到传统文化头上,对我国传统文化完全失去了信心,于是就有了全盘否定传统文化、提倡全盘西化的主张,于是就有了“新文化运动”。

“新文化运动”影响最深远的除了“白话文运动”外,恐怕就是竖起了两面旗帜:民主(德先生)和科学(赛先生)。这两面旗帜今天仍有广泛深入的影响,并且对其不乏有一些片面的认识,因此下面有必要对这两位“先生”进行一点粗浅的分析。我不是研究政治学的,也不是研究科学(此处指自然科学)的,所以下面只能从基本常识的层面上进行讨论。如果某种认识或理论在常识层面上都有问题,那就真应当认真加以考虑了。

先说“民主”。

与“民主”相对的概念是“专制”或“独裁”。这两个概念原本专指国家的政治制度,现在这两个概念的应用范围已非常宽泛,还常用于描述管理和领导的方式或作风。大概由于我国人民长期深受专制制度的苦难,现在一般群众都将“民主”看作是一个绝对的褒义词,而将“专制”看作是一个绝对的贬义词。

那么,究竟应当如何认识“民主”和“专制”之间的关系呢?下面想模仿邓小平同志阐明“计划经济”和“市场经济”之间关系的那一段名言的句式,来表述二者之间的关系。

民主多一点还是专制多一点,不是社会主义与资本主义的本质区别。民主方式不等于社会主义,资本主义也有民主;专制方式不等于资本主义,社会主义也有专制;民主和专制都是政治(管理)手段。

我相信,像这样来表述“民主”和“专制”之间的关系,也应当是正确的。其实,不管是“市场经济”还是“计划经济”,也不管是“民主”还是“专制”,作为一种管理手段,都是古已有之,只是在“左”倾思想盛行的时代,才给他们都贴上了“阶级性”的政治标签。

既然“民主”和“专制”只是一种管理方式或手段,因此其本身并没有褒贬好坏的区别。“民主”并不能保证每一次决策都是正确的,“专制”也不一定每一次决策都是错误的;“民主”的决策过程往往效率较低,“专制”的决策过程往往效率较高;“民主”决策的错误往往较容易得到纠正,“专制”决策的错误往往较难得到纠正;等等。“民主”和“专制”都应该使用在适当的地方,例如,社会的管理,民主的手段应当多一点,而军队的管理,专制的手段必然会多一点。

这儿还想介绍国外关于“民主”研究的一个有趣的成果——阿罗不可能定理(Arrow′s impossibility theorem)。按照我们通常的认识,只要遵守民主投票的规则,总是能够推选出多数人满意的人选或做出多数人满意的决策的。可是阿罗却用严格数理逻辑的推理证明,当至少有三名候选人和两位选民时,这是不可能的;除非存在能够仅凭个人意愿就决定选举结果的独裁者,而这个前提又与举行民主投票的出发点是相悖的。该项研究成果获得了1972年诺贝尔经济学奖。

关于"民主",还有一个问题应当指出来。通常人们都把全民普选国家领导人看作是某个国家民主实现程度的标尺,我认为这也有值得探讨的地方。在一个几十万、几百万人口的国家实行普选,与在一个几千万人口、甚至几亿人口的国家实行普选,其操作难度和经济成本(总成本和平均成本)相差恐怕都是很大的,其结果的可信度相差恐怕也是很大的,遗憾的是,至今未见有这方面的比较研究成果公布(也许笔者孤陋寡闻)。

下面再说"科学"。

什么是科学?《现代汉语词典》的定义是:"反映自然、社会、思维等的客观规律的分科的知识体系。"(《现代汉语词典》第5版"科学"条)《辞海》的定义是:"运用范畴、定理、定律等思维形式反映现实世界各种现象的本质和规律的知识体系。"(1999年版《辞海》"科学"条)

"科学"既然只是一个"知识体系",那么他仅能保证其内部是自洽的,即内部是不自相矛盾的,而不能保证其应用结果是"好"的。事实上,科学技术成果的应用给人类带来巨大好处的同时,也常常给人类和大自然带来巨大的危害。

例如滴滴涕,上世纪中叶在预防疟疾、痢疾等人类传染病,以及在防治农作物病虫害方面发挥过极大的作用;后来发现滴滴涕很难自然降解而在动物体内富集,甚至南极的企鹅血液中也检测出了滴滴涕;到70年代,已基本停止使用。类似这样的科学发明数不胜数,再如现在仍广泛使用于生产和生活中的各类塑料制品,风靡全世界的食品添加剂氢化油,等等。

又如核能发电,半个世纪以来核能发电给人类创造的财富,不知道能不能弥补几次重大核灾难给人类带来的经济损失,更不用说核灾难还给人类生命造成了巨大的摧残。

上面所举事例可清楚表明,“科学”作为一个“知识体系”,确实不能保证其应用结果是“好”的;甚至,有时科研成果的应用所带来的问题比他所解决的问题更多、更严重。尤其糟糕的是,科研成果应用所解决的问题和带来的好处多是当时就能显现出来的,而他所带来的问题或所造成的危害往往要过很多年后才被人们逐步发现。看来,一项科研成果能不能应用、推广,人类应当采取更加谨慎的态度。

以上用了不少篇幅来讨论关于“民主”和“科学”的问题,这是为什么呢?因为自“五四运动”前后以来,以儒家思想为代表的我国传统文化受到激烈批判的力量,我认为主要就来自“民主”和“科学”这两位“先生”。直到今天,在很多人心目中,这两位“先生”仍具有某种“神圣”和“绝对”的意义。因此,如果今天我们不指出这两位“先生”的某些局限性,那就难以弘扬以儒家为核心的优秀的传统文化。

这里应当特别说明一点,本文指出“民主”和“科学”有某种局限性,并不是说“民主”和“科学”在我国已经很先进了,不需要再进一步发展了,而只是说对“民主”和“科学”不应当有盲目崇拜的心理。

目前,我国正在致力于构建社会主义和谐社会,我认为和谐社会包括两方面的“和谐”,一是人与人的和谐,或者说是人与社会的和谐,二是人与自然的和谐。“德先生”属于人与社会和谐的范畴,“赛先生”则属于人与自然和谐的范畴。从我国传统文化的角度看,儒家更多的是关注人与人的和谐,而道家则主张人应“无为”、“不争”、效法自然的和谐。下面将谈谈今天应当怎样从总体上认识儒家的问题;至于今天应当怎样认识道家的问题,则在今后海南出版社出版道家著作时再说。

儒家文化,或儒家思想在我国已发展了两千多年,早已形成了一个复杂庞大的体系,从孔子的“君君、臣臣、父父、子子”,到汉代董仲舒的“君要臣死,臣不得不死,父要子亡,子不得不亡”;再到宋代程朱理学“存天理,灭人欲”,“饿死事极小,失节事极大”;儒家学说的这种发展脉络,肯定有其内在文化思想上的一致性、逻辑性,可是,我们今天应当一股脑都“弘扬”吗?显然不应当。就是孔子活到今天,也未必会赞同董仲舒和程朱理学的这些观点。看来,我们继承儒家思想,恐怕要回到孔子那里去,正本清源。

孔子生活在我国两千多年前的春秋末期,当时礼崩乐坏,诸侯争霸,数百年征战不已,兵荒马乱,苛政猛于虎,民不聊生。孔子的儒家思想正是针对这一动乱的社会状况而提出的一整套治国安民的思想理论体系。然而,当时并没有得到实施;直到三个半世纪后才被汉武帝采纳作为治国理念,之后又逐渐为广大人民群众所接受,并深入人心,成为了“中华民族的民族心理、思维方式和生活习惯”(见《中国大百科全书》“儒家”条)。人类历史上,还没有任何一种别的治国理念(如民主和法治),像儒家思想一样,将“修身、齐家、治国、平天下”完美地结合起来,在中国这样辽阔的国度里、众多的人口中进行了近两千年的实践,成功的实践。

回顾近两百年以来的世界历史,不是很像两千多年前我国的春秋战国时期吗?面对这一动乱的世界格局,西方发达国家除了热衷于玩“合纵连横”的战略游戏之外,他们最主要的思想理论武器就是民主和法治。然而近两百年过去了,世界局面并没有根本好转,战争和动乱从未停歇;近二十年来,又加上有组织的和无组织的恐怖活动猖獗,使全世界大多数国家和人民不得安宁。即便在那些民主和法制都非常健全的国家内部,抢劫、杀人、经济犯罪等社会问题也仍然层出不穷。

历史和现实表明,单靠民主和法制是不足以建立和维护一个和谐社会的,本文不拟从理论上来讨论其中的原因,而只拟指出以下两点。

第一,“民主法治”只是和谐社会应该包含的内容之一。根据儒家思想,“民主法治”属于“形而下”的“器”的范畴,并不能作为构建和谐社会的人们的根本思想基础;相反,属于“形而上”范畴的“仁”、“德”等儒家思想却恰恰堪当此任。

第二,我国法家的兴衰史也能说明这一点。法家是我国春秋战国时期产生并发展起来的一个学派,其思想核心是改周朝以“礼”治国而为以“法”治国;法家帮助秦统一了六国,建立了中央集权的封建国家,并成为秦王朝的统治思想,但是秦二世而亡;西汉初年,废除了秦朝的严刑峻法,采用“黄老之学”作为治国指导思想,法家学派逐渐消失,但其法治思想后来被董仲舒等儒家吸收,形成了“德主刑辅”的治国理念,正是儒家的这一整套治国理念,从根本上、从总体上维护了中华民族大家庭两千年的长治久安。今天我们千万不要忘记了这一基本历史事实。

关于弘扬儒家传统文化,我认为,最重要的问题就是,我们今天究竟应当弘扬儒家文化中哪些具体内容呢?胡锦涛同志在十七大报告中提出了一条基本原则:“要全面认识祖国传统文化,取其精华,去其糟粕,使之与当代社会相适应,与现代文明相协调,保持民族性,体现时代性。”因此,上述这个最重要的问题还可表述为,在弘扬儒家文化时,究竟应该怎样贯彻这些基本原则呢?这是一个非常大的问题,是需要写专著来研究讨论的问题,本文就不涉及了。

最后还有一个问题应当说明。对传统文化要“取其精华,去其糟粕”，前提当然必须对其有一个“全面认识”，而要有“全面认识”，首先又必须有一套较好的读本。通过比较，我认为北京故宫珍藏的《日讲易经解义》、《日讲书经解义》等一系列儒家经典堪称最佳。这一套书是康熙皇帝“特命”翰林院经筵日讲官“取汉宋以来诸家之说，荟萃折中”撰写而成，以作为“日以进讲”（康熙《御制〈日讲书经解义〉序》中语）的课本。该套书解释精当，刻印精美，且从未见整理出版过，这次海南出版社将其改成简化字横排，并加标点、注释出版，奉献广大读者，应当是对弘扬中华传统文化所做的一大贡献。

易潇

2011年8月于海口

附注 笔者认为《易经》不应止算作儒家经典，其理由叙述在海南出版社同时出版的《日讲易经解义》书前《序：〈周易〉是什么书》一文中，有兴趣的读者可参阅。

圣祖仁皇帝御制
《日讲春秋解义》序

朕惟《春秋》者，帝王经世[1]之大法，史外传心[2]之要典也。大义炳若日星，而褒贬笔削[3]，微显婉章[4]，非后世所能窥至。其立法谨严，宅心[5]一本忠恕，因善恶是非而施予夺焉。有正例，有变例；有事同而辞异，有事异而辞同。一人之身，前后不相掩；一人之事，功过不妨殊。如化工[6]之肖物，随类付形，未尝有所容心[7]於其间。后之说经者，或穿凿深文[8]，或附会失实，固难悉当圣人之心。

注释 ①经世：治理世事。②传心：指儒家的道统传授。③笔削：此处指对诗文等删改订正。笔，书写；削：删改。④微显婉章：微：精深，奥妙；婉：曲折，委婉。"《春秋》之称，微而显，志而晦，婉而成章。"(《左传·成公十四年》)⑤宅心：存于心中；放在心上；用心。《书·康诰》："宅心知训"。"孔颖达疏："居之于心。"⑥化工：指自然的造化者。汉代贾谊《鹏(fú)鸟赋》："且夫天地为炉兮，造化为工。"⑦容心：犹言留心，在意。⑧深文：指制定或援用法律条文苛细严峻；或指苛刻的文字及含义深的文辞。出自清·汪琬《〈东都事略〉跋序》："此皆当国者深文罗织，不足为据。"

左氏[①]亲见圣人，公羊[②]、穀梁及门子夏[③]，犹彼此抵牾[④]，踳驳[⑤]互见，何况去圣人日远，纷纭探索，如汉唐以下，董仲舒[⑥]、赵匡[⑦]、啖助诸家乎[⑧]？惟宋康侯胡氏[⑨]，潜心二十年，事本《左氏》，义取《公》、《穀》，萃[⑩]诸家之长，勒[⑪]成一家之书，虽持论过激，抉隐[⑫]太严，未必当日圣心皆然，要其本三纲[⑬]，奉九法[⑭]，明王道[⑮]，正人心，於《春秋》大旨，十常得其六七，较之汉唐以后诸家优矣。

注释　①左氏：指左丘明（约公元前 502 年—约前 422 年），春秋末期史学家。鲁国人。姓丘名明，因其父任左史官，故称左丘明。曾任鲁太史，与孔子同时或略早于孔子。双目失明，故后人亦称盲左。相传曾著《春秋左氏传》。②公羊：指公羊高，旧题《春秋公羊传》的作者。战国时齐国人。相传是子夏的弟子。③穀梁：指穀梁俶（亦名穀梁赤，字元始），《穀梁传》作者。《穀梁传》是《穀梁春秋》、《春秋穀梁传》的简称，是为《春秋》作注解所著，为儒家经典之一。传说孔子的弟子子夏将这部书的内容口头传给穀梁俶，穀梁俶将它写成书记录下来，但实际上这部书的口头传说虽然早已有了，但其成书时间是在西汉。及门：指登门受业。④抵牾（dǐ wǔ）：也作“抵忤”、“抵梧”、“牴牾”。指矛盾；冲突。⑤踳（chǔn）驳：音蠢帛；庞杂，驳杂。⑥董仲舒（公元前 179—前 104 年），是西汉一位与时俱进的思想家，儒学家，西汉时期著名的唯心主义哲学家和今文经学大师。他把儒家的伦理思想概括为“三纲五常”，其教育思想和“大一统”、“天人感应”理论，为后世封建统治者提供了统治的理论基础。⑦赵匡:生卒年不详。唐经学家,字伯循。师从啖助,啖助以治《春秋》著名于世。赵匡曾补订啖助所撰《春秋集传》和《春秋统例》,并自撰《春秋阐微纂类义疏》。其遗说保存在陆淳《春秋集传纂例》中。⑧啖助(724—770年),字叔佐,唐赵州(州治在今河北赵县)人,后迁居关中。唐代儒家学者,经学家。⑨宋康侯胡氏:指胡安国,南宋(1074—1138年),著名经学家和湖湘学派的创始人之一。字康侯,号青山,学者称武夷先生,后世称胡文定公。早年拜程颢、程颐弟子杨时为师,研究性命之学。在理学发展史上居于承上启下的地位。《春秋传》为其传世之作。⑩萃:聚集。⑪勒:编纂⑫抉隐:抉,挑出,挖出;隐,隐秘。"抉隐"意为挖掘隐秘,常见于文目中。比如《近世中国学术思想抉隐》、佛家的《心经抉隐》等。⑬三纲:指"王道三纲",即:君为臣纲,父为子纲,夫为妻纲。⑭九法:原指周治理邦国的九种措施。《周礼·夏官·大司马》:"大司马之职,掌建邦国之九法,以佐王平邦国:制畿封国,以正邦国;设仪辨位,以等邦国;进贤兴功,以作邦国;建牧立监,以维邦国;制军诘禁,以纠邦国;施贡分职,以任邦国;简稽乡民,以用邦国;均守平则,以安邦国;以小事大,以和邦国。"后泛指治理天下的各种大法。唐代韩愈《与孟省书书》:"杨墨交乱,而圣贤之道不明,则三纲沦而九法斁(斁dù,败坏。),礼乐崩而夷狄横。"⑮王道:儒家提出的一种以仁义治天下的政治主张。与霸道相对。《史记·十二诸侯年表》:"孔子明王道,干七十馀君,莫能用。"

朕万几之暇[①],研精六经[②],窃有慨於《春秋》[③],经圣人手定,其衮钺本乎王章[④],刑赏原於忠厚,义例虽繁,而其明白正大之旨[⑤],必不如后之说经者，委折碎细若此。爰命儒臣，撰集进讲。大约以胡氏为宗，而去其论之太甚者，无传经文[6]，则博采诸儒论注以补之，朕亦时有所折衷，期归於一。编辑成书，朝夕省览，亦欲俾学者有所遵守[7]。其於经世大法，传心要典，未必无少助云尔。

注释 ①几：事务。特指政务。后作“机”。如：安帝始亲万几。（《后汉书·蔡伦传》）②六经：指《诗》、《书》、《易》、《礼》、《春秋》、《乐》六种儒家经典；若去掉《乐》，则称五经。③窃：私下，私自。多用谦辞。④衮钺：指褒贬。古代赐衮衣以示嘉奖，给斧钺以示惩罚，故云。明代张居正《拟唐回鹘率众内附贺表》：“衮钺中严於笔削，丝纶下逮於兜离。”⑤明白：清楚；明确。正大：弘正极大。《易·大壮》：“正大，而天地之情可见矣。”⑥传：去声，解释经典的著作。⑦俾：使。

御制《日讲春秋解义》序

尝考《春秋》经文不过万有六千三百馀言，自三传[①]以后，群儒义疏[②]累数千万言，而微词[③]隐义之难明者，犹十有六七。盖是经乃孔子所手定也，辞约而义深。圣心之所运用，每举一事，其义必贯於全经。非若他经一章一节各指一事，虽有不通而不害其可通者。故程[④]、朱[⑤]二子深探力索，久之皆见，谓难明而止。至明初，胡氏安国之说遂独列於学官[⑥]，以朱子深病是经之难通，而教门人姑从胡氏之说也。然谓其以义理穿凿[⑦]，则非义理之真，而於圣人笔削之旨未能吻合，明矣。故自明以来，虽著功令科举之士禀为程式，而终不足以服学者之心。

我圣祖仁皇帝聪明天亶，自少时即笃好经书，及躬揽大政，辨色出视朝[⑧]，裁决万几甫毕，即召儒臣讲论经义，务抉其根源，参伍[⑨]群言，以求至当。经筵[⑩]所进"日讲《四书》及《尚书》、《周易》解义"，皆裁自圣心以为无憾者，故即时刊布。及晚年，以明初《五经大全》收采讨论，尚未精详，口授指画[⑪]，成《周易折中》一书。

《诗》、《书》、《春秋》,则命重臣开馆编次,而亲厘定之。惟《三礼》[12]体大,未议纂修,盖有待也。《周易折中》成於康熙五十四年,《春秋传说汇纂》成于六十年,已经颁布。

余二经则至我皇考继序之后,始次第告成。皇考大孝尊亲,凡皇祖一言一动,莫不敬述,以昭示来兹。

念钦定《春秋》于胡氏之说,既多驳正[13],则廷臣当日所进讲义,一遵胡氏之旧者,於圣心自多未洽[14],是以迟之,又久未尝宣布,必将俟诸经备成,而后重加讨论也。故再降谕旨,命果亲王允礼、大学士张廷玉、内阁学士方苞详细校订,始事於雍正七年,恭呈御览者再,而后告成,凡六十四卷。乾隆二年鋟版既讫,诸臣请制序文,颁示海内。朕反复循览,於胡氏穿凿之说旷若发蒙[15],笔削之旨阐明者亦过半焉。夫解义之成,盖数十年於兹矣!

观皇祖之久不宣布,可以徵望道未见[16]之心。

观皇考之再三考订而后命刊,可以知善继善述[17]之义。岂惟是经之窔突[18]将由是以开通哉,即两朝圣人之心法治法,亦於斯可睹矣!

乾隆丁巳[19]仲春月。

注释 ①《三传》:指《春秋》三传,即《春秋左传》、《春秋公羊传》和《春秋穀梁传》。②义疏:注解经典的书。③微词:也作微辞,隐含讽喻与批评的言辞。④程:指程颢(hào)、程颐。程颢北宋(1032—1085年)人,字伯淳,人称明道先生,原籍河南洛阳,生于湖北黄陂县。宋代大儒,理学家、教育家,封"先贤",奉祀孔庙东庑第38位。与程颐为同胞兄弟,世称"二程"。"二程"早年受学于理学创始人周敦颐,宋神宗赵顼时,建立起自己的理学体系。⑤朱:指朱熹,南宋(1130.9.15—1200.3.9)字元晦,一字仲晦,号晦庵、晦翁、考亭先生、云谷老人、沧洲病叟、逆翁。汉族,徽州婺源(今属江西省婺源县)人。19岁进士及第,曾任荆湖南路安抚使,仕至宝文阁待制。为政期间,申敕令,惩奸吏,治绩显赫。南宋著名的理学家,思想家,哲学家,教育家,诗人。闽学派的代表人物,世称朱子,是孔子、孟子以来最杰出的弘扬儒学的大师。⑥学官:指学校。汉代桓宽《盐铁论·散不足》:"皇帝建学官,亲近忠良,欲以绝怪恶之端。"⑦义理:指言论、文章的内容和道理。也指讲求经义、探求名理的学问。后称宋以来的理学为义理之学,简称义理。穿凿:牵强解释。如:以意穿凿,各取一切。(《汉书·礼乐志》)⑧天亶(dǎn):指聪明出于天性然也。辨色:指黎明。视朝:临朝听政。⑨参伍:分辩和判断双方所陈述的言论是否属实;错综比验。《韩非》曰:"省同异之之言,以知朋党之分,偶参伍之验,以责陈言之实。"⑩经筵:古代帝王为研读经史而特设的御前讲席,始建于汉代,至宋代始称"经筵",清代又设"日讲起居注官",皆由翰林院官员充任。⑪指画:指点,规划。⑫《三礼》:三礼之名始于东汉郑玄,指《周礼》、《仪礼》和《礼记》。"三礼"之学是中国古代礼乐文化的理论形态,对中国后世政治制度、社会思想、文化传统、伦理观念影响很大。⑬驳:驳正,批驳纠正。⑭洽:洽闻;知识丰富,见闻广博。⑮旷若发蒙:旷:空旷;开阔。蒙:眼睛失明。眼前突然开阔明朗,好像双目失明的人忽然看见了东西。亦比喻使人头脑忽然开窍,明达起来。出自三国·魏·应璩《与从弟君苗君胄书》:"闲者此游,喜欢无量,登芒济河,旷若发蒙。")⑯徵望道未见:追求圣道之义。此语见于《孟子》。⑰善继善述:善继人之志,善述人之事。⑱窔突(yǎoyǎo):比喻深奥的境界。⑲乾隆丁巳:公元1737年。

官　衔

乾隆二年正月二十四日，奉旨开载监修总裁、分撰、校订、校录、校刊、监修诸臣衔名[①]：

总裁

经筵日讲官起居注、礼部左侍郎管、翰林院掌院学士事臣库勒纳

经筵日讲官起居注、翰林院掌院学士、兼礼部侍郎臣李光地

分撰

日讲官起居注、詹事府少詹事、兼翰林院侍讲学士臣王封溁

日讲官起居注、詹事府少詹事、兼翰林院侍讲学士臣高士奇

日讲官起居注、詹事府少詹事、兼翰林院侍讲学士臣田喜篝

日讲官起居注、侍读学士臣德格勒

日讲官起居注、侍读学士臣博济

日讲官起居注、侍读学士臣朱都纳

日讲官起居注、侍读学士臣思格则

日讲官起居注、侍读学士臣彭孙遹

监修

总理事务和硕庄亲王臣允禄

校订

总理事务和硕果亲王臣允礼

总理事务少保大学士臣张廷玉

内阁学士兼礼部侍郎臣方苞

校录

翰林院侍读、今任福建学政臣周学健

翰林院编修臣朱良裘

翰林院编修臣余栋

翰林院编修臣邓启元

翰林院检讨臣周龙官

翰林院编修臣王兴吾

翰林院编修臣吕炽

翰林院编修臣夏廷芝

翰林院编修臣王检

原任翰林院编修、今任山西道监察御史臣刘元燮

原任翰林院编修、今任福建道监察御史臣鹿迈祖

原任翰林院编修、今任吏部验封司郎中臣陈其凝

原任翰林院编修、今任刑部陕西司员外郎臣吴文焕

原任翰林院检讨、今任分巡浙江金衢严道按察使副使臣程光钜

原任翰林院编修、今任四川顺庆府知府臣王泰甡

校刊

右春坊右庶子、兼翰林院侍讲臣陈浩

左春坊左谕德、兼翰林院修撰臣嵇璜

右春坊右赞善、兼翰林院检讨臣赵大鲸

翰林院编修臣万承苍

翰林院检讨、今任山东学政臣李光墺

翰林院编修臣于枋

翰林院编修、今任江西学政臣于辰
翰林院编修臣林蒲封
翰林院编修臣柏谦
翰林院编修臣杨廷栋
翰林院编修臣徐以煊
翰林院编修臣吴士珣
翰林院检讨臣韩彦曾
翰林院编修臣陈大受
原任翰林院编修、今任云南道监察御史贵州学政臣邹一桂
原任翰林院编修、今任云南曲靖府知府臣王云铭

监造

巡视长芦等处盐政、监察御史、内务府佐领臣三保
内务府南苑郎中、兼佐领臣雅尔岱
内务府掌仪司郎中、兼佐领臣永保
内务府织染局员外郎臣李之纲
内务府广储司司库臣三格
监造臣西宁
监造臣恩克

注释　①开载：逐一记载。

提 要

臣等谨按《日讲春秋解义》六十四卷。是书为圣祖仁皇帝经筵旧稿，世宗宪皇帝复加考论，乃编次成帙[①]。说《春秋》者莫夥[②]于两宋，其为进讲而作者，《宋史·艺文志》有王葆[③]《春秋讲义》二卷，今已散佚[④]。张九成《横浦集》[⑤]有《春秋讲义》一卷。《永乐大典》有戴溪[⑥]《春秋讲义》三卷。大抵皆演绎《经》文，指陈政理，与章句之学[⑦]迥殊。是非惟崇政迩英[⑧]、奏御[⑨]之体裁如是，亦以统驭之柄在慎其赏罚，赏罚之要在当其功罪。而别嫌疑，明是非，定犹豫者，则莫精於《春秋》。圣人笔削[⑩]之旨，实在於是也。故孟子曰："《春秋》，天子之事也。"公扈子曰："有国者不可以不学《春秋》，《春秋》，国之鉴也。"董仲舒推演《公羊》之旨得二百三十二条，作《春秋决事》十六篇，其义盖有所受矣。是编因宋儒进御旧体，以阐发微言。每条先列《左氏》之事迹，而不取其浮夸。次明《公》、《穀》之义例，而不取其穿凿。反覆演绎，大旨归本於王道，允足明圣经之书法[⑪]，而探帝学之本原。圣祖仁皇帝、世宗宪皇帝圣圣相承，郑重分明，以成此一编，岂非以经世之枢要，具在斯乎？

乾隆四十一年[⑫]十月恭校上。

总纂官臣纪昀、臣陆锡熊、臣孙士毅。

总校官臣陆费墀。

注释 ①帙：卷册，函册。②夥：音 huǒ，多。③王葆：字彦光，南宋前期昆山人。其学行俱高，潜心古道，著《春秋集传》十五卷，《春秋备论》二卷。诱掖后进，推诚乐育如亲子弟，门下士多成立者，号称"乡先生"。④佚：散失。⑤张九成（1092—1159），字子韶，南宋开封人，徙居钱搪（今海宁盐官）。张九成创建海宁第一所书院——张文忠公书院,讲授经史。张九成研思经学,多有训解,由于喜与佛者交游,被时论所不容。著有《横浦集》二十卷,《四库总目》及《孟子传》,并传于世,其学派被称为“横浦学派”。⑥戴溪(1141—1215),字肖望,或作少望,号岷隐,学者称岷隐先生,南宋永嘉(今浙江温州)永嘉鲤溪乡杏岙村人。遗著有《春秋讲义》、《易总论》、《书说》、《礼记口义》、《孟子答问》等。⑦章句之学:章句,作为一种注疏体裁,出现于春秋末期;而章句之学作为一门学术,则产生于西汉宣帝时期,章句之学在西汉时期兴盛一时,与实行文化专制与学术禁锢的皇帝的鼓励、支持有关,也与经学各派维持与扩充自身势力的需要有关。章句之学后来渐至繁琐,遭到诟病,并最终走向衰落,原因不仅因为它是一种封闭的学术体系,而且在于它的注释方式对于阐发义理存在先天性缺陷。⑧崇政迩英:崇政即崇政殿:皇帝旬假等假日视朝之地。后殿视朝之地。迩英即迩英殿:进讲之地。指皇帝与官僚们进行面对面商议,处理具体的政务及讲论学问的场所等。⑨奏御:上奏帝王。⑩笔削:出自于《史记·孔子世家》。指著述。笔,书写记录;削,删改时用刀削刮简牍。⑪书法:史官记事、修史的原则、体例;写作方法。⑫乾隆四十一年:公元1776年。

《日讲春秋解义》总说

纲领

孟子曰:“《春秋》,夫子之事也。是故孔子曰:‘知我者,其惟《春秋》乎!罪我者,其惟《春秋》乎!’孔子成《春秋》,而乱臣贼子惧!。”又曰:“王者之迹熄而《诗》[1]亡,《诗》亡然后《春秋》作。晋之《乘》、楚之《梼杌》、鲁之《春秋》[2],一也。其事则齐桓、晋文,其文则史。孔子曰:‘其义[3],则丘窃取之矣!’”又曰:“《春秋》无义战,彼善於此则有之矣。征者,上伐下也,敌国不相征也。《礼记·经解》:‘属辞比事,《春秋》教也。’”

注释 ①《诗》:指《诗经》。是我国第一部诗歌总集,收入自西周初年至春秋中叶五百多年的诗歌305篇,又称《诗三百》。先秦称为《诗》,或取其整数称《诗三百》。西汉时被尊为儒家经典,始称《诗经》,并沿用至今。②晋之《乘》,楚之《梼杌》,鲁之《春秋》:都是当时各国的历史文献,但它们的蕴意却大相径庭,《乘》和《梼杌》记载的多是齐桓公、晋文公等人的历史事实,而《春秋》则蕴涵着深刻的褒善贬恶大义。③义:正义,公正合宜的道理和行为。

庄氏周[1]曰:“《春秋》经世[2],先王之志,圣人议而不辩。”又曰:“《春秋》以道名分[3]。”

董氏仲舒曰:“《春秋》之道,视人所惑,大为说以明之。”又曰:“《春秋》无通辞[4],从变而移。”又曰:“有国者,不可以不知《春秋》,前有谗[5]而不见,后有贼而不知;为人臣者,不可以不知《春秋》,守经事[6]而不知其宜,遭变事而不知其权[7]。为人君父而不通於《春秋》之义者,必蒙首恶之名;为人臣子而不通於《春秋》之义者，必陷死罪之名。故《春秋》，礼义之大宗[8]也。"

注释 ①庄氏周：即庄子(约公元前369—前286年)，是我国先秦时期伟大的思想家、哲学家、和文学家。战国时期宋国蒙(今安徽蒙城县)人，是道家学说的主要创始人。与道家始祖老子并称为"老庄"，他们的哲学思想体系，被思想学术界尊为"老庄哲学"。代表作为寓言《庄子》，被唐明皇封为《南华经》，并被尊崇者演绎出多种版本，名篇有《逍遥游》、《齐物论》等，庄子主张"天人合一"和"清静无为"。②经世：所历世代，阅历世事。③名分：名位与身份。④《春秋》无通辞：指《春秋》中同一个"辞"，在不同的地方，意义常常是不同的。⑤谗：说别人坏话的人。⑥经事：经典规定的常道。《史记·太史公自序》："为人臣者不可以不知《春秋》，守经事而不知其宜，遭变事而不知其权。"⑦权：衡量，比较。⑧宗：根本，主旨。

刘氏向[1]曰："《春秋》无通义。"

司马氏迁[2]曰："孔子西观周室，论史记旧闻，兴於鲁而次《春秋》，约其辞文，去其烦重，以制义法。七十子之徒口受其传，指为有所刺讥、褒讳[3]、挹[4]损之文辞，不可以书见也。"

班彪[5]引古语："杀史见极[6]，平易正直。"

注释 ①刘向(约公元前77—前6年)，原名更生，字子政，沛县(今属江苏)人。西汉经学家、目录学家、文学家。刘向的散文主要是秦疏和校雠古书的"叙录"，较有名的有《谏营昌陵疏》和《战国策叙录》，叙事简约，理论畅达、舒缓平易是其主要特色。②司马迁(公元前145——前87年后)，字子长，西汉夏阳(今陕西韩城，一说山西河津)人，我国西汉伟大的史学家、思想家、文学家，著有《史记》，又称《太史公记》，他记载了上自中国上古传说中的黄帝时代，下至汉武帝太初四年(公元前100年)，共3000多年的历史。③褒讳：扬善隐恶。④挹(yì)通

“抑”，抑制。⑤班彪：字叔皮。扶风安陵（今陕西咸阳东北）人。出生于官宦世家，好古敏求，学博才高，专力从事于史学著述。写成《后传》60余篇，斟酌前史，纠正得失，为后世所重。其子班固修成《汉书》，史料多依班彪，实际上是他修史工作的继续。其女班昭等又补充班固所未及完成者。⑥杀史见极：指杀其繁辞以成简严之体。

韩氏愈[①]曰：“《春秋》谨严。”又曰：“《春秋》书王法，不诛其人身。”

邵子[②]曰：“《春秋》，孔子之刑书[③]也，功过不相掩。五伯[④]者，功之首、罪之魁也。先定五伯之功过而学《春秋》，则大意立矣。《春秋》之间有功者，未有大於四国者也；有过者，亦未有大于四国者也。不先治四国之功过，则事无统理，不得圣人之心矣。”

程子曰：“《春秋》大义数十，炳如日星，乃易见也；惟其微辞奥义，时措从宜者，为难知也。或抑或纵，或予或夺，或进或退，或微或显，而得乎义理之安，文质之中，宽猛之宜，是非之公，乃制事[⑤]之权衡，揆道[⑥]之模范也。”又曰：“《春秋》，有重叠言者，如征伐、会盟之类。盖欲成书，势须如此，不可事事各求异义。但一字有异，或上下文异，则义须别。”

胡氏安国曰：“《春秋》，为诛乱臣贼子而作其法，尤严於乱贼之党。”

朱子曰：“《春秋》，是圣人据鲁史以书其事，使人自观之以为鉴戒耳。如书即位者，是鲁君行即位之礼；继故不书即位者，是不行即位之礼。若桓公之书即位，则是桓公自正其即位之礼耳。”

注释 ①韩愈（768—824年），字退之，唐河内河阳（今河南孟县）人。自谓郡望昌黎，世称韩昌黎。唐代古文运动的倡导者，宋代苏轼称他“文起八代之衰”，明人推他为唐宋八大家之首，与柳宗元并称“韩柳”，有“文章巨公”和“百代文宗”之名，著有《韩昌黎集》四十卷，《外集》十卷，《师说》等等。王法：古时指国家的法律、法令。②邵子：名雍（1011—1077年），谥号康节，字尧夫。宋朝时代的著名卜士。北宋真宗大中祥符4年生于范阳（今河北涿州大邵村）。幼年随父邵古迁衡漳（今河南林县康节村），又迁共城（今河南辉县），37岁时移居洛阳。是中国占卜界的主要代表人物。著有《皇极经世书》（收入《四库全书》）等。③刑书：刑法条文。④五伯：指春秋时先后称霸的五个诸侯。指齐桓公、晋文公、宋襄公、秦穆公、楚庄公。⑤制事：指处理政治、军事等重大事件。⑥揆（kuí）道：度（duó）、揣测。

通论

公羊氏高[①]曰：“君子何为为《春秋》？拨乱世，反诸正，莫近诸《春秋》。”

董氏仲舒曰：“孔子知言之不用，道之不行也，是非二百四十二年之中，以为天下仪表。曰：‘我欲载之空言，不如见之行事之深切著明也。’”又曰：“《春秋》辨是非，故长于治人。”

王氏通[②]曰：“《春秋》之於王道，是轻重之权衡，曲直之绳墨也，舍则无所取衷矣。”

注释 ①公羊氏高：见p2注②。②王通（584—617年），字仲淹。隋河东郡龙门县通化镇（今山西省万荣县通化乡）人。是隋代山西的一位私人教育家，其精通儒学，学问极好。

孔氏颖达[①]曰：“年时月日四者，史之所记，皆应具文，而《春秋》之经或时而不月，月而不日，亦有日不系[②]月、月而无时者。或史文先缺而仲尼不改，或仲尼备[③]文而后人脱误。桓十七年五月无夏，昭十年十二月无冬。既得其月，时则可知。仲尼不应故阙[④]其时，独书其月。当是写者脱漏。其日不系於月，或是史先阙文，若僖二十八年冬下无月，而有壬申、丁丑，虽欲改正，无以复知。其时而不月、月而不日者，史官之文亦或自有详略。案经传书日者，凡六百八十一事，自文公以上书日者二百四十九，宣公以下，亦俱六公，书日者四百三十二。计年数略同而日数向[⑤]倍，此则久远遗落，不与近同。且他国之告，有详有略，若告不以日，鲁史无由得其日而书之。如是，则当时之史，亦不能使日月皆具。仲尼从后修之，旧典参差[⑥]，安能皆使齐同？去其日月，则或害事之先后；备其日月，则古史有所不载，自然旧有日者因而详之，旧无日者因而略之，既有详略，不可以为褒贬，故《春秋》诸事皆不以日月为例。"

啖氏助曰："《左氏》，比馀[⑦]传，其功最高，博采诸家，叙事尤备，能令百代之下，颇见本末，因以求意，经文可知，《穀梁》意深，《公羊》辞辩，随文解释，往往钩深[⑧]。但以守文坚滞，泥难不通，比附日月，曲生条例，义有不合，亦复强通，或至矛盾，不近圣人夷旷之体[⑨]。又不知有不告则不书之义，凡不书者皆以义说之。列国至多，若盟会征伐丧纪，不告亦书，则一年之中，可盈数卷。况他国之事不凭告命，从何得书？但书所告之事，定其善恶，以文褒贬耳。《左氏》言褒贬者又不过十数条，其余事同文异者，亦无他解，旧解皆言从告及旧史之文，若如此论，乃是夫子写鲁史耳，何名修《春秋》乎？故谓二者之说俱不得中。"

注释 ①孔颖达(574—648 年)：盛世鸿儒。编订《五经正义》，排除经学内部的家法师说等门户之见，于众学中择优而定一尊，广采以备博览，从而结束了自西汉以来的各种纷争；是对中国经学具有总结和统一之功的大经学家。②系：涉及，关联。③备：具备，具有。④阙：通"缺"。⑤向：接近，临近。⑥参差(cēn cī)：指长短、高低不齐的样子。⑦馀：同"余"，其他的，以外的。⑧钩深:比喻对深奥道理的探求或治学的广博精深。⑨夷旷:指平和旷达。《晋书·傅玄传赞》:"志厉强直,性乖夷旷。"

赵氏匡曰:"啖氏依《公羊》家旧说云:'《春秋》变周之文,从夏之质[①]。'予谓《春秋》因史制经,以明王道。其指大要二端而已:兴常典也,著权制[②]也。故凡郊庙、丧纪、朝聘、蒐[③]狩、昏取[④],皆违礼则讥之,是兴常典也。非常之事,典礼所不及,则裁之圣心[⑤],以定褒贬,所以穷精理也。精理者,非权无以及之。故曰:'可与适道,未可与立;可与立,未可与权[⑥]。'是以游夏之徒不能赞一辞[⑦],然则圣人当机发断,以定厥中[⑧],辩惑质疑,为后王法,何必从夏[⑨]乎?

"问者曰:'然则《春秋》救世之宗指[⑩]安在?'答曰:'在尊王室,正陵僭,举三纲,提五常,彰善瘅恶,不失纤芥而已。'[⑪]又曰:'褒贬之指在乎例,缀叙之意在乎体。所谓体者,其大概有三,而区分有十。所谓三者:凡即位、崩薨[⑫]、卒葬、朝聘、会盟,此常典所当载也,故悉书之,随其邪正而加褒贬,此其一也。祭祀、婚姻、赋税、军旅、蒐狩,皆国之大事,亦所当载也。其合礼者,夫子修经之时,悉皆不取,故《公》、《穀》云"常事不书"是也;其非者及合于变之正者,乃取书之,而增损其文以寄褒贬之意,此其二也。庆瑞、灾异,及君被杀、被执,及奔、放、逃、叛、归、入、纳、立,如此并非常之事,亦史册所当载,夫子则因之而加褒贬焉,此其三也。此述作之大凡也。所谓十者:一曰悉书以志实。二曰略常以明礼。三曰省辞以从简。四曰变文以示义。五曰即辞以见意。六曰记是以著非。七曰示讳以存礼。八曰详内以异外。九曰阙略因旧史。十曰损益以成辞。知其体,推其例,观其大意,然后可以议之耳。'

"或曰:'圣人之教,求以训人也,微其辞何也?'答曰:'非微之也，事当尔也。人之善恶，必有浅深，不约其辞，不足以差之也。若广其辞，则是史氏之书耳焉，足以见条例而称《春秋》乎？'"

周子[13]曰："《春秋》，正王道，明大法也，孔子为后世王者而修也。乱臣贼子诛死者于前，所以惧生者於后也。"

注释 ①"《春秋》变周之文，从夏之质。"指《春秋》"救周之弊，革礼之失"在"变周从夏"。"夏"指夏朝（约公元前21世纪—约前16世纪）。"周"指周朝（约公元前11世纪—约前256年）。②著权制：指因时制宜。对于"非常之事，典礼所不及"者，则需要通权达变。所谓"循理守常曰道，临危制变曰权。"③蒐（sōu）：春天打猎。④昏取：指"婚娶"。⑤圣心：圣人的心怀。用于孔子。⑥"可与适道，未可与立；可与立，未可与权"。指能够学到道的人，未必能够坚守道；能够坚守道的人，未必能够随机应变。"⑦游夏之徒：游夏：指孔子的徒弟子游、子夏，合称游夏；游夏之徒：孔子弟子一类的人。不能赞一辞：提不出一点意见。形容文章非常完美。赞：参与；赞一辞：添一句话。⑧厥中：其中；中指不偏不倚的中正之道。⑨夏：指夏朝。⑩指：通"旨"。⑪"尊王室，正陵僭，举三纲，提五常，彰善瘅恶，不失纤芥而已"指通过历史来"举三纲，提五常"，以此为"彰善瘅恶"的准则，实现"尊王室，正陵僭"的目的。"尊王室"，是将"王室"作为更高的境界来理解，是高于殷亦高于周的。三纲五常（纲常）：是中国儒家伦理文化中的架构。"三纲、五常"出自西汉董仲舒的《春秋繁露》一书，但最早渊源于孔子。"三纲"是指"君为臣纲，父为子纲，夫为妻纲"，要求为臣、为子、为妻的必须绝对服从于君、父、夫，同时也要求君、父、夫为臣、子、妻作出表率。它反映了封建社会中君臣、父子、夫妇之间的一种特殊的道德关系。"五常"即仁、义、礼、智、信，是用以调整、规范君臣、父子、兄弟、夫妇、朋友等人伦关系的行为准则。“彰善瘅恶”：彰：表明、显扬；瘅：憎恨。表扬好的，斥责恶的。纤芥：细微。⑫崩薨（hōng）：古代称帝王、诸侯之死。《礼记·曲礼下》：“天子死曰崩，诸侯曰薨。”⑬周子：周敦颐（1017～1073年），字茂叔，号濂溪。宋朝道州营道（现今湖南道县）人，著名哲学家，谥号元公，理学派开山鼻祖。周敦颐著有《周子全书》行世。周敦颐曾在莲花峰下开设濂溪书院讲学授道，世称濂溪先生，他的学说对以后理学的发展有很大的影响。周敦颐是把世界本原当做哲学问题进行系统讨论的肇始者。

程子曰：“《诗》、《书》载道[①]之文，《春秋》圣人之用。《诗》、《书》如药方，《春秋》如用药治病。圣人之用，全在此书，所谓‘不如载之行事深切著明’[②]者也。又曰：“《五经》之有《春秋》，犹法律之有断例也。律令惟言其法，至于断例，则始见其法之用也。”又曰：“《春秋》之文，一一意在示人，如土功之事，无小大莫不书之，其意止欲人君重民力也。”又曰：“《春秋》一句即一事，是非便见于此，乃穷理[③]之要。学者只观《春秋》，亦可以尽道矣。”又曰：“《春秋》已[④]前，既已立例。到近后来，书得全别，一般事便书得别有意思。若依前例观之，殊失也。《春秋》大率所书事同则辞同，后人因谓之例。然有事同辞异者，盖各有义，非可例拘[⑤]也。”

汪氏藻[⑥]曰：“《六经》惟《春秋》为仲尼作，圣人见其所志之书也。学而不明乎是非，何以为人？治而不明乎刑赏，何以为国？此书之所以作，而为万世法也。”

朱子曰：“《史记》，《易》本隐，以之显，《春秋》推，见至隐[⑦]。《易》与《春秋》，天人之道也。《易》以形而上者，说出在那形而下者上；《春秋》以形而下者说上那形而上者去[⑧]。”

吕氏大圭[⑨]曰：“《春秋》穿凿之患，其大端[⑩]有二。一曰以日月为褒贬。二曰以名称爵号为褒贬。《春秋》,以事系[11]日,以日系月,以月系时。事成於日者书日;事成於月者书月;事成於时者书时;其或宜月而不月,宜日而不日者,皆史失之也。”

注释 ①载道:表达儒家思想文化。②“不如载之行事深切著明”:指不如付诸于行动,行动越快越能说明道理是对的。③穷理:穷究事物之理。④已:已往,过去。⑤例拘:拘于陈例。⑥汪氏藻指汪藻(1079—1154年),北宋末、南宋初文学家。字彦章。饶州德兴(今属江西)人。崇宁二年(1103年)进士。北宋时官至太常少卿、起居舍人,拜翰林学士。南宋时,官至显谟阁大学士、左大中大夫,封新安郡侯。存词4首。⑦“《易》本隐,以之显,《春秋》推,见至隐。”指《周易》阐发抽象的阴阳变化规律,是隐晦的,奉而行之则切中于社会历史实际。《春秋》评断社会历史的盛衰,是具体的,推极其理可验证于抽象的阴阳变化规律。所以,《周易》与《春秋》,互为体用与表里,在中国堪称是经世之学,是封建士大夫晋身于朝政必修的高深教科书。⑧形而上与形而下:形而上比较虚,形而下比较实;形而上是指思维和宏观的属于虚的范畴。老子有谓“形而上者谓之道,形而下者谓之器”,意为形而上的东西就是指道,既是指哲学方法,又是指思维活动。形而下则是指具体的,可以捉摸到的东西或器物。⑨吕大圭 ,泉州南安县人,淳祐七年(1247年)进士。他自少嗜习学问,师从王(杨)昭复(陈淳的门人),是朱熹的再传弟子,21岁即中进士。作为朱门高弟,吕大圭对州学及韩山、元公两所书院的教学与学术自然有很大的建树。著作有《孟子说》、《春秋集传·(春秋)或问》、《易集解》、《孝经本营》及《三阳讲义》。死时年仅49岁。⑩大端:指事情的主要方面。⑪系:指涉及,关联。

刘氏永之[1]曰:“《春秋》,因乎鲁史,而笔之传之;而王法由诸而明[②],乱逆由诸而章也[③]。言之重[④],辞之复[⑤],必有大美恶焉,此先儒之说也。抑尝考之,盖史册之实录,而其纪载之体异焉耳,其凡有五:有据其事之离合而书之者[⑥];有重其终,而录其始者;有重其始,而录其终者;有承赴告[⑦]之辞而书之者;有非承赴告之辞,闻而知之,而书之者。此五者,其凡也。而皆所以纪实也。夫首止[⑧]之与葵丘也,皆夏之会而秋之盟,是离而为二事矣,故再书焉。此据其事之离合,而书之者也。践土之会[⑨]美矣,而盟不异,书同日也;平丘之会[⑩]无美焉,而盟则异,书异日也;皆实之纪也。非美之大而详其辞也,将书其取鼎也,于稷之会则始之以成宋乱,此重其终而录其始也。既书曰:'宋伯姬卒也,于澶渊之会,则终之以宋灾。'故此重其始而录其终也。会未有言其故者,于兹二者言之,特以明其所重也,他如书实,来则先书,州公如曹,书齐侯伐北燕则遂,书暨齐平皆是物也,子朝之乱,叔鞅至,自京师而言之,未知其孰是焉。故曰:王室乱。此非承赴告之辞,闻而知之,而书之者也,刘单以王猛居于皇,则来告矣。敬王居翟泉[⑪],而尹氏立子朝,则来告矣,此承赴告之辞而书之者也,皆实之纪也,非恶之大而详其辞也。曰'言之重,辞之复,必有大美恶焉'者,先儒之过也。"

注释 ①刘永之[明]字仲修,自号山阴道人,清江(今江西清江)人。国史召编礼书成,以疾辞归。诗文清丽古雅。工书法,篆、楷、行、草皆有师承。家富于赀,赊贷施数郡,独泊然布素,日静处一室以书籍翰墨自娱。②诸:代词,指《春秋》。明:明白,清楚。③乱逆:叛乱,叛逆。章:法规,规章。④重:慎重。⑤复:复杂。⑥凡:大概,要略。离合:分开和结合;分离和聚会。⑦赴告:春秋时各国以崩薨及祸福之事相告。前者称"赴",后者称"告"。⑧首止 :地名。春秋卫地,在今河南睢县东南,《左传僖公五年》会王世子于首止。齐桓公会集诸侯国君于首止,与周天子盟，以确定太子的正统地位。次年，齐桓公因郑文公首止逃会，率联军讨伐郑国。⑨践土之会：践土之盟。城濮之战后，晋文公大会诸侯于践土（当时衡雍附近，今河南省境内），周襄王命令王室大臣尹氏、王子虎和内使叔兴父策命晋文公为“侯伯”，还赏赐给晋文公许多东西。周襄王给晋文公的命辞是“敬服王命，以绥四国，纠逖王慝”，意让晋文公恭敬地服从天子的命令，以安抚四方诸侯，并惩治不忠于王室的邪恶之人。对于周天子的恩宠，文公辞谢三次，然后才接受命令，并且说道：“重耳谨再拜叩头，接受和宣扬天子的赐命！”晋文公三次之朝觐周襄王表示尊敬。城濮之役后，晋文公的这些措施，换得了周王室对他的支持，他的霸主地位由此而得以确立。⑩平丘之会：指公元前529年（周景王十六年）晋召公为国君，欲恢复先主霸业，与齐国争夺霸主，请各国诸侯于7月聚集卫地的平丘相会，史称平丘之会。⑪敬王指周敬王（卒於前477年或前476年），姓姬，名匄（gài，古同“丐”），东周君主，谥号敬王。他是周景王的儿子。翟泉：在汉魏故城遗址上，今属洛阳市孟津县平乐镇。

经传源流

班氏固[①]曰：“左史记言，右史记事，事为《春秋》，言为《尚书》[②]。”

杜氏预[③]曰：“《周礼》[④]有史官，掌邦国四方之事[⑤]，达四方之志[⑥]。诸侯亦各有国史。大事书之于策[⑦]，小事简牍[⑧]而已。孟子曰：‘楚谓之《梼杌》，晋谓之《乘》，而鲁谓之《春秋》，其实一也。’韩宣子适[⑨]鲁，见《易象》与《鲁春秋》[⑩]，曰：‘周礼尽在鲁矣。吾乃今知周公之德与周之所以王[⑪]。’韩子所见，盖周之旧典礼经也。周德既衰，官失其守，上之人不能使《春秋》昭明，赴告策书[⑫]，诸所记注，多违旧章。仲尼因鲁史策书成文，考其真伪，而志[13]其典礼。上以遵周公之遗制，下以明将来之法。其教之所存，文之所害，则刊而正之，以示劝戒，其余则皆即用旧史。史有文质，辞有详略，不必改也。故《传》曰：'其善志'，又曰：'非圣人，孰[14]能修之？'"

注释 ①班固(32—92 年)，东汉史学家班彪之子，字孟坚，汉族，扶风安陵人(今陕西咸阳)。东汉时人，生于汉光武帝建武八年，卒于汉和帝永元四年，年六十一岁。班固还擅长作赋，撰有《两都赋》《汉书·苏武传》、《幽通赋》等。②"左史记言，右史记事，事为《春秋》，言为《尚书》。"指朝廷设史官，专掌文字。立左史以记言，立右史以记事。言为尚书，事为春秋。③杜预(222—284 年)，字元凯 ，京兆杜陵(今陕西西安东南)人，西晋时期著名的政治家、军事家和学者，灭吴统一战争的统帅之一。杜预博学多才，通晓政治、军事、经济、历法、律令、工程等，多有建树，被誉为"杜武库"。筹划、参预了平吴之战，统一后居安思危，致力于巩固安定局势。著有《春秋左氏经传集解》及《春秋释例》等。④《周礼》：是一部通过官制来表达治国方案的著作，内容极为丰富。《周礼》六官的分工大致为：天官主管宫廷，地官主管民政，春官主管宗族，夏官主管军事，秋官主管刑罚，冬官主管营造，涉及到社会生活的所有方面，在上古文献中实属罕见。《周礼》所记载的礼的体系最为系统，既有祭祀、朝觐、封国、巡狩、丧葬等等的国家大典，也有如用鼎制度、乐悬制度、车骑制度、服饰制度、礼玉制度等等的具体规制，还有各种礼器的等级、组合、形制、度数的记载。许多制度仅见于此书，因而尤其宝贵。⑤四方之事：指出使外地的事情。⑥四方之志：指远大的志向。亦作"志在四方"。⑦策：中国古代用竹片或木片记事著书，成编的叫做策。⑧简牍：简是古代书籍的基本单位，相当于现在的一页。简牍是对我国古代遗存下来的写有文字的竹简与木牍的概称。⑨韩宣子(?—前514年):姬姓,韩氏,名起,谥号曰“宣”,春秋后期晋国卿大夫,六卿之一,韩厥之子,政治生命超长的政治家。适:往。⑩《易象》与《鲁春秋》:指体现周礼的书。⑪王:音wàng。指以仁义取得天下,王天下。⑫策书:指由君主自上而下颁布教令,以驱策臣下,当时只用木简写,所以称为策,又与册通。⑬志:记载。⑭孰:谁,哪个。

陆氏德明[①]曰:“古之王者,必有史官,君举则书,所以慎[②]言行、昭法式[③]。诸侯亦有国史,《春秋》即鲁之史记也。孔子应聘不遇[④],自卫[⑤]而归。西狩获麟[⑥],伤其虚应,乃与鲁君子左丘明观书于太史氏[⑦]。因鲁史记而作《春秋》。上遵周公遗制,下明将来之法。褒善黜恶[⑧],勒成十二公之经[⑨],以授弟子。弟子退而异言[⑩],丘明恐弟子各安[⑪]其意,以失其真,故论本事[⑫]而为之传,明夫子不以空言说经也[⑬]。《春秋》所贬损人当世君臣,其事实皆形於传。故隐其书而不宣,所以免时难也,及末世口说流行[⑭],故有《公羊》、《穀梁》、《邹氏》、《夹氏》之传。邹氏无师,夹氏有录无书,故不显於世。汉兴,齐人胡母生,赵人董仲舒,并治《公羊春秋》。兰陵褚大,东平嬴公,广川段仲,温吕步舒,皆仲舒弟子 。嬴公守学不失师法,授东海孟卿及鲁眭弘,弘授严彭祖及颜安乐,由是《公羊》有严、颜之学。弘弟子百余人。常曰:‘《春秋》之意,在二子矣!’彭祖授琅邪王中,中授同郡公孙文及东门云。安乐授淮阳泠丰及淄川任翁。丰授大司徒马宫及琅邪左咸。始贡禹事嬴公,而成於眭孟,以授颍川棠谿惠,惠授泰山冥都,又疏广事孟卿,以授琅邪筦路,筦路及冥都又事颜安乐。路授大司农孙宝。

注释 ①陆德明(约公元550—630年),本名元朗,苏州吴(今江苏吴县)人。年青时,善名理言,在学问上即崭露头角。陈太建年间,为陈左常侍。陈亡入隋。他对儒、道、佛三家理论都有研究,而隋亡入唐后,能在高祖李渊组织的三家辩论中充当裁决角色,迁国子博士,封吴县男。陆德明传世的著作有:《经典释文》30卷,《老子疏》15卷,《易疏》20卷。②慎:谨慎。③昭:彰明。法式:法度,制度。④应聘不遇:聘请遭到冷遇。⑤卫:周代诸侯国。⑥西狩获麟:指《春秋》的一句话:"西狩获死麟。"麟者,仁兽也。儒者说之,以为天以麟命孔子,孔子不王之圣也。寻得麟而死,此以天告夫子将没之证。获麟二年后,孔子死,卒年七十三岁,是民谚"七十三,八十四,阎王不叫自己去"的来源。⑦太史氏:史官。指古代朝廷中负责整理编纂前朝史料史书和搜集记录本朝史实的官员。⑧褒善黜恶:对好人好事加以赞扬;对坏人坏事加以斥责。指分清善恶,提出公正的评价。⑨勒(lè):编纂。十二公:指《春秋》所载鲁国的十二个国君,即隐公、桓公、庄公、闵公、僖公、文公、宣公、成公、襄公、昭公、定公、哀公。⑩退而异言:退,离开。指离开后有不同意见、言论。⑪安:存着,怀着。⑫本事:指真实的事迹。⑬明:证明、说明、阐明。空言:只起褒贬作用而不见用于当世的言论主张。⑭末世:一个朝代的末期;口说:空口所言。

"瑕丘江公[①]受《穀梁春秋》及《诗》於鲁申公。武帝时,为博士[②]。使与董仲舒论[③]。江公呐[④]於口,而丞相公孙弘本为公羊学,比辑[⑤]其议,卒用董生。於是上因尊《公羊》家,诏太子受,卫太子复私问《穀梁》而善之。其后浸微[⑥],唯鲁荣广、皓星公二人受焉。广尽能传其《诗》、《春秋》。蔡千秋、梁周庆、丁姓皆从广受。

"千秋又事[⑦]皓星公,为学最笃[⑧]。宣帝即位,闻卫太子好《穀梁》,乃召[⑨]千秋与《公羊》家并说。上善[⑩]《穀梁》说,后又选郎十人从千秋受,会千秋病死,征江公孙为博士。诏刘向,受《穀梁》,欲令助之。江博士复死。乃征周庆,丁姓待诏。使卒授十人。十余岁，皆明习。乃召《五经》名儒太子太傅萧望之等，大议殿中，平[11]《公羊》、《穀梁》同异。望之等多从《穀梁》，由是大盛。

“庆、姓皆为博士。姓授楚申章昌曼君。初，尹更始事蔡千秋，又受《左氏传》，取其变理合者以为章句，传子咸及翟方进、房凤。始，江博士授胡常，常授梁萧秉，为讲学大夫。

“左丘明作《传》以授曾申，申传卫人吴起，起传其子期，期传楚人铎椒，椒传赵人虞卿，卿传同郡荀卿名况，况传武威张苍，苍传洛阳贾谊，谊传至其孙嘉，嘉传赵人贯公，贯公传其少子长卿，长卿传京兆尹张敞及侍御史张禹。禹数为御史大夫萧望之言《左氏》，望之善之，荐[12]禹，征待诏。未及问，会病死。禹传尹更始，更始传其子咸及翟方进、胡常。常授黎阳贾护，护授苍梧陈钦。

“《汉书·儒林传》云：“汉兴，北平侯张苍及梁太傅贾谊、京兆尹张敞、太中大夫刘公子皆修[13]《春秋左氏传》。”始刘歆从尹咸及翟方进受《左氏》，由是言《左氏》者，本之贾护、刘歆。歆授扶风贾徽，徽传子逵，逵受诏，列《公羊》、《穀梁》不如《左氏》四十事以奏之，名曰《左氏长义》，章帝善之。逵又作《左氏训诂》，司空、南阁祭酒陈元作《左氏同异》，大司农郑众作《左氏条例章句》，南郡太守马融为三家异同之说。京兆尹延笃受《左氏》于贾逵之孙伯升，因而注之。汝南彭汪记先师奇说及旧注。太中大夫许淑、九江太守服虔、侍中孔嘉、魏司徒王朗、荆州刺史王基、大司农董遇、征士敦煌周生烈并注解《左氏传》。梓潼李仲钦著《左氏指归》。陈郡颍容作《春秋条例》，又何休作《左氏膏肓》、《公羊墨守》、《谷梁废疾》。郑康成[14]针《膏肓》、发《墨守》、起《废疾》，自是《左氏》大兴。汉初，立《公羊》博士，宣帝又立《穀梁》，平帝始立《左氏》。后汉建武中，以魏郡李封为《左氏》

博士,群儒蔽固者数廷争之。及封卒,因不复补,和帝元兴十一年,郑兴父子奏上,《左氏》乃立於学官,仍行於世,迄今遂盛行。二传渐微。《左氏》今用杜预注,《公羊》用何休注,《穀梁》用范宁注。”

注释 ①瑕丘江公,亦称江公,姓江,名不详,因是瑕丘(今山东滋阳)人,故人称“瑕丘江公”,其生卒年月已不可考,约在公元前二世纪左右。西汉儒家学者,经学家、《春秋》“谷梁学”家。②博士:专掌经学传授的学官。③使:让,令;论:论辩④呐:同“讷”,说话迟钝。⑤比辑:比,次也。辑,合也。⑥浸微:浸:渐渐;微:衰败。逐渐衰微。⑦事:事师。⑧笃:学问笃实,坚实。⑨召:同“诏”,帝王所发的文书命令。⑩善:善于,擅长。⑪平:通“评”,评议。⑫荐:推荐。⑬修:编纂。⑭郑康成指郑玄(127—200年),北海高密(今山东省高密市)郑公(后店)人,东汉末年的经学大师,他遍注儒家经典,以毕生精力整理古代文化遗产,使经学进入了一个“小统一时代”。他对儒家经典的注释,长期被封建统治者作为官方教材,收入九经、十三经注疏中,对于儒家文化乃至整个中国文化的的流传作出了相当重要的贡献。著作是:《毛诗笺》、《三礼注》。

啖氏助曰:“古之解说悉[①]是口传,自汉以来,乃为章句[②]。如《本草》皆后汉时郡国[③],而题以神农[④];《山海经》广说殷时[⑤],而云夏禹所记[⑥]。自余[⑦]书籍,比比甚多。是知《三传》[⑧]之义,本皆口传,后之学者乃著竹帛,而以祖师之目[⑨]题之。予观《左氏传》,自周、晋、齐、宋、楚、郑等国之事最详。晋则每一出师[⑩],具列将佐[⑪];宋则每因兴废[⑫],备举六卿[⑬]。故知史策之文,每国各异。左氏得此数国之史以授门人,义则口传,未形竹帛。后代学者,乃演而通之[⑭],总而合之,编次年月,以为传记。又广采当时文籍,故兼与子产、晏子及诸国卿佐家传,并卜书及杂占书、纵横家、小说、讽谏等，杂在其中，故叙事虽多，释意殊少，是非交错，混然难证。《公羊》、《穀梁》初亦口授，后人据其大义，散配经文，故多乖谬[15]，失其纲统[16]。然其大指[17]亦是子夏所传。"

注释 ①悉：全。②章句：经学家解说经义的一种方式。亦泛指书籍注释。③《本草》：我国古代医药书籍多以《本草》命名，这是因为在早期所发现的药物中，草本植物占多数。郡国：汉代行政区域名和诸侯王封域名。郡直属朝廷，国是诸侯王的封地，两者地位相等，所以"郡""国"并称。④神农：传说古帝名，医药之祖，有"神农尝百草"的传说。⑤《山海经》：是先秦古籍，是一部富于神话传说的最古老的地理书。它主要记述古代地理、物产、神话、巫术、宗教等，也包括古史、医药、民俗、民族等方面的内容。除此之外，《山海经》还以流水账方式记载了一些奇怪的事件，对这些事件至今仍然存在较大的争论。殷：中国朝代名，商代的后期，由盘庚起称"殷"。⑥云：称。夏禹：大禹，夏代开国的君主。⑦自余：其余。⑧《三传》：指《春秋三传》。即《春秋左传》、《春秋公羊传》、《春秋穀梁传》。⑨目：名称。⑩出师：出兵打仗。⑪将佐：将领及佐吏。⑫兴废：盛衰，兴亡。⑬六卿：官职仅次于宰相、三公的高级大臣，又称六官，始见于西周；周的六卿为太宰、太宗、太史、太祝、太士、太卜。⑭演：推演。通：通顺。⑮乖谬：荒谬背理。⑯纲：事物的关键部分；大纲，纲领。统：体统。⑰指同"旨"，主要意思。

郑氏樵[1]曰："《春秋》者，鲁史记之名也。有未经夫子笔削之《春秋》，有已经夫子笔削之《春秋》[2]。孔颖达曰：《春秋》之名，无所经见[3]。惟昭二年，韩起来聘，见鲁《春秋》。《晋语》[4]，司马侯对悼公曰：羊舌肸[5]习於《春秋》。悼公使之传其太子。《楚语》，申叔时，论傅太子之法，亦云教之以《春秋》。由此观之,是周之典礼不存,惟鲁《春秋》为列国所重,皆在夫子未修之前。旧有《春秋》之目,则韩起之所见,与叔向、叔时之所学者,乃周公伯禽以来,上自天子,下至列国,礼乐征伐等事无不备载,皆周之盛时为王之典章。此杜预所谓周之旧典、礼经是也。今《汲冢琐语》[6]亦有鲁《春秋》,记鲁献公十七年事。诸如此类,皆夫子未生之前,未经笔削之《春秋》也。孟子云:王者之迹熄而《诗》亡,《诗》亡然后《春秋》作[7]。此鲁史记东迁[8]以后事,已经夫子笔削之《春秋》也。或谓《春秋》之名,取赏以春夏,刑以秋冬;或谓一褒一贬,若春若秋;或谓春获麟,秋成书,谓之《春秋》,皆非也。惟杜预所谓年有四时,故错举以为所记之名,此说得之《汲冢琐语》记夫子时事,自为夏殷《春秋》。墨子[9]曰:吾见百国《春秋》,以至晏子、虞卿、吕不韦、陆贾著书,皆曰《春秋》,盖当时述作之流,於正史[10]外,各记其书,皆取《春秋》以名之,然观其篇第,本无年月,与错举[11]《春秋》以为所记之名则异矣。"

问:"《公》、《穀》传大概皆同?"朱子曰:"所以林黄中说,只是一人,只是看他文字疑若非一手者。"或曰:"疑当时皆有所传授,其后门人弟子始笔之於书耳。"曰:"想得皆是齐鲁间儒,其所著之书,恐有所传授,但皆杂以己意,所以多差舛[12]。其有合道理者,疑是圣人之旧。"

注释 ①郑樵(1104—1162年),字渔仲,南宋兴化军莆田(福建莆田)人,史学家、目录学家。郑樵一生不应科举,刻苦力学30年,郑樵立志读遍古今书,他和从兄郑厚到处借书求读,毕生从事学术研究,在经学、礼乐之学、语言学、自然科学、文献学、史学等方面都取得了成就。②笔削《春秋》:按儒家的说法,孔子"笔削鲁史而成《春秋》"。孔子修改了鲁《春秋》中不合微言大义的部分,删除了鲁《春秋》中无关治道人伦的部分,最后成就了后世尊之的《春秋经》。③经见:从经典中见到。④《晋语》:《国语》之一卷。《国语》旧传春秋时左丘明撰,现一般认为是先秦史家编纂各国史料而成。⑤羊舌肸(xī),复姓羊舌,名肿,字叔向,又称叔肸、杨肸肿。晋国大夫。生卒年不详。⑥《汲冢琐语》:杂史体志怪小说,作者不详。为"汲冢书"之一种,至南宋已亡佚,现在流传的是辑佚本。有遗文二十余则,较完整的只有十五、六则。成书时代,大致在战国中期以前。内容取材于历史,又杂以浓厚的虚幻成分,侈谈梦验、祥妖、预言吉凶,多涉鬼神。⑦《诗》亡:《诗》指《诗经》。亡:崩溃。意思是以《诗经》为代表的礼治文化崩溃,在这样的背景下《春秋》产生了。⑧东迁:指周王室东迁洛邑。即东周开始。⑨墨子(约前468—前376年),名翟(dí),鲁人。墨子是我国战国时期著名的思想家、教育家、科学家、军事家、社会活动家,墨家学派的创始人。创立墨家学说,并有《墨子》一书传世。⑩正史:是指《史记》、《汉书》等记传史书。以帝王传记为纲领并且由官廷史官记录的有别于民间野史的中国史书。⑪错举:参互列举。⑫差舛:差错。

马氏端临[①]曰:"案《春秋古经》[②],虽《汉·艺文志》有之,然夫子所修之《春秋》,其本文世所不见,而自汉以来所编《古经》[③],则俱自三《传》中取出经文,名之曰正经耳。"又曰:"《易》有《彖》《象》[④],本与卦爻[⑤]为二,而王弼[⑥]合之;《诗》、《书》[⑦]有序,本与经文为二,而毛苌[⑧]、孔安国[⑨]合之;《春秋》有三传,亦本与经文为二,而治三传者合之。先儒务欲存古,于是取其已合者复析之,命之曰古经。然《彖》《象》之与卦爻,《序》之与《经》,毛、孔、王三公虽以之混为一书,尚未尝以己意增损[⑩]於其间,苟复析之,即古人之旧矣。独《春秋》一书,三传各以其说与经文参错[⑪],而所载之经文又各争异。盖事同而字异者,'及郑仪父盟于蔑'、'于昧'之类是也;事字俱异者,'尹氏'、'君氏'之类是也;元⑫未尝书其事,而以意增入者,'孔子生'、'孔丘卒'是也。然择其差可信者⑬,则《左氏》为优⑭。何也?盖《公羊》、《穀梁》,直以其所作传文搀入正经,不曾别出,而《左氏》则经自经而传自传。又杜元凯⑮《经传集解》序文以为分经之年与传之年相附,则是左氏作传之时,经文本自为一书,至元凯始以《左氏传》附之经文各年之后,是《左氏传》中之经文可以言古经矣。"

注释 ①马端临(约公元1254—1323年),中国古代宋元之际著名的历史学家。字贵与,一字贵舆,号竹洲。饶州乐平(今江西省乐平市)人。其父马廷鸾为南宋右丞相,曾任南宋国史院编修官与实录院检讨官,以忤贾似道归里。端临侍父家居,博极群书。咸淳年间,漕试第一,以荫补承事郎。宋亡,隐居不仕,历20余年专心著述《文献通考》。父卒后,教授乡里,任慈湖、柯山二书院山长、台州儒学教授。著有《文献通考》、《大学集注》、《多识录》。②案:按。《春秋古经》:《汉书 艺文志》著录,共十二篇。出处不详。③《古经》指《春秋古经》。④《易》:指《易经》,是中国古代一部神秘的著作,因为流行在周朝,所以叫《周易》。它既是儒经典,又是道家经典。是五经之一。《彖》(tuàn)《象》:即《彖传》与《象传》,为孔子所作解释《易经》的文章《十翼》中之两篇。⑤卦爻(音yáo,姚)是《易经》的基本因素,分阳爻(—)、阴爻(- -),把三爻重叠起来,构成八卦。⑥王弼(公元226—249年),魏晋玄学理论的奠基人。字辅嗣,山阳高平(今山东邹城、金乡一带)人。⑦《诗》:指《诗经》;《书》:指《书经》也就是《尚书》,和《诗经》都是五经之一。⑧毛苌(cháng):西汉赵(今河北邯郸)人,相传是古文《诗》学"毛诗学"的传授者。世称"小毛公",其《诗》学传自毛亨。曾当过河间献王博士。⑨孔安国，西汉鲁人，字子国，孔忠次子，孔子十一代孙。生卒年月不详。西汉经学家。安国少学《诗》于申培，受《尚书》于伏生，学识渊博，擅长经学。武帝时任博士，后为谏大夫，官至临淮太守。⑩增损：增加或减少。多指文字上的修改。⑪参错：交互融合。⑫元：本来。⑬差：不同。⑭优：最好。⑮杜元凯：指杜预。

传注[1]得失

欧阳氏修曰："传之於经勤[2]矣，其述经之事，时有赖其详焉，至其失传[3]，则不胜其戾[4]也。其述经之意，亦时有得焉，及其失也，欲大圣人而反小之，欲尊经而反卑之。取其详而得者，废其失者，可也；嘉其尊大之心，可也；取其卑小之说，不可也。"又曰："经不待[5]传而通者十七八，因传而惑[6]者十五六。"

程子曰："以传考经之事迹[7]，以经别传之真伪[8]。"

晁氏说之曰[9]："《穀梁》晚出于汉，因得监省[10]《左氏》、《公羊》之违畔[11]而正之，至其精深远大者，真得子夏之所传。范氏又因诸儒而博辩之，申穀梁之志也，其于是非亦少公矣，非若征南一切申《传》，汲汲然不敢异同也。"

杨氏时[12]曰："伯淳[13]先生尝有语云：看《春秋》，若经不通，则当求之传；传不通，则当求之经。某曾问之云：传不通，则当求之经，何也？曰：只如《左氏春秋》书：君氏卒。君氏，乃惠公继室声子也。而《公羊春秋》则书曰：尹氏。《传》云大夫也。然声子而书曰君氏是何义？当以尹氏为正，此所谓求之经。"

注释 ①传注：解释经籍的文字。②勤：频繁。③失传(shīchuán)：没有被人继承而得不到延续。④戾：罪过，乖张。⑤不待：用不着；不用。⑥惑：迷惑。⑦事迹：事物运行的轨迹。⑧真伪：真假。⑨晁氏说之：指晁说之(1059—1129年)，字以道，字伯以，因慕司马光之为人，自号景迂生，巨野（今属山东）人，或说澶州（今河南濮阳）人。生于宋仁宗嘉祐四年，卒于高宗建炎三年，年七十一岁。晚年颇信佛学，日诵《法华经》，自称“国安堂老法华”，又称“天台教僧”。在理学发展史上有一定地位。⑩省（xǐng）：省悟。⑪违畔：违叛。⑫杨时（1044—1130年），宋代将乐县人，我国著名的理学家，还是一个很有影响的政治家 。⑬伯淳：指程颢。

胡氏安国曰：“传《春秋》者三家，《左氏》叙事见本末[①]，《公羊》、《穀梁》辞辩而义精。学经以传为案，则当阅《左氏》；玩辞以义为主，则当习《公》、《穀》。”

胡氏宁曰[②]：“《左氏》释经虽简，而博通诸史，叙事尤详，能令百世之下[③]，颇见本末，其有功於《春秋》为多。《公》、《穀》释经其义皆密[④]，如卫州吁[⑤]以称人，为讨贼之辞也。公薨不地，故也。不书葬，贼不讨，以罪下也。若此之类，深得圣人诛乱臣讨贼子之意，考其源流，必有端绪，非曲说所能及也。啖、赵谓三传所记，本皆不谬，义则口传，未形竹帛；后代学者妄加附益[⑥]，转相传授，浸[⑦]失本真，故事多迂诞[⑧]，理或舛驳[⑨]。其言信矣。然则学者于三传，忽焉而不习，则无以知经；习焉而不察，择焉而不精，则《春秋》之宏意大旨，简易明白者，汩於僻说[⑩]，愈晦[⑪]而不显矣。”

注释 ①本末：指事实的始末详情。②胡宁（1101年—？），南宋理学家。字和仲，号茅堂。崇安（今武夷山）人。安国三子。以荫补官，召试馆职，除敕令所删定官，累迁祠部郎官。与兄胡寅敢忤秦桧，出为夔州路安抚司参议官。知沣州，不赴，提举台州崇道观。安国作《春秋传》，修纂检讨，尽出其手。著有《春秋通旨》，后以主管台州崇道观卒。③百世之下：百世以后。④密：细致。⑤卫州吁：卫国君卫完之弟。策划“州吁之乱”，杀害卫国君卫完。⑥附益:夸大其辞。⑦浸:逐渐。⑧迂诞:迂阔荒诞;不合事理。⑨舛驳:庞杂,不统一。⑩汩(gǔ):淹没,湮灭。僻说:偏颇的言论。⑪晦:隐晦。

朱子曰:"左氏曾见国史,考事颇精[①],只是不知大义,专去小处理会,往往不曾讲学。公、榖考事甚疏[②],然义理却精。二人乃是经生,传得许多说话,往往不曾见国史。"又曰:"《左传》'君子曰',最无意思。"因举"芟夷蕴崇[③]之"一段,"是关上文甚事?《左传》是一个审利害之几,善避就底人,所以其书有贬死节等事。其间议论有极不是处,如周郑交质[④]之类,是何议论!其曰:"宋宣公可谓知人矣。立穆公,其子飨[⑤]之,命以义夫[⑥]。只知有利害,不知有义理。此段不如公羊说'君子大居正'[⑦],却是儒者议论。"又曰:"或有解《春秋》者,专以日月为褒贬,书时月则以为贬,书日则以为褒,穿凿得全无义理!若胡文定公所解,乃是以义理穿凿,故可观。"问:"胡《春秋》如何?"曰:"胡《春秋》大义正,但《春秋》自难理会。"又曰:"前辈做《春秋》义,言辞虽粗率,却说得圣人大意出。如二程未出时,便有胡安定[⑧]、孙泰山[⑨]、石徂徕[⑩],他们说经虽是甚有疏略处,观其推明治道,真是凛凛可畏。"又曰:"《左传》是后来人做为,见陈氏有齐,所以言'八世之后莫之与京[⑪]'。见三家分晋,所以言'公侯子孙,必复其始'。《左氏》是史学,《公》、《榖》是经学。史学者,记得事却详,于道理上便差;经学者,于义理上有功,然记事多误。择之说,文定说得理太多,尽堆在里面。"朱子曰:"不是如此底,亦压[⑫]从这理来。"问:"《春秋》,胡文定公之说如何?"曰:"寻常亦不满于胡说。且如解经不使道理明白,却就其中多使故事,大与做时文答策[⑬]相似。"

注释 ①精:深入。②疏:粗略。③芟夷(shān yí):指铲除或消灭。蕴崇:积聚;堆积。如:为国家者,见恶如农夫之务去草焉,芟夷蕴崇之,绝其本根,勿使殖。(《左传·隐公六年》)。④周郑交质:周王室自平王东迁以后,日渐衰微,再也无法控制诸侯国,以致发生了郑庄公与周平王交换人质的事情。周、郑靠人质来维持关系,谈不上“信”,上下之间的“礼”也破坏了。⑤飨:同“享”。⑥命以义夫:命出于义。夫:助词,无实义。⑦君子大居正:意思就是君子当以恪守正道为本业。⑧胡安定:指胡瑗(993—1059年),字翼之,北宋泰州如皋人,原籍陕西安定。一生从事教育事业,门生弟子满天下,对我国古代封建教育有过一定贡献,所以门人学者称他为安定先生。他在如皋和湖州的藏书讲学处叫做安定书院,辛亥革命以来的如皋安定小学,就是以书院原址改办的。⑨孙泰山:指孙复,因长期居泰山讲学,人称“泰山先生”。又与胡瑗、石介,人称“宋初三先生”。他们还是北宋理学的先导人物。同时,孙复还是一位卓越的教育家。⑩石徂徕(cú lái):指石介(1005—1045年),字守道,一字公操,兖州奉符(今山东泰安东南)人。尝讲学于徂徕山下,学者称徂徕先生。⑪莫之与京:莫:没有什么,没有谁。京:大,高。大得没有什么可与之相比。形容首屈一指,无与伦比。亦作“大莫与京”。⑫压:接近,大致。⑬时文:旧时对科举应试文体的通称。答策:指朝廷选人时,提出当时政治、经济等问题,要求对答,应选者作答,谓之“答策”。

晁氏公武[①]曰:“《三传》之学,《穀梁》所得[②]最多;诸家之解,范宁之论最善[③]。”

郝氏经[④]曰:“《三传》之说,虽不同,要之出于圣人之门,而学有所自,终不外圣人之书法。自王通为‘三传作而《春秋》散’之言,而卢仝[⑤]辈遂谓:《三传》当束高阁[⑥],而独抱遗经。陆淳[⑦]、啖助、赵匡等,因之遂创为之传,自是《春秋》之学不专[⑧]于《三传》矣。”

虞氏集[9]曰:“昔[10]之传《春秋》者,有五家,邹、夹先亡。学《春秋》者,据《左氏》以记事[11],以观圣笔之所断,而或议其浮华[12]与经意远者多矣。是以《公》、《穀》据经以立义,专门之家是以尚焉。唐啖、赵师友之间,始知求圣人之意於圣人手笔之书。宋之大儒以为可与三传并治者,明其能专求於经也,然传亡,存者惟纂例等书。意其传之所发明,无出於所存之书者。清江刘氏权衡三传,得之为多,而其所为传,用意奥深,非博洽于典礼旧文者,不足以尽明之,是以知者鲜[13]矣。”

注释 ①晁公武:生卒年均不详,约宋高宗绍兴十四年前后在世。字子止,澶州清丰(今山东钜野县)人。南宋时著名目录学家,自幼喜读群书,著有昭德文集六十卷,郡齐读书志二十卷,文多散佚,存于今者唯《郡斋读书志》。②得:得益。③善:好。④郝经(1223—1275年):字伯常,陵川(今山西晋城)人。家世业儒,其祖父郝天挺是元好问之师,郝经本人,则深受元好问的影响。郝经生于金末乱世,随父逃难到河南鲁山,又迁往顺天府(今保定),“家贫,昼则负薪米为养,暮则读书”。顺天府左副守帅机贾辅聘为家庭教师,又在蔡国万户张柔府作馆师,“二家藏书万卷,(郝)经博览无不通”。⑤卢仝(tóng)(约795—835年):唐代诗人,范阳(治今河北涿县)人 。“初唐四杰”之一卢照邻的嫡系子孙。早年隐少室山,自号玉川子。他刻苦读书,博览经史,工诗精文,不愿仕进。是韩孟诗派重要人物之一。⑥束高阁:束之高阁。高阁:储藏器物的高架。捆起来以后放在高高的架子上。比喻放着不用。⑦陆淳(?—806年):字伯冲,号文通,唐吴郡(郡治在今江苏吴县)人。唐代儒家学者,经学家。陆淳曾师事啖助和赵匡治《春秋》之学。与啖助、赵匡称为“盛唐三贤”。⑧专:集中。⑨虞集(1272—1348年):字伯生,号道园,人称邵庵先生。祖籍仁寿(今属四川省眉山市仁寿县),虞集学识渊博，能究极本源，研精探微。精于理学，为元代"儒林四杰"之一。⑩昔：以前。⑪记事：记录的史实。⑫浮华：表面上动人而实际内容空虚、无用。⑬鲜：少。

卷一

隐公（元年之二年）

隐公[1]：公名息姑，鲁惠公之子，姬姓，侯爵[2]。自周公子伯禽始受封，传世十有三而至隐公，摄主国事。《谥法》："不尸其位曰隐。"

周：文武开基，始都丰镐。幽厉板荡，平王东迁洛阳，尽举故都而弃之秦，所谓东周也。於是王室微弱，至平王四十九年而入春秋。鲁隐公三年，平王崩，桓王立。

郑：姬姓，伯爵。自桓公始受封。周属王之子，宣公之弟也；子武公，武公子庄公。庄公元年，封弟段于京，二十二年克段于鄢，入春秋。

齐：姜姓，侯爵。自太公相武王定殷，受封于齐，受命专征侯伯，传世十三，至僖公九年入春秋。

宋：子姓，公爵。周武王定殷邦，封微子启于宋，以奉殷祀。传世十四，至穆公七年入春秋。鲁隐公三年，穆公卒，弟殇公与夷立。

晋：姬姓，侯爵。自唐叔始受封，传世十一而至昭侯。昭侯封文侯之弟成师于曲沃，晋始乱，分为二，以翼、曲沃别之。

翼：昭侯之后，传孝侯、鄂侯。鄂侯二年入春秋。隐公五年，曲沃伐翼，翼侯奔随，王命虢公立鄂侯之子光于翼，是为哀侯。隐公六年，晋逆翼侯于随，纳诸鄂，谓之鄂侯。

曲沃：成师之后，传曲沃庄伯。曲沃庄伯之十一年十一月，鲁隐公之元年正月也。隐公七年，曲沃庄伯卒，子称代立，是为曲沃武公。

卫：姬姓，侯爵。自康叔始受封，传世十三至桓公，十三年入春秋。鲁隐公四年，卫州吁弑桓公自立，冬，杀州吁，宣公晋立。

蔡：姬姓，侯爵。蔡叔之子蔡仲，率德改行，成王复封于蔡。传世十三，至宣公二十八年入春秋。鲁隐公八年，宣公卒，子桓侯封人立。

曹：姬姓，伯爵。自曹叔振铎始受封，传世十二，至桓公终生，三十五年入春秋。

滕:姬姓,侯爵。至鲁隐公七年见滕侯卒,其后称子,盖为时王所黜。

陈:妫姓,侯爵。舜之后。自胡公始受封,传世十二至桓公,二十三年入春秋。

杞:姒姓,侯爵。夏禹之后。自东楼公始受封,传五世至武公,二十九年入春秋。鲁庄公二十七年,书杞伯来朝,盖为时王所黜。其后又称子。

薛:任姓,侯爵。至鲁隐公十一年见来朝。庄公三十一年书薛伯卒。盖为时王所黜。其后至昭公三十一年见葬薛献公。

莒:已姓,子爵。至鲁文公十八年见庶其。

邾:曹姓,附庸国。自仪父入春秋。后为子。至鲁庄公十六年书邾子克卒。

许:姜姓,太岳之后。至鲁隐公十一年见许庄公及许叔。鲁桓公十五年许叔入于许,即鲁僖公四年,许男新臣卒葬,许穆公也。

小邾:曹姓,颛顼之后。鲁庄公五年书郳黎来来朝,盖附庸而未爵命。其后数从齐桓公尊王室,王命为诸侯。至鲁僖公七年始书小邾子。

楚:芈(mǐ)姓,子爵。自熊绎始受封,八世至熊渠,立其长子康为句亶王,中子红为鄂王,少子执疵这越章王。此僭王之始也。又八世至熊仪是为若敖。又二世至熊眴,是为蚡冒。其弟熊通篡立是为武王。武王十九年入春秋。

秦:嬴姓,伯爵。颛帝[③]之后也。殷有蜚廉、周有造父。周孝王使非子畜马,蕃息分土为附庸邑之。秦六世至襄公,将兵救周,送平王东迁有功,封为诸侯。襄公卒,文公立,文公四十四年是为隐公元年。又六世至穆公任好十五年,鲁僖公十五年始见春秋。

吴:姬姓,子爵。自太伯祚吴,五世至周章,而武王克殷,因封之吴,又十四世至寿梦,而吴始益大称王。鲁成公七年始见春秋。

越:其先禹之苗裔,少康之庶子也。封于会稽,以奉禹祀。后二十余世至于允常,鲁昭公五年偕楚伐吴,始见于春秋。允常与阖庐战而相怨伐,定公十四年允常卒,子勾践立,是为越王。是年吴伐越,越败之于槜李[④]。

注释　①鲁隐公(前722年—前712年)名息姑,鲁惠公之子,鲁桓公之兄。鲁国第十三代国君。②爵:《孟子 万章下》言有公、侯、伯、子、男五等诸侯爵位。③颛顼(zhuān xū)(公元前2513—2435)传说中的上古帝王。“五帝”之一,号 高阳氏 。相传为黄帝之孙、昌意之子,生于若水 ,居于帝丘 。十岁佐少昊 ,十二岁而冠,二十登帝位。在位七十八年。④槜李:古地名。今浙江嘉兴西南。

整理者说明　以上对隐公和第一至四卷所涉及的国家的介绍当系日讲官撰写;以下每一位“公”的开始的第一卷(如第五卷桓公,第三至九卷庄公)均同此体例。此外,大号字和小号字的安排也悉照原书。

以下是《春秋》和《三传》的原文及日讲官的解义。解义有两种形式,一种是随文夹注,用小号字书写,本整理本也照原版式排印;另一种是日讲官对一段原文的解义,本整理本则在解义文字之前加上用黑体字排印的“解义”二字。全书均同此,不再说明。

春秋　隐公(名息姑,惠公之子。以平王四十九年嗣位。《谥法》:“不尸其位曰隐。”)。

左传　惠公元妃孟子[①](子宋姓)。孟子卒,继室[②]以声子,生隐公(声子,孟子之侄娣也,元妃卒,次妃摄治内事,故谓之继室)。宋[③]武公生仲子(宋,杜注:梁国睢阳县,今河南归德府治)。仲子生而有文在其手,曰为鲁夫人(鲁括地志曲阜县外城伯禽所筑也,今属山东兖州府),故仲子归于我。生桓公而惠公薨[④],是以隐公立而奉[⑤]之(追成父志,以位让桓,为桓尚少,立为大子,率国人奉之,为经“元年春”不书即位传)。

注释　①惠公:鲁惠公,春秋鲁国国君孟子,名弗皇,在位四十六年。鲁:周国名,姬姓,侯爵,文王第四子周公旦所封,今山东滋阳东南,及江苏沛县、安徽泗州等皆其地。元妃:诸侯第一次娶的正室夫人。孟:排行长。②继室:续娶。③宋:周国名,子姓,公爵,出自商王帝乙长庶子启,今河南商丘以东、江苏铜山以西皆其地。④薨:诸侯死称为“薨”。⑤奉:辅佐。

春秋 元年①。

公羊传 元年者何?君之始年也。

解义 此鲁隐公即位之首年,孔子笔削所託②始也。诸侯奉天子正朔③,凡有事於天子之国,必用天子之年。至纪本国之政,亦得自用其年,旧史之常法也。首年称元,自董氏仲舒以为视大始而欲正本。何休④、杜预附而益之,遂有体元⑤之说。胡氏安国推衍乾元⑥、坤元⑦之用,而谓体元者,人君之职;调元者,宰相之事。又曰:元即仁也,仁人心也。虽理亦可通,而非经之本指也。舜典称元日⑧,商书称元祀⑨。古之帝王义或有取,而遂⑩目为圣人之书,法则凿⑪矣。

注释 ①隐公元年:前722年,是《春秋》和《春秋左传》起始年份,这一年,发生了郑伯克段于鄢这件大事。②託:托,托故。③正朔:一年第一天开始的时候。正和朔分别为一年和一月的开始。夏历以冬至后第二个月为正月,天历以冬至所在的月份为正月,夜半为朔。古时改朝换代,新王朝常重定正朔。④何休(129—182)中国东汉时期今文经学家。字邵公,任城樊(今山东滋阳)人。何休为人质朴多智,精研六经,作《春秋公羊传解诂》12卷。又注《孝经》、《论语》等。另作《春秋汉议》13卷,以春秋大义,驳正汉朝政事600多条,被召为司徒,拜议郎,再迁谏议大夫。⑤体元:源自体无居正,谓人君以天地之元气为本,常居正道以施政教。多指帝王即位。⑥推衍:推演,推论衍绎。乾元:指天。⑦坤元:坤为地,元为根元。⑧元日:正月初一。⑨元祀:元年。⑩遂:就;于是。⑪凿:明确,真实。

春秋　春王正月[1]。

左传　元年春,王周正月(言周,以别夏殷)。不书[2]即位,摄[3]也。

公羊传　春者何?岁之始也。王者孰谓[4]?谓文王也(文王,周始受命制法之王)。曷[5]为先言"王"而后言"正月"?王正月也。何言乎王正月?大一统[6]也。公何以不言即位[7]?成公意[8]也。何成乎公之意?公将平国而反之桓[9]。曷为反之桓?桓幼而贵[10],隐长而卑[11];其为尊卑也微[12](母俱媵也)。国人莫知。隐长又贤,诸大夫扳隐而立之[13]。隐于是焉而辞立[14],则未知桓之将必得立也;且如桓立[15],则恐诸大夫之不能相幼君也[16]。故凡隐之立为桓立也[17]。隐长又贤,何以不宜立?立適以长不以贤[18],立子以贵不以长。桓何以贵?母贵也(桓母右媵)。母贵,则子何以贵?子以[19]母贵,母以子贵。

注释　①春王正月:春,春天。王,指周文王。王正月,即周历正月。②书:记载,记录。③摄:代理,这里指代理国政。④孰谓:指的是谁。⑤曷:同"何",什么。⑥大一统:强调王道统一于道、天下统一于王。⑦公:指鲁隐公。即位:就君王之位。⑧成公意:成全隐公的心意。⑨平国:使国家平定。反之桓:归还给鲁桓公。⑩贵:出身高贵,指嫡生。⑪隐:指隐公。长(zhǎng):年长。卑:出身卑微,指庶生。⑫其:他们。微:不容易被人知道。⑬扳(bān):强行推动。立之:使之立于国君之位。⑭辞立:谢绝被立为国君。⑮且:况且。如:如果。⑯相(xiàng):帮助。幼君:指桓公。⑰故:所以。凡:总起来说。为:为了。⑱適(dí):通"嫡",指嫡生的。⑲以:凭借。

穀梁传　虽无事,必举正月,谨[1]始也。公,何以不言即位?成公志[2]也(成隐让桓之志)。焉成之?言君之不取为公也。君之不取为公,何也?将以让桓也。让桓正乎?曰:不正(隐长桓幼)。

《春秋》成人之美,不成人之恶。隐不正而成之,何也?将以恶[3]桓也(不明让者之善,则弑者之恶不显)。其恶桓何也?隐将让而桓弑之,则桓恶[4]矣。桓弑而隐让,则隐善矣。善则其不正焉何也?《春秋》贵义而不贵惠(惠谓私惠),信道[5]而不信邪。孝子扬父之美,不扬父之恶。先君之欲与[6]桓,非正也,邪也。虽然,既胜其邪心以与隐矣,已探先君之邪志而遂以与桓,则是成父之恶也。兄弟,天伦也(兄先弟后,天之伦次);为子受之父,为诸侯受之君(隐为世子受命于惠公,为鲁君已受命于天王矣)。已废天伦而忘君父(弟先于兄是废天伦,私以国让是忘君父)。以行小惠,曰小道也。若隐者,可谓轻千乘之国[7],蹈道[8]则未也。

注释 ①谨:慎重,小心。②志:意向。③恶(wù):厌恶。④恶(è):不好。⑤道:道义。⑥与:给。⑦千乘之国:拥有一千辆兵车的国家。春秋时指中等诸侯国。⑧蹈道:履行正道。

解义 王正月者,周正建子[1]之月也。周人即以是月为春夏书,《甘誓》曰:"怠弃[2]三正,则三正叠用,古已有此。"而《汉书·陈宠传》曰:"冬至之节,阳气始萌,天以为正,周以为春,又其明征[3]也"。以经文考之,桓十四年春正月,无冰。成元年春二月,无冰。襄二十八年春,无冰。若夏正建寅之月,则冻宜解,无冰,非异矣,况卯辰之月乎!定元年冬十月,陨霜杀菽[4],若建亥[5]之月,则陨霜非异,而亦无菽矣,以是知先儒夏时冠[6]周月之说,未得其实也。《春秋》之例必通,一时无事可纪,乃书首月以备,四时而成岁,惟人君之始年虽下,二月有事可纪,必书元年春,王正月,公即位,史策之正法也。隐公,自居于摄,虽改元朝庙,与国人更始,而未行即位之礼,故不书即位。庄闵僖元年,不书即位与此同,盖事有其实,既行即位之礼,旧史所书,孔子不得而削也。未行即位之礼,旧史所无,孔子不得而增也。胡氏安国,乃谓孔子首绌[7]隐公,以明大法,误矣。谓上不禀命於天子,则鲁十二公之所同也；谓内不承国于先君，则於定公之书即位不可通矣。侯国纪事，虽得自用其年，而所奉乃天子之朔[8]，故必书王正月。程氏端学[9]曰："若周史则不书王，得其义矣。先儒乃谓天下皆知有帝，故虞之正月不冠以帝；天下皆知有王，故夏之正月不冠以王。而以加王于正为孔子特笔，亦臆说[10]也。"

注释　①周正建子：夏正建寅，殷正建丑，周正建子，合称三正。夏正以正月为岁首，殷正以十二月为岁首，周正以十一月为岁首。上述三正实际上是我国周代各诸侯国使用的三种历法。②怠弃：荒废。③征：指迹象，预兆。④陨：落下的意思。菽：现作草讲。⑤建亥：夏历十月。⑥冠：戴。⑦绌：通"黜"。废除；贬退。⑧朔：朔政。指古代帝王每年冬季对诸侯发布来年十二个月的历日与政令，诸侯也于月初告祖庙，受而行之。⑨程端学(1278—1334)元鄞县(今属浙江)人，字时叔，号积斋。端礼弟。泰定进士。授仙居县丞，改国助教，迁翰林编修，出为瑞州路经历。元统二年(1334)，迁太常博士，命未下而卒。有《春秋本义》、《春秋或问》、《春秋三传辨疑》、《积斋集》等。⑩臆说：只凭个人想象的说法或主观地毫无根据地叙说。

春秋　三月，公及邾仪父[1]盟于蔑(凡书邾，《公羊》俱作邾娄。蔑，《公羊》、《穀梁》并作昧。此书盟之始。邾，今山东邹县，蔑，杜注：鲁地，今泗水县东有姑蔑故城)。

左传　三月，公及邾仪父盟于蔑——邾子克也。未王命，故不书爵。曰"仪父"，贵[2]之也。公摄位而欲求好于邾，故为蔑之盟。"

公羊传　及者何？与也，会及暨皆与也。曷为或言会或言及，或言暨？会，犹最也(最：聚也)；及，犹汲汲也；暨，犹暨暨也。及，我欲之；暨，不得已也[3]。仪父者何？邾娄之君也。何以名？字也。曷为称字？褒之也。曷为褒之？为其与公盟也。与公盟者众矣，曷为独褒乎此？因其可褒而褒之。此其为可褒奈何？渐进也（去恶就善，曰进）。昧者何？地期也[4]（其所期处）。

穀梁传 及者何？内为志焉尔（内：谓鲁也）。仪，字也。父犹傅也，男子之美称也。其不言邾子，何也？邾之上古微，未爵命于周也，不日，其盟渝也（渝：变也）。昧，地名也。

解义 按聘礼，大、射、仪、燕、礼五等诸侯皆称公，而公食[5]大夫礼，又以名篇，则谓君为公，本周制也。鲁，侯爵而称公，乃臣子尊君之辞，故孔子仍而不革[6]。邾，鲁附庸国。仪父，其君之字也。附庸未得列于诸侯，故书字以别之，与王朝大夫、诸侯兄弟同。《春秋》凡书盟者，恶之及者内为志，会者外为主。是盟，隐公所欲。故曰及也。诸侯当讲信守义，以承王事。义不明而有私交，信不足而有盟诅[7]，《春秋》志大道之公，是以恶之也。况数年以后，公即伐邾，盟果何益哉！

附录《左传》：夏，四月，费伯帅师城郎[8]，不书，非公命也（费伯，鲁大夫费庈父也。费，庈父食邑，今山东鱼台县西南有费亭。郎，杜注：鲁邑。今鱼台县东北有郎城。《传》曰：君举必书。然则史之策，书皆君命也，今不书于经，亦因史之旧法，故传释之）。

注释 ①邾仪父：邾国的国君，姓曹，名克，字仪父。②贵：尊重，重视。③会及暨：会就是聚的意思；及，就是汲汲的意思（表示心情急切）；暨，是暨暨的意思（带有果断坚毅的感情色彩）。及，有主观愿望的意思；暨，有不得已的意思。④地期也：这是指会盟的地点。⑤食：宴请。⑥革：革出。⑦盟诅：结盟立誓。⑧城：用作动词，意为筑城，修筑城墙。郎：春秋鲁邑，古名郁郎亭，今曰郁郎村，在今山东鱼台县东北八十里，在滕县西。

春秋 夏，五月，郑伯克段于鄢[1]（郑：今河南新郑县；鄢：今河南鄢陵县）。

左传 初，郑武公娶于申[2]，曰武姜[3]（凡《传》言初者，因此年之事而推其所由始也。申,国名,姜姓,今河南南阳县北,有故申城)。生庄公及共叔段[4](共,今河南辉县。段出奔共,故曰共叔)。庄公寤生(《史记》:寤生,生之难也),惊姜氏,故名曰:"寤生",遂恶之[5]。爱共叔段,欲立之。亟[6]请于武公,公弗许。及庄公即位,为之请制(制:郑邑,一名虎牢,今河南汜水县西有虎牢城。武姜请于庄公,欲以制邑封段)。公曰:"制,岩邑也(言其地,岩险)。虢叔死焉,他邑唯命[7]。"(虢叔,东虢君也,恃制岩险而不修德,郑灭之。虢故城在今汜水县东,近荥阳界)请京(京,杜注:郑邑。今荥阳县有京县故城),使居之,谓之京城大叔。祭仲曰(祭仲,郑大夫):"都城过百雉[8],国之害也(方丈曰堵,三堵曰雉,一雉之墙,长三丈,高一丈。凡邑有宗庙,先君之主曰都,无曰邑。邑曰筑,都曰城。过百雉,言城之周围过三百丈之数)。先王之制:大都,不过参国之一[9](三分国城之一);中,五之一;小,九之一。今京不度(不合三等法度),非制也。君将不堪[10]。"公曰:"姜氏欲之,焉辟害[11]?"对曰:"姜氏何厌[12]之有?不如早为之所[13],无使滋蔓。蔓,难图[14]也;蔓草犹不可除,况君之宠弟乎?"公曰:"多行不义必自毙[15],子姑待之。"

注释　①郑伯:指郑庄公,郑属伯爵,故称郑伯。克:战胜。段:郑庄公弟弟。②初:当初,起初。用于故事开头。郑武公:春秋时郑国国君,姬姓,名掘突。③武姜:郑武公谥号为武,申国为姜姓,因此郑武公夫人称为武姜。④庄公:即郑庄公。共叔段:郑庄公之弟,共为其封邑,叔为兄弟排行。⑤寤生:倒着生,即胎儿出生时脚先出来,这是难产。寤:同"牾",倒着。恶:讨厌,不喜欢。⑥亟:多次,屡次。⑦唯命:唯命是从。⑧雉:古时建筑的计量单位,一雉为三丈长一丈高。⑨参:同"三"。国:国都。⑩堪:经受得住。⑪焉:怎么,哪里。辟:同"避",逃避。⑫厌:满足。⑬所:安排,处理。⑭图:克制,对付。⑮毙:仆倒,灭亡。

既而大叔命西鄙、北鄙贰于己[1](鄙,边邑。贰,两属也)。公子吕曰(公子吕,郑大夫):“国不堪贰,君将若之何[2]?欲与大叔,臣请事之;若弗与,则请除之。无生民心。”(叔久不除,则举国之民当生他心)公曰:“无庸[3],将自及。”(言无用除之,彼将自及于祸也)大叔又收贰以为己邑(前两属者,今皆取为己邑)。至于廪延(言所侵愈多。廪延,杜注:郑邑,今河南延津县)。子封曰:“可矣!厚将得众。”(子封,即公子吕也。厚,谓土地广大)公曰:“不义不昵(言不义之人不为众所亲昵)。厚将崩。”(以墙屋喻也,厚而无基,必自崩。喻众所不附,自败也)

大叔完聚[4],缮甲兵,具卒乘(完城郭,聚人民。缮治其甲胄与兵器,具备其步卒与车乘),将袭郑。夫人将启之[5](无钟鼓,曰袭。启,开也)。公闻其期,曰:“可矣!”命子封帅[6]车二百乘以伐京(古者,兵车一乘,甲兵三人,步卒七十二人)。京叛大叔段,段入于鄢[7]。公伐诸鄢。五月辛丑[8],大叔出奔共。

注释 ①鄙:边境上的城邑。贰于己:同属于庄公和自己。②若之何:如何对待他。③庸:用。④完聚:修葺城郭,聚集粮食。⑤夫人:指武姜。启之:开启城门。⑥帅:率领。⑦鄢:地名,在今天河南鄢陵境内。⑧辛丑:这年五月辛丑日为五月二十三日。

书曰:“郑伯克段于鄢。”段不弟,故不言弟;如二君,故曰克。称郑伯,讥失教也,谓之郑志。不言出奔,难之也(段实出,奔而以克为文,明郑伯志在于杀,难言其奔)。遂寘[1]姜氏于城颍(城颍,杜注:郑地。《史记正义》曰:许州。临颍县是今河南临颍县,有故城)而誓之曰:“不及黄泉[2],无相见也!”既而悔之。颍考叔为颍谷封人(颍谷,颍水所出,在今河南登封县。封人,典封疆之官),闻之,有献于公。公赐之食。食舍肉(食而不啜羹,欲以发问也)。公问之,对曰:“小人有母,皆尝小人之食矣,未尝君之羹[3],请以遗[4]之。”公曰:“尔有母遗,繄[5]我独无!”颍考叔曰:“敢问何谓也?”(据武姜在设疑也)公语之故,且告之悔。对曰:“君何患焉!若阙[6]地及泉,隧而相见,其谁曰不然?”(阙,掘也。隧,地中道也)公从之。公入而赋:“大隧之中,其乐也融融[7]。”姜出而赋:“大隧之外,其乐也泄泄[8]。”(赋,赋诗也,中融外泄,各自为韵,盖所赋之诗有此辞,传略而言之也)遂为母子如初。

君子曰:“颍考叔,纯孝也。爱其母,施及庄公(言能广施孝道,感悟庄公)。《诗》曰:‘孝子不匮,永锡尔类[9]。’其是之谓乎!”

注释　①寘(zhì):安置。②黄泉:这里指坟墓。③羹:带汁的肉羹。④遗(wèi):赠送。⑤繄(yī):语气助词。⑥阙:通“掘”。⑦融融:快乐高兴的样子。⑧泄泄:快乐欢畅的样子。⑨这两句诗出自《诗·大雅·既醉》。匮:匮乏。锡:同“赐”。

公羊传　克之者何?杀之也。杀之则曷为谓之克?大[1]郑伯之恶也。曷为大郑伯之恶?母欲立之,己杀之。如勿与而已矣[2](如即不如。齐人语也)。段者何?郑伯之弟也。何以不称弟?当国[3]也。其地何?当国也。齐人杀无知,何以不地?在内也。在内虽当国不地也。不当国虽在外[4]亦不地也。

穀梁传　克者何?能[5]也。何能也?能杀也。何以不言杀?见段之有徒众[6]也。段,郑伯弟也。何以知其为弟也?杀世子[7]、母弟目君[8],以其目君,知其为弟也。段,弟也,而弗谓弟;公子也,而弗谓公子,贬之也,段失子弟道矣。贱段而甚郑伯也。何甚乎郑伯?甚郑伯之处心积虑,成于杀也[9]。于鄢,远也。犹曰取之其母之怀中而杀之云尔,甚之也[10]。(段奔走至鄢,去已远矣。郑伯犹追杀之。何以异于探其母怀中赤子,而杀之乎)然则为郑伯者,宜奈何?缓追逸贼[11],亲亲[12]之道也。

注释　①大:表示强调。②意思是:不如不给他地盘算了。③国:国都之内。④外:国都之外。⑤能:能够。⑥徒众:兵众。⑦世子:周代时,天子、诸侯的嫡子称“世子”。⑧目君,谓称郑伯。⑨意思是：段恃宠骄恣，强足当国；郑伯不能防闲以礼，教训以道，纵成其恶，终致大辟，处心积虑，志欲杀弟。⑩意思是：郑伯之杀段，盖追恨姜氏爱段恶己也；读之使人堕泪。⑪逸贼：逃亡的盗贼。⑫亲亲：亲近其所亲之人。

解义 此《春秋》诛意[1]之文也。按郑庄克段，君臣合谋，则当称国；命公子吕为帅，则当称将；出车二百乘，则当称师。而《经》专斥郑伯，所以恶庄也。克者，以力胜之。若雠[2]敌然不称弟，段不弟[3]也。于鄢，谓既伐诸京，又蹙[4]诸鄢，极之於其所往也。自常情观之，段躬[5]为不义，庄待其及[6]而后讨之，似亦非过。而《春秋》归狱[7]于庄，何哉？当其始，姜欲立段，段复多才，为国人所与，庄遽欲除之，而罪状未著，惧无辞于母氏与国人也。故授以大邑，为作乱之阶，命贰收贰[8]，其势渐逼，犹曰姑待[9]，曰无庸[10]，纵使失道。俟[11]其缮甲兴师，形迹显著，然后以叛逆讨之，则国人不敢从，姜氏不敢主，而段属籍当绝，不可复居父母之邦矣。夫王者以善养人，惟恐人之不入於善也；而郑庄於弟，则惟恐不入於恶。《春秋》所为深诛其意，以正人心而扶世道[12]也。

注释 ①诛：惩罚；意：指不良意图。②雠(chóu)：同“仇”。③不弟：失为弟之德，不配为弟。④蹙：迫近，逼近。此即追击之义。⑤躬：自己。⑥及：指问题暴露。⑦归狱：归罪。⑧贰：指西鄙、北鄙二邑。⑨犹：仍然，还。姑：姑且。⑩无庸：平庸，无所作为。⑪俟(sì)：等待。⑫世道：社会道德风尚。

春秋 秋七月，天王使宰咺来归惠公、仲子之赗[1]（此书王室下交诸侯之始）。

左传 秋七月，天王使宰咺来归惠公、仲子之赗。缓，且子氏未薨，故名（惠公葬在春秋前，故曰缓也。子氏，仲子也，薨在二年）。天子七月而葬，同轨毕至[2]（同轨毕至，言海内皆至也）；诸侯五月，同盟[3]至（五月而葬，杀于天子同方岳之盟，其地渐近，故五月可至，不言毕至,至不至,无所拘也);大夫三月,同位[4]至(三月而葬,杀于诸侯,古者行役不逾时,故三月而同位至);士逾月,外姻[5]至(过月而葬,杀于大夫,外姻之在他国者,过月可至,此言赴吊,各以远近为差,因为葬节)。赠死不及尸(尸,未葬之通称),吊生不及哀(诸侯已上,既葬则缞麻除,无哭位)。豫凶事[6](仲子在而来赗,故曰豫凶事),非礼也。

注释　①天王:周天子,此处指周平王。宰咺:宰为官名,咺为人名。惠公:指鲁惠公,即姬弗湦,是鲁国第十三任君主。他为鲁孝公儿子,文王第八世孙,承袭鲁孝公担任该国君主,在位46年(公元前768—前723年),因太子年幼,由庶长子息姑摄政,即鲁隐公。仲子:鲁惠公夫人。桓公之母。子姓,宋国人。鲁惠公原配夫人是孟子。孟子死后,惠公续声子,生下隐公。但是声子地位卑下,惠公于是又娶了个夫人仲子,生了桓公。赗:吊丧所用的礼品。②同轨:指诸侯。"同轨毕至",谓海内皆至也。四夷异俗,不可同其文轨,天子之丧,不能以时赴吊,故言"同轨",以别四夷之国也。③同盟:同盟国的诸侯。④同位:官位相等。⑤外姻:外戚姻亲,泛指亲戚。⑥豫:预先。

公羊传　宰[1]者何?官也。咺者何?名也。曷为以官氏?宰士也(言宰与周公同,言名又与宰周公异,是宰下之士也)。惠公者何?隐之考[2]也。仲子者何?桓之母也。何以不称夫人?桓未君也。赗[3]者何?丧事有赗。赗者,盖以马(谓士不备四也)。以乘马束帛(乘马,谓大夫已上备四也。束帛,谓玄三纁二),车马曰赗,货财曰赙[4],衣被曰襚[5]。桓未君则诸侯曷为来赗之?隐为桓立,故以桓母之丧告于诸侯。然则何言尔?成公意也(尊桓母以赴告天子,诸侯隐公之意也)。其言来何?不及事也(时,葬事已毕,无所复施),其言惠公、仲子何?兼之。兼之,非礼也(言惠公、仲子当各使一使)。何以不言及仲子?仲子微也(比夫人为微,故不得与惠公并)。

穀梁传 母以子氏[6](妾不得体,君故以子为氏),仲子者何?惠公之母,孝公之妾也。礼,赗人之母则可,赗人之妾则不可。君子以其可辞。受之,其志不及事也。赗者何也?乘马曰赗,衣衾曰禭,贝玉曰含,钱财曰赙。

解义 天王,周平王也。系王于天,《春秋》之特笔也。宰者,冢宰,咺,其名也。惠公,隐公之父。仲子,惠公之妾也。王朝公卿,例书爵。咺,六卿之长,而名之何也?冢宰[7],纪法所从出,君有过举,当据纪法以争之。今乃承命,下赗诸侯之妾,使咺不知其不可,是不智也;知其不可而不言,是不忠也。故特贬而书名,以见其失职也。

注释 ①宰:古代官名。②考:去世的父亲。③赗:以车马等物助丧家送葬。④赙:送给丧家的布帛、钱财等。⑤禭:吊丧者赠送死者的衣被。⑥氏:同"姓"。⑦冢宰:官名。太宰的别称,为内朝主宰。在《周礼》为六卿之首,总管全国大事。

附录左传 八月,纪人伐夷。夷不告,故不书(纪,国名,姜姓侯爵。今山东寿光县东南有纪城。夷,国名,妘姓。杜注:在城阳庄武县。今山东即墨县西有庄武故城。隐十一年,《传》曰:凡诸侯有命,告则书,不然则否,《春秋》例也)。有蜚,不为灾,亦不书(蜚,负蠜也。盖食苗虫之属。庄二十九年,《传》曰:凡物不为灾不书)。

整理者说明 《左传》有一部分内容是"有传无经"的,胡安国注本未收这一部分内容,而日讲官将这一部分内容取名"附录左传"("附录公羊"、"附录穀梁"亦是),并排在相应的位置。全书均同此,以下不再说明。

春秋 九月,及宋人盟于宿(此书参盟之始。宿,国名,风姓,男爵。杜注:东平无盐县也。今无盐故城,在山东东平州东)。

左传 惠公之季年[1],败宋师于黄(黄,杜注:宋邑,外黄县有黄城。今,外黄故县在河南杞县东北)。公立[2],而求成[3]焉。九月,及宋人盟于宿,始通[4]也。

公羊传　孰及之? 内之微[5]者也。

穀梁传　及者何? 内卑[6]者也。宋人,外卑者也。卑者之盟不日[7]。宿,邑名也。

解义　宿,国名。惠公与宋有郄[8],至隐公立而求成於宋,遂为此盟。内称及,外称人,皆微者也,微者之盟会不志[9],此其志者,有宿国之君在也。凡书盟者,恶之,或谓周礼有司盟[10]之官,至於诅祝[11]玉府戎右太史,皆有职以掌盟载之事。意者盟以结信,出於人情,亦先王所不禁乎? 不知司盟之设,非先王所欲,而不禁,乃欲禁之,而不能也。圣人欲尽去盟诅[12]之私,直追大道[13]之公,恶盟之心与先王设盟之心,未尝不合,皆欲以维信义之穷尔[14]!

注释　①季年:晚年。②立:即位。③求成:指求和。④通:互通,通好。⑤微:卑微。⑥卑:地位低微。⑦按《春秋》惯例,若是公卿以上,则书名。此盟客主无名,其地位卑微,故直言"及"者。⑧有郄 :同" 有隙 "。⑨志:文字记载。⑩司盟:职官名。掌盟约之职。⑪诅祝:祈求鬼神加祸于敌对的人。⑫盟诅:结盟立誓。⑬大道:政治上的最高理想。⑭信义:指信用和道义。穷:极点。

附录左传　冬十月庚申,改葬[1]惠公。公弗临[2],故不书(以桓为大子,故隐公让,而不敢为丧主)。惠公之薨也,有宋师[3],太子少[4],葬故有阙[5],是以改葬。卫侯来会葬[6],不见公,亦不书(卫,杜注:在汲郡朝歌县。今朝歌故城,在河南淇县东北。诸侯会葬,非礼也,不得接见成礼,故不书)。郑共叔之乱[7],公孙滑[8]出奔卫(公孙滑,共叔段子)。卫人为之伐[9]郑,取廪延[10]。郑人以王师、虢师伐卫南鄙[11](虢,西虢国也。姬姓,公爵。杜注:弘农陕县东南有虢城。陕县,今河南陕州也。凡师能左右之曰以)。请师于邾[12]。邾子使私于公子豫(公子豫,鲁大夫。私请师),豫请往,公弗许,遂行。及邾人、郑人盟于翼(翼,杜注:邾地,在今山东费县西南)。不书,非公命也。新作南门。不书,亦非公命也。

注释 ①改葬:亦称“捡骨”。汉族及部分少数民族丧葬旧俗。人死安葬后,如死者后辈仕途不济,或常遇疫疾,丧家即认为是死者丧葬地点不好引起的,于是便改葬于另一处。②弗临:没有到场。③宋师:宋军。④少:年幼。⑤阙:缺失,不完备。⑥会葬:参加葬礼;会合送葬。⑦共叔之乱:指共叔段之乱,由郑庄公的同母弟弟叔段和其母亲武姜所引发的。⑧公孙滑:大名叫姬滑。共叔段之子。姬滑是郑武公的孙子,所以又叫公孙滑。⑨伐:讨伐。⑩廪延:地名,今河南省延津县北。⑪南鄙:南方边境地区。⑫师:出兵。邾:国名,今山东省邹城市。

春秋 冬,十有二月,祭伯来(此书王臣私交之始。杜注:祭国,伯爵也。《路史》[①]:“周圻内管城东北有古祭城。”今河南开封府东北有祭伯城)。

左传 十二月,祭伯来,非王命也。

公羊传 祭伯者何?天子之大夫也。何以不称使[②]?奔[③]也。奔则曷为不言奔?王者无外[④],言奔,则有外之辞也。

榖梁传 来者,来朝[⑤]也。其弗谓朝何也?寰[⑥]内诸侯非有天子之命,不得出会诸侯。不正其外交,故弗与朝也(天子畿内大夫有采地,谓之寰内诸侯)。聘弓鍭矢不出竟埸,束修之肉不行竟中[⑦],有至尊者不贰[⑧]之也。(“聘弓鍭矢”者,古者以弓矢相聘问,故《左传》云楚子问郤至以弓。”《尔雅》释器云:“金镞翦羽谓之鍭。”束修之肉者,修脯也。臣无竟外之交,故弓矢不出竟埸。在礼,家施不及国,故束修之肉不行竟中,谓之“竟埸”者,“竟”是疆界之名,至此易主,故谓之“疆埸”。“不贰之”者,言臣当一一禀君命,无自专之道也)

解义 祭,邑名。伯,或曰爵,或曰字。祭伯,天子之卿。畿内[9]诸侯来者,来朝於鲁也。不曰朝,而曰来,不与其朝也。曷为不与其朝?非王命也。私交者,人臣所禁,故寰内诸侯,非有天子之命,不得出会诸侯,况隐公之立未尝朝王。祭伯不奉王命而远来朝鲁,是为结外交,藐[10]君父,营私蔽[11]公,罪孰大焉。《春秋》於王臣外交,皆贬而不与,所以正其本[12]也。

注释　①《路史》:南宋孝宗时代,学者罗泌著,采用道家等遗书的说法,再上溯旧史所称"三皇五帝"以上的往事,文章华丽而亦富于考证,言之成理。《路史》意思是说这是中国历史文化的"大史"之意。②使:使者。③奔:奔走。④无外:谓古代帝王以天下为一家。⑤朝(cháo):朝拜。⑥寰:京都周围千里以内的地方。即王畿。⑦束修:送给教师的报酬(脩同"修":古时称干肉)。竟:同"境"。⑧不贰:专一,无二心。⑨畿内:古代指京都周围千里以内的土地,住平民。既所谓"王畿"。西周京畿之内的诸侯有:荣、程、函、魏(不是战国的魏)、虞、焦、原、苏、雍、凡、共、宣方等。⑩藐:藐视。⑪蔽:蒙蔽。⑫本:根本。

春秋　公子益师卒[1]。

左传　众父卒(众父,公子益师字),公不与小敛[2],故不书日。(《礼》:卿佐之丧,小敛大敛,君皆亲临之,崇恩厚也。小敛,始死之敛。盖隐公不亲临众父始死之敛,故不书众父卒日)

公羊传　何以不日?远[3]也。所见异辞[4],所闻异辞,所传闻异辞(所见,谓昭、定、哀;所闻,谓文、宣、成、襄;所传闻,谓隐、桓、庄、闵、僖)。

穀梁传　大夫日卒,正也(君之卿佐是谓股肱,股肱或亏,何痛如之。故录其卒日,以纪恩),不日卒,恶也(恶,故略之)。

解义　益师,鲁卿,众父之名;称公子者,鲁侯之子也。诸侯之卿,皆受命於天子。当时不复请命[5],而使为卿,故皆不书官,不与其为卿也。其不书卒之日,《公羊》以为远然。公子彄远矣,而书日,则非远也。《穀梁》以为恶然。公子牙季孙意如恶矣,而书日,则非恶也。《左氏》以为公不与小敛然。公孙敖卒於外而公在内,叔孙舍卒於内而公在外,不与小敛,明矣,而书日,则《左氏》之说,亦非也。程子曰:或日或不日,因旧史也。古史记事简略,日月或不备⑥。《春秋》因旧史,有可损而不能益,是为得之。胡氏谓:见恩数之有厚薄。亦因《左氏》之说而失之者与。

注释 ①卒:死亡。②敛:通"殓"。给死者穿衣入棺。③远:时间长远。④异辞:原指措词有所不同,后指说法不一致。指传说不一致。⑤请命:请求任命。⑥不备:不完备,不详实。

春秋 二年春,公会戎①于潜(此书会之始。戎,今山东曹县故戎城是也。潜,鲁近戎之地。当,在今兖州府西南境)。

左传 二年春,公会戎于潜,修惠公之好也。戎请盟,公辞。

穀梁传 会者,外为主焉尔。知者虑(察安审危),义者行(临事能断),仁者守(众之所归,守必坚固)。有此三者,然后可以出会。会戎,危公也。

解义 《春秋》之例②,事以时成则书时,而不书月。而隐公自元年以后,皆不书正月,虽事以月成者,亦书时。故《穀梁》谓隐十年无正③,隐不自正;《公羊》谓隐不有其正,皆非也。隐在位十有一年,王命五年至,身既不朝,又无一介之使报礼于京师,是不奉正朔也,故不书正,以示义焉。《春秋》凡会皆讥④。君臣同词者非,封建⑤之国也。

春秋 夏五月,莒人入向(此书入国之始。莒,今山东莒州。向国,姜姓,汉置向县,今江南怀远县西有故县村)。

左传 莒子娶于向,向姜不安莒而归(不安于莒,归其父母之国)。夏,莒人入向,以姜氏还。

公羊传 入者何?得而不居也。

穀梁传　入者，内弗受也(苟不以罪，则义皆不可受)。向，我邑也。

春秋　无骇帅师入极(骇，《穀梁》作侅，此书大夫专兵之始。极，附庸国，今山东鱼台县西有极亭)。

左传　司空无骇入极，费庈父胜之(司空，鲁卿。无骇不书氏，未赐族。庈父，费伯也)。

公羊传　无骇者何？展无骇⑥也。何以不氏？贬⑦。曷为贬？疾⑧始灭也。始灭昉于此乎(昉，适也)？前此矣。前此则曷为始乎此？托始⑨焉尔。曷为托始焉尔？《春秋》之始也。此灭也，其言入何？内大恶，讳⑩也。

穀梁传　入者，内弗受也(内谓所入之国)。极，国也。苟焉以入人为志者，人亦入之矣。不称氏者，灭同姓，贬也。

解义　莒，小国，称人，略之也。《春秋》小国卿大夫皆称人。无骇称名，《春秋》之初，大夫未张犹多，不书其氏也。向极皆国名。入者，以兵造其国都，得之而不居也，其义为逆而不顺，诸侯非奉天子之命，不得自相侵伐⑪。其不率者，则《大司马》九伐之法⑫施焉。今莒，鲁无王命而擅入人国，天王不能讨，直书其事而义自见矣。

注释　①戎：古国名。②例：体例，惯例。③正：指正月。④讥：指责。⑤封建：一种分封的政治制度。相传黄帝为封建之始，至周制度始备。⑥展无骇：鲁孝公有儿公子展，公子展的孙子无骇以祖父名为氏，称展无骇。⑦贬：贬低并斥责。⑧疾：疾怨，怨恨。⑨托始：开头。⑩讳：忌讳。⑪侵伐：兴兵越境讨罪；进攻他国。⑫九伐之法：古代指对九种罪恶的讨伐。

春秋　秋八月庚辰，公及戎盟于唐(此书盟戎狄之始。唐，杜注：鲁地方与县北有武唐亭。在今山东鱼台县)。

左传　戎请盟。秋，盟于唐，复修戎好也。

解义 戎:在徐州之域,去鲁为近,故春既有潜之会,秋复有唐之盟。其书日者,以戎异列於国诸侯,故谨之也。潜之会,戎请盟而公辞,今乃遂与之盟,不可已乎?书及,所以责公也。

春秋 九月,纪履緰来逆[①]女(履緰,《左》作裂繻)。

冬十月,伯姬归于纪。

左传 九月,纪裂繻来逆女,卿为君逆也。

公羊传 纪履緰者何?纪大夫也。何以不称使。昏[②]礼不称主人(为养廉远耻也)。然则曷称?称诸父兄师友。宋公使公孙寿来纳币,则其称主人何?辞穷也。辞穷者何?无母也(宋公无母,莫使命之)。然则纪有母乎?曰:有。有则何以不称母?母不通也(《礼》,妇人无外事,母命不得违,故不得称母通,使文所以远别也)。外逆女不书,此何以书?讥。何讥尔?讥始不亲迎也。始不亲迎昉于此乎?前此矣。前此则曷为始乎此?托始焉尔。曷为托始焉尔?《春秋》之始也。女曷为或称女,或称妇,或称夫人?女在其国称女,在涂称妇,入国称夫人。

伯姬者何?内女也。其言归何?妇人谓嫁曰归。

穀梁传 逆女,亲者也(亲,谓自逆之也)。使大夫,非正也。以国氏者(以纪冠于履緰之上,为以国氏),为其来交接于我,故君子进之也。《礼》:妇人谓嫁曰归,反曰来归(反,谓为夫家所遣)。从人者也。妇人在家制于父[③],既嫁制于夫,夫死从长子。妇人不专行,必有从也。伯姬归于纪,此其如专行之辞何也?曰:非专行也。吾伯姬归于纪,故志之也。其不言使,何也?逆之道微,无足道焉尔。

解义 履緰,纪大夫。伯姬,鲁女许嫁於纪者也。书履緰逆女,讥[④]纪侯之不亲迎也。夫妇,人伦之本。父子君臣,皆于此托始焉。孔子告哀公以大婚为政之本。文王之亲迎于渭[⑤],韩侯之亲迎于蹶里[⑥],并见《雅诗》[⑦]。今纪侯不亲迎,而使履緰来,岂所以重大婚之礼与?然程子有言,亲迎者迎於所馆。故有亲御授绥[8]之礼?且如秦楚远隔,岂有委宗庙社稷而迎妇者?文王亲迎于渭,未尝出疆,且为公子时也。以此义推之,韩侯因觐[9]而迎,非私行故,於礼无讥。天子诸侯之礼,每与士庶人异,二说并存,而不可偏废也。

注释　①逆:迎接。②昏:婚。③制:控制;于:表被动。④讥:讥讽、讥笑。⑤渭:渭河,源出中国甘肃省,流入陕西省,会泾水入黄河。⑥蹶里:位于陕西省东部韩城市,黄河西岸。⑦雅诗:《诗经》风、雅、颂中的雅。⑧绥:借以登车的绳索。⑨觐:朝见;朝觐。

春秋　纪子伯、莒子盟于密(伯,左氏作帛。此书外相盟之始。密,杜注:莒邑。今山东省昌邑县东南有密乡故城)。

左传　冬,纪子帛、莒子盟于密,鲁故也。

公羊传　纪子伯者何?无闻焉尔。

穀梁传　或曰:纪子伯莒子而与之盟。或曰:年同爵同,故纪子以伯先也(伯,长也)。

解义　以子系纪非其爵,以伯系子无其国,此阙文也。阙文之例有三:有自仲尼削之者,如桓公无王,王不称天之类,以大义削之,而本非阙也。至於旧文脱简[1]无从考按而夫子因之,或秦灰[2]之后,卷帙[3]散亡,经师[4]口授,讹舛[5]莫稽,而后儒又因之,皆不得不阙者,虽作者之圣,述者之明,不能有所增损也。

春秋　十有二月乙卯,夫人子氏薨。

公羊传　夫人子氏者何?隐公之母也。何以不书葬?成公意也。何成乎公之意?子将不终[6]为君,故母亦不终为夫人也。

穀梁传　夫人薨,不地。夫人者,隐之妻也。卒而不书葬,夫人之义,从君者也。

解义　夫人子氏之薨,《左传》无明文。杜预因归赗豫凶事之说而断，以为桓公之母仲子。夫既为夫人，未有无谥者，何他日考宫，仍称仲子，而不书其谥乎？《公羊》以为隐公之母。果隐公之母，则既以夫人之礼书薨，亦当以夫人之礼书葬矣。故程子独取《穀梁》隐妻之说，而胡氏安国因之。薨者，上坠之声，夫人先君而薨，则不书葬，妇人从夫者也。

春秋 郑人伐卫（此书诸侯专征伐之始）。

左传 郑人伐卫，讨公孙滑之乱也（治元年取廪延之乱）。

解义 郑公孙滑在卫，卫尝为滑伐郑，至是郑庄修怨[7]以伐卫。夫段既糊口[8]四方，滑，兄弟之子，必欲绝之而后快，庄之忮悻[9]不待贬而自见矣。征伐者，天子之大权，就使卫果有罪可声，郑果有言可執，非奉王命不得兴师，而况迁怒复怨[10]，为廪延之微郄[11]乎？不书战者，卫自输服，而不待战也。凡书伐而不书战者，皆可以此义通之。

注释 ①脱简：古代简书因编绳断烂等原因，丢失了简片。②秦灰：指秦焚书。③卷帙：书籍。④经师：传授经书的老师。⑤讹舛：（文字）错误，误谬。⑥终：终归。⑦修怨：报怨。⑧糊口：勉强维持生活。⑨忮悻：固执，怨恨，恼怒。⑩迁怒：将愤怒宣泄到不相干的人的身上。复怨：复仇。⑪郄：同隙。

卷二

隐公(三年之四年)

春秋 三年春王二月己巳[①],日有食之[②](此书日食之始)。

公羊传 何以书[③],记异[④]也。日食[⑤],则曷为或日或不日[⑥],或言朔或不言朔[⑦]?曰某月某日朔,日有食之者,食正朔[⑧]也(桓公三年秋,七月壬辰朔,日有食之,是也)。其或日或不日,或失之前或失之后,失之前者朔[⑨]在前也(谓二日食,己巳日有食之是也)。失之后者朔在后也。(谓晦日食。庄公十八年三月,日有食之是也)

穀梁传 言日不言朔,食晦[⑩]也。其"日有食之"何也?吐者外壤[⑪],食者内壤(壤,日之轮廓,其所吐出者,壤在外。其所吞食者,壤入于内)。阙然[⑫]不见其壤,有食之者也。(日既阙损,不知壤之所在,必有物食之)有内辞[⑬]也,或外辞也。(食者内壤,故曰内辞。吐者外壤,故曰外辞。《传》无外辞之文者,盖时无外壤也。而曰或外辞者,因事以推明义例耳)有食之者,内于日也(日食既有两种之辞,今直云有食之者,为壤在于内也)。其不言食之者何也?(谓经不明言月之食日也)知其不可知,知也。(圣人慎疑,所谓不知为不知,是知也)

注释 ①三年春王二月己巳:即公元前720年2月22日。己巳为干支之一。农历的干支纪年,我国古代以天为主,以地为从,天和干相连叫天干,地和支相连叫地支,合起来叫天干地支,简称干支。②"日有食之":有日食。此日食记录格式,为此后历代所沿用。③何以:为什么。书:指记载。④记:记载,记录。异:奇异,特别。⑤日食:又作日蚀,在月球运行至太阳与地球之间时发生。这时对地球上的部分地区来说,月球位于太阳前方,因此来自太阳的部分或全部光线被挡住,因此看起来好像是太阳的一部分或全部消失了。⑥曷:为什么。或日或不日:或,有时。日,记录日期。意思是有时记录了日期,有时没有。⑦朔:天文学名词。按,凡月与日同经度不同纬度则为合朔,同经度又同纬度即为日蚀。⑧食正朔:日食正在发生。⑨朔:太阳缺损的方向。⑩晦:晦暗。⑪壤:太阳轮廓。⑫阙然:不完备。⑬辞:说法。

解义 历法[①],周天之度[②]。日行疾,月行迟,日月一岁凡十二会,方会则月光都尽而为晦[③],已会则月光复苏而为朔,当月朔[④]而日月之会,东西同度,南北同道,则月掩[⑤]日,而日为之食。精历算者皆能豫推之[⑥],是有常度[⑦]矣。既有常度可求,则灾而非异[⑧]矣。然每食必书示[⑨]后世,以遇灾而惧[⑩]之意也,亦以示后世治历明时[⑪]之法也。日者众阳之宗,为阴所掩,王者於此修德行政[⑫],扶阳抑阴,以见克谨天戒[⑬]之意。经书日食三十六,示人君不可忽天象也[⑭]。

注释 ①历法:是用年、月、日等时间单位计算时间的方法。主要分为阳历、阴历和阴阳历三种。②周天之度:指"日行周天",即太阳绕地球一周。③晦:昏暗不明。④月朔:月明。⑤掩:遮蔽,遮盖。⑥精:精通。豫:同"预",预测。⑦常度:固定的规律。⑧异:奇怪,怪异。⑨示:告示。⑩惧:惧怕,恐惧。⑪治历明时:指治世的君子,取象于历法,因时而革。如昼夜不同为一日之革,晦朔不同为一月之革,分至不同为一季之革,四时不同为一年之革等。但古代帝王,改朝换代,必须改历,这亦取"治历明时"之义。⑫於:同"于"。修德:在中国古代指要整饬吏治、爱惜民力,让老百姓的生活过得好一点。⑬克谨:严格遵守。天戒:指上天给予的儆戒。⑭人君:为人君主者。忽:忽视。天象:指古代对天空发生的各种自然现象的泛称。

春秋 三月庚戌[①],天王崩[②]。

左传　三年春,王三月壬戌[3],平王崩,赴[4]以庚戌,故书之。

公羊传　何以不书葬[5]?天子记崩不记葬,必其时[6]也(至尊无所屈也)。诸侯记卒[7]记葬,有天子存,不得必其时也(设有他故,葬必易期)。曷为或言崩或言薨[8]?天子曰崩,诸侯曰薨,大夫曰卒,士曰不禄[9](等杀其词,以别尊卑)。

穀梁传　高曰崩,厚曰崩,尊曰崩。天子之崩,以尊也。其崩之何也?以其在民上,故崩之。其不名何也?大上,故不名也。(名者,所以相别耳,居人之大在民之上,故无所名)

解义　崩者,上坠之形,天子之尊,四海之内皆当奔丧[10]。鲁君闻赴不会,有慢上之心,故志崩,不志塟[11],以著[12]其罪。

注释　①庚戌:为干支之一。②天王:即平王。指周平王(约前781—前720年),东周第一代王。西周幽王之子。姬姓,名宜臼。公元前770—前720年在位。是东周第一位国王。他是周幽王的儿子,母亲是幽王的正室申后。崩:指帝王死,驾崩。③壬戌:为干支之一。④赴:同“讣”。讣告。⑤葬:指安葬。⑥其时:当时。⑦卒:死亡。⑧薨:指诸侯或有爵位的大官死去。⑨不禄:士死的讳称。⑩奔丧:即居他处闻丧归,并服丧。⑪塟:指葬。⑫著:表明,显露。

春秋　夏四月辛卯[1],尹氏[2]卒(尹,《左》作“君”)。

左传　夏,君氏卒。声子也。不赴[3]于诸侯,不反哭于寝[4],不祔于姑[5](隐不敢从正君之礼,故亦不敢备礼于其母),故不曰薨。不称夫人,故不言葬,不书姓。为公故[6],曰“君氏”(隐见为君,故特书于《经》,曰君氏)。

公羊传　尹氏者何?天子之大夫也。其称尹氏何?贬[7]。曷[8]为贬?讥世卿[9],世卿非礼也。外大夫不卒,此何以卒?天王崩,诸侯之主也(尹氏主傧赞诸侯)。

穀梁传　尹氏者何也?天子之大夫也。外大夫不卒,此何以卒之也？于天子之崩为鲁主，故隐而卒之（隐，犹痛也，周礼大行人之职，曰：若有大丧，则诏相诸侯之礼。尹氏时在职，而诏鲁人之弔[⑩]者）。

注释 ①辛卯：为干支之一。②尹氏：作君氏，指声子，隐公的生母。③赴：同“讣”，讣告。④意指安葬后没有回到祖庙哭祭。⑤祔：古代祭名。指新死者附祭于祖庙。于姑：指没有把神主放在婆婆神主的旁边。⑥公：隐公。故：缘故。因为她是隐公的生母。⑦贬：贬低。⑧曷：指“何”，为什么。⑨讥：讥讽。世卿：世代承袭为卿大夫。⑩弔：指“吊”。

解义 尹氏，王朝世卿，书卒，来赴也。古者论功命爵[①]，辨材授职[②]，世禄[③]而不世官。故俊杰皆得在位[④]，威福[⑤]不至下移。尹氏秉钧[⑥]，为周阶[⑦]乱，见於家父所刺。考之左氏传世，执王朝之政，《春秋》於其告丧，与立子朝[⑧]，以子朝奔楚，皆以氏书，以著世卿之失，为后世戒，武氏、仍叔之子皆此义也。且王臣[⑨]不得外交，其死也，亦不得赴告[⑩]。尹氏卒，而来赴，于鲁越礼踰法[⑪]，书之以明人臣之义，杜朋党之原[⑫]，又圣人之微旨[⑬]也。

注释 ①命爵：赐给爵位；赐给官职。②辨材：指辨别才能。授职：授予官职。③世禄：世代享有禄位。世官：古代某官职由一族世代承袭，谓之世官。④俊杰：才智杰出的人。在位：指当政。⑤威福：指当权者妄自尊大，恃势弄权。⑥秉钧：比喻执政。⑦周：东周政权。阶：不同集团。⑧子朝：周景王庶子，有宠，景王曾有意立其太子。前520年，周景王死，子朝与子猛争夺王位，周卿单穆公、刘文公等支持子猛，立其为王，即周悼王。⑨臣：君主时代的官吏。⑩赴告：报丧。⑪越礼：不守规矩。踰：同“逾”，指越过。逾法：超越法度。⑫杜：杜绝。朋党：指士大夫结党，即结成利益集团。原：根本，源头。⑬微旨：精深微妙的意旨。

附录左传　郑武公、庄公为平王卿士。王贰于虢[①](西虢公,亦仕王朝,王欲分任之)。郑伯怨王[②]。王曰:“无之[③]。”故周、郑交质[④]:王子狐为质于郑(狐,平王子),郑公子忽为质于周(忽,庄公子)。王崩[⑤],周人将畀虢公政[⑥]。四月,郑祭足帅师取温之麦[⑦](祭足,即祭仲也。温,周畿内邑。今河南温县有古温城)。秋,又取成周之禾[⑧](成周,洛邑也。今河南洛阳县有故城)。周、郑交恶。君子曰:“信不由中[⑨],质[⑩]无益也。明恕而行[⑪],要之以礼[⑫],虽无有质,谁能间[⑬]之?苟有明信[⑭],涧、溪、沼、沚之毛[⑮](山夹水为涧,山渎无所通为溪。沼,池也。沚,小渚也。毛,草也),苹、蘩、蕴藻[⑯]之菜(苹,大萍也。蘩,皤蒿。蕴藻,聚藻也),筐、筥、锜、釜之器(方曰筐,圆曰莒。有足曰锜,无足曰釜。筐莒皆竹器。錡釜皆金器),潢、汙、行潦[⑰]之水(潢、汙,停水。行潦,流潦),可荐于鬼神,可羞于王公[⑱](羞,进也),而况君子结二国之信(通言盟约,彼此之情。故云二国),行之以礼,又焉用质[⑲]?《风》有《采蘩》、《采苹》(义取不嫌薄物),《雅》有《行苇》、《泂酌》(行苇,义取忠厚。泂酌,义取行潦可供祭祀),昭[⑳]忠信也。”

注释　①王贰于虢:这里指周平王想把郑庄公掌握的一部分权力分一部分给西虢公,“虢”,指“西虢公”,同郑武公、郑庄公一样,均为周王室卿士。②郑伯:郑庄公。怨:埋怨。王:周平王。③无之:没有这回事。④交质:互相以人做抵押。⑤王崩:周平王驾崩。⑥将畀虢公政:准备将政权交给虢公。畀:音 bì,给予。⑦祭(zhài)足(?—前 682 年),字仲,又称祭仲,春秋时代郑国大夫,政治家、谋略家。帅师:带兵。取:割取。麦:麦子。⑧禾:谷子。⑨信不由中:诚实不是出自内心。信、诚实;中,同“衷”,内心。⑩质:交换人质。⑪明恕而行:设身处地将心比心来办事。⑫要之以礼:用礼仪加以约束。⑬间:离间。⑭苟:如果。明信:真心诚意。⑮涧、溪:山涧溪流。沼、沚:池塘。沚

(zhǐ)。毛:草。渎:沟渠。⑯苹蘩蕰藻:皆为水中植物。⑰潢、汙:积水。汙:“污”之异体字。行潦:路上流水。潦(lǎo),路上流水或沟中积水。⑱荐:进献。羞:进献。王公:亦指鬼神。⑲又焉用质:又何必用人做抵押。⑳昭:表明。

春秋 秋,武氏子来求赙[①](此书来求之始)。

左传 武氏子来求赙,王未葬也。

公羊传 武氏子者何?天子之大夫也。其称武氏子何?讥。何讥尔?父卒子未命[②]也(武氏子父新死,未命而便为大夫,薄父子之恩,故称氏言子,以讥之)。何以不称使?当丧未君也(当丧,谓天子也。未君者,丧未三年,未可居君位称使)。武氏子来求赙何以书?讥。何讥尔?丧事无求,求赙非礼也,盖通于下(《礼记·少仪》:“臣为君丧,纳货贝於君,则曰纳甸於有司。”臣归之,礼也;君求之,非礼也,不独天子为然)。

榖梁传 武氏子者何也?天子之大夫也。天子之大夫,其称武氏子何也?未毕丧[③],孤未爵[④]。未爵使之,非正也。其不言使[⑤]何也?无君也(桓王在丧未即位,故曰无君)。归死者曰赗[⑥],归生者曰赙。曰归之者,正也。求之者,非正也。周虽不求,鲁不可以不归。鲁虽不归,周不可以求之。求之为言,得不得未可知之辞也。交讥之。

解义 武氏子,天子大夫之嗣[⑦]也。不称使者,嗣王[⑧]当丧,未得发命也。古者谅阴[⑨],百官总己[⑩],以听於冢宰[⑪]三年。当是时而有所使,称王则同於至尊,称冢宰则疑於无王,故不称使,所以谨通丧之礼,又以示君臣名分之际,如此其谨严也!尺土一毛皆天子所有,君取於臣,岂得言求?鲁不归赙,而周求之。周之失道[⑫],鲁之不臣,皆可见矣。武氏子仍叔之子,或言之或不言之,何也?盖言武氏之子,则似武氏之子自来求赙;若仍叔之子,不言之又不见其父尚存。圣人之文,所以如化工之赋物也[⑬]。

注释　①赙:拿钱财帮助别人办理丧事,赙金。求赙:是指春秋时期,分封制瓦解的表现。周天子地位衰微,各诸侯不再进贡,周天子连丧葬费都要向诸侯乞讨。②命:任命。③毕丧:丧事未结束。④未爵:未有天子爵命。⑤使:使官。⑥赗:以车马等物助丧家送葬。⑦嗣:子孙。⑧嗣王:嗣位之新君。⑨谅阴:古时天子守丧之称。⑩百官总己:就是百官各守岗位,每个问题,自己都知道负责处理。⑪冢宰:官名。太宰的别称。太宰原为掌管王家财务及宫内事务的官。⑫失道:违背道义。⑬化工:指自然的造化者。赋物:描写物态。

春秋　八月庚辰①,宋公和②卒。

左传　宋穆公疾③,召大司马孔父而属殇公焉④,曰:"先君舍与夷而立寡人⑤(孔父嘉,孔子六世祖。先君,穆公兄宣公也。与夷,宣公子,即殇公),寡人弗敢忘⑥。若以大夫之灵⑦,得保首领⑧以没,先君若问与夷,其将何辞以对⑨?请子奉⑩之,以主社稷⑪,寡人虽死,亦无悔焉。"对曰:"群臣愿奉冯也(冯,穆公子庄公)。"公曰:"不可。先君以寡人为贤,使主社稷,若弃德不让,是废先君之举也⑫,岂曰能贤?光昭先君之令德⑬,可不务⑭乎?吾子其无废先君之功⑮。"使公子冯出居于郑(辟殇公也⑯)。八月庚辰,宋穆公卒。殇公即位。君子曰:"宋宣公可谓知人矣。立穆公,其子飨⑰之,命以义夫⑱(命出于义)。《商颂》曰:'殷受命咸宜⑲,百禄是荷⑳。'其是之谓乎(《诗颂》言殷汤武丁受命皆以义,故任荷天之百禄。宣公能使其子任荷天禄,合此诗之义也)!"

注释　①八月庚辰:八月十五日。庚(gēng)辰为干支之一。②宋公和:宋穆公,宋武公之子,宣公之弟。③疾:患病。④大司马孔父:指孔子的父亲孔父嘉,时任宋国大司马。属:同"嘱"。殇公:指与夷,宋宣公的儿子。⑤先君:指宋宣公。舍:抛弃,舍弃。与夷:宋宣公的儿子。⑥弗敢:不敢。忘:忘记。⑦

灵:福气。⑧首领:指性命。⑨何辞:什么话。对:回答。⑩奉:辅助,拥戴。⑪主:掌管。社稷:国家。⑫废:废弃。举:选拔。⑬光昭:发扬光大。令德:美德⑭务:办理。⑮废:废除。功:功业。⑯郑:郑国。辟:同"避",躲,设法躲开。⑰飨:同"享"。⑱命:遗命。义:道义。⑲受命:受天之命。咸宜:合于道义。⑳百禄是荷:承受了各种福禄。

穀梁传 诸侯曰卒,正也。

解义 外诸侯[①]卒,来告[②]则书。鲁君书薨,臣子之辞[③]也。外诸侯书卒,非吾君也,或不书名,不知其名也。《左传》:同盟则赴以名。非也。岂有臣子当创巨痛深[④]之日,而称先君之名,以告邻国者乎?且考之礼辞,曰:寡君不禄[⑤]。则无称名之义审矣。赵氏匡[⑥]谓:或同会盟而名见於载书[⑦],或通朝聘而名见于简牍[⑧],故国史按旧简书而纪其名。然晋献公、惠公与鲁未同会盟通聘问而卒书名,宿男同盟[⑨],滕子杞子来朝而卒不书名,则义无处也。孙氏觉[⑩]谓:"即位之初以名赴我[⑪],亦无所据,盖承旧史之文,而不可损益[⑫]耳。"

注释 ①外诸侯:指他国国君。"外"应为相对本国而言,如"外臣"即他国之臣。②告:赴知,讣告。③辞:说法。④创巨痛深:比喻受到巨大的创伤,痛苦之极。⑤寡君:臣下对别国谦称本国国君。不禄:死的讳称。⑥指赵匡,唐经学家,字伯循,河东(郡治今山西永济蒲州镇)人。⑦会盟:是古代诸侯间会面和结盟的仪式。载书:盟书,会盟时所订的誓约文件。⑧朝聘:指诸侯亲自或派使臣按期朝见天子。简牍:指我国古代在发明纸之前,用竹片作书写材料。⑨宿男同盟:指宋宿之盟。宿,国名。风姓,男爵。相传为太皞之后裔。⑩孙觉(1028—1090),字莘老,高邮人。生于宋仁宗天圣六年,卒于哲宗元祐五年,年六十三岁。著有文集、奏议六十五卷,均《宋史本传》及易传并行于世。⑪赴我:讣告鲁国。我:《春秋》多以此代鲁国,学者多因而称之。⑫损益:指对原文进行增删。

春秋　冬十有二月,齐侯、郑伯盟于石门(此书外诸侯特相盟之始。齐,今山东临淄县西北营丘城。石门,杜注:“齐地,或曰济北虞县故城西南济水之门。”)。

左传　冬,齐、郑盟于石门,寻卢之盟①也(卢,杜注:“齐地,济北卢县故城,在今山东长清县西南境。”卢盟在春秋前)。庚戌,郑伯之车偾②于济(偾,仆也。济,水名。既盟而遇大风,《传》纪异也。十二月无庚戌,日误)。

解义　周室既微③,霸业未起,诸侯无所统④,各相为党⑤。宋、鲁、陈、蔡、卫为一党,齐、郑为一党。石门之盟,齐、郑相结也。是盟也,鲁公不与,经何以书?盖以为常事,则不必书;以为非常之事,则不可以不书。《记》⑥曰:“有虞氏⑦未施信於民而民信,夏后氏⑧未施敬於民而民敬。殷人作誓而民始畔⑨,周人作会⑩而民始疑。”《传》⑪曰:“诰誓不及五帝⑫,盟诅不及三王⑬。”圣人有志於大道⑭为公之世,故凡盟不削⑮,乃以是为非常而志之也⑯。

注释　①寻卢之盟:重温在卢地结盟的友好关系。②偾:同“仆”,翻倒。③微:衰落。④统:统一。⑤党:指为了共同利益而结成的集团。⑥《记》:指《礼记》。⑦有虞氏:古代部落,首领为尧、舜、禹。⑧夏后氏:古代部落,首领禹建立了夏朝。⑨畔:同“叛”,反叛。⑩作会:举行盟会。⑪《传》:指《穀梁传》。⑫诰誓:指以言辞相诫约。五帝:指黄帝、颛顼(zhuānxū)、帝喾(kù)、帝尧、帝舜。⑬盟诅:结盟立誓。三王:指夏禹,商汤,周文王。⑭大道:指政治上的最高理想,指放之四海而皆准的道理。⑮削:删改。⑯非常:不同寻常。志:记载。

春秋　癸未①,葬宋穆公(穆,《公羊》《穀梁》作缪)。

公羊传 葬者曷为或日或不日？不及时而日，渴[2]葬也（不及时，不及五月也。渴，喻急也）。不及时而不日，慢葬也（慢，薄，不能以礼葬），过时而日，隐之也（隐，痛贤君不得以时葬也）。过时而不日，谓之不能葬也（解缓不能以时葬）。当时而不日，正也。当时而日，危[3]不得葬也。此当时，何危尔？宣公谓谬公曰："以吾爱与夷则不若爱女[4]。以为社稷宗庙主，则与夷不若女，盍[5]终为君矣。"宣公死，缪公立，缪公逐[6]其二子庄公冯与左师勃（左师，官。勃，名也），曰："尔[7]为吾子，生毋[8]相见，死毋相哭（所以远绝之）。"与夷复曰："先君之所为不与臣国而纳国乎君者，以君可以为社稷宗庙[9]主也。今君逐君之二子而将致国乎与夷，此非先君之意也，且使子而可逐，则先君其逐臣矣。"缪公曰："先君之不尔逐可知矣，吾立乎此，摄也[10]。"终致国乎与夷。庄公冯弑与夷。故君子大居正[11]，宋之祸，宣公为之也。

穀梁传 日葬，故也，危不得葬也。

注释 ①癸未：为干支之一。②渴：渴盼，急切。③危：忧危，忧虑惶惧。④女：音汝，指"你"，下同。⑤盍（hé）：为何。⑥逐：驱逐。⑦尔：你们，代二子。⑧毋：不。⑨宗庙：朝廷和国家政权的代称。⑩摄：摄行君事，不得传与子也。⑪大居正：以恪守正道为贵。

解义 外诸侯之葬，有书有不书，所以纪邦交之厚薄也[1]。盖据鲁人会葬[2]以为言，故不曰宋葬穆公而曰葬，宋穆公其卒见於经，而不书葬者，彼虽来赴，而鲁不往会也。凡此皆旧史之文也。其变例有三，一曰：贼不讨不书葬[3]。隐公之薨而不葬，所以责[4]臣子之不能讨贼也。宋殇、齐昭之不书葬，视此矣。一则讳[5]其辱，晋景公之丧，成公往吊，晋人止[6]公送葬，诸侯莫在，鲁人辱之，故讳，而不书。一曰：避其号。吴、楚之君书卒者十。襄公如楚，尝[7]亲送其葬於西门之外矣。其余必多遣使[8]会葬，而无一见於经。盖据属词常法[9],当书葬楚某王、葬吴某王,故削[10]而不书也,示讨贼之义,避僭王[11]之名,乃圣人之特笔,而讳晋之辱,或亦因鲁史之旧文与。

注释　①纪:依据。邦交:国与国之间的正式外交关系。厚薄:亲疏。②会葬:参加葬礼。③贼:乱贼。讨:讨伐。④责:谴责。⑤讳:避忌。⑥止:阻止。⑦尝:曾经。⑧遣使:派遣使者。⑨属词:指写作。常法:固定的制度。⑩削:删除。⑪僭王:谓越分称王。

附录左传　卫庄公娶于齐东宫得臣之妹[1],曰庄姜[2](得臣,齐大子名),美而无子,卫人所为赋《硕人》[3]也。又娶于陈[4],曰厉妫[5](陈国,今河南陈州是也),生孝伯,早死。其娣戴妫[6],生桓公,庄姜以为己子(厉、戴皆谥妫,陈姓也。桓公,名完)。公子州吁,嬖人[7]之子也(贱而得幸,曰嬖)。有宠而好兵,公弗禁。庄姜恶之。石碏[8]谏曰(石碏,卫大夫):"臣闻爱子,教之以义,方弗纳于邪[9]。骄、奢、淫、泆[10],所自邪也。四者之来,宠禄过也。将立州吁,乃定之矣;若犹未也,阶[11]之为祸。失宠而不骄,骄而能降,降而不憾[12],憾而能眕者,鲜矣。(降,谓强降其心;眕,重也,谓自重其身也)且夫贱妨贵,少陵长,远间亲,新间旧,小加大,淫破义,所谓六逆也;君义,臣行,父慈,子孝,兄爱,弟敬,所谓六顺也。去顺效逆,所以速祸[13]也。君人者[14],将祸是务去,而速之,无乃[15]不可乎?"弗听。其子厚与州吁游(厚,石碏子),禁之,不可。桓公立,乃老[16](老,致仕也。四年经书州吁弑其君。故传先经以始事)。

注释　①卫:诸侯国名,姬姓,在今河南淇县、滑县一带。齐:诸侯国名,姜姓,在今山东临淄一带。东宫:指太子。得臣:齐庄公的太子。②庄姜:卫庄公的妻子。庄是丈夫谥号,姜是娘家的姓。③《硕人》:《诗·卫风》中赞美庄姜的诗。④陈:诸侯国名,妫姓,在今河南开封以东,安徽亳县以北。⑤厉妫(guī):卫庄公夫人。⑥娣:妹妹。戴妫:随厉妫出嫁的妹妹。⑦嬖(bì)人:低贱而受宠的人。这里指宠妾。⑧石碏(què):卫国大夫。⑨纳:入。邪:邪道。⑩泆(yì):放纵。⑪阶:阶梯。这里的意思是引诱。⑫憾:恨。⑬速祸:使灾祸很快到来。⑭君人者:为人之君者。⑮无乃:恐怕,大概。⑯老:告老退休。

春秋 四年春王二月,莒人伐杞[①],取[②]牟娄(此书伐国取邑之始。杞,杜注:本都雍丘,迁都淳于。雍丘,今河南杞县。淳于,今山东安丘县有故城。牟娄,杜注:杞邑,今诸城县有娄乡城)。

公羊传 牟娄者何?杞之邑也。外[③]取邑不书,此何以书?疾[④]始取邑也(凡外小恶不书。取邑差为重,故先治之)。

穀梁传 传曰:言伐言取,所恶[⑤]也。(称"传曰"者,穀梁子不亲受于师,而闻之于传者。既伐其国,又取其土,明伐不以罪,而贪其利。故两书取伐,以彰其恶)诸侯相伐取地于是始,故谨而志之也[⑥]。

解义 取者,收夺之名。诸侯土地受[⑦]之天王,传之先祖,强者不得并兼,弱者不宜失守也。莒人声罪[⑧]伐人而强夺其土,故特书[⑨]曰"取",以著其恶。然隐、桓以后,《传》言外取地甚众,而无一见於经,何也?入春秋之始,犹以取邑为重;中叶以后,疆场之邑争夺滋多[⑩],一彼一此[⑪],失得无常,有不可胜书者矣。僖公取济西田,成公取汶阳田,乃复吾故田,而亦书取,何也?不请於天王以正疆理[⑫],而擅兵[⑬]争夺,与取非所有者何以异乎?前书莒人入向,天讨[⑭]不加,至是伐杞取邑,为暴益甚。《春秋》於此,盖深惜九伐[⑮]不行,而凭弱犯寡[⑯]之肆行无忌[⑰]云。

注释 ①莒:国名,在今山东省莒县一带。伐:讨伐。②取:攻取,占领。③外:他国。④疾:痛恨。⑤恶:痛恨。⑥谨:慎重。志:记载。⑦受:同"授"。⑧声罪:宣布罪状。⑨特书:特,特别。书,书写。⑩疆场之邑:国界。滋:愈、加。⑪一彼一此:一时那样,一时这样。指局势或情况等随时间变化而变化。⑫天王:周王。正:公正。疆理:划分境界。⑬擅兵:此指擅自动兵。⑭天讨:天王出师讨伐。⑮惜:痛惜。九伐:古代指对九种罪恶的讨伐。泛指征伐。⑯凭弱犯寡:欺侮弱小。⑰肆:放肆。忌:顾忌。

春秋　戊申[①],卫州吁[②]弑其君完(州,《穀梁》作祝。此书弑之始)。

左传　四年春,卫州吁弑桓公而立。

公羊传　曷为以国氏?当国也。

穀梁传　大夫弑其君,以国氏者,嫌也,弑而代之也(窃据君位,故曰嫌)。

解义　州吁,卫公子。程子[③]谓《春秋》之初,弑君者多不称公子公孙,盖身为大恶,自绝於先君也。大义既明於初,其后则皆以其属称,或见其以亲而宠任太过,或见其以天属[④]而反为贼乱立,义各不同也。孔氏颖达[⑤]则谓,自庄公以上,诸弑君者皆不书氏,闵公[⑥]以下皆书氏,乃时史有异同,非仲尼[⑦]所笔削。理亦可通,并存以俟[⑧]参考。

注释　①戊申:为干支之一。②州吁:春秋时期卫国人,卫庄公之子,卫桓公异母弟,前719年弑兄即位(在位不足一年),系卫国十二世,第十三位国君。为春秋时期第一位弑君篡位成功的公子。弑:封建时代称臣杀君、子杀父母。君完:指卫桓公。③程子:即二程中的程颐。程颐(1033—1107),教育家。字正叔,人称伊川先生,北宋洛阳人。为程颢之胞弟。历官汝州团练推官、西京国子监教授。④天属:指父子、兄弟、姊妹等有血缘关系之亲属。⑤孔氏颖达指孔颖达(574—648年):盛世鸿儒。编订《五经正义》,排除经学内部的家法师说等门户之见,于众学中择优而定一尊，广采以备博览，从而结束了自西汉以来的各种纷争；是对中国经学具有总结和统一之功的大经学家。庄公：鲁庄公。⑥闵公：指鲁闵公。⑦仲尼指孔子。孔子名孔丘（前551—前479年），字仲尼。春秋时期鲁国人。是我国古代伟大的思想家和教育家，儒家学派创始人，世界最著名的文化名人之一。编撰了我国第一部编年体史书《春秋》。⑧俟：等待。

春秋 夏，公及宋公遇于清[①]（此书遇之始。清，杜注：卫邑。济北东阿县有清亭，今东阿县，属山东兖州府）。

左传 公与宋公为会[②]，将寻宿之盟[③]（宿盟在元年）。未及期[④]，卫人来告乱[⑤]。夏，公及宋公遇于清。

公羊传 遇者何？不期[⑥]也，一君出，一君要[⑦]之也（言及，公要之也）。

穀梁传 及者，内为志[⑧]焉尔。遇者，志相得也（不期而会曰遇。今曰内为志，非不期也）。

解义 不期而会曰遇。清，卫邑也。古者诸侯或因朝觐[⑨]，或从王事[⑩]，无期约而适值於途，必有两君相见之仪，近者为主，远者为宾，称先君以相接，所以崇礼让[⑪]，而绝慢易[⑫]也。周衰，诸侯放恣[⑬]，非朝非会，私为之约[⑭]，各简[⑮]其礼。如道路相值[⑯]者然，异於古之不期而遇矣。鲁、宋将寻宿之盟，以卫来告乱，而相见於清，谓之不期而会可乎？《春秋》志内之遇四，并书及，若曰以此及彼然也；志外之遇三，并以爵，若曰以尊及卑然也，皆莫适为主之辞，而其出不以事接，不以礼之，罪具见矣。

注释 ①公：指鲁隐公。宋公：宋殇公。②会：会见。③寻宿之盟：重温宿地会盟，维护友好关系。④未及期：没有到预定的日子。⑤告：告诉。乱：发生了叛乱。⑥不期：没有约定时间。⑦要：同“邀”，约请。⑧内为志：杨士勋疏云：“以成宋乱者，公也。非诸侯故也。是以云‘内为志焉尔’。”“内”指鲁国，“成宋乱”是鲁会齐侯、陈侯、郑伯于稷的目的,故言“内为志”。⑨觐(jìn):朝见君主。⑩王事:王命差遣的公事。⑪崇:崇尚。礼让:守礼仪,懂得谦让。⑫绝:杜绝。慢易:轻慢侮辱。⑬放恣:放纵。⑭约:约会。⑮简:简慢。⑯相值:相遇。

春秋　宋公、陈侯、蔡人、卫人伐郑(此书诸侯会伐之始,亦东诸侯分党之始。蔡,今河南上蔡县县西南有故城)。

左传　宋殇公之即位也,公子冯出奔[1]郑,郑人欲纳之。及[2]卫州吁立,将修先君之怨于郑(谓二年郑人伐卫之怨),而求宠于诸侯以和其民[3](诸篡立者,诸侯既与之会,则不复讨,故求此宠),使告于宋曰:“君若伐郑以除君害(谓公子冯),君为主,敝邑以赋[4]与陈、蔡从[5],则[6]卫国之愿也。”宋人许[7]之。于是陈、蔡方睦[8]于卫,故宋公、陈侯、蔡人、卫人伐郑,围其东门,五日而还。公问于众仲曰(众仲,鲁臣):“卫州吁其成[9]乎?”对曰[10]:“臣闻以德[11]和民,不闻以乱[12]。以乱,犹治丝而棼[13]之也(棼,乱也)。夫州吁,阻兵而安忍[14](阻,恃也)。阻兵无众[15],安忍无亲[16],众畔亲离,难以济矣[17]。(恃兵则民残,民残则众叛,安忍则刑过,刑过则亲离)夫兵犹火也,弗戢[18],将自焚[19]也。夫州吁弑其君而虐用其民,于是乎不务令德[20],而欲以乱成,必不免矣。”

注释　①出奔:逃亡。②及:等到。③求宠:讨好。和:调和,安定。④赋:军队与财物。⑤从:属军。⑥则:就是。⑦许:答应。⑧睦:和好,亲近。⑨成:成功。⑩对曰:回答说。⑪德:德行。⑫乱:祸乱。⑬治丝而棼:指理丝不找头绪,就会越理越乱。比喻解决问题的方法不正确,使问题更加复杂。⑭阻兵而安忍:仗恃武力而安于残忍。⑮阻兵无众:仗恃武力就没有人民。⑯安忍无亲:安于残忍就没有忠心的人。⑰畔:同“叛”。济:成功。⑱戢(jí):收敛,停止。⑲自焚:自己烧死自己。⑳不务令德:不致力于德行。

解义 州吁弑君自立，欲藉诸侯之宠[①]，以和其民，因揣宋殇之忌公子冯为伐郑之说[②]，以动宋而已，亦托修先君廪延[③]之怨，构成兵端[④]，则首谋者卫也。而《春秋》以宋主兵，此圣人诛乱贼，必治其党与[⑤]之法也。宋为大国，於卫邻近，州吁弑逆，义所当诛。宋既不能申邻国讨贼之义，乃反与乱贼为党，连兵伐郑，以遂其邪谋[⑥]，则人欲肆而天理灭矣[⑦]，故《春秋》以宋公为首，诸国为从，所以彰[⑧]大义於天下也。

注释 ①藉：同"借"。指凭借，依靠。宠：宠爱。②揣：揣摩。忌：忌妒。③廪延：地名，在现在河南省延津县北。④兵端：军事争端。⑤党与：同党之人，同一团体。⑥遂：实现。邪谋：阴谋。⑦肆：放肆。天理：指自然的法则。⑧彰：彰显。

春秋 秋，翚帅师[①]（此书大夫会伐之始）。

左传 秋，诸侯复伐[②]郑。宋公[③]使来乞师，公辞[④]之（从众仲之言）。羽父请以师会之（羽父，翚之字），公弗许[⑤]，固请[⑥]而行。故书曰："翚帅师"，疾之也。

公羊传 翚者何？公子翚也。何以不称公子？贬。曷为贬？与弑公也。其与弑公奈何？公子翚谄乎隐公，谓隐公曰："百姓安子，诸侯悦子，盍[⑦]终为君矣？"隐公曰："否！吾使修涂裘，吾将老焉（涂裘，邑名）。"公子翚恐若其言闻乎桓，于是谓桓曰："吾为子口隐矣（口，以口语相发动也）。隐曰：'吾不反也（称谥，传者所加）。'"桓曰："然则奈何？"曰："请作难，弑隐公。"于钟巫[⑧]之祭焉弑隐公也。

穀梁传 翚者何也？公子翚也。其不称公子何也？贬之也（外大夫贬，皆称人。内大夫贬，皆去族称名）。何为贬之也？与于弑公，故贬也。

解义 天下惟大权最不可假人[⑨]，而兵权尤甚[⑩]。凡乱贼之欲动於恶，未有不专主[⑪]兵权者。人主诚能辨[⑫]之於早，逆折[⑬]其心,则弑逆之萌杜矣[14]。宋殇连诸侯以伐郑,使来乞师,隐公辞而弗许,而翚乘[15]此以窃兵权,固请而行,翚於是时已有无君之心,故先儒以为钟巫之祸[16]自帅师会伐始也。

注释　①翚(huī):指羽父,即公子翚,一作公子挥。姬姓,名翚,字羽父。鲁宗室。春秋初年鲁国大臣。帅师:指会宋、陈、蔡、卫伐郑。②复:再次。伐:攻打。③宋公:宋殇公。乞师:请发救兵。④公:指隐公。辞:推辞。⑤弗许:不同意。⑥固:坚决。请:请求。⑦盍(hé):何不。⑧钟巫:神名。春秋时诸侯及大夫立以为祭主。⑨天下:古时多指中国范围内的全部土地;全国。惟:惟有。假:给予。⑩尤甚:尤其严重。⑪专主:注重。⑫辨:辨别。⑬逆折:摧折。⑭弑逆:指弑君。萌:祸端。杜:杜绝。⑮乘(chéng):利用,趁机。⑯钟巫之祸:指钟巫之祭弑隐公。

春秋　会宋公、陈侯、蔡人、卫人伐郑。

左传　诸侯之师,败郑徒兵[1],取其禾而还(时,郑不车战)。

解义　前书宋公、陈侯、蔡人、卫人伐郑,此但言翚帅师会伐郑。於文义甚为简明,而再序四国何也?言之重,词之复[2],其中必有大美恶焉。州吁弑君,人伦[3]大变,宋及陈、蔡,党恶构祸[4],以反天常[5]。翚又徃[6]会,使乱臣贼子之势益张[7],此世变[8]之极也。圣人重言以著其恶,而未几[9]鲁、宋胥构[10]篡弑之祸,岂非蔑[11]义乱伦气类,实相为感召哉!

注释　①败:打败。徒兵:步兵。②复:反复。③人伦:特指尊卑长幼之间的等级关系。④构祸:造成祸乱。⑤天常:自然界的常规。⑥徃(wǎng):同"往"。⑦益:更加。张:嚣张。⑧世变:时代的变迁;世事的变化。⑨未几:不久。⑩胥:皆,都。构:构成。⑪蔑:蔑视。

春秋　九月,卫人杀州吁于濮(濮,杜注:陈地,水名)。

左传　州吁未能和其民[1],厚问定君于石子[2](石子,石碏也)。石子曰:“王觐[3]为可。”曰:“何以得觐?”曰:“陈桓公方有宠于王(桓公称谥,左氏追书)。陈、卫方睦,若朝陈使请[4],必可得也。”厚从州吁如[5]陈。石碏使告于陈曰:“卫国褊小[6],老夫耄[7]矣,无能为也。此二人者,实弑寡君,敢即图之。”陈人执之,而请莅[8]于卫(请卫人自临讨之)。九月,卫人使右宰丑莅,杀州吁于濮[9](右宰,官名。丑,卫臣名),石碏使其宰獳羊肩[10]莅,杀石厚于陈(宰,石碏家臣也。獳羊肩,宰之姓名)。君子曰:“石碏,纯臣也。恶州吁而厚与[11]焉,‘大义灭亲[12](古语)’,其是之谓乎!”

注释　①和其民:使其民众安定和睦。②定君;安定君位。石子:指石碏。③觐:诸侯朝见天子。④朝陈:朝见陈桓公。使请:求陈桓公向周王请求。⑤如:往,去到。⑥褊(biǎo)小:狭小。⑦耄(mào):年老。八、九十岁叫耄。⑧莅(lì):前来。⑨右宰:官名。丑:人名。濮:陈国地名。⑩宰:家臣。獳(rú)羊肩:人名。⑪与:参与,一起。⑫大义灭亲:大义:正义,正道。亲:亲属。为了维护正义,对犯罪的亲属不循私情,使受到应得的惩罚。

公羊传　其称[1]人何?讨贼之辞[2]也。(人人得而讨之)

穀梁传　称人以杀,杀有罪也。祝吁[3]之挈,失嫌也。(众所不与,故直挈其名。而道之无据,位之嫌)其月,谨之也。于濮者,讥失贼[4]也(讥其不即讨)。

解义　州吁之杀,石碏[5]主之。而书卫人者,弑君之贼人人得而诛之,不必士师[6],所以广忠孝之路也。若书石碏,则似一人之私,讨而不见其从众望,诛有罪矣。濮,陈地。据左氏,陈人与有力焉,而不以讨贼之义予之者。州吁阻兵乘权[7],卫之臣子力不能诛[8],至於失贼之久,实因四国连兵欲定其位耳,故圣人以讨贼与卫人,以失贼罪诸侯。程子谓《春秋》为爰书[9],观此类,可以得其义例矣。

注释　①称:称道。②辞:借口。③祝吁:指州吁。挈(qiè):行为。④贼:同"职责"。⑤石碏:春秋时卫国人。是卫开国君主襄叔的后代,官居上卿。⑥士师:亦作"士史"。古代执掌禁令刑狱的官名。⑦阻兵:仗恃手握兵权。乘权:利用权势。⑧力不能诛:没有能力诛灭。⑨爰书:原指纪录囚犯口供的书。爰,换也。(《辞源》)此概指在纪录某事时通过变文的方式来寓示某种特定的涵义。

春秋　冬十有二月,卫人立晋。

左传　卫人逆[1]公子晋于邢(邢,国名。姬姓,侯爵。杜注:在广平襄国县。今直隶邢台县有襄国故城)。冬十二月,宣公即位。书曰"卫人立晋",众也[2]。

公羊传　晋者何?公子晋也。立者何?立者不宜立也。其称人何?众立之之辞也。然则孰立之?石碏立之。石碏立之,则其称人何?(与尹氏立王子朝不称人异词,故设问)众之所欲立也。众虽欲立之,其立之非也。

榖梁传　卫人者,众辞[3]也。立者不宜立者也。晋之名恶也(恶,谓不正)。其称人以立之,何也?得众也。得众则是贤也,贤则其曰不宜立,何也?《春秋》之义,诸侯与正而不与贤也(正,谓嫡长)。

解义　人者众辞,立者不宜立也。晋乃桓公之弟,庄公之子,以次[4]当立,国人所共推戴[5]。而谓其不宜立者,卫之臣子可以讨贼,不可以置[6]君。晋,虽诸侯之子,而内不承国於先君[7],上不请命於天子[8],众谓宜立而遂[9]自立焉,可乎?故《春秋》於卫人特书"立晋",以著擅[10]置其君之罪於晋。去其公子,以明不请王命之非,而父子君臣之道正矣。然曰"卫人立晋",则一国之公也,与书尹氏立朝为一族之私者异矣。此圣人之权衡,所以不爽於毫末也[11]。

注释 ①逆:迎接。②众也:大众的意思。③众辞:众人之说。④次:顺序。⑤推戴:推举拥戴。⑥置:设立。⑦内:指卫国国内。承:继承。⑧天子:指周天子。⑨遂:就。⑩擅:超越职权,自作主张。⑪爽:失,差错。毫末:比喻极其细微。

卷三

隐公(五年之七年)

春秋　五年春,公观鱼于棠[①](观,《左》作矢,棠,今山东鱼台县鱼亭山是其处)。

左传　五年春,公将如棠观鱼者(鱼,捕鱼也。鱼者犹言猎者)。臧僖伯[②]谏曰(臧僖伯,公子彄也。谥曰僖):"凡物不足以讲大事(大事,祀与戎),其材不足以备器用(材,谓皮革、齿牙、骨角、毛羽。器用,军国之器),则君不举焉。君将纳民于轨物者也。故讲事以度轨量谓之轨,取材以章物采谓之物,不轨不物谓之乱政。乱政亟行,所以败也。故春蒐夏苗,秋狝冬狩[③](蒐,索也;择取不孕者。苗,为苗除害也。狝,杀也;以杀为名,顺秋气也。狩,围守也;冬物毕成,获则取之,无所择也),皆于农隙以讲事也。三年而治兵,入而振旅(虽四时讲武,犹复三年大习。振,整也),归而饮至,以数军实[④](数车徒、器械及所获也),昭文章[⑤](车服,旌旗),明贵贱,辨等列,顺少长(出则少者在前,还则在后,所谓顺也),习威仪也。鸟兽之肉不登于俎[⑥](俎,祭宗庙器),皮革齿牙、骨角毛羽不登于器(以饰法度之器),则公不射,古之制也。若夫山林川泽之实,器用之资,皂隶[⑦]之事(士臣皂,皂臣舆,舆臣隶),官司之守[⑧],非君所及也。"公曰:"吾将略地[⑨]焉。"(略,总摄巡行之名。言欲案行边竟)遂往,陈鱼而观之(陈,设也;谓大设捕鱼之备而观之)。僖伯称疾,不从。书曰:"公矢鱼于棠"(矢亦陈也),非礼也,且言远地也(棠实他竟,故曰远地)。

公羊传　何以书?讥。何讥尔?远也。公曷为远而观鱼?登来之也(齐人语也。齐人名求得为得来,作登来者,由口授也)。百金之鱼[⑩],公张之(张,谓张罔罟[⑪],正以价值百金。故言得来之),登来之者何？美大之之辞也。棠者何？济上之邑也。

穀梁传 《传》曰：常事曰视（视朔之类），非常曰观（观鱼之类）。礼：尊不亲小事，卑不尸大功[12]（尸，主）。鱼，卑者之事也（《周礼》渔人：中士、下士），公观之，非正也。

解义 君举必书[13]。故诸侯非朝觐[14]，会同省耕省敛[15]，不得轻出。隐公慢弃[16]国政，远事逸游[17]，托略地之说，拒谏饰非[18]。故特书其事，以志非礼。

注释 ①鱼：同"渔"，即捕鱼。棠：鲁国边远地氏的地名。②臧僖伯：鲁臣，即公子彄（kōu），封于臧。僖为谥号。③蒐（sōu）、苗、狝（xiǎn）、狩：均为打猎，因四时不同而叫法不一。④饮至：古代的一种礼节，凡国君出外，临行时一定要告于宗庙，归来时也要告于宗庙，同时要宴请臣下，慰劳随从，称为"饮至"。军实：战争中所有物资器械、兵员以及俘获的战利品。⑤文章：文彩。此指车服旌旗。⑥俎（zǔ）：古代祭祀用以载牲的礼器，青铜制或木制漆饰。⑦皂隶：奴隶中的等级。这里泛指贱役。⑧官司之守：一般官吏职责所分管的事。⑨略地：视察边境。⑩百金之鱼：百金，指百万钱。古时金重一斤，值万钱。意思是价值百万的捕鱼器具。⑪罔罟：指渔猎时所用的罗网。罔，同"网"，用绳线等结成的捕鱼捉鸟器具。罟（gǔ），鱼网。⑫尊：尊贵，地位高。卑：地位低微。⑬君举必书：在中国历史上，设立史官，记录国家大政和帝王言行，是一种由来已久的制度和传统。举：举动行为。⑭朝觐：朝见，拜见君主。⑮省耕：古代帝王视察春耕。省敛：古代帝王巡视秋收。⑯慢弃：轻慢而弃之不顾。⑰逸游：纵情游乐。⑱拒谏饰非：谏，直言规劝；饰，掩饰；非，错误。拒绝劝告，掩饰错误。

附录左传 曲沃庄伯以郑人、邢人伐翼[1]（曲沃，晋别封成师之邑；今山西闻喜县。庄伯，成师子。翼，晋旧都，今山西翼城县），王[2]使尹氏、武氏助之(尹氏、武氏,皆周世族大夫)。翼侯[3]奔随(随,杜注:晋地,今山西介休县东有古随城。晋内相攻伐,不告乱,故不书。《传》具其事,为后晋事张本)。

春秋　夏,四月,葬卫桓公。

左传　夏,葬卫桓公。卫乱,是以缓(有州吁之乱,十四月乃葬。明其非慢)。

穀梁传　月葬,故也。

解义　卫桓公被弑至是,阅[4]十四月而后得葬。鲁往会之,故书。弑逆[5],人道之大变;送终[6],臣子之大事。君弑而臣子能讨贼,以葬其君,然后送终之道尽[7]。故《春秋》於见弑之君,必贼既讨,而后书葬也。谥者,行之迹也[8]。卫侯见弑,而谥以桓名,实乖[9]矣。周制,五等诸侯礼辞皆称公,又有公食大夫礼葬,以邻国会之,为义。故从周[10]之文,而不革[11]也。

注释　①曲沃庄伯:晋国国君的宗室,封于曲沃。曲沃,地名,位于今山西省闻喜县东。翼:晋国当时的都城,位于今山西省介休县东南。②王:此指周桓王。③翼侯:指晋国国君晋鄂侯。④弑:指弑君,臣杀君。阅:经历,经过。⑤逆:叛逆。⑥送终:指为死者办理丧事。⑦尽:尽心尽力做到。⑧谥者,行之迹也:意思是以谥来说明他的行动迹象。谥,指古代皇帝、贵族、大臣、杰出官员或其它有地位的人死后所加的带有褒贬意义的称号。⑨乖:指背离、违背、不和谐。⑩周:指周朝。⑪革:改变。

附录左传　四月,郑人侵卫牧[1](牧,卫邑;今河南汲县地),以报东门之役(东门役在四年)。卫人以燕[2]师伐郑(燕,南燕国,姞姓,伯爵;今汲县西有古东燕城)。郑祭足、原繁、泄驾以三军军其前,使曼伯与子元潜军军其后[3]。燕人畏郑三军而不虞[4]制人(制,北制,郑邑)。六月,郑二公子以制人败燕师于北制[5](二公子,曼伯、子元也)。君子曰:"不备不虞[6],不可以师[7]。"

曲沃叛王。秋，王命虢公伐曲沃而立哀侯[8]于翼（翼侯子光）。

春秋 秋，卫师[9]入郕（郕，《公羊》作盛，国名，姬姓，伯爵；今山东宁阳县北有盛乡城）。

左传 卫之乱也，郕人侵卫，故卫师入郕。

公羊传 曷为或言率师或不言率师？将尊师众称某率师（将尊，谓大夫。师众者，满二千五百人以上），将尊师少称将（师少者，不满二千五百人）；将卑师众称师（将卑，谓士），将卑师少称人。君将不言率师，书其重者也。

穀梁传 入者，内弗受也。郕，国也。将卑师众曰师。

卫与郕，皆文之，昭也。郕乘乱侵卫，固为非礼。

卫宣继州吁暴乱[10]之后，当惩艾修德[11]，以固邦本[12]，以恤民力[13]，乃轻动大众，以入同姓之国。故书卫师入郕，讥其用众而逞暴[14]也。

注释 ①牧：郊外日牧，当指卫都郊外之地。②燕：此指南燕国，都城位于今河南省延津县东北。③曼伯：郑昭公，名忽。子元：郑厉公，名突。潜：埋伏。④虞：预料，防备。⑤北制：地名，即虎牢关。⑥不虞：预料不到。⑦师：作战。⑧哀侯：晋鄂侯之子，名光。⑨师：军队。⑩州吁暴乱：指卫国公子州吁杀死卫桓公自立为君。⑪惩艾：指吸取过去教训，以前失为戒。修德：指要整饬吏治、爱惜民力，让老百姓的生活过得好一点。⑫固邦本：固，安定、团结；邦，国家；意思是：百姓是国家的根本，基础，百姓安居乐业，国家就能太平。⑬恤民力：谓忧虑人民的疾苦。⑭逞暴：肆行暴虐。

春秋 九月，考仲子之宫。

公羊传 考宫者何？考犹入室也，始祭仲子也（考，成也。成仲子之宫庙而祭之。犹生人入宫室，必有饮食之事）。桓未君则曷为祭仲子? 隐为桓立,故为桓祭其母也。然则何言尔? 成公意也。

穀梁传 考者,何也? 考者,成之也,成之为夫人也(立其庙,世祭之,成夫人之礼)。礼:庶子为君,为其母筑宫,使公子主其祭也(公当奉宗庙,故不得自主别庙之祭。公子者,长子之弟及妾之子)。于子祭,于孙止。仲子者,惠公之母。隐孙而修之,非隐也(非,责也)。

解义 仲子者,惠公之妾,桓公之母。宫始成而祭之,曰考。礼:诸侯无二嫡①,庶子②既立为君,则为其母别立宫以祀之。其祭也,以公子主之,君不亲祭,尊宗庙也。桓未为君,何以为其母立庙? 隐将举国而让之也。《经》於来赗③、考宫,皆书仲子,而其不得为嫡明矣,隐公摄④让之实辨矣,桓公簒弑⑤之罪昭矣。凡宫庙之立,非失礼不书。此著其不宜立也,不书立宫,而书考宫,盖连下初献六羽以为义。

注释 ①嫡:封建宗法制度中指正妻。②庶子:古称妾所生之子。亦指正妻所生除嫡长子以外其他儿子。庶子的地位,较嫡子为低,不能承奉祖庙的祭祀和承袭父祖的地位。③赗(fèng):送财物助人办丧事。④摄:摄政,指代君主管理国家。⑤簒弑:指弑君簒位。

春秋 初献六羽。

左传 九月,考仲子之宫,将万焉(万,舞也)。公问羽数①于众仲,对曰:"天子用八(八八六十四人),诸侯用六(六六三十六人),大夫四(四四十六人),士二(二二四人。士有功,赐用乐)。夫舞,所以节八音而行八风(八音,金、石、丝、竹、匏、土、革、木。八风,八方之风。为调风、明庶风、清明风、景风、凉风、阊阖风、不周风、广莫风。节者,使音声有作止之序。行者,宣布其风气也),故自八以下"(惟天子得尽物数,故以八为为列。诸侯则不敢用八)。公从之。于是初献六羽,始用六佾也。

公羊传 初者何？始也。六羽者何？舞也。初献六羽何以书？讥。何讥尔？讥始僭[2]诸公也。六羽之为僭奈何？天子八佾，诸公六，诸侯四。诸公者何？诸侯者何？天子三公称公，王者之后称公，其馀大国称侯，小国称伯、子、男。天子三公者何？天子之相也。天子之相则何以三？自陕而东者，周公[3]主之；自陕而西者，召公[4]主之，一相处乎内。始僭诸公昉[5]于此乎？前此矣。前此则曷为始乎此？僭诸公可言也，僭天子不可言也。

穀梁传 初，始也。穀梁子曰：舞《夏》（夏，大也），天子八佾，诸公六佾，诸侯四佾。初献六羽，始僭乐矣。《尸子》曰：舞《夏》，自天子至诸侯皆用八佾。初献六羽，始厉乐矣（言时诸侯皆僭用八佾，鲁于是能自减，厉而始用六。穀梁子言其始僭，《尸子》言其始降）。

解义 旧说，成王特赐周公以天子之礼乐。故鲁得以八佾祀周公，然犹止於周公之庙耳。至其后，群公皆僭用焉。仲子以别宫，故不敢上同群庙。而用六羽，书初献者，明前此用八之僭也。不谓之佾，而曰羽者，佾乃干羽之总称。羽以象文德，干以象武功。妇人无武事，则独奏文乐，故谓之羽，而不曰佾也。《春秋》於鲁之郊禘[6]，皆因事而书，以志其僭。故僭用八佾，亦因考仲子之宫，而书初献以明之。若仲子之不宜别宫献羽，则不待贬而自见矣。

注释 ①羽数：执羽跳舞的人数。八、六、四、二均指佾数，一佾为一列，每列八人。佾（yì），指古时乐舞的行列。②僭（jiàn）：指超越本分，古代指地位在下的冒用在上的名义或礼仪、器物。③周公：指的是周代的爵位，得爵者辅佐周王治理天下。历史上的第一代周公姓姬名旦（约公元前1100年），亦称叔旦，周文王姬昌第四子。因封地在周（今陕西岐山北），故称周公或周公旦。是西周初期杰出的政治家、军事家和思想家，被尊为儒学奠基人,孔子一生最崇敬的古代圣人之一。④召公:又作“邵公”、“召康公”、“太保召公”。姓姬名奭,周文王的儿子,武王的弟弟。因其最初采邑在召(今陕西岐山西南),故称召公或召伯。周成王时,他出任太保,与周公旦分陕而治,陕以东的地方归周公旦管理,陕以西的地方归他管理。他支持周公旦摄政当国,支持周公平定叛乱。他的后代中有人继承了召公的称号,曾还辅佐了周厉王。⑤昉:起始。⑥郊禘:古帝王以祖先配祭昊天上帝。

春秋　邾人、郑人伐宋。

左传　宋人取邾田,邾人告于郑曰:“请君释憾于宋,敝邑为道。”(释四年再见伐之憾)郑人以王师会之(郑庄为王卿士,故得用王师,不书,不以告也),伐宋,入其郛[①],以报东门之役(东门役在四年)。宋人使来告命[②]。公闻其入郛也,将救之,问于使者曰:“师何及?”对曰:“未及国[③]。”公怒,乃止[④]。(怒其诡辞)辞使者曰:“君命寡人同恤社稷之难,今问诸使者,曰‘师未及国’,非寡人之所敢知也。(为七年公伐邾传)。

解义　邾构[⑤]郑以伐宋,则主兵者邾也,故序[⑥]郑上。凡班序[⑦]上下,以国之大小,从礼之常也。而会盟侵伐,以主者先,因事之变也。故僖二十七年,楚人、陈侯、蔡侯、郑伯、许男围宋,大夫主兵,亦序於诸侯之上。所以,著事端所由起,以别其善恶之所归也。

注释　①郛(fú):外城。②告命:奉君命向他国求援。③未及国:未到国都。④乃止:则停止出兵援宋。⑤构:联合。⑥序:排列。⑦班序:依次排列。

春秋　螟[①](此书虫灾之始)。

公羊传　何以书?记灾也。

穀梁传　虫灾也。甚则月,不甚则时。

解义 虫食苗心曰螟，言其害在内，冥冥难知也。稼穑为民生首务。螟之害稼[②]，国之灾也。《春秋》於灾异必书，示人君当恐惧修省[③]，以谨天戒[④]，恤民隐[⑤]也。

注释 ①螟：螟虫，螟蛾的幼虫。危害农作物。②稼：泛指作物。③恐惧：惊慌害怕，惶惶不安。修省：即修身反省。④谨：谨慎。天戒：指上天给予的儆戒。⑤恤：体恤。民隐：指民众的痛苦。

春秋 冬，十有二月辛巳，公子彄[①]卒。

左传 冬，十二月辛巳，臧僖伯卒。公曰："叔父有憾于寡人[②]（根谏观鱼不听），寡人弗敢忘。"葬之加一等。

穀梁传 隐不爵命大夫（隐居摄，故不爵命大夫），其曰公子彄何也？先君之大夫也（公子不为大夫，则不称公子）。

解义 彄称公子，以公[③]葬之有加礼也。观鱼之谏，公[④]虽不听，而犹[⑤]不忘其忠，死而加礼，於义为得，然知其忠而不纳其言，则与郭公之善[⑥]善而不能用等耳。

注释 ①公子彄（kōu）：即臧僖伯，后为臧孙氏。②叔父有憾于寡人：臧僖伯为隐公之叔父，本年春曾谏止隐公去棠观鱼，未被接受，为此不满于隐公。有憾即指此。③公：公卿待遇。④公：此指隐公。⑤犹：仍然。⑥郭公：郭国国君。郭国，周朝诸侯国、在今山东聊城一带、前670年亡于齐国。据《管子》记载：郭君"善善而不能用，恶恶而不能去。"即郭国灭亡，是因为"郭君善待善人却不能用善人，厌恶恶人却不能赶走恶人，所以灭亡。"

春秋 宋人伐郑，围[①]长葛（此书围之始。长葛，杜注：郑邑。今河南长葛县有故城）。

左传 宋人伐郑，围长葛，以报入郛之役也。

公羊传 邑不言围（据伐于馀丘，不言围），此其言围何？强

也。(恶其强而无义。必欲得邑)

穀梁传　伐国不言围邑,此其言围何也?久之也。(以此冬围之,至六年冬乃取之也)伐不逾时[2],战不逐奔[3],诛不填服[4](填,厌)。苞人民,敺牛马,曰侵(苞,制也)。斩树木,坏宫室,曰伐。

解义　环[5]而攻之,曰围。以此年之冬围,至六年之冬而后取之,直书而恶[6]自见矣。外伐国,围邑四,自僖公后,无复见於《经》者。春秋之初,犹以围邑为重也,兵争日多,疆场之邑,一彼一此,攻夺无常,则不复赴告於邻国矣。

注释　①围:围攻。②逾时:超过一定的时间。③逐奔:追赶战败逃跑之敌。④诛:杀戮,夺去生命。填服:填,厌也,抛弃,憎恶之义;服:顺从(之人)。诛不填服:指对已臣服之人不必诛杀。⑤环:围绕。⑥恶:凶恶。

春秋　六年,春,郑人来输平(输,《左》作渝)。

左传　六年春,郑人来渝平[1],更成也(渝,变也。公之为公子,战于狐壤,为郑所执,逃归怨郑。郑伐宋,公欲救宋。宋使者失辞,公怒而止。忿宋则欲厚郑。郑因此而来。故《经》曰渝平,《传》曰更成)。

公羊传　输平者何?输平犹堕成也。何言乎堕成?败其成也,曰:"吾成败矣"(吾,鲁也),吾与郑人未有成也。吾与郑人则曷为未有成?狐壤之战,隐公获焉。然则何以不言战?讳获也(君获不言师败绩,故以输平讳也)。

穀梁传　输者堕也。平之为言,以道成也。来输平者,不果成也。(《春秋》前鲁与郑平,四年,翚与宋伐郑,故来绝鲁,坏前平也)

解义　平者,两国昔[2]有怨忿,解释而使之平也。输,谓输写其情。郑何为输情而求平於鲁?以利相结而离鲁宋之党也。据《左氏》,公之未立,与郑人战于狐壤,止焉。元年与宋盟于宿,四年遇于清,其秋会师伐郑,即鲁宋为党,而与郑有怨,明矣。五年,郑人伐宋,宋来告命,使者失辞,公怒不救,郑人知其间可乘[3]，故来输平，而自是鲁遂合於郑也。何以知其以利相结也？后此，郑来归祊[4]，而公遂会郑伐宋，取郜及防[5]，皆归於我，则其输平乃以利相结可知矣。《公》、《穀》以输平为堕成，非也。前此，鲁郑未尝结好，不宜言堕。《左氏》作渝，谓变前恶而为和好。以前年翚会伐郑证之，於情事为合。故胡氏安国用《左氏》之义，而不从其文，主《公》、《穀》作输，而易其诂，曰纳也。

附录左传 翼九宗五正顷父之子嘉父逆晋侯于随（唐叔始封，受怀姓九宗，职官五正。九宗，一姓为九族也。五正，五官之长。顷父之子嘉父，晋大夫，新为大夫，未甚著见，故系之于父），纳诸鄂。晋人谓之鄂侯（鄂，晋别邑；在今山西乡宁县南）。

注释 ①渝平：抛开前嫌而重归于好，与"更成"同义。渝，更改，改变。②昔：以前。③间：间隙。乘：乘机。④祊：古邑名。春秋郑国祭祀泰山时的汤沐之邑。在山东省费县东南。⑤郜：古国名。在今山东省成武县东南。防：春秋宋地，后属鲁，在今山东省金乡县西南。

春秋 夏，五月辛酉，公会齐侯，盟于艾[1]（此书齐、鲁交好之始。艾，山名；在今山东蒙阴县西北）。

左传 夏，盟于艾，始平于齐也（春秋前，鲁与齐不平，今乃结好。故言始平于齐）。

解义 宋殇既合五国之师以伐郑，又环其邑而围之，郑之怨宋深矣。去年与邾伐宋未足以释憾，故特平齐、鲁[2]，为他日伐宋之谋。鲁与齐盟，而曰郑庄合齐、鲁者，以三年齐、郑盟石门，知齐、郑合党故也。盟不书及，而书会，则非鲁志，而齐欲为盟也。《春秋》通例，凡书盟者，恶之，而况於植党行私乎？

注释 ①艾：地名，位于齐、鲁两国交界处，即今山东省新泰县西北。②释憾：指借事报复以解恨。平：和好。

附录左传 五月庚申[1]，郑伯侵陈，大获。往岁，郑伯请成于陈,陈侯[2]不许。五父[3]谏曰(五父,陈公子佗):“亲仁善邻,国之宝也。君其许郑。”陈侯曰:“宋、卫实难[4],郑何能为?”遂不许。君子曰:“善不可失,恶不可长,其陈桓公之谓乎!长恶不悛[5](悛,止也),从自及也(从,随也)。虽欲救之,其将能乎?《商书》曰:‘恶之易[6]也,如火之燎于原,不可乡[7]迩,其犹可扑灭?’周任[8]有言曰(周任,周大夫):‘为国家者见恶,如农夫之务去草焉,芟夷蕴崇[9]之,绝其本根,勿使能殖,则善者信[10]矣’”(芟,刈也。夷,杀也。蕴,积也。崇,聚也)。

春秋　秋,七月。

公羊传　此无事,何以书?《春秋》虽无事,首时过则书(首,始也。时,四时也。过,历也。历一时无事,则书其始月)。首时过则何以书?《春秋》编年,四时[11]具然后为年。

解义　《春秋》之法,虽无事,必书时,而系以首月,四时具,而后成岁也。事在仲月、季月[12],则不书首月,而书时以冠其月,月必系於时也。

注释　①庚申:十一日。②陈侯:即陈桓公。陈,妫姓国,其余在今河南省淮阳县。③五父:陈国执政大臣,又名陈公子佗、陈佗、文公子佗、陈五父、五父佗。④实难:实是可畏难的。⑤悛(quān):改过、悔改之意。⑥易:蔓延。⑦乡:同“向”。⑧周任:周大夫,著名史官。⑨芟(shān)夷;铲除。蕴崇:堆积。⑩善者:双关语,既指嘉禾,亦指善人、善事、善政。信:同“伸”。⑪四时:指春夏秋冬四季。⑫仲月:二月。季月:三月。

春秋　冬,宋人取[1]长葛。

左传　秋,宋人取长葛(《经》书冬,而《传》书秋。盖秋取,冬乃告也)。

公羊传　外取邑不书,此何以书?久也(古者师出不逾时,今宋更年取邑,暴师苦众,故书以疾之)。

穀梁传 外取邑不志,此其志何也?久之也。

解义 不言郑长葛者,蒙[2]上文伐郑围长葛之文也。以郑庄之雄黠[3],非不能保长葛,而委[4]之於宋,盖方连结齐、鲁,为后日报复之计也。宋殇役众经年[5],肆行贪暴,而忌[6]郑之深,实由公子冯[7]之在郑也,其不善之积已著,而不可解矣。

注释 ①取:攻占。②蒙:受,承蒙。③雄黠:勇武狡诈。④委:放弃。⑤经年:经历很长时间。⑥忌:忌恨。⑦公子冯(píng,凭):宋缪公之子。宋缪公临终前遗嘱立其兄宣公之子与夷为君(即宋殇公),令公子冯出居于郑,所以宋缪公卒而公子冯奔郑。后公子冯回国即位,是为宋庄公,公元前710年—前692年在位。

附录左传 冬,京师[1]来告饥,公为之请籴[2]于宋、卫、齐、郑,礼也(告饥不以王命。故《传》言京师,而不书于《经》)。郑伯如周,始朝桓王也(桓王即位,周郑交恶。至是乃朝。故曰始)。王不礼焉。周桓公[3]言于王曰:“我周之东迁,晋、郑焉依[4](周桓公,周公黑肩也。食采于周,故城在今陕西岐山县南。平王东徙,晋文侯、郑武公左右王室。故曰晋、郑焉依),善郑以劝来者,犹惧不蔇[5](蔇,至也),况不礼焉?郑不来矣。”(为桓五年,诸侯从王伐郑传)

春秋 七年春,王三月,叔姬归于纪[6]。

穀梁传 其不言逆[7]何也?逆之道微,无足道焉尔。(逆者非卿)

解义 叔姬,伯姬之娣。古者,诸侯一娶九女,嫁女之国必以姪娣从,二国来媵[8]亦以姪娣从。二年伯姬归于纪,叔姬至是始归者,待年也。娣归不书,而叔姬书,以其后纪亡,叔姬不归宗国,而归於酅[9]。能全妇道,以贤而得书,故此年特书其归。将有其末[10],必著其本[11]也。

注释 ①京师:周王朝都城。②籴(dí):买粮食。③周桓公:即周公黑肩,王朝重臣。④晋、郑焉依:即“依晋、郑”,“焉”是助词宾语前置的结构助词。⑤蔇:同“暨”,及或至的意思。⑥纪:国名,姜姓。故城在今山东省寿光县东南。⑦逆:迎接。⑧媵(yìng):古代指随嫁,亦指随嫁的人。⑨酅(xī):春秋时纪地,在今山东省青州市西北。⑩末:结果。⑪本:本来,开始。

春秋　滕侯卒(滕国,今山东滕县西南古滕城是也)。

左传　七年春,滕侯卒。不书名,未同盟也。凡诸侯同盟,于是称名,故薨则赴以名(盟,以名告神。故薨亦以名告同盟),告终称嗣也(告亡者之终,称嗣位之主),以继好息民[①],谓之礼经。

公羊传　何以不名?微国也。微国则其称侯何?不嫌也。《春秋》贵贱不嫌同号,美恶不嫌同辞。

穀梁传　滕侯无名,少曰世子,长曰君,狄[②]道也。其不正者名也。

解义　诸侯卒,书名,滕侯不名,程子谓史阙[③]文也。不书葬,鲁不会也。古者,邦交[④]有常,春秋之时则惟以强弱为厚薄。如晋、楚之远,而鲁君亲奔其丧,以俟[⑤]其葬。滕,邻境也。宿,同盟也。而赴告虽及[⑥],不会其葬,无其事,阙其文,鲁史之旧也。圣人无加损焉,存其卒,阙其葬,而义自见矣。

注释　①继好:继续同盟的旧好。息民:安民。②狄:古族名。春秋前,长期活动于齐、鲁、晋、卫、宋、郑等国之间,与诸国有频繁的接触。因为他们主要居住于北方,故又通称“北狄”(亦作“翟”)。③阙:阙遗,缺少,遗漏。④邦交:国与国之间的正式外交关系。⑤俟(sì):等待。⑥及:到达。

春秋　夏,城中丘(此书土功之始。中丘,鲁地;今山东沂州东北有中丘城)。

左传　夏,城中丘,书,不时也。

公羊传　中丘者何?内之邑也。城中丘,何以书?以重书也(以功重,故书)。

穀梁传 城为保民为之也。民众城小则益城。益城无极[1]。凡城之志,皆讥也。

解义 凡书城者,完旧也;书筑者,创始也。《春秋》凡用民力,必书其所兴作。不时害义,固为罪矣;虽时且义亦书,见劳民为重事也。然僖公尝修泮宫复閟宫矣[2],非不用民力也,而不书。盖复古兴废,奉先育贤,乃为国之先务,虽用民力不可以已,故以为常事,而不书耳。

注释 ①无极:原指“无边际,无穷尽”,出自《庄子·逍遥游》,也指一种古代哲学思想,指称道的终极性的概念。②尝:曾经。泮宫:西周诸侯所设大学。后泛指学官。閟宫:周人祖先帝喾正妃姜嫄之庙。后世亦以泛指祠堂。

春秋 齐侯使其弟年[1]来聘(此书列国来聘之始)。

左传 齐侯使夷仲年来聘[2],结艾之盟也(艾盟,在六年)。

公羊传 其称弟何(诸侯之子称公子)?母弟称弟,母兄称兄(谓同母弟兄)。

穀梁传 诸侯之尊,弟兄不得以属通(礼:非始封之君,则臣诸父。昆弟,匹敌之称。人臣不可以敌君,故不得以属通,所以别贵贱,明尊君卑臣之义)。其弟云者,以其来接于我,举其贵者也(弟为臣之亲贵者)。

解义 年者,僖公母弟也。其不称公子,而变文书弟者,罪[3]僖公以母弟之故而宠爱之过也。亲亲之道,尊其位,重其禄,而非贤,则不及[4]以政事。僖公私於同母,宠爱异於他弟[5],聘鲁致女[6],交政邻国,一以委之,遂致乱嫡庶之辩,以启异日无知篡弑之阶[7]。故特书弟以示贬,著祸乱之所由始也。使使[8]致问曰聘。古者诸侯间於天子之事,乃有殷聘之礼。自隐公即位,未尝朝周,而受同列之聘,是后内外交聘,八十有七,而尊王之礼罕见,故悉书以示讥焉。

注释　①年:即公子年,齐侯同母的弟弟。②夷仲年:齐国大夫。聘(pìn):诸侯之间派遣卿大夫互访,称作"聘"。③罪:归罪于。④及:通"给"。⑤他:其他。⑥女:同"汝",你。⑦阶:缘由,途径。⑧使使:第一个意为"派",第二个意为"使者"。

春秋　秋,公伐邾(此书伐邾之始)。

左传　秋,宋及郑平。七月庚申[1],盟于宿[2]。公伐邾,为宋讨也(为宋报郛之憾)。

解义　公与邾人,元年盟于蔑;至是而伐邾,为宋讨也。其为宋讨何也?鲁尝[3]拒宋,而与郑平,今郑复与宋盟,故惧而伐邾,欲以悦[4]宋也。用此见,《经》之书伐,乃纪其用兵之实迹,以别於侵,而非谓主兵者,皆有言可执;见伐者,皆有罪可讨。至於渝[5]蔑之盟,则不待贬而自见矣。

注释　①庚申:十七日。②宿:地名,位于今山东省东平县东南。③尝:曾经。④悦:取悦。⑤渝:违背。

春秋　冬,天王使凡伯来聘(此书玉聘之始。凡,国名,姬姓,伯爵。杜注:汲郡共县东南有凡城,在今河南辉县西)。戎伐凡伯于楚丘以归(此书戎患之始。楚丘,杜注:卫地,今山东曹县东楚丘亭是也)。

左传　初,戎朝于周,发币于公卿(发,陈也),凡伯弗宾[1](凡伯,周卿士)。冬,王使凡伯来聘。还,戎伐之于楚丘[2]以归(《传》言凡伯所以见伐)。

公羊传　凡伯者何?天子之大夫也。此聘也,其言伐之何?执之也[3]。执之则其言伐之何?大之也(尊天王命,责当死位,故使与国同)。曷为大之?不与夷狄之执中国也。其地何?大之也。(天子大夫衔王命而被伐,所在当赴其难,与国君等)

穀梁传　凡伯者何也?天子之大夫也。国则曰伐,此一人而曰伐,何也?大天子之命也。戎者卫也。戎卫者,为其伐天子之使，贬而戎之也。楚丘，卫之邑也。以归，犹愈乎执也（讳执，言以归。尊尊之正义）。

解义 《周礼》：时聘以结诸侯之好，诸侯不修[4]臣职而聘之，非王法也。国而曰伐，此一人而曰伐，见其以徒众也。楚丘，卫地，王使过宾[5]，戎伐之，而卫不救，是不臣也。凡伯见执，不能死於其位而从之归，是失身也。王灵之不振[6]如此，此桓文之功，所以不可没与。

附录左传 陈及郑平（六年郑侵陈，大获。今乃平）。十二月，陈五父如郑莅盟。壬申[7]，及郑伯盟，歃如忘（志不在歃）。泄伯曰（泄伯，郑泄驾）："五父必不免，不赖盟矣。"郑良佐如陈莅盟（良佐，郑大夫）。辛巳[8]，及陈侯盟，亦知陈之将乱也。（入其国观其政治。故总言之也。为桓五年六年陈乱，蔡人杀陈佗传）郑公子忽在王所，故陈侯请妻[9]之（以忽有王宠故），郑伯许之，乃成昏[10]。（为郑忽失齐昏援，以至出奔传）

注释 ①凡：国名，位于今河南省辉县西南。弗宾：不礼遇。②楚丘：地名，位于今山东省成武县西南。③执：捕捉，战败被执。④修：修养。⑤宾：贵宾。⑥不振：不振作，不兴旺。⑦壬申：二日。⑧辛巳：十一日。⑨妻：此作动词，以女嫁人。⑩昏：古时娶妻在黄昏，故称为昏礼。昏，同"婚"。

卷四

隐公(八年之十一年)

春秋　八年春,宋公、卫侯遇于垂(垂,杜注:卫地,济阴句阳县东北有垂亭,今山东曹州北句阳店是其地也)。

左传　八年春,齐侯将平[①]宋、卫(平宋、卫于郑),有会期。宋公以币请于卫,请先相见,卫侯许之,故遇于犬丘[②](犬丘,垂也。地有两名)。

穀梁传　不期而会曰遇。遇者,志相得也。

解义　按《左氏》,齐侯将平宋、卫于郑。而以《经》考之,后此,瓦屋[③]宋、齐、卫参盟,而郑不与。十年,入郑伐戴,又宋、卫为党,以仇[④]郑。则此遇所谋,盖欲从[⑤]齐,而无意于释郑憾也[⑥]。三国既有会期,而宋以币请先见,则非不期而遇,可知矣。

注释　①平:修好。这里是使动用法。②犬丘:卫国地名,即垂,位于山东曹县北。③瓦屋:指瓦屋之盟,春秋初年,齐与郑相友善,但宋、卫两国则与郑不和。周桓王五年(前715年)齐僖公邀集宋殇公、卫宣公会于温(今河南温县西南),并在瓦屋(今河南温县西北)进行盟誓,表示要与郑和好。周桓王元年(前719年),宋、卫曾和其它国家一起伐郑,围困郑都城的东门达五日之久。瓦屋之盟后,郑与宋、卫捐弃前嫌,表示友好。此年八月,郑庄公以周王朝卿士的身份,引荐齐僖公朝见周桓王,使齐国地位得以提高。④仇:仇恨。⑤从:跟随。⑥释:消除。憾:仇怨。

春秋　三月,郑伯使宛来归祊[①],庚寅,我[②]入祊(祊,《公羊》、《穀梁》作邴,杜注:郑祀泰山之邑,今山东费县治,故祊城是也)。

左传　郑伯请释泰山之祀[③]而祀周公,以泰山之祊易[④]许田。三月,郑伯使宛来归祊,不祀泰山也。(许田,成王赐周公朝宿之邑。后世因立周公别庙焉,地近郑。祊,郑助祭泰山汤沐之邑,地近鲁。郑以天子不能复巡狩,故欲以祊易许田,各从本国所近。恐鲁以周公别庙为疑,故云已废泰山之祀,欲为鲁祀周公,逊辞以求之也)

公羊传 宛者何?郑之微者也。邴者何?郑汤沐之邑[⑤]也。天子有事于泰山,诸侯皆从。泰山之下,诸侯皆有汤沐之邑焉(有事者,巡狩祭天告至之礼也。当沐浴洁齐以致其敬,故谓之汤沐邑。所以尊待诸侯而共其费也)其言入何?难也(入非已至之文,难词也)。其日何?难也(言不可即入,至此日乃入也)?其言我何?言我者非独我也(自入邑不得言我,有他人在其中乃得言我),齐亦欲之(以齐与鲁、郑比聘会知之)。

穀梁传 名宛,所以贬郑伯,恶[⑥]与地也(去其族,恶擅易天子邑)。入者,内弗受也。日入,恶入者也。邴者,郑伯所受命于天子而祭泰山之邑(入之例见前,嫌易田与兵入异,故重发之)。

解义 六年,郑人来输平,盖请以祊归也。今使宛来归祊,盖将以易许也。许者,朝宿[⑦]之地,在王畿[⑧]之内,成王所以特赐周公也。祊者,汤沐之邑,在泰山之旁,宣王所以特赐郑伯也。祊近于鲁,许邻于郑,故各以所便相易。用此见郑有无君之心,而谓天王不复能巡狩[⑨]矣;用此见郑有无亲之心,而敢以先祖所受之邑与人矣。入者,不顺之词;非我所有,而强入之也。

注释 ①宛:郑国大夫。祊:郑国祭祀泰山的邑名。许:地名,原为周成王赏赐给周公的朝宿之邑。②我:鲁国。③释:放弃。泰山之祀:对泰山的祭祀。④易:交换。⑤汤沐之邑:这个词语源于周代的制度,是指诸侯朝见天子,天子赐以王畿以内的、供住宿和斋戒沐浴的封邑。⑥恶:讨厌,憎恶。⑦朝宿:指供诸侯朝见天子时住宿。⑧王畿:古指王城周围千里的地域。泛指帝京。⑨巡狩:指巡行视察诸侯为天子所守的疆土。

附录左传　夏,虢公忌父始作卿士于周[①](周人遂畀之政)。

四月甲辰[②],郑公子忽如陈逆妇妫[③]。辛亥[④],以妫氏归。甲寅[⑤],入于郑。陈针子[⑥]送女。先配而后祖[⑦]。针子曰:“是不为夫妇[⑧]。诬[⑨]其祖矣,非礼也,何以能育[⑩]?”(针子,陈大夫。礼:逆妇必先告祖庙而后行。郑忽先逆妇,而后告庙。故曰先配而后祖)

春秋　夏六月己亥,蔡侯考父[⑪]卒。

穀梁传　诸侯日卒,正也。

春秋　辛亥,宿男卒。

穀梁传　宿,微国也。未能同盟,故男卒也。

解义　周人以谥[⑫]易名,在礼赴告[⑬]之词曰:“寡君不禄[⑭]”,则赴不以名明矣。而卒以名书,以会盟聘问[⑮],素与鲁通[⑯],故志其人以别其世[⑰],次也。已通而不名者,旧史失之也。宿与鲁,元年同盟,而卒不书名,则他可知矣。蔡宣公未与鲁通,而卒书名,盖别有所征[⑱]。凡此类皆旧史之文,孔子不得而加损者也。

注释　①虢公忌父:东周初期西虢国国君,公爵。卿士:西周春秋时期周天子的执政官。②甲辰:六日。③如:到。逆妇妫:迎娶妻子妫氏。④辛亥:十三日。⑤甲寅:十六日。⑥陈针子:陈国大夫。⑦配:婚配。祖:告祭祖庙。⑧不为夫妇:在未告祭祖庙、求得祖宗认可便同居,有违礼苟合性质,不能算夫妻。⑨诬:诬罔。⑩育:教育,生养子女。⑪蔡侯考父:考父为蔡宣公名,即蔡宣侯。⑫谥:古代帝王或大官死后评给的称号。⑬赴告:春秋时各国以崩薨及祸福之事相告。前者称“赴”,后者称“告”。⑭不禄:指诸侯、大夫亡故,讣文上的讳称。⑮会盟:指古代诸侯间会面和结盟的仪式。聘问:指国与国或各个方面之间遣使访问。⑯素:素来,一直以来。通:交往。⑰志:记载。别:区别。世:处事。⑱别:另外。征:证验。

春秋　秋七月庚午,宋公、齐侯、卫侯盟于瓦屋。(此书外参

盟之始。瓦屋，杜注：周地，今河南洧川县南瓦屋里是也)

左传 齐人卒[①]平宋、卫于郑。秋，会于温，盟于瓦屋，以释东门之役[②]，礼也(会温不书，不以告也。郑不与盟，故不书)。

穀梁传 外盟不日，此其日，何也？诸侯之参盟于是始，故谨而日之也(三人为盟，曰参盟)。诰誓不及五帝[③]，盟诅不及三王[④]，交质子不及二伯[⑤]。

解义 瓦屋之盟，《左氏》以为齐平宋、卫于郑；而程子以为与郑绝[⑥]者，盖宋、卫虽屈[⑦]於齐，而终不与郑平也。入《春秋》来书盟者七，皆二国相为盟，自参盟作，而诸侯各树其党[⑧]，邦交离合无常，会盟侵伐益多事矣。瓦屋周地，三国会於此，既不入觐[⑨]於王，而刑牲歃血[⑩]私相要结，其蔑视[⑪]王室之罪，可胜诛哉[⑫]。是盟也，关於世道升降之机为甚[⑬]，故谨之。

注释 ①卒：终于。②东门之役：指春秋时，周桓王元年(鲁隐公四年)春三月，"宋公、陈侯、蔡人、卫人伐郑，围其东门，五日而还"。第二年，"郑人侵卫牧(郊外)，以报东门之役"。见《左传·隐公四年、五年》。后以"东门之役"指旧仇。③诰誓：古代君王训诫勉励民众的文告。五帝：意指东西南北中五个方位的天神，东方太昊，南方炎帝，西方少昊，北方颛顼，中央黄帝。④盟诅：结盟立誓。三王：指夏、商、周三代之君。⑤交质子：交换人质。二伯：指齐桓公、晋文公。⑥绝：绝交。⑦屈：屈从。⑧党：朋党，由利害关系结成的小集团。⑨觐：朝见。⑩刑牲：指古时为了祭祀或盟约而杀牲畜。歃血：古代举行盟会时，微饮牲血，或含于口中，或涂于口旁，以示信守誓言的诚意。⑪蔑视：轻视。⑫胜诛：诛，诛杀。指罪大恶极，处死犹不足抵偿。⑬升降：盛衰。甚：严重。

春秋 八月，葬蔡宣公。

公羊传 卒何以名而葬不名？卒从正，而葬从主人(卒名，谨终辨实之正义;葬称公,从臣子之辞)。卒何以日而葬不日?卒赴而葬不告。

穀梁传　月葬,故也。

解义　蔡侯考父卒,以[①]夏六月,而以八月葬,盖逾[②]月而葬矣。诸侯五月而葬,不及期,简也。葬举谥,故不名;不日,史失之。

附录左传　八月丙戌,郑伯以齐人朝王,礼也。(郑伯不以虢公得政而背王,故礼之。上有七月庚午,下有九月辛卯,则八月不得有丙戌)

春秋　九月辛卯,公及莒人盟于浮来(浮,《公羊》、《穀梁》作包,此书好莒之始,亦书鲁君特会外大夫之始。浮来,杜注:纪邑,在今山东莒州西)。

左传　公及莒人盟于浮来,以成纪好[③]也(二年,纪、莒盟于密,为鲁故。今公寻之,故曰以成纪好)。

公羊传　公曷为与微者盟(称人,微者)?称人则从不疑也。(从,随也。称微者,则非公从人盟,而人从公盟,不疑矣)

穀梁传　可言公及人,不可言公及大夫(言大夫,则敌公矣)。

解义　公曷为及[④]莒之微者盟?《左氏》曰:"成纪[⑤]好也!"及者,内为志。凡公与强国之大夫盟,则不书公及[⑥],讳[⑦]强国之以无道加於公也,及齐高傒、晋处父盟是也[⑧];与小国之大夫盟,则不讳公[⑨]。以公自欲[⑩]与盟,非为彼所强[⑪]也。然以望国[⑫]之君,而降班[⑬]以盟小国之大夫,失礼亦甚矣!

注释　①以:在,于。②逾:超过。③好(hào):名词,友好关系。④曷为:为何;为什么。及:和。⑤纪:纪国。⑥及:与。与强国同盟书"及"而不书"公及",为公讳。⑦讳:忌讳。⑧高傒(xī):字白兔,谥号敬仲,春秋时世为齐卿,辅佐齐桓公开创霸业。处父:即阳处父(?—前621年),春秋时晋国大夫,因封邑于阳地(今山西省太谷县阳邑村),遂以阳为氏。晋文公九年(公元前628年)。楚国派斗章出使晋国,晋国派阳处父到楚国回访,晋楚两国恢复了正常外交关系。⑨不讳公:讳,隐讳。即书“公及”,而不单书“及”。⑩自欲:自己喜欢,想要。⑪强:强制,强迫。⑫望国:有声望的国家。⑬降班:指降级。

春秋 螟[1]。

解义 民以食为天。有灾必书,重民命也。

附录左传 冬,齐侯使来告成三国[2]。公使众仲[3]对曰:“君释三国之图以鸠其[4]民(鸠,集也),君之惠[5]也。寡君闻命矣,敢不承受君之明德?”

春秋 冬,十有二月,无骇卒(骇,《穀梁》作侅)。

左传 无骇卒。羽父请谥与族[6]。公问族于众仲。众仲对曰:“天子建德[7](立有德为诸侯),因生以赐姓(若舜由妫汭,故陈为妫姓),胙[8]之土而命之氏。诸侯以字(诸侯位卑,不得赐姓,故其臣因氏其王父[9]字)为谥,因以为族(或使即先人之谥称以为族),官有世功,则有官族[10],邑亦如之。”(谓取其旧官旧邑之称以为族)公命以字为展氏[11](诸侯之子称公子,公子之子称公孙,公孙之子以王父字为氏。无骇,公子展之孙,故为展氏)。

公羊传 此展无骇也。何以不氏?疾始灭也,故终其身不氏(入极,为始灭。故终身贬之也)。

穀梁传 无侅之名,未有闻焉。或曰隐不爵大夫也,或说曰故贬之也。

解义 无骇,公子展之孙也。何以名公孙之子?未赐族[12]而为大夫者,则书名,与异姓之臣等也。盖古者置卿[13]惟贤德是选,有世禄而无世官[14]。春秋之初,犹为近古。故无骇与挟[15]皆书其名,而不氏耳。其后,大夫世官,无不赐之族。如鲁三桓[16]、郑七穆[17],以字族也。宋戴氏、卫齐氏,以谥族也。晋士氏、中行氏,以官族也。韩氏、魏氏,以邑族也。子孙相继,亦世其官而不改,而先王之礼亡矣。故其弊至於三家专鲁⑱,华向乱宋,六卿分晋⑲,诸侯失国,而出奔者相继,则惟其不遵先王世禄而不世官之礼,是以至此极⑳也。观《春秋》所书,而是非之迹,治乱之效,昭然可睹矣。

注释　①螟(míng):螟虫。昆虫,螟蛾的幼虫,有许多种,如"三化螟"、"玉米螟"等。危害农作物。②使:使人。成三国:意思是宋、卫、郑国三国媾和。③众仲:鲁大夫。④释:消除。图:谋算。鸠:集合。⑤惠:恩惠。⑥谥:人死后,根据他生平的品行所送的名字。族:姓氏。⑦建德:赐封立有德之人作诸侯。⑧胙(zuò):赐,赏赐。⑨王父:即祖父。⑩世功:历世之功。官族:以官职名为姓氏。⑪无骇为公子展之孙。礼:公孙之子以王父字为氏,故鲁公根据公子展的字而赐为展氏。⑫赐族:指赐氏。⑬置:设置,设立。卿:古代高级官名:三公九卿。⑭世禄:世代享有禄位。世官:古代某官职由一族世代承袭,谓之世官。⑮挟:同"侠",春秋人名。未详。见后。⑯鲁三桓:指鲁三家。鲁国发生内乱,季孙氏、孟孙氏、叔孙氏三家共攻鲁昭公,鲁昭公败逃。三家控制鲁政权。⑰郑七穆:指春秋郑穆公后裔子展、子西、子产、伯有、子太叔、子石、伯石,是掌握郑国政权的世卿。⑱三家专鲁:指鲁国发生内乱,季孙氏、孟孙氏、叔孙氏三家把持鲁国政权。⑲六卿分晋:春秋后期,晋国范氏、中行氏、知氏、韩氏、赵氏、魏氏六卿秉持国政,并相继改革田亩制、税制,图谋富强,相互兼并,导致晋室瓦解,最后分立为赵、韩、魏三国,史称"六卿分晋"。⑳极:顶端,尽头。

春秋　九年春,天王使南季来聘①。

穀梁传　南,氏姓也。季,字也。聘,问也。聘诸侯,非正也。

解义　古者，天子於诸侯有时聘间问之典，所以洽恩惠而通情志也，载在《周礼》，掌之行人。而穀梁氏乃以聘诸侯为非正，何也？按王制，诸侯之於天子，比年一小聘，三年一大聘，五年则躬往述职而朝焉[②]，天子念其勤，故有时聘，遣问以慰答之。今鲁隐嗣世[③]九年，史策不书遣使[④]如[⑤]周，亦不书公如京师，则是朝聘之典俱缺也。以王法论之，贬爵削地[⑥]在所不免，而遣使聘焉，其斯以为不正乎。通《经》所书，公如京师者一，朝于王所者二，卿大夫如京师者五。鲁於王室最亲，怠慢不臣如此，则他国可知矣。天王来聘于鲁者七，锡命[⑦]者三，归脤[⑧]者一，赗[⑨]葬者四，恩数稠叠[⑩]若此。则齐、晋、秦、楚，诸大国聘问之勤，不后於鲁，又可知矣。夫君臣上下之分，恃有纪纲[⑪]礼法以维之。王朝无纪纲，而后征伐自诸侯出；诸侯蔑礼法，而后政事自大夫出，岂一朝一夕之故乎？《记》曰：聘覲之礼废，则君臣之位失，而倍畔侵陵[⑫]之败起矣，可不戒哉！

注释　①聘：是侯国间有事故，彼此派遣卿大夫存问。②述职：古时诸侯向天子陈述职守。朝：是侯国君主朝见周王。③嗣世：继位。④遣使：谓派遣使者。⑤如：到。⑥贬爵削地：贬降爵位，削减封地。⑦锡命：天子有所赐予的诏命。⑧归脤：赠送祭社稷或祭宗庙所用的生肉。归，通“馈”。⑨赗(fèng)：送财物给人办丧事。⑩稠叠：稠密频繁。⑪纪纲：指法度。⑫倍畔：背叛。侵陵：侵犯欺凌。

春秋　三月癸酉[①]，大雨，震电[②]。庚辰[③]，大雨雪。

左传　九年春，王三月癸酉，大雨霖以震，书始也(书癸酉，始雨日)。庚辰，大雨雪，亦如之。书，时失[④]也。凡雨，自三日以往为霖，平地尺为大雪(《经》有电无霖，《传》有霖无电，《传》不解《经》，盖所据简策错误)。

公羊传　何以书？记异也。何异尔？不时也。何以书？记异也。何异尔？俶甚也(俶,始怒也。甚,犹大甚也)。

穀梁传　震,雷也。电,霆也(电,雷之光,有霆必有电,故曰电霆)。志疏数也。八日之间,再有大变,阴阳错行,故谨而日之也。雨月,志正也(雨得其时,则书月)。

解义　阳精[5]发,而为雷电;阴气凝,而为雨雪。阴阳连动,宜在有常而无忒[6]。周之三月,实夏之正月,雷未可以出,电未可以见,而大震电,此阳失其节也。雷既出,电既见,则雪不当复降;而大雨雪,则阳不能制阴,而阴气纵矣。凡变见於天曰异,害及於民曰灾。《春秋》遇灾异必书,虽不若汉儒五行之说[7],每事强为征应[8],而天人相感[9]之际,实未可忽也。

注释　①癸酉:十日。②雨(yù):用作动词,下雨。震:雷。③庚辰:十七日。④时失:气候异常。⑤阳精:指太阳。⑥忒(tè):差错。⑦五行之说:五行是中国古代的一种物质观。多用于哲学、中医学和占卜方面。五行指:金、木、水、火、土。其理论认为大自然由五种要素所构成,随着这五个要素的盛衰,而使得大自然产生变化,不但影响到人的命运,同时也使宇宙万物循环不已。⑧征应:指证验,应验。⑨天人相感:相感,交感相应,指互相受对方影响而发生相应的变化。指自然现象可以显示人世灾祥。

春秋　挟卒(挟,《公羊》、《穀梁》俱作侠)。

公羊传　侠者何？吾大夫之未命[1]者也。

穀梁传　侠者,所侠也(侠,名也。所,其氏,或云所,斥也。未详孰是)。弗大夫者,隐不爵[2]大夫也。隐之不爵大夫,何也？曰:不成为君[3]也。

春秋　夏,城郎。

左传　夏,城郎[4],书,不时[5]也。

解义　隐公元年,费伯已帅师城郎。至此年,复城之,盖因其旧，而加修筑也。案[6]桓十年，三国来战於此。庄八年俟[7]陈、蔡师次於此。十年，齐、宋之师又次於此。是郎为鲁之要地，非不宜城，而城以夏，则非其时[8]也。城以卫[9]民，而因此以夺农时[10]，则昧於为政之本矣[11]。

注释 ①命：命爵，赐给爵位。②爵：爵命，授予官爵。动词。③君：国君。④城郎：在郎地修城。⑤不时：妨碍农时。⑥案：同"按"。⑦俟（sì）：等待。⑧其时：正是时候。⑨卫：保卫。⑩夺：错过。农时：适宜于从事耕种、收获的时节。⑪昧：糊涂，不明白。本：根本。

春秋 秋，七月。

穀梁传 无事焉，何以书？不遗时也。

春秋 冬，公会齐侯于防（防，《公羊》作邴，杜注：鲁地，在琅琊华县东南。今山东费县东北有华城，即华县）。

左传 宋公不王[1]。郑伯为王左卿士，以王命讨之，伐宋。宋以入郛之役[2]怨公，不告命（入郛在五年）。公怒，绝宋使[3]。秋，郑人以王命来告伐宋（伐宋未得志，故欲再伐之）。

冬，公会齐侯于防[4]，谋伐宋也。

穀梁传 会者，外为主焉尔。

解义 《周礼·大行人》职[5]：时会以发四方之禁[6]，王事[7]也。至春秋，诸侯或讲好，或谋事，自相见於隙地[8]，或诸侯与邻国之大夫相见，或列国之大夫自相见，并以会名。故凡书会，皆讥也。据《左氏》，宋公不王，郑伯以王命讨之，使来告命，会于防，谋伐宋也，于中丘，为师期[9]也。果尔[10]，则奉王命讨不庭[11]。《经》於会防及后伐宋，宜有异文[12]以发明其善，而与私会、私伐者同辞，以是知其非王事[13]也，盖矫假以逞私忿[14]耳。

注释 ①不王：指没有朝觐周天子。②入郛之役：指隐公五年，邾与郑联合伐宋，入其外城，宋向鲁求救，鲁公不肯出兵之事。③绝:断绝。使:交往。④防:鲁国地名,在今山东费县东北。⑤职:记录。⑥时会以发四方之禁:意思是时会无常期,诸侯有不顺服者,王将有征讨,合诸侯而发禁令焉。时会:古代帝王不定期地朝会四方诸侯。禁谓九伐之法也。九伐之法,古代指对九种罪恶的讨伐。⑦王事:王朝大事。⑧隙地:空隙地带。⑨师期:出师的日期。⑩果尔:果真如此。⑪不庭:不朝于王庭。⑫宜:当然。异文:凡同一书的不同版本,或不同的书记载同一事物而字句互异,包括通假字和异体字,都称异文。此指对表面相似而性质不同的事件采取不同的文字记录方式。⑬王事:王命差遣的公事。⑭矫假:作假。逞:实现。私忿:同"私愤",个人的怨恨。

附录左传　北戎侵郑,郑伯御之。患[①]戎师,曰:"彼徒我车[②],惧其侵轶我也。"(轶,突也)公子突曰(突:郑厉公也):"使男而无刚者尝寇,而速去之。(尝,试也。勇则能往,无刚不耻退)君为三覆[③]以待之。戎轻而不整,贪而无亲,胜不相让,败不相救。先者见获必务进,进而遇覆必速奔,后者不救,则无继[④]矣。乃可以逞。"从之。戎人之前遇覆者奔。祝聃逐之(祝聃,郑大夫),衷[⑤]戎师(谓戎师在三伏之中),前后击之,尽殪(殪,死也)。戎师大奔。十一月甲寅,郑人大败戎师。

春秋　十年春,王二月,公会齐侯、郑伯于中丘。

左传　十年春,王正月,公会齐侯、郑伯于中丘。癸丑[⑥],盟于邓,为师期[⑦]。(《传》言正月会,癸丑盟。推《经》、《传》日月,癸丑是正月二十六日,《经》二月误。盟不书,盖公还,告会而不告盟。邓,杜注:鲁地,当在今山东兖州府境)

解义　春秋之初,诸侯擅兴[⑧],不过彼此修怨[⑨]耳。郑伯为王卿士,无王命而会齐、鲁,齐、鲁亦无王命而私与郑连兵,自是诸侯始横行而无所忌,此礼乐[⑩]、征伐自诸侯出之始事也。

注释 ①患:怕。②徒:步兵。车:车兵。③三覆:三处伏兵。④继:指后继部队。⑤衷:指包围。⑥癸丑:当是二月二十五日。⑦为师期:意思是决定派兵的日期。⑧擅兴:无诏旨擅自发兵。⑨修怨:报怨。⑩礼乐:礼节和音乐。古代帝王常用兴礼乐为手段以求达到尊卑有序远近和合的统治目的。

春秋 夏,翚[1]帅师会齐人、郑人伐宋。

左传 夏五月,羽父先会齐侯、郑伯伐宋[2](言先会,明非公本期)。

公羊传 此公子翚也,何以不称公子?贬。曷为贬?隐之罪人也。故终隐之篇贬也(终隐之世,皆去其族。至桓而复书族,明与桓同恶也)。

解义 翚之悖逆[3],其来有渐[4]。隐公不能辩之於早始焉。伐郑固[5]请而行;今兹[6]伐宋,先期而往,肆行无忌[7],不待钟巫之变[8],而已知其有无君之心矣。故兵柄[9]下移,《春秋》屡致意焉,以示当制之於未乱也。若夫伐宋之是非,则直书其事,而自见矣。

注释 ①翚(huī):即公子翚,一作公子挥。姬姓,名翚,字羽父。鲁宗室。春秋初年鲁国大臣。②先会:先期会合。伐:攻打。③悖逆:违背正道。④渐:逐渐,慢慢地。⑤固:坚持,一定。⑥兹:年。⑦肆行无忌:恣意横行,无所顾忌。⑧钟巫之变:指鲁隐公十一年(前712年)十一月,鲁隐公准备去祭祀"钟巫",先在社圃园中斋戒,住在鲁大夫为氏家。羽父让人在为家刺杀鲁隐公,立允为君,是为鲁桓公。钟巫:神名。春秋时诸侯及大夫立以为祭主。⑨兵柄:指兵权,军权。

春秋 六月壬戌,公败宋师于菅[1](菅,杜注:宋地)。

左传 六月戊申,公会齐侯、郑伯于老桃(《经》不书会,不告于庙也。老桃,杜注:宋地,今山东济宁州北有桃乡城。六月无戊申;戊申,五月二十三日。日误)。壬戌,公败宋师于菅。

穀梁传　内不言战,举其大者也(战然后败,故败大于战)。

解义　两军皆陈[2]曰战。今不言战而言败,盖不待陈而薄[3]人於险,以诈谋取胜也。故以败之者为主,矫假王命,弃好怒邻,而遂[4]郑报怨之私。虽以正,用兵犹贬,况以诈谖[5]取胜乎!

注释　①菅(guān):宋国地名,当位于今山东单县北。②陈:陈兵。③薄:通"博"。指搏击。④遂:实现。⑤诈谖:欺诈。

春秋　辛未取郜[1],辛巳取防[2](郜,在今山东城武县东南。防,在今山东金乡县西)。

左传　庚午[3],郑师入郜;辛未,归于我。庚辰[4],郑师入防;辛巳,归于我。君子谓"郑庄公于是乎可谓正矣。以王命讨不庭[5](下之事上皆成礼于庭中),不贪其土,以劳王爵[6],正之体也[7]。"(劳者,叙其勤以答之。鲁爵尊,郑爵卑,故言以劳王爵)

公羊传　取邑不日[8],此何以日?一月而再取也。何言乎一月而再取?甚之也。内大恶讳,此其言甚之何?《春秋》录内而略外,于外大恶书,小恶不书,于内大恶讳,小恶书。(明取邑为小恶,一月再取,小恶中甚者耳。故书而不讳)

穀梁传　取邑不日,此其日何也?不正。其乘败人而深为利,取二邑,故谨而日之也。

解义　《经》於二邑,书鲁取,地归於鲁也。《传》书郑入,而归於鲁。盖郑实主兵,故让鲁取之也。鲁、宋同盟未尝有怨,入郛不救,其曲[9]在鲁,乃中变而合郑以仇宋[10],实由输平归祊以利相结。故既胜之后,复以二邑让鲁,直书其事,而背义尚诈[11],结党肆暴[12]之恶具见矣。

注释　①辛未:六月十六日。郜(gào):原为诸侯国名,位于今山东省城武县东南,春秋前,被宋国灭掉。②辛巳:二十六日。防:宋地。③庚午:十五日。④庚辰:二十五日。⑤不庭:指不朝于王庭之国。⑥以劳王爵:用伐不庭之国得到之领土,奖赏给得到王之爵位之国。⑦正之体:意思是治理政事的根本。⑧日:记日。⑨曲:无理。⑩中变:中途变化。合:联合。⑪诈:欺诈。⑫肆暴:滥施暴力,行凶。

附录左传 蔡人、卫人、郕人不会王命[①](不伐宋也)。

春秋 秋,宋人、卫人入郑。

解义 齐、鲁地远宋,量力不能报,故先结卫以报郑,郑方息师於郊,不暇[②]守御,故入之易。诸侯不务讲信修睦[③],而结党报复,反覆相攻,皆由王政不纲[④]是以肆行而无所忌也。

春秋 宋人、蔡人、卫人伐戴[⑤],郑伯伐取之(戴,《公羊》、《穀梁》作载。戴,国,子姓。杜注:陈留,外黄县东南有戴城,今河南考城县东南,考城故城是也)。

左传 秋七月庚寅[⑥],郑师入郊。犹在郊(驻兵远郊诱三国,敝其师,因而取之),宋人、卫人入郑。蔡人从之,伐戴。八月壬戌[⑦],郑伯围戴。癸亥[⑧],克之,取三师[⑨]焉。宋、卫既入郑,而以伐戴召蔡人,蔡人怒,故不和而败。

公羊传 其言伐取之何?易也。其易奈何?因其力也。因谁之力?因宋人、蔡人、卫人之力也。

穀梁传 不正其因人之力而易取之,故主其事也。

解义 戴,居郑之北鄙[⑩],三国入郑而不能克,故移兵以伐其附庸。郑伯乘其敝,与戴合攻,而取三师,其残民甚矣。

注释 ①不会王命:意思是没有按照天子的命令会师讨伐宋国。②暇:空闲。③讲信修睦:修,建立;睦,和睦。人与人之间,国与国之间,讲究信用,谋求和睦。④王政不纲:朝廷失去纲纪,政治混乱。⑤戴(zài):姬姓国,位于今河南省兰考县一带。⑥庚寅:五日。⑦壬戌:八日。⑧癸亥:九日。⑨三师:此指宋、卫、蔡三国军队。⑩北鄙:北方边境地区。⑪附庸:古代指附属于大国的小国。⑫敝：掩蔽。

附录左传　九月戊寅，郑伯入宋。(报入郑也。九月无戊寅，戊寅，八月二十四日)

春秋　冬，十月壬午，齐人、郑人入郕(郕，《公羊》作盛)。

左传　冬，齐人、郑人入郕，讨违王命[1]也。

榖梁传　入者，内弗受也。日入，恶入者也。郕，国也。

解义　二国入郕，以郕不会伐宋也。宋以公子冯[2]在郑，故二国交恶。《左氏传》云：宋公不王，郑伯以王命讨之。据《经》所书，不见其为王讨也。王臣不行王师不出，矫假以逞私忿耳。盖齐所欲者，郕也。郑所欲者，许也。郑助齐以入郕，故明年秋，齐复助郑以入许。徇私结党，冯弱暴寡[3]，其恶极矣。按《传》隐三年，周人将畀虢[4]公政，与郑交恶；六年，郑伯朝周，王不礼焉；八年，虢公作卿士于周；是年，郑伯以齐朝王；九年，以王命讨宋。於时，郑伯为王左卿士，疑因再朝王复任之。而郑之朝王，阴欲假[5]王命以搂诸侯而报私怨也。观其前，则有取麦取禾之悖；观其后，且为繻葛之战[6]矣。春秋之不王孰有过於郑庄者，《左氏》蔽於其迹，而不究其情，当以程子之说正之。

注释　①讨违王命：意思是讨伐它违背天子的命令。②公子冯(píng，凭)：宋缪公之子。宋缪公临终前遗嘱立其兄宣公之子与夷为君(即宋殇公)，令公子冯出居于郑，所以宋缪公卒而公子冯奔郑。后公子冯回国即位，是为宋庄公，公元前710年—前692年在位。③冯弱：侵陵，欺凌。强大的欺凌弱小的。暴寡：欺侮孤单的。④畀(bì)：给予。虢(guó)：周代诸侯国名。⑤假：利用。⑥繻葛之战：是春秋初一场具有深远意义的战役，交战双方一方是贵为天子的周平王，一方是任王室左卿士的郑庄公。

春秋　十有一年春，滕侯、薛侯来朝[1](此书诸侯朝鲁之始。

薛,任姓,杜注:鲁国薛县,今薛城,在山东滕县南)。

左传 十一年春,滕侯、薛侯来朝,争长。薛侯曰:"我先封[②]。"(薛祖奚仲,夏所封,在周之前)滕侯曰:"我,周之卜正也(卜正,卜官之长。《周礼》有春官大卜)。薛,庶姓也(非周同姓),我不可以后之。"公使羽父请于薛侯曰:"君与滕君辱在寡人。周谚有之曰:'山有木,工则度之;宾有礼,主则择之。'周之宗盟[③],异姓为后,寡人若朝于薛,不敢与诸任齿。君若辱贶[④]寡人,则愿以滕君为请。"薛侯许之,乃长滕侯。

公羊传 其言朝何?诸侯来曰朝,大夫来曰聘。其兼言之何?微国也。

穀梁传 天子无事,诸侯相朝,正也。(事,谓巡狩、崩葬、兵革之事)考礼修德,所以尊天子也。诸侯来朝,时,正也(朝宜以时,故书时则正也)。特言,同时也。(特言谓别言也,如谷伯、邓侯来朝,同时来不俱至)累数,皆至也(累数,总言之也。如滕、薛来朝,同时俱至)。

解义 《周礼·行人》职:凡诸侯之邦交,殷[⑤]相聘,世[⑥]相朝也,其为礼亦节矣。周衰,典礼大坏,邦交惟视势之强弱。以鲁事考之,或来朝而不报其礼,或屡往而至於不纳[⑦],无复有以礼义相接者矣。况于天子述所职者盖阙[⑧]如也,而自相朝聘可乎?故《经》於大国来聘,小国来朝,一切书而不削,恶其慢於王事也[⑨]。且非天子不旅见诸侯。滕、薛二君不各书来朝,而累数之,与谷伯、邓侯之来朝异文,是同日而旅见矣。隐公偃然[⑩]而受之,罪可胜诛[⑪]乎?

注释 ①滕:诸侯国名,在今山东省滕县一带。薛:诸侯小国,任姓,位于今山东省滕县南。②封:受封。薛侯祖先为夏朝官员,封于夏代。③宗盟:会盟。④贶(kuàng):赏赐,施加恩惠。辱贶:屈尊贵国君赐恩惠于寡君。⑤殷:盛,大。⑥世:世代。⑦纳:接纳。⑧阙:同"缺"。⑨慢:怠慢。王事:王命差遣的公事。⑩偃然:安然,安逸。⑪胜诛:处死犹不足抵偿。

春秋　夏,公会郑伯于时来(《公羊》、《穀梁》"夏"字下有"五月";时来,《公羊》作祁黎。杜注:时来,郲也。荥阳县东有厘城,郑地,在今河南开封府东)。

左传　夏,公会郑伯于郲[①],谋伐许[②]也。郑伯将伐许,五月甲辰[③],授兵于大宫[④](郑祖庙)。公孙阏[⑤]与颍考叔争车(公孙阏,郑大夫),颍考叔挟辀以走[⑥](辀 zhōu,车辕),子都拔棘以逐之(子都,即公孙阏。棘:戟也),及大逵(逵,道方九轨),弗及,子都怒。

解义　会者,外为主。此会,郑志[⑦]也。许远於齐、鲁,而邻於郑,郑庄日思兼并,然不借邻国之势,则动非万全[⑧]。故前年伐宋,克其二邑,郑不取,而让於鲁。又助齐入郕,齐、鲁之交益固[⑨]。然后连兵以压许,盖郑计入许之后,齐鲁不能越国以鄙远,则已安坐而得之矣。齐、鲁特为其所愚,而不觉耳,故时来之会,以郑主之也。

注释　①郲(lái):即时来,郑国地名。②许:诸侯国,姜姓,位于今河南省许昌市东。③甲辰:二十四日。④授兵:发放兵器、兵车等。大宫:即太宫,郑国祖庙。⑤公孙阏(è):姓姬名阏,郑国大夫,郑武公的弟弟公子吕的儿子,字子都,他是当时闻名全国的美男子,而且他性格勇猛,力量很大,心狠手辣。⑥走:奔跑。⑦志:愿望。⑧万全:万无一失,绝对安全。⑨固:巩固。

春秋　秋,七月壬午,公及齐侯、郑伯入许(许,今河南许州,故城在州东北)。

左传　秋七月,公会齐侯、郑伯伐许。庚辰[①],傅于许(附于城下)。颍考叔取郑伯之旗蝥弧[②]以先登(蝥弧,旗名)。子都自下射之,颠[③](颠,坠而死)。瑕叔盈又以蝥弧登(瑕叔盈,郑大夫),周麾[④]而呼曰:"君登矣!"郑师毕登。壬午[⑤],遂入许。许庄公奔卫。

齐侯以许让公。公曰："君谓许不共[6]，故从君讨之。许既伏其罪矣，虽君有命，寡人弗敢与闻[7]。"乃与郑人。

郑伯使许大夫百里奉许叔[8]以居许东偏（许叔，许君弟。东偏，东鄙也），曰："天祸许国，鬼神实不逞于许君，而假[9]手于我寡人。寡人唯是一二父凡不能共亿[10]（共，给。亿，安也），其敢以许自为功乎？寡人有弟，不能和协，而使糊其口于四方（弟，谓共叔段。糊，鬻也。《说文》云寄食），其况能久有许乎？吾子其奉许叔以抚柔此民也，吾将使获[11]也佐吾子（获，郑大夫）。若寡人得没于地，天其以礼悔祸于许，无宁兹[12]许公复奉其社稷（无宁，宁也）。唯我郑国之有请谒焉，如旧昏媾[13]，其能降以相从也。无滋他族，实偪处此[14]，以与我郑国争此土也。吾子孙其覆亡之不暇，而况能禋祀[15]许乎？寡人之使吾子处此，不唯许国之为，亦聊以固吾圉也[16]。"（圉，边垂也）乃使公孙获处许西偏，曰："凡而器用财贿，无置于许。我死，乃亟去之。吾先君新邑于此[17]（先君，谓武公。周宣王封弟友为郑伯，食米于畿内。友之子武公，从平王东迁取虢、郐二国之地居之，乃为新郑），王室而既卑矣，周之子孙日失其序[18]。夫许，大岳之胤[19]也（大岳，神农之后，尧四岳也），天而既厌周德矣，吾其能与许争乎[20]？"

注释 ①庚辰：初一。②蝥（máo）弧：郑庄公之旗名。③颠：坠。指由城上坠下跌死。④周：遍。麾：招。挥动大旗招呼郑军。⑤壬午：初三日。⑥不共：共（gōng），法度。意思是违背法度。⑦弗敢与闻：不敢听从。⑧许叔：许庄公弟，名郑，谥桓公。⑨假：借。⑩亿：安。共亿意即相安无事。⑪获：公孙获，郑国大夫。⑫无宁：宁可。无，句首词气助词，无实义。兹：使。⑬昏媾：婚姻亲戚。⑭滋：同"兹"，使。偪（bī）：迫近。⑮禋祀：禋（yīn），斋戒。泛指祭祀。⑯聊：姑且。圉（yǔ）：边疆。⑰而：同"尔"，你。新邑：指河南新郑一带。郑国原位于陕西省华县东北,平王东迁之后,郑武公伐虢、桧,并其土地,立国于此。⑱序:绪业,即继承的功业。⑲大岳:即太岳,四岳,上古官名,掌管四岳的祭祀。胤(yìn):后代。⑳厌:厌弃。其:意即岂。

君子谓:"郑庄公于是乎有礼。礼,经国家,定社稷,序①民人,利后嗣②者也。许无刑而伐之(刑,法也),服而舍之,度德而处之,量力而行之,相时③而动,无累后人(死乃亟去之,言欲不累后人也),可谓知礼矣。"

郑伯使卒出豭④,行出犬鸡,以诅射颍考叔者⑤(豭,猪别名。百人为卒,二十五人为行)。

君子谓:"郑庄公失政刑矣⑥。政以治民,刑以正邪,既无德政,又无威刑,是以及邪⑦。邪而诅⑧之,将何益矣!"

解义　及者,内为主。时来,书公会郑伯,明伐许本郑志也。此书公及齐侯、郑伯,则入许者公所欲也。盖自输平而后宛来归祊,又助鲁取二邑於宋,故公欲助郑,并许以为报也。隐公即位十有一年,受天王之使,而未尝朝聘,王室告丧既不奔赴且无赗赙⑨,擅兴甲兵⑩,植党肆暴⑪,夺人城邑,今又助郑为虐⑫,入人之国,而逐⑬其君,其不善之积,盖有不可逭⑭者矣。

注释　①序:此作使动用法。②嗣(sì):后代,继承人。③相时:瞅准机会。④豭(jiā):公猪。⑤诅射颍考叔者:意思是祷告神明加祸于射杀颍考叔的人。⑥失:荒废,没有掌握住。⑦邪:邪恶。⑧诅:诅咒。⑨赗赙:因助办丧事而以财物相赠。⑩甲兵:军队。⑪植党:培植党羽势力。肆暴:滥施暴力,行凶。⑫虐:残暴。⑬逐:驱逐。⑭逭(huàn):逃避。

附录左传　王取邬、刘、蔿、邘①之田于郑(邬,杜注:缑氏县西南有邬聚,在今河南偃师县西南。刘,杜注:缑氏县西北有刘亭,今亦属偃师县。蔿,在今河南怀庆、偃师、孟县之间。邘,今河南河内县西北邘台镇是也),而与郑人苏忿生②之田(苏忿生,周武王司寇,苏公也):温(注见前)、原(杜注:在沁水县西,今河南济源县西北有原乡)、絺(杜注:在野王,今河内县西南有絺城)、樊(杜注:一名阳樊,野王县西南有阳城,在今济源县东南)、隰郕(杜注:在怀县西南,今河南武陟县西南隰城是也)、欑茅(杜注:在修武县北,今河南修武县北大陆村即其地)、向(杜注:轵县西有地名向上,今济源县西南有向城)、盟(杜注:盟津,在今孟县南)、州(杜注:州县,今故城在河内县治东)、陉(杜注:阙。《元和志》太行陉,在河内县西北三十里,在今怀庆府西北,一名丹陉)、隤(杜注:在修武县北。京相璠曰:河内修武县北有故隤城)、怀[3]。(杜注:怀县,今武陟县西有怀县故城。十二邑,皆苏忿生之田)

君子是以知桓王之失郑也。恕而行之,德之则也,礼之经也。已弗能有而以与人,人之不至,不亦宜乎!(苏氏叛王[4],十二邑王所不能有,为桓五年从王伐郑张本)

郑、息有违言[5](息,国名,姬姓,侯爵,今河南息县。违言,以言语相违恨),息侯伐郑。郑伯与战于竟,息师大败而还。君子是以知息之将亡也。"不度德,不量力,不亲亲(郑,息同姓之国),不征辞[6],不察有罪,犯五不韪而以伐人(韪,是也),其丧师也,不亦宜乎!"

冬,十月,郑伯以虢师伐宋。壬戌,大败宋师,以报其入郑也(入郑在十年)。宋不告命,故不书。

凡诸侯有命,告则书,不然则否。(《传》因宋不告败,而发此例)师出臧否[7],亦如之。虽及灭国,灭不告败,胜不告克,不书于策。

春秋 冬,十有一月壬辰,公薨。

左传 羽父请杀桓公,将以求大宰(大宰,官名)。公曰:"为其少故也。吾将授之矣。使营[8]菟裘,吾将老焉。"(菟裘,杜注:鲁邑,在泰山梁父县南,今山东泰安州南泗水县北,有梁父城菟裘聚)羽父惧,反谮公于桓公而请弑之[9]。

公之为公子也，与郑人战于狐壤，止焉(内讳获，故言止。狐壤，郑地。《后汉志》颍川郡颍阴县有狐宗乡，疑即此，在今河南许州西)。郑人囚诸[10]尹氏(尹氏，郑大夫)。赂尹氏，而祷于其主钟巫[11](主尹氏所主祭)。遂与尹氏归，而立其主(立钟巫于鲁)。十一月公祭钟巫，齐于社圃(园名)，馆于为氏[12](为氏，鲁大夫)。壬辰，羽父使贼弑公于为氏。立桓公，而讨为氏，有死者[13](欲以弑公之罪加为氏，而不能正法，仅有死者而已)。不书葬，不成丧也。

公羊传　何以不书葬？隐之也。何隐尔？弑也。弑则何以不书葬？《春秋》君弑，贼不讨，不书葬，以为无臣子也。子沈子曰(称子冠氏上者，著其为师也)："君弑，臣不讨贼，非臣也。不复仇，非子也。葬，生者之事也。《春秋》君弑，贼不讨，不书葬，以为不系乎臣子也。"公薨何以不地？不忍言也。隐何以无正月？隐将让乎桓，故不有其正月也。

穀梁传　公薨不地，故也。隐之(隐，犹痛也)，不忍地也。其不言葬，何也？君弑贼不讨，不书葬，以罪下也。隐十年无正，隐不自正也；元年有正，所以正隐也(明隐宜立)。

解义　死者，人道之终也，故《春秋》于鲁君之薨[14]路寝[15]而外，于小寝，于别宫台下[16]，皆明著其地。至薨而不地，则有不忍言者矣。不书葬，贼不讨也，使书公薨于为氏，桓翚之罪，非徒不讨，后世且无由而识之矣，不书地，以著君父不得其死之实；不书葬，以警臣子复仇讨贼之心，非圣人莫能修此类是也。

注释　①鄔、刘、蔿(wěi)、邘(yú)：均为邑名，时已属郑地。此四邑位于今河南省郑州市以西，洛阳市以东一带。②苏忿生：人名，周武王时任司寇，受封于温。③温、原、絺(chī)、樊、隰(xí)郕、欑(cuān)茅、向、盟、州、陉(xíng)、隤(tuí)、怀：以上均为邑名，原为苏忿生封地，位于今洛阳市以东、黄河之北的河南省境内。④苏氏叛王：十二邑已非王所有，周桓王用不属于自己的地盘,去和郑交换四邑,实为欺骗,所以称其失恕道。⑤违言:言语不和。⑥征辞:明辨是非。征,审察明白;辞,言辞。⑦臧否(pǐ):指顺利与否。⑧营:建造。⑨谮(zèn):说人坏话,诬陷。弑:下杀上。⑩诸:之于。⑪祷(dǎo):告神求福。钟巫:神名,尹氏家的祭主。⑫齐:通"斋",祭前斋戒洁身。社圃:园名。馆:动词,住宿。⑬有死者:羽父伪装讨伐为氏,而以弑君之罪归之为氏,使为氏家族有蒙冤而死者。⑭薨(hōng):古代称诸侯或有爵位的大官死去。⑮路寝:古代天子、诸侯的正厅。⑯小寝:天子、诸侯寝宫,睡觉的地方。台下:台榭的下面。

卷五

桓公(元年之三年)

桓公:公名轨,惠公之子,隐公之弟,弑兄自立。《史记》一名允。《谥法》:"辟土服远曰桓。"

周:桓王九年,鲁桓公十五年,桓王崩,子庄王立。

郑:庄公三十三年,鲁桓公十一年,庄公卒,子昭公忽立。是年忽奔卫,厉公突立。桓十五年,厉公奔蔡,昭公归,秋突入于栎。桓十七年,昭公弑,立子亹。桓十八年,齐杀亹,祭仲立子义。

齐:僖公二十年,鲁桓公十四年,僖公卒,子襄公诸儿立。

宋:殇公九年,鲁桓公二年,殇公弑,庄公冯立。

晋:翼哀侯七年,鲁桓公二年,哀侯侵陉庭。陉庭与曲沃武公谋。桓三年,曲沃伐翼,获哀侯。晋人立其子小子侯。桓七年,曲沃武公杀小子侯。桓八年曲沃灭翼;冬,王命虢仲立晋哀侯之弟缗子晋。

曲沃武公六年。

卫:宣公八年,鲁桓公十二年,宣公卒,惠公朔立。桓十六年,惠公奔齐,公子黔牟立。

蔡:桓侯四年,鲁桓公十七年,桓侯卒,子哀侯献舞立。

曹:桓公四十六年,鲁桓公十年,曹桓公卒,庄公射姑立。

滕:详见隐公元年。

陈:桓公三十四年,鲁桓公五年,陈桓公卒,陈佗杀太子免而自立。桓六年,蔡人杀陈佗,厉公跃立。桓十二年,历公卒,庄公林立。

杞:武公。详见隐公元年。

薛:详见隐公元年。

莒:详见隐公元年。

邾:仪父。详见隐公元年。

许:许叔。详见隐公元年,鲁桓公十五年,许叔入于许。

小邾:详见隐公元年。

楚:武王三十年,鲁桓公六年,伐随,使随请周尊楚号,周室不听,还报楚。桓公八年,熊通怒自立为楚武王,与随人盟而去。详见庄公四年传注。

秦:详见隐公元年。

吴:详见隐公元年。

越:详见隐公元年。

春秋 桓公(名轨,《史记》名允,惠公之子,隐公之弟,以桓王九年即位。《谥法》:"辟土服远曰桓。")

元年。

解义 人君继世[1],逾年改元[2],自是循[3]数以编年[4],虽久而不易。至汉孝文改,后元年孝武又因事别建年号,历代因之。或一世而屡易,或一岁而再更记注[5],繁芜[6]莫可胜纪。乃知《春秋》编年为万世不易[7]之法也。

注释 ①继世:继承先世。②改元:指中国封建时期皇帝即位时或在位期间改换年号。每个年号开始的一年称元年。新皇帝即位后,一般都要改变纪年的年号,称为"改元"。同一皇帝在位时也可以改元,如汉武帝改了十一次年号,唐高宗用过十四个年号。③循:顺,因循。④编年:指纪事以年月为纲。⑤记注:记述、注释。⑥繁芜:繁多芜杂。⑦万世不易:易,改变。永远不改变。亦作"万代不易"。

春秋 春王正月,公即位。

公羊传 继弑君不言即位[1],此其言即位何?如[2]其意也。(弑君欲即位,故如其意,以著其恶)

穀梁传 桓无王,其曰王何也?(桓公十八年,唯元年、二年、十年、十八年有王,自外皆无王,故《传》据以发问)谨始[3]也。其曰无王何也?桓弟弑兄,臣弑君,天子不能定,诸侯不能救,百姓不能去。以为无王之道，遂可以至焉尔。元年有王，所以治桓也。继故不言即位，正也（故谓弑也）。继故不言即位之为正何也？曰先君不以其道终，则子弟不忍即位也。继故而言即位，则是与闻乎弑也。继故而言即位，是为与闻乎弑，何也？曰先君不以其道终，已正即位之道而即位，是无恩于先君也。（推其无恩则知与弑也）

解义　继故而书即位，则为与闻乎弑，何也？以无哀先君之心，故泰然而行即位之礼也。桓公之书即位，与文成、襄昭同，何以知其与闻乎弑也？隐公之薨[4]不地不葬，则不以道终[5]，显然矣。桓之篇，十四年春，不书王，以王纲不振，故篡弑之贼得泰然而安于其位也[6]。元年书王，以逾年即位，正王法，当行之日也。然则《公羊氏》所称，桓幼而贵，隐长而卑者非乎？非也。诸侯不再娶，惠公元妃既卒，继室以声子，则是摄行内主[7]之事矣，隐之立，正[8]也。其欲授桓，实让而非摄也。隐让而桓弑，罪不容於诛[9]矣。

注释　①弑：封建时代称臣杀君、子杀父母。即位：指帝王登位。②如：达到，实现。③谨始：慎之于始。④薨（hōng）：古代称诸侯或有爵位的大官死去。⑤终：人死送终。⑥篡弑：指弑君篡位。泰然：安定；不放在心上。⑦摄行内主：摄，代理。内主，古称诸侯的夫人。即实际行使夫人的权利而主持内政。⑧正：正当。合于法则。⑨罪不容於诛：罪恶极大，杀了也抵不了所犯的罪恶。诛，把罪人杀死。

春秋　三月，公会郑伯于垂[1]。

穀梁传　会者，外为主焉尔（郑伯所以欲为此会者，为易田故）。

解义　郑伯欲得许田[2]以自广[3]，是以为垂之会。盖知桓之篡逆意不自安[4]，特假[5]以求赂焉，度[6]鲁急於会诸侯，必从所欲故也。夫郑庄与隐公同盟缔好，今见其贼不能讨，反有所要求，欲以定其位，故书公会郑伯，会者外为主，言郑志[7]也。

春秋 郑伯以璧假许田[8]。

左传 元年春，公即位[9]，修好于郑，郑人请复祀[10]周公，卒易[11]祊田（事在隐八年）。公许之。三月，郑伯以璧假许田，为周公祊故也（鲁不宜听郑祀周公，又不宜易取祊田。犯二不宜以动，故隐其实。不言祊，称璧假，言若进璧以假田，非久易也）。

公羊传 其言以璧假之何？易之也。易之则其言假之何？为恭[12]也（使若暂假借之辞）。曷为为恭，有天子存，则诸侯不得专地[13]也。许田者何？鲁朝宿之邑焉[14]。（古者，诸侯朝于天子，至远郊，不敢便入，必先告至；天子以诸侯远来朝，为告至之须，当有所止宿，故赐邑于远郊。其实天子地，诸侯不得专也）此鲁朝宿之邑也，则曷为谓之许田？讳取周[15]田也。讳取周田则曷为谓之许田？系之许也。曷为系之许？近许也。此邑[16]也，其称田何？田多邑少称田（邑外之田亩多，邑内之家数少，则称田），邑多田少称邑（邑内之家数多，邑外之田亩少，则称邑）。

穀梁传 假，不言以，言以非假也。非假而曰假，讳易地也。礼，天子在上，诸侯不得以地相与[17]也。无田则无许可知矣，不言许，不与许也（但言以璧假许，而不继田，则许属郑也。今言许田，明以许之田与郑，不与许邑）。许田者，鲁朝宿之邑也。邴者，郑伯之所受命而祭泰山之邑也（泰山非郑竟[18]，从天王巡狩，受命而祭也）。用见鲁之不朝于周而郑之不祭泰山也（擅相易，则知朝祭并废）。

解义 隐公八年，郑来归祊，本欲易许田也。鲁受祊而未与许田[19]，以祊薄[20]於许也。及桓公弑立，郑伯乘其位之未定，复要许田而加璧以请焉，知桓方自危不敢不从也。其不曰以璧易，而谓之假者，为国讳恶，且示有归道也。桓乃无父无君之人，则弃先祖之地，废朝觐之礼，曾不以动其心，宜矣。

注释 ①公：指郑庄公。垂：卫国之地。②许田：成王赐周公朝宿之邑。③自广:扩充本国国土。④自安:自安其心;自以为安定。⑤假:借用。⑥度:估计,推测。⑦志:意向。⑧璧:玉璧。假:假借。实指交换。⑨公即位:桓公就鲁君之位。先君死后,继位之君于次年正月,祭祀宗庙时改元,序定百官,正君臣之位,称作即位。⑩祀:祭祀。⑪卒:完成。易:交换。⑫恭:恭敬,谦逊有礼貌。⑬专地:指擅自处置领地。⑭朝宿:供诸侯朝见天子时住宿。邑(yì):指天子分给诸侯的封地。⑮周:周朝。⑯邑:此指城郭。⑰相与:相互给予,即交换。⑱竟:同"境"。指国境内。⑲受:接受。与:给予。⑳薄:微小。

春秋　夏,四月丁未[①],公及郑伯盟于越[②](越,杜注:近垂地名。当在今山东曹州附近)。

左传　夏四月丁未,公及郑伯盟于越,结祊成也。盟曰:"渝盟无享国[③]。"

穀梁传　及者,内为志焉尔。越,盟地之名也。

解义　郑伯先为垂之会,以求许田。公既以许田委[④]郑,而因欲固[⑤]郑好以自安,故复为此盟。书公及,鲁志也。卫州吁弑桓公而自立,则朝陈而请觐於王。曹负刍弑宣公之子而自立[⑥],诸侯与会于戚而执之,曹人请于晋,曰若有罪则君列诸会矣。乱臣贼子[⑦]所惧者,天子之征邻封之讨耳;天子而许之觐,邻国而与之会,则可安於其位矣,此衰周之乱政也。鲁自隐公以来与齐、郑亲。郑伯数假[⑧]王命,以兴师战克攻取,诸侯畏之。故桓公不惜弃先祖之地,以求为此盟,而又求昏[⑨]於齐自固也。至郑伯之恶,则不待贬绝而自见矣。

注释　①丁未:二日。②越:鲁国地名,在今山东省曹县附近。③渝:改变。享:享有。④委:给。⑤固:稳固。⑥负刍:负刍,曹成公名。曹宣公卒,负刍杀太子自立为君。⑦乱臣贼子:乱臣,叛乱之臣;贼子,忤逆之子。旧指不守君臣、父子之道的人。后泛指心怀异志的人。⑧数:多次。假:假冒。⑨昏:同“婚”。

春秋 秋,大水(此书水灾之始)。

左传 秋,大水。凡平原出水为大水(广、平曰原。雨自上而下浸润于土,陂障下地,可使水潦停焉。平原高地不应有水。而云出水者,水不入于土而出于地上也)。

公羊传 何以书?记灾也。

穀梁传 高下有水灾,曰大水。

解义 水灾,阴沴①之发也。大者,非常之词,书大水则害禾稼,毁庐舍,不待言矣。书时不书月,以见泛滥为害,历时②未平也,变不虚生③,盖可忽④乎哉?

春秋 冬,十月。

穀梁传 无事焉,何以书?不遗⑤时也。《春秋》编年,四时具而后为年。

附录左传 冬,郑伯拜盟(郑伯若自来,则《经》不书;若遣使,则当言郑人,不得称郑伯。疑谬误)。

宋华父督见孔父之妻于路⑥(华父,大夫氏,督,名,宋戴公孙。孔父,宋大司马,父,其名。《穀梁》以父为字谥,非也),目逆⑦而送之。曰:“美而艳。”

注释 ①阴沴(lì):沴,水流不畅。指天地四时阴气不和而产生的灾害。②历时:此指很久时间。③虚生:指徒然产生。④忽:忽视。⑤遗:漏掉。⑥华父督:宋戴公之孙,名督,字华父。孔父:即孔父嘉,孔子六世祖。⑦逆:迎。

春秋 二年,春王正月。

穀梁传 桓无王,其曰:王何也?正与夷之卒也。

解义 元年书王,篡弑之贼,逾年即位,而临①臣民,王法宜急施也。二年复书王,丧期未毕,犹冀②王之能讨也,过此而不讨,则终无望矣。故三年以后不复书王也。先儒以为正,宋督之弑,义亦可通。但二百四十年,他国有篡弑之变,未尝不书王,则非《春秋》之本指也。

春秋　戊申,宋督弑其君与夷,及其大夫孔父。

左传　二年春,宋督攻[3]孔氏,杀孔父而取其妻。公[4]怒,督惧,遂[5]弑殇公。君子以督为有无君之心而后动于恶,故先书弑其君。

公羊传　及者何?累也(从君而死,曰累)。弑君多矣,舍此无累者乎?曰:"有仇牧,荀息[6],皆累也。"(仇牧事,在庄十二年。荀息事在僖十年)舍仇牧、荀息无累者乎?曰:"有。"有则此何以书?贤也。何贤乎孔父?孔父可谓义形于色[7]矣。其义形于色奈何?督将弑殇公,孔父生而存,则殇公不可得而弑也,故于是先攻孔父之家。殇公知孔父死,己必死,趋而救之,皆死焉。孔父正色而立于朝,则人莫敢过而致难于其君者,孔父可谓义形于色矣。

穀梁传　孔父先死,其曰及何也?书尊及卑,《春秋》之义也。孔父之先死何也?督欲弑君而恐不立,于是乎先杀孔父,孔父闲[8]也(闲,捍御也)。何以知其先杀孔父也?曰:子既死,父不忍称其名;臣既死,君不忍称其名。以是知君之累之也。孔,氏,父,字谥也。或曰其不称名,盖为祖讳也,孔子故宋也。

解义　孔父既死,而后殇公弑。先书弑君者,督有无君之心,而后敢加刃于孔父也。书及其大夫,褒死节[9]也。孔父不能早正殇公之德,预遏华督之奸[10],而《春秋》褒其节,何也?孔父生而存,则殇公不可得而弑,其正色立朝,实足以卫宗社而怵奸邪,不可以变出意外而遂没其节也[11]。观华督及徒人费、石之纷如、贾举、州绰之类,皆与君偕死,而不书,则知书者皆《春秋》之所予矣。

春秋 滕子来朝。

解义 滕,侯国,何以称子[12]?时王所贬[13]也,王政[14]之不行于诸侯久矣。何以能加于滕?小国犹有听命者也[15]。故杞於桓以侯见,至僖而书子;薛,於隐以侯见,至庄而书伯;与滕子为三,皆微国也。大国莫见焉。杞于僖以子见,至文复书伯,亦时王进之也。或以为孔子之褒贬,非也。诸侯之恶有大于三国者矣,何以不贬?以是知其不可通也。按卓氏尔康[16]曰:灌甫[17]曰,乐正子记滕、薛旅朝隐公,桓王闻之,征朝,皆黜焉[18]。则信而有征矣。

注释 ①临:面对。②冀:希望。讨:讨伐。③攻:打击。④公:指宋殇公。⑤遂:于是。⑥仇牧:春秋宋大夫。《春秋·庄公十二年》:"宋万弑其君捷,及大夫仇牧。"《史记·宋微子世家》:"(南宫万)遂以局杀愍公于蒙泽。大夫仇牧闻之,以兵造公门。万搏牧。牧齿着门阖死。"后用以借指忠良。荀息:生年不详,卒于晋献公二十六年(前651年),名黯,息为表字,春秋时代晋国大夫。晋武公逝世后,其子诡诸继位,号为献公。荀息为人忠诚,足智多谋,又是武公旧臣,当然为献公所器重。忠心耿耿事奉献公近30年,是当时晋国的肱股之臣。⑦义形于色:形,表现;色,面容。仗义不平之气在脸上流露出来。⑧闲:防御。⑨褒:赞扬。死节:为保全节操而死。⑩正:匡正。遏:阻止。⑪正色立朝:指严正执法。宗社:指国家。怵(chù):恐惧,此用于使动。奸邪:奸诈邪恶。⑫子:子爵。封建制度五等爵位的第四等。⑬贬:降低。此指周天子的威信下降。⑭王政:指以周天子为首的贵族国家体制。⑮加于:用于。犹:仍然,还。⑯卓尔康(1570—1641),明藏书家。字去病,号农山。仁和(今浙江杭州)人。居于德清县。万历四十年(1612年)举人,官祥符教谕,升工部屯亩司员外郎,迁两淮分司,以事被罢官归。著有

《易说》、《诗学》、《春秋辨异》等。⑰灌甫:指朱睦㮮(1518—1587)明藏书家、学者。字灌甫,号西亭,学称西亭先生。明宗室。安徽休宁人。封镇国中尉。自幼好学,20岁通五经,精于《易》学、《春秋》。藏书极富。⑱征朝:征,征召。指征召诸侯朝觐周天子。黜:贬谪。

春秋　三月,公会齐侯、陈侯、郑伯于稷[①],以成宋乱。(稷,杜注:宋地,当在今河南归德府境)

左传　会于稷以成宋乱,为赂[②]故,立华氏也(言立以为卿)。宋殇公立,十年十一战,民不堪命,孔父嘉为司马(嘉,孔父字),督为大宰,故因民之不堪命,先宣言曰:司马则然。已杀孔父而弑殇公,召庄公[③]于郑而立之,以亲郑(庄公,公子冯也。隐三年,出居于郑)。以郜[④]大鼎赂公(郜国所造之鼎,故名郜大鼎。郜,杜注:国名,济阴城武县东南有郜城。盖郜有二城,南郜城则为宋邑。隐十年,取郜是也。北郜城则为郜国。俱在山东城武县),齐、陈、郑皆有赂,故遂相宋公。

公羊传　内大恶讳,此其目言之何(目,指斥也)?远也。所见异辞,所闻异辞,所传闻异辞。隐亦远矣,曷为为隐讳(谓观鱼之事)?隐贤而桓贱也(桓篡弑与宋督同恶相济,故贱不为讳也)。

穀梁传　以者,内为志焉尔,公为志乎成是乱也。此成矣,取不成事之辞而加之焉(取不成事之辞,若云宋乱本不可成,桓实强成之)。于内之恶,而君子无遗焉尔(桓弑逆之人,故极言其恶,无所遗漏)。

解义　会,未有言其所为,此特言所为者,盖事关世变,篡弑之祸接迹[⑤]天下自此会始也。向也[⑥],合五国之君、大夫以定州吁,而州吁卒讨[⑦];今也,合四国之君以立华督,而督遂世为国卿[⑧],乱臣贼子自是泰然无所忌惮[⑨]矣。《春秋》讳国恶[⑩],独此直书公会,以桓公身为大恶,诸侯不能讨其乱,而反与共会,成宋乱，乃人道之极变也。《春秋》特书所为者二，此会与澶渊之会是也。盖不书以成宋乱，则此会疑谋讨华督；不书宋灾故，则澶渊之会疑谋讨蔡般。此所谓大义数十，炳如日星，圣人直书以著褒贬者也。

注释 ①稷：宋国地名，位于今河南省商丘县境内。②赂：赠送财物。③庄公：即公子冯，宋穆公之子。因殇公立而出奔于郑国。④郜（gào）：国名，姬姓，故城位于今山东城武县东南，为宋所灭，其鼎归于宋。⑤接迹：足迹前后相接。形容人多。⑥向也：从前，过去之义。⑦讨：被讨伐。卒讨：终究被讨伐。⑧世为国卿：卿是古代高级官吏的称呼。意指世世代代、父死子继，连任卿这样的高官。⑨忌惮：顾虑畏惧。⑩国恶：指有损国家的坏事、丑事。

春秋 夏，四月，取郜大鼎于宋。戊申，纳于大庙。

左传 夏四月，取郜大鼎于宋。戊申[1]，纳于大庙。非礼也。臧哀伯[2]谏曰（哀伯：鲁大夫，僖伯之子）："君人者将昭德塞违[3]，以临照百官，犹惧或失之。故昭令德以示子孙。是以清庙茅屋（清庙，肃然清静之称。茅屋，以茅饰屋），大路越席（大路，玉路，祀天车也。越席，结草为席），大羹不致（大羹，肉汁。不致五味），粢食不凿（黍稷曰粢，不精凿），昭其俭也[4]。衮、冕、黻、珽[5]，（衮，画衣。冕，冠也。黻，韦韠以蔽膝。珽，玉笏也）、带、裳、幅、舄（带，革带。裳，下衣。幅，今之行縢，偪束其胫，自足至膝）、衡、紞、纮、綖（衡，维持冠者。紞，冠之垂者。纮，缨从下而上者。埏，冠上覆），昭其度也[6]。藻、率、鞞、鞛（藻、率，以韦为之，所以藉玉。鞞，佩刀削上饰。鞛，下饰）、鞶、厉、游、缨[7]（鞶，大带。厉，大带之垂者。游，旌旗之游。缨，在马膺前），昭其数也[8]。火、龙、黼、黻[9]（火，画火也。龙，画龙也。白与黑谓之黼，文如斧。黑与青谓之黻，文如两，已相背），昭其文也[10]。五色比象[11]（车服器械之有五色，皆以比象天地四方），昭其物也（示器物不虚设)。锡、鸾、和、铃[12](锡,在马额。鸾,在镳。和,在衡。铃在旂),昭其声也。三辰旂旗[13](日、月、星,为三辰。画于旂旗),昭其明也。夫德俭而有度,登降有数[14](登降,谓上下尊卑)。文物以纪之,声明以发之,以临照百官,百官于是乎戒惧而不敢易[15]纪律。今灭德立违(谓立华督,违命之臣)而置其赂器于大庙,以明示百官,百官象之,其又何诛[16]焉!国家之败,由官邪也。官之失德,宠赂章也。郜鼎在庙,章孰甚焉?武王克商,迁九鼎于洛邑[17](九鼎,殷所受夏九鼎也。武王克商,乃营洛邑,而迁九鼎焉。洛邑,杜注:武王但营洛邑,未有都城。周公乃卒营洛邑,谓之王城,即河南城也。今河南洛阳县城内西偏即王城故址),义士[18]犹或非之(夷、齐之属),而况将昭违乱之赂器于大庙,其若之何?"公不听。周内史[19]闻之曰(内史,周大夫,官):"臧孙达其有后于鲁乎!君违不忘谏之以德。"

注释　①戊申:初九日。②臧哀伯:鲁国大夫,名达,臧僖伯之子。③君人者:统治百姓的人,即人君。塞违:堵塞邪恶。违,指违德背礼的行为。昭德塞违:彰明美德,杜绝错误。④清庙茅屋:清庙,即太庙,又叫明堂,太室。茅屋,指屋顶用茅草覆盖。大路越席:大路,车子的一种,路即"辂"。越席,用蒲草结成的席子作为车垫。昭其俭也:此四者皆示俭。⑤衮(gǔn):古代天子及三公穿的礼服。冕:古代礼帽,大夫以上服用。黻(fú):亦作韍或芾,古代用来蔽膝的祭服。珽(tǐng):玉笏。古代天子以至士,朝见皆执笏。天子用玉笏,诸侯用象牙笏,大夫与士用竹笏,笏的用处是有事写在上面,以备遗忘。带:大带,用来束腰。裳:下裙。幅:古人以布缠足,上至膝,即今之绑腿。舄(xì):鞋子,古人称鞋为履,鞋底用单层者称为屦,双层者称为舄。单层用皮,双层中间加木。古代天子、诸侯,逢吉事都穿舄,士以下穿屦。衡:横笄(jī),即固定帽子的簪子。紞(dǎn):古代冠冕上用来系缜(zhěn,玉坠)的带子,纮(hóng):系于颔下的帽带。綖

(yán):冠冕上覆盖的装饰物。⑥昭其度也:尊卑各有制度。⑦藻:即缫藉,荐玉的东西。率(shuài):帅的假借字。鞞(bǐng):刀鞘。鞛(běng):刀把上的装饰。鞶(pán):革带。厉:带上的装饰品。游(liú):旌旗上飘带。缨:马鞅。⑧昭其数也:尊卑各有数。⑨火、龙、黼(fǔ)、黻:四者均为古代礼服上的花纹。火,半环形;龙,龙形;黼,黑白两色的一对斧头形刺绣;黻,用黑青两色所绣成的两个弓形相背的花纹。⑩昭其文也:以文章明贵贱。⑪五色:指青、黄、赤、白、黑,古时以这五色为正色。比象:即以五色绘成山、龙、花、虫等形象。⑫锡:马额上的饰物,用铜制成,行走时有响声。鸾:同"銮",车铃。和:车上的小铃。铃:指挂在旌旗上的小铃。⑬旂(qí)旗:旗帜的总称。旂,一种有铃的旗帜。⑭登降有数:尊者登其数,卑者降其数,上下尊卑有其定数。⑮易:违反。⑯诛:责备。⑰九鼎:古代象征天子政权的传国之宝。洛邑:周的王城,在今河南省洛阳市。⑱义士:指伯夷、叔齐。伯夷、叔齐是商末孤竹君的两个儿子。相传其父遗命要立次子叔齐为继承人。孤竹君死后,叔齐让位给伯夷,伯夷不受,叔齐也不愿登位,先后都逃到周国。周武王伐纣,二人叩马谏阻。武王灭商后,他们耻食周粟,采薇而食,饿死于首阳山。⑲内史:周王室官名。

公羊传 此取之宋,其谓之郜鼎何?器从名(从旧主之名),地从主人(从见在得地之主人)。器何以从名?地何以从主人?器之与人非有即尔(器之始造各有主,非今有之。而即可为,是人之器也,故其名必从本主)。宋始以不义取之,故谓之郜鼎。至乎地之与人则不然,俄而[①]可以为其有矣(土地无常主,故俄而可以为其有矣)。然则为取可以为其有乎(承上文,言地既可以俄而为所有,则既为所取,遂可以为所有,而于义无伤乎)?曰:"否。"何者?若楚王之妻媦,无时焉可也(媦,妹也。引此为喻,明其终不可为有也)。何以书？讥。何讥尔？遂乱受赂(遂,成也)纳于大庙,非礼也。

穀梁传　桓内弑其君,外成人之乱,受赂而退,以事其祖,非礼也。其道以周公为弗受也。郜鼎者,郜之所为也。曰宋,取之宋也(鼎本郜国所作,宋后得之),以是为讨之鼎也(讨宋乱而更受其赂鼎)。孔子曰:名从主人(谓作鼎之主人),物从中国(谓鼎在宋),故曰郜大鼎也。

解义　宋以郜鼎赂公,不曰宋人来归,而曰取于宋,蔽罪[2]于鲁也。曰郜大鼎,宋本以不义取鼎于郜,而鲁又取之于宋也。定弑逆之贼,取其赂器,置于大庙,以明示百官。其后公子牙、庆父仲[3]遂意如之恶,岂非则而象之者与？取者,得非其有之称,纳者,内不受之辞,不曰献,而曰纳,其义以先祖为不受也。《春秋》书致赂者三:宋以郜鼎赂,而书鲁取,蔽罪于鲁也;鲁以济西赂,而书齐取,蔽罪于齐也;齐致卫宝,而书齐人来归,明齐首恶,且结正诸侯之罪不独在鲁也。

注释　①俄而:一会儿。②蔽罪:判罪。③公子牙:齐国大夫。庆父仲:鲁国大夫。

春秋　秋,七月,杞侯来朝(《公羊》《穀梁》皆作纪侯)。

左传　秋七月,杞侯来朝,不敬[1]。杞侯归,乃谋伐之[2]。

穀梁传　朝时,此其月,何也(前滕侯、薛侯来朝止称时)？桓内弑其君,外成[3]人之乱,于是为齐侯、陈侯、郑伯讨数日以赂(讨,计也。为三国计功劳数日月多寡以责宋赂)。己即是事而朝之(己,纪也)。恶之,故谨而月之也。

解义　左氏误以纪为杞。见下有入杞事,遂为不敬之说[4],杞爵非侯,文误也。及纪侯大去之后,杞无以侯见者矣,故知[5]凡杞称侯者皆当为纪。

注释　①敬:恭敬。②乃谋伐之:鲁国计划讨伐杞侯。③成:成全,帮助。④入:进入。遂:于是。⑤故知:所以知道。

春秋 蔡侯、郑伯会于邓(邓,按《公羊》盖邓国,今湖广襄阳府东北邓城是,与杜注异)。

左传 蔡侯、郑伯会于邓(邓,杜注:颍川召陵县西南有邓城,盖蔡地也),始惧楚也[1](楚,杜注:楚国,南郡江陵县北纪南城也。今江陵县属湖广荆州府,纪南城在府北)。

公羊传 离不言会(二国会曰离),此其言会何? 盖邓与会尔。

解义 此外诸侯相会之始。而楚为中国患[2],已兆其端[3],关於天下之故[4]非小,故《春秋》特书之。荆楚[5]负险恃强,有道后服见于《商颂》、《周雅》,及周之衰,僭号称王,威行江汉[6],至是遂有凭陵上国[7]之心,三国[8]地与之近,是以惧而为会,其后邓首见灭,蔡侯为俘。终春秋之世,郑被蹂躏[9],不能自强於政治,而欲恃[10]外交以抗强大,果何益乎? 此孟子所以言,以小事大,惟在於强为善[11]也。

注释 ①楚:国名,初建都丹阳(湖南省秭归县),周武王时迁于郢(湖北省江陵县)。②中国:古时通常泛指中原地区,与"中华""中夏""中土""中州"含义相同。古代华夏族、汉族建国于黄河流域一带,以为居天下之中,故称中国。后来成为我国的专用的简称。患:灾祸,祸患。③兆:征兆,预兆。端:开端,开头。④故:变故,灾难。⑤荆楚:指楚国。从春秋开始,楚国迅速强盛起来,尤其是到了楚庄王时,楚吞并了周边的许多小国,成为一方大国。大体上以今湖北全境和湖南北部为中心,向周边扩展到一定的范围。⑥威行:威权,权力。江汉:指长江与汉水交汇地区,位于湖北省中南部,两湖平原(湖北江汉平原、湖南洞庭湖平原总称)的北部。⑦凭陵:侵犯;欺侮。上国:春秋时称中原各诸侯国为上国,与吴、楚诸国相对而言。⑧三国:指蔡国、郑国、邓国三国。⑨蹂躏(lìn):践踏,蹂躏。⑩恃:依赖。⑪

强为善:意思是勉励小国国君坚信仁政,发奋图强,勉力为善而世代不懈,以积累的办法实现国力渐强。

春秋　九月,入杞。

左传　九月,入杞,讨不敬也。

穀梁传　我入之也。

解义　将卑师少,外则称人,内则但云入某、伐某,故知入杞者鲁也,或疑蔡、邓入杞。然考之于《经》,如灭逼阳、灭赖蒙[①],前事而书者皆称遂,此不称遂,则为鲁人无疑矣。

春秋　公及戎盟于唐。

左传　公及戎盟于唐,修旧好[②]也(惠、隐之好)。

解义　隐公因戎请,至再而后与之盟。今戎未尝请,而桓及之盟,盖身负大恶,欲结好以自固[③],与及郑盟越[④]之意同也。

注释　①逼阳:春秋小国,子爵。在今山东省枣庄市台儿庄区涧头集、张山子镇一带。赖蒙:春秋小国。②修旧好:隐公二年,鲁与戎结盟,今又盟,故称为续修旧好。③自固:巩固自身的地位,确保自已的安全。④越:愈加。

春秋　冬,公至自唐[①](此书至之始)。

左传　冬,公至自唐。告[②]于庙也。凡公行[③],告于宗庙。反行[④],饮至、舍爵,策勋焉[⑤],礼也(爵,饮酒器。既饮置爵,则书勋劳于策,速纪有功也)。特相会,往来称地[⑥],让事也(特相会,公与一国会也。会必有主。二人独会,则莫肯为主。彼此相让,会事不成。故但书地)。自参以上,则往称地,来称会,成事也(成会事)。

穀梁传　桓无会,而其致何也?远之也(桓会甚众,而曰无会者,无致会也,此以远故危而致之)。

解义　凡君行,告于宗庙。反[⑦],必告至,礼之常[⑧]也。其不书至者,未行饮至之礼也。凡书至,皆称自会以盟,皆因会而为之。还时,虽并以盟告,而出则未有以盟告者,故不云至自盟也。

其或会盟之后，复有侵伐之事。如僖二十八年，会于温，遂围许[9]，而书公至自围许；襄十年会于柤[10]，遂灭逼阳，而书公至自会，则时史之异，亦因其告庙之文本异，而书於册耳。

注释 ①公至自唐：指桓公和戎在唐地结盟而回到鲁国。②告：祭告。③行：出行。④反行：返回。⑤饮至：指古代诸侯朝、会、盟、伐完毕，回到宗庙饮酒庆贺。舍爵：设置酒杯，即饮酒。舍，放置；爵，古"雀"字，古代酒杯，形状似雀。策勋：将功勋书写在简册上。策，用作动词。⑥称地：记明地点。⑦反：返回。⑧常：常规。⑨许：春秋诸侯国名，在今河南省许昌市东。⑩柤（chà）：楚地，位于在今江苏省邳县西北。

附录左传 初[1]，晋穆侯之夫人姜氏以条之役生太子[2]（条，杜注：晋地。今山西安邑县有中条山，县北有鸣条冈。穆侯七年战条，太子，文侯也），命之曰仇（意取战相仇怨），其弟以千亩[3]之战生（弟，桓叔也。千亩，杜注：西河界休县南有地名千亩，今山西介休县有千亩原。穆侯十年，战千亩），命之曰成师[4]（意取能成其众）。师服曰（晋大夫）："异哉，君之名子[5]也！夫名以制义（名之必可言也），义以出礼（礼从义出），礼以体政（政以礼成），政以正民。是以政成而民听，易则生乱。嘉耦曰妃[6]，怨耦曰仇[7]，古之命也（自古有此言）。今君命太子曰仇，弟曰成师，始兆乱矣，兄其替[8]乎？（太子、桓叔并因战为名，而所附意异，故师服知桓叔之党必盛于晋以倾宗国）"

惠[9]之二十四年（鲁惠公也），晋始乱，故封桓叔于曲沃[10]（文侯卒，子昭侯立，危不自安，故封桓叔为曲沃伯），靖侯之孙栾宾傅之（靖侯，桓叔之高祖，以贵宠公孙为傅相。后遂为栾氏，盖其父字栾）。师服曰："吾闻国家之立也，本大而末小，是以能固。故天子建国（立诸侯也），诸侯立家（主卿大夫之家），卿置侧室（侧室，众子也，得立此一官），大夫有贰宗[11]（大夫身是适子，为小宗，亦立次者为贰宗，以相辅贰），士有隶子弟[12]（士卑，自以子弟为仆隶），庶人、工、商，各有分亲(庶人无尊卑。但以亲疏为分别),皆有等衰[13]。(衰,杀也。自天子至于庶人各有等第降杀)是以民服事其上,而下无觊觎[14](下不冀望上位)。今晋,甸[15]侯也,而建国,本既弱矣,其能久乎?”

惠之三十年,晋潘父弑昭侯而纳桓叔,不克(潘父,晋大夫。时桓叔入晋,败归)。晋人立孝侯(昭侯子)。惠之四十五年,曲沃庄伯[16]伐翼,弑孝侯(庄伯,桓叔子)。翼人立其弟鄂侯。鄂侯生哀侯(鄂侯以隐五年奔随。其年,王立哀侯于翼)。哀侯侵陉庭之田(陉庭,杜注:翼南鄙邑。今山西翼城县东南有荧庭城。志云:即陉庭也)。陉庭南鄙启[17]曲沃伐翼。

注释　①初:当初,起初。②晋穆侯:晋国第九君,名费生,晋国原定都于唐(山西省太原市),后迁都于绛,即翼(今山西省翼城)。条:晋国地名。③千亩:晋地,位于今山西省安泽县北。④成师:后受封于曲沃,号桓叔。⑤名子:为子取名,名作动词。⑥嘉耦:美好的姻缘。耦通“偶”。⑦怨耦:不和睦的夫妻,也指敌对的双方。⑧替:衰落。⑨惠:指鲁惠公。⑩桓叔:即成师。封曲沃后号为桓叔。⑪贰宗:官名,由大夫的宗室子弟担任。⑫隶子弟:作隶役的子弟。⑬等衰(cuī):等级。⑭觊觎(jìyú):希望得到不该得到的。⑮甸:甸服,天子以王城为中心的方圆千里之内。⑯庄伯:桓叔成师之子。⑰启:引导。

春秋　三年春,正月。

解义　自三年以后,月不系王,以著桓之无王,与天王之失政也[1]。诸侯丧毕,以士服见天子,天子锡之爵命[2],然后归治其国。桓弑其君,又成人之乱。当类见之期又不入见,而请命焉,是无王也。桓王不能施九伐[3]之法。又明年,而宰纠且下聘焉,王纲尽坠[4],天下自是不复知有王矣,或以为周不颁历[5]。昭公末年,王室有子朝之乱,岂暇颁历?而《经》皆书王,非不颁历明矣。又,以为此阙[6]文。安[7]得一公之内,凡十四年皆不书王,为此说者，皆不明于《春秋》讨贼之义者也。

附录左传 三年春，曲沃武公[8]伐翼（武公，庄伯子），次于陉庭（凡师，再宿为信，过信为次）。韩万御戎[9]（韩万，庄伯弟），梁弘为右[10]（右，戎车之右），逐翼侯于汾隰[11]（汾，《释例》：汾水出太原故汾阳县，至河东汾阴入河，今汾水出山西静乐县西南至荥河县北入河。静乐，汉汾阳。荥河，汉汾阴也。汾隰，汾水边），骖絓而止（骖，騑马）。夜获之（《国语》云：杀哀侯）。及栾共叔[12]（共叔，桓叔之傅栾宾之子）。

注释 ①失政：指政治混乱。②锡：锡命，指天子有所赐予的诏命。爵命：封爵受职。③九伐：古代指对九种罪恶的讨伐。泛指征伐。④坠：失落。⑤颁历：颁布下年新历。此指对桓予以认可。⑥阙：同"缺"。⑦安：疑问词。哪里。⑧曲沃武公：庄伯之子，即后来的晋武公。⑨御戎：驾驶战车。⑩梁弘：武公的大臣。右：古代战车，每车甲士三人，驾车的居中，称为御或御戎，执戈矛的居右，称右，尊者居左。⑪翼侯：指晋哀侯。汾隰（xí）：汾河岸边低洼地。⑫栾共叔：栾宾之子，名成，为哀侯大夫。

春秋 公会齐侯于嬴[1]（嬴，杜注：齐邑，泰山嬴县故城，在今山东泰安州东南）。

左传 会于嬴，成昏[2]于齐也（公不由媒介，自与齐侯会而成昏）。

解义 鲁桓惧方伯[3]之有讨，而乞[4]昏于齐，以为[5]此会。非媒而昏，昏不以正[6]也。越境而会，会不以正也。使其私人往逆[7]，逆不以正也。为齐侯而亲迎，迎不以正也。故于嬴之会，谨而书之。

注释 ①嬴：齐国地名，故城位于今山东省莱芜县西北。②成昏：昏，同"婚"。指同齐女订婚。③方伯：此指管理一方的诸侯。方是商朝时期的地方诸侯的名称。例如，人方、鬼方等。方伯是管理某一个地带地方诸侯的长官。多为当地较大的诸侯担任。例如西伯侯,是管理西方的方伯。西周之后,有类似的职位,不是方伯这个名称了。例如,齐侯,管理山东一代,类似殷商的方伯,所以他也自称方伯。④乞:请求。⑤以为:作为。⑥正:合于法则的,合于道理的。⑦往逆:往来。

春秋　夏,齐侯、卫侯胥命于蒲[1](蒲,杜注:卫地,在陈留长垣县西南,今直隶长垣县治,故蒲城是也)。

左传　夏,齐侯、卫侯胥命于蒲,不盟也。

公羊传　胥命者何?相命也(相命以言,不歃血为誓)。何言乎相命?近正也。此其为近正奈何?古者不盟,结言而退。

穀梁传　胥之为言,犹相也。相命而信谕[2],谨言而退,以是为近古也。是必一人先。其以相言之何也?不以齐侯命卫侯也(倡和理均不以齐大卫小而分别之)。

解义　世至春秋,列国多变,倾危成俗[3],盟诅多渝[4]。二国为会,相命以言,不复刑牲歃血[5],要质[6]于鬼神。故《公羊》、《穀梁》皆以为近古,而荀卿[7]亦谓春秋善胥命也。或谓相命为方伯,则《经》当明著其事,以正其不命于王而私相命之罪矣。按《左氏》庄二十一年,郑、虢胥命于弭,同谋纳王,不可谓相命以伯;况齐、卫胥命以后不闻有会盟侵伐之事,其战于郎,及盟于恶曹,皆以郑忽之故,则非相命以伯,明矣。

注释　①胥命:会谈而不盟誓。蒲:卫国地名,位于今河南省长垣县东。②谕:同"喻",明白,理解。③多变倾危成俗:意思是诸侯国之间变化多端,相互勾心斗角成了风气。④盟诅:结盟立誓。渝:改变,违背。⑤刑牲歃血:杀牲歃血以结盟。⑥要质:约束,要约。⑦荀卿:即荀子(约公元前313－前238年)名况,字卿,战国末期赵国猗氏(今山西安泽)人。著名思想家、文学家、政治家,儒家代表人物之一。对儒家思想有所发展,提倡性恶论,常被与孟子的性善论比较。对重整儒家典籍也有相当大的贡献。

春秋 六月,公会杞侯于郕(杞,《公羊》作纪。郕,《公羊》作盛)。

左传 公会杞侯于郕,杞求成[1]也。

解义 凡称杞侯者,皆当作纪。纪侯惧齐,欲亲鲁。为援冀抗齐、郑,观桓之六年,复与公为郕之会,而冬又来朝,则此会之为纪,明矣。

春秋 秋,七月壬辰朔[2],日有食[3]之,既[4]。

公羊传 既者何?尽也。

穀梁传 言日言朔,食正朔也。既者尽也,有继之辞也(尽而复生谓之既)。

解义 言日言朔,食正朔也。既,尽也。历家[5]以日月交会,月掩日,故日食。食既,则正相掩,而日光为之尽也。《穀梁传》曰:言日言朔,食正朔也;言朔不言日,食既朔也;言日不言朔,食晦日也;不言日,不言朔,夜食也。夫夜食,而晓见其伤,则时刻可稽[6],何为不书朔与日乎?且使日食于亥子[7]之交,未出地而明复,则虽朝,日何从见其亏伤之处耶?盖日食,不占夜;犹月食不占昼[8]。是以唐一行[9]算历,上溯往古千有馀年,日食常在昼,月食常在夜。《春秋》所书日食,或有日而无朔,或有朔而无日,或日朔并失,乃旧史有详略耳。

注释 ①求成:请求与鲁媾和。②朔:凡月与日同经度不同纬度则为合朔,同经度又同纬度即为日蚀。计173日有奇。③食:蚀。④既:食尽。指日全食。⑤历家:历法家。历,指推算年、月、日和节气的方法。⑥稽:稽算,计算。⑦亥子:是地支。若以地支纪日则十二天为一个周期,故每一个周期都有一个“亥”日和一个“子”日。⑧昼:白天。⑨唐一行:指唐一行山河分野图。此国主要表示有京城、州郡、山河以及与之相对应的星次和星宿等,这是一种天文和地理相结合的特殊地图,其表现方法以注记和文学说明为主。该图对于研究我国古代天文分野,即是所谓将地面某一地区与天空中的某一星辰相对应之山脉地络等地理学思想有参考价值。现藏于北京图书馆。

春秋　公子翚如齐逆女[①]。

左传　秋,公子翚如齐逆女。修先君之好。故曰公子(昏礼虽奉时君之命,其言必称先君以为礼辞。故公子翚逆女,《传》称修先君之好;公子遂逆女,《传》称尊君命。互举其义)。

穀梁传　逆女,亲者也。使大夫,非正也。

解义　翚至桓公之编[②]始称公子。桓以为谋主[③],德其援[④]立,而加崇[⑤]宠也。翚为桓弑隐,即为桓逆女,以结好于齐,所以定桓而因自固也[⑥]。遂之于宣亦然[⑦],皆不待贬绝[⑧]而罪恶见者也。

注释　①公子翚(huī):姬姓,名翚,字羽父。一作公子挥。鲁宗室。春秋初年鲁国大臣。逆:迎娶。女:齐女。②编:此指《春秋》关于鲁桓公记录部分内容。③谋主:主谋的人。④援:帮助。⑤崇:推崇。⑥定:安定。因:因此。自固:巩固自身的地位,确保自己的安全。⑦遂:公子遂。宣:指鲁宣公。亦然:亦是如此,也是这样。⑧贬绝:贬抑到极点。⑨绝:极端的。

春秋　九月,齐侯送姜氏于欢(欢,杜注:鲁地,济北蛇丘县西有下欢亭。《水经注》云:俗讹为夏晖城,今山东肥城县西南有故城)。

左传　齐侯送姜氏,非礼也。凡公女嫁于敌国[①],姊妹[②]则上卿送之,以礼于先君;公子[③]则下卿送之;于[④]大国,虽公子亦上卿送之;于天子,则诸卿皆行,公不自送;于小国,则上大夫送之。

公羊传　何以书?讥。何讥尔?诸侯越竟[⑤]送女,非礼也。此入国矣,何以不称夫人?自我言齐,父母之于子,虽为邻国夫人，犹曰吾姜氏。

穀梁传 礼，送女，父不下堂，母不出祭门，诸母兄弟不出阙门（祭门，庙门也；阙，两观也；在祭门外）。父戒之曰：“谨慎从尔舅之言！”母戒之曰：“谨慎从尔姑之言！”诸母般，申之曰：“谨慎从尔父母之言（般，囊也。所以盛朝夕所须，以备舅姑之用）！”送女逾竟[⑥]，非礼也。

解义 欢，鲁地也。父母、兄弟无越竟送女之礼，讥齐侯也。入国矣，何以不称夫人，未庙见[⑦]，犹未入国也，故从齐侯而为之辞。

春秋 公会齐侯于欢。

穀梁传 无讥乎？曰：为礼也。齐侯来也，公之逆而会之可也。

解义 齐侯送女入鲁竟，公以会礼接之，两失之矣。《春秋》谨而书之，所以正人伦[⑧]之始也。

注释 ①公女：公室女子。敌国：匹敌的国家。②姊妹：国君的姐妹。③公子：男皆可称为公子，此则国君的女儿，也叫女公子。④于：此指上嫁。⑤越竟：越过国境。竟，同“境”。⑥逾竟：同“越境”。⑦庙见：古代婚礼仪式之一。即婚后至迟三个月，须择日率新娘至夫家宗庙祭告祖先，以表示婚姻已取得夫家祖先的同意。从此，才算加入夫宗，具有参加祭祀和被祭祀的资格。在封建宗法时代，“谒舅姑”与“庙见”为成妇之礼。⑧正：端正。作动词用。人伦：封建礼教所规定的人与人之间的关系。特指尊卑长幼之间的等级关系。

春秋 夫人姜氏至自齐。

公羊传 翚何以不致？得见乎公矣。

穀梁传 其不言翚之以来何也？公亲受之于齐侯也。子贡[①]曰：“冕而亲迎，不已重乎（冕，祭服）？”孔子曰：“合二姓之好，以继万世之后,何谓已重乎?”

解义　前书翚逆[2],此不书翚以夫人姜氏至,以桓既会齐侯,而受之于欢也。《家人》之初曰闲[3],有家悔亡,桓失其闲,敝笱之刺兆矣[4]。

春秋　冬,齐侯使其弟年来聘[5]。

左传　冬,齐仲年来聘,致夫人也[6]。

女出嫁随使大夫聘问,自鲁出,则曰致女[7];自他国来则总曰聘,盖以聘礼致。故《传》曰致女;而《经》曰聘也。隐七年,年尝[8]来聘,隐弑而结昏[9]于桓,又使年来聘,深爱其女而以归于篡弑之人,所谓失其本心者与。

注释　①子贡:即端木赐,字子贡,(前520—前456年)是孔门七十二贤之一,是孔子的得意门生。②逆:迎接。③《家人》:易卦。闲:安闲,安逸。④敝笱:敝,破。笱(gǒu苟),竹制的鱼篓。敝笱,对制止鱼儿来往无能为力,隐射男女交往不守礼法。对男女荒淫无耻的秽行的讽刺。刺:讽刺。兆:开始。⑤年:指夷仲年,又称齐仲年,季仲年。齐僖公之弟。生年不详,卒于齐僖公三十二年(前699年)。聘:聘问,古代指代表国家访问友邦。⑥齐仲年来聘,致夫人也:意思是齐仲年代表国君前来聘问,并表达护送夫人的礼仪。⑦致女:古代国君嫁女之后,派遣大夫前往进行聘问的一种礼式。⑧尝:曾经。⑨结婚:缔结婚姻。

春秋　有年。

公羊传　有年何以书?以喜书也。大有年何以书?亦以喜书也。此其曰有年何?仅有年也。彼其曰大有年何(谓宣十六年)?大丰年也。仅有年亦足以当喜乎?恃有年也(恃,赖也。谓民犹赖此有年也)。

穀梁传　五谷皆熟为有年也。

解义 春秋二百四十二年之中,岂无丰年,而不见于《经》,惟于桓书有年,于宣书大有年。盖桓、宣享国皆十有八年[①],而书有年者各一岁,则他年多歉[②],而民不聊生[③],具见矣。《春秋》独于二公书有年,以著其逆天[④]而殃及于民也。

附录左传 芮伯万之母芮姜恶芮伯之多宠人也[⑤],故逐之,出居于魏[⑥]。(为明年秦侵芮张本。芮,杜注:芮国,在冯翊临晋县。今陕西朝邑县有芮故城,在黄河西岸。魏,杜注:魏国,河东河北县。《括地志》:魏故国在芮城县北,今山西芮城县河北故城是也。孔疏[⑦]《世本》:芮、魏皆姬姓)

注释 ①桓:指鲁桓公。宣:指鲁宣公。享国:享有其国,指帝王在位年数。②歉:歉收,收成不好。③民不聊生:聊,依赖,凭借。指老百姓无法生活下去,形容人民生活困难。④逆天:指违背天意或天道。⑤芮(ruì)伯万:芮国国君,名万。芮:国名,故城位于今陕西省大荔县东南。恶:讨厌。⑥魏:国名,为晋献公所灭,故城城今山西省芮城县境。⑦孔疏:即孔颖达注疏。孔颖达(574—648),字冲远,冀州衡水(今属河北)人。隋唐盛世鸿儒。他编订《五经正义》,排除经学内部的家法师说等门户之见,是中国经学具有总结和统一之功的大经学家。

卷六

桓公(四年之八年)

春秋 四年春,正月,公狩[①]于郎(此书蒐狩之始)。

左传 四年春,正月,公狩于郎。书时,礼也。

公羊传 狩者何?田狩也(田者,蒐狩之总名),春曰苗,秋曰蒐(蒐,简择也。舍小取大),冬曰狩。常事不书,此何以书?讥。何讥尔?远也(以其地远)。诸侯曷为必田狩?一曰干豆(上杀,干之以为豆实,可以祭祀),二曰宾客(次杀,以供宾客),三曰充君之庖(下杀,备君庖厨之用)。

穀梁传 四时之田,皆为宗庙[②]之事也。春曰田(取兽于田),夏曰苗,秋曰蒐,冬曰狩。四时之田用三焉,惟其所先得,一为干豆,二为宾客,三为充君之庖。

解义 戎祀[③],国之大事。蒐、苗、狝、狩[④],皆所以讲祀事也。然先王四时之田,皆於农隙[⑤]以讲事,有常时矣。诸侯田狩不过郊,皆择山林翳[⑥]密之地,有常所矣。有常时,有常所,则民不以为累,物不以为害。周之正月,夏之仲冬,於时为宜狩。但鲁狩大野,乃常所也。今不於大野,而远至郎地,则非常所矣,故书以示讥。

注释 ①狩:狩猎。②宗庙:人们在阳间为亡灵建立的寄居所。③戎祀:戎,是率民以征战。祀,是率民以事神。④蒐、苗、狝、狩:都是打猎的意思。⑤农隙:指农事闲暇时候。⑥翳(yì):遮蔽。

春秋 夏,天王使宰渠伯纠来聘。

左传 夏,周宰渠伯纠来聘。父在,故名。

公羊传 宰渠伯纠者何?天子之大夫也。其称宰渠伯纠何？下大夫也。

解义　宰，家宰[1]也。渠，氏；伯，爵；纠，其名也。桓，弟弑兄，臣弑君，不类见[2]，不请命[3]，天王不能讨而反使冢宰下聘。天理灭，人道亡矣。王朝公卿书爵，大夫书字，上士中士书名，下士书人。纠位六卿[4]之长，降[5]而书名，罪[6]失职也。操刑赏之柄[7]，以驭[8]下者，王也；论刑赏之法以诏王者，宰也，乃为乱首承命以聘[9]弑君之贼乎？於来聘，名宰，而天王从其常称，示王当奉天命彰天讨也[10]。於锡命[11]王不称天，而荣叔[12]无讥焉，其义盖互相备[13]。纠书官，又书爵，任愈重，则责愈大，而耻愈深也。

注释　①冢宰：官名。太宰的别称。太宰原为掌管王家财务及宫内事务的官。②类见：古礼名。指诸侯死后世子见天子代父受国之礼。③请命：请求指示。表示愿意听命。④六卿：是泛指仅次于宰相、三公的高级大臣，又称六官，始见于西周，周的六卿为太宰、太宗、太史、太祝、太士、太卜。⑤降：降低。⑥罪：责备，责怪。⑦刑赏：刑罚与奖赏。柄：权力。⑧驭：控制。⑨乱首：作乱的头子。承命：受命。聘：聘问。指代表周天子访问鲁国。⑩天命：指上天之意旨。彰：彰显。天讨：上天的惩治。⑪锡命：天子有所赐予的诏命。⑫荣叔：是春秋诸侯国荣国的君主之一，为荣国第五任君主，是荣正公的儿子，承袭荣正公担任荣国君主。⑬备：备查。

附录左传　秋，秦师侵芮[1]，败焉，小之也（秦国，今陕西清水县有故秦城）。冬，王师、秦师围魏[2]，执芮伯[3]以归。

春秋　五年春，正月甲戌、己丑[4]，陈侯鲍[5]卒。

左传　五年春正月，甲戌、己丑，陈侯鲍卒，再赴也。于是陈乱。文公子佗[6]杀太子免而代之（佗，桓公弟五父也。称文公子，明非桓公母弟也。免，桓公太子）。公疾病而乱作，国人分散，故再赴。

公羊传　曷为以二日？卒之怴也（怴者，狂也。齐人语）。甲戌之日亡,已丑之日死而得,君子疑焉,故以二日卒之也(二日卒之者,阙疑)。

穀梁传 鲍卒,何为以二日卒之?《春秋》之义,信以传信,疑以传疑(明实录也)。陈侯以甲戌之日出,已丑之日得。不知死之日,故举二日以包也(言陈侯避病,以甲戌日出,已丑之日得之,不知其死之日,故举二日以包之)。

解义 陈侯鲍曷为以二日卒?按《左氏》公疾病而乱作,则甲戌之下当有陈佗作乱之事,而史阙[7]之耳,疑以传疑,圣人之慎[8]也。

注释 ①秦:嬴姓之国。秦因芮国弱小而轻视,结果战败。芮:国名,在今陕西省大荔县。②魏:国名,山西省芮城县东北七里有河北城,即魏国故城。③执:捕捉。芮伯:芮国国君。④甲戌:上年十二月二十一日。已丑:这年正月六日。⑤陈侯鲍:即陈桓公。⑥佗(tuó):陈文公之子,陈桓公之弟,名五父。⑦阙:"缺",不完善。⑧慎:谨慎。

春秋 夏,齐侯、郑伯如[1]纪。

左传 夏,齐侯、郑伯朝于纪,欲以袭[2]之。纪人知[3]之。

公羊传 外相如不书,此何以书?离不言会也[4](时纪不与会,故略言也)。

解义 外相朝曰如。春秋之世,小役大,弱役强[5],虽敌体[6]之国,不相朝也。今以齐、郑之强大,相率[7]而朝小弱之纪,盖实袭之。幸纪人觉其诈[8],而不得逞[9]耳!此外相如尔,何以书?纪人主[10]鲁,故来告,而鲁史书之。孔子存而不削,以著齐人灭纪之罪,明纪侯去国之由。刘敞[11]所谓圣人诛意之效是也。纪近於齐,许近於郑。齐欲得纪,与郑谋之,而卒得纪。郑欲得许,与齐谋之,而卒得许。王纲解纽[12],强大横行,相要以利,相倾以势,相尚以诈,相助以恶,而弱小无所逃其祸。此《春秋》於纪侯之去，弦子之奔，所以无多责也。

注释 ①如：去，往。②袭：袭击。③知：觉察。④离：背离。会：会盟。此指不与齐、郑会盟。⑤小役大，弱役强：役：役使。指力量小的受力量大的役使，势力弱的受势力强的役使。⑥敌体：指彼此地位相等，无上下尊卑之分。⑦相率：相继。指一个接一个。⑧诈：欺诈。⑨逞：意愿实现。⑩主：盟主。⑪刘敞(1019—1068)，字原父。世称公是先生。临江新喻（原江西新余市，今樟树市黄土岗镇）人。北宋史学家、经学家、散文家、金石学家。代表作品：《春秋权衡》、《七经小传》、《公是先生弟子记》。⑫王纲解纽：指诸侯不受天子制约，法理制度和人伦关系完全混乱不成章体。

春秋 天王使仍叔之子来聘（仍，《穀梁》作任）。

左传 “仍叔之子”，弱也（讥使童子出聘）。

公羊传 仍叔之子者何？天子之大夫也。其称仍叔之子何？讥。何讥尔？讥父老子代从政也。

穀梁传 任叔之子者，录父以使子也（录父使子者，谓不氏名其人，称父言子也）。故微其君臣而著其父子，不正父在子代仕之辞也。

解义 古者，官有世禄①，但使之食租衣税②，而不畀③以政事。先王所以优恤④功臣，而防其敝⑤者至矣。周衰，官人以世，而大臣固位赖宠惟恐失之，欲及其尚存，而见子孙之进用。故未有职司⑥者，或承王命而有事於诸侯。《春秋》书武氏子、仍叔之子云者，戒后世人主狥⑦大臣私意用其子弟，而任之不以其贤，使之不以其能也。

注释 ①世禄：世代享有禄位。②食租衣税：依靠百姓缴纳的租税生活。③畀(bì)：给与。④优恤：体恤，优待照顾。⑤敝：衰败。⑥职司：职务。⑦狥 xùn：同“徇”。狥情，曲从私情。

春秋　葬陈桓公。

解义　不书月,史失之也。盖陈佗篡立而葬之。

春秋　城祝丘(祝丘,杜注:鲁地。汉即丘县。孟康曰:春秋时之祝丘也。今山东沂州东南有即丘城)。

解义　祝丘,齐、鲁两境上邑也。齐将袭纪,公欲助纪而畏齐,故城此以备之。书,讥不时也。

春秋　秋,蔡人、卫人、陈人从王伐郑。

左传　王夺郑伯政,郑伯不朝。秋,王以诸侯伐郑,郑伯御之。王为中军,虢公林父将右军(虢公林父,王卿士),蔡人、卫人属[①]焉,周公黑肩将左军(黑肩,周桓公也),陈人属焉。郑子元请为左拒[②](子元,郑公子。拒,方陈也),以当蔡人、卫人,为右拒以当陈人,曰:"陈乱,民莫有斗心,若先犯之,必奔[③]。王卒顾之,必乱。蔡、卫不枝[④],固将先奔。既而萃于王卒[⑤],可以集事(萃,聚也。集,成也)。"从之。曼伯[⑥]为右拒(曼伯,檀伯),祭仲足为左拒,原繁、高渠弥[⑦]以中军奉公(二人郑臣),为鱼丽之陈[⑧],先偏后伍,伍承弥缝(《司马法》:车战二十五乘为偏。以车居前,以伍次之,承偏之隙而弥缝阙漏也。五人为伍,此盖鱼丽陈法)。战于繻葛[⑨](繻葛,杜注:郑地。或云即长葛也),命二拒曰:"旝[⑩]动而鼓"(旝,旃也,通帛为之,盖今大将之麾也,执以为号令)。蔡、卫、陈皆奔,王卒乱,郑师合以攻之,王卒大败,祝聃射王中肩,王亦能军[⑪](祝聃,郑臣。王虽伤,犹殿而不奔,故言能军)。祝聃请从之。公曰:"君子不欲多上人,况敢陵[⑫]天子乎!苟自救也,社稷无陨,多矣[⑬]。"夜,郑伯使祭足劳王,且问左右[⑭]。

公羊传　其言从王伐郑何?从王正也。

穀梁传　举从者之辞也(谓若王不亲伐,直举三国从王命之辞也)。其举从者之辞何也?为天王讳伐郑也(讳自伐郑)。郑,同姓之国也,在乎冀州。于是不服,为天子病矣(冀州者,天下之中州,自唐、虞及夏、殷皆都焉。则冀州是天子之常居,后王虽不都冀州,亦得以冀州言之。郑近王畿,故云在乎冀州,言亲近犹不能服,则疏远者可知)。

解义 王不称天,非天讨也。不书败,示诸侯不可敌王也。郑伯不朝,固为有罪。然其罚至贬爵削地[15]而止耳。鲁桓弑君而自立,宋督弑君而得政,天讨[16]不加,乃亲帅与郑私憾[17]之三国以伐之。而陈佗篡弑之贼,亦许以师从。用此,为郑所窥[18],乘其瑕衅[19]以败王师,而自是王命遂不行於天下。《春秋》明治乱得失之原,故王不称天,以正其本;三国书从,以著人臣之义;伐不书败,以存共主之体。而郑抗王师之罪,亦不可掩。轻重之权衡,君臣之名分,莫不毕见。凡此,皆裁[20]自圣心,非国史所能与也。

注释 ①属:隶属。②子元:即公子突。拒:方形阵势,拒也作"矩"。③奔:逃跑。④卒:终究。顾:照顾。枝:支持,支撑,枝亦作"支"。⑤萃于王卒:集中军力对付天子的中军。⑥曼伯:公子忽,字曼伯。⑦原繁、高渠弥:郑国大臣。⑧鱼丽:战阵名,战时战车与步兵混编。兵车一部分为二偏,如兵车五十乘,则二十五乘为一偏。再以步卒填补兵车的空隙之间,兵车在前,步座在后。陈:战阵。⑨繻葛:长葛,位于今河南省长葛县境内。⑩旝(kuài):古代作战时指挥用的旗子。⑪王亦能军:王虽军败身伤,仍能组织撤退,而未溃散。⑫陵:同"凌",欺凌。⑬苟:如果。社稷无陨,多矣:国家没有颠破,就足够了。⑭劳王:劳,慰问。指安慰周天子。问:问候。⑮贬爵削地:贬降爵位,削减封地。⑯天讨:上天的惩治。后以王师征伐为"天讨",意指禀承天意而行。⑰私撼:私人间的怨恨。⑱窥:暗中观察。⑲瑕衅:可乘之隙。⑳裁:裁定。

春秋 大雩[1](此书雩之始)。

左传　秋，大雩。书，不时也。凡祀启蛰而郊[2]（启蛰，夏正建寅之月，祀天南郊），龙见而雩（龙见建巳之月，苍龙之宿，昏见东方，万物始盛，待雨而大，故祭天，为百谷祈膏雨），始杀而尝（建酉之月，阴气始杀，嘉谷始熟，故荐尝於宗庙），闭蛰而烝[3]（建亥之月，昆虫闭藏，万物皆成，可荐者众，故烝祭宗庙）。过则书（祭必当卜，卜有吉否。不吉则改卜，次旬卜不过三，故限以一月，过涉次月之节，则书之以讥其慢）。

公羊传　大雩者何？旱祭也（雩，旱请雨祭名）。然则何以不言旱？言雩则旱见，言旱则雩不见。何以书？记灾也。

解义　大雩，雩于上帝，用盛乐也。诸侯雩于境内之山川，而配以上公[4]，礼也。大雩，则僭[5]天子之礼矣。然鲁僭郊禘[6]、大雩旧矣，欲悉书於策则不胜书。故雩祭，则因旱以书，而特谓之大郊禘，亦各因事而书，以见其非义，盖分所不属，则气不能相感，此先王制礼之精义。按以《春秋》所书，而可见者也。

注释　①雩（yú）：古代为求雨而举行的一种祭祀。②启蛰：即今之惊蛰，夏历正月的一个节气。郊：夏历正月为求五谷丰收而举行的祭祀。③闭蛰：指昆虫蛰伏冬眠的时候，在夏历十月。烝：为万物收藏而举行的祭祀。④上公：周制，三公（太师、太傅、太保）八命，出封时，加一命称为上公。⑤僭（jiàn）：超越本分，古代指地位在下的冒用在上的名义或礼仪、器物。⑥郊禘（dì）：古帝王以祖先配祭昊天上帝。

春秋　螽[1]（《公羊》作蠓）。

公羊传　何以书？记灾也。

穀梁传　螽，虫灾也。甚则月，不甚则时。

解义　螽之为物，常因旱而生，以害稼故书[2]。

春秋　冬，州公如曹（州，国名，姜姓。曹，杜注：曹国，济阴定陶县。今山东定陶县西北有故城，即曹国也）。

左传　冬，淳于公[3]如曹。度其国危，遂不复[4]（淳于，杜注：州国所都城阳淳于县也。今山东安丘县东北有淳于故城)。

公羊传 外相如不书。此何以书?过我也。

穀梁传 外相如不书。此其书何也?过我也。

解义 天子三公[6]称公,王者之后称公。州称公与祭公[7]同,盖天子三公而食邑於州者。外相如不书,此何以书?自曹而来鲁,将有其末[8],故先录其本也。

注释 ①螽(zhōng):虫名。蝗类的总名。②旱:长时间不下雨,缺雨,缺水。稼:庄稼,农作物。③淳于公:即州公,州国都淳于,故称。④度其国危,遂不复:意思是淳于公想到他的国家危险且已无法解救,就没有回国。⑤过:经过。⑥三公:周立太师、太傅、太保为三公("师,天子所师法;傅,傅相天子;保,保安天子于德义。")。自周衰,官失而百职乱,战国并争,各有变易。⑦祭公:周王室卿士、周公之后人祭公谋父的省称。⑧末:最终结果。

春秋 六年春,正月,实来。

左传 六年春,自曹来朝。书曰"实来",不复其国也。

公羊传 实来者何?犹曰是人来也。孰谓?谓州公也。曷为谓之实来?慢[1]之也。曷为慢之?化我也(行过国竟而无礼于人谓之化)。

穀梁传 实来者,是来也。何谓是来?谓州公也。其谓之是来何也?以其画我(过我也),故简言之也。诸侯不以过相朝也。

解义 实,或曰州公名,或曰州公如曹,而实来鲁,从省文[2]也。言奔,则来行朝礼;言朝,则遂留不去,故曰实来。若覆书州公来,则与祭伯来同,而无以见不复其国之义矣!

注释 ①慢:傲慢,轻视。态度冷淡,不礼貌。②省文:同"简称"或"略语"。

附录左传　楚武王侵随[1](随,国名,姬姓,侯爵。杜注:义阳随县,西魏置随州。今属湖广德安府,古城在州南),使薳章求成[2]焉(薳章,楚大夫),军于瑕[3]以待之(瑕,随地)。随人使少师董成[4](董,正也)。

斗伯比言于楚子[5]曰(伯比,楚大夫,令尹子文父):"吾不得志于汉[6]东也(汉,《释例》:汉水。出武都至江夏入江。武都,今陕西宁羌州。江夏,今湖广江夏县),我则使然。我张吾三军而被吾甲兵,以武临之,彼则惧而协以谋我,故难间也。汉东之国随为大,随张(张,自侈大也)必弃小国,小国离,楚之利也。少师侈,请羸师以张之"(羸,弱也)。熊率且比曰:"季梁在,何益?"(熊率且比,楚大夫。季梁,随贤臣)斗伯比曰:"以为后图,少师得其君"(言季梁之谏不过一见从,卒当以少师为计,故云以为后图)。王毁军而纳少师。

少师归,请追楚师,随侯将许之。季梁止之,曰:"天方授楚,楚之羸,其诱我也,君何急焉?臣闻小之能敌大也,小道大淫。所谓道,忠于民而信於神也。上思利民,忠也;祝史正辞,信也。今民馁而君逞欲,祝史矫举以祭,臣不知其可也。"公曰:"吾牲牷肥腯[7](牲,牛羊豕也。牷,纯色完全也。腯,亦肥也),粢盛丰备(黍稷曰粢,在器曰盛),何则不信?"对曰:"夫民,神之主也(神依于民)。是以圣王先成民而后致力于神。故奉牲以告曰:'博硕肥腯',谓民力之普存也(博,广也。硕,大也),谓其畜之硕大蕃滋也,谓其不疾瘯蠡也[8],谓其备腯咸有也(虽告神以博硕肥腯,其实皆当兼此四,谓民力适完,则六畜既大而滋也。皮毛无疥癣,兼备而无有所阙)。奉盛以告曰,'洁粢丰盛',谓其三时不害[9]而民和年丰也。奉酒醴以告曰:'嘉栗旨[10]酒(嘉,善也。栗,敬也),谓其上下皆有嘉德而无违心也。所谓馨香,无谗慝[11]也。故务其三时,修其五教[12]。(父义、母慈、兄友、弟恭、子孝),亲其九族[13],以致其禋祀[14](禋,絜敬也。九族:谓外祖父、外祖母、从母子及妻父、妻母、姑之子、姊妹之子、女子之子非己之同族,皆外亲有服而异族者也)。于是乎民和而神降之福,故动则有成。今民各有心,而鬼神乏主[15],君虽独丰,其何福之有!君姑修政而亲兄弟之国,庶免于难[16]。”随侯惧而修政,楚不敢伐。

春秋 夏,四月,公会纪侯于郕(郕,《左传》、《公羊传》作成。杜注:鲁地,泰山钜平县东南。今山东宁阳县东北有故城社即古成城也)。

左传 夏,会于成,纪来咨谋齐难[17]也(齐欲灭纪,故来谋)。

解义 五年,齐、郑如纪,欲以袭之而弗遂[18],至是且将大加兵其国。纪睦[19]於鲁,越境而谋,公往会之,盖有不得已[20]者,是以《春秋》无讥焉!

注释 ①随:国名,姬姓。一说为神农之后,姜姓。故城位于今湖北省随县南。②成:讲和。③瑕:随国地名。④少师:随官名,其人不详。董成:主持议和。董,主持。⑤楚子:即楚武王。⑥汉:即今汉水,汉东多姬姓小国。⑦牲:祭祀所用的全牛等称为牲。牷(quán):毛色纯一的牛等。腯(tú):肥壮。⑧蕃(fán):繁殖。滋:滋长。瘯(cù)蠡(luǒ):家畜病疫,瘦弱。瘯,借为瘦;蠡,借为羸。⑨三时:春、夏、秋三季。不害:没有灾害。⑩栗:通“冽”,清冽。旨:美好。⑪谗慝(tè):邪恶奸佞。谗,谗言;慝,邪恶。⑫五教:即父义、母慈、兄友、弟恭、子孝,五种教化。⑬九族:自高祖、曾祖、祖父、父、本身,至子、孙、曾孙、玄孙共九代,称为九族。一说九族包括异姓亲戚,除本族之外,另加外祖父、外祖母、岳父、岳母、姨母之子、姑母之子、姊妹之子、女之子共为九族。⑭禋祀:洁净的祭祀。⑮民各有心:民与君主不同心,各怀离心。鬼神乏主:鬼神没有专主。⑯兄弟之国:指汉水流域诸姬姓国。庶免于难:或许可免于祸难。⑰咨谋:商讨。咨、谋为同义词。齐难:因为齐早有灭纪的企图,故称为“齐难”。⑱遂:如意。⑲睦:和睦,亲近。⑳不得已:意思是无可奈何,不能不如此。违背本意的还必须去做。

附录左传　北戎伐齐,齐侯使乞师[1]于郑。郑太子忽帅师救齐。六月,大败戎师,获其二帅大良、少良[2](二帅名),甲首[3]三百(甲首,被甲者首),以献于齐。

于是,诸侯之大夫戍齐,齐人馈之饩[4](生曰饩),使鲁为其班,后郑(班次也)。郑忽[5]以其有功也,怒,故有郎之师[6](郎师在十年)。

公之未昏于齐也,齐侯欲以文姜[7]妻郑太子忽。太子忽辞,人问其故,太子曰:"人各有耦,齐大,非吾耦也。《诗》云:'自求多福[8]。'在我而已,大国何为?"君子曰:"善自为谋[9]。"及其败戎师也,齐侯又请妻之(欲以他女妻之),固辞[10]。人问其故,太子曰:"无事于齐,吾犹不敢,今以君命奔齐之急,而受室[11]以归,是以师昏也,民其谓我何[12]?"遂辞诸郑伯(假父之命以为辞。为十一年郑忽出奔卫传)。

春秋　秋,八月壬午,大阅[13](此书大阅之始)。

左传　秋,大阅,简[14]车马也。

公羊传　大阅者何?简车徒[15]也。何以书?盖以罕书也(罕,希也。大阅之礼,三年一举,桓公忽忘武备,过于三年,是以书之)。

穀梁传　大阅者何?阅兵车也。修教明谕(修先王之教,以明达于民),国道也(治国之道)。平而修戎事,非正也(平谓不因田猎,无事而修之)。其日,以为崇武,故谨而日之,盖以观妇人也。

解义　大阅者,简阅车徒,而训习之也。《周礼》,以仲冬之月大阅,其法视三时[16]为独详者,农隙[17]故也。周之八月,乃夏正建未之月[18],以盛夏而大阅,则非其时矣。昭、定之间,或书蒐,或书大蒐,凡称大者,皆僭[19]用天子之礼也。先王寓军政於四时[20]之田,训民御暴其备豫[21]也。今以惧郑忽,畏齐人,非时越礼而简兵车,不独厉[22]农失政,平时军政之不修亦可见矣!

注释　①乞师：请求出兵援助。②大良、少良：人名，一说为官名。③甲首：被甲者的人头。④馈：赠送。饩(xì)：赠送食物。⑤郑忽：即郑国公子忽。⑥郎之师：即郎地的战役。⑦文姜：齐僖公之女，桓公三年嫁于鲁，六年生太子同，此处为回顾前事，即文姜未嫁之时。⑧自求多福：求福在自身，不在别人。⑨善自为谋：善于为自己谋划，而不能及于国家。⑩固辞：再次推辞。⑪受室：接纳妻室。室，妻室。⑫以师昏：利用战争成婚。谓：认为或议论。⑬阅：阅兵。⑭简：检阅。⑮简车徒：简，检阅；车，战车；徒，指士兵。指检阅军队。⑯三时：春、夏、秋三季。⑰农隙：指农事闲暇时候。⑱周：周朝。夏正建未：夏朝历法的七月。⑲僭(jiàn)：超越本分，古代指地位在下的冒用在上的名义或礼仪、器物。⑳寓：观看。军政：军中政事。四时：春夏秋冬四季。㉑备豫：亦作"备预"。防备，准备。㉒厉：祸害。

春秋　蔡人杀陈佗。

公羊传　陈佗者何？陈君也。陈君则曷为谓之陈佗？绝也。曷为绝之？贱也。其贱奈何？外淫也。恶乎淫，淫乎蔡，蔡人杀之。

穀梁传　陈佗者，陈君也。其曰陈佗何也？匹夫行，故匹夫称之也。其匹夫行奈何？陈侯喜猎，淫猎于蔡，与蔡人争禽。蔡人不知其是陈君也，而杀之。何以知其是陈君也？两下相杀，不道(两大夫相杀不书)。其不地，于蔡也。

解义　蔡人杀陈佗者，讨贼之辞也。乱臣贼子，或本国之臣子，或邻国之君臣，苟有一人能起而诛之[①]，则《春秋》以讨贼之义予[②]之矣。凡篡弑而称君者，著其国之臣子不以为贼，而奉之也。书陈佗，则知陈之臣子本不以佗为君矣。用此见春秋之初，先王之泽未泯[③]，人心正理犹存，故州吁、陈佗无知，皆不容於天壤[④]焉。又以知，五年陈侯鲍卒，甲戌以下所阙，即佗弑太子免事也。

注释　①苟:如果,假使。诛:把罪人杀死。②予:赞许。③泽:恩泽,恩惠。泯:泯灭,丧失。④天壤:指天地。

春秋　九月丁卯,子同生。

左传　九月丁卯,子同生,以太子生之礼举之,接以太牢[①](太牢,牛羊豕也。以礼接夫人,重嫡也),卜士[②]负之,士妻食之(《礼》:"世子生三日,卜士负之,射人以桑弧蓬矢射天地四方。"卜士之妻为乳母),公与文姜、宗妇命之[③](世子生三月,君夫人沐浴於外寝,立于阼阶,西乡。世妇抱子升自西阶。君命之,乃降。宗妇,同宗之妇。命之,命名也)。

公问名于申繻[④](鲁大夫),封曰:"名有五:有信、有义、有象、有假、有类。以名生[⑤]为信(若唐叔虞、鲁公子友),以德命为义(若文王名昌,武王名发),以类命为象(若孔子首象尼丘),取于物为假(若伯鱼生,人有馈之鱼,因名之曰鲤),取于父为类(若子同生,有与父同者)。不以国[⑥],不以官,不以山川,不以隐疾,不以畜牲,不以器币[⑦]。周人以讳事神,名,终将讳之(讳始于周,周人以讳法,敬事明神。子生三月,为之立名,以其终将讳之,故须豫有所避)。故以国则废名(国不可易,故废名),以官则废职,以山川则废主(改其山川之名),以畜牲则废祀,以器币则废礼。晋以僖侯废司徒[⑧](僖侯名司徒,废为中军),宋以武公废司空(武公名司空,废为司城),先君献、武废二山[⑨](二山具敖也。鲁献公名具,武公名敖,更以其乡名山),是以大物不可以命。"公曰:"是其生也,与吾同物[⑩](物类也。谓同日生),命之曰同。"

公羊传　子同生者孰谓?谓庄公也。何言乎子同生?喜有正也(喜,国有正嗣)。未有言喜有正者,此其言喜有正何?久无正也。子公羊子曰:"其诸以病桓与?"。

穀梁传　疑故志之(文姜淫于齐襄,疑非公之子),时曰同乎人也(时人佥曰:齐侯之子,同于他人)。

解义 先儒皆谓嫡长始生即书於策,此旧史之法,非《春秋》书子同生之义也。文公、成公皆嫡嗣,何以庄之生独书?文姜禽兽行,故书之,以正[11]周公之后,决后世之疑[12]。而朱子[13]按《经》以核其事迹,谓桓三年姜氏至自齐,六年子同生,十八年桓公乃与姜氏同如齐,则庄公诚[14]非齐侯之子,以正二《传》之妄也。不曰世子何也?天下无生而贵者,故誓[15]於天子,然后为世子。

注释 ①接:父亲接见初生婴儿。太牢:即大牢,祭祀时牛羊豕三牲都用叫太牢。②卜士:占卜选择的吉善士人。③命之:为婴儿取名。命通"名"。④申繻(xū):鲁国大夫。繻为其名,申或为其氏。⑤以名生:指根据出生时的情况来命名。⑥不以国:即"不以国命(名)",省略谓语。⑦器:指礼器,如俎、豆、钟、磬等。币:送人的礼物,如圭、马、皮等。⑧僖侯废司徒:指僖侯名司徒,故因避讳而改称司徒官职为中军。⑨先君献、武废二山:指鲁献公名具,鲁武公名敖,后废具、敖二山之名另以地名为山名。⑩同物:实指同日。岁、时、日、月、星、辰古称六物。⑪正:同"证"。证明。⑫决:决断。疑:疑惑。⑬朱子:即朱熹(1130—1200年),南宋思想家,著名的理学家,为北宋以来理学之集大成者,被尊为古代理学正宗,他是中国封建社会后期影响最大的思想家,后人将他视为儒学宗师。其思想学说从元代开始成为中国的官方哲学,不仅深刻地影响了中国的传统思想文化,而且还远播海外,产生相当大的影响。⑭庄公:鲁庄公。诚:确实。⑮誓:接受爵位。

春秋 冬,纪侯来朝。

左传 冬,纪侯来朝,请王命以求成于齐[1]。公告不能(纪微弱,不能自通于天子,欲因公以请王命,公无宠于王,故告不能)。

解义　鲁桓弑君篡立,天下之大恶也。纪侯有齐难,不能上告於天子,自强於政治,和辑其民效死以守,而求援於篡弑之人,其能国乎[②]?

春秋　七年春,二月己亥,焚咸丘(咸丘,杜注:鲁地,高平钜野县南有咸亭。今属山东兖州府)。

公羊传　焚之者何?樵之也(樵,薪也。以樵烧之,故曰樵之。齐人语)。樵之者何?以火攻也。何言乎以火攻?疾[③]始以火攻也。咸丘者何?邾娄之邑也。曷为不系乎邾娄?国之也。曷为国之?君存焉尔。

穀梁传　其不言邾咸丘何也?疾其以火攻也。

解义　古者,昆虫蛰[④],而后火田去莽翳[⑤],以逐禽兽,但焚一丛一聚,非竭山泽[⑥]而焚之也。《易》称王用三驱[⑦],在礼。天子不合围,诸侯不掩群[⑧],所以养仁心而尽物[⑨]之性也。周之二月,夏之十二月,昆虫未出,固可以用火,但已过冬狩之期,而未及春蒐,且咸丘非狩地,故不言蒐狩,直书曰焚,以讥其尽物也。

注释　①请王命以求成于齐:请鲁公转求周王,让周王令齐与纪讲和。②政治:中国古代是分开使用。政:主要指国家的权力、制度、秩序和法令;治:则主要指管理人民和教化人民,也指实现安定的状态等。和辑:和睦团结。其能国乎:意思是还能算是国家吗?③疾:迅速。④蛰:蛰伏。指动物冬眠,藏起来不吃不动。⑤翳(yì):遮蔽。⑥竭:尽。山泽:山林与川泽。⑦三驱:古王者田猎之制。谓田猎时须让开一面,三面驱赶,以示好生之德。⑧掩群:指尽取兽群。⑨尽物:穷尽其物。

春秋　夏,穀伯绥[①]来朝。邓侯吾离[②]来朝(穀,杜注:穀国,在南乡筑阳县北。今湖广穀城县治为故筑阳城,古穀城在县北)。

左传　七年春,穀伯、邓侯来朝。名,贱之也[③](二国以春来,夏乃行朝礼。故《经》书夏)。

公羊传 皆何以名？失地[4]之君也。其称侯朝何？贵者无后，待之以初也（贵者无后，即《郊特牲》：古者寓公不继世之义，诸侯不臣寓公，寓公死则臣其子不得继父，寓公之世，故曰无后也。待之以初，言谷、邓与鲁本同贵为诸侯，当待之如初也）。

穀梁传 其名何也？失国也。失国，则其以朝言之何也？尝以诸侯与之接矣，虽失国，弗损吾异日也（待之以初）。

解义 春秋时，诸侯相朝，皆小国。迫於邻近之大国不得已[5]而为，恭[6]也。穀、邓近楚，而远於鲁地之相去千有馀里，无缘越、蔡、许、陈、曹、宿、郑，而来朝於鲁，以情事揆[7]之，必为楚所逼，失地而奔。近楚之国，皆不敢容，故远託於鲁[8]。而鲁桓以篡弑得国，欲以远国来朝为名，俾[9]行朝礼，以自侈大而震耀其臣民[10]。故旧史承而书之，而实则失地之君。故《春秋》据其实，而称名也。先儒以为贬其朝，桓则身为篡弑者，会盟侵伐皆不书名，而独於朝之者，举罚颇其类矣。至谓去秋冬二时，以二国朝桓，逆乱天道[11]，岁功[12]不成，则穿凿附会[13]将以扶植世教而转破碎。《经》指义不可通，使孔子果以宰纠聘桓，而阙[14]秋冬，则次年仍叔之子来聘，亦宜复阙。果以邓、穀朝鲁，而阙秋冬，则当於滕子来朝，四国会稷，以成宋乱。先见此义，圣人作《经》，不若是之疎[15]也。且幸，四年、七年秋冬适无事可书而阙之。如有事将并阙其事耶，抑[16]书其事，而独阙二时耶？义益无所处矣！

注释 ①谷伯：谷国国君，名绥。故城位于今湖北省谷城县西北。②邓侯：邓国国君，名吾离。邓，曼姓，故城位于今河南省邓县。③名，贱之也：意思是《春秋》所以记载他们的名字，是因为贱视他们。④失地：丧失国土。⑤不得已：意思是无可奈何，不能不如此。⑥恭：恭敬。⑦情事：事实，情况。揆（kuí）：揣测。⑧讬：同"托"，寄托。⑨俾（bǐ）：斜视，有厌恶或轻蔑的意思。

⑩侈(chǐ)大:盛大;宏大。震耀:震动,显耀。⑪逆:背叛。天道:即万物的规则、万物的道理,一切事物皆有一定的规则。⑫岁功:一年的时序。⑬穿凿附会:穿凿,把讲不通的硬要讲通;附会,把不相干的事拉在一起。把讲不通的或不相干的道理、事情硬扯在一起进行解释。⑭阙:同"缺"。⑮疎:同"疏"。⑯抑:贬。

附录左传　夏,盟、向[1]求成于郑,既而背之(盟、向,二邑名,隐十一年王以与郑,故求与郑成)。秋,郑人、齐人、卫人伐盟、向。王迁盟、向之民于郏[2](郏,杜注:王城。今河南洛阳县西有郏鄏陌)。冬,曲沃伯诱晋小子侯[3],杀之(曲沃伯,武公也。小子侯,哀侯子)。

春秋　八年春,正月己卯,烝[4]。

公羊传　烝者何?冬祭也。春曰祠(祠犹食也,犹继嗣也。春物始生,孝子思亲,继嗣而食之,故曰祠。荐尚韭卵),夏曰礿(始熟可礿,故曰礿,荐尚麦鱼),秋曰尝(尝者先辞也。秋谷成者非一,黍先熟可得荐,故曰尝。荐尚黍豚),冬曰烝(烝,众也,气盛貌。冬,万物毕成,所荐众多,芬芳备具,故曰烝。荐尚稻雁[5])。常事不书,此何以书?讥。何讥尔?讥亟也(亟,数也)。亟则黩[6](渫黩也),黩则不敬。君子之祭也。敬而不黩。疏则怠[7],怠则忘。士不及兹四者,则冬不裘,夏不葛(四者,四时祭也。裘、葛,冬夏之美服,言士有公事,不得及此四时之祭,则不敢美其衣服,盖思念亲之至也)。

穀梁传　烝,冬事也,春兴之,志[8]不时也。

解义　周人以建子为岁首[9],周之春正月,夏之十一月也。烝以中冬[10],不失时矣。常事不书,此何以书?《经》有先起事以见义者,书此以见夏五月之再烝,为黩礼[11]也。《穀梁》以春举冬祭为不时,则未知周虽改朔[12],而巡狩、烝享[13]犹用夏时,且《尚书·洛诰》:王在新邑烝祭[14]岁,在十有二月。则用亥月[15]烝祭,亦未为失礼也。

注释 ①盟、向：周邑名。②郏（jiá）：即北邙山，又称王城，位于今河南省洛阳市。③曲沃伯：即曲沃武公。晋小子侯：晋国国君，哀侯之子。④烝：古代特指冬天的祭祀。是一年的农事完毕以后的最后一次祭典，周人以农立国，奉播植百谷的农神后稷为始祖。春夏秋冬四祭分别叫礿祭、禘祭、尝祭和烝祭。这些是皇家贵族的祭祀名称，不得僭用。礿、禘是阳祭，尝、烝是阴祭。禘是阳气的极盛，尝是阴气的极盛，禘和尝是最重要的祭祀。禘有时也指春祭或各种盛大祭祀的总名。⑤稻雁：稻和雁。雁，知时之鸟，古代与稻作为祭荐之物。⑥亟（qì）：屡次，多次。黩（dú）：轻慢不敬。渫（xiè）：除去。⑦疏：疏忽。怠：怠慢，不尊敬。⑧志：记载。⑨周人：对中国古代周族人的称呼。建子：指十一月。周历的正月相当于夏历的十一月。岁首：一年开头的一段时间，通常指正月。夏，汉改历，以正月为岁首。⑩中冬：指冬季的第二个月。⑪黩礼：亵渎礼教。⑫改朔：变换朔日。朔，农历初一。⑬巡狩：意思是巡行视察诸侯为天子所守的疆土。烝享：祭祀。⑭烝祭：即冬天的祭祀。⑮亥月：阴历十月。

春秋 天王使家父来聘（家父，天子大夫。家，氏；父，字）。

解义 下聘弑逆之人而无贬，何也？既名冢宰，於其重者，而举法焉，馀则从同之义也。盖君相一体，任之重斯责之专。故归赗，仲子会葬成风。则宰咺书名，於前王不称天，於后来聘，桓公锡[①]，桓公命[②]，则宰纠书名，以正其始；王不称天，以正其终。而荣叔、家父之徒无贬也，此即《虞书》[③]：君臣相戒。庶事之原，皆系於元首股肱之义[④]。

附录左传 八年春，灭翼（曲沃灭之）。随少师有宠。楚斗伯比曰："可矣。仇有衅[⑤]，不可失也（无德者宠，国之衅也）。

春秋 夏，五月丁丑，烝。

公羊传 何以书？讥亟也。

穀梁传 烝,冬事也,春夏兴之,黩祀[6]也。志不敬也。

解义 以季春[7]而举冬祭,非时也。建子[8]之月既烝,而建辰[9]之月复烝,必以前烝为不备[10]也,其黩乱不经[11]甚矣!

注释 ①锡:赏赐。②命:指派。③《虞书》:指《尚书》的一个组成部分。相传记载着唐尧、虞舜、夏禹等的事迹。④庶事:指平常的事。元首:此指君主。股肱:股:大腿;肱:手臂从肘到腕的部分。指辅佐帝王的重臣。⑤仇:仇敌,此指随国。衅:空隙。⑥黩祀:指黩祭。黩,轻慢不敬。⑦季春:春季的第三个月。⑧建子:指十一月。⑨建辰:指三月。⑩不备:不完备。⑪黩乱:指繁乱。不经:不合常法。

附录左传 夏,楚子合诸侯于沈鹿[1](沈鹿,杜注:楚地。今湖广钟祥县东里有鹿湖池,即其地也)。黄、随[2]不会(黄,嬴姓。杜注:黄国,弋阳县。魏置弋阳郡于此。今河南光州境,弋阳城在州东,黄城在州西)。使薳章[3]让黄(让,责也)。楚子伐随,军于汉、淮之间(淮,《汉志》南阳郡平氏县。《禹贡》桐柏大复山在东南,淮水所出。平氏故城在今河南南阳府西北)。季梁请下之(下之,请服也)。"弗许而后战,所以怒我而怠寇也。"少师谓随侯曰:"必速战。不然,将失楚师[4]。"随侯御之,望楚师(遥见楚师)。季梁曰:"楚人上左[5],君必左(君,楚君也),无与王遇。且攻其右,右无良焉,必败,偏[6]败,众乃携[7]矣。"少师曰:"不当王[8],非敌也。"弗从。战于速杞(速杞,杜注:随地。当在今湖广应山县境),随师败绩⑨。随侯逸(逃也),斗丹获其戎车(丹,楚大夫),与其戎右⑩少师(宠之,以为车右)。秋,随及楚平。楚子将不许,斗伯比曰:"天去其疾[11]矣(少师见获而死,是去其疾),随未可克也。"乃盟而还。

春秋 秋,伐邾。

解义 桓自弑立,恃其强恶以陵小国,小国皆畏而从之。故纪、郕、滕、杞,或朝,或会,惟邾恃旧好而不顾,至是遂伐之。以是知仪父⑫，盖知义者也。隐有让国之心，则即位三月，即来讲好。桓有篡弑之恶，则定位六年，尚不与通，伐之，而仍不至逮⑬。十五年，然后与牟葛⑭同来，盖困於力之不支⑮耳。

注释 ①沈鹿：楚地，位于今湖北省钟祥县东六十里。②黄：国名，嬴姓，故城位于今河南省潢山县。随：国名。位于今湖北省应山县，公元前680年左右纳入楚国。③薳(wěi)章：楚国大夫。④将失楚师：将会失去打败楚军的战机。⑤上左：以左为上。上同“尚”，用作动词。春秋诸国，多以右为上，左为下。⑥偏：偏师。⑦携：分离，分散。⑧不当王：不与楚王直接对阵。⑨败绩：指军队溃败。⑩戎右：车右。⑪疾：祸患，此指少师。⑫仪父：即邾仪父，邾国国君。姓曹，名克，字仪父。⑬逮：逮捕，捉拿。⑭牟葛：诸侯国名，嬴姓。⑮支：支撑。

春秋 冬，十月，雨雪。

公羊传 何以书，记异也，何异尔？不时也（周之十月，夏之八月，未当雨雪，故曰不时）。

解义 建西①之月，未霜而雪，书异也。阴阳方中②，而寒气先至，此积阴侵阳之象。《春秋》凡三书雨雪，其二言大，以大为异也。此不言大，以非时为异也。

附录左传 冬，王命虢仲立晋哀侯之弟缗于晋（虢仲，王卿士，虢公林父）。

春秋 祭公来，遂逆③王后于纪（此书遂之始）。

左传 祭公来，遂逆王后于纪，礼也（天子娶于诸侯，使同姓诸侯为之主祭，公来受命于鲁，故曰礼）。

公羊传 祭公者何？天子之三公也（祭者，采也。天子三公氏采称爵）。何以不称使？昏礼④不称主人（时王者有母也）。遂者何？生事也（生犹造也，专事之辞）。大夫无遂事，此其言遂何？成使乎我也（以上来无事，知遂成使于我）。其成使乎我奈何？使我为媒,可则因用是往逆矣(昏礼成于五:先纳采、问名、纳吉、纳徵、请期,然后亲迎。今王使祭公来,命鲁为媒,即因用鲁往迎之。不复成礼,疾王不重妃匹也)。女在其国称女,此其称王后何?王者无外,其辞成矣(成其为王后之辞也)。

穀梁传　其不言使焉何也?不正其以宗庙之大事,即谋于我,故弗与使也(时天王命祭公就鲁共卜,择纪女可为后者便逆之,不复反命)。遂,继事之辞也。其曰遂逆王后,故略之也(以其遂逆无礼,故不书逆女而曰王后。略谓不以礼称之),或曰天子无外,王命之则成矣(四海之滨,莫非王臣。王命纪女为后,则已成王后,非如诸侯入国乃称夫人)。

解义　大夫出疆,有以二事出者,有以一事出而专继事者,其书皆曰遂。祭公⑤盖受王命,问期於鲁,并逆后于纪耳。未有无王命而敢专行者,独书曰来,正见。非有聘问之事於鲁,即为逆后来耳,不称使,昏礼不称主人也。《左传》庄十八年,虢公、晋侯、郑伯使原庄公⑥逆王后于陈,不言王使而曰虢、晋、郑使,盖古礼如此。先儒谓三公⑦师傅之官,坐而论道,不宜逆女,宜使卿往,公监之。盖据襄公十五年,刘夏⑧逆王后于齐。《传》称官师从单靖公逆王后于齐⑨,而《经》独书刘夏为义,盖谓刘夏以非卿而书;靖公合礼,则不书也。然以《传》所书原庄公、单靖公证之,又似三公逆后,周制固然,故并存以备稽考⑩。

注释　①建酉:指八月。②中:适中。③遂:顺利。逆:迎娶。古代的一种礼仪,天子娶后不亲迎,只派卿士迎娶。④昏礼:昏同“婚”,婚娶之礼。⑤祭公:即祭公谋父,周王室卿士,周公之后人,是周穆王当政时期的大臣。⑥原:国名,周朝中原诸侯国。遗址在今天的河南省济源市。原庄公:春秋时期原国国君,伯爵。鲁庄公十八年(前676年),虢公、晋侯晋献公、郑伯郑厉公派原庄公到陈国迎接王后陈妫到京师,即惠后。⑦三公:

周立太师、太傅、太保为三公（"师，天子所师法；傅，傅相天子；保，保安天子于德义。"）。自周衰，官失而百职乱，战国并争，各有变易。⑧刘夏：周天子大夫。⑨官师：指百官；较低级的官吏。单靖公，春秋时期单国国君。鲁襄公十年（前563年），王室内王叔陈生与伯舆争政。周灵王偏袒伯舆，王叔陈生怒而出奔晋国。单靖公代替王叔陈生为卿士，以相王室。鲁襄公十五年（前558年），官师跟随单靖公到齐国迎接王后。⑩稽考：观察核查。

卷七

桓公(九年之十三年)

春秋 九年春,纪季姜归于京师[①]。

左传 九年春,纪季姜归于京师。凡诸侯之女行[②],唯王后书[③]。

公羊传 其辞[④]成矣,则其称纪季姜何?自我言[⑤]纪,父母之于子。虽为天王后,犹曰吾季姜。京师者何?天子之居也。京者何?大也。师者何?众也。天子之居,必以众大之辞言之。

穀梁传 为之中者归之也(中谓关与昏事)。

解义 往逆[⑥]称王后,既归[⑦]何以称季姜?自逆者言之[⑧],王者无外,王命之斯后之矣;自归者言之,未见宗庙[⑨],不敢以尊自处也。京师者,大、众之称。《经》书逆王后者二,惟季姜书归于京师,鲁主之故,必书其归。刘夏[⑩]逆王后,不书归,过鲁而鲁不为之主也。

注释 ①季姜:即去年祭公所迎的王后。季,姊妹中排行最小。姜为姓。古时同姓不婚,所以女子一定将姓书写在排行之下。京师:此指洛邑。②行:此指出嫁。③唯王后书:意思是只有在出嫁做王后才可以加以记载。④其辞:此指称呼。⑤自我言:意思是自我称呼。⑥逆:迎娶。⑦既归:既然归来。⑧自逆者言之:意思是出嫁的人自己所说。⑨宗庙:指古代帝王、诸侯或大夫、士为维护宗法制而设立的祭祀祖宗的处所。⑩刘夏:周天子大夫。

春秋 夏,四月。

春秋 秋,七月。

附录左传 巴子使韩服告于楚[①],请与邓为好(巴,国名,姬姓,今四川巴县。韩服,巴行人)。楚子使道朔将巴客以聘于邓(道朔,楚大夫。巴客,韩服)。邓南鄙鄾人攻而夺之币[②](鄾,今湖广襄阳县东北鄾城是也),杀道朔及巴行人[③]。楚子使薳章让[④]于邓,邓人弗受。

夏,楚使斗廉帅师及巴师围鄾(斗廉,楚大夫)。邓养甥、聃甥[⑤]帅师救鄾。三逐[⑥]巴师,不克(二甥皆邓大夫)。斗廉衡陈[⑦]其师于巴师之中,以战,而北(衡,横也。分巴师为二部,斗廉横陈于其间,以与邓师战,而伪北。北,走也)。邓人逐之,背巴师,而夹攻之(楚师伪走,邓师逐之。背巴师,巴师攻之,楚师自前还与战)。邓师大败,鄾人宵溃[⑧]。

秋,虢仲、芮伯、梁伯、荀侯、贾伯伐曲沃[⑨](梁国,嬴姓。《汉志》左冯翊夏阳,故少梁,今少梁城在陕西韩城县南。荀国,姬姓,《水经注》古水西南迳荀城,在绛州西十五里,今绛州属山西。贾国,姬姓,今山西临汾县有贾乡)。

注释 ①巴子:巴国国君。巴,国名,姬姓,在楚国西北部。韩服:巴国使者。②南鄙:南部边境地区。鄾(yōu):邓国地名。在今湖北省襄樊市北。币:聘问礼品。③行人:使者。④薳(wěi)章:楚国大夫。让:责备,谴责。⑤养甥、聃(dān)甥:两人均为邓国大夫。⑥逐:攻击。⑦衡陈:横阵。衡,同“横”。陈通“阵”。⑧宵溃:指军队夜间溃逃。⑨梁伯:梁国国君。梁,国名,嬴姓,故城位于今陕西省韩城县南。荀侯:荀国国君。荀,姬姓国,故城位于今山西省新绛县东北。贾伯:贾国国君。贾,姬姓国,故城位于今山西省襄汾县东。

春秋 冬,曹伯使其世子射姑[①]来朝。

左传 冬,曹大子[②]来朝,宾之以上卿,礼也(“诸侯之适子,未誓于天子而摄其君,则以皮帛继子、男”,故宾之以上卿,各当其国之上卿)。享[③]曹大子,初献[④],乐奏而叹。施父曰(施父,鲁大夫):“曹大子其⑤有忧乎？非叹所⑥也。”

公羊传　诸侯来曰朝，此世子也，其言朝何？《春秋》有讥父老子代从政者，则未知其在齐与在曹与(在齐世子光也。言射姑来朝与齐光序诸侯之上，皆当讥。而下文曹伯卒葬全录，或于曹无讥，未可知也。此《传》者依违之词)？

穀梁传　朝不言使，言使非正也。使世子伉诸侯之礼而来朝，曹伯失正矣。诸侯相见曰朝。以待人父之道待人之子，以内为失正矣。内失正，曹伯失正，世子可以已矣，则是放命也(放命，犹言方命。谓逆命⑦也)。《尸子》曰："夫已，多乎道"(已，止也。止曹伯使朝之命，则曹伯不陷非礼之愆，世子无苟从之咎，鲁无失政之讥。三者正则合道多矣)。

解义　《周官·典命》：凡诸侯之嫡子⑧，誓⑨於天子，而摄其君⑩，则下其君之礼一等⑪，未誓则以皮帛继子男⑫。谓诸侯老、疾当朝觐之期⑬，身不能亲，得使子摄，急述职⑭也。诸侯间於王事则相朝，本无定期。曹伯既有疾，何急于朝鲁，而使世子摄哉！故曹伯使朝，世子当辞⑮，而鲁亦不当受⑯，盖叁讥之。

注释　①射(Yì)姑：人名。春秋时曹庄公名，姬(Jī)姓。公元前701—前671年在位。②曹大子：指曹太子射(Yì)姑，即曹庄公。③享：宴享。④献：献酒。⑤其：将。⑥非叹所：宴会为欢乐的场所，并非叹息之地。⑦逆命：违抗命令。⑧嫡子：正妻所生之子，多指嫡长子。嫡子是“庶子”的对称。封建社会中嫡妻所生之子女。⑨誓：接受爵位。⑩摄其君：意思是所代理的诸侯或大夫。摄：代理。君：古代大夫以上据有土地的各级统治者的通称。⑪下其君之礼一等：意思是比所代理的诸侯或大夫要降低一等对待。⑫未誓则以皮帛继子男：意思如果未授予爵位则按小国国君的附庸对待。皮帛：兽皮和丝帛。古代举行结盟、朝会等大事时所持的礼物。此指小国国君。⑬老：年老。疾：生病。朝觐:臣下拜见君王。⑭述职:古时诸侯向天子陈述职守。⑮辞:不接受。⑯受:接受。

春秋 十年春,王正月。

榖梁传 桓无王,其曰王何也?正终生之卒也[①]。

解义 桓无王,此复书王何也?或曰十者盈数[②]也。天道十年[③],则必反[④],故《易》称守贞者十年而反常[⑤]。《传》论恶,远者十年,而必弃[⑥]。桓弑君篡国,其数已盈[⑦],故以天道王法正[⑧]之也。或曰:"鲁采服之国也,宜四岁而一见,并类见之期计之,三不朝矣,正天王当以六师移之[⑨]之节也",其义皆可通。

注释 ①终生:指姬终生,即曹桓公,为春秋诸侯国曹国君主之一,他为曹穆公的儿子,承袭曹穆公担任该国君主,其继任曹庄公。公元前756—前702年在位,在位55年。卒:死亡。②盈数:指十、百、万等整数。此指满数。③天道:即天的运动变化规律。此指国家的发展变化规律。④反:向反面转化。⑤守贞:保持坚贞的节操。多指女子守志不嫁。此指坚守正义。常:规则,规律。⑥弃:背叛。⑦盈:满。⑧王法:指国家的法律、法令。正:整治。⑨"鲁采服之国也,宜四岁而一见,并类见之期计之,三不朝矣,正天王当以六师移之。"意思是鲁国是进贡服物的国家,每四年进贡一次,按时间计算,已经三次不进贡了,周天子要整治就应当集中全国的军队去消灭它。采服:此指六服之一。《周礼·夏官》的"职方氏"和"大司马"提出了类似的"九服"或"九畿"说:王畿方圆千里,从王畿向外每五百里为一"服",共有侯服、甸服、男服、采服、卫服、蛮服、夷服、镇服、藩服。在《周礼·秋官·大行人》还论述了"六服一番":即依照侯、甸、男、采、卫、要的顺序,既规定了每次的贡期分别为一年、两年、三年、四年、五年和六年,也规定了贡物分别为祀物、嫔物、器物、服物、财物和货物;而在九州之外的番国一世只需入贡一次。

春秋　庚申,曹伯终生卒。

左传　十年春,曹桓公卒(终施父之言)。

春秋　夏,五月,葬曹桓公。

附录左传　虢仲谮[①]其大夫詹父于王。詹父有辞[②],以王师伐[③]虢。夏,虢公出奔虞[④](虢仲,王卿士。詹父,属大夫。虞,国名,姬姓。古虞城在今山西平陆县东北)。

春秋　秋,公会卫侯于桃丘,弗遇(桃丘,杜注:卫地。济北东阿县东南有桃城。今山东东阿县西有桃城铺旁有丘,即桃丘也)。

公羊传　会者何?期辞也。其言弗遇何?公不见要也。

穀梁传　弗遇者,志不相得也。弗,内辞也(托言卫侯不遇,则若卫侯不蒙鲁公之接者,以杀其耻)。

解义　卫侯与公为会[⑤],期中背[⑥]而与齐、郑,故公往会而不相遇[⑦]。盖齐、郑急於谋[⑧]纪,而纪、鲁姻[⑨]也。伐郑之役,卫实从王,故鲁欲以为援,而往会之,而胥命[⑩]于蒲。齐、卫既合,故卫始以郑之怨而约与鲁会,终以齐之故背鲁而与郑为郎之师[⑪]也。

注释　①谮(zèn):诬陷别人。②有辞:认为自己有理。③王师:周天子的军队。伐:攻打。④虞:姬姓国,鲁僖公五年为晋所灭。⑤公:鲁桓公。会:会盟。⑥期中:指一段时间后。背:背信弃义。⑦遇:会面。⑧谋:图谋。⑨姻:姻亲。指由婚姻关系而结成的亲属。⑩胥命:指会盟,但不搞歃血仪式。⑪郎之师:指在郎的战役。

附录左传　秋,秦人纳芮伯万于芮[①](四年,围魏所执者)。

初,虞叔有玉(虞叔,虞公之弟),虞公求旃[②](旃之也)。弗献,既而悔之。曰:"周谚有之:'匹夫无罪,怀璧[③]其罪。'吾焉用此,其以贾害[④]也(贾,买也)。"乃献之。又求其宝剑。叔曰:"是无厌也。无厌,将及我[⑤](将杀我)。"遂伐虞公,故虞公出奔共池(共池,杜注：地名，阙，今山西平陆县西有共池。《志》云：虞公出奔地）。

春秋 冬，十有二月丙午，齐侯、卫侯、郑伯来战于郎。

左传 冬，齐、卫、郑来战于郎，我有辞[6]也。初，北戎病齐[7]诸侯救之，郑公子忽有功焉。齐人饩[8]诸侯，使鲁次[9]之。鲁以周班[10]后郑。郑人怒，请师于齐，齐人以卫师助之。故不称侵伐[11]（不称侵伐，而以战为文，明鲁直，诸侯曲，故言"我有辞"，以礼自释。交绥而退，无败绩）。先书齐、卫，王爵也（郑主兵而序齐、卫下者，以王爵次之也）。

公羊传 郎者何？吾近邑也。吾近邑则其言来战于郎何？近也。恶乎近？近乎围也（兵近都城，几与围无异）。此偏战也（偏，一面也。吉日定地，各居一面，鸣鼓而战，不相诈），何以不言师败绩？内不言战，言战乃败矣。

穀梁传 来战者，前定之战也。内不言战，言战则败也。不言其人，以吾败也。不言及者，为内讳也。

解义 内不言战，言战则败也。《春秋》所书加兵[12]於鲁者众矣，未有称来战者，此著罪之在三国[13]也。鲁桓弑逆，人人得而诛之。郑伯则首盟于越[14]，以定其位。齐侯则继会于稷，以济其奸，且重之以婚姻。今乃以私忿小怨，亲帅其师而来战，尚为知类也哉[15]。郑人主兵而首齐[16]，以非得齐不能举是师也。春秋时列国之邦交，惟利所在，向背无常[17]。齐僖嫁女於鲁，乃听郑而与鲁战，盖齐与郑谋纪，而鲁欲庇[18]之，故尽力於郑，以固其交，而姻亲有不暇顾[19]也。

注释 ①秦人纳芮伯万于芮：意思是秦人把芮伯万送回芮国。②旃（zhān）："之、焉"两字的合音。"之"为代词，"焉"为语气助词。③怀壁：怀藏璧玉。④贾（gǔ）害：贾，买。买祸害。此指自招祸害。⑤及我：祸患鞅及我身上。⑥我有辞：此指我国的正义的。⑦病齐：使齐病困，此指侵犯齐国。⑧饩（xì）：赠送食物。⑨次：排列次序。⑩周班：周朝封爵的次序。⑪不称侵伐：《春秋》论此事不称侵伐，而称来战，表明鲁国理直而三国理屈。⑫加兵：指发动战争，以武力进攻。⑬三国：指齐国、卫国、郑国三国。⑭越：国名，姒姓。今江苏省苏州吴中一带。⑮也哉：语气助词。无意义，表感叹，相当于“呢”。⑯首：为首。⑰向背无常：指迎合或背弃反复无常；怀有二心。⑱庇：庇护。⑲不暇：来不及。顾：顾忌，注意。

春秋　十有一年春，正月，齐人、卫人、郑人盟于恶曹（恶曹，杜注：地阙）。

左传　十一年春，齐、卫、郑、宋盟于恶曹（宋不书。《经》阙）。

解义　恶曹之盟，即前此三国之君来战于郎者也。其称人何？自有叁盟，其恶莫甚於恶曹。前此，郑败[①]王师；后此，齐灭后之母家，卫抗王人子突[②]而自立，皆与鲁桓同恶。故变文以发后人之疑，而著其罪也。按翟泉之盟[③]，七国皆书人；蜀之盟[④]，十有一国皆书人；澶渊[⑤]之会，十有二国皆书人，未必皆微者。苟皆微者不宜著於《经》，以此证之，则此盟，乃三国之君审[⑥]矣！

注释　①败：战胜。王师：周天子的军队。②王人子突：周王朝大夫。③翟泉之盟：指前631年，即周襄王二十一年，夏六月，周王子姬虎、鲁僖公、晋狐偃、宋公孙固、齐国归父、陈辕涛涂、秦嬴騹盟于翟泉（周地，河南洛阳东北）寻践土之盟，图谋讨伐郑国。④蜀之盟：春秋时楚国主持的诸侯盟会。晋国于鲁成公二年（前589）在鞍（今山东济南）大败齐兵。楚见齐败，便由令尹子重率楚、蔡、许之师，大举伐晋之盟国鲁、卫，鲁、卫不敌，向楚求和。是年十一月，令尹子重邀集齐、秦、鲁、宋、卫、郑、陈、蔡、许、曹、邾、薛等国于蜀（今山东泰安西）结盟。这是春秋以来由楚国领导的参加国数最多的一次盟会。⑤澶渊：在今河南省濮阳市西。⑥审：知道。

附录左传 楚屈瑕将盟贰、轸[1](贰、轸皆国名。贰,在今湖广应山县境。轸,在今湖广应城县西)。郧人军于蒲骚[2](郧,国名。杜注:江夏云杜县东南有郧城,在今湖广安陆县。蒲骚,郧邑,在今应城县北),将与随、绞、州、蓼[3]伐楚师(绞、州、蓼皆国名。绞,在今湖广郧阳府西北。州,今湖广监利县东有州陵城。蓼,在今河南唐县南)。莫敖[4]患之(莫敖,楚官名,即屈瑕)。斗廉[5]曰:"郧人军其郊,必不诫,且日虞四邑[6]之至也(虞,度也。四邑:随、绞、州、蓼也。邑,亦国也)。君次于郊郢以御四邑[7](君谓屈瑕。郊郢,杜注:楚地,今湖广安陆府治。郢州故城是其地也)。我以锐师宵加于郧,郧有虞心而恃其城[8],莫有斗志。若败郧师,四邑必离。"莫敖曰:"盍请济师于王[9](济,益也)?"对曰:"师克在和,不在众。商、周之不敌,君之所闻也。成军[10]以出,又何济焉?"莫敖曰:"卜之。"对曰:"卜以决疑,不疑何卜?"遂败郧师于蒲骚,卒盟而还[11](卒盟贰、轸)。

春秋 夏五月癸未,郑伯寤生[12]卒。

左传 郑昭公之败北戎也,齐人将妻之。昭公辞。祭仲曰:"必取之。君多内宠[13],子无大援,将不立。三公子皆君也"(谓子突、子亹[14]、子义其母皆有宠)。弗从。

夏,郑庄公卒。初,祭封人[15]仲足有宠于庄公(祭,杜注:郑地,陈留表垣县东北有祭城,今属直隶大名府。封人,守封疆者,因以所守为氏),庄公使为卿。为公娶邓曼(曼,邓姓),生昭公。故祭仲立之。

解义 春秋之初,罪莫甚於郑庄,宋、鲁、齐、卫次之。而其后,祸乱相仍[16],亦未有甚於五国者。考其终始,可为乱常[17]不义者戒矣。

注释 ①屈瑕:人名,楚大臣。贰、轸:两国名,位于今湖北省境内,后均为楚所灭。②郧(Yún):国名,位于今湖北省安陆县境。蒲骚:郧国地名,位于今湖北省郧县西北。③绞:国名,位于今湖北省郧县西北。州:国名,即今湖北省监利县东的州陵城。蓼(liǎo):国名,故址位于今河南省唐河县西南。④莫敖:楚国官名,即司马。后来楚又另设大司马、右司马、左司马,莫敖则降至左司马之下。此时莫敖为屈瑕。⑤斗廉:又名斗射师,楚臣。⑥日虞:每天期盼。四邑:即随、绞、州、蓼四国。⑦君:指屈瑕。郊郢:即今湖北省钟祥县郢州故城。⑧虞心:盼望四国救兵之心。恃:依赖。⑨盍(hé):"何不"二字的合音字。表示反问或疑问。济:增加。⑩成军:军队整顿齐备。⑪卒盟而还:终于和贰、轸二国签订盟约后返国。⑫郑伯寤生:即郑庄公。⑬君:指郑庄公。内宠:受宠幸的妻妾。⑭子亹(wěi):郑昭公的弟弟。⑮封人:周代官名。指镇守边疆的官员。⑯祸乱相仍:形容灾祸与战乱频繁发生。仍:频繁。⑰乱常:打乱祖宗常法。

春秋　秋,七月,葬郑庄公。

解义　卒逾两月而葬,虑[①]有争也。盖嗣子[②]为丧,主诸侯会葬[③],其位定则不敢争。故凡速葬[④]者,必有故也。

春秋　九月,宋人执郑祭仲[⑤](此书执之始)。

左传　宋雍氏女[⑥]于郑庄公,曰雍姞[⑦],生厉公(雍氏,姞姓,宋大夫。以女妻人曰女)。雍氏宗[⑧],有宠于宋庄公,故诱祭仲而执之,曰:"不立突,将死。"亦执厉公而求赂[⑨]焉。祭仲与宋人盟,以厉公归而立之。

公羊传　祭仲者何?郑相也。何以不名?贤也。何贤乎祭仲?以为知权也[⑩]。其为知权奈何?古者郑国处于留。先郑伯有善于郐公[⑪]者,通乎夫人以取其国,而迁郑焉(迁郑都于郐)而野留(野,鄙也)。庄公死已葬,祭仲将往省于留,涂出于宋,宋人执之。谓之曰:"为我出忽而立突。"祭仲不从其言,则君必死,国必亡。从其言,则君可以生易死,国可以存易亡。少辽缓之,则突可故出,而忽可故反,是不可得则病(出突反忽之计,不可得行,则已实耻之,病耻也),然后有郑国(计虽不行,然仍须力讨之。令忽有国即费功力,犹愈于国之亡也)。古人之有权者,祭仲之权是也。权者何?权者反于经,然后有善者也。权之所设,舍死亡无所设(设,施也。舍,置也。如置死亡之事不得施)。行权有道,自贬损以行权,不害人以行权,杀人以自生,亡人以自存,君子不为也。

穀梁传 宋人者,宋公也,其曰人何也?贬之也。

解义 祭仲何以不名?命大夫也。诸侯之大夫三命[12]受位列为王臣,则同於王朝之大夫。而书字[13]祭仲之恶,不待贬,而见著其爵列[14],所以甚其罪也,或疑名其君於下不宜,字其臣於上不知,君前臣名,乃生人应对之礼,非所施於国史之纪事,各从其宜者也。《公羊传》以祭仲为知权,害义伤教[15],自范宁发之。皆知其悖[16]矣。

注释 ①虑:顾虑。②嗣子:先秦时,诸侯死了,处在守丧期间的有权继承的嫡子称自己为“嗣子”,后来便称嫡长子为“嗣子”。③会葬:参加葬礼;会合送葬。④速葬:一般是早死午葬,晚死晨葬,停尸不超过三天。⑤祭(zhài)仲:即祭足(?—前682年),字仲,春秋时代郑国大夫,政治家、谋略家。⑥女:嫁女给人。⑦姞(jí):姓。⑧宗:为人所尊重。⑨求赂:索取财物。⑩知权:掌权,懂得权变。⑪郐公:讳匡正,孝公次子。原籍陕西巩昌府陇西县零阳东乡。由于辅佐周室讨伐纣虐有功,于武王三年(公元前1118年)被封于於宜城,成为一个子爵之国,号称罗国。⑫三命:周代分官爵为九等,称九命。三命为公侯伯之卿。命,爵命。见《周礼·春官·典命》、《礼记·王制》公、侯、伯之卿。⑬书字:指文字记载。⑭爵列:即爵位。⑮害义:曲解文义。伤教:败坏教化。⑯悖:背谬,行不通。

春秋 突归于郑[1]。

公羊传 突何以名?挈[2]乎祭仲也(挈,犹提挈也)。其言归何?顺祭仲也。

穀梁传　曰突，贱之也。曰归，易辞也(突篡兄之位，制命权臣，故言归，为易辞，非善之也)。祭仲易其事，权在祭仲也(易，言废立在己)。死君难，臣道也[3]。今立恶而黜[4]正，恶祭仲也。

解义　小白、阳生系之齐[5]，明其当有齐也。突不系郑，明其不当立也，不称公子。春秋之初，凡争国者，皆不称公子也。书归有二义，一顺词也，一易词也。后书郑世子忽[6]，则突之不顺，其迹显著，盖易词也。内则权臣许之立，外则大国为之援[7]。而世子忽之才不能自固，故其归为易耳。

注释　①突：即郑厉公(？—前673年)春秋时郑国国君，姬姓，名突。郑庄公次子。②挈：提挈，扶持。③死君难，臣道也：指臣子应维护君王的尊严与权威。臣道：为臣的道理和本分。④黜：废黜。⑤小白：即齐桓公，春秋时齐国国君(前685—前643年)，姜姓，名小白。其兄齐襄公被杀后，由莒回国即位。任用管仲改革，选贤任能，加强武备，发展生产。号召"尊王攘夷"，助燕败北戎，援救邢、卫，阻止狄族进攻中原，国力强盛。联合中原各国攻楚之盟国蔡，与楚在召陵(今河南郾城东北)会盟。又安定周朝王室内乱，多次会盟诸侯，成为春秋五霸之首。阳生：即齐悼公，姜姓，吕氏，名阳生，父齐景公，前488—前485年在位。田乞立齐悼公，开齐国田氏贵族专齐政的先河。系：系怀，牵挂。⑥忽：即郑昭公(？—前695年)春秋时郑国国君，姬姓，名忽。又称庄公子。为大夫祭仲拥立，即位后宋庄公胁祭仲更立公子突(即厉公)，遂奔卫。后因国内矛盾，突出奔，祭仲迎郑昭公复位，于出猎时被高渠弥射杀，前后在位三年。⑦援：援助。

春秋　郑忽出奔卫(此书奔之始)。

左传　秋，九月丁亥[1]，昭公奔卫。己亥[2]，厉公立。

公羊传　忽何以名？《春秋》伯子男一也，辞无所贬(既葬称子,合伯子男为一,辞无所贬,皆从子忽,不称子者,贬而名之也)。

穀梁传 郑忽者,世子忽也。其名,失国也[③]。

解义 忽系[④]郑,明其正也,不称子,责[⑤]不能守其位未终丧而出奔,失[⑥]子之道矣。其义与国君失位[⑦],以自奔为文,而不书其逐之者同,所以警[⑧]居位者,当自强於为善也。

注释 ①丁亥:十三日。②己亥:二十五日。③失国:丧失国家的统治权。④系:系联,此即系“郑”于“忽”之前称“郑忽”。⑤责:谴责,责怪。⑥失:丧失。⑦失位:失去统治地位。⑧警:告诫。

春秋 柔[①]会宋公、陈侯、蔡叔,盟于折(此大夫会盟诸侯之始。折,杜注:地阙)。

公羊传 柔者何?吾大夫之未命者也。

春秋 公[②]会宋公于夫钟(钟,《公羊》作童。夫钟,杜注:郕地。今山东宁阳县盛乡城北有夫钟里)

冬,十有二月,公会宋公于阚(阚,杜注:鲁地。今山东汶上县西有阚亭,在南旺湖中)。

解义 臣与宋公盟于折,君与宋公会于夫钟、于阚,明年又会于虚、于龟。盖公与突皆篡立,声势相倚,而又有憾[③]於忽。宋自纳[④]突之后,以责赂生隙[⑤]。故公不惮屈己[⑥]力为突请,以固[⑦]宋交,而定其位也。然屡盟而卒畔[⑧],数会而卒离[⑨],观此益见,盟会之不足恃[⑩]矣!

注释 ①柔:鲁国大夫。②公:指鲁桓公。③憾:怨恨。④纳:收留。⑤责赂:索求财物。生隙:产生嫌隙或事端。⑥不惮:不害怕。屈己:指委屈自己。⑦固:稳固。⑧卒:最终。畔:通“叛”。违背;背离。⑨离:违背,背离。⑩恃:依赖。

春秋 十有二年春,正月。

春秋 夏,六月壬寅,公会杞侯、莒子,盟于曲池(杞,《公羊》、

《穀梁》作纪。曲池,《公羊》作殴蛇。杜注:鲁地。鲁国汶阳县北有曲水亭,在今曲阜县东北,源出石门山)。

左传　十二年夏,盟于曲池,平杞、莒也(隐公四年,莒人伐杞,自是遂不平)。

解义　杞,当作纪。是时,纪为齐难,危急甚矣。鲁桓切切为纪谋[①],故屡会焉。而大国无与同心者,曲池之盟[②],仅能与弱小之莒偕[③]。其不能为助,而无救於纪之亡也,盖可知矣。

注释　①切切:指急切急迫。谋:谋划,试图找到解决办法。②曲池之盟:桓公十二年夏六月,桓公和杞侯、莒子在曲池结盟,是为了让杞国和莒国媾和。③偕:共同,在一起。

春秋　秋七月丁亥,公会宋公、燕人,盟于谷丘(燕人,杜注:南燕大夫。谷丘,杜注:宋地。在今山东曹州北)。

左传　公欲平[①]宋、郑。秋,公及宋公盟于句渎之丘[②](句渎之丘,杜注:即谷丘也。今,其地名句阳店。宋以立厉公故,多责赂于郑。郑人不堪,故不平)。

解义　入春秋来,燕[③]未尝见《经》。杜预谓:"燕人,南燕大夫"。以昭公三年书:"北燕伯款出奔齐",知此为南燕也。庄公之三十年,齐伐山戎[④],始为燕通道於周,则此年及十三年所书为姞姓之燕可知矣。《左传》称谷丘之盟亦为平郑、宋,观十三年四国来战,燕亦与焉,则燕乃宋之与国,而此盟之为郑请,可徵[⑤]也。

注释　①平:和好。②句渎之丘:即谷丘,宋邑,位于今河南省商丘县东南。③燕:指南燕。周代诸侯国名。姞姓;开国君主伯儵。在今河南省延津县东北。④山戎:是我国春秋时期北方的一支较强大的少数民族。又称北戎,匈奴的一支。活动地区在今河北省北部。见《春秋·庄公三十年》、《汉书·匈奴传上》。后亦为北方少数民族的泛称。据史书记载,山戎部族以

"射猎禽兽为生","随畜牧而转移",经常联合侵犯中原,成为燕、齐诸国之边患。公元前664年齐桓公兴兵救燕伐山戎,灭掉令支、孤竹山戎部旅,约战国晚期,山戎逐渐销声匿迹。⑤徵:同"征",证明。

春秋 八月壬辰,陈侯跃[①]卒(壬辰,七月二十三日,书于八月,从赴)。

春秋 公会宋公于虚(虚,《公羊》作郯,杜注:宋地。疑在今河南睢州境)。

春秋 冬,十有一月,公会宋公于龟(龟,杜注:宋地。疑在今河南睢州境)。

左传 宋成未可知也,故又会于虚[②]。冬,又会于龟。

解义 诸侯非王事[③]不出境,桓公委宗社人民五出与宋会[④],厉民荒政[⑤]甚矣。鲁、宋五会之地——阚,鲁地;夫钟,亦近鲁,故宋公来会,欲因鲁以责赂。虚、龟与谷丘,皆宋地,故桓公往会,欲为突请免赂[⑥]。观所会之地,而情事可推矣。

注释 ①陈侯跃:即陈厉公(前706年—前700年),在位7年,陈桓公之子。②虚:宋国地名,位于今河南省延津县东。③王事:指王命差遣的公事。④委:抛弃。宗社:宗庙和社稷,此指国家。人民:指百姓。⑤厉民:虐害人民。荒政:荒废朝政。⑥免赂:免除赠送财物。

春秋 丙戌,公会郑伯,盟于武父[①](武父,杜注:郑地。陈留济阳县东北有武父城,在今直隶东明县西南)。

左传 宋公辞平[②],故与郑伯盟于武父。

解义 郑终不肯致赂[③],宋遂辞平,是以与郑盟,而谋宋也。突[④]称郑伯不没其实也,虽篡弑之贼,国人君之,诸侯君之,其会盟[⑤]侵伐,苟不以爵书[⑥],则非其实,而亦无以属辞。盖列国之君书爵,而一人独书名,则与大夫之会盟、会伐者无以异矣。王迹既熄[⑦],霸统未兴[⑧],诸侯自擅[⑨],无所禀命[⑩]。观隐十年,见兵革[⑪]之乱也,桓十一年、十二年见会盟之乱也。霸统兴,而诸侯有所忌[⑫],无复此乱矣。故君子不得已,而与桓文。

注释　①武父:郑国地名,位于今山东省东明县西南。②辞平:拒绝和谈。③致赂:指献上贿赂物品。④突:即郑厉公。⑤会盟:是古代诸侯间会面和结盟的仪式。⑥苟:如果。爵:爵号。⑦王迹既熄:意指王道衰弱。⑧霸统未兴:指国家尚未统一振兴。⑨自擅:自作主张;独自行动。⑩禀命:奉行命令;接受命令。⑪兵革:兵器战甲,引申为战争。指发生战争。⑫忌:顾忌,畏惧。

春秋　丙戌,卫侯晋卒[①]。

穀梁传　再称日,决日义也(决日者谓二事决,宜书日。故《经》两举日文也)。

解义　通一《经》惟此重[②]书日,盖册书[③]之体。一日二事,本宜各书其日,而史所未详,不可复考,偶有存者,则仍其旧文耳,或曰不应再书。丙戌,非后申则前子,非也。会盟,宜日者也,其不日者,史失之耳。武父之盟,既书日,使[④]晋卒,不再书日,则不知其卒於何日矣。

注释　①卒:死亡。②重(chóng):重复。③册书:史册。④使:假使,假若。

春秋　十有二月,及郑师伐宋。丁未,战于宋。

左传　遂帅师而伐宋,战焉,宋无信[①]也。君子曰:"苟信不继[②],盟无益也。《诗》云:'君子屡盟,乱是用长[③]。'无信也"(《诗·小雅》。言无信故数盟,数盟则情疏,情疏而憾结,故乱长)。

公羊传　战不言伐,此其言伐何?辟嫌也。恶乎嫌?嫌与郑人战也(不言伐,则嫌内微者与郑人战于宋地,故举伐以明之)。此偏战[④]也,何以不言师败绩?内不言战?言战乃败矣(上十年郎战之下已有此传,上来战于鲁,此往战于宋,嫌其异,故复明之)。

穀梁传 非与所与伐战也(非,责也。责鲁又与其所与伐者战也)。不言与郑战,耻[5]不和也。于伐与战,败也。内讳败,举其可道者也(战轻于败,战可道而败不可道)。

解义 公及郑伯十有一月盟于武父,则十有二月伐宋者,为公与郑伯明矣。内不书公,而郑亦称师何也?变文以著其罪也。来战者,罪在彼;往战者,罪在我。宋人责赂[6]不已,固不为无过[7]。然鲁桓取其赂[8]以成乱,郑突[9]资其力以篡国,及郑以责赂背宋,而鲁遂党郑渝数会之信[10],连兵深入战於国都。邦交之翻覆[11]、谋计之倾危[12]若此。此圣人所以深恶鲁、郑也。

注释 ①信:此指信用。②不继:接续不上。③"君子屡盟,乱是用长":诗出自《诗经·小雅·巧言》篇。意为因不守信义,故不断结盟,又不断背盟、结怨,动乱因此而暴发、滋长。是用:是以。④偏战:指各据一面而战。⑤耻:羞愧。⑥责赂:索求财物。⑦无过:没有过错。⑧赂:赠送的财物。⑨突:即郑厉公。⑩党:结伙。渝:改变,违背。信:此指信用。⑪邦交:国与国之间的正式外交关系。翻覆:指反覆无常;变化不定。⑫倾危:狡诈。

附录左传 楚伐绞,军其南门。莫敖屈瑕曰:"绞小而轻,轻则寡谋。请无扞[1]采樵者,以诱之"(扞,卫也)。从之。绞人获三十人(获楚人也)。明日,绞人争出,驱楚役徒[2]于山中。楚人坐其北门[3],而覆诸山下(坐,犹守也。覆,设伏兵而待之)。大败之,为城下之盟[4]而还。伐绞之役,楚师分涉[5]于彭(彭,水名。杜注:在新城昌魏县,今故昌魏县,在湖广房县西南)。罗人欲伐之,使伯嘉谍之。三巡数[6]之(罗,杜注:熊姓国,在宜城县西山中,后徙南郡枝江县,今湖广宜城县西罗川城乃罗故国,其在平江县南之罗城,与湘阴县接界者是后徙处也。伯嘉,罗大夫。谍,伺也。巡,编也)。

春秋　十有三年春。

附录左传　十三年春,楚屈瑕伐罗,斗伯比送之。还,谓其御[7]曰:"莫敖必败。举趾高,心不固[8]矣。"遂见楚子曰:"必济师[9]"(难言屈瑕将败,故以益师讽谏)。楚子辞[10]焉。入[11]告夫人邓曼。邓曼曰:"大夫其非众之谓(邓曼,楚武王夫人。言伯比意不在于益众),其谓君抚小民以信,训诸司以德[12],而威莫敖以刑也。莫敖狃于蒲骚之役,将自用也[13](狃,快也),必小罗。君若不镇抚,其不设备乎。夫固谓君训众而好镇抚之,召诸司而劝之以令德,见莫敖而告诸天之不假易[14]也(言天不借贷慢易之人)。不然,夫岂不知楚师之尽行也[15]。"楚子使赖[16]人追之,不及(赖,国名,子爵。《后汉志》"褒信侯国,有赖亭,故赖国。"褒信故县,在今息县东北,其赖亭在商城县南,皆属河南光州。杜注:在义阳随县则去光州甚远,不知何据。赖人,仕于楚者)。

莫敖使徇[17]于师曰:"谏者有刑[18]"(徇,宣令也)。及鄢,乱次以济[19](鄢,杜注:鄢水。在襄阳宜城县入汉,今湖广宜城县南有宜城故城)。遂无次,且不设备。及罗,罗与卢戎两军之(卢戎,杜注:南蛮郎。今中卢故城在湖广南漳县东)。大败之。莫敖缢于荒谷[20](荒谷,杜注:楚地。《荆州记》:州东三里有三湖,湖东有水名荒谷。在今湖广荆州府),群帅囚于冶父(冶父,杜注:楚地。《水经注》:荒谷东岸有冶父城,在今荆州府东)以听刑。楚子曰:"孤之罪也。"皆免之。

注释　①扞:同"捍",保卫。②役徒:采樵之人。③坐其北门:在绞城北门坐等。覆:通"伏",埋伏。④城下之盟:敌军兵临城下,胁迫定立的盟约,被视为奇耻大辱。⑤分涉:分其军涉水过河。⑥三巡:多次。数:点数,数计。⑦御:车夫。⑧固:稳定。表现十足的傲慢轻敌之态。⑨必济师:一定要增派援军。⑩楚子:楚王。辞:拒绝。⑪入:此指入宫。⑫抚:镇抚。诸司:泛指各级官吏。⑬狃(niǔ):习惯。自用:自以为是。⑭假易:宽纵。⑮尽行：倾巢出动。⑯赖：国名，在今湖北省随县东北。⑰徇：即通告。⑱谏者有刑：意思是进谏的人要受刑罚。⑲鄖：水名，今名蛮河，发源于湖北省保康县西南，入汉水。次：次序。济：渡河。⑳荒谷：地名，位于今湖北省江陵县西。

春秋 二月，公会纪侯、郑伯。己巳，及齐侯、宋公、卫侯、燕人战，齐师、宋师、卫师、燕师败绩。

左传 宋多责赂[1]于郑。郑不堪命[2]，故以纪、鲁及齐与宋、卫、燕战。不书所战，后也[3]（公后地期不及其战，故不书所战之地）。郑人来请修好。

公羊传 曷为后日？恃[4]外也。其恃外奈何？得纪侯、郑伯然后能为日也（得纪侯、郑伯之助，然后乃能结战日以胜）。内不言战，此其言战何？从外也（从外诸侯相与战例）。曷为从外？恃外，故从外也。何以不地？近也。恶乎近？近乎围。郎亦近矣，郎何以地？郎犹可以地也（郎虽在郊内，尚非攻城，犹可以举其地）。

穀梁传 其言及者，由内及之也。其曰战者，由外言之也。战称人，败称师，重众也。其不地，于纪也（《春秋》战无不地。郑氏曰纪，当为己，谓在鲁也。字之误耳）。

解义 此战，先儒多主《穀梁》，谓战于纪，其实当以《公羊》为正。盖宋怨鲁、郑伐其国都，故连三国之师，造[5]於城下，无四鄙城邑[6]可书，故不地也。使[7]战于纪，则当书齐侯、宋公、卫侯、燕人伐纪，公会郑伯救纪。及齐侯、宋公、卫侯、燕人战事，乃明著，何为故隐其辞？使人莫辨哉。首[8]齐侯，国强而近鲁，故宋推以主兵也。先言会，而后言日，既会而后战，会与战异日也。卫侯书爵，先君未葬，而以吉礼从金革之事也[9]。凡诸侯在丧[10]，有境外之事，以丧行者[11]称子，以吉[12]行者称爵。志其恶，有浅深也。

春秋 三月，葬卫宣公。

解义 列国诸侯之葬,必我往会而始书。鲁方与卫战,而不废丧,纪盖鲁秉《周礼》[13]与卫旧睦故也。

春秋 夏,大水。

解义 自禹浚畎浍距川[14],周公因之益详井田沟洫之制[15],故年之丰凶一视农力[16],而水旱不能为灾。周衰,暴君污吏慢其经界[17],司空[18]之法不修,於是水无所泄,旱无以溉。寻常水旱,犹或有蓄积可支;苟遇大水,则不独禾稼不登[19],而庐舍[20]人民且不可问矣?《春秋》备书於策,所以悼禹功之远,悯周制之废,生民受患而无以拯济也。

春秋 秋七月。

春秋 冬十月。

注释 ①多:多次。责赂:索求财物。②堪:忍受。③后也:是因为鲁公后至。盖交战由郑统一指挥,鲁公后至,故不书地。④恃:依赖。⑤造:就。⑥四鄙:四方边境地区。城邑:即城市。⑦使:假若。⑧首:首领,带头的。⑨吉礼:古代五礼之一。即祭祀天神、地祇、人鬼等的礼仪活动。金革:指战争。⑩丧:服丧。⑪丧:指丧礼。行者:此指参加境外行动的人。⑫吉:指吉礼。⑬秉:秉承。《周礼》:是儒家经典,西周时期的著名政治家、思想家、文学家、军事家周公旦所著,今从其思想内容分析,则说明儒家思想发展到战国后期,融合道、法、阴阳等家思想,与春秋孔子时思想发生极大变化。《周礼》所涉及之内容极为丰富。大至天下九州,天文历象;小至沟洫道路,草木虫鱼。凡邦国建制,政法文教,礼乐兵刑,赋税度支,膳食衣饰,寝庙车马,农商医卜,工艺制作,各种名物、典章、制度,无所不包。堪称为上古文化史之宝库。⑭禹浚畎(quǎn)浍距川:意思是大禹治水深挖沟浍,使通河海。畎浍:疏浚。⑮周公:指周公旦。井田沟洫:指春秋时代以前,将土地划成井字形方块,按面积大小配以不同等级沟洫的农田灌排工程。沟洫:指水渠。⑯农力:指农业生产。⑰暴君污吏慢其经界:意思是暴虐的君主以及贪官污吏,打乱正确的田界。⑱司空:古代官名。掌水利营建之事。⑲禾稼:谷类作物的统称。此指粮食。不登:歉收。⑳庐舍:此指房屋。

卷八

桓公(十四年之十八年)

春秋 十有四年春,正月,公会郑伯于曹[①]。

左传 十四年春,会于曹,曹人致饩[②],礼也(熟曰饔,生曰饩)。

解义 前年,鲁会郑、纪败[③]齐、卫之师,恐其报怨[④],故为此会以谋[⑤]之。曹素与鲁协[⑥],故鲁会郑於其地。公於郑突[⑦]比之,至[⑧]矣!十二年屡会,以平宋、郑而不克,则为武父之盟[⑨],为宋之伐。十三年会战,今又为此会,同恶相济[⑩]明矣。

注释 ①公:鲁桓公。曹:曹国,伯爵,国君为姬姓。周文王子曹叔振铎(姬振铎)后裔。建都陶丘,辖地大致为现在的山东定陶附近。公元前487年,宋国灭曹。②饩(xì):赠送食物。③败:战胜。④报怨:报复仇怨。⑤谋:谋划。⑥协:共同合作。⑦突:即郑厉公。⑧至:厉害。⑨武父之盟:鲁桓公十二年(前700年),冬十一月,鲁公与郑伯在武父会盟。⑩同恶相济:同恶,共同作恶的人;济,助。坏人互相勾结,共同作恶。

春秋 无冰。

公羊传 何以书?记异也(周之正月,乃夏之十一月,时当坚冰,无冰者,温也,故曰异)。

穀梁传 无冰,时燠[①]也。

解义 《周官·凌人职》:"正岁十有二月,令斩冰,三其凌[②]。"《豳风·七月》之《诗》:"二之日凿冰冲冲,三之日纳于凌阴[③]。"以供宾食、丧祭、下逮、老疾,其藏之也周,用之也遍,则冬无愆阳,夏无伏阴[④],春无凄风,秋无苦雨[⑤]。盖亦燮理阴阳[⑥]之一事,仲冬[⑦]之月,燠而无冰。刘向[⑧]以为:"纪纲纵弛[⑨],善恶不明，赏罚不行之象。"《春秋》所书，皆经邦大训[⑩]，而四时寒暑[⑪]之变必详亦。《洪范》念用庶徵之义也[⑫]。

注释 ①燠 yù：热。此指寒燠失时。②斩冰：砍冰。指取冰藏于冰室。三其凌：指以预用冰数的三倍封藏。③"二之日凿冰冲冲，三之日纳于凌阴"：意思是说夏历十二月凿取冰块，正月将冰块藏入冰窖。凌阴：指藏冰的地窖。④愆阳：指天旱或酷热。伏阴：盛夏中出现的寒气。谓气候反常。⑤凄风：寒冷的风；苦雨：久下成灾的雨。形容天气恶劣。⑥燮理阴阳：指大臣辅佐天子治理国事。燮（xiè），调和；理，治理。⑦仲冬：指的是十一月。⑧刘向（约前 77—前 6 年）：原名更生，字子政，沛县（今属江苏）人。西汉经学家、目录学家、文学家。⑨纪纲：指法度。纵弛：指松懈。⑩经邦：指治国。大训：指先王圣哲的教言。⑪四时寒暑：指春夏秋冬四季。⑫《洪范》：原是商代贵族政权总结出来的统治经验。"洪"的意思是"大"，"范"的意思是"法"。"洪范"即统治大法。相传为周灭商后二年，箕子向周武王陈述"天地之大法"的记录，提出了帝王治理国家必须遵守的九种根本大法，即"洪范九畴"。这一"大法"受到周王朝统治者的高度重视，并加以奉行。对后人影响极大。庶徵：即雨、燠、寒、风、时五大自然现象。

春秋 夏，五。

公羊传 夏五者何？无闻焉尔。

穀梁传 孔子曰：听远音者，闻其疾而不闻其舒[①]；望远者，察其貌而不察其形（貌，姿体。形，容色）。立乎定、哀以指隐、桓[②]，隐、桓之日远矣。夏五，传疑[③]也。

解义 不书月，阙[④]文也。先儒或谓疑而不益[⑤]，见圣人之慎[⑥]。或曰此修《经》以后，《传》写者之脱漏[⑦]耳，后说似得其实，盖事之疑者不敢书，阙者不敢益，圣人之慎也。若五下脱月，则何所疑,而不敢益乎?如旧史,五下有所系之事。孔子自宜益月而具书其事,或仅存夏五二字,又宜用无事必具时,与首月之例削[8]五而书夏四月,以是知为修《经》后之脱漏也。

注释　①疾:大声呼喊。舒:小声平缓。②定:指鲁定公,姓姬,名宋,为春秋诸侯国鲁国第二十五任君主。他为鲁昭公儿子,承袭鲁昭公担任该国君主,在位15年。哀:指鲁哀公,姓姬,名蒋,鲁国国君。鲁定公的儿子,继定公位,在位二十七年(公元前494—466年)。隐:指鲁隐公。桓:指鲁桓公。③疑:疑惑。④阙:阙遗,遗漏。⑤益:添加,增益。⑥慎:谨慎。⑦脱漏:漏掉,遗漏。⑧削:删除。

春秋　郑伯使其弟语来盟(语,《穀梁》作御)。

左传　夏,郑子人来寻盟[1],且修曹之会(子人即弟语也,其后为子人氏)。

穀梁传　诸侯之尊,弟兄不得以属通[2]。其弟云者,以其来我举其贵者也。来盟,前定也。不日,前定之盟不日(言信在前,非结于今)。

解义　突[3]之篡立,本由宋人,而复与宋恶,所恃惟鲁而已。郑非无大夫,而来盟必使其母弟,盖惧忽方[4]在外,仪、亹[5]在内,诸大夫或有异心也。使来盟,则盟已前定,与高子之盟异矣。

注释　①郑子人:郑伯之弟语,字子人,后以为氏,称子人氏。寻盟:重续桓公十二年武父之盟约。②属:同辈。通:往来,交流。句意是指应以君臣之礼相交。③突:即郑厉公。④忽:即郑昭公。方:此表示时间,相当于"正在"。⑤仪:指公子仪。亹:指子亹(wěi)。两人都是郑昭公的弟弟。

春秋　秋,八月壬申,御廪灾[1]。

公羊传　御廪者何?粢盛委[2]之所藏也(御者,谓御用于宗庙也。委,积也)。御廪灾何书?记灾也。

解义 门观[3]灾而新作则书。御廪，粢盛之所藏，其新也必矣，何以[4]不书？《记》曰：君子将营[5]宫室，宗庙[6]为先，御廪所储，以供宗庙也，故其新也。以为常事而不书，垂教[7]之意深矣。盖国之本，务虽勤於工筑，而民无劳怨也。

注释 ①御廪：天子储藏亲耕所获用以飨祀的粮食的仓库。廪，指粮食仓库。灾：此指火灾。②粢（zī）盛：指盛在祭器内以供祭祀的谷物。粢，指谷物。委：积聚。③门观：即门阙。④何以：为什么。⑤营：营奉，奉养。⑥宗庙：指古代帝王、诸侯或大夫、士为维护宗法制而设立的祭祀祖宗的处所。⑦垂教：敬语，多用于尊称长辈、上级对自己的教诲。

春秋 乙亥，尝[1]。

左传 秋八月壬申，御廪灾。乙亥，尝。书，不害也（灾其屋，救之则息，不及谷，故曰"书不害"）。

公羊传 常事不书，此何以书？讥。何讥尔？讥尝也。曰："犹尝乎？"御廪灾，不如勿尝而已矣。

穀梁传 御廪之灾不志，此其志何也？以为唯未易灾之馀而尝可也。志不敬也（言用火焚之馀以祭宗庙，不敬之大也）。天子亲耕[2]以共粢盛，王后亲蚕以共祭服[3]，国非无良农工女也，以为人之所尽事其祖祢[4]，不若以己所自亲者也。何用见其未易灾之馀而尝也？曰甸粟[5]，而内之三宫，三宫米而藏之御廪，（甸，甸师，掌田之官。三宫，三夫人也。宗庙之礼，君亲割，夫人亲舂），夫尝必有兼甸之事焉（夫人亲舂，是兼甸之事。一本甸作旬，旬十日也）。壬申，御廪灾。乙亥尝。以为未易灾之馀而尝也（壬申，乙亥，相去止四日，故知未易灾之馀）。

解义 尝祭，时事之常，何以书？周之八月，非时也，不改卜[6]而祭，不敬也。《穀梁》以御廪所藏为既舂之米，故曰未易灾之馀而尝。考之《周官·廪人职》大祭祀共其接盛，郑康成[7]云：

扱以授舂人是御廪所藏[⑧],固未舂也。舂人为米,以献於三宫[⑨],三宫夫人择之以授饎人[⑩],使为粢盛,非兼旬[⑪]莫办。壬申距乙亥甫四日,则粟之出廪久矣。以此知《穀梁》之说非也,但遇灾之后,不改卜,而遽尝,则未免慢[⑫]易耳。

注释　①尝:尝祭。②亲耕:指皇帝亲自耕作。每年由皇帝演试“亲耕”,表示普天之下该种五谷了,并以此显示其对农业生产的重视。③亲蚕:此指皇后亲自养蚕。每年举行亲蚕之礼,是由皇后所主持,率领众嫔妃祭拜蚕神嫘祖、并采桑喂蚕,以鼓励国人勤於纺织的礼仪,和由皇帝所主持的先农礼相对。祭服:指古代祭祀时所用的礼服。为各类冠服中最庄严的服饰。先人非常重视祭祀,所谓“国之大事,在祀与戎”。④祖祢:先祖和先父。亦泛指祖先。⑤甸粟:京畿王田生产的谷物。粟:北方通称“谷子”,去皮后称“小米”。⑥改卜:指重新占卜。古人用火灼龟甲,根据裂纹来预测吉凶,叫卜。⑦郑康成:即郑玄(127—200)字康成,为东汉经学大师,并成就了当时天下所宗的“儒学”。魏晋以后的经学,多以“郑学”为主。郑康成一生著作颇丰,并开设书院(现在的惜福镇书院村),聚众讲学,门徒多时达数千人。⑧扱(xī):收取。舂(chōng)人:古代祭祀、宴飨时负责供应米物的官。⑨三宫:指古代诸侯夫人的宫。⑩饎人:指掌炊事的官。饎,烹煮。⑪兼旬:指二十天。⑫慢:轻慢,不礼貌。

春秋　冬,十有二月丁巳,齐侯禄父卒。

春秋　宋人以齐人、蔡人、卫人、陈人伐郑(《公羊》序蔡人在卫人下)。

左传　冬,宋人以[①]诸侯伐郑,报宋之战也(战宋在十二年)。焚渠门[②](郑城门),入及大逵[③]。伐东郊(郑郊),取牛首(牛首,杜注:郑邑。今河南陈留县西南有牛首城)。以大宫[④]之椽归,为卢门[⑤]

之椽（大宫，郑祖庙。卢门，宋城门。椽，榱也。圆为椽，方为桷）。

公羊传 以者何？行其意[6]也。

穀梁传 以者，不以者也（不以者，谓本非所得制，今得以之）。民者，君之本也。使人以其死，非正也（刺四国使宋专用其师，轻民命也）。

解义 师而曰以，在以人之师者，则为能左右[7]之，以行己意；在为人所以者，则为非其本意，而为人所用之称。凡见於《经》，皆以弱而假[8]强者也。前此，诸侯有会伐者矣，非一国之意，故以爵序[9]，即小国主兵而序乎大国之上，亦非一国之意，不得书以也。齐、蔡、卫、陈与郑无怨，徒以宋怨郑突[10]之背己而出师，以听宋所为，故书以自此始。霸事既兴，则征兵[11]於诸侯，虽能左右之，而不复书以矣。其书以者，如鲁以楚师伐齐，蔡以吴子伐楚，皆以弱假强也。列国之兵有制[12]皆统於天子，而敢私用之，与私为人用以驱[13]人於死地，皆大乱之道也。故穀梁氏曰：以者不以者也。

注释 ①以：此指率领。"能左右之曰以"。"以"形式上仍是介词，但意义上更接近于动词。②渠门：郑国城门。③大逵：此指城中大街。④以：拿走。大宫：郑国祖庙。⑤卢门：宋国的城门。⑥"行其意"：是对"以"的解释。所谓"行其意"，就是"使'让'齐人、蔡人、陈人按宋人的意图行事。⑦左右：支配，影响。⑧假：假借，借用，利用。⑨爵序：指按爵位排列。⑩徒：副词，仅，只。郑突：指郑厉公。⑪征兵：征调军队。⑫列国：指春秋时各诸侯国。制：规定。⑬驱：逼迫。

春秋 十有五年春，二月，天王使家父来求车。

左传 十五年春，天王使家父来求车，非礼也。诸侯不贡车服[1]（车服上之所以赐下），天子不私求财（诸侯有常职贡）。

公羊传 何以书？讥。何讥尔？王者无求，求车非礼也。

榖梁传　古者诸侯时献于天子,以其国之所有;故有辞让而无徵求。求车非礼也,求金甚矣。

解义　前此求赙[2],虽非王朝之体,然赙乃诸侯所当归[3]也。车服,上所以赐下,而以求於下,失礼甚矣。《周礼》列国虽有器贡[4],不过桃弧棘矢鲁壶[5]之类耳。《左氏》诸侯不贡车服,礼之经也,或谓车为器贡。误矣。

注释　①车服:车辆、戎服。②赙:拿钱财帮助别人办理丧事。③归:通"馈",赠送。④器贡:指贡献天子或诸侯的宗庙用器。或为进贡供制礼器的材料。⑤桃弧棘矢:指桃木做的弓,棘枝做的箭,古人认为可辟邪。鲁壶:指鲁国进贡周室的壶。壶,古代盛酒器。

春秋　三月乙未,天王崩[1]。

解义　此桓王也,赴告及鲁,故书於策[2]。此后庄王、僖王[3]不书崩,盖王室不告,鲁亦不赴[4],见诸侯之不臣也。

注释　①天王:指周桓王(生年不详,卒於前697年)。姓姬,名林,东周第二代国王,他是周平王的孙子。前720年,周平王卒,太子姬狐由郑国奔丧至洛邑,悲伤过度而死,子姬林即位,在位二十三年,死后谥号桓王。②策:简策。③庄王:指周庄王(公元前?—前682年),名姬佗,桓王长子,桓王病死后继位,东周第三代国王,在位15年。僖王:指周僖王(周厘王)(?—前677年),姓姬,名胡齐,东周第四代国王,在位5年,谥号厘王(史称周僖王)。④赴:赴吊,吊丧。

春秋　夏,四月己巳,葬齐僖公[1]。

春秋　五月,郑伯突出奔蔡[2]。

左传　祭仲专[3],郑伯患之,使其婿雍纠杀之。将享诸郊,雍姬知之[4],谓其母曰:"父与夫孰亲?"其母曰:"人尽夫也,父一而已。胡可比也[5]?"遂告祭仲曰:"雍氏舍其室而将享子于郊,吾惑之,以告。”祭仲杀雍纠,尸诸周氏之汪[⑥](周氏,郑大夫汪池也。暴其尸以示戮)。公载以出[⑦],曰:“谋及妇人,宜其死也。”夏,厉公出奔[⑧]蔡。

公羊传 突何以名?夺正也。

穀梁传 讥夺正也。

解义 郑突患[⑨]祭仲之专,使雍纠杀之。为仲所觉[⑩],纠见[⑪]杀,而突奔书名,著其篡[⑫]也。书郑伯,见国人已奉之为君,诸侯已与为同列也。陆淳[⑬]曰:“逐君之臣,其罪易知也。君而见逐,其恶大矣。圣人之教,在乎端本清源[⑭]。”故凡诸侯之奔,皆不书其逐之者,所以警乎人君,其说是也。突谋夺嫡,始藉宋[⑮]之力以胁仲,与仲比,以窃国又与其亲戚谋杀之,为反覆盗贼之计,则其出亡自取焉耳。苟正其本[⑯],爵赏刑威[⑰],惟君所操[⑱],虽有奸邪[⑲],孰敢窥伺[⑳]哉?

注释 ①齐僖公(?—前698年),姜姓,原名吕禄甫,齐前庄公之子,前730年,齐前庄公死,齐僖公吕禄甫即位。是齐国进入春秋时代的第一个国君,也是一个非常有为的国君。前720年冬,齐僖公与郑庄公结盟于石门,为诸侯间互相结盟的开始。前717年夏,又与鲁隐公结盟于艾。其后十数年间齐僖公先后主持多国会盟。平宋、卫之争,与郑国、鲁国以宋殇公不向周天子朝觐而伐宋。以郕不听从周天子之命令不而伐郕。平定许使许庄公出走,立其弟吕郑为许君是为许叔。平宋华督之乱,与郑败狄戎,伐鲁及伐郑,成为一个小霸之局面。②郑伯突:即郑厉公。蔡:诸侯国名,在今河南省上蔡县、新蔡县一带。③专:专权。④雍姬:雍纠之妻,祭仲之女。⑤胡:怎么。⑥尸:陈尸,此作动词。周氏之汪:地名。周氏,郑大夫。汪,水池。⑦公载以出:意思是郑厉公装了雍纠尸体而逃亡。⑧奔:逃亡。⑨患:忧患,担心。⑩觉:觉察,发现。⑪见:助词,表示被动,相当于

“被”。⑫篡:篡位。⑬陆淳(?—806年)唐经学家。字伯冲,后改名质。吴郡(今江苏吴县)人。授左拾遗,历信州、台州刺史。曾师事啖助、赵匡,传《春秋》学。以为《左传》长于叙事,但宣扬《春秋》“大义”,则不如《公羊传》和《穀梁传》。综合啖助、赵匡之说,撰《春秋集传纂例》、《春秋微旨》、《春秋集传辨疑》等著作。⑭逐:驱逐。端本清源:端,端正,清理;本,根本;清,清除不纯成分;源,根源。指从根本上加以整顿清理。⑮藉:同“借”。宋:诸侯国名,公爵,国君子姓,位于现在河南商丘一带,都城睢阳(今河南商丘)。其疆域最大时包括今河南东北部、江苏西北部、安徽北部、山东西南部。⑯苟:如果,假使。正其本:指通晓事物本质。⑰爵赏:爵禄和赏赐。刑威:指严厉执法,使民畏慑。⑱操:掌握。⑲奸邪:指狡诈恶毒的人。⑳窥伺:指暗中观察或监视。

春秋　郑世子忽复归于郑①。

左传　六月乙亥,昭公②入。

公羊传　其称世子何?复正③也。曷为或言归或言复归?复归者,出恶归无恶。复入者,出无恶,入有恶。入者,出入恶。归者,出入无恶。

穀梁传　反④正也。

解义　忽之奔不称爵⑤,责⑥不能守其位也。返国称世子,见国其所当有也。诸侯世⑦国失位出奔归而称复正也,大夫不世爵失位出奔归而称复则恶也。

注释　①郑世子忽:即郑昭公。②昭公:即郑公子忽。③复正:恢复正位。④反:同“返”。返回。⑤称爵:指以爵位来称呼其人。⑥责:责备、谴责。⑦世:世袭。

春秋　许叔入于许①。

左传　许叔入于许。

穀梁传 许叔,许之贵者也。莫宜乎许叔,其曰入何也?其归之道,非[②]所以归也(言不请王命而归)。

解义 以复国书入,有郑之难[③],未可以安然而归也。书叔,著其兄弟之行次,见国破君亡以序可嗣立[④]也。其义与纪季、蔡季相发[⑤]。兴复之善[⑥]者莫过於许叔,存祀[⑦]之善者莫过於纪季,归国[⑧]之善者莫过於蔡季,皆圣人之所与也,使书名则与入篡者无别矣。

注释 ①许叔:即许穆公,名姜新臣,公元前697年,郑国发生内乱,许穆公乘机夺回都城,赶走郑国军队,复建许国。在位期间为前697年—前659年。许:即许国,姜姓,诸侯国。许国的管辖范围,从都城向四周辐射,方圆30公里左右,包括今许昌县及临颍县北、鄢陵县西南这一广大地域,许国作为“中原之中”在地理位置上有着无与伦比的优势。②非:责怪。③郑:指郑国。难:作动词。为难。④嗣立:指继承君位。⑤纪季:指纪哀侯之弟姜季,即纪威侯(前690—前673年)。公元前690年,齐国军队攻破纪国都城。纪哀侯将剩下的国土交给纪季,纪季以纪国的酅(xī)(春秋时纪地,在今山东省青州市西北)地投降齐国。纪哀侯逃亡一去不返。纪国灭亡。之后,纪的继承者作为一城之主并作为齐国的附庸国而存在了167年。蔡季:即蔡桓侯的弟弟。公元前695年,蔡桓侯死后无子,蔡国人就把居住在陈国的蔡季召请回来立为国君。声誉很好。受到了陈国人、蔡国人的爱戴。因为他平定了陈国的政变,居陈国十来年而相安无事。晋朝的杜预注解到他时,说他“内得国人之望,外得诸侯之助”。杜预之后,北宋的史学家刘敞则说他“智足以与权而不乱,力足以得国而不居”,可见蔡季是一个品行端方、受人称赞的人。相发:相感发。⑥兴复:指恢复。善:好;美好。⑦祀:同“世”,指世代相传。⑧归国:返回祖国。

春秋　公会齐侯于艾(艾,《公羊》作鄗,《穀梁》作蒿)。

左传　公会齐侯于艾,谋定[①]许也。

解义　《左氏》以为谋定许也,然入许本齐、鲁与郑合谋。今许叔乘郑之乱,以复其国,齐、鲁不兴师以问之则已矣,何故反为会以定其位也?且会艾之后,鲁再伐郑,而齐不与焉,安[②]见其为谋定许哉?高氏闶[③]曰:"鲁尝与齐绝矣[④],襄公[⑤]新立复通好,彭生之祸[⑥]兆於此矣。"故《春秋》志[⑦]之以齐为主,盖齐志[⑧]也。

注释　①谋定:此指计划安定。②安:疑问词。哪里?③高氏闶:指高闶(1097—1153),字抑崇,号息斋,鄞县(今浙江宁波)人。南宋宣和年间(1119—1125)置讲议司,讲识天下事。太学公试时,他以天下事当令天下人议之为策题,时人以为至言。著有《春秋集注》。④尝:曾经。绝:绝交。⑤襄公:即齐襄公(?—前686年),春秋时代齐国第十四位国君。姜姓,吕氏,名诸儿,齐僖公禄父之子。⑥彭生之祸:指齐襄公四年(公元前694年)即鲁桓公十八年春,鲁桓公与夫人文姜访问齐国。齐襄公原来与鲁夫人私通。鲁夫人是齐襄公的妹妹,自齐僖公时嫁给鲁桓公为妻。等到鲁桓公来齐国,齐襄公又与她私通。鲁桓公知道了,向夫人发怒。夫人告诉齐襄公。四月丙子,齐襄公宴请鲁桓公饮酒,把他灌醉了,派大力士彭生抱鲁桓公上车,命令彭生摺鲁桓公胁骨。鲁桓公下车已死。鲁人责备齐国。齐襄公又杀彭生向鲁国谢罪。鲁国立太子同为庄公。庄公母文姜因此留齐,不敢归鲁。⑦志:记载。⑧志:意向。

春秋　邾[①]人、牟人、葛人来朝(牟国,今山东历城县东有牟城。葛国,嬴姓,今河南宁陵县有葛城)。

公羊传　皆何以称人?夷狄[②]之也。

解义　此来朝者,三国之君也。其称人何?天王[③]崩,不奔丧[④],而相率以朝弑逆之贼[⑤],且行旅[⑥]见之礼。故特文以见义也。

注释 ①邾:即邾国(又名邾娄国、小邹国),春秋战国时代的一个诸侯国,国君为曹姓。今山东省邹城市周围地区。②夷狄:古称东方部族为夷,北方部族为狄。常用以泛称除华夏族以外的各族。又指边远少数民族地区。③天王:指周桓王。④奔丧:从外地急忙赶回去料理长辈亲属的丧事。⑤相率:亦作"相帅"。相继;一个接一个。弑逆:指弑君。⑥行旅:远行的人。

春秋 秋,九月,郑伯突[①]入于栎(栎,杜注:郑别都也,河南阳翟县,今禹州是也)。

左传 秋,郑伯因栎人杀檀伯[②],而遂[③]居栎(檀伯,郑守栎大夫)。

公羊传 栎者何?郑之邑。曷为不言入于郑?末言尔(末者,浅也)。曷为末言尔?祭仲[④]亡矣。然则曷为不言忽[⑤]之出奔?言忽为君之微也,祭仲存则存矣,祭仲亡则亡矣。

解义 郑已有君,突自外窃入,亦书郑伯,此因旧史之文而存之,以示戒也。鲁桓与突同恶相济,出师辅篡,至於再三,故鲁史卑忽而崇突[⑥],以郑伯书,《春秋》因之而不革[⑦]。程子[⑧]所谓:"以戒居正者之不能保也。"卫侯之入夷仪不名,衎[⑨]正而突篡也,衎之入卫书,而突之入郑不书,衎告而突不告也,盖诸侯以突为郑君,突亦自以为郑君久矣,故不复以入郑告也。至大都耦国之害,则昭十一年《传》载申无宇之言备矣[⑩]。

注释 ①郑伯突:即郑厉公。②檀伯:郑国戍守栎邑的大夫。③遂:作副词。指于是,就。④祭(zhài)仲:即祭足(?—前682年),字仲,春秋时代郑国大夫,政治家、谋略家。⑤忽:指郑公子忽,即郑昭公。⑥卑忽:此指轻视郑昭公。崇突:此指尊崇郑厉公。⑦革:改变。⑧程子即二程中的程颐(1033—1107),

教育家。字正叔,人称伊川先生,北宋洛阳人。为程颢之胞弟。与其胞兄程颢共创“洛学”,为理学奠定了基础。与其兄程颢不但学术思想相同,而且教育思想基本一致。⑨衎(kàn):意思是刚直。此指郑公子忽,即郑昭公。⑩大都耦国:指大城足与国都相抗衡。申无宇之言:指《左传·昭公十一年》记载楚国大夫申无宇对楚王所说:“末大必折,尾大不掉,君所知也。”掉:摇动。尾巴太大,掉转不灵。申无宇的话是富含哲理的名言,后被用为成语。凡下级权重危及上级或机构庞大等原因而使指挥调度不便,均叫“尾大不掉”。

春秋　冬,十有一月,公会宋公、卫侯、陈侯于袲①,伐郑(袲,《公羊》作侈。宋公上,《公羊》有齐侯。袲,杜注:宋地。沛国相县西南有袲亭,在今江南宿州境)。

左传　冬,会于袲,谋伐郑,将纳②厉公也。弗克而还。

穀梁传　地而后伐,疑辞也。非其疑也(郑突篡国,伐而正之,义也。不应疑,故责之)

解义　忽在郑,而诸侯伐郑,则助突,明矣。《穀梁》谓地而后伐,为有所疑,非也。先会而后伐,纪其实耳。或谓宋既责赂③而伐突,不当,又纳④突。鲁方与突伐宋,不当,又会宋。纳突且忽之奔也,卫实受之亦不应伐忽以纳突,以是有疑。不知鲁轨⑤,宋冯、卫朔⑥皆以不正得国,其与突为党⑦,乃水之流湿,火之就燥。又以正继正,则邻国无所求;以不正夺正,则可以责赂,其来旧矣。故不复知,有人纪之常,邦交之正耳。

注释　①袲(nuǒ):地名。②纳:此指送回。③责赂:索求财物。④纳:接纳。⑤轨:意图。⑥卫朔:指卫侯朔。⑦为党:为同党。

春秋　十有六年春,正月,公会宋公、蔡侯、卫侯于曹①。

左传　十六年春正月,会于曹,谋伐郑也(前年冬,谋纳厉公不克，故复更谋）。

春秋 夏，四月，公会宋公、卫侯、陈侯、蔡侯伐郑。

左传 夏，伐郑。

解义 鲁、宋、卫再会，连兵以伐正，而助不正。非徒[2]为突谋，亦欲植党[3]示威，以自固[4]也。其恶固不待贬而见矣。春正月，会于曹，蔡先於卫。夏四月，伐郑，卫先於蔡。《周官·大司马》："设仪辨位，以等邦国。"九仪之命不可乱也[5]。至春秋时，霸者以意之向背为升降，列国[6]以势之强弱相上下，而旧典不可复问矣。此民志所以不定[7]，争攘所以日繁也。

注释 ①曹：即曹国，诸侯国，伯爵，国君为姬姓。周文王子曹叔振铎（姬振铎）后裔。建都陶丘，辖地大致为现在的山东定陶附近。公元前487年，宋国灭曹。②徒：副词。表示独，仅仅。③植党：培植党羽势力。④自固：指巩固自身的地位，确保自己的安全。⑤设仪：指设立诸侯与诸臣的礼仪。邦国：中国古代进入文明社会以后的政治实体的演进应更规范地表述为：邦国—王国—帝国三个阶段和三种形态，中国古代最早的国家（或可称为初始国家）是小国寡民式的邦国，邦国的进一步发展是王国，王国以后，通过专制主义的中央集权走向了帝国。九仪：指天子接待不同来朝者而制定的九种礼节。⑥向背：指迎合或背弃。升降：评议高低优劣，上升下降。⑦民志：指民心，人心。不定：不安定；不稳定。

春秋 秋，七月，公至自伐郑[1]（此书致伐之始）。

左传 秋七月，公至自伐郑，以饮至之礼[2]也。

穀梁传 桓无会，其致何也？危之也（助篡伐正，危殆之甚）。

解义 鲁桓躬[3]为篡弑求助於强邻，其身既定，遂会于稷，以成宋乱，乱臣贼子由是益张[4]。今又再会，连兵伐正以助篡，方且饮至策勋[5]自明得意，积不善之殃[6]将至矣。

注释　①公至自伐郑：意思是鲁桓公进攻郑国回到国内。②饮至之礼：指祭告宗庙大宴臣下的礼仪。③躬：亲自。④张：嚣张。⑤饮至：指诸侯朝、会、盟、伐后回宗庙饮酒庆功。庆功祝捷；策勋：把功勋记载在简策上。⑥殃：祸害。

春秋　冬，城向[①]。

左传　冬，城向，书，时也[②]。

解义　杜氏预[③]谓：城，以十一月。以《长历》[④]推之，此年闰在六月，月却而节前水星可在十一月。而正以证《传》曰：书，时，非误。但纵是十一月，亦夏之九月，农功未毕，盖城筑之事，非可月成。戒事於此月，而以春正月毕功，则无妨农之病耳。

注释　①城向：在向地筑城。②时也：指不妨碍农时。③杜预(222—285)，字元凯，京兆杜陵(今陕西西安东南)人，西晋时期著名的政治家、军事家和学者，灭吴统一战争的统帅之一。功成之后，耽思经籍，博学多通，多有建树，被誉为"杜武库"。著有《春秋左氏经传集解》及《春秋释例》等。④长历：依历法推算，列出千百年间年月朔闰的历书。晋杜预著有《春秋长历》。

春秋　十有一月，卫侯朔出奔齐[①]。

左传　初，卫宣公烝于夷姜[②]，生急子(夷姜，宣公之庶母也。上淫为"烝")，属诸右公子。为之娶于齐，而美，公取之[③]，生寿及朔，属寿于左公子(左右公子，左右媵之子[④]，因以为号)。夷姜缢(失宠故)。宣姜与公子朔构急子[⑤](宣姜，即宣公所娶急子之妻，构会其过恶)。公使[⑥]诸齐，使盗待诸莘，将杀之(莘，杜注：卫地。今山东莘县北有莘亭)。寿子告之。使行[⑦]，不可，曰："弃父之命，恶用子矣！有无父之国则可也。"及行，饮以酒，寿子载其旌以先，盗杀之。急子至，曰："我之求也，此何罪？请杀我乎！"又杀之。二公子故怨惠公[⑧](惠公朔也)。十一月，左公子泄、右公子职立公子黔牟[⑨](黔牟，群公子)。惠公奔齐。

公羊传 卫侯朔何以名？绝。曷为绝之？得罪于天子也。其得罪于天子，奈何？见使守卫朔（朔，十二月朔政事也），而不能使卫小众（时天子使发小众，不能使行），越在岱阴齐（越，走也。岱，泰山也。山北曰阴）。属负兹[⑩]，舍不即罪尔（属，讬也。诸侯有疾称负兹。舍，止也。即，就也。言讬疾而止不就罪也）。

穀梁传 朔之名，恶也。天子召而不往也。

解义 朔继立已五年，二公子虽怨之，以其承国於父，未敢废。立必因召而不往，王欲致讨，然后得行其志。庄六年，诸侯纳朔，而王人子突[⑪]救卫，则公、穀所传盖信而有徵[⑫]也。

注释 ①卫侯朔：即卫惠公，姬姓，卫氏，名朔。卫国第16代国君，前699年—前697年、前686年—前669年在位。他是卫宣公之子，卫懿公之父。惠公三年（前697年），左右公子作乱，废掉惠公，改立公子黔牟为君，惠公于是逃到了齐国。卫君黔牟十年（前686年），齐襄公率领诸侯攻卫国，杀卫君黔牟，复立惠公为君，在位十八年后薨。②烝：与长辈淫乱。夷姜：卫庄公妾，卫宣公庶母。③取：夺取。④媵（yìng）：妾媵。指姬妾婢女。⑤宣姜：齐女，宣公夫人，本卫急子妻。构：谗恶。⑥使：出使。⑦行：逃跑。⑧二公子：即卫国左公子泄和右公子职，卫宣公的两个弟弟。惠公：即卫公子朔。⑨黔牟：卫太子急的弟弟。⑩负兹：指诸侯患病之称。⑪王人子突：即周庄王时的周朝大夫。⑫徵：同“征”，证明，证验。

春秋 十有七年春，正月丙辰，公会齐侯、纪侯，盟于黄（黄，杜注：齐地。《路史》登之黄县东南有古黄城，本纪邑，后入齐，案登州府黄县，齐东垂也，去鲁殊远，疑非会盟处）。

左传 十七年春，盟于黄，平[①]齐、纪，且谋[②]卫故也。

解义 纪，鲁之婚姻，而卫朔在齐，齐欲纳朔，而鲁欲平纪，故释前憾[③]，而为此盟也。然二年之后，齐遽迁[④]纪三邑。六年之后,鲁卒会齐纳朔。事之顺逆,交[5]之离合,一听乎强者。而弱者不敢违,则盟何足恃[6]耶!又齐之图纪,十有二年矣。鲁为纪纳后於王,故纪虽从鲁败齐,而齐不敢报怨,至襄公而后逞志[7]焉。用此见,襄之无道,而僖[8]犹知畏义也。

注释　①平:调和。②谋:商议。③憾:怨恨。④遽(jù):突然。迁:迁灭,灭亡。⑤逆:抵触。交:交往。⑥恃:依赖,依靠。⑦逞志:得逞。⑧僖:指齐僖公。

春秋　二月丙午,公会邾仪父[1]盟于趡(会,《公羊》、《穀梁》作及。趡,杜注:鲁地。当在今山东泗水邹县之间)。

左传　及邾仪父盟于趡,寻[2]蔑之盟也。

解义　隐公元年,尝[3]与邾盟于蔑,至七年,鲁渝盟[4]而伐邾,遂绝[5]通好。及桓立十五年,邾与牟、葛来朝,因寻蔑之好,而为此盟。乃不逾年,又兴师会伐,何哉?从宋志[6]也。夫前此伐邾,既为宋讨;后此伐邾,又从宋志。已欲盟,而盟人欲伐则伐,邦交之反覆无常一至於此。《春秋》凡盟皆恶有以夫。

注释　①邾仪父:名克,又称邾子克,邾国君主,是邾国历史上一位承先启后的人物。由于邾仪父还没有受周朝正式册封,所以《春秋》没有记载他的爵位,称他为"仪父"。②寻:重申。③尝:曾经。④渝盟:背叛盟约。⑤绝:断绝。⑥宋志:意思是宋国的意愿。

春秋　夏,五月丙午,及齐师战于奚(《公羊》阙夏字。奚,《穀梁》作郎。此齐、鲁交兵之始。奚,杜注:鲁地。今山东滕县南奚公山下有奚邑)。

左传　夏,及齐师战于奚,疆事[1]也(争疆界也)。于是[2]齐人侵鲁疆。疆吏[3]来告,公曰:"疆埸[4]之事,慎守其一,而备其不虞[5](不虞,犹不意也)。姑尽所备焉。事至而战,又何谒[6]焉?"

穀梁传　内讳败,举其可道者也。不言其人,以吾败也。不言及之者，为内讳也。

解义 不名及者，疆吏得公命与战，微者之名不载於策书[7]也。观明年，公会齐侯于泺，则齐、鲁之怨未深，其非公与战明矣。

注释 ①疆事：边界冲突。②于是：此时。③疆吏：指守卫边境的官吏。④疆埸（yì）：边境。⑤不虞：出乎意料。⑥谒：请谒，请示。⑦策书：指古代常用以记录史实的简册。

春秋 六月丁丑，蔡侯封人[1]卒。

左传 蔡桓侯卒。

春秋 秋，八月，蔡季[2]自陈归于蔡。

左传 蔡人召蔡季于陈。秋，蔡季自陈归于蔡，蔡人嘉之也[3]。

穀梁传 蔡季，蔡之贵者也。自陈，陈有奉焉尔。

解义 旧说蔡季与献舞俱桓侯弟也。桓侯无子，立献舞，季遂去而之陈。封人卒，献舞立，蔡人思而召之，其去以道，其归以礼，故称字，以褒[4]之。按杜氏预谓："季即献舞。"先儒多谓季让国之贤，不宜失国见执，而不死於位，以此断献舞为异人。以《经》考之，突[5]归于郑，赤[6]归于曹，皆称名。而季书字，则归无恶可知矣。陈侯之弟黄[7]，楚公子比[8]之归，皆先书其奔，而季之如陈不书，则出无恶可知矣。盖奔者以恶出也，故鲁公子之奔，未有不书者。而季友如陈，不书其归也，特书季子来归，用此观之，则蔡季之出入无恶，信矣。但人之才分有限，而事变无常，以归国无恶，而决其无失国见执之事，亦非定论，并存二说，兼发所疑，以俟[9]参考。

注释 ①蔡侯封人：即蔡桓侯，姓姬，名封人。春秋时蔡国（现今河南省上蔡县一带）第七代国君。为蔡宣侯的儿子，承袭蔡宣侯担任该国君主，在位期间为前714年—前695年，共20

年。②蔡季:蔡桓侯之弟,名献舞,即蔡哀侯。③嘉:赞许。④褒:褒奖,赞扬,夸奖。⑤突:即郑厉公。⑥赤:即曹郭公。⑦陈侯之弟黄:即陈哀公之弟公子黄。⑧楚公子比:即楚共王之子公子比。⑨俟(sì):等待。

春秋　癸巳,葬蔡桓侯。

解义　《春秋》惟封人之葬书侯。故先儒皆谓五等诸侯[①],本国臣子皆称之曰公,其卒也,不请谥[②]於王,遂私谥为某公。《春秋》从而书之,以见其非礼。惟蔡季贤知[③],请谥於王,王之策书则云谥曰某侯。故特书之,以明得礼也。

注释　①五等诸侯:就是周代诸侯的五个等级,即公、侯、伯、子、男五等爵。②谥:指死后追封。即古代帝王或大官死后评给的称号。③贤知:贤明多智。

春秋　及宋人、卫人伐邾[①]。

左传　伐邾,宋志[②]也。

解义　邾、宋争疆,鲁从宋志,以为此伐。其距趡之盟仅数月耳,刑牲诏神[③],弃如敝屣[④],渎信[⑤]而不仁,亦甚矣!

注释　①邾:即邾国(又名邾娄国、小邹国),春秋战国时代的一个诸侯国,国君为曹姓。今山东省邹城市周围地区。②宋:即宋国。诸侯国,公爵,国君子姓,位于现在河南商丘一带,都城睢阳(今河南商丘)。其疆域最大时包括今河南东北部、江苏西北部、安徽北部、山东西南部。志:意愿。③刑牲:指为了祭祀或盟约而杀牲畜。诏神:诏,告诉,报告。意思是向神灵起誓。④弃如敝屣:意思是象扔掉破烂的鞋子那样把它扔掉,比喻毫不可惜地抛弃掉。⑤渎:轻慢;不敬。信:盟约。

春秋　冬,十月朔[①],日有食之。

左传　冬,十月朔,日有食之。不书日,官失之也。天子有日官,诸侯有日御[②]。日官居卿以底日[③],礼也(日官,天子掌历者,不在六卿之数,而位从卿,故言居卿也。底,平也,谓平历数也)。日御不失日[4],以授百官于朝(言日御,奉天子所颁之历,不失天时,以授百官)。

穀梁传 言朔不言日,食既朔也(既,尽也。尽朔一日,至明日乃食,是月二日食也)。

解义 书朔,不书日,旧史阙[5]文也。历家[6]谓有平朔,有定朔[7]。以日平行、月平行推算某日、某时、某刻合朔,是为平朔。日有盈缩[8],月有迟疾[9],取均度,或加,或减,於平行以定某日、某时、某刻日月相会,是为定朔。自刘洪"乾象历"[10]始用,定朔於是非朔不食。汉初以前,皆用平朔,故有食於朔前后者。但朔前、朔后,圣人何难据实以书,而必曲生义例[11]乎?日食於朔,二日则不得为朔矣。故当以文阙为正。

注释 ①朔:初,始。②日官、日御:天子、诸侯掌历数之官。③厎:同"厎"(zhǐ),推算。④失日:漏记或错记日历。⑤阙:同"缺"。缺少;遗漏。⑥历:历法,推算年、月、日和节气的方法。家:学者,专家。⑦平朔:根据朔望月推算出来的朔。定朔:以日、月黄经度相等的时刻定为朔。以这天为朔日,称定朔。定朔较平朔更为精确。⑧盈缩:进退。⑨迟疾:或快或慢;快慢。⑩刘洪"乾象历":刘洪(约130—196年),字元卓,东汉泰山郡蒙阴(今山东蒙阴县)人,是我国古代杰出的天文学家和数学家。他所创建的"乾象历",于公元232至280年正式在东吴使用。是我国第一部传世的引进月球运动不均匀性历法,为后世历法工作者所尊崇。⑪义例:指阐明义理的事例。

附录左传 初,郑伯将以高渠弥为卿,昭公恶之,固谏,不听。昭公立,惧其杀己也,辛卯,弑昭公,而立公子亹[1](昭公弟)。君子谓昭公知所恶矣。公子达曰(达,鲁大夫):"高伯[2]其为戮乎,复恶已[3]甚矣"(复,重也。本为昭公所恶,而又弑君,是重为恶也)!

春秋 十有八年春,王正月。

解义 是年,桓公之终[4]也。复书王正月,明[5]弑君之贼虽身已没,而王法不得赦[6]也。又,桓十五年,天王崩,至是嗣王[7],三年之丧毕矣,明弑君之贼,后王宜加讨[8]也。然则篡弑者,身无存没,时无古今,而不可容於天地之间。故曰:"孔子成《春秋》,而乱臣贼子惧。"

注释 ①公子亹(wěi):庄公之子,昭公之弟,在位一年为齐所杀,无谥号。②高伯:高渠弥,字伯。③已:太。④终:终了;结束。⑤明:明确,阐明。⑥赦:赦免罪行。⑦嗣王:继位之王。⑧宜:应该,应当。讨:讨伐。

春秋 公会齐侯于泺[1]。公与夫人姜氏遂如齐(《公羊》无与字。泺,水名。杜注:在济南历城县西北入济。今趵突泉即泺水之源也,盖济水伏流重发处)。

左传 十八年春,公将有行,遂与姜氏如齐。申繻曰(鲁大夫):"女有家,男有室,无相渎也,谓之有礼。易此必败[2]。"公会齐侯于泺,遂及文姜如齐。齐侯通[3]焉。公谪[4]之,以告(夫人告齐侯)。

公羊传 公何以不言及夫人?夫人外也(若言夫人已为公所绝外也)。夫人外者何?内辞也(言内为公讳之辞),其实夫人外公也。

穀梁传 泺之会,不言及夫人何也?以夫人之伉,弗称数也(夫人骄伉,不可言及,故舍而弗数)。

解义 公往会齐侯,夫人欲同往,而公不能制[5]。会礼毕,夫人欲从齐侯至齐,公不能止,而身从之,礼防尽溃[6],而乱象已形[7]矣。泺之会,不言夫人,夫人不与会也。僖公及夫人姜氏会齐侯于阳谷,以夫及妇,恒辞也。此独变文书与,与者相敌而不相属之辞，明夫人不属于公。《公羊氏》所谓"夫人外公"是也。夫不夫，妇不妇，欲无败得乎？故变文以著，见杀之由也。

注释 ①齐侯：即齐襄公（？—前686年），春秋时代齐国第十四位国君。姜姓，吕氏，名诸儿，齐僖公禄父之子。②易：违反。败：坏。③通：通奸。④谪：责怒。⑤制：制止。⑥礼防：指礼法。谓礼之禁乱，犹防之止水。溃：溃崩。⑦形：显露。

春秋 夏，四月丙子，公薨[①]于齐。丁酉，公之丧至自齐。

左传 夏四月丙子，享公。使公子彭生乘[②]公，公薨于车（上车曰乘。彭生多力拉公，干而杀之）。鲁人告于齐曰："寡君畏君之威，不敢宁居，来修旧好，礼成而不反，无所归咎，恶[③]于诸侯。请以彭生除之[④]。"齐人杀彭生。

穀梁传 其地，于外也。薨称公，举上也（公，五等之上）。

解义 鲁君弑而薨者以不地，见其弑，而此书薨于齐何也？薨在外，不得不书其地也。然前书公与夫人如齐，已见起祸之端；后书夫人孙[⑤]于齐，则去其姓氏以正与闻乎弑之罪。庄公不书即位，以明先君不以道终，子不忍即位之义，则虽书薨于齐，而见戕[⑥]之实，亦不可掩矣。

注释 ①薨（hōng）：古代称诸侯之死。②公子彭生：人名，齐国大力士。乘：助其登车。③恶：影响恶劣。④除之：消除耻辱。⑤孙：同"遁"，此指隐避，隐藏。⑥戕（qiāng）：戕害，杀害。

春秋 秋，七月。

附录左传 秋，齐侯师于首止[①]（首止，杜注：卫地。陈留襄邑县东南有首乡，在今河南睢州东南），子亹会之，高渠弥相[②]（不知齐欲讨己）。七月戊戌，齐人杀子亹，而轘[③]高渠弥（轘，车裂也）。祭仲逆郑子于陈而立之（昭公弟子仪也）。是行[④]也，祭仲知之，故称疾不往。人曰："祭仲以知免。"仲曰："信也。"（子亹之立，本非仲意，故然讥者之言）

周公欲弑庄王而立王子克[5](克,庄王弟子仪)。辛伯告王(辛伯,周臣),遂与王杀周公黑肩。王子克奔燕。初,子仪有宠于桓王,桓王属诸周公。辛伯谏曰:"并后(妾如后)、匹嫡(庶如嫡)、两政(臣擅命)、耦国[6](都如国),乱之本也。"周公弗从,故及[7](及于难)。

春秋　冬,十有二月己丑,葬我君桓公。

公羊传　贼未讨何以书葬?仇在外也。仇在外则何以书葬?君子辞也(齐强鲁弱不可立报,故君子量力而为恕辞)。

穀梁传　葬我君,接上下也(言我君,举国上下之辞)。君弑贼不讨,不书葬,此其言葬,何也?不责逾国而讨于是也。桓公葬而后举谥,谥所以成德也(谥者行之迹,所以表德),于卒事乎加之矣(人之终卒,事毕于葬,故于葬定称号也)。智者虑,义者行,仁者守,有此三者备,然后可以会矣(桓无此三者而出会大国,所以见杀)。

解义　贼未讨,而书葬,仇在外也。凡在官者,杀无赦,谓本国之臣子耳。仇在敌国,势或不能即讨,而亲之丧,不可久暴露,故於葬无责[8]焉,非谓讨可缓也。若庄公之忘亲昵仇,则又非欲报而不能者所可比,书葬,而其罪愈不容逭[9]矣。

注释　①首止:卫地,接近郑国。②子亹:即郑子亹(?—前694)春秋时郑国国君,郑庄公第三子,高渠弥杀郑昭公而立之。当初子亹与齐襄公为公子时,有隙。齐襄公谋讨郑,子亹往,高渠弥为相,至而不谢,齐襄公怒而伏甲杀之。在位仅一年。高渠弥:生卒年不详,是春秋时代郑国著名的大将,立下过赫赫战功。后因谋权弑杀郑昭公而被齐襄公以此为借口车裂。相:诸侯参加朝聘、会盟等活动,必有相助之人,作为君之助手,称国相。③轘(huàn):古代用车分裂人体的酷刑。④是行:指这次往会齐师。⑤王子克:庄王弟弟子仪。⑥并后:妾妃与王后并列。匹嫡：庶子跟嫡子等同。两政：二个人执掌朝政。耦国：大的城邑能跟国都抗衡。⑦及：遭难。⑧责：责怪。⑨逭（huàn）：逃避。

卷九

庄公(元年之六年)

庄公[①]:公,名同,桓公之子,母文姜。《谥法》:"胜敌克壮曰庄。"

周:庄王[②]四年,鲁庄公十二年,庄王崩,子僖王立。庄十七年,僖王崩,子惠王立。

郑:子仪元年,鲁庄公十四年,郑傅瑕杀子仪而纳厉公。庄二十一年,厉公卒,子文公立。

齐:襄公[③]五年,鲁庄公八年,襄公弑庄。九年,齐桓公小白入于齐。是年,齐管仲为政。

宋:庄公十八年,鲁庄公二年,宋庄公卒,子闵公捷立。庄十二年,闵公弑弟,桓公御说立。

晋:翼,晋侯缗十二年,缗之二十七年,鲁庄公之十六年也,曲沃武公伐晋灭之。

曲沃,武公二十三年,鲁庄公十六年灭晋侯缗。周僖王命曲沃伯,以一军为晋侯,始更号曰晋武公。鲁庄公十七年,武公卒,子献公佹诸立。

卫:惠公七年,黔牟二年,鲁庄公六年,齐纳惠公,放黔牟于周,庄二十五年,惠公卒,子懿公赤立。

蔡:哀侯二年,鲁庄公十年,楚败蔡师,执哀侯以归。庄十九年,哀侯卒于楚,蔡人立其子肸为缪侯。

曹:庄公九年,鲁庄公二十三年,曹庄公卒,子僖公夷立。鲁庄公三十二年,僖公卒,子昭公班立。

滕:详见隐公元年。

陈:鲁庄公元年十月,庄公林卒,子宣公杵臼立。

杞:详见隐公元年及僖公元年。

薛:鲁庄公三十一年,薛伯卒。

郳：鲁庄公十六年，郳子克卒，即仪父也。郳子琐立。庄公二十八年，郳子琐卒，文公蘧蒢立。

许：许叔入许五年，即僖公四年，许穆公新臣也。

小郳：鲁庄公五年，郳黎来来朝，详见隐公元年。

楚：武王[④]四十八年，鲁庄公四年卒，子文王熊赀立。庄十九年，文王卒，子堵敖熊囏(jiān)立。庄二十二年，熊恽弑兄堵敖代立，是为楚成王。《史记》以庄十八年为堵敖元年，堵敖立，五年遇弑，楚成立。十六年，齐桓公以兵侵楚，至陉山。○庄公三十年，楚子文为令尹。

秦：详见隐公元年。

吴：详见隐公元年。

越：见上注。

注释 ①庄公：指鲁庄公，即姬同，为春秋诸侯国鲁国君主之一，是鲁国第十六任君主。他为鲁桓公的儿子，承袭鲁桓公担任该国君主，在位32年（前693年—前662年）。②庄王：即周庄王，名姬佗（公元前？—前682年）。桓王长子。桓王病死后继位。在位15年。③襄公：指齐襄公（？—前686年）春秋时代齐国第十四位国君。姜姓，吕氏，名诸儿，齐僖公禄父之子。④楚武王：熊通（？—前690年），芈（mǐ）姓，熊氏，名通，春秋时期楚国的国君。熊通杀其兄熊旬之子自立为楚国国君。武王奉行铁腕政策，敢作敢为，给楚国留下了清朗而安宁的江汉平原和一套初具规模的国家机器，楚国由此强盛。

春秋 庄公（名同，桓公之子，母文姜，以庄王四年即位。《谥法》："胜敌克壮曰庄。"）。

春秋 元年春，王正月。

左传 元年春，不称即位，文姜出[①]故也。

公羊传 公何以不言即位？《春秋》君弑，子不言即位。君弑则子何以不言即位？隐之也。孰隐？隐子也（隐，痛。是子之祸)。

穀梁传　继[2]弑君不言即位,正也。继弑君不言即位之为正何也?曰先君不以其道终,则子不忍即位也。

解义　不书即位,继故而不忍行即位之礼也。闵公、僖公[3]亦然,然闵、僖之立不忘讨贼,故叔牙、庆父[4]终无所逃其死。庄公则宴然[5]安於其位,而且与仇人亲昵焉,天理灭熄,罪不容於诛矣。

注释　①出:外出。②继:继承。③闵公:指鲁闵公,即姬启,为春秋诸侯国鲁国君主之一,是鲁国第十七任君主。他为鲁庄公儿子,母亲叔姜。庄公卒,季友按照庄公的命令,立子斑为君。即位两个月,庆父使圉人荦杀鲁公子斑於党氏。庆竟立庄公子启,是为闵公。在位2年。庆父使卜齮袭杀闵公於武闱。僖公:指鲁僖公,即姬申,为春秋诸侯国鲁国君主之一,是鲁国第十八任君主。他为鲁庄公儿子,承袭鲁庄公担任该国君主,在位33年。④叔牙:即公子牙,春秋时期鲁国公族,鲁庄公的庶弟。鲁庄公病重时,叔牙因受其兄公子庆父的收买而极力推荐庆父作为国君的继承者。其弟季友认为庆父凶残专横,不可继承国君之位,因而大义灭亲,派人毒杀了叔牙。后鲁僖公在季友的建议下继续分封叔牙的子孙,即为叔孙氏。庆父(?—前660年):姬姓,鲁氏,名庆父,三桓之一——孟孙氏之祖,死后谥号曰:“共仲”。春秋时鲁国上卿,鲁桓公之子,鲁庄公庶兄。庄公去世,他派人先后杀死继位的子般和闵公,制造内乱。后他所逃奔的莒国受鲁贿赂,将其送回,途中自缢而死。后人常把制造内乱的人比之为“庆父”,“庆父不死,鲁难未已”之成语即源于此。⑤宴然:指面貌安定。

春秋　三月,夫人孙[1]于齐。

左传　三月,夫人孙于齐。不称姜氏。绝不为亲[2],礼也。

公羊传 孙者何？孙犹孙也（孙，犹遯也）。内讳奔，谓之孙。夫人固在齐矣，其言孙于齐何？念母也（从庄公念母起见）。正月以存君，念母以首事（正月以存君者。正月，岁终复始，臣子喜其君父，与岁终而复始，执贽以存之。今此练祭，亦是臣子闵君父往年此日没，今年复此日存而礼祭之，取法存君也。念母以首事者，夫人当首营祭事。时庄公将为练祭，念母而欲迎之也）。夫人何以不称姜氏？贬。曷为贬？与弑公也。其与弑公奈何？夫人谮[3]公于齐侯，公曰："同[4]非吾子，齐侯之子也。"齐侯怒，与之饮酒。于其出焉，使公子彭生[5]送之。于其乘焉（乘，将上车时），搚[6]干而杀之（干，胁也。搚，折声也）。念母者所善也，则曷为于其念母焉贬？不与念母也（念母则忘父，背本之道也）。

穀梁传 孙之为言，犹孙也。讳奔也。接练时，录母之变，始人之也（于练时感夫人不与祭，故始以人道录之）。不言氏姓，贬之也。人之于天也，以道受命；于人也，以言受命。不若于道者，天绝之也。不若于言者，人绝之也。臣子大受命（臣子受天与君父之命，义得贬夫人）。

解义 桓公之死，实由姜氏，乃鲁之臣子不共戴天之仇。在庄公，虽有母子之私恩，不得以夺君父之大义也。《春秋》於其孙齐，不称姜氏。《传》曰绝不为亲，而人道之大防[7]立矣。不称姜氏，而曰夫人，所以罪[8]鲁之臣子不知其为贼，而使泰然居夫人之位也。内讳奔曰孙，臣子辞[9]也。姜氏以桓十八年如齐无归，鲁之文盖以淫与闻乎弑，无颜告庙[10]，故《史》不书至，书孙于齐，则往年之从丧而归鲁具见矣。

注释 ①夫人：指文姜。孙：通"逊"，奔。②绝不为亲：断绝母子关系。③谮：谮害，进谗言伤害。④同：此指姬同，即鲁庄公。⑤彭生：春秋齐国人。齐襄公四年（公元前694年）即鲁桓公十八年春，鲁桓公与夫人访问齐国。齐襄公原来与鲁夫人私通。鲁夫人是齐襄公的妹妹,自齐厘公时嫁给鲁桓公为妻。等到鲁桓公来齐国,齐襄公又与她私通。鲁桓公知道了,向夫人发怒。夫人告诉齐襄公。四月丙子,齐襄公宴请鲁桓公饮酒,把他灌醉了,派大力士彭生抱他上车,命令彭生摺鲁桓公胁骨。鲁桓公下车已死。鲁人责备齐国。齐襄公又杀彭生向鲁国谢罪。鲁国立太子同为庄公。庄公母夫人因此留齐,不敢归鲁。⑥搚(lā):同“拉”,折断。⑦防:戒备。⑧罪:作动词,归罪于。⑨辞:言辞,说法。⑩无颜告庙:告庙。指古代天子或诸侯出巡或遇兵戎等重大事件而祭告祖庙。此指没有脸面面对祖宗。

春秋　夏,单伯逆王姬[①](逆,《左氏》作送)。

公羊传　单伯者何?吾大夫之命乎天子者也(诸侯大夫例称名,以命于天子,故称字)。何以不称使?天子召而使之也。逆之者何?使我主之也。曷为使我主之?天子嫁女于诸侯,必使诸侯同姓者主之。诸侯嫁女于大夫,必使大夫同姓者主之。

穀梁传　单伯者何?吾大夫之命乎天子者也。命大夫,故不名也。其不言如何也?其义不可受于京师也。其义不可受于京师何也?曰:躬君弑于齐,使之主婚姻,与齐为礼,其义固不可受也。

解义　单伯为鲁大夫之命於天子者也。诸侯之大夫命於天子则不名,比於王臣也。逆王姬使鲁为主也[②],天子嫁女于诸侯,必使诸侯同姓者主之。鲁方有丧[③],而使主婚姻,非礼也。庄公忘不共戴天之仇,不辞[④]而与齐为礼,其恶不待贬而见矣。

注释　①单伯:周天子之卿,世仕三朝,此及文公之世皆称单伯,成公以下常称单子。单国是周成王之子所封的姬姓国。

系东都王畿内封国，国域在今河南省济源市东南。单国之君世为王室卿士，鲁庄公元年（前693年），周王嫁女于齐，鲁侯主婚。单伯送周王之女到鲁国，以备出嫁。王姬：指周朝天子的女儿，周天子为姬姓故称王姬，后世亦以称帝王或诸侯之女。②逆：送。主：主持。③丧：丧事。此指鲁桓公之死。④辞：推辞。

春秋 秋，筑王姬之馆于外。

左传 秋，筑王姬之馆于外。为外，礼也（外，城外也）。

公羊传 何以书？讥。何讥尔？筑之礼也，于外非礼也。于外何以非礼？筑于外非礼也。其筑之何以礼？主王姬者必为之改筑。主王姬者则曷为必为之改筑？于路寝则不可。小寝则嫌（路寝，则外内无别。小寝，则亵渎。皆所以远别也）。群公子之舍（谓女公子也）则以卑矣。其道必为之改筑者也。

穀梁传 筑，礼也。于外，非礼也。筑之为礼何也？主王姬者必自公门出。于庙则已尊，于寝则已卑，为之筑节矣。筑之外，变之正也。筑之外，变之为正何也？仇雠[①]之人，非所以接婚姻也；衰麻[②]，非所以接弁冕[③]也。其不言齐侯之来逆何也？不使齐侯得与吾为礼也。

解义 鲁为王室懿亲[④]，其主王姬旧矣。馆于国中宜有常所，而特筑於外，盖知其不可而为之也。然以仇雠而接婚姻，以衰麻而接弁冕，筑馆于外，遂可以自掩乎？窃按齐、鲁之邦交，以察庄公之用心，非畏王命而不敢辞，乃欲藉[⑤]是以结齐好也。故自是以后会伐同狩，与齐昵[⑥]好，绝无闲疑。废人伦，灭天理，莫此为甚。故《春秋》於主王姬事，特书屡书，以正庄公忘亲昵雠[⑦]之大恶云。

注释 ①仇雠（chóu）仇敌。②衰麻：丧服，衰衣麻绖。③弁冕：弁、冕皆古代男子冠名，此指吉礼之服。④懿亲：至亲。⑤

藉:同“借”。借此。⑥昵:亲近。⑦雠:同“仇”。仇敌。

春秋　冬,十月乙亥,陈侯林[1]卒。

榖梁传　诸侯日卒,正也。

春秋　王使荣叔来锡桓公命[2](此书锡命之始)。

公羊传　锡者何?赐也。命者何?加我服[3]也。其言桓公何?追命[4]也(追命死者,故举谥)。

榖梁传　礼有受命,无来锡命。锡命非正也。生服之,死行之,礼也。生不服,死追锡之,不正甚矣!

解义　天子锡命诸侯车服礼器,所以旌[5]有功,褒[6]有德也。桓公身为大恶,庄王不能讨之於生前及其既死又从而追锡之,是使乱臣贼子不惟免罪而反以邀宠,非小失也。夫王者,履[7]天位,奉天道,赏则承天命,罚则行天讨,故王必称天,所以法天也。今庄王宠篡弑,以乱天常,无天甚矣,故不称天。

注释　①陈侯林:指陈庄公,即妫林,为春秋诸侯国陈国君主之一,他为陈厉公弟弟,承袭陈厉公担任该国君主,在位期间为前699年—前693年,共在位7年。②荣叔:是春秋诸侯国荣国的君主之一,为荣国第五任君主,是荣正公的儿子,承袭荣正公担任荣国君主。锡:锡命。指天子赐与诸侯爵位、服饰等诰命。③服:服饰。④追命:指身后由朝廷授予某种封赐。⑤旌:表彰。⑥褒:褒奖。⑦履:履行。

春秋　王姬归于齐。

公羊传　何以书?我主[1]之也。

榖梁传　为之中者归之也。

解义　鲁主王姬之嫁,在他公时则以为常事,而不书。此独屡书而不厌其烦,以归于齐故也。不书伯季,尊王姬而异於诸侯之女也。不书来逆[2],杜氏预谓:“公不与接”。非也,齐侯傲慢,实未至鲁亲迎耳,果来鲁,则宜特书以见义矣。

注释 ①主:主持。②逆:迎接。

春秋 齐师迁[1]纪郱、鄑、郚(此书迁之始。郱,杜注:在东莞临朐县东南,今属山东青州府。鄑,訾同音。杜注:都昌县西有訾城。都昌,今山东昌邑县也;有訾亭社在县西。郚,杜注:在朱虚县东南。今山东安丘县西南有郚城)。

公羊传 迁之者何?取之也。取之则曷为不言取之也?为襄公讳也。外取邑不书,此何以书?大之也。何大尔?自是始灭也。

穀梁传 纪,国也;郱、鄑、郚,国也。或曰:迁纪于郱、鄑、郚。

解义 郱、鄑、郚皆纪邑。迁者,徙[2]其民而取其地也。邑不书迁,迁不书师。今齐将灭纪,先取旁邑,其书师迁,见纪民犹足与守,而齐用大众迫之以为己属也。按宋人迁宿,齐人迁阳,宿与阳,国也,而迁书人。郱、鄑、郚,邑也,而迁书师。此《春秋》特笔,著纪季[3]入齐,纪侯[4]去国之由,以见王纲纵驰[5],小国困敝[6],而暴乱者得以逞其志也。

注释 ①迁:攻取。②徙:迁移。③纪季:指纪威侯,姜季,纪哀侯之弟。前690年—前673年在纪国灭后作为一城之主并作为齐国的附庸国。④纪侯:指纪哀侯,姜叔姬。前696年—前690年在位,公元前695齐国入侵,693齐二次入侵并占据三城移走人民,691秋季,齐吞并纪国。⑤纵驰:松懈。⑥困敝:指困弊。

春秋 二年春,王二月,葬陈庄公。

春秋 夏,公子庆父[1]帅师伐於馀丘(於馀丘,杜注:国名)。

公羊传 於馀丘者何?邾娄之邑也。曷为不系乎邾娄?国之也。曷为国之?君存焉尔。

穀梁传 国而曰伐。於馀丘,邾之邑也,其曰伐,何也?公子贵矣，师重矣，而敌人之邑，公子病矣。病公子，所以讥乎公也。其一曰，君在而重之也。

解义　庆父，公庶兄，或曰弟。於馀丘，或国，或邑，不可考。以庆父主兵，为后弑子般[②]，闵公之祸所托始[③]，故谨而书之。鲁在春秋中弑逆之祸三见，皆以贵戚主兵，威柄[④]下移，卒[⑤]为君父之患。公子翚、仲遂之变[⑥]，与庆父同出一辙也。且庄公於不共戴天之仇释而不图[⑦]，乃侵伐小国，师出无名，徒使公族擅兵，祸及国本[⑧]。圣人特书伐，所以著履霜[⑨]之戒也。

注释　①公子庆父：即鲁国公子庆父，字仲，是鲁庄公的庶兄。②子般：即公子般，鲁庄公之子。③闵公之祸：闵公，指鲁闵公，即姬启，为春秋诸侯国鲁国君主之一，是鲁国第十七任君主。他为鲁庄公儿子，母亲叔姜。庄公卒，季友按照庄公的命令，立子般为君。即位两个月，庆父使圉(yǔ)人(指养马的人)荦杀鲁公子般於党氏。庆父立庄公子启，是为闵公。在位2年。庆父使卜齮(yǐ)袭杀闵公於武闱。托始：借一事作为叙事的开端，即起源。④威柄：威权，权力。⑤卒：最终。⑥公子翚、仲遂之变：指鲁隐公十一年，鲁公子翚弑其君隐公；前609年，公子仲逐杀公子恶、公子视，立鲁宣公。⑦释：抛弃，放下。图：图谋复仇。⑧国本：立国的基础、根本。⑨履霜：踩踏霜地。《周易·坤》："初六，履霜，坚冰至。"比喻事态逐渐发展，将有严重后果。

春秋　秋，七月，齐王姬卒。

公羊传　外夫人不卒，此何以卒？录[①]焉尔。曷为录焉尔？我主[②]之也。

穀梁传　为之主者卒之也(主其嫁则有兄弟之恩，死则服之。服之，故书卒)。

解义　内女嫁为诸侯妻则书卒，王姬而比内女，主其嫁也。按《戴记》[③]:齐告王姬之丧,鲁庄公为之大功,或曰由鲁嫁,故为之服姊妹之服,书於册者,以君为之服也。庄公之尽礼仇雠而不知有父,遂至於此,故屡书,以正其汩大伦[④],灭天理之罪云。

注释 ①录:记载。②主:主持。③《戴记》:指《小戴礼记》。《礼记》实际上是研究仪礼的,是汉代人写的一部文献,其中有两位学者最有名,一个叫戴德,一个叫戴圣,戴德是叔叔,戴圣是侄子。大戴注的叫《大戴礼记》,小戴注的叫《小戴礼记》。《大戴礼记》人们不太用它。今天我们讲的《礼记》,实际上是《小戴礼记》。《小戴礼记》除了解释当时的仪礼,规矩以外,好多篇章是独立的,抽出来就是一部书,《大学》,《中庸》就是从《礼记》中抽出来的。④汩(gǔ):扰乱。大伦:指封建社会的基本伦理道德。

春秋 冬,十有二月,夫人姜氏会齐侯于禚(禚,《公羊》作部。杜注:齐地。《左传·定九年》,齐侯致禚、媚、杏于卫。杜注:三邑皆齐西界。据此当为齐、鲁、卫分界之地)。

左传 二年冬,夫人姜氏会齐侯于禚。书,奸也。

穀梁传 妇人既嫁不逾竟[①],逾竟非正也。妇人不言会,言会非正也。飨[②],甚矣(谓四年,飨齐侯于祝丘)!

解义 书夫人见於鲁,为国君之母。书姜氏见於齐襄,为同气[③]之人,乃腼然[④]出会,甘为禽兽之行,直书其事,以著姜氏、齐侯之恶,而庄公之罪亦不可逭[⑤]矣。

注释 ①竟:同"境",边境,国境。②飨:相聚。③同气:此贬指不正当的兄妹关系。④腼然:指厚颜貌。⑤逭(huàn):逃避。

春秋 乙酉,宋公冯[①]卒。

春秋 三年,春王正月,溺[②]会齐师伐卫。

左传　三年春,溺会齐师伐卫,疾之[③]也。

公羊传　溺者何?吾大夫之未命者也。

穀梁传　溺者何也?公子溺也。其不称公子何也?恶其会仇雠而伐同姓,故贬而名之也。

解义　卫朔[④]奔齐,齐欲纳之。时天王已绝朔而立公子黔牟[⑤]矣。庄公乃兴师会仇雠,逆[⑥]王命以伐同姓,纳不义之君。直书其事,不待贬而罪自见矣。溺不称公子,内大夫之未命者也。

注释　①宋公冯:即宋庄公,宋国第十六任君主(前710年—前692年在位)。原名子冯,宋穆公之子。穆公之位传自兄宣公,穆公为报兄恩,传位于宣子殇公,将子冯送郑国当人质。宋殇公十年(前710年)华督见殇公常年用兵,杀孔父嘉,夺其妻,又弑君而立公子冯,是为宋庄公,华督任太宰。②溺:鲁国大夫,即公子溺。③疾之:指讨厌公子溺。④卫朔:即卫惠公,姬姓,卫氏,名朔。卫国第16代国君,前699年—前697年、前686年—前669年在位。他是卫宣公之子,卫懿公之父,卫君黔牟之侄。惠公三年(前697年),左右公子作乱,废掉惠公,改立其叔公子黔牟为君,惠公于是逃到了齐国。卫君黔牟十年(前686年),齐襄公率领诸侯攻卫国,杀卫君黔牟,复立惠公为君,在位十八年后薨。⑤公子黔牟,姬姓,卫氏,名黔牟。卫国第17代国君,前696年—前687年在位。他是卫宣公之子,太子伋同母弟,卫惠公异母兄。惠公三年(前697年),左右公子作乱,废掉惠公,改立公子黔牟为君,惠公于是逃到了齐国。卫君黔牟十年(前686年),齐襄公率领诸侯攻卫国,杀卫君黔牟,复立惠公为君。⑥逆:违背。

春秋　夏,四月,葬宋庄公。

穀梁传　月葬,故也。

春秋 五月，葬桓王[①]。

左传 夏五月，葬桓王，缓也。

公羊传 此未有言崩者何以书葬？盖改葬[②]也。

穀梁传 《传》曰：改葬也。改葬之礼緦，举下缅也（緦，五服最下，缅藐远也。天子诸侯易服而葬，以为交于神明，不可以纯凶，况其缅者乎？故改葬之礼，其服唯轻。言缅，释所以緦也）。或曰郤尸[③]以求诸侯（言停尸七年，以求诸侯会葬）。天子志崩不志葬，必其时也，何必焉？举天下而葬一人，其义不疑也。志葬，故也，危不得葬也。曰近不失崩。不志崩，失天下也（京师去鲁不远，赴告之命，可不逾旬而至。史不志崩，则乱可知）。独阴不生，独阳不生，独天不生，三合然后生（凡生类禀灵，知于天资形于二气）。故曰母之子也可，天之子也可。尊者取尊称焉，卑者取卑称焉。其曰王者，民之所归往也。

解义 桓王崩，在桓[④]十五年，至是始葬，或曰桓十八年。《传》载子仪、黑肩之难[⑤]是以缓，或曰东迁[⑥]之初尚有志归葬於西周已，而诸侯背叛，王师伤败，故至此始葬。不书公如[⑦]，又不书卿大夫往，盖鲁使微者会葬[⑧]也。

注释 ①桓王：指周桓王，在位23年（前719—前697年）。姓姬名林，周平王的孙子，太子姬狐的儿子。平王病死时，太子姬狐正居于郑国为人质。郑伯和周公黑肩迎姬狐回朝继位。姬狐因一路上哀伤过度，回朝后就病死。姬林便被郑伯和周伯黑肩扶立为天子。②改葬：指另择墓地安葬。③郤（xì）尸：此指停放尸体。④桓：指鲁桓公。⑤子仪、黑肩之难：公元前694年，周公黑肩遵照周桓王临终时的嘱咐，策划要杀掉姬佗（周庄王），改立姬克为国君。辛伯劝阻他说："嫡庶有别，废嫡立庶，这是内乱的根源阿！"周公黑肩不听。于是，辛伯将这一阴谋报告了姬佗，姬佗就立即捕杀了周公黑肩。姬克见事情败露，逃奔燕国。史称“子克之乱”。⑥东迁:公元前771年,犬戎杀幽王,灭西周。翌年(即前770年),周平王姬宜臼由镐京(今陕西省西安市)迁都于洛邑(今河南省洛阳),史称东迁后之周王朝为东周(公元前770年—公元前256年)。历史上又将东周历史划分为春秋、战国两个时期。平王东迁洛邑,可以说是周朝社会历史的转折点。东迁之前周王为天下共主,力量强大,各地诸侯要向周王定期纳贡;东迁之后的周王室名义上虽然仍然存在,但真正实力还不如一地方诸侯强大。⑦如:往。⑧会葬:参加葬礼。

春秋　秋,纪季①以酅入于齐(酅,杜注:纪邑,在齐国东安平县。今山东临淄县东有安平城,又有酅亭)。

左传　秋纪季以酅入于齐,纪于是乎始判(判,分也。言分,为附庸始于此)。

公羊传　纪季者何?纪侯②之弟也。何以不名?贤也。何贤乎?纪季服罪也。其服罪奈何?鲁子曰:“请后五庙以存姑姊妹(纪与齐仇,小大不敌,季知必亡,故以酅首服,请为五庙后以供祭祀,存姑姊妹者。言兄弟子侄亦随国亡,但外出之女有所归趣而已)。

穀梁传　酅,纪之邑也。入于齐者,以酅事齐也。入者,内弗受也。

解义　纪季,纪侯之弟,季,字也。诸侯兄弟贬则书名,不贬则书字。是时,齐欲灭纪,故纪季以邑入齐,请为附庸以存先祀③,盖纪侯命之也。夫弃君以避患,挟地以附敌,非人臣之义也。而《春秋》於纪季无讥焉。盖强暴凭陵④,天子不能正,邻国不能救,宗社⑤危亡计日可待,不得已而屈己下敌以存五庙⑥,乃行权而不悖乎!《经》与他公子之去国者异矣。不书奔,原其情⑦也。书入,难辞,盖闵⑧之也。

注释　①纪季:纪哀侯之弟。酅(xī):纪国邑名,在今山东省青州市西北。入:并入。②纪侯:指纪哀侯。③附庸:指附属于大国的小国。先祀:指对祖先的祭祀。④凭陵:侵犯;欺侮。⑤宗社:宗庙和社稷的合称。此指国家。⑥五庙:指古代诸侯立五庙,即父、祖、曾祖、高祖、始祖之庙。⑦原其情:即情有可原。⑧闵,同"悯",怜恤,哀伤。

春秋 冬,公[①]次于滑(滑,《公羊》、《穀梁》作郎。杜注:郑地。在陈留襄邑县北,今河南睢州有滑亭)。

左传 冬,公次于滑,将会郑伯,谋纪故也。郑伯辞以难[②](厉公在栎故)。凡师,一宿为舍,再宿为信,过信为次[③]。

公羊传 其言次于郎何?刺欲救纪而后不能也。

穀梁传 次,止也,有畏也。欲救纪而不能也。

解义 纪将灭於齐,公以师出次于滑,欲会郑伯谋纪,郑伯不会,遂中止焉。次者,止也,救而书次,讥辞也。鲁於纪有婚姻之好,於齐有君父之雠[④],苟能救纪抑齐,一举而两善并矣。乃畏齐而中止,故书公次于滑,以讥师出之无名也。

注释 ①公:鲁庄公。②难:为难,畏难。③次:古代出兵,日行三十里,为一舍,行一舍则停留一宿,故舍即宿也。二宿为信,超过信则为次。次亦即一般的停留,并非专指军队。④雠(chóu):同"仇",仇恨。

春秋 四年春,王二月,夫人姜氏享齐侯于祝丘(享,《公羊》、《穀梁》作飨。祝丘,杜注:鲁地)

穀梁传 飨,甚矣!飨齐侯,所以病齐侯也。

解义 两君相见之礼曰享。礼,姑姊妹已嫁而反[①],兄弟不与同席而坐。况妇人轻去其国,而用两君相见之礼乎?前曰会,至是曰享,渎亵[②]益甚矣。《经》於孙[③]齐去其氏以绝之。自会禚以下复书夫人姜氏者,盖揭其氏姓所以示之有别,而正其乱伦[④]之罪也。

注释 ①反:同“返”,回。②渎亵:轻慢,亵渎。③孙:通“逊”,奔。④乱伦:指近亲间发生的性行为。

春秋 三月,纪伯姬卒。

穀梁传 外夫人不卒,此其言卒,何也?吾女也。适[①]诸侯则尊同,以吾为之变,卒之也(礼,诸侯绝旁期,姑姊妹嫁于国君者尊,与己同则为之服大功变不服之例,故书卒)。

解义 内女适诸侯尊同,则为之服[②]。而史书其葬内女为诸侯夫人者七,惟纪伯姬、宋伯姬志卒志葬,盖闵纪之亡,褒共姬之贤,而详其本末也。

注释 ①适:指女子出嫁。②服:佩服。

附录左传 四年春,王三月,楚武王荆尸[①],授师孑[②]焉,以伐随(尸,陈也。荆,亦楚也,更为楚陈兵之法。孑者,戟也。参用戟为陈)。将齐[③](授兵于庙故齐),入告夫人邓曼曰:“余心荡[④]”(荡,动散也)。邓曼叹曰:“王禄尽矣。盈[⑤]而荡,天之道也,先君其知之矣。故临武事,将发大命[⑥],而荡王心焉。若师徒[⑦]无亏,王薨于行,国之福也。”王遂行,卒于樠木之下(樠,木名也)。令尹斗祈、莫敖屈重[⑧],除道梁溠(时秘王丧,故为奇兵更开直道。梁,桥也。溠,杜注:溠水。在义阳厥县西,东南入郧水。《释例》云:即溠水源出县北,在今湖广随州东南),营军临随。随人惧,行成[⑨]。莫敖以王命入盟随侯,且请为会于汉汭[⑩]而还(汭,内也,谓汉西)。济[⑪]汉而后发丧。

春秋 夏,齐侯、陈侯、郑伯遇于垂。

解义 齐谋取纪,恐陈、郑为之援[⑫],故结欢[⑬]於二国。是以三国遇垂,而纪侯遂去也。苏氏[⑭]以郑伯为子仪,然子仪之为君也微,岂敢轻去国都,远与诸侯会。此所书者,实厉公[⑮]也,盖厉公善结四邻之援,诸侯亲之,故旧史以爵书,而《春秋》亦不没其实耳。

注释 ①荆尸：楚武王所创的一种阵法。荆，楚国之别称。尸，阵法。②孑：同“戟”。③齐：同“斋”，斋戒。④荡：跳。⑤盈：满，足够。⑥命：令。⑦师徒：此指军队。⑧屈重：此指秘不发丧。⑨行成：求和。⑩汉汭(ruì)：汉水转弯处。汭：水流弯曲的地方。⑪济：渡过。⑫援：救援。⑬结欢：与人交好。⑭苏氏：即苏轼(1037－1101年)，字子瞻，又字和仲，号“东坡居士”，世人称其为“苏东坡”。眉州(今四川眉山，北宋时为眉山城)人，祖籍栾城。北宋著名文学家、书画家、词人、诗人，美食家，唐宋八大家之一，是中国文学艺术史上罕见的全才，也是中国数千年历史上被公认文学艺术造诣最杰出的大家之一。⑮厉公：指郑厉公。

春秋 纪侯大去[1]其国。

左传 纪侯不能下齐[2]，以与纪季。夏，纪侯大去其国，违齐难也[3]。

公羊传 大去者何？灭也。孰灭之？齐灭之。曷为不言齐灭之？为襄公讳也。《春秋》为贤者讳，何贤乎襄公？复仇也。何仇尔？远祖也。哀公亨[4]乎周(郑氏云“懿始受谮而亨齐哀公”是也)，纪侯谮[5]之。以襄公之为于此焉者，事祖祢[6]之心尽矣。尽者何？襄公将复仇乎纪，卜之曰：“师丧分焉”(分，半也。师丧亡其半)。“寡人死之(襄公答卜者之辞)，不为不吉也。”远祖者几世乎？九世矣。九世犹可以复仇乎？虽百世可也。家亦可乎(家，谓大夫家)？曰：“不可。”国何以可？国君一体也。先君之耻，犹今君之耻也。今君之耻，犹先君之耻也。国君何以为一体？国君以国为体，诸侯世，故国君为一体也。今纪无罪，此非怒与？(怒谓迁怒，言怒纪先祖迁之于子孙)曰：“非也。”古者有明天子，则纪侯必诛[7]，必无纪者。纪侯之不诛，至今有纪者，犹无明[8]天子也。古者诸侯必有会聚之事，相朝聘之道，号辞必称先君以相接,然则齐纪无说焉,不可以并立乎天下。故将去纪侯者,不得不去纪也,有明天子则襄公得为若行乎?曰:“不得也”。不得则襄公曷为为之,上无天子,下无方伯⑨,缘恩疾者可也(恩谓先祖之恩。疾,痛也。因痛先祖而可复仇也)。

穀梁传　大去者,不遗一人之辞也。言民之从者,四年而后毕也。纪侯贤而齐侯灭之,不言灭而曰大去其国者,不使小人加乎君子。

解义　纪侯为齐所逼,图⑩存不获,委宗庙⑪於其弟而去之。举土地、人民、仪章、器物悉委置之而不顾,故曰大去。凡失国宜书奔、宜书名,今於纪独否?闵其不得已而不忍罪⑫之尔。太王迁邠⑬,不以养人者害人权也,凿池筑城与民死守弗去,《经》也。纪无太王转败为功以屈为伸之势,又不能守土誓死,拱手以避敌,其事固无足取,特其不能下齐之志,则殊⑭有可悲者焉。圣人以其不争而去为无罪,故不以失国之君待之,盖寓兴灭继绝⑮之义於言外也。

注释　①大去:一去不返。②下齐:居于齐国之下。下,此用作动词。③违:避开。难:祸难。④哀公:即齐哀公,姜姓,原名吕不辰,齐癸公之子。周夷王时,纪侯在周王前进谗言,夷王烹杀哀公。亨:同“烹”,煮。⑤谮:诽谤谗害。⑥祖祢:指祖先。⑦诛:诛杀;消灭。⑧明:圣明,英明圣哲,无所不晓。⑨方伯:即古代诸侯中的领袖之称,谓一方之长。殷周时代一方诸侯之长。后泛称地方长官。春秋时,天子失权,王纲解纽,周代的最高政治权力出现了真空,诸侯漫无统纪,起而互相兼并,进而发展为大国争霸,形成了取代王权的霸主政治,又称方伯政治。⑩图:谋求。⑪委:委托。宗庙:古人又称祖庙、太庙,是供奉祖先的场所。此指国家。⑫罪:责备。⑬太王:即周太王姬亶父,西伯君主,周朝之先祖。因广施仁政,令不少部落归附。周灭商后,认为“王气”始于姬亶父，故追尊为太王。邠(bīn)：古同“豳”，古地名，在今中国陕西省旬邑县。⑭殊：绝。⑮寓：寄托，寄寓。兴灭继绝：使灭绝的重新振兴起来，延续下去。

春秋 六月乙丑，齐侯葬纪伯姬。

公羊传 外夫人不书葬，此何以书？隐[①]之也。何隐尔？其国亡矣，徒[②]葬于齐尔。此复仇也，曷为葬之？灭其可灭，葬其可葬。此其为可葬奈何？复仇者非将杀之，逐之也。以为虽遇纪侯之殡，亦将葬之也。

穀梁传 外夫人不书葬，此其书葬何也？吾女也，失国，故隐而葬之。

解义 国灭，不书葬，而纪伯姬书葬。其义有二，一则以内女之失所[③]，而闵之也；一则以纪之夫人葬於齐侯，为人道之变，而著之也。齐襄迫逐[④]纪侯，虽其夫人在殡而不及葬，其恶甚矣。乃欲以葬伯姬自掩乎？故不称齐人而目其君，以斥其诈[⑤]也。

注释 ①隐：隐痛。②徒：独。③失所：失去安身之处。④迫逐：指驱逐。⑤斥：斥责。诈：欺诈。

春秋 秋，七月。

春秋 冬，公及齐人狩于禚(禚，《公羊》、《穀梁传》作郜)。

公羊传 公曷为与微者狩？齐侯[①]也。齐侯则其称人何？讳与仇[②]狩也，前此者有事矣，后此者有事矣，则曷为独于此焉？讥于仇者将壹[③]讥而已。故择其重者而讥焉，莫重乎其与仇狩也。于仇者则曷为将壹讥而已？仇者无时焉可与通，通则为大讥，不可胜讥，故将壹讥而已，其余从同，同。(孔氏颖达曰：考诸古本，《传》及《注》“同”字之下，皆无重语。有者衍文)

穀梁传 齐人者，齐侯也。其曰人何也？卑[④]公之敌，所以卑公也。何为卑公也？不复仇而怨不释，刺[⑤]释怨也。

解义　齐侯书人,隐[6]辞也,不忍公之与仇雠[7]会猎也。何以知其为齐君?蒐狩[8]非微者之事也。不共戴天之仇,而与之会猎,以为乐。且禚[9]乃二年夫人姜氏会齐侯之地也,庄公於是无羞恶之心矣。

注释　①齐侯:即齐襄公。②仇:仇人。③壹:指皆;一概。④卑:卑视。即轻视;看不起。⑤刺:讽刺。释怨:消除怨忿。⑥隐:微妙。⑦仇雠(chóu):指仇敌;仇家。⑧蒐(sōu)狩:指春搜和冬狩。即古代帝王春、冬时的射猎活动。泛指狩猎。⑨二年:指鲁庄公二年。

春秋　五年春,王正月。

春秋　夏,夫人姜氏如[1]齐师。

穀梁传　师而曰如,众也,妇人既嫁不逾竟,逾竟非礼也。

解义　曰会,曰享,犹假[2]礼为名。兵众会集[3]之地,以妇人翱翔其间,为禽兽之行,可谓无忌惮[4]矣。不言地者,师之进止无常也。前此会禚,享祝丘,皆历[5]日而返,故书月。至此历月而返,故书时。使鲁之臣子早为防闲[6],岂至於此。此《春秋》所以反复深责於庄公也。

注释　①如:往。②假:借用。③会集:聚集。④忌惮:顾虑畏惧。⑤历:经过。⑥防闲:指防备。

春秋　秋,郳犁来[1]来朝(郳,《公羊》作倪。犁,《公羊》、《穀梁传》作黎。郳,杜注:附庸国也。东海昌虑县东北有郳城,今昌虑城在山东滕县东南,郳城在县东)。

左传　五年秋,郳犁来来朝,名,未王命[2]也。

公羊传　倪者何?小邾娄也(小邾娄,国名)。小邾娄则曷为谓之倪?未能以其名通也(倪,为小邾娄之都邑。时未能为附庸,不足以小邾娄名通,故略谓之倪)。黎来者何?名也。其名何?微国也。

穀梁传 郳，国也。黎来，微国之君，未爵命[3]者也。

解义 郳，为荒远附庸之国。其后，数从齐桓以尊周室，王命为小邾子。犁来，此时尚未受爵命也，而来朝，则已能自进於礼矣。按《春秋·繁露》云："附庸，字者方三十里，名者方二十里。"犁来书名，虽不得与邾仪父[4]同，而视介葛卢[5]来，不能行朝礼者，则有闲[6]矣。

注释 ①犁来：郳国国君，名犁来。郳：通"倪"，为鲁附庸国。②未王命：没有得到周天子的封爵。③爵命：指封爵受职。④邾仪父：春秋时期邾国国君，名克，又称邾子克，是邾国历史上一位承先启后的人物。但没有被周天子正式任命。⑤介葛卢：春秋时代，东部一个少数民族国家叫介国，国君名葛卢。传说他能听懂牛说话。⑥闲：限制，约束。

春秋 冬，公会齐人、宋人、陈人、蔡人伐卫。

左传 冬，伐卫，纳惠公[1]也。

公羊传 此伐卫何？纳朔[2]也。曷为不言纳卫侯朔？辟王也(朔得罪于王。故辟王，而不明言纳朔)。

穀梁传 是齐侯，宋公也，其曰人何也？人诸侯，所以人公也。其人公何也？逆[3]天王之命也。

解义 三年[4]，齐师会鲁伐卫，以纳朔不克。至是又会四国之兵以纳之，不言纳，不与纳也。诸侯失国，诸侯纳之，正也。纳朔，何以非正？王命黜之而立黔牟[5]，则已绝於卫矣。乃违命以逞[6]，无君之罪可胜诛哉。故直书，以著其恶。

注释 ①纳惠公：护送卫惠公回国。②朔：指卫惠公。③逆：违背。④三年：指鲁庄公三年。⑤黜：废黜。黔牟：卫宣公之子，卫太子伋之弟。卫惠公四年(前696年)，卫国左、右公子领兵作乱，率人攻打卫惠公，卫惠公奔齐(卫惠公的母亲宣姜是齐襄公的妹妹)。左、右公子立原太子伋的弟弟黔牟为卫侯，黔牟是周天子的女婿。八年後,齐襄公率领诸侯攻卫国,杀黔牟。⑥逞:逞强。

春秋　六年春,王正月,王人子突[①]救卫(此书救之始)。

左传　六年春,王人救卫。

公羊传　王人者何?微者也。子突者何?贵也。贵则其称人何?系诸人[②]也。曷为系诸人?王人尔。

穀梁传　王人,卑者也。称名,贵之也(称子,则非名。名当为字)。善救卫也。救者善,则伐者不正矣。

解义　王人,微者称字,尊王命也。自伐郑以来,王师不书,此书救卫何?天下方无道,贱夺贵,少陵[③]长,天子不能禁,幸而发愤诛卫,而诸侯不顾顺逆,党同拒命,其恶甚矣。故特书救,以为王师之出。惟此犹合《司马》九伐之法[④],而重著王命不行正诸国乱常[⑤]之罪也。

注释　①王人子突:周王室官员子突。子突实为周下士,地位卑微。②诸人:众人。③陵:同"凌",侵犯,欺侮。④九伐之法:古代指对九种罪恶的讨伐。《周礼·夏官·大司马》:"以九伐之法正邦国:冯弱犯寡则省之;贼贤害民则伐之;暴内陵外则坛之;野荒民散则削之;负固不服则侵之;贼杀其亲则正之;放弑其君则残之;犯令陵政则杜之;外内乱、鸟兽行则灭之。"⑤乱常:扰乱纲常。

春秋　夏,六月,卫侯朔[①]入于卫。

左传　夏,卫侯入,放公子黔牟于周,放宁跪于秦(宁跪,卫大夫),杀左公子泄、右公子职,乃即位。君子以二公子之立黔牟为不度矣。夫能固位者,必度于本末而后立衷焉[②]。不知其本,不谋。知本之不枝[③],弗强[④](本末,始终也。衷,节适也。譬之树木,本弱者,其枝必披。非人力所能强成)。《诗》云:"本支百世[⑤]。"(《诗·大雅》,言文王本支俱茂,蕃滋百世也)

公羊传 卫侯朔何以名？绝。曷为绝之？犯命也（犯天子命）。其言入何？篡[6]辞也。

穀梁传 其不言伐卫纳朔，何也？不逆[7]天王之命也（不与诸侯得纳天王之所绝）。入者，内弗受也。何用弗受也？为以王命绝之也。朔之名恶也，朔入逆，则出顺矣；朔出入名，以王命绝之也。

解义 《春秋》，复国有以难词而书入者，有以逆词而书入者。卫朔藉[8]五诸侯，力抗王命以拒子突逐黔牟，势诚无难而书入，逆辞也，内不受也。凡奔君返国，未有不言复者，卫侯郑、曹伯襄、卫侯衎皆称复归是也。蔡侯庐、陈侯吴不称复，非奔君也。朔奔君不言复，而以内不受之辞，书其恶大，无可复之道也。

注释 ①卫侯朔：指卫惠公。②本末：各方面的条件。衷：适当的方法和时机。③不枝：没有枝叶。④强：勉强。⑤本支百世：意为本宗和旁枝，百代兴旺。⑥篡：篡逆。⑦逆：违背。⑧藉：同"借"。凭借；依靠。

春秋 秋，公至自伐卫[1]。

公羊传 曷为或言致会？或言致伐？得意致会，不得意致伐。卫侯朔入于卫，何以致伐？不敢胜天子也。

穀梁传 恶事不致，此其致何也？不致，则无用见公之恶事之成也。

解义 公附仇雠奖不义[2]，连[3]逆党以抗王师，而得其所欲。归告於庙，著於册，直书其事，而罪不容诛矣。

注释 ①公至自伐卫：意思是鲁庄公进攻卫国后回到国内。②附：依附。奖：辅助。③连：联合。

春秋 螟[1]。

春秋 冬，齐人来归卫俘（俘，《公羊》、《穀梁》作宝）。

左传 冬，齐人来归卫宝[2]，文姜请[3]之也。

公羊传 此卫宝也,则齐人曷为来归之?卫人归之也。卫人归之,则其称齐人何?让乎我也。其让乎我奈何?齐侯曰:“此非寡人之力,鲁侯之力也!”

穀梁传 以齐首之,分恶于齐也。使之如下齐而来我然,恶战则杀矣(若卫自归宝于齐,而后齐以与鲁,以齐为首事,则鲁与王人战,罪恶差减也)。

解义 俘,军所获也,二《传》经文作宝。按《书序》称:“遂伐三朡④,俘厥宝玉”。则俘者,军获之总名,而或取其人,或取其器物,皆可言俘也。齐侯受⑤天子之罪人,连诸侯而纳之,卫故以宝赂齐,而齐以分於四国焉。书曰齐人来归,则党恶之罪,鲁、宋、陈、蔡同之,而齐为首恶可知矣。夫朔弑君兄,逆王命,苟⑥有人心者皆知其恶,而诸侯乃援之甚力。观卫宝之归,然后知所以丧其本心,而甘为大恶者,皆由於欲货也。孟子言:“终去仁义,怀利以相接,不至篡弑,攘夺不厌,其深得《春秋》之义也夫。”

附录左传 楚文王伐申⑦,过邓。邓祁侯曰:“吾甥也”(楚文王,夫人邓曼子,故邓侯以为甥)。止而享之。骓甥、聃甥、养甥⑧请杀楚子(皆邓甥,仕于舅氏),邓侯弗许。三甥曰:“亡邓国者,必此人也。若不早图,后君噬齐⑨(喻不可及),其及⑩图之乎?图之,此为时矣。”邓侯曰:“人将不食吾馀⑪”(言自害其甥,必为人所贱)。对曰:“若不从三臣,抑社稷实⑫不血食,而君焉取馀?”(言君无复馀)弗从。还年(伐申还之年),楚子伐邓。十六年,楚复伐邓,灭之。

注释 ①螟:螟虫。危害农作物。②卫宝:指卫国的宝器。③请:请求。④三朡(zōng):古国名。又作鬷(zōng),在今山东定陶东北。⑤受:接受。⑥苟:如果,假使。⑦楚文王:武王子,邓曼所生。申:国名,故城在今河南南阳市。⑧骓甥、聃甥、养甥:均为邓祁侯姊妹之子,在舅父朝中为官。⑨噬齐:咬自己的肚脐。齐通“脐”。这句是当时俗语,比喻办不到,对付不了。⑩及:达到,能够办到某事。⑪不食馀:当时俗语,唾弃、看不起的意思。馀:剩馀的东西。⑫抑:发语词,无意义。社:土神。稷:谷神。实:语气副词,表示确认。

卷十

庄公(七年之十一年)

春秋 七年春,夫人姜氏会齐侯于防(防,杜注:鲁地)。

左传 七年春,文姜会齐侯于防,齐志也[①]。

穀梁传 妇人不会,会非正也。

解义 文姜数与齐侯会,至齐地,则奸发。夫人至鲁地则齐侯之志。

注释 ①齐志:指齐襄公的要求。

春秋 夏四月辛卯,夜,恒星[①]不见。夜中,星陨如雨(陨,《公羊》作霣[②]。辛卯夜,《穀梁》夜作昔)。

左传 夏,恒星不见,夜明也。星陨如雨,与雨偕[③]也(恒,常也。常见之星应见之时而不见,日光不以昏没,至夜犹明也。如,而也。偕,俱也。夜半星落,而且雨星与雨俱下也)。

公羊传 恒星者何?列星[④]也。(常以时列见)。列星不见则何以知?夜之中星反[⑤]也(反者,星复其位也。星反在夜半之后,则知向者,不见之时是夜中矣)。如雨者[⑥]何?如雨者非雨也。非雨则曷为谓之如雨?不修《春秋》曰“雨星不及地尺而复”(不修《春秋》,鲁史记旧文:不及地尺而复。谓不至地而没也)。君子修之曰:“星陨如雨”(明其状似雨尔,不当言雨星)。何以书?记异也。

穀梁传 恒星者,经星[⑦]也(经,常也,谓常列宿)。日入[⑧]至于星出,谓之昔[⑨]。不见者,可以见也。夜中星陨如雨。其陨也如雨,是夜中与?《春秋》著以传著,疑以传疑。中之几也,而曰夜中,著焉尔(著,著见也,几微也。言《春秋》之书,皆以实录。今星陨而雨,则夜中之时几微难知,而曰夜中必是事之著见,而有据尔,非臆度而知也)。何用见其中也?失变而录其时,则夜中矣(失变不知星变始于何时也，言《经》以何事知其夜中以失星变之始，而录其已陨之时，揆度刻漏，则正当夜中矣）。其不曰恒星之陨何也？我知恒星之不见，而不知其陨也（此解不得言恒星之陨也）；我见其陨而接于地者，则是雨说也。著于上，见于下，谓之雨；著于下，不见于上，谓之陨，岂雨说哉（此又解不言雨星，而言陨星之意）？

解义 恒星，天之经星，常见者也。如雨，言众也。先儒谓，前此五国连兵抗拒王命，后此齐、晋更霸，政归盟主，先王之纪纲法度[10]扫灭殆尽。故恒星宜见而不见，众星不当陨而陨，天人相感[11]之理信可畏也。《经》书星陨，陨石、陨霜或先或后，立文各异，盖星在天有象，先见星而后见其陨石与霜，则既[12]陨而后见耳。

注释 ①恒星：常见之星。②星陨：天星坠落。霣（yǔn）：通“陨”，降；落下。③偕：同，俱。④列星：指分布天空定时出现的恒星。⑤反：同“返”，回，归。⑥如雨者：意思是像雨一样从天上落下。⑦经星：古人称北极星官、二十八星宿等恒星群中的恒星曰经星。与行星称纬星相对。因恒星相对位置不变，故称。⑧日入：中国古时把一天划分为十二个时辰，每个时辰相等於现在的两小时。日入是十二时之一，又名日落、日沉、傍晚，意为太阳落山的时候。⑨昔：同“夕”，夜。⑩纪纲：纲领。法度：法律制度。⑪天人相感：指自然现象可以显示人世灾祥。⑫既：又。

春秋 秋，大水。

穀梁传 高下有水灾，曰大水。

春秋 无麦苗。

左传 秋，无麦苗，不害嘉谷[1]也（黍稷尚可更种，故曰不害嘉谷）。

公羊传 无苗则曷为先言无麦而后言无苗（苗，禾也。生曰苗。秀曰禾）？一灾不书（一谷之灾，不书于《经》也），待无麦然后无苗。何以书？记灾也。

穀梁传　麦，苗，同时也(麦与黍稷之苗同时死)。

解义　周之秋，夏正之五月也，麦熟苗将秀，而大水漂荡，则麦苗俱无矣。《春秋》谨而书之，畏天灾，重民命也。此亦周人即以子月[2]为春之征。若夏时之秋，则麦之登[3]既久而谷将成熟，不复有苗矣。

注释　①嘉谷：指黍稷。②子月：指农历十一月。③登：成熟。

春秋　冬，夫人姜氏会齐侯于谷(谷，杜注：齐地，济北谷城县。今山东东阿县治，故谷城是也)。

穀梁传　妇人不会，会非正也(再发《传》者，防，鲁地，谷，齐邑，故重发之)。

解义　春，夫人姜氏会齐侯于防；冬，夫人姜氏会齐侯于谷。在齐，在鲁，一岁宣淫[1]者再。人欲肆[2]而廉耻丧，恶积[3]不可掩矣。以致无知篡弑之祸[4]，天理之不诬[5]者也。

注释　①宣淫：公然做出淫猥的行为。②肆：放纵，放肆。③恶积：指罪恶的积累，坏事做多。④致：造成；导致。无知：指公孙无知(？—前685)，春秋时期齐国公族，齐僖公弟夷仲年之子。⑤不诬：不假。

春秋　八年春王正月，师次[1]于郎，以俟[2]陈人、蔡人。

公羊传　次不言俟，此其言俟何？托不得已也(师出，本为下灭成，讳灭同姓，故托以待二国为辞)。

穀梁传　次，止也。俟，待也。

解义　用大众，曰师。次，止也。《春秋》书次，其义不一，伐而次者，有整兵慎战之意，盖善之也；救而次者，有爰[3]师畏敌之意，盖讥之也。若郎之次，则无名妄动尤为非义。《经》书俟陈、蔡，而未明所事。杜预谓期共伐郕[4]，於情事为合。贾逵、范宁[5]皆云：陈、蔡欲伐鲁。非也，陈、蔡与鲁隔远，未闻构怨[6]，何因来伐？且俟者相须同行之辞，非防敌拒寇之称也。

注释 ①次：驻扎。②俟：等待。③爰：同“援”，救援。④杜预（222—285）：字元凯，京兆杜陵（今陕西西安东南）人，西晋时期著名的政治家、军事家和学者，耽思经籍，博学多通，多有建树，被誉为“杜武库”。著有《春秋左氏经传集解》及《春秋释例》等。期：会合。⑤贾逵（30—101），东汉经学家、天文学家。字景伯。撰有《春秋左氏传解诂》、《国语解诂》等。范宁（339—401），字武子，南阳顺阳（今河南淅川东）人。他推崇儒学，所撰《春秋穀梁传集解》十二卷，是今存最早的《穀梁传》注解。⑥构怨：结怨，构成仇恨。

春秋 甲午，治[1]兵（治，《公羊》作祠）。

左传 八年春，治兵于庙，礼也。

公羊传 祠兵[2]者何？出曰祠兵，入曰振旅[3]（出兵必祠于近郊，杀牲以飨士卒），其礼一也，皆习战也。何言乎祠兵？为久也。曷为为久？吾将以甲午之日，然后祠兵于是（讳为久留辞，使若无欲灭同姓之意）。

穀梁传 出曰治兵，习战也。入曰振旅，习战也。治兵而陈、蔡不至矣，兵事以严终（以严整终事），故曰：善陈者不战，此之谓也。善为国者不师（道之以德，齐之以礼，四海宾服，何师之为），善师者不陈（师众素严，不须耀军列陈），善陈者不战（军陈严整，敌望而畏之，莫敢战），善战者不死（投兵胜地，故无死者），善死者不亡（民尽其命，无奔背散亡者）。

解义 此所治者，即次郎之师也。俟[4]而不至，暴师[5]既久，则有失伍[6]。故复申明军法，以整齐之，其志非善之也，讥黩武[7]也。

注释 ①治：整顿，训练。②祠兵：古代兵将出战，陈于近郊,杀牲飨士卒,谓之"祠兵"。③振旅:指整队班师。④俟:等待,等候。⑤暴师:军队在外,蒙受风雨霜露。⑥失伍:失其行伍,掉队。⑦黩武:滥用武力,好战。

春秋　夏,师及齐师围郕,郕降于齐师(郕,《公羊》作成)。

左传　夏,师及齐师围郕。郕降于齐师。仲庆父[1]请伐齐师(仲庆父,公子庆父也。齐不与鲁共其功,故欲伐之)。公曰:"不可。我实不德,齐师何罪?罪我之由[2]。《夏书》曰:'皋陶迈[3]种德,德,乃降'(《书》称皋陶能行、布其德,德乃下洽于民。今引之断章,取证降义,言皋陶能行布其德,由其有德,乃为人降服也)。姑务修德以待时乎。"

公羊传　成者何?盛也(盛,鲁之同姓国)。盛则曷为谓之成?讳灭同姓也。曷为不言降吾师?辟之也(辟灭同姓。使若鲁围之而去,成自从后降于齐师也)。

穀梁传　其曰降于齐师何?不使齐师加威于郕也(使若齐无武功,而郕自降)。

解义　齐,仇雠[4]也。郕,同姓也。及者,内为志也。郕降于齐师者,义不服也,直书而其恶著[5]矣。

注释　①仲庆父:鲁庄公的弟弟,公子庆父。②罪我之由:即"罪由我"的倒装句。③皋陶:与尧、舜、禹同为"上古四圣",是舜帝执政时期的士师,相当于国家司法长官。皋陶又是上古时期伟大的政治家、思想家、教育家,被史学界和司法界公认为"司法鼻祖"。迈:勤勉。④仇雠:仇敌;仇家。⑤著:昭著。

春秋　秋,师还。

左传　秋,师还。君子是以善[2]鲁庄公。

公羊传　还者何?善辞也。此灭同姓何善尔?病之也(慰劳其罢[1]病)。曰:"师病矣"。曷为病之,非师之罪也(君之使,非师之罪也)。

穀梁传 还者，事未毕也，遯[3]也（郕已降而以未毕为文者，盖辟灭同姓之国，示不卒其事）。

解义 书师还者，言师至是而始还也。其次、其及、其还，皆不称公者，《春秋》之法，内大恶讳。庄公举大众会仇雠，以伐同姓，暴师於外，更历三时[4]，力屈[5]而后还，无名黩武，非义害人，未有若此之甚者。故以为大恶而讳，不书公也。

注释 ①罢，音 pí，通疲，疲惫，困顿。②善：赞许，称赞。③遯（dùn）：逃避。④三时：指春、夏、秋三季。⑤屈：穷尽。

春秋 冬，十有一月癸未，齐无知弑其君诸儿。

左传 齐侯使连称、管至父戍葵丘（二子，齐大夫。葵丘，杜注：齐地，临淄县西有地名葵丘。今山东临淄县西有西安城，葵丘在其处）。瓜时而往，曰："及瓜而代[1]。"期[2]戍，公问[3]不至（问，命也）。请代，弗许。故谋作乱。僖公之母弟曰夷仲年，生公孙无知，有宠于僖公，衣服礼秩如适[4]（适，大子）。襄公绌[5]之。二人因[6]之以作乱（二人，连称、管至父）。连称有从妹在公宫，无宠，使间[7]公（伺公之间隙），曰："捷[8]，吾以女为夫人"（捷，克也。宣无知之言）。冬十二月（《经》书十一月癸未，盖月六日也。《传》云十二月，《传》误），齐侯游于姑棼，遂田[9]于贝丘（姑棼，杜注：齐地，即薄姑也。今山东博兴县东北有薄姑城。贝丘，杜注：齐地，博昌县有地名贝丘。今山东博兴县南有贝中聚）。见大豕，从者曰："公子彭生也"（公见大豕，而从者见彭生，盖妖鬼）。公怒曰："彭生敢见！"射之，豕人立[10]而啼。公惧，队[11]于车，伤足丧屦。反（还也），诛屦于徒人费[12]（诛，责也）。弗得，鞭之，见血。走，出遇贼于门（即连、管之徒为乱者），劫而束之。费曰："我奚御[13]哉？"袒而示之背，信之。费请先入（诈欲助贼），伏公而出[14]，斗，死于门中。石之纷如[15]死于阶下（齐小臣也）。遂入，杀孟阳于床（孟阳亦齐小臣，代公居床）。曰："非君也，不类[16]。"见公之足于户下，遂弑之，而立无知。初，襄公立，无常[17](政令无常)。鲍叔牙曰:“君使民慢[18],乱将作矣。”奉公子小白[19]出奔莒(鲍叔牙,小白傅。小白,僖公庶子)。乱作,管夷吾、召忽奉公子纠来奔[20](管夷吾、召忽,子纠傅。子纠,小白庶兄。为九年公伐齐,纳子纠、齐小白入于齐传)。初,公孙无知虐于雍廪(雍廪,齐大夫。为杀无知传)。

穀梁传　大夫弑其君以国氏者,嫌也,弑而代之也。

解义　弑君者,连称、管至父,而专罪无知者,君弑而无知受之,则贼不在二子矣。无知不称公孙,隐、桓、庄之《春秋》,凡贼皆名之也。徒人费、石之纷如皆死君难而不见於《经》,如费等乃便嬖私昵[21]之臣,逢君之恶,使百姓苦之者也。与孔父[22]之义形於色,仇牧[23]之不畏强御而死於其职者异矣。

注释　①及瓜:来年瓜熟之时。②期(jī):一周年。③问:消息,音讯。④礼秩:待遇等级。适(dí):同“嫡”。⑤绌(chù):通“黜”,贬退。⑥因:凭借。⑦间(jiàn):秘密侦察。⑧捷:事情办成。⑨田:围猎。⑩人立:即后足立地,前足悬空,如人站立。⑪队:同“坠”。⑫诛屦:责令寻找鞋子。诛,责令。徒人费:即名字叫费的侍者。徒人,侍人,即宦官。⑬奚:怎么。御:抵抗。⑭伏公:将齐襄公藏匿起来。伏,藏匿。⑮石之纷如:即石纷如,宦官名字。⑯不类:不像。⑰无常:行为无准则。⑱慢:松弛放纵。⑲小白:齐僖公庶子,齐襄公之弟。⑳管夷吾:即管仲,春秋时著名政治家,原为公子纠之傅,后相齐桓公,称霸诸侯。召忽:公子纠之傅。公子纠:小白庶兄。㉑便嬖:能说会道,善于迎合的宠臣,亲信。指君主左右受宠幸的小臣。私昵:指所亲近、宠爱的人。㉒孔父:即孔父嘉(？—前710)春秋宋国大臣。名嘉,字孔父。孔子六世祖,官为大司马。㉓仇牧:宋大夫。《史记·宋微子世家》:“遂以局杀愍公于蒙泽。大夫仇牧闻之,以兵造公门。万搏牧。牧齿着门阖死。”后用以借指忠良。

春秋 九年春，齐人杀无知[①]。

左传 九年春，雍廪[②]杀无知。

穀梁传 无知之挈[③]，失嫌[④]也。称人以杀大夫，杀有罪也。

解义 《传》称，齐公孙无知虐[⑤]于雍廪，九年春，雍廪杀无知。则是杀无知者雍廪也，而书齐人，讨贼之辞也。弑君之贼人人得而诛之，所以使乱臣贼子无所容於天地之间也。无知不称君，已不能君，齐人亦莫[⑥]之君也。春秋之初，王道犹未尽坠，人心知有礼义，故州吁之弑[⑦]，卫人以为贼，不逾年卒讨之。无知之弑，齐人以为贼，逾年卒讨之。无知不成君，而雍廪得书人，国犹有臣子也。

注释 ①无知：指公孙无知。②雍廪：齐国大夫。③挈：举出其过错。此指弑君的行为。④嫌：猜疑。⑤虐：虐待。⑥莫：不要。⑦州吁之弑：指卫桓公十六年（前719年），卫桓公之弟公子州吁聚集从卫国逃走的流民袭杀了桓公，自立为卫君，是为卫前废公。

春秋 公及齐大夫盟于蔇（蔇，《公羊》《穀梁》作暨。杜注：鲁地，琅琊缯县北有蔇亭。在今山东峄县东故鄫城）。

左传 公及齐大夫盟于蔇。齐无君也。

公羊传 公曷为与大夫盟？齐无君也。然则何以不名？为其讳与大夫盟也，使若众然（邻国之臣，犹吾臣也。君之于臣，当告从命行，而反歃血约誓，故讳使若悉得齐诸大夫而约束之者）。

穀梁传 公不及大夫，大夫不名，无君也。盟，纳子纠[①]也。不日，其盟渝[②]也（变盟立小白）。当齐无君，制[③]在公矣。当可纳而不纳，故恶内也。

解义 及者，内为志也。蔇，鲁地也。公邀齐大夫至鲁地而盟，纳子纠也，大夫不名，来者非一人也。公於不共戴天之仇，生则屡[④]与会好，殁则谋定其国家[⑤]，而图其后嗣[⑥]，天理灭矣。故书及，以著其本心之丧失也。

注释　①子纠：即公子纠（？—前685）春秋时齐国人。齐襄公之弟，母为鲁女。齐襄公时，政令无常，恐遭杀害，于鲁庄公八年（前686）携管仲、召忽奔鲁。襄公被杀后，齐国内乱，鲁派兵护送他返齐争位，管仲射中公子小白的衣扣（齐桓公），小白倒地装死，结果时出奔在莒的公子小白（桓公）已先回齐即位，派兵在乾时击败鲁军，在齐国胁迫下，他为鲁君所杀。②渝：改变。③制：决断，决定。④屡：多次。⑤殁（mò）：死。谋定：指谋划安定。⑥图：谋划。后嗣：后代，此指继承人。

春秋　夏，公伐齐纳纠[①]，齐小白[②]入于齐（纳纠，《左》作纳子纠）。

左传　夏，公伐齐，纳子纠。桓公自莒先入[③]。

公羊传　纳者何？入辞也。其言伐之何？伐而言纳者，犹不能纳也。纠者何？公子纠也。何以不称公子？君前臣名也（公子无去国之义，去公子，见臣于鲁也）。曷为以国氏（称齐小白）？当国也。其言入何？篡[④]辞也。

穀梁传　当可纳而不纳，齐变而后伐，故乾时之战[⑤]不讳败，恶内也。大夫出奔，反以好曰归，以恶曰入。齐公孙无知弑襄公，公子纠、公子小白不能存，出亡。齐人杀无知而迎公子纠于鲁。公子小白不让公子纠先入，又杀之于鲁，故曰齐小白入于齐，恶之也。

解义　纠不称子，国非其国也。入者，难辞也。小白系齐，宜有国也。按《公》、《穀》、《荀子》[⑥]、《史记》[⑦]，皆以子纠为兄，小白为弟。程子以薄昭之言证小白为兄[⑧]，朱子[⑨]以为疑。《左传》、《史记》、杜预谓小白、子纠为僖公子，而程子以为襄公子，未知孰是。而以《经》文断之，忽[⑩]系郑，而突[⑪]不系郑，则嫡庶之辨也；捷菑[⑫]不系邾，而书弗克纳，则长幼之辨也。今小白系齐,则郑忽之例也;纠不称子而书纳,则捷菑之例也,小白与纠当立不当立之义明矣。小白与纠当立不当立之义明,而管仲、召忽[13]之是非功罪亦辨,直以《经》断《传》可也。

注释 ①纳纠:护送公子纠。②齐小白:齐公子小白,即齐桓公。③桓公:齐桓公,小白。莒:莒国。④篡:指臣子夺取君位。⑤乾时之战:鲁庄公九年(前685年)秋,鲁庄公为助公子纠争位,再度领兵攻齐。齐、鲁两军在齐都临淄以西的乾时相遇。齐军以逸待劳,大败鲁军。⑥《荀子》:记录着荀子思想的典籍。荀子(约前313—前238年)名况,字卿,战国末期赵国猗氏(今山西安泽)人。著名思想家、文学家、政治家,儒家代表人物之一,时人尊称“荀卿”。对儒家思想有所发展,对重整儒家典籍也有相当的贡献。⑦《史记》:是我国西汉著名史学家司马迁撰写的一部纪传体史书,是中国历史上第一部纪传体通史,被列为二十四史之首。原名《太史公记》。该书是中国古代最著名的古典典籍之一,记载了上自上古传说中的黄帝时代,下至汉武帝元狩元年间共3000多年的历史。与后来的《汉书》、《后汉书》、《三国志》合称“前四史”。⑧程子:即二程中的程颐。程颐(1033—1107年),教育家。字正叔,人称伊川先生,北宋洛阳人。与其胞兄程颢共创“洛学”,为理学奠定了基础。与其兄程颢不但学术思想相同,而且教育思想基本一致。薄昭:是汉文帝的舅舅,汉文帝十年(公元前170年)薄昭因杀汉使者而自杀。⑨朱子(1130—1200年):指的是历史上著名的理学家、新儒家朱熹,雅号朱文公字元晦,号晦庵、晦翁,别号紫阳,晚年自称“茶仙”,祖籍徽州婺源(今属江西),出生于南剑州尤溪(今福建尤溪县)。朱熹为北宋以来理学之集大成者,被尊为古代理学正宗,他是中国封建社会后期影响最大的思想家,后人将他视为儒学宗师。其思想学说从元代开始成为中国的官方哲学,不仅深刻地影响了中国的传统思想文化，而且还远播海外，产生相当大的影响。⑩忽：郑公子忽。⑪突：郑公子突。⑫捷菑：邾国邾文公之庶子。邾文公去世后，邾国人立嫡子定公为君，捷菑逃亡到晋国。⑬管仲(约前723—前645年)：姬姓，管氏，名夷吾，谥曰"敬仲"，齐国著名的政治家、军事家。为齐国上卿(即丞相)，被称为"春秋第一相"，辅佐齐桓公成为春秋时期的第一霸主。管仲的言论见于《国语·齐语》，另有《管子》一书传世。召忽：春秋时齐国人，与管仲同事襄公子公子纠。

春秋　秋，七月丁酉，葬齐襄公。

解义　九月乃葬，乱故也。无知已诛，可以葬矣。

春秋　八月庚申，及齐师战于乾时，我师败绩(乾时，杜注：齐地，时水在乐安县界，支流。旱则竭涸，故曰乾时。今乐安故城，在山东博兴县北，时水在县南)。

左传　秋，师及齐师战于乾时，我师败绩，公丧戎路[①]，传乘[②]而归(传乘，乘他车)。秦子、梁子以公旗辟于下道(二子，公御及戎右也，以误齐师)，是以皆止(获也)。

公羊传　内不言败，此其言败何？伐败也(伐，夸大也)。曷为伐败？复仇也(复仇以死败为荣)。此复仇乎大国，曷为使微者？公也。公则曷为不言公？不与公复仇也。曷为不与公复仇？复仇者在下也(公实为不纳子纠伐齐，诸大夫以为不如以复仇伐之，非诚心至意，故不与也)。

解义　内不言败，而乾时之败不讳者，能与仇战，虽败犹荣也。《传》称公丧戎路，传乘而归，而《经》不书公，何也？明公之志在纳纠，不知仇之当复也。微者之战不名而书及者有之矣。此书及，何以别扵[③]微者之战也？上书公及齐大夫盟于蔇，公伐齐纳纠，则此战公实主[④]之，不待传而明矣。

注释　①戎路：指四匹马的兵车。②传乘：指乘轻便的快车。③扵(yú):同"於"。④主:主持。

春秋 九月,齐人取子纠,杀之。

左传 鲍叔帅师来言曰:"子纠,亲也,请君讨①之。管、召,仇也,请受②而甘心焉。"乃杀子纠于生窦(生窦,杜注:鲁地。《史记》作笙渎。贾逵曰:句渎也。今山东曹州北有句阳古城,即句渎故地),召忽死之。管仲请囚,鲍叔受之,及堂阜而税之(堂阜,杜注:齐地。东莞蒙阴县西北有夷吾亭,鲍叔解夷吾缚于此,因以为名。今堂阜在山东蒙阴县西北税脱同)。归而以告曰:"管夷吾治于高傒③(高傒,齐卿高敬仲也。言管仲治理政事之才,多于敬仲),使相④可也。"公从之。

公羊传 其取之何?内辞也,胁我使我杀之也。其称子纠何?贵也。其贵奈何?宜为君者也。

穀梁传 外不言取,言取,病内也。取,易辞也,犹曰取其子纠而杀之云尔。十室之邑,可以逃难,百室之邑,可以隐死。以千乘之鲁而不能存子纠,以公为病矣。

解义 鲁杀子纠于生窦,而《经》书齐人取之者,齐令也。是犹齐人取於鲁,而杀之尔,恶齐而亦以病鲁也。纳纠不称子,明不当立也,此特书子,明不当杀也。不目桓公而称齐人,并其国人而罪之也。废立之际,权寄⑤於当国大臣,齐大夫始谋不审⑥,既与鲁盟而欲立之,终乃假手⑦於鲁以加刃焉,则皆不得辞⑧其罪矣。

注释 ①讨:相当于"杀"。②受:指接受管、召以便把他们带回去亲自处置。③治:治理才能。高傒(xī):齐国上卿。治于高傒:比高傒更有治国才能。④相:指辅佐君王。⑤寄:寄托。⑥审:审慎,周密。⑦假手:借他人之手来达到自己的目的。⑧辞:推辞,推托。

春秋 冬,浚洙(洙水出鲁国东北,西南入沇水,下合泗)。

公羊传 洙者何?水也。浚之者何?深之也。曷为深之?

畏齐也(洙在鲁北,齐所由来)。曷为畏齐也?辞杀子纠也(时鲁见胁於齐,微弱可耻,故讳使若辞,不肯杀子纠,齐自取杀之,畏齐怒而备也)。

穀梁传　浚洙者,深洙也。著力不足也。

解义　洙水,在鲁北,齐伐鲁之道[①]也。鲁虽杀子纠,犹有畏齐之心,故浚而深之,以备[②]齐也。公不能明刑政[③],结人心,以自强於为治,使大国畏之。而以畏齐浚洙,不知固国以保民为本,轻用民力,妄兴大役,适足以摇邦本[④]。况洙水近在鲁城之北,欲恃此以不恐[⑤],即此见,谋国之无人,而召侮[⑥]於邻敌矣!

注释　①道:通道。②备:防备。③刑政:指刑法贯彻实施的状况。④适足:指恰恰是。摇:动摇。邦本:国家根本。⑤恃:依赖。恐:畏惧。⑥召:召致。侮:欺负。

春秋　十年春王正月,公败齐师于长勺(长勺,杜注:鲁地)。

左传　十年春,齐师伐我。公将战,曹刿[①]请见(曹刿,鲁人)。其乡人曰:"肉食者谋之,又何间焉[②]"(肉食,在位者。间犹与也)。刿曰:"肉食者鄙[③],未能远谋。"乃入见。问:"何以战?"公曰:"衣食所安,弗敢专[④]也,必以分人。"对曰:"小惠未遍,民弗从也。"(衣食,所惠不过左右,故曰未遍)公曰:"牺牲玉帛,弗敢加也,必以信[⑤]。"(祝辞不敢以小为大,以恶为美)。对曰:"小信未孚[⑥](孚,大信也),神弗福也。"公曰:"小大之狱,虽不能察,必以情[⑦]。"(必尽已情。察,审也)对曰:"忠之属也(上思利民,忠也),可以一战,战则请从。"公与之乘(共乘兵车)。战于长勺。公将鼓之。刿曰:"未可。"齐人三鼓,刿曰:"可矣。"齐师败绩。公将驰[⑧]之。刿曰:"未可。"下,视其辙(视车迹也),登轼[⑨]而望之,曰:"可矣。"遂逐齐师。既克,公问其故。对曰:"夫战,勇气也,一鼓作气,再而衰,三而竭。彼竭我盈,故克之。夫大国难测也,惧有伏[⑩]焉(恐诈奔)。吾视其辙乱,望其旗靡[⑪],故逐之。"

穀梁传 不日,疑战也(言不克日而战,以诈相袭)。疑战而曰败,胜内也(谓胜在内)。

解义 长勺之战,以报乾时之役。鲁地,而齐师至焉,疑罪之在齐也。乃《经》於齐不书伐,而鲁书败,意在责鲁[12],何也?观长勺之胜,鲁非甚弱,必不能与齐敌[13]也。使庄公移乾时之战於桓公[14]见戕[15]之时,移长勺之战於齐襄未死之日,则胜亦荣也,败亦荣也。庄公之师不以复父仇[16],而以纳仇人之子,既败而逞忿[17],以剿民设诈以怒敌[18],败固为耻,而胜亦不足道[19]矣。故主[20]鲁而以诈战书其义,可谓深切著明矣。

注释 ①曹刿:鲁国人,出身低微,足智多谋,长勺之战中,助鲁庄公打败强齐,创造以弱胜强的经典之战。②肉食者:指在位的贵族。间:参与。③鄙:鄙陋不通。④专:专享。⑤牺牲玉帛:祭祀之物。加:变更。信:诚实。⑥孚:覆盖,普遍,孚借为"覆"。一说孚即信用,信服。⑦察:洞察,明察。情:实情。⑧驰:追逐。⑨轼:车前横木,站在上面可以远望。⑩伏:埋伏。⑪靡:偃倒。⑫责:责备,谴责。⑬敌:匹敌。⑭桓公:鲁桓公。⑮戕:戕害。⑯复父仇:指报齐襄公杀害鲁桓公之仇。⑰仇人之子:指齐襄公之子,子纠。逞忿:犹逞怒。⑱剿:动词。动用,劳累。设诈:指施用诡计。⑲道:称道,赞赏。⑳主:主推。

春秋 二月,公侵宋(此书侵之始)。

公羊传 曷为或言侵,或言伐?粗者曰侵(侵者,兵加其竟而已,以罪轻无深责焉,于义为粗),精者曰伐(执词以伐,于义为精)。战不言伐,围不言战,入不言围,灭不言入,书其重者也。

穀梁传 侵时,此其月何也?乃深其怨[1]于齐,又退[2]侵宋以众其敌,恶之,故谨而月之。

解义 潜师掠境[3]曰侵。宋、鲁未尝有隙[4],庄公以侥幸[5]得志於齐,遂举无名之师乘胜以掠宋境。皆召兵[6]之道,非保国之谋,所以致次郎[⑦]之师也。

注释　①怨:怨恨。②退:退后。③潜师:秘密出兵。掠境:指掠过边境。④隙:怨恨。⑤侥幸:意外获得成功。⑥召:召致,引来。兵:战争。⑦次郎:意思是驻扎于郎地。

春秋　三月,宋人迁宿[①](此迁国之始)。

公羊传　迁之者何?不通也,以地还之也(还,绕也。宋欲迁宿,先绕取其地,使不得通四方,宿穷,从宋求迁,故得言迁)。子沈子[②]曰:"不通者,盖因而臣之也"(宿不得通四方,宿君迁,宋因臣有之)。

穀梁传　迁,亡辞也(为人所迁,则无复国家,故曰亡辞)。其不地,宿不复见也(国亡,不复见《经》)。迁者,犹未失其国家以往者也(谓自迁者)。

解义　迁国之例有二,其以自迁为文者,邢迁于夷仪[③],卫迁于帝丘之类是也[④]。以迁国为文者,宋人迁宿,齐师迁纪郱、鄑、郚[⑤]之类是也。宿介宋、鲁之间,属宋而亲鲁,宋人以为贰而迁之,自是亡矣。然迁之使属役於己,而不灭其社稷宗庙[⑥],尚知有所畏忌,则是王泽之未竭也[⑦]。僖、文[⑧]以后,有灭国无迁国矣。

注释　①宿:即宿国,风姓。周初分封七十一国之一,为姬姓之外的异姓国,故址在今山东东平县稍南2里。春秋时期,宋国灭亡宿国。公元前684年,宋闵公以宿男属宋而亲鲁为借口,强令宿国迁于宋国内地,以为附庸。今江苏宿迁即春秋宋人迁宿之地。②子沈子:指春秋沈国之沈子逞。沈国,姬姓,春秋时诸侯国。在今河南平舆。③邢:即邢国,周成王所封,姬姓,侯爵。在今河北邢台。夷仪:邢国之都。在今邢台市西部浆水镇(一说今山东聊城西南)。周惠王十八年(公元前659年),赤狄攻邢(今河北邢台市境),邢溃,迁都于夷仪。齐、宋、曹等国为之筑城。周襄王十八年(公元635年),卫灭邢。后地于卫。④

卫:指卫国,周王朝的同姓诸侯国之一。姬姓,卫氏。都城朝歌,今河南省北部鹤壁的淇县。帝丘:在今河南濮阳西南,传说为颛顼古都。⑤郱(píng):古邑名,春秋时纪地,后属齐,在今山东省临朐县东南。鄑(zī):春秋时纪国邑名,后属齐,在今山东省昌邑县西北。郚(wú):古邑名,春秋纪邑,后属齐。故城在今山东省安丘县西南。⑥社稷:古代帝王、诸侯所祭的土神和谷神。此指国家。宗庙:指祭祀列祖列宗的地方。⑦泽:恩泽。竭:尽。⑧僖:指鲁僖公。文:指鲁文公。

春秋 夏六月,齐师、宋师次[1]于郎。公败宋师于乘丘(乘丘,杜注:鲁地。西汉泰山郡有乘丘县。颜师古曰:即春秋乘丘也。《括地志》:乘丘在瑕丘县西北,今山东滋阳县西有古瑕丘城)。

左传 夏,六月,齐师、宋师次于郎。公子偃曰(公子偃,鲁大夫):"宋师不整,可败也。宋败,齐必还。请击之。"公弗许。自雩门窃出,蒙皋比而先犯之(雩门,鲁南城门。皋比,虎皮)。公从之[2],大败宋师于乘丘。齐师乃还。

公羊传 其言次于郎何?伐也。伐则其言次何?齐与伐而不与战,故言伐也(此解本所以当言伐,意谓若齐本与宋共伐,而但不与战,则既成乎。伐可言伐也)。我能败之,故言次也(此解本所以不言伐,言次之意言二国才止次未成于伐,鲁即能败宋师,齐师罢去,故不言伐言次也)。

穀梁传 次,止也。畏我也。不日,疑战也。疑战而曰败,胜内也。

解义 齐以长勺之役,宋以公侵之,故致怨于鲁,连兵境上[3],意欲乘衅[4]报复,固为无名之师。鲁不能修辞执礼以退二国[5],而偷一时之便,攻其不备,以积怨怒邻,亦非安国便民之道也。故次者不以其事,胜者不以其理,盖交讥之。

注释 ①次:驻扎。②公从之:鲁庄公见公子偃已私自领兵出击,为免鲁军吃亏,不得已领兵随后。③境上:指边境上。④乘衅:利用机会,趁空子。⑤修辞执礼以退二国:意思是用友好的言语,良好的礼仪来使齐、宋两国退兵。

春秋　秋九月,荆败蔡师于莘[①],以蔡侯献舞[②]归(舞,《穀梁》作武。莘,杜注:蔡地。在今河南汝阳县境)。

左传　蔡哀侯娶于陈,息侯亦娶焉。息妫将归[③],过蔡。蔡侯曰:"吾姨也"(妻之姊妹曰姨)。止而见之,弗宾[④](不礼敬也)。息侯闻之,怒,使谓楚文王曰[⑤]:"伐我,吾求救于蔡,而伐之。"楚子从之。秋,九月,楚败蔡师于莘,以蔡侯献舞归。

公羊传　荆者何?州名也(州,谓九州。冀、兖、青、徐、扬、荆、豫、梁、雍)。州不若国,国不若氏,氏不若人,人不若名,名不若字,字不若子。蔡侯献舞何以名?绝。曷为绝之?获也。曷为不言其获?不与夷狄之获中国[⑥]也。

穀梁传　荆者楚也。何为谓之荆?狄[⑦]之也。何为狄之?圣人立,必后至,天子弱,必先叛,故曰荆,狄之也。蔡侯何以名也?绝之也。何为绝之?获也。中国不言败,此其言败何也?中国不言败,蔡侯其见获乎?其言败何也?释蔡侯之获也(讳获,故止言败)。以归,犹愈乎执也(讳见执,故言以归)。

解义　楚祝融[⑧]之后,其先鬻熊[⑨]为文王师,封於丹阳,而始见《经》,以州举者僭号[⑩]称王,肆毒[⑪]於上国也。诸侯不生名而书败、书入、书灭,而以其君归者则名,以不能守其国,又不能守於位,而甘为臣仆,故贱之也。蔡侯献舞、潞子婴儿[⑫]、沈子嘉[⑬]、许男斯[⑭]、顿子牂[⑮]、胡子豹[⑯]、曹伯阳[⑰]、邾子益[⑱]皆名,而夔子[⑲]不名,虽国灭而身执[⑳],其义不可屈也。

注释　①荆:古代"九州"之一,春秋时楚国别称。楚国,又称荆、荆楚,春秋战国时诸侯国。楚国祖先族姓芈(mǐ),熊氏。辖地大致为现在的湖南、湖北全部、重庆、河南、安徽、江苏、江西部分地方。蔡:春秋诸侯国名,在今河南省上蔡县、新蔡县一带。②蔡侯献舞:即蔡哀侯(?—前675年),春秋时蔡国国君。名献舞,一名季。蔡桓侯弟,蔡缪侯父。公元前694—前675年在位。因不敬息侯之妻,激怒息侯。蔡哀侯十一年(前684),息侯与楚文王计,被虏去楚。在楚九年而卒。③将归:意思是将回陈国探亲。④弗宾:不用客礼对待,大概有轻佻的行为。⑤楚文王:(?—公元前675年),楚武王子,芈姓,熊氏,名赀(zī)。公元前690年,武王于伐随途中卒,次年,熊赀继位为楚国国君,即楚文王。因武王在位长达51年,文王继位时已人到中年了,其性格是锋芒毕露的。他的兴趣和精力贯注在战争上,他以战争为手段实现了武王"观中国之政"的宏愿。⑥中国:古时通常泛指中原地区,与"中华""中夏""中土""中州"含义相同。古代华夏族、汉族建国于黄河流域一带,以为居天下之中,故称中国。⑦狄:春秋时对中原以外其它各民族的泛称。⑧楚:即楚国。祝融:本名重黎,中国上古神话人物,号赤帝,后人尊为火神。有人说祝融是古时三皇五帝三皇之一。据《山海经》记载,祝融的居所是南方的尽头,是他传下火种,教人类使用火的方法。另一说祝融为颛顼帝孙重黎,高辛氏火正之官,黄帝赐他姓"祝融氏"。⑨鬻(yù)熊:姓芈,名熊,又称为熊蚤,芈蚤。祝融氏的后代,是陆终第六个儿子季连的后裔。楚人以鬻熊为始祖。⑩僭号:冒用帝王的称号。⑪肆毒:任意残杀和迫害。⑫潞子婴儿:(公元前六世纪)春秋时代赤狄族人,是赤狄族潞国(在今山西省潞城市东北)国君。⑬沈子嘉:春秋沈国国君,妫姓,子爵。公元前506年,沈国被蔡国灭掉。沈子嘉之后,逃奔楚国,为不忘亡国之恨,以故国"沈"字为氏,形成沈姓。此为姬姓之沈。⑭许男斯:姜姓,名斯,为春秋诸侯国许国君主之一。前522年立。前504年,许国被郑国所灭,他被夺去君主称号。⑮顿子牂:顿国末代国君,姬姓国。公元前 496 年为楚所灭,存在了 550 年。顿国的存续,是西周至春秋时期政治、经济和社会发展的一个缩影,从一个侧面见证了当时的历史状况。⑯胡子豹:春秋时期胡国末代国君,子爵,名豹。吴王阖闾攻入楚都时,胡子豹攻占了临近胡国的楚国城邑。楚国复国,胡子豹也不事楚,说:“存亡有命,事楚何为? 多取费焉。”鲁定公十五年(前 495 年)二月辛丑,楚昭王灭胡,俘虏胡子豹。⑰曹伯阳:姬姓,是春秋曹国最后君主。在位期间为前 501 年 – 前 487 年,在位 15 年。前 487 年,宋国攻打曹国,曹伯阳被抓,曹国灭。⑱郳子益:即郳隐公,曹姓,名益,为春秋诸侯国郳国君主第 17 代君主,是郳庄公的儿子。第一次在位 19 年,被吴国俘虏废黜,后来逃到鲁国、齐国。吴王夫差立他的儿子郳桓公继位。前 473 年,越王勾践灭吴,扶植郳隐公复位。前 471 年,郳隐公暴虐,越国把他废黜,立他的儿子郳子何继位。郳隐公死在越国。⑲夔(kuí)子:芈姓,夔氏,名不详。夔都(今湖北省秭归境)人。春秋时夔国最后一个国民。不愿依附强楚,平时也不祭祀楚、夔的祖先祝融、鬻熊。前 634 年,楚令尹子玉以其不敬楚之先祖为由,率楚军灭夔,并把他押至楚国。⑳执:捕捉,逮捕。

春秋　冬十月,齐师灭谭,谭子奔莒(此书灭国之始。谭,杜注:谭国,在济南平陵县西南。今山东历城县东南有谭城)。

左传　齐侯之出[①]也,过谭,谭不礼焉。及其入[②]也,诸侯皆贺,谭又不至。冬,齐师灭谭,谭无礼也。谭子奔莒[③],同盟故也。

公羊传　何以不言出? 国已灭矣,无所出也。

解义　诸侯国灭,失地则名。而谭子不名者,盖其所失者,事大国之礼,而未尝有可灭之罪,故恕之也。灭而书奔,责[④]不死於其位也。不书出,国亡[⑤]无所出也。不书名者,已无取灭[⑥]

之罪。为强大所并[7],出於不幸,而义未可绝也。齐桓於图霸之初,用管仲攻瑕[8]之术,肆[9]其兵威,凌暴弱小,以恐惧天下之诸侯。谭之亡也,特出於不幸耳,故存其爵,而不比於失地之君。楚子灭弦[10],弦子奔黄[11];狄灭温[12],温子奔卫,义犹是也。

注释 ①出:指逃亡在外。②入:指回国。③莒:莒国,春秋时诸侯国,国君为己姓。前481年,莒郊公亡国。今山东省莒县。④责:谴责。⑤亡:灭亡。⑥灭:此指亡国。⑦并:吞并。⑧攻瑕:攻击弱处。⑨肆:肆虐。⑩弦:指弦国,今湖北省大悟县和红安县西部。《中国古今地名大辞典》上说:"弦,周国名。子爵,春秋时灭于楚。"⑪黄:指黄国。春秋诸侯国,嬴姓。今河南省潢川县一带。⑫温:东周王畿之内的小国。今河南省温县一带。始祖为周武王的司寇苏忿生。温国都邑为温邑,国君称温子。后温子背叛周王室,亲近狄人,而狄人来攻温时,周王室不救,所以灭亡,温子出奔卫国。狄人灭温后撤退,温地为周王室所有。

春秋 十有一年春王正月。

春秋 夏五月,戊寅,公败宋师于鄑(鄑,杜注:鲁地。当在今山东兖州府境,与元年在都昌县西者乃二地)。

左传 十一年夏,宋为乘丘之役故侵我。公御之,宋师未陈而薄[1]之,败诸鄑。凡师,敌未陈曰败某师(谓设权谲变诈以胜敌,彼我未得成列,成列而未得用,故以未陈独败为文),皆陈曰战(坚而有备,各得其所,成败决于志力者也),大崩曰败绩(师徒桡败,丧其功绩,故曰败绩),得俊[2]曰克(克,胜也。战胜其师获得其雄俊者),覆[3]而败之曰取某师(覆,隐也。攻其不备,若纲罗所掩覆,一军皆见禽制,故曰取),京师败曰王师败绩于某(王者无敌于天下,故以自败为文明天下莫之得校)。

穀梁传 内事不言战,举其大者。其日,成败之也(结日列陈,不以诈相袭,得败师之道,故曰成)。宋万之获也。

解义　宋师再至,再败,兵祸旋[4]及其君。鲁虽再胜,国亦困於兵矣。《传》书侵我,《经》不书侵,盖与长勺[5]义同。

注释　①薄:迫近。②得俊:战胜敌军,俘获敌军首领或勇士。俊,才智出众之人。③覆:埋伏。④兵祸:指战争的祸害。旋:归。⑤长勺:指长勺之战。

春秋　秋,宋大水。

左传　秋,宋大水。公使吊[1]焉,曰:"天作淫雨,害于粢盛[2],若之何不吊?"对曰:"孤实不敬,天降之灾,又以为君忧,拜命之辱[3]。"臧文仲[4]曰(臧文仲,鲁大夫):"宋其兴乎。禹、汤罪己,其兴也悖[5]焉。(悖,勃。同盛貌),桀、纣罪人,其亡也忽[6]焉(忽,速貌)。且列国有凶称孤,礼也。言惧而名礼,其庶乎[7]!"(言惧,罪己;名礼,称孤;其庶,庶几于兴)既而闻之曰:"公子御说[8]之辞也。"(御说,宋庄公子)臧孙达[9]曰:"是宜为君,有恤民之心。"

公羊传　何以书,记灾也。外灾不书,此何以书?及我也(时鲁亦有水灾,书鲁则宋灾不见,两举则烦文不省,故诡例书外以见内也)。

穀梁传　外灾不书,此何以书?王者之后也。高下有水灾曰大水。

解义　《春秋》凡外灾来告则书者,诸侯之於四邻,有恤病[10]救急之义。则告,为得礼,而不可以不吊。故四国同灾,许人不吊,君子讥之。凡志灾,皆所以示天戒[11]之当谨[12],民隐之,宜恤[13]也。

注释　①吊:慰问。②粢盛:祭祀所用的黍稷,此指庄稼。③拜命之辱:当时习惯用语,相当于"承蒙关照,实不敢当"。④臧文仲:即臧孙辰,鲁国大夫。⑤悖:同"勃",兴起;旺盛。⑥忽:疾速。⑦言惧:言辞谦恭惶恐。名礼:名称合于礼义。庶:庶几。⑧公子御说(yuè):宋庄公之子,宋闵公之弟,即后来的宋桓公。⑨臧孙达:即臧哀伯。⑩恤病:指救援有危难的人。⑪天戒:指上天给予的儆戒。⑫谨:慎重对待。⑬恤:体恤。

春秋 冬,王姬归于齐。

左传 冬,齐侯[1]来逆共姬。

公羊传 何以书?过我也(时王者嫁女于齐,途过鲁,明当有送迎之礼。在途不称妇者,王者无外,故从在国辞)。

穀梁传 其志,过我也。

解义 王姬,齐桓公夫人也。主襄公之昏,其罪大,故书之详;主桓公之昏,其罪小,故书之略;此轻重之权衡也。《春秋》之义,尊王朝,抑[2]列国,惟王姬下嫁与列国之女同辞而不异。盖以王姬虽贵,其当执妇道,与公、侯、大夫、士、庶人之女同。所以述[3]天理,训[4]万世也。

附录左传 乘丘之役(在十年),公以金仆姑[5]射南宫长万(金仆姑,矢名。南宫长万,宋大夫),公右歂孙生搏之[6](搏,取也)。宋人请之,宋公靳[7]之(鲁听其得还。戏而相愧曰靳),曰:"始吾敬子,今子,鲁囚也。吾弗敬子矣。"病[8]之(万不以为戏,而以为己病。为宋万弑君传)。

注释 ①齐侯:齐桓公。②抑:抑卑,贬低。③述:陈述。④训:教导,教诲。⑤仆姑:箭名。⑥右:车右。生搏:活捉。⑦靳(jìn):羞辱,取笑。⑧病:担忧、恐惧。宋万误以为闵公对己不满而担忧、恐惧。

卷十一

庄公(十二年之十九年)

春秋 十有二年春王三月,纪叔姬归于酅[①]。

公羊传 其言归于酅何?隐[②]之也。何隐尔?其国亡矣,徒归于叔尔也(叔者,纪季也。妇人谓夫之弟曰叔)。

穀梁传 国而曰归,此邑也,其曰归,何也?吾女也,失国,喜得其所,故言归焉尔(叔姬守节,积有年矣。纪季以酅入于齐,时齐听后五庙,故叔姬归于酅,鲁喜其女得申其志。而书之)。

解义 纪亡矣,叔姬至是始归者,纪侯[③]卒也。归,顺辞,妇人夫死无子而终于父母家,非正也。纪季入[④]齐,五庙[⑤]在焉,叔姬不归於鲁,而归于酅,鲁人高其节义,恩礼有加焉,其归及卒葬悉书于册,孔子存而不削,为后世劝[⑥]也。先儒谓叔姬归,奉纪祀,非也。凡祭,必夫妇亲之,故舅没则姑老,纪侯大去,季之主祀久矣[⑦],叔姬何与焉?但妇人以夫家为家,无论纪侯有子与否,义当归于酅耳。

注释 ①酅(xī):纪国邑名,在今山东省青州市西北。②隐:隐情。③纪侯:指纪哀侯,姜叔姬。前696年—前690年在位,公元前695齐国入侵,693齐二次入侵并占据三城移走人民,691秋季,齐吞并纪国。④纪季:指纪威侯,姜季,纪哀侯之弟。前690年—前673年在纪国灭后作为一城之主并作为齐国的附庸国。入:并入。⑤五庙:古代诸侯立五庙,即父、祖、曾祖、高祖、始祖之庙。⑥劝:劝戒。⑦季:指纪季。主:主持。

春秋 夏四月。

春秋 秋八月甲午,宋万弑其君捷及其大夫仇牧[①](捷,《公羊》作接)。

左传 十二年秋，宋万弑闵公于蒙泽[2]（蒙泽，杜注：宋邑。梁国有蒙县，今河南商丘县北有蒙泽，南有蒙县古城）。遇仇牧于门，批[3]而杀之（手批之也）。遇大宰督[4]于东宫之西（华督），又杀之（杀督不书，宋不以告）。立子游（子游，宋公子）。群公子奔萧[5]（萧，杜注：宋邑。沛国萧县，今县属江南徐州府，县北有萧城）。公子御说奔亳（亳，杜注：宋邑。蒙县西北有亳城，今河南商丘县北有大蒙城。皇甫谧[6]所谓蒙，为北亳是也）。南宫牛、猛获[7]帅师围亳（牛长万之子。猛获，其党）。

公羊传 及者何？累也。弑君多矣，舍此无累者乎？孔父、荀息[8]皆累也。舍孔父、荀息无累者乎？曰："有。"有则此何以书？贤也。何贤乎仇牧？仇牧可谓不畏强御[9]矣。其不畏强御奈何？万[10]尝与庄公战（即乘之役），获乎庄公（为庄公所获）。庄公归，散舍诸宫中（散，放也。舍，止也），数月然后归之。归反为大夫于宋。与闵公博（博，戏名），妇人皆在侧。万曰："甚矣，鲁侯之淑，鲁侯之美也（美好）！天下诸侯宜为君者，唯鲁侯尔！"闵公矜此妇人（自矜其色于此妇人），妒其言，顾曰："此虏也（顾谓侧妇人：此万也虏，执虏也）！尔虏焉故（尔，汝也。谓万也，更向万曰汝尝执虏于鲁侯，故称誉尔），鲁侯之美恶乎至（恶乎至，犹何所至）？"万怒搏闵公，绝其脰（脰，颈也。齐人语）。仇牧闻君弑，趋而至，遇之于门，手剑而叱之。万臂摋[11]仇牧（侧手曰摋），碎其首，齿著乎门阖（阖扇）。仇牧可谓不畏强御矣。

穀梁传 宋万，宋之卑者也。卑者以国氏，以尊及卑也。仇牧闲也（仇牧，捍卫其君，故见杀也）。

解义 君弑，大夫死于其难，而《经》书之者，厉[12]臣节也。大夫之死君难有不书者，故知书者皆圣人所取[13]也。仇牧不能讨贼，虽死无益於事，然不计力之强弱，事之济否，而以身殉国，亦可以愧人臣之食[14]焉而逃其难者矣。若大宰督则身为大恶，死不足偿[15],故削而不书。

注释　①宋万:即南宫长万。捷:指宋闵公,名捷。仇牧:宋大夫。②蒙泽:宋国地名,在今河南省商丘县北。③批:反手击打。④大宰督:即华督。大宰,官名。⑤萧:宋附庸国。在今安徽省萧县西北。⑥皇甫谧(公元215—282年),字士安,幼名静,自号玄晏先生,安定朝那(今甘肃灵台县)人。是中国历史上的著名学者,在文学、史学、医学诸方面都很有建树。⑦南宫牛:南宫长万之子。猛获:南宫长万的同党。⑧孔父:即孔父嘉(?—前710)春秋宋国大臣。名嘉,字孔父。孔子六世祖,官为大司马。荀息:生年不详,卒于晋献公二十六年(前651年),名黯,息为表字,春秋晋国大夫。⑨强御:强而有力的人。⑩万:指宋万。⑪搬(sà):侧手击。⑫厉:激励,勉励。⑬取:选取,选择。⑭愧:使……羞愧。食:食君之禄。⑮偿:偿命。

春秋　冬,十月,宋万出奔陈。

左传　冬十月,萧叔大心(叔,萧大夫名)及戴、武、宣、穆、庄之族(宋五公之子孙)以曹师伐之[1]。杀南宫牛于师,杀子游于宋,立桓公(桓公,御说)。猛获奔卫;南宫万奔陈,以乘车辇[2]其母,一日而至(驾人曰辇。宋去陈二百六十里,言万之多力)。宋人请猛获于卫,卫人欲勿与,石祁子曰(石祁子,卫大夫):"不可。天下之恶一也,恶于宋而保[3]于我,保之何补[4]?得一夫而失一国,与恶[5]而弃好,非谋也。"卫人归之。亦请南宫万于陈,以赂[6]。陈人使妇人饮之酒,而以犀革[7]裹之,比及[8]宋,手足皆见[9]。宋人皆醢[10]之。

解义　万弑君之贼也,陈受其奔,为逋逃[11]主,及贪宋赂,然后以狙诈缚[12]之。故书万出奔陈,而不书宋人杀万,以著陈人党恶之罪也。先儒或并罪宋人之逸贼[13]缓讨,则过矣。万既多力,又执国权立子游,而遣师围亳[14],萧叔以五族及曹师伐之,连兵浃月[15]仅乃克之,岂能禁万之逸耶[16]?庆父弑鲁闵公奔莒[17],莒人受赂而后归之,及境而缢[18],故闵公不书葬,不以讨贼予鲁也。宋人杀万不书,疑若庆父自缢之类;或使者畏其勇,因其手足皆见而道杀之,至宋然后醢之耳。果生致於宋而明正其诛,安得不以讨贼许宋哉!盖臣子之心,急於得贼,邻国求赂,不容不致,故陈人求赂,罪不可宽[19],而宋人致赂,则义无可责[20]也。

注释 ①萧叔大心:萧国大夫。叔,排行。大心,名。戴、武、宣、穆、庄:指宋戴公、宋武公、宋宣公、宋穆公、宋庄公。②乘车:载人的车子。③保:保护。④补:益处。⑤与恶:袒护邪恶。⑥以赂:送上财物。⑦犀革:犀牛之革。⑧比及:等到。⑨见:现。此指其力气极大,手足破犀牛革而出。⑩醢(hǎi):肉酱。此作动词,即烹。⑪逋(bū)逃:让国贼逃亡。⑫狙诈:伺机取诈。缚:绑缚。⑬逸贼:逃亡的盗贼。⑭亳(bó):宋邑,今安徽省蒙城县境内。⑮浃月:一个月。⑯禁:阻止。逸:逃逸。⑰庆父:鲁庄公同父异母的长弟。鲁闵公:即姬启,为春秋诸侯国鲁国君主之一,是鲁国第十七任君主。莒:即莒国,诸侯国,子爵,嬴姓。今山东省莒县。⑱缢:吊死。⑲宽:宽恕。⑳责:责备,谴责。

春秋 十有三年春,齐侯、宋人、陈人、蔡人、邾人会于北杏。(齐侯,《穀梁》作齐人。北杏,杜注:齐地,当在今山东东阿县境)

左传 十三年春,会于北杏,以平宋乱,遂[1]人不至。

穀梁传 是齐侯、宋公也,其曰人,何也?始疑之。何疑焉?桓非受命之伯也[2],将以事授之者也(言诸侯将权推齐侯使行伯事)。曰:"可矣乎?未乎?"举人,众之辞也。

解义 先儒以四国称人,齐侯书爵,为始霸之辞,非[3]也。宋先君见弑,新君出会,如以丧服[4]见则当书宋子;以嘉服[5]见则当书宋公,以著其违礼,何故没而不书?若以示齐霸,则齐以侯爵序宋上,虽书宋公,亦知主会者齐也。至谓四国之君,贬而称人，以诛乱始，益误[6]矣。谓桓非受命之伯，诸侯不宜私相推戴以为盟主[7]，则首乱[8]者齐也。许首乱者以霸[9]，而罪推戴者以无王，圣人之赏罚，乃若是其无章[10]乎？况据《经》所书，乃诸国之大夫，听命于会之常辞，无以知宋人之独为君也。后儒因此谓曹南[11]独书宋公，城濮[12]独书晋侯，皆始霸之辞。穿凿支离[13]皆由称爵为褒，称人为贬之说误[14]之耳。

注释　①遂：诸侯国，妫姓，在今山东省宁阳县西北，与肥城县的交界处。②桓：即齐桓公。受命：指受天子之命。③非：不；不是。④丧服：为哀悼死者而穿的服装。⑤嘉：幸福；吉祥。服：服装。⑥益：更加。误：谬误；错误。⑦推戴：推举拥戴。盟主：诸侯盟会的领袖或主持者。⑧首乱：带头作乱。⑨许：应允，认可。霸：称霸。⑩无章：不分明。⑪曹南：指曹南之盟。公元前642年，齐桓公死后，宋襄公带领邾、曹、卫等国一起出兵齐国，次年，宋主持曹南之盟，宋襄公继齐称霸。⑫城濮：指城濮之战。公元前632年，为争夺中原霸权，晋军谋略制胜，在城濮（今山东鄄城西南）大败楚军。⑬穿凿：牵强附会。支离：繁琐杂乱。⑭误：误导。

春秋　夏六月，齐人灭遂（遂，杜注：遂国，在济北蛇丘县东北。今山东宁阳县西北有遂乡）。

左传　夏，齐人灭遂而戍之（戍，守也。为后歼于遂张本）。

穀梁传　遂，国也。其不日，微国也。

解义　灭者，亡国之善词，上下之同力也。齐桓恃其众强以劫制[1]诸侯，惧其未尽从也。约之以会，要之以盟，其不顺者，则侵之、伐之、执之、灭之。外假[2]尊周之名，实以自封殖[3]耳。北杏之会[4]，鲁、遂皆不至，齐於鲁有纳纠之憾[5]，有败师之怨[6]，比於遂之可疾[7]轻重较然矣。乃於鲁则屈意而与之和[8]，於遂则凭[9]怒而灭其国。盖知鲁之难服，故结以为助，知遂之无援，则借以示威，且利其土地耳。故曰：五霸者，三王之罪人也⑩。

注释 ①劫制：劫，强迫；制，制服。以武力制服。②假：借用，利用。③封殖：指扶植势力。④北杏之会：齐桓公四年（前682），宋国内乱，大夫南宫万杀宋闵公。次年，齐桓公邀宋、陈、蔡、邾等国于齐北杏（今山东东阿）相会，商讨平定宋乱。⑤纳纠之憾：指齐襄公时，政令无常，公子纠恐遭杀害，于鲁庄公八年（前686年）携管仲、召忽奔鲁。襄公被杀后，齐国内乱，鲁派兵护送他返齐争位，结果时出奔在莒的公子小白已先回齐即位，派兵在乾时击败鲁军，在齐国胁迫下，公子纠为鲁君所杀。⑥败师之怨：此指长勺之战的怨恨。长勺之战发生于周庄王十三年，齐桓公二年，鲁庄公十年（前684年）。齐鲁两个诸侯国交战于长勺，最后以齐国的失败、鲁国的胜利而告终。⑦疾：厌恶；憎恨。⑧屈意：屈就，迁就，委屈心意。和：和解。⑨凭：凭借。⑩五霸：指春秋时代先后称霸的五个诸侯，具体哪五个诸侯，说法不一；据《孟子》原书考察，可能是指齐桓公、晋文公、秦穆公、楚庄公、吴王阖庐。三王：指商汤、周文王、周武王。

春秋 秋七月。

春秋 冬，公会齐侯盟于柯①（柯，杜注：济北东阿，齐之柯邑。今山东东阿县地）。

左传 冬，盟于柯，始及齐平也②。

公羊传 何以不日？易也。其易奈何？桓③之盟不日，其会不致，信之也。其不日何以始乎此？庄公④将会乎桓，曹子进曰："君之意何如（曹子，曹刿。《史记》作曹沫。见庄将会，有惭色，故问之）？"庄公曰："寡人之生则不若死矣（自伤伐齐纳纠不能纳，反为齐所胁而杀之）。"曹子曰"然则君请当其君，臣请当其臣（当，犹敌也，将劫之之辞）。"庄公曰："诺。"于是会乎桓。庄公升坛，曹子手剑而从之。管子进曰："君何求乎（管子，管仲。桓公卒愕不能应，故管子进为此言)?”曹子曰(庄公亦造次不知所言,故任曹子):“城坏压竟(齐数侵鲁取邑,以喻侵深也),君不图与?”管子曰:“然则君将何求?”曹子曰:“愿请汶阳之田⑤(欲复鲁竟)。”管子顾曰:“君许诺?”桓公曰:“诺。”曹子请盟,桓公下与之盟⑥。已盟,曹子摽⑦剑而去之(摽,辟也)。要盟可犯⑧(强见要胁而盟,故云可犯),而桓公不欺⑨;曹子可仇,而桓公不怨。桓公之信⑩著乎天下,自柯之盟始焉。

穀梁传　曹刿之盟也,信齐侯也。桓盟虽内与,不日,信也(公盟例日,外诸侯盟例不日,桓信著,故虽公与盟犹不日)。

解义　书会,齐志也。齐桓图霸⑪,欲结⑫鲁、宋,是以释⑬屡战之怨,而为此盟也。鲁於齐世仇而平⑭,可乎?《传》曰:敌惠敌怨,不在后嗣⑮。鲁庄忘亲昵仇,当齐襄之身数为会好,著於《经》者,详矣。今既易世,而桓公倡霸,合诸侯以尊周室,又可背乎?故书公会,而无贬辞也。

注释　①公:指鲁庄公。齐侯:指齐桓公。②始及齐平也:从此鲁国开始和齐国交好。③桓:指齐桓公。④庄公:指鲁庄公。⑤汶阳之田:在今山东省泰安市西南一带,因位于大汶河以北,所以被称为“汶阳田”,有时也泛指大汶河两岸的沃野。⑥盟:指宣誓缔约。⑦摽(biāo)剑:即弃剑。⑧要(yāo)盟:强迫签定盟约。犯:违反。⑨欺:欺骗。⑩信:诚信。⑪图:谋求。霸:霸主,指诸侯的盟主。⑫结:结盟。⑬释:消除。⑭平:和好。⑮敌惠敌怨:指报德报怨。后嗣:指后代子孙。

附录左传　宋人背①北杏之会。

春秋　十有四年春,齐人、陈人、曹人伐宋。

左传　十四年春,诸侯伐宋(背北杏会故),齐请师于周(假王命,以示大顺)。

解义　宋背北杏之会,桓公请命於周而伐之。盖不得鲁、宋，诸侯不肃，故疾图之[2]，而不敢缓也。其称人，师少也。齐自灭谭、遂后救邢而外四十年未尝兴大众[3]，盖管仲得政，师有节制，其赋於民薄[4]，而蓄诸侯之力者亦厚矣[5]，故天下乐为之用，而动则有成也。先儒谓未尝遣大夫为主将，非也。春秋之初，惟内大夫帅师书名，外则众称师，少称人，无以大夫之名氏见者。

注释 ①背：背盟，违约。②不肃：不恭敬。疾：快，迅速。③谭：即谭国，在今山东省济南东南龙山镇。谭为嬴姓国，少昊氏后裔。谭国为齐所灭，子孙以国为氏。邢：即邢国，诸侯国，即今河北省邢台市，国君为姬姓。④赋：田赋，指田地税。薄：少。⑤蓄：积蓄。厚：厚实。

春秋 夏，单伯会[1]伐宋。

左传 夏，单伯会之，取成于宋而还[2]。

公羊传 其言会伐宋何？后会也(本期而后，故但举会)。

穀梁传 会，事之成也(伐事已成，单伯乃至)。

解义 伐宋之役，齐止用近宋之陈、曹，而不烦远兵。鲁新从霸，故齐虽不征[3]於鲁，而鲁自遣[4]单伯以兵往会也。内大夫会伐者八，独翚[5]会四国伐郑与单伯会伐宋，先列诸国之伐，盖后会之文。《左氏》以单伯为周大夫，非也。成[6]十六年、十七年，尹子、单子三会伐郑[7]，不书会伐；又定[8]四年，《传》云刘文公[9]合诸侯侵楚，《经》书公会刘子[10]，则此书单伯会伐，为鲁大夫明矣。

注释 ①会：此指和诸侯会合。②取成于宋而还：意思是和宋国媾和后回国。③征：召集。④遣：派遣。⑤翚(huī)：指公子翚，鲁大夫羽父。⑥成：指鲁成公(前590—前573年)，即姬黑肱，是鲁国第二十一任君主。他为鲁宣公儿子，母穆姜，承袭鲁宣公担任该国君主，在位18年。⑦指鲁成公三次会尹子、单子、晋侯、齐侯、宋公、卫侯、曹伯、邾人伐郑。子：对采邑的领主的称呼。尹子、单子即尹、单之邑的领主。⑧定:指鲁定公(前509年—前495年),即姬宋,是鲁国第二十五任君主。他为鲁昭公儿子,承袭鲁昭公担任该国君主,在位15年。⑨刘文公(?—前506年):春秋时期刘国国君,名狄,一名卷,又作蚠,子爵。⑩刘子:指刘文公。

附录左传　郑厉公自栎侵郑,及大陵①(大陵,杜注:郑地。今河南临颍县北有大陵城),获傅瑕(傅瑕:郑大夫)。傅瑕曰:"苟舍②我,吾请纳君。"与之盟而赦之。六月甲子,傅瑕杀郑子③及其二子,而纳厉公(郑子,子仪)。

初,内蛇与外蛇斗于郑南门中④,内蛇死。六年而厉公入。公闻之(公,鲁庄公),问于申繻曰:"犹有妖乎?"对曰:"人之所忌,其气焰以取之,妖由人兴也。人无衅⑤焉,妖不自作。人弃常⑥则妖兴,故有妖。"

厉公入,遂杀傅瑕。使谓原繁曰:"傅瑕贰(言有二心于己),周有常刑,既伏其罪矣。纳⑦我而无贰心者,吾皆许之上大夫之事,吾愿与伯父图⑧之(上大夫卿。伯父,谓原繁)。且寡人出,伯父无里言(无纳我之言),入,又不念寡人(不亲附已),寡人憾焉。"对曰:"先君桓公命我先人典司宗祏⑨(桓公,郑始受封君也。宗祏,宗庙中藏主石室。言已世为宗庙守臣)。社稷有主,而外其心,其何贰如之?苟主社稷,国内之民,其谁不为臣?臣无贰心,天之制⑩也。子仪在位十四年矣,而谋召君者,庸⑪非贰乎?庄公之子犹有八人,若皆以官爵行赂、劝贰而可以济事⑫,君其若之何?臣闻命⑬矣。"乃缢而死。

注释　①大陵:郑国地名,在河南省密县与新郑县之间。②舍:释放。③郑子:即郑国国君子仪,因无谥号,故称郑子。④内蛇:门内之蛇。外蛇:门外之蛇。⑤衅:破绽,缝隙。⑥弃常:失去常态或常道。⑦纳:帮助。⑧伯父:指原繁。图:商量。⑨桓公:郑国始封的第一代国君。典司:主管。宗祏(shí):宗庙中藏主的石室。⑩制:制定。⑪庸:难道。⑫劝贰:怂恿别人对君主存二心。济事:成事,指当一国之君。⑬闻命:听从命令。

春秋　秋七月,荆入蔡[①]。

左传　蔡哀侯为莘故[②],绳息妫[③]以语楚子(莘役,在十年。绳,誉也)。楚子加息,以食入享,遂灭息。以息妫归,生堵敖及成王焉。未言[④](未与王言)。楚王问之,对曰:"吾一妇人,而事二夫,纵弗能死,其又奚言?"楚子以蔡侯灭息,遂伐蔡(欲以说息妫)。秋,七月,楚入蔡。君子曰:"《商书》所谓'恶之易[⑤]也,如火之燎于原,不可乡迩[⑥],其犹可扑灭'者,其如蔡哀侯乎!"(《商书·盘庚》言恶易长而难灭)

穀梁传　荆者,楚也。其曰荆何也?州举之也。州不如国,国不如名,名不如字。

解义　齐桓图霸,力尚未能帖[⑦]荆。十年[⑧],荆方败蔡而执其君,今又破蔡而入其国。蔡近於楚,受祸独深,故自北杏以后,齐桓之会盟,蔡不复与矣。蔡始见《经》则会邓[⑨]以惧楚,终录於《经》则迁州来[⑩]以避楚;楚始见《经》则败蔡,终录於《经》则围蔡。齐、晋[⑪]之霸,其极盛则侵蔡以伐楚,其极衰则会召陵[⑫]以救蔡而不能。柏举之战[⑬],吴张而陵齐、晋,亦以蔡故[⑭],原[⑮]蔡之始终,而霸国消长[⑯]之形,荆楚强弱之势,皆可见矣。

注释　①荆:指楚国,又称荆楚,春秋时诸侯国。蔡:指蔡国,春秋时诸侯国,国君为姬姓。周武王弟叔度(姬度)后裔,前447年灭于楚国。②蔡哀侯为莘故:意思是蔡哀侯莘地战役被俘,这时在楚国。③绳:通"渑",赞誉。息妫(guī):春秋时期陈国人,本系息侯夫人,楚文王灭掉息国后掠其为宠妾。④言:主动开口。⑤易:蔓延,滋长。⑥乡迩:挨近。乡:通"向"。⑦帖:帖服。⑧十年:指鲁庄公十年。⑨邓:指邓国(前1264年—前

678年)曼姓国。鲁庄公十六年(前678年),楚灭邓。在今河南省邓县(今邓州市)。⑩州来:指州来国,在周景王十六年(公元前529年)被吴国所灭,前后共存在三四百年之久。⑪晋:指晋国:春秋时诸侯国,出自周成王弟唐叔虞。⑫召陵:邑名,在今河南省漯河市召陵区。⑬柏举之战:是公元前506年(周敬王十四年)吴国与楚国在柏举(今湖北省麻城市境内)发生的一场战争。此战吴国以少胜多,大败楚国。⑭吴:指吴国,是公元前12世纪—公元前473年立国于长江下游的一个古国。姬姓,其国境位于今苏皖两省长江以南部分,后扩张到苏皖两省全境及赣东北部分地区。张:嚣张。陵:同“凌”,侵犯,欺侮。⑮原:指追朔。⑯消长:指盛衰。

春秋　冬,单伯会齐侯、宋公、卫侯、郑伯于鄄(鄄,杜注:卫地,今山东濮州东旧城集,故鄄城也)。

左传　冬,会于鄄,宋服[1]故也。

穀梁传　复同会也。

解义　是春,三国伐宋;至夏,单伯始会伐,宋已服而三国旋师[2],不及至宋境,故复会齐、宋之君以结成[3]。而卫、郑之君以始不与北杏之会,亦来会也,至是齐霸略定矣。若陈[4]、蔡、曹[5]、郳[6]或从会,或从伐,已归齐者不复更与此会,盖桓公之霸政务简便,不欲烦诸侯也。

注释　①服:顺服。②旋师:回师。③结成:结好。④陈:即陈国,春秋时诸侯国,国君本妫(guī),妫姓出自姬姓,黄帝后代。建都宛丘(今河南淮阳城关一带),辖地最大时达十四邑,大致为现在的河南东部和安徽一部分。⑤曹:即曹国,春秋时诸侯国,伯爵,国君为姬姓。周文王子曹叔振铎(姬振铎)后裔。建都陶丘,辖地大致为现在的山东定陶附近。公元前487年,宋国灭曹。⑥郳:即郳国,子爵国,史称郳子国,曹姓国。东周时期著名方国之一。今山东省邹城市周围地区。

春秋 十有五年春,齐侯、宋公、陈侯、卫侯、郑伯会于鄄。

左传 十五年春,复会[①]焉,齐始霸也。

穀梁传 复同会也。

解义 十三年、十四年会,此年复会,三合诸侯而不盟[②],以示重慎[③],是以盟则众信莫敢渝[④]也。陈旧序卫下,齐桓始霸,楚亦始强,陈介二国之间,齐桓以为三恪[⑤]进之於卫上,欲重结之也,自是遂为定列。

注释 ①复会:指齐、宋、陈、卫、郑国再次于鄄地会盟。②盟:指宣誓缔约。③重慎:慎重。④渝:改变,违背。⑤三恪:周朝新立,封前代三王朝的子孙给以王侯名号称三恪以示敬重。

春秋 夏,夫人姜氏如齐。

穀梁传 妇人既嫁不逾竟[①],逾竟非礼也。

解义 姜氏自齐襄[②]见杀,八年不出。至是鲁欲通好於齐,姜假托[③]国事,以愚其昏懦之子[④]。齐亦欲善鲁,而姑[⑤]受之,复启越境之恣[⑥]矣。

注释 ①竟:同"境",边境,国境。②齐襄:指齐襄公。③假托:假借。④愚:蒙蔽,欺骗。昏懦之子:此指鲁庄公。⑤姑:暂且。⑥恣:放纵,无拘束。

春秋 秋,宋人、齐人、邾人伐郳[①](郳,即小邾国。《公羊》作儿)。

左传 秋,诸侯为宋伐郳(郳,附庸,属宋而叛,故齐桓为之伐)。

解义 北杏之会,齐桓已序[②]诸国之上,此复序宋下者,为宋伐郳,故推宋主兵也。后此,伐郑、伐徐[③]亦然,至二十七年同盟于幽[④],霸体既正,无复有先齐者矣。

注释 ①郳(ní):宋国附庸,后背叛了宋国。②序:排列。③徐:即徐国,是春秋时诸侯国,国君为嬴姓。分布在今淮河流域。④同盟于幽:指鲁庄公二十七年(前667年),夏六月,因陈、郑服,鲁公、齐侯等会,同盟于幽。幽:指幽州。

春秋　郑人侵宋。

左传　郑人间之而侵宋(乘伐郳之间)。

解义　郑背二鄄之会,间诸侯之伐郳,而侵宋。其反覆於齐、楚之间,盖始于此。侵伐之义[①],三《传》不同,《左氏》曰:有钟鼓曰伐,无钟鼓曰侵。据此,则齐侯侵蔡,晋侯侵楚,皆用大师,而总[②]数国,若无钟鼓,何以行师[③]?公羊氏曰:粗者曰侵,精者曰伐,盖以精为深,粗为浅也。然《传》所载,有侵师至破其国,伐而未深入者。穀梁氏曰:苞[④]人民,殴牛马曰侵;斩树木,坏宫室曰伐。齐桓伐楚,不战而服,岂有坏宫室,伐树木之事耶?先儒既辨其非,而以伐为声罪致讨[⑤],侵为无名行师。然考之《诗》《书》曰:"侵自阮[⑥]疆"曰"侵于之疆"。《周官·九伐之法》负固不服[⑦]则侵之,而谓之无名可乎?盖声罪致讨曰伐,潜师掠境曰侵。伐者,兵法所谓正也;侵者,兵法所谓奇也。

注释　①义:含义,定义。②总:统领。③行师:用兵,出兵。④苞:制约。⑤声罪致讨:宣布罪状,并加讨伐。⑥阮,国名。今陕西平凉泾州。⑦负固不服:依恃险阻而不臣服。

春秋　冬十月。

春秋　十有六年春王正月。

春秋　夏,宋人、齐人、卫人伐郑(南北争郑于是始)。

左传　十六年夏,诸侯伐郑,宋故[①]也。

解义　楚势浸[②]强,陈、蔡、郑、许适当其冲[③],而郑尤南北之枢纽,郑之贰非细故也[④],故合诸侯以伐之。但突[⑤]始篡国,及忽[⑥]复位,又入栎[⑦]以逼之。忽以弑死,齐桓当请於王[⑧],以正[⑨]突之罪,今乃为宋而伐之,末矣,然宋自是与齐为一。鲁、宋,诸侯之望[⑩]也,鲁、宋服[⑪],而中国诸侯之志定矣[⑫]。

注释 ①故:原故,原因。②浸:逐渐。③适当其冲:正好对着冲要。④贰:贰心,背叛。细故:琐事。细小而不值得计较的事。⑤突:公子突,郑厉公。⑥忽:公子忽,郑昭公。⑦栎(lì):邑名,郑国别都。在今河南省禹县。⑧王:指周僖王。⑨正:正法。⑩望:希望,期望。⑪服:服从,顺服。⑫中国:指中原地区,即黄河中下游一带地区。志:心志,思想。

春秋 秋,荆[1]伐郑。

左传 郑伯自栎入[2](在十四年),缓告于楚。秋,楚伐郑,及栎,为不礼故也。

解义 齐方图霸,楚亦有事於北方。郑地要绾[3]南北,中国[4]得郑,则可以拒楚;楚得郑,则可以窥[5]中国,故争郑自此始。自是郑被兵於楚者二十,中国侵之伐之三十有九。考郑之始终,可以见南北盛衰之大略矣。

注释 ①荆:指楚国。②郑伯:指郑厉公。自栎入:自栎地回国都。③绾:绾毂(wǎngū);地处交通要道,可以扼制通行。④中国:指中原。⑤窥:伺机图谋。

附录左传 郑伯治与于雍纠之乱者[1](在桓十五年)。九月,杀公子阏,刖强鉏[2](二子祭仲党)。公父定叔出奔卫(共叔段之孙。定,谥也)。三年而复之,曰:"不可使共叔无后于郑。"使以十月入,曰:"良月也,就盈数焉[3]"(数满于十)。君子谓强鉏不能卫其足[4](言其不能早辟害)。

春秋 冬十有二月,会齐侯、宋公、陈侯、卫侯、郑伯、许男、滑伯、滕子同盟于幽(《公羊》作公会。许男下,《公羊》、《穀梁》俱有曹伯。此书同盟之始。滑,杜《注》:滑国,河南缑氏县。今河南偃师县南有缑氏故城,古滑国也。幽,杜《注》:宋地。当在今河南考城县境)。

左传 冬,同盟于幽,郑成也。

公羊传 同盟者何?同欲也。

穀梁传　同者,有同也,同尊周也。不言公,外内寮一疑之也(寮,谓诸侯也。鲁与齐仇,外内诸侯同一疑公未知可事齐乎不乎,故会不云公以著疑焉)。

解义　齐自北杏[5]以后,屡合诸侯有会而无盟,诸侯之心未一[6]也。至此,郑服,始合九国之君而为此盟,举天下而听命於一国,古未有也。然,犹[7]未敢专主盟之权,故载书[8]曰同盟。至僖二年盟贯[9],齐始为盟主,自后不复书,同矣。会不书公[10],讳之也。陈氏以为齐初主盟不言公,楚初与盟不言公,晋大夫初会盟不言公,得其义[11]矣。

注释　①郑伯治与于雍纠之乱者:意思是郑厉公开始惩治参与雍纠之乱的人。②刖(yuè):一种断足的酷刑。强鉏(chú):祭仲党羽。③良月:古人以单数月为忌,双数月为良。数至十而满,故称盈数。④指强鉏不能见机避害,以至于失去双足。⑤北杏:指北杏之会。鲁庄公十三年(前681年),齐侯、宋人、陈人等会于北杏,以平宋乱。⑥一:一致。⑦犹:还,仍然。⑧载书:盟书,会盟时所订的誓约文件。⑨僖:鲁僖公。贯:宋地。⑩公:指鲁庄公。⑪义:意思。

春秋　郳子克卒。

穀梁传　其曰子,进之也。

解义　此郳仪父[1]也,附齐[2]而尊王室,王命进其爵[3],故书卒,与诸侯同。

注释　①郳仪父,名克,文献又称郳子克,是郳国历史上一位承先启后的人物。②附:依附。齐:指齐国。③爵:爵位。

附录左传　王使虢公命曲沃伯以一军为晋侯(曲沃武公伐晋侯缗,灭之,尽以其宝器赂献于王,王因命为晋侯。《周礼》:"小国一军。"晋土地虽大,以武公初为诸侯,故以小国之礼命之)。初,晋武公伐夷,执夷诡诸(夷诡诸,周大夫。夷,采地名)。蒍国请而免之(蒍国,周大夫)。既而[1]弗报(诡诸不报施于蔿国),故子国作乱(子国,即蔿国)。谓晋人曰:"与我伐夷而取其地。"遂以晋师伐夷,杀夷诡诸。周公忌父出奔虢(周公忌父,王卿士,辟子国之难)。惠王立,而复之[2]。

春秋 十有七年春,齐人执郑詹[3](詹,《公羊》作瞻)。

左传 十七年春,齐人执郑詹,郑不朝[4]也。

公羊传 郑詹者何?郑之微者也(以无氏也)。此郑之微者,何言乎齐人执之?书甚佞[5]也。

穀梁传 人者,众辞也。以人执,与之辞也。郑詹,郑之卑者。卑者不志,此其志,何也?以其逃来志之也。逃来则何志焉?将有其末(末谓逃来),不得不录其本也。郑詹,郑之佞人也。

解义 称人以执,非[6]霸讨也。詹不氏,未赐族也。讨得其罪则称爵,谓之霸讨。桓未闻朝王,而讨郑之不朝已,可乎?詹必至齐,而后见执,不书行人[7],非以使事执也[8]。

注释 ①既而:后来。②复之:让他回国复位。③执:捉拿。郑詹:郑国执政大臣。④朝:指朝见齐国。⑤佞:奸佞。奸邪谄媚。⑥非:讥讽。⑦行人:此指出行之人。⑧非:不,不是。使事:指差使之事。

春秋 夏,齐人歼于遂[1](歼,《公羊》作瀸。)。

左传 夏,遂因氏、颌氏、工娄氏、须遂氏[2]飨齐戍,醉而杀之,齐人歼[3]焉(四族遂之强宗。歼,尽也)。

公羊传 瀸者何?瀸积也(瀸积,死非一之辞),众杀戍者也。

穀梁传 歼者,尽也。然则何为不言遂人尽齐人也?无遂之辞也。无遂则何为言遂?其犹存遂也(以其能杀齐戍,故若遂之存)。存遂奈何?曰齐人灭遂,使人戍之。遂之因氏饮戍者酒而杀之,齐人歼焉。此谓狎敌也(狎犹轻也)。

解义 齐人灭遂,虑[4]其不服,置[5]兵戍守,防患周[6]矣,而终为遂人所歼,信[7]乎力不足以服人也。不曰遂人歼齐人者,已无遂之辞,又以见齐人之自取也。观此益见,遂以灭书乃亡国之善词,上下之同力矣。

注释　①遂:指遂国,是周武王封舜的后裔于遂(山东省宁阳、肥城一带)所建之国,是鲁国的附庸国,公元前681年为齐所灭。②因氏、颌氏、工娄氏、须遂氏:遂国四个家族。③歼:杀尽。④虑:担忧。⑤置:布置。⑥周:周密。⑦信:确实,诚然。

春秋　秋,郑詹自齐逃来。

公羊传　何以书?书甚佞也。曰:"佞人[1]来矣,佞人来矣。"

穀梁传　逃义曰逃。

解义　逃者,匹夫苟免[2]之行也。詹既见执,若齐人不释[3],守死以待命可也。即[4]齐欲释之,亦当执礼以争,请暴[5]其无罪於诸侯,乃不辱君命。而遁逃[6]苟免,耻孰甚焉?鲁方与齐同盟,而受其逋逃⑦,罪亦不可掩矣。

注释　①佞人:善于花言巧语,阿谀奉承的人。②苟免;苟且免于损害。③释:释放。④即:假如。⑤暴:显露。⑥遁逃:逃走。⑦逋逃:逃亡的罪人。

春秋　冬,多麋[1]。

公羊传　何以书,记异也。

解义　麋,鲁所有,不足为异。而多则反常,且有伤稼[2]之害,故志之。

注释　①麋:指麋鹿。俗称"四不像"。②稼:庄稼。泛指农作物。

春秋　十有八年春王三月,日有食[1]之。

穀梁传　不言日,不言朔[2],夜食也。何以知其夜食也?曰:王者朝日(谓日始出而亏伤之处尚存,故知其夜食也)。故虽为天子,必有尊也,贵为诸侯,必有长也。故天子朝日[③],诸侯朝朔[④]。

解义 《经》书日食三十六,大都皆书日,书朔,独此与僖[⑤]十五年夏五月朔与日皆不书,史失之也。合朔[⑥]在夜,日食地中,故《穀梁》以为夜食,然苟朝日而见其亏伤,是即朔日食矣。如日未出而明,复即朝日,何从见其亏伤?以是知为旧史之阙[⑦]也。

注释 ①食:指日蚀。②朔:月球与太阳的黄经相等的时刻,也指当时的月相。此时地面观测者看不到月面任何明亮的部分。③朝日:周代天子祀日之礼。④朝朔:指诸侯听朔于太庙。⑤僖:指鲁僖公。⑥合朔:日月运行处于同官同度,谓之合朔。一般指夏历每月初一。⑦阙:同"缺"。

附录左传 十八年春,虢公、晋侯[①]朝王,王飨醴,命之宥[②](王之觐群后,始则行飨礼,先置醴酒,示不忘古。饮宴则命以币物。宥,助也。所以助欢敬之意),皆赐玉五毂[③](双玉为毂),马三匹。非礼也。王命诸侯,名位不同,礼亦异数,不以礼假人(侯而与公同赐,是借人礼)。虢公、晋侯、郑伯使原庄公[④]逆王后于陈。陈妫归于京师(虢、晋朝王,郑伯又以齐执其卿,求王为援,皆在周,倡义为王定昏。得同姓宗国之礼。故《传》详其事。不书,不告也),实惠后(陈妫后宠爱少子,乱周室。故《传》并举其从王之谥)。

春秋 夏,公追戎于济西[⑤]。

左传 夏,公追戎于济西。不言其来,讳之也[⑥](戎来侵鲁,鲁人不知,去乃追之,故讳不言其来)。

公羊传 此未有言伐者,其言追何?大其为中国[⑦]追也。此未有伐中国者,则其言为中国追何?大其未至而豫御之也。其言于济西何?大之也。

穀梁传 其不言戎之伐我何也?以公之追之,不使戎迩[⑧]于我也。于济西者,大之也。何大焉?为公之追之也。

解义　追者,寇已去而蹑[9]之。追齐至酅[10],先言侵而后言追。此不言侵伐,明不觉其来,敌去而始追之也,书者讥内无戎备[11]。

注释　①晋侯:指晋武公之子,献公诡诸。②宥(yòu):酬酢,劝酒。③五瑴(jué):五对玉。瑴,合在一起的两块玉,亦写作“珏”。④原庄公:周卿士。⑤济西:指济水之西,今山东省济南西北。⑥不言其来,讳之:戎来入侵,鲁不能知,足见边防松弛,是防御上的失误,《经》不直书怎样入侵,是隐讳鲁国的失误。⑦中国:指中原之国。⑧迩:接近。⑨蹑:追踪。⑩酅(xī)春秋时纪地,在今山东省青州市西北。⑪戎:军队。备:防备。

春秋　秋有蜮[1](蜮又作蜮)。

左传　秋,有蜮,为灾也。

公羊传　何以书?记异也。

穀梁传　一有一亡曰有(或有有时,或有无时,言不常也,故书曰有)。蜮,射人者也。

解义　国之所有,则以多为异;国之所无,则以有为异。蜮者,阴物[2]。《汉书·五行志》:刘向以为蜮生南越[3],越地男女同川[4],乱气所生[5],故圣人名之曰蜮。蜮,犹惑也,能含沙射人,甚者至死。乃鲁之所无,故以有书。

注释　①害蜮种(yù):一种食禾苗的害虫。传说中一种在水里暗中害人的怪物,口含沙粒射人或射人的影子被射中的就要生疮,被射中影子的也要生病。②阴物:指阴间的东西。③刘向(约前77—前6):原名更生,字子政,沛县(今属江苏)人。西汉经学家、目录学家、文学家。南越:指岭南地区。④男女同川:川,河流。指男女同河而浴。⑤意思是说:蜮生南越。越地多妇人,男女同川,淫女为主,乱气所在。

春秋　冬十月。

附录左传 初,楚武王克权①(权,杜注:国名,南郡当阳县东南有权城。《水经注》:沔水东会权口,南流迳权城北古之权国也,今属湖南安陆府),使斗缗尹之(斗缗,楚大夫),以②叛(缗以权叛),围而杀之。迁权于那处③(那处,杜注:楚地。南郡编县东南有那口城,在今湖广荆门州东南),使阎敖尹之(阎敖,楚大夫)。及文王即位,与巴人伐申,而惊其师④。巴人叛楚而伐那处,取之,遂门于楚。阎敖游涌而逸⑤(杜注:涌水。在南郡华容县游浮行也)。楚子杀之。其族为乱。冬,巴人因之以伐楚。

春秋 十有九年春王正月。

附录左传 十九年春,楚子御之⑥(御巴人),大败于津(津,杜注:楚地。江陵县有津乡,在今湖广枝江县)。还,鬻拳⑦弗纳(鬻拳,楚大阍)。遂伐黄⑧(黄,嬴姓国),败黄师于踖陵(踖陵,杜注:黄地。当在今河南光州西南境)。还,及湫⑨(湫,杜注:南郡。鄀县东南有湫城,在今湖广宜城县),有疾。夏六月庚申卒,鬻拳葬诸夕室⑩(夕室,杜注:地名),亦自杀也,而葬于绖皇⑪(绖皇,冢前阙。生守门,故死不失职)。初,鬻拳强谏楚子,楚子弗从,临之以兵⑫,惧而从之。鬻拳曰:"吾惧君以兵,罪莫大焉。"遂自刖也。楚人以为大阍⑬,谓之大伯⑭(伯,长也,为门官之长),使其后掌之⑮。君子曰:"鬻拳可谓爱君矣,谏以自纳于刑,刑犹不忘纳君于善。"

注释 ①权:国名,子姓。②以:以之,凭借权邑(叛楚)。③迁权:迁移权邑之民。那处:楚地。④惊:惊惧,吓唬。其:代巴人。⑤涌:水名。逸:逃跑。⑥御之:抵抗巴军。⑦鬻拳:人名,掌管楚国城门。⑧黄:国名,嬴姓。在今河南省潢川县西南。⑨湫(jiǎo):楚国地名,在今湖北省钟祥县北。⑩夕室:楚国君主墓葬地名。⑪绖(dié)皇:陵墓地宫前庭。绖通"窒",绖皇即窒皇。⑫临:对着。兵:武器。⑬大阍(hūn):守城门的官员。阍,守门之人。⑭大伯:即太伯。伯,长。⑮使其后掌之:使其后代子孙掌此官职。

春秋　夏四月。

春秋　秋,公子结媵[①]陈人之妇于鄄,遂[②]及齐侯、宋公盟。

公羊传　媵者何？诸侯娶一国,则二国往媵之,以侄娣从。侄者何？兄之子也。娣者何？弟也。诸侯壹聘九女,诸侯不再娶。媵不书,此何以书？为其有遂[③]事书。大夫无遂事,此其言遂何？聘礼,大夫受命不受辞(辞谓专对之辞),出竟有可以安社稷[④]利国家者,则专之可也。

穀梁传　媵,浅[⑤]事也,不志,此其志何也？辟[⑥]要盟也,(鲁实使结要二国之盟,恐齐、宋不与,故假媵妇为名)。何以见其辟要盟也？媵,礼之轻者也;盟,国之重也。以轻事遂[⑦]乎国重,无说。其曰陈人之妇,略之也。其不日,数渝[⑧],恶之也(数,疾也。渝,渝盟也)。

解义　不书如陈送媵,而书媵陈人之妇,则非奉君命,而媵陈之微者明矣,以国卿而私行出疆,见鲁之无政也。聘礼,大夫受命不受辞,出竟有可以安社稷利国家者,专之可也。谓本有此命,得以便宜[⑨]从事,特不受专对之辞耳。结[⑩]本以私事出,无君命而要盟[⑪]於大国公侯,故书遂,以著其生事[⑫]专命之罪。若齐、宋之盟出於公命,则当如公孙兹[⑬],如牟因聘而娶[⑭],但书其聘之例,书盟而不书媵矣。

注释　①媵(yìng):古代指随嫁,亦指随嫁的人。②遂:于是,就。③遂:实现。④社稷:指国家。⑤浅:小。⑥辟:同“避”隐藏。⑦遂:实现。⑧渝:违背。⑨便宜:指有利国家,合乎时宜之事。⑩结:指鲁公子结。⑪要盟:即邀盟。⑫生事:制造麻烦;惹事非。⑬公孙兹(？—前644年):姬姓,叔孙氏,名兹,谥戴。春秋前期鲁国公族,鲁桓公之孙,故称公孙兹,叔牙之子,史称叔孙戴伯。⑭牟:谋求。聘:访问。

春秋 夫人姜氏如莒[①]。

穀梁传 妇人既嫁不逾竟,逾竟非正也。

解义 前此姜氏如齐,桓公不讨,遂使荡然无忌[②]。恣情[③]如莒,非惟鲁之辱,亦齐之羞也。

注释 ①莒:即莒国,春秋时诸侯国,国君为己姓,公元前481年,为楚国所灭。今山东省莒县。②荡然:坦荡。无忌:指无所顾忌。③恣情:纵情。

附录左传 初,王姚嬖[①]于庄王,生子颓(王姚,庄王之妾,姚姓)。子颓有宠,蒍国为之[②]师。及惠王即位(惠王,庄王孙),取蒍国之圃以为囿。边伯之宫近于王宫[③](边伯,周大夫),王取之。王夺子禽、祝跪与詹父田(三子皆周大夫),而收膳夫之秩[④](膳夫,石速也)。故蒍国、边伯、石速、詹父、子禽、祝跪作乱,因苏氏(苏氏,周大夫。桓王夺其十二邑以与郑,自此遂不和)。秋,五大夫奉子颓以伐王,不克,出奔温[⑤]。苏子奉子颓以奔卫。卫师、燕师伐周(燕,南燕)。冬,立子颓。

春秋 冬,齐人、宋人、陈人伐我西鄙[⑥](此鲁国见伐之始)。

穀梁传 其曰鄙,远之也。其远之何也?不以难迩[⑦]我国也。

解义 齐、宋方与结定盟而旋[⑧]伐我,何也?自郑詹逃来,已得罪於齐,又以结之抗盟重怒,但齐、宋当拒不与盟,不宜既盟而复伐。且据《传》王室方有子颓之乱,卫、燕称兵伐周,桓公不能讨,而合二国以伐鲁,傎[⑨]矣。

注释 ①王姚:周庄王之妾。嬖:指对婢妾的宠幸、疼爱。②之:其,他的。③宫:府邸,房舍。④膳夫:官名,掌王宫饮食。此指下文的石速。秩:俸禄。⑤温:苏氏的封邑。⑥西鄙:西方的边邑。⑦迩:接近。⑧旋:立即,随即。⑨傎:同“颠”。颠倒,错乱。

卷十二

庄公(二十年之二十六年)

春秋　二十年春王二月,夫人姜氏如莒[①]。

穀梁传　妇人既嫁不逾竟[②],逾竟非正也。

解义　妇人既嫁,不逾境;父母没[③],不得归宁[④]。文姜十五年[⑤]如齐,尚为越礼,况频年如莒乎?文姜为禽兽之行,与闻乎弑,其如莒何足深责?而圣人备书於《经》,痛庄公君国二十年,尚不能防闲其母[⑥],任其荡检逾闲[⑦]至於此极也。《记》曰:礼禁乱之所自生,犹防止水之所自来也,以旧防为无所用,而坏之者必有水败;以旧礼为无所用,而去之者必有乱患[⑧],信哉!

注释　①夫人姜氏:鲁桓公夫人。莒:即莒国,春秋时诸侯国,国君为己姓,公元前481年,为楚国所灭。今山东省莒县。②竟:同“境”,边境,国境。③没:通“殁(mò)”。死。④归宁:已嫁女子回娘家看望父母。⑤十五年:指鲁庄公十五年。⑥痛:痛惜。君国:指居君位而御其国。防闲:指防备和禁阻。⑦荡检逾闲:检、闲,指规矩、法制。形容行为放荡,不守礼法。⑧患:祸患。

附录左传　二十年春,郑伯和王室[①],不克。执燕仲父[②](南燕伯)。夏,郑伯遂以王归,王处于栎。秋,王及郑伯入于邬[③](邬,王所取郑邑)。遂入成周[④],取其宝器而还。冬,王子颓享五大夫,乐及遍舞[⑤](遍舞,六代之乐,《云门》、《大卷》、《大咸》、《大磬》、《大夏》、《大濩》、《大武》是也)。郑伯闻之,见虢叔(叔,虢公字),曰:“寡人闻之,哀乐失时,殃咎[⑥]必至。今王子颓歌舞不倦,乐祸也。夫司寇行戮[⑦],君为之不举[⑧](去盛馔),而况敢乐祸乎!奸王之位,祸孰大焉?临祸忘忧,忧必及之。盍[⑨]纳王乎?”虢公曰:

“寡人之愿也。”

春秋 夏，齐大灾。

公羊传 大灾者何？大瘠[10]也（瘠，病也）。大瘠者何？痢[11]也（痢，民疾疫也）。何以书？记灾也。外灾不书，此何以书？及[12]我也。

穀梁传 其志[13]，以甚也。

解义 天火曰灾，来告故书。《经》所书宋灾、陈灾，宋、卫、陈、郑灾，皆不言大，此独书大。旧史从[14]来告之辞，而孔子因之也。

注释 ①和王室：使周惠王与子颓讲和。②燕仲父：南燕国君，曾伐周。③邬：郑国邑名。④成周：子颓在王城，成周在王城东。⑤遍舞：即黄帝之《云门》《大卷》，尧之《大咸》，舜之《大韶》，禹之《大夏》，汤之《大濩（huò）》，周武王之《大武》。⑥殃咎：祸害，灾难。⑦司寇：古代主管刑法的官员。行戮：杀人。⑧举：备有佳肴并以音乐助食。⑨盍：何不。⑩大瘠：指疫病成灾。⑪痢：指痢疾。⑫及：连累。⑬志：记载。⑭从：依从。

春秋 秋七月。

春秋 冬，齐人伐戎（《穀梁》作伐我）。

解义 周有子颓之乱[1]，齐桓始霸若罔闻[2]，知郑伯、虢公胥命于弭[3]，讨乱杀子颓，王入于王城，齐皆不预[4]。去年伐鲁，今年伐戎[5]，大率逐利[6]以自私，於王室何有？盖其志在图霸，谋先自固国势之张[7]，必自近[8]始，故深结鲁、宋，并吞谭、遂[9]，耀武郧[10]、戎，於王室有不暇[11]顾耳。此仲尼之徒所以羞称五霸[12]也。

注释 ①周：指周王室。子颓之乱：周惠王（前676—前652年）夺大臣边伯等的园林为囿，作为田猎场所，因而前675年边伯与王子颓共同作乱。周惠王放于温地，不久又逃到郑，国人立王子颓为王，郑杀王子颓，复送惠王入国。②罔闻：好像没有听见似的。指不予理睬。③胥命:指诸侯会见,订立盟约而不歃血。弭:郑地名。④预:参与。⑤戎:西戎。西部民族。⑥大率:大概。逐利:追逐好处。⑦张:扩张。⑧近:指附近邻国。⑨谭:指谭国。在今山东济南东南龙山镇。谭为嬴姓国,少昊氏后裔。谭国为齐所灭,子孙以国为氏。遂:指遂国(山东省宁阳、肥城一带)。⑩郳:指郳国。今山东省邹城市内。⑪不暇:没有空闲;来不及。⑫五霸:指齐桓公、晋文公、秦穆公、宋襄公、楚庄王。

春秋　二十有一年春,王正月。

春秋　夏五月辛酉,郑伯突[①]卒。

左传　二十一年春,胥命于弭(郑、虢相命。弭,杜注:郑地。当在今河南密县境)。夏,同伐王城。郑伯将[②]王,自圉门入,虢叔自北门入,杀王子颓及五大夫。郑伯享王于阙西辟(阙,象魏也。西辟,阙之西偏),乐备[③](备六代之乐)。王与之武公之略,自虎牢[④]以东(略,界也。武公旧竟,后失其地,故惠王复与之。虎牢,杜注:河南成皋县。今河南汜水县西有虎牢城)。原伯曰(原伯,原庄公):"郑伯效尤[⑤](言效子颓舞遍乐),其亦将有咎[⑥]。"五月,郑厉公卒。

解义　《春秋》自突归于郑之后[⑦],其出奔蔡入于栎虽书名[⑧],而皆系以爵[⑨],以突虽篡而实君,虽君而实篡,不没[⑩]其实也。自入栎以后,凡与诸侯会盟侵伐者皆突,而忽、亹、仪[⑫]无见焉。旧史备其卒葬,孔子安得而削之乎?然备记其始终,亦所以著王法不行乱贼寿终,以为居正而不能保者之戒也。

注释　①郑伯突:指郑厉公。②将:扶持。③乐备:即备六代之乐。④虎牢:即虎牢关,在今河南省荥阳县境。⑤效尤:仿效别人干坏事。⑥咎:灾。⑦突:即子突,郑厉公。郑:指郑国。⑧蔡:指蔡国。栎:邑名,郑国别都。今河南省禹县。⑨爵:爵位。⑩没:隐。⑪忽:指公子忽,郑昭公。亹、仪:即子亹、子仪、两人皆是。郑庄公之子，公子忽、公子突之弟。

春秋 秋七月戊戌，夫人姜氏薨[①]。

穀梁传 妇人弗目也（弗目谓不言其地也。妇人无外事，居有常所，故薨不书地）。

解义 文姜之恶极矣，而卒、葬一用小君[②]之礼，此鲁之祸所以未艾[③]也。

注释 ①薨：死。②小君：诸侯之妻的称呼。③未艾：未尽；未止。

附录左传 王巡虢守。虢公为王宫于玤（玤，杜注：虢地。在今河南渑池县界），王与之酒泉（酒泉，杜注：周邑。今陕西同州有甘泉，出匮谷中，造酒尤美，名酒泉）。郑伯之享王也，王以后之鞶鉴[①]予之（后，王后也。鞶带而以鉴，为饰也）。虢公请器，王予之爵（爵，饮酒器）。郑伯由是始恶于王[②]（郑伯，厉公子文公。为僖二十四年郑执王使张本）。冬，王归自虢。

春秋 冬十有二月，葬郑厉公。

解义 郑突与虢公讨子颓，定惠王，勋在王室，而不免谥为厉[③]。以此见，周室虽衰，公议[④]尚在，臣子私谥[⑤]不敢妄加美名。古意犹可考[⑥]也。

注释 ①鞶：大带，又称绅。鉴：镜子。②郑伯：郑厉公之子文公捷。爵为礼器，贵于鞶鉴。文公以为王重虢轻郑，由此开始怀恨周王。③谥：指谥号。古代帝王或大官死后评给的称号。厉：凶猛。④公议：同公义。指按照神的标准公平公正。⑤私谥：指古人死后由亲属或门人给予的谥号。⑥考：考证。

春秋 二十有二年春王正月，肆大眚[①]（眚，《公羊》作省）。

公羊传 肆者何？跌也（跌，过也）。大省者何？灾省也。肆大省何以书？讥。何讥尔？讥始忌省也（省，日忌。吉事不，忌凶事。时鲁有夫人之丧，乃以省，日忌不哭，故讥之）。

穀梁传　肆,失也。眚,灾也。灾,纪也,失故也(纪,治理也。有罪当治理之,今失之者,以文姜之故)。为嫌天子之葬也(文姜罪应诛绝,须赦而后得葬,不赦而葬则嫌天子不许之葬矣。所以举一国之大恶皆赦除之,使文姜亦得以除其罪也)。

解义　肆大眚,讥失刑也。《舜典》:"眚灾肆赦②。"乃不幸而过误者。《易》曰:"君子以赦过宥罪③。"过乃赦之罪,则少宽宥④焉耳。《周官》:"三宥三赦⑤。"皆情之可原,孽非己作者。未闻肆大眚也。大眚皆肆,则废天讨,亏国典,纵有罪,虐无辜,恶人幸以免矣。诸葛亮⑥曰:"治世以大德,不以小惠。"其治蜀,军旅数兴而赦不妄⑦下。蜀人久而歌思⑧,如周人之思召公⑨也,盖得《春秋》之旨⑩矣。

注释　①肆大眚:肆,赦免。眚(shěng),灾祸,通"省"。意思是赦免有重大罪刑的人。②眚灾肆赦:"眚",即过失,"灾"即意外事故,"肆赦"是给予宽宥,指缓刑,赦免。③赦过宥(yòu)罪:指赦免过错,宽恕罪行。④宽宥:宽容,饶恕。⑤三宥三赦:《周礼》中有三宥三赦规定:对有罪行的人,一宥不识,二宥过失,三宥遗忘。属于这三种的情况均应宽大处理。三赦为:一赦幼弱,二赦老耄,三赦愚蠢,将这三种人与正常人区别对待,可赦免其应受的刑法。这是西周"敬天保民""民德慎罚"思想在刑事法中的体现。⑥诸葛亮(181—234年),字孔明,号卧龙(也作伏龙),琅琊阳都(今山东临沂市沂南县)人,蜀汉丞相,三国时期杰出的政治家、战略家、发明家、军事家。在世时被封为武乡侯,谥曰忠武侯。代表作有《前出师表》、《后出师表》、《诫子书》等。⑦妄:随便。⑧歌思:歌颂思慕。⑨召公:周文王的儿子,武王的弟弟。曾辅助周武王灭商,被封于燕(今河南北部),是后来燕国的始祖,因最初采邑在召(今陕西岐山西南),故称召公或召伯。⑩旨:宗旨,意图。

春秋 癸丑,葬我小君[1]文姜。

公羊传 文姜者何?庄公之母也。

穀梁传 小君,非君也。其曰君何也?以其为公配[2],可以言小君也。

解义 文姜孙[3]齐不称姜氏,后此,则一仍其恒称[4]何也?鲁之臣子既不能讨[5],庄公又不能以大义绝[6]之,而生则纵[7]其所为,死则葬之备礼[8],著於史册者,固不可得而易[9]矣。妇人生无爵从夫之爵[10],死无谥从夫之谥[11]。鲁夫人别[12]为谥,自文姜始,岂非以淫乱弑逆不敢以先君之谥配之而然,与其后鲁夫人皆别作谥,不察其由⑬,违礼害义甚矣。

注释 ①小君:诸侯之妻的称呼。②配:配偶。③孙:同"逊"。逃遁。④恒称:指通常的称呼。⑤讨:讨伐。⑥绝:断绝。⑦纵:放纵。⑧备礼:指礼仪周备。⑨易:容易。⑩爵:爵位。⑪谥:谥号。⑫别:特殊。⑬由:原由,原因。

春秋 陈人杀其公子御寇(御,《公羊》、《穀梁》俱作禦。此书专杀之始)。

左传 二十二年春,陈人杀其大子御寇(宣公大子也。陈人恶杀太子之名,故以公子告),陈公子完与颛孙奔齐[1](完、颛孙皆御寇党)。颛孙自齐来奔。

齐侯使敬仲[2]为卿(敬仲,完字)。辞曰:"羁旅之臣,幸若获宥[3],及于宽政,赦其不闲于教训而免于罪戾[4],弛于负担(弛,去离也),君之惠[5]也,所获多矣。敢辱[6]高位,以速官谤[7]。请以死告。《诗》云:'翘翘车乘,招我以弓,岂不欲往,畏我友朋。'"(逸《诗》也。翘翘,远貌。古者聘士以弓,言虽贪显命,惧为朋友所讥责)使为工正[8](掌百工之官)。

饮桓公酒,乐。公曰:"以火[9]继之。"辞曰:"臣卜[10]其昼,未卜其夜,不敢。"君子曰:"酒以成礼,不继以淫[11],义也。以君成礼,弗纳于淫,仁也。”

注释　①公子完:陈厉公之子,太子御寇的同党。颛(zhuān)孙:太子御寇的同党。②敬仲:即陈公子完。③宥:宽容,宽恕。④闲:熟习。戾(lì):罪过。⑤惠:恩惠。⑥敢:岂敢。辱:辱没,此作谦词。⑦谤:指责。⑧工正:官名,掌管百工之官。⑨火:烛火。⑩卜:占卜。⑪淫:过度。

左传　初,懿氏卜妻敬仲[1](懿氏,陈大夫),其妻占之,曰:“吉,是谓‘凤凰于[2]飞,和鸣锵锵(凤凰雌雄俱飞,相和而鸣锵锵然,犹敬仲夫妻相随适齐,有声誉),有妫[3]之后,将育于姜(妫,陈姓。姜,齐姓)。五世其昌,并于正卿。八世之后,莫之与京[4](京,大也)。’”

陈厉公,蔡出也(蔡女所出)。故蔡人杀五父而立之(五父,陈佗也),生敬仲。其少也。周史有以《周易》见陈侯者[5],陈侯使筮之,遇《观》䷓(坤下巽上,观)之《否》䷋(坤下乾上否,观六四爻,变而为否)[6]。曰:“是谓‘观国之光,利用宾于王’(此《易》观卦六四爻辞)。此其代陈有国乎?不在此,其在异国;非此其[7]身,在其子孙。光,远而自他有耀[8]者也。《坤》,土也。《巽》,风也。《乾》,天也。风为天[9]于土上(巽变为乾,故云风为天;六四爻位在坤上,坤为土,故云于土上),山也(互体正卦三四五爻为艮,变卦二三四爻亦为艮,故云山也)。有山之材而照之以天光,于是乎居土上(山则材之所生,上有乾,下有坤,故言居土上,照之以天光),故曰:‘观国之光,利用宾于王’(四爻为诸侯,变而之乾,有国朝王之象)。庭实旅百[10],奉之以玉帛,天地之美具焉,故曰:‘利用宾于王’(艮为门庭,乾为金玉,坤为布帛。诸侯朝王,陈贽币之象。旅,陈也。百,言物备)。犹有观焉,故曰其在后乎[11](观,非在己之言,故知在子孙)!风行而著于土(巽在坤上,故为著土),故曰其在异国[12]乎!若在异国,必姜姓也。姜,大岳[13]之后也(姜姓之先为尧四岳)。山岳则配天,

物莫能两大。陈衰,此其昌乎[14]!”(变而象艮,故知当兴于大岳之后)

及陈之初亡也(昭八年,楚灭陈),陈桓子始大于齐(桓子,敬仲五世孙陈无宇)。其后亡也(哀十七年,楚复灭陈),成子得政[15](成子,陈常也,敬仲八世孙)。

注释 ①妻敬仲:以女为敬仲妻。②于:将。③有妫:陈国为舜之后,姓妫。有:词头,无义。④京:大。莫之与京:即没有谁跟它一样强大。⑤史:官名。《周易》:占筮之类的书。⑥观(guàn):卦名。否(pǐ):卦名。之:往,变成。⑦此其:代词连用,实际上相当于“此”。⑧有耀:照耀。⑨风为天:风变为天。⑩庭实:摆在庭内的礼物。旅:陈列。百:极言数量很多。⑪犹有观焉:这是就观卦言观,观就是看别人的所作所为,不是自己的行为。故称“在后”,即子孙后代方能发迹。⑫在异国:观卦上巽下坤,则是风行于土上,风会流动,不是呆着不动的,故称“在异国”。⑬大岳:即太岳,指四岳,在尧时为四方部落首领,后赐姜姓。⑭是说太岳之后人必然兴旺。但两强必为一消一长,陈衰败之时,就是太岳之后在姜姓之国兴旺之日。⑮陈在鲁昭公八年为楚所灭,恰是敬仲五世后的陈桓子,在齐国敌于正卿之时。到鲁哀公十七年,楚终灭陈,则是陈成子代齐之时。

穀梁传 言公子而不言大夫,公子未命[1]为大夫也。其曰公子何也?公子之重视[2]大夫,命以执公子(大夫既命,得执公子之礼)。

解义 惟天子得奉天命[3]而专生杀,故二百四十年书杀大夫者四十有七,皆诸侯也。盖诸侯之大夫皆命於天子,而不得专命,大夫有罪当请於天子而不得专杀。春秋之世,国无大小,其卿大夫皆专命之,有罪无罪皆专杀之。公子之重视大夫,故备[4]书以著其罪也。其专杀,称君者,独出於其君之意,而大夫、国人不与焉,如晋侯杀其世子申生是也。称国者,君与当国大臣主之,如郑杀其大夫申侯是也。称人,义有二,一则国乱无政,众人擅杀而不出於君,陈人之杀御寇是也;其一弑君之贼人人得而诛之,背叛之臣国人所同恶,如卫人杀州吁[5],郑人杀良霄是也。其见杀者所称亦不一,或称大夫,或称公子,或称大夫公子。称公子者,公子而非大夫也;称大夫者,大夫而非公子也;称大夫公子者,公子而为大夫者也。

注释　①未命:指没有任命。②重:尊贵,重要。视:视为。③天命:指上天的意志。④备:全面,详细。⑤州吁:春秋时期卫国人,卫庄公之子、卫桓公异母弟,前719年弑兄即位(在位不足一年),系卫国十二世,第十三位国君。为春秋时期第一位弑君篡位成功的公子。

春秋　夏五月。

解义　《春秋》无事书首时,未有书五月者,或谓下有事而文脱[1],或四讹[2]而为五也。何休[3]谓:讥庄公娶仇女,不可奉先祖四时祭祀,犹五月不宜首时。则凿[4]矣。

注释　①文脱:指文字脱漏。②讹:错误。③何休(129—182年),字邵公。任城樊(今山东济宁市)人。东汉今文经学家。他的经学著作《春秋公羊解诂》,对后世影响很大。④凿:凿说,指穿凿附会之说。

春秋　秋七月丙申,及齐高傒[1]盟于防。

公羊传　齐高傒者何?贵大夫也。曷为就吾微者而盟?公也。公则曷为不言公?讳与大夫盟也。

穀梁传　不言公,高傒伉[2]也(骄伉,与公敌体,耻之,故不书公)。

解义　高傒,齐贵卿也。鲁无使微者与盟之理,盖公也。讳不言公,以谋娶仇人之女,而与大夫要盟[3],恶莫大焉,故隐[4]之。

注释　①高傒:齐国卿大夫。②伉:对等。③要盟:指强迫签定盟约。④隐:隐讳。

春秋 冬,公如齐纳币[①]。

公羊传 纳币不书,此何以书?讥。何讥尔?亲[②]纳币,非礼也。

穀梁传 纳币,大夫之事也。礼有纳采(采择女之德性也。其礼用雁为贽),有问名(问女名而卜之),有纳徵(徵,成也。纳币以成昏),有告期(告迎期),四者备而后娶,礼也。公之亲纳币,非礼也,故讥之。

解义 纳币,大夫之事也。而公亲之,盖齐疑昏议[③],故自往与要言也。娶夫人以承宗庙也,先君见戕[④]而娶仇女,苟[⑤]有人心者忍此乎?至在丧而图昏,又不足责[⑥]矣!

注释 ①纳币:亦称纳成、纳徵。中国古代婚姻制度六礼中第四礼。就是男方向女方送聘礼。②亲:亲自。③昏议:昏,同"婚"。指婚姻之礼仪。④先君见戕:指鲁桓公被齐襄公杀害一事。⑤苟:如果。⑥责:谴责。

春秋 二十有三年春,公[①]至自齐。

公羊传 桓[②]之盟不日,其会不致,信之也。此之桓国何以致,危之也。何危尔?公一陈佗[③]也(公如齐淫,与陈佗相似)。

解义 齐桓之编,庄公与之会盟遇伐救者九,皆不书至。独三如齐书至,以娶仇女而行,乃返告於先君[④]之庙,其恶极[⑤]矣!

注释 ①公:指鲁庄公。②桓:指齐桓公。③陈佗:即陈废公,妫佗,为春秋诸侯国陈国君主之一,他为陈文公儿子,承袭兄长陈桓公担任该国君主,在位期间为前707年正月至八月,共在位8月。陈废公性喜淫猎。因在蔡国淫乐,被陈桓公的三个儿子:陈跃、陈林、陈杵臼设计所杀。④先君:指鲁桓公。⑤恶极:意思是甚于犯法,罪大恶极。

春秋 祭叔来聘[①]。

穀梁传 其不言使,何也?天子之内臣也[②]。不正其外交,故不与使也。

解义 祭,畿内[③]之国。祭叔,王朝之大夫,五十以伯仲[④],周道[⑤]也。假[⑥]聘礼以私行,故不书使,义[⑦]与祭伯来朝而不言朝,尹氏、王子虎、刘卷来讣[⑧],而不书其爵同。皆所以正私交之罪,绝朋党[⑨]之萌也。

注释 ①祭叔:祭地领主。祭国在鲁隐公元年(前722年),郑国东迁时被灭,成为郑国大夫祭仲的食邑。聘:访问。②天子:指周天子。内臣:是指帝王统治时,宫内所使用的官员、太监、护卫官长,还可以转义为权贵们的管家、侍卫之类的贴身人员。封建君王使用内臣,一般都比较讲究,必须绝对地忠心,唯命是从,而且还能守口如瓶,严守皇室的隐秘。③畿内:古称王都及其周围千里以内的地区。④伯仲:指一家有兄弟数人,在给他们起名字的时用上"伯仲叔季"等字,以示长幼有序。"伯仲"两字连用,表示相差不多,难分高下,成语有"不相伯仲、伯仲之间"。⑤周道:指周代的普遍道理。⑥假:借用。⑦义:意思。⑧尹氏、王子虎、刘卷:三人皆周大夫。讣:报丧。⑨朋党:指士大夫结党,即结成利益集团。

春秋 夏,公如齐观社[①]。

左传 二十三年夏,公如齐观社,非礼也。曹刿[②]谏曰:"不可。夫礼,所以整民也。故会以训上下之则[③],制财用之节[④](贡赋多少);朝以正班爵之义[⑤],帅长幼之序;征伐以讨其不然[⑥](不然,不用命)。诸侯有王[⑦](从王事),王有巡守,以大习[⑧]之(大习,朝会之礼)。非是,君不举[⑨]矣。君举必书,书而不法[⑩],后嗣何观?"

公羊传 何以书?讥。何讥尔?诸侯越竟观社,非礼也。

穀梁传 常事曰视,非常曰观。观,无事之辞也,以是为尸女也(尸,主也。主为齐女。往,借观社为辞)。无事不出竟。

解义 齐因社祭而蒐⑪军,实以示威,已为非礼。庄公逾境往观,其失益大矣。天子祀上帝,诸侯会以受事⑫焉,不闻诸侯之相会祀也。庄公盖托名而往,以坚昏约⑬。故《穀梁氏》以为尸女耳。凡公出以朝及丧葬,但书如而不言其事。观社非常⑭,故特书。

注释 ①社:祭祀社神。②曹刿:即曹沫(mèi),一作曹翙。生卒年不详,春秋时鲁国大夫(今山东省东平县人),著名的军事理论家。鲁庄公十年,齐攻鲁,刿求见请取信于民后战,作战时随从指挥,大败齐师,一鼓作气之典出于此。③则:法则。④节:节制。⑤班爵:排列爵位。义:同"仪",即仪式。⑥不然:不敬。⑦有王:朝聘天子。⑧大习:指熟习会见和朝觐的制度、礼仪。⑨举:行动。⑩不法:不合法度。⑪蒐(sōu)同"搜",聚集。⑫受事:接受职事。⑬坚:牢固,不动摇。昏约:即婚约,是指男女双方为结婚所作的事先约定。成立婚约的行为称订婚或定婚。⑭非常:意为很不寻常的。

附录左传 晋桓、庄之族逼①(桓叔、庄伯之子孙强盛,逼迫公室),献公②患之。士蔿曰(士蔿,晋大夫):"去富子③(富子,二族之富强者),则群公子可谋也已。"公曰:"尔试其事。"士蔿与群公子谋,谮④富子而去之。

春秋 公⑤至自齐。

穀梁传 公如(统言公出行之例)往时,正也。致月,故也。如往月、致月,有惧⑥焉尔。

春秋 荆⑦人来聘(楚交中国始此)。

公羊传 荆何以称人?始能聘也。

穀梁传 善累而后进之。其曰人,何也?举道不待再(谓一举而进之)。

解义　《春秋》於楚始[8]书荆，继[9]书荆人，继书楚子，著其渐盛也。楚迩年[10]加兵於蔡、郑，而聘使至鲁，盖远交近攻之术，介人欲侵萧[11]，而先朝鲁。秦人归禭[12]来聘，而有河曲之师，盖鲁为春秋望国，而亲於齐、晋，故介人来朝，欲藉以为援。秦、楚来聘，欲以间[13]齐、晋之交也。

注释　①桓、庄：指桓叔、庄伯，即曲沃武公的父与祖。逼：威逼，压迫公室。②献公：晋武公之子，名诡诸，庄公十八年即位。③富子：人名，桓、庄家族中足智多谋的人。④谮：进谗言，说坏话。⑤公：指鲁庄公。⑥惧：畏惧。⑦荆：指楚国，又称荆楚。⑧始：开始。⑨继：接着。⑩迩年：近年。⑪萧：指萧国。地在今安徽省萧县西北。春秋时为宋国的附庸国。公元前597年，萧国为楚国所灭 。⑫禭：指赠送衣物。⑬间：离间。

春秋　公及齐侯遇于谷。

穀梁传　及者，内为志焉尔。遇者，志相得也。

解义　及者，内为志。盖齐犹以昏议为疑[1]，故公汲汲[2]而为。此遇也，书之以著庄公之不子[3]，而齐桓私意回惑[4]，不能以礼接人，亦於是可见矣。

注释　①昏议：昏，同“婚”。指婚姻之礼仪。疑：疑惑。②汲汲：形容急切的样子，急于得到。③不子：指愧为人子。④回惑：迷惑；惶惑。

春秋　萧叔朝公[1]。

公羊传　其言朝公何？公在外也(言于谷朝公)。

穀梁传　微国之君未爵命者[2]。其不言来，于外也。朝于庙，正也；于外，非正也。

解义　萧[3]，宋之附庸[4]。谷，齐地。嘉礼[5]，不野合[6]。萧叔朝公在齐之谷，则非其所也。朝必於庙，公不辞[7]而受之於谷，亦过矣，盖交[8]讥之。

注释 ①公:指鲁庄公。②微国:指小国。爵命:封爵受职。③萧:指萧国。④附庸:指附属于大国的小国。⑤嘉礼:古代五礼(吉、凶、军、宾、嘉)之一。指饮食、婚冠、宾射、飨燕、贺庆等礼。⑥野合:原指野外不正当的男女关系。此指在野外不合礼仪的交往。⑦辞:推辞。⑧交:交互。

春秋 秋,丹桓宫楹[1]。

左传 秋,丹桓宫之楹。

公羊传 何以书?讥。何讥尔?丹桓宫楹,非礼也。

穀梁传 礼,天子、诸侯黝垩(黝,黑色。凡涂饰,皆言垩),大夫仓,士黈(黈,黄色)。丹楹,非礼也。

解义 楹,柱也。楹,未有以丹饰者。为将娶仇女,欲夸[2]示之,而乱王制[3],以渎先君[4],直书而恶见矣。

注释 ①丹:朱漆,此作动词。桓宫:鲁桓公庙。楹(yíng):柱子。②夸:夸耀。③王制:指古代君主治理天下的规章制度。④渎:侮慢,冒犯。先君:此指鲁桓公。

春秋 冬十有一月,曹伯射姑卒[1]。

春秋 十有二月甲寅,公会齐侯盟于扈(扈,杜注:郑地。在荥阳卷县西北。《后汉志》卷县有扈城亭,今河南原武县西北扈亭是也)。

公羊传 桓之盟不日,此何以日?危之也。何危尔?我贰[2]也。鲁子曰:"我贰者,非彼然,我然也。"

解义 此盟,亦[3]要结姻好也。鲁求之愈急,而齐许之愈缓。盖庄公为文姜所制[4],必使娶於母家,而齐女待年[5],庄公时已三十有六矣,故越礼[6]不顾,如此其亟[7]耳。

注释 ①曹伯射姑:即曹庄公,姬射姑,为春秋诸侯国曹国君主之一,他为曹桓公的儿子,承袭曹桓公担任该国君主,在位31年。②贰:怀有二心,背叛。③亦:表示同样、也是。④制:制约。⑤待年:指女子成年待嫁,又称"待字"或"待字闺中"。古代女子到了十五岁,会把头发梳起,插上簪子,表示已到出嫁年岁。⑥越礼:不遵循礼仪法度。⑦亟(jí):急切。

春秋　二十有四年春王三月,刻桓宫桷[①]。

左传　二十四年春,刻其桷(桷,椽也),皆非礼[②]也(合上丹楹而发)。御孙谏曰(御孙,鲁大夫):"臣闻之:'俭,德之共[③]也;侈,恶之大也。'先君有共德而君纳诸大恶,无乃不可乎!"

公羊传　何以书?讥。何讥尔?刻桓宫桷,非礼也。

穀梁传　礼,天子之桷,斫之砻之[④](斫,削也。砻,磨也),加密石焉(又以细石磨之)。诸侯之桷,斫之砻之。大夫斫之。士斫本。刻桷,非正也。夫人,所以崇宗庙也,取非礼与非正而加之于宗庙,以饰夫人,非正也。刻桓宫桷,丹桓宫楹,斥言桓宫以恶庄也[⑤](不言新宫,而直谓之桓宫,以桓见杀于齐,而饰其庙,以荣仇国之女,恶庄不子)。

解义　桷有斫砻,未闻复刻镂[⑥]之也。王制革制度曰畔[⑦],其君讨[⑧]。丹楹刻桷乃宫庙所未有之饰,即无故而为此,亦不容於王法矣。况娶仇人之女,以荐舍於祢庙[⑨],而特为非礼之饰,以夸耀之。死者有知,其怨恫[⑩]当何如?至五庙[⑪]并列,而独崇[⑫]饰於桓宫,又其恶之浅者矣[⑬]?

注释　①刻桓宫桷:意思是在鲁桓公庙宇的椽子上雕刻了花纹。②非礼:古礼,天子宫庙之桷,斫之砻之,又加以细磨;诸侯宫庙之桷,斫之砻之,不加细磨;大夫之桷,只斫不砻;士人之桷,砍断树根而已。自天子以至大夫、士,皆来不雕刻桷,亦不漆柱。故丹楹、刻桷均为非礼。③共:通"洪",大。④斫(zhuó):用刀、斧等砍劈。砻:打磨。⑤斥言:指直言指责过失。恶:憎恶。⑥刻镂:雕刻。⑦革:改变。畔:通"叛"。违背;背离。⑧讨:惩治。⑨荐舍:此指居住。祢庙:指父庙。⑩怨恫:怨恨,哀痛。⑪五庙:古代诸侯立五庙,即父、祖、曾祖、高祖、始祖之庙。

⑫崇：推重。⑬其恶之浅者矣：其罪恶难道还浅吗？

春秋　葬曹庄公。

春秋　夏，公如齐逆女[①]。

公羊传　何以书？亲迎礼也。

穀梁传　亲迎，恒[②]事也，不志。此其志何也？不正其亲迎于齐也。

解义　亲迎者，昏[③]礼之常。《春秋》常事不书，此独书之，不正其亲迎于齐也。所谓常者，其事非一，如视朔[④]则月事之常也，蒐狩[⑤]则时事之常也，郊祀、雩祭[⑥]之类则岁事之常也。至於纳币、逆女、至归之类[⑦]，昏姻之常也，合礼为常，常则不书。若夫崩、薨、卒、葬、即位之类，乃人道始终之大变，即合礼亦书，非亲迎之比也。

注释　①逆女：迎娶女子。②恒：寻常，普通。③昏：同"婚"。④朔：朔日，农历每月初一。⑤蒐狩：春猎为蒐，冬猎为狩，泛指狩猎。⑥郊祀：古代于郊外祭祀天地，南郊祭天，北郊祭地。郊谓大祀，祀为群祀。雩（yú）祭：古代求雨的祭祀。⑦纳币：亦称纳成、纳征。中国古代婚姻制度六礼中第四礼。就是男方向女方送聘礼。至归：此指女子回娘家探亲。

春秋　秋，公至自齐。

穀梁传　迎者，行见诸，舍见诸（诸，之也。言瞻望夫人乘车）。先至，非正也。

春秋　八月丁丑，夫人姜氏入。

左传　秋，哀姜[①]至。

公羊传　其言入何？难也。其言日何？难也。其难奈何？夫人不偻（偻，疾也。齐人语）不可使入（言夫人稽留，不肯疾顺公意，故不能使之即入），与公有所约（约谓约远媵妾也），然后入。

穀梁传　入者，内弗受也。日入，恶入者也。何用不受也？

以宗庙弗受也。其以宗庙[2]弗受何也?娶仇人子弟,以荐舍于前(荐,进。舍,置),其义不可受也。

解义 不书至,而书入,不可以见乎宗庙也。入者,不顺之辞,以宗庙为不受[3]也。且昏义以正始为先[4],公既亲迎而不与夫人同至,则夫道不正於始矣;姜氏既归而不从公以俱入,则妇道不正於始矣。弑闵逊邾之乱[5],其兆已见此,皆忘亲越礼之所致也。故《春秋》详书其事,以为后戒。

注释 ①哀姜:鲁庄公夫人。②宗庙:祭祀祖先的庙宇。③受:接受。④意思是指婚姻的礼义要有正确而美好的开头。⑤弑闵逊邾之乱:指鲁庄公死后鲁国王位继承之乱。闵:鲁闵公,即姬启,为春秋诸侯国鲁国君主之一,是鲁国第十七任君主。他为鲁庄公儿子,母亲叔姜。庄公卒,季友按照庄公的命令,立子斑为君。即位两个月,庆父使圉人荦杀鲁公子斑於党氏。庆竟立庄公子启,是为闵公。在位2年。庆父使卜齮(yǐ)袭杀闵公於武闱。

春秋 戊寅,大夫宗妇觌[1],用币[2]。

左传 公使宗妇觌,用币(《传》不言大夫,唯举非常),非礼也。御孙曰:"男贽[3]大者玉帛(公、侯、伯、子、男执玉,诸侯世子、附庸、孤卿执帛),小者禽鸟(卿执羔,大夫执雁,士执雉),以章物[4]也(章所执之物别贵贱)。女贽不过榛栗枣修,以告虔[5]也(榛似栗,而小修脯也)。今男女同贽[6],是无别也。男女之别,国之大节[7]也。而由夫人乱之,无乃不可乎?"

公羊传 宗妇者何?大夫之妻也。觌者何?见也。用者何?用者不宜用也。见用币,非礼也。然则曷用?枣栗云乎?腶修云乎?

穀梁传 觌,见也。礼,大夫不见夫人,不言及(谓不言大夫及宗妇)不正。其行妇道(谓见夫人乃宗妇之道),故列数之也。男子之贽，羔、雁、雉、腒（士冬用雉，夏用腒。腒，乾雉也。夏用之，备腐臭也）。妇人之贽，枣、栗、腶[8]、修。用币，非礼也。用者，不宜用者也。大夫，国体[9]也（国体谓为君股肱），而行妇道，恶之，故谨而日之也。

解义 何休[10]曰：礼，夫人至，大夫郊迎[11]，明日大夫宗妇皆见。公事曰见，私事曰觌，见夫人礼也，而以私言之。夫人不可以见宗庙，则亦不可以临[12]群臣也。且大夫宜见於庙[13]，宗妇宜见於宫中。今男女并觌，而又同贽，乱男女之别。自夫人之至始，庄公自坏其防[14]，何怪夫人异日之躬[15]为大恶哉！《春秋》所书自盟防至此凡十有三事词繁而不杀[16]，所以示正始[17]之道者，可谓深切著明[18]矣。

注释 ①宗妇：同姓大夫的夫人。觌（dí）：相见。②用币：此指用玉帛作为拜见的礼物。③贽（zhì）：古时初次拜见尊长时所拿的礼物。④章物：古代的贽见礼，由各人所执礼物的不同而显示其贵贱等级，章物即此义。⑤告虔：表示诚敬。⑥同贽：贽礼相同。⑦大节：大法。⑧腶（duàn）：经过捶捣加上姜桂制成的干肉。⑨国体：大臣辅佐国君，犹人之有股肱，故称之为国体。⑩何休（129—182）：东汉时期经学家。字邵公，任城樊（今山东滋阳）人。何休为人质朴多智，精研六经，对“三坟五典，阴阳算术，河洛谶纬，莫不成诵”。口讷，不善讲说，门徒有问者，则用书面作答。他的经学著作《春秋公羊解诂》，对后世影响很大。⑪郊迎：指出郊迎宾，以示隆重、尊敬。⑫临：面对。⑬宜：应该。庙：王宫的前殿，泛指朝廷。⑭防：规矩。⑮异日：以后的一天或一段时间。躬：自身行为。⑯盟防：指鲁庄公22年（前672年）秋七月，鲁人及齐高傒盟于防。杀：此指简略。⑰示：表明。正始：合乎礼仪、法则之始。⑱深切著明：深刻而显明。

附录左传 晋士蔿又与群公子谋，使杀游氏之二子（游氏亦桓、庄之族)。士蔿告晋侯曰:"可矣。不过二年,君必无患。"

春秋　大水。

春秋　冬,戎侵曹。曹羁出奔陈。赤[①]归于曹。

公羊传　曹羁者何?曹大夫也。曹无大夫,此何以书?贤也。何贤乎曹羁?戎将侵曹,曹羁谏曰:"戎众以无义。君请勿自敌也。"曹伯曰:"不可"。三谏不从,遂去之,故君子以为得君臣之义也。

解义　书法与突[②]归于郑,郑忽[③]出奔卫同,故杜预[④]知二《传》之非,而以羁[⑤]为曹世子也,庄公既葬,羁嗣[⑥]世一年矣。而奔[⑦]不称爵,以微弱不能君,犹郑忽之不称爵也。归者易辞,赤恃[⑧]戎之力以篡国,其归为易,犹突恃宋以篡,而书归也。《春秋》於忽与羁皆系国而书名,以为居正者之戒。

注释　①赤:即曹僖公(前?一前662),姬姓名曹夷,一名称赤。春秋时曹国第十四任君王。公元前670至公元前662年在位。②突:指公子突,郑厉公。③忽:指公子忽,郑昭公。④杜预(222—285):字元凯,京兆杜陵(今陕西西安东南)人,西晋时期著名的政治家、军事家和学者,灭吴统一战争的统帅之一。耽思经籍,博学多通,多有建树,被誉为"杜武库"。著有《春秋左氏经传集解》及《春秋释例》等。⑤羁:指曹羁。⑥嗣:嗣位,继承君位。⑦奔:逃亡。⑧恃:依赖。

春秋　郭公(《公羊》、《穀梁》并以"赤归于曹郭公"连文为句)。

公羊传　赤者何?曹无赤者,盖郭公也。郭公者何?失地之君也。

穀梁传　赤,盖郭公也。何为名也?礼,诸侯无外归之义,外归非正也。

解义　郭公之义本不可晓,而《公》、《穀》之说更不可通。先儒有以为郭亡者,公与亡字相近,而偶误耳。管子[①]之书曰:

“齐桓公之郭，问父老曰：‘郭何故亡？’曰：‘以其善善而恶恶也。’公[②]曰：‘若子之言，乃贤君也，何至於亡？’父老曰：‘郭君善善而不能用，恶恶而不能去，所以亡也。’考其时与事，谓之郭亡理或有之。夫不知其善恶犹觊[③]一旦而知之也，既知其善而不能用，则君子登进[④]之路绝；既知其恶而不能去，则小人益肆行[⑤]而无所忌矣。《春秋》以郭之自亡书与梁亡同义。

注释　①管子（前725—645年）：即管敬仲，春秋初期颍上人。名夷吾，字仲，是我国古代著名的政治家、军事家、经济学家、哲学家。②公：即齐桓公。③觊（jì）：希望得到。④登进：升进；使上前。⑤肆行：恣意妄为。

春秋　二十有五年春，陈侯使女叔[①]来聘。

左传　二十五年春，陈女叔来聘（陈卿。女，氏；叔，其字也），始结陈好也。嘉[②]之，故不名。

穀梁传　其不名何也？天子之命大夫也。

解义　季友相鲁[③]，原仲[④]相陈，二人有旧故[⑤]，各请於君通聘以结好[⑥]，此大夫交政於中国之渐也[⑦]。命大夫故不名，鲁单伯、郑祭仲、陈女叔是也。齐、晋无命大夫，盖自恃疆大不复请命於王耳。

注释　①女（rǔ）叔：陈国卿士。②嘉：赞美，称道。③季友：春秋鲁桓公季子，即鲁桓公最小的儿子，鲁庄公弟，因手掌中生成一“友”字丈，遂以为名，号成季，故称季友，又称公孙友。相：辅助。④原仲：即女叔，陈国卿士。⑤旧故：指旧交。⑥通：往来友好。⑦交政：指大臣擅政，私与盟会以交接诸侯。中国：指春秋时期中原各诸侯国。

春秋　夏五月癸丑，卫侯朔[①]卒。

解义　卫朔入国，鲁庄与有力[②]焉，未必[③]不会其葬。盖朔构[④]杀其兄，而逆[⑤]天子之命，故不书葬，以不[⑥]其罪之当讨耳。

注释　①卫侯朔:即卫惠公,姬姓,卫氏,名朔。卫国第16代国君,前699年—前697年、前686年—前669年在位。②有力:有功劳。③未必:不见得。④构:谋害。⑤逆:违背。⑥不:指肯定。

春秋　六月辛未,朔[①],日有食之,鼓[②],用牲于社。

左传　夏六月辛未,朔,日有食之。鼓,用牲于社,非常[③]也(非常鼓之月。辛未实七月朔;置闰失所,故致月错)。唯正月之朔,慝[④]未作(正月,夏之四月,周之六月,谓正阳之月。今《书》六月,而《传》云惟者明此月非正阳月也。慝,阴气),日有食之,于是乎用币[⑤]于社,伐[⑥]鼓于朝(食于正阳之月,则诸侯用币于社,请救于上。公伐鼓于朝,退而自责,以明阴不宜侵阳,臣不宜掩君,以示大义)。

公羊传　日食则曷为鼓用牲于社?求乎阴之道也(求,责求也),以朱丝营社,或曰胁之(胁与责求同义。社,土地之主。月,土地之精。月犯日,故攻社以胁其本,朱丝营之,助阳抑阴也),或曰为暗,恐人犯之,故营之(社者,土地之主,尊也,为日光尽,天暗冥,恐人历之,故营之)。

穀梁传　言日言朔,食正朔也。鼓,礼也。用牲,非礼也。天子救日,置五麾(麾,旌幡也),陈五兵、五鼓(五兵:矛、戟、钺、楯、弓矢),诸侯置三麾,陈三鼓、三兵;大夫击门,士击柝。言充其阳也(充,实也。凡有声皆阳事,以压阴气)。

解义　日月之食皆有常度[⑦],古人遇日食必书者,盖深致其扶阳抑阴之旨,言当恐惧修省而不敢忽也[⑧]。《左氏》谓,"唯正月之朔,慝[⑨]未作。"于是用币于社,伐鼓于朝,非也。《夏书》季秋日食,有奏鼓之文,岂独正阳之月哉。所以,书者讥其不鼓于朝,又用牲耳。

注释　①朔:夏历每月初一日。②鼓:击鼓。③非常:不合常礼。④慝(tè):阴气。⑤币:玉帛。⑥伐:击打。⑦常度:固定的规律。⑧修省:修身反省。忽:忽视。⑨慝(tè):阴气。

春秋 伯姬归于杞[1]。

穀梁传 其不言逆[2]何也?逆之道微,无足道焉尔。

解义 伯姬,庄公女。婚姻常事不书,此何以书?逆者,非卿则名姓不登於史策,见昏礼之日坏也,内女适[3]邻国而为夫人则书归,适大夫则否,别[4]尊卑也。其得礼者皆不书,常事也。

注释 ①杞:春秋时期诸侯国。在今河南省杞县一带。②逆:迎接。③适:指女子出嫁。④别:区分。

春秋 秋,大水,鼓[1],用牲于社,于门[2]。

左传 秋,大水。鼓,用牲于社,于门,亦非常也。凡天灾,有币无牲。非日月之眚[3],不鼓。

公羊传 其言于社于门何?于社礼也,于门非礼也。

穀梁传 高下有水灾,曰大水。既戒鼓而骇众,用牲可以已矣。救日以鼓兵,救水以鼓众。

附录左传 晋士蔿使群公子尽杀游氏之族,乃城聚而处之[4](聚,杜注:晋邑)。冬,晋侯围聚,尽杀群公子。

春秋 冬,公子友如陈[5](此内大夫出聘之始)。

春秋 凡公及内卿往他国皆书如,盖外诸侯来鲁者书朝,外卿来鲁者书聘,则内书所如不言其事而自明矣。隐、桓、庄之间上而周近[6],而齐有来聘者矣,鲁未尝有报聘者。而女叔[7]一来,季友旋[8]报,继又躬会[9],原仲[10]之葬,则陈鲁之交虽有君命,而实出於季友、原仲之私情,不独大夫渐张[11],而季氏之专鲁微兆[12]已见於斯矣。朱子[13]於季友独以为无状,诚论世知,人之特识也。

注释 ①鼓:击鼓。②门:城门门神。③眚(shěng):灾难、祸害。④聚:地名,晋邑,在今山西省绛县东南。处之:使群公子居于聚邑。⑤公子友:即季友。陈:即陈国。⑥隐:即鲁隐公。桓:即鲁桓公。庄:即鲁庄公。周近:指同周王室亲近。⑦女

(rǔ)叔:陈国卿士。⑧季友:鲁庄公弟。旋:马上,立刻。⑨躬:亲自。⑩原仲:即女叔,陈国卿士。⑪张:扩张。⑫微兆:微小的征兆。⑬朱子:即朱熹(1130—1200)字元晦,一字仲晦,号晦庵。南宋江南东路徽州府婺源县(今江西省婺源)人。南宋著名的理学家、思想家、哲学家、教育家、诗人、闽学派的代表人物,世称朱子,是孔子、孟子以来最杰出的弘扬儒学的大师。

春秋　二十有六年春,公伐戎①(《公羊》无春字)

解义　隐、桓世有戎盟②,至庄始渝③,为鲁之患。今此伐戎,为济西之役也,故无讥辞。

注释　①戎:戎国。故地在今山东省曹县东南。②隐:即鲁隐公。桓:即鲁桓公。③庄:即鲁庄公。渝:违背。

附录左传　二十六年春,晋士蔿为大司空①。夏,士蔿城②绛,以深③其宫(绛,杜注:晋所都也。今山西绛县。《史记》:是年,晋始都绛)。

春秋　夏,公至自伐戎。

春秋　曹杀其大夫(此专杀大夫之始)。

公羊传　何以不名?众也。曷为众杀之?不死于曹君者也。君死乎位曰灭。曷为不言其灭?为曹羁讳也。此盖战也,何以不言战?为曹羁讳也(以大夫即是曹羁。按《公》、《穀》此等传皆出其所传闻,无可考证,姑存其文耳,他皆仿此)。

穀梁传　言大夫而不称名姓,无命大夫也。无命大夫而曰大夫,贤也,为曹羁崇也。

解义　称国以杀者,国君与当国大夫共主之,而不请於天子④也。不书名,或曰非一人,或曰不知其名也。齐桓葵丘之会⑤申明王禁曰无专杀大夫,其视当时之诸侯可谓彼善於此矣。

注释　①司空:官名,掌管土木工程。大司空为卿官。②城:加高城墙。③深:加高宫墙。④天子:周天子。⑤葵丘之会:

葵丘，今河南省兰考县。公元前655年，周王室内讧，齐桓公联合诸侯保住太子郑的地位。不久，又拥立太子郑为王，即周襄王。公元前651年，齐桓公召集诸侯在葵丘会盟，周襄王派代表参加，对齐桓公极力表彰。这是齐桓公多次召集诸侯会盟中最盛大的一次，标志着齐桓公的霸业达到顶峰。

春秋 秋，公会宋人、齐人，伐徐[1]（徐，杜注：徐国。在下邳僮县东南。《括地志》，徐城县西有大徐城，即古徐国也。今江南泗州北有徐城。韩氏愈曰：徐与秦俱出伯翳，为嬴姓。昭五年楚人执徐子，盖子爵）。

解义 戎在徐州之域[2]，旧为鲁患。是年春，公伐戎，秋又伐徐，必戎与徐相表里以侵轶[3]鲁也，故[4]二国将卑师少，而公独亲行。齐桓致勤於鲁、宋，又屡推宋主兵，鲁、宋亲附是以诸侯众服，而明年盟幽[5]，同心以相推戴与。

附录左传 秋，虢[6]人侵晋。冬，虢人又侵晋。（为《传》明年晋将伐虢张本）

春秋 冬十有二月癸亥，朔，日有食之。

注释 ①徐：即徐国，春秋时的诸侯国之一，国君为嬴姓。又称徐戎，亦称徐夷或徐方。其都先在山东郯城，后迁都至安徽泗县江苏省泗洪县，前512年为吴国所消灭。②域：区域，范围。③侵轶：侵犯袭击。④故：原来，本来。⑤盟幽：指鲁庄公27年（前667年）鲁、齐等会盟于幽。⑥虢：即虢国，西周初年所封诸侯国，位于现陕西宝鸡附近，后随周平王东迁至今河南陕县东南，地跨黄河两岸，于公元前655年被晋国所灭。

卷十三

庄公(二十七年之三十二年)

春秋　二十有七年春,公会杞伯姬于洮[①](伯姬,庄公女。洮,杜注:鲁地。今山东濮州南有洮城,亦作桃城。《水经注》云:桃城亦曰姚城,因姚墟而得名也)。

左传　二十七年春,公会杞伯姬于洮,非事也。天子非展义[②]不巡守(天子巡守,所以宣布德义),诸侯非民事不举,卿非君命不越竞[③]。

解义　妇人无会,礼。内女为夫人者,七见於《经》,未有与公会者,而会自伯姬始。其后来朝,其子来求妇,皆礼所未有也,而鲁政之不纲[④],亦可见矣。

注释　①杞伯姬:鲁庄公女,杞成公夫人。洮(táo):鲁国地名。②展义:宣扬德义。③竟:同"境"。④政:国家管理。不纲:指失去纲纪,政治混乱。

春秋　夏六月,公会齐侯、宋公、陈侯、郑伯同盟于幽。

左传　夏,同盟于幽,陈、郑服[①]也(二十二年陈乱,而齐纳敬仲。二十五年,郑文公获成于楚,皆有贰心于齐,今始服也)。

穀梁传　同者,有同也,同尊周[②]也,于是而后授[③]之诸侯也。其授之诸侯何也?齐侯得众也。桓[④]会不致,安之也。桓盟不日,信之也。信其信,仁其仁。衣裳之会[⑤]十有一,未尝有歃血之盟[⑥]也,信厚也。兵车之会四[⑦],未尝有大战也,爱民也。

解义　十六年于幽之盟[⑧],郑人附[⑨]楚而侵宋,鲁人弃信[⑩]而受逃,是诸侯犹未能深信桓公之心也。至是霸势愈盛,陈、郑协服,鲁亦与会,故载书复要言曰同,诸国盖自是无离逷[⑪]矣。而卫人不至,故明年复有伐卫之师。

注释 ①服:顺服。②同尊周:指共同尊敬周王室。③授:授权。④桓:即齐桓公。⑤衣裳之会:与"兵车之会"相对而言,指春秋时代诸国之间和好的会议。⑥歃血之盟:歃血,古代会盟,把牲畜的血涂在嘴唇上,表示诚意;盟,宣誓缔约。泛指发誓订盟。⑦兵车之会:兵车,古代作战用的车辆。春秋时齐桓公争霸,屡次与诸侯会盟,其中在鲁僖公年间的四次,齐国带有军队,称为"兵车之会"。⑧十六年于幽之盟:指鲁庄公16年(前678年)鲁、齐、宋、陈等在幽地结盟,目的是与郑国讲和。⑨附:依附。⑩弃信:失信;违背信义。⑪离逷(tì):疏远,远离。

春秋 秋,公子友如陈,葬原仲[①]。

左传 秋,公子友如陈,葬原仲,非礼也(原氏,仲字)。原仲,季友之旧[②]也。

公羊传 原仲者何?陈大夫也。大夫不书葬,此何以书?通乎季子之私行也(通,表而出之之义;私行,不以公事行也)。何通乎季子之私行?辟内难也。君子辟内难而不辟外难(《礼记》曰:"门内之治恩掩义,门外之治义掩恩")。内难者何?公子庆父、公子牙、公子友皆庄公之母弟也[③]。公子庆父、公子牙通乎夫人以胁[④]公,季子[⑤]起而治之,则不得与于国政,坐而视之则亲亲。因不忍见也,故于是复请至于陈而葬原仲也。

穀梁传 言葬不言卒,不葬者也(不葬者,不合书葬也)。不葬而曰葬,讳出奔也(言季友辟内难而出,以葬原仲为辞)。

解义 人臣之义无私交,大夫非君命不越境。葬原仲,季友之私也,而书如陈,从出聘之文,是有公命也。季友之请[⑥]为越礼,庄公之从之为失政[⑦],直书其事而义自见矣。何以知其为季友之私也?凡以公事行而因及其私者,《经》皆不言其事,直书如某国而已。

注释 ①原仲:陈国大夫。②季友:即公子友。旧:旧好。

③公子庆父、公子牙、公子友:公子庆父为鲁庄公庶兄,公子牙、公子友为鲁庄公同母弟,同为鲁国国卿。④胁:威胁,胁迫。⑤季子:即季友。⑥请:指拜访。⑦从:同“纵”。失政:政治混乱。

春秋　冬,杞伯姬来。

左传　冬,杞伯姬来,归宁[①]也。凡诸侯之女,归宁曰来[②],出曰来归[③]。夫人归宁曰如某,出曰归于某。

公羊传　其言来何?直来曰来(直来,无事而来也),大归曰来归(大归,废弃来归也)。

解义　归宁,常事不书,此何以书?数[④]也。礼,父母在,岁[⑤]一归宁。春会而冬复至,越礼可知矣,或曰哀姜方挟势而骄恣[⑥],伯姬庶女素不以礼待,故不敢遽[⑦]归,先与父会,使归与姜氏成言[⑧],而后至鲁也,不然岂有归宁父母不径返国都而待於下邑[⑨],父往会之者哉?

注释　①归宁:女子出嫁,返回娘家探问父母称为归宁。②来:女子出嫁,探问父母后仍返回夫家。③来归:女子出嫁,被夫家休弃,不再返回,称为来归,又叫出。④数:多次,屡次,频繁。⑤岁:一年。⑥哀姜(?—前659):姜姓,哀为谥号,齐襄公女,鲁庄公夫人。鲁庄公24年聘之为夫人,无子。其姊妹叔姜亦为庄公妾,生启方,后为鲁闵公。挟势:依仗权势或威势。骄恣:骄傲放纵。⑦遽(jù):急,仓猝。⑧姜氏:指哀姜。成言:约好。⑨不径:指不同意。下邑:指洮地,鲁邑。

附录左传　晋侯将伐虢[①],士蔿[②]曰:“不可。虢公骄,若骤得胜于我,必弃其民。无众而后伐之,欲御我谁与?夫礼、乐、慈、爱,战所畜也[③]。夫民,让事、乐和[④]、爱亲、哀丧,而后可用也(让事,礼也;乐和,乐也;爱亲,慈也;哀丧,爱也;有此四者,然后可用以战)。虢弗畜[⑤]也,亟战将饥[⑥]”(言虢不畜义让而力战。弃民不养,故云将饥)。

春秋 莒庆来逆叔姬[⑦]。

公羊传 莒庆者何？莒大夫也。莒无大夫,此何以书？讥。何讥尔？大夫越竟逆女,非礼也。

穀梁传 诸侯之嫁子于大夫,主大夫以与之(主大夫,谓使大夫同姓者主之)。来者,接内也(接内,谓公自主之)。不正其接内,故不与夫妇之称也(夫妇之称,当言逆女)。

解义 诸侯嫁女於大夫,命大夫主之,君不敌[⑧]臣也。二百四十年[⑨],鲁君嫁女于大夫者多矣,而见於《经》者惟莒庆及齐高固[⑩]。以公自主之,故以为非常而志之也。大夫为君逆则称女,自逆则称字,而不书归,盖尊卑之别。

注释 ①晋侯:即晋献公(？—前651年),姬姓,晋氏,名诡诸。晋国君主。在位26年。曲沃武公之子。即位后用士蔿之计,尽灭曲沃桓公、庄伯子孙,巩固君位。消灭强敌虞、虢,史称其"并国十七,服国三十八"。虢:即虢国,西周初年所封诸侯国,位于现陕西宝鸡附近,后随周平王东迁至今河南陕县东南,地跨黄河两岸,于公元前655年被晋国所灭。②士蔿(生卒不详):祁姓,士氏,名蔿,字子舆,晋国卿大夫,晋献公主要谋士之一。③畜(xù):积聚,储藏。④让事:谦让,指礼而言。乐和:和协,指乐而言。⑤虢弗畜:虢公不培养这些德行。⑥亟(qì):屡次。饥:馁,气馁。⑦莒庆:莒国大夫。逆:迎接。⑧敌:对等。⑨二百四十年:指《春秋》二百四十二年。⑩高固:齐大夫。

春秋 杞伯来朝[①]。

解义 致[②]伯姬也,杞伯不能制其内[③],纵[④]伯姬之数出,又来朝而致之,其卑弱可知矣。

注释 ①朝:朝见,拜见。②致:为。③制:制约。内:内室,泛称妻妾。④纵:放纵。

附录左传 王使召伯廖赐齐侯命[①](召伯廖,王卿士,赐命为侯伯),且请伐卫,以其立子颓也(立子颓在十九年)。

春秋　公会齐侯于城濮(城濮,杜注:卫地)。

解义　《传》称王赐齐侯命,且请伐卫,以情事推[2]之,子颓[3]伏诛已十年,卫君又易世矣。齐桓特以卫不会幽之盟[4],申明其立子颓之罪,而请讨於王耳。与公会於卫地,而伐卫之师,鲁不与焉。亦犹会於鲁济以谋伐戎,而鲁不与伐耳。

注释　①王:周王。召伯廖:周王卿士。赐齐侯命:赐命齐桓公为诸侯之长。②推:推理。③子颓:即周废王姬颓(前696—前673),在公元前675年子颓联合卫国、燕国发动叛乱并称王,在位时间公元前675年－公元前673年,谥号周废王。④幽之盟:指鲁庄公27年(前667年),鲁庄公和齐侯、宋公、陈侯、郑伯在幽地结盟,是因为陈国和郑国都已顺服。

春秋　二十有八年春,王三月甲寅,齐人伐卫。卫人及齐人战,卫人败绩[1]。

左传　二十八年春,齐侯伐卫。战,败卫师。数之以王命[2],取赂[3]而还。

公羊传　伐不日,此何以日?至之日也。战不言伐,此其言伐何?至之日也。《春秋》伐者为客(伐人者为客),伐者为主(见伐者为主),故使卫主之也(及者为主)。曷为使卫主之?卫未有罪尔(盖为幽之会,服父丧未终而不至故)。败者称师,卫何以不称师?未得乎师也(未得成列为师也)。

穀梁传　于伐与战,安[4]战也?战卫,战则是师也。其曰人,何也?微之也。何为微之也?今授之诸侯,而后有侵伐之事,故微之也。其人卫何也?以其人齐,不可不人卫也。卫小齐大,其以卫及之,何也?以其微之,可以言及也。其称人以败,何也?不以师败于人也。

解义　战不言伐,伐不言日,而书日者,战之日也。见齐人奉辞伐罪[5],方以是日至,而卫不请其故,即以是日与之战,其劲忿[6]而不知自反具见矣。凡书及者,为其志乎战也,卫人之急战若此,则宜书卫及,非褒贬之所系也,是非则存乎其事矣。败必称师,而卫不称师,何也?齐甫至而遂战[7],未得集众而成军耳。

注释 ①败绩:指军队溃败。②数:责备。命:名义。③取赂:指夺取财物。④安:疑问代词。怎么,哪里。⑤奉辞伐罪:指奉严正之辞而讨有罪。⑥忿:愤怒。⑦甫至:刚到。遂:顺利。

附录左传 晋献公娶于贾[1],无子。烝于齐姜[2](齐姜,武公妾),生秦穆夫人及大子申生。又娶二女于戎,大戎狐姬生重耳[3](大戎,杜注:唐叔子孙别在戎狄者。当在今陕西延安府境),小戎子[4]生夷吾(小戎,杜注:允姓之戎。孔氏安国曰:此即瓜州之允姓戎也。故瓜州在今陕西肃州西子女也)。晋伐骊戎,骊戎男[5]女以骊姬(骊戎,杜注:在京兆新丰县。今陕西临潼县东有骊戎城。其君姬姓,其爵男也。纳女于人曰女)。归生奚齐。其娣[6]生卓子。骊姬嬖,欲立其子,赂外嬖梁五[7],与东关嬖五(姓梁名五。在闺闼之外者,东关嬖五,别在关塞者,亦名五。皆大夫,为献公所嬖幸,视听外事),使言于公曰:“曲沃,君之宗[8]也(曲沃,桓叔所封,先君宗庙所在)。蒲与二屈,君之疆也(蒲,杜注:平阳蒲子县。今山西隰州东北有蒲子故城。二屈,杜注:平阳北屈县。今山西吉州东北有北屈废县)。不可以无主。宗邑无主则民不威,疆埸无主则启戎心。戎之生心,民慢其政,国之患也。若使太子主曲沃,而重耳、夷吾主蒲与屈,则可以威民而惧戎,且旌君伐[9]”(旌,章也;伐,功也)。使俱曰:“狄之广莫,于晋为都[10]。晋之启土,不亦宜乎?”(献公未决,故复使二五俱说之。广莫,狄地之旷绝也。即谓蒲子北屈也。言遣二公子出都之,则晋方当大开土界)晋侯说[11]之。夏,使大子居曲沃,重耳居蒲城,夷吾居屈。群公子皆鄙[12](鄙,边也),唯二姬之子在绛。二五卒与骊姬谮群公子而立[13]奚齐(二五,梁五、东关五也),晋人谓之二五耦[14](二耜相耦,广一尺。共起一伐,言二人垦,伤晋室)。

春秋　夏四月丁未,邾子琐[15]卒。

注释　①贾:姬姓诸侯国。②烝:通奸。齐姜:齐国女。一说为晋武公妾。③大戎狐姬:又名狐季姬,王子狐之后。④小戎子:大戎狐姬的妹妹。⑤骊戎男:骊戎国君。男,爵名。⑥娣:骊姬之妹。⑦外嬖:受宠的男子。女人受宠叫内嬖。梁五:晋大夫。⑧宗:宗庙所在地。⑨旌:表彰。伐:功。⑩都:城邑。⑪说:通"悦"。⑫鄙:边界城邑。⑬立:立为太子。⑭二五耦:即梁五与东关嬖五朋比为奸。耦,二人合作做某事。⑮邾子琐:即邾宪公,曹姓,名琐,为邾国第11代君主,是邾安公的儿子。在位11年(前677年—前666年)。死后,儿子邾文公继位。

春秋　秋,荆[1]伐郑,公会齐人、宋人救郑。(宋人下《公羊》有邾娄人)。

左传　楚令尹子元欲蛊文夫人(子元,文王弟;文夫人,文王夫人息妫也。蛊惑以淫事),为馆于其宫侧,而振万[2]焉(振,动也;万,舞也)。夫人闻之,泣曰:"先君以是舞也,习戎备也。今令尹不寻诸仇雠[3],而于未亡人[4]之侧,不亦异乎!"(寻,用也。妇人既寡,自称未亡人)御人以告子元(御人,夫人之侍人)。子元曰:"妇人不忘袭仇,我反忘之!"秋,子元以车六百乘伐郑,入于桔柣之门[5](桔柣,郑远郊之门也)。子元、斗御疆、斗梧、耿之不比为旆[6](子元自与三子特建旆以居前。缁广充幅,长寻曰旐,继旐曰旆),斗班、王孙游、王孙喜殿[7](三子在后为反御)。众车入自纯门,及逵市[8](纯门,郑外郭门也。逵市,郭内道上市)。县门不发,楚言而出。子元曰:"郑有人焉。"(县门施于内城门。郑示楚以闲暇,故不闭城门。出兵而效楚言,故子元畏之不敢进)诸侯救郑,楚师夜遁。郑人将奔桐丘(桐丘,杜注:许昌县东北有桐丘城。今许昌故城在河南许州东北),谍告曰:"楚幕有乌。"乃止(谍,间也。幕,帐也)。

穀梁传 荆者，楚也。其曰荆，州举之也。善救郑也。

解义 郑服[9]於齐，故楚来争[10]郑，此南北盛衰之大界[11]也。桓公救郑，独与鲁、宋偕[12]，以陈、卫惧楚，方自守而未暇[13]及郑耳。楚在春秋时最强大，首服[14]陈、蔡，继争郑，而耀武於王畿[15]，非齐桓有以遏[16]之，将为周室忧[17]。故圣门羞称五霸[18]，而《春秋》不没桓、文[19]之功，其道盖并行而不相悖也。

注释 ①荆：楚国。②振万：敲击铎铃伴跳万舞。③寻：用。诸：这里相当于"于"。下句"于"前承此句省略"寻"。雠(chóu)：仇敌。④未亡人：古代寡妇的自称。⑤桔柣(jiédié)之门：远郊的防卫门。⑥旆(pèi)：先锋旗，前军。⑦殿：殿后。⑧逵市：郑国城外的大路市场。⑨服：顺服。⑩争：争夺。⑪界：界限，范围。⑫偕：偕同，共同。⑬未暇：指没有时间顾及。⑭服：征服。⑮耀武：显示武力。王畿：指王城周围千里的地域。⑯遏：阻止。⑰周室忧：指周王室担忧。⑱圣门：孔子的门下。亦泛指传孔子之道者。五霸：即春秋五霸，指的是齐桓公、晋文公、秦穆公、宋襄公、楚庄王。⑲桓：指齐桓公。文：指晋文公。

春秋 冬，筑郿[1]（郿，《公羊》、《穀梁》作微，杜注：鲁下邑。京相璠曰：寿张县西北有故微乡，鲁邑也。今山东东平州西有微乡城）。

左传 筑郿，非都[2]也。凡邑[3]，有宗庙先君之主曰都，无曰邑。邑曰筑，都曰城（《周礼》：四县为都，四井为邑，然宗庙所在则虽邑曰都，尊之也）。

穀梁传 山林薮泽[4]之利，所以与民共也。虞[5]之，非正也（虞，典禽兽之官。言筑邑置官司以虞之，非正也）。

解义 凡土功[6]，大曰城[7]，小曰筑。故馆则书筑，台则书筑，囿[8]则书筑，郿邑而书筑，创作邑也。冬，虽工筑之时，而下书大无麦、禾，则公轻[9]用民力，而时绌举赢[10]具见矣。

注释 ①郿(méi)：鲁国地名，今山东省寿县以南。②都：

指古代有先君宗庙的都城。③邑:指古代无先君宗庙的都城。④薮泽:指水草茂密的沼泽湖泊地带。此喻人或物荟聚之处。⑤虞:同"娱",安乐。⑥土功:指治水、筑城、建造宫殿等工程。⑦城:筑城。⑧囿:古代帝王养禽兽的园林。⑨轻:轻率,随便。⑩时绌举嬴:在困难的时候而做奢侈的事情。

春秋　大无麦、禾。

公羊传　冬既见无麦禾矣,曷为先言筑微而后言无麦禾?讳,以凶年[1]造邑也。

穀梁传　大者,有顾之辞也,于无禾及无麦也。(顾,犹待也。待无禾,然后追录无麦,故言大,以明不收之甚也)。

解义　二谷不升谓之饥,五谷不升[2]为大饥。禾者,谷之总名。无麦禾,则黍、稷、秫、稻及二麦皆无矣。曰大无者,见举国皆无也。《王制》:"冢宰制国用必於岁之杪[3],五谷备入,然后制国用。"故无麦禾至冬然后书,频年[4]无水旱之变,而一旦大无麦禾,推验[5]事实,由鲁不务蓄积,日损月削以至於麦禾皆尽而后觉之,非一岁之事也。不书饥者,大无麦禾而至於告籴[6],则饥不待言矣。

注释　①凶年:年成很坏。指饥荒的年头。②五谷不升:庄稼不生长。指灾荒之年。五谷:古代有多种不同说法,最主要的有两种:一种指稻、黍、稷、麦、菽;另一种指麻、黍、稷、麦、菽。两者的区别是:前者有稻无麻,后者有麻无稻。③冢宰制国用:此指国家财政。岁之杪:指岁末,年末。④频年:连年,多年。⑤推验:推问验证。⑥籴(dí):买进粮食。

春秋　臧孙辰告籴于齐。

左传　冬,饥[1]。臧孙辰告籴于齐,礼也(臧孙辰,鲁大夫臧文仲)。

公羊传　告籴者何?请籴也(买谷曰籴)。何以不称使?以为臧孙辰之私行也。曷为以臧孙辰之私行？君子之为国也，必有三年之委。一年不熟告籴，讥也（古者三年耕，必馀一年之储；九年耕，必有三年之积，虽遇凶灾，民不饥乏。庄公享国二十八年，而无一年之畜，危亡切近，故讳使，若国家不匮，大夫自私行籴也）。

穀梁传 国无三年之畜，曰国非其国也。一年不升[2]（登也），告籴诸侯。告，请也。籴，籴也。不正，故举臧孙辰以为私行也。国无九年之畜，曰不足。无六年之畜，曰急。无三年之畜，曰国非其国也。诸侯无粟，诸侯相归粟，正也。臧孙辰告籴于齐，告然后与之。言内之无外交也。古者税什一[3]，丰年补败（败，谓凶年），不外求而上下皆足也。虽累凶年，民弗病也。一年不艾[4]（艾，获也）而百姓饥，君子非之。不言如，为内讳也。

解义 古者三年耕，必有一年之食；九年耕，必有三年之食。以三十年之通制国用[5]，虽有旱干水溢[6]，民无菜色[7]。今鲁一年不艾，而百姓饥，汲汲焉求救於邻国，故不书如齐告籴，而曰告籴于齐，所以著情急於籴，以见鲁政之无经[8]也。而辰犹以急病让夷[9]为贤，陋[10]矣。

注释 ①饥：庄稼欠收叫饥。②不升：指没有粮食收成。③什一：古代赋税制度，十分税一，称“什一”。④艾：收获。⑤三十年之通制国用：意思是鲁庄公执政近三十年的财政状况。⑥旱干：干旱。水溢：水泛滥。⑦菜色：指饥民营养不良的脸色。⑧无经：没有常规或法度。⑨辰：臧孙辰。急病让夷：意思是将困难留给自己，将方便让给别人。⑩陋：丑陋。

春秋 二十有九年春，新延厩[1]。

左传 二十九年春，新作延厩。书，不时也。凡马日中而出[2]，日中而入[3]。（日中，春秋分也。治厩当以秋分，因马向入而修之，今以春作，故曰不时）。

公羊传 新延厩者何？修旧也。修旧不书，此何以书？讥。

何讥尔？凶年[4]不修。

穀梁传　延厩者,法厩也(《周礼》:“天子十二闲,马六种。邦国六闲,马四种。”每厩一闲。言法厩者,六闲之旧制也)。其言新,有故也(言改故而新之)。有故则何为书也？古之君人者,必时视民之所勤[5]:民勤于力,则功筑罕[6];民勤于财,则贡赋[7]少;民勤于食,则百事废矣(凶荒杀礼)。冬筑微,春新延厩,以其用民力为已悉矣(悉,尽也)。

解义　凡兴筑,言新者,有故也。有所增益曰作创[8],始曰筑。闲牧之设,以修马政[9],久而新之,常事也,何以书？穀梁子曰:“古之人君,必时视民之所勤:民勤于力,则功筑罕;民勤于财,则贡赋少;民勤于食,则百事废矣。”大无麦禾,告籴于齐,以救朝夕之急。而犹兴不急[10]之役,其用民力为已悉[11]矣。故修旧不书,而於此特书,以示戒也,或谓后世以兴功筑为救荒之要政。《春秋》乃用以为讥,何也？后世力役佣[12]於官,故可因此以聚穷民[13]。古者,力役征於民,而於凶年举之,则民不堪命矣。延,延绵[14]也,牧马欲其滋息[15],故谓之延;犹库藏,欲其有馀,而谓之长府[16]也。

注释　①延厩:马圈名。②日中:春分,秋分。春分与秋分两时节白天和黑夜一样长,故称为日中。出:春分时节,百草生长,出外牧马。③入:秋分后,由于水寒草枯,马匹开始入圈。④凶年:年成很坏。指饥荒的年头。⑤勤:勤劳。⑥功筑:指土木工程。罕:稀少。⑦贡赋:指土贡和赋税。⑧增益:增加,增添。作创:扩建。⑨闲:闲厩。古代皇家养牲口的地方。马政:指古代政府对官用马匹的牧养、训练、使用和采购等的管理制度。⑩不急:不切需要。⑪悉:尽。⑫力役:以武力征伐。佣:受雇用。⑬穷民:指贫苦百姓。⑭延绵:连续不断。⑮滋息:繁殖,增生。⑯长府:春秋时鲁国库藏名。藏财货、武器的府库。

春秋 夏,郑人侵许[1]。

左传 夏,郑人侵许。凡师有钟鼓曰伐,无曰侵,轻曰袭(掩其不备)。

解义 许、郑世仇[2]也。许自盟幽之后,不与齐桓[3]之会,郑人侵之,或亦齐之命[4]与。

注释 ①郑:指郑国。许:指许国。②世仇:世代的仇怨。③齐桓:齐桓公。④命:指派。

春秋 秋,有蜚[1]。

左传 秋,有蜚,为灾也。凡物不为灾不书。

公羊传 何以书?记异也。

穀梁传 一有一亡曰有。

解义 有者,昔之所无,故书之,以记异也。刘向[2]曰:蜚色青,南越[3]盛暑,男女同川,淫气所生,为虫臭恶,非中国[4]所有。或曰即负蠜[5],好以清旦[6]食稻花。或曰《山海经》以蜚为兽,若牛而白首,一目虬[7]尾。未知孰是,姑存之以备参考。

注释 ①蜚(fěi):蜚盘虫。②刘向(约前77—前6):原名更生,字子政,沛县(今属江苏)人。西汉经学家、目录学家、文学家。③南越:指五岭以南地区。④中国:指中原。⑤负蠜(fán):即负盘。⑥清旦:清晨。⑦虬(qiú):虬曲,盘绕弯曲。

春秋 冬十有二月,纪叔姬卒。

解义 娣[1]之卒,不书。叔姬执节守义[2],妇德可仪[3],故鲁人贤[4]而录之,孔子不削也。

注释 ①娣:指古代姐妹共嫁一夫,幼为娣,长为姒。②执节守义:守节,守贞。③仪:作为典范,表率。④贤:以之为贤。

春秋 城诸及防(诸、防,杜注:皆鲁邑。诸,在今山东诸城县,县又有故防城)。

左传 冬十二月,城诸及防,书,时也。凡土功,龙见而毕务[①],戒事[②]也(周十一月,今九月,龙星角、亢晨见东方,三务始毕,戒民以土功事)。火见而致用(大火,心星,十月之初心星次角、亢之后,而晨见东方致用,谓致筑作之物也),水昏正而栽[③](北方之宿为水星,营室谓之定,水昏正谓十月之中,定星昏而正中栽树也,谓树版干而兴作),日至[④]而毕(日南至,微阳始动,故土功毕)。

穀梁传　可城也(凡城之志,皆讥。今云可者,谓冬可用城,不妨农役耳,不谓作城,无讥也),以大及小也(诸大防小)。

解义　凡土功,得其时亦书[⑤],重劳民[⑥]也,及者先后之辞。

注释　①龙:苍龙星,东方星宿的总称。苍龙星出现在夏历九月。毕务:农事完毕。②戒事:土功的准备工作。③水:星名,即定星,又叫营室。昏正:黄昏正现于南方。栽:筑墙立板。④日至:指冬至。⑤土功:指治水、筑城、建造宫殿等工程。其时:正当时,正是时候。⑥劳民:指其使人民劳苦。

附录左传　樊皮叛王(樊皮,周大夫。樊,其采地;皮,名)。

春秋　三十年春王正月。

附录左传　三十年春,王命虢公讨樊皮。夏四月丙辰,虢公入樊,执樊仲皮[①],归于京师。

春秋　夏,师次[②]于成(《左氏》无师字)。

穀梁传　次,止也,有畏也。欲救鄣而不能也。不言公,耻不能救鄣也。

解义　《穀梁》以为欲救鄣而不能。然纪、鲁姻亲[③],纪之亡,鲁次成而不敢救,理或有之。纪亡久矣,鄣乃纪之附庸,鲁明知力不能救,何故出师?虚为德於鄣而间齐好[④]。观前此之会城濮,明年之献戎捷[⑤],则次成之师,乃欲会齐围鄣,待命於成,闻鄣已降,而不复行耳。

注释　①樊仲皮:即樊皮。②次:驻扎。③姻亲:是以婚姻关系为中介而产生的亲属。④虚:虚伪,虚假。德:恩惠,恩德。

间:间出,乘隙。⑤献戎捷:奉献俘获的戎人。打胜战往往有所获,献其所获称献捷,又叫献功。

附录左传 楚公子元归自伐郑,而处王宫(欲遂蛊文夫人),斗射师[1]谏(射师,斗廉也),则执而梏之(梏,刑具。在手曰梏)。秋,申公斗班杀子元(申,楚县。楚僭号,县尹皆称公。斗班若敖之孙),斗谷於菟为令尹(斗谷於菟,令尹子文也,斗伯比之子),自毁其家以纾[2]楚国之难。

春秋 秋七月,齐人降鄣(鄣,杜注:纪附庸国。东平无监县东北有鄣城,今山东省东平州东有鄣城集,即鄣故城也)。

公羊传 鄣者何?纪之遗邑也。降之者何?取之也。取之则曷为不言取之?为桓公讳也。外取邑不书,此何以书?尽也。(言纪邑至此而尽)

穀梁传 降犹下也。鄣,纪之遗邑也。

解义 不书鄣降于齐,而曰齐人降鄣者。小国孤危,不能自固,齐以兵威胁使降附,专罪齐也。鄣乃纪之附庸,纪犹折[3]而入齐,鄣岂能与齐抗[4]乎?是以於鄣无责焉。齐桓假德礼[5]以属大国诸侯,而数并吞小国,以自封殖[6]。故荀卿[7]恶其以让饰争,依乎仁而蹈[8]利也。

注释 ①斗射师:楚国大夫。②纾(shū):缓解,解除。③折:屈服,折服。④抗:抗争。⑤假:利用。德礼:道德与礼教。⑥封殖:指培植势力。⑦荀卿(约前313至238年):名况,字卿,赵国郇邑(今山西安泽)人,战国后期著名思想家、教育家,人称荀子。⑧蹈:谋取。

春秋 八月癸亥,葬纪叔姬。

公羊传 外夫人不书葬,此何以书?隐之也。何隐尔?其国亡矣,徒葬乎叔尔(谓国亡不得与夫合葬,故言徒。徒,空也)。

穀梁传 不日卒而日葬,闵纪之亡也[1]。

解义　灭国之君不书葬,况媵乎[②]?盖鲁君悯纪之亡[③],高叔姬之义[④],为服姑姊妹之服[⑤],而使人会其葬。故旧史书之,孔子存而不削,以明彰万世之女教[⑥],先儒所谓以贤得书者也。

注释　①闵:同“悯”,怜恤,哀伤。②媵(yìng):指侄娣从嫁者。③鲁君:指鲁庄公。④高:尊崇,敬重。⑤服:遵从,遵守。服:服礼,遵行礼法。⑥明彰:明白,明显。女教:指对女子进行以“三从四德”封建礼教的教化规范。

春秋　九月庚午朔,日有食之,鼓,用牲于社。

春秋　冬,公及齐侯遇于鲁济[①](鲁济,杜注:盖鲁地。济水历齐、鲁界,在齐界为齐,济在旬界为鲁济)。

左传　冬,遇于鲁济,谋山戎[②]也,以其病燕[③]故也(燕,杜注:苏县。今属顺天府)。

穀梁传　及者,内为志焉尔。遇者,志相得也。

解义　据《左氏》谋伐山戎也,齐桓伐郳[④]、伐郑、伐徐,皆以宋[⑤]主兵。与公会城濮而后伐卫,与公会鲁济而后伐戎,不自恃[⑥]其智力,而集人之功以为功,此霸业之所以独盛与。

注释　①鲁济:鲁国济水。②山戎:是春秋时期北方的一支较强大的少数民族。又称北戎,匈奴的一支。活动地区在今河北省北部。③病燕:祸害燕国。④郳:即郳国,小邾国(又名小邾娄国),春秋战国时代诸侯国,国君为颜姓。战国初年灭亡。⑤宋:宋国。⑥自恃:依靠自己。

春秋　齐人伐山戎。

公羊传　此齐侯也,其称人何?贬。曷为贬?子司马子[①]曰:“盖以操之为已蹙矣[②]。”此盖战也,何以不言战?《春秋》敌者言战,桓公之与戎狄,驱之尔。

穀梁传　齐人者,齐侯也。其曰人,何也?爱齐侯乎山戎也(不以齐侯敌乎山戎,故称人)。其爱之何也?桓内无因国(因国,因缘山戎左右之国为内间者),外无从诸侯,而越千里之险北伐山戎,危之也。则非之乎?善之也。何善乎尔?燕,周之分子也(燕,周太保召康公之后,与周同姓。分子,谓周之别子孙也),贡职[3]不至,山戎为之伐矣(言由山戎为害,伐击燕,使之隔绝于周室)。

解义 齐人伐山戎,《穀梁》以为善,《公羊》及胡氏以为讥,皆谓齐侯亲伐,其实非也!以僖[4]十年,书齐侯、许男伐北戎观之,则伐山戎齐侯不亲也。果齐侯也,则事同,而称人、称爵,前后互异,义安处与?

注释 ①子司马子:即司马迁(前145—前87年后),字子长,西汉夏阳(今陕西韩城,一说山西河津)人,我国西汉伟大的史学家、思想家、文学家,著有《史记》,又称《太史公记》,他记载了上自中国上古传说中的黄帝时代,下至汉武帝太初四年(公元前100年),共3000多年的历史。②犹言操之过急。指处理事情,解决问题过于急躁。③贡职:贡赋,贡品。④僖:齐僖公。

春秋 三十有一年春,筑台于郎。

公羊传 何以书?讥。何讥尔?临[1]民之所漱浣也(台近于泉,即泉台也。未成为郎台,既成为泉台。《礼·内则》:冠带垢,请漱;衣裳垢,请澣。澣即浣也)。

解义 《左氏传》曰:"公既视朔[2],遂登观台[3]以望,而书云物[4],为备故也。"楚语曰:"台,高不过望国氛[5],大不过容宴豆[6],瘠硗[7]之地,於是乎为之。"鲁之先公,候时[8]占物之台,必有定所,不缘占候[9]而去国筑台於远,是为遊观之所厉民[10]以自乐也,一之为甚[11]而至於三,坏法乱纪[12]亦甚矣。

注释 ①临:挨着,靠近。②视朔:古代天子、诸侯每月朔日祭告祖庙后,在太庙听政,称"视朔"。③观台:瞭望天象之台。④云物:云的色彩。⑤国氛:称国中出现的预示吉凶的云气为国氛。⑥宴豆:古代宴饮时盛食品的器具。⑦瘠硗(qiāo):贫瘠硗薄。指土地坚硬不肥沃。⑧候时:等候时机。⑨占候:视天象变化以附会人事,预言吉凶。⑩厉民:训练人民。⑪一之为甚:甚,过分。做了一次,已经过分。比喻错误不能重犯。⑫坏法乱纪:破坏法制和纪律。

春秋　夏四月,薛伯卒。

解义　隐[①]十年,薛来朝,称侯,今称伯,时王所黜也[②]。诸《传》皆无文,杜氏[③]於滕、纪降爵,皆曰时王所黜,独此无注,故或以为齐桓所黜,非也。非天子之命,《春秋》当以王爵正[④]之矣。

注释　①隐:鲁隐公。②王:周王,周天子。黜:降职。③杜氏:指杜预(222—285),字元凯,京兆杜陵(今陕西西安东南)人,西晋时期著名的政治家、军事家和学者,灭吴统一战争的统帅之一。耽思经籍,博学多通,多有建树,被誉为"杜武库"。著有《春秋左氏经传集解》及《春秋释例》等。④正:同"证"。

春秋　筑台于薛(薛,杜注:鲁地。今山东滕胜县东南有薛城)。

公羊传　何以书?讥。何讥尔?远也。

春秋　六月,齐侯来献戎捷[①]。

左传　三十一年夏六月,齐侯来献戎捷,非礼也。凡诸侯有四夷之功,则献于王,王以警于夷。中国[②]则否。诸侯不相遗俘[③]。

公羊传　齐大国也,曷为亲来献戎捷?威我也。其威我奈何?旗获而过我也(言悬所获于旗以过鲁)。

穀梁传　齐侯来献捷者,内齐侯也。不言使,内与同,不言使也(谓内齐侯若同一国,故不称使)。献戎捷,军得曰捷。戎,菽也(菽,今之胡豆也。按《管子》云:"出戎菽冬葱,布之天下",则以戎为豆也)。

解义　捷者,战胜之所俘获也;献者,下奉上之辞也。诸侯自相遗俘,非礼矣。二《传》据此谓齐侯亲伐山戎,称人为贬。不知山戎在齐北,鲁在齐南,伐戎而归,道不经鲁。盖齐、鲁邻封[4],偶来会公,因献戎捷与鲁济之会等耳。伐戎,则大夫帅师,故称人;献捷,则齐侯亲之,故书爵。皆据其事之实耳,献捷不足为亲伐之征[5]也。

注释 ①献戎捷:奉献俘获的戎人。打胜战往往有所获,献其所获称献捷,又叫献功。②中国:中原。③遗俘:此指赠送俘虏。④邻封:相邻的封地。⑤征:证明。

春秋 秋,筑台于秦(秦,杜注:东平范县西北有秦亭。在今山东范县南)。

公羊传 何以书?讥。何讥尔?临国也(社稷、宗庙、朝廷皆为国,明皆不当临也)。

穀梁传 不正罢民三时[1](不正,犹不与也),虞山林薮泽之利[2],且财尽则怨,力尽则怼(怼,恚恨[3]也),君子危之,故谨而志之也。或曰:倚诸桓也[4]。桓外无诸侯之变,内无国事,越千里之险,北伐山戎,为燕辟地[5]。鲁外无诸侯之变,内无国事,一年罢民三时,虞山林薮泽之利,恶内也。

春秋 冬,不雨。

公羊传 何以书?记异也。

解义 冬,不雨,不害禾稼[6],而亦书者,见圣人燮理阴阳[7],对时育物,以顺天心之切也。僖、文[8]之不雨,或历三时,或历四时[9],此年止一时不雨耳。二百四十年间,一时不雨者,岂止一年,而此特书。以庄公灾歉[10]之后,亟[11]兴土功,昧[12]於敬天勤民之义也。

注释 ①罢民:不从教化、不事劳作之民。三时:指春、夏、秋三个务农时节。②虞:预料。薮泽:指水草茂密的沼泽湖泊地带。③恚(huì)恨:愤恨,怨恨。④倚:依赖,依靠。诸:同“于”。

桓:齐桓公。⑤辟地:开辟疆域。⑥禾稼:谷类作物的统称。⑦燮(xiè)理阴阳:燮,调和;理,治理。指大臣辅佐天子治理国事。⑧僖:鲁僖公。文:鲁文公。⑨四时:指春夏秋冬四季。⑩灾歉:因灾害而歉收。⑪亟(qì):屡次。⑫昧:糊涂,不明白。

春秋　三十有二年春,城小谷①(小谷,范氏宁曰:鲁地。泰山孙氏曰:曲阜西北有小谷城)。

左传　三十二年春,城小谷,为管仲②也(杜注:小谷,齐邑。济北谷城县城中有管仲井。大都以名通者,则不系国。公感齐桓之德,故为管仲城私邑)。

解义　小谷,鲁邑也。《左氏》谓为管仲城,杜预以楚丘下阳不系国例之说,亦可通。但《经》所书夫人会谷,公以楚师伐齐取谷,晋士匄③侵齐至谷,《传》所称寘桓、公子雍④于谷,使申叔⑤去谷,齐师达谷,七里⑥未有言小谷者。则此为鲁邑,明矣。

注释　①城:修筑城。小谷:即谷,齐邑名,在今山东省东阿县境内。②管仲(约前723或前716—前645):姬姓,管氏,名夷吾,谥曰"敬仲",春秋时齐国颍上(今安徽颍上)人,史称管子。春秋时齐国著名的政治家、军事家。被称为"春秋第一相",辅佐齐桓公成为春秋时期的第一霸主。③士匄(gài):晋国卿大夫,名范匄,曾率晋师伐齐,齐师败,前554年,齐国与晋国讲和,士匄与齐人在大隧(在今山东省高唐县)结盟。④公子雍:姬姓,名雍,是晋文公的庶子。⑤申叔:楚国大夫。⑥里:处,地方。

春秋　夏,宋公、齐侯遇于梁丘(梁丘,杜注:高平昌邑县西南。今山东城武县东北有梁丘山,山南有梁丘城)。

左传　齐侯为楚伐郑之故,请会于诸侯(楚伐郑在二十八年,谋为郑报楚)。宋公请先见于齐侯。夏,遇于梁丘。

穀梁传　遇者,志相得也。梁丘,在曹、邾之间,去齐八百里。非不能从诸侯而往也,辞所遇,遇所不遇,大齐桓也(辞所遇,谓八百里间,诸侯必有愿从者而不与之遇。遇所不遇,谓远遇宋公也)。

解义 齐桓公时,诸侯强大者,莫如晋、宋,望国[①]莫如鲁。晋拥河山之固,不与诸侯会盟,非齐所能致[②]也。故於鲁、宋未服,慑之以威;既合,怀之以德,下之以礼。遇济[③],则远至鲁境;献捷[④],则亲至鲁庭[⑤]。既为宋出师,而再推以主兵,复远遇於宋地,而推以主会,所以服鲁、宋之心,使为诸侯倡[⑥],而成其霸事也。

注释 ①望国:有声望的国家。②致:招致,招来。③遇济:指在鲁国济水边会晤。④献捷:指献戎捷。奉献俘获的戎人。⑤庭:同"廷",朝廷。⑥倡:同"唱",唱和。

附录左传 秋七月,有神降于莘[①](有声以接人。莘,杜注:虢地)。惠王问诸内史过曰(内史过,周大夫):"是何故也?"对曰:"国之将兴,明神降之,监[②]其德也;将亡,神又降之,观其恶也。故有得神以兴,亦有以亡,虞、夏、商、周皆有之。"王曰:"若之何?"对曰:"以其物享[③]焉,其至之日,亦其物也[④]。"(其至之日,谓此神初降之日,若以甲、乙之日至,则祭先脾,玉用苍,服上青也,以此类祭之)王从之。内史过往,闻虢请命[⑤](闻请于神,求赐虢土田之命),反曰:"虢必亡矣,虐而听于神。"神居莘六月。虢公使祝应、宗区、史嚚[⑥]享焉(祝,大祝。宗,宗人。史,大史。应、区、嚚皆名)。神赐之土田。史嚚曰:"虢其亡乎!吾闻之:国将兴,听于民;将亡,听于神。神,聪明正直而壹[⑦]者也,依人而行(唯德是与)。虢多凉德[⑧],其何土之能得!"(为僖二年晋灭下阳传)

春秋 秋七月癸巳,公子牙[⑨]卒。

左传 初,公筑台临党氏(党氏,鲁大夫。筑台不书,不告庙),见孟任(孟任,党氏女),从之。閟[⑩](閟,不从公),而以夫人言[⑪]许之(许以为夫人)。割臂盟公,生子般焉。雩[⑫],讲[⑬]于梁氏(讲,肄也。梁氏,鲁大夫),女公子[⑭]观之(女公子,般妹)。圉人荦自墙外与之戏(圉人,掌养马者,名荦)。子般怒,使鞭之。公曰:“不如杀之,是不可鞭。荦有力焉,能投盖于稷门”(盖,覆也。稷门,鲁南城门。走而自投接其屋之桷,反覆门上)。

公疾,问后于叔牙(牙,庆父同母弟僖叔)。对曰:“庆父材[15]”(盖欲进其同母兄)。问于季友,对曰:“臣以死奉般。”公曰:“乡者[16]牙曰庆父材。”成季使以君命命僖叔待于针巫氏[17](成季,季友也,僖叔牙之谥。针巫氏,鲁大夫),使针季鸩[18]之(鸩,鸟名。其羽有毒。以画酒饮之,则死),曰:“饮此则有后[19]于鲁国,不然,死且无后。”饮之,归及逵泉而卒(逵泉,杜注:鲁地。今山东曲阜县南逵泉是也),立叔孙氏[20](不以罪诛,故得立后,世其禄)。

注释　①莘:虢国地名,在今河南省三门峡市西。②监:视。③以其物享:用与它相匹配的祭品去祭祀。其,它,指神灵;物,祭品,祭服等;享,祭享。④其至之日,亦其物:指神灵降临之日,即用与此日相当的祭品去祭祀。⑤请命:求神赐予。⑥祝应:人名。祝,太祝。宗区:人名。宗,宗人。史嚚(yín):人名。史,太史。⑦壹:一心一意。⑧凉德:薄德。凉,薄,少。⑨公子牙:鲁庄公之同母弟。⑩閟(bì):闭门。⑪以夫人言:提出用作夫人为条件。⑫雩(yú):求雨的祭祀。⑬讲:演习。⑭女公子:庄公之女,子般之妹。⑮庆父:庄公之弟。材:有才能。⑯乡者:前不久。⑰针巫:即下句的针季,鲁大夫。氏:家。⑱鸩(zhèn):用毒酒害人。⑲后:后世子孙。⑳叔孙氏:叔牙之子。

公羊传　何以不称弟?杀也。杀则曷为不言刺?为季子讳杀也,曷为为季子讳杀?季子之遏恶[1]也,不以为国狱[2](言不显为刑戮),缘[3]季子之心而为之讳。季子之遏恶奈何?庄公病将死,以病召季子(召之于陈),季子至而授之以国政,曰:“寡人即不起此病,吾将焉致乎鲁国(致,与也)?”季子曰:“般[4]也存,君何忧焉?”公曰:“庸得若是乎?牙谓我曰:‘鲁一生一及,君已知之矣（子继父曰生，弟继兄曰及）。庆父[5]也存。’”（此庄公之辞也。谓牙欲立庆父）季子曰：“夫何敢？是将为乱乎？夫何敢？”俄而牙弑械成（时牙实欲弑君，兵械已成，但事未行耳）。季子和药而饮之曰：“公子从吾言而饮此，则必可以无为天下戮笑[6]，必有后[7]乎鲁国。不从吾言而不饮此，则必为天下戮笑，必无后乎鲁国。”于是从其言而饮之，饮之无傫氏（无傫氏，盖大夫家或云地名），至乎王堤而死（王堤，地名）。公子牙今将尔（今将言欲弑）。辞曷为与亲弑者同（亲，躬亲也）？君亲无将，将而诛焉，然则善之与？曰：“然。”杀世子母弟直称君者，甚之也。季子杀母兄何善尔？诛不得辟[8]兄，君臣之义也。然则曷为不直诛而鸩之？行诛乎兄，隐而逃之，使托若以疾死，然亲亲之道也。

解义　《左氏》、《公羊》皆谓牙[9]之死，季友[10]实诛之。陆淳[11]谓季子恩义俱立，变而得中，夫子书其自卒，以示无讥，先儒皆据此为义。按《经》所书，前此则公子友如陈葬原仲，后此则季子来归，似庄、闵[12]终始之际，季友实不在鲁，姑发其疑，以俟[13]后之治《经》者不敢强为之说。

注释　①遏恶：阻止邪恶。②国狱：指国家的重大罪案。③缘：原因。④般：即公子般。⑤庆父：鲁桓公之子，鲁庄公庶兄。又称仲庆父、共仲或孟氏。⑥戮笑：耻笑。⑦有后：有后嗣。⑧辟：同“避”。⑨牙：公子牙。⑩季友：即公子友，季子。⑪陆淳（？—806）：唐经学家。字伯冲，后改名质。吴郡（郡治今江苏吴县）人。撰《春秋集传纂例》、《春秋集传辨疑》等，开宋儒怀疑经传的风气。⑫庄：鲁庄公。闵：鲁闵公。⑬俟（sì）：期待。

春秋　八月癸亥，公薨于路寝[1]。

左传　八月癸亥，公薨于路寝。子般即位，次于党氏[2]（即丧位次舍也）。

公羊传　路寝者何？正寝也（公之正居也。天子、诸侯皆有三寝:一曰高寝,二曰路寝,三曰小寝)。

穀梁传　路寝,正寝也。寝疾居正寝,正也。男子不绝于妇人之手,以齐终也(齐,洁也)。

解义　先王制礼,疾③必正寝。欲使公卿得受顾命,所以远女子、小人,而杜奸邪之隙④,虑⑤至深远也。鲁庄在位日久,薨又得其正,何以甫殁而祸乱相寻⑥若是?盖其失⑦在忘父仇,徇⑧母命,闺闱不饬⑨,兵柄⑩下移,得免其身幸矣。

注释　①公薨(hōng):指鲁庄公死去。路寝:古代天子、诸侯的正厅。②次于党氏:党氏为子般舅家,子般侍父丧,住在舅家。③疾:患病。④杜:杜绝。隙:空子。⑤虑:考虑。⑥甫:刚刚,才。殁:死。祸乱相寻:寻,接连不断而来。指灾祸、战乱一个接一个地发生。形容天下动荡不安。⑦盖:推测。失:错误。⑧徇:顺从。⑨闺闱:内室。亦特指妇女居住的地方。不饬:不整饬。管理混乱。⑩兵柄:兵权,军权。

春秋　冬十月己未,子般卒(己未,《公羊》、《穀梁》作乙未)。

左传　冬十月己未,共仲使圉人荦贼子般于党氏(共仲,庆父)。成季奔陈。立闵公①(闵公,庄公庶子,哀姜之娣叔姜所生,年甫八岁)。

公羊传　子卒云子卒(文十八年冬十月,子卒。《传》云:"子卒者孰谓?谓子赤是也。"),此其称子般卒何?君存称世子,君薨称子某,既葬称子,逾年称公。子般卒,何以不书葬?未逾年之君也。有子则庙,庙则书葬。无子不庙,不庙则不书葬。

穀梁传　子卒日,正也(襄三十一年秋,九月,癸巳,子野卒是也);不日,故也(文十八年冬十月,子赤卒是也)。有所见则日(闵公不书即位,是见继弑者也。故庆父之弑子般,可以日卒,不待不日而后显)。

解义　未逾年,曰卒,未成君也。未葬,名之;既葬则不名,或谓子般、子赤[2]被弑，而书卒，子野过毁，亦书卒，不睹《传》文何以知之。然闵公不书即位，则继故可知矣。赤之卒，下书夫人姜氏归于齐，先君既殁，嗣子暴卒，而夫人大归[3]，则国有祸变可知，与子野异矣。

注释 ①立闵公：闵公为哀姜之妹叔姜所生，名开，此时只有八岁，庆父立之为君。②子赤：即卫懿公，姬姓，卫氏，名赤，亦称子赤、子野。卫国第18代国君，前668年—前660年在位。卫惠公之子。③大归：指已嫁妇女归母家后不再回夫家。

春秋 公子庆父如齐。

穀梁传 此奔也，其曰“如”何也？讳莫如深，深则隐（深谓君弑贼奔，隐痛之至）。苟有所见，莫如深也（闵公不书即位，则子般被弑，庆父出奔，俱可见）。

解义 子般之卒，庆父弑也。宜[1]书出奔，其曰如齐。见庆父主兵日久，专行自恣[2]，国人不能制也。内大夫以君命适[3]他国，例书如。子般既卒，则非君命矣。其如齐，盖惧讨而饰辞以自解也。齐桓主霸与庄公数为会好，齐、鲁壤接，庆父为贼，岂得无闻。乃不能执而诛之，纵使复归，以成再弑，有愧於方伯[4]连帅之事职矣。

注释 ①宜：当然。②自恣：随意。③适：往。④方伯：是管理某一个地带地方诸侯的长官。多为当地较大的诸侯担任。

春秋 狄[1]伐邢。

解义 狄，始见於《春秋》，而伐邢入卫。两年之间，涂炭[2]二国，故齐桓创霸之功不可没也。

注释 ①狄：中国北方少数民族的统称。又称“北狄”。邢：即邢国，周成王所封，姬姓，侯爵。今河北邢台。②涂炭：涂，泥沼；炭，炭火。形容使其处于极端困苦的境地。

卷十四

闵公(元年之二年)

闵公:公名启方,庄公之子。《史记》云:名开。《谥法》:"在国逢难曰闵。"

周:惠王十六年。

郑:文公十二年。

齐:桓公二十五年。

管仲为政。

宋:桓公二十一年。

晋:献公十六年。是年,晋作三军。

卫:懿公八年。鲁闵二年,狄灭卫。宋桓公立卫戴公以庐于曹。戴公名申,立其年卒,而立文公。

蔡:穆公十四年。

曹:昭公元年。

滕:详见隐公元年。

陈:宣公三十二年。

杞:详见隐公元年及僖公元年。

薛:鲁庄公三十一年,薛伯卒。

莒:详见隐公元年。

邾:文公五年。

许:穆公三十七年。

小邾:见庄公元年。

楚:成王十一年。

令尹子文为政。

秦:详见隐公元年。

吴:详见隐公元年。

越:详见隐公元年。

春秋 闵公(名启方。《史记》云:名开。庄公之子,以惠王十六年即位,《谥法》:“在国逢难曰闵。”)。

春秋 元年春王正月。

左传 元年春,不书即位,乱故[①]也。

公羊传 公何以不言即位?继弑君不言即位。孰继?继子般[②]也。孰弑子般?庆父[③]也。杀公子牙[④],今将尔,季子[⑤]不免。庆父弑君,何以不诛?将而不免遏[⑥]恶也,既而不可及,因狱有所归,不探其情而诛焉(谓弑君之贼已有邓扈乐,遂不及探刺隐情,并诛庆父),亲亲之道也。恶乎归狱[⑦]?归狱仆人邓扈乐。曷为归狱仆人邓扈乐?庄公存之时,乐曾淫于宫中,子般执而鞭之。庄公死,庆父谓乐曰:“般之辱尔[⑧],国人莫不知,盍弑之矣?”使弑子般,然后诛邓扈乐而归狱焉,季子至而不变也。

穀梁传 继弑君不言即位,正也。亲之非父也(子般,闵公兄也),尊之非君也(般未逾年也),继之如君父也者,受国焉尔。

解义 不书即位,未行即位之礼也。闵公甚幼,岂能哀子般之弑。而不行即位之礼,必在国诸臣尚知大义亦幸。庆父在齐,犹能守礼而勿失耳。《记》[⑨]称:“鲁庄公之丧,既葬,而绖[⑩]不入库门;士大夫既卒哭,麻[⑪]不入。”盖庆父归自齐,则犯义悖礼专行无忌[⑫],莫可如何矣!

注释 ①乱:动乱。故:缘故。②子般:鲁庄公之子。③庆父:鲁桓公之子,鲁庄公庶兄。④公子牙:鲁庄公同母弟。⑤季子:即季友,公子友,鲁庄公同母弟。⑥遏:阻止。⑦归狱:归罪。⑧般:公子般。辱尔:侮辱你。⑨《记》:即《礼记》。⑩绖(dié):古代丧服上的麻带子:首绖,腰绖。⑪麻:麻布丧服。⑫犯义悖礼:跟情理相违背,跟道义相冲突。专行:独断独行。

春秋　齐人救邢[1]。

左传　狄[2]人伐邢。管敬仲言于齐侯曰(敬仲,管夷吾):"戎狄豺狼,不可厌[3]也。诸夏[4]亲昵,不可弃也(昵,近也)。宴安[5]鸩毒,不可怀也(以宴安比之鸩毒)。《诗》云:'岂不怀归,畏此简书[6]。'(引《诗·小雅》,断章取义言诸侯有事则书之于简,遣使执以告命,告则须赦。故畏而不归也)简书,同恶相恤[7]之谓也(同恤所恶)。请救邢以从简书。"齐人救邢。

穀梁传　善救邢也。

解义　凡书救者,未有不善之也。救在王室,则罪[8]诸侯;救在吴、楚,则罪霸国;救在远国,则罪四邻;救而不速救者,则书所次以著其慢[9];救而不敢救者,则书所至以著其怯[10]。兵者,圣人所甚重,至於救兵则书法如此。盖《周官》大司马职,大合军以救无辜,伐有罪乃先王制军诘禁之本义也[11]。邢以冬被兵[12],桓公以春救,或谓罪其缓过矣,其称人,将卑师少也。

注释　①邢:邢国,周成王所封,姬姓,侯爵。地在今河北邢台。②狄:我国古代民族名。③厌:满足。④诸夏:中原诸侯各国。⑤宴安:安逸。⑥简书:书写在一片竹简上的文字。此指告急文书。⑦同恶相恤:同仇敌忾。恤,忧、救。⑧罪:归罪于。⑨次:停留。慢:缓慢。⑩怯:胆小,害怕。⑪制军:编制军队。诘禁:指按照禁令究办。⑫被兵:遭受战祸。

春秋　夏六月辛酉,葬我君庄公。

左传　夏六月,葬庄公,乱故,是以缓[1](十一月乃葬)。

穀梁传　庄公葬而后举谥[2],谥所以成德也,于卒事乎加之矣。

解义　鲁君之葬,皆不逾[3]五月之期。惟桓公戕於齐[4],故九月乃葬;昭公客死乾侯[5],故八月乃葬。庄公之薨,至是十有一月而始克葬[6],盖以国乱子弑、嗣君幼弱故也。或乃谓子般非弑,误矣。

注释 ①缓:古礼诸侯五月而葬,庄公十一个月才安葬,所以称"缓"。②举谥:指由主祭者将名号赠给死者,以表彰他一生的功业。③逾:超过。④桓公:鲁桓公。戕:杀害。齐:齐国。⑤昭公:鲁昭公(前560年—前510年),名姬裯(史记作"稠"),鲁襄公之子,母齐归。鲁国之二十四代君主。乾侯:古地名。春秋时晋地。⑥克葬:此指能够安葬。

春秋 秋八月,公及齐侯盟于落姑。季子[1]来归(落,《公羊》、《穀梁》作洛。落姑,杜注:齐地。在今山东东平州平阴县界)。

左传 秋八月,公及齐侯盟于落姑,请复季友也(闵公初立,国家多难,以季子忠贤,故请霸主而复之)。齐侯许之,使召诸陈,公次于郎以待之。"季子来归",嘉之[2]也。

公羊传 其称季子何?贤也。其言来归何?喜之也(来归则国安,故喜之)。

穀梁传 盟纳季子也。其曰季子,贵之也(大夫称名氏,今曰子,是贵之也)。其曰来归,喜之也。

解义 此旧史缘[3]鲁人之情,贤[4]季友而喜其归,故称季子。孔子因而不改,以季友亦实有功於国耳。落姑之盟,《传》称请复季友,闵公甚幼,必鲁之世臣尚有忠於谋国者,阴[5]告於齐,请复季友,故桓公以霸令[6]召闵公至齐地,而与之盟,使复季友,而公次于郎[7]以待之,命出於齐桓,则庆父不敢违,而友得安然而返国矣。或曰齐方厚陈[8],而友托[9]焉,陈、鲁旧好,故陈人为请於齐,亦可通。

注释 ①季子:即季友,公子友。②嘉之:指赞美季友。③缘:因为。④贤:以之为贤。⑤阴:暗中,暗地里。⑥霸令:此指盟主之令。⑦次:暂住。郎:古地名,鲁邑。⑧厚:重视,推崇。陈:陈国。⑨托:请求。

春秋 冬,齐仲孙[①]来。

左传 冬,齐仲孙湫来省难[②](湫,仲孙名)。书曰"仲孙",亦嘉[③]之也。仲孙归曰:"不去庆父,鲁难未已[④]。"(时庆父亦还鲁)公[⑤]曰:"若之何而去之?"对曰:"难不已,将自毙,君其待之。"公曰:"鲁可取乎?"对曰:"不可,犹秉[⑥]周礼。周礼,所以本也。臣闻之,国将亡,本必先颠,而后枝叶从之。鲁不弃周礼,未可动也。君其务宁[⑦]鲁难而亲之。亲有礼,因重固[⑧](能重能固,则当就成之),间携贰(离而相疑者,则当因而间之),覆[⑨]昏乱,霸王之器也[⑩](霸王所用,故以器为喻)。"

公羊传 齐仲孙者何?公子庆父也。公子庆父则曷为谓之齐仲孙?系之齐也。曷为系之齐?外之也。曷为外之?《春秋》为尊者讳,为亲者讳,为贤者讳,子女子曰:"以《春秋》为《春秋》,齐无仲孙,其诸吾仲孙与?"

穀梁传 其曰齐仲孙,外之也。其不目而曰仲孙,疏之也。其言齐,以累桓也。

解义 仲孙之来,齐侯使之也。不称使,而曰来者,非聘、非盟,名曰省难,而实有窥伺[⑪]之心。则桓公之使臣,不以礼,而仲孙之奉命,亦非义矣。其不书名,而曰仲孙,亦因旧史之文也。盖仲孙归,有鲁秉周礼,君其务宁鲁难之言。而高子卒来盟以定鲁,鲁人怀其德,高其义,故与高子同,不书名。仲尼[⑫]修经因之以著情实,若以为《春秋》特文,则季子、高子之不书名,为贤;而仲孙之不书名,为讥;义无所处矣。

注释 ①齐仲孙:即齐仲湫,齐国大夫。②省难:一国发生灾难,他国派人视察、慰问,叫省难。③嘉:赞美。④未已:不止。⑤公:齐桓公。⑥秉:执掌。⑦务:应当。宁:平定。⑧因重固:依靠稳定坚固的国家。因,凭靠。⑨覆:颠覆。⑩霸王:称霸称王。器:气度,度量。⑪窥伺:暗中观察情况。⑫仲尼:即孔子。

附录左传　晋侯作二军[1]（初，曲沃武公灭翼，王命以一军为晋侯。见庄十六年），公将上军，大子申生将下军。赵夙[2]御戎，毕万为右[3]（为公御右也。夙，赵衰兄。毕万，魏犨祖父），以灭耿、灭霍、灭魏[4]（耿，杜注：平阳皮氏县东南有耿乡。今山西河津县东南有古耿城，一名耿乡城。霍，杜注：永安县东北有霍大山。今山西霍州西有霍城，古霍国也。三国皆姬姓）。还，为大子城曲沃。赐赵夙耿，赐毕万魏，以为大夫。士蔿[5]曰："大子不得立矣，分之都城而位以卿[6]，先为之极，又焉得立[7]（位以卿，谓将下军）。不如逃之，无使罪至。为吴大伯[8]，不亦可乎（大伯，周大王之适子，知其父欲立季历，故让位而适吴）？犹有令名，与其及也。（言虽去犹有令名，胜于留而及祸）且谚曰：'心苟无瑕[9]，何恤[10]乎无家。'天若祚[11]大子，其无晋[12]乎！"（为晋杀申生传）卜偃[13]曰："毕万之后必大（卜偃，晋掌卜大夫）。万，盈数也；魏，大名也；以是始赏，天启之矣。天子曰兆[14]民，诸侯曰万民。今名之大，以从盈数，其必有众。"（以魏从万，有众象）

注释　①作二军：建立二个军。②赵夙：晋大夫。③毕万：晋臣。右：车右。④耿：姬姓国，周父王子叔处所封，故城在今山西省霍县西南十六里。魏：姬姓国，故城在山西省芮城县东北。⑤士蔿：晋大夫。⑥位以卿：给予卿之高位。⑦先为之极，又焉得立：先使居臣之最高位，又怎能立为晋君？⑧吴大伯：周王季历之兄。周大王欲立季历，大伯奔荆蛮，文身断发，以避季历，立为吴大伯。⑨瑕：瑕疵。⑩恤：忧。⑪祚（zuò）：赐福。⑫无晋：不要留在晋国。⑬卜偃：即郭偃，晋国掌占卜的大夫。⑭兆：数词，古代以百万为兆，在此表示极多。

初，毕万筮仕于晋，遇《屯》䷂（震下坎上，屯）之《比》[1]䷇（坤下坎上比，屯初九变而为比）。辛廖占之（辛廖，晋大夫），曰："吉。《屯》固《比》入（屯险难所以为坚固，比亲密所以得入），吉孰大焉？其必蕃昌。《震》为土[2]（震变为坤），车从马（震为车，坤为马），足居之[3](震为足),兄长[4]之(震为长男),母覆之(坤为母),众归之(坤为众),六体[5]不易(初一爻变,有此六义,不可易也),合而能固[6],安而能杀[7]。公侯之卦也(比合屯固,坤安震杀,故曰公侯之卦)。公侯之子孙,必复其始[8]。"(万,毕公之后。《传》为魏之子孙,众多张本)。

春秋　二年春王正月,齐人迁阳(阳,杜注:国名。今山东沂水县南有阳都城,即阳国也)。

解义　阳,小国,齐迁其民於国中,以为附庸,而并[9]其地,盖以戌遂而歼[10]焉为戒也。桓公逞其谋力并吞小国[11],而不度於义理如此[12]。

注释　①《屯》之《比》:屯卦之初九变为初六,由阳爻变阴爻,屯卦则成比卦。②为:变为。屯卦上坎下震,比卦上坎下坤,坤代表地即土,故曰"土"。③居之:处在坤上。④兄:震又为兄。长:长养,抚育。⑤六体:指六种卦象,即土、车、马、足、母、众。⑥合:比卦主合。固:屯卦主固。⑦安:坤为大地,万物所安。杀:震有雷霆之威武,所以说杀。⑧复其始:恢复祖先当初的地位。⑨并:兼并,并吞。⑩歼:被歼灭。⑪逞:施展。谋力:谋臣与力士。⑫不度:此指不考虑。义理:此指伦理道德或法度礼度。

附录左传　二年春,虢公败犬戎于渭汭(犬戎,西戎,别在中国者。渭水出陇西东入河,水之隈曲曰汭)。舟之侨曰(舟之侨,虢大夫):"无德而禄[1],殃[2]也。殃将至矣。"遂奔晋。

春秋　夏五月乙酉,吉禘[3]于庄公。

左传　夏,吉禘于庄公,速也(三年丧毕,致新死者之主于庙,庙之远主当迁入祧,因是大祭以审昭穆,谓之禘。盖吉祭也。庄公丧制未阕,时别立庙,成因而吉祭,故讥其速)。

公羊传　其言吉何?言吉者,未可以吉也。曷为未可以吉?未三年也。三年矣,曷为谓之未三年?(据庄公三十二年八月薨,今闵公二年五月，已入三年之竟）三年之丧，实以二十五月（庄公薨至是适二十二月，所以必二十五月者，取一期再期，恩倍，渐三年也）。其言于庄公何？未可以称宫庙也（时闵公以庄公丧在三年中，未可入大庙，禘之于新宫，故不称宫庙）。曷为未可以称宫庙？在三年之中矣。吉禘于庄公何以书？讥。何讥尔？讥始不三年也。

穀梁传 吉禘者，不吉者也（庄公薨，至此方二十二月，丧未毕。不可为吉）。丧事未毕而举吉祭，故非之也。

解义 礼，不王不禘。王者禘其祖之所自出，而以其祖配之。鲁，侯国，而僭④天子之祭，虽用於周公之庙，亦为非礼，况群公乎？据《经》所书，有事于宫庙，无言某公者，此独书庄公，盖方祀於寝，非宫庙也。丧未三年，而行吉祭，一举而犯大不义者二焉。《春秋》之所谨也，时祭有禘之名，乃汉儒约⑤《春秋》所书以为之说，而误焉耳，赵氏伯循辨之详矣。

注释 ①禄：受禄。②殃：祸害。③吉禘（dì）：丧后二十五月举行大祭，将死者神主移于宗庙，称吉禘，大祭。④僭：僭越，超越本分。⑤约：简要，简略。

春秋 秋八月辛丑，公薨。

左传 初，公傅①夺卜齮田，公不禁。（卜齮，鲁大夫。公即位，年八岁，知爱其傅而遂成其意，以夺齮田。齮忿其傅，并及公，故庆父因之）秋八月辛丑，共仲使卜齮贼公于武闱②（共仲，即庆父。宫中小门谓之闱）。

公羊传 公薨何以不地？隐之也。何隐尔？弑也。孰弑之？庆父也。弑公子牙，今将尔，季子不免。庆父弑二君何以不诛？将而不免遏恶③也。既而不可及，缓追逸贼④，亲亲之道也。

穀梁传 不地，故也。其不书葬，不以讨母葬子也（凡君弑，贼讨则书葬，哀姜与弑被讨而不书葬者，不以讨母葬子）。

解义 公薨不地，弑也，不书葬，贼未讨也。庆父既缢⑤，何以谓贼未讨？谥为共仲，而立其子为卿，讨贼之法，宁有是耶，故不书葬，以罪鲁臣子之昧於大义也。

注释　①傅：教诲辅佐君主的人。②武闱：路寝的旁门。闱：宫门。③遏恶：防止邪恶之事的发生。④逸贼：逃亡的盗贼。⑤缢(yì)：吊死。

春秋　九月，夫人姜氏孙于邾[1]。

穀梁传　孙之为言犹孙也。讳奔也。

解义　夫人称孙，与闻乎故[2]也。不去姓氏，罪降於文姜也。齐女而奔於邾，盖身负大恶，畏齐桓之讨也。鲁桓见戕[3]於齐，《经》虽不书，而庄公不书即位，夫人孙于齐，则君非正终，而夫人与闻乎？故可知矣。闵公薨而不地，夫人孙于邾，庆父出奔莒，则贼由庆父，而夫人与闻乎？故可知矣。《春秋》之书微而显，此非其较著者与。

注释　①孙：同"逊"，逃遁。邾：邾国。②故：缘故。③戕：杀害。

春秋　公子庆父出奔莒。

左传　成季以僖公适邾[1](僖公，闵公庶兄，成风之子)。共仲奔莒，乃入，立之。以赂求共仲于莒，莒人归之。及密[2]，使公子鱼请[3](密，杜注：鲁地。公子鱼，奚斯也)，不许。哭而往[4]，共仲曰："奚斯之声也[5]。"乃缢。闵公，哀姜之娣叔姜之子也，故齐人立之。共仲通于哀姜，哀姜欲立之。闵公之死也，哀姜与[6]知之，故孙[7]于邾。齐人取而杀之于夷，以其尸归(为僖元年，齐人杀哀姜传。夷，杜注：鲁地)，僖公请而葬之。

穀梁传　其曰出，绝之也。庆父不复见矣。

解义　书公子庆父出奔莒，讥失[8]贼也。其缢不书，何也？不可以讨贼之辞书，又不可以自缢书，故第[9]书其奔，以罪季友之失刑[10]，莒人之党恶耳。先儒多以庆父之死比於宋万[11]，非也；

宋犹醢[12]万，鲁於庆父乃加恩礼焉。季友忘君父之仇，而市小惠[13]，其罪大矣。

注释　①成季以僖公适邾：意思是季友带着僖公逃到了邾国。②密：鲁国地名，在今山东省费县北。③公子鱼：字奚斯，鲁国宗室。请：请求赦罪。④哭而往：庆父派公子鱼入鲁请求赦罪，未成，因此哭着返回。⑤奚斯之声：共仲听到公子鱼的哭声，知事不成，于是自缢而死。⑥与：通“预”，预先。⑦孙：通“逊”，逃。⑧失：纵。⑨第：仅，只。⑩失刑：指当刑而未处刑。⑪宋万：宋闵公时，宋国大夫南宫长万。⑫醢：（hǎi）古代的一种酷刑，把人杀死后剁成肉酱。⑬市：讨好。小惠：微小的恩惠。

附录左传　成季之将生也，桓公使卜楚丘之父卜之（卜楚丘，鲁掌卜大夫）。曰：“男也。其名曰友，在公之右[1]（在右，言用事）。间于两社，为公室辅（两社，周社、亳社。两社之间，朝廷执政所在）。季氏亡，则鲁不昌（言季氏之后，当与鲁国相存亡）。”又筮之，遇《大有》[2]䷍（乾下离上，大有）之《乾》䷀（乾下乾上，乾。大有六五变为乾），曰：“同复于父[3]（筮者之辞也。乾为君父，离变为乾，故曰：同复于父），敬如君所（言其贵与君同）。”及生，有文在其手曰“友”，遂以命[4]之（遂以为名）。

春秋　冬，齐高子来盟。

公羊传　高子者何？齐大夫也（谓高傒）。何以不称使？我无君也[5]（时闵公弑，僖公未立）。然则何以不名？喜之也。何喜尔？正[6]我也。其正我奈何？庄公死，子般弑，闵公弑，比三君死，旷年[7]无君，设以齐取鲁，曾不兴师徒，以言而已矣。桓公使高子将南阳之甲（南阳，何氏休曰：齐下邑），立僖公[8]而城鲁，或曰自鹿门至于争门者是也，或曰自争门至于吏门者是也（鹿门，何氏休曰：鲁南城东门。争门、吏门亦鲁城门名），鲁人至今以为美谈曰：“犹望高子也。”

穀梁传　其曰来,喜之也。其曰高子,贵之也。盟立僖公也。不言使何也?不以齐侯使高子也。

解义　鲁人喜高傒之来,故史不书名,以贵之。不称使者,齐桓之使高子,非有讨乱扶危一定不移之计,而高子能审大义,定鲁难,以辅成君德⑨,保其令名⑩,故不称使,以明权在高子,而著其情实也。高子、仲孙⑪皆不称名,不言使,而《传》以为有予夺⑫之异者。仲孙言来,以见其徒来,觇鲁而不能弭乱⑬。高子言来盟,则扶危定倾⑭之义著矣。且仲孙来之后,闵公再弑,夫人孙,庆父奔。高子盟之后,则僖公立,哀姜诛。比事以观,而奉使之情可见矣。《经》书来盟,而不称使者三,高子恤邻,屈完⑮服义,独华孙⑯为贬,盖鲁、宋无事,华孙私来结盟,则罪也。《春秋》属辞之义,以前后事迹考之,则得其实矣。

注释　①右:在右指用事,执政。②《大有》:六十四卦之一,乾下,离上。之《乾》:变为《乾》卦。③同复于父:意为地位与其父同样尊贵。④命:命名。⑤无君:没有国君。⑥正:拨乱返正。⑦旷年:多年,长年。⑧僖公:鲁僖公。⑨君德:君主的德行或恩德。⑩令名:指好的名声。⑪仲孙:即齐仲湫,齐国大夫。⑫予夺:指赞许和贬低。⑬觇:(chān)看。弭(mǐ)乱:指平息或制止动乱。⑭扶危定倾:指在国家危殆将倾覆之时扶持之使安定。⑮屈完:楚国大夫。⑯华孙:宋国大夫。

春秋　十有二月,狄入卫。

左传　冬十二月,狄人伐卫。卫懿公好鹤,鹤有乘轩①者(轩,大夫车)。将战,国人受甲者②皆曰:“使鹤,鹤实有禄位,余焉能战!”公与石祁子玦,与宁庄子矢③,使守(玦,玉玦。庄子,宁速也),曰:“以此赞国,择利而为之。”(赞,助也。玦,示以当决断;矢,示以御难)与夫人绣衣,曰:“听于二子④”(绣衣。取其文章顺叙)。渠孔御戎,子伯为右,黄夷前驱,孔婴齐殿(《传》言卫侯素失民心,虽临事而戒，犹无所及）。及狄人战于荧泽（荧泽，杜注：此荧泽当在河北，与郑之荧泽不同），卫师败绩，遂灭卫。卫侯不去其旗，是以甚败（师之耳目在旗，懿公既败而旗不去，故君臣俱尽）。狄人囚史华龙滑与礼孔以逐卫人。二人曰："我，大史也，实掌其祭。不先[5]，国不可得也。"（狄人畏鬼，故恐之言当先白神）乃先之。至则告守[6]曰："不可待也[7]。"（守，石、宁二大夫）夜与国人出。狄入卫，遂从之[8]，又败诸河。（卫将东走渡河，狄复逐而败之）

初，惠公[9]之即位也少，齐人使昭伯烝于宣姜[10]（昭伯，惠公庶兄，宣公子顽也），不可，强之[11]。生齐子、戴公、文公、宋桓夫人、许穆夫人。文公为卫之多患也，先适齐。及败，宋桓公逆诸河（迎卫败众），宵济[12]。卫之遗民男女七百有三十人，益之以共、滕之民为五千人[13]（共及滕，杜注：卫别邑），立戴公以庐于曹[14]（庐，舍也。曹，杜注：卫下邑。孔疏云：当在河东近楚丘。戴公，名申，是年立即卒。复立文公）。许穆夫人赋[15]《载驰》（《载驰》，《诗·卫风》。许穆夫人痛卫之亡，思归唁之，不可，故赋此）。齐侯使公子无亏帅车三百乘、甲士三千人以戍曹（无亏，齐桓公子武孟也）。归公乘马[16]，祭服五称，牛羊豕鸡狗皆三百，与门材[17]。（归，遗也。四马曰乘。衣单複具曰称。门材，使先立门户）归夫人鱼轩，重锦三十两。（鱼轩，夫人车，以鱼皮为饰。重锦，锦之熟细者。三十两，三十匹也）

解义　或问孔子删诗，如《墙有茨》、《鹑之奔奔》、《桑中》诸篇何以不删？先儒杨时曰：此著卫为狄所灭之由也，故列於《定之方中》之前。卫之淫恣丑恶，乃祸乱所从，始肇於晋，而成於朔[18]，其礼先亡，而国从之矣。不书灭者，狄虽入卫，而未尝据有其地，卫虽举国窜亡，而宗社复立也。

注释　①轩：四面有遮蔽的车子，为大夫所乘用。②受甲者：披甲的战士。③宁庄子：卫臣，又名宁速。矢：箭。④二子：指石祁子与宁庄子。⑤不先：不先回国。⑥守：守卫者。⑦待：

抵御。⑧从:追逐。⑨惠公:卫惠公。⑩烝:古代指与母辈淫乱。宣姜:宣公夫人,惠公母,齐女。⑪不可,强之:齐人使昭伯烝宣姜,昭伯不肯,齐人强迫其听众。⑫宵济:夜间渡河。⑬益:加上。共:卫邑,即今河南省辉县市。⑭庐:寄居。曹:卫邑,即河南省滑县西南的白马故城。⑮赋:朗诵,创作。⑯归:同“馈”,赠送。乘马:驾车的马匹。⑰门材:做门户的材料。⑱淫泆:放荡,不知拘检。晋:晋国。朔:北方。

春秋　郑弃其师。

左传　郑人①恶高克,使帅师次于河上,久而弗召(高克,郑大夫。文公恶之,不能逐,故使帅师而不召)。师溃而归,高克奔陈。郑人为之赋《清人》②(《清人》,《诗·郑风》,刺文公退臣不以道,危国亡师之本也)。

公羊传　郑弃其师者何?恶其将也。郑伯恶高克,使之将逐而不纳,弃师之道也。

穀梁传　恶其长也(长谓高克也)。兼不反其众,则是弃其师也。

解义　《郑风·清人》序言:高克之进③不以礼,文公退之④不以义,交⑤责之也。《春秋》书郑弃其师,而克之奔陈不书,何也?诸侯专制国中生杀予夺,惟义所在,使高克罪不可逭⑥,请於王,而诛之可也;职事不共,黜⑦而退之可也;奸邪不测,放而逐之可也。乃托⑧为御患,使驻师境上,日久众散,惧罪而自奔,郑伯之失政甚矣。不书郑伯,而以国称者,当国大臣与其谋也。

注释　①郑人:指郑文公。②《清人》:《诗经·郑风》篇名。清:郑邑,在今河南省中牟县境。③进:进见。④退之:指辞退高克。⑤交:交相,两相。⑥罪不可逭(huàn):罪责不可逃避。⑦黜:罢黜。⑧托:假托。

附录左传　晋侯使大子申生伐东山皋落氏(皋落氏,赤狄别种。在晋之东)。里克谏曰(里克,晋大夫):"大子奉冢祀[①],社稷之粢盛[②],以朝夕视君膳[③]者也,故曰冢子[④]。君行则守,有守则从。从曰抚军,守曰监国,古之制也。夫帅师,专行谋,誓军旅[⑤](帅师者必专谋军事,宣号令),君与国政之所图也(国政,正卿),非大子之事也。师在制命[⑥]而已(命,将军所制)。禀命则不威,专命[⑦]则不孝。故君之嗣适不可以帅师。君失其官[⑧],帅师不威,将焉用之(大子统师,是失其官也。专命不孝,是为帅必不威也)。且臣闻皋落氏将战,君其舍之。"公曰:"寡人有子,未知其谁立焉。"不对而退。

见大子,大子曰:"吾其废乎?"对曰:"告之以临民(谓居曲沃),教之以军旅(谓将下军),不共[⑨]是惧,何故废乎?且子惧不孝,无惧弗得立,修己而不责人,则免于难。"

注释 ①冢祀:大祀,即宗庙祭祀。②粢(zī)盛:古代盛在祭器内以供祭祀的谷物。③膳:膳食。④冢子:太子。⑤誓军旅:号令军队。誓:誓师。⑥制命:即握兵权。⑦专命:专制命之权,不受君命。⑧失其官:失去用官之道。指太子率军不宜。⑨不共:不能完成任务。共通"供"。

大子帅师,公衣之偏衣(偏衣,左右异色,其半似公服),佩之金玦(玦,如环,而不连,以金为之,为偏衣之珮饰)。狐突御戎,先友为右(狐突,伯行,重耳外祖父也,为申生御车。申生以大子将上军),梁余子养御罕夷,先丹木为右。(罕夷,晋下军卿也。梁馀子养为罕夷御)羊舌大夫为尉。(羊舌大夫,叔向祖父也。尉,军尉)先友曰:"衣身之偏(偏,半也),握兵之要[①](谓佩金玦,将上军),在此行也,子其勉之。偏躬无慝[②](分身之半,非恶意也),兵要远灾(威权在己,可以远害),亲以无灾,又何患焉!"狐突叹曰(叹先友之言,为不知君心):"时,事之征也[③];衣,身之章也(章,贵贱);佩,衷[④]之旗也(旗,表也,所以表明其中心)。故敬其事则命以始[⑤](当命以四时之始),服其身则衣之纯[⑥](必以纯色为服),用其衷,则佩之度[⑦]。(衷,中也。

佩玉者,士君子常度)今命以时卒,閟[⑧]其事也(冬十二月,閟尽之时);衣之尨服[⑨],远其躬也(尨,杂色);佩以金玦,弃其衷也。服以远之,时以閟之,尨凉冬杀,金寒玦离,胡[⑩]可恃也?虽欲勉之,狄可尽乎?”梁余子养曰:帅师者受命于庙,受脤[⑪]于社(脤,宜社之肉,盛以脤器),有常服[⑫]矣(军服,韦弁)。不获[⑬]而尨,命可知也。死而不孝,不如逃之。”罕夷曰:“尨奇无常(杂色奇怪非常之服),金玦不复,虽复何为,君有心矣。[⑭]”先丹木曰:“是服也。狂夫阻之[⑮](阻,疑也。言虽狂夫犹知有疑)。曰:‘尽敌而反’(曰公辞),敌可尽乎?虽尽敌,犹有内谗,不如违之[⑯](违,去也)。”狐突欲行。羊舌大夫曰:“不可。违命不孝,弃事不忠。虽知其寒(寒,薄也),恶不可取[⑰],子其死之。”

注释　①要:机要,此指兵权。②偏躬:即偏衣。躬,身。慝(tè):恶。③时:指用兵的时间。征:征象。④衷:中心。⑤敬:重。始:开头,指春夏之时。⑥纯:纯色衣服。古代戎服,尤贵一色,称为均服。⑦度:礼制,礼度。古人以佩玉为常度。⑧閟(bì):闭门,意为不通。⑨尨(máng)服:杂色衣服。尨,杂。⑩胡:怎么。⑪受脤(shèn):古代出兵祭社,祭毕,以社肉颁赐诸人,称为受脤。脤,祭祀所用的生肉。⑫常服:规定的服饰。⑬不获:即得不到常服。⑭尨奇无常:杂色奇异非常之服,不是好兆头。金玦不复:金玦表示决绝,不复和好。君有心:指君有害太子之心。⑮狂夫阻之:对于杂色奇服狂人也不会穿。⑯内谗:指骊姬等在献公面前讲太子坏话的人。违:离去。⑰虽知其寒:虽知君心寒薄。恶不可取:不忠不孝的恶行还是不可取的。

大子将战,狐突谏曰:“不可,昔辛伯谂[①]周桓公云:‘内宠并后,外宠二政[②],嬖子配适,大都耦国[③],乱之本也。’周公弗从,故及于难。今乱本成矣(骊姬为内宠,二五为外宠,奚齐为嬖子,曲沃为大都,故曰乱本成矣),立可必乎[④]?孝而安民,子其图[⑤]之(奉身为孝,不战为安民),与其危身以速罪[6]也。”

成风闻成季之繇,乃事之[7](成风,庄公之妾,僖公之母也。繇,卦兆之占辞),而属僖公焉,故成季立之。

僖之元年,齐桓公迁邢于夷仪。二年,封卫于楚丘。邢迁如归,卫国忘亡(忘其灭亡之困)。

卫文公大布[8]之衣,大帛之冠(卫文公,名燬,戴公之弟。大布,粗布。大帛,厚缯),务材训农[9],通商惠工[10],敬教劝学,授方(方百事之宜)任能[11]。

元年革车三十乘,季年乃三百乘(卫文以此年冬立,季年在僖二十五年,盖招怀逃散,故能致十倍之众)。

注释 ①谂(shěn):极力劝谏。②二政:另施政令,与国君抗衡。③适:通嫡。耦:相当。国:国都。④立:指立为嗣君,即继承君位。必:一定,肯定。⑤图:谋划,实行。⑥危身以速罪:如果出战则将危身而加速召祸,不如尽快离去。⑦事之:跟他共事,即结为同僚。⑧大布:等于说粗布。下句“大帛”,也等于说粗帛。⑨务材:培植材用。训:引导。⑩通商:使商贾畅通。惠工:让百工得利。⑪方:法则,此指为官之道。能:有才能的人。

卷十五

僖公(元年之四年)

僖公:公名申,庄公之子,闵公之兄。《谥法》[1]:"小心畏忌曰僖。"

周:惠王十八年。鲁僖公八年,惠王崩,子襄王立。

郑:文公十四年。鲁僖公三十二年,文公卒,子穆公兰立。

齐:桓公二十七年。鲁僖公十七年,桓公卒,寺人貂作乱,立无亏。僖十八年,杀无亏,孝公昭立。僖二十七年,孝公卒,弟昭公潘立。

宋:桓公二十三年。鲁僖公九年,桓公卒,子襄公兹父立。僖十九年,盟於曹南。

宋襄公图霸。僖二十一年,为鹿上之盟,以求诸侯於楚。僖二十二年,及楚战败於泓。二十三年,襄公卒,子成公王臣立。

晋:献公十八年。鲁僖公九年,献公卒,子奚齐立;冬,杀奚齐,卓子立。僖十年,弑卓子,惠公夷吾立。僖二十三年,惠公卒,怀公圉立。僖二十四年,杀怀公,文公重耳立。僖二十八年,败楚人于城濮,合诸侯于践土,文公主伯。鲁僖公三十二年,文公卒,子襄公欢立。僖三十三年,败秦於淆,襄公继伯,是年,败狄於箕。

卫:文公元年。鲁僖公二十五年,文公卒,子成公立。僖二十八年,成公奔楚,卫元咺奉叔武以受盟于践土,卫成复归,杀叔武,晋人执卫侯,元咺立公子瑕。僖三十年,杀瑕,卫成公归卫。

蔡:穆侯十六年。鲁僖公十四年,穆公卒,子庄公甲午立。

曹:昭公三年。鲁僖公七年,昭公卒,子共公襄立。僖二十八年,晋文公执曹伯畀宋人[2],是年,曹伯归曹。

滕:详见隐公元年。鲁僖公十九年,宋执滕宣公。

陈:宣公三十四年。鲁僖公十二年,宣公卒,子穆公款立,僖二十八年,穆公卒,子共公朔立。

杞:杜氏[3]《年表》,武公十二年入《春秋》,至僖公二十三年始载。杞成公卒，弟桓公姑容立，而考之《史记》，自武公、靖公、共公、德公至桓公姑容立，共九十六年而无成公一代，《世本》[④]、谯周[⑤]、《索隐》[⑥]、徐广[⑦]所说。又云惠公生成公，桓公各有互异。又如《春秋》所书，隐四年，伐杞，桓三年来朝，三年会杞，庄二十五年，伯姬归杞。《传》并不载何公，今但当以《左传》所载桓公及杜氏《年表》为正。

薛：鲁庄公三十一年载薛伯卒。

莒：详见隐公元年。鲁僖公二十六年，《传》见莒兹平公。

邾：文公七年。

许：穆公三十九年。鲁僖公四年，穆公卒于师，僖公业立。

小邾：鲁庄公五年，书郳黎来。至鲁僖公七年，始书小邾子始爵命也。自郳黎来，为小邾子，天下无未命诸侯矣。

楚：成王十三年。鲁僖公元年，始书楚。僖四年，齐桓公服楚召陵。僖二十二年，楚敢宋于泓，皆子文为令尹时也。僖二十三年，子文使子玉为令尹。僖二十八年，晋败楚于城濮。

秦：穆公元年。鲁僖公十五年，战韩始见《经》。僖二十四年，纳晋文公。僖三十三年，晋襄公败秦于淆，遂成秦、晋七十二年兵争之始。

吴：详见隐公元年。

越：详见隐公元年。

注释　①《谥法》：《礼记》篇名。中国古代帝王、诸侯、卿大夫、大臣等人死后，朝廷根据他们生前事迹和品德，评定一个称号以示表彰，即称为“谥”。②执：捕捉。畀（bì）：给，给以。③杜氏：指杜预。④《世本》：相传为战国时赵国史官所作，内容主要是记载黄帝以来至春秋时列国诸侯大夫的氏姓、世系、居（都城）、作（制作）等。据《汉书·艺文志》记载，《世本》原为十五篇。《世本》历经秦汉，几经儒者改易增补。西汉，司马迁作《史记》时曾采用、删定《世本》。⑤谯周（201—270），字允南，巴西西充国（今四川西充）人。三国时期蜀汉学者、官员，著名的儒学大师和史学家，史学名著《三国志》的作者陈寿即出自他的门下。蜀汉灭亡后降晋,在晋官至散骑常侍。谯周被称为“蜀中孔子”。⑦《索隐》:即《史记索隐》,共三十卷,唐代司马贞撰。《索隐》运用大量的文献作校勘材料。⑥徐广(351—425年,一说352年—425年):字野民,东莞姑幕人(今山东省莒县)。家世好学,至广尤精。百家、数术,无不研览。广尝撰车服仪注及晋纪凡四十六卷,答礼问百余条。有文集十五卷,(见《隋书志》及《两唐书志》)行于世。

春秋　僖公(名申,庄公之子,闵公庶兄,以惠王十八年即位,谥法:“小心畏忌曰僖”)。

春秋　元年春王正月。

左传　元年春,不称即位,公出故也(国乱,身出复入,故即位之礼有阙)。公出复入,不书,讳之也。讳国恶[1],礼也。

公羊传　公何以不言即位?继弑君,子不言即位。此非子也(僖公者,闵公庶兄),其称子何?臣、子一例[2]也(臣继君,犹子继父)。

穀梁传　继弑君不言即位,正也。

解义　不书即位,未行即位之礼也,在礼。诸侯臣诸父昆弟[3],故闵、僖之嗣位[4],不以兄弟相及,为义而礼,如子之继父。《传》称臣、子一例,明此义也。

注释　①国恶:指国家之动乱,于礼应加隐讳。②一例:同等。③诸父:对父亲的兄弟统称。昆弟:兄和弟,比喻亲密友好昆弟。④嗣位:继承君位。

春秋　齐师、宋师、曹伯次[1]于聂北,救邢(曹伯,《公羊》《穀梁》俱作曾师,按下城邢书曹师,则此作伯,《左传》文误也。聂北,杜注:邢地。今山东聊城县东北有聂城,齐之西界近邢地也)。

公羊传　救邢,救不言次,此其言次何?不及事也。不及事者何?邢已亡矣。孰亡之?盖狄灭之。曷为不言狄灭之?为桓公[2]讳也。曷为为桓公讳？上无天子，下无方伯[3]，天下诸侯有相灭亡者，桓公不能救，则桓公耻之。曷为先言次而后言救？君也（据叔孙豹次雍榆先言救，今后言救者，豹为臣，当先通君命，此诸侯故，先言次）。君则其称师何？不与诸侯专封也。曷为不与？实与，而文不与。文曷为不与？诸侯之义不得专封也。诸侯之义不得专封，则其曰实与之何？上无天子，下无方伯，天下诸侯有相灭亡者，力能救之，则救之可也。

穀梁传　救不言次，言次非救也。非救而曰救，何也？遂齐侯之意也（录其本意）。是齐侯与？齐侯也。何用见其是齐侯也？曹无师，曹师者曹伯也（小国，卿将称人，不得称师，称师则是曹伯也）。其不言曹伯，何也？以其不言齐侯，不可言曹伯也。其不言齐侯，何也？以其不足乎扬（救不及事，不足称扬），不言齐侯也。

解义　救，急辞也；次，缓辞也。邢之患狄亟[4]矣。桓公合三国之师，兵力有馀，而宿师[5]聂北，坐视其敝[6]。故称师书次，责其众，可救而徒[7]次，以为声援，致邢之不保其国，非拯急恤困之道也[8]！

注释　①次：驻扎，宿营。②桓公：齐桓公。③方伯：是管理某一个地带地方诸侯的长官，多为当地较大的诸侯担任。④亟（jí）：急迫。⑤宿师：驻扎军队。⑥敝：失败。⑦徒：徒然，枉然。⑧非：不是。恤：怜悯。道：行为。

春秋　夏六月，邢迁于夷仪。（夷仪，《公羊》作陈仪，后同，杜注：邢地。今直隶邢台县西有夷仪城，俗讹为随宜城是也）

左传　诸侯[1]救邢。邢人溃，出奔师[2]（奔聂北之师）。师遂逐狄人，具[3]邢器用而迁之，师无私[4]焉（皆撰具还之，无所私取）。夏，邢迁于夷仪。

公羊传　迁者何？其意也（意自欲迁）。迁之者何？非其意也。

穀梁传　迁者,犹得其国家以往者也。其地,邢复见也(非若宋人迁宿,灭不复见)。

春秋　齐师、宋师、曹师城[5]邢。

左传　诸侯城之,救患也。凡侯伯救患分灾讨罪[6],礼也。

公羊传　此一事也,曷为复言齐师、宋师、曹师?不复言师则无以知其为一事也。

穀梁传　是向之师也,使之如改事然(是向聂北之师,重言师者若不因前事,更来城邢也),美齐侯之功也。

解义　诸侯救邢不亟[7],邢遂奔溃[8]。书邢迁于夷仪,而齐师缓不及事之罪著矣。复序城邢之师者,以齐桓志义[9],终有救患之功也。盖始缓于救邢,圣人不以功掩过;卒[10]能城邢,亦不以过掩功,此《春秋》定功过之权衡也。不曰城夷仪者,邢既迁,则夷仪即邢国也。

注释　①诸侯:指齐桓公、宋桓公、曹昭公。②出奔师:逃奔到诸侯的军队里。③具:完备。④无私:无所私取。⑤城:筑城。⑥侯伯:诸侯之长,指齐桓公。分灾:诸侯遭受灾害,则与之分担,用谷物布帛救济它。讨罪:诸侯有无礼征伐之类罪恶,则应会同诸侯之诛伐其罪。⑦亟:急切,及时。⑧遂:于是。奔溃:逃散,败逃。⑨志义:此指齐桓公主持正义。⑩卒:最后,终究。

春秋　秋七月戊辰,夫人姜氏薨于夷,齐人以归。

公羊传　夷者何?齐地也。齐地则其言齐人以归何?夫人薨于夷,则齐人以归。夫人薨于夷,则齐人曷为以归?桓公召而缢杀[1]之。

穀梁传　夫人薨不地,地,故也。不言以丧[2]归,非以丧归也。加丧焉,讳以夫人归也(先书薨,则似夫人至夷而死,然后齐人以其丧归,讳言夫人为齐人所杀也),其以归薨之也。

解义　夫人薨,不书地,书薨于夷,明不得其死也。以归之义，胡氏安国[③]、程氏迥[④]皆谓：齐以丧归鲁，然以归之后越百七十日而丧始至，无是理也。《经》凡言以归者，归其国，如杞伯迎叔姬之丧，以归是也；凡言归者，归于鲁，如齐人归公孙敖[⑤]之丧是也。以此断之，盖杀之於夷，而以丧归齐，然后鲁请而归于鲁耳，不然何以言夫人氏之丧至自齐，而不言至自夷，与至自乾侯[⑥]同文乎！书齐人以归，所以著齐人杀之也，不曰齐侯而曰齐人，讨贼之词也。

注释 ①缢杀：指勒人之颈而使之死。②丧（sāng）：尸体。③胡安国（1074—1138）：南宋时期的著名经学家和湖湘学派的创始人之一。字康侯，号青山，学者称武夷先生，后世称胡文定公。其重要著作《春秋传》。④程迥：字可久，号沙随，世称沙随先生，应天府宁陵（今河南宁陵东南）人，徙居余姚（今属浙江）。南宋著名易学家。精于《周易》学说，著有《周易古占法》、《古周易章句外编》、《三器图义》、《医经正本书》等。⑤公孙敖：鲁国大夫。⑥乾侯：古地名。春秋时晋地。今河北魏县。

春秋 楚人伐郑（荆始书楚）。

左传 秋，楚人伐郑，郑即齐故也[①]。

解义 荆，自庄公之世，败蔡伐郑，皆举其号，惟来聘改称人。至是伐郑称楚人者，盖时兵众地大骎骎[②]乎！将与齐、晋争衡，诸侯畏之，故旧史皆称人，而孔子不革，俾[③]论世者有考[④]焉。

注释 ①即：就，亲附。故：原因。②骎骎（qīn qīn）：形容马跑得很快的样子。比喻事业进行迅速。③俾：使。④考：考证。

春秋 八月，公会齐侯、宋公、郑伯、曹伯、邾人于柽（柽，《公羊》作朾，杜注：宋地，陈县西北有柽城。陈县，今河南陈州州境有荦城，即柽城也）。

左传 盟于荦[①]，谋救郑也。

春秋　九月,公败邾师于偃(偃,《公羊》作缨,杜注:邾地。当在今山东费县南)。

左传　九月,公败邾师于偃,虚丘之戍将归者也(虚丘,杜注:邾地,当在今山东费县界。鲁有乱,邾使戍虚丘,公恶邾受姜氏故,要其归师,败之)。

穀梁传　不日,疑战也。疑战而曰败,胜内也(明鲁之胜)。

解义　楚人伐郑,齐桓召诸侯谋之,将以救郑,此义举也。公与邾人同会,未两月,遽[2]以诈败邾师,于此,见僖公无安攘[3]之诚矣。邾受姜氏,公不请于会而讨之,乃既会而掩其归师,非礼也。诈战曰败,败之者为主。

注释　①荦(luò):陈国地名,在今河南省淮阳县西北。②遽(jù):突然。③安攘:指排除祸患,使天下安定。

春秋　冬十月壬午,公子友帅师败莒于郦。获莒挐(郦,《公羊》作犁,《穀梁》作丽,杜注:鲁地)。

左传　冬,莒人来求赂[1](求还庆父之赂)。公子友败诸郦[2],获莒子之弟挐。非卿也,嘉获之[3]也。公赐季友汶阳之田及费[4](汶阳田,杜注:汶水北地。定千年,齐人归郓、讙、龟阴田三邑,皆汶阳也,今山东宁阳县境)。

公羊传　莒挐者何?莒大夫也。莒无大夫,此何以书?大季子之获也。何大乎季子之获?季子治内难以正(谓拒庆父),御外难以正。其御外难以正奈何?公子庆父弑闵公,走而之莒,莒人逐之,将由乎齐,齐人不纳,却反舍[5]于汶水之上,使公子奚斯入请[6]。季子曰:"公子不可以入,入则杀矣。"奚斯不忍反命[7]于庆父,自南涘北面而哭(涘,水涯。时庆父在汶水之北)。庆父闻之曰:"嘻(嘻,发痛声)!此奚斯之声也,诺已(诺已,皆自毕语)。"曰:"吾不得入矣。"于是抗辀经而次[8](辀,小车辕)。莒人闻之曰:"吾已得子之贼矣。"以求赂乎鲁,鲁人不与,为是兴师而伐鲁，季子待之以偏战。

穀梁传 莒无大夫，其曰莒挐何也？以吾获之目之也。内不言获，此其言获何也？恶公子之绐(绐，欺也)。绐者奈何？公子友谓莒挐曰："吾二人不相说，士卒何罪？"屏左右而相搏(搏，手搏也)，公子友处下，左右曰，"孟劳！"孟劳者，鲁之宝刀也。公子友以杀之。然则何以恶乎绐也？曰弃师之道也(舍三军之整，佻身独斗，非慎战之道)。

解义 莒人受贼责赂，而以季友主此战，书败获何也？莒固有罪，鲁若责以大义，使自知不直而还师，则善矣。至於兵刃既接，又以诈谋[9]擒其主将，岂[10]以礼止乱之道哉？王者之师，不贵幸[11]而胜，不贵幸而获，此《春秋》之志[12]也。小国之大夫不名，以获於我，故名之。

注释 ①赂：财物。②诸："之于"的合音。郦：地名，鲁地。③嘉获之：嘉奖季友获敌之功。④汶阳之田：鲁地。水北曰阳，其地在汶水之北，故称之汶阳之田。费：鲁地。故城在今山东省费县西北二十里。⑤舍：居住。⑥入请：此指到鲁国请求回鲁国。⑦反命：复命。⑧抗辀经而次：吊死于车辕之上。次，应作"死"。⑨诈谋：诡计，坏主意。⑩岂：哪里是。⑪贵幸：指位尊且受君王宠信。⑫志：记录。

春秋 十有二月丁巳，夫人氏之丧至自齐。

左传 夫人氏之丧[1]至自齐。君子以齐人杀哀姜也为已甚[2]矣，女子，从人者也。(女子有三从之义，在夫家有罪，非父母家所宜讨也)

公羊传 夫人何以不称姜氏？贬。曷为贬？与弑公也，然则曷为不于弑焉贬？贬必于重者，莫重乎其以丧至也。

穀梁传 其不言姜，以其杀二子，贬之也。或曰为齐桓讳杀同姓也。

解义　夫人身为淫乱与弑二君，齐桓既正[3]其罪，鲁人亦当以大义绝之，乃复请其丧，而齐亦听之，书曰至自齐，交讥[4]之也。孙邾薨夷[5]皆书夫人姜氏，而丧至则削其姓何也？正其罪，于臣子迎集[6]之时，示[7]不宜以夫人之礼治其丧也。使齐桓当日能拒鲁之请[8]，即其死所而葬之[9]，则义得矣。

注释　①丧(sāng)：尸体。②已甚：太过分。妇人已出嫁从人，如果有罪应由夫家处置，非父母所宜讨。③正：正法。④交讥：共相讥笑。⑤孙邾薨夷：意思是指姜氏逃亡邾国和吊死于夷地。⑥迎：迎接。集：集会。⑦示：表明，示意。⑧使：假若，假使。拒：拒绝。⑨即：当即，就。所：处所，地方。

春秋　二年春王正月，城[1]楚丘(楚丘，杜注：卫邑，朱子《诗经集注》："楚丘在滑州。"今直隶滑县东，隋卫南废县，即古楚丘城也。案此楚丘之在北者，与戎伐几伯之地不同)。

左传　二年春，诸侯城楚丘而封[2]卫焉(建国谓之封。卫旧国，以君死国灭，故言封)。不书所会，后也。(因鲁后至，不及会期，故独言城)

公羊传　孰城？城卫也。曷为不言城卫？灭也。孰灭之？盖狄灭之。曷为不言狄灭之？为桓公讳也。曷为为桓公讳？上无天子，下无方伯[3]，天下诸侯有相灭亡者，桓公不能救，则桓公耻之也。然则孰城之？桓公城之。曷为不言桓公城之？不与诸侯专封也。曷为不与？实与而文不与。文曷为不与？诸侯之义，不得专封。诸侯之义，不得专封，则其曰实与之何？上无天子，下无方伯，天下诸侯有相灭亡者，力能救之，则救之可也。

榖梁传　楚丘者何？卫邑也。国而曰城，此邑也，其曰城何也？封卫也。则其不言城卫何也？卫未迁也。其不言卫之迁焉何也？不与齐侯专封也。其言城之者，专辞也。故非天子不得专封诸侯。诸侯不得专封诸侯，虽通其仁以义而不与也。故曰仁不胜道(仁谓存亡国,道谓上下之礼)。

解义 齐桓合诸侯以城楚丘而封卫,功莫大焉。《春秋》略而不序,何也?封国[4],天子[5]之大权,非诸侯所得擅[6]也。然则,城邢何以序三国之师?邢国未灭,自迁而后城之,无专封之嫌[7]。卫灭复封,此非有天子之命不可,书法所以异也。或谓不举诸侯者,齐桓以伯[8]命,令诸侯各自受功[9],鲁奉齐命从本国往,非与诸侯同行,故不得书诸侯,义亦可通。

注释 ①城:筑城。②封:封疆。古代天子建诸侯,必分给土地,立其疆界,聚土为封作为标记,称之为封国,因卫国君死国灭,重新封建,故称之为封。③方伯:是管理某一个地带地方诸侯的长官。多为当地较大的诸侯担任。④封国:此指分封诸侯国。⑤天子:周天子。⑥擅:超越职权,自作主张。⑦嫌:嫌疑。⑧伯:此指方伯,诸侯之长。⑨受功:此指接受筑城的任务。

春秋 夏五月辛巳,葬我小君[1]哀姜。

公羊传 哀姜者何?庄公之夫人也。

解义 书夫人姜氏孙[2]于邾,夫人姜氏薨于夷,夫人氏之丧至自齐,其诛绝[3]之义明矣。及其终书日,葬书小君,书谥[4]更无所贬者。此亦《春秋》端本澄源[5],治于未乱之意也,文姜亦然始而不谨终[6],欲正之可乎?

注释 ①小君:此指诸侯的妻子。②孙:同"逊",逃避。③诛绝:诛灭;灭绝。④谥:谥号。⑤端本澄源:指正本清源。从根本上加以整顿清理。⑥谨终:指慎重地办理丧事。

春秋 虞师、晋师灭下阳(《公羊》、《穀梁》作夏阳。晋始见《经》。下阳,杜注:虢邑,在河东大阳县。今大阳废县,在山西平陆县东北又三十里,为故下阳城)。

左传 晋荀息请以屈产之乘与垂棘之璧[1],假道于虞以伐虢[2](荀息,晋大夫。屈,杜注:地生良马。何休谓屈产为地名,今山西石楼县东南有屈产泉。垂棘,地名,出美玉。自晋适虢,途出于虞,故假道)。公曰:“是吾宝[3]也。”对曰:“若得道于虞,犹外府也。”公曰:“宫之奇存焉。”(宫之奇,虞臣)对曰:“宫之奇之为人也,懦而不能强谏,且少长于君,君昵[4]之,虽谏,将不听。”(亲而狎之,必轻其言)乃使荀息假道于虞,曰:“冀为不道[5],入自颠軨[6],伐鄍[7]三门(冀,杜注:国名。平阳皮氏县东北有冀亭,在今山西河津县东北。颠軨,杜注:河东大阳县东北有颠軨坂,在今山西平陆县东北。鄍,杜注:虞邑。今山西平陆县东北有故鄍城。先是冀尝伐虞至鄍也)。冀之既病,则亦唯君故(言虞报伐冀使病。将欲假道,故称虞强以说其心)。今虢为不道,保[8]于逆旅,以侵敝邑之南鄙[9]。(逆旅,客舍也。言虢遣人分依客舍,掠晋迁邑)敢请假道以请罪于虢[10]。”虞公许之,且请先伐虢(喜于厚赂,而欲救媚)。宫之奇谏,不听,遂起师。夏,晋里克、荀息帅师会虞师伐虢,灭下阳。先书虞,贿故也(晋主兵,而先书虞,恶贪贿也)。

公羊传 虞微国也,曷为序乎大国之上?使虞首恶也。曷为使虞首恶?虞受赂,假灭国者道。以取亡焉。其受赂奈何?献公朝诸大夫而问焉,曰:“寡人夜者寝而不寐[11],其意也何?”诸大夫有进对者曰:“寝不安与?其诸侍御有不在侧者与?”献公不应。荀息进曰:“虞、郭[12]见与?”(见,谓见于心也。荀息素知献公欲伐此二国,故云尔)献公揖而进之[13],遂与之入而谋曰:“吾欲攻郭,则虞救之,攻虞则郭救之,如之何?愿与子虑[14]之。”荀息对曰:“君若用臣之谋,则今日取郭,而明日取虞尔,君何忧焉?”献公曰:“然则奈何?”荀息曰:“请以屈产之乘,与垂棘之白璧往,必可得也。则宝出之内藏,藏之外府;马出之内厩,系之外厩尔,君何丧焉?”献公曰:“诺。虽然,宫之奇存焉,如之何?”荀息曰:“宫之奇知则知矣。虽然,虞公贪而好宝,见宝必不从其言,请终以往。”于是终以往,虞公见宝许诺。宫之奇果谏:“记曰:‘唇亡则齿寒。’虞、郭之相救，非相为赐，则晋今日取郭，而明日虞从而亡尔，君请勿许也。”虞公不从其言，终假之道以取郭，还[15]四年，反取虞（还，复往，故言反）。虞公抱宝牵马而至。荀息见曰：“臣之谋何如？”献公曰：“子之谋则已行矣，宝则吾宝也，虽然吾马之齿亦已长矣。”盖戏之也。夏阳者何？郭之邑也。曷为不系于郭？国之也，曷为国之？君存焉尔。

注释 ①荀息：晋国大臣，又称荀叔。屈：北屈。地在今山西省吉县东北。乘：马四匹称为乘。垂棘：地名，在今山西省潞城县北。②假道：借路通过。虞：姬姓国名，故城位今山西省平陆县东北。晋伐虢，必须经过虞境。③宝：此指马与璧。④昵：亲昵，亲近。⑤冀：国名，在今山西省河津县东北冀亭遗址。不道：此指残暴。⑥颠軨（líng）：虞国地名，为中条山的要冲。位今山西省平陵县东北七十里。⑦鄍（míng）：虞国地名，在今山西省平陵县东北二十里。⑧保：小城，即今之堡垒，此作动词。⑨敝邑：敝国；敝，谦词。南鄙：南部边境。⑩请罪于虢：向虢国问罪。⑪寝：睡觉。不寐：指睡眠时经常不易入眠，或睡眠短浅易醒，甚至整夜不能入眠。⑫郭：指虢国。⑬揖：拱手行礼。进：指引入内室。⑭虑：谋划。⑮还：此指取郭成功后。

穀梁传 非国而曰灭，重[1]夏阳也。虞无师，其曰师何也？以其先晋，不可以不言师也。其先晋何也？为主乎灭夏阳也。夏阳者，虞虢之塞邑[2]也。灭夏阳而虞、虢举[3]矣。虞之为主乎灭夏阳何也？晋献公欲伐虢，荀息曰：“君何不以屈产之乘、垂棘之璧而借道乎虞也？”公曰：“此晋国之宝也，如受吾币而不借吾道，则如之何？”荀息曰：“此小国之所以事大国也（此谓璧马之属）。彼不借吾道，必不敢受吾币。如受吾币而借吾道，则是我取之中府而藏之外府，取之中厩而置之外厩也。”公曰：“宫之奇存焉，必不使受之也。”荀息曰：“宫之奇之为人也，达心而懦，又少长于君,达心则其言略(明达之人则言必简要,愚者不悟),懦则不能强谏,少长于君则君轻之。且夫玩好在耳目之前,而患在一国之后,此中知以上乃能虑之,臣料虞君中知以下也。”公遂借道而伐虢。宫之奇谏曰:“晋国之使者,其辞卑而币重,必不便于虞。”虞公弗听,遂受其币而借之道。宫之奇谏曰:“语曰:‘唇亡则齿寒。’其斯之谓与!”挈其妻子以奔曹。献公亡虢,五年而后举虞。荀息牵马操璧而前曰:“璧则犹是也,而马齿加长矣!”

解义　晋人为伐虢之谋[4],主兵者晋也。而先虞於晋,以虞为道首恶也。晋非假道于虞,不能越境出师。而虞公贪赂[5],为晋所愚[6],忘唇齿之义,戕[7]兄弟之邦。《春秋》盖深罪虞之灭虢,并以自灭也,故先书虞师,以著其罪。下阳者,虞、虢之塞邑也,下阳既失,则虢不能自保,虢亡则虞不能独存。一邑也,而重若国,然变文书灭,以见虞、虢之灭,由于灭夏阳也。

注释　①重:重视。②塞邑:形势险要的边境城邑。③举:攻克,占领。④谋:图谋,谋划。⑤赂:财物。⑥愚:愚弄,蒙蔽玩弄。⑦戕:戕害,残害。

春秋　秋九月,齐侯、宋公、江人、黄人盟于贯(贯,《公羊》作贯泽。江,杜注:江国,在汝南安阳县。《括地志》云:安阳故城在新息县西南。新息,今河南息县是也。贯,杜注:宋地。梁国蒙县西北有贳城,贳与贯字相似,今山东曹县西南蒙泽故城,即古贯国也)。

左传　秋,盟于贯,服江、黄[1]也(江、黄,楚与国,始来服齐)。

公羊传　江人、黄人者何?远国之辞也。远国至矣,则中国[2]曷为独言齐、宋?王尔。大国言齐、宋,远国言江、黄,则以其余为莫敢不至也。

穀梁传　贯之盟,不期而至者,江人、黄人也。江人、黄人者,远国之辞也。中国称齐、宋,远国称江、黄,以为诸侯皆来至也。

解义 楚人伐郑，势陵[3]中原，而江、黄在楚东北境，为其与国。桓公谋[4]楚，不先服江、黄，则无以制其肘腋[5]，故因其远来，而与定盟，服楚之虑周[6]矣。惟宋与盟，不欲重烦[7]诸侯也。

注释 ①服江、黄：江、黄原为楚之与国，今归服于齐，齐桓公使与诸侯结盟。②中国：指中原。③陵：同"凌"，侵犯，欺侮。④谋：图谋。⑤肘腋：胳膊肘与胳肢窝。⑥虑周：考虑周到。⑦重烦：此指重复麻烦，不想增添诸侯负担。

附录左传 齐寺人貂始漏师于多鱼[1]（寺人，内奄竖貂也。多鱼，杜注：地名，阙。齐桓多嬖，貂于此始擅贵宠，漏泄军事，为齐乱张本）。虢公败戎于桑田（桑田，杜注：虢地。在弘农陕县东北，今河南灵宝县西稠桑驿即其地也）。晋卜偃[2]曰："虢必亡矣。亡下阳不惧，而又有功，是天夺之鉴[3]，而益其疾也。必易[4]晋而不抚其民矣，不可以五稔[5]。"（稔，熟也。为下五年晋灭虢张本）

春秋 冬十月，不雨。

公羊传 何以书？记异也。

穀梁传 不雨者，勤雨也（欲得雨之心勤也。明君之恤民）。

春秋 楚人侵郑。

左传 冬，楚人伐郑，斗章[6]囚郑聃伯。（为后年楚伐郑，郑伯欲成张本）

解义 楚人兵势浸强[7]，比年凌郑[8]，若非齐桓有召陵之举[9]，则执宋公，盟诸侯，不在僖十九年之后矣。书人书侵，恶楚也。

注释 ①寺人貂：貂是人名，寺人指做宫中侍御的宦官，貂是宦官，为宫中侍卫，故名。漏师：泄漏军事机密。多鱼，地名，未详。②卜偃：名偃的卜筮之官。③鉴：镜子。④易：轻视。⑤五稔：庄稼成熟五次，亦即五年。意为用不了五年，虢国就要灭亡。⑥斗章：楚大夫。⑦浸强：逐渐强盛。⑧比年：每年，连年。

凌:侵犯,欺侮。⑨召陵之举:指鲁僖公四年(前656年),夏,楚屈完与齐等诸侯盟于召陵。

春秋　三年春王正月,不雨。夏四月不雨。

公羊传　何以书?记异也。

穀梁传　不雨者,勤[①]雨也。一时言不雨者,闵[②]雨也。闵雨者,有志乎民者也。

解义　每时书不雨,《传》以为闵雨者。以文公之篇,自十有二月不雨至秋七月而书,自正月不雨至秋七月而书,以累时而后书者为慢[③]於民事,而不以不雨为忧[④];则知每时而一书者为勤于民事,而以不雨为忧也。不雨八越月而不书旱,何也?凡书旱者,虽有时而雨,犹以不足为旱;若直书不雨,则旱不必言矣!

注释　①勤:求。②闵:忧虑。③慢:怠慢。④忧:忧愁。

春秋　徐人取舒(徐,杜注:徐国,在下邳僮县东南。《括地志》徐城县西有大徐城,即古徐国也。今江南泗州北有古徐城,相传为徐偃王筑。舒,杜注:舒国,庐江舒县。今江南庐江县西舒县古城是)。

公羊传　其言取之何?易也(易者,无守御之备)。

解义　舒者,楚之与国。《鲁颂》曰:"荆、舒是惩[①]。"则荆与舒比而为列国患,久矣。徐人取舒,为齐桓挠[②]楚也。按徐偃[③]始称王,故《春秋》外之,楚败徐,徐伐莒是也,惟取舒伐英氏得称人,以附齐也。舒本附庸之国,旧服于楚,徐人取以自属,先儒以为灭而书取,误矣。

注释　①惩:惩办,惩治。②挠:挠动,扰乱骚动。③徐偃:即徐偃王,是西周徐国国君,建都泗水,生活在公元前1000年左右,他趁周穆王赴瑶池会西王母之际,率军西进,紧迫黄河。周穆王"畏其方炽,乃分东方诸侯命徐偃王主之。"管辖500里范围。徐偃王对下属以仁义相待,有6个诸侯向他朝贡臣服。后来周穆王命造父联合楚军进攻徐国,徐偃王主张仁义不肯战,遂败逃(见《史记》),数万百姓感其义跟随。徐偃王临终曰:"吾赖于文德,而不明武务,以至于此。"

春秋 六月雨。

左传 三年春,不雨。夏六月,雨。自十月不雨至于五月,不曰旱,不为灾也①。

公羊传 其言六月雨何?上②雨而不甚也。

穀梁传 雨云者,喜雨也。喜雨者,有志乎民者也。

解义 周之六月,夏正建巳之月③也。万物始盛,得雨而大,古者以是月雩④则是月之雨,尤为可喜。先书三时不雨⑤,盖未雨而闵⑥,忧民之忧,此既雨而喜,乐民之乐,君国子民之道也。何休⑦谓:"僖公饬过⑧求已,循省⑨百官,放佞臣⑩郭都等,理冤狱⑪四百馀人。精诚感天,不雩而得澍雨⑫,盖天人相与之际,其感通有不爽者矣!"

注释 ①周十月为夏八月,周五月为夏三月,八月到三月为秋收至春播之间,故无雨亦不会造成灾害。②上:好。③夏正:指夏历。建巳之月:指夏历四月。④雩(yú):古代为求雨而举行的一种祭祀。⑤三时不雨:此指秋、冬、春三个季节不下雨。⑥闵:忧虑。⑦何休(129—182):东汉时期今文经学家。字邵公,任城樊(今山东滋阳)人。何休为人质朴多智,精研六经,对"三坟五典,阴阳算术,河洛谶纬,莫不成诵"。⑧饬过:整饬过失。⑨循省:考察。⑩佞(nìng)臣:奸臣。⑪冤狱:指冤案。⑫澍(shù)雨:大雨,暴雨。

春秋 秋,齐侯、宋公、江人、黄人会于阳谷(阳谷,杜注:齐地,在东平须昌县北。今山东阳谷县东北有故城)。

左传 秋,会于阳谷,谋伐楚也(二年,楚侵郑故)。

公羊传 此大会也,曷为末言尔(末者,但言会,不言盟)?桓公曰:"无障谷(无障,断川。谷,专水利也。水注川曰溪,注溪曰谷),

无贮粟(有无当相通),无易树子(树,立也。无易,当立之子),无以妾为妻。”(时桓公功德既盛,诸侯咸从,故不用盟,但告誓而已)

穀梁传　阳谷之会,桓公委、端、搢笏而朝诸侯(委,委貌之冠也。端,玄端之服。搢,插也。笏,以记事者也),诸侯皆谕[①]乎桓公之志。

解义　按《左氏》,谋伐楚也,自北杏之会[②],至是二十馀年诸侯从齐,然必待江、黄再会而谋始定,何也?荆楚盛强,凭恃[③]险固,虽合诸侯之师,未易深入其阻。而制其死命惟披其肘腋,附从之国使之内附,然后诸侯声罪致讨[④],楚不能无内顾之忧[⑤],所以陉亭之师甫至[⑥],而遽[⑦]受盟也。桓公欲蓄[⑧]诸侯之力,故江、黄二会,皆就近而与宋公主之。先儒乃谓大会而末言,凿[⑨]矣。

注释　①谕:明白,理解。②北杏之会:春秋时齐国主持的一次诸侯之会。齐桓公四年(前682年),宋国内乱,大夫南宫万杀宋闵公。次年,齐桓公邀宋、陈、蔡、邾等国于齐北杏(今山东东阿)相会,商讨平定宋乱。为诸侯主持天下会盟之始。③凭恃:依恃,依仗。④声罪致讨:宣布罪状,并加讨伐。⑤内顾之忧:形容有内部的忧虑。⑥陉亭之师:指下文僖公四年,齐桓公率中原诸侯伐楚,在陉亭驻军。陉,楚地,颍川召陵县(今河南省漯河市召陵区)南有陉亭。甫至:刚到。⑦遽(jù):急。⑧蓄:积聚。⑨凿:明确。

春秋　冬,公子友如齐涖[①]盟(公子友,《穀梁》作公子季友。涖,《公羊》、《穀梁》作莅)。

左传　齐侯为阳谷之会[②],来寻盟。冬,公子友如齐涖盟。

公羊传　莅盟者何?往盟乎彼也。其言来盟者何?来盟于我也。

穀梁传　莅者位也(约誓素定,今但往其位而盟)。其不日,前定也。不言及者，以国与之也。不言其人，亦以国与之也（谓举国为主，此内外通例，故重见华孙来盟，孙良父来盟，及荀庚盟之下）。

解义 涖，临也。受命而往涖，非大夫之专盟也。阳谷之会，鲁君未与，故齐侯使人来寻盟，而季友往涖，以听伐楚之期[3]而受命焉。《经》书涖盟者四，惟此盟佐齐谋楚有辅霸之善[4]，非他盟比矣。

注释 ①涖（lì）：同"莅"，到。②阳谷之会，鲁君未参加，故齐侯派人来鲁请求寻盟修好。③伐楚之期：指讨伐楚国的具体时间安排。④佐：指辅佐。辅：辅佐。

春秋 楚人伐郑。

左传 楚人伐郑，郑伯欲成[1]。孔叔不可（孔叔，郑大夫），曰："齐方勤我[2]，弃德不祥[3]。"

解义 楚自庄[4]十六年以来，五加兵於郑矣。齐桓不救，而孔叔犹有勤我之言，盖知柽、贯、阳谷之会，皆为伐楚救郑计[5]也。

注释 ①成：求和，媾和。②勤我：即帮助我。勤，劳。③不祥：指不善。④庄：鲁庄公。⑤计：谋划，打算。

附录左传 齐侯与蔡姬乘舟于囿[1]，荡公（蔡姬，齐侯夫人。荡，摇也）。公惧，变色。禁之，不可。公怒，归之，未绝之[2]也。蔡人嫁之[3]。（为明年齐侵蔡传）

春秋 四年春王正月，公会齐侯、宋公、陈侯、卫侯、郑伯、许男、曹伯侵蔡。蔡溃[4]，遂伐楚，次[5]于陉（陉，杜注：楚地，颍川召陵县南有陉亭。今属河南郾城县）。

左传 四年春，齐侯以诸侯之师侵蔡。蔡溃。遂伐楚。楚子使与师言曰："君处北海[6]，寡人处南海，唯是风[7]马牛不相及也（马牛风逸，盖末界之微事，以喻齐、楚远不相干也）。不虞[8]君之涉吾地也，何故？"管仲对曰："昔召康公命我先君太公曰[9]（召康公，周太保召公奭。太公,吕望):'五侯九伯,女实征之[10],以夹辅[11]周室。'赐我先君履[12](履,所践履之界),东至于海,西至于河,南至于穆陵,北至于无棣[13](穆陵,杜注:齐地。今山东临朐县东南有穆陵关,在大岘山上。无棣,杜注:齐地。伏琛《齐地记》:无棣在渤海高城县,今直隶盐山县即古无棣也,县南有无棣沟)。尔贡包茅[14]不入,王祭不共,无以缩酒[15](包,裹束也。茅,菁茅也。束茅而灌之以酒为缩酒),寡人是徵。昭王南征而不复(昭王,成王之孙。南巡守,涉汉,船坏而溺),寡人是问。"对曰:"贡之不入,寡君之罪也,敢不共给。昭王之不复,君其问诸水滨[16]。"师进,次于陉(楚不服罪,故复进师)。

注释　①蔡姬:蔡女,齐桓公夫人。囿:苑,即园林。②未绝之:尚未断绝关系。③蔡人嫁之:蔡侯未领会桓公之意,竟将蔡姬改嫁。④溃:溃败。⑤次:驻扎。⑥北海:泛指北方。海,即荒远的地方。下文"南海"亦同此。⑦风:牛马雄雌相诱逐。⑧不虞:没想到,没料到。虞,料想。⑨召康公:周王室太保。太公:辅佐武王灭殷之姜尚,即太公望。⑩五侯:公、侯、伯、子、男五等诸侯。九伯:九州之方伯。五侯九伯泛指天下诸侯。女:汝。⑪夹辅:在左右曰夹,共同,辅助。⑫履:践踏。意为所到之处,此指征伐范围。⑬无棣:地名,在今山东省无棣县北三十里。⑭贡:贡品。包茅:即菁茅,古人用来滤酒。⑮缩酒:以菁茅滤除酒中糟粕,称之缩酒。⑯问诸水滨:问于汉水边上之人。意为当时楚的势力尚未达到汉水之滨,昭王溺水与楚无关。

公羊传　溃者何?下叛上也。国曰溃,邑曰叛。其言次于陉何?有俟[1]也。孰俟?俟屈完也。

穀梁传　溃之为言,上下不相得也。侵,浅事也。侵蔡而蔡溃,以桓公为所侵也。不土其地,不分其民,明正也。遂,继事也。次,止也。

解义　前此数会,皆谋伐楚。而兵先加[2]于蔡,盖以楚势方张[3]，称兵远伐，楚人夙备[4]以逸待劳，未可以得志[5]。蔡近于楚，帅八国之师以震之，其桡败可必也[6]。俟蔡既溃，而后移师以向楚，出其不意，俾仓卒[7]不暇为谋。而又先之以文告[8]，整兵次陉，示齐无必战之心，楚有可从之道，是以不战而受盟也。然陉亭之师，实不足以慑[9]楚，故既盟之后灭弦[10]、伐黄，陵暴[11]如故，但不敢复逞志[12]於陈、郑耳。

注释 ①俟(sì)：等待。②加：施加。③方张：指正当扩展、强大之际。④夙备：指早有准备。⑤得志：实现志愿。⑥桡(ráo)败：失败，挫败。必：必然。⑦俾：使。仓卒：仓促，匆忙。⑧文告：公告，通告。⑨慑：震慑。⑩弦：春秋时国名。子爵。故城在今河南潢川县西南。前655年被楚国所灭。⑪陵暴：轻侮。⑫逞志：得逞。

春秋 夏，许男新臣[1]卒。

穀梁传 诸侯死于国，不地；死于外，地。死于师，何为不地？内桓师也(齐桓威德洽著，诸侯安之，虽卒于外，与在国同)。

解义 诸侯卒于外，在师，则称师；在会，则称会。而许男但书卒者，此去师与会，而复归其国之验[2]也。盖召陵地在颍川，故遇疾而归，遂[3]卒於其国耳。《传》乃谓实卒于师而不书，易[4]事之实以为褒贬，《春秋》无是[5]法也。

注释 ①许男新臣：即许穆公，姜姓，名新臣，为春秋诸侯国许国君主之一，在位期间为前697年—前656年。②验：征象。③遂：于是。④易：改变。⑤是：此，这。

春秋 楚屈完来盟于师，盟于召陵(召陵，杜注：颍川县也。今河南郾城县东有召陵故城)。

左传 夏，楚子使屈完如师(屈完，楚大夫。如陉之师，观强弱)。师退，次于召陵(完请盟故)。齐侯陈诸侯之师，与屈完乘而观之(乘，共载)。齐侯曰："岂不谷是为[1]？先君之好是继[2]。与不谷同好,如何(不谷,诸侯谦称)?”对曰:“君惠徼福于敝邑之社稷[3],辱收[4]寡君,寡君之愿也。”齐侯曰:“以此众战,谁能御之?以此攻城,何城不克?”对曰:“君若以德绥诸侯,谁敢不服?君若以力,楚国方城以为城,汉水以为池(方城,杜注:山,在南阳叶县南。言其险固以当城池),虽众,无所用之。”屈完及诸侯盟。

公羊传　屈完者何?楚大夫也。何以不称使?尊屈完也。曷为尊屈完?以当桓公也。其言盟于师、盟于召陵何?师在召陵也。师在召陵,则曷为再言盟?喜服楚也[5]。何言乎喜服楚?楚有王者则后服,无王者则先叛。夷狄[6]也。而亟病中国[7],南夷与北狄交(南夷谓楚灭邓、谷,伐蔡、郑。北狄谓狄灭邢、卫,至于温)。中国不绝若线[8],桓公救中国,而攘[9]夷狄,卒怗荆(怗,服也),以此为王者之事也。其言来何?与桓为主也。前此者有事矣,后此者有事矣,则曷为独于此焉?与桓公为主序绩也(序,次也;绩,功也。桓公之功绩莫大于服是)。

穀梁传　楚无大夫(无命卿也),其曰屈完何也?以其来会桓,成之为大夫也。其不言使,权[10]在屈完也。则是正乎?曰非正也(臣无自专之道)。以其来会诸侯,重之也。来者何?内桓师也(来者,内辞也。内桓师,故言来)。于师,前定也。于召陵,得志乎桓公也。得志者,不得志也(屈完来盟,桓公退于召陵,是屈完得其本志,而桓公服楚之志,犹未大遂),以桓公得志为仅矣。屈完曰:“大国之以兵向楚何也?”桓公曰:“昭王南征不反。菁茅之贡不至,故周室不祭。”屈完曰:“菁茅之贡不至,则诺。昭王南征不反,我将问诸江!”

解义　屈完书名氏,盖齐桓心畏楚强,因完受盟有辞以退,故假[11]以为名也。完不称使,以楚使如[12]师,本以观齐之强弱,未尝有必盟[13]之意,而其权在完也。盟于召陵者,退师召陵,而后与之盟,欲以礼柔[14]楚也。或曰前书屈完来盟,后书盟于召陵,而不列序诸侯与楚大夫，为桓公讳也。

注释 ①岂不谷是为：此指兴兵难道是为我齐侯自己吗？不谷，不善，为诸侯自谦之辞。②先君之好是继：是为了把先君之友好继续下去。③惠：副词，表示谦敬。徼（yāo）福：求福。徼，求，取。④辱：副词，表示恭敬。收：安抚。⑤喜：高兴。服：降服。⑥夷狄：古称东方部族为夷，北方部族为狄。常用以泛称除华夏族以外的各族。⑦病：祸害。中国：指中原。⑧不绝若线：形容局势危急，象差点儿就要断掉的线一样。⑨攘：排斥，努力消去。⑩权：主动权。⑪假：代理。⑫如：往。⑬必：必须，一定要。盟：同盟。⑭柔：安抚或帖服。

春秋 齐人执陈辕涛涂（辕，《公羊》、《穀梁》作袁）。

左传 陈辕涛涂谓郑申侯曰（辕涛涂，陈大夫。申侯，郑大夫）："师出于陈、郑之间，国必甚病[①]（当有供给之费故）。若出于东方，观兵于东夷[②]，循海而归，其可也。"申侯曰："善。"涛涂以告，齐侯许之[③]。申侯见曰："师老矣，若出于东方而遇敌，惧不可用也。若出于陈、郑之间，共其资粮扉屦[④]（扉，草屦），其可也。"齐侯说，与之虎牢[⑤]（虎牢，郑邑），执[⑥]辕涛涂。

公羊传 涛涂之罪何？辟[⑦]军之道也。其辟军之道奈何？涛涂谓桓公曰："君既服[⑧]南夷矣，何不还师滨海而东，服东夷[⑨]且归。"桓公曰："诺。"于是还师滨海而东，大陷于沛泽[⑩]之中（草棘曰沛，渐洳曰泽）。顾[⑪]而执涛涂。执者曷为或称侯？或称人？称侯而执者，伯讨也。称人而执者，非伯讨也。此执有罪，何以不得为伯讨？古者周公东征则西国怨，西征则东国怨。桓公假途[⑫]于陈而伐楚，则陈人不欲其反由己者，师不正故也。不修其师而执涛涂，古人之讨，则不然也。

穀梁传 齐人者，齐侯也。其人之，何也？于是哆然[⑬]外齐侯也，不正其逾国而执也。

解义 辕涛涂,陈大夫。恐齐师归取道于陈,沮[14]之使其东行,致误军道,固可罪矣。然,齐桓不能反求诸己[15],思陈人所以厌苦之故[16],增修其德,而遽[17]执涛涂,以逞其忿。不特[18]桓德之衰,而管仲之器小[19],亦於是乎见矣。

注释 ①病:困乏。齐侯伐楚往返都经过陈、郑,粮草征发甚多,则陈、郑两国必定困乏。②观兵:检阅军队,以兵威服人。东夷:指郯、莒、徐等国。③许之:齐桓公同意从东路撤军。④共:通"供"。屦(fèi jù):草鞋。⑤虎牢:郑地,即今河南巩县东之虎牢关,为郑国险要城邑。⑥执:捉拿。⑦辟:同"避",躲,设法躲开。⑧服:降服。⑨东夷:是华夏人对东方民族的泛称,非特定的一个民族。⑩沛泽:沼泽,水草茂密的低洼地。⑪顾:回头。⑫假途:借路。⑬哆然:指张口欲噬。⑭沮:阻止。⑮反求诸己:求,追究,寻求;诸,"之于"的合成词。反过来追究自己。指从自己方面找原因。⑯厌苦:指厌烦以为苦事。故:原因。⑰遽(jù):急,仓猝。⑱不特:不仅,不但。⑲管仲(约前723或前716—前645):姬姓,管氏,名夷吾,春秋时期齐国颍上(今安徽颍上)人,史称管子。春秋时期齐国著名的政治家、军事家。辅佐齐桓公成为春秋时期的第一霸主。器小:指眼光浅近,境界促狭。

春秋 秋,及江人、黄人伐陈。

左传 秋,伐陈,讨不忠也。

穀梁传 不言其人及之者何?内师也。

解义 齐人既执涛涂,愤犹未平,以江、黄近陈,故使鲁[1]及二国伐之。观此,则伐楚之师,江、黄不会,盖用之以为犄角之势[2]明矣。或谓书及者,蒙[3]上齐人之文,盖齐及之也。然考《经》所书他国再有事必书遂,此不言遂,实鲁及之尔。

注释 ①鲁:鲁国。②犄角之势:比喻战争中互相配合、夹击敌人的态势，或分出兵力牵制敌人。③蒙：遮盖。

春秋 八月，公至自伐楚。

公羊传 楚已服[①]矣，何以致伐？楚叛盟也。

穀梁传 有二事偶[②]，则以后事致，后事小，则以先事致。其以伐楚致，大伐楚也。

解义 两事书至，或原其志[③]而至之，或举其重而至之。此侵蔡伐楚，不致侵者，以伐楚事重，策勋于庙，故因其实而志之也。

注释 ①服：降服。②偶：并列。③原其志：就是强调动机。

春秋 葬许穆公[①]（穆，《公羊》作缪）。

左传 许穆公卒于师，葬之以侯，礼也。凡诸侯薨于朝、会[②]，加一等（诸侯命有三等：公为上等，侯伯为中等，子男为下等）；死王事，加二等[③]。于是有以衮[④]敛（衮衣，公服也。谓加二等）。

春秋 冬十有二月，公孙兹[⑤]帅师会齐人、宋人、卫人、郑人、许人、曹人侵陈（兹，《公羊》作慈，后同。霸国，大夫会诸侯，大夫侵与国自此始）。

左传 冬，叔孙戴伯帅师，会诸侯之师侵陈。陈成[⑥]，归辕涛涂（戴伯，即公孙兹，叔牙子戴谥也）。

解义 涛涂既执，复帅江、黄以伐之，合七国之大夫以侵之，修怨[⑦]为已甚矣。伐楚之师，陈实与焉[⑧]，其臣一谋之不协[⑨]，而陵暴[⑩]之若此。于楚，则责之略，而待之恭；于陈，则怒之深，而报之过，此仲尼之徒所以羞称五伯[⑪]也。

注释 ①许穆公：姜姓，名新臣，为春秋诸侯国许国君主之一，在位期间为前697年—前656年。②朝、会：诸侯或臣属朝见君主，春见曰朝，不定期的朝见曰会。③古代天子命爵，有公、侯、伯、子、男五等，许是男爵，此次为周王伐楚，是死于王事，故加二等，可以按侯礼安葬。④衮(gǔn)：天子、上公的礼服，侯爵加等的也可用衮衣敛尸。⑤公孙兹(?—前644年):姬姓,叔孙氏,名兹,谥戴。春秋前期鲁国公族,鲁桓公之孙,故称公孙兹,叔牙之子,史称叔孙戴伯。叔牙被杀后,司徒季友以公孙兹继承其父之卿位。⑥陈成:陈国请求讲和,齐侯放回陈大夫辕涛涂。⑦修怨:报怨。⑧陈:陈国。与:参与。⑨协:协和。⑩陵暴:轻侮,欺侮。⑪五伯:五个霸主。指春秋齐桓公、晋文公、宋襄公、楚庄公、秦缪公。说法不一。

附录左传　初,晋献公欲以骊姬为夫人,卜之,不吉;筮之,吉。公曰:"从筮。"卜人曰:"筮短龟长[①](物生而后有象,象而后有滋,滋而后有数,龟象筮数,故象长数短),不如从长。且其繇曰:'专之渝[②],攘公之羭[③](繇,卜兆辞。渝,变也。攘,除也。羭,美也。言变乃除公之美)。一薰一莸,十年[④]尚犹有臭。'(薰,香草;莸(yóu),臭草。十年有臭,言善易消,恶难除)必不可。"弗听,立之。生奚齐,其娣生卓子。及将立奚齐,既与中大夫成谋[⑤],姬谓太子曰:"君梦齐姜,必速祭之(齐姜,太子母。言求食)。"太子祭于曲沃,归胙[⑥]于公。公田[⑦],姬置诸宫六日。公至,毒而献之(毒酒经宿辄败,而经六日,明公之惑)。公祭之地,地坟[⑧](坟,起也)。与犬,犬毙。与小臣,小臣亦毙。姬泣曰:"贼[⑨]由太子。"太子奔新城(新城,曲沃)。公杀其傅[⑩]杜原款。或谓太子:"子辞[⑪],君必辩焉。"(以六日之状自理)太子曰:"君非姬氏,居不安,食不饱。我辞,姬必有罪。君老矣,吾又不乐[⑫]。"曰:"子其行乎!"太子曰:"君实不察其罪,被[⑬]此名也以出,人谁纳我?"十二月戊申[⑭],缢[⑮]于新城。姬遂谮二公子曰:"皆知之。"重耳奔蒲。夷吾奔屈[⑯]。

注释　①筮短龟长:古人占卜用龟,占筮用蓍草,二者相比较,占卜较灵,且以卜为先,故称为"筮短龟长"。②专之渝:专,即专宠。渝,变化。意为专心宠幸则生变化。此暗指太子申生。③攘公之羭:羭(yú),牡羊。夺去公之牡羊。牡羊暗喻太子申生。④十年：形容很长时间。⑤中大夫：宫中大臣。成谋：预谋，定计。⑥胙（zuò）：祭祀用的酒肉。⑦田：打猎。⑧地坟：地上突起如坟。⑨贼：毒害。⑩傅：师傅。⑪辞：讼辞，此指申辩的意思。⑫此句意为：我若上言申辩，骊姬必获罪而死，君又年老，失去骊姬，必不欢乐，我又没法使他欢乐。⑬被：遭受，蒙受。⑭戊申：晋用夏正，据周正推算，当在周正明年二月二十七日。⑮缢（yì）：吊死。⑯蒲、屈：均为晋邑。

卷十六

僖公(五年之九年)

春秋　五年春。

附录左传　五年春,王正月辛亥朔,日南至(周正月,今十一月。冬至之日,日南极)。公既视朔①,遂登观台以望。而书,礼也(视朔,亲告朔也。观台,台上构屋,可以远观者也)。凡分、至、启、闭,必书云物(分,春、秋分也。至,冬、夏至也。启,立春、立夏。闭,立秋、立冬。云物,气色灾变也。《传》重申周典。不言公者,日官掌其职),为备故也(素察妖祥,逆为之备)。

春秋　晋侯杀其世子申生。

左传　晋侯使以杀大子申生之故来告(释《经》,必告乃书)。初,晋侯使士蒍为二公子筑蒲与屈②,不慎,置薪焉(不谨慎,所为多置薪于中)。夷吾诉之。公使让之。士蒍稽首③而对曰:"臣闻之,无丧而戚,忧必仇焉(仇,犹对也)。无戎而城,仇必保焉(保而守之)。寇仇之保,又何慎焉！守官废命④不敬,固仇之保不忠,失忠与敬,何以事君?《诗》云:'怀德惟宁,宗子惟城'(《诗·大雅》。怀德以安,则宗子之固若城)。君其修德而固宗子,何城如之?三年将寻师⑤焉,焉用慎?"(寻,用也)退而赋曰:"狐裘尨茸,一国三公,吾谁适从(士蒍自作诗也。尨茸,乱貌。公与二公子为三,言城不坚则为公子所诉,为公所让;坚之则为固仇不忠,无以事君,故不知所从)?"及难,公使寺人披伐蒲。重耳曰:"君父之命不校⑥。"乃徇曰:"校者吾仇也。"逾垣⑦而走。披斩其祛(祛,袂也),遂出奔翟。

公羊传　曷为直称晋侯以杀?杀世子、母弟直称君者,甚之也。

穀梁传　目晋侯,斥杀,恶晋侯也(斥,指斥)。

解义 申生自杀而斥言晋侯,何也?《春秋》之法,有谗[8]而不见,则其君之罪也。故申生以骊姬之谮[9]自杀,宋痤以伊戾之谮自杀[10],皆直称君杀,端本清源,以为后戒也。僖十六年,郑伯[11]杀其世子华,杀得其罪,故不书。

注释 ①视朔:每月初祭庙受朔政称为告朔。告朔之后,仍然在太庙听治一个月政事,称为视朔,也称为听朔。②蒲、屈:均为晋地名。③稽首:古代拜礼中最敬的礼仪,手、头同时下至于地,一般通行于尊卑之间。④守官:居官任职。废命:拒绝命令。⑤寻师:用兵,三年后将用兵于二邑。⑥不校:不违抗。校,违抗。⑦逾垣:跳墙。⑧谗:谗言。在别人面前说陷害某人的坏话。⑨谮(zèn):诬陷,中伤。⑩宋痤:宋国太子。伊戾:宋国宦官。⑪郑伯:指郑文公(?—前628),春秋时郑国国君,姬姓,名捷,郑厉公子。

春秋 杞伯姬来朝其子。

公羊传 其言来朝其子何?内辞也,与其子俱来朝也。

穀梁传 妇人既嫁不逾竟,逾竟非正也。诸侯相见曰朝,伯姬为志乎朝其子也。伯姬为志乎朝其子,则是杞伯失夫之道矣。诸侯相见曰朝,以待人父之道待人之子,非正也。故曰杞伯姬来朝其子,参讥也(参讥,谓伯姬、杞伯、鲁侯也)。

解义 伯姬归杞十三年耳,其子必幼,而以之来朝者。盖是年,杞惠公卒,疑方有疾,伯姬以子为鲁之甥,故携之至鲁,令摄父行朝礼,以豫托於鲁也。先王之制,童子侯不朝,况诸侯之子幼而未誓於天子者乎!伯姬失妇道,杞伯失夫道,鲁公失主道,皆非也。故穀梁子曰:参讥也。

春秋 夏,公孙兹如牟[1]。

左传 夏,公孙兹如牟,娶焉(因聘而娶,故《传》实其事)。

解义 凡内朝聘[2]皆曰如。牟,小国也。桓十五年,邾人、牟人、葛人来朝，自是邦交[3]之礼，无闻焉。《传》言兹[4]因聘而娶，《经》不书常事，故也。先儒谓罪其托君命以遂其私[5]，非也，韩侯因觐[6]而娶，事列《大雅》，则无悖於礼可知矣，果罪之也，则当明著其事。今见於《经》者，乃内大夫出聘之常词，而不书其娶，何由知其托君命以遂私哉？

注释　①公孙兹：即叔孙戴伯。牟：国名，在今山东省莱芜县东。②朝聘：朝见。③邦交：国与国之间的正式外交关系。④兹：公孙兹。⑤托：受托于。遂：实现。⑥觐：朝见。

春秋　公及齐侯、宋公、陈侯、卫侯、郑伯、许男、曹伯会王世子于首止[1]（首止，《公羊》、《穀梁》俱作首戴，后同。杜注：卫地。陈留襄邑县东南有首乡）。

左传　会于首止，会王大子郑，谋宁周[2]也（惠王以惠后故，将废大子郑而立王子带，故齐桓帅诸侯会王大子，以定其位）。

公羊传　曷为殊会[3]王世子？世子贵也，世子犹世世子也（解贵意也。言当世父位）。

穀梁传　及以会，尊之也。何尊焉？王世子云者，唯王之贰也。云可以重之存焉，尊之也（言使天下晓然知其为至尊之储贰，至重所在，非人臣比）。何重焉？天子世子，世天下也。

解义　王世子不得与诸侯列序[4]也，故特书及以会。若曰王世子在，是而诸侯咸[5]往会焉，示不可得而抗[6]也。葵丘之会[7]，宰周公序诸侯之上，与盟洮之王人同例[8]，而不得与王世子之殊会同文者，以世子之尊非宰臣比也。不书会齐侯者，齐侯不敢为会主也。

注释　①首止：卫国地名。②宁周：安定周太子郑之位。③殊会：特别会见。④序：次序。⑤咸：全，都。⑥抗：拒绝。⑦葵丘之会：公元前651年，齐桓公召集诸侯在葵丘会盟。⑧宰周公：大宰周公。宰，官名。辅佐国君执政的百官之长。王人：周王室所派遣之人。

附录左传 陈辕宣仲怨郑申侯之反己[1]于召陵(宣仲,辕涛涂),故劝之城其赐邑(齐桓所赐虎牢),曰:“美城[2]之,大名[3]也,子孙不忘。吾助子请。”乃为之请于诸侯而城之,美(楼橹之备毕设)。遂谮诸[4]郑伯,曰:“美城其赐邑,将以叛也。”申侯由是得罪。(为七年郑杀申侯传)

春秋 秋八月,诸侯盟于首止。

左传 秋,诸侯盟。

公羊传 诸侯何以不序?一事而再见者,前目而后凡也。

穀梁传 无中事而复举诸侯何也?尊王世子而不敢与盟也。尊则其不敢与盟何也?盟者不相信也,故谨信也,不敢以所不信而加之尊者。桓,诸侯也,不能朝天子,是不臣也。王世子,子也,块然受诸侯之尊已而立乎其位(块然,安然也),是不子也。桓不臣,王世子不子,则其所善焉何也?是则变之正也。天子微,诸侯不享觐。桓控大国,扶小国,统诸侯,不能以朝天子,亦不敢致天王。尊王世子于首戴,乃所以尊天王之命也。世子含王命会齐桓,亦所以尊天王之命也。世子受之可乎?是亦变之正也。天子微,诸侯不享觐。世子受诸侯之尊已,而天王尊矣,世子受之可也。

解义 无中事而复举诸侯,明王世子不与盟也。盟者不相信也,不敢以所不信而加之尊者,桓公之谨[5]於礼也。《春秋》常法,会盟同地不再书其地。此会盟同地而再言首止者,书之重词之复,其中必有大美恶焉。首止之盟,美之大者也,王将以爱易世子,桓公控大国扶小国会于首止,同心翊戴[6]尊王世子,而不敢与盟,显明[7]大义,潜革奸萌[8],一举而父子君臣之道皆得焉,一匡之烈莫大於此。《春秋》所以特文,以著其美也。

注释 ①反己:背约,出卖。②美城:将城邑筑得美观。③

大名:即扩大名声。④谮:诬陷,中伤。诸:犹“于”。⑤谨:谨慎。⑥翊戴:辅佐拥戴。⑦显明:光明高尚,贤明。⑧潜:隐藏。奸萌:奸邪的苗子。

春秋　郑伯[①]逃归不盟。

左传　王使周公召郑伯[②],曰:“吾抚女[③]以从楚,辅之以晋,可以少安。”(周公,宰孔。王恨齐桓定大子之位,故召郑伯使叛齐也。晋、楚不服于齐,故以镇安郑)郑伯喜于王命而惧其不朝于齐也,故逃归不盟。孔叔[④]止之曰:“国君不可以轻,轻则失亲。失亲患必至,病[⑤]而乞盟,所丧多矣,君必悔之。”弗听,逃其师[⑥]而归。

公羊传　其言逃归不盟者何?不可使盟也(时郑伯内欲与楚,外依古不盟为解,安居会上,不肯从桓公盟,故后言不盟)。不可使盟,则其言逃归何?鲁子曰:“盖不以寡犯众也。”

穀梁传　以其去诸侯,故逃之也。

解义　郑伯书逃,贱[⑦]之也;国君而匹夫行,故恶[⑧]之。或曰召郑伯以从楚,王命也,何恶乎郑伯?《春秋》以大义正天下。谋定世子,天下之公也;召郑从楚,惠王之私也。君能制命[⑨]曰义,臣能守命曰信;制命非义而守之,非所谓信也。故《春秋》深罪郑伯,以示为人臣子遭变事而不知其权[⑩]者。

注释　①郑伯:指郑文公。②王:周惠王。周公:名宰孔。③女:同“汝”,你。④孔叔:郑国大夫。⑤病:祸患。⑥逃其师:国君出行,必带军队同行。郑伯害怕帅师回国,受到诸侯堵截,故离开军队只身逃跑。⑦贱:鄙视,轻视。⑧恶:讨厌,憎恨。⑨制命:拟订命令。⑩权:权衡,衡量,估计。

春秋　楚人灭弦,弦子奔黄(弦,杜注:弦国,在弋阳轪县东南。今河南光州西南有弦城。湖广蕲水县有轪县,故城皆魏晋时弋阳郡境。此楚灭国之始)。

左传　楚斗谷於菟灭弦,弦子奔黄。于是江、黄、道、柏[①]方睦于齐，皆弦姻[2]也（道，杜注：道国，在汝南安阳县。案安阳，《汉志》作阳安。应劭曰：阳安县有道亭。今河南確山县东北有阳安故城，其南即道国也。柏，杜注：国名，汝南西平县有柏亭。今县属河南汝宁府，亭在县西）。弦子恃之而不事楚，又不设备，故亡。

穀梁传 弦，国也。其不日，微国也。

解义 弦子书奔，不服於楚也；不书名，有兴复之望焉，其位[3]盖未绝也。弦以恃齐不设备而亡[4]，桓不能救，此楚人所以无忌，驯[5]至於伐黄灭江，而为桓公霸业之累与。

注释 ①江、黄、道、柏：四国名，地处楚国附近。②弦姻：江、黄、道、柏诸国都和弦国有姻亲关系。③位：指诸侯之位。④恃：依赖。设备：设防。⑤驯：副词，逐渐地。

春秋 九月戊申朔，日有食之。

春秋 冬，晋人执[1]虞公。

左传 晋侯复假道于虞以伐虢。宫之奇谏曰："虢，虞之表也。虢亡，虞必从之。晋不可启[2]，寇不可玩[3]，一之谓甚，其可再乎？（为二年，假晋道，灭下阳）谚所谓'辅[4]车相依，唇亡齿寒'者，其虞、虢之谓也。"（辅，颊辅。车，牙车。辅为外表，车是内骨，故云相依）公曰："晋，吾宗也，岂害我哉？"对曰：大伯、虞仲[5]，大王之昭也[6]。大伯不从，是以不嗣[7]（大伯、虞仲，皆大王之子，不从父命，让国适吴。仲雍支子别封西吴，虞公其后也）。虢仲、虢叔，王季之穆[8]也（王季，大伯、虞仲母弟。虢仲、虢叔，王季之子，文王之母弟也。仲、叔皆虢君名），为文王卿士，勋在王室，藏于盟府（盟府，司盟之官）。将虢是灭，何爱于虞？且虞能亲于桓、庄[9]乎，其爱之也？桓、庄之族何罪，而以为戮，不唯逼[10]乎？（桓叔之族，从祖昆弟也。庄伯之族，从父昆弟也。献公患其逼，尽杀之，事在庄二十五年）亲以宠逼，犹尚害之，况以国乎？"公曰："吾享祀丰洁[11]，神必据[12]我（据，犹安也）。"对曰："臣闻之，鬼神非人实亲[13]，惟德是依。故

《周书》曰:‘皇天无亲,惟德是辅。’又曰:‘黍稷非馨[14],明德[15]惟馨。’又曰:‘民不易物[16],惟德繄物。’(“皇天无亲,惟德是辅”,《蔡仲之命》文也。“黍稷非馨,明德惟馨”,《君陈》文也。“民不易物,惟德繄物”,《旅獒》文也。繄书作其言,黍、稷、牲、玉,无德则不见飨,有德则见飨,物一而异用也)如是,则非德,民不和,神不享矣。神所冯[17]依,将在德矣。若晋取虞而明德以荐馨香,神其吐之乎?”弗听,许晋使。宫之奇以其族行[18],曰:“虞不腊[19]矣(腊,岁终祭众神之名),在此行也,晋不更举[20]矣。”

注释　①执:捕捉,逮捕。②晋不可启:晋国之野心不可开启。启,开启。③寇:兵也,指借道之晋军。玩:玩忽,轻侮。④辅:车厢两边的夹板。⑤大伯:即太伯,周太王长子。虞仲:太伯之弟,太王次子。⑥大王:即太王。昭:古代庙次及墓次。始祖居中,其后第一、三、五代逢奇数者位在左,为昭;第二、四、六代逢偶数者位在右,为穆。⑦不嗣:太伯为太王长子,与其弟虞仲远去吴国,未能继承父位,由其幼弟王季继位。⑧穆:王季为昭,虢仲、虢叔皆其子,故称王季之穆。⑨桓、庄:指曲沃桓叔和曲沃庄伯。⑩逼:逼迫,压力。⑪享祀:祭品。丰洁:丰盛而洁净。⑫据:定,安。⑬非人实亲:即非亲人,此为倒装用法。⑭黍稷:古代祭祀常用的谷物。馨:芳香。⑮明德:光明之德。⑯易物:改变祭物。⑰冯:同凭,凭借。⑱以:率领。族:家族。⑲腊:腊祭。⑳晋不更举:晋将用此次灭虢之师一举灭虞,不另外举兵。

八月甲午,晋侯围上阳[1](上阳,杜注:虢国都,在弘农陕县东南)。问于卜偃曰:“吾其济乎”?对曰:“克之。”公曰:“何时?”对曰:“童谣云:‘丙之晨,龙尾[2]伏辰(龙尾,尾星也。日月之会曰辰,日在尾,故尾星伏不见),均服振振,取虢之旂[3]。(戎事上下同服。振振,盛貌。旂,军之旌旗)鹑之贲贲[4],天策焞焞,火中成军,虢公其奔。’(鹑,鹑火星也;贲贲,鸟星之体也。天策,傅说星;时近日,星微;焞焞,无光耀也。言丙子平旦,鹑火中,军事有成功也。此已上皆童谣言也)。其九月、十月之交乎(以星验推之,知九月、十月之交,谓夏九月、十月也。交,晦朔交会)丙子旦,日在尾,月在策(是夜日月合朔于尾,月行疾,故至旦而过在策),鹑火中,必是时也。"冬十二月[5]丙子朔,晋灭虢,虢公丑奔京师(周十二月,夏之十月)。师还,馆于虞,遂袭虞,灭之,执虞公及其大夫井伯,以媵秦穆姬[6](秦穆姬,晋献公女。送女曰媵,以屈辱之)。而修虞祀(虞所命祀),且归其职贡[7]于王。故书曰:"晋人执虞公。"罪虞,且言易也。

公羊传 虞已灭矣,其言执之何?不与灭也。曷为不与灭?灭者亡国之善辞也,灭者上下之同力者也。

穀梁传 执不言所[8],于地缊[9]于晋也(时虞已包裹属于晋,故虽在虞,执而不书其处)。其曰公何也?犹曰其下执之之辞。其犹下执之之辞何也?晋命行乎虞民矣。虞虢之相救,非相为赐也,今日亡虢而明日亡虞矣。

解义 虞、虢之灭,不见於《经》,故三传[10]各为之说。然旧史从赴告[11],《传》曰:"虽及灭国,灭不告败,胜不告克,不书于策。"旧史所不书,孔子不得而益[12]也。虞、虢之灭,盖晋人修其祀,而不以灭告,而所告独执虞公。故旧史所书,孔子无以易[13]耳。

注释 ①虢有东虢、北虢、南虢,上阳为南虢。②龙尾:即苍龙七宿的第六宿尾宿。③旂(qí):系有许多铃的旗。④鹑(chún):朱雀七宿第三宿柳宿,亦名鹑火,火星。贲(bēn):贲贲,星体貌。⑤冬十二月:此用周正,相当于夏正十月。⑥媵(yìng):陪嫁的男女。秦穆姬:晋献公之女,嫁秦穆公。⑦职贡:赋税和贡物。⑧所:处所,地方。⑨缊:同"蕴",蕴含,包含。⑩三传:是解释《春秋》的三部书,就是《左传》、《公羊传》和《穀梁传》。⑪赴告:春秋时各国以崩薨及祸福之事相告。前者称

"赴",后者称"告"。⑫益:增加。⑬易:改变。

春秋　六年春王正月。

附录左传　六年春,晋侯使贾华[①]伐屈。夷吾不能守,盟而行[②](贾华(原文为"莘"),晋大夫。非不欲校,力不能守,言不如重耳之贤)。将奔狄,郤芮[③]曰:"后出同走[④],罪也(嫌与重耳同谋而相随)。不如之梁[⑤]。梁近秦而幸[⑥]焉。"乃之梁(以梁为秦所亲韦,秦既大国,且穆姬在焉。故欲因以求入)。

春秋　夏,公会齐侯、宋公、陈侯、卫侯、曹伯伐郑,围新城(新城,杜注:郑新密。荥阳密县。今河南密县东南有故密城)。

左传　夏,诸侯伐郑,以其逃首止之盟故也。围新密[⑦],郑所以不时[⑧]城也(密,邑名。郑人所新筑者。不时城,解《经》言新城之意)。

公羊传　邑不言围,此其言围何?强也。

穀梁传　伐国不言围邑,此其言围何也?病[⑨]郑也,著郑伯之罪也。

注释　①贾华:晋国右行大夫。②盟而行:夷吾与屈人盟誓,要求他们不背叛自己,而后离屈出走。③郤芮(xìruì):一说冀芮,晋臣。④同走:指与重耳同到狄国。⑤梁:嬴姓国,僖公十九年亡于秦。⑥幸:信任。⑦新密:即新城,在今河南密县东南。⑧不时:即非兴土功之时,指农忙时节所筑。⑨病:不满,责备。

春秋　秋,楚人围许,诸侯遂[①]救许。

左传　秋,楚子围许以救郑,诸侯救许,乃还。冬,蔡穆侯将许僖公以见楚子于武城[②](楚子退舍武城,犹有忿志,而诸侯各罢兵,故蔡将许君归楚。武城,杜注:楚地,在南阳宛县北)。许男面缚,衔璧[③],大夫衰绖[④],士舆榇[⑤](缚手于后,惟见其面,以璧为贽,手缚故衔之。榇,棺也。将受死,故衰绖)。楚子问诸逢伯(逢伯,楚大夫),对曰:"昔武王克殷,微子启[⑥]如是(微子启,纣庶兄)。武王亲释其缚,受其璧而祓之(祓,除凶之礼)。焚其榇,礼[7]而命之,使复其所[8]。"楚子从之。

穀梁传 善[9]救许也。

春秋 冬,公至自伐郑。

穀梁传 其不以救许致何也?大伐郑也。

解义 齐桓之伐郑,讨其逃[10]首止之盟也,故书伐、书围乃以见郑之不服罪,而诸侯无讥焉。楚人围许以救郑,与晋阳处父[11]伐楚以救江同,不书楚人救郑,而书诸侯之救许,则楚罪明矣。凡书救,皆善之也,书遂[12],救善之尤[13]也。救许乃继事鲁公会师,本以伐郑告庙,故归仍以伐郑致也。

注释 ①遂:于是,就。②将:带着。武城:地名,在今河南省南阳市北。③许男:即许僖公。男,爵名。面缚:谓反绑双手。衔璧:口含璧玉。④衰绖(cuīdié):古代用麻布制成的孝服。⑤舆榇(chèn):抬着棺材。⑥微子启:殷帝乙的长子,纣王的庶兄。⑦礼:礼遇。⑧复其所:复微子之国。⑨善:赞许。⑩逃:逃避。⑪阳处父(?—前621年):春秋时晋国大夫,因封邑于阳地(今山西省太谷县阳邑村),遂以阳为氏。⑫遂:成功,实现。⑬尤:更加,格外。

春秋 七年春,齐人伐郑。

左传 七年春,齐人伐郑。孔叔言于郑伯曰:"谚有之曰:'心则[1]不竞,何惮于病[2]。'(竞,强也。惮,难也)既不能强,又不能弱,所以毙也。国危矣,请下齐[3]以救国。"公曰:"吾知其所由来矣。姑少待我。"(欲以申侯说)对曰:"朝不及夕[4],何以待君?"

解义 郑人逃义甘心[5],即楚新城之役犹未悔祸,齐为是复治之,则罪在郑也。其称人,将卑师少也。

注释 ①则:假如。②病:屈辱。何惮于病:意为心志如不坚强,还何必害怕屈辱。③下齐:屈辱于齐。④朝不及夕:保得了早晨保不了傍晚,意为情况危急。⑤甘心:指自己愿意;情愿。

春秋　夏,小邾子来朝(《公羊》作小邾娄子,后同。小邾,杜注:邾之别封。宋忠曰:邾颜别封小子肥于郳,为小邾子。今山东滕县、峄县并有郳城。乐史云:郳城,在承县。《文献通考》云:郳城,今沂州。峄,即古承地,属沂州。据此二说,则在峄者为近)。

解义　郳,乃邾之别封[1],齐桓请於王而进之,命为小邾子,始得王命[2]而来朝。杜预以为:"郳,黎来也。"

注释　①郳(ní):春秋时诸侯国名,在今山东省滕州市东(一说在枣庄市西北)。邾:即邾国(又名邾娄国、小邹国),春秋时诸侯国,国君为曹姓。地在今山东省邹城市。②王命:指周天子的任命。

春秋　郑杀其大夫申侯。

左传　夏,郑杀申侯以说[1]于齐,且用陈辕涛涂之谮也。初,申侯,申出[2]也,有宠于楚文王。文王将死,与之璧,使行,曰:"惟我知女,女专利而不厌[3],予取予求[4],不女疵瑕也。后之人将求多于女(后之人谓嗣君也。求多,以礼义大望责之),女必不免[5]。我死,女必速行。无适小国,将不女容焉。"既葬,出奔郑,又有宠于厉公[6]。子文[7]闻其死也,曰:"古人有言曰'知臣莫若君。'弗可改也已。"

公羊传　其称国以杀何?称国以杀者,君杀大夫之辞也。

穀梁传　称国以杀大夫,杀无罪也。

解义　称国以杀者,罪郑伯也。已则逃盟,不知自反,而内忌信谗[8],委罪执政,其刑颇矣[9]。然则申侯无罪乎?《左氏》载申侯初有宠于楚文王,自楚奔郑,则不忘故国,导[10]郑从楚,理或有之,故郑伯暴[11]其罪以告齐也。不然[12],齐方受[13]申侯而赐以虎牢,郑乃杀之,得罪於齐矣,何能说於齐乎?

注释　①说:同"悦",即取悦,讨好。②申出:当为楚女嫁于申国所生之子。有说为申国之女嫁于楚国所生。恐非。③女:同“汝”,你也。专利:垄断财货。厌:足也。④予取予求:从我这里取支从我这里求得。⑤不免:不免于罪。⑥厉公:指郑厉公。⑦子文:即楚臣斗谷於菟。⑧忌:猜忌。谗:谗言。⑨委罪:指推委罪责。颇:偏颇,不正。⑩导:引导。⑪暴:暴露。⑫不然:不是这样。⑬方:才,刚刚。受:接受,得到。

春秋　秋七月,公会齐侯、宋公、陈世子款、郑世子华盟于甯母。(甯(宁)母,《穀梁》作寧(宁)母。杜注:鲁地高平,方与县东有泥母亭。今山东鱼台县东谷城镇即其地)。

左传　秋,盟于宁母,谋郑故也。管仲言于齐侯曰:“臣闻之,招携[①]以礼(携,离也),怀远以德,德礼不易[②],无人不怀。”齐侯修礼于诸侯,诸侯官受方物[③](诸侯官司,各于齐受其方所当贡之物)。郑伯使大子华听命于会,言于齐侯曰:“泄氏、孔氏、子人氏[④]三族,实违君命(三族,郑大夫)。若君去之以为成。我以郑为内臣[⑤](以郑事齐,如封内臣),君亦无所不利焉。”齐侯将许之。管仲曰:“君以礼与信属[⑥]诸侯,而以奸终之,无乃不可乎?子父不奸[⑦]之谓礼,守命共时[⑧]之谓信(守君命,共时事)。违此二者,奸莫大焉。”公曰:“诸侯有讨于郑,未捷。今苟有衅[⑨],从之,不亦可乎?”对曰:“君若绥[⑩]之以德,加之以训辞,而帅诸侯以讨郑,郑将覆[⑪]亡之不暇,岂敢不惧?若总其罪人以临之[⑫](总,将领也。子华奸父之命,即罪人),郑有辞矣(以大义为辞),何惧?且夫合诸侯以崇德也,会而列奸[⑬],何以示后嗣?夫诸侯之会,其德刑礼义,无国不记。记奸之位(位,会位也。子华为奸人,而列在会位,将为诸侯所记),君盟替矣(替,废也)。作而不记,非盛德也(君举必书,虽复齐史隐讳,亦损盛德)。君其勿许,郑必受盟。夫子华既为大子而求介[⑭]于大国,以弱其国,亦必不免。郑有叔詹、堵叔、师叔三良为政,未可间[⑮]也。”齐侯辞[⑯]焉。子华由是得罪于郑。冬,郑伯请盟于齐(以齐侯不听子华故)。

穀梁传　衣裳之会[17]也。

解义　按《周礼·大行人》:侯服、甸服、男服、采服、卫服、要服,各有职贡,及周之衰,诸侯惰慢[18]。齐桓为衣裳之会,总率诸侯,量其国之大小,号令所出之物,以贡於天子;又能纳管仲之言,却子华之请[19]。首止、葵丘而外,宁母之盟为盛矣。据《左氏》:记奸之位,君盟替矣[20];又曰齐侯辞焉,似子华未与盟。而三传经文皆有郑世子华,岂齐桓但却子华内臣之请,而未尝拒之,使不与盟与?

注释　①招携:招抚有二心的国家。携:离心,怀贰心。②不易:不改变、不背离。③受方物:接受赏赐。方物,职贡所用土产。④泄氏、孔氏、子人氏:三者均为郑国大夫。泄氏指泄驾氏族;孔氏指孔叔;子人氏指郑历公弟,名语。⑤内臣:臣服于齐,如封内之臣。⑥属:会合。⑦奸:干犯,违背。⑧守命共时:见机行事以完成君命。⑨有衅:有隙可乘。⑩绥:安抚。⑪覆:救。⑫总:带领。临:从上面到下面来,这里有以势欺人之意。⑬列:位。列奸:使奸人在君位。⑭介:凭藉。⑮叔詹、堵叔、师叔:郑国执政的三位贤明大夫。未可间:没有空隙为人所乘。⑯辞:桓公拒受子华之言。⑰衣裳之会:与"兵车之会"相对而言,指春秋时代诸国之间和好的会议。⑱侯服、甸服、男服、采服、卫服、要服:周代时,畿外诸侯按近远分为"六服",从一年一见到六年一见。惰慢:懈怠不敬。⑲纳:采纳。却:拒绝。⑳记奸之位:位,会位也。子华为奸人,而列在会位,将为诸侯所记。替:废。

春秋　曹伯班[1]卒(班,《公羊》作般)。

春秋　公子友[2]如齐。

解义　甫[3]盟宁母,而又使季友修聘[4],所以勤伯国[5]之好也。

注释 ①曹伯班：即曹昭公（公元前？—前653年），曹班，春秋曹国国君。曹僖公夷之子，继曹僖公而立。在位时间从公元前662—前653年为期九年。②公子友：鲁庄公之同母弟，鲁僖公之叔父。名友，字季，谓之季友。③甫：刚刚，才。④修聘：进行友好访问。⑤勤：勤密，频繁。伯国：指霸国。伯，通"霸"。指春秋时取得霸主地位的诸侯国。

春秋 冬，葬曹昭公。

附录左传 闰月，惠王崩。襄王恶[①]大叔带之难（襄王，惠王大子郑也。大叔带，襄王弟，惠王之子也，有宠于惠后，惠后欲立之），惧不立，不发丧而告难于齐（为八年盟洮传）。

春秋 八年春王正月，公会王人[②]、齐侯、宋公、卫侯、许男、曹伯、陈世子款盟于洮。郑伯乞盟[③]（陈世子款下，《公羊》有郑世子华。洮，杜注：曹地。今山东濮州西南有洮城）。

左传 八年春，盟于洮，谋王室也。郑伯乞盟，请服也。襄王定位而后发丧（王人会洮还而后王定位）。

公羊传 王人者何？微者也。曷为序乎诸侯之上？先王命也。乞盟者何？处其所而请与也。其处其所而请与奈何？盖酌之也（酌，挹也。时郑伯欲与楚，不肯自来盟，处其国，遣使挹取其血而请与也）。

穀梁传 王人之先诸侯何也？贵王命也。朝服虽敝[④]，必加于上[⑤]，弁冕[⑥]虽旧，必加于首[⑦]，周室虽衰，必先诸侯。兵车之会也。以向之逃归乞之也（向谓五年逃首戴之盟）。乞者，重辞也，重是盟也。乞者，处其所而请与也。盖汋之也（汋血而与之）。

解义 王人微者而序乎诸侯之上，重王命也。王臣与列国同盟，诸侯之抗[⑧]也，而於是盟，则无讥焉。盖襄王告难于齐[⑨]，本欲藉[⑩]侯伯之权以镇抚王室。桓公大合[⑪]诸侯，同心翊戴而推王人以莅[⑫]。斯盟，俾以微者而列天下公侯之上[⑬]，则子带之党不觉震慑而辑其邪心矣[14]！此桓公之以大义行权,而不悖乎经也。乞者,卑逊以屈之词,郑伯始而逃归,今则乞盟,直书其事,以见其不明於义,而自取愧辱[15]也。

注释　①恶(wù):忧虑、畏惧。②王人:指周王室大夫。③乞盟:请求加入盟会。④敝:破旧。⑤上:身。⑥弁冕:皆古代男子冠名,吉礼之服用冕,通常礼服用弁。因以"弁冕"指礼帽。⑦首:头。⑧抗:拒绝。⑨襄王:周襄王,名姬郑(公元前?—前619年)。周惠王子。惠王病死后继位。在位33年。⑩藉:同"借",依靠。⑪合:聚集。⑫翊戴:辅佐拥戴。莅:莅政,掌管政事。⑬斯:这,这个。俾:使,把。⑭子带:指大叔带,周襄王之弟,周惠王之子。震慑:震惊恐惧。辑:收敛,约束。⑮愧辱:羞辱。

春秋　夏,狄伐晋。

左传　晋里克帅师,梁由靡[1]御。虢射[2]为右,以败狄于采桑(《传》言前年事也。采桑,杜注:平阳,北屈县西南有采桑津。在今山西宁乡县西大河津济处)。梁由靡曰:"狄无耻[3],从之必大克[4]。"(不耻走,故可逐)里克曰:"拒之而已,无速众狄[5]。"虢射曰:"期年,狄必至,示之弱矣[6]。"夏,狄伐晋,报采桑之役也。复期月[7](明期年之言验)。

解义　齐桓尝存[8]邢、卫,而不能挫[9]狄师;晋恃[10]强且远,不与齐合,故狄无所忌而伐之。

注释　①梁由靡:即梁余子养。②虢射:晋臣。③狄无耻:狄人退却逃跑,无羞耻之心。④从:追击。大克:大胜。⑤意为稍示警戒就可以了,如果追击太狠,会很快招致更多狄人的报复。⑥期年:一年。示之弱:如果不乘胜追击,那么是向狄人表示软弱可欺。⑦复:应验。期月:即期年。⑧尝:曾经。存:保护。⑨挫:挫败。⑩恃:依赖,仗着。

春秋 秋七月,禘[①]于大庙,用致夫人。

左传 秋,禘而致哀姜焉,非礼也。凡夫人不薨于寝[②],不殡[③]于庙,不赴于同[④],不祔于姑[⑤],则弗致也。

公羊传 用者何?用者不宜用也。致者何?致者不宜致也。禘用致夫人,非礼也。夫人何以不称姜氏?贬。曷为贬?讥以妾为妻也。其言以妾为妻奈何?盖胁于齐媵女之先至者也。[⑥](僖公本聘楚女为嫡,齐女为媵。齐先致其女,胁僖公使用为嫡)

穀梁传 用者,不宜用者也。致者,不宜致者也。言夫人,必以其氏姓。言夫人而不以氏姓,非夫人也,立妾之辞也,非正也。夫人之,我可以不夫人之乎?夫人卒葬之,我可以不卒葬之乎(君以为夫人,君以夫人之礼卒葬之,不得不以夫人书也。成风以文四年薨,五年葬,《传》终说其事)?一则以宗庙临之,而后贬焉(臣无贬君之义,故于大庙去夫人姓氏,以明君之非正);一则以外之弗夫人,而见正焉(秦人来归僖公、成风之襚。不言夫人)。

解义 礼不王不禘,故程子以为成王之赐、伯禽之受皆非也[⑦]。圣人因事而书,以见其非礼。使於礼无违则当书大事,而不书禘矣。致夫人之说,三传各异。刘向祖《穀梁》[⑧],而胡氏[⑨]从之,盖成风也。致者用夫人之礼见於庙,而正位号[⑩]也,以私恩崇其母於大庙,则轻宗庙矣,故不称姓氏,以深贬之。

注释 ①禘:古代帝王或诸侯在始祖庙里对祖先的一种盛大祭祀。②薨于寝:死于自己的寝宫。③殡(bìn):停放灵柩。④同:同盟之国。⑤祔(fù):后死者附葬于先祖叫祔。姑:丈夫的母亲。⑥胁:胁迫。媵女:指侄娣从嫁者。⑦程子:程颐(1033—1107),教育家。字正叔,人称伊川先生,北宋洛阳人。与其胞兄程颢共创“洛学”,为理学奠定了基础。⑧刘向(约前77—前6):原名更生,字子政,沛县(今属江苏)人。西汉经学家、目录学家、文学家。祖:崇尚。⑨胡氏:即胡安国(1074—

1138),字康侯,谥号文定,宋建宁崇安(今福建武夷山市)人。作《春秋传》三十卷。⑩位号:指爵位与名号。

春秋　冬十有二月丁未,天王[1]崩。

左传　冬,王人来告丧,难[2]故也,是以缓[3]。

附录左传　宋公疾,大子兹父固请曰:"目夷长,且仁,君其立之。"(兹父,襄公也。目夷,襄公庶兄子鱼)公命子鱼,子鱼辞,曰:"能以国让,仁孰大焉?臣不及也,且又不顺[4]。"遂走而退。

春秋　九年春王三月丁丑,宋公御说[5]卒(正月,《公羊》、《穀梁》作三月。御,《公羊》、《穀梁》作禦)。

左传　九年春,宋桓公卒,未葬而襄公[6]会诸侯,故曰子。凡在丧[7],王曰小童(在丧,未葬也。小童,王自称之辞),公侯[8]曰子。

公羊传　何以不书葬?为襄公讳也。

解义　不书葬,鲁不会也。宋襄方出会葵丘,葬礼遂简,故诸侯亦不遣人往会尔。《公羊》以为为襄公讳,岂有鲁史而为宋讳之义乎?

注释　①天王:指周惠王,姬阆(前677年至前652年)。在位25年。②难:指周王室发生祸难。③缓:指延迟了报丧时间。④不顺:废嫡立庶,不顺于礼。⑤宋公御说:即宋桓公(?—前651年),子姓,宋氏,名御说,谥桓。⑥襄公:宋襄公。⑦在丧:君死至下葬礼前这段时间为在丧。⑧公侯:公侯伯子男五等爵位的统称。

春秋　夏,公会宰周公、齐侯、宋子、卫侯、郑伯、许男、曹伯于葵丘(葵丘,杜注:陈留,外黄县东有葵丘。《释例》曰:宋地也。在今河南考城县东)。

左传　夏,会于葵丘,寻盟,且修好,礼也。王使宰孔赐齐侯胙(胙,祭肉。《周礼·大宗伯》:"以脤膰之礼,亲兄弟之国。"则异姓不合赐也。二十四年《传》曰:"宋,先代之后也,于周为客,天子有事膰焉。"是二王之后，礼得赐之。今赐齐侯，尊之，比二王后也），曰："天子有事于文武[1]（有祭事也），使孔赐伯舅[2]胙（天子谓异姓诸侯曰伯舅）。"齐侯将下拜[3]。孔曰："且有后命。天子使孔曰：'以伯舅耋老，加劳，赐一级，无下拜。'"（七十曰耋。级，等也）对曰："天威不违颜咫尺[4]（言天鉴察不远，威严常在颜面之前。八寸曰咫），小白余敢贪[5]天子之命无下拜（小白，齐侯名。余，身也）？恐陨越[6]于下（陨越，颠坠也），以遗天子羞。敢不下拜？"下拜，登受[7]（自堂下，受胙于堂上）。

公羊传 宰周公者何？天子之为政者也。

穀梁传 天子之宰，通于四海（冢宰，掌建邦之六典，以佐王治邦国，故曰通于四海）。宋其称子何也？未葬之辞也。礼，柩在堂上孤无外事。今背殡而出会，以宋子为无哀矣。

解义 宰周公，冢宰而兼三公也[8]。以冢宰而兼三公，其职任重矣，乃与诸侯列序，而不得与王世子之殊[9]会同，天泽[10]之义也。凡诸侯在丧而出会，以丧服行者称子，以吉服行者称爵。宋子与会，君子以为无哀，而在齐桓亦为过举矣。

注释 ①有事：有祭事，即祭祀大事。文武：指周文王、武王。②伯舅：天子称同姓诸侯为伯父或叔父，称异姓诸侯为伯舅。③下拜：走下台阶，再拜稽首。④违颜：离于颜面。咫：古代以八寸为咫。⑤贪：受。⑥陨越：颠坠，即跌跤。⑦下拜：下降于两阶之间，北面再拜稽首。登受：下拜后升堂，再拜而后受赐。⑧冢宰：为六卿之长，周时无宰相冢宰即宰相也。三公：中国古代朝廷中最尊显的三个官职的合称。周立太师、太傅、太保为三公。⑨殊：特殊。⑩天泽：指上下、尊卑。

春秋 秋七月乙酉，伯姬卒。

公羊传 此未适人何以卒？许嫁矣。妇人许嫁字而笄[1]之（《昏礼》曰："女子许嫁，笄而礼之，称字。"），死则以成人之丧治之（不以殇礼降也)。

穀梁传 内女也,未适人不卒,此何以卒也?许嫁笄而字之,死则以成人之丧治之(谓许嫁于诸侯,尊同,则服大功九月)。

解义 伯姬未嫁,何以书卒?在礼。女子许嫁,以成人之丧治之;许嫁於诸侯,故不以殇[2]礼降也。其为诸侯之媵[3]与嫁於世子、大夫者,则不书,荡伯姬、子叔姬[4]之类是也。惟纪叔姬[5]之卒,以执节[6],故特书。

注释 ①笄(jī):古代特指女子十五岁可以盘发插笄的年龄,即成年。②殇:非正常死亡。③媵:(yìng)指随嫁的人。④荡伯姬:鲁女,荡氏之母。荡氏,宋世大夫。子叔姬:齐昭公吕潘的夫人,生有一子名吕舍,为齐废后公。⑤纪叔姬:鲁惠公之女,鲁桓公之妹。⑥执节:此指守妇道。

春秋 九月戊辰,诸侯盟于葵丘。

左传 秋,齐侯盟诸侯于葵丘,曰:"凡我同盟之人,既盟之后,言[1]归于好。"宰孔先归,遇晋侯曰:"可无会也。齐侯不务德而勤远略,故北伐山戎,南伐楚,西为此会也。东略之不知,西则否[2]矣(言或向东,必不能复西略)。其在乱乎。君务靖乱,无勤于行"(在,察也。微戒献公言,晋将有乱)。晋侯乃还。

公羊传 桓之盟不日,此何以日?危之也。何危尔?贯泽之会,桓公有忧中国[3]之心,不召而至者江人、黄人也。葵丘之会,桓公震而矜之[4],叛者九国。震之者何?犹曰振振然(亢阳之貌)。矜之者何?犹曰莫若我也。

穀梁传 桓盟不日,此何以日?美之也。为见天子之禁,故备之也(令诸侯以天子之禁,故备日美之)。葵丘之会,陈牲而不杀,读书加于牲上,壹明天子之禁(壹,犹专也),曰:"毋雍泉(雍,塞也。专水利以障谷),毋讫籴(讫,止也。谓盱粟),毋易树子(树子,嫡子),毋以妾为妻,毋使妇人与国事!"(女正位于内)

解义 齐桓尊王之实事於三会见之，初会首止，以尊王嗣[⑤]而正大本；继会于洮，以谋王室而遏[⑥]乱萌；今会葵丘，以明王禁而垂[⑦]大法。故孟子称葵丘五命，以为桓公盛事，而《春秋》再书其地以美[⑧]之也。嗣王初立群小尚怀异心，而大合诸侯，申[⑨]严王禁，首以诛[⑩]不孝，毋易树子命焉，是以王子带[⑪]之党，终桓公之世不敢为非也。

注释 ①言：助词。②否：不知道。③中国：指中原。④震：威严。矜(jīn)：自大，自夸。⑤王嗣：即嗣王，继位之王。⑥遏：阻止。⑦垂：垂范，传承。⑧美：赞美。⑨申：指发布命令。⑩诛：诛杀，惩罚。⑪王子带：指大叔带，周襄王弟，周惠王子。

春秋 甲子，晋侯诡诸[①]卒(甲子，《公羊》作甲戌。诡诸，《左氏》作佹诸)。

春秋 冬，晋里克杀其君之子奚齐[②](杀，《公羊》作弑)。

左传 九月，晋献公卒，里克、丕郑欲纳文公[③]，故以三公子之徒[④]作乱(丕郑，晋大夫。三公子，申生、重耳、夷吾)。初，献公使荀息傅奚齐，公疾，召之，曰："以是藐诸孤(言其幼稚与诸子悬藐)，辱在大夫[⑤]，其若之何？"稽首而对曰："臣竭其股肱之力，加之以忠贞。其济，君之灵[⑥]也；不济，则以死继之。"公曰："何谓忠贞？"对曰："公家之利，知无不为，忠也。送往事居[⑦]，耦[⑧]俱无猜。贞也。"(往，死者；居，生者；耦，两也。送死事生，两无疑憾，所谓正也)及里克将杀奚齐，先告荀息曰："三怨将作(三公子之徒)，秦、晋辅之，子将何如？"荀息曰："将死之。"里克曰："无益也。"荀叔曰(荀叔，荀息也)："吾与先君言矣，不可以贰[⑨]。能欲复言而爱身乎[⑩]？虽无益也，将焉辟之？且人之欲善，谁不如我？我欲无贰而能谓人已乎？"(言不能止里克，使不忠于申生等)冬十月，里克杀奚齐于次[⑪](次，丧寝)。书曰："杀其君之子。"未葬也。荀息将死之，人曰："不如立卓子而辅之。"荀息立公子卓以葬。十一月，里克杀公子卓于朝,荀息死之。君子曰:"诗所谓'白圭之玷[12],尚可磨也;斯言之玷,不可为也。'(《诗·大雅》言:言之缺失难治,甚于白圭)荀息有焉。"

公羊传　此未逾年之君,其言弑其君之子奚齐何?弑未逾年君之号也。

穀梁传　其君之子云者,国人不子也。国人不子何也?不正其杀世子申生而立之也。

解义　晋献公杀其世子申生而立奚齐,自谓身为君父废立惟其所欲,臣民莫敢不从也。今献公甫[13]卒,奚齐立,而里克杀之。《春秋》不曰弑君,而曰杀其君之子者,明国人不子也。其君自子之,而国人不以为子,盖天理根於人心不可灭息也。公羊氏以未逾年为义,按齐舍[14]亦未逾年,而不书君之子,则其说不可通矣。

注释　①晋侯诡诸:即晋献公(?—前651年):姬姓,晋氏,名诡诸。春秋时代的晋国君主。在位26年。②里克(?—前650年):嬴姓,里氏,名克。春秋前期晋国卿大夫,晋献公的股肱之臣。奚齐:晋国太子,晋献公之子。③文公:指重耳。④三公子之徒:指申生、重耳、夷吾的党羽。⑤辱在大夫:即托付于大夫您。⑥灵:威灵,福气。⑦送往事居:送走死去的,事奉活着的。此指献公、奚齐。⑧耦:两者。⑨贰:改变,有二心。⑩复言:实践诺言。爱身:顾惜生命。⑪次:居丧的茅屋,即遭丧者陪侍灵柩所居住的寝所。⑫白圭:白玉。玷:玉石上的瑕疵。⑬甫(fǔ):刚刚,才。⑭齐舍:此指奚齐继承君位。

附录左传　齐侯以诸侯之师伐晋,及高梁而还,讨晋乱也(高梁,杜注:晋地,在平阳县西南。今山西临汾县东高梁都,地名梁墟是也)。令不及鲁,故不书。

晋郤芮使夷吾重赂秦以求入[1](郤芮,郤克祖父,从夷吾者),

曰:“人[②]实有国,我何爱焉。入而能民[③],土于何有[④]。”从之。齐隰朋帅师会秦师,纳晋惠公(隰朋,齐大夫。惠公,夷吾)。秦伯[⑤]谓郤芮曰:“公子谁恃?”对曰:“臣闻亡人无党[⑥],有党必有仇(言夷吾无党援,则无仇衅,易出易入,以微劝秦也)。夷吾弱不好弄[⑦](弄,戏也),能斗不过[⑧],长亦不改,不识其他。”公[⑨]谓公孙枝曰:“夷吾其定乎(公孙枝,秦大夫子桑也)?”对曰:“臣闻之,唯则定国。《诗》曰:‘不识不知,顺帝之则。’文王之谓也(《诗·大雅》:帝,天也;则,法也)。又曰:‘不僭不贼,鲜[⑩]不为则。’(僭,过差也。贼,伤害也。皆忌克也。能不僭贼,则可为人法则)无好无恶,不忌不克之谓也。今其言多忌,克难哉!”(言能自定难)公曰:“忌则多怨,又焉能克?是吾利也。”(其言虽多忌,适足以自害,不能胜人也。秦伯虑其还害己,故曰:“是吾利”)

宋襄公即位,以公子目夷为仁,使为左师以听政,于是宋治。故鱼氏世为左师(子鱼之后,以王父字为氏,故曰鱼氏)。

注释　①入:入国为君。②人:他人。③能民:得民。④土于何有:倒装句,即何有于土。意为不患无土。⑤秦伯:指秦穆公。⑥亡人:逃亡在外的人,指夷吾。党:同伙。⑦弱不好弄:小时候不爱玩耍。弱,年少。⑧能斗不过:能争斗而不过分。⑨公:指秦穆公。⑩鲜(xiǎn):少。

卷十七

僖公(十年之十五年)

春秋　十年春王正月,公如齐。

解义　盟柯[1]以后,庄公因昏姻一再如齐[2],自此鲁不朝齐几二十年,盖桓公霸业未盛,不责诸侯以朝礼。今僖始朝齐,见於葵丘[3]之后,霸势益张,诸侯不朝周而朝霸主,自此始矣。

注释　①盟柯:指鲁庄公十三年(公元前681年)冬,鲁庄公会齐侯,盟于柯。②庄公:鲁庄公。昏:同"婚"。③葵丘:指鲁僖公九年(公元前651年)秋,齐侯盟诸侯于葵丘。葵丘在陈留外黄县东,陈留春秋郑国地,今河南民权县境内。

春秋　狄灭温[1],温子奔卫。

左传　十年春,狄灭温,苏子无信[2]也(苏子,周司寇苏公之后也。国于温,故曰温子)。苏子叛王即狄,又不能[3]于狄(叛王事在庄十九年),狄人伐之,王不救,故灭。苏子奔卫。

解义　弦、江、黄[4]近楚,楚侵而灭之,诸侯不能救,以其远也。温乃畿[5]内之国,而狄灭之,诸侯坐视不救,所以病[6]齐桓也。

注释　①温:周王畿内小国。②无信:不守信义。③不能:不相得,即相处不和。④弦、江、黄:皆春秋时诸侯国。⑤畿(jī):指靠近周朝国都的地方。⑥病:责备。

春秋　晋里克弑其君卓(卓,《公羊》作卓子。弑卓在前年,而以今春书者,从赴也)。

解义　国人不子之义,已见於奚齐[1]之死,故於卓正其君臣之名,以著里克弑逆之罪也。骊姬作难,所难者里克耳。使克明於大义,据《经》廷诤[2],以动其君,闻优施[3]之言,执节不贰[4],固大子以携其党，多为之故，以变其志，骊姬之谋未必不懈。使献公终不能寤[5]而杀申生，则以死徇之。大臣匡[6]君，师傅受子之义交尽矣，乃以中立求免，固谗贼[7]之谋，速申生之死。克尚有人心哉？故正其弑君之罪，以示人臣遭遇国难，求生避祸以陷於大恶，而终亦不免於死亡者。先儒有言，为人臣子而不明於《春秋》之义，必陷篡弑之诛、死罪之名，岂不信与？

注释 ①奚齐：晋献公之子，为骊姬所生。②廷诤：指直言敢谏。③优施：春秋时晋国倨人。晋献公的宠优，后与晋献公夫从骊姬私通。骊姬欲立其亲子继位，为之划策，谗豁太子申生。④执节：此指坚守节操。不贰：指专一无二心。⑤寤（wù）：同"悟"，理解，明白。⑥匡：辅助，帮助。⑦谗贼：指好诽谤中伤残害良善的人。

春秋 及其大夫荀息[1]。

公羊传 及者何？累也。弑君多矣，舍此无累者乎？曰："有孔父、仇牧[2]皆累也。"舍孔父、仇牧无累者乎？曰："有。"有则此何以书？贤也。何贤乎荀息？荀息可谓不食其言矣。其不食其言奈何？奚齐、卓子者，骊姬之子也，荀息傅[3]焉。骊姬者，国色也（其颜色一国之选）。献公爱之甚，欲立其子，于是杀世子申生。申生者，里克傅之。献公病将死，谓荀息曰："士何如则可谓之信矣？"荀息对曰："使死者反生，生者不愧乎其言，则可谓信矣。"献公死，奚齐立。里克谓荀息曰："君杀正而立不正，废长而立幼，如之何？愿与子虑之。"荀息曰："君尝讯臣矣，臣对曰：'使死者反生，生者不愧乎其言，则可谓信矣'"。里克知其不可与谋，退弑奚齐。荀息立卓子，里克弑卓子，荀息死之。荀息可谓不食其言矣。

穀梁传 以尊及卑也，荀息闲[4]也。

解义 荀息从君於昏[5]，而《春秋》以死节[6]书，比於孔父、仇牧,何也？人情於死生之际,每至夺其本心,甘弃名义而不顾,息之不食其言,亦足以愧[⑦]天下受寄托之任而背之者矣,故进之以甚,苟[⑧]免之恶也。使[⑨]荀息初闻献公废立之命,即[⑩]能以大义争[⑪]之,使知变易国常,非所以全二子,则其义益高,其功益远。《左氏》引"白圭之诗"[⑫],盖嘉息之不食其言,而深惜其始言之玷也,司马光之论笃矣[⑬]。

注释　①荀息:名黯,息为表字,春秋时代晋国大夫。②孔父、仇牧:两人都是春秋时宋大夫。都因在弑君动乱中遭到牵连而死。③傅:辅佐。④闲:捍卫。⑤昏:糊涂。⑥死节:为保全节操而死。⑦愧:羞愧。⑧苟:姑且,暂且。⑨使:假若。⑩即:就,立刻。⑪争:争辩。⑫"白圭之诗":指的是《诗经·大雅·抑》里的一句话:"白圭之玷,犹可磨也,斯言之玷,不可为也。""圭"为上圆下方的玉;"玷"为白玉上的斑点。意为白玉上的斑点,还可以磨掉;但人的话若是说错,那后果就无法改变了。⑬司马光(1019—1086)号迂夫。是北宋政治家、文学家、史学家。他主持编纂了中国历史上第一部编年体通史《资治通鉴》。笃:切实,确凿。

春秋　夏,齐侯、许男伐北戎[①]。

解义　北戎,或曰即山戎,或曰非也。当时患[②]有大於戎者,狄灭温,楚灭弦围许,舍此不图[③],而从事於戎,是不务德而勤远略[④],况许方患楚而驱以伐戎,亦非用人之道也。

注释　①北戎:古族名。即山戎。春秋时分布在今河北、山西北部。②患:祸患,祸害。③图:图谋。④远略:指劳师远征。

春秋　晋杀其大夫里克。

左传　夏四月,周公忌父、王子党会齐隰朋立晋侯(周公忌父,周卿士。王子党,周大夫)。晋侯[①]杀里克以说(自解说不篡)。将杀里克,公使谓之曰:"微子则不及此[②]。虽然,子弑二君与一大夫,为子君者不亦难乎[3]?”对曰:“不有废也,君何以兴?欲加之罪,其(其:岂)无辞乎?臣闻命矣。”伏剑而死。于是丕郑聘于秦,且谢缓赂[4],故不及(丕郑,里克党。以在秦故,不及与里克俱死)。

公羊传 里克弑二君,则曷为不以讨贼之辞言之?惠公之大夫也。然则孰立惠公?里克也。里克弑奚齐、卓子,逆惠公而入。里克立惠公,则惠公曷为杀之?惠公曰:“尔既杀夫二孺子矣,又将图[5]寡人,为尔君者,不亦病[6]乎?”于是杀之。然则曷为不言惠公之入?晋之不言出入者,踊为文公讳也(踊,豫也。献公杀申生,文公、惠公恐见及,出奔,不子当绝,还入为篡,文公功足以并掩前人之恶,故惠公入、怀公出、文公入皆不书,悉为文公讳故也。为文公讳者,欲明文公之功大也)。齐小白[7]入于齐,则曷为不为桓公讳?桓公之享国也长,美见乎天下,故不为之讳本恶也。文公之享国也短,美未见乎天下,故为之讳本恶也。

穀梁传 称国以杀,罪累上也。里克弑二君与一大夫,其以累上之辞言之何也?其杀之不以其罪也。其杀之不以其罪奈何?里克所为弑者,为重耳[8]也。夷吾曰:“是又将杀我乎?”故杀之,不以其罪也。其为重耳弑奈何?晋献公伐虢,得丽姬。献公私之,有二子,长曰奚齐,稚曰卓子。丽姬欲为乱(乱谓杀申生而立其子),故谓君曰:“吾夜者梦夫人趋而来,曰:‘吾苦畏’(夫人,申生母)!胡[9]不使大夫将卫士而卫冢乎?”公曰:“孰可使?”曰:“臣莫尊于世子,则世子可。”故君谓世子曰:“丽姬梦夫人趋而来,曰:‘吾苦畏!’女[10]其将卫士而往卫冢乎!”世子曰:“敬诺!”筑宫,宫成。丽姬又曰:“吾夜者梦夫人趋而来,曰:‘吾苦饥!’世子之宫已成,则何为不使祠也?”故献公谓世子曰:“其祠!”世子祠。已祠,致福于君。君田[11]而不在。丽姬以鸩[12]为酒,药脯[13]以毒。献公田来,丽姬曰:“世子已祠,故致福于君。”君将食,丽姬跪曰:“食自外来者,不可不试也。”覆酒于地而地贲(贲,沸起也)。以脯与犬,犬死。丽姬下堂而啼呼,曰:“天乎天乎!国,子之国也,子何迟于为君?”君喟然叹曰:“吾与女未有过切(吾与女未有过差。切,急),是何与我之深也!”使人谓世子曰:“尔其图之!”世子之傅里克谓世子曰:“入自明!入自明则可以生,不入自明则不可以生。”世子曰:“吾君已老矣,已昏[14]矣!吾若此而入自明,则丽姬必死;丽姬死,则吾君不安。所以使吾君不安者,吾不若自死。吾宁自杀以安吾君,以重耳为寄矣!”(虑丽姬又谮重耳,故以托里克,使保全之)刎脰[15]而死。故里克所为弑者,为重耳也。夷吾[16]曰:“是又将杀我也。”

解义　里克既负[17]弑君之罪,晋人杀之,则当从州吁[18]无知之例,为讨贼之词;乃称国以杀,而不去其官,以惠公杀之,不以其罪也。始以赂求,既而背之,又惧其意在重耳,而假词以杀之,非能为二孺子[19]讨贼也。

注释　①晋侯:即晋惠公,夷吾。②微子:没有您。微,无。不及此:即做不了国君。③为子君者:作你君主的人。子指里克。④谢:致歉。缓赂:所许财货暂缓给予。⑤图:图谋。⑥病:担忧。⑦齐小白:即齐桓公(?—前643),名小白,“春秋五霸”之首,前685－前643年在位。⑧重耳:即晋文公(前697年—前628年),姬姓,侯爵。春秋时代第一强国的缔造者,开创了晋国长达一个多世纪的中原霸权。⑨胡:怎么。⑩女:同“汝”,你。⑪田:同“畋”,打猎。⑫鸩(zhèn):传说中的一种毒鸟。把它的羽毛放在酒里,可以毒杀人。⑬脯:干肉。⑭昏:昏聩,糊涂。⑮刎脰(dòu):指刎颈。脰:脖子、颈。⑯夷吾:晋惠公(?—前637年),春秋时期晋国国君。⑰负:背负。⑱州吁:春秋时期卫国人,卫庄公之子、卫桓公异母弟,前719年弑兄即位(在位不足一年),系卫国十二世,第十三位国君。⑲二孺子:指奚齐、卓子。

春秋　秋七月。

附录左传　晋侯改葬共太子(共太子,申生也)。秋,狐突适下国(下国,曲沃新城),遇太子,太子使登仆(忽如梦而相见,狐突本为申生御,故复使登车为仆),而告之曰:“夷吾无礼,余得请于帝矣。将以晋畀①秦,秦将祀余。”对曰:“臣闻之,神不歆非类②,民不祀非族。君祀毋乃殄乎?且民何罪?失刑乏祀③,君④其图之。”君曰:“诺。吾将复请。七日新城西偏,将有巫者而见我焉⑤。”(将因巫而见)许之,遂不见。及期而往,告之曰:“帝许我罚有罪⑥矣,敝于韩。”(敝,败也。韩,杜注:晋地。今属陕西西安府,地名韩原)

丕郑之如秦也,言于秦伯曰:“吕甥、郤称、冀芮实为不从⑦,若重问以召之⑧(三子,晋大夫。不从,不与秦赂。问,聘问之币),臣出晋君,君纳重耳,蔑不济矣⑨。”

春秋　冬,大雨雪(雪,《公羊》作雹)。

公羊传　何以书?记异也。

解义　《春秋》书大雨雪者三,在隐⑩则以日书,在桓⑪则以月书,此以时书。周之冬,酉、戌、亥月也⑫,是时阴结而未凝,故以大雨雪为异。

注释　①帝:天帝。畀(bì):给予,付予。②歆:享用。非类:不同族。指不享非同族之祭祀。③殄(tiǎn):绝灭。失刑:惩罚不当。乏祀:祭祀断绝。④君:指太子申生。⑤巫者:巫人。见我:表现我。⑥有罪:有罪的人,此指夷吾。⑦吕甥:又称瑕甥,也称瑕吕饴或阴饴甥。吕、瑕、阴均为其采邑;饴,人名;甥,亚侯的外甥。郤称:晋臣。冀芮:即郤芮。⑧重问:丰厚的礼品。召:召请。⑨蔑不济:没有不成功的。⑩隐:鲁隐公。⑪桓:鲁桓公。⑫酉、戌、亥月:指八、九、十月。

附录左传　冬,秦伯使泠至报问①,且召三子(泠(líng)至,秦大夫)。郤芮曰:"币重而言甘,诱我也。"遂杀丕郑、祁举及七舆大夫:左行共华、右行贾华、叔坚、骓颛、累虎、特宫、山祁,皆里、丕之党也(祁举,晋大夫。七舆:侯伯七命,副车七乘。每乘一大夫主之。七子,七舆大夫)。丕豹奔秦(丕豹,丕郑之子),言于秦伯曰:"晋侯背大主而忌小怨[2],民弗与也(大主,秦也。小怨,里、丕),伐之必出[3]。"公曰:"失众,焉能杀(谓杀里、丕之党)?违祸,谁能出君。"(谓豹避祸也。为明年晋杀丕郑传)

春秋　十有一年春。晋杀其大夫丕郑父。

左传　十一年春,晋侯使以丕郑之乱来告(释《经》书在今年)。

穀梁传　称国以杀,罪累上也。

解义　按《左氏》,丕郑言于秦伯欲出晋,君则信有罪矣。曷为称国以杀而不去其官?郑非弑君之贼也,惠公徒[4]以其异己[5]而杀之,则杀之不以罪。观丕郑之事,则里克之死出於惠公之私,而非以讨贼益明矣。其称国者,兼罪用事之臣[6],不能格[7]君心之非,而赞其滥刑以危国也[8]。

注释　①报:报聘,报答回访。问:赠送礼物。②背大主:背离秦国,指不贿赂秦国。忌小怨:忌恨里克、丕郑的小怨,而滥杀无辜。③伐之必出:秦如出兵讨伐晋,晋人必逐出其君。④徒:只是。⑤异己:指与己见不同或敌对的人。⑥兼罪:出自《韩非子·外储说上》:"君因兼罪典衣与典冠。其罪典衣,以为失其事也;其罪典冠,以为越其职也。"此指古代官场的秩序观念,官员们应该各司其职,即不能失职渎职,又不能超越自己的职权范围行事。用事:指当权。⑦格:纠正,匡正。⑧赞:帮助,辅佐。滥刑:指滥用刑罚。危国:危害国家。

附录左传　天王[1]使召武公、内史过赐晋侯命[2](召武公,周卿士。内史过,周大夫。诸侯即位,天子赐之命圭为瑞)。受玉惰[3]。过归,告王曰:"晋侯其无后乎!王赐之命而惰于受瑞,先自弃也已,其何继之有?礼,国之干也。敬,礼之舆(舆:车箱)也。不敬则礼不行,礼不行则上下昏(昏:乱),何以长世?"(为惠公不终张本)

春秋 夏,公[4]及夫人姜氏会齐侯于阳谷。

解义 公之娶夫人之归皆不见於《经》,合礼,故也。夫人於《传》无考,而按其时代,当为桓公[5]之女,可以归宁[6],不可以与会。公稔知桓、庄之失[7],而不改其辙[8],桓公亲见两国之事[9],亦苟[10]循其迹。以两君相会,而使妇人厕[11]於其间,桓公之志益怠[12],业益衰[13],至楚人灭黄而不能救,於是可徵[14]矣。

注释 ①天王:此指周襄王。②赐晋侯命:赐予晋侯荣宠的策命。③受玉:接受瑞玉。古代天子赐策命时同时赐玉以作为信物凭证。惰:懈怠,不恭敬。④公:鲁僖公。⑤桓公:齐桓公。⑥归宁:指已嫁女子回娘家看望父母。⑦稔知:指熟悉,熟知,素知。桓、庄之失:指鲁桓公、鲁庄公曾携带夫人会见齐侯造成祸端的过错。⑧辙:此指错误或教训。⑨两国之事:指两国之间因为夫人参与,而导致的恩怨。⑩苟:随便,轻率。⑪厕:参与。⑫怠:懒惰,松懈。⑬衰:衰落,衰弱。⑭徵:证明,验证。

附录左传 夏,扬、拒、泉、皋、伊、洛之戎(扬、拒、泉、皋,杜注:皆戎邑。伊阙北有泉亭,今河南洛阳县西南有前城,即泉亭也。伊洛之戎,杜注:诸杂戎居伊水、洛水之间者)同伐京师,入王城,焚东门,王子带召之也(王子带,甘昭公。召戎欲因以篡位)。秦、晋伐戎以救周。秋,晋侯平戎于王[1](为二十四年天王出居郑传)。

春秋 秋八月,大雩[2]。

穀梁传 雩月,正也。雩,得雨曰雩,不得雨曰旱(礼,龙见而雩。常事不书,书者皆以旱也。故得雨则喜,以月为正也;不得雨则书旱,明旱灾成)。

春秋　冬,楚人伐黄。

左传　黄人不归楚贡。冬,楚人伐黄(黄人恃齐故)。

解义　贯之盟[3],管敬仲[4]言于齐侯曰:“江、黄远齐而近楚。楚,为利之国也。若伐而不能救,则无以宗诸侯[5]矣。”桓公不听,遂与之盟。既知力不能救,乃与之盟,以怒楚而速其亡,桓公之处心不仁,而制事亦失理矣。故《春秋》於弦、温之灭皆不书伐,而黄独书伐,以示告命[6]既至,效死[7]固守,更历三时[8],援绝势穷[9],而上下同力以就灭,为可哀也。

注释　①平戎于王:使戎人与周襄王讲和。②大雩(yú):古求雨祭名。③贯之盟:指鲁僖公二年(公元前658年)秋九月,因服江、黄,齐侯、宋公、江人、黄人盟于贯。④管敬仲:即管仲(公元前723—前645年)字夷吾,谥号管敬仲。春秋齐国宰相、文武全才,我国古代杰出的政治家、思想家、军事家。⑤宗诸侯:指受到诸侯的尊崇或尊敬。⑥告命:请命。⑦效死:舍命报效。⑧三时:此指冬、春、夏三个季节。⑨援绝势穷:指援兵断绝,已经没有什么势力了。

春秋　十有二年春王三月庚午,日有食之(不书朔,官失之)。

附录左传　十二年春,诸侯城卫楚丘之郛[1],惧狄难也(为明年春狄侵卫传)。

春秋　夏,楚人灭黄。

左传　黄人恃诸侯之睦于齐也,不共楚职,曰:“自郢[2]及我九百里,焉能害我?”(郢,楚都)夏,楚灭黄。

穀梁传　贯之盟,管仲曰:“江、黄远齐而近楚。楚,为利之国也。若伐而不能救,则无以宗诸侯矣(宗诸侯,谓诸侯宗之)。”桓公不听,遂与之盟。管仲死,楚伐江灭黄,桓公不能救,故君子闵[3]之也。

解义　《春秋》灭人之国,其罪则一,而见灭之例有三:以归者，既无死难之节，又无兴复之志，贪生畏死，甘就执辱，其罪为重，许斯、顿牂[④]之类是也；出奔者，虽不能死，社稷犹有兴复之望焉，托於诸侯，礼称寓公，其罪为轻，弦子、温子之类是也；若夫国灭而死於其位，是谓得正而毙，於事为不幸，於礼为无愆[⑤]，《公羊氏》所谓亡国之善词，上下之同力也，若江、黄二国是矣。

注释 ①郛（fú）：即郭，外城。卫于僖公二年迁都楚丘，诸侯协助筑城，今又帮助筑外城。②郢（yǐng）：楚国都城，在今湖北省江陵县。③闵：同“悯”，怜恤，哀伤。④许斯：春秋时许国国君。公元前504年，郑国大将游速率军伐许，许国无力抵抗，十七世国君许斯被俘，许国遂遭灭国之祸。。顿牂（zāng）：春秋时顿国国君。公元前496年，楚国在陈国的帮助下发兵灭掉了顿国，顿牂被俘归楚。⑤愆（qiān）：罪过，过失。

春秋 秋七月。

附录左传 王以戎难故，讨王子带（子带前年召戎伐周）。秋，王子带奔齐。冬，齐侯使管夷吾平戎于王，使隰朋平戎于晋（前年晋救周伐戎，故戎与周、晋不和）。王以上卿之礼飨管仲，管仲辞曰：“臣，贱有司也[①]，有天子之二守[②]国、高在（国子、高子，天子所命，为齐守臣，皆上卿也）。若节春秋[③]来承王命，何以礼焉（节，时也）？陪臣敢辞[④]。”（诸侯之臣称于天子曰陪臣）王曰：“舅氏[⑤]（伯舅之使，故曰舅氏），余嘉乃勋，应乃懿德，谓督[⑥]不忘。往践乃职[⑦]，无逆朕命。”（功勋美德，可谓正而不可忘者。不言位而言职者，管仲位卑而执齐政，故欲以职尊之）管仲受下卿之礼而还（不敢以职自高，卒受本位之礼）。君子曰：“管氏之世祀[⑧]也宜哉！让不忘其上[⑨]。《诗》曰：‘恺悌君子，神所劳矣[⑩]。’”（《诗·大雅》言：“乐易君子，为神所劳来，故世祀也。”）

春秋 冬十有二月丁丑，陈侯杵臼[⑪]卒（杵，《公羊》作处）。

春秋 十有三年春，狄侵卫。

解义　春秋之初,狄最盛强,桓公虽救邢、卫,未尝亲与敌战。今见楚人灭黄,而齐不能救,是以复逞志於卫。明年侵郑,逼近王都,而淮夷亦来病杞⑫。盖霸者以力假⑬仁其心,不能有勤而无怠⑭,故其业必至初盛而终衰。观《春秋》所书,则知仲尼之徒所以不道桓、文之事⑮也。

注释　①贱有司:谦词,言其不过是地位低下的有职守官员。②二守:即国子、高子二守臣,为周天子所任命,均为上卿。国氏、高氏世代为齐上卿,管仲为齐桓公任命,为下卿。③节春秋:即春秋时节。古代以春秋两季为朝聘之节,来接受王室的命令。④敢辞:请辞上卿之礼。⑤舅氏:周王称异姓诸侯为舅氏。⑥督:借为"笃",厚重。⑦往践乃职:去执行你的职务。⑧世祀:世代受到祭祀。⑨让不忘其上:谦让,不忘记在其上的国、高二氏。⑩恺悌君子,神所劳矣:恺悌,平易和乐。劳,保佑。意为和悦平易的君子,为神所护佑。⑪陈侯杵臼(chǔjiù):即陈宣公,妫姓,名杵臼,春秋时陈国国君,为陈庄公胞弟,承袭陈庄公担任该国君主,在位期间为前692年—前648年,共在位45年。⑫淮夷:指春秋时生活在我国东部的黄淮、江淮一带的古少数民族。病:侵犯,攻打。杞:春秋时诸侯国,国君为姒姓,禹的后裔。杞国最初大致在今河南省杞县一带,后来迁到今山东省新泰,后又迁至昌乐、再至安丘一带。公元前445年,杞国被楚国所灭。⑬假:利用。⑭怠:懒惰,松懈。⑮桓、文之事:指齐桓公、晋文公成为春秋霸主之事。

附录左传　十三年春,齐侯使仲孙湫①聘于周,且言王子带(前年王子带奔齐,言欲复之)。事毕,不与王言②。归,复命曰:"未可。王怒未怠③,其十年乎。不十年,王弗召也。"

春秋　夏四月,葬陈宣公。

春秋　公会齐侯、宋公、陈侯、卫侯、郑伯、许男、曹伯于

咸[4]。(咸,杜注:卫地,东郡濮阳县东南有咸城。在今直隶开州东南)

左传 夏,会于咸,淮夷病杞故,且谋王室也。秋,为戎难故,诸侯戍周,齐仲孙湫致之[5](致诸侯戍卒)。

穀梁传 兵车之会[6]也

解义 咸之会,谋城杞也[7],城杞之诸侯即在会者。凡土功[8],龙见[9]而戒事。夏之二月,周之四月也。水昏正而栽[10],日至而毕。日至,夏之十一月,周之正月也。故会在今年之夏,明年春始城之,正合土功之时,盖诸侯受功於会,旋[11]返其国,至明年春始,各就功役[12]耳。

注释 ①仲孙湫:齐大夫。②不与王言:即不与周王说起王子带的事情。③未怠:没有缓和。④咸:卫国地名,位于河南省濮阳县东南一带。⑤致之:带兵戍守周地。⑥兵车之会:兵车,古代作战用的车辆。春秋时齐桓公争霸,屡次与诸侯会盟,其中在鲁僖公年间的四次,齐国带有军队,称为"兵车之会"。即武装会盟。⑦谋:谋划。城杞:为杞国筑城。⑧土功:指治水、筑城、建造宫殿等工程。⑨龙见:指苍龙七星出现。⑩水昏正:指十月定星(恒星)昏而正中时。栽:指筑土墙所用的长版。此指筑城。⑪旋:随即。⑫就:开始从事。功役:筑城的劳役。

春秋 秋九月,大雩[1]。

春秋 冬,公子友[2]如齐。

解义 观友之聘[3],则齐侯在国明矣,以是知诸侯咸[4]返其国也。

注释 ①大雩(yú):古求雨祭名。②公子友:鲁庄公之同母弟。因手掌中生成一"友"字,遂以为名,字季,谓之季友。③聘:访问。④咸:指咸之会。

附录左传 冬,晋荐饥[1](麦禾皆不熟),使乞籴[2]于秦。秦伯谓子桑:"与诸乎?"对曰:"重施[3]而报,君将何求(言不损秦)?重施而不报,其民必携[4],携而讨焉,无众必败。”(不义故民离)谓百里:“与诸乎”(百里,秦大夫)?对曰:“天灾流行,国家代[5]有,救灾恤邻,道也。行道,有福。”丕郑之子豹在秦,请伐晋(欲为父报怨)。秦伯曰:“其君是恶,其民何罪?”秦于是乎输粟于晋。自雍及绛相继(雍,杜注:秦国都。今陕西凤翔县南有古雍城。绛,杜注:晋国都),命之曰:“泛(泛:浮)舟之役。”(雍临渭,绛临汾,从渭水运入河汾)

春秋　十有四年春,诸侯城[6]缘陵(缘陵,杜注:杞邑。《后汉志》:北海郡有营陵县。薛瓒曰:《春秋》谓之缘陵是也,其故城在乐昌县东南。今属山东青州府)。

左传　十四年春,诸侯城缘陵而迁杞焉。不书其人,有阙也[7](阙,谓器用未具,城池未固而去,为惠不终也)。

公羊传　孰城之?城杞也。曷为城杞?灭也。孰灭之?盖徐、莒胁之。曷为不言徐、莒胁之?为桓公讳也。曷为为桓公讳?上无天子,下无方伯[8],天下诸侯有相灭亡者,桓公不能救,则桓公耻之也。然则孰城之?桓公城之。曷为不言桓公城之?不与诸侯专封[9]也。曷为不与?实与而文不与。文曷为不与?诸侯之义不得专封也。诸侯之义不得专封,则其曰实与之何?上无天子,下无方伯,天下诸侯有相灭亡者,力能救之,则救之可也。

穀梁传　其曰诸侯,散辞也(直曰诸侯,无大小之序,是各自欲城,无总一之者,非伯者所制,故曰散辞)。聚而曰散何也?诸侯城,有散辞也,桓德衰矣。

解义　不书城杞,杞未迁也。齐桓之城三国,书辞各异:邢以自迁为文,则其国尚存,无专封之嫌,故再序三国之师,以见得救,患恤邻[10]之义也;楚丘之城,则卫已灭,而复封[11]之,其功虽大,其事尤专[12],故没[13]诸侯而不书,以责其不禀王命也[14];至於缘陵之城，则淮夷病[15]杞，诸侯城而迁之，其功不若楚丘之大，其事亦不若楚丘之专，故直书诸侯而不序[16]，所谓轻重之权衡，曲直之绳墨，於此可见矣。

注释 ①荐：指谷物连年不熟。饥：饥荒，年成不好。②籴(dí)：买进粮食。③重(chóng)：再一次。重施：指既使夷吾回国即位，又给他们粮食。④携：离。⑤代：交替、轮流。⑥城：筑城。⑦不书其人，有阙：解释经文诸侯城缘陵，未具体列出哪些国家参加，是因为人数不齐，即参加咸之会的诸侯并未全部到齐。⑧方伯：是管理某一个地带地方诸侯的长官。多为当地较大的诸侯担任。⑨专封：擅自分封。⑩患：忧虑。恤：怜悯。邻：邻国。⑪封：封国，封土立国。⑫专：专断，独断独行。⑬没：隐没。⑭禀：禀承，指承受指示、旨意，听命。王命：周天子的命令。⑮病：侵犯，攻打。⑯序：排列次第。

春秋 夏六月，季姬[1]及鄫子遇于防。使鄫子来朝(鄫，《穀梁》作缯，后同。杜注：鄫国，琅琊鄫县。今山东峄县东有鄫城)。

左传 鄫季姬来宁[2]，公怒，止之，以鄫子之不朝也。夏，遇于防，而使来朝。

公羊传 鄫子曷为使乎季姬来朝(言为季姬所使)？内辞也。非使来朝，使来请已也。

穀梁传 遇者，同谋也。来朝者，来请已也。朝不言使，言使非正也。以病[3]缯子也。

解义 范宁曰："鲁女无故远会诸侯，遂得淫通[4]，此亦事之未必然[5]。"《左传》："鄫季姬来宁，公怒，止之，以鄫子之不朝也。故遇于防，而使来朝。"此近合人情。但季姬不系於鄫，乃女子未嫁之称，且遇者，邂逅之辞，夫妇相会不宜言遇。又明年宜书鄫季姬归，而曰季姬归于鄫，义皆未安[6]，姑并存以俟[7]参考。

注释　①季姬:鄫子夫人,鲁僖公女。②鄫,国名,姒姓,故城在今山东省枣庄市东。宁:归宁。指已嫁女子回娘家看望父母。③病:不满,责备。④遂:如愿。淫通:男女私通,通奸。⑤未必然:不一定如此。⑥安:安定,确定。⑦俟(sì):等待。

春秋　秋八月辛卯,沙鹿[①]崩(沙鹿,杜注:山名,平阳元城县东有沙鹿土山。今沙鹿山在直隶元城县东,其西有沙鹿城)。

左传　秋八月辛卯[②],沙鹿崩。晋卜偃曰:"期年将有大咎[③],几亡国。"(国主山川。山崩川竭,亡国之徵)

公羊传　沙鹿者何?河上[④]之邑也。此邑也,其言崩何?袭邑也(袭者,嘿陷入于地中)。沙鹿崩何以书?记异也。外异不书,此何以书?为天下记异也。

穀梁传　林属于山为鹿(鹿山足)。沙,山名也。无崩道而崩,故志之也。其日,重其变也。

解义　国主山川,山川之变,咎[⑤]归国君。此年沙鹿崩,明年晋侯见获於秦。《春秋》不言事应[⑥],而事应具存,志[⑦]物之反常,使人恐惧修省之义也。

注释　①沙鹿:沙鹿山,在今河北省大名县东一带。②辛卯:初五日。③咎(jiù):灾难。④河上:黄河之滨。⑤咎(jiù):过失,罪过。⑥应:应验。⑦志:记载,记录。

春秋　狄侵郑。冬,蔡侯肸卒。

穀梁传　诸侯时卒,恶之也。

附录左传　冬,秦饥,使乞籴于晋,晋人弗与。庆郑曰(庆郑,晋大夫):"背施[①]无亲,幸灾不仁[②],贪爱不祥[③],怒邻不义。四德皆失,何以守国?"虢射曰(虢射,惠公舅):"皮之不存,毛将安傅[④]?"(皮以喻所许秦城,毛以喻籴。言既背秦施,为怨已深,虽与之籴,犹无皮而施毛)庆郑曰:"弃信背邻,患孰恤之?无信患作,失援必毙,是则然矣。"虢射曰:"无损于怨而厚于寇[⑤],不如勿与。"庆郑曰："背施幸灾，民所弃也。近犹仇之[6]，况怨敌乎[7]？"弗听。退曰："君其悔是哉！"

春秋 十有五年春王正月，公如齐。

解义 《周官·行人职》："诸侯之邦交，岁相问，殷相聘，世相朝，此周之旧典也。"《王制》[8]："诸侯于天子，五年一朝。"僖公十年，朝齐，此年又朝齐，盖用五年一朝之礼，直同於事天子矣。故曰："五霸[9]者，三王[10]之罪人也。"

注释 ①背施：背弃恩惠。②幸灾不仁：幸人之灾是不仁爱。③贪爱不祥：贪吝己物，不以分灾是不祥。④傅：通"附"。⑤厚于寇：增加敌人的实力。⑥近犹仇之：亲近之人也会因此结仇。⑦况怨敌乎：何况是结怨之敌呢。⑧《王制》：出自《礼记》，是指古代君主治理天下的规章制度，内容涉及封国、职官、爵禄、祭祀、葬丧、刑罚、建立成邑、选拔官吏以及学校教育等方面的制度。⑨五霸：即春秋五霸。指齐桓公、宋襄公、晋文公、秦穆公和楚庄王。⑩三王：指夏禹、商汤、周文王。

春秋 楚人伐徐[1]。三月，公会齐侯、宋公、陈侯、卫候、郑伯、许男、曹伯盟于牡丘，遂次[2]于匡。公孙敖帅师及诸侯之大夫救徐。（帅，《公羊》作率，后同。牡丘，杜注：地名，阙。今聊城县东北有牡丘，或云即，春秋会盟处。匡，杜注：卫地，在陈留长垣县西南。《后汉志》：长垣县有匡城，今属直隶大名府）

左传 十五年春，楚人伐徐，徐即诸夏故也[3]。三月，盟于牡丘，寻葵丘之盟，且救徐也（葵丘盟在九年）。孟穆伯帅师及诸侯之师救徐（孟穆伯：公孙敖，庆父之子），诸侯次于匡以待之。

榖梁传 兵车之会也。遂，继事也。次，止也，有畏也。善[4]救徐也。

解义 徐尝为齐取舒以披楚之与国[5]，故楚人灭黄之后，嗣事[6]於徐，是徐为齐受[7]师也。况楚人凭陵东夏[8]，其势渐张，援徐以遏其锋,当如救焚拯溺[9]。且青徐[10]地接,无馈饷[11]越险之难,桓公乃逡巡[12]牡丘,遂止于匡,而使大夫救徐,何其志之衰,气之馁也。以霸主合七国之君,尚畏楚而不敢前,诸大夫之志能毋怯[13],士众之气尚可鼓[14]乎?用此知,帝王之道,至诚无息[15],故盛德大业克保於终。霸者,假[16]仁义以为名,则始勤终怠[17],德衰而业亦堕[18]矣。

注释　①徐:徐国。是春秋时诸侯国之一,国君为嬴姓。又称徐戎,亦称徐夷或徐方。在今淮河流域(今山东郯城一带)。②遂:于是。次:驻扎。③即:接近,亲附。诸夏:中原诸侯国。④善:赞许。⑤尝:曾经。舒:舒国。春秋时诸侯国之一,在今江淮地区。公元前657年,徐国灭亡舒国。后又复国,为楚国附庸。披:披退,披靡退却。与国:盟国,友邦。⑥嗣事:指继续从事。⑦受:遭受。⑧凭陵:侵犯,欺侮。东夏:指中原东部的国家。⑨救焚拯溺:焚,火灾;溺,水灾。救人于水火之中。形容紧急救助陷于困境中的人。⑩青徐:此指青州、徐州之地。春秋时期此处属徐国之地。⑪馈饷:指粮饷。⑫逡巡:因为有所顾虑而徘徊不前。⑬怯:害怕,畏惧。⑭鼓:鼓舞,鼓励。⑮息:停止。⑯假:利用,借用。⑰怠:懒惰,松懈。⑱堕:损毁,败坏。

春秋　夏五月,日有食之。

左传　夏五月,日有食之。不书朔与日,官失之也。

春秋　秋七月,齐师、曹师伐厉(厉,杜注:楚与国,义阳随县北有厉乡。今湖广随州北有历山,厉乡在山下)。

左传　秋,伐厉,以救徐也。(大夫救徐,楚师不退,故二师复伐厉救之)

解义　厉介徐、楚之间,乃楚与国[1]。《兵法》[2]:"攻所必救。"伐厉以救徐也。然,继此楚败徐于娄林,则知厉非楚所必救矣。用师而漫无成算[3],无怪其威顿而势屈也[4]。

注释 ①与国：盟国。②《兵法》：指《孙子兵法》。是中国古典军事文化遗产中的璀璨瑰宝，是中国优秀文化传统的重要组成部分。是世界三大兵书之一（另外两部是：《战争论》（克劳塞维茨著），《五轮书》（宫本武藏著））其内容博大精深，思想精邃富赡，逻辑缜密严谨。作者为春秋末年的齐国人孙武（字长卿）。③成算：把握，胜算。④无怪：难怪，怪不得。威顿：威望停止。势屈：指形势处在劣势的地位。

春秋 八月，螽（《公羊》作蝝）。

穀梁传 螽，虫灾也。甚则月，不甚则时。

春秋 九月，公至自会。

公羊传 桓公之会不致，此何以致？久也。

解义 《春秋》於鲁君归国而以会致者始，此公自正月如齐，因会诸侯盟于牡丘，次[①]于匡，以俟[②]大夫之救徐，逾三时[③]而以会致，见救徐之无功也。

注释 ①次：驻扎。②俟：等待。③三时：此指春、夏、秋三个季节。

春秋 季姬归于鄫。

春秋 己卯晦[①]，震夷伯之庙[②]。

左传 震夷伯之庙，罪之也，于是展氏有隐慝焉[③]（夷伯，鲁大夫展氏之祖父。慝，恶也）。

公羊传 晦者何？冥也（昼日而冥）。震之者何？雷电击夷伯之庙者也。夷伯者曷为者也？季氏之孚也（孚，信也。季氏所信任臣）。季氏之孚则微者，其称夷伯何？大之也。曷为大之？天戒之，故大之也。何以书？记异也。

穀梁传 晦，冥也。震，雷也。夷伯，鲁大夫也。因此以见天子至于士皆有庙：天子七庙（祭法曰：王立七庙，曰考庙，王考庙，皇考庙，显考庙，祖考庙。有二祧，远庙称祧），诸侯五（曰考庙，王考庙，皇考庙,显考庙,祖考庙),大夫三(曰考庙,王考庙,皇考庙),士二(曰考庙,王考庙。士,上士也)。故德厚者流光[④],德薄者流卑。是以贵始,德之本也;始封必为祖。

解义　不曰夷伯之庙震,而曰震夷伯之庙,明天人相感之义也。大夫之家庙震,事甚微细,而圣人不削,谨[⑤]天变也。夷谥[⑥];伯,字。在礼,大夫既殁[⑦],虽言於君所称谥若字,故史册因之,与始卒称名异,刘敞[⑧]之说非也。

注释　①晦:昏暗。②震:雷击。夷伯:鲁大夫。③隐慝:人所不知的罪恶,或不可告人的罪恶。④流光:光彩。⑤谨:慎重,谨慎。⑥谥(shì):古代帝王或大官死后评给的称号。⑦殁(mò):死。⑧刘敞(1019—1068):字原父。北宋史学家、经学家、散文家、金石学家。曾助司马光撰《资治通鉴》。

春秋　冬,宋人伐曹。

左传　冬,宋人伐曹,讨旧怨也(庄十四年,曹与诸侯伐宋)。

解义　曹尝从齐伐宋,宋人憾[①]焉。今诸侯始贰[②],曹方伐厉救徐,而襄公[③]乘虚伐之。宋襄固为不义,而自齐桓创霸,诸侯无私争者垂[④]三十年。至此,不能制[⑤]诸侯之侵伐,即桓德之衰可见矣[⑥]。

注释　①憾:怨恨。②贰:贰心,背叛。③襄公:宋襄公。④垂:接近,快要。⑤制:制止。⑥桓:齐桓公。衰:衰落。

春秋　楚人败徐于娄林(娄林,杜注:徐地,下邳僮县东南有娄亭。在今江南虹县东北)。

左传　楚败徐于娄林,徐恃救也(恃齐救)。

穀梁传　夷狄相败,志[①]也。

解义　楚人越千里以攻徐,齐桓统七国之师,畏[②]楚而不敢进。《春秋》书诸侯盟、次,大夫帅师於前;书齐、曹伐厉,宋人伐曹於中;书楚人败徐於后。则齐桓之无志[③],诸侯之解体,救徐之不力，其情具见矣。

注释 ①志：记载。②畏：畏惧，害怕。③志：意志。

春秋 十有一月壬戌，晋侯及秦伯战于韩①，获晋侯（秦始见《经》）。

左传 晋侯之入也，秦穆姬属贾君焉（晋侯入在九年。穆姬，申生姊秦穆夫人。贾君，晋献公次妃，贾女也），且曰："尽纳群公子。"（群公子，晋献武之族。宣二年《传》曰："骊姬之乱，诅无畜群公子。"）晋侯烝于贾君，又不纳群公子，是以穆姬怨之。晋侯许赂中大夫（中大夫，国内执政里、丕等），既而皆背之。赂秦伯以河外列城五（河外，河南也），东尽虢略（虢略，杜注：从河南而东尽虢界。今河南嵩县境是也），南及华山（华山，杜注：在弘农华阴县西南。今属陕西西安府），内及解梁城（解梁城，杜注：河东解县。今山西临晋县东南有解城），既而不与。晋饥，秦输之粟（在十三年）；秦饥，晋闭之籴②（在十四年），故秦伯伐晋。

卜徒父筮之，吉（徒父，秦之掌龟卜者。卜人而用筮，不能通三《易》之占，故据其所见杂占而言之）："涉河，侯车败。"（秦军涉河，则晋侯车败也）诘之（秦伯不解，谓败在己，故诘之），对曰："乃大吉也，三败必获晋君。其卦遇《蛊》䷑（巽下艮上，蛊），曰：'千乘三去，三去之余，获其雄狐。'夫狐《蛊》，必其君也（三去，犹《易》所谓三驱。盖卜筮书杂辞，以狐蛊为君，喻晋惠公也）。《蛊》之贞，风也；其悔，山也（内卦为贞，外卦为悔。巽为风，秦象。艮为山，晋象）。岁云秋矣，我落其实而取其材③，所以克也。（周九月，夏之七月。孟，秋也。艮为山，山有木。今岁已秋风吹落山木之实，则材为人所取）实落材亡，不败何待？"

三败及韩（秦三败晋师，遂从之及于韩）。晋侯谓庆郑曰："寇深④矣，若之何？"对曰："君实深之，可若何？"公曰："不孙。"卜右⑤，庆郑吉，弗使⑥（恶其不孙）。步扬御戎（步扬，郤犨之父），家仆徒[7]为右,乘小驷,郑入[8]也(郑所献马名小驷)。庆郑曰:"古者大事,必乘其产[9],生其水土而知其人心,安其教训而服习[10]其道,唯所纳[11]之,无不如志。今乘异产,以从戎事,及惧而变,将与人易[12]。乱气狡愤[13],阴血周作[14],张脉偾兴[15],外强中干(狡,戾也。偾,动也。气狡愤于外,则血脉必周身而作,随气张动。外虽有强形,而内实乾竭)。进退不可,周旋不能,君必悔之。"弗听。

注释 ①晋侯:晋惠公。秦伯:秦穆公。②闭之籴:不卖粮给秦国。③我落其实而取其材:巽为内卦,代表秦国,艮为外卦,代表晋国,秦为风,晋为山,风吹山林,故附会为吹落果实,伐取木材。④深:深入,此作使动用法。⑤卜右:占卜当以何人为车右。⑥弗使:即不用庆郑。⑦家仆徒:晋大夫。⑧郑入:郑国人所纳献的,并非当地所产。⑨乘其产:乘坐本国所产之马所驾的车。⑩服习:熟习。⑪唯所纳:听凭使唤。⑫与人易:与人的意志相违反。易,反。⑬乱气狡愤:指马的性情狡戾暴躁。⑭阴血周作:血液在全身奔流。阴血,血在体内故称阴血。⑮张脉偾(fèn)兴:血管膨胀突起。偾,奋起。

九月,晋侯逆秦师,使韩简视师[1](韩简,晋大夫,韩万之孙),复曰:"师少于我,斗士倍我[2]。"公曰:"何故?"对曰:"出因其资[3](谓奔梁求秦),入用其宠[4](为秦所纳),饥食其粟,三施而无报,是以来也。今又击之,我怠秦奋,倍犹未也。"公曰:"一夫不可狃[5],况国乎?"遂使请战,曰:"寡人不佞,能合其众[6]而不能离也,君若不还,无所逃命。"秦伯使公孙枝对曰:"君之未入,寡人惧之;入而未定列[7],犹吾忧也(列,位也)。苟列定矣,敢不承命。"韩简退曰:"吾幸而得囚"(得囚为幸,言必败)。

壬戌,战于韩原(九月十三日),晋戎马还泞而止(泞,泥也。还,便旋也。小驷不调,故堕泥中)。公号[8]庆郑。庆郑曰:"愎谏违卜[9](愎,戾也),固败是求[10],又何逃焉?"遂去之。梁由靡御韩简[11],虢射为右，辂秦伯[12]，将止之(辂，迎也。止，获也)。郑以救公误之(庆郑不知其将获秦伯，呼使救惠公，遂误其师)，遂失秦伯。秦获晋侯以归(《经》书十一月壬戌，十四日从赴)。晋大夫反首拔舍[13]从之(反首，乱头发下垂也。拔革舍止，坏形毁服。以示忧戚)。秦伯使辞焉，曰："二三子何其戚也？寡人之从君而西也，亦晋之妖梦是践[14]，岂敢以至。"(狐突不寐与神言，故谓之妖梦。申生言帝许罚有罪，今将晋君而西，以厌息此语。践，厌也。以至言至于已甚)晋大夫三拜稽首曰："君履后土而戴皇天，皇天后土实闻君之言，群臣敢在下风[15]。"

穆姬闻晋侯将至，以大子罃(yīng)、弘与女简、璧登台而履薪[16]焉(罃，康公名；弘，其母弟也。简、璧，罃、弘姊妹。古之宫闭者，皆居之台以抗绝之。穆姬欲自罪，故登台而荐之以薪，左右上下者，必履柴乃得通)，使以免服衰绖逆(免、衰、绖，遭丧之服，令行人服此逆秦伯)，且告曰："上天降灾，使我两君匪以玉帛相见，而以兴戎。若晋君朝以入，则婢子夕以死；夕以入，则朝以死。唯君裁之。"乃舍诸灵台[17](灵台，杜注：在京兆鄠县，周之故台。今陕西鄠县东有鄠宫，又东有灵囿，囿中有灵台)。

注释 ①视师：察看敌情。②斗士倍我：斗志旺盛之士二倍于我。③出因其资：指夷吾逃离晋国是凭借秦国的资助。④入用其宠：夷吾回国也是由于秦的宠信。⑤狃(niǔ)：轻侮。意为一个人尚不可轻侮，何况一国。⑥合其众：集合起军队。⑦定列：定位，即君位安定。⑧号：呼号求教。⑨愎谏：不听劝谏。违卜：违背卜者之言，指不用庆郑为车右。⑩固败是求：本来就是自求失败。⑪御韩简：即驾御韩简的战车。⑫辂(lù)秦伯：迎上秦伯的战车。⑬拔舍：拨起帐篷。⑭妖梦是践：即实现其妖梦。妖梦，指狐突适下国，遇太子一事。⑮下风：下面，此作谦词。⑯履薪：踩着柴草，以示自焚。⑰舍诸灵台：安置晋侯于灵台。

大夫请以入[①]。公曰:“获晋侯,以厚[②]归也。既而丧归[③],焉用[④]之(若将晋侯入,则夫人或自杀)?大夫其何有焉(何有犹何得)?且晋人戚忧以重我(谓反首拔舍),天地以要我。不图晋忧,重其怒[⑤]也;我食吾言[⑥],背天地也。重怒难任[⑦](任,当也),背天不祥,必归晋君。”公子絷曰(公子絷,秦大夫):“不如杀之,无聚慝[⑧]焉(恐夷吾归,复相聚为恶)。”子桑曰:“归之而质其大子,必得大成[⑨]。晋未可灭而杀其君,祇以成恶(祇,适也)。且史佚有言曰(史佚(yì),周武王时大史,名佚):‘无始祸[⑩],无怙乱(恃人乱,为己利),无重怒。’重怒难任,陵人[⑪]不祥。”乃许晋平。

晋侯使郤乞告瑕吕饴甥(郤乞,晋大夫。瑕吕饴甥,即吕甥也,盖姓瑕吕,名饴甥,字子金),且召之(晋侯闻秦将许之平,故告吕甥,召使迎己)。子金教之言曰:“朝国人[⑫]而以君命赏(恐国人不从,故先赏之于朝),且告之曰:‘孤虽归,辱社稷矣。其卜贰[⑬]圉也。’”(贰,代也。圉,惠公大子怀公)众皆哭(哀君不还国)。晋于是乎作爰田[⑭](爰,易也。言分公田之税旧应入公者,改易与所赏之众)。吕甥曰:“君亡之不恤,而群臣是忧,惠之至也。将若君何?”众曰:“何为而可?”对曰:“征缮[⑮]以辅孺子(征,赋也。缮,治也。孺子,谓大子圉),诸侯闻之,丧君有君,群臣辑睦[⑯],甲兵益多,好我者劝,恶我者惧,庶有益乎!”众说。晋于是乎作州兵[⑰](五党为州,州二千五百家也。因此又使州长各缮甲兵)。

注释　①入:入国都。②厚:收获大。③丧归:归来将发生丧事。④焉用:有什么用。焉,什么。⑤重其怒:增加他们对秦国的愤怒。⑥食吾言:说话不算数,不履行诺言。⑦难任:难以承当。⑧聚慝:相聚为恶。⑨大成:大为有利的媾和条件。⑩始祸:为祸乱的首倡者。⑪陵人:欺凌他人。⑫朝国人:使国人到朝堂前共同商议国家大事。⑬卜贰:占卜日期立太子为君。⑭作爰田:把土地分赏众人,减轻劳役地租。⑮征缮:征收赋税,修治军备。⑯辑睦:和睦,团结。⑰作州兵:指改革军制,扩充军备。

初,晋献公筮嫁伯姬于秦,遇《归妹》䷵(兑下震上《归妹》)之《睽》[①]䷥(兑下杂上《睽》,《归妹》上六变而为《睽》)。史苏占之曰:“不吉(史苏,晋卜筮之史)。其繇[②]曰:‘士刲[③]羊,亦无衁也。女承筐,亦无贶也(《周易·归妹》上六爻辞也。离为中女,震为长男,故称士女。衁(huāng),血也。贶(kuàng),赐也。刲羊,士之功;承筐,女之职。上六无应,所求不获,故下刲无血。上承无实,不吉之象也)。西邻责言[④],不可偿也(兑,西方也。兑为口舌,以兑从震,是口舌雷动)。《归妹》之《睽》,犹无相[⑤]也。’(归妹,女嫁之卦。睽,乖离之象,故曰无相,相助也)《震》之《离》,亦《离》之《震》(二卦变,而气相通),为雷为火[⑥]。为嬴败姬[⑦](震为雷,为木,离为火,木者火之母,火动炽而焚木,女嫁反害母家之象,故曰为嬴败姬),车说其輹[⑧],火焚其旗,不利行师,败于宗丘(輹,车下缚也。震为车,上六爻在震则无应,故车脱輹;在离则失位,故火焚旗,言皆失车火之用也。车败旗焚,故不利行师。火还害母,故败不出国外,近在宗邑。丘犹邑也)。《归妹》《睽》孤[⑨],寇张之弧[⑩](此睽上九爻辞也,处睽之极,故曰睽孤失位。孤绝,故遇寇难,而有弓矢之警,皆不吉之象),侄其从姑[⑪](震木,离火,火从木生,离为震妹,于火为姑。谓我侄者,我谓之姑,此子圉质秦之象),六年其逋[⑫],逃归其国,而弃其家(逋,亡也。家,谓子圉妇怀嬴),明年其死于高梁之虚。”(惠公死之明年,文公入,杀怀公于高梁。高梁,杜注:晋地,在平阳府杨氏县西南。今山西临汾县梁墟是)及惠公在秦,曰:“先君若从史苏之占,吾不及此夫。”韩简侍,曰:“龟,象[⑬]也;筮,数[⑭]也。物生而后有象,象而后有滋,滋而后有数。先君之败德,及可数乎[⑮]?史苏是占,勿从何益[⑯]?(言龟以象示,筮以数告,象数相因而生,然后有占,占所以知吉凶,不能变吉凶。先君败德致公及此,非筮数所生,虽复不从史苏,何益于祸)《诗》曰:‘下民之孽,匪降自天,僔沓背憎,职竞由人[⑰]。’”(《诗·小雅》言:民之邪恶,非天所降,僔沓面语,

背相憎疾,主于竞逐为恶者,由人耳。因以讽谏惠公有以召此祸也)

注释　①《归妹》:六十四卦之一,卦象为兑下震上。之:变。《睽》:六十四卦之一,卦象为兑下离上。②繇:通“爻”,卦辞。③刲(kuī):割,刺。④西邻:指秦国,秦在晋西。责言:责备之言。⑤无相:无助。⑥为雷为火:指震为雷,离为火。由震变离则是为火,由离变震,则是为雷。⑦为嬴败姬:秦国嬴姓,晋国姬姓,即秦打败晋国。⑧车说其輹(fù):车子脱落伏兔。说,脱。輹,固定车轴的东西,又名伏兔。⑨《归妹》《睽》孤:归妹即嫁女;睽,指睽违,睽离,故言孤。⑩寇张之弧:意思是敌人张弓袭击。弧,木弓。⑪侄其从姑:侄子跟着姑姑。指子圉到秦作人质,跟从在穆姬身边。⑫逋:逃亡。⑬象:形象,象征。占卜用龟甲,烧灼后根据裂纹而测吉凶。⑭数:数字。占筮用蓍(shī)草,通过揲蓍,根据束数推演成卦而占祸福。⑮及可数乎:意为非筮数所生。⑯勿从何益:不听从史苏之言,灾祸也不会增加。⑰沓背憎,职竞由人:僔:聚,众。沓:杂沓。职:主。竞:终究。意为相聚时谈论热烈,背后相互怨憎,主导者终究在人。

十月,晋阴饴甥会秦伯,盟于王城[1](阴饴甥即吕甥也,食采于阴,故曰阴饴甥。今山西霍州吕乡有阴地村。王城,杜注:秦地,冯翊临晋县东有王城。在今陕西朝邑县东)。秦伯曰:“晋国和乎?”对曰:“不和。小人耻失其君[2]而悼丧其亲(痛其亲为秦所杀),不惮征缮[3]以立圉也,曰:‘必报仇,宁事戎狄。’君子爱其君而知其罪,不惮征缮以待秦命,曰:‘必报德,有死无二。’以此不和。”秦伯曰:“国谓君何[4]?”对曰:“小人戚,谓之不免[5]。君子恕[6],以为必归。小人曰:‘我毒秦[7],秦岂归君?’(毒谓三施不报)君子曰:‘我知罪矣,秦必归君。贰而执之,服而舍之,德莫厚焉,刑莫威焉。服者怀德,贰者畏刑。此一役也,秦可以霸。纳而不定,废而不立,以德为怨,秦不其然[8]。’”秦伯曰:“是吾心也。”改馆晋侯[9],馈七牢焉(牛羊豕各一为一牢)。

蛾析谓庆郑曰(蛾析,晋大夫):“盍[10]行乎?”对曰:“陷君于败,败而不死,又使失刑[11],非人臣也。臣而不臣,行将焉入?”十一月,晋侯归。丁丑,杀庆郑而后入(丁丑月二十九日)。是岁,晋又饥,秦伯又饩[12]之粟,曰:“吾怨其君而矜其民。且吾闻唐叔[13]之封也,箕子曰:‘其后必大。’晋其庸可冀乎[14](唐叔,晋始封之君,武王之子。箕子,《宋世家》云:“纣亲戚也。”)?姑树德焉,以待能者。”于是秦始征晋河东,置官司焉(征,赋也。河东,即惠公许赂秦以河外列城五之地)。

公羊传 此偏战[15]也,何以不言师败绩?君获不言师败绩也。

穀梁传 韩之战,晋侯失民矣,以其民未败而君获也。

解义 秦伯伐晋,而《经》不书伐,专罪[16]晋也。获晋侯不书以归,未至其国都也。不书师败绩,君重於师,故君获不言师败绩也。晋侯三施不报,抗兵逆战[17],及见获於秦,秦伯舍诸国外而旋[18]归之,在晋侯为自取败,在秦伯为善处胜,故书法如此。

注释 ①王城:当在今陕西省大荔县东。②失其君:指晋惠公被俘。③征缮:征税整装。④国谓君何:国人以为晋侯命运会怎样。⑤不免:不被赦免。⑥恕:推己及人。⑦毒秦:指对秦之三施而不报答。⑧不其然:不会这样。⑨馆:客馆,用作动词。⑩盍(hé):何不的合音词。⑪失刑:逃亡,使君不得惩罚其罪。⑫饩(xì):赠送别人谷物。⑬矜(jīn):怜悯。唐叔:晋国的始祖,武王之子,成王之弟,名虞,始封于唐,故曰唐叔,后迁曲沃,因南有晋水,故改曰晋。⑭晋其庸可冀乎:晋岂可侥幸图取呀!其,岂。⑮偏战:指各据一面而战。⑯罪:罪责。⑰逆战:迎战。⑱旋:凯旋。

卷十八

僖公(十六年之二十年)

春秋　十有六年春王正月戊申朔，陨石于宋五[①]。是月，六鹢退飞，过宋都。(陨，《公羊》作霣。鹢，《穀梁》作鶂(yì))

左传　十六年春，陨石于宋五，陨星也。六鹢退飞过宋都，风也(鹢，水鸟，遇迅风而退飞)。周内史叔兴聘于宋，宋襄公问焉，曰："是何祥也？吉凶焉在？"(祥，吉凶之先见者)对曰："今兹[②]鲁多大丧，明年齐有乱，君将得诸侯而不终。"(鲁丧、齐乱、宋襄公不终，别以政刑吉凶他占知之)退而告人曰："君失问[③]。是阴阳之事，非吉凶所生也(言石陨、鹢退，阴阳错逆所为，非人所生。襄公不知阴阳而问人事，故曰君失问。叔兴自以对非其实，恐为有识所讥，故退而告人)。吉凶由人，吾不敢逆君故也。"(积善馀庆，积恶馀殃，故曰吉凶由人。君问吉凶，不敢逆之，故假他占以对)

公羊传　曷为先言霣而后言石？霣石记闻，闻其磌[④]然，视之则石，察之则五。是月者何？仅逮是月也。何以不日？晦日也。晦则何以不言晦？《春秋》不书晦也。朔有事则书，晦虽有事不书。曷为先言六而后言鹢？六鹢退飞，记见也，视之则六，察之则鹢，徐而察之则退飞。五石六鹢何以书？记异也。外异不书，此何以书？为王者之后记异也。

穀梁传　先陨而后石何也？陨而后石也。于宋四竟[⑤]之内曰宋。后数，散辞也。耳治也(陨石先以耳闻，故先言陨)。是月者，决不日而月也(是月，陨石之月。若不言是月，嫌与戊申同)。六鶂退飞过宋都，先数，聚辞也，目治也(鶂退先以目见，故先言数)。子曰：石，无知之物；鶂，微有知之物。石无知，故日之(石无知而陨，必天使之然，故详而日之)；鶂微有知之物，故月之(鶂或时自欲退飞耳,是以略而月之)。君子之于物,无所苟而已。石、鶂且犹尽其辞,而况于人乎?故五石六鶂之辞不设,则王道不亢[6]矣(不遗细微,故王道可举)。民所聚曰都。

解义 陨石者,星坠於天,半空凝结,而成石也。退飞者,有气逆驱,力不能前,而反却也。此宋异,而书於鲁史,则当时诸国有非所当告而告者矣。《春秋》存而不削,以明[7]天人感应之理,垂戒[8]於后世也。宋襄多行不义,见石陨、鹢退之异,不自省[9]德,而欲以力争成霸业,后五年见执于盂,六年有泓之败。圣人不言灾异之应,而事应具存,不可不察也。

注释 ①五:指五块。②今兹:今年。③失问:询问不当。④磌(tián):石落声。⑤竟:同"境"。⑥不亢:不举。⑦明:说明,证明。⑧垂戒:垂示警戒。⑨省(xǐng):检查,反省。

春秋 三月壬申,公子季友[1]卒。

公羊传 其称季友何?贤也。

穀梁传 大夫日卒,正也。称公弟叔仲,贤也。大夫不言"公子"、公孙",疏之也。

解义 友,名也;季,字也。公子、公孙为大夫,其卒也,以名承世系宜书。公子友卒,而加季者,生而赐氏,使世为卿,季友、仲遂[2]是也。季友忠贤,在僖公有翼戴[3]之功。襄仲弑逆,在宣公有援立[4]之力。二君欲以异赏报之,皆生而赐氏,俾世[5]其官。《经》於其卒,各以氏书,志坏法乱纪之端,贻强家[6]专政之祸,深切著明矣。

注释 ①季友:鲁庄公的同母弟公子友,字季。②仲遂:即公子遂,字襄仲。鲁庄公之子,鲁国大夫。③翼戴:指辅佐拥戴。④援立:犹扶立。指扶立帝后及太子。⑤俾:使。世:世袭。⑥贻:遗留,留下。家:大夫的封地。强家即势力强大的大夫。

春秋 夏四月丙申,鄫季姬[1]卒。

解义　《经》所书内女[②]为诸侯夫人者七,备[③]卒、葬者二,纪伯姬、宋伯姬是也;杞叔姬以出不书葬;郯伯姬出,齐子叔姬遭变而大归,并不书卒;杞伯姬归杞四十馀年,卒、葬皆不书;鄫季姬非出也,卒而不葬,与杞叔姬同,其义无考,但以纪叔姬不宜书卒、葬,而以贤得书例之则宜书,而不书者,必有故也。

注释　①鄫季姬:鄫子夫人,鲁僖公女。②内女:指鲁国国君之女。③备:完备记载。

附录左传　夏,齐伐厉不克,救徐而还。

春秋　秋七月甲子,公孙兹卒。

附录左传　秋,狄侵晋,取狐厨、受铎,涉汾,及昆都[①](狐厨,杜注:晋邑,临汾县西北有狐谷亭。今属山西襄陵县。受铎,杜注:晋邑。昆都,杜注:晋邑。今山西平阳府南有昆都聚),因晋败也(即战韩之败)。王以戎难告于齐,齐征诸侯而戍周(十一年戎伐京师以来,遂为王室难)。冬,十一月乙卯[②],郑杀子华[③](终管仲之言,事在七年,盟宁母传)。

春秋　冬十有二月,公会齐侯、宋公、陈侯、卫侯、郑伯、许男、邢侯、曹伯于淮(淮,杜注:临淮郡。左右按临淮郡,后汉下邳国。今江南泗州)。

左传　十二月,会于淮,谋鄫,且东略[④]也。(淮夷病鄫故)城鄫,役人病[⑤]。有夜登丘而呼曰:"齐有乱。"不果城而还[⑥]。(役人遇厉气,不堪久驻,故作妖言)

穀梁传　兵车之会也。

解义　桓公安攘[⑦]之志,至会淮而愈怠[⑧]矣。却[⑨]淮夷而不力,城鄫而不果,盖自管仲既没[⑩],其内治且不能自持[⑪],而况於武略[⑫]乎!自齐桓倡霸,邢[⑬]未尝一与会盟,而此会忽与焉,盖旧服属於卫[⑭],不堪徵求[⑮],而特自请从於会也。十八年[⑯],遂[⑰]与狄人伐卫,殆犹介人侵萧[⑱],而先来朝於鲁也与。

注释 ①昆都:晋邑,在今山西临汾县南,汾水之东。②乙卯:十二日。③子华:郑国大夫。④东略:向东征伐。⑤病:困乏。⑥不果城而还:未把城墙筑好就返回了。⑦安攘:指排除祸患,使天下安定。⑧怠:懒惰,松懈。⑨却:抵御,抗击。⑩没:通"殁"。死。⑪自持:自己掌握或处理。⑫武略:指用兵的谋略。⑬邢:即邢国。地在今河北邢台。周成王所封,姬姓,侯爵。历时几百年之久,有过兴盛和辉煌。后受狄入的攻伐,国势日衰。公元前659年,在齐、宋、曹等国救援下迁国。于公元前635年为卫侯所灭。⑭卫:即卫国,周王朝的同姓诸侯国。姬姓,卫氏。地在今河南北部濮阳,新乡一带。⑮徵求:征收,求索。⑯十八年:指鲁僖公十八年。⑰遂:于是。⑱殆:大概。萧:即萧国。为宋国的附庸国。公元前597年,萧国为楚国所灭 。地在今安徽萧县西北。

春秋 十有七年春,齐人、徐人伐英氏[①](英氏,杜注:楚与国。今江南六安州西有英氏城,接英山县境)。

左传 十七年春,齐人为徐伐英氏,以报[②]娄林之役也(娄林役在十五年)。

解义 牡丘之会,齐桓不能救徐,以致娄林之败。复为徐伐英氏,以报娄林之役,避强敌而凌[③]弱小,岂惟[④]不足以服诸侯,将益为楚所玩矣[⑤]。

注释 ①英氏:国名,偃姓,故城在现今的安徽省金寨县东南一带。②报:报复。③凌:欺凌,欺压。④惟:惟恐。⑤益:更加。玩:轻慢,轻视。

附录左传 夏,晋大子圉为质于秦,秦归河东而妻之(秦征河东置官司,在十五年)。惠公之在梁[①]也(惠公以六年奔梁),梁伯妻之。梁嬴孕,过期[②],卜招父[③]与其子卜之。其子曰:"将生一男一女。"招曰:"然。男为人臣,女为人妾。"故名男曰圉,女曰妾

(圉,养马者。不聘曰妾)。及子圉西质,妾为宦女焉(宦,事秦为妾)。

春秋　夏,灭项(项,杜注:项国,汝阴项县。今河南项城县东北,故项城是也)。

左传　师灭项(师,鲁师)。淮之会,公有诸侯之事,未归而取项(淮会在前年冬,诸侯之事,会同讲礼之事)。齐人以为讨,而止公(内讳执,皆言止)。

公羊传　孰灭之?齐灭之。曷为不言齐灭之?为桓公讳也。《春秋》为贤者讳。此灭人之国,何贤尔?君子之恶恶也疾始(绝其始,则不得终其恶),善善也乐终(乐贤者终其行)。桓公尝有继绝存亡之功,故君子为之讳也。

穀梁传　孰灭之?桓公也。何以不言桓公也?为贤者讳也。项,国也,不可灭而灭之乎?桓公知项之可灭也,而不知己之不可以灭也。既灭人之国矣,何贤乎?君子恶恶疾其始,善善乐其终。桓公尝有存亡继绝之功,故君子为之讳也。

解义　先儒谓考之於《经》,未有书外灭而不言国者,如齐师灭谭[4]之类是也。未有书内取而直言鲁者,如取鄟[5]、取邿[6]、取鄫[7]是也。僖公在会,灭项乃季孙[8]所为,故不讳其恶,与取鄟、取邿、取鄫为君讳恶,实灭而书取异义,旧说相承,未敢更易。但季友卒后,鲁卿见《经》者,惟公子遂、叔孙得臣、公孙敖[9]。季友生而赐氏,使世为卿,而友子无佚[10],不见於《经》,不书其卒,故《传》、《记》谓其早亡。行父至文六年[11]始使於齐,则是时灭项之季孙,果[12]何人耶?《公》、《穀》皆谓齐灭。以襄十年,春会于柤,夏灭逼阳观之,与此年,春伐英氏,夏灭项,书法正同。若谓彼称遂灭,则彼继会,而灭文不相蒙[13]。此以灭承伐,可不称遂,《公》、《穀》之义未始不可通也。

注释　①梁:国名,嬴姓。故其女称为梁嬴。②过期:怀孕超过十个月未分娩称过期。③卜招父:梁国太卜。④谭:谭国,在今山东济南东南龙山镇。谭为嬴姓国，少昊氏后裔。谭国为齐所灭，子孙以国为氏。⑤鄟（zhuān）：即鄟国，春秋时鲁的附庸国，在今山东省郯城县东北。⑥邿：即邿国，春秋时属鲁，在今山东省济宁市东南。⑦鄫：即鄫国，春秋时郑国的一个附庸国，在今河南省柘城县北。⑧季孙：春秋时期鲁国的正卿。⑨公子遂、叔孙得臣、公孙敖：三人皆鲁国大夫。⑩佚：佚名。指无法知道名字。⑪行父：即季孙行父，鲁国大夫。文六年：即鲁文公六年。⑫果：究竟。⑬相蒙：互相欺骗，互相隐瞒。

春秋　秋，夫人姜氏会齐侯于卞（卞，杜注：鲁国卞县。今故卞城在山东泗水县东）。

左传　秋，声姜以公故，会齐侯于卞（声姜，僖公夫人，齐女）。

解义　卞，乃桓公归齐所经之地。夫人，齐女也。故要[①]於路而会之。妇人迎送不出门，见兄弟不逾阈[②]，况僖公尚未至国，而私自出会，非礼甚矣。声姜在鲁夫人中称贤，诗人以令妻[③]颂之，而犹有此失，盖习於闻见[④]之非，而昧[⑤]於礼义之正也。

注释　①要（yāo）：同"邀"，约请。②逾阈（yù）：指跨过门限，出家室。③令妻：指德行美善的妻子。④闻见：指听到和看见。⑤昧：轻率。

春秋　九月，公至[①]自会。

左传　九月，公至。书曰："至自会。"犹有诸侯之事焉，且讳之[②]也。

解义　先儒皆据《左传》谓齐以灭项止[③]公，夫人会齐侯请而释[④]之。但公若以灭项见止，则夫人当如齐俟[⑤]齐侯之归而请之，岂能致齐侯来会？况齐侯夙重[⑥]鲁、宋，鲁君方以霸事在会，理宜诘问鲁臣擅兴灭国之故[⑦]，无缘遽[⑧]执鲁君。疑齐侯以疾[⑨]先归，而留诸侯於会，以防淮夷之变，援伐英之师。齐侯道经鲁境，故夫人亲往问疾，而公九月始至自会耳。

注释 ①公至:指鲁僖公回国。②讳之:指忌讳鲁僖公被齐国抓一事。③止:抓,扣留。④释:释放。⑤俟(sì):等待。⑥夙重:意思是一向重视。⑦诘问:追问,责问,质问。擅兴:无诏旨擅自发兵。⑧遽(jù):立刻,马上。⑨疾:病,身体不舒适。

春秋 冬十有二月乙亥,齐侯小白卒。

左传 齐侯之夫人三:王姬、徐嬴、蔡姬[①],皆无子。齐侯好内[②],多内宠,内嬖如夫人[③]者六人:长卫姬,生武孟(武孟,公子无亏);少卫姬,生惠公(公子元);郑姬,生孝公(公子昭);葛嬴,生昭公(公子潘);密姬,生懿公(公子商人);宋华子,生公子雍(华氏之女,子姓)。公与管仲属[④]孝公于宋襄公,以为大子。雍巫有宠于卫共姬,因寺人貂以荐羞于公[⑤](雍巫,雍人名巫,即易牙。共姬,即长卫姬),亦有宠,公许之立武孟。管仲卒,五公子皆求立。冬十月乙亥,齐桓公卒(乙亥,十月八日)。易牙入,与寺人貂因内宠以杀群吏(内宠,内官之有权宠者),而立公子无亏[⑥]。孝公奔宋。十二月乙亥赴[⑦]。辛巳夜殡[⑧](六十七日乃殡)。

穀梁传 此不正,其日之何也?其不正,前见矣。其不正之前见何也?以不正入虚国,故称嫌焉尔(虚国,谓齐无人。庄九年"齐小白入于齐"贬不称公子,传例曰:"以国氏者,嫌也。"既于入齐,见其不正,故卒不重见)。

春秋 十有八年春王正月,宋公、曹伯、卫人、邾人伐齐(宋公下,《公羊》有会字)。

左传 十八年春,宋襄公以诸侯伐齐。三月,齐人杀无亏(以说宋)。

穀梁传 非[⑨]伐丧也。

附录左传 郑伯始朝于楚,楚子赐之金[⑩],既而悔之,与之盟曰:"无以铸兵[⑪]。"(楚金利故)故以铸三钟。

春秋 夏,师救齐。

穀梁传 善[12]救齐也。

春秋 五月戊寅，宋师及齐师战于甗，齐师败绩（甗（yǎn），杜注：齐地。在今山东历城县界）。

左传 齐人将立孝公，不胜，四公子[13]之徒（无亏已死，故曰四公子）遂与宋人战。夏五月，宋败齐师于甗，立孝公而还。

公羊传 战不言伐，此其言伐何？宋公与伐而不与战，故言伐。《春秋》伐者为客，伐者为主。曷为不使齐主之？与襄公之征齐也。曷为与襄公之征齐？桓公死，竖刁、易牙[14]争权不葬，为是故伐之也。

穀梁传 战不言伐，客不言及；言及，恶宋也。

春秋 狄救齐。

穀梁传 善救齐也。

解义 战之书及，本以别异客主，直[15]与不直，自视乎其事。然，兵凶战危[16]，志乎战，则皆有可贬之道矣。《春秋》书伐而战者三：其二皆以受伐者为主。盖敌国来伐，主人固守而不出，则师无由合[17]也，惟此变文，以客及主。而下书师救齐、狄救齐，则罪[18]宋明矣。无亏之杀，昭[19]之纳，皆不书，何也？鲁救无亏不克，而忌宋之功，故旧史不书。孔子虽知其事，不得而益[20]也。

注释 ①王姬：周王室之女。徐嬴：徐国之女。蔡姬：蔡国之女。②内：女色。③内嬖：宫内宠幸之姬妾。如夫人：待遇等同于夫人者。④属（zhǔ）：嘱托。⑤寺人：宦官而在宫中侍御的人。寺人貂，名貂的寺人。荐羞：都有食品之义，又都有进献之义，故以荐羞于公，即以荐羞进于公。雍人：周代宫中掌烹调之官。⑥无亏：即武孟。字武孟，名无亏。⑦赴：向诸侯发出丧事讣告。⑧殡：入殓。⑨非：责怪，反对。⑩金：铜。⑪无以铸兵：不可用所赐之铜铸造兵器。⑫善：赞许。⑬四公子：指昭公潘、懿公商人、惠公元及公子雍。⑭竖刁：亦作“竖刀”。春秋时齐桓公的宦官寺人貂谀事桓公,颇受宠信。桓公卒,诸公子争立,寺人貂等恃宠争权,杀群吏,立公子无亏,齐国因此发生内乱。后世用"竖刁"或"竖刀"蔑称寺人貂。亦以泛指阉宦奸臣。易牙:春秋时齐国一位著名的厨师,也有写成狄牙的。他是齐桓公宠幸的近臣,用为雍人,专管料理齐桓公饮食的厨师。他擅长于调味,加上善于逢迎,所以很得齐桓公的欢心。⑮直:合理。⑯兵凶战危:指战事凶险可怕。⑰合:交锋,交战。⑱罪:归罪于。⑲昭:即齐孝公(?—前633年),姜姓,吕氏,名昭。春秋时齐国国君,齐桓公之子,母郑姬。前642年至前633年在位。⑳益:益处。

春秋 秋八月丁亥,葬齐桓公(八月无丁亥,日误)。

左传 秋八月,葬齐桓公(孝公立而后得葬)。

解义 诸侯五月而葬,桓公之卒至此十一月然后葬,乱故也。自管仲殁①,竖刁、易牙竞进②,桓公不能慎终如始③,付托非人④,几⑤亡其国,虽威令加乎四海,亦何益哉!以是知霸德之浅,与功利之不足尚⑥。而《春秋》"明道正谊⑦"之旨⑧,不可一日不讲也。

注释 ①殁(mò):死。②竞进:争斗。③慎终如始:慎,谨慎;如,象。谨慎收尾,如同开始时一样。指始终要谨慎从事。④付托:将人或事委托给别人。非人:此指竖刁、易牙之类无德之人。⑤几:几乎。⑥尚:崇尚,尊重,推崇。⑦明道正谊:指汉儒董仲舒提出的"正其谊(义)不谋其利,明其道不计其功"的思想与主张。⑧旨:意图,宗旨。

春秋 冬,邢人、狄人伐卫。

左传 冬,邢人、狄人伐卫,围菟圃①。卫侯以国让父兄子弟及朝众曰:"苟能治之,燬请从焉(燬(huǐ),卫文公名)。"众不可②,而后师于訾娄③(訾娄,杜注:卫邑。今直隶滑县西南有訾娄城,与长垣县接界)。狄师还(独言狄还,则邢留拒卫,见邢所以终为卫灭)。

穀梁传 狄其称人何也?善累而后进之(累绩)。伐卫,所以救齐也,功近而德远矣(言齐桓不能行王道,功甚浅近而既殁,狄人犹怀之,则其德为远)。

解义 邢为周公之裔[4],卫为武之穆[5],皆尝[6]亡於狄,赖齐复存。至帅甲士三千,而戌卫者,非公子无亏乎!乃桓[7]死未逾年,而卫与诸侯奉公子昭[8]以伐齐丧,其致伐固宜。故人狄以见罪卫之深也,然卫虽可伐,而邢与卫亲,不当连[9]狄以伐之,其后卫卒,灭邢未必不基於此。

注释 ①菟圃:卫地名,位于河南省长垣县境。②不可:不同意。③訾娄:卫邑,在今河南滑县西南,与长垣相接。④周公之裔:指周公的后代。周公:指周代的爵位,得爵者辅佐周王治理天下。历史上的第一代周公姓姬名旦(约公元前1100年),亦称叔旦,周文王姬昌第四子。因封地在周(今陕西岐山北),故称周公或周公旦。裔:后代。⑤武之穆:指周武王的后代。⑥尝:曾经。⑦桓:齐桓公。⑧公子昭:即齐孝公。⑨不当:不应当。连:联合。

附录左传 梁伯益其国而不能实也[1](多筑城邑,而无民以实之),命曰新里,秦取之。

春秋 十有九年春。

附录左传 十九年春,遂城而居之(承前年传取新里,故不复言秦也。为此冬梁亡传)。

春秋 王三月,宋人执滕子婴齐[2]。

左传 宋人执滕宣公(宣公,即婴齐)。

解义 宋称人,非霸讨[3]也。凡执,得其罪,而不归於京师,则称人,恶其专[4]也。归於京师,而执,非其罪,则称人,恶其滥[5]也。《经》所书见执之君皆不名,而滕子名,遂[6]失国也。旧说以称名,为罪滕子非也[7]。婴齐之罪,於《传》无徵[8],即先儒所云,不过失事霸国之礼耳。见执之君罪浮[9]於此者众矣,而惟婴齐是责[10]乎?

注释　①益其国:修筑很多城邑。实:使百姓居住。②滕子婴齐:即滕宣公,姬婴齐,滕国君主。在位11年。③非:责怪,反对。霸讨:称霸讨伐的行为。④专:专擅,独断独行。⑤滥:滥用职权。⑥遂:表明。⑦罪:归罪于。非:不对,错误。⑧徵:同"证"。证明,证验。⑨浮:超过。⑩责:责备,怪罪。

春秋　夏六月,宋公、曹人、邾人盟于曹南。鄫子会盟于邾。己酉,邾人执鄫子,用之(宋公,《公羊》作宋人。鄫,《穀梁》作缯。会盟于邾,《公羊》无盟字)。

左传　夏,宋公使邾文公用鄫子于次睢之社[1],欲以属东夷(睢水受汴,水东入泗。此水次有妖神,诸夷皆社祠之,盖杀人而用祭。以惧诸夷,使来归己也)。司马[2]子鱼曰(司马子鱼,公子目夷也):"古者六畜不相为用[3](谓若祭马先,不用马),小事不用大牲,而况敢用人乎?祭祀以为人也。民,神之主也。用人,其谁飨之?齐桓公存三亡国以属诸侯(三亡国,鲁、卫、邢),义士犹曰薄德(谓欲因乱取鲁,缓救邢、卫)。今一会而虐二国之君(三月,执滕子。六月,执鄫子),又用诸淫昏之鬼[4](非周社故),将以求霸,不亦难乎?得死[5]为幸!"

公羊传　其言会盟何?后会也。恶乎用之?用之社也。其用之社奈何?盖叩其鼻以血社也。

穀梁传　微国之君,因邾以求与之盟。人因已以求与之盟,已迎而执之。恶之,故谨而日之也。用之者,叩其鼻以衈社也(衈者,衅也。取鼻血以衅祭社器)。

春秋　秋,宋人围曹。

左传　宋人围曹,讨不服[6]也(曹南盟,不修地主之礼故)。子鱼言于宋公曰："文王闻崇德乱而伐之(崇,崇侯虎),军三旬而不降,退修教而复伐之,因垒而降(垒,军垒也。言不增兵但因旧垒而崇自服)。《诗》曰:'刑于寡妻,至于兄弟,以御于家邦'(《诗·大雅》言:文王之教,自近及远)。今君德无乃犹有所阙[7],而以伐人,若之何?盍姑内省德乎[8]?无阙而后动[9]。"

解义 齐桓倡霸,深结[10]鲁、宋,布德[11]邢、卫,抚循[12]曹、邾、陈、蔡、郑、许,招来徐及江、黄,依於仁、义、礼、信,数十年而后有成。宋襄[13]思继齐桓之迹,而以无道行之,首伐齐丧,次执滕子婴齐,将以威慑[14]诸侯。而曹南之盟,从者仅曹、邾二国,又纵邾人虐用鄫子,宜乎[15]?曹人不服,既盟而旋背[16]之也,乃不自省[17]德,而兴围曹之师。霸者"以力假仁"[18],宋襄力既不足,又多行不仁,卒之[19]兵败身伤,为天下笑,不亦宜乎!

注释 ①鄫子:即杀死鄫子用来祭祀。次睢(suī)之社:次睢的土地神。次睢,地名,当在现今江苏省铜山县一带。②司马:官名,宋、郑诸国为执政大臣之一,掌军事。③不相为用:指不能相混相代。④淫昏之鬼:指次睢之社奉祀的妖神。⑤得死:善终。⑥讨不服:曹南之会,曹为与会国之一,但曹伯并未亲自参加,当有轻视宋公之意,讨不服可能因此而起。⑦阙:通"缺"。⑧盍:何不。姑:姑且,暂且。内省:自我反省。⑨无阙而后动:指自身德行无缺损而后再行动。⑩结:结交,结盟。⑪德:仁德,恩德。⑫抚循:安抚存恤。⑬宋襄:宋襄公(?—公元前637年),宋桓公次子,子姓,名兹甫,谥号曰"襄",为宋国君主。被部分史料认作为春秋五霸之一,于前650年至前637年在位。⑭威慑:指凭借力量或势力使对方感到恐惧。⑮宜乎:应该吗。⑯旋背:指转身。形容时间短促。⑰自省:自行省察,自我反省。⑱霸者"以力假仁":意思指称霸者是借仁义之名行武力之实。假,借。⑲卒之:终于。

春秋　卫人伐邢。

左传　秋,卫人伐邢,以报菟圃之役(邢不速退,所以独见伐)。于是卫大旱,卜有事于山川,不吉(有事,祭也)。宁庄子[①]曰:"昔周[②]饥,克殷[③]而年丰。今邢方无道,诸侯无伯[④],天其或者欲使卫讨邢乎?"从之,师兴而雨。

解义　卫不自省其从宋伐丧之罪,而以报复为事,直书而罪自见。左氏所传,宁庄子之所云,诬妄[⑤]之辞也。

注释　①宁庄子:即宁速,卫国大夫。②周:周朝。③殷:商朝。④伯:首领,盟主。⑤诬妄:指以不实之词蒙骗人。

春秋　冬,会陈人、蔡人、楚人、郑人盟于齐(《公羊》作公会。此楚与夏盟之始)。

左传　陈穆公请修好于诸侯,以无忘齐桓之德。冬,盟于齐,修桓公之好也(地于齐,齐亦与盟也)。

解义　微者会盟,不志於《春秋》,此其志者,必鲁公与陈、蔡、楚、郑之君或其大夫矣。曷为内不言公,而外称人?以楚人之得与列国会盟,自此始,故讳[①]之也。齐桓声罪以伐楚,屈完[②]来盟于师,特受盟耳。自是以后终桓之世,楚人未尝一与诸侯之会,盖桓公、管仲不欲引而近之也。及[③]诸侯苦宋襄之暴诈[④],遂启楚人窥伺之心[⑤],故假不忘桓德以参与中国之会盟[⑥]。而齐孝公堕其术中而不知,鲁以周公之裔[⑦]亦俯首[⑧]以从之,楚因是得行其志於中国,盟于鹿上,会于盂,遂执宋公以伐宋,俨然列位於陈、蔡之上,而楚氛[⑨]於是乎渐恶矣,则皆盟齐为之历阶[⑩]也。先陈,陈为倡也;后郑,桓公没后,首朝於楚,故为楚屈[⑪]也。陈、蔡亦服,属於楚,而先楚,必君亲与会,而楚、郑则大夫也。

注释　①讳:讳忌,避忌。②屈完:楚王同族,楚国大夫。③及:等到。④暴诈:残暴奸诈。⑤遂:于是。启:打开。窥伺:暗中观望,等待时机。⑥假:借。中国:中原。⑦周公之裔:指周公的后代。⑧俯首：低头，表示服从。⑨氛：气氛。⑩历阶：登阶，跨过台阶。⑪屈：屈服，制服。

春秋 梁亡。

左传 梁亡，不书其主，自取之也（不书取梁者主名）。初，梁伯好土功，亟[①]城而弗处，民罢[②]而弗堪，则曰："某寇将至。"乃沟公宫[③]（沟堑），曰："秦将袭我。"民惧而溃，秦遂取梁。

公羊传 此未有伐者，其言梁亡何？自亡也。其自亡奈何？鱼烂而亡也（鱼烂从内发也）。

穀梁传 自亡也，湎[④]于酒，淫于色，心昏耳目塞，上无正长[⑤]之治，大臣背叛，民为寇盗。梁亡，自亡也。如加力役焉，湎不足道也（如以伐灭为文，犹不足形容其淫湎。惟云自亡，然后其恶明）。梁亡，郑弃其师，我无加损焉，正名而已矣（因旧史之文，故无加损）。梁亡，出恶正也（正谓政教）。郑弃其师，恶其长也（长谓高克）。

解义 书梁亡，而不书其取之者，即国君出奔，不书其逐之者之义也。民罢而溃，则其国已亡，而后秦取之，非因秦而后亡也。成汤[⑥]之《诰》曰："凡我造邦，无从匪彝[⑦]，无即慆淫[⑧]。各守尔典，以承天休[⑨]。"凡有国家者，不能自强於政治，则日危月削，如火销膏，以至灭亡而莫觉矣。况如梁伯之好土功，尽民力，湎于酒，淫于色，心昏而出政恶者乎？故变文以著其自亡，为万世戒也。

注释 ①亟（jí）：屡次。②罢：通"疲"。③沟公宫：在梁伯宫室外挖成深沟。④湎（miǎn）：沉迷。⑤正长：指君主或各级行政长官。⑥成汤：即商汤（？—前1588年）商朝的创建者（前1617年—前1588年在位），在位30年，其中17年为商国诸侯，13年为商朝国王。⑦匪彝：指违背常规的行为。⑧慆（tāo）淫：享乐过度；怠慢放纵。⑨天休：天赐福佑。

春秋　二十年春,新作南门(鲁城南门也,本名稷门。僖公更高大之)。

左传　二十年春,新作南门。书,不时也(失土功之时)。凡启塞[1]从时(门户道桥谓之启,城郭墙堑谓之塞,皆官民之开闭,不可一日而阙,故特随坏时而治之。《传》既讥僖公作门不时,嫌开闭至急之事,亦将待土功之月,故别起从时之例,以明二义,言启塞不须待时,其新作南门则须待耳)。

公羊传　何以书?讥。何讥尔?门有古常也(恶奢泰,不奉古制常法)。

穀梁传　作,为也。有加其度也(更加使大)。言新,有故也,非作也(责其改旧制)。南门者,法门也(天子、诸侯皆南面而治,法令之所出入,故谓之法门)。

解义　言新者,有故也;言作者,创始也。新延厩[2],不言作,而此言作,则改旧可知矣。其曰南门,南非一门也,《记》[3]称鲁之库门,制[4]如天子之皋门[5];雉门[6],制如天子之应门,则僭侈逾度[7]可知矣。《春秋》凡用民力,虽得其时制[8]者,犹书於策,以见劳民为重事,而况轻用於所不当为乎!僖公尝修泮宫[9],复閟宫[10],史克作颂,而《经》不书,盖宫庙以事祖考[11],学校以教国之子弟,虽重民力,不可使废,且泮宫为诸侯之学,则閟宫或亦鲁之旧也。又《经》所书,新宫灾,大室屋坏。无不新之理,而《经》不书,惟此及雉门。两观书新作,则修旧不书,而书者皆非礼可知矣。

注释　①启塞:指修建城门。②厩(jiù):马棚,泛指牲口棚。③《记》:指《史记》。④制:规模。⑤皋门:古时王宫的外门。皋,通“高”。⑥雉门:古代诸侯之宫门名。一说天子之宫门名。⑦僭侈:过分奢侈。逾度:指过度。⑧时制:即时节。⑨泮宫:古代的学校。⑩閟宫:神庙。⑪祖考:对已死祖父母的称呼。

春秋 夏，郜子来朝（郜，姬姓国。《后汉志》济阴成武北有郜城）。

公羊传 郜子者何？失地之君也。何以不名？兄弟辞也。

解义 夹漈郑氏曰：郜，有二。桓[①]二年，取郜大鼎，北郜也，在今单州成武。郜子来朝，南郜也，今单州有二郜城。王氏曰：郜，分为南北，皆附庸於宋意。是时，宋襄无道，荆楚日强，郜以宋为难恃[②]，而鲁为宗国[③]，故来朝，以求依附与。

注释 ①桓：鲁桓公。②恃：依赖。③宗国：同姓诸侯国。因与天子同宗，为其支庶，故称宗国。

春秋 五月乙已，西宫灾。

公羊传 西宫者何？小寝[①]也。小寝则曷为谓之西宫？有西宫则有东宫矣。鲁子曰："以有西宫，亦知诸侯之有三宫也。"西宫灾何以书？记异也。

穀梁传 谓之新宫，则近为祢宫[②]（言闵公非僖公之父，故不言新宫也）。以谥言之，则如疏之然，以是为闵宫也。

解义 《穀梁传》以为闵公[③]之庙。礼，宗庙居左，不得称西宫，盖僖公所居之小寝。《公羊传》曰："有西宫则有东宫是也。"若实闵宫，何妨言新宫乎？为其已久，何妨言闵宫乎？

注释 ①小寝：指天子、诸侯寝宫，睡觉的地方。②祢宫：指父庙。③闵公：鲁闵公。

春秋 郑人入滑[①]。

左传 滑人叛郑而服于卫。夏，郑公子士泄，堵寇帅师入滑（公子士泄，郑文公子。堵寇，郑大夫）。

解义 滑与郑为邻，齐桓时，尝与郑同盟于幽，桓殁未几[②]，郑首从楚，继入滑，无忌惮[③]甚矣。此天王出居于郑之始衅[④]也。

注释 ①滑：春秋诸侯国，姬姓。在今河南睢县西北一带。

②殁:死。未几:没有多久。③忌惮:顾虑畏惧。④天王:周天子。衅:挑衅。

春秋 秋,齐人、狄人盟于邢[①]。

左传 秋,齐、狄盟于邢,为邢谋卫难也。于是卫方病[②]邢。

穀梁传 邢为主焉尔。邢小,其为主何也?其为主乎救齐(十八年"邢人、狄人伐卫"以救齐是也)。

解义 书狄例[③]以国称,而与齐同称人者。昔宋伐齐丧,而狄能救之,今卫欲灭邢,而狄能谋之,故人以进之,人狄则罪[④]卫之意明矣,此见圣人仁[⑤]天下之公心也。

注释 ①邢:邢国。周成王所封,姬姓,侯爵。地在今河北邢台。②病:担忧。③例:例外。④罪:罪责。⑤仁:同情,怜悯。

春秋 冬,楚人伐随[①]。

左传 随以汉东诸侯叛楚。冬,楚斗谷於菟[②]帅师伐随,取成[③]而还。君子曰:"随之见伐,不量力也。量力而动,其过鲜矣。善败[④]由己,而由人乎哉?《诗》曰:'岂不夙夜,谓行多露[⑤]。'"(《诗·召南》以喻达礼而行必有污辱,是亦量力相时而动之义)。

穀梁传 随,国也。

解义 春秋之初,随常与楚为斗国。楚斗伯比[⑥]曰:"汉东之国随为大,我张吾三军而以武临之,彼则惧,而协以谋我,随张必弃小国。"方是时,随尚能率小国以抗楚,自随服,而汉阳诸姬,楚实尽之矣。然自庄以前,楚人侵伐江汉间小国,无一见於《经》,盖未有告命[⑦]也。至是,托言同盟,告庆於鲁,以为恐动[⑧]诸侯之计。观此,益[⑨]见于齐之盟,讳不书公,盖深罪齐孝之失图[⑩],病[⑪]鲁僖之无志也。

附录左传 宋襄公欲合诸侯,臧文仲[⑫]闻之,曰:"以欲从人则可(屈己之欲,从众之善),以人从欲鲜济[⑬]。"(为明年鹿上盟传)。

注释 ①随:随国,是周同姓诸侯国,后为楚附庸国,亡于楚国。今湖北省随州市一带。②斗谷於菟:楚令尹文子。③取成:迫使对方接受议和。④善败:成败。⑤夙夜:清晨与夜晚。谓,奈何。行,道路。此句隐喻有所谓则不动,凡事应量力相时而行之。⑥斗伯比:(生卒年不详),芈(mǐ)姓,亦名熊伯比;斗邑人(今湖北郧西)。楚武王三十五年(公元前706年),斗伯比参政,参与楚武王国政决策,他为楚武王攻随服随出谋划策,起了重要作用。⑦告命:请命。⑧恐动:惊恐扰动。⑨益:渐渐。⑩罪:怪罪。失图:失去主意。⑪病:责备。⑫臧文仲:鲁臣,即臧孙辰。⑬以人从欲:强制别人服从自己的欲望。鲜济:很少有成功。

卷十九

僖公（二十一年之二十三年）

春秋 二十有一年春，狄[1]侵卫。

解义 狄，前伐卫盟邢，以其有救患之善[2]，故称人。今兹[3]侵卫，师出无名，故从其本称也。

注释 ①狄：古族名。②善：善举，好事。③今兹：今此，现在。

春秋 宋人、齐人、楚人盟于鹿上[1]（鹿上，杜注：宋地，汝阴有原鹿县。今江南颍州太和县西有原鹿城）。

左传 二十一年春，宋人为鹿上之盟，以求诸侯[2]于楚（欲借楚之令，使诸侯从己）。楚人许之。公子目夷曰："小国争盟，祸也。宋其亡乎，幸而后败[3]。"

解义 宋襄[4]曹南之盟，从者曹、邾，而曹复贰[5]齐之盟。则陈、蔡、鲁、郑皆服於楚，故心窃慕[6]焉，而求诸侯於楚。夫欲逞志[7]於列国者楚也，不能攘楚以安列国，反盟楚以求诸侯，义乖而计失[8]，莫此为甚矣！盟于宋地，必宋公亲之，而书人者，齐、楚皆大夫，故赴告[9]之辞不言宋公亲与之盟，而鲁史从之也。

注释 ①鹿上：宋地名，在现山东省曹县东北一带。②求诸侯：即要求诸侯奉己为盟主。③幸而后败：如战败而不亡国就是幸运了。④宋襄：宋襄公。⑤贰：背离。⑥窃慕：指私下羡慕。窃：私自，暗中。⑦逞志：快心，称愿；得逞。⑧乖：乖违，违背。失：失算。⑨赴告：春秋时各国以崩薨及祸福之事相告。

春秋 夏，大旱。

左传 夏，大旱。公欲焚巫尫（巫尫（wāng），女巫也，主祈祷请雨者。或以为尫非巫也，瘠病之人，其面上向，俗谓天哀其病，恐雨入其鼻,故为之旱,是以公欲焚之)。臧文仲曰:“非旱备也。修城郭,贬食省用,务穑劝分[①](穑,俭也。劝分,有无相济),此其务也。巫尫何为?天欲杀之,则如勿生;若能为旱,焚之滋甚[②]。”公从之。是岁也,饥而不害[③](不伤害民)。

公羊传 何以书?记灾也。

穀梁传 旱,时,正也(旱必历时,非一月之事,故以书时为正)。

解义 春秋之例,旱,则修雩[④];雩而得雨,则书雩;雩不得雨,则书旱;明灾成也。大者,久且甚之辞。

注释 ①务穑:致力于农事。劝分:劝勉富人济贫救荒。②滋甚:更厉害。③饥而不害:虽有饥荒,未成大害。④修:实行。雩(yú):古代为求雨而举行的一种祭祀。

春秋 秋,宋公、楚子、陈侯、蔡侯、郑伯、许男、曹伯会于盂。执宋公以伐宋(盂,《公羊》作霍,《穀梁》作雩。杜注:宋地,今河南睢州有盂亭)。

左传 秋,诸侯会宋公于盂。子鱼曰:“祸其在此乎!君欲已[①]。甚,其何以堪之?”于是楚执宋公以伐宋。

公羊传 孰执之?楚子执之。曷为不言楚子执之?不与夷狄[②]之执中国[③]也。

穀梁传 以,重辞也(国之所重,故曰重辞)。

解义 执宋公者,楚子也。何以不书楚子?宋率诸侯为会,而楚执会主,诸侯莫违[④],故以同执为文,所以分恶[⑤]於诸侯也。楚子使宜申来献捷[⑥]称楚人,此则书爵,何也?执宋公,不可称执宋人,爵宋公而人诸国,则疑若君与大夫会,故皆称爵。而楚之诈,宋之愚,皆不待贬[⑦]而自著矣。

注释 ①已:太②夷狄:古称东方部族为夷,北方部族为狄。常用以泛称除华夏族以外的各族。③中国:指中原。④违:违抗。⑤分:分明,显然。恶:憎恨。⑥宜申:即斗宜申(?—前

617年):芈(mǐ)姓,斗氏,名宜申,字子西,若敖氏后裔。春秋时楚国司马。献捷:古代打胜仗后,进献所获的俘虏及战利品。⑦贬:贬责。

春秋　冬,公伐邾。

左传　任、宿、须句、颛臾,风姓也。实司大皞与有济[①]之祀(司,主也。大皞,伏羲也。四国伏羲之后,故主其祀。任,杜注:任城县也,今山东济宁州。须句,杜注:在东平须昌县西北,今山东东平州东南有须句故城。颛臾,杜注:在泰山南武阳县东北,今山东费县西北有颛臾城。四国封近于济,故世祀之),以服事诸夏[②](与诸夏同服王事)。邾人灭须句,须句子来奔,因成风[③]也(须句,成风母家)。成风为之言于公曰:"崇明祀[④],保小寡,周礼也(明祀大皞,有济之祀,保安也);蛮夷猾[⑤]夏,周祸也(邾曰蛮夷,盖迫近诸戎,杂用夷礼,故极言之)。若封须句,是崇皞、济而修祀,纾[⑥]祸也。"(纾,解也。为明年,公伐邾传)

解义　邾灭须句,《经》虽无文,以明年取须句徵[⑦]之。则此年伐邾,必感於成风所云也。然大旱经时,不知贬食[⑧]损用,而重兴戎[⑨]以困民,非其道矣。

注释　①大:同太。太皞(hào),即伏羲,传说中的古帝名。有济:即济水。②服事:服从。诸夏:指周代分封的诸侯国,即中原各国。③成风:鲁庄公之妾,鲁僖公的母亲,须句是成风的娘家。④明祀:太皞与济水的祭祀。⑤猾:扰乱。⑥纾:解除。⑦徵:证明,验证。⑧经时:经历很长时间。贬食:节缩饮食。⑨戎:戎事,战争。

春秋　楚人使宜申来献捷。

公羊传　此楚子也(据称使知为楚子),其称人何?贬。曷为贬?为执宋公贬。曷为为执宋公贬?宋公与楚子期以乘车之会,公子目夷[①]谏曰:"楚,夷国也,强而无义,请君以兵车之会[②]

往。”宋公曰：“不可。吾与之约以乘车之会，自我为之，自我堕之，曰不可。”终以乘车之会往，楚人果伏兵车，执宋公以伐宋。宋公谓公子目夷曰：“子归守国矣，国，子之国也。吾不从子之言，以至此乎！”公子目夷复曰：“君虽不言国，国固臣之国也。”（所以坚宋公意，绝强楚之望）于是归设守械而守国。楚人谓宋人曰：“子不与我国，吾将杀子君矣。”宋人应之曰：“吾赖社稷之神灵，吾国已有君矣。”楚人知虽杀宋公犹不得宋国，于是释宋公。宋公释乎执，走之卫（宋公愧前语，故走之卫。不书者，执解而往，非出奔也）。公子目夷复曰：“国为君守之，君曷为不入？”然后逆[3]襄公归。恶乎捷？捷乎宋。曷为不言捷乎宋？为襄公讳也。（宋襄守信见欺，故为之讳）此围辞也（据上言守国，知围也），曷为不言其围？为公子目夷讳也。（目夷遭难，设权有存国免主之功，故为之讳）

穀梁传 捷，军得也。其不曰宋捷何也？不与楚捷于宋也。

解义 君使大夫何以称人，贬之也。楚逞诈[4]，力欺诸侯，执宋公，而伐其国。以鲁不与会，特假宋捷以威[5]之，僖公不能以礼拒，而受其使命，故不言宋捷，为鲁讳也。

注释 ①公子目夷：子姓，宋氏，名目夷，字子鱼，春秋中前期宋国公族，宋桓公庶长子。②兵车之会：指武装会盟。③逆：迎接。④逞：施展。诈：欺诈。⑤假：借用，利用。威：威胁。

春秋 十有二月癸丑，公会诸侯盟于薄[1]。释宋公（薄，宋地，汉置薄县，属山阳郡。后汉改属梁国。今河南归德府治西北有亳城，即薄也）。

左传 冬，会于薄以释之。子鱼曰：“祸犹未也，未足以惩君[2]。”（为二十二年战泓传）

公羊传 执未有言释之者，此其言释之何？公与为尔也。公与为尔奈何？公与议尔也。

穀梁传 会者，外为主焉尔。外释不志，此其志何也？以公之与之盟目之也。不言楚,不与楚专释也。

解义　凡盟,不书所为,盟于薄,特言释宋公者。宋公方主会,而楚执而伐之,鲁既不能明正[③]其罪,反慑於献捷之威就楚求盟以请释,是操纵之权皆自楚出,此天下大变,故特书所为以谨[④]之。楚主盟,而书公会诸侯,不与楚主盟也。诸侯请释於楚,而不言楚释,不与楚专释也。凡国君见执而返,皆书归,此言释不言归者,归则自己主之,释则自人主之。若曰诸侯不俯[⑤]焉,受盟於楚,则宋公不得释,所以甚楚而病[⑥]宋公也。

注释　①薄:即亳,宋邑名,位今河南省商丘县北部。②惩君:惩创君使其悔悟。③明正:辨明。④谨:谨防。⑤俯:屈身,低头。⑥甚:过分。病:责备。

春秋　二十有二年春,公伐邾,取须句(句,《公羊》作朐,后同)。

左传　二十二年春,伐邾,取须句,反[①]其君焉,礼也(得恤寡小之礼)。

解义　须句,为成风母家,邾取,而我伐之,反[②]其地,置[③]其君,左氏所《传》必信而有徵[④]。但以《经》书取断[⑤]之,则罪其不请王命,专为母家报仇,虽存须句之祀,而取为内臣,实贪其土也。使[⑥]果有存亡继绝之功,则《春秋》必书公伐邾,归须句子于须句,以著其善矣。

注释　①反:同“返”,还归,回。②反:归还。③置:安置,安顿。④徵:同“证”。证明,证验。⑤断:判定。⑥使:假若。

春秋　夏,宋公、卫侯、许男、滕子伐郑。

左传　三月,郑伯如楚。夏,宋公伐郑(怒其朝楚,故伐之)。子鱼曰:“所谓祸在此矣。”

解义　郑之朝楚,信有罪矣。然宋公本欲求好於楚,以属诸侯及力不能抗,甘就执辱,何以责郑之附楚哉？不知自反[①],而遽[2]兴师以伐郑，穀梁氏所谓过而不改，而又甚之者也。然宋公见执，而三国旋[3]就宋弃楚，陈亦与楚离心，盖深惧楚人暴诈[4]而思中国之有霸也。使[5]襄公当此能恤民厉士[6]，以厚国势，布德修礼以绥[7]诸侯，则诸侯可以复合，霸事可以复兴；乃[8]不度德，不量力，而急於争郑敌楚，以致师败身伤，使楚氛益炽[9]。见小欲速无德而寡谋，其祸败乃自取耳。

注释 ①反：反省。②遽（jù）：遂，就。③旋：立即，随即。④暴诈：残暴奸诈。⑤使：假若。⑥恤民：指忧虑人民的疾苦。厉士：指鼓舞士气。厉同“砺”，磨炼，振奋。⑦绥：安抚。⑧乃：竟，竟然。⑨炽：热烈旺盛。

附录左传 初，平王之东迁也（因犬戎之变，迁都洛邑），辛有适伊川[1]（辛有，周大夫。伊川，杜注：周地，伊水也），见被发而祭于野者[2]，曰：“不及百年，此其戎乎！其礼先亡矣。”（被发而祭，衣冠之礼先亡）秋，秦、晋迁陆浑之戎[3]于伊川。（允姓之戎居陆浑，在秦、晋西北，至是二国诱而徙之伊川。辛有之言果验）晋大子圉为质于秦（在十七年），将逃归，谓嬴氏[4]曰（嬴氏，秦所妻子圉，怀嬴也）：“与子归乎？”对曰：“子，晋太子，而辱于秦[5]，子之欲归，不亦宜乎？寡君之使婢子侍执巾栉[6]（婢子，妇之卑称），以固子[7]也。从子而归，弃君命也。不敢从，亦不敢言。”遂逃归（传终史苏之占）。富辰言于王曰：“请召大叔（富辰，周大夫。大叔，王子带，十二年奔齐）。《诗》曰：‘协比其邻，昏姻孔云[8]。’（《诗·小雅》：邻，犹近也。孔，甚也。云，旋也。言王者先协和近亲，则昏姻甚相归附也）。吾兄弟之不协，焉能怨诸侯之不睦？”王说。王子带自齐复归于京师，王召之也。（终仲孙湫之言，为二十四年天王出居于郑传）

春秋 秋八月丁未，及邾人战于升陉（升陉，杜注：鲁地）。

左传 邾人以须句故出师。公卑[9]邾，不设备而御之（卑，小也）。臧文仲曰：“国无小，不可易[10]也。无备，虽众不可恃也。

《诗》曰:‘战战兢兢,如临深渊,如履薄冰。’(《诗·小雅》。言常戒惧)又曰:‘敬之敬之,天维显思,命不易哉!’(《诗·周颂》,显,明也。思,语辞。言天之降鉴甚明,其命靡常不易保)先王之明德,犹无不难也,无不惧也,况我小国乎!君其无谓邾小。蜂虿[11]有毒,而况国乎?”弗听。八月丁未[12],公及邾师战于升陉,我师败绩。邾人获公胄[13],县[14]诸鱼门(鱼门,邾城门)。

穀梁传　内讳败,举其可道者也。不言其人,以吾败也。不言及之者,为内讳也。

解义　邾之出师,以须句故也,不书败,讳耻也。内以讳为贬,不书公,其贬可知。观此,则鲁取须句之非存亡继绝也,益信。

注释　①伊川:伊河流经的地方,即现河南省嵩县及伊川县境。②被发:让头发披散下来,为夷狄的风俗。祭于野:在野外墓地进行祭祀,也是夷狄的风俗。③陆浑之戎:古戎人的一个分支,后迁河南省伊、洛一带。④嬴氏:即怀嬴,秦女,子圉之妻。⑤辱于秦:屈居于秦。⑥执巾栉:拿着手巾、梳子。⑦固子:使你安心住下来。⑧协比其邻,昏姻孔云:与邻里相处融洽亲切,姻亲们就更友好。协比:融洽亲切。孔:甚。⑨卑:轻视。⑩易:轻慢、轻视。⑪蜂虿(chài):黄蜂、蝎子一类的毒虫。长尾为虿,短尾为蝎。⑫丁未:初八日。⑬胄:头盔。⑭县:同“悬”。

春秋　冬十有一月己巳朔,宋公及楚人战于泓,宋师败绩(泓,杜注:水名,在今河南柘城县北)。

左传　楚人伐宋以救郑。宋公将战,大司马固谏曰(固,庄公之孙,公孙固也。言大司马,以别子鱼):“天之弃商[1]久矣,君将兴之,弗可赦也已。”弗听。

冬十一月己巳朔,宋公及楚人战于泓[2]。宋人既成列,楚人未既济[3](未尽渡泓水)。司马曰(子鱼曰):“彼众我寡,及其未既济也，请击之。”公曰：“不可。”既济而未成列，又以告。公曰：“未可。”既陈而后击之，宋师败绩。公伤股，门官歼④焉。（门官，守门者，师行则在君左右。歼，尽也）

国人皆咎公。公曰：“君子不重伤⑤，不禽二毛⑥（二毛，头白有二色）。古之为军也，不以阻隘⑦也（不因阻隘以求胜）。寡人虽亡国之馀（以商之后，故称亡国之馀），不鼓⑧不成列。”（耻以诈取胜也）子鱼曰：“君未知战。勍敌⑨之人隘而不列，天赞我也。（勍，强也。言楚在险隘，不得陈列，乃天所以佐宋）阻而鼓之，不亦可乎？犹有惧⑩焉。（虽因阻击之，犹恐不胜）且今之勍者，皆吾敌也。虽及胡耇⑪（胡耇，元老之称），获则取之，何有于二毛？明耻教战⑫，求杀敌也。（明设刑戮，以耻不果）伤未及死，如何勿重？（言尚能害己）若爱重伤⑬，则如勿伤；爱其二毛，则如服⑭焉。（言苟不欲伤杀敌人，则本可不须斗）三军以利用也（本为利兴），金鼓以声气⑮也（所以佐士众之声气）。利而用之，阻隘可也；声盛致志，鼓儳⑯可也（儳，岩，未整陈）。”

注释 ①商：即宋。②泓：水名，在现河南省柘城县北部。③未既济：尚未完全渡泓水。既，尽。④门官：护卫国君之亲兵，由卿大夫子弟充任。歼：杀尽。⑤不重伤：对已受伤的敌人不再伤害。⑥禽：同“擒”。二毛：有白发掺杂在黑发之间的老年人。⑦不以阻隘：不扼敌于险隘之地。⑧不鼓：不攻击。古时作战，击鼓为进军之号令。⑨勍（qíng）敌：强敌。隘而不列：因处险隘而不能成列。⑩犹有惧：尚且害怕不能取胜。⑪胡耇（gǒu）：老年人，长寿者。耇，长寿。⑫明耻教战：明白什么是耻辱，然后教之以战术。⑬爱重伤：怜惜伤兵。⑭如服：应当降服。⑮金鼓以声气：金鼓，两种乐器，古代作为行军进退的号令。以声气，以声音激励士气。⑯鼓儳（chán）：攻击阵列不整之敌。儳：阵列不整，进退无章。

公羊传　偏战[1]者日尔,此其言朔何?(据桓十七年,奚之战不言朔)《春秋》辞繁而不杀者,正也。(繁,多也。杀,省也。正,得正道)何正尔?宋公与楚人期战于泓之阳(水北曰阳)。楚人济泓而来。有司[2]复曰:"请迨其未毕[3]济而击之。"宋公曰:"不可。吾闻之也,君子不厄[4]人,吾虽丧国[5]之余,寡人不忍行也。"既济未毕[6],有司复曰:"请迨其未毕陈而击之。"宋公曰:"不可。吾闻之也,君子不鼓不成列。"已陈,然后襄公鼓之,宋师大败。故君子大其不鼓不成列,临大事而不忘大礼,有君而无臣,以为虽文王之战,亦不过此也。

穀梁传　日事遇朔曰朔(此日之事遇朔,则书朔)。《春秋》三十有四战,未有以尊败乎卑,以师败乎人者也。以尊败乎卑,以师败乎人,则骄[7]其敌。(此论《春秋》书法,谓如以尊败乎卑,则以卑者为主,为若骄肆,敢于犯尊者然)襄公以师败乎人,而不骄其敌何也?责[8]之也。泓之战,以为复[9]雩之耻也(雩,即盂)。雩之耻,宋襄公有以自取之。伐齐之丧,执滕子,围曹,为雩之会,不顾其力之不足而致楚成王,成王怒而执之。故曰,礼人而不答,则反其敬;爱人而不亲,则反其仁;治人而不治,则反其知。过而不改,又之(又,复),是谓之过。襄公之谓也。古者被甲婴胄[10],非以兴国也,则以征无道也,岂曰以报其耻哉?宋公与楚人战于泓水之上。司马子反曰(子反当为子鱼):"楚众我少,鼓[11]险而击之,胜无幸焉。"(若要而击之,必可破,非侥幸也)襄公曰:"君子不推人危,不攻人厄。须其出(待其出险)。"既出,旌乱于上,陈乱于下。子反曰:"楚众我少,击之,胜无幸焉。"襄公曰:"不鼓不成列。"须其成列而后击之,则众败而身伤焉,七月而死。倍则攻,敌则战,少则守。人之所以为人者,言也。人而不能言,何以为人?言之所以为言者,信也。言而不信,何以为言?信之所以为信者,道也。信而不道,何以为道?道之贵者时,其势行也。(道贵

随时制宜,顺其所行之势而变通之,不在守匹夫之小信)

解义　此战,三《传》皆称楚人,先儒或谓楚子在师,贬而称人。盖据《左氏》郑夫人劳楚子于柯泽而言,不知楚之军法,每使大夫前进,而君次[12]於后,以为之援,其在柯泽不足为临敌之征[13]。但楚师救郑而不书,则恶楚可知矣。书宋及外楚,而内宋也。《公羊氏》以不鼓不成列,为临大事不忘大礼,误矣。宋襄多行不义,而独爱重伤与二毛,徇末遗本[14],其道大悖[15],何所取哉!

注释　①偏战:指各据一面而战。偏,一面。②有司:指官吏。③追:等到。毕:完全。④厄:为难,迫害。⑤丧国:亡国。⑥陈:陈兵,布置军队。⑦骄:轻视。⑧责:罪责。⑨复:报复。⑩被甲婴胄(zhòu):指披上甲,穿上胄。胄:盔,头盔。⑪鼓:攻击。⑫次:然后,接着。⑬征:证明,验证。⑭徇末遗本:比喻做事不注意根本,而只抓细微末节。⑮悖:背谬,行不通。

附录左传　丙子晨,郑文夫人芈氏、姜氏劳楚子于柯泽[1](芈(mǐ)氏,楚女。姜氏,齐女。楚子还,过郑,故文公夫人出而劳之。柯泽,杜注:郑地)。楚子使师缙示之俘馘[2](师缙,楚乐师,名缙。俘,所得囚。馘,所截耳)。君子曰:"非礼也。妇人送迎不出门,见兄弟不逾阈(阈(yù),门限),戎事不迩[3]女器。"(器,物也。言俘馘非近妇人之物)丁丑,楚子入飨于郑,九献[4](用上公之礼),庭实旅百[5],加笾豆六品。[6](庭中所陈之实品数有百,笾豆所盛之物又加六品)飨毕,夜出,文芈送于军,取郑二姬以归(二姬,文芈女也)。叔詹[7]曰:"楚王其不没[8]乎!为礼卒于无别,无别不可谓礼,将何以没?"诸侯是以知其不遂霸[9]也。(言楚子所以师败城濮,终为商臣所弑)。

春秋　二十有三年春,齐侯伐宋,围缗(缗,《穀梁》作闵,后同。杜注:宋邑。高平昌邑县东南有东缗城。在今山东省金乡县东北)。

左传　二十三年春,齐侯伐宋,围缗,以讨其不与盟于齐也。

(十九年盟于齐,以无忘桓公之德,而宋独不会,复召齐人共盟鹿上,故今讨之)。

公羊传　邑不言围,此其言围何?疾重故也。(疾,痛也,故旧伤也。重故者于旧伤之处,而加其伤。宋襄新为楚败,齐不能助,反因其困而伐之,其痛与加旧伤无异,故言国以恶其不仁也)。

穀梁传　伐国不言围邑,此其言围何也?不正其以恶报恶也。(前十八年宋伐齐之丧,是恶也。今齐乘其败而报,是以恶报恶也)。

解义　楚与五国盟于齐,乘间以携⑩诸侯於宋耳,宋之不与,义未愆⑪也。齐侯不悟⑫,而反以责宋,伐之於败伤之后,悖⑬义甚矣。其以爵⑭书,盖恶其昧⑮敌忾⑯之义,忘定己之德,故目其人以罪之。

注释　①郑文:即郑文公。劳(láo):慰劳。②馘(guó):战争中割取的敌人的左耳。③迩(ěr):近。④九献:宴饮之时,主宾酬酢九次。⑤实:指陈列的礼品。旅:陈列。⑥笾(biān):古代祭祀和宴会时盛食品用的一种竹器。豆:古代一种盛食物的高脚器皿。品:种。⑦叔詹:郑之贤臣。⑧不没:不得善终。⑨不遂霸:不能完成称霸诸侯之业。⑩携:同"胁",威胁。⑪愆(qiān):违背、违反。⑫悟:理解,明白。⑬悖:违背。⑭爵:爵位,爵号。⑮昧:违背,埋没。⑯敌忾:抵抗所愤恨的敌人。

春秋　夏五月庚寅,宋公兹父卒①(兹,《公羊》作慈)。

左传　夏五月,宋襄公卒,伤于泓故也。

公羊传　何以不书葬?盈乎讳也(盈,满也。襄公前以背殡出会,不书其父葬,以为之讳。至襄公身亦不书葬,所以满其讳之之义也)。

穀梁传　兹父之不葬何也?失民也。其失民何也?以其不教民战,则是弃其师也。为人君而弃其师,其民孰以为君哉!

解义　宋襄德政不修,诸侯皆贰②,复不量力,以与楚战,兵败身伤,赍志而殁③,其所以图霸者,非其道也。不书葬者,时僖公已有志附楚，故不使人往会。

注释 ①宋公兹父：即宋襄公（？—公元前637年），宋桓公次子，子姓，名兹甫，谥号曰“襄”，称“宋公兹甫”，简曰“宋兹甫”。②贰：背叛。③赍志而殁：赍（jī），怀抱着，带着。指怀抱着未遂的志愿而死去。

春秋 秋，楚人伐陈。

左传 秋，楚成得臣[1]帅师伐陈（成得臣，子玉也），讨其贰于宋[2]也。遂取焦、夷，城顿而还。（焦，杜注：陈邑，谯县也。今江南亳州。夷，杜注：陈邑，谯郡城父县。今故城在亳州东南。顿，杜注：顿国。汝阴南顿县。今河南项城县北有南顿故城）子文以为之功，使为令尹[3]。叔伯曰：“子若国何？”（叔伯，楚大夫薳吕臣也。言子玉不任令尹）对曰：“吾以靖[4]国也。夫有大功而无贵仕[5]，其人能靖者与有几？”（言必矜功为乱，不可不赏）

解义 楚伐陈，以为贰于宋也。考之《经》、《传》，宋襄曹南之盟、伐郑之役，陈皆不与，而盟齐、会盂，陈实从楚，未见其贰[6]也。特以伐宋之后，郑朝[7]而陈不朝，即诬[8]以贰而伐取其二邑，城顿以逼之。盖将有事於北方，虑陈为梗[9]，故先慑以威，使之困折[10]而属服耳。

注释 ①成得臣：楚臣，字子玉，即令尹子玉。②贰于宋：与宋暗中往来，亦即对楚不忠诚。③令尹：楚国最高的官职。④靖：安定。⑤贵仕：位居高官。⑥贰：背叛。⑦朝：朝拜。⑧诬：诬陷。⑨虑：担忧。梗：阻塞，妨碍。⑩困折：困顿挫折。

附录左传 九月，晋惠公[1]卒（《经》在明年从赴）。怀公[2]命无从亡人[3]。（怀公子圉，亡人重耳）期，期而不至，无赦。狐突之子毛及偃从重耳在秦（偃子记也），弗召。冬，怀公执狐突（未期而执突，以不召子故）曰：“子来则免。”对曰：“子之能仕，父教之忠，古之制也。策名委质[4]，贰乃辟[5]也。（名书于所臣之策，委贽而君事之,则不可以贰。质,贽也。辟,罪也)今臣之子,名在重耳,有年数矣。若又召之,教之贰也。父教子贰,何以事君?刑之不滥,君之明也,臣之愿也。淫刑以逞[6],谁则无罪?臣闻命矣。"乃杀之。卜偃[7]称疾不出,曰:"《周书》有之:'乃大明服。'(《周书·康诰》言:"君能大明,则民服")己则不明而杀人以逞,不亦难乎?民不见德而唯戮是闻,其何后之有[8]?"(言怀公必无后于晋,为二十四年杀怀公张本)

春秋　冬十有一月,杞子[9]卒。

左传　十一月,杞成公卒。书曰"子",杞,夷也。不书名,未同盟也。凡诸侯同盟,死则赴以名,礼也。赴以名,则亦书之(谓未同盟),不然则否(谓同盟而不以名告),辟不敏[10]也(敏,犹审也。例已见隐七年,此又举,凡者为国史承告而书例也)。

解义　杞,二王后[11],初书杞侯,继而称伯、称子,盖时王所黜[12],后复称伯,亦时王复之。《春秋》从史文耳,不名者史逸[13]之。

注释　①晋惠公(?—前637年):姬姓,晋氏,名夷吾,春秋时代晋国君主,晋献公之子,春秋霸主晋文公的弟弟。②怀公:晋惠公子太子圉。③亡人:逃亡在外之人,指公子重耳。④策名:名字写在简策上。委质:送给尊者的进见礼物。委,置。质同"贽",指玉帛、禽鸟一类见面礼品。⑤辟:罪过。⑥淫刑:滥施刑罚。逞:快意,称心。⑦卜偃:晋之卜官名偃。⑧其何后之有:他还能有什么后继之人呢。⑨杞子:即杞成公(?—前637年),是杞国的第9任君主。是杞德公(又称杞惠公)之子。鲁庄公二十五年,成公娶鲁女为妻。在位时将国都迁住缘陵(今山东省昌乐县东南)。在位18年,传于其弟杞桓公。⑩辟:同"避",避免。不敏:不清楚。⑪二王后:指古代新朝建立后封前两朝王族的后裔,给以王爵,以示尊敬。⑫王:周王。黜:降职。⑬逸：散失。

附录左传 晋公子重耳之及于难①也，晋人伐诸蒲城（事在五年）。蒲城人欲战。重耳不可，曰："保君父之命而享其生禄②（保犹恃也。享，受也。人以禄生，故曰生禄），于是乎得人（以禄致众）。有人而校③，罪莫大焉。吾其奔也。"遂奔狄。从者狐偃、赵衰、颠颉、魏武子、司空季子（赵衰，赵夙弟。魏武子，魏犨（chōu）。司空季子，胥臣臼季也。时狐毛、贾佗皆从，独举此五人，以贤而有大功）。狄人伐廧咎如（廧（qiáng）咎（gāo）如，杜注：赤狄之别种，隗姓），获其二女：叔隗、季隗，纳诸公子。公子取季隗，生伯儵、叔刘，以叔隗妻赵衰，生盾（盾，赵宣子）。将适齐，谓季隗曰："待我二十五年，不来而后嫁。"对曰："我二十五年矣，又如是而嫁，则就木④焉。请待子。"处狄十二年而行（以五年奔狄，至十六年适齐）。过卫，卫文公不礼焉。出于五鹿⑤（五鹿，杜注：卫地。卫县西北有地名五鹿，阳平元城县东亦有五鹿。今直隶五鹿城二，属元城县者，即沙鹿城，属开州者，此卫地，五鹿是也），乞食于野人⑥，野人与之块（土块也），公子怒，欲鞭之。子犯⑦曰："天赐也。"（得土，有国之祥，故以为天赐）稽首，受而载之。

及齐，齐桓公妻之，有马二十乘，公子安之。从者以为不可（齐桓既卒，知孝公不足恃故）。将行，谋于桑下⑧。蚕妾⑨在其上，以告姜氏⑩（即齐女妻重耳者）。姜氏杀之（恐孝公怒其去，故杀妾以灭口），而谓公子曰："子有四方之志，其闻之者吾杀之矣。"公子曰："无之。"姜曰："行也。怀与安⑪，实败名。"公子不可。姜与子犯谋，醉而遣之。醒，以戈逐子犯（无去志，故怒）。

及曹，曹共公闻其骈胁⑫（骈胁，合干），欲观其裸。浴，薄而观之（裸，赤体。薄，迫也）。僖负羁之妻曰（僖负羁，曹大夫）："吾观晋公子之从者，皆足以相国⑬。若以相，夫子必反其国（夫子谓重耳）。反其国，必得志于诸侯。得志于诸侯而诛无礼，曹其首也。

子盍蚤自贰[14]焉。”(自贰,自别异于曹)乃馈盘飧,置璧焉。(臣无外交,故用盤藏璧飱中,不欲令人见)公子受飧反璧。

及宋,宋襄公赠之以马二十乘。

注释　①难:指骊姬这乱。②保:依靠。生禄:养生之禄。③校:报复。④就木:木指棺椁,就木即装入棺椁为死亡之意。⑤出:经过。五鹿:卫地名,一在现今的河南省濮阳县南,一在现今的河北省大名县东。⑥野人:乡下人。⑦子犯:即狐偃。⑧桑下:桑树之下。⑨蚕妾:养蚕的女奴。⑩姜氏:齐女,重耳妻子。⑪怀与安:怀恋妻室及贪图安逸⑫骈胁:肋骨排列紧密,并为一体。骈,连在一起。胁,肋。⑬相国:辅助国家。⑭贰:贰心,指讨好重耳,向他表示礼敬与友好。

及郑,郑文公亦不礼焉。叔詹谏曰:“臣闻天之所启[1],人弗及也。晋公子有三焉,天其或者将建诸,君其礼焉。男女同姓,其生不蕃[2]。晋公子,姬出[3]也,而至于今,一也。离[4]外之患(出奔在外),而天不靖晋国,殆[5]将启之,二也。有三士足以上人[6]而从之,三也(《国语》:“狐偃、赵衰、贾佗三人,皆卿材。”)。晋、郑同侪[7](侪,等也),其过子弟[8],固将礼焉,况天之所启乎?”弗听。

及楚,楚子飨之,曰:“公子若反晋国,则何以报不谷[9]?”对曰:“子、女[10]、玉、帛,则君有之;羽、毛、齿、革[11],则君地生焉。其波及晋国者,君之余也,其何以报君?”曰:“虽然,何以报我?”对曰:“若以君之灵[12],得反晋国,晋、楚治兵,遇于中原,其辟君三舍[13]。若不获命,其左执鞭弭[14]、右属櫜鞬[15],以与君周旋。”(弭,弓末无缘者。属,著也。櫜以受箭,鞬以受弓。周旋,相追逐也)子玉请杀之。楚子曰:“晋公子广而俭[16](志广而体俭),文[17]而有礼。其从者肃而宽,忠而能力[18]。晋侯无亲(晋侯,惠公也),外内恶之。吾闻姬姓,唐叔[19]之后,其后衰者也,其将由晋公子乎?天将兴之,谁能废之。违天必有大咎。”乃送诸秦。

注释 ①启:开,此作赞助。②不蕃:不能繁衍,不昌盛。③姬出:姬姓女子所生。④离:同"罹",遭受。⑤殆:大概。⑥三士:指狐偃、赵衰、贾佗。上人:言才智谋略超出他人之上。⑦同侪(chái):同等,同辈。⑧其过子弟:指晋国族子弟路过郑国。⑨不谷:楚成王自称。⑩子女:指男女奴隶。⑪羽毛齿革:泛指各种珍宝。羽,翡翠、孔雀之类的羽毛。毛:旄牛。齿:象牙。革:犀牛皮。⑫灵:威灵,福。⑬舍:古代行军一宿为一舍,而一日行军三十里,故三十里也称为一舍。⑭弭(mǐ):泛指弓。⑮属:著,带着。櫜(gāo):箭袋。鞬(jiān):弓套。⑯广而俭:志向远大而生活俭约。⑰文:言辞华美。⑱忠而能力:忠诚且有能力。⑲唐叔:晋国始祖。

秦伯纳女五人,怀嬴与[1]焉。奉匜沃盥[2],既而挥之(匜,沃盥器。挥,湔也)。怒曰:"秦、晋匹也(匹,敌也),何以卑我!"公子惧,降服而囚[3](去上服,自拘囚以谢之)。

他日,公享[4]之。子犯曰:"吾不如衰之文[5]也(文,有文辞)。请使衰从。公子赋《河水》[6](《河水》,逸诗。义取河水朝宗于海,海喻秦),公赋《六月》(《六月》,《诗·小雅》言尹吉甫佐宣王北伐,喻重耳还晋,必能匡王国)。赵衰曰:"重耳拜赐!"(君前臣名,故名重耳)公子降[7],拜,稽首,公降一级而辞焉(下阶一级,辞重耳稽首)。衰曰:"君称所以佐天子者命重耳,重耳敢不拜?"(《诗》首章言"匡王国",次章言"佐天子",故赵衰因通言之,为明年秦伯纳之张本)

注释 ①怀嬴:秦女,即晋怀公圉的妻子。与(yù):参与。②奉:捧。匜(yí):盛水器。沃:浇。盥(guàn):洗手。③降服而囚:脱去上衣,自己囚禁自己向怀嬴谢罪。④享:宴享,用食物招待人。⑤文:有文才。⑥《河水》:逸诗的篇名。诗以河水朝宗于海为义,以海喻秦,表示对秦的尊敬。⑦降:下阶。

《故宫珍本丛刊》精选整理本丛书·经部

日讲春秋解义

（中册）

清康熙内府刻本

（清）库勒纳等撰

田洪整理注释

海南出版社

图书在版编目（CIP）数据

日讲春秋解义／田洪整理注释．—海口：海南出版社，2013.9
（《故宫珍本丛刊》精选整理本丛书）
ISBN 978-7-5443-4988-8

Ⅰ．①日… Ⅱ．①田… Ⅲ．①中国历史—春秋时代—编年体 ②《春秋》—研究 Ⅳ．①K225.04

中国版本图书馆 CIP 数据核字(2013)第 065227 号

日讲春秋解义

海南出版社出版发行
地　　址：海口市金盘开发区建设三横路 2 号
邮　　编：570216
网　　址：http://www.hncbs.cn
电　　话：0898-66822380；13976008648
责任编辑：李升召　熊　果
经　　销：全国新华书店
印　　刷：长沙市宏发印刷有限公司
出版日期：2013 年 9 月第 1 版　2013 年 9 月第 1 次印刷
开　　本：880mm×1230mm　1/32
印　　张：14.5＋15＋16
字　　数：1060 千字
书　　号：ISBN 978-7-5443-4988-8
定　　价：99.80 元

目　录

卷二十

僖公(二十四年之二十七年)

春秋 二十有四年春王正月。

附录左传 二十四年春，王正月，秦伯纳之(纳重耳也)，不书，不告入也。

及河，子犯以璧授公子，曰："臣负羁绁[1]从君巡于天下(羁，马络首。绁，马缰)，臣之罪甚多矣。臣犹知之，而况君乎？请由此亡。"公子曰："所[2]不与舅氏同心者，有如白水[3]。"(子犯，重耳舅也。诸言"有如"，皆是誓辞)投其璧于河(质信于河)。

济河，围令狐，入桑泉，取臼衰。(令狐，今山西猗氏县本有令狐城。桑泉，杜注：在河东解县西。今山西临晋县东有桑泉城。臼衰，杜注：解县东南有臼城。在今山西解州西北)二月甲午，晋师军于庐柳。(怀公遣军距重耳。庐柳，今山西猗氏县西北有庐柳城)秦伯使公子絷如晋师，师退，军于郇(晋师从秦命，纳文公，故退师。郇(xún)，杜注：解县西北有郇城。在今山西临晋县东北)。辛丑，狐偃及秦、晋之大夫盟于郇。壬寅，公子入于晋师。丙午，入于曲沃。丁未，朝于武宫[4](文公之祖武公庙)。戊申，使杀怀公于高粱(怀公奔高粱)。不书，亦不告也。

吕、郤畏逼[5](吕甥、郤芮，惠公旧臣，故畏为文公所逼害)，将焚公宫而弑晋侯[6]。寺人披请见，公使让[7]之，且辞焉(辞，不见)，曰："蒲城之役(在五年)，君命一宿，女[8]即至。其后余从狄君以田[9]渭滨，女为惠公来求杀余，命女三宿[10]，女中宿[11]至。虽有君命，何其速也。夫祛犹在(祛，披所斩文公衣袂也)，女其行乎。"对曰："臣谓君之入也，其知之[12]矣(知君人之道)。若犹未也，又将及难。君命无二[13]，古之制也。除君之恶，唯力是视[14]。蒲人、狄人,余何有焉?(当二君世,君为蒲、狄之人,于我有何义)今君即位,其无蒲、狄乎?齐桓公置射钩[15]而使管仲相(乾时之役,管仲射桓公,中带钩),君若易之,何辱命焉?(言若反,齐桓念旧恶,则已将自去耳,不须辱君命)行者甚众,岂唯刑臣[16]?"(披,奄人,故称刑臣)公见之,以难告(告吕、郤欲焚公宫)。三月,晋侯潜会秦伯于王城。己丑晦[17],公宫火,瑕甥、郤芮不获公,乃如河上,秦伯诱而杀之。晋侯逆夫人嬴氏以归(秦穆公女文嬴也)。秦伯送卫[18]于晋三千人,实纪纲之仆。(新有吕、郤之难,国未辑睦,故以兵卫文公。诸门户仆隶之事,皆秦卒共之,为之纪纲)

注释　①负羁绁:意为追随车前马后,为其驱使、服役。②所:若,假如。③有如白水:重誓词,意为有河神为证。④武宫:重耳祖父晋武公之庙。⑤吕、郤:指吕甥、郤芮。畏逼:畏惧晋文公逼迫。⑥晋侯:晋文公。⑦让:责备。⑧女:同"汝",你。⑨田:打猎。⑩三宿:三日。⑪中宿:过了第二个晚上。⑫知之:明智,晓得为君的道理。⑬无二:无二心。⑭唯力是视:言竭尽其力。⑮置射钩:把射钩一事放置一边。⑯刑臣:受过宫刑的小臣。⑰己丑晦:三十日,晦,每月最后一天。⑱卫:卫士。

初,晋侯之竖头须,守藏[1]者也。(头须,一曰里凫须。竖,左右小吏。《韩诗外传》云:文公亡,过曹,里凫须从,因盗重耳资而亡。重耳无粮,馁不能行,介子推割股以食重耳,然后能行)其出也,窃藏以逃,尽用以求纳之(求纳文公)。及入,求见,公辞焉以沐[2]。谓仆人曰:"沐则心覆[3],心覆则图反[4],宜吾不得见也。(沐则头低,故心反覆也)。居者为社稷之守,行者为羁绁之仆,其亦可也,何必罪居者?国君而仇匹夫,惧者甚众矣。"仆人以告,公遽见之(言文公弃小怨,所以能安众)。

狄人归季隗于晋而请其二子(二子,伯鯈、叔刘,请其进退之命)。文公妻[5]赵衰,生原同、屏括、楼婴(原、屏、接,三子之邑)。赵姬请逆盾与其母(赵姬,文公女也。盾,狄女叔隗之子),子余辞(子余,赵衰字)。姬曰:“得宠而忘旧,何以使人?必逆之!”固请,许之,来,以盾为才,固请于公以为嫡子,而使其三子下之,以叔隗为内子而已下之(卿之嫡妻为内子。皆非此年事,盖因狄人归季隗,遂终言叔隗)。

晋侯赏从亡者,介之推⑥不言禄,禄亦弗及。(介推,文公从亡微臣。之,语助)推曰:“献公之子九人,唯君在矣。惠、怀无亲,外内弃之。天未绝晋,必将有主。主晋祀者,非君而谁?天实置之,而二三子以为己力,不亦诬⑦乎?窃人之财,犹谓之盗,况贪天之功以为己力乎?下义其罪⑧,上赏其奸,上下相蒙(蒙,欺也),难与处矣!”其母曰:“盍亦求之⑨,以死谁怼⑩?”对曰:“尤⑪而效之,罪又甚焉,且出怨言,不食其食。⑫”(怨言,谓上下相蒙,难与处)其母曰:“亦使知之,若何?”(欲令推达言于文公)对曰:“言,身之文⑬也。身将隐,焉用文之?是求显也。”其母曰:“能如是乎?与女偕隐。”遂隐而死。晋侯求之,不获,以绵上为之田⑭,曰:“以志⑮吾过,且旌⑯善人。”(旌,表也。绵上,杜注:西河介休县南有地名绵上。今山西沁源县北有绵上关绵上城)

注释　①守藏:保管财物。②沐:洗头。③覆:反。④图反:意图颠倒。⑤妻:嫁,以女嫁人。⑥介之推:晋文公臣,又作介子推。⑦诬:欺骗。⑧下义其罪:下属把罪过视为合宜。义:宜。⑨求之:求赏。⑩怼(duì):怨恨。⑪尤:罪。⑫不食其食:不该吃其俸禄。⑬身之文:身体的装饰。⑭田:封田。⑮志:记。⑯旌:表彰。

春秋　夏,狄伐郑。

左传　郑之入滑也,滑人听命(入滑在二十年),师还又即卫。郑公子士泄①堵俞弥帅师伐滑(堵俞弥,郑大夫)。王使伯服、游孙伯②如郑请滑(二子,周大夫)。郑伯怨惠王之入而不与厉公③爵也(事在庄二十一年),又怨襄王之与[4]卫滑也(怨王助卫为滑请),故不听王命而执二子[5]。王怒,将以狄伐郑。富辰[6]谏曰:"不可。臣闻之,大上[7]以德抚民(无亲疏也),其次[8]亲亲以相及也(先亲以及疏,推恩以行义)。昔周公吊二叔之不咸[9],故封建亲戚以蕃屏周[10](吊,伤也。咸,同也。周公伤夏殷之叔,世疏其亲戚,以致灭亡,故广封其兄弟)。管、蔡、郕、霍、鲁、卫、毛、聃、郜、雍、曹、滕、毕、原、酆、郇,文之昭[11]也(十六国皆文王子也。管,杜注:管国。在荥阳京县东北,隋置管城县,今河南开封府郑州治废管城是也。毛,杜注:采邑。今河南宜阳县界。雍,杜注:雍国。在河内山阳县西。今河南修武县西有雍城。毕,杜注:毕国。在长安县西北,今陕西咸阳县北有毕原。酆,杜注:酆国。在始平鄠县东,今鄠县属西安府)。邘、晋、应、韩,武之穆也(四国,皆武王子。应,杜注:应国。在襄阳城父县西,今河南宝丰鲁山二县界有应城)。凡蒋邢茅胙祭,周公之胤也(胤,嗣也。蒋,杜注:在弋阳期思县。今河南尉氏县西有蒋城。茅,杜注:高平昌邑县西有茅乡。今山东金乡县西北有昌邑城,其西有茅乡,古茅国也。胙,杜注:东郡燕县西南有胙亭。今河南胙城县是也)。

注释 ①公子士泄:郑国宗室即郑文公子。②伯服、游孙伯:二人名,均为周大夫。③厉公:郑文公之父。④与:偏袒。⑤二子:指伯服和游孙伯。⑥富辰:周臣。⑦大上:为帝皇之世上圣之人。⑧其次:为三王以来之圣人。亲亲:亲近其亲族。⑨吊:伤感。二叔:指管叔,蔡叔。不咸:不同心,不和睦。⑩封建:分封建制。蕃屏周:为周作藩篱屏障。⑪文之昭:周文王之子。昭、穆,指儿子。

召穆公思周德之不类[1],故纠合宗族于成周而作诗(类,善。纠,聚也。召穆公,周卿士,名虎。召,杜注:穆公采地,扶风雍县东南有召亭,在今陕西凤头翔府境。《常棣》,诗属《小雅》),曰:'常棣之华,鄂不韡韡(常棣,棣也。鄂,鄂然。华,外发。不岂,不也。韡韡以喻兄弟和睦则强盛,而有光辉,韡韡然),凡今之人,莫如兄弟。'其四章曰:'兄弟阋于墙,外御其侮。'(阋(xì),讼争。貌言内虽不和,犹宜外扞异侯之侵侮)如是,则兄弟虽有小忿,不废懿②亲。今天子不忍小忿以弃郑亲,其若之何?庸勋③亲亲,昵近尊贤,德之大者也(庸,用也。昵,亲也)。即聋从昧,与顽用嚚④,奸之大者也。弃德崇奸,祸之大者也。郑有平、惠之勋⑤(平王东迁,晋、郑是依。惠王出奔,虢、郑纳之。是其勋也),又有厉、宣之亲(郑始封之祖桓公友,周厉王之子,宣王之母弟),弃嬖宠而用三良(七年杀嬖臣申侯,十六年杀宠子子华也。三良,叔詹、堵叔、师叔,所谓尊贤),于诸姬⑥为近(郑居河洛,道近当昵之),四德具矣。耳不听五声之和为聋,目不别五色之章为昧,心不则⑦德义之经为顽,口不道忠信之言为嚚,狄皆则之,四奸具矣。周之有懿德也,犹曰'莫如兄弟',故封建之。其怀柔天下也,犹惧有外侮,扞御⑧侮者莫如亲亲,故以亲屏周。召穆公亦云(周公诗,召公歌之。故言亦云)。今周德既衰,于是乎又渝周、召⑨以从诸奸,无乃不可乎?民未忘祸⑩,王又兴之(前有子颓之乱,中有叔带召狄,故曰民未忘祸),其若文、武何?"(言将废文、武之功业)王弗听,使颓叔、桃子出狄师(二子,周大夫)。

夏,狄伐郑,取栎。

王德⑪狄人,将以其女为后。富辰谏曰:"不可。臣闻之曰:'报者倦矣,施者未厌。'(有劳则望报过甚)狄固贪惏⑫(杀人而取财曰惏),王又启之,女德无极⑬,妇怨无终⑭(妇女之志,近之则不知止足,远之则忿怨无已。终,犹已也),狄必为患。"王又弗听。

注释　①召穆公:即召公虎,又称召伯虎,周厉王、宣王时大臣。不类:不善,衰微。②懿:美。③庸勋:作用有功者。④与顽:交结冥顽者。用嚚(yín):任用奸诈愚顽之人。⑤平、惠之勋:指周平王东迁,依靠郑而立国。周惠王因王子颓之乱出奔,也由郑返回。⑥诸姬:姬姓诸国。⑦不则:不遵循,不效法。⑧

扞(hàn)御:捍卫,抵御。⑨渝周、召:改变周公、召公的做法。渝,变。⑩民未忘祸:指王子带勾结狄人带给周人的祸难。⑪德:此作动词。感激。⑫惏(lán):同“婪”。⑬女德无极:女人求其所得无止境。⑭妇怨无终:妇女欲望不得满足,则怨无终止。

初,甘昭公有宠于惠后[①](王子带食邑于甘,杜注:河南县西南有甘水。今河南洛阳县,即河南县也,县西南有甘城,甘水在焉),惠后将立之,未及而卒。昭公奔齐(在十二年),王复之(在二十二年),又通于隗氏[②](隗氏,王所立狄后)。王替隗氏(替,废也)。颓叔、桃子曰:“我实使狄,狄其怨我。”遂奉太叔,以狄师攻王。王御士[③]将御之(《周礼》,王之御士十二人)。王曰:“先后[④]其谓我何(先后,惠后。诛太叔,恐违先后志)?宁使诸侯图之。王遂出。及坎欿,国人纳之(坎欿(kǎn),杜注:周地。在河南巩县东)。

秋,颓叔、桃子奉太叔,以狄师伐周,大败周师,获周公忌父、原伯、毛伯、富辰(原、毛,皆采邑)。王出适郑,处于氾[⑤](氾,杜注:郑南氾也,在襄城县南。今属河南开封府)。太叔以隗氏居于温。

解义 郑在畿内[⑥],王所倚毗[⑦]。颓叔、桃子将欲叛王,故先以狄伐郑,盖为叔带谋也。伐郑,果出王意,则是年冬王出居于郑。伐焉,而又依之,非情也。左氏所传未可尽信。

注释 ①甘昭公:即王子带,周惠王子,周襄王之弟,封于甘,昭为其谥号。惠后:襄王、王子带之母。②通:通奸。隗(wěi)氏:周襄王新娶狄女,立为王后。③王御士:襄王之侍卫亲兵。④先后:其母惠后。⑤氾(fàn):地名,在现今河南省襄城县南一带,因周襄王曾出居于此,故名为襄城。⑥畿(jī)内:古称王都及其周围千里以内的地区。⑦倚毗:指倚重亲近。

附录左传 郑子华之弟子臧出奔宋(十六年杀子华故),好聚鹬冠(鹬(yù),鸟名。聚鹬羽以为冠,非法之服)。郑伯闻而恶之,使盗诱之。八月,盗杀之于陈、宋之间。君子曰:"服之不衷[1],身之灾也(衷,犹适也)。《诗》曰:'彼己之子,不称其服。'(《诗·曹风》刺小人在位,德不称其服)子臧之服,不称也夫。《诗》曰:'自诒伊戚',其子臧之谓矣。(《诗·小雅》言其自取忧)《夏书》曰:'地平天成[2]',称也。"(《夏书·大禹谟》:"地平其化,天成其施,上下相称为宜。")宋及楚平。宋成公如楚,还入于郑。郑伯将享之,问礼于皇武子(皇武子,郑卿)。对曰:"宋,先代之后也,于周为客,天子有事膰[3]焉(有事祭宗庙也。膰,祭肉。尊之,故赐以祭胙),有丧拜焉(宋吊周丧,王特拜谢之),丰厚可也。"郑伯从之,享宋公有加[4],礼也。

春秋　秋七月。

春秋　冬,天王出居于郑。

左传　冬,王使来告难曰:"不谷不德,得罪于母弟之宠子带,鄙[5]在郑地汜(鄙,野也),敢告叔父。"(天子谓同姓诸侯曰叔父)臧文仲对曰:"天子蒙尘于外,敢不奔问官守(官守,王之群臣)?"王使简师父告于晋,使左鄢父告于秦(二子,周大夫)。天子无出,书曰"天王出居于郑",辟母弟之难也。天子凶服降名[6],礼也(凶服,素服。降名,称不谷)。郑伯与孔将鉏、石甲父、侯宣多省视官具于汜(三子,郑大夫。省官司具器用),而后听其私政,礼也(得先君后已之礼)。

公羊传　王者无外,此其言出何?不能乎母也。鲁子曰:"是王也,不能乎母者,其诸此之谓与。"

穀梁传　天子无出。出,失天下也。居者,居其所也。虽失天下,莫敢有也。(虽实出奔,而王者无外,王之所居,诸侯不敢有之以为国)。

解义　天王居于狄泉[7],不书出者,虽去[8]京师,犹在畿内也。此则去畿内,而越[9]在诸侯之国,故书出。出而曰居者,天子以天下为家,王出在郑,则郑伯莫敢私其地,故曰居。

注释 ①不衷:不合适。②地平天成:大地平静,上天成全。③膰(fán):宗庙祭肉,此用作动词,即致胙于宋。④有加:正礼外又有所加。⑤鄙:野居,僻居。⑥降名:天子当自称余一人,不谷是诸侯自称,周天子用不谷自称,是降低自己的名分。⑦狄泉:今河南省洛阳市。⑧去:逃离。⑨越:越界,越境。

春秋 晋侯夷吾卒。

解义 据《左氏》,晋惠公卒以二十三年九月。先儒谓文公定位而后告丧,鲁史即告时书之。《传》所据他国之史,故《经》、《传》年、月各异,义亦可通。

附录左传 卫人将伐邢,礼至曰:"不得其守,国不可得[①]也。(礼至,卫大夫。守,谓邢正卿国子)我请昆弟[②]仕焉。"乃往,得仕。(为明年灭邢传)

春秋 二十有五年春王正月,丙午,卫侯毁灭邢。

左传 二十五年春,卫人伐邢,二礼从国子[③]巡城(二礼,礼至兄弟),掖以赴外(掖,持臂也。谓执持其臂,投之城外也),杀之。正月丙午[④],卫侯毁灭邢,同姓也,故名。礼至为铭[⑤]曰:"余掖杀国子,莫余敢止[⑥]。"(恶其不知耻诈,以灭同姓,而反铭功于器)。

公羊传 卫侯毁何以名?绝。曷为绝之?灭同姓也。

穀梁传 毁之名何也?不正其伐本而灭同姓也。(绝先祖支体,故谓之伐本)

解义 邢、卫近族,又皆齐桓所存之亡国也。卫侯忘旧德,以伐齐丧,反怒邢救齐,至使其臣设诈行险以戕灭之,绝先祖之裔,无人理矣。故生而名之。

注释 ①不得其守,国不可得:不除去邢国守官,就不能得到邢国。②昆弟:兄弟。③国子:邢国大臣。④丙午:二十日。⑤为铭:于器具上铭刻其功。⑥莫余敢止:莫敢止余的倒装。

春秋 夏四月癸酉,卫侯毁卒。

春秋 宋荡伯姬来逆[1]妇。

公羊传 宋荡伯姬者何?荡氏之母也(荡氏,宋世大夫)。其言来逆妇何?兄弟辞也。其称妇何?有姑之辞也。(宋、鲁之间,名结婚姻为兄弟。称妇者,见姑之辞)

穀梁传 妇人既嫁不逾竟[2]。宋荡伯姬来逆妇,非正也。其曰妇何也?缘姑言之之辞也。

解义 伯姬,鲁君之女,而配荡氏,其嫁不见於《经》,国君不与大夫敌[3],故不书於策也。今来逆妇,而《经》书之,见僖公失礼,自主大夫之婚,上下之分乱矣。妇人不专行,姑自逆妇,非礼也,盖交讥之。

注释 ①逆:迎接。②竟:同"境"。③敌:相当。

春秋 宋杀其大夫。

公羊传 何以不名?宋三世无大夫,三世内娶也。(礼,不臣妻之父母)

穀梁传 其不称名姓,以其在祖之位,尊之也。

解义 义系於杀,则止[1]书其官,不纪[2]名氏。公羊氏以为内娶,非也。君娶一卿之女,何得一国之内悉无大夫?且既称大夫,则非无大夫明甚。穀梁氏又以为讳祖之名,然《春秋》国史,礼无私讳,其说亦非也。盖因鲁史记旧文,而不能益[3]尔。

注释 ①止:仅。②纪:记录。③益:增加。

附录左传 秦伯师于河上,将纳王。狐偃言于晋侯曰:"求诸侯[1],莫如勤王(勤,纳王也)。诸侯信之,且大义也。继文[2]之业而信宣于诸侯,今为可矣。"(晋文侯仇为平王侯伯,匡辅周室)

使卜偃卜之,曰:"吉。遇黄帝战于阪泉之兆。"(黄帝与神农之后姜氏战于阪泉之野,胜之。今得其兆,故以为吉)公曰:"吾不堪也。"对曰:"周礼未改。今之王,古之帝也。"(言周德虽衰,其命未改。今之周王自当帝兆，不谓晋）公曰："筮之。"筮之，遇《大有》䷍（乾下离上，大有）之《睽》䷥[3]（兑下离上睽。大有九三变而为睽），曰："吉。遇'公用享于天子'之卦也。（大有九三爻辞也。三为三公而得位，变而为兑，兑为说，得位而说，故能为王所宴飨）战克而王飨，吉孰大焉（言卜筮协吉），且是卦也，天为泽以当日[4]，天子降心[5]以逆公，不亦可乎？（乾为天，兑为泽，乾变为兑而上当离。离为日，日之在天，垂曜在泽；天子在上，说心在下，是降心逆公之象）《大有》去《睽》而复[6]，亦其所也。"（言去睽卦还论大有，亦有天子降心之象。乾尊离卑，降尊下卑，亦其义也）

晋侯辞秦师而下（辞，让。秦师使还。顺流故曰下）。三月甲辰[7]，次于阳樊[8]。右师围温（太叔在温故），左师逆王。夏四月丁巳[9]，王入于王城，取太叔[10]于温，杀之于隰城[11]。

戊午[12]，晋侯朝王，王飨醴，命之宥。请隧[13]，弗许（阙地通路曰隧，王之葬礼也。诸侯皆县柩而下），曰："王章[14]也。未有代德而有二王[15]，亦叔父之所恶也。"与之阳樊、温、原、欑茅之田。晋于是始启南阳（四邑在晋山南、河北，故曰南阳）。

阳樊不服，围之。仓葛呼曰（仓葛，阳樊人）："德以柔中国，刑以威四夷，宜吾不敢服也。此[16]谁非王之亲姻，其俘之也！"乃出其民（取其土而已）。

注释　①求诸侯：指求得诸侯拥护。②文：指晋文公，曾经帮助平王东迁，匡扶周室。③《大有》：六十四卦之一，卦象为乾下离上。《睽》：六十四卦之一，卦象为兑下离上。④天为泽以当日：指大有卦下卦为乾，乾为天；变为兑卦，兑为泽。而大有卦上卦为离，离为日；离卦未变，于大有卦，居乾之上，于睽卦，居兑之上，故称当日。⑤降心：降格，乾为天而在离日之下，故称天子降心。⑥《大有》去《睽》而复：指《大有》变为《睽》而终将回到《大有》。因天子"富有四海"，才能称为《大有》，意为天子将复位。⑦甲辰:十九日。⑧阳樊:在今河南省济源县东南。⑨丁巳:初三日。⑩太叔:即王子带。⑪隰(xí)城:地名,位于河南省武陟县境。⑫戊午:四月四日。⑬请隧:请求死后用隧葬。隧葬为古代天子葬礼。⑭王章:王者所享的典章礼制。⑮代德:取代周室之德。二王:两个天子,指诸侯用天子的葬礼。⑯此:指阳樊,即在阳樊的人,均为天子的亲戚。

春秋　秋,楚人围陈,纳顿子于顿[①]。

左传　秋,秦、晋伐鄀(鄀,杜注:本在商密,秦楚界上小国,其后迁于南郡鄀县。今河南淅川县西有丹水故城,古鄀国也)。楚斗克、屈御寇以申、息之师戍商密(斗克,申公子仪。屈御寇、息公子边,皆楚大夫。商密,杜注:鄀别邑。在南乡丹水县。戍,守也。二子屯兵于析,以为商密援)。秦人过析隈[②],入而系舆人[③]以围商密,昏而傅[④]焉(析,杜注:楚邑。一名白羽。今河南内乡县即其地也。隈,隐蔽之处。系缚舆人,诈为克析得其囚俘者。昏而傅城,不欲令商密知囚非析人)。宵[⑤],坎血加书[⑥],伪与子仪、子边盟者。(掘地为坎,以埋盟之馀血,加盟书其上)商密人惧曰:“秦取析矣,戍人反矣。”乃降秦师。秦师囚申公子仪、息公子边以归。楚令尹子玉追秦师,弗及(不复言晋者,秦为兵主),遂围陈,纳顿子于顿。

公羊传　何以不言遂?两之也。

穀梁传　纳者,内弗受也。围,一事也。纳,一事也。而遂言之,盖纳顿子者陈也(围陈,使纳顿子)。

解义　顿子迫於陈而奔,楚人围陈以纳之,故不言遂,明其本一事也。诸侯不能保恤[⑦]小寡,反使荆楚假义以操废置[⑧]之权,此《传》所以闵[⑨]无霸与。凡国君失地出奔则名,他国纳之则不名,以诸侯不得相名也。

注释　①顿:姬姓国。公元前496年为楚所灭。其地在今河南省项城市南顿故城。②隈:河水弯曲处。③舆人:众人。④

昏而傅：黄昏而逼近城下。⑤宵：夜里。⑥坎血：掘地为坎。杀牲取血以告神，即歃血。加书：即将盟书放在上面。⑦恤：怜悯。⑧废置：指废灭和建立；撤消和设立。⑨闵：同"悯"，怜恤，哀伤。

春秋 葬卫文公。

附录左传 冬，晋侯围原（原亦如阳樊不服故），命三日之粮。原不降，命去之。谍[①]出（谍，间也），曰："原将降矣。"军吏曰："请待之。"公曰："信，国之宝也，民之所庇[②]也，得原失信，何以庇之？所亡滋多[③]。"退一舍[④]而原降。迁原伯贯于冀（伯贯，周守原大夫也）。赵衰为原大夫，狐溱为温大夫（狐溱，狐毛之子）。

春秋 冬十有二月癸亥，公会卫子、莒庆盟于洮（洮，杜注：鲁地。孔氏颖达曰："八年盟于洮。"杜注：曹地。三十一年鲁始得曹田。此时不得为鲁地。注误耳）。

左传 卫人平[⑤]莒于我，十二月，盟于洮，修卫文公之好，且及莒平也。（莒以元年郦之后怨鲁，卫文公将平之，未及而卒。成公追成父志，故曰修文公之好）。

穀梁传 莒无大夫，其曰莒庆何也？以公之会目之也。

解义 卫欲平莒於鲁，故为会于洮，称卫子，丧未逾年也。莒子不至，盖疑鲁未肯平，故先以大夫听命。小国之大夫不名，而莒庆名，以事接[⑥]於我。旧史称名，孔子仍而不革[⑦]也。

注释 ①谍：间谍。②庇：庇佑，保护。③所亡滋多：所失去的更多。④舍：一舍三十里。⑤平：调解使和好。⑥接：接触。⑦革：改变。

附录左传 晋侯问原守于寺人勃鞮（勃鞮（dī），披也），对曰："昔赵衰以壶飧从径[①]，馁[②]而弗食。"（言其廉且仁，不忘君也。径，犹行也）。故使处原。

春秋 二十有六年春王正月，己未，公会莒子、卫宁速盟于向(速,《公羊》作遬,后同。宁速,卫大夫庄子也。向,杜注:莒地。冢宇记曰:莒州南有向城。今属山东青州府)。

左传　二十六年春,王正月,公会莒兹丕公(兹丕,时君之号。莒,夷,无谥,以号为称)、宁庄子盟于向③,寻洮之盟也(洮盟在前年)。

穀梁传　公不会大夫,其曰宁速何也?以其随莒子,可以言会也。

解义　洮之盟,莒、鲁平矣。以莒子不亲至,复为是会以成之。二国既通,故卫侯不会,使大夫即事以质信而已。凡书盟者,恶之,此无贬辞者,逾月再盟,比书之而义自见矣。

注释　①飧(sūn):水泡饭,装在壶里,所以叫壶飧。径:行。②馁:饥饿。③向:莒地名。

春秋　齐人侵我西鄙①,公追齐师,至酅,弗及。(酅,《公羊》、《穀梁》皆作巂。酅杜注:齐地,济北谷城县西有地名酅下。今山东东阿县西南有酅下聚)

左传　齐师侵我西鄙,讨是二盟②也(讨鲁与卫、莒为洮、向之盟)。

公羊传　其言至巂弗及何?侈也(侈,大也。大公却强齐之兵)。

穀梁传　人,微者也。侵,浅事也。公之追之,非正也。至巂,急辞也。弗及者,弗与也(弗与战也),可以及而不敢及也。其侵也曰人,其追也曰师,以公之弗及大之也。弗及,内辞也(弗及者,若曰我自不及耳,非齐不可及)。

解义　凡追师在境内,则讥其不豫③,追戎于济西是也。在境外,则讥其深入④,追齐师至酅是也。弗者,迁⑤辞也,有畏而弗敢及之也。齐、鲁私愤之兵,均为不义,然先儒谓书人为罪齐,非也。自隐⑥以来,凡以兵加我,君、大夫皆书人。君将书君,自文[7]十五年齐懿公始；大夫将书大夫，自襄[8]七年齐高厚始。至郑、莒小国，则终《春秋》恒书人，凡此皆旧史之文，孔子所不能易者也。又谓前书齐人，是见其弱以诱鲁，后书齐师是伏其众以邀鲁，亦非也。城濮、柏举皆战，书楚人败，书楚师则其义不可通矣。

注释 ①西鄙：西方的边邑。鄙，边邑，边境。西鄙：西方的边邑。鄙，边邑，边境。②二盟：指鲁与莒、卫在洮与向的二次盟会。③不豫：不事先预备。④深入：进入到内部或中心。⑤迁：迁避，迁移逃避。⑥隐：鲁隐公。⑦文：鲁文公，即姬兴，为春秋时代鲁国的第十九任君主。⑧襄：鲁襄公。

春秋 夏，齐人伐我北鄙[1]。

春秋 卫人伐齐。

左传 夏，齐孝公伐我北鄙。卫人伐齐（卫救鲁，故伐齐），洮之盟故也。公使展喜犒师[2]（展喜，鲁大夫。使劳齐师），使受命于展禽[3]（展禽，食邑柳下，谥曰惠）。齐侯未入竟[4]，展喜从之，曰："寡君闻君亲举玉趾，将辱于敝邑[5]，使下臣犒执事[6]。"齐侯曰："鲁人恐乎？"对曰："小人恐矣，君子则否。"齐侯曰："室如县罄[7]，野无青草，何恃而不恐？"（时夏四月，今之二月，野物未成，故言居室而资粮县尽，在野则无蔬食之物，所以当恐）对曰："恃先王之命。昔周公、大公股肱周室，夹辅成王。成王劳之而赐之盟，曰：'世世子孙，无相害也。'载在盟府[8]（载，载书也），大师职之[9]（职，主也）。桓公是以纠合诸侯而谋其不协，弥缝其阙而匡救其灾，昭旧职[10]也。及君即位，诸侯之望曰：'其率桓之功[11]。'我敝邑用不敢保聚[12]（用此旧盟，故不聚众保守），曰：'岂其嗣世[13]九年而弃命废职，其若先君何？'君必不然。恃此以不恐。"齐侯乃还。

解义 卫平莒、鲁，为洮向之盟，齐何与焉乃连兴侵伐之师？非义甚矣。二盟，乃卫人平莒於鲁，故为鲁报[14]齐，然亦无名之师也。

注释　①北鄙:北方边境地区。②犒师:以酒肉食品犒劳军队。③展禽:鲁大夫,名获,字禽。一说食邑于柳下,说居于柳下,故又称柳下惠。为春秋时有名的贤人。④竟:同“境”。⑤辱于敝邑:谦词,即屈尊光临敝国。⑥执事:指左右侍从。⑦室如县罄:即一无所有。县同“悬”。罄,同“磬”。⑧载:即盟约。盟府:收藏盟约的府库。⑨大师:太史。职:主管。⑩昭旧职:发扬太公辅佐周室的固有职责。⑪率桓之功:遵循桓公的功业。率:循。⑫用:因。保聚:保城聚众。⑬其嗣世:齐桓公后继之君,即孝公。⑭报:报复。

春秋　公子遂如楚乞[①]师(书乞师始此)。

左传　东门襄仲、臧文仲如楚乞师(襄仲,公子遂,居东门,故以为氏。臧文仲为襄仲副使,故不书),臧孙见子玉而道之伐齐[②]、宋,以其不臣也(言其不臣事周室,可以此罪责而伐之)。

公羊传　乞师者何?卑辞也。曷为以外内同若辞?重师也。曷为重师?师出不正,反战不正,胜也(正,预期也)。

穀梁传　乞,重辞也。何重焉?重人之死也,非所乞也。师出不必反,战不必胜,故重之也。

解义　书乞,卑辞也。荆楚僭王陵暴[③]列国,僖公不忍齐人侵伐之怨,乃自屈於楚,乞师以报齐,是犹揖盗[④]以困邻也,害义孰大焉?

注释　①乞:请求,求援。②臧孙:即臧文仲。道:引导、带领。③僭王:越分称王。陵暴:轻侮。④揖盗:指引进坏人。

春秋　秋,楚人灭夔,以夔子归(夔,《公羊》作隗。杜注:楚同姓国,建平秭归县。湖广《归州志》云:州西南有夔子城,地名夔沱)。

左传　夔子不祀祝融与鬻熊(祝融,高辛氏之火正,楚之远祖也。鬻(yù)熊,祝融之十二世孙。夔,楚之别封,故亦世绍其祀),楚人让[①]

之,对曰:“我先王熊挚有疾,鬼神弗赦而自窜于夔。(熊挚,楚嫡子,有疾不得嗣位,故别封为夔子)吾是以失楚,又何祀焉?”秋,楚成得臣、斗宜申帅师灭夔,以夔子归。(成得臣,令尹子玉。斗宜,申司马子西)

穀梁传 夔,国也。不日[2],微国也。以归,犹愈乎执也。

解义 《春秋》凡灭国,以其君归者,无不名,夔子何以不名?诸侯之祀不过其祖,夔祖熊挚,其不祀祝融、鬻熊,礼也。以是见灭,实非其罪,故特宽假[3]之。不日,赴告阙也。

注释 ①让:责备。②不日:不载日期。③宽假:宽容。

春秋 冬,楚人伐宋,围緡(缗,《穀梁》作闵)。

左传 宋以其善于晋侯[1]也(重耳之出,宋襄公赠马二十乘),叛楚即晋。冬,楚令尹子玉、司马子西帅师伐宋,围缗。

公羊传 邑不言围,此其言围何?刺[2]道用师也(时以师与鲁,未至,又道用之,恶其轻民命,不仁之甚也)。

穀梁传 伐国不言围邑,此其言围何也?以吾用其师目其事也,非[3]道用师也(楚人为鲁伐齐,而中道更伐宋,故伐围兼书,所以责楚)。

解义 前年,宋公忘仇即[4]楚,今复从晋,能徙义[5]矣。楚遂伐其国,而围其邑,备书之以著其横[6],兼罪[7]鲁之召寇也。

注释 ①善于晋侯:宋曾与晋文公相友善。②刺:讽刺。③非:责怪。④即:靠近。⑤徙义:指见义即改变意念而从之。⑥其:指楚国。横:横行霸道。⑦罪:责备,责怪。

春秋 公以楚师伐齐,取谷。公至自伐齐。

左传 公以楚师伐齐,取谷。凡师能左右之曰以(左右,谓进退在己)。置桓公子雍于谷,易牙奉之以为鲁援(雍本与孝公争立,故使居谷以逼齐)。楚申公叔侯戍之(为二十八年楚子使申叔去谷张本)。桓公之子七人,为七大夫于楚(言孝公不能抚公族)。

公羊传　此已取谷矣,何以致伐?未得乎取谷也(未可谓得意于取谷)。曷为未得乎取谷?曰:“患之起,必自此始也。”(鲁内虚而外乞师,以犯强齐,会齐侯昭卒,晋文行霸,幸而得免)

穀梁传　以者,不以者也。民者,君之本也。使民以其死,非其正也。恶事不致,此其致之何也?危之也。

解义　以楚师伐齐,取谷,置戍,以逼之,不待贬而罪见矣。而僖公方自以为得告至而策勋①焉,岂非失其本心与?

注释　①策勋:把功勋记载在简策上。

春秋　二十有七年春,杞子来朝。

左传　二十七年春,杞桓公来朝,用夷礼,故曰子。公卑杞,杞不共①也。

解义　杞称子,时王所黜②也。《春秋》有褒贬,而无黜陟③,《传》谓公卑杞,似谓旧史称子。果旧史变易王爵,孔子岂仍其非而不革④乎?

注释　①共:同“恭”。②黜:降职或罢免。③黜陟:指官吏的升降。④革:改变。

春秋　夏六月庚寅,齐侯昭①卒。

左传　夏,齐孝公卒。有齐怨(前年齐再伐鲁),不废丧纪(丧纪,丧事之总名),礼也。

解义　齐桓既殁②,诸侯犹思其德,孝公不能继志述事,乃盟楚、狄,伐宋及鲁、卫,为谋不远,霸业遽隳③,惜哉!

注释　①齐侯昭:即齐孝公,前642年至前633年在位。②殁(mò):死。③遽(jù):立刻。隳(huī)毁坏,崩毁。

春秋　秋八月乙未,葬齐孝公。

解义　三月而葬,非礼也。鲁有齐怨①,而会②其君之葬,岂非去古未远,犹秉周礼之验③与?

注释　①怨:怨恨。②会:会合,参与。③验:验证,证明。

春秋 乙巳，公子遂[1]帅师入杞（八月无乙巳；乙巳，九月六日）。

左传 秋，入杞，责无礼也（以来朝不共故）。

解义 杞、鲁，甥舅之国，伯姬在焉。方来朝，而帅师入之，凭弱犯寡[2]，不义甚矣。鲁自季友卒，公子遂用事[3]，乞楚师以仇齐，今又入杞，背旧弃亲，结憾四邻，僖公之末造[4]无一可观者，憸人[5]之害政，於此可见矣。

注释 ①公子遂：鲁国大夫。②凭弱犯寡：指侵凌势单力弱者。凭，侵扰。③用事：指当权。④末造：指末世，末期。⑤憸（xiān）人：小人，奸佞的人。

春秋 冬，楚人、陈侯、蔡侯、郑伯、许男围宋。

左传 楚子将围宋，使子文治兵[1]于睽（子文时不为令尹，故云使治兵，习号令也。睽，楚邑），终朝而毕[2]，不戮一人（子文欲委重于子玉，故略其事）。子玉复治兵于蔿（子玉为令尹故。蔿，亦楚邑），终日而毕，鞭七人，贯三人耳[3]（以矢穿其耳）。国老[4]皆贺子文（贺子玉堪其事），子文饮之酒。蔿贾尚幼，后至，不贺（蔿贾，伯嬴，孙叔敖之父）。子文问之，对曰："不知所贺。子之传政于子玉，曰：'以靖国也。'靖诸内而败诸外，所获几何？子玉之败，子之举也。举以败国，将何贺焉？子玉刚而无礼，不可以治民。过三百乘，其不能以入[5]矣（三百乘，二万二千五百人）。苟入而贺，何后之有？"

冬，楚子及诸侯围宋，宋公孙固[6]如晋告急。先轸曰（先轸，原轸也）："报施救患，取威定霸，于是乎在[7]矣。"狐偃曰："楚始得曹而新昏于卫，若伐曹、卫，楚必救之，则齐、宋免矣。"（前年楚使申叔戍谷以逼齐）于是乎蒐[8]于被庐（被庐，晋地），作三军（闵元年，晋献公作二军，今复增一军）。谋元帅（元帅，中军帅）。赵衰曰："郤縠[9]可。臣亟[10]闻其言矣，说《礼》、《乐》而敦[11]《诗》、《书》。《诗》、《书》，义之府[12]也。《礼》、《乐》，德之则也。德义，利之本也。《夏书》曰:'赋纳以言,明试以功,车服以庸[13]。'(《尚书·虞夏书》也。赋,犹取也。庸,功也。取纳以言,观其志也;明试以功,考其事也;车服以庸,报其劳也)。君其试之。"及使郤縠将中军,郤溱佐之;使狐偃将上军,让于狐毛,而佐之(狐毛,偃之兄);命赵衰为卿,让于栾枝、先轸(栾枝,贞子也,栾宾之孙)。使栾枝将下军,先轸佐之。荀林父御戎(荀林父,中行桓子),魏犨准为右。

注释　①子文:前令尹。治兵:此指临战前的军事演习。②终朝:一个早上,即从旦至食时。③贯耳:用箭穿耳。④国老:离任的国家的卿大夫等官员。⑤入:率全军回国。⑥公孙固:宋庄公之孙。⑦于是乎在:"在于是乎"的倒装。⑧蒐(sōu):检阅军队。⑨郤縠(hú):晋臣。⑩亟:多次。⑪说:同"悦"。敦:治。⑫府:府库。⑬明试以功:根据功迹考察其能力。车服以庸:用车马、衣服的等次酬报其功绩的大小。

晋侯始入而教其民,二年,欲用之[①](二十四年入国)。子犯曰:"民未知义,未安其居。"(无义则苟生)于是乎出定襄王[②](二十五年定襄王,以示事君之义),入务利民,民怀生[③]矣,将用之。子犯曰:"民未知信,未宣其用(宣,明也,未明于见用之信)。"于是乎伐原以示之信(伐原在二十五年)。民易资者不求丰焉,明征其辞。(民以货物易资财者,不诈以求多,明定其辞,不二价,重言信也)公曰:"可矣乎?"子犯曰:"民未知礼,未生其共[④]。"于是乎大蒐[⑤]以示之礼(蒐,颐少长,明贵贱),作执秩以正其官[⑥](执秩,主爵秩之官),民听不惑而后用之。出谷戍,释宋围(楚子使申叔去谷,子玉去宋),一战而霸[⑦],文[⑧]之教也。(谓明年城濮之战)

公羊传　此楚子也其称人何?贬。曷为贬?为执宋公贬,故终僖之篇贬也。

穀梁传　楚人者,楚子也。其曰人何也?人楚子,所以人诸侯也。其人诸侯何也?不正其信夷狄而伐中国[⑨]也。

解义 《传》称楚子及诸侯围宋，十二月公会诸侯盟于宋，就[10]楚子而受盟也，然则楚子在师明矣。其书楚人，以明年晋兴楚屈故。旧史以公之就见楚子为讳，而书人也。先儒谓书人为贬，书爵为褒，观楚穆、楚灵之侵伐，皆书爵，则其义不通矣。

注释 ①用之：用民于征伐之事。②定襄王：指僖公二十五年晋侯出兵帮助周襄王复位之事。③怀生：安于生计。④共：同"恭"。⑤大蒐：大规模的阅兵。⑥作：开始设置。正其官：使国家官吏的设置合于正规。⑦一战而霸：指明年城濮之战，晋获大胜而为诸侯霸主。⑧文：晋文公。⑨中国：中原。⑩就：迁就。

春秋 十有二月甲戌，公会诸侯，盟于宋。

解义 鲁方亲楚，故往会盟，楚子主盟，而曰会诸侯，讳公从楚，亦不与楚以主盟也。

卷二十一

僖公(二十八年)

春秋　二十有八年春,晋侯侵曹,晋侯伐卫。

左传　二十八年春,晋侯将伐曹,假道于卫(曹在卫东故),卫人弗许。还,自南河[①]济(南河,杜注:从汲郡南渡,出卫南而东。《水经注》河水迳东,燕县故城北有棘津之名,即此也。棘津,在今河南汲县南)。侵曹伐卫。正月戊申[②],取五鹿[③]。二月,晋郤縠卒。原轸将中军,胥臣佐下军,上德[④]也(先轸以下军佐超将中军,故曰上德)。晋侯、齐侯盟于敛盂[⑤](敛盂,杜注:卫地。今直隶开州东南敛盂聚是也。齐侯以谷戍之迫,故从晋求援)。卫侯请盟,晋人弗许。卫侯欲与楚,国人不欲,故出其君以说[⑥]于晋。卫侯出居于襄牛[⑦](襄牛,杜注:卫地。今属河南归德府)。

公羊传　曷为再言晋侯?非两之也。然则何以不言遂?未侵曹也。未侵曹则其言侵曹何?致其意也。其意侵曹,则曷为伐卫?晋侯将侵曹,假涂[⑧]于卫,卫曰不可得,则固将伐之也。(言欲侵曹,而因卫之不肯假途,遂伐卫。则尚未侵曹,而推其意,故两书之也)

穀梁传　再称晋侯,忌也。(以修曹、卫之宿怨,故再称晋侯以刺之)

解义　齐桓因蔡溃而伐楚,故言遂;此则侵曹既反[⑨],而后伐卫,故再言晋侯,皆各据事之实而书之,非褒贬所系也。晋文之兴,其势与齐桓异,齐桓之时,楚虽间[⑩]犯上国,犹无远图,故合诸侯正问罪之名,以求其服[⑪]而已。晋文之时,则陈、蔡、郑、许久服於楚,且与之联兵以围宋,又戍谷以逼齐,非大挫其锋,楚祸不息。而楚子入居於申,使子玉去宋,非侵曹、伐卫,多方以激之,无由致楚而与之战。先儒乃专罪晋侯之报怨,且谓宜[12]先伐陈、蔡、郑、许,曹、卫自服,皆昧[13]於情实之论也。

注释 ①南河:即南津,又称棘津、济津、石济津,在现今河南省淇县之南一带,延津县之北部。②戊申:初九日。③五鹿:卫地,在河南省濮阳县南部。④上德:即尚德,崇尚德行。⑤敛盂:卫地名,在现今的河南省濮阳县东南部。⑥出:赶走。说:同“悦”。⑦襄牛:卫地,在今山东省范县境内。⑧假涂:同“假途”。借路。⑨反:同“返”。返回。⑩间:间或,断断续续。⑪服:服从,顺服。⑫宜:当然。⑬昧:违背。

春秋 公子买[1]戍卫,不卒戍[2],刺之。

左传 公子买戍卫(晋伐卫,卫,楚之昏姻,鲁欲与楚,故戍卫),楚人救卫,不克。公惧于晋,杀子丛以说焉(子丛,公子买字)。谓楚人曰:“不卒戍也。”(诈告楚人之词,杀子丛在楚救卫下,《经》在上者救卫之赴后至)

公羊传 不卒戍者何?不卒戍者,内辞也,不可使往也。不可使往则其言戍卫何?遂公意也(以不可使之事使其臣,故为公讳言,使若臣不遵君命者然)。刺之者何?杀之也。杀之则曷为谓之刺之?内讳杀大夫,谓之刺之也(有罪无罪,皆不得专杀,故讳杀言刺之)。

穀梁传 先名后刺,杀有罪也。公子启曰:“不卒戍者,可以卒也。可以卒而不卒,讥在公子也,刺之可也。”(公子启,鲁大夫)

解义 内杀大夫曰刺,刺未有书其故者,而曰不卒戍,刺之,所以见其辞之不直情之甚私。买之死,实非其罪,不止於专杀大夫而已也。公既附[3]楚,遣买戍卫,又惧晋而杀之,诡辞[4]以谢[5]楚。政刑[6]如此,其能国乎?

注释 ①公子买:鲁国宗室,字子丛。②不卒戍:驻守不满期。③附:依附。④诡辞:说假话,敷衍搪塞。⑤谢:告诉。⑥政刑:政令和刑罚。

春秋　楚人救卫。

解义　《春秋》凡书救者皆善,此书救,非善楚也。见晋伐所必救,能致楚人分围宋之师以出而战克取威[1],正[2]其谋之谲[3]也。故曰:"比事属辞[4],《春秋》之教。"

注释　①取威:取得威望。②正:同"证"。③谲:谲诈,谲诡狡诈。④比事属辞:原指连缀文辞,排比事实,记载历史。后泛称作文纪事。

春秋　三月丙午,晋侯入曹,执曹伯。畀[1]宋人。

左传　晋侯围曹,门焉[2],多死[3](攻曹城门),曹人尸诸城上,晋侯患之,听舆人[4]之谋曰:"称舍于墓[5]。"(舆,众也。舍墓,为将发冢)师迁焉,曹人凶惧(凶凶,恐惧声),为其所得者棺而出之(欲加礼晋师,以免发冢之祸),因其凶也而攻之。三月丙午[6],入曹。数之[7],以其不用僖负羁而乘轩者[8]三百人也。且曰:"献状[9]。"(轩,大夫车。言其无德居位者多,故责其功状)令无入僖负羁之宫而免其族,报施[10]也(报飧璧之施)。魏犨、颠颉怒曰:"劳之不图[11],报于何有!"爇[12]僖负羁氏(爇,焚也)。魏犨伤于胸,公欲杀之而爱其材,使问[13],且视之。病[14],将杀之。魏犨束胸见使者曰:"以君之灵[15],不有宁[16]也。"(言不以病,故自安宁)距跃三百[17],曲踊三百(距跃,超越也。曲踊,跳踊也。百,犹励也。盖三次勉励为之)。乃舍[18]之。杀颠颉以徇[19]于师,立舟之侨以为戎右(舟之侨,故虢臣,闵二年奔晋。以代魏犨,为先归张本)。宋人使门尹般如晋师告急(门尹般,宋大夫。时楚犹未解宋围)。公曰:"宋人告急,舍之则绝,告楚不许。我欲战矣,齐、秦未可,若之何?"先轸曰:"使宋舍我而赂齐、秦,藉之告楚。我执曹君而分曹、卫之田以赐宋人(欲以激怒楚人)。楚爱曹、卫,必不许也。喜赂怒顽[20],能无战乎?"(言齐、秦喜得宋赂而怒楚之顽,必自战也。不可告请,故曰顽)公说,执曹伯,分曹、卫之田以畀宋人。

注释 ①畀(bì):给予。②门焉:攻打曹国城门。③多死:曹守门甚坚,晋军攻城门者多战死。④舆人:众人。⑤舍于墓:在曹人墓地宿营。⑥丙午:初八日。⑦数之:数说曹君之罪。⑧乘轩者:指坐车子的官员。⑨献状:观状。即先责其用人之过,然后诛观状之罪。观状指观晋文骈胁的罪状。⑩报施:报答重耳过曹时,僖负羁赠食,赠玉之惠。⑪劳之不图:指对有功劳的尚不考虑行赏,魏犫、颠颉均有从亡之劳。⑫爇(ruò):烧。⑬问:馈送东西。⑭病:即伤势重。⑮灵:威灵。⑯不有宁:不敢自图安定。⑰距跃三百:向上跳跃多次。三百,虚数,并非实指。⑱舍:舍而不杀。⑲徇:示众。⑳怒顽:即恼怒楚国的顽固。

公羊传 畀者何?与也。其言畀宋人何?与使听之也(与使听其狱也)。曹伯之罪何?甚恶也。其甚恶奈何?不可以一罪言也。

穀梁传 入者,内弗受也。日入,恶入者也。以晋侯而斥执曹伯,恶晋侯也(恶其忌怨深)。畀,与也。其曰人何也?不以晋侯畀宋公也(畀,上与下之词,故不以侯畀公)。

解义 曹虽即[①]楚,文之昭[②]也。晋侯苟修其训典[③],善其辞令,以镇抚之,曹伯羸[④]者,畏威怀德[⑤],自当翻然改图[⑥]。乃遽[⑦]兴师而入其国,执其君,又分其田,暴矣。然使执之以归京师,俾[⑧]天子治其即楚之罪,犹不失为霸讨。今特欲致楚与战,乃以曹伯畀宋人,而激其怒,何其谲也!虽一战而胜,为诸夏[⑨]盟主,其功虽多,其道不足尚[⑩]也。

注释 ①即:接近,靠近。②文之昭:文王的后代。③苟:如果,假使。训典:指先王典制之书。后泛指奉为典则的书籍。④羸:弱。⑤畏威怀德:畏惧声威,感念德惠。怀,思念。⑥翻然改

图:比喻很快转变过来。另作打算。图:计划,打算。⑦乃:竟然。遽(jù):突然。⑧俾:使。⑨诸夏:周代分封的中原各个诸侯国。泛指中原地区。⑩尚:同"上",高尚。

春秋 夏四月己巳,晋侯、齐师、宋师、秦师及楚人战于城濮,楚师败绩。

左传 楚子入居于申①(申在方城内,故曰入),使申叔去谷(二十六年申叔戍谷),使子玉去宋,曰:"无从晋师。晋侯在外十九年矣,而果得晋国(晋侯生十七年而亡,亡十九年而反,凡三十六年,至此年四十矣)。险阻艰难,备尝之矣;民之情伪②,尽知之矣。天假之年③,而除其害④(除惠、怀、吕、郤)。天之所置,其可废乎?《军志》⑤曰:'允当则归⑥。'(《军志》,兵书。允当,无求过分)又曰:'知难而退。'又曰:'有德不可敌。'此三志⑦者,晋之谓矣。"子玉使伯棼请战(伯棼,子越椒也,斗伯比之孙),曰:"非敢必有功也,愿以间执谗慝之口。"(间执,犹塞也。谗慝,若蔿贾讥子玉之言)王⑧怒,少与之师,唯西广、东宫与若敖之六卒实从之⑨(楚有左、右广。西广,即右广也。又大子有宫甲,分取以给之。若敖,楚武王之祖父。葬若敖者,子玉之祖也。六卒,子玉宗人之兵六百人。言不悉师以益之)。

子玉使宛春告于晋师曰(宛春,楚大夫):"请复卫侯而封曹,臣亦释宋之围。"(卫侯未出竟,曹伯见执在宋,已失位,故言复卫封曹)子犯曰:"子玉无礼哉!君取一,臣取二⑩(取一,谓释宋;取二,谓复曹、卫),不可失矣。"(言可伐)先轸曰:"子与之。定人之谓礼,楚一言而定三国,我一言而亡之。我则无礼,何以战乎?不许楚言,是弃宋也。救而弃之,谓诸侯何?(言将为诸侯所怪)楚有三施,我有三怨,怨仇已多,将何以战?不如私许复曹、卫以携之⑪(携,离也),执宛春以怒楚,既战而后图之。"(须胜负决乃定计)公说,乃拘宛春于卫,且私许复曹、卫。曹、卫告绝于楚。

子玉怒,从晋师⑫。晋师退。军吏曰:"以君辟⑬臣,辱也。

且楚师老[14]矣，何故退？”子犯曰：“师直[15]为壮，曲为老。岂在久乎？微[16]楚之惠不及此（重耳过楚，楚成王有赠送之惠），退三舍辟之，所以报也。（践晋侯“辟君三舍”之言）背惠食言，以亢[17]其仇（亢，犹当也，仇谓楚），我曲楚直。其众素饱（直气盈饱），不可谓老。我退而楚还，我将何求？若其不还，君退臣犯，曲在彼矣。”退三舍。楚众欲止，子玉不可。

注释 ①楚子：楚成王。申：楚之大邑，在现今河南省南阳市。②情伪：真伪。情，实。③年：年寿。④除其害：扫除危害他的政敌，指晋惠公、怀公、吕甥、郤芮等。⑤《军志》：古代兵书，已佚。⑥允当则归：指敌我力量相当，有适当收获应收兵，即适可而止。⑦三志：三条记载。志，记。⑧王：楚成王。⑨西广：指楚国右军的兵车。东宫：楚太子所属的军队。若敖：子玉的祖父，即子玉同族子弟所组成的亲兵。六卒：一百八十辆。兵车三十辆为一卒。⑩君取一，臣取二：晋文公为国君，只取一个释宋之围的好处；子玉为楚臣，却取得复卫和封曹两个好处。⑪携之：指拉拢曹、卫，一说指离间曹、卫与楚的关系。⑫从晋师：向晋军进攻。⑬辟：通“避”。⑭老：疲惫，无斗志。⑮师直：指师出有名，即理直。⑯微：无。⑰亢：通“抗”。一作庇护解。

夏四月戊辰[1]，晋侯、宋公、齐国归父、崔夭、秦小子慭次于城濮（国归父、崔夭，齐大夫。小子慭（yìn），秦穆公子）。楚师背酅而舍（酅，丘陵险阻名），晋侯患之，听舆人之诵（恐众畏险，故听其歌诵），曰：“原田每每[2]，舍其旧而新是谋。”（高平曰原。喻晋君美盛若原田之草，每每然可以谋立新功，不足念旧惠）公疑焉（疑众谓已背旧谋新）。子犯曰：“战也。战而捷，必得诸侯。若其不捷，表里山河[3]，必无害也。”（晋国外河而内山）公曰：“若楚惠何？”栾贞子曰：“汉阳诸姬[4]，楚实尽之（水北曰阳。姬姓之国在汉北者，楚尽灭之），思小惠而忘大耻，不如战也。”晋侯梦与楚子搏[5]（搏，手搏），楚子伏己[⑥]而盬[⑦]其脑(盬,唼也),是以惧。子犯曰:“吉。我得天[⑧],楚伏其罪[⑨],吾且柔之矣。”(晋侯上向故得天,楚子下向地故伏其罪。脑所以柔物。子犯审见事宜,故权言以答梦)

子玉使斗勃请战(斗勃,楚大夫子上),曰:“请与君之士戏[⑩],君冯轼[⑪]而观之,得臣与寓目焉[⑫]。”(寓,寄也)晋侯使栾枝对曰:“寡君闻命矣。楚君之惠未之敢忘,是以在此。为大夫[⑬]退,其敢当君乎?既不获命矣(不获止命),敢烦大夫谓二三子[⑭],戒尔车乘,敬尔君事,诘朝[⑮]将见。”(诘朝,平旦)

晋车七百乘,韅、靷、鞅、靽[⑯](七百乘,五万二千五百人。在背曰韅,在胸曰靷,在腹曰鞅,在后曰靽。言驾乘修备)。晋侯登有莘之虚[⑰]以观师(有莘,杜注:故国名。今河南陈留县有莘城,山东曹县有莘仲集,其地接二县界),曰:“少长有礼[⑱],其可用也。”遂伐其木以益其兵[⑲](伐木以益攻战之具,舆曳柴亦是也)。

注释　①戊辰:四月一日。②每每:植物生长繁茂。一说为肥美。③表里山河:指晋国外有黄河,内有太行山,面河背山,地势优越,足以固守。④汉阳诸姬:指汉水以北姬姓诸国。⑤搏:格斗。⑥伏己:即伏在晋文公身上。⑦盬(gǔ):吸饮。⑧得天:指晋侯仰卧向上,象征得天。⑨伏其罪:指楚子俯卧向下,象征伏罪。⑩戏:角力。⑪冯轼:靠着车前扶手横木。冯通“凭”。⑫得臣:子玉名。寓目:寄目以观。⑬大夫:指子玉。⑭二三子:二三位,此指楚国将领。⑮诘朝:明日早晨。⑯韅(xiǎn)、靷(yǐn)、鞅、靽(bàn):均为战马装备的各种皮件,意为装备齐全。⑰有莘之虚:莘国旧城遗址。虚:通“墟”。⑱少长有礼:士卒中年少的与年长的相互尊敬爱护,有礼貌。⑲兵:兵器。

己巳[①],晋师陈于莘北[②],胥臣[③]以下军之佐当陈、蔡。子玉以若敖六卒将中军,曰:“今日必无晋矣。”子西将左(子西,斗宜申),子上[④]将右。胥臣蒙马以虎皮,先犯陈、蔡。陈、蔡奔,楚右师溃(陈、蔡属楚右师)。狐毛设二旆[5]而退之(旆,大旗。又建二旆而退,使若大将稍却)。栾枝使舆曳柴而伪遁(曳柴起尘,诈为众走),楚师驰之(楚师见二旆先退,曳柴尘起,以为晋师已走,故驰而逐之)。原轸、郤溱以中军公族[6]横击之(公族,公所率之军)。狐毛、狐偃以上军夹攻子西,楚左师溃。楚师败绩。子玉收其卒而止,故不败。晋师三日馆谷(馆,舍也。食楚军谷三日),及癸酉[7]而还。

公羊传 此大战也,曷为使微者(微者,谓楚称人),子玉得臣也。子玉得臣则其称人何?贬。曷为贬?大夫不敌[8]君也。

解义 书晋及[9],以主[10]是战者实晋侯也。盖子玉虽从[11]晋师,而初告于晋曰:请复[12]卫侯而封曹,臣亦释宋之围,则固[13]无必战之心也。自先轸献计,许曹、卫以携[14]之,拘宛春以怒之,必欲致楚与战,则宜书晋及,明矣。夫齐桓既殁,楚势益张,灭黄而霸主不能恤;败徐[15]而诸大夫不能救;执中国[16]盟主,而在会者不敢争。今又戍谷逼齐,合兵围宋,非一战而胜之,无以夺蛮荆[17]之气,定中夏[18]之心。非若齐桓师次召陵[19],楚即受盟犹可以礼服也,所遇不同,故为谋亦异,其有功於天下则一[20]也。

注释 ①己巳:四月四日。②莘北:即城濮。③胥臣:司空季子。④子上:斗勃的字。⑤二旆:前军的两队。旆:大旗。⑥公族:指晋文公直辖的军队,由公族子弟组成。⑦癸酉:四月初六日。⑧不敌:不能对抗;不能抵挡。⑨及:至,达到。⑩主:主动。⑪从:追赶。⑫复:恢复。⑬固:原来,本来。⑭携:离,叛离。⑮徐:即徐国,春秋时诸侯国之一,国君为嬴姓。先在山东郯城,后迁都至安徽泗县(江苏省泗洪县)一带为中心,建立徐国,在东夷中最为强大,春秋时为楚国所败,前512年为吴国所灭。⑯中国:中原。⑰蛮荆:指楚国。⑱中夏:指中原。⑲次:驻扎。召陵:召陵之盟。鲁僖公四年,前656年夏,齐率诸侯伐楚,楚屈完与诸侯盟于召陵。⑳一:相同,一样。

春秋　楚杀其大夫得臣[①](楚始书大夫)。

左传　初,楚子玉自为琼弁玉缨[②](弁以鹿子皮为之。缨结于颔下而垂者。琼,玉之别名,次之以饰弁及缨。《诗》云:"会弁如星"),未之服也。先战[③],梦河神[④]谓己曰:"畀[⑤]余,余赐女孟诸之麋[⑥]。"(孟诸,杜注:宋薮泽。今河南归得府有孟诸泽。水草之交曰麋)弗致也。大心与子西使荣黄谏(大心,子玉之子。子西,子玉之族。子玉刚愎,故因荣黄以谏。荣黄,荣季也),弗听。荣季曰:"死而利国。犹或为之,况琼玉乎?是粪土也,而可以济师[⑦],将何爱[⑧]焉?"(因神之欲,以附百姓之愿,济师之理)弗听。出,告二子[⑨]曰:"非神败[⑩]令尹,令尹其不勤民[⑪],实自败也。"(尽心尽力,无所爱惜为勤)既败,王[⑫]使谓之曰:"大夫若入,其若申、息之老何?"(申、息二邑子弟,皆从子玉而死,言何以见其父老)子西、孙伯曰(孙伯即大心):"得臣将死,二臣止之曰:'君其将以为戮。'"及连谷而死(连谷,杜注:楚地。当在楚方城之外。王无赦命故自杀)。晋侯闻之而后喜可知也(喜见于颜色),曰:"莫余毒[⑬]也已!蔿吕臣[⑭]实为令尹,奉己而已[⑮],不在民[⑯]矣。"(言其自守无大志)

解义　败绩,固得臣之罪,然楚子既知晋侯非子玉所可敌[⑰],则当申无从[⑱]晋师之命,而禁止之;乃[⑲]怒而少与之师,及其败而致之死,则弃将、弃师之罪,其谁任[⑳]之哉?故称国以杀,而不去其官也。

注释　①得臣:即子玉。②琼弁:一种饰以琼玉的皮弁。古时大夫所戴。玉缨:装饰玉石的马鞅。③先战:即战前。④河神:黄河之神。⑤畀:送给。⑥麋:同"湄",水边草地。⑦而可以济师:而作如。如果可以使军队战胜。⑧爱:贪爱。⑨二子:指大心、子西。⑩败:使之败。⑪不勤民:不以民事为重。⑫王:楚成王。⑬莫余毒:即莫毒余,意为没有人害我。⑭吕臣:楚臣,即僖公二十三年传之叔伯。⑮奉己而已:保己之禄位而已。⑯

不在民:不勤于民事,无远大志向。⑰敌:抵抗,抵挡。⑱申:重申,再命。从:追赶。⑲乃:只,仅仅。⑳任:负责。

春秋 卫侯出奔楚。

解义 诸侯失地名,卫侯之奔不名,盖其出也,使元晅奉叔武以受盟①,则国犹其国也;或曰晋文以私怨逐卫侯,若书名,则与郑伯突②、蔡侯朱③,自失其国者无别矣,义亦可通。

注释 ①元晅(xuān):卫大夫。叔武:卫侯弟。②郑伯突:郑厉公(?—前673)春秋时郑国国君,姬姓,名突。郑庄公次子。因政权之争而流亡国外17年,后回国主政。③蔡侯朱,名朱,蔡平侯之子。前521年,蔡平侯病逝,姬朱继位。后被蔡国贵族赶走。

春秋 五月癸丑,公会晋侯、齐侯、宋公、蔡侯、郑伯、卫子、莒子,盟于践土(践土,杜注:郑地。今属河南开封府)。

左传 甲午①,至于衡雍②(晋师,癸酉自城濮还。二十二日为甲午。衡雍,杜注:郑地,荥阳卷县。在今河南原武县西北),作王宫于践土(襄王闻晋战胜,自往劳之,故为作宫)。乡③役之三月(乡,犹属也,城濮役之前三月),郑伯如楚致其师④,为楚师既败而惧,使子人九行成⑤于晋(子人,氏;九,名)。晋栾枝入盟郑伯。五月丙午⑥,晋侯及郑伯盟于衡雍。丁未⑦,献楚俘于王,驷介⑧百乘,徒兵千(驷介,四马被甲。徒兵,步卒)。郑伯傅王,用平礼⑨也。(傅,相也。以周平王享晋文侯仇之礼享晋侯)己酉,王享醴,命晋侯宥。王命尹氏及王子虎、内史叔兴父策命晋侯为侯伯⑩(尹氏、王子虎,皆王卿士。叔兴父,王大夫。以策书命晋侯为伯也。《周礼》:"九命作伯。"),赐之大辂之服,戎辂之服(大辂,金辂也,祭祀所乘,其服鷩冕。戎辂,戎车也,兵事所乘,其服韦弁),彤弓一,彤矢百,玈弓矢千(彤,赤色。玈(lú),黑色。弓一矢百,则矢千弓十矣。诸侯赐弓矢,然后专征伐),秬鬯一卣(秬(jù),黑黍;鬯(chàng),香酒。所以降神。卣(yǒu),器名),虎贲[11]三百人。曰:“王谓叔父[12],敬服王命,以绥四国。纠逖[13]王慝。”(逖,远也。有恶于王者,纠而远之)晋侯三辞,从命。曰:“重耳敢再拜稽首,奉扬天子之丕显休命[14]。”(丕,大也。休,美也)。受策以出,出入三觐[15](出入,犹去来也。从来至去,凡三见王)。

注释 ①甲午:二十七日。②衡雍:郑地,在今河南省原阳县西。③乡:往昔。④致其师:即出兵助战。⑤子人九:人名,郑大夫。行成:求和。⑥丙午:初九日。⑦丁未:初十日。⑧驷介:四匹披甲的马。⑨平礼:用从前周平王接待晋文侯的礼仪。⑩内史:官名。侯伯:诸侯之长,即霸主。⑪虎贲:勇士。王之近卫亲兵。⑫叔父:指晋文公。⑬纠逖:惩治剔除。⑭丕显休命:伟大光明的赐命。丕,大;显,明;休,美。⑮出入三觐:前后三次进见天子。

卫侯闻楚师败,惧,出奔楚,遂适陈(自襄牛出),使元咺奉叔武以受盟(奉使摄君事。元咺(xuān),卫大夫。叔武,卫侯弟)。癸亥[1],王子虎盟诸侯于王庭(践土宫之庭。书践土,别于京师),要言曰:“皆奖王室,无相害也。有渝[2]此盟,明神殛[3]之,俾队[4]其师,无克祚国[5](队,陨也),及其元孙,无有老幼[6]。”(甚言变盟之祸)君子谓是盟也信,谓晋于是役也能以德攻[7](以文德教民而后用之)。

穀梁传 讳会天王也(实会天王,而文不言,若诸侯自共盟然)。

解义 践土之会,天王[8]下劳晋侯,削而不书,存王朝之体也。然下书鲁君之朝,则亦不没其实矣。《传》言王子虎盟诸侯于王庭,而《经》不书,王人虎虽涖[9]盟而不与歃[10]也。齐非霸主,而序宋公之上,主盟者以势之强弱相[11]上下也。子者,君未逾年之称,晋文怒卫成奔楚立叔武以受盟,故称子,以著晋文废置诸侯之罪,而叔武不敢自安之义亦可见矣。

注释 ①癸亥:五月二十六日。②渝:变,背。③殛(jí):诛杀。④俾:使。队:坠,颠覆。⑤无克祚国:不能享有国家。克,能。祚,福,享有。⑥及其元孙,无有老幼:如违背约言,世世代代,不分老幼,都要受明神惩罚。⑦能以德攻:能以文德教民,而后用之于征伐。⑧天王:周王。⑨涖(lì):到。⑩歃(shà):歃血。古人盟会时,嘴唇涂上牲畜的血,表示诚意,如"歃血为盟"。⑪相:选择。

春秋 陈侯如会。

公羊传 其言如会何?后会也。

穀梁传 如会,外乎会也,于会受命也(外乎会,不及序也。受命于会,故书如会)。

解义 陈侯本附於楚,今以晋胜为践土之盟,天王在焉,惧而归命,愿与斯[1]会。《春秋》喜其悔罪知反,故曰:"如会。"如者,缓而不迫,不及盟亦不求盟也,与书乞盟者异矣。

注释 ①斯:同"之"。

春秋 公朝于王所[1]。

公羊传 曷为不言公如京师?天子在是也。天子在是,则曷为不言天子在是?不与致天子也。(诸侯宜往朝天子,无致天子之礼)

穀梁传 朝不言所,言所者,非其所也(非京师朝)。

解义 王所者,王在践土,非京师也。古者,诸侯五年一朝,必於庙,礼也。若王时巡[2],则朝於方岳[3],其时有定,其地有常。今天王下劳[4]晋侯,而公朝焉,则非其时与地矣,故曰:言所,非其所也。然天子在,是其可以不朝乎?故《春秋》不以诸侯就朝为非,而以王所非其所为贬,正其本之义也。诸侯皆朝,而独书公[5],乃《鲁史》记事之法。

注释 ①公:鲁僖公。王所:周王住所。②巡:指帝王巡视各地。③方岳:此指帝王所巡视的地方。④劳:慰劳。⑤公:鲁僖公。

春秋　六月,卫侯郑[①]自楚复归于卫。卫元咺出奔晋。

左传　或诉元咺于卫侯曰:“立叔武矣。”其子角从公,公使杀之(角,元咺子)。咺不废命,奉夷叔以入守[②](夷叔,叔武。夷,谥也)。六月,晋人复卫侯(以叔武受盟于践土,故听卫侯归)。宁武子与卫人盟于宛濮(武子,宁俞也。宛濮,杜注:陈留长垣县西南有宛亭,近濮水),曰:“天祸卫国,君臣不协,以及此忧也。(卫侯欲与楚,国人不欲,故不和)今天诱其衷[③](衷,中也),使皆降心[④]以相从也。不有居者,谁守社稷?不有行者,谁扞牧圉[⑤](牛曰牧,马曰圉)?不协之故,用昭乞盟于尔大神以诱天衷(以诱掖中心之天理)。自今日以往,既盟之后,行者无保其力[⑥],居者无惧其罪。有渝此盟,以相及也(以恶相及)。明神先君,是纠是殛。”国人闻此盟也,而后不贰。卫侯先期入(不信叔武),宁子[⑦]先,长牂守门,以为使也,与之乘而入(长牂,卫大夫。宁子患公欲速,故先入,欲安喻国人)。公子歂犬、华仲前驱(二子,卫大夫)。叔武将沐[⑧],闻君至,喜,捉发走出[⑨],前驱射而杀之。公知其无罪也,枕之股而哭之。歂犬走出,公使杀之。元咺出奔晋(元咺以卫侯驱入,杀叔武,故至晋愬之)。

穀梁传　自楚,楚有奉焉尔(奉,藉楚之力)。复者,复中国也(中国,犹国中也)。归者,归其所也。郑之名[⑩],失国也。

解义　卫侯出奔不名,归国何以名?杀叔武也。杀叔武何以不书?或卫侯不告,鲁史本无其文,或鲁史承告,归狱[⑪]於歂犬,孔子核其情实而削之,乃斥卫侯之名[⑫],志元咺之奔,以示其义也,其称复归,国乃所宜复也。

注释　①卫侯郑:卫成公,姬姓,卫氏,名郑。卫国第21代国君,前634年—前633年、前631年—前600年在位。他是卫文公之子,卫中废公之兄,卫穆公之父。②入守:回国摄政。③

天诱其衷:即天意在我。④降心:放弃成见。⑤扞:保卫。牧圉:牧牛养马的人。⑥保其力:仗恃其功劳。⑦宁子:宁武子。⑧沐:洗发。⑨捉发走出:手握着头发跑出来迎接。⑩郑:即卫侯郑,卫成公。名:通“明”。明白。⑪归狱:归罪。⑫斥:责备。名:通“明”。明白。

春秋 陈侯款[①]卒。

春秋 秋,杞伯姬来。

解义 伯姬,庄公女,归宁[②]曰来。鲁尝[③]遣师入杞,数加侵辱[④],伯姬来,鲁将以谢过而求平[⑤];然庄公既殁[⑥],无归宁之义,非礼也。

注释 ①陈侯款:即陈穆公,即妫款,为春秋诸侯国陈国君主之一,他为陈宣公儿子,承袭陈宣公担任该国君主,在位期间为前647年—前632年,共在位16年。②归宁:回家省亲。多指已嫁女子回娘家看望父母。③尝:曾经。④侵辱:凌辱。⑤谢过:承认错误,表示歉意。平:和好。⑥殁:死。

春秋 公子遂[①]如齐。

解义 鲁尝以楚师伐齐取谷,及[②]晋文主霸,齐、鲁均往受盟,齐不敢背晋盟而报鲁怨,鲁因使公子遂聘齐讲好[③]。亦足见霸权之立,可以平诸侯之憾[④],而息[⑤]其争也。

注释 ①公子遂:鲁公子遂。②及:至,到。③聘:访问。讲好:修好,讲和。④憾:怨恨。⑤息:停止。

附录左传 城濮之战,晋中军风于泽[①](牛马因风而走,皆失之),亡大旆之左旃[②](大旆,旗名。系旐曰旆,通帛曰旃)。祁瞒奸命[③](掌此二事而不修,为奸军令),司马杀之,以徇于诸侯,使茅茷[④]代之。师还。壬午[⑤],济河。舟之侨先归,士会摄右[⑥](士会,随武子,士蔿之孙。摄右。权代舟之侨)。秋七月丙申[⑦],振旅[⑧],恺[⑨]以入于晋(恺,乐也。师出有功,则恺歌入国)。献俘授馘[⑩](授,数也。数所截耳),饮至大赏,征会讨贰[11](征召诸侯,将冬会于温)。杀舟之侨以徇于国,民于是大服。君子谓:"文公其能刑[12]矣,三罪[13]而民服(三罪,颠颉、祁瞒、舟之侨)。《诗》云:'惠此中国,以绥四方。'不失赏刑之谓也。"(《诗·大雅·民劳》篇)。

春秋　冬,公会晋侯、齐侯、宋公、蔡侯、郑伯、陈子、莒子、邾人、秦人于温(《穀梁》无齐侯。秦与诸侯会始此)。

左传　冬,会于温,讨不服也(讨卫、许)。

穀梁传　讳会天王也。

春秋　天王狩于河阳(狩,《穀梁》作守。河阳即温,盖古孟津,周畿内地,襄王以赐晋文公,杜注:晋地。河内有河阳县。今属河南怀庆府,古河阳城在县西三十里)。

左传　是会也,晋侯召王,以诸侯见,且使王狩(晋侯大合诸侯,而欲尊事天子以为名义。自嫌强大,不敢朝周,喻王出狩,因得尽群臣之礼)。仲尼[14]曰:"以臣召君,不可以训。"故书曰:"天王狩于河阳。"言非其地[15]也。(言若天子自行出狩河阳,非王狩地。失地故书),且明德[16]也(隐晋文召君之阙,以明其功德。河阳之狩,赵盾之弑,泄冶之罪,皆变例,以起义之词,故特称仲尼以明之)

公羊传　狩不书,此何以书?不与再致天子也。鲁子曰:"温近而践土远也。"(此鲁子一说也。温近狩地,故可言狩。践土远狩地,故不言狩)

穀梁传　全天王之行也(时实晋文公召王,以臣不可致君,因天子有巡守之礼,故以自行为文)。为若将守而遇诸侯之朝也,为天王讳也。水北为阳,山南为阳。温,河阳也。

解义　晋侯召王,而孔子书曰:"天王狩于河阳。"为若[17]将狩而遇诸侯之朝者?所以尊周而全[18]晋也。盖晋侯之召王则非,而其本心乃欲率诸侯以尊周室,若直书以示贬,则无以异於心迹皆悖而躬为大恶者,故原其情,而为之讳,此圣人待人之忠恕[19]也。践土之会，出自天王，故削而不书，以掩其迹。温之会出自晋侯，故变文起义，以原其情，非圣人莫能修此类，其较著[20]者也。

注释 ①风于泽：军行于泽中，突遇大风。②左旃(zhān)：前军左边赤色大旗。③祁瞒：晋臣。奸命：干犯军令。④茅茷：晋臣，代祁瞒之职者。⑤壬午：六月十六日。⑥摄右：代理车右。⑦丙申：初二日。⑧振旅：整顿队列军容。振，整。旅，众。⑨恺：同"凯"，凯旋的乐曲。⑩授馘(guó)：呈报杀敌数字。馘，战争中割取的敌人左耳。⑪征会讨贰：征召诸侯会盟，讨伐那些有三心二意的国家。⑫能刑：能严明刑罚或说善于用刑。⑬三罪：杀三罪人，即颠颉、祁瞒、舟之侨。⑭仲尼：孔子。⑮非其地：天子诸侯田猎，皆在自己封地，不得越境。⑯且明德：明晋侯尊王之功德，并隐其召王之缺失。⑰为若：为何，怎么，为什么。⑱全：成全，保全。⑲忠恕：中国儒家伦理范畴，处理人与人之间关系的原则。"忠"，尽力为人谋，中人之心，故为忠；"恕"，推己及人，如人之心，故为恕。最早将忠恕联系起来的是中国春秋时代的曾子。⑳较著：明显，显著。

春秋 壬申[①]，公朝于王所。

公羊传 其日何？录乎内也(朝于外为失礼，录此以见鲁之非)。

穀梁传 朝于庙，礼也，于外，非礼也。独公朝与？诸侯尽朝也。其日，以其再致天子，故谨而日之。善以内(谓公朝于王所)，目恶以外(谓晋侯再致天子)。言曰公朝，逆辞也，而尊天子(公若朝于庙，当言如京师，今言公朝，是逆常之辞也。虽逆常而实主于敬王，故曰："尊天子")。会于温，言小诸侯。温，河北地，以河阳言之，大天子也。(温，即河阳。小诸侯，故以一邑言之。尊天子，故以广大言之)日系于月，月系于时。壬申，公朝于王所，其不月，失其所系也。以为晋文公之行事为已傎[②]矣(以臣召君,颠倒上下,日不系于月,犹诸侯不宗于天子)!

解义　朝系[③]日,见先狩而后朝也,有日而无月,盖旧史之阙[④]。

注释　①壬申:十月七日。②傎(diān):同"颠"。颠倒,错乱。③系:是。④阙:同"缺",空缺。

春秋　晋人执卫侯[①],归之于京师。

左传　卫侯与元咺讼(争杀叔武事),宁武子为辅[②],鍼庄子为坐[③],士荣为大士[④](元咺不宜与君对坐,故使鍼庄子代卫侯为坐狱之主,宁子为辅,位高故先言之。大士,治狱官也。以其主狱事,与晋之狱官对理质正)。卫侯不胜(三子词屈)。杀士荣,刖鍼庄子,谓宁俞忠而免之。执卫侯,归之于京师,置诸深室(深室,别为囚室)。宁子职纳橐饘[⑤]焉(橐,衣囊。饘,糜也。宁子以君在幽囚,故亲以衣食为己职。言其忠至所虑者深)。

公羊传　归之于者何?归于者何?归之于者罪已定矣,归于者罪未定也。罪未定,则何以得为伯讨[⑥]?归之于者,执之于天子之侧者也,罪定不定,已可知矣。(执于天子之侧,已白天子,罪定不定,自在天子,故言已可知)归于者,非执之于天子之侧者也,罪定不定,未可知也。(未得白天子分别之者,故曰未可知)卫侯之罪何?杀叔武也。何以不书?为叔武讳也。《春秋》为贤者讳。何贤乎叔武?让国也。其让国奈何?文公逐卫侯而立叔武,叔武辞立而他人立,则恐卫侯之不得反也,故于是已立,然后为践土之会,治反卫侯。卫侯得反曰:"叔武篡我。"元咺争之曰:"叔武无罪。"终杀叔武,元咺走而出。此晋侯也,其称人何?贬。曷为贬?卫之祸,文公为之也。文公为之奈何?文公逐卫侯而立叔武,使人兄弟相疑,放乎杀母弟者,文公为之也(放,至也)。

穀梁传　此入而执,其不言入何也?不外王命于卫也(人者自外来;晋以王命讨卫,卫为王之土,故曰不外王命)。归之于京师,缓辞也,断在京师也。

春秋 卫元晅自晋复归于卫。

左传 元晅归于卫,立公子瑕[7](瑕,卫公子适也)。

公羊传 自者何?有力焉者也(得晋之力以归)。此执其君,其言自何?(怪晅诉执其君,晋实主之)为叔武争也。(解晋助晅之故)

穀梁传 自晋,晋有奉焉尔。复者,复中国[8]也。归者,归其所也。

解义 卫侯虽有杀叔武之罪,然於元晅为君,晋文为臣执君,故卫侯不名,而书晋人,示不得为霸讨也。归之于者,执之于天子之侧,其罪已定矣,特归其人于京师耳。晋厉公[9]之执曹伯书归于京师,盖白其事於王[10],而不敢专治其罪,所以得为霸讨,而称爵也。大夫归,不言复,必诸侯也,而后言复,国其所自有,有归道也。大夫言复者,抗[11]也,元晅复归,宋鱼石[12]、晋乐盈[13]复入,皆抗辞也。

注释 ①卫侯:卫成公。②辅:即诉讼人。③坐:即代理人。④大士:即答辩人。⑤纳橐饘(tuózhān):送衣食。橐,古代盛东西的器具。饘,稠粥。⑥伯讨:指方伯讨伐有罪的诸侯。此指晋文公讨伐卫侯。⑦公子瑕:即卫中废公,姬姓,卫氏,名瑕。卫国第22代国君,前632年在位。他是卫文公之子,卫成公之弟。⑧中国:中原。⑨晋厉公(?—前573):是晋景公之子,姬姓,晋氏,名寿曼,春秋时晋国国君。公元前580—573在位。⑩白:报告。王:周王。⑪抗:拒绝。⑫宋鱼石:宋大夫。⑬晋乐盈:晋大夫。

春秋 诸侯遂围许。

左传 丁丑,诸侯围许。(会温,诸侯也。丁丑,十月十五日)

穀梁传　遂,继事也(承上文之事)。

解义　晋帅诸侯围许,虽曰讨其不朝于河阳,然当时滕、薛、杞、郳之属不朝者,众矣。盖齐桓既殁[①],诸侯南向,陈、蔡、郑、许且与楚连兵以围宋,城濮之后,蔡、郑受盟,陈亦如会,惟许再会不至,故帅诸侯围之。盖许在郑南,远晋而近楚,其亦惩[②]於江、黄之灭,霸国不能救,而姑[③]附楚,以纾[④]祸与。

注释　①殁:死。②惩:戒,恐。③姑:姑且,暂且。④纾(shū):缓和,解除。

春秋　曹伯襄[①]复归于曹,遂会诸侯围许。

左传　晋侯有疾,曹伯之竖侯獳货筮史[②](竖,掌通内外者,姓侯名獳,史,晋史),使曰以曹为解[③]:"齐桓公为会而封异姓(封邢、卫),今君为会而灭同姓。曹叔振铎,文之昭也(叔振铎,曹始封君,文王之子)。先君唐叔[④],武之穆也。且合诸侯而灭兄弟,非礼也。与卫偕命[⑤](私许复曹、卫),而不与偕复,非信也。同罪异罚[⑥],非刑也(卫已复故)。礼以行义,信以守礼,刑以正邪,舍此三者,君将若之何?"公说,复曹伯,遂会诸侯于许。

穀梁传　复者,复中国[⑦]也。天子免之,因与之会。其曰复,通王命也(免之于宋,身未反国,因会于许,即从反国之辞通王命)。遂,继事也。

解义　曹伯何以名?不能执义陈辞而货筮史以求免,其归之道,非所以归也。不书所自,以言自晋则身方在宋[⑧],言自宋则释之者晋,故第[⑨]曰复归。

附录左传　晋侯作三行[⑩]以御狄,荀林父将中行,屠击将右行,先蔑将左行(晋置上、中、下三军,今复置三行以辟天子六军之名。三行无佐,疑大夫帅)。

注释　①曹伯襄:即曹共公曹襄(前? —前618),春秋曹国国君。昭公班子。继昭公而立。前653 —前618年在位。②侯獳(nòu):小臣名。货:贿赂。筮史:掌卜筮的官员。③曰以曹为解:把曹国灭亡作为晋侯得病的原因来解释。④唐叔:唐叔虞,武王之子,始封于晋。⑤偕命:一同得到晋侯允许复国的命令。⑥同罪异罚:罪过相同而处罚不一。⑦中国:中原。⑧宋:宋国。⑨第:此作副词。仅,只。⑩行(háng):此前晋有左右二行,今又增中行而成三行。

卷二十二

僖公(二十九年之三十三年)

春秋　二十有九年春,介葛卢来(介,杜注:东夷国。在城阳黔陬(zōu)县,后为密州胶西县地。今山东胶州西南有黔陬城。葛卢,介君名。附庸无爵)。

左传　二十九年春,介葛卢来朝,舍于昌衍之上(昌衍,杜注:鲁县东南有昌平城。在今山东曲阜县东南)。公在会,馈之刍米[①],礼也。

公羊传　介葛卢者何?夷狄之君也。何以不言朝?不能乎朝也(不能行朝见之礼)。

穀梁传　介,国也。葛卢,微国之君未爵者也。其曰来,卑也。

解义　介,僻处东隅[②]。其来於鲁,与郳黎来同[③],不能行朝礼,故书来,略之也。

注释　①馈:赠送。刍:干草。②僻处:指处于偏远的地方。东隅:东方。古代指中原地区以东的小国。③郳:春秋诸侯国名,在今山东省滕州市东(一说在枣庄市西北)。黎来:郳国国君名,微国之君,未爵命。

春秋　公至自围许。

解义　温之会,公朝于王所[①],不以王所致,而曰至自围许。所以著温之会,意在谋[②]许,而不在尊王也。

注释　①王所:周天王住所。②谋:图谋。

春秋　夏六月,会王人、晋人、宋人、齐人、陈人、蔡人、秦人盟于翟泉(会上,《公羊》《穀梁》有公字。翟,《公羊》作狄。翟泉,杜注:洛阳城内大仓西南池水也。今古城在河南洛阳县东北)。

左传 夏,公会王子虎、晋狐偃、宋公孙固、齐国归父、陈辕涛涂、秦小子慭,盟于翟泉,寻践土之盟,且谋伐郑也。卿不书,罪之也[①](王子虎下盟列国,诸侯大夫上敌公侯,亏礼伤教,故贬诸大夫,讳公与盟)。在礼,卿不会公、侯,会伯、子、男可也[②](大国之卿,当小国之君,故可以会伯、子、男。《传》言诸卿,所以见贬)。

解义 是会为王子虎、晋狐偃、宋公孙固、齐国归父、陈辕涛涂、秦小子慭,而公在焉,乃贬而称人。讳不书公,何也?翟泉近在王城之内,而王子虎於此下与列国盟,是谓上替[③];诸侯大夫入天子之境上盟王子,是谓下陵[④],而无君之心著矣!故以为大恶。讳公不书,诸国之卿贬称人,而王子亦与焉,此正其本之义也。按晋文三大盟会,此其一也,既非践土王子涖[⑤]盟之比,又无于温自嫌[⑥]之心,渎分乱常[⑦],莫此为甚,《春秋》所以恶之。

注释 ①卿不书,罪之也:参加盟会之卿未书名,只书人,是罪其违礼。②卿不可以和公侯会盟,和伯子男一等小国之君可以。③上替:在上者废弛无所作为。④下陵:在下者凌驾于上。⑤涖(lì):同"莅",莅临,亲自到达。⑥自嫌:自己不满自己。⑦渎:轻慢,不敬。乱常:打乱祖宗常法。

春秋 秋,大雨雹。

左传 秋,大雨雹,为灾也。

解义 刘向[①]曰:盛阳雨水温暖而湿热,阴气胁之不相入则转而为雹,雹者,阴胁阳也。胡氏[②]以为:鲁之政在大夫,故有是兆[③]。

注释 ①刘向(约前77—前6):原名更生,字子政,沛县(今属江苏)人。西汉经学家、目录学家、文学家。②胡氏:即胡安国(1074-1138),南宋时期的著名经学家和湖湘学派的创始人之一。字康侯,号青山,学者称武夷先生,后世称胡文定公。③兆:征兆,预兆。

春秋　冬,介葛卢来。

左传　冬,介葛卢来,以未见公,故复来朝,礼之,加燕好[①](燕,燕礼。好,好货。一岁再来,故加之)。介葛卢闻牛鸣,曰:"是生三牺[②],皆用[③]之矣,其音云[④]。"问之而信。

解义　葛卢复来,而明年有侵萧之事,则其再至,非无故而修[⑤],礼也。

注释　①燕好:以宴享之礼招待及馈赠上等财货。燕,享宴之礼。好,好的礼品。②是生三牺:这头牛生下三头牛,用作祭品。③用:杀之以祭。④其音云:其叫声是这样的。⑤修:撰写。

春秋　三十年春王正月。

春秋　夏,狄侵齐。

左传　三十年春,晋人侵郑,以观其可攻与否。狄间晋之有郑虞也[①],夏,狄侵齐。

解义　齐霸国[②]之后,与晋同盟,狄之侵齐,盖料晋方图郑而不暇[③]救也。齐桓召陵[④]之后,狄加兵於晋;晋文城濮[⑤]之后,狄加兵於齐,而桓、文[⑥]皆置而不问,以楚人僭王[⑦],力争中夏[⑧],其志不测,恐力分於狄,而不以御[⑨]楚耳。

注释　①间:间隙。郑虞:担心郑国。②霸国:指在诸侯国中处于盟主地位的国家。③不暇:没有空闲;来不及。④召陵:指召陵之盟。公元前656年夏,齐、楚等诸侯盟于召陵,是齐、楚两个集团斗争的一次和平解决。召陵,在今河南漯河市召陵区。⑤城濮:即城濮之战。城濮古地名。春秋卫地。公元前632年晋文公和齐、宋、秦等国联军,战败楚国于此。城濮,约当今山东鄄城西南临濮集。一说在今河南开封县陈留附近。⑥桓:指齐桓公。文:指晋文公。⑦僭王:指越分称王。⑧中夏:指中原。⑨御:抵御。

春秋　秋,卫杀其大夫元咺。

左传 晋侯使医衍鸩卫侯[①]（衍，医名。晋侯怨卫侯，欲杀而罪不及死，故使医因治疾而加鸩毒）。宁俞货[②]医，使薄其鸩，不死。公[③]为之请，纳玉于王与晋侯。皆十瑴[④]（双玉曰瑴。鲁本与卫同好，故为之请）。王许之。秋，乃释卫侯。卫侯使赂周歂、冶廑[⑤]，曰："苟能纳我，吾使尔为卿。"（恐元咺拒已，故赂周、冶）。周、冶杀元咺及子适、子仪[⑥]（子仪，瑕母弟。不书杀，贱也）。公入祀先君。周、冶既服将命[⑦]（服，卿服。将入庙受命），周颛先入，及门，遇疾而死。冶廑辞卿（见周歂死而惧）

公羊传 卫侯未至，其称国以杀何？道杀也（时，已得天子命，还国于道，路遇而杀之。故坐之，与至国同）。

穀梁传 称国以杀，罪累上也，以是为讼君也。卫侯在外，其以累上之辞言之何也？待其杀而后入也。

解义 元咺以臣讼[⑧]君，君入则己奔，君执则己归，不臣之罪固不容诛[⑨]。乃称国以杀，而不去其官，何也？咺虽有罪，而卫侯赂其臣使杀，其同列而求入焉，则讨之不以其罪矣！卫侯在外，而称国杀，待杀而后入也。

注释 ①医衍：医生，名衍。鸩（zhèn）：用鸩酒毒杀，用作动词。②货：贿赂。③公：指鲁僖公。④十瑴（jué）：十对玉。双玉为瑴。⑤周歂（chuán）、冶廑（jǐn）：皆为人名，卫国二位有实力的人物。⑥子适：即公子瑕。卫中废公，姬姓，卫氏，名瑕。卫国第22代国君，前632年在位，在位一年。他是卫文公之子，卫成公之弟。子仪：公子瑕的弟弟。⑦既服将命：已经穿好卿的礼服，将入庙受命。⑧讼：诉讼。⑨不臣：不守臣节，不合臣道。罪不容诛：诛，把罪人杀死。罪恶极大，杀了也抵不了所犯的罪恶。形容罪大恶极。

春秋 及公子瑕。

穀梁传 公子瑕，累也，以尊及卑也。

解义　瑕之见杀,以元咺欲立之也,然使瑕安於其位,则当与卫剽[①]之。书爵同《经》书公子,是瑕能拒咺,辞其位而不居也。卫侯告杀,必以讨篡[②]为言,鲁、卫方睦[③],旧史承告[④]而书,未必不蔽[⑤]罪於瑕?《经》以公子冠瑕而书及,则衅[⑥]由元咺,而瑕本无罪可知矣,此孔子之特笔也!

注释　①剽:剽杀,劫杀。②篡:篡位。③睦:和好,亲近。④承告:承蒙告知。⑤蔽:遮蔽,遮掩。⑥衅:祸患,祸乱。

春秋　卫侯郑[①]归于卫。

公羊传　此杀其大夫,其言归何?归恶乎元咺也。曷为归恶乎元咺?元咺之事君也,君出则已入(晋人执卫侯归京师,元咺自晋归卫),君入则已出(卫侯自楚归卫,元咺出奔晋),以为不臣也。

解义　卫侯出奔於楚,见执於晋,皆不名,今既归国,何以名之?始归,而杀叔武再归,而及公子瑕,《春秋》所深恶也。诸侯之执不书归,其书归者,危[②]不得归也。诸侯之归,必称复,不称复者,其义当绝也,或曰难则书复,易则第[③]书归,义亦可通。

注释　①卫侯郑:即卫成公,姬姓,卫氏,名郑。卫国第21代国君,前634年—前633年、前631年—前600年在位。他是卫文公之子,卫中废公之兄,卫穆公之父。②危:怀疑,疑虑。③第:次第。

春秋　晋人、秦人围郑。

左传　九月甲午[①],晋侯、秦伯围郑,以其无礼于晋[②],且贰于楚也。晋军函陵[③],秦军氾南[④](杜注:此东氾也。在荥阳中牟县南。今属河南开封府)。佚之狐言于郑伯曰:"国危矣,若使烛之武见秦君,师必退。"(佚之狐、烛之武,皆郑大夫)公从之。辞曰:"臣之壮也,犹不如人,今老矣,无能为也已。"公曰:"吾不能早用子,今急而求子,是寡人之过也。然郑亡,子亦有不利焉。"许之,夜缒[⑤]而出(缒,县城而下),见秦伯,曰:"秦、晋围郑,郑既知亡矣。若亡郑而有益于君，敢以烦执事。越国以鄙远[6]，君知其难也。（设得郑以为秦边邑，则越晋而难保），焉用亡郑以倍邻[7]（倍，益也）邻之厚，君之薄也。若舍郑以为东道主[8]，行李[9]之往来，共其乏困（郑在东，故曰东道主。行李，使人），君亦无所害。且君尝为晋君赐[10]矣，许君焦、瑕[11]，朝济而夕设版焉[12]，君之所知也（晋君谓惠公。焦、瑕，杜注：晋河外五城之二邑。在今陕州南。朝济河而夕设版筑以距秦，言背秦之速）。夫晋何厌之有？既东封郑[13]，又欲肆其西封（封，疆也。肆，广也），若不阙[14]秦，将焉取之？阙秦以利晋，唯君图之。"秦伯说[15]，与郑人盟，使杞子、逢孙、扬孙戍之，乃还（三子，秦大夫，反为郑守）。子犯请击之，公曰："不可。微[16]夫人力不及此（夫人谓秦穆公）。因人之力而敝之，不仁。失其所与[17]，不知[18]。以乱易整，不武（秦、晋和整而还相攻，更为乱也）。吾其还也。"亦去之。初，郑公子兰出奔晋（兰，郑穆公），从于晋侯。伐郑，请无与围郑。许之，使待命于东（晋东界）。郑石甲父、侯宣多逆以为大子，以求成于晋，晋人许之（二子，郑大夫。言穆公所以立）。

解义 献俘践土[19]，郑伯傅王温之会同朝王所，而翟泉之盟[20]不与，故晋以贰于楚，讨之。先儒皆据《左传》谓晋侯、秦伯亲将贬而称人。而以《经》考之，自阳处父伐江以前，外大夫无以名见者，凡称人皆大夫将之辞耳。

注释 ①甲午：初十日。②无礼于晋：指重耳流亡过郑，郑文公不礼之事。③函陵：在今河南省新郑县北十三里。④氾南：氾，水名。氾南指河南省中牟县一带。⑤缒：以绳悬之而下。⑥越国：越过别国。鄙远：以远方之地为边境。⑦倍邻：增加邻国的土地。陪通"倍"。⑧东道主：东路的主人。⑨行李：外交官员。⑩为晋君赐：即有赐于晋君，指援助晋惠公。⑪焦、瑕：晋国二地名。⑫朝济：早晨渡过黄河回国。设版：筑城。版：筑城的夹版。⑬东封郑:向东在郑国土地上封疆,即扩张领土。⑭阙:损害。⑮说:同“悦”。⑯微:如果没有。⑰与:亲近。⑱知:同“智”。⑲践土:践土之盟,公元前632年夏五月,鲁公会晋侯等盟于践土。⑳翟泉之盟:公元前631年夏,鲁公会王子虎、晋狐偃等,盟于翟泉,寻践土之盟,且谋伐郑。

春秋　介人侵萧①。

解义　萧,宋附庸也。介,再来鲁而次年遂侵萧,岂惧为宋所忌②,而预③附於鲁,以求援与。

注释　①介:东夷国名,小国无爵位。在今山东胶州西南。萧:春秋时宋的附庸,灭于楚。在今安徽省萧县西北。②岂:也许。惧:惧怕。忌:憎恨。③预:预先。

春秋　冬,天王使宰①周公来聘。

左传　冬,王使周公阅来聘(阅,周公名),飨有昌歜、白、黑、形盐②(昌歜,昌蒲菹。白,熬稻。黑,熬黍。形盐,盐形象虎)。辞曰:“国君,文足昭也,武可畏也,则有备物之飨以象其德。荐五味,羞嘉谷,盐虎形(嘉谷,熬稻黍也,以象文。盐虎形,以象武),以献③其功。吾何以堪之?”

穀梁传　天子之宰,通于四海。

春秋　公子遂如京师(此聘周之始)。

春秋　遂如晋(此聘晋之始)。

左传　东门襄仲将聘于周(襄仲,即公子遂),遂初聘于晋。

公羊传　大夫无遂事,此其言遂何?公不得为政尔(不从公政令也)。

穀梁传　以尊遂乎卑,此言不敢叛京师也(谓若即言如京师,知晋则同周于晋叛而不尊天子,故云遂。使若公子遂因聘周,而自往晋也)。

解义　天王使宰周公下聘,必因晋侯帅诸侯再朝,重礼以报之,而因及齐、鲁诸大国也。鲁君不能躬拜王命,而使公子遂报聘[④],又比周於晋,不待贬绝而恶见矣。凡书遂,有以二事出者,公子遂如京师,遂如晋;祭公来,遂逆王后于纪是也;有以一事出,而专继事者,公子结媵陈人之妇,遂及齐侯、宋公盟是也,其是非得失,则存乎其事矣。

注释 ①宰:太宰。指辅助帝王掌管国事的最高官员的通称。②昌歜(cǎn):即昌蒲菹,亦指用其根做成的盐菜。白:稻米糕。黑:黍米糕。形盐:其形似虎的盐块。③献:与象同义。④报聘:指派使臣回访他国。

春秋 三十有一年春,取济西田。

左传 三十一年春,取济西田,分曹地也(二十八年,晋文讨曹分其地,竟界未定,至是乃以赐诸侯)。使臧文仲往,宿于重馆[①](重,鲁地。杜注:高平方与县西北有重乡城。馆,候馆也)。重馆人告曰:"晋新得诸侯,必亲其共[②],不速行,将无及[③]也。"从之,分曹地,自洮以南,东傅[④]于济,尽曹地也(言获地之多,杜注:济水自荥阳东过鲁之西至乐安人海)。

公羊传 恶乎取之?取之曹也。曷为不言取之曹?讳取同姓之田也。此未有伐曹者,则其言取之曹何(言鲁未尝伐曹,何以言取曹田?)?晋侯执曹伯班[⑤]其所取侵地于诸侯也(班者,遍还之辞)。晋侯执曹伯班其所取侵地于诸侯,则何讳乎取同姓之田?久也(济西,故鲁田,见侵于曹,历时既久,不得复为鲁地。故以取邑之例讳之)。

解义 济西之田,不系[⑥]曹者;明其为鲁田也,复故田而谓之取,何也?借晋人之力,而强取之,则与取非其有者同。凡取人之有,其恶易见,取己之有,而不以道其罪,难知圣人正名曰取,所以显微也。

注释 ①重:鲁地名,在今山东省鱼台县西。②共:恭。③

无及:赶不上。④傅:同"附",附靠。⑤曹伯班:此指曹共公曹襄(前?—前618),春秋曹国国君。曹昭公子。继昭公而立。前653—前618年在位。前637年,晋公子重耳出亡在外过曹,欲观其骈胁(肋骨相连如一骨)。曹大夫僖力谏,不听。前632年,晋伐曹,执之。⑥系:是。

春秋　公子遂如晋。

左传　襄仲[1]如晋,拜[2]曹田也。

解义　往年[3],宰周公来,而公子遂报聘[4],则以二事出。今复以济西之田,使遂如晋,慢[5]於尊周,而谨[6]於事晋,直书而罪自见[7]矣。

注释　①襄仲:即东门襄仲(?—前600年),姬姓,东门氏,名遂,字襄仲(一说襄仲为其谥),春秋前期鲁国公族,权倾朝野的政治家,鲁庄公庶子。因家住曲阜东门而立东门氏,故称东门襄仲,亦称公子遂。②拜:此指接受曹田,而拜谢晋侯。③往年:以往的年头,从前。④报聘:指回访他国。⑤慢:怠慢。⑥谨:恭敬。⑦见:同"现"。

春秋　夏四月,四卜郊[1],不从,乃免牲。犹三望[2]。

左传　夏四月,四卜郊,不从[3],乃免牲,非礼也。犹三望,亦非礼也。礼不卜常祀[4](必其时),而卜其牲[5]日(卜牲与日知吉凶),牛卜日[6]曰牲(既得吉日,则牛改名曰牲)。牲成而卜郊,上怠慢[7]也(怠于古典,慢渎龟策)。望,郊之细[8]也。不郊,亦无望可也。

公羊传　曷为或言三卜?或言四卜?三卜礼也,四卜非礼也。三卜何以礼?四卜何以非礼?求吉之道三(三卜,吉凶必有相奇者可以决疑,故求吉必三卜)。禘[9]尝不卜,郊何以卜?卜郊非礼也。卜郊何以非礼?鲁郊非礼也。鲁郊何以非礼?天子祭天,诸侯祭土(土,谓社也)。天子有方望之事(方望,谓郊时所望祭四方群神、日月星辰、风伯雨师、五岳四渎及馀山川，凡三十六所），无所不通（尽八极之内，天地之所覆载，无所不至，故得郊也）。诸侯山川有不在其封内者，则不祭也。曷为或言免牲？或言免牛？免牲，礼也，免牛，非礼也（免，犹纵也。卜郊不吉，则不敢郊，故免牲也）。免牛何以非礼？伤者曰牛（养牲不谨致灾伤，天不飨用不得复为天牲，故以本牛名之）。三望者何？望祭也。然则曷祭？祭大山河海。曷为祭大山河海？山川有能润于百里者，天子秩而祭之（此皆助天宣气布功，故祭天及之。秩者，随其大小尊卑高下所宜）。触石而出，肤寸而合（侧手为肤，按指为寸。言其触石理而出，无有肤寸而不合），不崇朝而遍雨乎天下者，惟大山尔。河海润于千里（亦能通气致雨，润泽及乎千里）。犹者何？通可以已也（已，止也）。何以书？讥不郊而望祭也。

穀梁传 夏，四月，不时也（郊，春事也）。四卜，非礼也（四卜则入夏）。免牲者，为之缁衣熏裳，有司玄端，奉送至于南郊，免牛亦然（玄端，黑衣，接神之道。玄熏者，天地之色也。南郊，天位，归之于阳也。全曰牲，伤曰牛，牛有变而不郊，故卜免牛）。乃者，亡乎人之辞也（亡乎人，若曰无贤人也）。犹者，可以已之辞也。

解义 天子以长至[⑩]之日郊祀上帝，孟春辛日祈谷[⑪]亦谓之郊，鲁僭[⑫]祈谷之郊，已为岁事[⑬]之常矣。《春秋》欲削而不存，则无以志其失，悉书之则有不胜书，故因礼之变，而特书以见义也。凡郊，三卜不从则不郊，三不吉而至於四，失礼又甚矣。不郊而或言免牲或言免牛，何也？未牲曰牛，既卜曰牲，免牛犹可再卜牛，至卜免牲吉则不可郊，明矣，故不复言。不郊望[⑭]，望而祭之，郊之细也。《周官》四望：盖望四方，鲁望止於三。《公羊》谓大山河海；郑玄谓海岱淮[⑮]；贾逵、服虔[⑯]谓分野[⑰]之星及国中山川，杜预[⑱]因之；而胡氏安国[⑲]独取《公羊》之说，於理为近要，非诸侯所得为也，不郊而望，故特书曰犹，犹者可已而不已之词。

注释　①卜郊:占卜郊祭的吉凶。②三望:三次祭祀山川之神。③不从:即不举行郊祭。④常祀:常规的祭祀。郊祭即为祭天的常祀。⑤牲:牺牲。⑥卜日:占卜得吉日。⑦怠慢:怠于吉典,亵渎龟策。⑧细:细节。⑨禘:指古代帝王或诸侯在始祖庙里对祖先的一种盛大祭祀。⑩长至:指夏至。夏至白昼最长,故称。⑪孟春:即是春季的首月,春季三月,第一月为孟春,第二月为仲春,第三月为季春。祈谷:古代祈求谷物丰熟的祭礼。⑫僭(jiàn):超越本分,古代指地位在下的冒用在上的名义或礼仪、器物。⑬岁事:一年中应做的事。⑭郊望:古帝王祭天与日月星辰山川之礼。⑮郑玄(127—200 年):东汉末年的经学大师,他遍注儒家经典,以毕生精力整理古代文化遗产,使经学进入了一个"小统一时代"。海岱淮:指古徐州。⑯贾逵(174—228 年):字梁道,河东襄陵人今山西临汾东南也。东汉时期著名的经学家和天文学家。服虔:东汉经学家。字子慎,初名重,又名祇,后更名虔,河南荥阳东北人。⑰分野:与星次相对应的地域。古人依据星纪、玄枵、降娄、大梁、实沈、鹑首、鹑火、鹑尾、寿星、大火、析木等十二星次的位置划分地面上州、国的位置与之相对应。⑱杜预(222—285):字元凯,京兆杜陵(今陕西西安东南)人,西晋时期著名的政治家、军事家和学者,灭吴统一战争的统帅之一。耽思经籍,博学多通,多有建树,被誉为"杜武库"。著有《春秋左氏经传集解》及《春秋释例》等。⑲胡氏安国:即胡安国(1074—1138),南宋时期的著名经学家和湖湘学派的创始人之一。字康侯,号青山,学者称武夷先生,后世称胡文定公。

春秋　秋七月。

附录左传　秋,晋蒐于清原①,作五军②御狄(二十八年,晋作三行,今罢之,更为上下新军。清原,杜注:河东闻喜县北有清原。在今山西稷山县西北)。赵衰为卿(二十七年,命赵衰为卿,让于乐枝。今始从原大夫为新军帅）。

春秋　冬，杞伯姬[3]来求妇。

公羊传　其言来求妇何？兄弟辞也。其称妇何？有姑之辞也。

穀梁传　妇人既嫁不逾竟[4]，杞伯姬来求妇，非正也。

解义　昏[5]姻，常事不书，此何以书？求妇，非正也。妇言不逾阃阈[6]，越竟而为子谋昏，失妇义矣，故谨之。

注释　①蒐（sōu）：检阅部队。清原：晋地。②作五军：在原来上下中三军基础上，又增设上下新军。③杞伯姬：鲁庄公之女，嫁於杞成公。④竟：同“境”。⑤昏：同“婚”。⑥阃阈（kǔnyù）：疆界。

春秋　狄围卫。

春秋　十有二月，卫迁于帝丘（帝丘，杜注：东郡濮阳县帝颛顼之虚，故曰帝丘。今直隶开州有颛顼城）。

左传　冬，狄围卫，卫迁于帝丘。卜曰三百年[1]。卫成公梦康叔曰：“相夺予享。”（相，夏后启之孙，居帝丘。享，祭也）公命祀相。宁武子不可，曰：“鬼神非其族类，不歆[2]其祀（歆，犹享也）。杞、鄫何事（言杞、鄫夏后，自当祀相）？相之不享于此久矣，非卫之罪也，不可以间成王、周公[3]之命祀（诸侯受命，各有常祀）。请改祀命[4]。”（改祀相之命）

解义　狄尝入卫，齐桓率诸侯为城楚丘[5]以定之，今为狄所围，又自迁于帝丘。夫立国在於自强，楚人谋徙于阪高[6]，蔿贾[7]曰：“我能往，寇亦能往。”《春秋》书此，以见卫之不能自强，而晋文衰暮[8]，无以大庇诸姬亦可见矣。

注释　①据《史记·卫世家》及《诸侯年表》，卫此后历四百三十年而亡。②歆（xīn）：祭祀时鬼神享受祭品的香气叫歆。③间：通“干”，冒犯。成王：周成王。周公：周公旦。④请改祀命：

请君改变祀相之命令。⑤楚丘:春秋时卫国之地,在今河南省滑县东。鲁僖公元年,齐桓公迁邢于夷仪,封卫于楚丘。⑥徙(xǐ):迁移。阪高:春秋楚地,在今湖北省荆门县西南。⑦蒍(wěi)贾(?—前605):芈(mǐ)姓,蒍氏,名贾,字伯嬴。春秋时楚国司马。楚庄王三年(前611年),楚国发生灾荒,庸、麇率群蛮、百濮反楚,有人主张迁都,他力主出兵镇压,平息了骚乱。⑧衰暮:迟暮。比喻晚年。

附录左传 郑泄驾恶公子瑕[①],郑伯亦恶之,故公子瑕出奔楚。(瑕,文公子。泄驾,郑大夫。传为纳瑕张本)

春秋 三十有二年春王正月。

附录左传 三十二年春,楚斗章请平[②]于晋,晋阳处父报之[③]。晋、楚始通[④](阳处父,晋大夫。晋、楚自春秋以来始交使命为和同)。

春秋 夏四月己丑,郑伯捷卒(捷,《公羊》作接)。

春秋 卫人侵狄。

左传 夏,狄有乱。卫人侵狄,狄请平焉。

春秋 秋,卫人及[⑤]狄盟。

左传 秋,卫人及狄盟。

解义 及者,卫为志[⑥],不地者,盟於狄也。卫畏狄强,迁都避之,今不能声罪致讨[⑦],乃乘乱而掠其境,则不武又就其地,汲汲[⑧]而与之盟,则非礼。《春秋》书之,以罪[⑨]卫也。

注释 ①公子瑕:郑文公子。②请平:请求讲和。③报之:入楚回聘。④通:交通,来往。⑤及:和,跟。⑥志:意向,愿望。⑦声罪致讨:指宣布罪状,并加讨伐。⑧汲汲:形容急切的样子。⑨罪:罪责。

春秋 冬十有二月己卯,晋侯重耳[①]卒。

左传 冬,晋文公卒。庚辰[②],将殡[③]于曲沃(殡,窆棺也。曲沃有旧宫焉)，出绛，柩有声如牛(如牛响声)。卜偃使大夫拜。曰："君命大事[4]。将有西师过轶我[5]，击之，必大捷焉。"(声自柩出，故曰君命。大事，戎事也。卜偃闻秦密谋，故因柩声以正众心)

杞子自郑使告于秦，曰(三十年，秦使大夫杞子戍郑)："郑人使我掌其北门之管[6](管，龠(yuè)也)，若潜师[7]以来，国可得也。"穆公访诸蹇叔[8](蹇叔，秦大夫)，蹇叔曰："劳师以袭远，非所闻也。师劳力竭，远主备之，无乃[9]不可乎！师之(原文为"知"，有误)所为，郑必知之。勤而无所，必有悖心(士卒劳而无所得，必生悖戾之心，害及良善)。且行千里，其谁不知？"公辞焉。召孟明、西乞、白乙[10]，使出师于东门之外(孟明，百里孟明视。西乞，西乞术。白乙，白乙丙)。蹇叔哭之，曰："孟子，吾见师之出而不见其入也。"公使谓之曰："尔何知？中寿[11]，尔墓之木拱矣。"(合手曰拱，言其过老悖不可用)蹇叔之子与师，哭而送之，曰："晋人御师必于殽[12](殽，杜注：在弘农渑池县西)。殽有二陵焉(大阜曰陵)。其南陵，夏后皋[13]之墓也(皋，夏桀之祖父)；其北陵，文王之所辟风雨也。(此道在二殽之间，南谷中谷深委曲，两山相嵌，故可以辟风雨)必死是间(以其深险故)，余收尔骨焉。"秦师遂东(为明年晋败秦于殽传)。

解义　晋文公之入也，《左氏》言之甚详，而《经》不书，何也？诸侯有朝聘之礼，赴告[14]之命，若告命不通，记注文阙[15]，圣人因鲁史以作《经》，有可损而不能益[16]也。

注释　①晋侯重耳：晋文公。②庚辰：十二月十日。③殡：人死入殓而未葬。④大事：指兵戎之事。⑤西师：西方的军队。过轶：越境而过。轶，超前。⑥管：钥匙。⑦潜师：秘密地派遣军队。⑧访：询问。诸：之于的合音词。蹇(jiǎn)叔：秦国元老。⑨无乃：恐怕。⑩孟明、西乞、白乙：皆为秦国的将领。⑪中寿：六七十岁叫中寿，蹇叔已近八十，过了中寿。⑫殽(yáo)：山名。⑬夏后皋(gāo)：夏朝帝王，夏桀之祖父。后，国君。⑭赴告：春秋时各国以崩薨及祸福之事相告。⑮阙:同“缺”。⑯益:增加。

春秋　三十有三年春王二月,秦人入滑。

左传　三十三年春,秦师过周北门,左右免胄①而下(北门,王城之北门。胄,兜鍪。兵车非大将,御者在中,故左右下,御不下)。超乘者三百乘②。王孙满③尚幼,观之,言于王曰:“秦师轻④而无礼,必败(无礼,谓过天子门,不卷甲束兵,超乘示勇)。轻则寡谋,无礼则脱⑤(脱,易也)。入险而脱,又不能谋,能无败乎?”及滑⑥,郑商人弦高将市于周⑦,遇之。以乘韦先⑧,牛十二犒师(乘韦,四韦也。皮熟曰韦,生曰革。古者将献遗于人,必有以先之),曰:“寡君闻吾子将步师出于敝邑⑨,敢犒从者,不腆敝邑,为从者之淹⑩,居则具一日之积⑪,行则备一夕之卫⑫。”(弦高知秦将袭郑,欲败其谋,故诈言君命。步,犹行也。积,谓刍米菜薪。卫,捍御之具)且使遽⑬告于郑(遽,传车)。

注释　①左右:指战车上武士。免胄:脱下头盔。②超乘:一跃上车。超:跃。③王孙满:周襄王之孙,名满。周大夫。④轻:轻狂,轻佻,不庄重。⑤脱:疏略,疏忽。⑥滑:姬姓小国,故址在今河南省偃师县南。⑦将市于周:将要去成周作生意。⑧以乘韦先:以四张熟牛皮作为先行致送的礼物。乘,四。古代一车四马,故借乘为四。韦,熟牛皮。⑨步师:行军。敝邑:敝国。⑩淹:留。⑪积:指粮食、饲草、肉类等。⑫卫:守卫、警戒。⑬遽(jù):古代传递公文消息的快车,即驿车。

郑穆公使视客馆①(秦杞子、逢孙、杨孙戍郑,郑人馆之。至是闻弦高之言,使视其所为),则束载、厉兵、秣马矣②(果见三子,欲为内应)。使皇武子辞③焉(皇武子:郑大夫),曰:“吾子④淹久于敝邑,唯是脯资饩牵⑤竭矣(资,粮也。生曰饩。牵谓牛羊豕)。为吾子之将行也,郑之有原圃,犹秦之有具囿⑥也。吾子取其麋鹿以闲⑦敝邑,若何?”(原圃、具囿皆囿名。杜注:荥阳中牟县西有圃田泽。使秦戍自取麋鹿，以为行资。盖明示三子，已知其情）杞子奔齐，逢孙、扬孙奔宋。孟明曰："郑有备矣，不可冀[8]也。攻之不克，围之不继[9]，吾其还也。"灭滑而还。

穀梁传 滑，国也。

解义 灭滑而书入者，不能有其地，非末减[10]也，诈谋不遂，又肆[11]悖心，以灭无罪之小国，而不虞晋之拟[12]其后，非道[13]失谋，其困也宜[14]矣。

注释 ①客馆：杞子等人的居处。②束载：捆束车子。厉兵：磨砺兵器。秣马：喂饱马匹。③辞：致辞。④吾子：指杞子等三人。⑤脯资饩牵：指肉食和粮食。脯，干肉。资，粮食。饩(xì)牵：未宰杀的牲畜。⑥具囿：秦国养兽打猎的苑囿，在今陕西省泾阳县境内。⑦闲：使……得闲。⑧冀：希望，觊觎。⑨不继：无后援。⑩末减：指从轻论罪或减刑。⑪肆：放纵，放肆。⑫虞：猜度，考虑。拟：打算。⑬非道：指不合道义；不正当的手段。⑭宜：应该，应当。

春秋 齐侯使国归父[1]来聘。

左传 齐国庄子来聘，自郊劳至于赠贿[2]，礼成而加之以敏[3]（《聘礼》，宾至于郊，君使卿朝服用束帛劳。及聘事皆毕，乃去，宾遂行，舍于郊。公使卿赠，如觌币。是来有郊劳，去有赠贿也。敏，审当于事也）。臧文仲言于公曰："国子为政[4]，齐犹有礼，君其朝焉。臣闻之，服[5]于有礼，社稷之卫也。"（为公如齐传）

解义 二十八年，公子遂如齐，平[6]旧怨也，今国归父来报遂之聘也。古者，诸侯邦交其礼甚简，入春秋时，比周[7]相结使命日烦，至国归父来聘，而大夫之交政，列国者纷纷无制[8]矣。

注释 ①国归父（生卒年不详）：姜姓，国氏，名归父，谥"庄"，故史称国庄子。春秋中期齐国世卿，二守之一，后担任齐国执政，辅佐齐孝公、齐昭公。②郊劳：郊外迎接。赠贿：赠送礼物送行。③敏:作事审慎、得当。④国子:指国庄子。为政:执政。⑤服:顺服。⑥平:平息。⑦比周:结党营私。⑧制:约束,管束。

春秋　夏四月辛巳,晋人及姜戎败秦师于殽(败秦下,《左传》、《穀梁》有师字。姜戎,姜姓之戎,居晋南鄙。戎子,驹支之先也。殽,杜注:在弘农渑池县西。在今河南永宁县北)。

左传　晋原轸[1]曰:"秦违蹇叔,而以贪勤民[2],天奉我也(秦师还,过晋竟,先轸谋邀而伐之。奉,与也)。奉不可失,敌不可纵。纵敌患生,违天不祥。必伐秦师。"栾枝曰:"未报秦施[3]而伐其师,其为死君[4]乎"(言以君死,故忘秦施)? 先轸曰:"秦不哀吾丧而伐吾同姓[5](滑与晋同生),秦则无礼,何施之为? 吾闻之,一日纵敌,数世之患也。谋及子孙,可谓死君乎?"遂发命,遽兴姜戎[6](以传车起姜戎之兵,欲其速也)。子墨衰绖[7](晋文公未葬,故襄公称子,以凶服从戎,故墨之),梁弘[8]御戎,莱驹[9]为右。夏四月辛巳[10],败秦师于殽,获百里孟明视、西乞术、白乙丙以归,遂墨以葬文公。晋于是始墨[11](后遂常以为俗,记礼所由变)。文嬴请三帅[12](文嬴,晋文公始适秦,秦穆公所妻夫人,襄公嫡母。三帅,孟明等),曰:"彼实构[13]吾二君,寡君[14]若得而食之不厌,君何辱[15]讨焉! 使归就戮于秦,以逞寡君之志[16],若何?"公[17]许之。先轸朝,问秦囚。公曰:"夫人请之,吾舍之矣。"先轸怒曰:"武夫力而拘诸原,妇人暂而免诸国[18](暂,犹卒也)。堕军实而长寇仇[19](堕,毁也),亡无日矣。"不顾而唾[20]。公使阳处父追之,及诸河,则在舟中矣。释左骖[21],以公命赠孟明(矫称襄公命赠,欲使还拜谢,因而执之)。孟明稽首曰(孟明知其诈,乃遥于舟中稽首拜命):"君之惠,不以累臣衅鼓[22](累,囚系也。杀人以血涂鼓,谓之衅鼓),使归就戮于秦,寡君之以为戮,死且不朽。若从君惠而免之,三年将拜君赐[23]。"(意欲报伐晋)秦伯素服郊次[24](待之于郊),乡[25]师而哭曰:

“孤违蹇叔以辱二三子，孤之罪也（降名称孤）。不替[26]孟明，孤之过也，大夫何罪？且吾不以一眚掩大德。”（眚，过也）

注释　①原轸：即先轸。②勤民：劳民。③秦施：秦国的恩惠。施，恩惠。④为死君：指忘掉先君。君，即晋文公。⑤同姓：指郑、滑，与晋同为姬姓国。⑥遽兴姜戎：急速调动姜戎的军队。姜戎，秦晋之间的一个部族，与晋国关系密切。⑦子：指晋文公之子晋襄公。因文公未葬，尚未即位，故称子。墨衰绖（cuīdié）：染黑丧服。衰，麻制丧服。绖，麻制腰带。衰、绖均为白色。因行军穿白色孝服不吉利，故用墨染成黑色。⑧梁弘：晋大夫。⑨莱驹：晋大夫。⑩辛巳：四月十三日。⑪始墨：开始用黑色作丧服，并由此形成习俗。⑫文嬴：晋文公夫人，晋襄公嫡母。请：求情。三帅：孟明视、西乞术、白乙丙三人。⑬构：挑拨离间。⑭寡君：指秦穆公。⑮辱：委屈，谦词。⑯逞：满足。逞志，即快意。⑰公：指晋襄公。⑱暂：突然，一下子。一说为诈欺。免：赦免，释放。⑲堕军实：毁伤战果。长寇仇：助长敌人的势力。⑳不顾而唾：不回头就在襄公面前吐唾沫。言其气忿之极。㉑释左骖：解开左边驾车的马。古代一车四马，在两旁的称骖。㉒累臣：囚臣，孟明自称。衅鼓：以血涂鼓，即杀戮。古代有以囚俘祭鼓的现象。㉓拜君赐：拜谢君王的恩赐，言外之意即复仇。㉔素服：凶服。郊次：在郊外等候。㉕乡：同“向”。㉖替：废止，撤职。

公羊传　其谓之秦何（称国）？夷狄之也。曷为夷狄之？秦伯将袭郑，百里子与蹇叔子谏曰：“千里而袭人，未有不亡者也。”秦伯怒曰：“若尔之年者，宰上之木拱矣（宰，冢也），尔曷知”。师出，百里子与蹇叔子送其子而戒之曰：“尔即死必于殽之嵚岩，是文王之所辟风雨者也（其地险隘，一可要百。故文王过之，驱驰常若辟风雨。袭郑所当由也），吾将尸尔焉。”子揖师而行（揖其父于师中,介胄不拜,为其拜如蹲)。百里子与蹇叔子从其子而哭之。秦伯怒曰:"尔曷为哭吾师?"对曰:"臣非敢哭君师,哭臣之子也。"弦高[1]者,郑商也,遇之殽,矫以郑伯之命而犒师焉,或曰往矣,或曰反矣(军中语也。时以为郑实使弦高犒之,或以为郑伯已知将见袭必设备不如还,或曰:师既出,当遂往)。然而晋人与姜戎要之殽而击之(然而,上议,犹豫留往之顷也。要,邀也),匹马只轮无反[2]者(言尽获之)。其言及姜戎何?姜戎,微也,称人亦微者也。何言乎姜戎之微?先轸也(先轸,晋大夫也。言姜戎微,则知称人者尊),或曰襄公亲之(亲,将)。襄公亲之则其称人何?贬。曷为贬?君在乎殡而用师危,不得葬也。诈战不日(诈,卒也。齐人语也),此何以日?尽也(尽俘之,恶其不仁)。

穀梁传　不言战而言败何也?狄秦也。其狄之何也?秦越千里之险,入虚国(滑无备,故言虚国),进不能守,退败其师徒,乱人子女之教,无男女之别,秦之为狄,自殽之战始也。(进不能守,谓入滑而去;退败其师,谓败于殽;乱人子女,谓入滑之时,纵暴乱也)秦伯将袭郑,百里子与蹇叔子谏曰:"千里而袭人,未有不亡者也。"秦伯曰:"子之冢木已拱[3]矣,何知!"(言其老无知)师行,百里子与蹇叔子送其子而戒之,曰:"女[4]死,必于殽之岩唫[5]之下。我将尸女于是!"(尸女者,收女尸)师行,百里子与蹇叔子随其子而哭之。秦伯怒曰:"何为哭吾师也?"二子曰:"非敢哭师也。哭吾子也。我老矣!彼不死,则我死矣!"(畏秦伯怒,故云彼我必有死者)晋人与姜戎要而击之殽,匹马倚轮无反者(倚轮,一只之轮)。晋人者,晋子也。其曰人何也?微之也。何为微之?不正其释殡而乎战也。

解义　秦自十三年[6]围郑已识地形,又见齐、晋更霸,宋、楚争卫,乘晋文新殁[7],逾周而袭郑,使其谋得逞,将据郑以力征东夏[8],蚕食诸姬,其无王之心,未必不同於荆楚,晋襄要[9]而击之,只轮不反。终春秋之世，秦卒不能逾晋而东，故败殽之勋等於城濮[10]。先儒乃以墨衰即戎，为晋子罪误矣，国君之孝异於匹夫，社稷之役可以变礼。故鲁公禽父[11]在丧，而从金革[12]，孔子与之誓在《尚书》[13]，论具《礼记》[14]。且《春秋》之法，外以讳为善，故特书晋人，若晋子未尝在师者，然如以为贬，则凡会盟侵伐，以丧出而称爵、称子者，乃得为褒乎？陆氏淳[15]谓孔子许其以权变礼，故为之讳卓[16]矣。

注释　①弦高：郑国商人，经常来往于各国之间做生意。鲁僖公33年（前627年）他去周王室辖地经商，途中遇到秦国军队，当他得知秦军要去袭击他的祖国郑国时，便一面派人急速回国报告敌情，一面伪装成郑国国君的特使，以12头牛作为礼物，犒劳秦军，为郑国避免了一次灭亡。②只轮无反：比喻全军覆没。同"只轮不反"。③冢木已拱：坟墓上的树木以很高大。比喻老死多年。④女：同"汝"，你。⑤岩唫（jìn）：高而险的山崖。⑥十三年：指鲁僖公十三年。⑦殁：死。⑧东夏：中原以东之地。⑨要：同"邀"。⑩城濮：指城濮之战，公元前632年，以晋国（今山西一带）为首的联军和以楚国（长江中下游和汉水流域一带）为首的联军之间的一场战争。此战以晋军获得决定性胜利而告结束，成了晋文公称霸天下的标致性事件。⑪鲁公禽父：鲁国开国元勋，字全称为伯禽父，或简称为伯禽、禽父。名不详，以字行。后来"鲁公"成为伯禽专称，常连称鲁公伯禽或鲁公禽父。⑫金革：此指战争。⑬《尚书》：又称《书》、《书经》，为一部多体裁文献汇编，是中国现存最早的史书。分为《虞书》、《夏书》、《商书》、《周书》。⑭《礼记》：是中国古代一部重要的典章制度书籍。该书编定是西汉礼学家戴德和他的侄子戴圣。戴德选编的八十五篇本叫《大戴礼记》，在后来的流传过程中若断若续，到唐代只剩下了三十九篇。戴圣选编的四十九篇本叫《小戴礼记》,即我们今天见到的《礼记》。⑮陆氏淳:即陆淳(?—806),唐代儒家学者,经学家。字伯冲,后改名质。吴郡(郡治今江苏吴县)人。授左拾遗,历信州、台州刺史。曾师事啖助、赵匡,传《春秋》学。⑯卓:卓著。

春秋　癸巳,葬晋文公。

穀梁传　日葬,危不得葬也。

解义　晋先君有文侯[①],而重耳复谥为文[②],非礼也。

注释　①文侯:即晋文侯(前780年—前746年),姬姓,穆侯费王长子,名仇。是西周末年到春秋早期的晋国君主,第十一任统治者。晋国历史上的一位杰出君主。②重耳:晋文公。复:重复。谥:古代帝王或大官死后评给的称号。

春秋　狄侵齐。

左传　狄侵齐,因晋丧也。

解义　狄间[①]晋丧而侵齐,殽师[②]方罢,营葬[③]先君,齐、晋悬隔千里,即有赴告,晋师非逾月不能出绛[④],何及於狄。先儒既以墨衰[⑤]御秦责晋,而又以不能攘[⑥]狄罪之,义无所处矣。

注释　①间:指缝隙,空隙。②殽师:此指晋军在殽山将秦军击败。师:出兵征伐。③营葬:办丧事。④绛:春秋时晋国都,在今山西绛县。⑤墨衰:染黑丧服。衰,麻制丧服。⑥攘:抵御。

春秋　公伐邾,取訾娄(訾娄,《公羊》作丛。《穀梁》作訾楼。訾娄,邾地。当在今山东济宁州界)。

春秋　秋,公子遂帅师伐邾。

左传　公伐邾,取訾娄,以报升陉之役(在二十二年)。邾人不设备。秋,襄仲[①],复伐邾。

解义　僖公怀升陉之忿,以晋文始霸不敢兴报怨之师,晋文既殁,秦、狄交讧[②],故乘其间[③]而再伐邾,以取利焉。齐桓之殁,楚、宋争霸,鲁亦间之而再伐邾,每乘霸国多事,而陵弱暴寡[④],

何以为秉礼之国乎？

注释 ①襄仲：公子遂。②交讧：指交相骚扰作乱。③间：指缝隙，空隙。④陵弱暴寡：指欺凌弱小者和少数。

春秋 晋人败狄于箕[①]（箕，杜注：大原阳邑县南有箕城。在今山西大谷县东南）。

左传 狄伐晋，及箕。八月戊子[②]，晋侯败狄于箕。郤缺获白狄子[③]（白狄，狄（原文为"秋"，有误）别种也。子，白狄之君。子，爵也）。先轸曰："匹夫逞志于君[④]而无讨（谓不顾而唾），敢不自讨乎？"免胄入狄师，死焉。狄人归其元[⑤]（元，首），面如生。初，臼季[⑥]使过冀，见冀缺耨，其妻馌之。（臼季，胥臣也。冀，杜注：晋邑。今山西河津县东有冀亭。冀缺，即郤缺。耨（nòu），锄也。野馈曰馌）敬，相待如宾[⑦]。与之归，言诸文公曰："敬，德之聚[⑧]也。能敬必有德，德以治民，君请用之。臣闻之，出门如宾，承事如祭，仁之则也。"公曰："其父有罪[⑨]，可乎？"（缺父冀芮欲弑文公，在二十四年）对曰："舜之罪也殛鲧[⑩]，其举[⑪]也兴禹。管敬仲，桓之贼[⑫]也，实相以济[⑬]。《康诰》曰：'父不慈，子不祗，兄不友，弟不共，不相及也。'（《康诰》，《周书》。祗，敬也）《诗》曰：'采葑采菲，无以下体[⑭]。'君取节焉可也。"（《诗》，国风。葑菲之菜，上善下恶，食之者不以其恶而弃其善。言可取其善节）文公以为下军大夫。反自箕，襄公以三命命先且居将中军[⑮]（且居，先轸之子，其父死敌，故进之），以再命命先茅[⑯]之县赏胥臣曰："举郤缺，子之功也。"（先茅绝后，故取其县以赏胥臣）以一命命郤缺为卿，复与之冀（还其父故邑），亦未有军行（虽登卿位，未有军列）。

解义 秦谋袭郑，狄攻齐，卫乘文公之新殁，而争衡於中夏[⑰]也。晋子败秦于殽，又败狄于箕，而霸统遂定，诸侯宾服[⑱]其功甚伟，且皆应敌[⑲]之师，而先儒多以为病亦未揆[⑳]於事理之实耳。

注释　①箕:晋地名,在现今的山西省蒲县东北一带。②戊子:二十二日。③郤缺:晋臣,又名却成子。白狄:为狄人的一支,隗姓。④逞志于君:指不顾而唾一事。⑤元:首级,脑袋。⑥臼季:即胥臣,又称马季子。晋臣。⑦如宾:如会见宾客。⑧聚:集中体现。⑨其父有罪:冀缺之父为惠公之党,欲害文公,为秦穆公所诱杀。⑩罪:治罪。殛鲧:把鲧流放到荒远的地方。鲧,禹的父亲。殛,诛。⑪举:选拔。⑫贼:仇敌。⑬济:成功,此指完成霸业。⑭葑:蔓菁。菲:萝卜。无以下体:不要以为是下体而抛弃。⑮三命:诸侯任命大臣有"一命""再命""三命"的区别。以命数多为贵,车服的规则也与此相应。三命为最高等级。先且居:先轸之子,其父战死疆场,功勋卓著,故以之命命之为卿,使将中军。⑯先茅:晋大夫,因绝后,故取其县赏赐胥臣。⑰中夏:中原。⑱宾服:归顺;服从。⑲应敌:亦作"应适"。迎击来敌。⑳病:不满,责备。揆(kuí):揣测。

春秋　冬十月,公[1]如齐。

春秋　十有二月,公至自齐。

解义　报国庄子[2]之聘也。天王下聘,不朝於京师,齐国归父来,乃躬[3]报谢,不加贬而义自见矣。

注释　①公:鲁僖公。②国庄子:即国归父,齐国世卿。③躬:亲自。

春秋　乙巳,公薨于小寝[1]。

左传　冬,公如齐,朝,且吊[2]有狄师也。反,薨于小寝,即安[3]也(小寝,夫人寝也。讥公就所安,不终于路寝)。

穀梁传　小寝,非正也。

解义　《周制》:"王宫六寝,路寝一,小寝五。"《戴记》[4]:"君日出而视朝,退适路寝听政,使人视大夫,大夫退,然后适小寝,释服[5]。"是路寝治事之所,小寝燕息之地也。鲁子以诸侯有三宫,则列国之制盖降於王,其以路寝为正则一尔。

注释 ①小寝:燕寝,诸侯平日所居。②吊:抚慰。③即安:小寝为诸侯燕安之所,鲁僖公病,未移居正寝,就小寝而死,故称即安。④《戴记》:即《礼记》。《礼记》实际上是研究仪礼的,是汉代人写的一部文献,其中有两位学者最有名,一个叫戴德,一个叫戴圣,这就是《三字经》中说的大小戴,戴德是叔叔,戴圣是侄子。大戴注的叫《大戴礼记》,小戴注的叫《小戴礼记》。《大戴礼记》在当时就出现了一些散乱,混进了一些不是大戴的学说,后来人们也不太用它。以后用的都是《小戴礼记》,今天讲的《礼记》,实际上是《小戴礼记》。⑤释服:脱去朝服。

春秋 陨霜不杀草①。李梅实②(陨,《公羊》作'賈')。

公羊传 何以书?记异也。何异尔?不时也。

穀梁传 未可杀而杀,举重也。可杀而不杀,举轻也。(定元年,陨霜杀菽。此年,陨霜不杀草。重,谓菽也。轻,谓草也。轻者不死,则重者不死可知)实之为言,犹实也(实,子也)。

解义 周之十二月,夏之十月也,霜既陨而草不杀,固已异矣。梅、李再荣③,非时而成实④,阴阳失序,物反其常。先儒以为鲁政不纲⑤,三桓⑥盛强干权擅国,咎征⑦之先见者也。

注释 ①陨:落下。陨霜不杀草:意思就是天降大霜,但草却冻不死。②李梅实:指李子、梅子开花结果。③荣:开花。④实:结果。⑤不纲:指朝廷失去纲纪,政治混乱。⑥三桓:即指鲁国卿大夫孟孙氏、叔孙氏和季孙氏。⑦咎征:即不好的征兆,逆乎天意,则降灾降祸,万事不顺。

春秋 晋人、陈人、郑人伐许。

左传 晋、陈、郑伐许,讨其贰①于楚也。

解义 陈、郑久服於楚,晋人讨许不用齐、鲁、宋、卫之师,而独与陈、郑同役,以继文之业席②败秦、败狄之威,楚人不敢北乡职[3]是故也,而先儒皆以为讥,亦过矣!

注释　①贰:背叛。②文:晋文公。席:席卷。③乡:同“向”,对着,朝着。职:掌管,职掌。北乡职:此指向北扩张势力范围。

附录左传　楚令尹子上侵陈、蔡(子上,即关勃)。陈、蔡成,遂伐郑,将纳公子瑕(三十一年瑕奔楚),门于桔柣之门[1]。瑕覆于周氏之汪(车倾覆池水中),外仆髡屯禽之以献[2](郑之外仆髡发而名屯者,杀瑕以献郑伯)。文夫人敛而葬之郐城之下[3](郑文公夫人也。郐城,杜注:故郐国,在荥阳密县东北。今属河南开封府)。晋阳处父侵蔡,楚子上[4]救之,与晋师夹泜[5]而军(泜水,杜注:出鲁阳县东经襄城定陵入汝)。阳子患之,使谓子上曰:“吾闻之,文不犯顺[6],武不违敌(有文德者不犯顺,意谓相约涉水而伐其师,是犯顺也。有武德者不弃敌意,谓相约退舍,而自弃去,是违敌也)。子若欲战,则吾退舍,子济而陈[7](欲辟楚,使渡成陈而后战),迟速唯命,不然纾我[8](纾,缓也)。老师[9]费财,亦无益也。”乃驾以待。子上欲涉,大孙伯曰(大孙伯,即成大心):“不可。晋人无信,半涉而薄我,悔败何及,不如纾之。”乃退舍(楚退,欲使晋渡)。阳子宣言曰:“楚师遁矣。”遂归。楚师亦归。大子商臣谮子上曰[10]:“受晋赂而辟之,楚之耻也,罪莫大焉。”王杀子上(商臣怨子上,止王立,已谮之)。葬僖公,缓(十一月僖公薨,文公元年四月,葬僖公。并闰,七月乃葬,故《传》云缓)作主,非礼也(文二年乃作主,遂因葬文通议之)。凡君薨,卒哭而祔[11],祔而作主,特[12]祀于主,烝、尝、禘于庙[13](既葬,反虞则免丧,故曰“卒哭”,哭止也。以新死者之神祔之于祖,尸柩已远,孝子思慕,故造木主立几筵,特用丧礼祭祀于寝,不同之于宗庙。言“凡君”者,谓诸侯以上,不通于卿大夫。冬祭曰烝。秋祭曰尝。新主既立,特祀于寝,则宗庙四时常祀自如旧也。三年礼毕,又大禘,乃皆同于吉)。

注释　①门:攻城门。桔柣之门:郑都远郊之门。②髡屯:

人名。禽:同“擒”。③文夫人:郑文公夫人,可能为公子瑕的生母。郐:本为国名,为郑所灭,在今河南省密县东南部。④子上:即斗勃,楚令尹。⑤泜(zhī):泜水,发源于河南省鲁山县,东流经宝丰、叶县、舞阳,会于北沙河。⑥犯顺:违犯顺理成章之言。⑦子济而陈:你们渡过河而列阵。⑧纾我:使我纾缓,即济河而列阵。纾,缓。⑨老师:军队久驻在外,疲劳不堪。⑩楚成王想立商臣为太子,令尹子上曾经加以阻止。谮(zèn):诬陷。⑪祔(fù):把新死者的神主附祭于先祖。⑫特:单独。⑬烝:冬祭。尝:秋祭。禘:禘祭,新主既立,则可单独祭祀先主于寝庙。

卷二十三

文公(元年之四年)

文公:公名兴,僖公之子,母声姜。《谥法》:慈惠爱民曰文。忠信接礼曰文。

周:襄王二十六年,鲁文公八年,襄王崩,子顷王立。文十四年,顷王崩,子匡王立。

郑:穆公二年。

齐:昭公七年,鲁文公十四年,昭公卒,子舍立。九月舍弑,商人立。文十八年,懿公弑,惠公元立。

宋:成公十一年,鲁文公七年,成公卒,昭公杵臼立。文十六年,昭公弑,弟文公鲍立。

晋:襄公继霸二年,鲁文公六年,襄公卒,子灵公夷皋立。是年,赵盾为政。

卫:成公九年。

蔡:庄公十九年,鲁文公十五年,庄公卒,子文公申立。

曹:共公二十七年,鲁文公九年,共公卒,子文公寿立。

滕:详见隐公元年。鲁文公十二年,滕昭公来朝。

陈:共公六年,鲁文公十三年,共公卒,子灵公平国立。

杞:详见隐公元年。

薛:详见隐公元年及僖公元年。

莒:鲁文公十八年,莒太子仆弑纪公,庶其子李佗立。

邾:文公四十二年,鲁文公十三年,邾文公卒,子定公貜(jué)且立。

许:僖公二十九年,鲁文公五年,僖公卒,昭公锡我立。

小邾:详见僖公元年。

楚:成王四十六年,鲁文公元年冬,商臣弑成王而自立为穆王。文十三年,穆王卒,子庄王立,始争霸。

秦:穆公三十四年,秦用孟明以为政。鲁文公二年,秦伯伐晋,济河焚舟,遂霸西戎。《史记》穆公三十七年,益国十二,开地千里。天子使召公过贺穆公以金鼓。文六年,穆公卒,子康公罃立。文十八年,康公卒,子共公稻立。

吴:详见隐公元年。

越:详见隐公元年。

文公(名兴,僖公之子,母声姜。以襄王二十六年即位。《谥法》:慈惠爱民曰文,忠信接礼曰文。")。

春秋 元年春王正月,公即位。

穀梁传 继正即位,正也(继正,谓继正卒也。隐去即位以见让,桓书即位示安忍。庄、闵、僖不言即位,皆继弑)。

解义 即位者,告庙[①]临群臣也,必逾年然后改元,书即位者,缘[②]始终之义。一年不二君,缘臣民之心不可旷年[③]无君也,即位必以岁首[④]正始也。自古通丧[⑤],三年告庙,则冢宰摄[⑥]而行之,如伊尹祠[⑦]於先王是也。惟即位临群臣则权一时之宜,如借吉例事毕即反丧服盖易世传授国之大事,当严其礼。而王侯以国为家,虽先君之丧犹以为已私服也。鲁自隐至文[⑧],桓公[⑨]弑立外,惟文公书即位,盖国无变事,举行其礼,则史书其事也。

注释 ①告庙:是古代祭礼之一。古代天子或诸侯出巡或遇兵戎等重大事件而祭告祖庙,称"告庙"。②缘:因为。③旷年:多年,长年。④岁首:一年开始的时候,一般指正月。⑤通丧:上下通行的丧礼。⑥冢宰:官名,百官之首,辅助君王。摄:代理。⑦伊尹:生卒年不详。商初大臣。出仕前,曾在"有莘之野"躬耕务农。传说他为了见到商汤,遂使自己作为有莘氏女的陪嫁之臣,说汤而被用为"小臣"。后为成汤重用,任阿衡,委以国政,助汤灭夏。祠:祭祀。⑧隐:鲁隐公。文:鲁文公。⑨桓公:鲁桓公。

春秋　二月癸亥,日有食之(《公羊》日上有朔字)。

春秋　天王使叔服来会葬。

左传　元年春,王使内史叔服来会葬(叔氏,服字)。公孙敖闻其能相人[①]也(公孙敖,鲁大夫,庆父子。叔服能视人颜色,知吉凶),见其二子焉。叔服曰:"谷也食子[②],难也收子[③](谷,公孙敖长子文伯。难,公孙敖次子惠叔。食子,奉祭祀供养者也。收子,葬身者也)。谷也丰下[④],必有后[⑤]于鲁国。"(丰下,盖面方。为八年公孙敖奔莒传)

公羊传　其言来会葬何?会葬礼也。

穀梁传　葬曰会(言会,明非一人之辞),其志重天子之礼也。

解义　凡崩、薨、卒、葬,人道之大变也,不以得礼为常事而不书。其甚害於王法,如君弑贼不讨,吴、楚称王之类,则圣人有削而不书,以示义者矣。诸侯使卿来会葬不书,常事也,王使来鲁则无不书,尊王命且以著鲁不朝聘,而王数加礼,为失政[⑥]也。王於诸侯有吊赠[⑦]舍襚之礼,而使人会葬,则诸侯相交之丧纪也,况天王之丧葬,鲁君不闻亲赴,而王臣先至,以待诸侯之葬期,冠履倒置[⑧],至此极矣!

注释　①相人:给人看相面。②食子:奉养您。③收子:安葬您。④丰下:面方而脸之下部丰满。⑤有后:后嗣昌盛。⑥失政:政治混乱。⑦吊赠:往丧家吊唁并赠衣服。⑧冠履倒置:比喻上下位置颠倒,尊卑不分。

附录左传　于是闰三月,非礼也。(于历法当在僖公末年,误于今年三月置闰,盖时达历者所讥)先王之正时[①]也,履端于始[②],举正于中[③],归余于终[④](履,步也。日月运转于天,犹人之行步,故推历谓之步历。步历之始以为术之端首,谓以十一月一日子初一刻,冬至为历首。期之日三百六十有六日,日月之行又有迟速,而必分为十二月,举中气以正月。月朔之与月节,每月各剩一日,所有馀日归之于终,积成一月,则置之为闰,故言“归馀于终”)。履端于始,序则不愆[5](四时无愆过)。举正于中,民则不惑。(斗建不失其次,寒暑不失其常,故无疑惑)归余于终,事则不悖[6](四时得所,则事无悖乱)。

春秋 夏四月丁巳,葬我君僖公。

左传 夏四月丁巳,葬僖公。

穀梁传 薨称公,举上也。葬我君,接上下也。僖公,葬而后举谥,谥所以成德也,于卒事乎加之矣。

解义 诸侯五月而葬,僖公以十二月薨,以四月葬,於礼为合矣。

注释 ①正时:端正时令。②履端于始:推算年历以冬至为始。③举正于中:以正朔之月为正月。④归余于终:置闰月于岁终。⑤序则不愆:四时有序则不错乱。⑥事则不悖:按此作事则不悖谬。

春秋 天王使毛伯来锡[1]公命。

左传 王使毛伯卫来锡公命(毛,国;伯,爵;卫,其字也。诸侯为王卿士者)。

公羊传 锡者何?赐也。命者何?加我服也。(复发传者,嫌礼与桓公同,死生异也。古者三载考绩,三考点陟幽明。文公新即位,功未足施而锡之,非礼也)

穀梁传 礼有受命,无来锡命,锡命非正也。

解义 命所当锡者三:终丧入见,则有黻冕圭璧[2]之锡,礼所谓以士服见天子,赐之黻冕、圭璧然后归是也;岁时[3]来朝,则有车马衮黼[4]之锡,如《采菽》[5]之诗所称是也;敌忾[6]献功,则有彤弓旅矢[7]之锡,如《彤弓》[8]之诗所称是也,然是三者皆诸侯至王所受之,天子无往锡之礼。今文公居丧,始越五月,既非初见之时,又无继朝献功之事,毛伯之锡何为哉?故书以讥之。

注释 ①毛伯:人名,天王使者。锡:通“赐”。给予,赐给,赏赐。②黻(fú)冕:古时祭服。圭璧:指贵重的玉器。③岁时:一年。④衮黼(fǔ):衮衣黼裳。古代帝王或上公的礼服。⑤《采菽》:属《诗经》内容。⑥敌忾:抵抗所愤恨的敌人。⑦彤弓:朱漆弓。古代天子用以赐有功的诸侯或大臣使专征伐。玈(lú)矢:黑箭。⑧《彤弓》:属《诗经》内容。

春秋　晋侯①伐卫。

左传　晋文公之季年②,诸侯朝晋。卫成公不朝,使孔达侵郑,伐绵、訾③,及匡④(孔达,卫大夫。匡,杜注:在颍川新汲县东北。今河南扶沟县西有匡城)。晋襄公既祥⑤(祥,谓小祥也),使告于诸侯而伐卫,及南阳(南阳,杜注:河内地)。先且居曰:"效尤⑥,祸也(尤,卫不朝故伐。今不朝王,是效卫致祸。时王在温,故劝之)。请君朝王,臣从师。"晋侯朝王于温,先且居、胥臣伐卫。五月辛酉朔⑦,晋师围戚⑧。六月戊戌⑨,取之,获孙昭子(昭子,卫大夫,食戚邑)。

解义　齐桓於霸为盛,而业止其身。晋文得国日浅,视桓少逊⑩,而子孙继霸者凡十世,则以襄公克缵⑪父功,尊奖⑫王室,故威加诸侯而霸业不替。如卫侯不朝,将告于诸侯而伐之,乃能听先且居之言,朝王于温,而后往伐,可谓知礼矣。

注释　①晋侯:晋襄公。②季年:末年。③訾:訾(zī)娄,本为卫邑,后属郑。④匡:本为卫邑,在今河南省长垣县西南部,后为郑国夺去。⑤祥:古丧礼的一种。既祥即行过小祥祭礼以后。⑥效尤:效仿别人的错误。⑦辛酉朔:初一日。⑧戚:卫邑,在现河南省濮阳县北一带。⑨戊戌:六月八日。⑩逊:逊色。⑪襄公:晋襄公。缵(zuǎn):继承。⑫尊奖:尊崇辅助。

春秋　叔孙得臣①如京师。

左传　叔孙得臣如周拜(得臣,叔牙之孙,如周谢锡命)。

解义　不自朝而使卿拜命,终丧之后又不类见②,慢王之罪其可逭③乎?赵氏鹏飞以拜命为非,谓释衰服韨④於心不安,说亦无据。在礼,丧,公吊之,必有拜者;使人拜,未闻遂释服[5]也。

注释 ①叔孙得臣:鲁臣,又称叔孙庄叔、庄叔。拜:拜谢赐命。②类见:古礼名。指诸侯死后世子见天子代父受国之礼。③慢:怠慢,不礼貌。逭(huàn):逃避。④释衰服韨:脱去丧服,穿上朝服。衰:丧服。韨:代指朝服。⑤释服:脱去朝服。

春秋 卫人伐晋。

左传 卫人使告于陈(以晋伐告)。陈共公曰:"更伐之[1],我辞[2]之。"(见伐求和,不竞太甚,故使报伐,示己力足以距晋。我,陈侯也。言为卫以辞谢晋求和)卫孔达帅师伐晋,君子以为古[3]。古者越国而谋。

解义 卫人听陈共公谋,使孔达伐晋。夫古者越国而谋,必义事也,今陈与卫不谋以小事大之礼,而乃称兵报伐。他日,陈为卫请而执达[4]以说,其为谋也过矣。

注释 ①更伐之:陈共公让卫再次向晋师进攻。②辞:言辞,求和。③古:粗俗,固陋。④达:孔达。

春秋 秋,公孙敖会晋侯于戚(此大夫专会诸侯之始。戚,杜注:卫邑,在顿丘卫县西。今直隶开州北有古戚城)。

左传 秋,晋侯疆[1]戚田,故公孙敖会之(晋取卫田,正其疆界。公孙敖,即穆伯庆父之子也)。

解义 鲁之三家[2]虽自僖公,而僖之世尚未见其恣[3]也,及文公之初,则已专盟会矣。夫诸侯非王命自为会,犹以为罪,况以列卿上会霸主,岂非政逮[4]大夫之渐乎?鲁与晋交失之矣。

注释 ①疆:划疆正界,以便管理。②鲁之三家:指春秋时鲁国三家权臣孟孙氏、叔孙氏、季孙氏。③恣:放纵,无拘束。④逮:到,及。

春秋 冬十月丁未,楚世子商臣弑其君頵[1](頵《公羊》、《穀梁》作髡(kūn))。

左传　初,楚子将以商臣为太子,访[2]诸令尹子上。子上曰:“君之齿未[3]也(齿,年也。言尚少)。而又多爱[4],黜乃乱也。楚国之举[5],恒[6]在少者(举,立也)。且是人也,蜂目而豺声[7],忍人[8]也,不可立也。”弗听。既又欲立王子职而黜太子商臣[9](职,商臣庶弟)。商臣闻之而未察[10],告其师潘崇曰:“若之何而察之?”潘崇曰:“享江芈而勿敬也。”(江芈,成王妹嫁于江)从之。江芈怒曰:“呼[11],役夫[12](呼,发声也。役夫,贱者称)!宜君王之欲杀女而立职也。”告潘崇曰:“信矣。”潘崇曰:“能事诸[13]乎?”(问能事职不)曰:“不能。”“能行[14]乎?”曰:“不能。”“能行大事[15]乎?”曰:“能。”(大事,谓弑君)冬十月,以宫甲[16]围成王(太子宫甲。僖二十八年王以东宫卒从子玉,盖取此宫甲)。王请食熊蹯[17]而死(熊掌难熟,冀久将有外救)。弗听。丁未[18],王缢。谥之曰:“灵”,不瞑;曰:“成”,乃瞑。穆王立,以其为太子之室与潘崇,使为太师,且掌环列之尹[19](环列之尹,宫卫之官,列兵而环王宫)。

穀梁传　日髡之卒,所以谨商臣之弑也。夷狄不言正、不正(中国君卒,正者例日,篡立不正者,不日。夷狄君卒,皆略而不日,今书日,谨识商世之大逆耳,不以明髡正与不正)。

解义　楚僭号[20]已久,世子必不誓[21]於天子,今特书世子,以著其罪也。不言其父,言其君者,君之於世子有父之亲,有君之尊;言世子所以明有父之亲,言君所以明有君之尊也。楚頵僭王在位四十六年,陵暴[22]列国,战克攻取,毒被天下,终以昧於父子、君臣之道,祸发萧墙[23],所谓不善之积必有馀殃,岂不信与!

注释　①頵(jūn):楚成王(?—前628年),春秋时楚国国君,芈姓,名頵(一作恽),楚文王少子。前672年,杀其兄楚王堵敖而自立,曾接待出亡的晋公子重耳即后来的晋文公。前638年,宋襄公攻楚,楚成王胜。前628年,楚成王为太子商臣所困,自杀。②访:询问。③齿未:年岁不大,不急于立世子。

齿:年。④多爱:多内宠。⑤举:立。⑥恒:常。⑦蜂目:眼睛象蜂。豺声:声音如豺。⑧忍人:残忍的人。⑨既:立了以后。王子职:成王子,商臣的庶弟。⑩未察:没有详细调查。⑪呼:叹词,表示惊怪。⑫役夫:贱者的称呼。⑬事:事奉。诸:之。⑭行:逃亡。⑮大事:指弑君夺位,一说指政变。⑯宫甲:太子亲兵。⑰熊蹯:熊掌。⑱丁未:十月十八日。⑲环列之尹:宫中警卫军长官。⑳僭(jiàn)号:冒用帝王的称号。㉑誓(shì):多用于表示决心,含有约束之意。㉒陵暴:轻侮。㉓祸发萧墙:萧墙,古代宫室内当门的小墙,比喻内部。指祸乱发生在内部。

春秋 公孙敖如齐。

左传 穆伯[①]如齐,始聘[②]焉,礼也。凡君即位,卿出并聘,践[③]修旧好,要结外援,好事邻国,以卫社稷,忠信卑让之道也。忠,德之正也;信,德之固也;卑让[④],德之基也。

解义 诸侯初即位,於列国有通[⑤],嗣君[⑥]之礼。然得臣聘[⑦]周,而敖[⑧]聘齐,等周於齐,失礼已甚。或谓聘齐以请婚,在丧谋婚,尤为非礼,不贬而恶见矣。

注释 ①穆伯:公孙敖,鲁卿。②始聘:新君即位,派卿去大国朝见,小国聘问,称作始聘。③践:履行。④卑让:谦让。⑤通:通报。⑥嗣君:继位的国君。⑦聘:访问。⑧敖:公孙敖。

附录左传 殽之役(在僖三十三年),晋人既归秦帅,秦大夫及左右皆言于秦伯曰:"是败也,孟明之罪也,必杀之。"秦伯曰:"是孤之罪也。周芮良夫[①]之诗曰;'大风有隧,贪人败类[②](《诗·大雅》。隧,蹊径也。言贪人之败善类,若大风之行,毁坏众物,所在成蹊径),听言则对,诵言如醉(言得道听途说之言,则喜而答;对典诵之言,则闻之若醉),匪用其良[③],覆俾我悖。'(覆,反也。俾,使也。不用良臣之言,反使我为悖乱)是贪故也,孤之谓矣。孤实贪以祸夫子[④],夫子何罪?"复使为政(为明年秦、晋战彭衙传)。

春秋　二年春王二月甲子,晋侯及秦师战于彭衙,秦师败绩(彭衙,杜注:秦地,冯翊郃阳县西北有彭衙城。在今陕西白水县东北)。

左传　二年春,秦孟明视帅师伐晋,以报殽之役。二月,晋侯御之。先且居将中军,赵衰佐之(代郤溱)。王官无地[5]御戎(代梁弘),狐鞫居[6]为右(鞫居续简伯)。甲子,及秦师战于彭衙[7]。秦师败绩。晋人谓秦"拜赐[8]之师。"(以孟明言"三年将拜君赐",故嗤之)战于殽也,晋梁弘御戎,莱驹为右。战之明日,晋襄公缚秦囚,使莱驹以戈斩之。囚呼,莱驹失戈,狼瞫[9]取戈以斩囚,禽之以从公乘,遂以为右(因上文莱驹失戈,故言禽之,生死皆曰禽)。箕之役(在僖三十三年),先轸黜之而立续简伯[10]。狼瞫怒。其友曰:"盍死之[11]?"瞫曰:"吾未获死所。"其友曰:"吾与女为难[12]。"(欲共杀先轸)瞫曰:"《周志》有之,'勇则[13]害上,不登于明堂[14]。'(《周志》,《周书》也。明堂,所以策功序德,故不义之士不得升)死而不义,非勇也。共用之谓勇[15](共用,死国用)。吾以勇求右,无勇而黜,亦其所也。(言今死而不义,更成无勇,宜见退)谓上[16]不我知,黜而宜,乃知我矣。(言今见黜而合宜,则吾不得复言上不我知)子姑待之。"及彭衙,既陈,以其属驰秦师,死焉。晋师从之,大败秦师。君子谓:"狼瞫于是乎君子[17]。诗曰:'君子如怒,乱庶遄沮。'(《诗·小雅》。遄,疾也。沮,止也。言君子之怒必以止乱)又曰:'王赫斯[18]怒,爰[19]整其旅。'(《诗·大雅》)怒不作乱而以从师,可谓君子矣。"秦伯犹用孟明。孟明增修国政,重施于民。赵成子[20]言于诸大夫曰(成子,赵衰):"秦师又至,将必辟之,惧而增德,不可当也。诗曰:'毋念尔祖,聿[21]修厥德。'(《诗·大雅》言念其祖考,则宜述修其德以显之。毋(原文为"母")念,念也)。孟明念之矣,念德不怠,其[22]可敌乎?"(为明年秦人伐晋传)

解义　秦穆公邀利以取败,不自悔责而事报复,师出无名,故不称伐。晋襄公得志於殽,可以已矣。秦兵再至,不修文告以却之，而逞志於再战，是主乎战者也，故言及。盖秦穆愤於败而不能平，晋襄狃[23]於胜而不能屈，血气用事无理义以养其心，终於稔[24]怨结仇，黩武[25]残民而已。《春秋》书秦、晋之战，所以为世之不能惩忿窒欲[26]者戒也。

注释 ①芮良夫：周厉王时卿士。②类：善。③匪用其良：不听良臣之言。④夫子：那个人，指孟明。⑤王官无地：人名，晋臣。⑥狐鞫(jū)居：晋臣，又称续鞫居、续简伯。⑦彭衙：秦地名，在今陕西省白水县东北。⑧拜赐：要来复仇。晋人引此语讥讽秦国。⑨狼瞫(shěn)：晋之勇士。⑩续简伯：即续鞫居。⑪盍死之：何不以死相抗争。⑫为难：发难，即共杀先轸。⑬则：如果。⑭明堂：大庙。⑮共用：为国效命。勇：以死供国之用。⑯上：指先轸。⑰于是乎君子：狼瞫冲入敌阵英勇献身，换得晋国的胜利，以此举可谓君子了。⑱赫斯：赫然发怒的样子。⑲爰：于是。⑳赵成子：赵衰，晋之卿。㉑毋、聿：皆语气词，无义。㉒其：岂。㉓狃(niǔ)：贪图。㉔稔(rěn)：长期。㉕黩武：滥用武力，好战。㉖惩忿窒欲：克制愤怒，抑制嗜欲。

春秋 丁丑，作僖公主[①]。

左传 丁丑[②]，作僖公主，书，不时也(过葬十月，故曰不时)。

公羊传 作僖公主者何？为僖公作主也(主，天子长尺二寸，诸侯长一尺)。主者曷用？虞主用桑(礼：平明而葬，日中而反。虞以阳求阴，谓之虞者，亲丧已下圹，皇皇无所亲求，而虞事之。虞，犹安神也。用桑者，取其名与其鹿犓，所以副孝子之心。礼，虞祭，天子九，诸侯七，卿大夫五，士三。其奠处犹吉祭)，练主用栗(谓期年练祭也，埋虞主于两阶之间，易用栗也。夏后氏以松，殷人以柏，周人以栗。《礼士虞记》曰："桑主不文吉主皆刻而谥之，盖为禘祫时别昭穆也。虞主三代同者，用意尚鹿犓，未暇别也)。用栗者，藏主也(藏于庙室中堂)。作僖公主何以书？讥。何讥尔？不时也。其不时奈何？欲久丧而后不能也。

(礼,作练主当以十三月。文公乱制,欲服丧三十六月,十九月作练主,又不能卒竟,故以二十五月也)

穀梁传　作,为也。为僖公主也。立主,丧主于虞,吉主于练(此虽为练作之主,终入庙以辨昭穆,故《传》以吉言之)。作僖公主,讥其后也(僖公薨,至此已十五月)。作主、坏庙有时日,于练焉坏庙。坏庙之道,易檐可也,改涂可也。(礼:亲过高祖则毁其庙,以次而迁,将纳新神,然作主在十二月,坏庙在三年丧终,《传》连言之,非谓作主,坏庙同时也)

解义　作主,常礼也,何以书?盖丧,主作於方葬之时,吉主作於小祥③。今僖公之薨,已十有五月乃始作主,慢甚矣,故书之,讥不时也。

注释　①主:旧时为死人立的牌位,木主。神主。②丁丑:二月二十日。③小祥:旧俗,指父母死后一周年的祭礼,称之为小祥。

春秋　三月乙巳,及晋处父盟(因朝而盟始此)。

左传　晋人以公不朝来讨,公如晋。夏四月己巳(《经》书三月乙巳。《经》、《传》必有误),晋人使阳处父盟公以耻之。书曰:"及晋处父盟。"以厌①之也(厌,犹损也)。适晋不书,讳之也②。

公羊传　此晋阳处父也,何以不氏?讳与大夫盟也。

穀梁传　不言公,处父伉③也,为公讳也。何以其与公盟?以其日也。何以不言公之如晋?所耻也。出不书,反不致也。

解义　凡盟必书地,其不地,於晋也。公在丧未朝天子,而畏晋之威,越礼朝晋,晋侯乃使大夫盟公,以辱之,是以没不书公,讳之也。齐、晋霸业正盛时未尝使诸侯受盟於其国。鲁闵公、襄公,童子侯也,桓公出盟。闵公于落姑,悼公出盟。襄公于长樗,不敢以非礼加诸侯也。而襄公乃使大夫盟公於国都,故诸侯慑於其势,而心不服,此晋霸之所以易世而衰与。

注释 ①厌:憎恶、厌弃。②不记载鲁公被迫去晋,是出于为君讳。③伉:古同"抗",对等。

春秋 夏六月,公孙敖会宋公、陈侯、郑伯、晋士縠[①]盟于垂陇(縠(原文为"穀",有误),《穀梁》作穀。垂陇,《公羊》、《穀梁》作垂敛,杜注:郑地,荥阳县东有陇城。在今河南荥泽县东北。此外大夫书名之始)。

左传 公未至(朝晋未归),六月,穆伯会诸侯及晋司空士縠盟于垂陇,晋讨卫故也。书士縠,堪其事[②]也。(晋司空,非卿也。以士縠能堪卿事,故书)陈侯为卫请成于晋,执孔达以说[③]。

穀梁传 内大夫可以会外诸侯。

解义 大夫而敌[④]诸侯於是始,晋遂以大夫主诸侯也。自书士縠而后凡役[⑤]书大夫,大夫张[⑥]也。大夫之张,君使之也,或疑当时君权尚尊,非如襄、昭[⑦]之际大夫专国,然防微杜渐不可不谨也。

注释 ①士縠(hú):士蒍之子,晋大夫。②堪其事:能胜任其事。③说:解说,说和。④敌:相当。⑤役:事情。⑥张:放纵;放肆。⑦襄:指鲁襄公。昭:指鲁昭公。

春秋 自十有二月不雨,至于秋七月。

公羊传 何以书?记异也。大旱以灾书,此亦旱也,曷为以异书?大旱之日短而云灾(云,言也。言有灾),故以灾书。此不雨之日长而无灾,故以异书也。

穀梁传 历时[①]而言不雨,文[②]不忧雨也。不忧雨者,无志乎民也。

解义 不雨之月历时而总书,与僖公之每时一书不雨者异,盖僖公有闵[③]雨之心,文公无望雨之意也。不雨止於七月,则八月雨矣,雨亦不书,见不以民事系忧乐也,其怠[④]於政事可知矣。

注释 ①历时:经历四时。②文:指鲁文公。③闵:同

“悯”,忧虑。④怠:怠慢。

春秋　八月丁卯,大事[1]于太庙,跻僖公[2]。

左传　秋八月丁卯,大事于太庙,跻僖公,逆祀[3]也。于是夏父弗忌为宗伯[4],尊僖公,且明见[5]曰:“吾见新鬼大,故鬼[6]小(新鬼,僖公,既为兄,死时年又长;故鬼,闵公,死时年少。弗忌明言其所见)。先大后小,顺也。跻圣贤,明也。(又以僖公为圣贤)明、顺,礼也。”君子以为失礼。礼无不顺。祀,国之大事也,而逆之,可谓礼乎?子虽齐圣,不先父食[7]久矣。(齐,肃也。臣继君,犹子继父)故禹不先鲧[8],汤不先契(鲧,禹父。契,汤十三世祖),文、武不先不窋[9](不窋,后稷子)。宋祖帝乙,郑祖厉王,犹上祖[10]也(帝乙,微子父。厉王,郑桓公父。二国不以帝乙、厉王不肖,犹尊尚之)。是以《鲁颂》曰:“春秋匪解,享祀不忒,皇皇后帝,皇祖后稷。”(忒,差也。皇皇,美也。后帝,天也。诗颂僖公,郊祭上天,配以后稷)君子曰礼,谓其后稷亲而先帝也(先称帝也)。《诗》曰:“问我诸姑,遂及伯姊[11]。”(《诗·邶风》)君子曰礼,谓其姊亲而先姑[12]也(僖亲文公父。夏父弗忌欲阿时君,先其所亲,故《传》以此二诗深责其意)。仲尼[13]曰:“臧文仲[14],其不仁者三,不知者三。下展禽[15](展禽,柳下惠也。知其贤而使在下位),废六关[16](塞关、阳关之属,凡六,所以禁绝末游而废之),妾织蒲(言与民争利),三不仁也。作虚器[17](谓居蔡山节藻税也。有其器,而无其位,故曰虚),纵逆祀(听夏父,跻僖公),祀爰居(海鸟曰爰居,止于鲁东门外,文仲以为神,命国人祀之),三不知也。”

公羊传　大事者何?大祫[18]也。大祫者何?合祭也。其合祭奈何?毁庙之主陈于大祖(毁庙,谓亲过高祖,毁其庙,藏其主于大祖庙中。陈者,陈列大祖前,大祖东乡,昭南乡,穆北乡,其馀孙从王父。父曰昭,子曰穆。昭取乡明,穆取北面尚敬),未毁庙之主皆升,合食于大祖(自外来曰升),五年而再殷祭(殷,盛也,谓三年祫,五年禘。禘所以异于祫者,功臣皆祭也)。跻者何?升也。何言乎升僖公?讥。

何讥尔？逆祀也。其逆祀奈何？先祢[19]而后祖也。（文公以僖公为闵公庶兄，升僖公于上，失先后之义，故讥之曰“后祖“者。僖公以臣继闵公，犹子继父，故闵公于文公，亦犹祖也）

穀梁传 大事者何？大是事也，著祫、尝（祫，合也。尝，秋祭）。祫祭者，毁庙之主，陈于大祖，未毁庙之主，皆升合祭于大祖（祫，祭者合祭。诸庙已毁，未毁者之主于大祖庙中，以昭穆为次序，祭毕，则复退其庙）。跻，升也，先亲而后祖也，逆祀也。逆祀，则是无昭穆[20]也。无昭穆，则是无祖也。无祖，则无天也。故曰：文[21]无天。无天者，是无天而行也（谓天道先尊而后亲，今乱其上下，不仰法天也）。君子不以亲亲害尊尊，此《春秋》之义也。

解义 凡祭而失礼，则书祭名；祭非失礼为下事张本，则称事，此大事于大庙，盖祫祭也。祫者，吉祭不言吉者，主[22]为逆祀，书也。闵、僖二公，昭穆虽同世，而继序有先后，闵公弟也，实为僖之君，僖公兄也，实为闵之臣，入庙之主有定序，僖不得先闵，明矣。今文公私於其父，序兄弟略君臣，升僖之主於闵之上，非礼甚矣。《公》、《穀》皆以大事为祫，《左传》无明文，而杜预以为禘[23]。《公羊》注又曰：三年祫，五年禘，皆非也。五年而再殷祭，谓三年一祫，五年再祫耳。

注释 ①大事：此指祭祀。②跻（jī）僖公：升僖公的神位。跻：升，登。僖公与闵公为兄弟，僖公继闵公为君，依当时礼制，闵公当在僖公之上。此升僖公之位于闵公之上，故称跻。③逆祀：把僖公牌位升于闵公之上，搞乱了庙次中昭穆之序，按此祭祀称作逆祀。④于是：当时。夏父弗忌：人名，鲁大夫，夏父展之后。宗伯：古代掌礼之官。⑤明见：明言其所见。⑥故鬼：指闵公，其死已久。⑦不先父食：此句为譬喻，即后之国君享受祭品不能在先立国君之上。⑧鲧：禹的父亲。⑨不窋（zhú）：周文王的先祖。⑩上祖：尊尚父祖。⑪问我诸姑，遂及伯姊：问候各位姑姑,也问候姐妹们。⑫姊亲而先姑:姐姐与姑姑相比,姐姐更亲近,而先问候姑姑,也是合于礼的。⑬仲尼:孔子。⑭臧文仲:鲁大夫臧孙辰。⑮展禽:即柳下惠,孔子称其为贤人。⑯废:置。六关:关名。⑰虚器:指臧文仲私蓄大蔡之龟,并专为龟修建华丽房子的事。⑱大祫(xiá):古时天子,诸侯宗庙祭礼之一。集远近祖先的神主于太祖庙合祭。⑲祢(mí):古代对已在宗庙中立牌位的亡父的称谓。⑳昭穆:古代宗法制度对宗庙或墓地的辈次排列规则和次序。二世、四世、六世,位于始祖之左方,称"昭";三世、五世、七世,位于始祖之右方,称"穆"。㉑文:指鲁文公。㉒主:指为鲁僖公立祭牌。㉓禘(dì):古代帝王或诸侯在始祖庙里对祖先的一种盛大祭祀。

春秋　冬,晋人、宋人、陈人、郑人伐秦。

左传　冬,晋先且居、宋公子成[①]、陈辕选、郑公子归生[②]伐秦,取汪[③],及彭衙而还,以报彭衙之役。卿不书,为穆公故,尊秦也,谓之崇德。

解义　自入春秋至此,惟鲁大夫帅师以名见,外师非君将恒[④]称人。外大夫自士毂专盟始以名见,阳处父专将始以名见,而馀犹称人,大夫虽张[⑤],而未甚也。至晋、秦结怨,剿民报复无已则不待贬,而恶见矣。

注释　①宋公子成:宋庄公之子。②郑公子归生:字子家,为郑灵公之弟。③汪:地名。④恒:经常,常常。⑤张:放纵,放肆。

春秋　公子遂如齐纳币[①]。

左传　襄仲如齐纳币,礼也。凡君即位,好舅甥[②],修昏姻,娶元妃以奉粢盛[③],孝也(谓谅闻既终,嘉好之事通于外内,外内之礼始备。此除凶之即位也)。孝,礼之始也。

公羊传　纳币不书,此何以书?讥。何讥尔?讥丧娶也。

娶在三年之外，则何讥乎丧娶？三年之内不图婚（僖公以十二月薨，至此未满二十五月。又礼，先纳采、问名、纳吉，乃纳币，此四者皆在三年之内，故云尔）。吉禘于庄公，讥。然则曷为不于祭焉讥？三年之恩疾矣（疾，痛），非虚加之也。以人心为皆有之。以人心为皆有之，则曷为独于娶焉讥？娶者大吉也，非常吉也。其为吉者主于已，以为有人心焉者，则宜于此焉变矣（变者，变恸哭泣也。念亲者闻欲为已图昏，则当变恸哭泣，况乃至于纳币成昏哉）。

解义 昏姻常事不书，其书纳币者，讥丧未终而图昏也。妇姜之迎，在四年夏，丧服[4]已毕，何以讥之？盖事莫重乎志，故曰志哀[5]，而居约与之知丧。逆妇虽在三年外，而纳币尚在丧期之内，未祥而行嘉礼[6]，哀戚[7]忘矣，志可问乎？《春秋》此义，使人抑情[8]以去私，其垂教切[9]矣。

注释 ①纳币：亦称纳成、纳征。中国古代婚姻制度六礼中第四礼。就是男方向女方送聘礼。②好舅甥：加强舅甥国家之间的友好关系。好，用作动词。齐、鲁世为婚姻，所以两国关系是舅甥关系。③粢盛（zīchéng）：祭祀的谷物。④丧服：为哀悼死者而穿的服装。⑤志哀：指以某种方式表示哀悼。⑥嘉礼：指饮宴婚冠、节庆活动方面的礼节仪式。⑦哀戚：悲痛伤感。⑧抑情：克制感情。⑨垂教：指垂训。切：恳切，率直。

春秋 三年春王正月，叔孙得臣会晋人、宋人、陈人、卫人、郑人伐沈。沈溃。（沈，杜注：姬姓国，汝南平舆县北有沈亭。按：《汉志》汝南治平舆故沈子国属蔡州，今河南汝阳县东南有平舆故城，沈亭在其地。霸国大夫会诸大夫伐国自此始）

左传 三年春，庄叔会诸侯之师伐沈[1]（庄叔，即得臣），以其服于楚也。沈溃。凡民逃其上[2]曰溃，在上曰逃。

解义 晋襄继霸未尝一出与诸侯会盟，而使大夫主之。自伐卫而后军政亦委之大夫，其志益怠[3]矣。方是时，商臣有覆载不容[4]之罪,国人恶之,使晋襄能伸大义亲帅诸侯以讨楚,则商臣不能自安,楚人必有因敌势顺众心起而讨贼改立君以听命於诸侯者,如此则有光於桓、文[5]矣,乃视非己事而使大夫主兵伐其与国之小者,商臣以是料晋之无能为是以,沈虽溃,而围江之师旋出也。

注释　①庄叔:即叔孙得臣。沈:国名,姬姓,在现河南省沈丘旧县治一带。②逃其上:百姓逃避他们的上层人物,因人数众多,如堤溃水流,故称"溃"。③怠:懒惰,松懈。④商臣:即芈(mǐ)商臣(?—前614年),姓芈名商臣,也称楚商臣,谥号为楚穆王,前625年—前614年在位。春秋时楚国的第二十四任君王,他的祖父是楚国第二十一任王芈熊赀,他的父亲是楚国第二十三任王芈熊恽。覆载不容:指天地不能宽容。⑤桓:指齐桓公。文:指晋文公。

附录左传　卫侯如陈,拜晋成也(二年,陈侯为卫请成于晋)。

春秋　夏五月,王子虎卒。

左传　夏四月乙亥,王叔文公[1]卒,来赴吊如同盟,礼也。(王子虎与僖公同盟于翟泉,文公是同盟之子,故赴以名)

公羊传　王子虎者何?天子之大夫也。外大夫不卒,此何以卒?新使乎我也。

穀梁传　叔服[2]也,此不卒者也,何以卒之?以其来会葬,我卒之也。或曰,以其尝执重以守也(僖二十四年,"天王出居于郑",叔服执重任以守国)。

解义　王子虎者,《穀梁》以为即叔服,然《左氏》於叔服称内史,於子虎称王叔文公,而后此星孛入斗[3]之时,叔服复见於《传》,则非王子虎明矣。践土之役[4],王子虎盟诸侯於王庭,盖天子之秉[5]政者。王臣无外交,今死而赴告於鲁,故书以讥之。

注释　①王叔文公:即王子虎。②叔服:复姓。周大夫。③

文公:指鲁文公。星孛入斗:即星孛入于北斗。“星孛”是我国古代对彗星的称呼,此外还有蓬星、长星等称呼。④践土之役:指践土之盟,城濮之战后,晋文公大会诸侯于践土(当时衡雍附近,今河南省境内),周襄王命令王室大臣尹氏、王子虎和内使叔兴父策命晋文公为“侯伯”,还赏赐给晋文公许多东西。晋文公的霸主地位由此而得已确立。⑤秉:指把持,掌握,控制。

春秋 秦人伐晋。

左传 秦伯伐晋,济河焚舟①(示必死也),取王官②,及郊③。(王官,杜注:晋地。今山西临晋县东南王官谷有废垒,即王官城也。郊,杜注:晋地。当为今临晋平阳间小邑)晋人不出,遂自茅津济,封殽尸而还(茅津,杜注:在河东大阳县西。今山西平陆县南大阳渡即茅津也,有古茅城封埋藏之)。遂霸西戎,用孟明也。君子是以知“秦穆公之为君也,举人之周④也(周,备也。不偏以一恶弃其善),与人之壹⑤也(壹,无二心);孟明之臣也,其不解⑥也,能惧思也;子桑⑦之忠也,其知人也,能举善也。(子桑,公孙枝,举孟明者)《诗》曰:‘于以采蘩⑧,于沼于沚,于以用之公侯之事’,秦穆有焉。(《诗·国风》。言沼沚之蘩至薄,犹采以共公侯,以喻秦穆不遗小善)‘夙⑨夜匪解,以事一人⑩’,孟明有焉。(《诗·大雅》)‘诒厥孙谋,以燕翼⑪子’,子桑有焉。”(诒,遗也。燕,安也。翼,成也。《诗·大雅》喻子桑有举善之谋)

解义 旧说秦伯知过复贰,故贬而称人,非也。考之於《经》,惟战韩称秦伯,盖两君亲战,若书秦人则疑晋侯见获於秦大夫,其馀终穆公之篇皆书秦人,未有称爵者。又谓晋人畏秦而不出,秦伯逞其忿而后悔,自是见伐不报,始能践其自誓之言,亦非也!考之《传》记,则逾二年,而穆公卒,何由知其自悔而不报乎?先儒曲生义例⑫谓圣人以常情,待晋襄以王事,责秦穆皆因《书》录《秦誓》,谓孔子以穆公为贤,不知誓词有足为天下后世法[13]者,故不废其言,至其穷兵[14]报怨,则备书於《春秋》,以著其罪,犹化工赋物[15],生杀并行,而不相悖也。

注释　①济河焚舟:渡过河把船烧掉,表示决意死战,不胜不还的决心。②王官:晋地名,在现山西省闻喜县西。③郊:地名,在王官附近。④周:全面,周密。⑤与人:信任、任用人。壹:专一无二。⑥解:同"懈"。⑦子桑:即公孙枝。⑧蘩:白蒿,供祭祀用。⑨夙:早。⑩一人:君主。⑪翼:辅佐。⑫曲生义例:指歪曲阐明义理的事例。⑬法:效法。⑭穷兵:穷,竭尽。指随意使用武力。⑮化工赋物:指真幻交织的艺术手法。

春秋　秋,楚人围江。

左传　楚师围江。晋先仆伐楚以救江。

解义　自齐桓之霸,江、黄以近楚之国,并从齐盟,楚深憾[1]之。灭黄已久,今复围江,亦以晋不能合诸侯以讨其弑逆之罪,故轻视中国[2]而围江以试之也。

注释　①憾:怨恨。②中国:指中原。

春秋　雨螽[1]于宋。

左传　秋,雨螽于宋,队[2]而死也。

公羊传　雨螽者何?死而坠也。何以书?记异也。外异不书,此何以书?为王者之后记异也。

穀梁传　外灾不志,此何以志也?曰:灾甚也。其甚奈何?茅茨尽矣。(茅茨犹尽,则嘉谷可知。茨,蒺藜)著于上,见于下,谓之雨。

解义　雨,自上而下者也,螽不见其所从来[3],自上而下,众多如雨,异之,大者也。

注释　①雨:用作动词,落下。螽(zhōng):昆虫名。②队:同"坠"。③其所从来:意思是从哪里来。

春秋　冬,公如晋[1]。十有二月己巳,公及[2]晋侯盟(此书公如晋之始)。

左传 晋人惧其无礼于公也,请改盟(改二年处父之盟)。公如晋,及晋侯盟。晋侯飨公,赋《菁菁者莪》(《诗·小雅》。义取“既见君子,乐且有仪”)。庄叔以公降拜[3](谢其以公比君子也),曰:“小国受命于大国,敢不慎仪(赋诗曰:“乐且有仪”,故答以:“敢不慎仪?”)?君贶之以大礼[4],何乐如之?抑[5]小国之乐,大国之惠也。”晋侯降,辞(降阶辞让公)。登,成拜(俱还上成拜礼)。公赋《嘉乐》(《嘉乐》,《诗·大雅》,义取“显显令德,宜民宜人,受禄于天。”)。

解义 晋人惧无礼而请改盟,於公为不辱,故适[6]晋书,而反[7]国亦,致不书地,盟於晋都也。

注释 ①如:往。②及:与。③降拜:走下台阶下拜。晋侯赋诗称鲁文公是君子,所以庄叔让文公降阶拜谢。④贶(kuàng):赐与。大礼:指飨礼。⑤抑:语首词,无意。⑥适:往。⑦反:同“返”。

春秋 晋阳处父帅师伐楚以救江(《公羊》、《穀梁》无以字。外大夫书帅师自此始)。

左传 冬,晋以江故告于周。王叔桓公、晋阳处父伐楚以救江(桓公,周卿士王叔文公之子。不书,不亲伐也),门[1]于方城,遇息公子朱而还(子朱,楚大夫,伐江之帅也。闻晋师起而江兵解,故晋亦还)。

公羊传 此伐楚也,其言救江何?为谖也。其为谖奈何?伐楚为救江也。(救人之道,当指其所之,实欲救江而反伐楚,以为其势必当引围江兵还自救也。故云尔)。

穀梁传 此伐楚,其言救江何也?江远楚近,伐楚所以救江也。

解义 大夫帅师以名氏,见大夫强也。《春秋》於侵伐多不言所事,此书伐以救何言？救江虽善,而所以救之者非其道也。是时,楚商臣负弑逆之罪,恃强凌弱,晋襄不能大合诸侯奉词伐罪[2],而独遣一军,又不敢径造[3]江之城下,而声言伐楚,一遇子朱即避之而返。既不能伐楚,又不能救江,畏怯甚矣！故特起伐以救之文,以罪之以者不以者也。

注释　①门:用作动词,指攻方城的门。②奉词伐罪:即奉辞伐罪。指奉严正之辞而讨有罪。奉辞:指奉君主之正辞。伐罪:讨伐有罪者。③径造:指直接往访。

春秋　四年春,公至自晋。

附录左传　四年春,晋人归孔达于卫,以为卫之良也,故免之。(二年,卫执孔达以说晋)夏,卫侯如晋拜(谢归孔达)。曹伯如晋,会正[1]。(会受贡赋之政也。《传》言襄公能继文之业,而诸侯服从)

春秋　夏,逆妇姜于齐。

左传　逆妇姜于齐,卿不行,非礼也。(礼,诸侯有故,则使卿逆)君子是以知出姜之不允于鲁也[2]。(文公薨而见出。故曰:出姜。允信也。始来不见尊贵故终不为国人所敬信也)曰:"贵聘而贱逆之(公子遂纳币,是贵聘也),君[3]而卑之(君,小君也),立而废之,弃信而坏其主[4](主,内主也),在国必乱,在家必亡。不允宜哉?《诗》曰:'畏天之威,于时保之。'敬主[5]之谓也。"(《诗·颂》言畏天威,于是保福禄。为十八年姜氏归齐张本)

公羊传　其谓之逆妇姜于齐何？略之也。(谓不书逆者之姓名,不言如齐,不称女,不书至也)高子曰:"娶乎大夫者,略之也。"(谓夫人乃齐大夫,贱不可奉守宗庙,故略之)

穀梁传　其曰妇姜,为其礼成乎齐也。(昏礼成于齐,故在齐便称妇)其逆者谁也？亲逆而称妇,或者公与？何其速妇之也？(怪称妇速,故设为问辞而反覆推之)曰公也。其不言公何也？非成礼于齐也(非,责)。曰妇,有姑之辞也。其不言氏何也？贬之

也。何为贬之也？夫人与有贬也。（夫人能以礼自防，则夫妇之礼不成于齐，故讥公而夫人与焉）

解义 纳币，卿行，则逆妇，必非微者。《穀梁》谓公自逆是也。未至而称妇，则成礼于齐明矣。图昏於丧期之内，又成礼於妇家，所谓失礼之中又失礼也。故讳不书公，以示贬。

注释 ①会正：与会交纳贡赋。正，同"政"，即交纳贡赋。当时小国诸侯有向霸主纳贡赋的义务，与会以定其数额。②出姜：即哀姜，鲁文公新娶的夫人，因其在文公死后，子被杀，已被出，归齐不返，故称出姜。不允：不终。③君：小君，国君之妻的称谓。④弃信：指贵聘贱逆，不依所聘时之礼行事。坏其主：夫人为公宫内之主，而卑之，废之，故曰"坏其主"。⑤敬主：敬重内主。

春秋 狄侵齐。

解义 春秋霸业之盛首推桓、文[1]，以其攘外而安内也。狄虽败於箕，未几复侵齐，《春秋》书之，讥晋襄无攘却[2]之谋，而齐霸不绍[3]也。

注释 ①桓：指齐桓公。文：指晋文公。②攘却：驱逐，抵御。③绍：继承。

春秋 秋，楚人灭江。

左传 楚人灭江，秦伯为之降服、出次、不举[1]、过数。（降服，素服也。出次，辟正寝。不举，去盛馔。邻国之礼有数，今秦伯过之）大夫谏，公曰："同盟灭（秦、江同盟，不告，故不书），虽不能救，敢不矜[2]乎！吾自惧也。"君子曰："《诗》云：'惟彼二国[3]，其政不获[4]，惟此四国，爰究爰度。'其秦穆之谓矣。"（《诗·大雅》。爰，于也。究、度，皆谋也。言夏、商之君，政不得人心，故四方诸侯皆惧而谋度其政事。喻秦穆亦能感江之灭，惧而思政也）

解义 《春秋》中以慕[5]义从霸遂致灭亡者，江与黄是也。

当桓[6]之世,黄为楚灭,齐不能救,君子悯[7]之。江被围,经年晋霸不竞,不能撼[8]楚以庇江。《春秋》书围书灭,著晋襄之无远谋。见江上下同力效死,乃亡国之善辞也,不书奔,死社稷也。

注释　①降服:穿素服。出次:避开正寝,别居次舍。不举:撤去丰盛膳食与歌乐。②矜:哀怜。③二国:夏、商。④不获:失道,不得人心。⑤慕:向往,敬仰。⑥桓:指齐桓公。⑦悯:哀怜,怜悯。⑧经年:指经过若干年。撼:摇动,震动。

春秋　晋侯伐秦。

左传　秋,晋侯伐秦,围邧、新城(邧(yuán),杜注:秦邑。在今陕西澄城县境。新城,杜注:秦邑。今澄城县东北有古新城,即梁国之新里也),以报王官之役(王官役在三年)。

解义　晋襄以王官之役不报为耻,未若商臣得志於江为耻之大也。报秦而不诛商臣,末矣。况救江则遣大夫,伐秦则君亲之,故书晋侯伐秦於灭江之下,见其急於修怨而缓於恤[1]患也。爵[2]晋侯非善之,以其徇私亟战而不知戢[3],故目其人而责之。

注释　①恤:怜悯。②爵:爵命。作动词。③亟(jí):急切。戢(jí):止,停止,收敛。

春秋　卫侯使宁俞来聘。

左传　卫宁武子来聘,公与之宴,为赋《湛露》及《彤弓》(非礼之常,公特命乐人以示意,故言"为赋"。《湛露》、《彤弓》,《诗·小雅》)。不辞,又不答赋。使行人私[1]焉(私问之)。对曰:"臣以为肄业[2]及之也。(肄,习也。以鲁人失所赋,故佯为不知)昔诸侯朝正[3]于王(朝而受政,教也),王宴乐之,于是乎赋《湛露》,则天子当阳,诸侯用命也。(诗云:"湛湛露斯,匪阳不晞。"晞,乾也。言露见日而乾,犹诸侯禀天子命而行)诸侯敌王所忾而献其功(敌,犹当也;忾,恨怒也),王于是乎赐之彤弓一,彤矢百,玈[4]弓矢千,以觉报宴(觉,明也。谓诸侯有四夷之功,王赐之弓矢,又为歌《彤弓》以明报功宴乐)。

今陪臣来继旧好(因论天子之乐,故自称"陪臣"),君辱贶[5]之,其敢干大礼以自取戾[6]。"(贶,赐也。干,犯也。戾,罪也。解己所以不辞,亦不答之意)

解义 礼,诸侯岁相问,殷相聘,殷,众也。殷见[7],曰同十有二年五服[8]尽朝,故曰殷见。殷见既毕,诸侯更遣大夫以交於邻邦谓之殷聘。今殷见则亡,而殷聘则存,圣人书之,以伤[9]周道也。

注释 ①私:用作动词,私下探究。②肆业:学习修练其业。③正(zhèng):正月。④玈(lú):黑色。⑤辱:表敬副词。贶(kuàng):赐与。⑥干:犯。戾(lì):罪。⑦殷见:周代各方诸侯于一年四季分批朝见天子。⑧五服:中国古代社会以国家来说有臣服,侯服,夷服,蛮服,荒服五种臣服的区域;以家族来说有斩衰,齐衰,大功,小功,缌麻五种丧服服制,表示父系血缘的远近和礼制。⑨伤:哀伤,悲伤。

春秋 冬十有一月壬寅,夫人风氏薨。

左传 冬,成风[1]薨(为明年王使归含赗传)。

解义 《春秋》正名定分之书也,仲子[2]不称夫人,称夫人自风氏始。《春秋》记其卒葬各以实书,不为异辞者,谨礼之所由变也。

注释 ①成风:鲁庄公妾,僖公生母。②仲子:宋武公之女,为鲁惠公晚年所娶,生太子姬允,即鲁桓公。

卷二十四

文公(五年之九年)

春秋 五年春王正月,王使荣叔归含[1],且赗[2]。

左传 五年春,王使荣叔来含[3]且赗(荣叔,天子之上大夫。荣,采地,叔,字也)。

公羊传 含者何?口实也。(孝子所以实亲口也。缘生以事死,不忍虚其口。天子以珠,诸侯以玉,大夫以碧,士以贝)其言归含且赗何?兼之,兼之非礼也。

穀梁传 含,一事也。赗,一事也。兼归之,非正也。其曰且,志兼也。其不言来,不周事之用也。赗以早(乘马曰赗,所以助葬,成风未葬,故言早),而含以晚(已殡,故言晚)。

解义 《春秋》系王於天,以履天位,治天职,所惇[4]庸者天叙天秩,所刑赏者天命天讨。文公以风氏[5]之丧讣於王,非礼也。王不能正,反归含、赗,失天理矣。故特不称天言弗克若天也。

注释 ①含:以珠玉等物置于死者口中叫做含。②赗(fèng):助丧的礼物。③来含:即致送死者所含的珠玉等物。④惇(dūn):推崇。⑤风氏:即成风,鲁庄公妾,鲁僖公生母。

春秋 三月辛亥,葬我小君成风。

公羊传 成风者何?僖公之母也。

解义 成风书葬,是祔[1]於姑也。隐公时,仲子[2]犹别立宫以祀,今则俨然并尊,又私谥焉,乱礼甚矣,书其实以示讥也。

注释 ①祔(fù):祭名。原指古代帝王在宗庙内将后死者神位附于先祖旁而祭祀。②仲子:鲁惠公晚年所娶的宋武公之女。鲁桓公之母。

春秋 王使召伯来会葬(召伯,《穀梁》作毛伯)。

左传 召昭公来会葬(召,采地,伯爵,天子卿也),礼也(成风,庄公之妾。母以子贵,故曰“礼”)。

穀梁传 会葬之礼于鄙上(鄙,竟也。为送葬来故从竟至墓上)。

解义 王臣下聘桓公[①],宰纠书名,示贬。而大夫再聘,则书字,从同也。今王以夫人之礼丧[②]成风再不称天,何也?薨而赗、含尚曰不可,又使卿来会葬,将祔之於庙,则其事益隆[③],失益甚矣,故复去天以示义。

注释 ①聘:聘问,访问。桓公:鲁桓公。②丧:吊丧。③隆:隆重,盛大。

春秋 夏,公孙敖[①]如晋。

解义 王含且赗,又使卿来会葬,礼莫隆焉!不往谢,而亟[②]如晋,慢[③]王尊霸,不贬而恶见矣!

注释 ①公孙敖:鲁大夫。②亟(jí):急切。③慢:怠慢。

春秋 秦人入鄀[①]。

左传 初,鄀叛楚即秦,又贰于楚。夏,秦人入鄀。

解义 鄀介秦、楚之间,商臣[②]弑逆,鄀叛楚而即秦,以穆公为可恃[③]也。及楚灭江[④],惧而贰於楚,秦不能庇鄀,乃称兵以入之,而其后鄀卒为楚所并。王政不行,小国之无罪而就灭亡,如此可哀也夫。

注释 ①鄀(ruò):秦、楚界上小国。②商臣:即芈(mǐ)商臣,谥号为楚穆王。春秋时楚国的第二十四任君王。③穆公:即秦穆公(?—前621年)春秋时代秦国国君。嬴姓,名任好。在位三十九年。恃:依赖。④江:即江国。公元前623年,江为楚所灭。

春秋 秋,楚人灭六(六,杜注:六国,庐江六县。在今江南六安州北)。

左传　六人叛楚即东夷。秋,楚成大心、仲归帅师灭六(仲归,子家)。冬,楚公子燮灭蓼(蓼,杜注:蓼国,安丰蓼县。今河南固始县东北蓼城岗,即其地),臧文仲闻六与蓼灭,曰:"皋陶庭坚不祀忽诸[①](蓼与六皆皋陶后也。庭坚,皋陶字)。德之不建,民之无援[②],哀哉!"

解义　郏灭须句,楚灭六、蓼,皆世变之大者。须句司大皞之祀,六、蓼实皋陶之后。上古建国,历唐虞三代[③],绵延不绝,入春秋而后荡灭无遗,盖不独周纲解纽[④],自古圣王之政教[⑤],至是而尽废,故不足以相维持也。

注释　①忽诸:突然,一下子。②德之不建,民之无援:二国之君不能增建德行以守国,二国之民得不到大国的援救。③唐虞:唐尧、虞舜。三代:夏、商、周三代。④周:指周朝。纲:纲纪,法度。解纽:比喻国家纲纪废弛。⑤政教:政治与教化。

春秋　冬十月甲申,许男业[①]卒。

附录左传　晋阳处父聘于卫,反过宁,宁嬴从之(宁,杜注:晋邑,汲郡修武县。今河南获嘉县西北有故城。嬴,逆旅大夫),及温[②]而还。其妻问之,嬴曰:"以[③]刚。《商书》曰:'沈渐[④]刚克,高明[⑤]柔克。'(沈渐,犹滞弱也。高明,犹亢爽也。言各当以刚柔胜己本性,乃能成全也。此在《洪范》,今谓之《周书》)夫子壹[⑥]之(谓纯任刚也),其不没[⑦]乎?天为刚德,犹不干时(寒暑相顺),况在人乎?且华而不实(言过其行),怨之所聚也,犯而聚怨[⑧](刚则犯人),不可以定身[⑨]。余惧不获其利而离[⑩]其难,是以去之。"(离,丽也。为六年晋杀处父传)晋赵成子(赵衰,新上军帅、中军佐也),栾贞子(栾枝,下军帅也)、霍伯(先且居,中军帅也)、臼季(胥臣,下军佐也)皆卒(为六年蒐于夷传)。

春秋　六年春,葬许僖公。

附录左传　六年春,晋蒐[⑪]于夷,舍[⑫]二军(僖三十一年晋蒐清原作五军，今“舍二军”，复三军之制。夷，杜注：晋地。前年四卿卒，故蒐以谋军帅）。使狐射姑将中军（代先且居），赵盾[13]佐之（代赵衰也。盾，赵衰子）。阳处父至自温（往年聘卫过温，今始至），改蒐于董[14]（董，杜注：河东汾阴县有董亭。在今山西闻喜县东北接绛州界），易中军[15]（易以赵盾为帅，射姑佐之）。阳子[16]，成季[17]之属也（处父尝为赵衰属大夫），故党[18]于赵氏，且谓赵盾能，曰：“使能，国之利也。”是以上之[19]。宣子于是乎始为国政（宣，赵盾谥），制事典[20]（典，常也），正法罪（轻重当）。辟刑狱[21]（辟犹理也），董逋逃[22]（董，督也）。由质要（由，用也；质要，券契也），治旧洿（治理洿秽），本秩礼（贵贱不失其本），续常职（修废官），出滞淹（拔贤能也）。既成，以授大傅阳子与大师贾佗，使行诸晋国，以为常法（贾佗以公族从文公，而不在五人之数）。

春秋 夏，季孙行父如陈。

左传 臧文仲以陈、卫之睦也，欲求好于陈。夏，季文子聘于陈（季文子，即行父。季友之孙），且娶焉。

解义 季友以原仲之旧如陈者再，今行父之往，盖因其祖旧好，假公室之聘而图婚耳。韩侯因朝而娶，《诗》列《大雅》，则於礼无讥，故《经》但以出聘书而不及其私，与友之葬原仲异也。

注释 ①许男业：即许僖公（？—前621年），名姜业，为春秋诸侯国许国君主之一，在位期间为前658年—前621年。②温：温山，在今河南省修武县北。③以：太，过于。④沈渐（chénqián）：深沉隐伏。⑤高明：高亢明爽。⑥夫子：此人，指阳外父。壹：动词，意指只具备一种品性。⑦没：死。⑧犯而聚怨：凌犯于人而又积聚怨恨。⑨定身：使自身得以安定。⑩离：同“罹”，遭。⑪蒐（sōu）：蒐礼，为古代军礼之一种，指对军队的检阅。⑫舍：撤销。⑬赵盾（？—前601年）：嬴姓，赵氏，名盾，谥号宣，时人尊称其赵孟，史料中多称之赵宣子、宣孟，春秋中前期晋国卿大夫,赵衰之子,杰出的政治家、战略指挥家。⑭董:晋地。⑮易中军:改变中军将佐人选。⑯阳子:即阳处父。⑰成季:赵衰的谥号。⑱党:偏袒。⑲上之:使其居于上位。⑳制事典:制订办事章程、条例。㉑辟刑狱:清理诉讼积案。㉒董逋逃:督察追捕逃犯。

附录左传　秦伯任好卒(任好,秦穆公名)。以子车氏之三子奄息、仲行、鍼虎为殉(子车,秦大夫氏也。以人从葬为殉)。皆秦之良也。国人哀之,为之赋《黄鸟》(《黄鸟》,《诗·秦风》。义取黄鸟止于棘桑,往来得其所,伤三良不然)。君子曰:"秦穆之不为盟主也,宜哉。死而弃民(善人者,民之望也。杀以殉葬,是弃民望)。先王违世①,犹诒之法,而况夺之善人乎!《诗》曰:'人之云亡,邦国殄瘁。'(《诗·大雅》。言善人亡,则国瘁病)无善人之谓。若之何夺之?"古之王者知命之不长,是以并建②圣哲(建立圣知,以司牧民),树之风声③(因土地风俗,为立声教之法),分之采物④(旌旗衣服,各有分制),著之话言(话,善言也。为作善言遗戒),为之律度(钟律度量,所以治历明时),陈之艺极(艺,准也;极,中也。贡献多少之法。《传》曰:贡之无艺;又曰:贡献无极),引之表仪(引,道也。表仪,犹威仪),予之法制,告之训典(《训典》,先王之书),教之防利(防恶兴利),委之常秩(委,任也。常秩,官司之常秩),道之以礼则,使毋失其土宜⑤,众隶赖之,而后即命⑥(即,就也)。圣王同之。今纵无法⑦以遗后嗣,而又收其良以死,难以在上矣。君子是以知秦之不复东征也(不能复征东方诸侯,为霸主)。

春秋　秋,季孙行父如晋。

左传　秋,季文子将聘于晋,使求遭丧之礼以行(闻晋侯疾故)。其人曰:"将焉⑧用之?"(其人,从者)文子曰:"备豫不虞⑨,古之善教也。求而无之,实难(难卒得),过求何害?"

解义　《王制》:"诸侯比年一小聘,三年一大聘,五年一朝。”文公即位六载，未尝一如京师，而朝晋者再，且数遣聘问。知霸主而不知有王，比事[10]以观，罪可见矣！

注释 ①违世：离开人世，即死去。②并建：普遍选立。③风声：风化声教。④采物：指旌旗衣服之类。⑤土宜：即因地制宜。⑥众隶：百官。即命：天命已终，即死去。⑦纵：纵然，即使。无法：没有法度。⑧焉：何。⑨备豫不虞：准备着预料不到的事情。⑩比事：指排列比较史实。

春秋 八月乙亥，晋侯驩[1]卒（驩，《公羊》作讙）。

左传 八月乙亥，晋襄公卒。灵公[2]少，晋人以难故，欲立长君[3]。赵孟曰（赵孟，赵盾也）：“立公子雍（公子雍，文公子，襄公庶弟，杜祁之子）。好善而长，先君爱之，且近于秦[4]。秦，旧好也。置善则固，事长[5]则顺，立爱则孝，结旧则安。为难故，故欲立长君，有此四德[6]者，难必抒矣。”（抒，除也）贾季[7]曰：“不如立公子乐（乐，文公子，怀嬴所出）。辰嬴嬖于二君（辰嬴，即怀嬴。二君，怀公、文公也），立其子，民必安之。”赵孟曰：“辰嬴贱，班在九人（班，位也），其子何震之有（震，威也）？且为二嬖，淫也。为先君子，不能求大而出在小国，辟[8]也。母淫子辟，无威。陈[9]小而远，无援。将何安焉？杜祁[10]以君故，让逼姞而上之（杜祁，杜伯之后。祁，姓也。逼，国名。姞，姞姓女生襄公为世子，故杜祁让使在己上），以狄故，让季隗而己次之，故班在四（以季隗是文公处狄时妻，故复让之）。先君是以爱其子而仕诸秦，为亚卿[11]焉（言其贤，故位尊）。秦大而近，足以为援，母义子爱，足以威民，立之不亦可乎？”使先蔑、士会如秦，逆公子雍（先蔑，士伯也。士会，随季也）。贾季亦使召公子乐于陈。赵孟使杀诸郫（郫，杜注：晋地。今河南济源县西有郫亭）。

春秋 冬十月，公子遂如晋。葬晋襄公。

左传 冬十月，襄仲如晋。葬襄公。

解义　礼,诸侯五月而葬,今三月不及期,非礼也;又礼,诸侯之丧,士吊,大夫送葬。及晋文昉[12]为霸令,使大夫吊,卿共葬事。故襄仲以卿往会,亦非礼也。

注释　①晋侯驩(欢):即晋襄公(?—前621年),姬姓,谥号曰"襄",侯爵。春秋中前期晋国国君,前627年—前621年在位。②灵公:名夷皋,襄公子。③长君:年长的国君。因当时太子尚在怀抱中,所以要废太子而立年长者为君。④近于秦:公子雍仕于秦,为亚卿,与秦亲近。⑤事长:立长。⑥四德:即固、顺、孝、安。⑦贾季:即狐射姑。⑧辟:同"僻",鄙陋。⑨陈:陈国,公子乐出居于陈。⑩杜祁:公子雍之母。杜,国名;祁,姓。⑪亚卿:次卿。⑫昉(fǎng):起始。

春秋　晋杀其大夫阳处父[1]。晋狐射姑[2]出奔狄(射,《穀梁》作夜)。

左传　贾季怨阳子之易其班[3]也(本中军帅,易以为佐),而知其无援于晋也(少族多怨)。九月,贾季使续鞫居杀阳处父(鞫居,狐氏之族)。书曰:"晋杀其大夫。"侵官也(君已命帅,处父易之,故曰"侵官")。十一月丙寅,晋杀续简伯(讨其杀处父。简伯,续鞫居。十一月无丙寅。丙寅,十二月八日也。日月必有误)。贾季奔狄。宣子使臾骈送其帑[4](臾骈,赵盾属大夫。帑,妻子也。宣子以贾季佐中军同官故)。夷之蒐,贾季戮臾骈(戮,辱也),臾骈之人欲尽杀贾氏以报焉。臾骈曰:"不可。吾闻《前志》有之曰:'敌惠敌怨,不在后嗣[5]',忠之道也。(敌,犹对也。若及子孙,则为非对。是迁怒也)夫子[6]礼于贾季,我以其宠[7]报私怨,无乃不可乎?介人之宠,非勇也(介,因也)。损怨益仇,非知也(杀季家,欲以除怨,宣子将复怨己,是益仇)。以私害公,非忠也。释[8]此三者,何以事夫子?"尽具其帑,与其器用财贿,亲帅扞[9]之,送致诸竟[10](扞,卫也)。

公羊传　晋杀其大夫阳处父,则狐射姑曷[11]为出奔?射姑杀也。射姑杀则其称国以杀何？君漏言也。其漏言奈何？君将使射姑将（谓作中军大夫）。阳处父谏曰：“射姑民众不说[12]，不可使将。”于是废将。阳处父出，射姑入。君谓射姑曰：“阳处父言曰：‘射姑民众不说，不可使将。’”射姑怒，出刺[13]阳处父于朝而走。

穀梁传 称国以杀，罪累上也。襄公已葬，其以累上之辞言之何也？君漏言也，上泄则下暗，下暗则上聋。且暗且聋，无以相通（臣暗不言，君无所闻，上下否塞）。夜姑杀者也。夜姑之杀奈何？曰：晋将与狄战，使狐夜姑为将军，赵盾佐之。阳处父曰：“不可！古者君之使臣也，使仁者佐贤者，不使贤者佐仁者。今赵盾贤，夜姑仁，其不可乎！”（贤者，多才也。战主攻伐，仁者，有恻隐之心，不如多才者有权略）襄公曰：“诺！”谓夜姑曰：“吾始使盾佐女[14]，今女佐盾矣。”（称处父语以语之，故《传》曰漏言也）夜姑曰：“敬诺！”襄公死，处父主竟上事（待诸侯会葬，在鄙上），夜姑使人杀之。君漏言也，故士造辟而言，诡辞而出（辟，君也。言与君言，出则诡辞，不以实告人），曰：“用我则可，不用我则无乱其德。”（此士对君言之辞）

解义 凡君与臣同杀，则称国。今射姑实杀处父，而罪累上者见。人君以公正之道进退，其臣人自心服无所归咎。襄公乃漏言於射姑，嫁怨[15]於处父，虽非身杀之，而以失言杀之，等杀耳。故襄公已卒，而书国杀，所以为后世戒也。

注释 ①阳处父（？—前621年）：春秋时晋国大夫，因封邑于阳地（今山西省太谷县阳邑村），遂以阳为氏。②狐射姑：又名狐射，字季佗，因有功被封于贾地，因此又称贾季、贾佗。据说为贾姓始祖。③易其班：改变其地位。贾季本为中军帅，后改为中军副帅。④宣子：即赵盾。臾骈：人名，赵盾的下属。帑：同孥，妻子儿女。⑤敌惠敌怨，不在后嗣：有惠于人或有怨于人，即是说对贾季之怨不涉及其家族妻儿。敌，对应。⑥夫子：指赵盾。⑦以其宠：借助他的(赵盾)宠信。⑧释：诛杀。⑨扞：保卫。⑩竟：同“境”，指国境。⑪曷：何，什么。⑫说(yuè)：古同“悦”，喜欢。⑬刺：刺杀。⑭女：同“汝”，你。⑮嫁怨：嫁祸于人。

春秋　闰月不告月[①]，犹朝于庙。

左传　闰月不告朔，非礼也。(《经》称告月，《传》称告朔，明告月必以朔)闰以正时[②](四时渐差，则置闰以正之)，时以作事[③](顺时命事)，事以厚生[④](事不失时，则年丰，而民生厚)，生民之道，于是乎在矣。不告闰朔，弃时政也，何以为民(为，治也)？

公羊传　不告月者何？不告朔也。(礼，诸侯受十二月朔政于天子，藏于祖庙，每月朔朝庙，使大夫南面奉天子命，君北面而受之。比时使有司先告朔，谨之至也)曷为不告朔(谓不言朔而言月)？天无是月也。闰月矣，何以谓之天无是月？非常月也。犹者何？通可以已也。(朝者，因视朔政尔。无政而朝，故曰犹。不言朔者，闰月无告朔礼也)

穀梁传　不告月者何也？不告朔也。不告朔则何为不言朔也？闰月者，附月之余日也，积分而成于月者也。(一岁三百六十日馀六日，又有小月六，积五岁约得六十日而再闰，积众月之馀分以成此月)天子不以告朔，而丧事不数也。(闰是丛残之数，非月之正，故吉凶大事皆不用也)。犹之为言，可以已也(告朔然后朝庙。既废其大，而行其细，故讥之)

解义　诸侯月朔告於庙，谓之告朔。因以听治此月之政，谓之视朔[⑤]，不告月者，不告朔也。因月之亏盈置闰，是主乎月而有闰也，故不言朔，而言月。在礼，天子闰月听朔於明堂，闰者，所以定四时成岁，天子以为月而颁之。诸侯不奉以告，是轻正朔，慢时令也。况一月之内，百官修政於朝，庶民服事於野，闰虽无常,而政有常,安得不告?犹朝於庙者,幸其不已之词也。

注释 ①告月:指古代诸侯每月朔日行告庙听政之礼。又称"告朔"。②闰以正时:通过闰月来调整四时。③时以作事:四时正,才可能据以安排农事、国事。④事以厚生:事情作好才能使民众丰衣足食。⑤视朔:古代天子、诸侯每月朔日祭告祖庙后,在太庙听政,称"视朔"。

春秋 七年春,公[①]伐邾。

左传 七年春,公伐邾。间[②]晋难也(公因霸国有难而侵小)。

春秋 三月甲戌,取须句。遂城郚(句,《公羊》作朐。郚,杜注:鲁邑,卞县南有郚城。在今山东泗水县东南)。

左传 三月甲戌,取须句(须句,鲁封内属国。僖公反其君之后,邾复灭之),置文公[③]子焉。(邾文公子叛邾在鲁,故使为守须句大夫),非礼也(绝大皡之祀,以与邻国叛臣,故曰:非礼)

公羊传 取邑不日,此何以日?内辞也,使若他人然(据昭三十二年正月取阚,亦邾娄(原文为"妻",有误)之邑,木尝书日,今以日为内辞者,使若公春伐邾娄(原文为"妻",有误)而去,他人自以甲戌日取之,所以深讳其贪利取邑也,然僖公尝伐邾取须朐矣,何以不为内辞哉?《公羊》之说非也)。

穀梁传 取邑不日,此其日何也?不正其再取,故谨而日之也。(僖二十二年,公已"伐邾,取须句",过而不改,故录日以志之。然非也。设不日则听其取已乎)遂,继事也(因伐邾之师)。

解义 晋襄既卒,国未立君,公乘其间伐邾取邑,绝大皡[④]之祀,俾[⑤]邾之叛臣守之。贪土地而舍逋逃[⑥],又重劳民力城[⑦]内邑,以防邾师之至,心有慊[⑧]焉!故畏邻国之伐,而不知愈重其过耳。

注释 ①公:鲁文公。②间:乘隙。③文公:邾文公。④大皡(hào):传说中的上古帝王。亦即伏羲氏。⑤俾:使。⑥逋

(bū)逃:逃亡。⑦城:筑城。⑧慊(qiàn):不满,怨恨。

春秋　夏四月,宋公王臣①卒(王臣,《穀梁》作壬臣)。

春秋　宋人杀其大夫。

左传　夏四月,宋成公卒。于是公子成为右师②(庄公子),公孙友左师(目夷子),乐豫为司马(戴公元孙),鳞矔为司徒(桓公孙),公子荡为司城(桓公子也。以武公名废司空为司城),华御事为司寇(华元父也。《传》言"六卿"皆公族。昭公不亲信之,所以致乱)。昭公将去③群公子(成公卒,其弟御杀世子,而自立,国人杀御,立其少子杵臼,是为昭公),乐豫曰:"不可。公族,公室之枝叶也,若去之则本根无所庇荫④矣。葛藟犹能庇其本根,故君子以为比(诗人取以喻九族兄弟),况国君乎?此谚所谓庇焉而纵寻斧⑤焉者也(纵,放也。寻,即将寻斧柯之寻)。必不可,君其图之。亲之以德,皆股肱也,谁敢携贰?若之何去之?"不听。穆、襄之族⑥率国人以攻公(穆公、襄公之子孙,昭公所欲去者),杀公孙固、公孙郑于公宫(二子在公宫,故为乱兵所杀)。六卿和公室⑦,乐豫舍司马以让公子卬⑧(卬,昭公弟),昭公即位而葬。书曰:"宋人杀其大夫。"不称名,众也,且言非其罪也(杀者众,故名不可知。死者无罪,则例不称名)。

公羊传　何以不名(成公十五年秋,宋杀其大夫山,称名)?宋三世无大夫,三世内娶也。

穀梁传　称人以杀,诛有罪也(臣以权宠逼君,故言有罪)。

解义　成公在殡,昭公首为乱阶⑨,至使公族构难⑩,大夫罹⑪殃。《经》书宋人,以著⑫国乱无政,而昭公之不君⑬亦可见矣。

注释　①宋公王臣:即宋成公,春秋时宋国第二十一任君主,宋襄公之子,本名王臣。②右师:官名。右师、左师、司马、司徒、司城(司空)、司寇为宋之六卿。③昭公:名杵臼,宋成公之子。去:除掉。④庇荫:树荫遮护。⑤寻斧:使用斧头。⑥穆、襄之族:即宋穆公、宋襄公的子孙。⑦和公室:与公室讲和。⑧公子昂:宋昭公之弟,属于公室方面的势力。⑨阶:阶祸,引致祸患。⑩构难:结成怨仇。⑪罹(lí):遭受苦难或不幸。⑫著:显出。⑬不君:不行君道。

春秋 戊子,晋人及秦人战于令狐[①]。晋先蔑[②]奔秦(蔑,《公羊》作昧。奔上有以师字)。

左传 秦康公[③]送公子雍于晋,曰:"文公之入也无卫,故有吕、郤之难。"(在僖二十四年)乃多与之徒卫[④]。穆嬴日抱大子以啼于朝,曰(穆嬴,襄公夫人,灵公母也):"先君何罪?其嗣亦何罪?舍嫡嗣不立而外求君,将焉置此[⑤]?"出朝,则抱以适赵氏,顿首于宣子曰:"先君奉此子也而属诸子[⑥],曰:'此子也才,吾受子之赐;不才,吾唯子之怨。'今君虽终,言犹在耳,而弃之,若何?"宣子与诸大夫皆患穆嬴,且畏逼[⑦](畏国人以大义来逼已),乃背先蔑而立灵公(初,使先蔑逆子雍,故言背。灵公,大子夷皋也),以御秦师。箕郑居守。赵盾将中军,先克佐之(克,先且居子。代狐射姑)。荀林父佐上军(箕郑将上军居守,故佐独行)。先蔑将下军,先都佐之。步招御戎,戎津为右。及堇阴[⑧](先蔑、士会逆公子雍前还晋,晋人始以逆雍出军。故蔑犹在职。堇阴,杜注:晋地),宣子曰:"我若受秦[⑨],秦则宾也;不受,寇也。既不受矣,而复缓师,秦将生心[⑩]。先人[⑪]有夺人之心,军之善谋也。逐寇如追逃,军之善政也。"训卒利兵[⑫],秣马蓐食[⑬],潜师夜起[⑭](蓐食,早食于寝蓐也)。戊子,败秦师于令狐,至于刳首[⑮](刳首,杜注:令狐在河东,与刳首相接。按:令狐,今山西猗氏县地。刳首,当在今荥河临晋间)。己丑[⑯],先蔑奔秦。士会从之。先蔑之使也,荀林父止之,曰:"夫人、大子犹在,而外求君,此必不行。子以疾辞,若何?不然将及[⑰]。摄卿[⑱]以往可也,何必子?同官为寮[⑲],吾尝同寮,敢不尽心乎!"弗听。为赋《板》之三章(《板》,《诗·大雅》。其三章义取刍荛之言,犹不可忽,况同寮乎?僖二十八年林父将中行,先蔑将左行)。又弗听。及亡,荀伯[20]尽送其帑及其器用财贿于秦(荀伯,林父),曰:“为同寮故也。”士会在秦三年,不见士伯(士伯,先蔑)。其人[21]曰:“能亡人于国[22](言能与人俱亡于晋国),不能见于此,焉用之[23]?”(何用如此)士季曰(士季,士会):“吾与之同罪,非义之也(言己非慕先蔑之义而从之),将何见焉?”及归,遂不见(责先蔑为正卿而不匡谏,且俱出奔,恶有党也。士会归在十三年)。

公羊传　晋先眜以师奔秦,此偏战[24]也,何以不言师败绩?敌也。此晋先眜也,其称人何?贬。曷为贬?外也。其外奈何?以师外也(怀持二心,有功欲还,无功便持师出奔,故于战贬之)。何以不言出?遂在外也(言从竟外去)。

穀梁传　不言出,在外也。辍战[25]而奔秦,以是为逃军也。(辍,止也。为将而独奔,故曰逃军)

解义　晋人舍嫡嗣[26]而外求君,其始已失。及畏逼[27],立君不知以礼谢秦,而悍然兴戎,掩其不备,盖晋人为志[28]乎是战也。言战不言败,胜负敌也。先蔑之奔不言出,明自军中去也。

注释　①令狐:晋地名。②先蔑:祁姓,先氏,名蔑,一作眜,又被称为士伯,曾任晋国左行将和下军将。③秦康公:秦穆公之子。④徒卫:徒为步卒,以步卒为护卫,不动用兵车。⑤将焉置此:将把太子置于何地。⑥属诸子:托付于您。⑦逼(bī):威胁,强迫。⑧堇阴:晋地,位今山西省临猗县东一带。⑨受秦:即接受秦国送公子雍回国。⑩生心:产生别的念头。⑪先人:行动在别人之前。⑫利兵:使兵器锋利。⑬蓐(rù)食:饱餐。蓐,厚。⑭潜师夜起:使军队隐蔽起来夜间行军。⑮刳(kū)首:晋地名,位今临猗县西一带。⑯己丑:四月二日。⑰将及:灾祸将及于自身。⑱摄卿:指以大夫代理卿职。摄,代理。⑲寮:同“僚”,同在一起当官为同僚。⑳荀伯：即荀林父。㉑其人：士会的随从人员。㉒能亡人于国：即能与人俱逃离晋国。㉓焉用之：即何用如此。㉔偏战：指各据一面而战。㉕辍战：指停止战斗。㉖嫡嗣：嫡子。㉗畏逼：惧怕。㉘志：意向。

春秋 狄侵我西鄙。

左传 狄侵我西鄙，公使告于晋。赵宣子使因贾季问酆舒[1]，且让之(时贾季奔，在狄。酆舒，狄相)。酆舒问于贾季曰："赵衰、赵盾孰贤？"对曰："赵衰，冬日之日[2]也。赵盾，夏日之日也。"(冬日可爱，夏日可畏)

解义 鲁尝患戎，未尝患狄，盖狄远鲁，且慑[3]晋也。至是晋构[4]秦难不在诸侯，鲁间[5]之而近伐邾，狄亦间之而远侵鲁。《春秋》书此，罪鲁之不自正，而晋业之替[6]亦见矣。

注释 ①酆舒：狄国的丞相。②冬日之日：冬天的太阳。③慑：恐惧，害怕。④构：构怨，结怨。⑤间：乘隙。⑥晋业：指晋之霸业。替：衰微，衰落。

春秋 秋八月，公会诸侯、晋大夫盟于扈(扈，杜注：郑地，荥阳卷县西北有扈亭。在今河南原武县西北)。

左传 秋八月，齐侯、宋公、卫侯、陈侯、郑伯、许男、曹伯会晋赵盾盟于扈，晋侯立故也。公后至，故不书所会。凡会诸侯，不书所会[1](谓不具列公侯及卿大夫)，后也。后至，不书其国，辟不敏[2]也(不敏，犹不达也。诸国皆在，公独后，是不达于事。此《传》自释凡例之意)。

公羊传 诸侯何以不序[3]？大夫何以不名？公失序也。公失序奈何？诸侯不可使与公盟，眣[4]晋大夫使与公盟也(以目通指曰眣。文公内则丧娶逆祀，外则贪利取邑，为诸侯所薄贱，故不见序)。

穀梁传 其曰诸侯，略之也。

解义 以大夫主盟，诸侯自会扈始。赵盾初立灵公，专执晋政,强会八国之君,而自主盟,若晋无君然。故诸侯不序,而赵盾不名,所以著大夫之专[5]也。

注释　①不书所会:不具体书写与会诸侯、卿大夫。②不敏:不清楚。③序:排列次第。④眣(dié):目不正。⑤专:独断独行。

春秋　冬,徐伐莒。

解义　徐僭号[1],即戎厥,后自进於中国[2]数从会伐,《经》皆称人,以其能附[3]中国也。今以中国无霸,兴兵伐莒,故复以号举。

注释　①僭号:指超越本分的封号。②中国:指中原。③附:归附,顺服。

春秋　公孙敖如莒涖盟(涖,《公羊》、《穀梁》作莅)。

左传　穆伯[1]娶于莒,曰戴已,生文伯;其娣声已,生惠叔(穆伯,公孙敖也。文伯,谷也。惠叔,难也)。戴已卒,又聘于莒,莒人以声已辞,则为襄仲[2]聘焉。(襄仲,公子遂敖从父昆弟)冬,徐伐莒。莒人来请盟(见伐,故欲结援)。穆伯如莒莅盟,且为仲逆[3]。及鄢陵[4](鄢陵,杜注:莒邑)。登城见之,美,自为娶之。仲请攻之,公将许之。叔仲惠伯[5]谏曰(惠伯,叔牙孙):"臣闻之,兵作于内为乱,于外为寇,寇犹及人,乱自及[6]也。今臣作乱而君不禁,以启寇仇[7],若之何?"公止之,惠伯成之(平二子)。使仲舍之[8](舍,不娶),公孙敖反之[9](还莒女),复为兄弟如初。从之(为明年公孙敖奔莒传)。

穀梁传　莅,位也。其曰位何也?前定也。其不日,前定之盟不日也(以徐伐莒而往莅盟,嫌非两国交盟之例,故明之)。

解义　莒为徐所伐,故来求援,请修洮之盟,而敖因盟莒,以代弟逆妇,且为不道。《经》第[10]书莅盟,所谓《春秋》书王法,不诛其人身也。

注释 ①穆伯:即公孙敖,鲁卿,庆父之子。②襄仲:即公子遂,鲁卿,庄公之子。③为仲逆:穆伯为襄仲迎娶莒女。④鄢陵:莒邑名。位今山东省临沭县境内。⑤叔仲惠伯:叔牙之孙。⑥乱自及:内乱,自己打自己。⑦启寇仇:招致外敌的进攻。⑧舍之:放弃莒女不娶。⑨反之:将莒女送回莒国。⑩第:次第。

附录左传 晋郤缺言于赵宣子曰:"日卫不睦[1],故取其地(日,往日。元年,晋伐卫取戚田),今已睦矣,可以归之。叛而不讨,何以示威?服而不柔[2],何以示怀[3]?非威非怀,何以示德?无德,何以主盟?子为正卿,以主诸侯,而不务德,将若之何?《夏书》曰:'戒之用休[4],董[5]之用威,劝之以《九歌》,勿使坏[6]。'九功之德皆可歌也,谓之九歌。六府、三事,谓之九功。水、火、金、木、土、谷,谓之六府。正德[7]、利用、厚生,谓之三事。义而行之,谓之德、礼(德,正德也。礼以制财用之节,又以厚生民之命)。无礼不乐,所由叛[8]也。若吾子之德莫可歌也,其谁来之?盍[9]使睦者歌吾子乎?"宣子说之(为明年晋归郑、卫田张本)。

春秋 八年春王正月。

附录左传 八年春,晋侯使解扬[10]归匡、戚之田于卫(解扬,晋大夫。匡,本卫邑,中属郑,孔达伐不能克,今晋令郑还卫,并归所取戚田),且复致公壻池之封,自申[11]至于虎牢之竟(公壻池,晋君女壻,旧取卫地以封之,今并还卫也。申,杜注:郑地。当在今河南汜水县界)。

春秋 夏四月。

附录左传 夏,秦人伐晋,取武城[12],以报令狐之役(令狐役在七年)。

春秋 秋八月戊申,天王[13]崩。

左传 秋,襄王崩(子顷王壬臣立。为公孙敖如周吊传)。

春秋 冬十月壬午,公子遂会晋赵盾盟于衡雍。

左传 晋人以扈之盟来讨(前年盟扈,公后至)。冬,襄仲会晋赵孟,盟于衡雍,报扈之盟也。

春秋　乙酉,公子遂会雒戎盟于暴(《公羊》作伊雒戎。暴,杜注:郑地)。

左传　遂会伊雒之戎(伊雒之戎将伐鲁,公子遂不及复君,故专命与之盟)。书曰“公子遂”,珍[14]之也(珍,贵也)。

解义　翟泉之盟[15],犹有王人及鲁公莅焉。以大夫而专会盟,自衡雍始,其后赵盾、仲遂皆为弑君之贼,而有后於鲁、晋三桓专鲁、六卿分晋,其兆早见於斯矣!遂既盟赵盾,四日又盟雒戎,而再以名见,不书遂会,盖以二事出皆有公命,《左氏》之说非也。

注释　①日卫不睦:以前卫与晋不和,亦即不服于晋。②柔:安抚,怀柔。③怀:怀柔。④戒:同“诫”。休:美好,吉庆。⑤董:监督。⑥勿使坏:不要使其变坏。⑦正德:端正德行。⑧无礼不乐:在上者无礼,虐政暴行,所以在下者无可乐。所由叛:由此引起叛乱。⑨盍:何不。⑩解扬:晋臣,字子虎,后又称霍虎。⑪申:郑地,位今湖南省巩县东,荥阳县西一带。⑫武城:晋邑,位今陕西省华县东北部。⑬天王:指周襄王(?—前619)。姬姓,名郑,周惠王之子。执政时间为公元前651—619年。在位三十三年。⑭珍:尊重。⑮翟泉之盟:前631年夏季,鲁僖公和王子虎、晋国的狐偃、宋国的公孙固、齐国的国归父、陈国的辕涛涂、秦国的小子慭在翟泉结盟,重温践土之盟,同时策划进攻郑国。

春秋　公孙敖如京师,不至而复。丙戌,奔莒(《公羊》无而字)。

左传　穆伯[1]如周吊丧,不至,以币[2]奔莒,从己氏[3]焉(己氏,莒女)。

公羊传　不至复者何?不至复者,内辞也,不可使往也(安居不肯行,故讳使若己行,但不至而还用)。不可使往则其言如京师何?遂公意也(正其义,不使君命壅塞)。何以不言出(据庆父言出奔)?遂在外也(讳使若从外来,不敢复还者也)。

穀梁传 不言所至,未如也。(若其已行,当如公子遂至黄乃复,今不言所至而直言复,知其实未如也)未如则未复也。未如而曰如,不废君命也(受命而出,义无私留。书如京师,以显命行于下。不书所至,以表不去之罪)。未复而曰复,不专君命也。(复者,事毕之辞。未如,故知其未复,加毕事之文者,言君命无辄专之道)其如,非如也。其复,非复也。唯奔莒之为信,故谨而日之也。

解义 还者,事毕;复者,事未毕也。礼,君言不宿[4]於家,况敖受命以赴天王之丧,废君命而徒返,无王无君,罪莫甚焉。文公既不加诛[5],又不再使卿往,亦罪也。不言所至者,举京师为重也,不言出,受命矣,自外出也。

注释 ①穆伯:即孟穆伯(?—前613年),姬姓,孟孙氏,名敖,谥穆,又被称为公孙敖,是庆父的儿子,鲁桓公之孙。鲁僖公、鲁文公时,孟穆伯为卿。②币:指馈送吊丧的礼品。③从己氏:即从莒女。④宿:止也。⑤诛:治罪,惩罚。

春秋 螽(螽,《公羊》作蠓)。

春秋 宋人杀其大夫司马[1]。宋司城[2]来奔。

左传 宋襄夫人[3],襄王之姊也,昭公[4]不礼焉(昭公适祖母)。夫人因戴氏之族(华乐皇皆戴族),以杀襄公之孙孔叔、公孙钟离及大司马公子昂,皆昭公之党也。司马握节[5]以死,故书以官(节,国之符信也,握之以死,示不废命)。司城荡意诸来奔,效节于府人[6]而出(效犹致也。意诸,公子荡之孙)。公以其官逆之,皆复之(卿违从大夫,公贤其效节,故以本官逆之,请宋而复之。司城官属悉来奔,故言"皆复"),亦书以官,皆贵之也。

公羊传 司马者何?司城者何?皆官举也(皆以官名举言

之)。曷为皆官举(据宋杀其大夫山,不官举)?宋三世无大夫,三世内娶也(宋以内娶,三世妃党争权相杀,主或不知所任,故举其官)。

縠梁传　司马,官也。其以官称,无君之辞也。司城,官也。其以官称,无君之辞也。来奔者不言出,举其接我也。

解义　杀其大夫,志[7]乱也。二人皆以官举,见主兵者不能其官至於见杀,守土者不能其官至於出奔,故以其官责之。而宋国无政,昭公之不能定位,已於此见其端兆[8]矣。

注释　①司马:中央官名,西周始置,位次三公,与六卿相当,与司徒、司空、司士、司寇并称五官,掌军政和军赋,春秋、战国沿置。②司城:春秋时宋以避武公之名,改司空为司城。春秋后期襟以司城执政。③宋襄夫人:昭公的祖母。④昭公:宋襄夫人孙子。⑤节:官的符节。⑥效:致献。府人:管理府库的官。⑦志:记载。⑧端兆:开始,开端。

附录左传　夷之蒐,晋侯将登[1]箕郑父、先都(登之于上军也。夷蒐在六年),而使士縠、梁益耳将中军(士縠本司空)。先克曰:"狐、赵之勋,不可废也。"(狐偃、赵衰有从亡之勋)从之。先克夺蒯得[2]田于堇阴(七年,晋御秦师堇阴,以军事夺其田也。先克,中军佐)。故箕郑父、先都、士縠、梁益耳、蒯得作乱(著五人作乱之由,为明年杀先克张本)。

春秋　九年春,毛伯来求金(来求止此)。

左传　毛伯卫来求金[3],非礼也。(天子不私求财,故曰:"非礼")不书王命,未葬也。

公羊传　毛伯者何?天子之大夫也。何以不称使?当丧未君也。逾年矣,何以谓之未君(襄王崩在八年,逾年当即位)?即位矣而未称王也。未称王何以知其即位?以诸侯之逾年即位,亦知天子之逾年即位也(俱继体,其礼不得异)。以天子三年然后称王,亦知诸侯于其封内三年称子也(各信息于其下),逾年称公矣。

则曷为于其封内三年称子？缘民臣之心不可一日无君，缘终始之义，一年不二君（故君薨称子某，既葬称子，明继体以系民臣之心），不可旷年无君（故逾年称公）。缘[4]孝子之心，则三年不忍当也。（孝子三年志在思慕，不忍当父位，故虽即位，犹于其封内三年称子）毛伯来求金何以书？讥。何讥尔？王者无求，求金非礼也。然则是王者与（据未称王）？曰："非也。"非王者则曷为谓之王者？王者无求，曰："是子也。继文王之体，守文王之法度，文王之法无求而求。故讥之也。"（引文王者，文王始受命，制法度）

穀梁传 求车犹可，求金甚矣！（求俱不可，在丧尤甚）

解义 公孙敖既不至京师，鲁遂[5]不供天子之丧，故毛伯来风鲁以求金，何以不称使？当丧未君也。冢宰[6]不能制国用而下求，诸侯不贡，而致王求，皆非也。自是以后，鲁不修贡[7]，而王亦无求矣。

注释 ①登：提升。②蒯得：晋大夫。③毛伯卫：周臣。求金：即求赙，求取丧葬之财。④缘：因为。⑤遂：于是，就。⑥冢宰：官名。太宰的别称。太宰原为掌管王家财务及宫内事务的官。⑦修贡：指献纳贡品。

春秋 夫人姜氏如齐。

春秋 二月，叔孙得臣如京师。

穀梁传 京，大也。师，众也。言周，必以众与大言之也。

春秋 辛丑，葬襄王[1]。

左传 二月，庄叔[2]如周。葬襄王（庄叔即得臣）。

公羊传 王者不书葬，此何以书？不及时书，过时书，我有往者则书。

穀梁传 天子志崩不志葬。举天下而葬一人，其道不疑也。志葬，危不得葬也（不得备礼葬）。日之，甚矣，其不葬之辞也（王室微弱，诸侯无复往会葬）！

解义 前年,公子遂如晋葬襄公。今此,得臣如京葬襄王,是夷[3]周於晋也。

注释 ①襄王:周襄王。②庄叔:即叔孙得臣。③夷:夷等,同列。

春秋 晋人杀其大夫先都。

左传 九年春,王正月己酉[1],使贼杀先克(箕郑等所使也。不赴,故不书)。乙丑,晋人杀先都、梁益耳(乙丑,正月十九日。《经》书二月,从告)。

春秋 三月,夫人姜氏至自齐。

穀梁传 卑以尊致,病文公也(夫人行,例不致,乃以君礼致,刺(原文为"剌")公宠之过)。

解义 夫人与君敌体[2],然适[3]他国,未有致之者,则其行非礼,以不致见其罪也。此书致,以归宁告庙[4]得其正也。归宁,常事尔宜不书,然不一书则终无以著其正,故於出姜之至见之。又归宁虽常事,而出姜之归宁,以不安於鲁,而归告於父母,则非常[5]也。

注释 ①己酉:初二日。②敌体:指彼此地位相等,无上下尊卑之分。③适:往。④归宁:已嫁女子回娘家看望父母。告庙:祭告祖庙。⑤非常:指很不寻常。

春秋 晋人杀其大夫士縠及箕郑父。

左传 三月甲戌[1],晋人杀箕郑父、士縠、蒯得(梁益耳、蒯得不书,皆非卿)。

穀梁传 称人以杀,诛有罪也。郑父,累也。

解义 三大夫作乱,杀中军佐,固有罪矣,曷为不称国讨?时晋侯年幼,政在赵盾,故称人以杀,见大夫专作威福[2],而政不自君出也。

注释 ①甲戌:二十八日。②威福:指妄自尊大,恃势弄权。

春秋 楚人伐郑。

左传 范山[①]言于楚子曰(范山,楚大夫):"晋君少,不在诸侯[②],北方可图也。"楚子师于狼渊[③]以伐郑(狼渊,杜注:颍川颍阴县有狼陂。在今河南许州)。囚公子坚、公子龙及乐耳(三子,郑大夫)。郑及楚平。

春秋 公子遂会晋人、宋人、卫人、许人救郑。

左传 公子遂会晋赵盾、宋华耦、卫孔达、许大夫救郑(华耦,华督曾孙),不及楚师。卿不书,缓也,以惩不恪[④]。(独书公子遂者,《春秋》于鲁事自非特为褒贬,则皆从国史,不同之于他国也)

解义 楚自城濮[⑤]以来,不敢窥诸国,以文、襄之烈[⑥]存也。今狼渊之师,正其尝试之时,而赵盾不能折冲弭患[⑦],乃视为常役,缓不及事,致楚得志,而晋遂不竞[⑧]矣。

注释 ①范山:楚大夫。范为楚邑,以邑为氏。②不在诸侯:即无意称霸诸侯。③狼渊:又称狼陂,现今河南省许昌市西部。④恪:谨慎、恭敬。⑤城濮:指城濮之战。公元前632年,为争夺中原霸权,晋军谋略制胜,在城濮(今山东鄄城西南)大败楚军,开"兵者诡道也"先河的一次作战。⑥文:指晋文公。襄:指晋襄公。烈:气势盛大。⑦折冲:克敌制胜。弭患:消除祸患。⑧不竞:指没有穷究其事。

春秋 夏,狄侵齐。

解义 楚得志,而狄交侵[①]矣,故书,以病[②]晋也。

注释 ①交侵:迭相侵犯。②病:责备。

附录左传 夏,楚侵陈,克壶丘[①](壶丘,杜注:陈邑。在今河南陈州南境),以其服于晋也。秋,楚公子朱自东夷伐陈(子朱,息公也),陈人败之,获公子茷。陈惧,乃及楚平(以小胜大,故惧而请平也。《传》言"晋君少",楚陵中国。明年,所以有厥貉之会)。

春秋 秋八月,曹伯襄[②]卒。

春秋　九月癸酉,地震。

公羊传　地震者何?动地也。何以书?记异也(天动地静者,常也。地动者象阴为阳行,故曰异)。

穀梁传　震,动也。地,不震者也。震,故谨而日之也。

解义　地道以静为体,以顺为正,安以承[3]天者也,逆其常理,而不得节[4]则震,而不安其所承矣。

注释　①壶丘:陈邑名,现今河南省新蔡县东南一带。②曹伯襄:即曹共公曹襄,(?—前618年),姬姓,伯爵,春秋时曹国第17位国君,曹昭公曹班之子,前653年至前618年在位。③安:安定,稳定。承:托着,承载。④节:节律。节奏与规律。

春秋　冬,楚子使椒来聘(椒,《穀梁》作萩。楚君臣姑并见《经》)。

左传　冬,楚子越椒[1]来聘(子越椒,令尹子文从子),执币[2]傲。叔仲惠伯曰:"是必灭若敖氏之宗[3]。傲其先君,神弗福也。"(十二年《传》曰:"先君之币器,使下臣致诸执事",明奉使皆告庙,故言傲其先君也,为宣四年"楚灭若敖氏"张本)

公羊传　椒者何?楚大夫也。楚无大夫?此何以书?始有大夫也。始有大夫,则何以不氏(据屈完氏)?许夷狄者不一而足也(许,与也。言进之,当以渐)。

穀梁传　楚无大夫,其曰萩何也?以其来我,褒之也。

解义　先儒皆谓《春秋》与楚慕[4]义能以礼交诸侯,故褒进之,乃乐与人为善之义,此大非也。商臣[5]负覆载[6]不容之罪,乘晋霸之衰,围江围巢,灭六灭蓼,伐郑侵陈侵宋,其聘鲁乃远交近攻之术,亦所以窥伺东夏[7]耳。《春秋》乃用此褒之,而赦其大恶,逆天理悖人情矣,而谓孔子有是乎?盖中国无霸,楚势日张,鲁人畏其凭陵[8],喜於来聘,而以待齐、晋之礼待之,故旧史备其辞,孔子仍而不革,以著诸侯畏楚之情实耳。观十年冬,楚次厥貉[9]亦书爵，则以书爵为褒，其不可通也，审矣。

注释 ①子越椒：又名斗椒、斗伯芬，为令尹子文从子。②币：指相互赠送的礼物。③是：此。宗：族。④慕：向往，敬仰。⑤商臣：即芈商臣，姓芈名商臣，也称楚商臣，谥号为楚穆王。春秋时楚国的第二十四任君王。⑥覆载：覆盖与承载。⑦窥伺：指暗中观察或监视。东夏：东西方各诸侯国。⑧凭陵：侵犯，欺侮。⑨厥貉：春秋地名。在今河南省项城县西南。

春秋 秦人来归僖公、成风之襚[1]。

左传 秦人来归僖公、成风之襚，礼也（秦本非鲁方岳同盟，无相赴吊之制，故不讥其缓，而以接好为礼）。诸侯相吊贺也，虽不当事[2]（送死不及尸，故曰："不当事"），苟有礼焉，书也，以无忘旧好。

公羊传 其言僖公、成风何？兼之。兼之非礼也（礼主于敬，当各使一使，所以别尊卑）。曷为不言及成风？成风尊也（不可使卑及尊也）。

穀梁传 秦人弗夫人也（言秦人弗以成风为夫人，故不言夫人），即外之弗夫人而见正焉（见不以妾为妻之正）。

解义 秦、晋方不睦，而鲁善[3]於晋，故秦人归襚以结鲁，犹楚欲图北方，而来聘也。过时始至，不以缓为讥，以其始通录之也。僖公、成风虽母子，先君后夫人体当然也。不言及卑不及尊也，不称夫人，以义不得言及，苟称夫人，则辞不别白嫌於僖公之夫人耳。

春秋 葬曹共公[4]。

注释 ①襚：赠给死者衣物。②不当事：不及时。③善：友好。④曹共公：曹襄，（？—前 618 年），姬姓，伯爵，春秋时曹国第 17 位国君，曹昭公曹班之子，前 653 年至前 618 年在位。

卷二十五

文公(十年之十四年)

春秋 十年春王三月辛卯,臧孙辰[①]卒。

解义 臧孙,鲁之名大夫也。知柳下惠[②]之贤,而不与立,自庄公末已与闻国政四十馀年,鲁政多疵[③],安[④]在其为贤哉?

注释 ①臧孙辰:鲁孝公之后,僖伯曾孙。僖伯字子臧,后因为氏。事庄、闵、僖、文四公为正卿。仲之言次。谥曰文,故称文仲。②柳下惠(前720—前621):展氏,名获,字禽,春秋时期鲁国人,是鲁孝公的儿子公子展的后裔。"柳下"是他的食邑,"惠"则是他的谥号。柳下惠被认为是遵守中国传统道德的典范,他"坐怀不乱"的故事中国历代广为传颂。③疵:疵弊,指过失或缺点。④安:疑问词。哪里?

春秋 夏,秦伐晋。

左传 十年春,晋人伐秦,取少梁[①]。夏,秦伯伐晋,取北徵[②](少梁,杜注:冯翊夏阳县,今陕西韩城县南有少梁城。北徵,古□国,今陕西澄城县西南有古城)。

解义 晋舍适嗣[③]而外求君,罪也,既而悔之,正矣。秦不顾义理是非,报复不已,且结楚以为援,致晋人力疲於西,楚人逞志於南,庸、萧、陈、郑围灭相继,中国之屈[④]於楚,秦为之也。故伐晋不称人,第举号以黜[⑤]之。

注释 ①少梁:古梁国,僖公十九年亡于秦。②北徵:晋邑名,今陕西省澄城县。③适嗣:即嫡嗣。指正妻所生的长子。④中国:中原。屈:屈服。⑤第:次。黜:贬黜。

春秋 楚杀其大夫宜申[①]。

左传 初,楚范巫矞似(矞似,范邑之巫)谓成王与子玉、子西曰:“三君皆将强死[②]。”城濮之役,王思之,故使止子玉曰:“毋死。”不及。止子西,子西缢而县绝[③](在僖二十八年),王使适至,遂止之,使为商[④]公(商,杜注:楚邑,上洛商县。今属陕西商州)。沿汉溯江[⑤],将入郢[⑥](沿,顺流。溯,逆流)。王在渚宫,下,见之。惧而辞[⑦]曰(子西仓卒见王,而惧以辞谢王):“臣免于死,又有谗言,谓臣将逃,臣归死于司败[⑧]也。”(陈楚名司寇为司败)王使为工尹[⑨](掌百工之官),又与子家谋弑穆王。穆王闻之。五月杀斗宜申[⑩]及仲归(仲归,子家。不书,非卿)。

解义 宜申谋弑穆王,而称国以杀,不去其官,何哉?曰穆王者,即楚世子商臣也,而《春秋》之义微[⑪]矣!

注释 ①宜申:即斗宜申(?—前617年),芈(mǐ)姓,斗氏,名宜申,字子西,若敖氏后裔。春秋时楚国司马。前617年斗宜申与子家勾结,策划杀死穆王,阴谋败露后被处死。②强死:即被杀而死。强,健。③县绝:绳子断开。县同“悬”。④商:即为商密,楚地名,现今河南省淅川县西南一带。⑤沿汉溯江:沿汉水顺流而下,入长江后再逆水向长江上游而行。⑥郢:楚国都,现今湖北省江陵县北部。⑦辞:解说。⑧司败:楚官名,即司寇,执法官。⑨工尹:官名,掌百工,亦可临时统兵。⑩斗宜申:即子西。⑪微:微词。指隐晦的批评。

春秋 自正月不雨,至于秋七月。

穀梁传 历时[①]而言不雨,文不闵[②]雨也。不闵雨者,无志[③]乎民也。

解义 历时总书不雨,言雨不雨皆漫[④]不系於公心也。

注释 ①历时:经历四时。②文:指鲁文公。闵:同“悯”,忧虑。③志:心之所向。④漫:漫然。

春秋 及苏子盟于女栗[①](女栗,杜注:地名,阙)。

左传 秋七月,及苏子盟于女栗,顷王立[②]故也。(僖十年

"狄灭温。苏子奔卫"。今复见者,盖王复之)

解义　苏子来盟,王使之也。顷王新立,不能修明王度以朝诸侯,而乃使大夫盟鲁,辱也,故讳而书及。及者,我所欲也。其不书公,为公讳也。襄王丧葬,公未尝往,顷王既立,公又不朝,乃与王臣要盟[3],臣子之义安在哉?故讳之。

注释　①苏子:周卿士。女栗:不详何地。②顷王:周顷王。立:即位。③要盟:强迫订立的盟约。

春秋　冬,狄侵宋。

解义　狄历侵诸国[1],犹未及[2]宋,至是见侵,盖乘宋乱,且料晋之不能救也。

注释　①历:逐一,逐个地。诸国:各国。②及:关联。

春秋　楚子、蔡侯次[1]于厥貉(厥,《公羊》作屈。厥貉,杜注:地名,阙。当在今河南项城县)。

左传　陈侯、郑伯会楚子于息。冬,遂及蔡侯次于厥貉。将以伐宋(陈、郑及宋麇子不书者,宋、郑执卑,苟免为楚仆任,受役于司马,麇子耻之,遂逃而归。三君失位降爵,故不列于诸侯,宋、郑犹然,则陈侯必同也)。宋华御事曰(华御事,华元之父):"楚欲弱我也,先为之弱乎[2]?何必使诱我[3]?我实不能,民何罪?"乃逆楚子,劳[4]且听命。遂道以田[5]孟诸(孟诸,杜注:宋大薮也。在梁国睢阳县东北。在今河南商丘县东北)。宋公为右盂,郑伯为左盂[6](盂,田猎陈名)。期思[7]公复遂为右司马,子朱及文之无畏为左司马(期思,杜注:弋阳期思县。在今河南固始县西北。复遂,期思公名。子朱、无畏,皆楚大夫。将猎、张两甄,故置左司马,二人分于左右,以右司马一人居中)。命夙驾载燧,宋公违命,无畏抶其仆以徇[8](燧,取火者。抶,挞也)。或谓子舟[9]曰:"国君不可戮[10]也"(子舟,无畏字)。子舟曰:"当官[11]而行,何强之有?《诗》曰:'刚亦不吐,柔亦不茹'(《诗·大雅》。美仲山甫不辟强御)。'毋从诡随[12],以谨罔极[13]'(《诗·大雅》。

诡、随，心不正者。罔，无。极，中也）。是亦非辟强也，敢爱[14]死以乱官乎！”（为宣十四年宋人杀子舟张本）厥貉之会，麇[15]子逃归（为明年楚子伐麇传）。

解义 次者，欲进而不前之意。楚将伐宋而不果，故书次，以著其包藏祸心欲凭陵诸夏[16]而未遂也。楚子侵伐书爵，其势益张，而诸侯畏之也，蔡侯首附楚，故序於楚下，以示讥。书爵者，斥言[17]以罪其人也。

注释 ①次：驻扎。②弱我：弱作动词，意指使我臣服。先为之弱：意指我先主动为其表现出软弱无能。③诱我：诱迫我。④劳：慰劳。⑤道：导；田：畋猎。⑥盂：行猎阵名。⑦期思：楚邑名。⑧抶（chì）：鞭打。徇：对众宣示。⑨子舟：即文之无畏。⑩戮：侮。⑪当官：当，值。指正值官守的职责。⑫诡随：诡诈欺谩之人。⑬罔极：罪大恶极。⑭爱：惜。⑮麇：国名，在现湖北省郧县西部。⑯凭陵：侵犯，欺侮。诸夏：指中原各诸侯国。⑰斥言：指直言指责过失。

春秋 十有一年春，楚子伐麇（麇，《公羊》作圈。楚始书君、将）。

左传 十一年春，楚子伐麇，成大心败麇师于防渚[1]（防渚，杜注：麇地。今湖广房县）。潘崇复伐麇，至于锡穴（锡穴，杜注：麇地。今湖广郧阳府治）。

解义 厥貉之会，麇子逃归，盖见宋、陈、郑以大国公侯而受役於楚司马，故耻於失列[2]而去之也。以《传》考之，一败於防渚，再迫於锡穴，而不闻与楚成，所谓与民守之效死，而民弗去者也。《春秋》不书麇子之逃，而独书楚子伐麇，圣人之情见矣。

注释 ①成大心：成得臣之子，字孙伯。防渚：麇地名，即今湖北省房县。②失列：指失伍。

春秋 夏，叔仲彭生会晋郤缺于承筐[1]（《公羊》、《穀梁》无仲字,筐作匡。承筐,杜注:宋地,在陈留襄邑县。今河南睢州西有故城。此大夫特相会之始)。

左传　夏,叔仲惠伯会晋郤缺于承筐(惠伯,即彭生),谋诸侯之从于楚者(九年,陈、郑及楚平。十年,宋听楚命)。

解义　是会,谋诸侯之从楚,未为非义。然大夫专会以谋国事,诸侯之政大夫擅之矣,故谨而志[②]之。

注释　①叔仲彭生:即叔仲惠伯,鲁宗族。承筐:宋地名,在今河南省睢县西。②谨:谨慎。志:记载。

春秋　秋,曹伯[①]来朝。

左传　秋,曹文公来朝,即位而来见也(曹文公即位在九年)。

解义　诸侯世相朝,礼也。曹伯即位,来朝,常事尔,然不先如京师,故书之,以见失尊王之义也。曹本服宋,自晋文执曹共公以畀[②]宋人,遂不与诸侯之事,盖晋方恶曹,宋遂挟为私属也。至是晋政中衰,曹文公嗣立[③],遂自附於鲁,而后此复列於诸侯之会盟。

注释　①曹伯:指曹文公(公元前?—前595年),曹寿,春秋曹国国君。曹共公襄之子,继曹共公而立。在位时间从公元前618—前595年为期二十三年。是时,晋楚争霸,多次参与晋会诸侯之盟。②畀(bì):给与。③嗣立:指继承君位。

春秋　公子遂[①]如宋。

左传　襄仲聘于宋,且言司城荡意诸而复之(八年,意诸来奔。归不书,史失之),因贺楚师之不害也(前年,楚次厥貉,将以伐宋)。

解义　鲁聘宋者八,盖始於此。是时,顷王立已三年,且使苏子来盟,公既不朝,又不遣聘,而亟[②]修礼於宋,其悖[③]甚矣。

注释　①公子遂(?—前600年):姬姓,东门氏,名遂,字襄仲(一说襄仲为其谥),春秋前期鲁国公族,权倾朝野的政治家,鲁庄公之子。因家住曲阜东门而立东门氏,故称东门襄仲,亦称公子遂。②亟（jí）：急切。③悖：悖逆，违背正道。

春秋 狄侵齐。

春秋 冬十月甲午，叔孙得臣败狄于咸（咸，杜注：鲁地）。

左传 鄋瞒[①]侵齐（鄋瞒，狄国名，漆姓。在夏为防风氏，殷为汪芒氏）。遂伐我。公卜使叔孙得臣追之，吉。侯叔夏御庄叔[②]，绵房甥为右，富父终甥驷乘[③]（侯叔夏、绵房甥、富父终甥，皆鲁大夫。驷乘，四人共车）。冬十月甲午，败狄于咸[④]，获长狄侨如（侨如，鄋瞒之君，盖长三丈）。富父终甥摏[⑤]其喉以戈，杀之（摏，犹冲也），埋其首于子驹之门[⑥]（子驹，鲁郭门。骨节非常，恐后世怪之，故详其处），以命宣伯[⑦]（得臣待事而名其三子，因名宣伯曰侨如，以旌其功）。初，宋武公之世，鄋瞒伐宋（在春秋前），司徒皇父帅师御之，耏班御皇父充石，公子谷甥为右，司寇牛父驷乘，以败狄于长丘[⑧]（皇父，戴公子。充石，其名。耏班、谷甥、牛父，皆宋大夫。长丘，杜注：宋地。在今河南封丘县东），获长狄缘斯[⑨]（缘斯，侨如之先），皇父之二子死焉。宋公于是以门赏耏班，使食其征[⑩]，谓之耏门（皇父与谷甥及牛父皆死，故耏班独受赏。门，关门。征，税也）。晋之灭潞[⑪]也（在宣十五年），获侨如之弟焚如。齐襄公之二年（鲁桓十六年也），鄋瞒伐齐，齐王子成父获其弟荣如，埋其首于周首[⑫]之北门（荣如，焚如之弟。以鲁桓公十六年死，至宣十五年一百三岁，其兄犹在。传言既长且寿，有异于人。王子成父，齐大夫。周首，杜注：齐邑。济北谷城县东北有周首亭。在今山东东阿县东北）。卫人获其季简如（伐齐退走，至卫见获），鄋瞒由是遂亡（长狄之种绝）。

公羊传 狄者何？长狄也。兄弟三人，一者之齐，一者之鲁，一者之晋。其之齐者，王子成父杀之。其之鲁者，叔孙得臣杀之。则未知其之晋者也。其言败何？大之也（敌一人而言败以狄。长大非一人所能敌，兴师动众，然后杀之，如大战，然故就其事言败）。其日何？大之也（如约日大战）。其地何？大之也（如据地大战）。

何以书？记异也。

穀梁传　不言帅师而言败,何也？直败一人之辞也。一人而曰败,何也？以众焉言之也(言其力足以敌众)。《传》曰:长狄也,弟兄三人,佚宕⑬列国(佚,更也。宕,扰也),瓦石不能害。叔孙得臣,最善射者也,射其目,身横九亩(广一步,长百步,为一亩。九亩,五丈四尺),断其首而载之,眉见于轼(兵车之轼高三尺二寸)。然则何为不言获也？曰古者不重创,不禽二毛,故不言获,为内讳也(既射其目,又断其首,是重创,非古道,故讳之)。其之齐者,王子成父杀之,则未知其之晋者也。

解义　十馀年之间,狄四侵齐,而侵鲁、宋者各一。今得臣出其不虞⑭而败之,自是始有惧心,其势少戢⑮。不言帅师,将尊师少也;不曰战者,内胜之辞也;不言获长狄侨如,贱之也。

注释　①鄋(sōu)瞒:国名,即北方长狄部落,在今山东省中部,济南以北。②御庄叔:即驾驭庄叔的战车。庄叔,即叔孙得臣。③驷乘:四人共乘一车。④咸:鲁地,在现今的山东省巨野县南一带。⑤摏(chōng):撞、捣。⑥子驹之门:鲁外城北面三门,最西面的城门为子驹之门。⑦命宣伯:即将宣伯命名为侨如。宣伯,即叔孙得臣之子叔孙侨如。⑧长丘:宋邑。河南省封丘县南旧有白沟,当为长丘故址。⑨缘斯:侨如的先祖。⑩征:赋税。⑪潞:国名,赤狄的一支,在现山西省潞城县东北部。⑫周首:齐邑,在现山东省东阿县东部。⑬佚宕:更迭为害。⑭出其不虞:犹言出其不意。指行动出乎人的意料。⑮戢(jí):收敛。

附录左传　郕大子朱儒自安于夫钟,国人弗徇(安,处也。夫钟,杜注:郕邑。徇,顺也。为明年郕伯来奔传)。

春秋　十有二年春王正月,郕伯来奔(郕,《公羊》作盛)。

左传　十二年春,郕伯卒,郕人立君(大子自安于外邑故)。大子以夫钟与郕邽来奔(郕邽,杜注:郕邑)。公以诸侯逆之,非礼也(非公宠叛人)。故书曰:"郕伯来奔。"不书地[1],尊诸侯也。(既尊以为诸侯,故不复见其窃邑之罪。所以深责鲁也)

公羊传 盛伯者何?失地之君也。何以不名?兄弟辞也(义见僖二十年,郜子来朝传)。

解义 诸侯失地皆名,其不名者,非自取也。庄八年,郕降于齐师,自是入齐为附庸。今又来奔,盖为齐所逼耳,《春秋》不名,恕[2]之也。

注释 ①不书地:不书其以地来献。②恕:宽恕。

春秋 杞伯[1]来朝。

左传 杞桓公来朝,始朝公[2]也。且请绝叔姬而无绝昏[3],公许之(不绝昏,立其娣以为夫人。不书来归,未笄而卒)。

春秋 二月庚子,子叔姬卒。

左传 二月,叔姬卒,不言杞,绝也(既许其绝,故不言杞)。书叔姬,言非女[4]也(女未嫁而卒,不书)。

公羊传 此未适人何以卒?许嫁矣。妇人许嫁,字而笄[5]之,死则以成人之丧治之。其称子何?贵也。其贵奈何?母弟[6]也。

穀梁传 其曰子叔姬,贵也,公之母姊妹也(同母姊妹)。其一《传》曰,许嫁以卒之也(别据一说,以叔姬时已许嫁,故书其卒)。男子二十而冠,冠而列丈夫,三十而娶。女子十五而许嫁,二十而嫁(《礼》:女子许嫁而卒,即为长殇有服,引此以明许嫁而卒之之意)。

解义 叔姬曰子,盖时君之女,以别於先君之女也。女子适人[7]必系国,叔姬字未嫁也。

注释 ①杞伯:指杞桓公(前?—前567年),名叫姒姑容,是杞国的第10任君主,杞成公之弟,继承其爵位。在位70年,传于其子杞孝公。②始朝公:鲁文公即位后,杞国第一次来朝见。③绝叔姬：与叔姬断绝夫妻关系。无绝昏：与鲁国不断绝婚姻关系。④非女：并非未嫁的女子。⑤笄(jī)：古代的一种簪子，用来插住挽起的头发，或插住帽子。此指女子十五岁可以盘发插笄的年龄，即成年。⑥弟：指妹。⑦适人：指女子出嫁。

春秋　夏，楚人围巢[1](巢，杜注：吴、楚间小国。庐江六县东有居巢城。今江南庐州府巢城西巢湖即其处)。

左传　楚令尹大孙伯[2]卒，成嘉为令尹(成嘉，若敖曾孙子孔)。群舒[3]叛楚(群舒，杜注：偃姓，舒庸、舒鸠之属。庐江南有舒城，西南有龙舒。按：今江南舒城、庐江二县之境皆群舒地)。夏，子孔执舒子平及宗子[4]，遂围巢(平，舒君名。宗、巢二国，群舒之属)。

解义　书称巢伯来朝，则巢之建国久矣。王道不行，小国困於强暴，不得保其社稷[5]。书围巢者，恶楚之不仁，而小国之无所庇赖也。

注释　①巢：群舒国名，在今安徽省巢县东北。②大孙伯：即成大心。③舒：国名，偃姓。有舒庸、舒蓼、舒鸠、舒龙、舒鲍、舒龚六名，均为同宗异国，称为群舒。大致宗国在今安徽省舒城县，而散居于舒城县、庐江县至巢县一带。④舒子平：舒国国君，名平。宗子：舒同宗国之君。⑤社稷：指国家。

春秋　秋，滕子[1]来朝。

左传　秋，滕昭公来朝，亦始朝公也。

解义　曹、杞、滕相继来朝，以鲁为秉礼之国也。文公乃不思述职有阙[2]，而越再朝之期，觐[3]礼不修，不亦悖[4]乎？

注释　①滕子：指滕昭公，即姬元(姬寿)，为春秋诸侯国滕国君主之一，是滕国君主。在位41年。前任：滕宣公，继任：滕文公。②述职：指诸侯向天子陈述职守。阙：同“缺”，缺失。③觐(jìn)：朝觐。朝见君主。④悖：悖谬，荒谬。

春秋　秦伯使术[1]来聘(术，《公羊》作遂)。

左传 秦伯使西乞术来聘，且言将伐晋。襄仲辞玉，(玉，圭璋也。《礼·聘义》云：以圭璋聘，已聘而还圭璋。今聘礼方行而辞玉，不与秦之伐晋也)曰："君不忘先君之好，照临[2]鲁国，镇抚其社稷，重之以大器[3]，寡君敢辞玉。"对曰："不腆敝器[4]，不足辞[5]也。"主人[6]三辞。宾客曰："寡君愿徼福[7]于周公、鲁公以事君，不腆先君之敝器，使下臣致诸执事以为瑞节(节，信也。《周礼·大宗伯》："以玉作六瑞，以等邦国是也。")，要结好命[8]，所以藉寡君之命[9]，结二国之好，是以敢致之。"襄仲曰："不有君子，其能国乎？国无陋[10]矣。"厚贿之。

公羊传 遂者何？秦大夫也。秦无大夫(秦、楚、吴、越之国，不书其大夫)，此何以书？贤缪公[11]也。何贤乎缪公？以为能变也。其为能变奈何？唯諓諓善竫言。俾君子易怠，而况乎我多有之(諓諓，浅薄之貌。竫，犹撰也。易怠，轻慢也)，唯一介断断焉无他技。其心休休，能有容是难也。

解义 秦将为河曲之战，故以贿结鲁，而鲁亦厚贿之，是相与以利也。归襚[12]称人，此称君、大夫，盖渐进之。术不氏，未命之卿来鲁，皆书名也。遣聘者，康公[13]也，而《传》以为贤缪公，朱子[14]谓《公羊》、《穀梁》未见《国史》，观此类可知。

注释 ①秦伯：秦康公(前620年—前609年)，在位12年，嬴姓，名罃。秦穆公和夫人穆姬所生之子，是晋文公的外甥。术：即西乞术，春秋时期秦国少数民族将领。名术，字西乞。一说是春秋时秦国大夫蹇叔的儿子，姓蹇。②照临：光临。③大器：指圭璋等宝玉。④不腆敝器：谦词，不丰厚的一点器物。⑤辞：辞谢。⑥主人：指襄仲。⑦徼(jiǎo)福：求福。⑧要：约。好命：友好之命。⑨藉寡君之命：凭借此物以表达寡君的命令。⑩无陋：不鄙陋。⑪贤：以……为贤。缪公：指秦缪公，即秦穆公(？—前621)，春秋时代秦国国君。嬴姓，名任好。在位三十九年(前659年—前621年)。谥号穆。⑫禭(suì):赠送衣物。⑬康公:秦康公。⑭朱子(1130—1200年):指的是历史上著名的理学家、新儒家朱熹,为北宋以来理学之集大成者,被尊为古代理学正宗,他是中国封建社会后期影响最大的思想家,后人将他视为儒学宗师。

春秋　冬十有二戊午,晋人、秦人战于河曲(河曲,杜注:在河东蒲坂县南。今山西蒲州东南隅有故城)。

左传　秦为令狐之役故(在七年),冬,秦伯伐晋,取羁马①(羁马,杜注:晋邑。在今山西蒲州南)。晋人御之。赵盾将中军,荀林父佐之(代先克)。郤缺将上军(代箕郑父),臾骈佐之(代林父)。栾盾将下军(栾枝子,代先蔑),胥甲佐之(胥臣子,代先都)。范无恤御戎(代步招),以从秦师于河曲。臾骈曰:"秦不能久,请深②垒固军以待之。"从之。秦人欲战,秦伯谓士会③曰(晋士会七年奔秦):"若何而战④?"对曰:"赵氏新出其属曰臾骈,必实为此谋,将以老⑤我师也。赵有侧室曰穿(侧室,支子。穿,赵夙庶孙),晋君之婿也,有宠而弱,不在⑥军事(未尝涉知军事),好勇而狂,且恶臾骈之佐上军也,若使轻者肆⑦焉,其可。"(肆,暂往而退也)秦伯以璧祈战于河。十二月戊午⑧,秦军掩⑨晋上军,赵穿追之,不及。反(上军不动,赵穿独追之。秦军速退,故不及),怒曰:"裹粮坐甲⑩,固敌是求,敌至不击,将何俟⑪焉?"军吏曰:"将有待也。"穿曰:"我不知谋,将独出。"乃以其属出⑫。宣子⑬曰:"秦获穿也,获一卿矣(时穿为散卿,如前郤缺之未有军行)。秦以胜归,我何以报⑭?"乃皆出战,交绥⑮(《司马法》曰:"从绥不及,是古名退军为绥。"秦、晋兵未及,争而两退,故曰交绥)。秦行人夜戒晋师曰:"两军之士皆未憖⑯也,明日请相见也。"(憖,缺也)臾骈曰:"使者目动而言肆⑰,惧我也,将遁矣(目动,心不安。言肆,声放失常节)。薄⑱诸河,必败之。"胥甲、赵穿当军门⑲呼曰:"死伤未收而弃之,不惠也;不待期而薄人于险,无勇也。”乃止(谋泄,故不行。为宣元年放胥甲传)。秦师夜遁。复侵晋,入瑕[20]。

公羊传 此偏战也,何以不言师败绩?敌也。曷为以水地(以水地者,以水之曲折为地名,意谓水曲甚多,疑不足以定地之名,如战泓不言曲)?河曲疏矣,河千里而一曲也(千里而始一曲,则为河曲有几,故水亦可以定地之名也)。

穀梁传 不言及,秦、晋之战已亟,故略之也(亟,数也。战必有曲直,以一人主之,二国战斗数,曲直不可得详,故略不言及)。

解义 凡战皆以主及客,秦为令狐之役[21]积忿不已,又为是战曲,在秦故不云晋及,不书败绩,交绥而退,无胜负也。

注释 ①羁马:晋邑,在今山西省永济县南。②深:高,作动词。③士会:本晋人,文公七年奔秦,此时为秦谋士。④若何而战:用什么办法能使晋军出战。⑤老:作动词,意为使疲乏失去战斗力⑥在:察。⑦肆:袭击。⑧戊午:初四日。⑨掩:袭击。⑩裹粮坐甲:装着粮食,披着甲胄坐待。⑪俟:等待。⑫以其属出:率其私属亲兵出战。⑬宣子:即赵盾。⑭报:回报国人。⑮交绥:交相退兵。⑯未憖:未损伤、残缺。⑰言肆:声音失常。⑱薄:迫近。⑲军门:军营大门。⑳瑕:晋邑,在今河南省陕县西南。㉑令狐之役:鲁文公七年(前620年),秦以武力送在秦国的晋公子雍回国继君位,遭晋国抵制。晋卿赵宣子先发制人,夜袭秦军,败秦军于令狐。

春秋 季孙行父帅师城诸及郓[1](郓,《公羊》作运,后同。杜注:城阳姑幕县南有员亭,即郓也。今山东沂水县北郓城,是按此为东郓,成四年城郓为西郓,乃在东平州)。

左传 城诸及郓,书,时也。

穀梁传 称帅师,言有难也。

解义 帅师而城,畏莒故也。郓,莒邑,而介於鲁城,非其所有,虑莒必争,於是乎以兵往。诸,鲁邑也,而近於郓,故并以师城。

注释　①城:筑城。诸、郓:鲁二邑名。

春秋　十有三年春王正月。

附录左传　十三年春,晋侯使詹嘉处瑕[1],以守桃林之塞[2](詹嘉,晋大夫。赐其瑕邑令,帅众守桃林以备秦。桃林,杜注:在弘农华阴县东潼关。《地理通释》:自潼关至函谷,历陕华二州地俱谓之桃林塞。今陕西华阴县以东,河南灵宝县以西皆是也)。

春秋　夏五月壬午,陈侯朔[3]卒。

附录左传　晋人患秦之用士会也(以前年士会为秦画计故),夏,六卿相见于诸浮[4](诸浮,杜注:晋地),赵宣子曰;"随会[5]在秦,贾季在狄,难日至矣,若之何?"中行桓子曰(中行桓子,荀林父也。僖二十八年始将中行,故以为氏):"请复贾季,能外事[6],且由旧勋[7]。"(有狐偃之旧勋)郤成子[8]曰:"贾季乱,且罪大(杀阳处父故),不如随会,能贱而有耻[9],柔而不犯[10](不可犯以不义),其知足使也,且无罪。"乃使魏寿余伪以魏[11]叛者以诱士会,执其帑[12]于晋,使夜逸(魏寿余,毕万之后。帑,寿余子)。请自归于秦[13],秦伯许之。履士会之足于朝(蹑士会足,欲使行)。秦伯师于河西(将取魏),魏人在东。寿余曰:"请东人之能与夫二三有司言者[14],吾与之先。"(欲与晋人在秦者共先告喻魏有司)使士会。士会辞曰:"晋人,虎狼也,若背其言,臣死,妻子为戮,无益于君,不可悔[15]也。"(辞行,示己无去心)秦伯曰:"若背其言,所不归尔帑者,有如河。"乃行。绕朝赠之以策[16](绕朝,秦大夫。策,马楇),曰:"子无谓秦无人,吾谋适不用也。"(示己觉其情)既济,魏人噪[17]而还(喜得士会)。秦人归其帑。其处者为刘氏(士会,尧后刘累之裔。别族复累之姓)。

春秋　邾子蘧蒢[18]卒(《穀梁》作籧篨)。

左传 郳文公卜迁于绎(绎,杜注:郳邑。在今山东邹县东南)。史曰:"利于民而不利于君。"郳子曰:"苟利于民,孤之利也。天生民而树[19]之君,以利之也。民既利矣,孤必与焉。"左右曰:"命可长也,君何弗为?"郳子曰:"命在养民[20]。死之短长,时也。民苟利矣,迁也,吉莫如之!"(左右以一人之命为言。文公以百姓之命为主。一人之命各有短长,不可如何。百姓之命乃传世无穷,故卒从之)遂迁于绎。五月,郳文公卒。君子曰:"知命。"

春秋 自正月不雨,至于秋七月。

春秋 大室屋[21]坏(大,《公羊》作世)。

左传 秋七月,大室之屋坏,书,不共[22]也。

公羊传 世室者何?鲁公之庙也。周公[23]称大庙,鲁公称世室[24],群公称宫。此鲁公之庙也,曷为谓之世室?世室犹世室也,世世不毁也(鲁公始封之君,故不毁)。周公何以称大庙于鲁?封鲁公以为周公也。周公拜乎前,鲁公拜乎后(始受封时,拜于文王庙也)。曰(成王始授其茅土之辞):"生以养周公,死以为周公主。"(如周公死,当以鲁公为祭祀主)然则周公之鲁乎?曰:"不之鲁也。封鲁公以为周公主。"然则周公曷为不之鲁?欲天下之一乎周也(周公,德至重,功至大。嫌之鲁,恐天下回心趋向之,所以一天下之心于周室)。鲁祭周公何以为牲?周公用白牲(白牲,殷牲也。周公死有王礼,谦不敢与文、武同也),鲁公用骍犅(骍犅,赤脊,周牲也。鲁公以诸侯不嫌,故从周制,以脊为差)。群公不毛(不毛,不纯色,所以降于尊祖)。鲁祭周公何以为盛(盛,粢盛也,在器曰盛)?周公盛(盛者,谓新谷满其器),鲁公焘(焘者,冒也,下故而上冒以新也),群公廪(廪,谓全用故谷,上少有新谷相连而已)。世室屋坏何以书?讥。何讥尔?久不修也。

穀梁传 大室屋坏者,有坏道也,讥不修也。大室,犹世室也。周公,曰大庙;伯禽[25],曰大室;群公,曰宫。礼,宗庙之事,君亲割(割牲),夫人亲舂(舂粢盛),敬之至也。为社稷之主,而先君之庙坏,极称之,志不敬[26]也(极称言屋坏,不复依违其文)。

解义　鲁以周公为始祖祀於大庙,伯禽为昭之第一室亲尽当毁,鲁人以其始封,不祧[27]其主,以为世室。文公怠慢,庙久不葺[28],当恒旸[29]之时而屋自坏,不恭甚矣!更造不书者,虽用民力不可已也。

注释　①瑕:宋邑,在现今山西省芮城县南一带。②桃林塞:地名,在现今的河南省灵宝县西,接陕西潼关界。③陈侯朔:指陈共公,即妫朔,为春秋诸侯国陈国君主之一,他为陈穆公儿子,承袭陈穆公担任该国君主,在位期间为前631年—前614年,共在位18年。④诸浮:城外某地。⑤随会:即士会。⑥能外事:知道境外的事情。⑦由旧勋:因过去有功。⑧郤成子:即郤缺。⑨能贱而有耻:处卑贱而知耻。⑩柔而不犯:性情柔弱但不容侵犯。⑪魏寿余:晋臣,毕万之后。魏:国名,在今山西省芮城县东北。⑫帑:指妻子儿女。⑬请自归于秦:请求以魏邑投入秦国。⑭东人:指晋国人。二三有司:指魏邑的几位臣吏。⑮不可悔:追悔莫及。⑯策:马鞭。一说为策书。⑰噪:吵嚷。⑱邾子蘧蒢:即邾文公,曹蘧蒢,为春秋诸侯国邾国君主之一,是邾国君主。在位51年。⑲树:置立。⑳命在养民:君主的使命在于养育其民。㉑大室屋:鲁国大庙之室。㉒共:同恭。㉓周公:周代的爵位,得爵者辅佐周王治理天下。历史上的第一代周公姓姬名旦(约公元前1100年),亦称叔旦,周文王姬昌第四子。因封地在周(今陕西岐山北),故称周公或周公旦。㉔世室:指宗庙。㉕伯禽:是周公长子,西周初年人,姬姓,字伯禽,亦称禽父。周公旦长子,周代鲁国的第一任国君。㉖不敬:怠慢,无礼。㉗不祧:古代帝王的宗庙分家庙和远祖庙,远祖庙称祧。家庙中的神主,除始祖外,凡辈分远的要依次迁入祧庙中合祭;永不迁移的叫做“不祧”。㉘葺(qì):指修理房屋。㉙恒旸:亦作“恒阳”。指久晴不雨。

春秋 冬,公[1]如晋。卫侯会公于沓(会下,《公羊》无公字。沓,杜注:地,阙)。

春秋 狄侵卫。

解义 晋不能霸,以启[2]戎心,故狄因卫侯之出乘间侵之,书之以病[3]晋也。

注释 ①公:鲁文公。②启:开启。③病:责备。

春秋 十有二月己丑,公及晋侯盟。

春秋 公还自晋,郑伯会公于棐(还上,《公羊》、《穀梁》无公字。棐,《公羊》作斐,杜注:郑地。即棐林。今河南新郑县东林乡城是也)。

左传 冬,公如晋,朝,且寻盟(寻八年衡雍之盟[1])。卫侯会公于沓,请平于晋[2]。公还,郑伯会公于棐,亦请平于晋。公皆成之(卫、郑贰于楚,畏晋,故因公请平)。郑伯与公宴于棐。子家[3]赋《鸿雁》(子家,郑大夫,公子归生也。《鸿雁》,《诗·小雅》,义取侯伯哀恤鳏寡,有征行之劳。喻郑国寡弱,欲使鲁侯还晋恤之)。季文子曰:“寡君未免于此。”(言亦同有微弱之患)文子赋《四月》(《四月》,《诗·小雅》,义取行役逾时,思归祭祀,不欲为之还晋)。子家赋《载驰》之四章(《载驰》,《诗·鄘风》,四章以下,义取小国有急,欲引大国以救助)。文子赋《采薇》之四章(《采薇》,《诗·小雅》,取其“岂敢定居?一月三捷”。许为郑还,不敢安居)。郑伯拜(谢公为行)。公答拜。

公羊传 还者何?善辞也。何善尔?往党卫侯会公于沓,至得与晋侯盟。反党郑伯会公于斐,故善之也(党,所也。所,犹时,齐人语也)。

穀梁传 还者,事未毕也。自晋,事毕也。

解义 诸侯将朝于天子豫[4]相会,礼也。今文公朝晋,而往返会卫、郑之君,非礼也。然三国皆无贬辞者,盖卫、郑不忘晋霸,而介[5]鲁以求通。《春秋》善其弃异即同,故详志之。

注释　①衡雍之盟:公元前619年秋,晋国因为去年扈地结盟时鲁国晚去,而出兵攻打鲁国,鲁国被迫在这年的冬天,与晋国大臣赵盾在衡雍会见,补偿去年的盟会。②请平于晋:鲁文公去晋,卫侯托其与晋国求和。③子家:郑大夫公子归生的字。④豫:同"预"。⑤介:依靠。

春秋　十有四年春王正月,公至自晋。

附录左传　十四年春,顷王崩(子匡王立)。周公阅与王孙苏争政,故不赴。凡崩、薨,不赴,则不书。祸、福[1],不告亦不书,惩不敬也(欲使怠慢者戒)。

解义　是岁,顷王崩,公既盟晋还,又与郑会,久於道路而不临,不赙[2]、不奔[3],故书至以著之。王崩不书,未赴也。

注释　①祸:指逃亡、兵败等大灾祸。福:指归复、战胜等大喜之事。②赙(fù):赙赠。指拿钱财帮助别人办理丧事。③奔:奔丧。

春秋　邾人伐我南鄙[1],叔彭生[2]帅师伐邾。

左传　邾文公之卒也(在前年),公使吊焉,不敬[3]。邾人来讨,伐我南鄙,故惠伯伐邾。

解义　鲁以七年伐邾,取须句,邾人不能报,至是乘公如晋,伐我南鄙。不知公之既至也,兵未反[4]鲁复报之。邾子卒未一年,居丧而伐人,与伐人之丧皆罪也。

注释　①南鄙:南方边境地区。②叔彭生:叔仲彭生(?—公元前608年),姬姓,叔仲氏,谥惠,史称叔仲惠伯,鲁国公族,是鲁桓公庶子公子叔牙之孙,武仲休之子,叔孙得臣(叔孙庄叔)的兄长。鲁文公时,彭生和鲁庄公的庶子东门遂执政,叔孙得臣掌握兵权。③敬:恭敬。④反:同"返"。返回。

春秋 夏五月乙亥,齐侯潘[①]卒。

左传 子叔姬妃[②]齐昭公,生舍。叔姬无宠,舍无威。公子商人骤施于国[③](商人,桓公子。骤,数也),而多聚士,尽其家,贷于公有司[④]以继之(家财尽,从公及国之有司富者贷)。夏五月,昭公卒,舍即位。

附录左传 邾文公元妃齐姜生定公,二妃晋姬生捷菑。文公卒,邾人立定公,捷菑奔晋。

春秋 六月,公会宋公、陈侯、卫侯、郑伯、许男、曹伯、晋赵盾。癸酉,同盟于新城(新城,杜注:宋地。梁国谷熟县西。在今河南商丘县西南)。

左传 六月,同盟于新城,从于楚者服,且谋邾[⑤]也(从楚者,陈、郑、宋。谋邾,谋纳捷菑)。

穀梁传 同者,有同也,同外楚也。

解义 同盟于新城,诸侯既散复合,同外楚也。时楚势益强,诸侯畏惧,欲依晋以自固。载书要言,与齐桓盟幽事虽异,而所以为同一也,赵盾主盟不以先诸侯君臣之分也。

注释 ①齐侯潘:即齐昭公,姜姓,吕氏,名潘,父齐桓公,母葛嬴,孝公异母弟。在位20年(前633—前613)。齐孝公死后,其子被卫开方杀死,公子潘夺位,是为齐昭公。②妃:同"配",婚配。③公子商人:齐桓公夫人密姬之子。骤施于国:多次在国内施舍财物。骤,屡。④公有司:指掌管公室财物的官员。⑤谋邾:谋划护送邾公子捷菑回邾即位。

附录左传 秋七月乙卯夜,齐商人弑舍而让元[①](元,商人兄,齐惠公也。书"九月",从告。七月无乙卯,日误)。元曰:"尔求之久矣。我能事尔,尔不可使多蓄憾(不为君则恨多)。将免我乎?尔为之!"

春秋 秋七月,有星孛入于北斗[②]。

左传　有星孛入于北斗,周内史叔服曰:“不出七年,宋、齐、晋之君皆将死乱[3]。”(后三年,宋弑昭公;五年,齐弑懿公;七年,晋弑灵公。案是时此星在角,由杓入斗,自北而入,晋居北,齐、宋居晋东,故三国当之斗数七,故云不及七年)

公羊传　孛者何?彗星也(状如彗,彗者,扫故置新之象)。其言入于北斗何?北斗有中也(北斗,天之枢机玉衡,七政所出。中者,魁中)。何以书?记异也。

穀梁传　孛之为言,犹茀[4]也(茀星,乱臣之类)。其曰入北斗(北斗贯星,人君之象也),斗有环域[5]也。

解义　据孛于大辰及东方,皆不言入,此言入者,见斗有规郭入其魁中也。有星者不当有,而有北斗,天之三辰,纲纪[6]星也,孛得入之,其变大矣。宋,先代之后;齐、晋,天子方伯,乃中国之纪纲,而三君皆违道失德,故当其应天之示人切矣!

注释　①元:即惠公,为齐桓公夫人少卫姬所生,商人之兄。②孛(bèi):即彗星,俗称扫帚星。北斗:在北天排列成斗形的七颗亮星,其名称是一天枢,二天璇,三天玑,四天权,五玉衡,六开阳,七瑶光。③死乱:死于祸乱。④茀:通“孛”。彗星。⑤环域:指北斗的界域。⑥纲纪:法度;纲常。

春秋　公至自会。

春秋　晋人纳捷菑于邾。弗克纳(《公羊》作接菑)。

左传　晋赵盾以诸侯之师八百乘纳捷菑于邾(八百乘,六万人。言力有馀)。邾人辞曰:“齐出貜且长[1]。”(貜且,定公)宣子曰:“辞顺[2]而弗从,不祥。”乃还。

公羊传　纳者何?入辞也。其言弗克纳何?大其弗克纳也。何大乎其弗克纳?晋郤缺帅师革车八百乘以纳接菑于邾娄,力沛若有余而纳之。邾娄人言曰:“接菑晋出也,貜且齐出也。子以其指(指,手指),则接菑也四,貜且也六(言俱不得天之正性。喻皆庶子也)。子以大国压之,则未知齐、晋孰有之也。贵则皆贵矣。虽然貜且也长。”(既两不得正性,又皆贵,惟当以年长立之)郤缺曰:“非吾力不能纳也,义实不尔克也。”引师而去之,故君子大其弗克纳也(大其不以己非夺人之是)。此晋郤缺也,其称人何?贬。曷为贬?不与大夫与废置君也。曷为不与?实与而文不与。文曷为不与?大夫之义不得专废置君也。

穀梁传 是郤克也,其曰人何也?微之也。何为微之也?长毂五百乘,绵地千里(长毂,兵车。五百乘,合三万七千五百人。绵犹弥漫),过宋、郑、滕、薛,敻入千乘之国(敻(xiòng),远也),欲变人之主;至城下然后知,何知之晚也!弗克纳,未伐而曰弗克何也?弗克其义也。捷菑,晋出也。貜且,齐出也。貜且,正也。捷菑,不正也。

解义 书弗克纳,言闻过而改,失之於初,而得之於末愈乎,遂过也。书人者,本未得其主名也,观三《传》所传各异,可徵[3]旧史失其名,而非孔子用此为褒贬矣。

注释 ①齐出:齐女所生。貜(jué)且:即定公,邾文公嫡长子,齐女所生。长:年长。②辞顺:言辞顺乎情理。③徵:证明,证验。

附录左传 周公将与王孙苏讼于晋,王[1]叛王孙苏(王,匡王。叛,不与),而使尹氏与聃启讼周公[2]于晋(尹氏,周卿士。聃启,周大夫)。赵宣子平王室而复之。楚庄王立(穆王子也),子孔、潘崇将袭群舒[3],使公子燮与子仪守而伐舒蓼(即群舒)。二子[4]作乱,城郢而使贼杀子孔,不克而还。八月,二子以楚子出,将如商密[5]。庐戢黎及叔麇[6]诱之,遂杀斗克及公子燮(庐,杜注:襄阳中庐县。戢黎,庐大夫。叔麇,其佐。斗克,子仪也)。初,斗克囚于秦(在僖二十五年),秦有殽之败(在僖三十三年),而使归求成[7],成而不得志(无赏报也)。公子燮求令尹而不得。故二子作乱。

春秋　九月甲申,公孙敖[8]卒于齐。

左传　穆伯之从己氏也(在八年),鲁人立文伯[9](穆伯之子,谷)。穆伯生二子于莒而求复[10],文伯以为请。襄仲使无朝。听命(不使与听政事),复而不出,三年而尽室[11]以复适莒。文伯疾而请曰:"谷之子弱[12](子,孟献子,年尚幼),请立难[13]也。"(难,谷弟)许之。文伯卒,立惠叔。穆伯请重赂以求复,惠叔以为请,许之。将来,九月卒于齐,告丧,请葬[14](请以卿礼葬),弗许。

穀梁传　奔大夫不言卒,而言卒,何也?为受其丧,不可不卒也。其地,于外也。

解义　大夫奔,不书卒,非我臣也。既许其归,则其卒也,是亦大夫而已矣,故书之。卒在常所则不地,书卒于齐,见死非其地,且为齐人归丧起也。

注释　①王:指周匡王。②讼周公:为周公诉冤求理。③子孔:当时为楚国令尹。潘崇:楚穆王之师。④二子:指公子燮与子仪。⑤商密:楚地名,在现今河南省淅川县西一带。⑥庐戢黎、叔麇:二人名,庐大夫。⑦使归求成:后来秦使子仪归楚,请求秦、楚讲和。⑧公孙敖:春秋时鲁国大夫。⑨文伯:穆伯之子,名谷。⑩求复:请求返回鲁国。⑪尽室:尽其家室。⑫弱:幼弱。⑬难:穆伯之子,文伯之弟。⑭告丧:讣告丧事。请葬:请求归葬于鲁。

春秋　齐公子商人弑其君舍。

左传　齐人定懿公,使来告难[1],故书以九月。齐公子元不顺懿公之为政也,终不曰"公",曰"夫己氏[2]"(夫己氏,犹言某甲)。

公羊传　此未逾年之君也,其言弑君舍何?己立之,己杀之,成死者,而贱生者也(恶商人无道,故成舍之君号,以贱商人之所为)。

穀梁传 舍未逾年，其曰君何也？成舍之为君，所以重商人之弑也。商人其不以国氏何也？不以嫌代嫌也（舍不宜立，有不正之嫌。商人专权，有当国之嫌，故不书国氏，明不以嫌相代）。舍之不日何也？未成为君也。

解义 舍未逾年，成之为君者，《春秋》之作本以惩奸恶，若立未逾年被弑，而不曰君，则逆乱之臣皆得以肆其凶恶，故原情立义而以弑书。晋奚齐[3]亦未逾年，以本不正，故不书弑；商人称公子，见天属之亲，而为寇仇甚之也。

注释 ①告难：告舍被杀之事。②夫己氏：己读作其。夫己氏，犹如说"那个人"。③奚齐（前665—前651年）：春秋时晋献公姬诡诸之子，其母骊姬有宠，献公废太子申生，尽逐群公子，欲立他为嗣。献公病危，嘱托大夫荀息主政，辅助他继位，献公死后，晋国内乱，被里克所杀。

春秋 宋子哀来奔。

左传 宋高哀为萧封人[1]，以为卿（萧，宋附庸。初仕萧还，升为卿），不义宋公而出，遂来奔。书曰："宋子哀来奔。"贵之也（贵其不食汙君之禄，辟祸速也）。

公羊传 宋子哀者何？无闻焉尔。

穀梁传 其曰子哀，失之也（失其氏族，不知何人）。

解义 《公羊》曰："无闻"；《穀梁》曰："失之"，谓不书其氏族耳；《左氏》曰："贵之"，则以为称字。不知古有以"子"名者，陈子亢[2]、介子推[3]是也。不书氏族与宋荡山同，乃赴告之辞略耳。

注释 ①萧：宋邑。封人：镇守边疆的地方官。②陈子亢：陈子车（春秋时齐国大夫）的弟弟，孔子的弟子。③介子推：春秋时期人，当年介子推陪重耳出逃各国，曾经割自己的肉给没饭吃的重耳吃，使重耳度过难关。

春秋　冬,单伯如齐。

春秋　齐人执单伯。

解义　单伯如齐,唁[①]子叔姬也。吴氏澄[②]谓子叔姬为文公女,归齐而舍遇弒,姬无所从,鲁故遣单伯往请,商人恶鲁与舍为昏[③],因单伯来,诬以罪而并子叔姬执之。两书齐人执者,明单伯、子叔姬之不相及,别而言之,所以重齐人之罪也。案《左氏》谓子叔姬妃[④]齐昭公,考齐昭立在文公前七年,则叔姬不得为文公女,而《春秋》以子称,其说不可通矣,单伯见庄元年,此犹见者,盖其子孙世称之也。

注释　①唁:唁慰。②吴氏澄:即吴澄,元代哲学家。字幼清,学者称草庐先生,抚州崇仁(今江西崇仁县)人。15岁时,厌科举,用心儒学。19岁作《道统》篇,以继承朱熹之后的道统自命。以后校定五经,授徒讲学。③昏:同"婚"。④妃:同"配"。

春秋　齐人执子叔姬。

左传　襄仲使告于王,请以王宠求昭姬[①]于齐(昭姬,子叔姬)。曰:"杀其子[②],焉用其母?请受而罪之。"冬,单伯如齐,请子叔姬,齐人执之(恨鲁恃王势以求女故)。又执子叔姬(欲以耻辱鲁)。

公羊传　执者曷为或称行人?或不称行人?称行人而执者,以其事执也(以其所衔(原文为"街",有误)奉国事执之,晋人执我行人叔孙舍是也)。不称行人而执者,以己执也(己者,已大夫,自以大夫之罪执之)。单伯之罪何?道淫也。恶乎淫?淫乎子叔姬(时子叔姬嫁,当为齐夫人,使单伯送之)。然则曷为不言齐人执单伯及子叔姬?内辞也,使若异罪然(深讳使若各自以他事见执者)。

穀梁传　私罪[③]也。单伯淫于齐,齐人执之。叔姬同罪也。

解义　商人弒君之恶已显,而执叔姬之事,圣人不独罪商人也。齐人不讨贼,俱北面事之[④],又敢执君夫人,是举国之人皆有不赦之罪,故书曰齐人,所以穷[5]乱贼之党与而治之也。

注释 ①昭姬:昭公夫人,即子叔姬。②子:指被商人所杀的舍。③私罪:与“公罪”相对。公罪就是指官员在执行公务中发生错失和违法行为。私罪是指因官员个人道德修养及个人生活作风等行为而发生的违法行为。④俱北面事之:古代君主面朝南坐,臣子朝见君主则面朝北,所以对人称臣称为北面,北面而事之。⑤穷:揭穿。

卷二十六

文公(十五年之十八年)

春秋 十有五年春,季孙行父[1]如晋。

左传 十五年春,季文子如晋,为单伯与子叔姬故也。(因晋请齐)。

解义 商人[2]弑逆,执君夫人及鲁使[3],鲁不能以义讨,而反因晋以求齐。行父使晋不知请讨,晋为盟主亦不能讨,皆罪也。直书行父如晋,贬自见矣。

注释 ①季孙行父(?—前568):春秋时鲁国正卿。鲁桓公之后,季友子。事宣、成、襄三公,为正卿。谥曰文子。②商人:齐公子,齐桓公夫人密姬之子。③君夫人:指齐昭公夫人,即子叔姬。鲁使:指单伯。

春秋 三月,宋司马华孙[1]来盟。

左传 三月,宋华耦来盟,其官皆从之。书曰"宋司马华孙",贵之也。(《传》曰:"卿行旅从。"华孙能率其属,以敬事自重,故贵而不名,然非也。周之礼经诸侯相聘,其使介有常数矣,不闻其官皆从以为典也)公与之宴,辞曰:"君之先臣督[2],得罪于宋殇公(耦,华督曾孙。督弑殇公在桓二年),名在诸侯之策[3]。臣承其祀,其[4]敢辱君,请承命于亚旅[5]。"(亚旅,上大夫)鲁人以为敏[6]。

穀梁传 司马,官也,其以官称,无君之辞也。来盟者何?前定也。不言及者,以国与之也。

解义 书司马华孙者,著其为华督之孙,世执兵柄[7],如武氏子、仍叔之子[8]之类,不书名,意在因族以见义不系於名也,不言使,自请之也。华耦盖与穆、襄之族党公子鲍豫结诸侯[9],疑子哀在鲁或间[10]其好,故因是来盟,其专行无君与屈完、高子[11]之来盟异。《春秋》美恶不嫌同辞,以事实具见於前后也。屈完来盟而楚帖⑫,高子来盟而鲁定,华孙来盟而昭公⑬弑,其迹固较然异矣!

注释 ①宋司马华孙:指宋华耦,春秋时宋国国卿。②督:即华督,华耦的曾祖。③名在诸侯之策:华督之名记在诸侯国的简策上。④其:岂。⑤亚旅:官名,上大夫。⑥敏:应对敏捷。⑦兵柄:兵权,军权。⑧武氏子:周朝大夫。仍叔之子:周朝大夫。⑨穆:指宋穆公。襄:指宋襄公。公子鲍:宋文公,宋国第二十三任君主,本名子鲍,宋昭公之庶弟。豫:同"预"。⑩子哀:宋大夫。间:离间。⑪屈完:楚大夫。高子:齐大夫。⑫帖:顺从,驯服。⑬昭公:宋昭公。

春秋 夏,曹伯①来朝。

左传 夏,曹伯来朝,礼也。诸侯五年再相朝,以修王命,古之制也(十一年"曹伯来朝",至此五年。《传》为"齐侯伐曹"张本)。

解义 凡书来朝,皆讥,讥其不朝天子②,而私相朝也。曹伯十一年来朝,越四年又朝,过於事天子之礼,尤失其正。《春秋》书之以示贬,亦以起齐人伐曹之文,为不能以礼自守,而妄悦③人以召祸者戒也。

注释 ①曹伯:指曹文公曹寿(?—公元前595),春秋曹国国君。共公襄子,继共公而立。前618—前595年在位。②天子:周天子。③妄:妄想。悦:顺服,悦服。

春秋 齐人归公孙敖①之丧。

左传 齐人或为孟氏②谋(孟氏,公孙敖家,庆父为长庶,故或称"孟氏"),曰:"鲁,尔亲也。饰棺置诸堂阜③(堂阜,齐、鲁竟上地。饰棺不殡,示无所归),鲁必取之。"从之。卞人④以告(卞人,卞邑大夫)。惠叔犹毁以为请(敖卒,至今期年。毁,犹未已哀过丧礼),立于朝以待命。许之,取而殡之。齐人送之。书曰:"齐人归公孙敖之丧。”为孟氏,且国故也(为惠叔毁请,且国之公族故)。葬视共仲[5](以罪降)。声己不视[6],帷堂[7]而哭(声己,惠叔母,怨敖从莒女,故帷堂)。襄仲欲勿哭(怨敖取其妻),惠伯曰(即叔彭生):“丧,亲之终也。虽不能始,善终可也。史佚有言曰:‘兄弟致美[8]。’(各尽其美)救乏、贺善、吊灾、祭敬、丧哀[9],情虽不同,毋绝其爱,亲之道也。子无失道,何怨于人?”襄仲说,帅兄弟以哭之。他年,其二子[10]来(敖在莒所生),孟献子[11]爱之,闻于国(献子,谷之子仲孙蔑)。或谮之曰:“将杀子。”献子以告季文子。二子曰:“夫子[12]以爱我闻,我以将杀子闻,不亦远于礼乎?远礼不如死。”一人门于句鼆,一人门于戾丘,皆死(句鼆(měng)、戾丘,杜注:鲁邑。有寇攻门,二子御之而死。盖以明其无杀献子之心)。

公羊传　何以不言来?内辞也。胁我而归之,笋将而来也(笋者,竹箧,一名编舆。将,送也)。

解义　大夫卒於外,不书丧,至此独书何也?敖奉命如京师,弃命出奔,为禽兽行,鲁听其复,既复再奔,又受其丧,见鲁之无政刑[13]也。不言来归,盖齐人但致之境上,而敖之子自取以葬,故不曰来。

注释　①公孙敖:春秋时鲁国大夫。②孟氏:鲁公孙敖的家族,称孟氏。③饰棺:古代对于死人的棺木,依爵位、等级的不同,而有不同的装饰,称为饰棺。堂阜:地名,鲁、齐交界处。④卞人:鲁卞邑大夫。⑤葬视共仲:葬礼如同共仲一样。视,比。共仲,即庆父。⑥声己:公孙敖次妻,惠叔之母。不视:不视灵柩。⑦帷堂:古时,人死后尸体放置堂中小敛,四周围上帷幕,叫帷堂。⑧致美:各尽其美。⑨救乏:救助困乏。吊灾:抚慰灾祸。丧哀:逢其丧事致哀。⑩二子:指穆伯在莒国的两个儿子。⑪孟献子:文伯谷之子仲孙蔑。⑫夫子:指孟献子。⑬政刑:政令和刑罚。

春秋 六月辛丑朔,日有食之。鼓,用牲于社。

左传 六月辛丑朔,日有食之,鼓,用牲于社,非礼也。日有食之,天子不举①,伐鼓于社(责群阴),诸侯用币于社②(社尊于诸侯,故请救而不敢责之),伐鼓于朝(退自责),以昭事神、训民、事君(天子不举,诸侯用币,所以事神;尊卑异制,所以训民),示有等威③,古之道也。

解义 庄公④两以日食,鼓,用牲于社,既已非礼。今文公亦复如此,必以为先朝故事⑤可举而行,而不顾义之可否,因陋⑥承误,妄⑦亦甚矣!

注释 ①不举:撤去丰盛的饮食和助食的音乐。②用币于社:用玉帛祭于社稷坛。③等威:威仪之等差。④庄公:指鲁庄公。⑤故事:旧事。⑥陋:不合理。⑦妄:荒谬,荒诞。

春秋 单伯至自齐。

左传 齐人许①单伯请而赦之②,使来致命(畏晋故)。书曰:"单伯至自齐。"贵之③也(单伯执节不移,故贵之)。

穀梁传 大夫执则致,致则名,此其不名,何也(据昭十四年"意如至自晋"称名)?天子之命大夫也。

解义 大夫恒④出,不书至,惟执则书,国体⑤所系也。单伯致而不名者,命大夫例书字也,尊王命也。

注释 ①许:答应。②赦之:指放子叔姬回国。③贵之:表示尊重他。④恒:经常。⑤国体:指大臣辅佐国君,就像人体有股肱一样,故称大臣为国体。

春秋 晋郤缺①帅师伐蔡。戊申,入蔡。

左传 新城之盟(在前年),蔡人不与。晋郤缺以上军、下军伐蔡,曰:"君弱②,不可以怠③。"戊申④,入蔡,以城下之盟⑤而还。凡胜国,曰灭之(胜国,绝其社稷,有其土地);获大城焉,曰入之(得大都而不有)。

公羊传　入不言伐,此其言伐何?至之日也。其日何?至之日也(用兵之道,当先至竟侵责之,不服,乃伐之。今日至,便以今日伐,故日以起其暴也)。

解义　入而言伐,又举日於伐下者,见伐之不服然后入也,所以兼恶蔡。然晋实不能制楚,入蔡何为书伐书入?以讥晋也。

注释　①郤(xì)缺:姬姓,郤氏,名缺,即郤成子,春秋时期晋国上卿。②弱:年幼。③怠:怠慢、懈怠。④戊申:初八日。⑤城下之盟:敌军兵临城下,以武力威逼签订的盟约,视为国家的奇耻大辱。

春秋　秋,齐人侵我西鄙[①]。

穀梁传　其曰鄙,远之也,其远之何也?不以难介我国也(介犹近也)。

春秋　季孙行父如晋。

左传　秋,齐人侵我西鄙,故季文子告于晋。

解义　商人大逆无道,诸侯不讨,反怙[②]逆以伐人,故贬,而人之师无名故曰侵。鲁因齐之暴再往告晋,晋实主盟而纵商人,至此,罪可知矣。

注释　①西鄙:西方的边邑。②怙:怙恃,依仗,凭借。

春秋　冬十有一月,诸侯盟于扈。

左传　冬十一月,晋侯、宋公、卫侯、蔡侯、郑伯、许男、曹伯盟于扈,寻新城之盟,且谋伐齐也(齐数伐鲁故)。齐人赂晋侯,故不克而还。于是有齐难[①],是以公不会。书曰:"诸侯盟于扈。"无能为[②]故也(恶受赂,不能讨齐)。凡诸侯会,公不与,不书,讳君恶也(谓国无难,不会义事,故为"恶")。与而不书,后也(谓后期也)。

解义　是盟,为齐乱也,鲁以备[③]齐故不会,非一后再有事而不序诸侯散辞也,见晋不足以主盟,而诸侯无统纪[④]也。弑君之贼,人人得而讨之,晋侯受赂,而在会诸侯俯首以听晋命,其罪惟均[5],故同略而不序。

注释 ①齐难:指“侵我西鄙”。②无能为:无所作为。③备:防备,戒备。④统纪:纲纪。⑤惟均:“惟”是助词,无义;而“均”则为“同罪”。

春秋 十有二月,齐人来归子叔姬。

左传 齐人来归子叔姬,王故也(以单伯为王使,故叔姬之归曰王故)。

公羊传 其言来何?闵[1]之也。此有罪,何闵尔?父母之于子,虽有罪,犹若其不欲服罪然。(父为子隐,人情之至也)。

穀梁传 其曰子叔姬,贵[2]之也。其言来归何也?父母之于子,虽有罪,犹欲其免也。

解义 不言齐子叔姬来归,而曰齐人来归子叔姬者,见子叔姬无罪,齐人自绝[3]而归之尔。此商人为之,称齐人者,罪齐人以商人为君,而不知其恶,深责之也。按二《传》於叔姬皆云父母之于子,则其为文公[4]女也,益信。

注释 ①闵:同“悯”,怜恤,哀伤。②贵:尊重。③自绝:自行断绝。④文公:指鲁文公。

春秋 齐侯侵我西鄙,遂伐曹,入其郛。

左传 齐侯侵我西鄙,谓诸侯不能也(不能讨己)。遂伐曹,入其郛,讨其来朝也(此年夏,曹伯朝鲁)。季文子曰:“齐侯其不免乎。己则无礼[1],而讨于有礼者,曰:‘女何故行礼!’礼以顺天,天之道也,己则反天,而又以讨人,难以免矣。《诗》曰:‘胡不相畏,不畏于天’(《诗·小雅》)?君子之不虐幼贱,畏于天也。在《周颂》曰:‘畏天之威,于时保之’(《诗·周颂》。言畏天威,于是保福禄)。不畏于天,将何能保?以乱取国[2],奉礼以守,犹惧不终,多行无礼,弗能在[3]矣!”(为十八年齐弑商人传)

公羊传 郛者何?恢郭也(恢,大也。郭,城外大郭)。入郛书乎？曰不书(围不言入)。入郛不书,此何以书？动我也(动我,惧我也)。动我者何？内辞也。其实我动焉尔(因侵我,遂入曹,故详其事,若云齐不去而伐曹,几入我郛矣,可惧也)。

解义　扈之会,晋取齐赂而还,商人自此知诸国之无能,为益肆④其暴,以鲁如晋谋已,而曹修礼於鲁,故一岁再侵鲁以及曹。书遂,著其暴也,入其郛者甚之也。

注释　①无礼:指拘执王使而又讨伐无罪。②以乱取国:指齐侯杀舍而自立。③在:终。④益:更加。肆:放肆,恣纵。

春秋　十有六年春,季孙行父会齐侯于阳谷,齐侯弗及盟。

左传　十六年春,王正月,及齐平。公有疾,使季文子会齐侯于阳谷。请盟,齐侯不肯,曰:"请俟君间①(间,疾瘳)。"

公羊传　其言弗及盟何？不见与盟也(谓齐侯不肯盟)。

穀梁传　弗及者,内辞也。行父失命矣,齐得内辞也(行父出会失辞,为齐侯所拒,不盟由齐,故得内辞)。

解义　文公怠②於国政,不能愤发自强讨齐之乱,反使商人得以强大威③我命使执辱边鄙被兵④,此有志者困心衡虑⑤。时而公方且宴安⑥於国,使其臣降志求盟,复为商人所侮,故直书曰齐侯弗及盟,弗者迁⑦词,若曰我本欲盟,而齐不及我盟,以深愧之也。

注释　①请俟君间:间,病愈。请等鲁君病好再说吧。②怠:懒惰。③威:威胁。④被兵:遭受战祸。⑤困心衡虑:心意困苦,思虑阻塞。表示费尽心力,经过艰苦的思考。⑥宴安:安逸享受。⑦迁:拖延。

春秋　夏五月,公四不视朔①。

左传　夏五月,公四不视朔,疾也。

公羊传　公曷为四不视朔？公有疾也。何言乎公有疾不视朔？自是公无疾不视朔也。然则曷为不言公无疾不视朔？有疾犹可言也。无疾不可言也。

穀梁传 天子告朔于诸侯,诸侯受乎祢庙[②],礼也。公四不视朔,公不臣也(天子班朔而公不视,是不臣),以公为厌政以甚矣。

解义 上书夏五月,下书四不视朔,追言之也。前此未有书不视朔者,若其有疾则亦常事尔,而特书者,见公之非有疾而然也。盖此时本以疾诈齐,自是遂因循废之,有不视朔亦不复书,其讥已明矣,不重讥也。

注释 ①视朔:古礼诸侯每月初一祭告祖庙,称之告朔。告朔毕,即听治此月之政,称之视朔,也称作听朔。②祢庙:指父庙。或称考庙。

春秋 六月戊辰,公子遂[①]及齐侯盟于郪丘[②](《公羊》作犀丘,《穀梁》作师丘,《公羊疏》云正本作菑丘,杜注:齐地。当在今山东东阿县境)。

左传 公使襄仲纳赂于齐侯,故盟于郪丘。

穀梁传 复行父[③]之盟也(春,齐侯不与行父盟,故复使遂修之)。

解义 行父请盟则弗及,仲遂纳赂[④]则从,齐固贪利,而鲁之畏齐抑何甚也?夫齐、鲁皆千乘之国[⑤],齐曲而鲁直,彼以力,我以义,何慑於齐,而以贿成哉?明年,齐侯复有西鄙之伐,则知要盟不足恃[⑥],而鲁之为计亦愚矣!

注释 ①公子遂:即东门襄仲(?—前600年),姬姓,东门氏,名遂,字襄仲(一说襄仲为其谥),春秋前期鲁国公族,权倾朝野的政治家,鲁庄公之子。②郪(xī)丘:齐地名,在齐国临淄附近一带。③行父:季孙行父(?—前568)春秋时鲁国正卿。鲁桓公之后,季友子。事宣、成、襄三公,为正卿。谥曰文子。④遂:于是,就。纳赂:行贿。⑤千乘之国:拥有一千辆兵车的国家。春秋时指中等诸侯国。⑥恃:依赖。

春秋　秋八月辛未,夫人姜氏[①]薨。

春秋　毁泉台。

左传　有蛇自泉宫[②]出,入于国,如先君之数[③](伯禽至僖公十七君)。秋八月辛未,声姜薨(僖公夫人,文公母也),毁泉台。

公羊传　泉台者何?郎台也(庄公筑台于郎)。郎台则曷为谓之泉台?未成为郎台(未成,但以地名之),既成为泉台(既成,更以所置名之)。毁泉台何以书?讥。何讥尔?筑之讥,毁之讥。先祖为之,已毁之,不如勿居而已矣。

穀梁传　丧不贰事,贰事,缓丧也(丧事主哀而复毁泉台,是以丧为缓)。以文为多失道矣。自古为之,今毁之,不如勿处而已矣(若以夫人居之而薨,但当勿处)。

解义　泉台之筑,固为非礼,然先君所举,其存与毁,亦非治乱安危之所系,则勿居可也。而劳民毁之,以暴其失,有蔑视先祖之心,故谨而志之。

注释　①夫人姜氏:鲁僖公夫人,鲁文公之母。②泉宫:鲁都曲阜近郊邑名。③如先君之数:鲁国自伯禽至僖公共有十七位君主。

春秋　楚人、秦人、巴人灭庸。

左传　楚大饥,戎伐其西南,至于阜山[①],师于大林[②]。又伐其东南,至于阳丘,以侵訾枝[③](戎,山夷也。阜山,在今湖广房县南。大林、阳丘、訾枝,杜注:皆楚邑。大林,在今湖广荆门州西北)。庸人帅群蛮[④]以叛楚(庸,杜注:上庸县,属楚之小国)。麇人率百濮聚于选[⑤],将伐楚(百濮,夷也。选,杜注:楚地。当在今湖广枝江县南境)。于是申、息之北门不启(备中国)。楚人谋徙于阪高[⑥](阪高,杜注:楚险地。当在今湖广襄阳府西境)。蔿贾[⑦]曰:“不可。我能往,寇亦能往。不如伐庸。夫麇与百濮,谓我饥不能师,故伐我也。若我出师,必惧而归。百濮离居[⑧],将各走其邑,谁暇谋人?”乃出师。

旬有五日⑨，百濮乃罢⑩。自庐⑪以往，振廪⑫同食（往，往伐庸也。振，发也。廪，仓也。同食，上下无异馔也）。次于句澨⑬（句澨，杜注：楚西界地。当在今湖广均州西）。使庐戢黎侵庸，及庸方城（方城，杜注：庸地，上庸县东有方城亭，在今湖广竹山县东）。庸人逐之，囚子扬窗⑭（窗，戢梨官属）。三宿而逸，曰："庸师众，群蛮聚焉，不如复大师（还复句澨师），且起王卒，合而后进。"师叔曰（师叔，楚大夫潘尪也）："不可。姑又与之遇以骄之。彼骄我怒，而后可克，先君蚡冒所以服陉隰也。"（蚡冒，楚武王父。陉隰，杜注：地名。在今湖广荆州府东）又与之遇，七遇皆北（伪走也），唯裨、鯈、鱼⑮人实逐之（裨、鯈、鱼，杜注：庸之三邑。鱼，古鱼复县，即今四川奉节县）。庸人曰："楚不足与战矣。"遂不设备。楚子乘驲⑯，会师于临品（临品，杜注：地名。当在今湖广均州界），分为二队，子越自石溪⑰，子贝自仞，以伐庸（子越，斗椒也。子贝，楚大夫。石溪、仞，杜注：入庸道，俱当在今湖广均州界）。秦人、巴人从楚师，群蛮从楚子盟。遂灭庸（传言楚有谋臣，所以兴）。

解义　庸乘楚饥，帅群蛮以叛楚，楚伐之，取成可已，而夷其宗社⑱，罪莫大焉。秦与灭庸则服於楚矣，夫城濮之役，秦实助晋，至是晋反弃以资楚，楚西连巴、秦，绕出周晋之后，而同力以敌晋，则列国诸侯在其掌握矣，此楚所以益强，而晋不振也。

注释　①阜山：楚邑名，在现今湖北省房县南部。②大林：楚邑名，在现今湖北省荆门县西北部。③訾枝：楚邑名，在现今湖北省枝江县境内。④群蛮：即散居在现今湖北省境内的少数民族部落。⑤百濮：散居在现今湖北省石首县一带地区的少数民族部落。濮，即种族名。选：楚地名，在现今湖北省枝江县境内。⑥阪高：楚地名，在现今湖北省当阳县东北部。⑦蔿（wěi）贾：人名。⑧百濮离居：百濮各部落分散居住，没有统一指挥。⑨旬有五日：旬为十日。旬有五日，即十五日也。⑩罢：罢兵而归。⑪庐:楚邑名,在现今湖北省南漳县东五十里外。⑫振廪:打开粮仓。⑬句澨(shì):楚之西界地名,在现今湖北省均县房县西一带。⑭子扬窗:即庐戢黎的下属官员。⑮裨、儵、鱼:统属群蛮部落名。⑯驲(rì):驿站传车。⑰子越:又叫子越椒、斗椒,楚宗族。石溪:即地名。⑱夷:消灭。宗社:宗庙和社稷,泛指国家。

春秋　冬十有一月,宋人弑其君杵臼[①](《公羊》作处臼)。

左传　宋公子鲍[②]礼于国人(鲍,昭公庶弟文公也),宋饥,竭其粟而贷[③]之。年自七十以上,无不馈饴[④]也,时加羞珍异[⑤](羞,进也)。无日不数[⑥]于六卿之门(数,不疏),国之材人[⑦],无不事也,亲自桓[⑧]以下,无不恤[⑨]也(桓,鲍之曾祖)。公子鲍美而艳,襄夫人[⑩]欲通之(鲍嫡祖母),而不可,乃助之施[⑪]。昭公无道,国人奉公子鲍以因夫人[⑫]。于是华元为右师(华元,督曾孙,代公子成),公孙友为左师,华耦为司马(代公子卬),鳞矔为司徒,荡意诸为司城,公子朝为司寇(伐华御事)。初,司城荡[⑬]卒,公孙寿[⑭]辞司城(寿,荡之子),请使意诸[⑮]为之(意诸,寿之子)。既而告人曰:"君无道,吾官近,惧及[⑯]焉。弃官则族无所庇。子,身之贰[⑰]也,姑纾死[⑱]焉。虽亡子,犹不亡族。"(已在故也)既,夫人将使公田孟诸[⑲]而杀之。公知之,尽以宝行。荡意诸曰:"盍适诸侯?"公曰:"不能其大夫至于君祖母[⑳]以及国人,诸侯谁纳我?且既为人君,而又为人臣,不如死。"尽以其宝赐左右而使行。夫人使谓司城去公,对曰:"臣之[㉑]而逃其难,若后君何?"(言无以事后君)冬十一月甲寅,宋昭公将田孟诸,未至,夫人王姬使帅甸[㉒]攻而杀之(襄夫人,周襄王姊,故称王姬。帅甸,郊甸之帅)。荡意诸死之。书曰:"宋人弑其君杵臼。"君无道[㉓]也(称国人弑,以见其君有罪)。文公即位,使母弟[㉔]须为司城(代意诸)。华耦卒,而使荡虺为司马(虺(huǐ),意诸之弟)。

公羊传 弑君者曷为或称名氏？或不称名氏？大夫弑君称名氏，贱者穷诸人(言非大夫则称人)，大夫相杀称人，贱者穷诸盗(言非大夫则称盗，谓其词已穷，无他可称也)。

解义 宋昭公之弑由[25]襄夫人，而书宋人者，以昭公无道，国人皆有欲弑之心，故以众言之，既著昭公自取之实，又正宋人以大恶之名而主者之罪，自在其中矣。不书葬，贼不讨也。荡意诸之死不书，以其知国人之谋而不能止，知昭公之危而不能救，坐待其及，故不得与死於其职者同也。

注释 ①杵臼：春秋时宋国第二十二任君主宋昭公，本名子杵臼，宋成公之子。成公十七年，成公卒。成公弟御杀太子及大司马公孙固，而自立为君。宋人共杀君御而立成公少子杵臼，是为昭公。②公子鲍：即宋文公，宋昭公庶弟。③贷：施与或贷与。④馈饴：馈送。⑤时：按时令。加羞珍异：加进珍贵食品。羞，进献。⑥数：屡次，频繁。⑦材人：具有才能的人。⑧桓：即宋桓公，为公子鲍的曾祖。⑨恤：赈济。⑩襄夫人：即宋襄公夫人，周襄王之姊。⑪助之施：襄夫人助公子鲍施惠于国人。⑫奉公子鲍以因夫人：拥戴公子鲍以亲附襄夫人。⑬司城荡：即公子荡。司城，官名。⑭公孙寿：公子荡的儿子，父死，子承其位。⑮意诸：即荡意诸，公孙寿的儿子。寿辞位，使其子继承。⑯吾官近，惧及：我如担当司城之官，则于国君靠近，害怕因君之祸而及于自身。⑰身之贰：意即我的替身。⑱纾死：缓死。⑲田：打猎。孟诸：即地名。⑳君祖母：古人称母为君母，祖母为君祖母。㉑臣：作动词。臣之，指做他的臣子。㉒夫人王姬：即襄夫人，由于她是周襄王的姐姐，所以这样称呼。帅甸：官名。㉓君无道：凡《春秋》记载弑君之名，则为君无道。昭公无道表现为与公族作对，结果失败被杀还留下恶名。可见公族之强大。㉔母弟：同母之弟。㉕由：因为，由于。

春秋　十有七年春,晋人、卫人、陈人、郑人伐宋。

左传　十七年春,晋荀林父、卫孔达、陈公孙宁、郑石楚伐宋。讨曰:“何故弑君!”犹立文公而还,卿不书,失其所[①]也(卿不书,谓称人。失其所讨之罪)。

解义　程子[②]谓:“行天讨,而成其乱,失天职也!”故四国之卿贬而称人。义本左氏,先儒皆宗[③]之,独啖氏助[④]以为不命之卿例称人。考是时,晋之当国者赵盾,而荀林父仅佐中军;卫之当国者宁俞,而孔达未尝执政;陈公孙宁抑置卫下,其尤卑可知;郑石楚亦无闻於时,则啖说未失也。不然,襄二十五年[⑤],齐崔杼弑其君,诸侯会于夷仪谋伐齐,而沮[⑥]於赂,犹是役也,而列序十二国之君,其义不可通矣。

注释　①失其所:丧失其根本立场根本宗旨。②程子:即二程中的程颐。程颐(1033—1107),教育家。字正叔,人称伊川先生,北宋洛阳人。③宗:尊奉。④啖氏助:即啖助(724—770),字叔佐,唐赵州(州治在今河北赵县)人,后迁居关中。唐代儒家学者,经学家。⑤襄二十五年:指鲁襄公二十五年,即公元前548年。⑥沮:同“阻”。阻止,终止。

春秋　夏四月癸亥[①],葬我小君[②]声姜(声,《公羊》作圣)。

左传　夏四月癸亥,葬声姜。有齐难,是以缓。

公羊传　圣姜者何?文公之母也。

解义　九月乃葬,慢也。不称僖姜[③],而别为之谥[④],非礼也。

注释　①癸亥:初四日。②小君:指诸侯的妻子。③僖姜:即鲁僖公夫人姜氏。④谥:谥号。

春秋　齐侯伐我西鄙。六月癸未,公及齐侯盟于谷[①](西当作北)。

左传　齐侯伐我北鄙,襄仲请盟。六月,盟于谷。

解义 郪丘[②]盟矣，齐犹以公不亲往复肆侵伐，胁公出盟，而公之昏庸，不能为国以礼，汲汲[③]请盟，乞免於伐。齐之无道极矣，鲁之不振甚矣。

注释 ①谷：谷地，在今山东平阳西南。②郪（qī）丘：古地名，春秋齐地。在今山东东阿县境。③汲汲：形容急切的样子，表示急于得到的意思。

春秋 诸侯会于扈。

左传 晋侯蒐于黄父[①]（黄父，杜注：一名黑壤，晋地），遂复合诸侯于扈，平宋也。公不与会，齐难故也。书曰“诸侯”，无功也（刺欲平宋而复不能）。于是，晋侯不见郑伯，以为贰于楚也。郑子家使执讯而与之书（执讯，通讯问之官），以告赵宣子，曰：“寡君即位三年（鲁文二年），召蔡侯而与之事君[②]。九月，蔡侯入于敝邑以行（行，朝晋也）。敝邑以侯宣多之难，寡君是以不得与蔡侯偕（宣多既立穆公，恃宠专权）。十一月，克减[③]侯宣多而随蔡侯以朝于执事（减，损也。难未尽而行，言汲汲于朝晋）。十二年[④]六月，归生佐寡君之嫡夷[⑤]（归生，子家名。夷，太子名，灵公也），以请陈侯于楚而朝诸君。十四年七月，寡君又朝，以蒇陈事[⑥]（蒇，敕也。敕成前好）。十五年五月，陈侯自敝邑往朝于君。往年正月，烛之武往朝夷[⑦]也（将夷往朝于晋）。八月，寡君又往朝。以陈、蔡之密迩[⑧]于楚而不敢贰焉，则敝邑之故也。虽敝邑之事君，何以不免？在位之中，一朝于襄（襄公），而再见于君。夷与孤之二三臣相及[⑨]于绛（绛，晋国都），虽我小国，则蔑以过之矣。今大国曰：‘尔未逞吾志。’敝邑有亡[⑩]，无以加焉。古人有言曰：‘畏首畏尾，身其余几[⑪]’（言首尾有畏，则身中不畏者少）。又曰：‘鹿死不择音。’（音，茠荫之处）小国之事大国也，德，则其人也；不德，则其鹿也，铤而走险，急何能择（铤，疾走貌）？命之罔极[⑫]，亦知亡矣[⑬]。将悉敝赋以待于鯈[⑭]（鯈，晋、郑之竟。言欲以兵距晋），唯执事命之。文公二年六月壬申,朝于齐(郑文二年,鲁庄之二十三年)。四年二月壬戌,为齐侵蔡,亦获成于楚。居大国之间而从于强令[15],岂其罪也。大国若弗图,无所逃命。"晋巩朔[16]行成于郑,赵穿、公婿池[17]为质焉。

解义　诸侯不序,所以削晋霸而著其党逆之罪也。昭公[18]虽无道,非宋人所得而弑,晋不能讨,又安定之,是废君臣之义,灭天理矣。然则何以不书,成宋乱如稷[19]之会乎?华督之弑,霸事未兴,故书,以责在会之诸侯。今晋主夏盟,而率诸侯以奖乱罪浮,会稷故削晋称诸侯事同辞异,罪有轻重故也。

注释　①晋侯:即晋灵公。蒐(sōu):指阅兵。黄父:晋地名,在今山西省翼城县东北部,与沁水县相接之乌岭。②召蔡侯而与之事君:当时蔡未服晋,郑穆公召蔡侯共同事奉晋君。③克减:灭绝。④十二年:指郑穆公十二年,即鲁文公十一年。⑤归生:郑子家名。夷:郑穆公太子名,即郑穆公的儿子郑灵公。⑥蒇(chǎn)陈事:完成陈国的事情。⑦朝夷:使夷朝见晋。朝,使动用法。⑧密迩:紧密连接。⑨孤:小国之君称为孤。相及:一个接着一个。⑩有亡:只有被灭亡掉。⑪畏首畏尾,身其余几:即畏头又畏尾,中间不畏者还能剩余多少。形容郑国瞻前顾后,顾虑重重,日子难过。⑫命之罔极:命令没有准则,即反复无常。⑬亦知亡矣:郑已知难免灭亡。⑭敝赋:敝国的军备。儵:地名,在晋、郑边境一带。⑮从:屈服。强令:强加的命令。⑯巩朔:晋大夫,又称巩伯、士庄伯。⑰公婿池:人名。⑱昭公:宋昭公。⑲稷:社稷,指国家。

春秋　秋,公[1]至自谷。

解义　商人不可与盟,书至,危[2]之,且见不与扈之会,以著[3]公失所从也。

注释　①公:鲁文公。②危:畏惧,恐惧。③著:显明,显出。

附录左传 秋,周甘歜[①]败戎于邥垂[②],乘其饮酒也(歜,周大夫。邥垂,杜注:周地,河南新郑县北有垂亭。今为河南洛阳县地。为成元年晋侯平戎于王传)。冬十月,郑大子夷、石楚为质于晋(石楚,郑大夫)。

春秋 冬,公子遂如齐。

左传 襄仲如齐,拜谷之盟。复曰:"臣闻齐人将食鲁之麦[③](言将伐鲁)。以臣观之,将不能[④]。齐君之语偷。臧文仲有言曰:'民主偷,必死[⑤]'。"

解义 自商人之篡[⑥],鲁连年被兵[⑦],上卿纳赂[⑧]请盟,又亲与盟,继又使卿往聘,而怒犹未怠[⑨]也。卑屈之不足以纾祸[⑩]也如是。

注释 ①甘歜(chù):周大夫,王子带之后。②邥(shěn)垂:周地名,在现今河南省洛阳市南部。③食鲁之麦:言即伐鲁。④将不能:大概不能这样作。⑤民主偷,必死:民之君主不循礼法,只图眼前实利,必定速死。⑥篡:弑君篡位。⑦被兵:遭受战祸。⑧纳赂:行贿。⑨怠:怠尽。⑩卑屈:卑躬屈膝。纾祸:解除祸患。如是:原来如此。

春秋 十有八年春王二月丁丑,公[①]薨于台下。

左传 十八年春,齐侯戒师期[②],而有疾(戒师,将以伐鲁),医曰:"不及秋,将死。"公[③]闻之,卜曰:"尚[④]无及期。"(欲令先师期死)惠伯令龟[⑤](以卜事告龟),卜楚丘占之曰:"齐侯不及期,非疾也。君亦不闻(言君先齐侯终)。令龟有咎[⑥]。"(言令龟者亦有凶兆,为惠伯死张本)二月丁丑,公薨。

穀梁传 台下,非正也。

春秋 秦伯罃[⑦]卒。

解义 秦自九年归禭[⑧],始与鲁通好,至是书卒,盖来赴而往吊其丧也。

注释　①公:即鲁文公。②戒师期:戒为发布命令。下达出兵伐鲁日期的命令。③公:即鲁文公。④尚:意希望。⑤令龟:即命龟。临卜之前,将所卜之事告龟,称命龟。命龟有一套说辞。⑥令龟有咎:命龟之惠伯亦有凶咎。为惠伯被杀张本。⑦秦伯罃:即秦康公(?—前609年),嬴姓,名罃。⑧襚(suì):赠送衣物。

春秋　夏五月戊戌,齐人弑其君商人。

左传　齐懿公[①]之为公子也,与邴歜[②]之父争田,弗胜。及即位,乃掘而刖[③]之(断其尸足),而使歜仆[④]。纳阎职之妻,而使职骖乘[⑤]。夏五月,公游于申池[⑥](申池,杜注:齐南城西门名申门,左右有池。在今山东临淄县西)。二人浴于池,歜以扑抶[⑦]职(扑,箠也。抶,击也。欲以相感激),职怒。歜曰:"人夺女妻而不怒,一抶女庸何伤[⑧]!"职曰:"与刖其父而弗能病[⑨]者何如?"乃谋弑懿公,纳诸竹中。归,舍爵而行[⑩](饮酒讫,乃去。言齐人恶懿公,二人无所畏)。齐人立公子元[⑪](桓公子惠公)。

解义　歜、职以仆御之贱,既毙[⑫]商人,舍爵而行,略不畏忌。则齐人固恶商人,而欲其毙也,故以弑君系之。然商人前书弑舍[⑬],今不从州吁[⑭]无知之例,以讨贼书者,盖罪齐人既以为君而又杀之也。

注释　①齐懿公:姜姓,吕氏,名商人,齐桓公之子。母亲为密姬。在位5年(前613年—前609年)。②邴歜(chù):齐臣。③掘而刖:掘其尸而断其足。④仆:驾车。⑤阎职:指齐臣。骖乘:指古时乘车在车右的人。⑥申池:齐都城外之池。⑦扑抶:用马鞭击打。扑,击马的竹鞭。抶,笞击。⑧庸何伤:有何损伤,有什么关系。⑨病:意即忧虑,怨忿。⑩舍爵而行:告奠于祖庙,然后逃走。⑪公子元:齐桓公子,少卫姬所生,避难于卫,故齐人迎于卫而立元,是为惠公。⑫毙:杀死。⑬舍:即齐后废公,姜姓,吕氏,名舍,齐昭公之子。昭公二十年(前613年)在位,仅五个月,昭公之弟吕商人于十月弑吕舍自立,是为齐懿公。⑭州吁:春秋时期卫国人,卫庄公之子、卫桓公异母弟,前719年弑兄即位(在位不足一年),系卫国十二世,第十三位国君。为春秋时期第一位弑君篡位成功的公子。

春秋 六月癸酉,葬我君文公[①]。

左传 六月,葬文公。

春秋 秋,公子遂、叔孙得臣如齐。

左传 秋,襄仲、庄叔如齐,惠公立故,且拜葬也(襄仲贺惠公立,庄叔谢齐来会葬)。文公二妃敬嬴生宣公。敬嬴嬖而私事[②]襄仲。宣公长而属[③]诸襄仲,襄仲欲立之,叔仲不可(叔仲,惠伯)。仲见于齐侯而请之。齐侯新立而欲亲鲁,许之。

穀梁传 使,举上客而不称介,不正其同伦而相介,故列而数之也(上客,聘主也。礼:大夫为卿介。遂与得臣俱为卿,是以同伦为副使,故两言之,明无差降)。

解义 使举上客,常也,其变文书介,副者欲以起问者见事情也。子赤之弑[④],《经》以卒书,其实尚隐,故上书大夫,并使下书夫人归于齐,中曰子卒,则见邪谋发於奉使之日,而公子遂弑立之罪著矣。

注释 ①文公:指鲁文公。②私事:意即暗中勾结。③属:嘱托。④子赤之弑:指鲁文公死后,庄公子遂(襄仲)为了继续掌权,不顾其他大臣的反对,以齐国为后盾,杀了鲁文公嫡子恶、视,而立庶子倭(鲁宣公),废嫡立庶。

春秋 冬十月,子卒。

左传 冬十月,仲杀恶及视[①]而立宣公(恶,大子。视,其母弟)。书曰"子卒",讳之也。仲以君命[②]召惠伯(诈以子恶命)。其宰公冉务人[③]止之,曰:"入必死。"叔仲曰:"死君命可也。"公冉务人曰："若君命可死,非君命何听?"弗听,乃入,杀而埋之马矢[④]之中。公冉务人奉其帑以奔蔡,既而复叔仲氏[⑤](不绝其后)。

公羊传　子卒者孰谓?谓子赤也。何以不日?隐之也。何隐尔?弑也。弑则何以不日?不忍言也。

穀梁传　子卒不日,故也(故,杀也)。

解义　称子卒,成之为在丧之君也。凡君在丧,称子继世不忍当也,既葬不名,终人子之事也。不书弑,不忍斥,言卒而不日,则不以正终明矣!何以知其贼乎?上书大夫,并使下书子卒,则知罪之在公子遂矣。叔仲彭生[⑥]死之不书者,盖史官畏遂[⑦]不敢书。夫子[⑧]作《春秋》当哀公[⑨]时,而宣公[⑩]乃时君之祖,故仍旧史为国讳,恶不敢增也,或谓死非君命不得以死节书,则人臣扞?君於患难之际,必待命而往亦已晚矣。

注释　①恶、视:指鲁文公二子,其母为出姜,齐女。②仲:即襄仲。君命:文公去世,太子恶当立,此"君"应指太子恶。③宰:春秋时卿大夫的家臣之长叫作宰。公冉务人:即人名,复姓公冉,名务人。惠伯的家臣之长。④马矢:指马粪。矢通"屎"。⑤复叔仲氏:复立其子,其子即叔仲氏。⑥叔仲彭生(?—公元前608年),又作叔彭生,姬姓,叔仲氏,谥惠,史称叔仲惠伯,鲁国公族,是鲁桓公庶子公子叔牙之孙,武仲休之子,叔孙得臣(叔孙庄叔)的兄长。鲁文公时,彭生和鲁庄公的庶子东门遂执政,叔孙得臣掌握兵权。⑦遂:即公子遂。⑧夫子:指孔子。⑨哀公:指鲁哀公。⑩宣公:指鲁宣公。⑪扞:同"捍",保卫。

春秋　夫人姜氏归于齐。

左传　夫人姜氏归于齐(恶、视之母出姜也),大归[①]也。将行,哭而过市曰:"天乎,仲为不道,杀嫡立庶。"市人皆哭,鲁人谓之哀姜(终出姜,不允于鲁传)。

穀梁传　恶宣公也,有不待贬绝而罪恶见者,有待贬绝而恶从之者（直书姜氏之归，则宣公罪恶不贬而自见）。侄娣[2]者，不孤子之意也（言其中一人有子则当共养），一人有子，三人缓带（缓带，优游之称）。一曰就贤也（若并有子，则就其贤。宣公以庶篡立，非贤之谓，故恶之）。

解义 文公葬，子卒，而夫人出，则知嗣子之殁於弑，而不容於鲁也。齐人弑舍而归叔姬於鲁，鲁人弑赤而归出姜於齐，人纪[3]绝矣。内夫人以罪出曰孙[4]，无罪而出曰归。

注释 ①大归：古时妇女既嫁之后，回娘家省亲称为归宁，归而不返叫大归。而姜氏夫死子亡，不得不大归。②侄娣：古代诸侯贵族之女出嫁，以侄女和妹妹从嫁为媵妾者。③人纪：人之纲纪，指立身处世的道德规范。④孙：同"逊。

春秋 季孙行父[1]如齐。

解义 行父与谋弑赤故，出姜方归，行父亟[2]往，盖赤[3]实齐甥，恐夫人诉而齐来讨，於是议纳赂请盟之事，行父之罪固不待贬，而鲁之臣子皆不可胜诛[4]矣！

注释 ①季孙行父：即季文子（？—前568年）。春秋时期鲁国的正卿，前601年—前568年执政。姬姓，季氏，谥文，史称"季文子"。②亟：急切。③赤：指鲁文公嫡子恶、视。④不可胜诛：指处死犹不足抵偿。

春秋 莒弑其君庶其[1]。

左传 莒纪公生大子仆，又生季佗（纪，号也。莒夷无谥，故有别号），爱季佗而黜仆，且多行无礼于国。仆因国人以弑纪公，以其宝玉来奔，纳诸宣公。公命与之邑，曰："今日必授。"季文子使司寇出诸竟[2]，曰："今日必达[3]。"公问其故。季文子使大史克对曰："先大夫臧文仲教行父[4]事君之礼，行父奉以周旋[5]，弗敢失队[6]。曰：'见有礼于其君者，事之如孝子之养父母也。见无礼于其君者，诛之如鹰鹯之逐鸟雀也。'先君周公制《周礼》

曰:‘则以观德,德以处事⑦,事以度功⑧,功以食民⑨。’(则,法也。合法则为吉德。违法则为凶德。处,制也。度,量也。食,养也)作《誓命》曰:‘毁则为贼⑩(誓命,要信之辞。毁则,坏法也),掩贼为藏(掩,匿也),窃贿⑪为盗,盗器⑫为奸(器,国用也)。主藏之名⑬(以掩贼为名),赖奸之用⑭(用奸器也),为大凶德,有常⑮无赦(刑有常),在《九刑》不忘。’(誓命以下,皆《九刑》之书)行父还观⑯莒仆,莫可则⑰也(还,犹周旋)。孝敬忠信为吉德,盗贼藏奸为凶德。夫莒仆,则其孝敬,则弑君父矣;则其忠信,则窃宝玉矣。其人,则盗贼也;其器,则奸兆⑱也(兆,域也),保而利之,则主藏也。以训则昏⑲,民无则焉。不度于善,而皆在于凶德,是以去之。

注释　①庶其:即莒纪公,莒国的国君,名庶其。②出诸竟:逐出国境。竟同境。③达:彻底执行。④行父:指季孙行父,即季文子。⑤周旋:应酬。⑥失队:失落。队通“坠”。⑦则以观德:以礼则观察人之德行。合则为吉德,不合则为凶德。德以处事:有了好的德行,则能处治好事务。⑧事以度功:根据事之成败得失而评定其功效之有无和大小。⑨功以食民:办事有功而得到封邑,而食于民。⑩毁则为贼:毁坏礼法则为贼。⑪窃贿:即盗窃财物。⑫盗器:指偷盗宝器。器,宝物。⑬主藏之名:因窝赃有名。⑭赖奸之用:以奸人的宝器为利。⑮常:常刑,常法。⑯还观:遍观,细察。⑰则:取法,效法。⑱奸兆:盗窃的赃物。兆即佻,偷、窃取。⑲训:教育百姓。昏:迷乱。

昔高阳氏有才子八人(高阳,帝颛顼之号。八人,其苗裔),苍舒、隤敳、梼戭、大临、龙降、庭坚、仲容、叔达(此即垂、益、禹、皋陶之伦),齐圣广渊①,明允笃诚②,天下之民谓之八恺③(齐,中也。渊,深也。允,信也。笃,厚也。恺,和也)。高辛氏有才子八人(高辛,帝喾之号,八人,亦其苗裔),伯奋、仲堪、叔献、季仲、伯虎、仲熊、叔豹、季狸(此即稷、契、朱虎、熊罴之伦),忠肃共懿④,宣慈惠和⑤,天下之民谓之八元[6](肃,敬也。懿,美也。宣,徧也。元,善也)。此十六族也,世济其美[7],不陨其名,以至于尧,尧不能举。舜臣尧,举八恺,使主后土(禹作司空,即主地之官),以揆百事,莫不时序,地平天成(揆,度也。成,亦平也)。举八元,使布五教[8]于四方(契作司徒,敷五教,故知契在八元之中),父义、母慈、兄友、弟共、子孝,内平外成[9](内中夏,外远国)。昔帝鸿氏有不才子(帝鸿,黄帝),掩义隐贼,好行凶德,丑类恶物[10],顽嚚不友[11],是与比周(丑,亦恶也。心不则德义之经为顽,口不道忠信之言为嚚。比,近也。周,密也),天下之民谓之浑敦(浑敦,不开通之貌。谓驩兜)。少皞氏有不才子(少皞,金天氏之号,次黄帝),毁信废忠,崇饰恶言,靖谮庸回[12],服谗蒐慝[13],以诬盛德(崇,聚也。靖,安也。庸,用也。回,邪也。服,行也。蒐,隐也。慝,恶也),天下之民谓之穷奇[14](其行穷,其好奇。谓共工)。颛顼氏有不才子,不可教训,不知话言(话善也),告之则顽[15],舍之则嚚[16],傲很[17]明德,以乱天常,天下之民谓之梼杌[18](梼杌,顽凶无俦匹之貌,谓鲧)。此三族也,世济其凶,增其恶名,以至于尧,尧不能去。缙云氏[19]有不才子(缙云,黄帝时(原文为"氏",有误)官名),贪于饮食,冒于货贿(冒,亦贪也),侵欲崇侈[20],不可盈厌[21],聚敛积实[22],不知纪极[23],不分孤寡[24],不恤穷匮,天下之民以比三凶[25](非帝王子孙,故别以比三凶),谓之饕餮[26](贪财为饕,贪食为餮)。舜臣尧(为尧臣),宾于四门[27](辟四门,以宾礼众贤),流四凶族浑敦、穷奇、梼杌、饕餮,投诸四裔[28],以御螭魅[29](投,弃也。裔,远也。螭魅,山林异气所生,为人害者)。是以尧崩而天下如一,同心戴舜以为天子,以其举十六相[30],去四凶也。故《虞书》数[31]舜之功,曰'慎徽五典[32],五典克从',无违教也(徽,美也。此八元之功)。曰'纳于百揆,百揆时序',无废事也(此八恺之功)。曰'宾于四门,四门穆穆[33]',无凶人也(去四凶之功)。舜有大功二十[34]而为天子(举十六相,去四凶也),今行父虽未获一吉人,去一凶矣,于舜之功,二十之一也,庶几免于戾[35]乎!"

公羊传　称国以弑何?称国以弑者,众弑君之辞。

解义　纪公多行无礼,称国以弑,众所欲弑也。《左氏》言大子仆因国人以弑,是以子弑父。《春秋》何为没而不书,且仆既以众弑,则宜自立矣,又何以来奔?故吴氏澄[36]谓仆因国人以弑纪公,以当作之。卓氏尔康[37]又谓"以已"二字古人通用,盖纪公已见弑,故仆惧祸及,而来奔也。若据《传》,则《经》不书仆弑,义无所处,故并录焉。

附录左传　宋武氏之族(宋武公之子孙)道昭公子,将奉司城须[38]以作乱(文公弑昭公,故武族欲导其子以作乱。司城须,文公弟)。十二月,宋公杀母弟须及昭公子,使戴、庄、桓之族攻武氏于司马子伯[39]之馆(戴族,华乐也。庄族,公孙师也。桓族,向、鱼鳞荡也。司马子伯,华耦也)。遂出武、穆之族(以穆族党於武氏故),使公孙师为司城(公孙师,庄公之孙,代母弟须),公子朝卒,使乐吕为司寇,以靖[40]国人(乐吕,戴公之曾孙,为宣三年宋师围曹传)。

注释　①齐圣广渊:齐,指行为中正;圣,指世事通达;广,指度量宽宏;渊,指谋略深远。②明允笃诚:明,指明察事务;允,指守信不二;笃,指笃厚善良;诚,指诚实纯正。③恺:和乐。④忠肃共懿:忠,指忠人奉上;肃,指恭敬严肃;共,指勤谨治事;懿,指行为端美。⑤宣慈惠和:宣,指知思周密;慈,指心地慈爱;惠,指怜贫恤穷;和,指宽和大方。⑥元:善。⑦世济其美:后世继承其美德。⑧布五教:宣扬传布五教以化育万民。五教,指父义、母慈、兄友、弟恭、子孝。⑨内平外成:指内外都平静和顺。⑩丑类恶物:即以恶物为同类。丑类为同义词,作动词用。⑪顽嚚(yín)不友:即愚顽奸诈的恶人。⑫靖谮:安于谗谮。庸回:指庸违,听信奸邪。⑬服谗:造谣中伤。蒐慝:掩盖罪恶。⑭穷奇:歪门邪道。又说即共工。⑮顽:冥顽不化。⑯嚚:意思是顽固愚蠢。⑰傲很：意即无视。⑱梼杌（táowù）：凶顽无比。⑲缙云氏：姜姓，炎帝的后裔。黄帝时，在缙云为官。⑳侵欲崇侈：沉浸于贪欲而崇尚奢侈。㉑盈厌：满足。㉒聚敛积实：收刮财货谷物。㉓纪极：限度，极限。㉔不分孤寡：不分财物给孤寡无助之人。㉕三凶：即浑敦、穷奇、杌梼。㉖饕餮（tāotiè）：传说中一种贪吃的恶兽，这里比喻为贪婪凶恶的人。㉗宾于四门：开放四方之门以宾礼众贤士。㉘四裔：指四方边远的地方。㉙螭魅：古人幻想中专门害人的怪物。㉚十六相：指八恺、八元，舜举用他们，相助自己治理天下。㉛数：列举。㉜徽：美好。五典：即五教，指父义、母慈、兄友、弟恭、子孝。㉝四门穆穆：指来自四方的宾客都敬穆而有美德。㉞大功二十：指举拔十六相及去四凶。㉟庶几免于戾：差不多可以免除罪过吧。㊱吴氏澄：即吴澄，中国元代哲学家。字幼清，学者称草庐先生，抚州崇仁（今江西崇仁县）人。15岁时，厌科举，用心儒学。19岁作《道统》篇，以继承朱熹之后的道统自命。以后校定五经，授徒讲学，究心于理学，被称为“经学之师”。㊲卓氏尔康：即卓尔康（1570—1644）字去病，号农山。浙江仁和（今属杭州）人。万历四十年（1612年）举人，官至工部屯田司郎中，谪常州府检校，后终于两淮盐运通判。著《易学》五十卷。㊳司城须：指文公同母弟。㊴司马子伯：即华耦。㊵靖：安定。

卷二十七

宣公(元年之四年)

宣公:公名倭,一名接,又作委。文公子,母敬嬴。《谥法》:"善问周达曰宣。"

周:匡王五年,鲁宣公二年,匡王崩,弟定王立。

郑:穆公二十年,鲁宣公三年,穆公卒,灵公夷立。宣四年,灵公弑,弟襄公坚立。

齐:惠公元年,鲁宣公十年,惠公卒,子顷公无野立。

宋:详见文公三年。

晋:灵公继霸十三年,赵盾为政。鲁宣公二年,灵公弑,成公黑臀立。宣八年,郤缺为政。宣九年,成公卒,子景公獳立。宣十一年,荀林父为政。宣十六年,士会为政。宣十七年,郤克为政。

卫:成公二十七年,鲁宣公九年,成公卒,子穆公速立。

蔡:文公四年,鲁宣公十七年,文公卒,子景公固立。

曹:文公十年,鲁宣公十四年,文公卒,子宣公庐立。

陈:灵公六年,鲁宣公十年,灵公弑,子成公午立。

杞:桓公二十九年。

薛:详见僖公元年。

莒:季佗元年。

邾:定公六年。

许:昭公十四年,鲁宣公十七年,昭公卒,灵公立。

小邾:详见僖公元年。

楚:庄王六年,鲁宣公十一年,盟辰陵讨陈,春秋始子楚庄王以霸。宣十一年,楚孙叔敖为令尹。宣十二年,败晋于邲。宣十八年,庄王卒,子共王立。

秦:共公元年,鲁宣公四年,共公卒,桓公立。

吴:详见隐公元年及成公元年。

越:详见隐公元年。

宣公(名倭,一名接,又作委。文公之子,母敬嬴,以匡王五年即位。《谥法》:善问周达曰宣)。

春秋 元年,春,王正月,公即位。

公羊传 继弑君不言即位,此其言即位何?其意①也。

穀梁传 继故而言即位,与闻②乎故也。

解义 宣公为弑君者所立,受③之而不讨贼,则是与闻乎弑也。故如④其意而书即位,以著其罪。

注释 ①意:心愿,愿望。②与闻:意指参与并知道内情。③受:接受。④如:如愿。

春秋 公子遂如齐逆女①。

左传 元年春,王正月,公子遂如齐逆女,尊君命也(诸侯之卿,出入称名氏,所以尊君命也)。

解义 宣公斩焉在疚②,乃遣同恶之大夫如齐逆女。《经》书之,以著敬嬴、仲遂③请齐立接之本谋,又以见齐元④无道党乱臣而使弑其君也,阴谋篡弑而急于昏⑤齐以定其位,此恶之大者。至於卿逆之非礼,则亦不待贬绝⑥而见矣。

注释 ①逆女:迎娶女子。②斩焉:因丧哀痛貌。在疚:指在忧病之中。③敬嬴:鲁宣公之母。仲遂:鲁庄公之子东门襄仲。④元:齐惠公姜元。⑤昏:同"婚"。⑥贬绝:指贬抑至极点。

春秋 三月,遂以夫人妇姜①至自齐。

左传 三月,遂以夫人妇姜至自齐,尊夫人也(遂不言公子,替其尊称,所以成小君之尊也)。

公羊传 遂何以不称公子?一事而再见者,卒②名也(卒,竟也。竟但举名者,省文)。夫人何以不称姜氏?贬。曷为贬?讥丧娶也。丧娶者公也,则曷为贬夫人?内无贬於公之道也(明下无贬上之义)。内无贬于公之道则曷为贬夫人?夫人与公一体也。其称妇何?有姑之辞也。

穀梁传　其不言氏,丧未毕,故略之也。其曰妇,缘姑言之之辞也。遂之挈,由上致之也(挈者,谓去氏族而直书名。上,谓宣公)。

解义　夫人不氏,与有罪也。古者一礼不备,贞女不行[3],夫人不能以礼自固而苟从焉,非正矣。称妇者,盖有姑则以妇礼至,无姑则专以夫人礼至,出姜既绝而归齐,而曰妇姜,著敬嬴之速以姑自居也。

注释　①妇姜:公子遂去齐为宣公迎娶夫人。妇是对姑而言。因宣公之母尚在,故称其妻曰妇姜,姜为齐女辈之姓。②卒:终究。③贞女:贞洁的妇女。

春秋　夏,季孙行父[1]如齐。

左传　夏,季文子如齐,纳赂[2]以请会(宣公篡立,未列于会,故以赂请之)。

解义　据《左氏》纳赂以请会也。下书公会齐侯于平州,则知此会乃行父请之矣;又书齐人取济西田,则知请以赂矣。仲遂弑君,宣公篡立,行父不能讨,反为之使齐而纳赂焉,鲁人乃以为贤,观《春秋》所书,则其恶不可掩矣。

注释　①季孙行父(?—前568)春秋时鲁国正卿。鲁桓公之后,季友子。事宣、成、襄三公,为正卿。谥曰文子。史称"季文子"。②纳赂:贿赂。

春秋　晋放[1]其大夫胥甲父[2]于卫。

左传　晋人讨[3]不用命者,放胥甲父于卫(胥甲,下军佐,文十二年战河曲,不肯薄秦于阴),而立胥克[4](克,甲之子)。先辛[5]奔齐

（先辛，甲之属大夫）。

公羊传 放之者何？犹曰无去是云尔（羁置之，不令去其地）。然则何言尔？近正也。此其为近正奈何？古者大夫已去，三年待放（三年者，古者疑狱三年而后断。自嫌有罪当诛，故三年不敢去）。君放之非也，大夫待放正也（河曲之战距今八年，晋始放胥甲父，所谓待而后放者，故曰近正）。古者臣有大丧，则君三年不呼其门。已练可以弁冕[6]（弁，皮弁、爵弁也。加旒曰冕），服金革[7]之事。君使之非也，臣行之礼也（此与君放之非，臣待君放正同，故引同类相发明）。闵子要绖而服事[8]。既而曰："若此乎古之道，不即人心（既，事毕。言古者，不敢斥言君。即，近也）。"退而致仕。孔子盖善之也（善其服事，外得事君之义；致仕，内不失亲亲之恩）。

穀梁传 放犹屏[9]也。称国以放，放无罪也。

解义 称国以放，君与当国大夫主之也。河曲之战挠臾骈之谋[10]，而以偏师独出者赵穿也[11]，若讨不用命则穿当为首，专治军门之呼[12]则穿与胥甲父同罪可也。赵盾[13]当国乃庇穿，而蔽罪於甲父，晋侯[14]於是为失政，而桃园之逆[15]志固萌於此矣！

注释 ①放：放逐也。②胥甲父：又作胥甲，曾为晋下军佐。③讨：处治，惩罚。④胥克：胥甲父之子。⑤先辛：胥甲父的下属。⑥弁、冕：指古代男子冠名，吉礼之服用冕，通常礼服用弁。因以'弁冕'指礼帽。⑦金革：指军事。⑧闵子：名损，字子骞，春秋鲁国武棠邑（今山东省鱼台县大闵村）人。生于公元前536年，卒于公元前487年，系孔子著名弟子之一。要绖：缚在腰间的麻带。古丧礼服制之一。⑨屏：屏弃。⑩河曲之战：周顷王四年（公元前615年），在晋秦争霸战争中，晋、秦两军在河曲（今山西芮城西风陵渡黄河转弯地区）的作战。挠：扰乱，阻止。臾骈：春秋时晋国大夫。⑪赵穿（？—前607年）：嬴姓，邯郸氏，名穿。春秋中期晋国大夫，赵氏旁支。赵盾堂弟（一说堂侄）。

晋襄公之女婿,养尊处优,骄奢蛮横的驸马爷,曾封于邯郸,称邯郸君。⑫军门之呼:事见鲁文公十二年冬秦晋河曲之战。⑬赵盾(?—前601年):嬴姓,赵氏,名盾,谥号宣,时人尊称其赵孟,史料中多称之赵宣子、宣孟,春秋中前期晋国卿大夫,赵衰之子,杰出的政治家、战略指挥家。晋文公之后,晋国出现的第一位权臣,集军政大权于一身,担任执政,号称正卿。⑭晋侯:指晋灵公。名夷皋,晋襄公之子,文公之孙,晋国第二十六君,在位14年(前620年—前607年),是中国历史上有名的暴君,被臣下所杀。⑮桃园之逆:指鲁宣公二年,晋灵公十四年,即公元前607年9月26日,赵穿在桃园杀掉晋灵公的事件。

春秋　公会齐侯于平州[①](平州,杜注:齐地,在泰山牟县西。今山东莱芜县西有平州城)。

左传　会于平州,以定公位。

解义　春秋之世,篡立者已列於诸侯,则不复致讨,故季孙行父如齐请会,而齐侯为会以定之。夫以齐之强,与鲁为邻,其力足以正鲁,而始徇[②]仲遂之谋,继为平州之会,非特贪赂失其本心,抑[③]以乘乱得国,与鲁宣之迹[④]相类,故同恶相济耳[⑤]。然欲定其位者鲁宣也,宜称及齐而曰会者,乃治乱臣贼子必先究其党与[⑥]之义。

注释　①公:鲁宣公。齐侯:指齐惠公,姜姓,吕氏,名元,齐桓公之子公子元,在位十年(前608—前599年)。平州:在今山东莱芜县西。②徇:顺从。③抑:文言连词,指抑或,相当于或是、还是。④迹:行迹。⑤同恶相济:同恶,共同作恶的人;济,助。坏人互相勾结,共同作恶。⑥党与:指同党之人。党,朋党,由私人利害关系结成的团体。

春秋　公子遂如齐。

左传　东门襄仲如齐拜成[①]。

解义 遂与行父既再见於《经》矣，如齐拜成削之可也，而必书者，以著遂为首恶也。总其始终，直书於策[2]，而义自见矣。

注释 ①拜成：指感谢齐国拥立鲁宣公，并让宣公参加诸侯会盟。②策：简策。古代称连编好的竹简。

春秋 六月，齐人取济西田（济西，杜注：故曹地。僖公三十一年晋文以分鲁）。

左传 六月，齐人取济西之田，为立公故，以赂齐也。

公羊传 外取邑不书，此何以书？所以赂齐也。曷为赂齐？为弑子赤之赂也[1]。

穀梁传 内不言取。言取，授之也，以是为赂齐也。

解义 济西之田，鲁所以赂齐，而《经》书齐人取之者，蔽[2]其罪於齐也。篡弑之恶，苟[3]有人心者所同恶也。商人[4]弑立，齐惠公恶之，终不曰"公"，曰"夫已氏"[5]。何独至於鲁接而不恶，且助其邪谋，而终定其位耶，溺[6]於济田之赂耳。许田入郑，而桓[7]篡成；郜鼎入鲁，而督罪释[8]；济西入齐，而宣位定。见诸行事，可谓深切著明矣。

注释 ①弑子赤之赂：子赤乃齐国外孙，鲁宣公篡位，弑之，其恐为齐所诛，于是赂齐。②蔽：掩蔽。③苟：如果，假使。④商人：即齐懿公，姜姓，吕氏，名商人，齐桓公之子。在位5年（前613—前609年）。⑤"夫已氏"：系古时对特定人物的称谓。犹言某甲。⑥溺：沉湎。⑦桓：许桓公，名郑，为春秋诸侯国许国第12任君主，在位期间约为前712年—前698年。⑧郜鼎：春秋郜国造的宗庙祭器，以为国宝。后被宋国取去。宋又将此鼎贿赂鲁桓公，桓公献于太庙。亦称"郜大鼎"。督：即华父督（？—前682年），又称华督，春秋时期宋国太宰，宋戴公之孙，好父说之子。前710年，华督杀死孔父嘉和宋殇公，结束他们支持的与郑国的战争，立流亡郑国的公子冯为君，就是宋庄公。

春秋　秋,郲子[①]来朝。

解义　郲自僖、文之世常与鲁抗[②],今宣篡立,而反朝之,盖畏齐、鲁之交合也。何以无贬乎?既於朝桓贬矣,《公羊》曰:其馀从同。

注释　①郲子:指郲国国君郲定公,名曹貜(jué)且,在位42年(前614—前573年)。郲国是子爵国,史称郲子国,春秋时期著名方国之一,是鲁国的一个附属国。②僖、文:指鲁僖公、鲁文公。抗:对抗。

春秋　楚子[①]、郑人侵陈,遂侵宋。

左传　宋人之弑昭公也[②](在文十六年),晋荀林父[③]以诸侯之师伐宋(在文十七年),宋及晋平,宋文公受盟于晋。又会诸侯于扈,将为鲁讨齐(二扈盟在文十五年十七年),皆取赂而还。郑穆公曰:"晋不足与也。"遂受盟于楚。陈共公之卒(在文十二年),楚人不礼焉。陈灵公受盟于晋(十四年新城,十五年十七年两盟扈)。秋,楚子侵陈,遂侵宋。

穀梁传　遂,继事也。

解义　郑本以晋人失贼不讨,弃晋即楚,使能以楚师讨宋,问昭公之故,使宋以鲍[④]为戮,而改立君,则大义伸於天下矣。今乃侵陈以及宋,则附楚以亟病中国耳[⑤]。宋者,中国之枢纽也,楚服陈、郑,而宋不屈,则不能与晋争霸。书遂侵宋,著其志不在陈也,犹齐桓之书遂伐楚,著其志不在蔡也。

注释　①楚子:指楚庄王。②昭公:即宋昭公,本名子杵臼,宋成公之子。在位9年(前619年—前611年)。③荀林父(?—前593年),姬姓,中行氏,名林父。春秋中期晋国正卿,中军元帅,名将。④鲍:即宋文公,春秋时宋国第二十三任君主,在位22年(前610年—前589年),本名子鲍,又名公子鲍。宋昭公之庶弟。⑤亟病:即严重地危害。中国:中原。

春秋 晋赵盾帅师救陈。

左传 晋赵盾帅师救陈、宋。

穀梁传 善救陈也。

解义 楚、郑连兵凭陵上国[①]，陈先代之后无罪被侵，晋能同恶相恤，故褒而书救。《传》言师救陈、宋，而《经》不书宋者，宋人负弑君之罪，晋受赂不讨，今虽救宋，义不足称，若概[②]书陈、宋，则典刑紊矣[③]。

注释 ①凭凌：侵犯；欺侮。上国：春秋时称中原各诸侯国为上国，与吴、楚诸国相对而言。②概：概括，一概。③典刑：常刑。紊：乱，紊乱。

春秋 宋公、陈侯、卫侯、曹伯会晋师于棐林[①]，伐郑（棐，《公羊》作斐。棐林，杜注：郑地，荥阳宛陵县东南有林乡，今林乡城在河南新郑县东）。

左传 会于棐林，以伐郑也。楚蔿贾[②]救郑，遇于北林[③]（与晋师相遇。北林，杜注：郑地，荥阳中牟县西南有林亭，今属河南开封府）。囚晋解扬[④]（解扬，晋大夫），晋人乃还。

公羊传 此晋赵盾之师也。曷为不言赵盾之师？君不会大夫之辞也（时诸侯为赵盾所会，不与其以卑致尊，故正之）。

穀梁传 列数诸侯而会晋赵盾，大赵盾之事也（大其攘楚）。其曰师何也？以其大之也（师者，众大之辞）。于棐林，地而后伐郑，疑辞也。此其地何？则著其美也（言似伐郑有疑，须会乃定又决之曰非也。欲明赵盾之功，故详录其会地尔）。

解义 上书晋赵盾帅师救陈，此书会晋师，文相蒙[⑤]也。胡氏[⑥]谓使列数诸侯而会晋赵盾，则臣疑於君而不可训，此本《公羊》君不会大夫之说。考之於《经》似不尽协文十四年盟新城，以晋赵盾列数於诸侯之下，未尝以臣疑於君为嫌也，至地而后伐，乃会师伐国之事实。《春秋》举大纲，示邪正，岂为聚谋与不聚谋而异义乎？故《穀梁》以棐林为疑辞，此为著美亦非也。

注释　①棐林：地名，在今河南省新郑县附近。②蔿贾(？—前605)：芈(mǐ)姓，蔿氏，名贾，字伯嬴。春秋时楚国司马。③北林：郑地，在今河南省郑州市境内。④解扬：晋大夫，字子虎。⑤蒙：隐瞒。⑥胡氏：即胡安国(1074—1138)，南宋时期的著名经学家和湖湘学派的创始人之一。字康侯，号青山，学者称武夷先生，后世称胡文定公。

春秋　冬，晋赵穿帅师侵崇(崇，《公羊》作柳。地谱商有崇国，侵书赵穿而后凡役皆书大夫)。

左传　晋欲求成于秦，赵穿曰："我侵崇，秦急崇，必救之(崇，秦之与国)。吾以求成焉。"冬，赵穿侵崇，秦弗与成。

公羊传　柳者何？天子之邑也。曷为不系乎周？不与伐天子也。

解义　崇，秦与国，晋欲求成于秦，反侵其所与，益其怒而重其怨，谋不若是拙也[①]。盖赵穿已逆心，欲得兵柄而托伐国以用其众，盾为正卿必主是谋，桃园之变盾之与闻乎故也审[②]矣。

注释　①若是：如此，像这样。拙：笨拙。②审：确实、确定。

春秋　晋人、宋人伐郑。

左传　晋人伐郑，以报北林之役。于是，晋侯侈[①]，赵宣子[②]为政，骤谏[③]而不入，故不竞[④]于楚(为明年郑伐宋张本)。

穀梁传　伐郑所以救宋也(时，楚、郑侵宋)。

解义　宋怨郑与楚之侵，复请伐郑，晋以前救无功，遂与连兵。夫惟德与礼可以服人，宋人弑君，晋受赂不讨，反为之兴师以修怨，宜[⑤]郑之终不服也。

注释　①晋侯：晋灵公。侈：奢侈无度。②宣子：赵盾。③骤谏：屡次进谏。④不竞：指竞争失利，不胜。⑤宜：当然，无怪。

春秋　二年春王二月壬子，宋华元[①]帅师及郑公子归生帅师，战于大棘[②]，宋师败绩，获宋华元（战皆书大夫帅师，自此始。大棘，杜注：宋地，在陈留襄邑县南，今河南睢州西有棘城）。

左传 二年春，郑公子归生受命于楚，伐宋。宋华元、乐吕[③]御之。二月壬子，战于大棘，宋师败绩，囚华元，获乐吕，及甲车四百六十乘，俘二百五十人，馘[④]百人。狂狡辂[⑤]郑人（狂狡，宋大夫。辂，迎也），郑人入于井，倒戟[⑥]而出之，获狂狡（因倒戟，反为郑人所禽）。君子曰："失礼违命，宜其为禽也。戎，昭果毅以听之之谓礼（昭，谓明晓军法，务在杀敌。听，谓常存于耳，著于心），杀敌为果，致果为毅。易之，戮也[⑦]（致，谓必行也。易，反易）。"将战，华元杀羊食士，其御羊斟不与[⑧]。及战，曰："畴昔之羊，子为政[⑨]（畴昔，前日也。为政，犹言为主），今日之事，我为政。"与入郑师，故败。君子谓："羊斟非人也，以其私憾，败国殄民[⑩]。于是刑孰大焉。《诗》所谓'人之无良'者（《诗》，《小雅》），其羊斟之谓乎，残民以逞。"宋人以兵车百乘、文马百驷[⑪]（画马为文四百匹）以赎华元于郑。半入，华元逃归，立于门外，告而入（告宋城门而后入言不苟）。见叔牂[⑫]，曰："子之马然也[⑬]（叔牂，羊斟也。华元见而慰之）。"对曰："非马也，其人也[⑭]（叔牂知前言已显，故不敢让罪）。"既合[⑮]而来奔（合，犹答也）。宋城[⑯]，华元为植[⑰]，巡功[⑱]（植，将主也）。城者讴曰："睅[⑲]其目，皤[⑳]其腹，弃甲而复[㉑]。于思于思[㉒]，弃甲复来（睅，出目。皤，大腹。于思，多鬓之貌）。"使其骖乘谓之曰："牛则有皮，犀兕[㉓]尚多，弃甲则那[㉔]（那，何也）？"役人曰："从其有皮，丹漆若何？"华元曰："去之，夫其口众我寡（传言华元不吝其过，宽而容众）。"

穀梁传 获者，不与之辞也（华元得众甚贤，故不与郑获之）。言尽其众以救其将也。以三军敌华元，华元虽获，不病矣[㉕]（将帅见获，师败可知，不当复书师败绩。此两书之者，明宋师惧华元见获，皆竭力以救之。得众如是，虽师败身获，适彰其美，不病其贤也）。

解义　《春秋》常例,受伐者为主,故书宋及通。《经》书战三十四,惟此年战于大棘,及晋赵鞅、郑罕达战于铁[26],两国并书帅师,其众敌也;书获者七,惟华元及齐国书,兼书师败绩,身见获而师又败也。大夫生死皆曰获,郑获华元,生也;吴获陈夏啮[27]、获齐国书,死也。盖存之、杀之,皆在既获之后,故书法如此。

注释　①华元:时为宋右师,当政。②大棘:宋地名,在今河南省睢县南。③乐吕:时为宋司寇。④馘(guó):古代作战,杀死敌人,割下其左耳,用以记功,称馘。⑤狂狡:宋大夫。辂:迎战之意。⑥倒戟:即狂狡将戟柄授予人。⑦易之,戮也:与此相反,则受处罚。⑧羊斟:人名,为华元之御。不与:未参与吃羊肉。⑨畴昔:往日。为政:作主。此为羊斟心里话,意为往日分羊肉是你作主,今日驾车是我作主。⑩私憾:私仇;私恨。败国殄民:殄(tiǎn),灭绝。使国家战败,人民遭受灭绝之灾。⑪文马百驷:毛色有文彩的马四百匹。⑫叔牂:即羊斟。⑬子之马然也:驰入敌营是你的马不听驾驭造成的吗?为询问口气,表示对羊斟的疑心。⑭非马也,其人也:不在于马,而由于人。⑮合:答也。叔牂回答后,即畏罪奔鲁。⑯城:筑城。⑰为植:为主持筑城的主要负责人。⑱巡功:巡视检查筑城工程。⑲睅(hàn):眼睛瞪大突出。⑳皤(pó):肚子大。㉑复:战败逃归。㉒于思:胡须多的样子。于,语气助词。㉓犀兕(sì):犀牛。兕:雌性犀牛。㉔那:奈何的合音。㉕不病矣:意指不损害其贤能。㉖赵鞅(?—前475年):嬴姓,赵氏,原名名鞅,后名志父,谥号简。春秋时期晋国赵氏的领袖,时人尊称其赵孟,史书中多称之赵简子,亦称赵简主。罕达:春秋时郑国大夫。铁,即铁之战,指公元前493年,郑国和齐国联合进攻晋国,这就是所谓铁(在今河北濮阳西北)之战。以晋军的以少胜多大败郑军而结束。赵鞅此战中获得了辉煌的战果。㉗夏啮：春秋陈国大夫。

春秋　秦师伐晋。

左传　秦师伐晋，以报崇也（伐崇在元年），遂围焦[①]（焦，杜注：晋河外邑。《括地志》陕县有故焦城，在今河南陕州城内）。

解义　城濮之战[②]，晋得秦以挫楚，所以伯[③]也。自秦、晋相恶，灭庸之役秦为楚用，而赵穿复无故侵崇，以挑[④]秦师，秦、晋之争复起，而楚得专意於北方，此晋所以力屈而不支也。赵盾才臣，岂虑不及，此其阴纵穿之邪谋，而养成其羽翼，情不可掩矣。

注释　①焦：晋邑，在今河南省陕县南部。②城濮之战：公元前632年，四月初四，楚军和晋军在城濮（今山东鄄城西南）交战。晋文公兑现当年流亡楚国许下"退避三舍"的诺言，令晋军后退，避楚军锋芒。子玉不顾楚成王告戒，率军冒进，被晋军歼灭两翼。楚军大败。③伯：通"霸"。此指称霸。④挑：挑衅。

春秋　夏，晋人、宋人、卫人、陈人侵郑。

左传　夏，晋赵盾救焦，遂自阴地[①]，及诸侯之师侵郑（阴地，杜注：晋河南山北，自上洛以东至陆浑。上洛，今陕西雒南县。陆浑，今河南嵩县），以报大棘之役。楚斗椒[②]救郑，曰："能欲诸侯[③]而恶其难乎？"遂次于郑以待晋师。赵盾曰："彼宗竞于楚[④]，殆将毙[⑤]矣（竟，强也。斗椒，若敖之族，自子文以来，世为令尹）。姑益其疾[⑥]。"乃去之（欲示弱以骄之。传言赵盾畏楚而还，所以贬称人，且为四年楚灭若敖氏张本）。

解义　胡氏安国谓晋为盟主，盾合诸侯之师，何畏乎楚？何避乎斗椒？以始谋不臧[⑦]，受宋之赂，释罪不讨，理曲故避之以去，义虽正大，而非情事之实也。方是时，盾与灵公猜衅[⑧]已成，欲握兵柄[⑨]，托[⑩]於伐国，实无斗心，故棐林之役，楚囚解扬，晋即还师。是役，复谬为之辞，以避斗椒，盖恐战而不胜，则威权为之损，不若全师以退，以阴结国人之心，而济其乱谋耳。左氏乃谓：

"晋侯侈,赵盾骤谏不入,是以不竞于楚。"失其实矣。

注释　①阴地:地名,在今河南省陕县至嵩县一带,黄河以南,秦岭以北地。阴地城则在河南卢氏县东北。②斗椒:(?—前605年待考),芈(mǐ)姓,字子越;斗邑人(今湖北郧西)。著名春秋时期楚国令尹。③欲诸侯:想得到诸侯拥护。④彼宗:斗椒为若敖氏族,自子文以来,世为令尹。竞于楚:在楚国争强斗胜。⑤殆将毙:大概将要毙灭了。⑥姑益其疾:暂且让他加重疾病吧。⑦不臧:不善,不良。⑧猜衅:因猜疑而生嫌隙。⑨兵柄:兵权,军权。⑩托:托言,借口。

春秋　秋九月乙丑,晋赵盾弑其君夷皋[①](皋,《公羊》作獆)。

左传　晋灵公不君[②],厚敛以雕墙[③];从台上弹人[④],而观其辟丸[⑤]也;宰夫胹熊蹯不熟[⑥](胹,煮也),杀之,置诸畚[⑦](畚,以草索为之,筥属),使妇人载以过朝。赵盾、士季见其手[⑧](士季随会也),问其故,而患之。将谏,士季曰:"谏而不入,则莫之继也。会请先,不入则子继之。"三进[⑨],及溜[⑩],而后视之(三进三伏,公不省而又前也。溜,屋溜也。公知欲谏,故佯不视)。曰:"吾知所过矣,将改之。"稽首而对曰:"人谁无过?过而能改,善莫大焉。《诗》曰:'靡不有初,鲜克有终[⑪](《诗》,《大雅》)。'夫如是,则能补过者鲜矣。君能有终,则社稷之固也,岂唯群臣赖之。又曰:'衮职有阙[⑫],惟仲山甫[⑬]补之。'能补过也(《诗》,《大雅》。衮,君之上服。阙,过也)。君能补过,衮不废矣(无废职)。"犹不改。宣子[⑭]骤谏,公患之,使鉏麑贼之[⑮](鉏麑,晋力士)。晨往,寝门辟矣,盛服将朝,尚早,坐而假寐[⑯]。麑退,叹而言曰:"不忘恭敬,民之主也。贼民之主,不忠。弃君之命,不信。有一于此,不如死也。"触槐而死[⑰]。秋九月,晋侯饮赵盾酒,伏甲将攻之。其右提弥明[⑱]知之(右,车右),趋登[⑲]曰:"臣侍君宴,过三爵,非礼也。"遂扶以下,公嗾夫獒焉[⑳](獒,猛犬。嗾,使犬也)。明搏而杀之。盾曰:"弃人用犬，虽猛何为。”斗且出，提弥明死之。初，宣子田于首山[21]，舍于翳桑[22]（翳桑，桑之多荫翳者。首山，杜注：在河东蒲坂县东南，即首阳山。在今山西蒲州东南），见灵辄[23]饿（灵辄，晋人），问其病。曰：“不食三日矣。”食之，舍其半。问之，曰：“宦[24]三年矣（宦，学也），未知母之存否，今近焉（去家近），请以遗之。”使尽之，而为之箪[25]食与肉（箪，竹器。圆曰箪，方曰笥），置诸橐以与之。既而与为公介[26]（灵辄为公甲士），倒戟以御公徒，而免之。问何故。对曰：“翳桑之饿人也。”问其名居[27]，不告而退，遂自亡也（辄亦去）。乙丑，赵穿攻灵公于桃园[28]（乙丑，九月二十七日）。宣子未出山而复[29]（山，晋竟之山也）。太史书曰：“赵盾弑其君。”以示于朝。宣子曰：“不然。”对曰：“子为正卿，亡不越竟，反不讨贼，非子而谁？”宣子曰：“呜呼，‘我之怀矣，自诒伊戚[30]’，其我之谓矣（逸诗也，言人多所怀恋则自诒忧）！”孔子曰：“董孤[31]，古之良史也，书法不隐[32]。赵宣子，古之良大夫也，为法受恶[33]。惜也，越竟乃免（越竟则君臣之义绝，可以不讨贼）。”宣子使赵穿逆公子黑臀[34]于周而立之（黑臀，晋文公子）。壬申，朝于武宫[35]。

穀梁传　穿弑也，盾不弑，而曰盾弑何也？以罪盾也。其以罪盾何也？曰灵公朝诸大夫，而暴弹之（暴，残暴），观其辟丸也。赵盾入谏，不听，出亡，至于郊。赵穿弑公而后反赵盾，史狐[36]书贼，曰：“赵盾弑公。”盾曰：“天乎天乎！予无罪。孰为盾而忍弑其君者乎？”史狐曰：“子为正卿，入谏不听，出亡不远，君弑，反不讨贼则志同，志同则书重[37]，非子而谁？故书之。”曰晋赵盾弑其君夷皋者，过[38]在下也（称臣以弑，罪在下也。不言罪而言过者，言非盾亲弑，有不讨贼之过）。曰于盾也，见忠臣之至；于许世子止，见孝子之至（盾以亡不越竟，反不讨贼，受弑君之罪，忠不至故也。止以病，不知尝药，受弑父之罪，孝不至故也。《春秋》加弑于二人，以见忠孝不至，则被恶名，欲使忠臣观之，不敢惜力，孝子观之，必尽其心，是将来之远防也)。

解义　赵穿亲弑其君,董狐归狱[39]於盾曰:“子为正卿,亡不越竟,反不讨贼,非子而谁?”盖亡而越竟,则贼之不讨,犹或势格力屈而莫可如何也。反不讨贼,则志同,志同则书重,此晋史之文所以合於圣心而以垂大法也。况盾受寄托,而外求君嗣,子之立本非其意,及公既长,而恶盾之专,则君臣之嫌衅已非一朝夕之故矣。故齐商人、宋鲍弑君篡国,盾皆合诸侯而不讨,且定其位,则其无君之心蓄之素矣。盾方出亡,而桃园之祸随作,反国之后岂惟不能讨贼,且使穿逆新君,是盾处心积虑成於弑也。故先儒胡安国之言曰:以魏高贵乡公之事观焉[40],抽戈者成济[41],倡谋者贾充[42],而当国者司马昭也[43]。为天吏者[44],将原司马昭之心而诛之乎,抑将致辟成济,而止也。此义不明,则乱臣贼子皆得以诡计获免,而至愚无知,如邓扈乐、史太之徒[45],皆蒙归狱而受戮焉。王法乖天理息矣,故曰:“《春秋》成,而乱臣贼子惧。”

注释　①夷皋:晋灵公。②不君:失去为君之道,不像君的样子。③厚敛:加重赋税。雕墙:彩饰墙壁。④弹人:用弹弓打人。⑤辟丸:躲避弹丸。⑥胹(ér):烧煮。熊蹯:熊掌。⑦畚:畚箕。⑧见其手:死尸虽遮蔽而手露在外,故见之。⑨三进:始进入门,再进入庭,三进升阶。⑩溜:屋檐下台阶之间。⑪靡不有初,鲜克有终:意为事情往往有好的开始,但很少能够善终。⑫衮:天子以及上公的礼服。阙:破损。⑬仲山甫:周宣王时的贤臣樊侯,也称樊仲甫。⑭宣子:即赵盾。⑮鉏麑(chú ní):晋力士。贼:刺杀。⑯假寐:坐着闭目小息。⑰触槐而死:头碰槐树自杀而死。⑱提弥明:赵盾的车右。⑲趋登:快步登堂。⑳嗾(sǒu):用嘴发出声音驱使狗。獒(áo):大犬、猛犬。㉑首山:即首阳山,在今山西省永济县东南部。㉒翳桑:首山一带地名。㉓灵辄:人名。㉔宦:为人臣隶。㉕箪(dān):盛食物的小圆筐。

㉖与为公介：做了晋灵公的甲士。㉗名居：姓名和住处。㉘赵穿：晋臣，赵盾的从父兄弟之子。攻：攻杀。桃园：灵公园囿名。㉙未出山而复：山指晋边境之山。赵盾脱身出公宫外逃，未越出晋境时，闻知灵公被杀而返回。㉚诒：通"遗"。伊：此，指示代词。㉛董孤：晋之太史。㉜书法不隐：据法直书而不加隐讳。㉝为法受恶：为遵守法而承受弑君恶名。㉞公子黑臀：晋文公之幼子，襄公之弟，后为晋成王。㉟朝：拜祭。武宫：曲沃武公之庙。晋公即位必朝此庙。㊱史狐：即董狐，春秋晋国太史，亦称史狐。他是周太史辛有的后裔，因董督典籍，所以以官为姓氏。㊲重：相同。㊳过：过错，罪过。㊴归狱：归罪。㊵魏高贵乡公：曹髦（241—260），字彦士，谯（今安徽亳县）人，魏文帝曹丕孙，初封高贵乡公，魏嘉平六年（254 年），司马师废曹芳，立之为帝，他是曹魏第四代皇帝。㊶成济：三国后期曹魏武将，被司马昭的心腹贾充指使，用戟刺死魏主曹髦，后司马昭为平息众怒，将成济全家杀死。㊷贾充（217—282 年）：字公闾，平阳郡襄陵县（今山西襄汾县）人，曹魏豫州刺史贾逵之子，三国后期至西晋的人物，历仕曹魏及西晋。㊸司马昭（211—265）：即晋文帝，晋武帝司马炎之父。字子上，河内温人（今河南温县）。司马懿次子。三国曹魏后期政治家和军事家。㊹天吏：天子的官吏。㊺邓扈乐：春秋鲁国卿士。鲁国大夫庆父使邓扈乐弑子般，然后归罪邓扈乐。

附录左传　初，丽姬之乱（在僖四年），诅无畜群公子（诅，盟誓），自是晋无公族（无公子，故废公族之官）。及成公即位，乃宦卿之嫡子而为之田[①]，以为公族（宦，仕也。为置田邑以为公族大夫），又宦其余子亦为余子[②]（余子，嫡子之母弟也。亦治余子之政），其庶子为公行[③]（庶子，妾子也，掌率公戎行）。晋于是有公族、余子、公行（皆官名）。赵盾请以括[④]为公族（括，赵盾异母弟，赵姬之中子屏季也),曰:“君姬氏[5]之爱子也(赵姬,文公女、成公姊也)。微君姬氏,则臣狄人也。”公许之(盾,狄外孙。姬氏逆之以为嫡,事见僖公二十四年)。冬,赵盾为旄车之族[6](旄车,公行之官。盾本卿嫡,其子当为公族,辟屏季故,更掌旄车)。使屏季以其故族[7]为公族大夫(盾以其故官属与屏季,使为衰之嫡)。

春秋　冬十月乙亥,天王崩[8]。

春秋　三年春王正月,郊[9]牛之口伤,改卜牛。牛死,乃不郊。犹三望[10]。

左传　三年春,不郊而望,皆非礼也。望,郊之属也。不郊亦无望,可也(例在僖三十一年。复发传者,嫌牛死与卜不从异)。

公羊传　其言之何?缓也(成七年,鼷鼠食郊牛角。不言郊牛之角,而此言郊牛之口,伤者不若食角急也。书者,讥宣公养牲不谨敬)。曷为不复卜(据定十五年,牛死,改卜牛)?养牲养二卜。帝牲[11]不吉,则扳稷牲[12]而卜之(帝,天帝。不吉者,有灾。先卜帝牲养之,有灾,更引稷牲卜,以为天牲,养之,凡当二卜。复不吉,则不郊)。帝牲在于涤[13]三月(涤,宫名,养帝牲三牢之处。谓之涤者,取具荡涤清洁),于稷者唯具是视(视其身体具无灾害而已,不特养于涤宫,所以降稷尊帝)。郊则曷为必祭稷?王者必以其祖配。王者则曷为必以其祖配?自内出者无匹不行(匹,合也),自外至者无主不止(必得主人乃止,天道幽远,故推人道以接之)。

榖梁传　之口,缓词也。伤自牛作也(牛自伤口,非备灾之道不至也,故以缓词言之)。事之变也。乃者,亡乎人之辞也(重发传者,嫌牛死与卜郊不从异也)。

解义　诸侯宗庙社稷之祭[14],俎豆既陈[15],闻王及后之丧则废,礼也。天王崩於十月,告丧於鲁,史策已书,乃斩衰[16]奔赴之时,而僭用郊祀[17],所谓失礼之中又失礼也。乃不郊者,以在涤之牛口伤,而改卜之牛又死也,不然郊矣。《春秋》之书微而显,此类是也，犹三望者，可已不当为之辞。

注释 ①宦：授与官职，动词。适，通嫡。②余子：嫡子之同母弟。后一"余子"为官名。③公行：官名。为治庶子政事之官。④括：赵括，也称屏括、屏季，赵盾异母弟，其母赵姬，晋文公之女。⑤君姬氏：即赵姬，晋成公之姊。⑥旄车之族：即余子。旄（máo）：戎车有旄，故名旄车。⑦故族：赵氏宗族之大宗，原由嫡子赵盾统率，今让与赵括统之。⑧天王：周匡王。⑨郊：祭礼。⑩三望：祭祀名。望，谓不能亲诣所在，遥望而祭。所祭之事有三，故称"三望"。⑪帝牲：祭祀天帝的牲物。⑫稷牲：古代祭稷神所用的牲口。稷，泛指五谷。⑬涤：古代指养祭牲的房子。⑭社稷：古代帝王、诸侯所祭的土神和谷神。⑮俎豆：祭祀，宴客用的器具。⑯斩衰：丧服名。⑰僭：超越本分，古代指地位在下的冒用在上的名义或礼仪、器物。郊祀：古代于郊外祭祀天地，南郊祭天，北郊祭地。郊谓大祀，祀为群祀。

春秋 葬匡王。

解义 四越月而葬，其礼略也[①]。会葬不书卿，微[②]者也。书之，见王室之微，诸侯之慢[③]王也。

注释 ①略：简单。②微：细小，细微。③慢：怠慢。

附录左传 晋侯伐郑，及郔[①]。郑及晋平，士会入盟（郔，杜注：郑地，今河南延津县。为夏楚侵郑传）。

春秋 楚子伐陆浑之戎[②]（陆，《公羊》作贲。《公羊》、《穀梁》无之字）。

左传 楚子伐陆浑之戎（在伊川），遂至于雒（雒水，杜注：出上雒冢领山，至河南巩县入河），观兵于周疆[③]。定王使王孙满劳楚子[④]（王孙满，周大夫）。楚子问鼎之大小轻重焉[⑤]（示欲逼周取天下）。对曰："在德不在鼎[⑥]。昔夏之方有德也（禹之世），远方图物[⑦]（图画山川奇异之物而献之），贡金九牧[⑧]（使九州之牧贡金），铸鼎象物[9](象所图物著之于鼎),百物而为之备,使民知神奸[10](图鬼神百物之形,使民逆备之)。故民入川泽山林,不逢不若[11](若,顺也。不遇妖怪不顺之物)。螭魅罔两[12](螭,山神,兽形。魅,怪物。罔两,水神),莫能逢之,用能协于上下以承天休[13]。桀有昏德,鼎迁于商,载祀[14]六百(载、祀皆年)。商纣暴虐,鼎迁于周。德之休明[15],虽小,重也(不可迁)。其奸回昏乱,虽大,轻也(言可移)。天祚明德,有所底止[16](底,致也)。成王定鼎于郏鄏[17](郏鄏,杜注:今河南也。武王迁之,成王定之),卜世三十[18],卜年七百[19],天所命也。周德虽衰,天命未改,鼎之轻重,未可问也。"

解义　楚与陆浑之戎本无夙憾[20],今无故伐之,而观兵周疆,且问鼎之轻重,其黠骜[21]无王之罪著矣。内外传皆以楚庄为贤,不知其终身之小善不足以盖此大恶也。先儒以称爵为褒,观此则知其必不可通矣。

注释　①郷:郑国北部边境地名,即现河南省延津县。②陆浑之戎:少数民族部落名,在现河南省嵩县及伊川县境内。③观兵:陈兵示威。周疆:周王室境界内。④王孙满:周大夫。劳:慰劳。⑤周人以鼎为王权的象征。楚子问鼎,有取代周王的意图。⑥在德不在鼎:鼎之轻重在于君主之德行,不在鼎自身。君主德高则鼎重,重则不可移。失德则鼎轻,轻则易移。⑦图物:描画各种事物。图,用作动词。⑧贡金九牧:为九牧贡金的倒装句。贡金,进贡青铜。九牧,九州之长,牧即地方长官。⑨铸鼎象物:铸造九鼎,并把所描画事物铸在鼎上。⑩使民知神奸:鼎上铸有鬼神百物图象,使民识别何者为神物,何者为恶物。⑪不若:不顺,不逢不若即不碰到恶物。⑫罔两:为木石的怪物。能危害于人。⑬协:和协。天休:上天的福佑。⑭载祀:皆纪年之称。古人或称载,或称祀,或称年,或称岁。⑮休明:美善光明。⑯底(zhǐ)止:固定。⑰郏鄏:周地,即现河南洛阳市。⑱卜世三十:

占卜结果可传三十代。⑲卜年七百：占卜预测可享国七百年。⑳夙憾：旧恨，旧怨。㉑黠骜：狡黠桀骜。

春秋 夏，楚人侵郑。

左传 夏，楚人侵郑，郑即晋故也。

解义 晋灵徇[1]货党贼以失郑，赵盾合诸侯以侵之，而不能服，今成公[2]即位，息兵。踰[3]年，而郑人弃楚即[4]晋，盖知楚氛日炽，有蚕食陈、郑之心，而欲依霸国以自固也。

注释 ①徇：顺从，曲从。②成公：晋成公。③踰：逾。④即：靠近，亲近。

春秋 秋，赤狄[1]侵齐（《地谱》：洺州，春秋赤狄之地。赤狄始见《经》）。

解义 赤狄，隗姓，其地在潞州[2]以北，近晋而远於齐，忽举侵齐之师，知晋之无能为也。楚横於南，狄扰於北，以中国[3]之无霸耳。

注释 ①赤狄：亦作"赤翟"。春秋时狄人的一支。或说因其俗尚赤衣而得名。主要分布于今山西长治一带，与晋人相杂居，是春秋时期实力最强影响最大的狄族部落。②潞州：即今山西省长治市一带。③中国：中原。

春秋 宋师围曹。

左传 宋文公即位三年，杀母弟须及昭公子。武氏之谋也，使戴、桓之族攻武氏于司马子伯之馆。尽逐武、穆之族（事并在文十八年）。武、穆之族以曹师伐宋。秋，宋师围曹，报武氏之乱也。

解义 宋鲍[1]篡弑得国，逐武、穆之族，二族以曹师伐宋。《春秋》不书，非讨罪不足书也。鲍不知自反，恃众强以逞志於曹，不待贬，而恶见矣。

注释 ①宋鲍：宋子鲍，即宋文公。在位22年（前610年—

前589年)。

春秋　冬十月丙戌。郑伯兰①卒。

左传　冬,郑穆公卒。初,郑文公有贱妾曰燕姞②(姞,南燕姓),梦天使与己兰③(兰,香草),曰:"余为伯鯈④。余,而祖也(伯鯈,南燕祖),以是为而子⑤(以兰为女子名)。以兰有国香⑥,人服媚⑦之如是(媚,爱也。欲令人爱之如兰)。"既而文公见之,与之兰而御⑧之。辞曰:"妾不才,幸而有子,将⑨不信,敢征兰⑩乎(惧将不见信,故欲计所赐兰,为怀子月数)。"公曰:"诺。"生穆公,名之曰兰。文公报郑子之妃⑪,曰陈妫(郑子,文公叔父子仪也。《汉律》淫季父之妻曰报),生子华、子臧。子臧得罪而出(出奔宋)。诱子华而杀之南里⑫(事在僖十六年。南里,杜注:郑地),使盗杀子臧于陈、宋之间(在僖二十四年)。又娶于江,生公子士。朝于楚,楚人鸩之,及叶而死(叶,杜注:楚地。南阳叶县,今河南叶县南有古城)。又娶于苏,生子瑕、子俞弥。俞弥早卒。泄驾恶瑕(泄驾,郑大夫),文公亦恶之,故不立也。公逐群公子,公子兰奔晋,从晋文公伐郑(在僖三十年)。石癸曰(石癸,郑大夫):"吾闻姬、姞耦,其子孙必蕃⑬(姞姓宜为姬配耦)。姞,吉人也,后稷⑭之元妃也(姞姓之女为后稷妃,周是以兴,故曰吉人),今公子兰,姞甥也。天或启之,必将为君,其后必蕃,先纳之可以亢宠⑮(亢,极也)。"与孔将鉏、侯宣多纳之,盟于太宫⑯而立之(太宫,郑祖庙)。以与晋平。穆公有疾,曰:"兰死,吾其死乎,吾所以生也。"刈⑰兰而卒(《传》言穆氏所以大兴于郑,天所启也)。

春秋　葬郑穆公(穆,《公羊》作缪)。

解义　不月,阙⑱文也。葬速,礼不备⑲也。

注释　①郑伯兰:即郑穆公。②燕姞:南燕国之女。③天使:上天之使者。兰:香草名。④伯鯈(tiáo):南燕国之祖。⑤以是为而子:以此兰为你生子之名。⑥国香:香气全国数第一。

⑦服媚：服，配戴它。媚，爱也。佩而爱之。⑧御：妃妾侍寝称御。⑨将：假若。⑩征兰：以兰作为信物。⑪报：淫亲属之妻曰报。郑子：郑文公的叔父，子仪也。⑫南里：郑地。在现河南省新郑县。⑬姬、姞耦：姬、姞二姓婚配。蕃：繁衍。⑭后稷：周人的先祖。⑮亢宠：亢，极也。可达到宠幸之极。⑯太宫：郑国祖庙。⑰刈：割，多指割草。⑱阙：同“缺”。⑲不备：不完备。

春秋 四年春王正月，公及齐侯平莒及郯。莒人不肯。公伐莒，取向（郯，国名。今山东郯城县西南有故城。向，杜注：莒邑。《环宇志》：莒州南有向城，今属山东青州府）。

左传 四年春，公及齐侯平莒及郯，莒人不肯。公伐莒，取向，非礼也。平国以礼不以乱，伐而不治，乱也（责公不先以礼治之而用伐）。以乱平乱，何治之有？无治，何以行礼？

公羊传 此平莒也，其言不肯何？辞取向也（为公取向作辞也）。

穀梁传 及者，内为志焉尔。平者，成也。不肯者，可以肯也。伐犹可。取向，甚矣！莒人辞不受治也。伐莒，义兵也（讨不释怨）。取向，非也，乘义而为利也。

解义 周官合方氏[①]掌除邦国之怨恶，则释四邻之怨，而成其好，固义所当为也，然必己之义可以服人，然后人能降心以相从[②]。鲁宣、齐惠身为大恶，苟有人心者，莫不藏恶，况莒、郯相怨，鲁乃挟齐之威，要以必从，则莒人之不肯宜也，又以兵加莒而取其邑，则恶甚於齐惠矣。

注释 ①合方氏：周代官名。掌管修通四方道路，流通财利，统一度量衡，消除怨恶等事。②降心以相从：委屈自己的意愿；放弃成见；服从别人。

春秋 秦伯稻[①]卒。

春秋 夏六月乙酉，郑公子归生弑其君夷[②]。

左传　楚人献鼋[③]于郑灵公(穆公大子夷也)。公子宋与子家将见[④](宋,子公也。子家,归生)。子公之食指动(第二指也),以示子家,曰:“他日我如此,必尝异味[⑤]。”及入,宰夫将解鼋,相视而笑。公问之(问所笑),子家以告,及食大夫鼋[⑥],召子公而弗与也(欲使指动无效)。子公怒,染指于鼎[⑦],尝之而出。公怒,欲杀子公。子公与子家谋先[⑧](先公为难)。子家曰:“畜老,犹惮杀之(六畜),而况君乎?”反谮子家,子家惧而从之。夏,弑灵公。书曰:“郑公子归生弑其君夷。”权不足也(子家权不足以御乱,惧谮而从弑君,故书以首恶)。君子曰:“仁而不武,无能达也[⑨](初称畜老,仁也。不讨子公,是不武也。故不能自通于仁道而陷弑君之罪)。”凡弑君,称君,君无道也;称臣,臣之罪也。郑人立子良[⑩](穆公庶子),辞曰:“以贤[⑪]则去疾不足(去疾,子良名),以顺[⑫]则公子坚长。”乃立襄公[⑬](襄公,坚也)。襄公将去穆氏[⑭](逐群兄弟),而舍[⑮]子良(以其让己)。子良不可,曰:“穆氏宜存,则固愿也。若将亡之,则亦皆亡,去疾何为[⑯]?”乃舍之,皆为大夫[⑰]。

解义　归生身为正卿,久执兵柄,闻宋之逆,谋执而诛之,犹反手耳。宋有逆志,而与归生谋先,必知其夙[⑱]有无君之心也,闻而不禁,则贼由归生审[⑲]矣。观郑人讨乱斫[⑳]子家之棺,则当时国论固以为首恶,非孔子作《春秋》而后归狱[㉑]也。

注释　①秦伯稻:即秦共公,嬴稻,秦康公之子,在位5年卒(前608—前604年)。②公子归生:即子家。夷:郑灵公。③鼋(yuán):大鳖,俗称缘团鱼。④公子宋:郑国大夫,即子公。子家:即公子归生。⑤异味:特殊美味。⑥食大夫鼋:将鼋赐给大夫们吃。⑦染指于鼎:将手指蘸在鼎里。⑧谋先:预谋先下手,杀害灵公。⑨仁而不武,无能达也:仁慈而不勇武,临大事不能通达。⑩子良:郑穆公庶子,灵公弟,公子去疾也。⑪以贤:以才能而论。⑫以顺:以长幼顺序而论。⑬襄公:即公子坚,公子去疾之兄。⑭去:逐。穆氏:郑穆公之诸子,襄公的众兄弟。⑮舍:赦免。⑯去疾何为:诸子都被逐,我去疾为何单独留下呢?⑰乃舍之,皆为大夫:于是襄公不逐群公子,并使他们都做了大夫。⑱夙:早。⑲审:明确。⑳斫(zhuó):作动词,用刀、斧等砍劈。㉑归狱:归罪。

春秋 赤狄侵齐。

解义 以齐之强,而洺州[1]之狄连岁侵之,晋霸之衰与齐之无政并见矣。

注释 ①洺州:今河北省广平县。

春秋 秋,公如齐。公至自齐。

解义 宣公篡弑,齐实纵之,故既以田赂,复仆仆[1]而往朝焉。会盟书至,始於桓公[2]之盟唐。朝大国而书至,始於宣公之如齐,盖由二公身为大恶,有自危之心,以得返为幸,故特行饮至[3]之礼耳。

注释 ①仆仆:形容烦琐,屡屡之意。②桓公:鲁桓公。③饮至:指诸侯朝、会、盟、伐后回宗庙饮酒庆功。庆功祝捷。

附录左传 初,楚司马子良生子越椒[1],子文曰(子文,子良兄):"必杀之。是子也,熊虎之状,而豺狼之声,弗杀,必灭若敖氏矣。谚曰:'狼子野心[2]。'是乃狼也,其可畜乎?"子良不可。子文以为大戚[3],及将死,聚其族,曰:"椒也知政[4],乃速行矣[5],无及于难。"且泣曰:"鬼犹求食,若敖氏之鬼[6],不其馁而(而,语助,言必馁)?"及令尹子文卒,斗般[7]为令尹(般,子文之子子扬),子越为司马(子越,即越椒)。蔿贾为工正[8],谮子扬[9]而杀之,子越为令尹,己为司马(贾为椒谮子扬而已得椒位)。子越又恶之(恶贾),乃以若敖氏之族圄伯嬴于轑阳而杀之[10](圄,囚也。伯嬴,蔿贾也。轑阳,杜注:楚邑),遂处烝野[11],将攻王。王以三王之子为质焉[12],弗受(烝野,杜注:楚邑。三王:文、成、穆),师于漳澨[13](漳澨,杜

注:漳水边漳水出新城,沶乡县至当阳县与沮水合)。秋七月戊戌,楚子与若敖氏战于皋浒[14](皋浒,杜注:楚地)。伯棼[15]射王,汰辀[16],及鼓跗,著于丁宁[17](伯棼,越椒也。辀,车辕。汰,过也。箭过车辕上。跗所以架鼓。丁宁,钲也)。又射汰辀,以贯笠毂[18](兵车无盖,尊者则边人执笠,依毂而立,以御寒暑,名曰笠毂。此言箭过车辕,及王之盖)。师惧,退。王使巡师[19]曰:"吾先君文王克息[20],获三矢焉。伯棼窃其二,尽于是矣(所以释楚师之惧心)。"鼓而进之,遂灭若敖氏。初,若敖娶于䢵[21](䢵,杜注:国名。今湖广安陆县有郧城),生斗伯比[22]。若敖卒,从其母畜于䢵,淫于䢵子之女,生子文焉。䢵夫人使弃诸梦中[23](梦,杜注:泽名,江夏安陆县有云梦城,今湖广云梦县治),虎乳之[24]。䢵子田,见之,惧而归,以告,遂使收之。楚人谓乳谷,谓虎於菟,故命之曰斗谷於菟。以其女妻伯比,实为令尹子文。其孙箴尹克黄[25](箴尹,官名。克黄,子扬之子)使于齐,还,及宋,闻乱。其人曰,"不可以入矣。"箴尹曰:"弃君之命,独[26]谁受之(言虽奔他国,独谁受此弃命之人)?君,天也,天可逃乎?"遂归,复命而自拘于司败[27]。王思子文之治楚国也,曰:"子文无后,何以劝善?"使复其所[28],改命曰生[29](易其名言更生)。

春秋　冬,楚子伐郑。

左传　冬,楚子伐郑,郑未服也(前年,楚侵郑不获成故)。

解义　胡氏安国谓归生弑君,诸侯未有致讨者,而楚人至焉,故书爵以与之。然商臣之次厥貉[30],楚子旅之观兵问鼎[31],并以爵书,则《春秋》无以书爵为褒之义明矣。自宣、成而下[32],楚势益张,故君将则称君,大夫将乃称人耳。

注释　①司马子良:斗伯比之子,令尹子文之弟,司马为其官名。子越椒:即斗椒。②狼子野心:为当时俗语,比喻生性残忍,其心难以驯化之人。③大戚:很大的心事。④知政:执掌政事。⑤速行:尽快离开。⑥若敖氏之鬼:若敖氏家族的祖先。⑦

斗般：又作斗班，尹子文之子，字子扬。⑧工正：官名，掌百工之长。⑨子扬：即斗般。⑩伯嬴：即蔿贾。轑（liáo）阳：楚邑名。在今湖北省江陵县境。⑪烝野：楚邑名，在现今河南省新野县境。⑫三王之子：楚文王、成王、穆王的子孙。把他们送给子越椒作人质，使其不要进攻。⑬漳澨：地名，在现今湖北省荆门县西部，漳水的东岸。⑭皋浒：楚时地名，在现今湖北省襄阳县西部。⑮伯棼：斗椒字。⑯汏辀（tài zhōu）：箭矢强而有力，射过车辕。辀，车辕。⑰著于丁宁：射在铜钲上。丁宁，即铜钲，军中用作号令的乐器，似铃而不同。⑱笠毂：支撑车盖的圆木。⑲巡师：巡视军队。⑳克息：战胜息国。㉑郧（Yún）：国名。在今湖北省安陆县。㉒斗伯比：子文之父。㉓诸："之于"的合音。梦中：云梦泽中。㉔虎乳之：母虎以乳喂养之。㉕箴尹：楚官名，为谏臣。克黄：令尹子文之孙，子扬之子。㉖独：语气词，多用于疑问句。㉗司败：楚司法官名，相当于中原各国之司寇。㉘复其所：复其所任箴尹之官。㉙改命曰生：改易其名为生。㉚商臣：即楚穆王（？—前614），熊氏，名商臣。春秋时楚国国君，前625—前614年在位。次：驻扎。厥貉：春秋地名。在今河南省项城县西南。㉛楚子旅之观兵问鼎：意思是楚庄王观兵周疆，问鼎轻重。问鼎：直接意思是指图谋夺取政权。㉜宣、成：指鲁宣公、鲁成公。

卷二十八

宣公(五年之十年)

春秋　五年春,公如齐。

左传　五年春,公如齐,高固使齐侯止[①]公,请叔姬[②]焉(留公强成昏)。

春秋　夏,公至自齐。

左传　夏,公至自齐,书,过[③]也。

解义　齐、鲁接壤,而逾时乃归,下书高固之逆叔姬,《经》虽讳止公之迹,而比事以观,其实固不可掩矣。以见止而连昏[④]於齐臣,降尊失列[⑤],辱及先君,乃行饮至[⑥]之礼於宗庙,是谓失其本心,《左氏》特发书过之义以此。

注释　①止:挽留。②请叔姬:强请鲁公将叔姬嫁与高固。③过:过失。指鲁公被留齐国,强迫许婚于邻国之臣。④昏:通"婚"。⑤失列:指失伍。⑥饮至:指诸侯朝、会、盟、伐后回宗庙饮酒庆功。庆功祝捷。

春秋　秋九月,齐高固来逆子叔姬(《左氏》无子字)。

左传　秋九月,齐高固来逆女,自为[①]也。故书曰:"逆叔姬。"卿自逆也(适诸侯称女,适大夫称字,所以别尊卑也)。

穀梁传　诸侯之嫁子于大夫,主大夫以与之。来者,接内也。不正其接内,故不与夫妇之称也(见庄二十七年莒庆传)。

解义　叔姬称子,别於先君之女也。诸侯嫁女於诸侯,则公自主之,其嫁女於大夫,则使大夫主之。公自主,然后书於策。今书高固来逆,是公自主之明矣。以千乘之君[②],见逼於齐大夫,强昏而不敢违焉。轻朝廷慢宗庙,盖由身为不义,借势於强邻,故非礼相干忍辱而无所避之也。

注释 ①自为：自己为自己。②千乘之君：就是指有千辆战车的君王。

春秋 叔孙得臣卒[①]。

解义 得臣之卒不日，史失之也。胡氏安国[②]据何休[③]之说谓得臣不能止仲遂[④]之逆谋，故《春秋》削之，非也。仲遂身为大恶而卒书日，季孙行父[⑤]助逆尤力而卒书日，何独苛於得臣乎？凡以日、不日为褒贬，皆《传》者之误也。

注释 ①叔孙得臣：春秋时鲁国大夫，善骑射。曾跟随鲁文公出使晋国。鲁文公十一年，北狄鄋瞒国伐鲁，鲁文公派叔孙得臣抗敌，获胜，并俘获了国君侨如，于是特将自己的儿子宣伯命名为侨如，以彰己功。②胡安国（1074—1138）：南宋时期的著名经学家和湖湘学派的创始人之一。字康侯，号青山，学者称武夷先生，后世称胡文定公。③何休（129—182）：中国东汉时期今文经学家。字邵公，任城樊（今山东滋阳）人。何休为人质朴多智，精研六经，对"三坟五典，阴阳算术，河洛谶纬，莫不成诵"。口讷，不善讲说，门徒有问者，则用书面作答。④仲遂：即东门襄仲（？—前600年）：姬姓，东门氏，名遂，字襄仲（一说襄仲为其谥），春秋前期鲁国公族，权倾朝野的政治家，鲁庄公之子。因家住曲阜东门而立东门氏，故称东门襄仲，亦称公子遂。⑤季孙行父（？—前568年）：即季文子。春秋时期鲁国的正卿，前601年—前568年执政。姬姓，季氏，谥文，史称"季文子"。

春秋 冬，齐高固及子叔姬来。

左传 冬，来，反马[①]也（礼，送女留其送马，三月庙见，遣使反马。高固遂与叔姬俱宁，故《经》、《传》具见，以示讥）。

公羊传 何言乎高固之来（大夫私事不当书）？言叔姬之来而不言高固之来则不可。子公羊子曰："其诸为其双双而俱至者与(言其双行匹至,似于鸟兽)。"

穀梁传　及者,及吾子叔姬也。为使来者,不使得归之意也(固受使来聘,而与妇俱归,故书及以明非礼)。

解义　反马之礼当遣使,不当亲来;女子归宁当在闲岁[2],不当在逾月。大夫非君命不当出境,则高固与叔姬来,皆非礼矣,故直书其事以示讥。

注释　①反马:古礼,夫家送还新妇来时所乘之马,以示夫妇情好,妇永不复归。反通"返"。②归宁:指已嫁女子回娘家看望父母。闲岁:隔一年。

春秋　楚人伐郑。

左传　楚子伐郑,陈及楚平[1]。晋荀林父救郑,伐陈(为明年晋、卫侵陈传)。

解义　《传》称荀林父[2]救郑,而《经》不书,义不得书也。赵盾、归生[3]同为大恶,盾之释郑不讨恶,伤其类耳,以楚师之来而救之,亦同恶相保耳,若书救,则似善其救,而讨贼之大义隐矣。

注释　①平:修好,讲和。②荀林父(?—前593年):姬姓,中行氏,名林父。因任中行之将,故以中行为氏。春秋中期晋国正卿,中军元帅,名将。③赵盾(?—前601年):嬴姓,赵氏,名盾,谥号宣,时人尊称其赵孟,春秋中前期晋国卿大夫,赵衰之子,杰出的政治家、战略指挥家。归生(?—前599):姬姓,名归生,字子家。春秋时郑国执政大臣,郑文公之子。郑灵公时,与子公(公子宋)同为郑卿。

春秋　六年春,晋赵盾、卫孙免侵陈。

左传　六年春,晋、卫侵陈,陈即楚故也。

公羊传　赵盾弑君,此其复见何?亲弑君者赵穿[1]也。亲弑君者赵穿,则曷为加之赵盾?不讨贼也。何以谓之不讨贼?

晋史书贼曰“晋赵盾弑其君夷獆[②]。”赵盾曰：“天乎无辜！吾不弑君，谁谓吾弑君者乎？”史曰：“尔为仁为义，人弑尔君，而复国不讨贼，此非弑君而何？”赵盾之复国奈何？灵公为无道，使诸大夫皆内朝（礼，公族朝于内朝，亲亲也），然后处乎台上引弹而弹之，已趋而辟丸（已诸大夫也），是乐而已矣（以是为笑乐）。赵盾已朝而出，与诸大夫立于朝（自内朝至外朝），有人荷畚，自闺而出者（荷，负也。畚，草器。宫中之门谓之闱，其小者谓之闺）。赵盾曰：“彼何也，夫畚曷为出乎闺？”呼之不至，曰：“子大夫也，欲视之则就而视之（恐君责已以视人，欲以见就为解也。古者士大夫通曰子）。”赵盾就而视之，则赫然[③]死人也（赫然，已支解之貌）。赵盾曰：“是何也？”曰：“膳宰也，熊蹯[④]不熟，公怒以斗摮而杀之（摮，谓旁击头项），支解将使我弃之。”赵盾曰：“嘻！”趋而入。灵公望见赵盾诉而再拜（诉者，惊貌。礼，臣拜然后君答拜。灵公先拜者，畚出盾入，知其欲谏，欲以敬拒之，使不复言也）。赵盾逡巡北面再拜稽首[⑤]，趋而出（本欲谏君，以君拜谢知己意，冀当觉悟，故出），灵公心怍[⑥]焉，欲杀之。于是使勇士某者往杀之，勇士入其大门，则无人门焉者；入其闺，则无人闺焉者；上其堂，则无人焉。俯而窥其户，方食鱼飧。勇士曰：“嘻！子诚仁人也！吾入子之大门，则无人焉；入子之闺，则无人焉；上子之堂，则无人焉；是子之易也（易，犹省也）。子为晋国重卿而食鱼飧，是子之俭也。君将使我杀子，吾不忍杀子也。虽然，吾亦不可复见吾君矣。”遂刎颈而死。灵公闻之怒，滋欲杀之甚，众莫可使往者。于是伏甲于宫中，召赵盾而食之。赵盾之车右祁弥明者，国之力士也，仡然从乎赵盾而入，放乎堂下而立。赵盾已食，灵公谓盾曰：“吾闻子之剑，盖利剑也，子以示我，吾将观焉（授君剑，当拔而进其首，灵公因欲以推杀之）。”赵盾起将进剑，祁弥明自下呼之曰：“盾食饱则出，何故拔剑于君所？”赵盾知之，躇阶而走（躇，犹超遽不暇以次）。灵公有周狗(周狗,可以比周之狗,所指如意),谓之獒,呼獒而属之,獒亦躇阶而从之。祁弥明逆而踆之(以足逆蹋曰踆),绝其颔。赵盾顾曰:“君之獒不若臣之獒也!”然而宫中甲鼓而起,有起于甲中者抱赵盾而乘之(令升车疾走)。赵盾顾曰:“吾何以得此于子?”曰:“子某时所食活我于暴桑下者也。”赵盾曰:“子名为谁?”曰:“吾君孰为介(介,甲也。言吾君谁为兴此甲兵,岂不为盾乎?)? 子之乘矣,何问吾名(之乘,即上车也。欲令盾免去,不望报)?”赵盾驱而出,众无留之者(明盾贤人,不忍杀)。赵穿缘民众不说,起弑灵公,然后迎赵盾而入,与之立于朝,而立成公黑臀⑦。

穀梁传　此帅师也,其不言帅师何也? 不正其败前事,故不与帅师也(元年救(原文为“敕”,有误),而今更侵之)。

解义　《传》称陈及楚平,晋荀林父伐陈,《经》皆不书。以下书晋、卫加兵於陈,即陈之即楚可知矣。陈、郑每相视以为向背,郑穆公暮年弃楚归晋,本谓晋可托国,及归生之乱,坐视不讨,是以⑧陈有离心,受伐、受侵而终不为晋屈⑨也。

注释　①赵穿(?—前607年):嬴姓,邯郸氏,名穿。春秋中期晋国大夫,赵氏旁支。赵盾堂弟(一说堂侄)。晋襄公之女婿,养尊处优,骄奢蛮横的驸马爷,曾封于邯郸,称邯郸君。②夷獆:即晋灵公,晋襄公之子。姬姓,名夷皋。春秋时晋国国君,公元前620年至公元前607年在位。③赫然:形容令人惊讶或引人注目的事物突然出现。④熊蹯:熊掌。⑤稽首:跪拜,古时的一种礼节,跪下,拱手至地,头也至地。⑥怍:改变。⑦立成公黑臀:前607年,赵穿弑晋灵公之后,赵盾派赵穿往周迎公子黑臀,立晋成公。⑧是以:因此,所以。⑨屈:屈服。

春秋　夏四月。

附录左传　夏,定王使子服求后于齐(子服,周大夫)。秋,赤狄伐晋。围怀①,及邢丘②(邢丘,杜注:河内平皋县。今河南河内县东南有故城)。晋侯欲伐之。中行桓子[3]曰:“使疾其民[4](骄则数战,为民所疾),以盈其贯[5],将可殪[6]也。《周书》曰:‘殪戎殷[7](《周书》,《康诰》)。’此类之谓[8]也(为十五年晋灭狄传)。”

春秋 秋八月,螽[9]。

解义 螽,蝗属,食谷者,刘歆[10]谓贪虐取民则螽。宣公身为不义,朝齐伐莒,赋敛日繁[11],戾气应之[12],《经》书於策,示天人感应之理不可诬也。

注释 ①怀:晋国地名,在现今河南省武陟县西南部。②邢丘:晋国地名,在现今河南省温县东二十里的平皋故城。③中行桓子:即荀林父。④疾其民:疾害其民。⑤盈贯:满贯,指积敛财富,此处比喻罪恶盈数。⑥将:大概,语气副词。殪:音 yì,死也。此作一举灭绝。⑦殪戎殷:绝灭大国殷。戎作大解。⑧此类之谓:就是采用此类策略。⑨螽(zhōng):即“蚱蜢”。⑩刘歆(约前 50 年—后 23 年):字子骏,汉高祖刘邦四弟楚元王刘交五世孙,西汉后期的著名学者。他不仅在儒学上很有造诣,而且在目录校勘学、天文历法学、史学、诗等方面都堪称大家。⑪赋敛:田赋,税收。⑫戾气:暴戾之气。

春秋 冬十月。

附录左传 冬,召桓公[1]逆王后于齐(召桓公,王卿士,事不关鲁,故不书,为成二年王甥舅张本)。楚人伐郑,取成[2]而还(九年、十一年《传》所称厉之役,盖在此)。郑公子曼满与王子伯廖语,欲为卿(二子,郑大夫)。伯廖告人曰:“无德而贪,其在《周易》《丰》䷶(离下震上,丰)之《离》䷝(丰上六变而为纯离也。丰上六曰:“丰其屋,蔀其家,闚其户,阒其无人,三岁不觌,凶。”义取无德而大,其屋不过三岁必灭亡),弗过之矣[3](不过三年)。”间一岁[4],郑人杀之。

春秋 七年春,卫侯使孙良夫来盟。

左传 七年春,卫孙桓子来盟(桓子,良夫),始通,且谋会晋也(公即位,卫始修好)。

穀梁传　来盟,前定也。不言及者,以国与之。不言其人,亦以国与之。不日,前定之盟不日。

解义　来盟者,先有约,言复遣使邀结[⑤]也。宣公专意事齐,不通於晋,晋将合诸侯,故使卫通鲁,俾[⑥]预於会。鲁以事齐,恐晋蓄憾[⑦],故使良夫来结言[⑧],而力任其无咎也[⑨]。然黑壤之盟[⑩],公卒见辱,盟何足恃哉[⑪]!

注释　①召桓公:周王卿士。②取成:得到对方求和。③丰、离:均为六十四卦之一。丰之离,丰卦变成离卦。④间一岁:间隔一年,首尾相合为三年。⑤邀结:邀请会集。⑥俾:使。⑦蓄:蓄怨。憾:怨恨。⑧结言:用言辞订约。⑨无咎:意思是没有过失、无所归罪。⑩黑壤之盟:鲁宣公七年(前602年),郑及晋讲和,冬,晋侯、郑伯等盟于黑壤,周天子派王叔桓公到会监临,以谋不睦。⑪何足:哪里值得。恃:依赖,依靠。

春秋　夏,公会齐侯伐莱[①](莱,杜注:莱国,东莱黄县。今山东黄县有莱山东南有莱子故城)。

左传　夏,公会齐侯伐莱,不与谋也。凡师出,与谋曰及,不与某曰会(皆据鲁而言。师者,国之大事,故详其出以例别之)。

春秋　秋,公至自伐莱。

春秋　大旱。

解义　莱近於齐,与鲁无怨,齐志在并兼,后卒灭之而迁于郳,则其伐莱不过陵弱暴寡[②]之师耳。宣公屈意从齐,助人为虐,不知自愧,而策勋[③]於庙,是诬其祖也。且螽灾之后,妄兴师旅,征役怨咨[④],薄阴阳之和,故大旱继之,比事以观,而公无恤民[⑤]之心具见矣。

注释　①莱:国名,在现今山东省昌邑县东南。②陵弱暴寡:指欺凌弱小者和少数。③策勋:记功勋于策书之上。④征役：赋税与徭役。怨咨：怨恨嗟叹。⑤恤民：指忧虑人民的疾苦。

附录左传　赤狄侵晋，取向阴[1]之禾（此无秋字，盖阙文。晋用桓子谋，故纵狄）。

春秋　冬，公会晋侯、宋公、卫侯、郑伯、曹伯于黑壤[2]（黑壤，晋地，一名黄父，今山西沁水县西北有黑岭）。

左传　郑及晋平，公子宋之谋也（宋子公弑灵公，故谋从晋，以求媚），故相[3]郑伯以会。冬，盟于黑壤，王叔桓公临[4]之，以谋不睦（王叔桓公，周卿士，将王命以监临诸侯，不同歃者，尊卑之别）。晋侯之立也（在二年），公不朝焉，又不使大夫聘，晋人止公于会，盟于黄父。公不与盟，以赂免。故黑壤之盟不书，讳之也。

解义　据《左氏》："晋人止公于会，以赂免，而不得与盟，"《经》不书，盖旧史无其文也。先儒以为孔子讳之而曲为之说，误矣。晋灵公之篇，诸侯之会同皆不序，以灵公幼稚，虽与盟会，实赵盾专之。黑壤以后，晋始有君，复序诸侯，是则程子[5]所谓"大义数十，炳如日星"者耳。

注释　①向阴：晋地名。②黑壤：又名黄父，在今山西省冀城东北。③相：礼仪官，此处用作动词。④临：监临。⑤程子：即二程中的程颐，程颐（1033—1107），教育家。字正叔，人称伊川先生，北宋洛阳人。为程颢之胞弟。

春秋　八年春，公至自会。

解义　见止[1]逾年，以赂得免，危而获安，故告庙而书於策。宣公篡立，依倚[2]於齐、晋之间，每见止辱并以赂免，屈身辱国亦甚矣！

注释　①止：拒绝，阻止。此指不让鲁宣公参加诸侯之间的盟会。②依倚：倚靠，依傍。

春秋　夏六月，公子遂[1]如齐，至黄乃复（黄，齐竟上地）。

公羊传　其言至黄乃复何？有疾[2]也。何言乎有疾乃复？

讥。何讥尔？大夫以君命出，闻丧徐行而不反[3]（闻丧者，闻父母之丧。徐行者，不忍疾行，又为君当使人追代之。以丧喻疾者，丧尚不当反，况于疾乎？）。

穀梁传　乃者，亡乎人之辞也（谓其知有已，不知有人，虽君命邻好，不复顾念，而惟直行已意也）。复者，事毕也。不专公命也（遂以疾反，而加事毕之文者，是不使遂得专命而还也）。

解义　至黄乃复，不称有疾者。大夫受命而出，虽死以尸将命，岂可以疾而废君命耶？乃者，无其上之词，曰复，事未毕也。

注释　①公子遂：即东门襄仲、仲遂。姬姓，东门氏，名遂，字襄仲。春秋前期鲁国公族，权倾朝野的政治家，鲁庄公之子。②疾：病，身体不舒适。③反：同“返”。

春秋　辛巳，有事于大庙[1]，仲遂卒于垂（垂，杜注：齐地。当在今山东平阴县境）。

公羊传　仲遂者何？公子遂也。何以不称公子？贬。曷为贬？为弑子赤贬（事在文十八年）。然则曷为不于其弑焉贬？于文则无罪。于子则无年（此解文十八年秋如齐不贬意也。言若于十八年加贬则嫌有罪于文公，无罪于子赤矣。无年，言子赤之立即在文十八年，当丧未君不及改元，故曰无年）。

穀梁传　为若反命而后卒也（先言复后书卒，则知已反命于君，而后卒，不使其违命专归也）。此公子也，其曰仲何也？疏之也。何为疏之也？是不卒者也（遂与宣公共弑子赤。例应不书卒），不疏，则无用见其不卒也（若书公子，则与正卒者同，故去公子以见之）。则其卒之何也？以讥乎宣也。其讥乎宣何也？闻大夫之丧，则去乐，卒事（当去龠万，以终祭事，言今不然）。

解义　有事者时祭也，常事不书，此何以书？以仲遂卒於此日，而下有犹绎去龠之事也[2]。遂何以不称公子，而书字？生而赐氏，俾[3]世其官也。季友[4]有援立之功，僖公德[5]之；仲遂主篡弑之谋，宣公德之；皆生而赐氏，变易王法，以开世卿[⑥]擅权[⑦]之渐，鲁政自是衰矣。翚[⑧]不书卒，而遂书卒何也？既诛首恶，以存王法，则其馀从同，与桓[⑨]不书王，而宣皆书王同义。

注释 ①有事于大庙：指鲁国在太庙举行禘祭。②绎：周礼称正祭之次日又祭为绎。籥(yuè)：古代乐器，形状像笛。此指籥舞，有乐器的舞蹈。③俾：使。④季友：春秋鲁桓公季子，即鲁桓公最小的儿子，鲁庄公弟，因手掌中生成一"友"字文，遂以为名，号成季，故称季友，又称"公孙友"。⑤僖公：鲁僖公。德：动词，则指"感激"。⑥世卿：世代承袭为卿大夫。在春秋时候出现的一种现象。⑦擅权：专权，揽权。⑧翚(huī)：公子翚，鲁大夫羽父。⑨桓：指鲁桓公。

春秋 壬午，犹绎。万入[①]，去籥。

左传 有事于大庙，襄仲卒而绎[②]，非礼也。

公羊传 绎者何？祭之明日也(绎继昨日事，但不灌地降神尔。天子诸侯曰绎，大夫曰宾尸，士曰宴尸)。《万》者何？干舞也(干，谓楯也。能为人扞难而不使害人，故圣王贵之，以为武乐。万者，其篇名)。籥者何？籥舞也□(籥所吹以节舞也。吹籥而舞，文乐之长)。其言《万》入去籥何？去其有声者(不欲令人闻之)，废其无声者(废，置也。置者，不去也，齐人语)，存其心焉尔。存其心焉尔者何？知其不可而为之也。犹者何？通可以已也。

穀梁传 犹者，可以已之辞也。绎者，祭之旦日之享宾也(旦日，明日也)。万入，去籥。以其为之变(为卿卒而变常礼)，讥之也。

解义 绎者，祭之明日复祭，以宾尸[③]也。万舞无声，籥则有声者也。鲁以仲遂甫[④]卒，故万入去籥，犹者可已之辞。礼大夫卒当祭则不告，终事而闻则不绎，不告者恐君哀戚，所以重宗庙也，不绎者，以厚股肱所以砺臣节也[⑤]。仲遂弑君，宣公苟[⑥]知大义,则始宜正[7]乱贼之诛,既与之同恶而任为大夫,则终当循遇[8]臣之礼。至於万入去籥,又非所以尽事先之诚,直书而其义皆著矣。

注释　①万:舞名。②绎:连续不绝。③宾尸:祭祀名,指卿大夫于祭祀的次日再祭。④甫:刚刚,才。⑤厚:重。股肱:比喻左右辅佐之臣。砺:磨炼。臣节:人臣的节操。⑥苟:如果,假使。⑦正:正法,治罪。⑧遇:指优待。

春秋　戊子,夫人嬴氏薨[1](《公羊》、《穀梁》俱作熊氏)。

解义　敬嬴称夫人,自成风[2]以后遂为鲁之故典[3]也。《春秋》於风氏始卒凡四贬之,於嬴氏无贬,从同也。然既书夫人姜氏归于齐,又书夫人嬴氏薨,比事[4]以考之,则出姜为文公夫人,而敬嬴之非嫡明矣。

注释　①夫人嬴氏:鲁宣公之母敬嬴。薨:死。②成风:鲁僖公之母。③故典:指旧的规章制度等。④比事:指排列比较史实。

春秋　晋师、白狄伐秦(白狄始见《经》)。

左传　八年春,白狄及晋平。夏,会晋伐秦(《经》在仲遂卒下,从赴)。晋人获秦谍[1],杀诸绛市,六日而苏[2](盖记异也)。

解义　晋所以为盟主者,以其安内攘外修方伯[3]之职也。自赵穿侵崇,秦、晋之争复起,晋人但知连白狄以攻秦,而不知楚人狡焉启疆[4],国势益张,中夏[5]诸侯将折而入楚,适足[6]以自困也。下书舒蓼之灭,比事以观,而晋之失图[7]具见矣。

注释　①谍:间谍。②苏:死而复生。③方伯:古代诸侯中的领袖之称,谓一方之长。④启疆:开拓疆域。⑤中夏:中原。⑥适足:指充足适度。⑦失图:失去谋划。

春秋　楚人灭舒蓼(《穀梁》作舒鄝,杜注:舒蓼,二国名,或曰地谱上义阳之蓼,不与群舒近,蓼已灭于楚,见文五年,此即如舒鸠、舒庸盖一国也。今江南庐江县西故舒城是其地)。

左传 楚为众舒叛,故伐舒蓼,灭之。楚子疆之,及滑汭[①](滑,水名,当在今江南庐州府东境,水之隈曲曰汭,盖楚拓疆至滑汭之界)。盟吴、越而还(吴国,今江南苏州,成七年始见《经》。越国,今浙江会稽,昭五年始见《经》。《传》言楚强,吴、越服从)。

解义 楚人观兵问鼎[②],知晋不足忌[③],乃灭舒蓼,盟吴、越。其谋益远,其势益张,然后北乡争权。此陈、郑所以不支,而晋卒为所挫也。

注释 ①及滑汭:到达滑水的转弯处。汭(ruì):河流的弯曲处。②观兵问鼎:公元前606年(楚庄王八年)楚庄王率军伐陆浑之戎(在今河南嵩县及伊川县镜),到达洛水。楚军在东周都城洛邑郊外列兵布阵,史称"观兵于周郊",周定王被迫派王孙满慰劳楚军,历史典故"观兵问鼎"就源出于此。问鼎:直接意思是指图谋夺取政权。③忌:害怕,畏惧。

春秋 秋七月甲子,日有食之,既。

附录左传 晋胥克有蛊疾[①],郤缺为政[②](代赵盾)。秋,废胥克。使赵朔[③]佐下军(朔,盾之子,代胥克,为成十七年胥童怨郤氏张本)。

春秋 冬十月己丑,葬我小君敬嬴[④](敬嬴,《公羊》、《穀梁》作顷熊)。

左传 冬,葬敬嬴。旱,无麻,始用葛茀[⑤](记礼变之所由。茀,所以引柩,殡则有之,以备大葬则以下柩)。

解义 敬嬴薨称夫人,葬称小君,与成风[⑥]同义。然子般、闵公之弑[⑦],非成风所知也,敬嬴则与闻乎故矣。《春秋》於成风特文,以著其过,而敬嬴无异文,以其不待贬而恶见也。

注释 ①蛊疾:心志惑乱之疾。②为政:为执政的官。③赵朔:赵盾之子,代胥克佐下军。④敬嬴:鲁宣公之母。⑤茀

(fú):牵挽棺材的绳索。⑥成风:鲁僖公之母。⑦子般、闵公之弑:前662年,鲁庄公卒,季友按照庄公的命令,立子般(斑)为君。即位两个月,庆父使圉人荦杀鲁公子般(斑)於党氏。庆竟立庄公子启,是为鲁闵公。在位2年。庆父使卜齮袭杀鲁闵公於武闱。

春秋　雨,不克葬。庚寅,日中而克葬。

左传　雨,不克葬,礼也。礼,卜葬[①],先远日[②],辟不怀也(怀,思也。曲礼云:凡卜筮、丧事先远日,辟不思其亲,急欲葬也。今若冒雨而葬,是亦不思其亲矣,故举以证其合礼)。

公羊传　顷熊者何?宣公之母也(楚女熊姓。谥曰顷)。而者何?难也。乃者何(言定公书日下昃乃克葬)?难也(难者,难不得以正日葬其君)。曷为或言而或言乃?乃难乎而也。

穀梁传　葬既有日,不为雨止,礼也。雨,不克葬,丧不以制也(言雨具未备,非君丧之制)。而,缓辞也,足乎日之辞也(此日中克葬,足乎日,故云缓。定十五年,"日下昃,乃克葬",故云"乃,急辞也"。是二文相对为缓急也)。

解义　雨不克葬,讥无备也。潦车载簑笠,士丧礼也。有国家者乃不能为雨备乎?定十五年,日下昃[③]乃克葬,乃者难辞,承日下昃而言也。此曰而克葬,缓辞也,足乎日之辞也。胡氏安国以雨不克葬,为敬嬴阴谋篡弑之咎征[④],非也。孔子合葬於防[⑤],以雨甚而墓崩,亦得谓咎征乎?《春秋》之义,平易正直,而以曲说附之,过矣!

注释　①卜葬:占卜葬日。②先远日:古时占卜葬期,由远及近。此月下旬先卜来月下旬,不吉则卜中旬,又不吉则卜上旬。如此则可以避免不怀念父母的嫌疑。③昃(zè):太阳偏西。④咎征:过失的报应;灾祸应验。⑤孔子合葬於防:孔子之母颜氏死后,孔子将其与父亲合葬于防山。防,防山,位于山东省曲阜市东邻。

春秋 城[①]平阳(平阳,杜注:泰山有平阳县,今山东新泰县西北平阳故城是也)。

左传 城平阳,书,时也[②]。

解义 惧[③]晋故也。方举大丧,又城平阳,重困民力,故虽时亦书。

注释 ①城:筑城。②时也:合乎时宜。③惧:畏惧,惧怕。

春秋 楚师伐陈。

左传 陈及晋平。楚师伐陈,取成[①]而还(言晋、楚争强)。

解义 舒蓼,楚之与国,无罪而见灭,此陈所以惧而叛楚也。使晋君臣能恐惧改图,内修政教,外彰信义,以固诸侯之心,尚可以遏楚锋而力疲於秦。交疏[②]於齐、宋,故不能御楚以保陈、郑,而霸业为之颓[③],惜哉!

注释 ①取成:迫使陈国求和。②交疏:交情疏浅;交往不深。③颓:衰败。

春秋 九年春王正月,公如齐。公至自齐。

春秋 夏,仲孙蔑[①]如京师。

左传 九年春,王使来征聘[②](征,召也。征聘不书,微加讽谕,不指斥)。夏,孟献子聘于周,王以为有礼,厚贿之。

解义 宣公即位九年,两朝於齐,今又亲往,於周则不闻入见,待其来征而后一遣大夫往聘,傎[③]矣。且诸侯宜朝正[④]於王,今正月朝齐,夏乃聘周,悖慢[⑤]尤甚,所谓不待贬绝[⑥]而恶见者也。

注释 ①仲孙蔑:即孟献子(?—前554年),姬姓,鲁国孟孙氏第5代宗主,名蔑,世称仲孙蔑,謚号献,是孟文伯的儿子。②征聘:天王使臣前来,征求鲁国派人前往京师聘问。③傎(diān):倒乱失次。④朝正:周代每逢新年,诸侯要向周天子

"朝正"，即朝贺新年。⑤悖慢：违逆不敬；背理傲慢。⑥贬绝：指贬抑至极点。

春秋　齐侯伐莱。

解义　狄比[1]侵齐不敢报，而亟[2]伐莱，畏强凌弱之情见矣。

注释　①比：连续，频频。②亟：屡次。

春秋　秋，取根牟[1]（根牟，杜注：东夷国琅琊阳都县东有牟乡，在今山东沂水县南）。

左传　秋，取根牟，言易也。

公羊传　根牟者何？邾娄之邑也。曷为不系乎邾娄？讳亟也（亟，疾也。属有小君之丧，邾娄子来加礼，乃未期而取其邑，故讳不系邾娄也）。

解义　根牟，小国也，在鲁东界。《经》讳灭言取，与取鄟、取邿同义[2]。

注释　①根牟：国名，在现今山东省沂水县南部。②鄟（zhuān）：国名，在今山东省郯城县东北。邿（shī）：国名，在今山东省济宁市东南。

春秋　八月，滕子[1]卒。

左传　滕昭公卒（为宋围滕传）。

解义　此滕昭公也。隐[2]七年，书滕侯卒，至是书子，亦时王所黜[3]。

注释　①滕子：滕昭公，即姬元（姬寿），为春秋诸侯国滕国君主。在位41年。②隐：鲁隐公。③时王：指当时在位的周定王。黜：罢免。

春秋　九月，晋侯、宋公、卫侯、郑伯、曹伯会于扈[1]。

春秋　晋荀林父[2]帅师伐陈。

左传　会于扈，讨不睦[3]也（谋齐、陈）。陈侯不会（前年与楚成故）。晋荀林父以诸侯之师伐陈。晋侯卒于扈，乃还。

解义 讨陈而先会于扈者，以陈被楚兵[④]，晋不能救，或从楚非其本愿，故会以待之，待而不至，则伐之为有名。然晋实不能庇陈，俟楚之归而释憾焉[⑤]，义岂足以相服哉？不书诸侯之师，而曰林父帅师者，在会诸侯皆以师听命，而林父兼将之也。

注释 ①扈：郑地名，在今河南省原阳县西。②荀林父（？—前593年）：姬姓，中行氏，名林父。因任中行之将，故以中行为氏。春秋中期晋国正卿，中军元帅，名将。③讨不睦：征讨不睦于晋之诸侯。④兵：攻击。⑤俟：等待。释憾：指借事报复以解恨。

春秋 辛酉，晋侯黑臀[①]卒于扈。

公羊传 扈者何？晋之邑也。诸侯卒其封内不地，此何以地？卒于会，故地也。未出其地，故不言会也。

穀梁传 其地，于外也。其日，未逾竟也（《传》例："诸侯正卒则日，不正则不日。"逾竟亦不日）。

春秋 冬十月癸酉，卫侯郑[②]卒。

解义 晋、卫二君何以卒而不葬？鲁不会也。良夫之盟，卫欲为晋致鲁，及黑壤见止，怀憾[③]实深，是以扈之会鲁独不往，二国继以丧赴亦皆不会，此所谓无其事而阙[④]其文者也。

注释 ①晋侯黑臀：晋成公（？－前600年）姬姓，名黑臀，晋文公的儿子，晋襄公的弟弟，晋灵公的叔叔，母亲是周王室女子。前607年，赵穿杀晋灵公之后，赵盾让赵穿从周京迎来襄公的弟弟黑臀，让他即位，这就是成公。②卫侯郑：卫成公，姬姓，卫氏，名郑。卫国第21代国君，前634年—前633年、前631年—前600年在位。他是卫文公之子，卫中废公之兄，卫穆公之父。③怀憾：怀抱遗憾。④阙：缺少。

春秋 宋人围滕。

左传 冬，宋人围滕，因其丧也。

解义　滕方有丧,礼宜吊恤[①],乃用众以围之,不仁也。晋政不竞[②],诸侯私相侵伐,观齐、宋之擅兵则知不能御楚之由矣。

注释　①吊恤:慰问抚恤。②竟:追究。

春秋　楚子伐郑。晋郤缺[①]帅师救郑(自是晋、楚交伐郑)。

左传　楚子为厉之役故,伐郑(六年,楚伐郑,取成于厉。既成,郑伯逃归。事见十一年传)。晋郤缺救郑,郑伯败楚师于柳棼(柳棼,杜注:郑地)。国人皆喜,唯子良忧曰:"是国之灾也,吾死无日矣(十二年,卒有楚子入郑之祸)。"

解义　五年[②],晋荀林父帅师救郑,《经》不书,以郑方有弑君之乱也。据明年,《传》载郑人讨乱,斫[③]归生之棺而逐其族,则此年归生已毙矣,故录晋之救,凡此类乃笔削[④]之精义,非旧史所能与也。

注释　①郤(xì)缺:姬姓,郤氏,名缺,即郤成子,春秋时期晋国上卿。②五年:指鲁宣公五年。③斫:用刀、斧等砍劈。④笔削:指删改订正。

春秋　陈杀其大夫洩冶[①](洩,《公羊》、《穀梁》作泄)。

左传　陈灵公与孔宁、仪行父[②]通于夏姬(二子,陈卿。夏姬,郑穆公女,陈大夫御叔妻),皆衷其衵服以戏于朝(衷,怀也。衵服,亵衣)。泄冶谏曰:"公卿宣淫[③],民无效[④]焉,且闻不令[⑤],君其纳之[⑥](纳藏衵服)。"公曰:"吾能改矣。"公告二子,二子请杀之,公弗禁,遂杀泄冶。孔子曰:"《诗》云:'民之多辟,无自立辟。'其泄冶之谓乎(辟,邪也。辟,法也。《诗·大雅》言邪辟之世,不可立法。国无道,危行言逊)!"

穀梁传　称国以杀其大夫,杀无罪也。泄冶之无罪如何?陈灵公通于夏征舒之家,公孙宁、仪行父亦通其家。或衣其衣,或衷其襦[⑦],以相戏于朝。泄冶闻之,入谏,曰:"使国人闻之则犹可,使仁人闻之则不可。"君愧于泄冶,不能用其言而杀之。

解义 称国以杀者,君与用事大臣同杀之也;称杀其大夫,见泄冶不失其官守也。胡氏安国[8]主《左传》、《家语》谓泄冶仕於乱朝,怀宠不去,非孔子所取,误矣。邦无道,危行言孙[9],为不仕。而高尚者言之也,人臣以身许国,既受事任不独缄默;取容以立辟为戒[10],乃鄙夫之术,即洁身而去亦卑贱,踈远[11]之臣则可耳,黄氏仲炎[12]以为孔子之言其见卓矣。

注释 ①洩冶:又作泄冶,春秋时期陈国大臣,因谏陈灵公与夏姬私通之事而被陈灵公所杀。②孔宁、仪行父:二人皆陈国之卿。③宣淫:宣扬、炫耀淫乱之行。④民无效:民众无所效法。⑤且闻不令:而且传扬开去名声不好。⑥纳之:将夏姬之衣收藏起来。⑦衷:贴身穿着;穿在里面。襦(rú):短衣,短袄。⑧胡安国(1074—1138):南宋时期的著名经学家和湖湘学派的创始人之一。字康侯,号青山,学者称武夷先生,后世称胡文定公。⑨邦无道,危行言孙:意思是国家政治黑暗,就要言行谦虚谨慎。⑩取容:曲从讨好,取悦于人。辟:同"避"。⑪踈远:不亲密,关系远。踈:同"疏"。⑫黄氏仲炎:即黄仲炎,宋代史学家、经学家,著有《春秋通说》十二卷等。

春秋 十年春,公如齐。公至自齐。

左传 十年春,公如齐。

解义 比年朝正[1],即用此以事周,亦过六年一朝之制矣。屈体以谄强邻[2],辱国莫大焉。

注释 ①比年:每年。朝正:也称"贺正"、"元会"。指大臣在新年向皇帝拜贺。周代每逢新年,诸侯要向周天子"朝正",即朝贺新年。②谄:谄媚,奉承,巴结。

春秋 齐人归我济西田。

左传 齐侯以我服故,归济西之田(公比年朝齐故)。

公羊传 齐已取之矣,其言我何(据归欢及阐,齐已取不言我)?

言我者未绝于我也。曷为未绝于我？齐已言取之矣，其实未之齐也(其人民贡赋尚属于鲁，实未归于齐。不言来者，明不从齐来)。

穀梁传　公娶齐，齐由以为兄弟，反[①]之(齐由以婚族，故还鲁田。妇之党为婚兄弟)。不言来，公如齐受之也。

解义　宣公德[②]齐惠之援，已顺其所欲，既赂以田，复以女妻其臣，会兵伐莱，每岁往朝，故齐侯悦其屈谄，而归济西之田。其曰我者，济，《经》齐、鲁有鲁济、有齐济，所归之田，乃鲁济也。

注释　①反：同"返"。②德：感激。

春秋　夏四月丙辰，日有食之。

春秋　己巳，齐侯元[①]卒。

春秋　齐崔氏[②]出奔卫。

左传　夏，齐惠公卒。崔杼有宠于惠公，高、国[③]畏其逼也(崔杼，齐大夫。高、国二氏，齐正卿)，公卒而逐之，奔卫。书曰"崔氏"，非其罪也，且告以族，不以名(典策之法，告者皆当书以名，今齐特以族告，《春秋》因之不改)。凡诸侯之大夫违[④](违，奔放也)，告于诸侯曰："某氏之守臣某(上某氏姓，下某名)，失守宗庙，敢告。"所有玉帛之使者[⑤]，则告(玉帛之使谓聘)，不然，则否(恩好不接，故亦不告)。

公羊传　崔氏者何？齐大夫也。其称崔氏何(据齐高无咎出奔名。此书崔氏与隐公三年书尹氏同)？贬。曷为贬(据外大夫奔不贬)？讥世卿，世卿非礼也(复见讥者，嫌尹氏王者大夫，职重不当世，诸侯大夫任轻可世，故重发之)。

穀梁传　氏者，举族而出之之辞也。

解义　出奔而书崔氏，盖尽族而行，且告以氏，不以名也。许翰以谓崔杼出而能反[⑥]，反而能弑，以其宗强，故《春秋》特举氏乃辨之，早非也。《左氏》见襄[⑦]二十五年，齐崔杼弑其君，因谓出奔者即杼，不知此距杼之为逆凡五十有一年。古者四十而仕,五十为大夫,不闻杼之年寿遂致耄期[8],若以世卿少而得政,则奔时年未及冠,不宜遂逼高、国,《左氏》所传恐未可尽信也。

注释 ①齐侯元:即齐惠公,姜姓,吕氏,名元,齐桓公之子公子元,公子无亏、齐孝公、齐昭公、齐懿公之弟,在位十年(前608年—前599年)。②齐崔氏:即崔杼,齐国正卿。③高、国:即高氏和国氏两族,二氏世代为齐国上卿。④违:离开国家。⑤玉帛之使者:通玉帛聘问之友好国家。⑥反:同"返"。⑦襄:鲁襄公。⑧耄期:高年。

春秋 公如齐。五月,公至自齐(公如齐止此)。

左传 公如齐奔丧[1]。

解义 宣公於匡王[2]之丧不奔,欲举郊祀[3],而奔齐惠公之丧。匡王之葬使微者往,而以贵卿葬齐惠公,盖济田之归重以为德[4],故闻丧而奔,以报其赐也。鲁之事齐过於天王,而齐之视鲁不啻[5]附庸,其反易天常而无忌惮[6]甚矣。

注释 ①奔丧:在外闻其亲丧,奔而归也。②匡王:周匡王,名姬班(?—前607年)。周顷王子。顷王死后继位。在位6年,病死,葬处不明。③郊祀:古代于郊外祭祀天地,南郊祭天,北郊祭地。郊谓大祀,祀为群祀。④德:恩惠。⑤不啻:不异于。⑥忌惮:对某些事或物有所顾忌、顾虑,表现为害怕、顾虑畏惧。

春秋 癸巳,陈夏徵舒弑其君平国[1]。

左传 陈灵公与孔宁、仪行父饮酒于夏氏[2]。公谓行父曰:"徵舒似女(徵舒,夏姬子,陈大夫)。"对曰:"亦似君。"徵舒病[3]之。公出,自其厩射而杀之[4]。二子[5]奔楚。

解义 弑君之贼既得其主名,则直书以正乱贼之罪,《春秋》常法也,先儒多为曲说[6]。胡氏安国所谓见泄冶忠言之验[7]灵公见弑之由亦非本义,盖《春秋》於见弑之君皆不言所由,与大夫出奔不言逐者同义,皆深探其本以为世戒也。

注释　①夏徵舒：字子南，陈国大夫，其父名夏御叔，又称少西氏。其母夏姬。平国：即陈灵公（？—前599年），妫姓，陈氏，名平国，春秋时期陈国的第十九任国君，在位期间是前613年－前599年。②夏氏：陈国大夫夏征舒家。③病：愤。④自其厩射而杀之：从马厩里射杀灵公。⑤二子：孔宁、仪行父。⑥曲说：不符合常理的解说。⑦验：验证。

春秋　六月，宋师伐滕。

左传　滕人恃[①]晋而不事宋，六月，宋师伐滕。

解义　春秋时，诸侯每间[②]霸国之多故以陵小弱，故宋之於滕，齐桓卒而执其君，晋政衰而围之、伐之，以逞志焉。胡氏安国责宋不能讨陈，义虽正而远於事情，宋鲍[③]与闻乎弑以篡得国，而责之讨贼，误矣。

注释　①恃：依赖，仗着。②间：参与。③宋鲍：即宋文公，宋国第二十三任君主，在位22年（前610年—前589年），本名子鲍，又名公子鲍。宋昭公之庶弟。

春秋　公孙归父[①]如齐，葬齐惠公。

解义　鲁宣深德[②]齐侯之定其位，而又归济西田，故生则屈谄以事之，没[③]则亲奔其丧，又遣贵卿会葬焉。归父，仲遂之子也，父主篡弑，子擅国权，外结强邻，内逢君恶，乱臣贼子交得其志，恣[④]行非度，岂非王纲纵弛[⑤]，九伐[⑥]不行，而霸政亦衰之，故与此孔子所以不没桓、文[⑦]之功也。

注释　①公孙归父（生卒年不详）：姬姓，东门氏，名归父，字子家。春秋中期鲁国上卿，鲁庄公之孙，故曰公孙归父，东门襄仲之子。前600年，其父东门襄仲寿终正寝，临终前交代公孙归父为卿，参与国政。②德：感激。③没：死亡。④恣：放纵，无拘束。⑤纵弛：放纵恣肆。⑥九伐：古代指对九种罪恶的讨伐。⑦没：隐没。桓、文：指齐桓公、晋文公。

春秋 晋人、宋人、卫人、曹人伐郑。

左传 郑及楚平（前年败楚师，恐楚怒，故与平）。诸侯之师伐郑，取成[1]而还。

解义 晋霸之衰，皆由赵盾[2]专政庇其同类，齐、鲁、宋、郑弑君之贼皆置而不问，故诸侯皆有离心。今陈有弑君之贼，若晋能合诸侯以讨之，则桓、文之功立就矣，何患郑之不服乎？乃率三国以争郑，而以讨贼遗楚，晋可谓无人矣。

注释 ①取成：媾和。②赵盾（？—前601年）：嬴姓，赵氏，名盾，谥号宣，时人尊称其赵孟，史料中多称之赵宣子、宣孟，春秋中前期晋国卿大夫，赵衰之子，杰出的政治家、战略指挥家。晋文公之后，晋国出现的第一位权臣，集军政大权于一身，担任执政，号称正卿，法治晋国。可谓“治世之能臣，乱世之雄才”。

春秋 秋，天王使王季子来聘（王聘止此）。

左传 秋，刘康公来报聘[1]（报孟献子之聘，康公即王季子也。其后食采于刘）。

公羊传 王季子者何？天子之大夫也。其称王季子何（据叔服不系王，不称子，王札子不称季）？贵也。其贵奈何？母弟也（子者，王子也。天子不言子弟，故变文，书季系先王以明之）。

穀梁传 其曰王季，王子也。其曰子，尊之也。聘，问也。

解义 宣公篡立，至是十年不朝於周，而比年[2]朝齐；不奔王丧而奔齐侯之丧；使微者葬匡王，而贵卿葬齐侯；纵王讨不加绝不与通可也，乃使王季子来聘，不亦悖乎？自是王聘不见於《经》，非孔子削而不书，盖诸侯不以王命为重轻，而王亦不复遣使耳，寥寥百有馀年，而后石尚以归脤录[3]，自是天王之名号亦不见於《经》矣。

注释 ①刘康公：即王季子。刘为采邑，地在今河南省偃师县南。报聘：回报、聘问。②比年：连年。③石尚：春秋时周朝大夫。归脤(shèn):指赠送祭社稷或祭宗庙所用的生肉。归,通“馈”。

春秋　公孙归父帅师伐邾,取绎(绎,《公羊》作蘱,杜注:邾邑,鲁国邹县北有绎山。今峄山在邹县东南,盖县治徙山北也)。

左传　师伐邾,取绎(为子家如齐传)。

解义　鲁之伐邾、取绎,与宋之间晋而伐滕同,胡氏安国皆责以不能讨陈。夫禁暴诛乱王者之师,其次惟霸主乃能假①之。鲁宣篡弑之恶,视宋鲍②有加焉,岂可责以讨贼乎?

注释　①假:代理。②宋鲍:即宋文公,宋国第二十三任君主,在位22年(前610年—前589年),本名子鲍,又名公子鲍。宋昭公之庶弟。

春秋　大水。

春秋　季孙行父①如齐。

左传　季文子初聘于齐(齐侯初即位)。

春秋　冬,公孙归父②如齐(宣公聘齐止此)。

左传　冬,子家如齐,伐邾故也(恐为齐讨,故往谢)。

解义　鲁君臣三如齐,是年二卿又相继而往,盖篡弑之谋仲遂主之,行父助之。齐新立君,恐以旧事声讨,故谄附以自托耳③,左氏谓归父之使以伐邾故,恐犹未得其情也。

注释　①季孙行父(?—前568年),即季文子。春秋时期鲁国的正卿,前601年—前568年执政。姬姓,季氏,谥文,史称“季文子”。②公孙归父:即子家,鲁臣。③谄附:逢迎趋附。自托:自己有所依托。

春秋　齐侯使国佐①来聘。

左传　国武子来报聘②(报文子也)。

解义　鲁君臣事齐甚谨,未闻报聘。今齐侯丧未逾年,而命使来鲁,盖议连兵伐莒故。若是其亟③也,居丧而聘邻国,考之於礼虽无明禁,然以《春秋》所书按之王聘及求金不称王使,而齐侯称使,则恶其即吉而亲命聘使可知矣。

注释 ①国佐:即国武子。②报聘:指派使臣回访他国。③亟:急切。

春秋 饥。

公羊传 何以书?以重书也(王政以民食为重)。

春秋 楚子伐郑。

左传 楚子伐郑。晋士会[1]救郑,逐楚师于颍北[2](颍,杜注:颍水出河南阳城,至下蔡入淮)。诸侯之师戍郑。

解义 左氏称晋士会救郑,逐楚师于颍北,诸侯之师戍郑,先儒据此谓《经》削晋救意不以楚为罪,皆由误以称爵为褒,故曲为之说耳。《经》所不书有可据,《传》以为义者必於《经》有考也。元年,《经》书赵盾救陈,而《传》兼救宋,观宋公旋会晋师于棐林,则《传》所称救宋为得其实,而《经》削之,以宋有应讨之罪而不当救可知矣。下年夏,楚子、陈侯、郑伯盟于辰陵则是冬,《传》称晋师救郑,逐楚师诸侯留戍,非其实矣。

附录左传 郑子家[3]卒。郑人讨幽公之乱[4],斫[5]子家之棺而逐其族(以四年弑君故也。斫薄其棺,不使从卿礼)。改葬幽公,谥之曰灵(灵公初谥:"幽")。

注释 ①士会(约前660年—前583年):即范武子,祁姓,士氏,名会,字季,因封于随,称随会;封于范,又称范会;以大宗本家氏号,又为士会。春秋时期晋国大夫。②颍北:颍水之北。颍水源于河南省登封县嵩山西南。③郑子家:即郑公子归生,又名声子。郑国宗室。④幽公之乱:指郑公子归生弑其君夷一事。⑤斫(zhuó):砍、剖。

卷二十九

宣公(十一年之十三年)

春秋　十有一年春王正月。

春秋　夏,楚子、陈侯、郑伯盟于辰陵(辰陵,《穀梁》作夷陵,杜注:陈地。颍川长平县东南有辰亭。在今河南陈州西南)。

左传　十一年春,楚子伐郑,及栎[①]。子良曰:"晋、楚不务德而兵争,与其来者[②]可也。晋、楚无信,我焉得有信。"乃从楚。夏,楚盟于辰陵,陈、郑服也。

解义　是时,楚庄盛强,主盟中国[③]。盖齐、晋方有事於莒、狄,各营其私,置乱贼而不问。陈、郑知中国不足恃[④],故折[⑤]而附楚也。

注释　①栎:郑国别都,在今河南省禹县。②与其来者:与来者交好,不必守信。③主盟:主持会盟。中国:中原。④恃:依赖。⑤折:折身,曲身。

附录左传　楚左尹子重侵宋(子重,公子婴齐,庄王弟),王待诸郔(郔,杜注:楚地。在今河南项城县境)。令尹蔿艾猎城沂(艾猎,孙叔敖也。沂,杜注:楚邑。在今河南真阳县境),使封人虑事(封人,其时主筑城者;虑事,谋虑计功),以授司徒(司徒掌役)。量功命日[①](命作日数),分财用[②](财用,筑作具),平板干(干,桢也。墙两头立木,板在两旁。障土者,平等其高下),称畚筑[③](量轻重。畚,盛土器),程土物[④](为作程限),议远迩(均劳逸),略基趾[⑤](略,行也;趾,城足),具糇粮(糇,干食也),度有司[⑥](谋监主),事三旬而成,不愆于素(不过素所虑之期也。《传》言叔敖之能使民)。

春秋　公孙归父会齐人伐莒。

春秋　秋,晋侯会狄于欑函(欑函,杜注:狄地)。

左传 晋郤成子求成于众狄，众狄疾赤狄之役[⑦]，遂服于晋（赤狄潞氏最强，故服役众狄）。秋，会于欑函，众狄服也。是行也。诸大夫欲召狄。郤成子曰："吾闻之，作德，莫如勤，非勤，何以求人？能勤有继[⑧]，其从之也（勤则功继之）。《诗》曰：'文王既勤止（《诗·颂》文王勤以创业）。'文王犹勤，况寡德[⑨]乎？"

穀梁传 不言及，外狄也。

解义 陈夏徵舒[⑩]为乱，楚方伸大义於天下。晋为霸主，乃孜孜[⑪]於群狄，至往会焉，卑亦甚矣，直书其事，深讥之也。

注释 ①量功命日：计算工程总量，预计完工日期。②分财用：按工程分配材料用具。③称畚筑：使运土之功与筑土之功相称。筑，筑土的杵。④程土物：计算土方和材木。⑤略基趾：巡视城墙基址的走向、地形、土质等情况。略，巡视。⑥度有司：测试考察筑城官员是否有能力，是否称职。⑦众狄疾赤狄之役：众狄，泛指白狄的一些分支。赤狄潞氏最强，众狄受其奴役，故怨恨赤狄而归晋。⑧继：结果。⑨寡德：德行寡浅之人。自谦之辞。⑩夏徵舒：字子南，陈国大夫，其父名夏御叔，又称少西氏。⑪孜孜：专心一意。

春秋 冬十月，楚人杀陈夏徵舒。

公羊传 此楚子也，其称人何（据下入陈称子）？贬。曷为贬（据徵舒有罪）？不与外讨也（辟天子）。不与外讨者，因其讨乎外而不与也，虽内讨亦不与也（虽自讨其臣下，亦不得与）。曷为不与？实与而文不与。文曷为不与？诸侯之义不得专讨也。诸侯之义不得专讨，则其曰实与之何？上无天子，下无方伯[①]，天下诸侯有为无道者，臣弑君，子弑父，力能讨之，则讨之可也。

穀梁传 此入而杀也，其不言入何也（据入国乃得杀）？外徵舒于陈也。其外徵舒于陈何也？明楚之讨有罪也（若书楚子入陈杀夏徵舒，则入者内不受，是无以表徵舒之悖逆，故先言杀）。

春秋　丁亥,楚子入陈。

榖梁传　入者,内弗受也。日入,恶入者也。何用弗受也?不使夷狄为中国[2]也。

解义　徵舒在株林[3],为陈南邑,楚庄先经其地执而杀之,而后入陈,不言楚子而称人,讨贼之文也。然当时楚实利陈,后虽听申叔时[4]之说,能复封陈,而置夏州纳乱臣,存亡兴灭,顾若是乎?舜跖之分[5],其始在善利之间耳。讨贼者,众人之公义,故杀徵舒书楚人;县陈[6]者,一人之贪心,故入陈书楚子。罪人既得,其入也何为哉?胡氏安国谓不书取陈而书入,为未灭之辞,非也,楚实未尝取陈,以实书耳。

注释　①方伯:古代诸侯中的领袖之称,谓一方之长。②中国:中原。③株林:株邑的郊外。株,陈国邑名,在今河南省西华县西南,夏亭镇北。④申叔时:楚大夫。⑤舜跖,虞舜和盗跖的并称。指圣人和恶人。⑥县陈:以陈为楚县。县用作动词。

春秋　纳公孙宁、仪行父[1]于陈(宁,《公羊》作甯)。

左传　冬,楚子为陈夏氏乱故,伐陈(十年,夏徵舒弑君)。谓陈人无动[2],将讨于少西氏[3](少西,徵舒之祖子夏之名)。遂入陈,杀夏徵舒,轘诸栗门[4](轘,车裂也。栗门,陈城门),因县陈(灭陈以为楚县)。陈侯[5]在晋(灵公子成公午)。申叔时使于齐(申叔时,楚大夫),反,复命而退。王使让之曰:"夏徵舒为不道,弑其君,寡人以诸侯讨而戮之,诸侯、县公皆庆寡人(楚县大夫皆僭称公),女独不庆寡人,何故?"对曰:"犹可辞[6]乎?"王曰:"可哉!"曰:"夏徵舒弑其君,其罪大矣,讨而戮之,君之义也。抑[7]人亦有言曰:'牵牛以蹊[8]人之田(蹊,径也),而夺之牛。'牵牛以蹊者,信有罪矣;而夺之牛,罚已重矣。诸侯之从也,曰讨有罪也。今县陈,贪其富也。以讨召诸侯,而以贪归之,无乃[9]不可乎?"王曰:"善哉!吾未之闻也。反之,可乎?"对曰:"可哉!吾侪小人所谓取诸其怀而与之也(谓譬如取人物于其怀而还之,为愈于不还)。"乃复封陈,乡取一人焉以归,谓之夏州(示讨夏氏所获)。故书曰:"楚子入陈,纳公孙宁、仪行父于陈。"书有礼也(没其县陈本意,而以讨乱存国为文,善其得礼)。

公羊传 此皆大夫也,其言纳何?纳公党与也(宁、仪行父本以助公见绝,故言纳公党与)。

穀梁传 纳者,内弗受也。辅人之不能民,而讨,犹可(辅相邻国,有不能治民者,而讨其罪人则可。曰犹可者,明邻国之君,无辅相之道);入人之国,制人之上下,使不得其君臣之道,不可(二人与昏淫,当绝,而楚强纳之,是制人之上下)。

解义 二人致乱之臣,国所不容,楚子不杀而反纳之,必因其来奔许以陈输⑩楚,故使执其国柄⑪为主於内,而陈自是从楚不敢贰⑫,则其无诛恶之实心不可掩矣。孔宁、仪行父之奔不书,必孔子削之也。书奔,则习其读者或疑二人能请讨於楚,而其恶隐矣。

注释 ①公孙宁、仪行父:皆是陈国大夫,曾都与陈灵公一起与夏徵舒之母夏姬私通。②无动:不要惊恐。③少西氏:指夏徵舒。徵舒之祖字子夏,名少西,故以为称。④轘(huàn):车裂之刑。栗门:陈国都城城门。⑤陈侯:指陈灵公太子午,陈成公。⑥辞:辩解。⑦抑:不过,表语气转折。⑧蹊(xī):小径。此作动词。⑨无乃:不是,表反问语气。⑩输:送给,捐献。⑪国柄:指"国家大权"的意思。⑫贰:背叛。

附录左传 厉之役,郑伯逃归(盖在六年),自是楚未得志焉。郑既受盟于辰陵,又徼①事于晋(为明年楚围郑传)。

春秋 十有二年春,葬陈灵公。

公羊传 讨此贼者非臣子也,何以书葬(据惠公杀里克,不书卓子葬)?君子辞也(君子之心无私,故讨贼不间内外)。楚已讨之矣，臣子虽欲讨之而无所讨也。

解义　弑逆之贼，人皆得讨，盖纲常所在，非有彼此之殊也。徵舒虽为楚杀，陈之臣子亦可以释憾[2]矣，故灵公得书葬。

注释　①徼（xiāo）：求。②释憾：指借事报复以解恨。

春秋　楚子围郑。

左传　十二年春，楚子围郑。旬有七日，郑人卜行成[1]，不吉。卜临于大宫[2]（临，哭也），且巷出车[3]，吉（出车于巷，示将见迁，不得安居）。国人大临，守陴者[4]皆哭（陴，城上僻倪。皆哭，所以告楚穷也）。楚子退师，郑人修城，进复围之，三月克之（退师，犹不服，故复围之九十日）。入自皇门[5]，至于逵路[6]（涂方九轨曰逵）。郑伯肉袒牵羊以逆[7]，曰："孤不天[8]（不为天所佑），不能事君，使君怀怒以及敝邑，孤之罪也。敢不唯命是听。其俘诸江南以实海滨[9]，亦唯命。其翦以赐诸侯[10]，使臣妾之[11]，亦唯命。若惠顾前好，徼福于厉、宣、桓、武[12]，不泯其社稷（周厉王、宣王，郑之所自出。桓公、武公，郑始封之君也），使改事君，夷于九县[13]（夷，比也。楚灭九国以为九县，庄十四年灭息，十六年灭邓，僖五年灭弦，十二年灭黄，二十六年灭夔，文四年灭江，五年灭六、灭蓼，十六年灭庸。《传》称楚武王克权，又称文王县申、息。凡十一国，不知何以言九），君之惠也，孤之愿之，非所敢望也。敢布腹心[14]，君实图之。"左右曰："不可许也，得国无赦。"王曰："其君能下人，必能信用其民矣，庸可几[15]乎？"退三十里而许之平。潘尪入盟，子良出质（潘尪，楚大夫。子良，郑伯弟）。

解义　以《传》考之，凡入国者，必陵暴残毁有所俘获[16]。楚子入郛门至于逵路，而退师许盟，秋毫无犯，义不得书入。胡氏安国谓即其国都而书围，为从轻典[17]，非也。

注释　①卜行成：卜问向楚求和。②临于大宫：临，号哭。大宫，祖庙。哭于祖庙。③巷出车：出车于街巷，虽困难也要与楚决战到底。④守陴(pí)者:陴为城上蔽身之短墙,高二尺五寸,宽三尺。守陴者即为守城之将士。⑤皇门:郑都城门名。⑥逵路:城中宽阔而又四通的道路。⑦郑伯:指郑襄公。肉袒牵羊:上身裸露,牵着羊,表示谢罪,愿为臣仆。古有此臣服之礼。⑧不天:不能承奉天意。⑨俘诸江南:俘获郑国君民到江南去。实:置放。⑩翦:翦灭。翦以赐诸侯:分割其土地、人民,赐给与楚交好之诸侯。⑪使臣妾之:使郑之君民男为人臣仆,女为人婢妾。⑫徼福于厉、宣、桓、武:徼福,求福。厉、宣、桓、武,指周厉王、周宣王、郑桓公、郑武公。郑桓公为郑国始封君,周厉王之子,周宣王之弟,郑武公之父。⑬九县:诸县。九,虚数。⑭布腹心:披露心里话。⑮几:同"冀",希望。⑯陵暴:轻侮。残毁:摧残破坏。⑰轻典:指条文简约、处罚从宽的法律。

春秋 夏六月乙卯,晋荀林父[1]帅师及楚子战于邲,晋师败绩(邲,杜注:郑地。今河南郑州东有邲城)。

左传 夏六月,晋师救郑。荀林父将中军(代郤缺),先縠[2]佐之(先縠,彘季,代林父)。士会将上军(河曲之役,郤缺将上军。宣八年,代赵盾将中军。士会代将上军),郤克[3]佐之(郤克,郤缺子,代臾骈)。赵朔将下军(代栾盾),栾书佐之(栾书,栾盾子,代赵朔)。赵括、赵婴齐为中军大夫(婴齐,赵盾异母弟)。巩朔、韩穿为上军大夫。荀首[4]、赵同为下军大夫(荀首,林父弟。赵同,婴齐兄)。韩厥[5]为司马(韩厥,韩万玄孙)。

注释 ①荀林父(?—前593年):姬姓,中行氏,名林父。因任中行之将,故以中行为氏,史料中多用其大宗本家氏号。②先縠:先轸之孙。③郤克:郤缺之子,又称郤献子。④荀首:荀林父之弟,又称知季、知庄子。⑤韩厥:韩万之玄孙,又称韩献子。

及河,闻郑既及楚平,桓子[1]欲还(桓子,林父),曰:"无及于郑[2]而剿民(剿,劳也,),焉用之?楚归而动,不后[3]。"随武子曰

(武子,士会):“善。会闻用师,观衅[4]而动。德刑政事典礼不易,不可敌也,不为是征[5](言无衅,不可动)。楚军讨郑,怒其贰而哀其卑,叛而伐之,服而舍之,德刑成矣。伐叛,刑也;柔服,德也。二者立矣。昔岁入陈,今兹入郑,民不罢劳,君无怨讟[6],政有经[7]矣。荆尸[8]而举(楚武王始更此陈法,遂以为名),商农工贾[9]不败其业,而卒乘辑睦[10],事不奸[11]矣。蒍敖为宰(蒍敖,孙叔敖。宰,令尹),择楚国之令典[12],军行,右辕,左追蓐(在车之右者挟辕为战备,在左者追求草蓐为宿备。《传》曰“令尹南辕”,又曰“改乘辕”。楚陈以辕为主),前茅虑无(虑无,如今军行前有斥候踏伏,皆持以绛及白为幡。见骑贼举绛幡,见步贼举白幡,备虑有无也。茅,明也。或曰时楚以茅为旌识),中权[13],后劲[14](中军制谋,后以精兵为殿),百官象物而动[15],军政不戒而备[16](物谓旌旗画物类也。戒,敕令),能用典矣。其君之举也,内姓[17]选于亲,外姓选于旧[18];举不失德,赏不失劳;老有加惠,旅有施舍(旅客来者,施之以惠,舍不劳役);君子小人,物有服章[19],贵有常尊[20],贱有等威[21];礼不逆矣。德立,刑行,政成,事时[22],典从[23],礼顺,若之何敌之?见可而进,知难而退,军之善政也。兼弱攻昧,武之善经也。子姑整军而经武乎,犹有弱而昧者,何必楚?仲虺有言曰(仲虺,汤左相,薛之祖奚仲之后):‘取乱侮亡[24]。’兼弱也。《汋》曰:‘於铄王师[25],遵养时晦[26]。’(《汋》,《诗·颂》篇名。美武王能遵天之道,须暗昧者恶积而后取之)耆昧也(耆,致也,致讨于昧)。《武》曰:‘无竞惟烈[27]。’(《武》,《诗·颂》篇名。竞,强也。言克商功业,实无强也)抚弱耆昧以务烈所,可也(言当务从武王之功业,抚而取之)。”彘子曰(彘子,先縠):“不可。晋所以霸,师武臣力[28]也。今失诸侯,不可谓力。有敌而不从,不可谓武。由我失霸,不如死。且成师以出,闻敌强而退,非夫也(非丈夫)。命[29]为军师,而卒以非夫,唯群子[30]能,我弗为也。”以中军佐济(佐,彘子所帅也。济,渡河)。

知庄子曰(庄子,荀首):“此师殆[31]哉。《周易》有之,在《师》䷆(坎下坤上,师)之《临》[32]䷒(兑下坤上,临。师初六变而之临),曰:‘师出以律,否臧凶[33]。’执事顺成[34]为臧,逆为否,众散为弱[35](坎为众,今变为兑,兑柔弱),川壅为泽[36](坎为川,今变为兑。“兑为泽”,是川见壅),有律以如己[37]也(如,从也。法行则人从法,法败则法从人。坎为法象,今为众则散,为川则壅,是失法之用,从人之象),故曰律。否臧,且律竭也(竭,败也。坎变为兑,是法败)。盈而以竭(水以盈为功,竭则败),夭且不整,所以凶也(水遇夭塞,不得整流,则竭涸也)。不行之谓《临》(水变为泽,乃成临卦。泽,不行之物),有帅而不从,临孰甚焉!此之谓矣(譬彘子之违命,亦不可行)。果遇,必败,彘子尸之(尸之,主此祸)。虽免而归,必有大咎(为明年晋杀先縠传)。”韩献子谓桓子曰(献子,韩厥):“彘子以偏师陷,子罪大矣。子为元帅,师不用命,谁之罪也?失属[38]亡师,为罪已重,不如进也。事之不捷,恶有所分[39],与其专罪,六人同之,不犹愈乎?”师遂济。

注释 ①桓子:即荀林父。②无及于郑:救郑已来不及。③不后:不算不及时。④观衅:瞅空子。⑤不为是征:即不征是。⑥讟(dú):怨言。⑦经:常法。⑧荆尸:楚武王创立的阵法。⑨贾(gǔ):囤积营利叫“贾”,运货贩卖为“商”,因此古时有“行商坐贾”之说。⑩卒乘:步兵称作卒,车兵叫作乘。辑睦:团结和睦。⑪奸:犯。⑫令典:好法典。⑬中权:主将居中权衡谋划。⑭后劲:以精兵劲旅殿后。⑮象物而动:按照象征自己的各种旗号的指挥而行动。物,旌旗上的各种标志。⑯不戒而备:不待敕令而完备。⑰内姓:同姓。⑱旧:世代旧臣。⑲物有服章:衣服有等级色彩的不同区别。⑳常尊:尊贵的常礼。㉑等威:威仪的等级差别。㉒事时:兴作合时,不误农耕。㉓典从:政令法典执行。㉔取乱侮亡:攻取动乱的国家,欺侮将要灭亡的国家。㉕於

(wū)铄王师:周王的军队阵容壮观。於,叹词。铄,美。㉖遵养时晦:率领军队攻打昏昧的国家。遵,率。养,取。时,同是。㉗无竞惟烈:周武王克商的功业无比强大。竞,强。烈,业。㉘师武臣力:军队勇武,臣下尽力。㉙命:奉命。㉚群子:指你们几位。㉛殆:危险。㉜《师》、《临》:六十四卦中第七卦和第十九卦。《师》卦卦象为坎下坤上,《临》卦卦象为兑下坤上。㉝师出以律,否臧凶:这一句为《师》卦初六爻辞。言军队出征要有纪律约束,不善则凶。㉞执事顺成:办事情顺从规律且有成效。㉟众散为弱:这句解释卦象,即从《师》卦变为《临》卦,指《师》卦初六爻由阴变阳(由坎变为兑),坎为水,代表众多;兑为少女,代表柔弱。所以坎变为兑,象征从散为弱。㊱川壅为泽:因坎为水为川,兑为泽,坎变为兑,因此象征流水壅塞淤积而成沼泽。㊲如己:如指挥自己。㊳失属:失掉属国(此指郑国)。㊴恶有所分:失败的恶果可由大家分担。

楚子北,师次于郔,沈尹将中军(沈,县名,或作寝。杜注:寝,汝阴固始县),子重将左,子反将右(子反,公子侧),将饮马于河而归。闻晋师既济,王欲还,嬖人[①]伍参欲战(参,伍奢之祖父)。令尹孙叔敖弗欲,曰:“昔岁入陈,今兹入郑,不无事矣。战而不捷,参之肉其足食乎?”参曰:“若事之捷,孙叔为无谋矣。不捷,参之肉将在晋军,可得食乎?”令尹南辕反旆(回车南乡。旆,军前大旗),伍参言于王曰:“晋之从政者新,未能行令。其佐先縠刚愎不仁,未肯用命。其三帅者专行不获[②],听而无上[③],众谁适从?此行也,晋师必败。且君而逃臣[④],若社稷何?”王病之,告令尹,改乘辕而北之,次于管以待之。晋师在敖、鄗之间(管,杜注:荥阳县东北有管城。在今河南郑州北。敖、鄗,杜注:二山,在荥阳县西北。今河南荥泽县西北有敖山)。郑皇戌[⑤]使如晋师,曰:“郑之从楚,社稷之故也,未有贰心。楚师骤胜而骄,其师老矣,而不设备,子击之,郑师为承(承,继也),楚师必败。”彘子曰:“败楚服郑,于此在矣,必许之。”栾武子曰(武子,栾书):“楚自克庸以来(在文十六年),其君无日不讨国人而训之(讨,治也)于(于,曰也)民生之不易,祸至之无日,戒惧之不可以怠。在军,无日不讨军实而申儆之于胜之不可保[6],纣之百克,而卒无后。训以若敖、蚡冒[7],筚路蓝缕,以启[8]山林(筚路,柴车。蓝缕,敝衣。言二君勤俭以启土)。箴[9]之曰:‘民生在勤,勤则不匮。’不可谓骄。先大夫子犯有言曰:‘师直为壮,曲为老。’我则不德,而徼怨于楚,我曲楚直,不可谓老。其君之戎,分为二广[10],广有一卒,卒偏之两(十五乘为一广。《司马法》:百人为卒,二十五人为两。车十五乘为大偏。今广十五乘,亦用旧偏法,复以二十五人为承副)。右广初驾[11],数及日中;左则受之,以至于昏[12]。内官序当其夜[13](内官,近官,序,次也),以待不虞[14],不可谓无备。子良,郑之良也。师叔[15],楚之崇[16]也。师叔入盟,子良在楚,楚、郑亲矣。来劝我战,我克则来,不克遂往,以我卜[17]也,郑不可从。”赵括、赵同曰:“率师以来,唯敌是求。克敌得属,又何矣?必从彘子。”知季[18]曰:“原、屏[19],咎之徒[20]也(知季,庄子也。原,赵同。屏,赵括。徒,党也。咎,指彘子)。”赵庄子[21]曰:“栾伯[22]善哉(庄子,赵朔。栾伯,武子),实其言[23],必长晋国[24](实犹充也)。”

注释 ①嬖人:宠臣。②专行不获:想专行而不得。③听而无上:想听从命令又没有上司。④君而逃臣:国君逃避臣下。楚庄王为君,晋荀林父为臣。⑤皇戌:郑卿。⑥军实:军中指战员。申儆:反复告诫官兵。⑦若敖、蚡冒:二人皆为楚国先君。⑧启:开辟,开发。⑨箴:规劝,告戒。⑩二广:楚君之亲兵、其车分为左右二部分,称为二广。⑪初驾:先驾车。⑫昏:黄昏。⑬内官:国王左右亲近大臣。序当其夜:按照次序值夜当班。⑭不虞:意外。⑮师叔:即潘尪。⑯崇:尊崇者。⑰以我卜:用我们的胜负来作占卜。即晋胜则服晋,晋败则服楚。⑱知季:知庄子荀首。⑲原、屏:原指赵同;屏指赵括。⑳咎之徒:取祸之道。徒,借为途。㉑赵庄子:即赵朔,赵括之侄,为晋下军将。㉒栾伯:栾书。㉓实其言:实行栾书之言,照栾书的话办。实,实践。㉔必长晋国:必使晋国长久安定。

楚少宰[1]如晋师(少宰,官名),曰:"寡君少遭闵凶[2],不能文。闻二先君之出入此行[3]也(二先君,楚成王、穆王),将郑是训定[4],岂敢求罪[5]于晋。二三子无淹久[6]。"随季[7]对曰:"昔平王命我先君文侯曰:'与郑夹辅[8]周室,毋废王命。'今郑不率[9],寡君使群臣问诸郑,岂敢辱候人[10](候人,主宾客之官)? 敢拜君命之辱。"彘子以为谄,使赵括从而更之,曰:"行人失辞(言误对)。寡君使群臣迁大国之迹于郑[11](迁,徙也),曰:'无辟[12]敌。'群臣无所逃命。"

楚子又使求成于晋,晋人许之,盟有日[13]矣(有期日)。楚许伯御乐伯,摄叔为右,以致晋师[14](单车挑战,又示不欲和,以疑晋之群帅),许伯曰:"吾闻致师者,御靡旌摩垒而还[15](靡旌,驱疾也。摩,近也)。"乐伯曰:"吾闻致师者,左射以菆[16](左,车左也。菆,矢之善者),代御执辔,御下两马[17],掉鞅[18]而还(两,饰也。掉,正也。示闲暇)。"摄叔曰:"吾闻致师者,右入垒,折馘[19],执俘[20]而还(折馘,断耳)。"皆行其所闻[21]而复。晋人逐之,左右角之[22](张两角,从旁夹攻之)。乐伯左射马而右射人,角不能进,矢一而已。麋兴于前,射麋丽龟[23](丽,著也。龟,背之隆高当心者)。晋鲍癸当其后,使摄叔奉麋献焉,曰:"以岁之非时,献禽[24]之未至,敢膳诸从者[25]。"鲍癸止之,曰:"其左善射,其右有辞,君子也。"既免[26]。

注释　①少宰:官名,各国多有设置,或为太宰之副手。②闵凶:忧患。③此行:这条道路,指从楚至郑。④将郑是训定:即将训定郑的倒装。训定,教导、安定。是为了训戒安定郑国。⑤

求罪：得罪。即并不是与晋为敌。⑥二三子：指晋诸将。无淹久：不必久留。⑦随季：即随武子、士会。⑧夹辅：共同辅佐。⑨不率：率，循也。不遵循。⑩候人：本为官名，为道路迎送宾客的官吏。这里指楚少宰。⑪迁大国之迹于郑：迁为迁出。大国指楚国。使楚军全部离开郑国不留踪迹。⑫辟：同避。⑬盟有日：已约定盟期。⑭致晋师：向晋军挑战。⑮御靡旌摩垒而还：驾车者疾速行驶，使旌旗偃倒，迫近敌人营垒而返回。⑯菆(zōu)：利箭。⑰两马：一乘四马，中间两匹称服，边上两匹称骖。两马就是把两服、两骖排列整齐。⑱掉鞅：整理马颈上的皮带。掉，整理。⑲折馘(guó)：杀死敌人，割取左耳。⑳执俘：捉回俘虏。㉑行其所闻：按其所听到的去实行。㉒左右角之：从左右两角夹攻。㉓射麋丽龟：射中了麋的背部。丽，正中。龟，禽兽的背部。㉔献禽：即献兽。㉕膳诸从者：进献给从者充当膳食。㉖既免：使三人都免于被俘。

晋魏锜求公族[1]，未得而怒(锜，魏犨子，欲为公族大夫)，欲败晋师。请致师，弗许。请使，许之。遂往，请战而还。楚潘党[2]逐之(潘尫子)，及荥泽(荥泽，杜注：在荥阳县东)，见六麋，射一麋以顾献[3]曰："子有军事，兽人[4]无乃不给于鲜，敢献于从者。"叔党命去之[5](即潘党)。赵旃[6]求卿未得(旃，赵穿子)，且怒于失楚之致师者。请挑战，弗许。请召盟，许之。与魏锜皆命而往。郤献子郤[7]曰(献子，郤克)："二憾[8]往矣，弗备必败[9]。"彘子曰："郑人劝战，弗敢从也。楚人求成，弗能好也。师无成命[10]，多备何为。"士季曰："备之善。若二子怒楚，楚人乘[11]我，丧师无日矣。不如备之。楚之无恶，除备而盟，何损于好？若以恶来，有备不败。且虽诸侯相见，军卫不彻，警也。"彘子不可。

士季使巩朔、韩穿帅七覆于敖前[12](帅，将也。覆，为伏兵七处)，故上军不败。赵婴齐使其徒先具舟于河，故败而先济。

注释　①魏锜:又名厨武子、吕锜。公族:公族大夫。②潘党:潘尫之子。③顾献:回车献给潘党。④兽人:官名,掌猎获禽兽。⑤叔党:即潘党。命去之:命令部下离去。⑥赵旃:赵穿之子。⑦献子:郤克。⑧二憾:两个心怀怨恨的人。指魏锜与赵旃。憾,恨,即心怀不满。⑨弗备必败:晋不作迎战准备,必定失败。⑩师无成命:指挥大军没有一定的命令。⑪乘:乘机掩杀。⑫七覆:七队伏兵。敖前:敖山之前。

潘党既逐魏锜,赵旃夜至于楚军(二人虽俱受命,而行不相随,赵旃在后至),席于军门之外[①],使其徒入之(布席坐,示无所畏也)。楚子为乘广三十乘,分为左右。右广鸡鸣而驾,日中而说(说,舍也)。左则受之,日入而说。许偃御右广,养由基为右。彭名御左广,屈荡为右(楚王更迭载之,故各有御、右)。乙卯,王乘左广以逐赵旃。赵旃弃车而走林[②],屈荡搏之,得其甲裳。晋人惧二子之怒楚师也,使軘车[③]逆之(軘车,兵车名)。潘党望其尘,使骋而告曰:"晋师至矣。"楚人亦惧王之入晋军也,遂出陈。孙叔曰:"进之。宁我薄人,无人薄我[④]。《诗》云:'元戎十乘,以先启行。'先人[⑤]也(《诗·小雅》。元戎,戎车在前也)。《军志》曰:'先人有夺人之心[⑥]'。薄之也。"遂疾进师,车驰卒奔,乘晋军。桓子不知所为,鼓于军中曰:"先济者有赏。"中军、下军争舟,舟中之指可掬[⑦]也(两手曰掬)。

晋师右移,上军未动(馀军皆移去,惟上军在。《经》所以书战,言犹有陈)。工尹齐将右拒卒以逐下军[⑧](工尹齐,楚大夫。右拒,陈名)。楚子使唐狡与蔡鸠居告唐惠侯[⑨]曰(二子,楚大夫。唐,杜注:属楚之小国。义阳安昌县有上唐乡):"不谷不德而贪,以遇大敌,不谷之罪也。然楚不克,君之羞也,敢藉君灵以济楚师。"使潘党率游阙[⑩]四十乘(游车补阙者),从唐侯以为左拒,以从上军。驹伯[⑪]曰(驹伯,郤克):"待[⑫]诸乎?"随季曰:"楚师方壮,若萃于我,吾师必尽,不如收而去之。分谤生民[13],不亦可乎(同奔为分谤,不战为生民)?”殿其卒而退,不败。

注释 ①席于军门之外:铺席坐在楚军营门外。②走林:跑入林中。③軘(tún)车:兵车的一种,用作屯守。④薄:迫近。宁我薄人,无人薄我:宁可使我军迫近敌人,不让敌人迫近我军。⑤先人:先发制人,争取主动。⑥夺人之心:夺去敌人的斗志。⑦舟中之指可掬:船中的断指可以用手捧起来。即晋军争相上船,先上者或恐舟沉,或恐敌兵追至,以兵器砍断后上者的手指。掬,捧。⑧工尹齐:楚大夫。工尹,为楚官名,齐为人名。右拒:右侧之楚军方阵。⑨唐狡、蔡鸠居:二人皆为楚大夫。唐惠侯:唐国君主。唐,国名,姬姓,故城在现湖北省随县西北唐县镇。⑩游阙:在战场中巡视,何处吃紧即行补阙的机动战事。⑪驹伯:郤克之子郤锜。⑫待:抵御。⑬分谤生民:分担战败的谴责,保全士兵的生命。

见右广,将从之乘。屈荡户[1]之,曰:“君以此始,亦必以终(户,止也。军中易乘,则恐人惑)。”自是楚之乘广先左(以乘左得胜故)。

晋人或以广队[2]不能进(广,兵车。重故不能进),楚人惎[3]之脱扃(惎,教也。扃,车上兵阑也),少进,马还[4],又惎之拔旆投衡[5],乃出(还,便旋不进。旆,大旗也。拔旆投衡上,使不帆风,差轻)。顾曰:“吾不如大国之数奔也[6]。”

注释 ①户:阻止。②广队:兵车陷入坑中。广,兵车。队,同“坠”。③惎(jì):教。④还:盘旋。⑤拔旆投衡:拔掉军旗,扔掉车轭。⑥大国:指楚国。数奔:经常逃跑。

赵旃以其良马二[1],济其兄与叔父,以他马反,遇敌不能去,弃车而走林。逢大夫与其二子乘(逢大夫,晋人),谓其二子无顾[2](不欲见赵旃)。顾曰:“赵傁[3]在后(傁,老称)。”怒之(怒其违命),

使下,指木曰:“尸女于是[4]。”授赵旃绥[5],以免。明日以表尸之[6](表所指木,取其尸),皆重获在木下[7](兄弟累尸而死)。

楚熊负羁囚知罃[8]。知庄子以其族反之(负羁,楚大夫。知罃,知庄子之子。族,家兵。反,还战),厨武子御[9](武子,魏锜),下军之士多从之(知庄子下军大夫故)。每射,抽矢,菆,纳诸厨子之房[10](抽,擢也。菆,好箭。房,箭舍)。厨子怒曰:“非子之求而蒲之爱[11](蒲,杨柳,可以为箭),董泽[12]之蒲,可胜既[13]乎(董泽,杜注:泽名,河东闻喜县东北有董池陂。今属山西平阳府)?”知季曰:“不以人子,吾子其可得乎?吾不可以苟射故也。”射连尹襄老[14],获之,遂载其尸。射公子谷臣[15],囚之(谷臣,楚王子)。以二者还。

及昏,楚师军于邲[16],晋之余师不能军,宵济[17],亦终夜有声[18](言其兵众,将不能用)。

注释　①良马二:良马,好马、快马。二指两服两骖,实为四马。②无顾:不要回头看。③赵傁:傁同“叟”,老人。此指赵旃。④尸女于是:逢大夫怒二子多事,令其下车,指路边之树说,以后就在这里为你们收尸。女,同汝。⑤绥:登车的绳索。⑥以表尸之:按标记收其尸骨。⑦皆重获在木下:皆得二子尸于树下。⑧熊负羁:楚大夫。知罃:知庄子之子。⑨厨武子:即魏锜。⑩房:箭袋。⑪非子之求:非求子的倒装。即不去救儿子。而蒲之爱:反而爱惜蒲柳。蒲柳常用以作箭杆。⑫董泽:地名,在现山西省闻喜县东北四十里。⑬胜既:取完。既,取。⑭连尹襄老:楚臣。连尹,楚官名。襄老,人名。⑮公子谷臣:楚王之子。⑯邲:地名。在现郑州市西北部。⑰宵济:夜间渡河。⑱终夜有声:整夜喧嚣之声不绝。

丙辰,楚重[1]至于邲(重,辎重也),遂次于衡雍[2]。潘党曰:“君盍筑武军[3](筑军营以彰武功),而收晋尸以为京观[4](积尸封土其上,谓之京观)。臣闻克敌必示子孙,以无忘武功。”楚子曰:“非尔所知也。夫文[⑤],止戈为武。武王克商。作《颂》曰:'载戢干戈[⑥],载櫜弓矢[⑦](《周颂·时迈》篇。櫜,韬也)。我求懿德,肆于时夏[⑧],允王保之[⑨](肆,遂也。夏,大也。言武王既息兵,又能求美德,故功业遂大,信哉!王能保天下也)。'又作《武》,其卒章[⑩]曰'耆[⑪]定尔功'。其三[⑫]曰:'铺时绎思[⑬],我徂惟求定[⑭](铺,布也。绎,陈也。美武王能布政陈教,使天下归往求安定)。'其六曰:'绥万邦,屡丰年(绥,安也。屡,数也)。'夫武,禁暴、戢兵、保大[⑮]、定功、安民、和众、丰财者也(此武七德)。故使子孙无忘[⑯]其章(著之篇章,使子孙不忘)。今我使二国暴骨,暴矣;观兵以威诸侯,兵不戢矣。暴而不戢,安能保大?犹有晋在,焉得定功?所违民欲[⑰]犹多,民何安焉?无德而强争诸侯,何以和众?利人之几[⑱],而安[⑲]人之乱(几,危也),以为己荣,何以丰财(兵动则年荒)?武有七德,我无一焉,何以示子孙?其为先君宫[⑳],告成事而已(祀先君,告战胜)。武非吾功也。古者明王伐不敬,取其鲸鲵[㉑]而封之,以为大戮(鲸鲵,大鱼名,以喻不义之人吞食小国),于是乎有京观,以惩淫慝[㉒]。今罪无所[㉓](晋罪无所犯),而民皆尽忠以死君命,又可以为京观乎?"祀于河,作先君宫,告成事而还(传言楚庄有礼,所以遂兴)。

注释 ①重:辎重。②衡雍:地名。在现河南省原武县西一带。③盍:何不。武军:收集晋军尸体掩埋封土。④京观:京,大丘,高丘。掩埋晋军尸体,垒成一座高丘,上树阙形建筑,称京观。⑤文:文字。⑥载戢干戈:收藏干戈。载,句首助词。戢,止、敛。⑦载櫜(gāo)弓矢:装裹起弓箭。櫜,箭袋。⑧肆于时夏:陈于夏乐之中。肆,陈。时,是。夏,乐歌名。⑨允王保之;成就王业保有天下。允,句首助词。⑩卒章:最末一章。⑪耆:致。⑫其三:第三章。⑬铺时绎思:铺陈。绎,陈。思,句末助词。⑭徂:住。求定:求得安定。⑮保大:保持强大。⑯无忘:勿忘。无,通"勿"。⑰违民欲:违背百姓愿望。⑱几:危难。⑲

安:安于。⑳为先君官:修建先君祖庙。㉑鲸鲵:海中大鱼。这里指罪魁。㉒淫慝:罪恶,这里指不敬。㉓罪无所:无所归罪。

是役也,郑石制实入楚师[①](石制,郑大夫),将以分郑[②]而立公子鱼臣。辛未[③],郑杀仆叔及子服[④](仆叔,鱼臣也。子服,石制也)。君子曰:“史佚所谓毋怙乱者,谓是类也(言恃人之乱以要利)。《诗》曰:‘乱离瘼矣,爰其适归[⑤](《诗·小雅》。离,忧也。瘼,病也。爰,于也。言祸乱忧病,于何所归乎?叹之)?’归于怙乱者也夫(恃乱则祸归之)。”

公羊传　大夫不敌君,此其称名氏以敌楚子何(据城濮之战,得臣称人)?不与晋而与楚子为礼也(称林父及楚子战,恶以晋臣与楚君抗礼,故云不与)。曷为不与晋而与楚子为礼也?庄王伐郑,胜乎皇门(胜,战胜。皇门,郑郭门),放乎路衢(路衢,郭内衢道)。郑伯肉袒,左执茅旌(茅旌,祀宗庙所用茅。断曰藉,不断曰旌),右执鸾刀(鸾刀,宗庙割肉之刀。执宗庙器者,示以宗庙不血食,自归首),以逆[⑥]庄王曰:“寡人无良,边垂之臣(言已有过于楚边垂之臣,谦不敢斥庄王),以干天祸,是以使君王沛[⑦]焉,辱[⑧]到敝邑(沛焉,怒有馀之貌)。君如矜此丧人[⑨](自谓已丧亡),锡[⑩]之不毛之地,使帅一二耋老而绥焉[⑪](六十称耋,七十称老。谦不敢多索丁夫,愿得主帅一二老夫以自安),请唯君王之命。”庄王曰:“君之不令臣交易[⑫]为言(是亦庄王谦不斥郑伯之辞。交易,犹往来也。言君之不善臣,屡往来为恶言),是以使寡人得见君之玉面,而微至乎此。”庄王亲自手旌[⑬](缁广充幅长寻曰旐,继旐如燕尾曰旆,加文章曰旗,错革鸟曰旟,注旄首曰旌),左右撝[⑭]军退舍七里。将军子重谏曰:“南郢之与郑相去数千里,诸大夫死者数人,厮役扈养,死者数百人(艾草为防者曰厮,汲水浆者曰役,养马者曰扈,炊烹者曰养),今君胜郑而不有,无乃失民臣之力乎?”庄王曰:“古者杅不穿皮不蠹,则不出于四方(杅,饮水器。穿,败也。皮,裘也。蠹,坏也。言古者出四方皆当有所丧费。喻已出征伐，士卒死伤，固其宜也）。是以君子笃[15]于礼而薄于利，要其人而不要其土，告从，不赦不详（善用心曰详），吾以不详道民，灾及吾身，何日之有？”既则晋师之救郑者至（荀林父也），曰：“请战。”庄王许诺。将军子重谏曰：“晋，大国也，王师淹病[16]矣，君请勿许也。”庄王曰：“弱者吾威之，强者吾辟之，是以使寡人无以立乎天下？”令之还师而逆[17]晋寇（言还者，时庄王胜郑去矣，会晋师至，复还战也）。庄王鼓之，晋师大败，晋众之走者，舟中之指可掬矣。庄王曰：“嘻！吾两君不相好，百姓何罪？”令之还师而佚[18]晋寇（佚犹遇，使得渡水去也）。

穀梁传　绩，功也。功，事也。日，其事败也。

解义　不书救郑，缓不及事，无救患之实也。中国[19]与楚战，无论胜败皆以中国为主，故书晋及，徐邈[20]以为内晋而外楚是也。将称元帅乃史策之通例，胡氏安国谓战以晋主之，责其非观衅[21]之师，败以林父主之，责其不能制命[22]，皆非《经》之本义。

注释　①郑石制实入楚师：郑之石制做了奸细，实际上是他引导楚军攻入郑国。②分郑：将郑国分成二半，一半给楚国，另一半立公子鱼臣为君。③辛未：七月二十九日。④仆叔：即公子鱼臣。子服：石制。⑤乱离瘼矣：瘼，疾苦。爰其适归：将要归到何处。爰用作焉。⑥逆：迎接。⑦沛：生气。⑧辱：谦辞，表示承蒙。⑨矜：怜悯，怜惜。丧人：居丧的人。⑩锡：赏赐。⑪绥：安抚。⑫交易：往来。⑬旌：旗子。⑭撝：指挥。⑮笃：意思是忠实，一心一意。⑯淹病：久困。⑰逆：迎战。⑱佚：同遇。⑲中国：中原。⑳徐邈(343—397)，东晋时莒北境人。著有《正五经音训》和《谷梁传注》、《五经同异评》等。㉑观衅：指窥伺敌人的间隙以便行动。㉒制命：拟订命令。

春秋　秋七月。

附录左传　郑伯、许男如楚（为十四年晋伐郑传）。秋，晋师归，桓子请死[1]，晋侯欲许之。士贞子[2]谏曰(贞子，士渥浊)："不可。城濮之役，晋师三日谷(在僖二十八年)，文公犹有忧色。左右曰：'有喜而忧，如有忧而喜乎？'公曰：'得臣犹在，忧未歇也。困兽犹斗，况国相乎！'及楚杀子玉[3]，公喜而后可知也，曰：'莫余毒[4]也已。'是晋再克而楚再败也。楚是以再世不竞[5]。今天或者大警晋也，而又杀林父以重楚胜，其无乃久不竞乎？林父之事君也，进思尽忠，退思补过，社稷之卫也[6]，若之何杀之？夫其败也，如日月之食焉，何损于明？"晋侯使复其位(言晋景所以不失霸)。

春秋　冬十有二月戊寅，楚子灭萧。

左传　冬，楚子伐萧，宋华椒以蔡人救萧。萧人囚熊相宜僚及公子丙。王曰："勿杀，吾退。"萧人杀之。王怒，遂围萧。萧溃。申公巫臣[7]曰(巫臣，楚申县尹)："师人多寒[8]。"王巡三军，拊而勉之(拊，抚慰)。三军之士，皆如挟纩[9](纩，绵也，言说以忘寒)。遂傅[10]于萧。还无社与司马卯言，号申叔展[11](还无社，萧大夫。司马卯、申叔展，皆楚大夫也。无社素识叔展，故因卯呼之)。叔展曰："有麦曲[12]乎？"曰："无"。"有山鞠穷[13]乎？"曰："无"(麦曲，鞠穷，所以御湿。欲使无社逃泥水中。无社不解，故曰无。军中不敢正言，故谬语)。"河鱼腹疾[14]奈何(叔展言无御湿药，将病)？"曰："目于眢井[15]而拯之(无社意解，欲入井，故使叔展视虚废井而求拯已)。""若为茅绖[16]，哭井则已(叔展又教结茅以表井，须哭乃应以为信)。"明日萧溃，申叔视其井，则茅绖存焉，号而出之(号，哭也。《传》言萧人无守心)。

解义　楚庄得陈、郑而不有[17]，《传》以为贤，观其灭萧，则知前日之释陈，乃料其国大众心难移，而非果能以德礼属诸侯也。萧既灭亡，必无赴告，盖楚庄既服陈、郑，北挫晋师於河上，遂有鞭笞天下之心，故以灭萧告於诸侯，以相震摄耳。

注释 ①请死：请处以死罪。②士贞子：士渥浊。亦称士伯、士贞伯。③子玉：即得臣。④莫余毒：没有人能加害于我。⑤再世不竞：楚成王、穆王两代不得强胜。⑥社稷之卫：国家的捍卫者。⑦申公巫臣：屈荡之子屈巫也，字子灵，为楚申县尹。⑧师人多寒：军中士兵多寒冷。⑨挟纩（kuàng）：纩，丝绵。挟纩，披上丝绵。⑩傅：逼近。⑪还无社：萧国大夫。司马卯：楚国大夫。申叔展：楚国大夫。⑫麦曲：酿酒的酵母。⑬山鞠穷：即川芎，根可入药。⑭河鱼腹疾：当时习语，指风湿病。⑮眢（yuān）井：废井、枯井。⑯茅绖：草绳。⑰有：所属，占有。

春秋 晋人、宋人、卫人、曹人同盟于清丘[1]（清丘，杜注：卫地，濮阳县东南。在今直隶开州东南长乐里，此大夫同盟之始）。

左传 晋原縠、宋华椒、卫孔达、曹人同盟于清丘（原縠，先縠）。曰："恤病讨贰。"于是卿不书（《经》俱称人），不实其言[2]也（宋伐陈，卫救之，不讨贰也。楚伐宋，晋不救，不恤病也）。

解义 萧乃宋之附庸，在宋之南，去楚千有馀里，楚既败晋，又直抵宋郊灭其附庸，故宋、卫、曹皆惧，而欲倚[3]晋。然晋及诸国不能信任仁贤修明政事以自强，而徒要盟[4]以御楚，末[5]矣。其书同盟，盖晋霸既衰，诸侯散而复合，故载书以是要言耳。

注释 ①清丘：卫国地名。在现河南省濮阳县东南一带。②不实其言：因他们未能实行盟约上的诺言。③倚：依赖，依靠。④要盟：强迫签定盟约。⑤末：浅薄，渺小。

春秋 宋师伐陈，卫人救陈。

左传 宋为盟故，伐陈（陈贰於楚故）。卫人救之。孔达曰："先君有约言焉[1]，若大国讨，我则死之（卫成公与陈共公有旧好，故孔达欲背盟救陈，而以死谢晋，为十四年卫杀孔达传）。"

解义 清丘之盟，陈人不与，宋师伐陈，问陈故也。但陈有弑君之乱，晋不能讨，而楚讨之，虽曰县陈寻复封之，其德於楚而不贰[②]，未可深责也，故卫以救书，示陈之无罪而被兵也。然宋之伐陈虽过，而辅霸之义则正；卫之救陈虽善，而背盟之罪难辞，直书而其义皆著矣。

注释　①先君有约言：先君指卫成公，曾与陈共公有旧好，故卫孔达欲背盟救陈。②贰：背叛。

春秋　十有三年春，齐师伐莒(《公羊》作伐卫)。

左传　十三年春，齐师伐莒，莒恃晋而不事齐故也[①]。

解义　十一年公孙归父[②]会齐人伐莒，以泄不肯平之憾也。间岁[③]，而齐又伐之，徒以鲁有向[④]之获，而齐未有耳，莒岂负齐、鲁之邑哉。书师，见用大众以扼小邦也。

注释　①恃：依赖，仗着。不事：不服从。②公孙归父(生卒年不详)：姬姓，东门氏，名归父，字子家。春秋中期鲁国上卿，鲁庄公之孙，故曰公孙归父，东门襄仲之子。③间岁：间隔了一年。④向：向国，春秋时诸侯国，姜姓，在今山东省莒县南七十里。莒人取之，后鲁又取之于莒。

春秋　夏，楚子伐宋。

左传　夏，楚子伐宋，以其救萧也(救萧在前年)。君子曰："清丘之盟，唯宋可以免焉[①](宋讨陈之贰，不背盟言故也)。"

解义　楚伐宋，以宋师尝伐陈也。陈不与清丘之盟，晋所当问而不能问，宋代晋伐之以犯楚怒，又晋所当救而不能救，诸侯何恃[②]哉？胡氏安国谓宋伐陈以召楚兵，则楚人有辞以伐，故书其爵，谬矣！上年灭萧，明年围宋，凶暴已甚，而俱书楚子，亦得谓之有辞乎？书楚子以见其君亲将耳[③]。陈、蔡世服於楚。楚有事於中国[④]，皆自郑及宋，楚成争霸败宋於泓[⑤]，楚穆争霸弱宋於厥貉[⑥]，楚庄之兴挟郑以侵宋。此年之伐，明年之围，又明年宋人力屈求平，而南北之势成矣。成[⑦]十八年，彭城之役，楚又挟郑以围宋，非悼公之略，则不待襄公[⑧]之末盟于宋，而南北分霸早见矣。

注释 ①唯宋可以免：只有宋国可以免于被指责。②恃：依赖，依靠。③耳：句尾语气助词。④中国：中原。⑤泓：古水名。在今河南省柘城县西北。⑥厥貉：春秋地名。在今河南省项城县西南。⑦成：指鲁成公。⑧襄公：指鲁襄公。

春秋 秋，螽（《公羊》作蝝）。

春秋 冬，晋杀其大夫先縠。

左传 秋，赤狄伐晋，及清，先縠召之也（清，杜注：一名清原。今山西稷山县西北有清原城）。冬，晋人讨邲之败与清之师，归罪于先縠而杀之，尽灭其族。君子曰："恶[①]之来也，己则取之，其先縠之谓乎！"

解义 縠违命丧师，复召狄谋乱，讨之固宜，而称国以杀，不去其官者何？将责元帅林父不能制命[②]，晋侯既复其位，自战邲至此逾年矣。何为始讨其罪？意縠好刚任直，当国大臣多恶，之会楚复伐宋，故追咎[③]前败，而清之师谓縠召狄亦附会以成狱辞[④]，如郤至实召楚师之类耳。故称国以杀，见其出於君大夫之喜怒，而不去其官，见其非死於军刑[⑤]也。

附录左传 清丘之盟，晋以卫之救陈也，讨焉（寻清丘之盟以责卫）。使人弗去，曰："罪无所归，将加而师。"孔达曰："苟利社稷，请以我说。罪我之由。我则为政而亢大国之讨[⑥]，将以谁任[⑦]（亢，御也）？我则死之（为明年杀孔达传）。"

注释 ①恶：灾祸。②制命：拟订命令。③追咎：追究责怪。④狱辞：决狱之辞。⑤军刑：军中的刑罚。⑥亢大国之讨：亢，当。大国之讨，指晋国派人来问罪。⑦将以谁任：我掌卫国之政，还能把责任推给谁呢。

卷三十

宣公(十四年之十八年)

春秋　十有四年春,卫杀其大夫孔达。

左传　十四年春,孔达缢而死。卫人以说于晋而免[①](以杀告,故免于伐)。遂告于诸侯曰:"寡君有不令[②]之臣达,构[③]我敝邑于大国,既伏其罪矣,敢告。"卫人以为成劳[④],复室其子[⑤](以达有平国之功,故以女妻其子),使复其位[⑥]。

解义　孔达自缢,而称国以杀,端本清源[⑦]之意也。进谋者臣,而制命[⑧]者君,始则用其谋以行私,终则杀其人以谢过可乎?此与鲁刺公子买之事无异,故不去其官。

注释　①免:免于为晋讨伐。②不令:不善。③构:构造祸端。④成劳:旧勋。⑤复室其子:又为其子娶妻。⑥复其位:承袭其父禄位。⑦端本清源:端:端正,清理;本:根本;源:根源。指从根本上加以整顿清理。⑧制命:掌握命运。

春秋　夏五月壬申,曹伯寿[①]卒。

春秋　晋侯伐郑。

左传　夏,晋侯伐郑,为邲故也(晋败于邲,郑遂属楚)。告于诸侯,蒐焉而还[②]。中行桓子之谋也。曰:"示之以整,使谋而来[③](使郑自谋,而来服晋)。"郑人惧,使子张[④]代子良于楚(十二年,子良质于楚。子张,穆公孙)。郑伯如楚,谋晋故也。郑以子良为有礼,故召之(有让国之礼,事在四年)。

解义　晋以救郑,致败于邲,郑乃翻然[⑤]从楚,楚之得志於诸侯未有甚於此时者也。而晋景奋然自将以伐郑,自是合诸侯以伐郑者一,同盟者四,皆君亲之,於是齐、鲁从,而郑亦服,是以为国贵自强也。

注释 ①曹伯寿：曹文公（？—前595）前618—前595年在位。②蒐焉而还：蒐为阅兵。晋向诸侯通告伐郑，只是检阅一下军队就回来了。③使谋而来：使郑自谋而来归附晋国。④子张：即公孙黑肱，郑穆公之孙。⑤翻然：形容改变得很快而彻底。

春秋 秋九月，楚子围宋。

左传 楚子使申舟[①]聘于齐（申舟，无畏），曰："无假道于宋[②]。"亦使公子冯聘于晋，不假道于郑。申舟以孟诸之役恶[③]宋（文十年，楚子田孟诸，无畏抶宋公仆），曰："郑昭、宋聋[④]（昭，明也。聋，暗也），晋使不害，我则必死。"王曰："杀女，我伐之。"见犀而行[⑤]（犀，申舟子。以子托王，示必死）。及宋，宋人止之，华元曰："过我而不假道，鄙我[⑥]也。鄙我，亡也（以我比其边鄙，是与亡国同）。杀其使者必伐我，伐我亦亡也。亡一[⑦]也。"乃杀之。楚子闻之，投袂[⑧]而起（投，振也），屦及于窒皇[⑨]（窒皇，寝门阙），剑及于寝门[⑩]之外，车及于蒲胥之市[⑪]（蒲胥，楚市。言其兴师甚速）。秋九月，楚子围宋。

解义 楚庄始则灭萧以逼宋，继则伐宋以声[⑫]其救萧之罪，又遣使不假道以激怒於宋而使杀之，至是国君亲将，环其国而攻之。宋为晋受兵，而晋坐视不救，咎[⑬]在晋耳。胡氏安国於卫人救陈以为著宋之罪，而伐宋围宋，皆曰宋所自取，失《经》旨矣。晋之失谋，莫过於置宋不救，盖果能悉[⑭]师救宋，因宋以守虽胜不可必，而楚人粮尽师老无功而退，天下诸侯畏楚之残，服晋之义，必将改图北向，而霸事可成。乃比之虽鞭之长不及马腹，不知宋既折而入楚，则馀威震於齐、鲁，而南北分霸之势成矣。甚矣，晋人之昏冥[⑮]也！

注释 ①申舟：又名申无畏，楚大夫。②无假道于宋：去齐必经宋国。古礼，凡通过他国之境，必先假道，不假道而经行，是把他国视为己地，无礼之甚。楚王不许向宋假道，以借机挑起战端。③恶:得罪也。④郑昭、宋聋:郑国明理,宋国糊涂。⑤见犀而行:将犀引荐给楚王然后出行。⑥鄙我:以我国为边鄙之地。⑦亡一:一样是亡。⑧投袂:奋袂。⑨屦及于窒皇:屦,鞋也。随从追到路寝前庭才送上鞋子。窒皇,路寝前庭。⑩寝门:寝宫之门。⑪蒲胥之市:王宫外面之集市。⑫声:声讨。⑬咎:过失,罪过。⑭悉:尽心,全心。⑮昏冥:昏然无知。

春秋　葬曹文公。

春秋　冬,公孙归父会齐侯于谷[1]。

左传　冬,公孙归父会齐侯于谷。见晏桓子[2](晏,今山东齐河县西北有晏城。《环宇记》谓之晏婴城。桓子,晏婴父),与之言鲁,乐[3]。桓子告高宣子[4]曰(宣子,高固):"子家其亡乎[5](子家,归父字),怀于鲁[6]矣(怀,恋也)。怀必贪,贪必谋人[7]。谋人,人亦谋己。一国谋之,何以不亡(为十八年归父奔齐传)?"

解义　鲁西南与宋为界,楚人围宋,有震邻之恐,行父当国,欲使归父会楚,以谋其不免[8]。但素[9]服於齐,而方是时楚使申舟聘齐,是齐、楚之交已合也,故先遣归父会谷以观齐之向背[10],以将会楚告,所以尽事齐之礼,而恐逢其怒也。至以大夫会诸侯,则自单伯会鄄、公孙敖会戚已为故事,於归父不足责矣!

注释　①谷:齐地,在现山东省东阿镇。②晏桓子:齐国晏婴之父。③与之言鲁,乐:与其讲说在鲁居高位,受宠信而乐。④高宣子:即高固。⑤子家:公孙归父之字。亡:逃亡。⑥怀于鲁:留恋在鲁所得之禄位。⑦贪必谋人:贪婪必然算计别人。⑧不免:无法幸免。⑨素:向来,从来就。⑩向背:指拥护与反对。

附录左传　孟献子[1]言于公曰:"臣闻小国之免于大国也,聘而献物,于是有庭实旅百[2](物,玉帛皮币也)。朝而献功,于是有容貌采章嘉淑[3],而有加货[4](献功,献其治国及征伐之功于牧伯。容貌,容颜威仪也。采章,车服文章也。嘉淑,令辞称赞也。言往共则来报亦备)。谋其不免也。诛而荐贿[5],则无及也(荐,进也)。今楚在宋,君其图之。"公说(为明年归父会楚子传)。

春秋 十有五年春,公孙归父会楚子于宋。

左传 十五年春,公孙归父会楚子于宋(终前年传)。

解义 自楚庄讨陈乱挫晋师,围郑围宋,威慑中夏,然郑、宋被围,始皆阖城固守,力屈而后求成。独鲁不然,兵未及国,望风而靡[6]。僖公[7]二十一年,楚献宋捷,鲁君会薄,先诸侯而趋之。今楚方围宋,归父复及宋之未平而求媚焉。文仲窃位不能正,僖公之失固不足怪,孟献子贤大夫也,而倡荐贿之谋,亦可鄙也已。

注释 ①孟献子(?—前542年):姬姓,孟氏(亦称仲氏),名蔑,谥献。鲁国孟氏家族振兴的重要贡献者,春秋中期鲁国外交家,政治家。②庭实旅百:诸侯朝见天子或互相访问,将所送礼物陈列于庭内,称为庭实。旅,陈列。③容貌采章嘉淑:泛指华美珍贵之物。④加货:额外附加的礼物。⑤荐贿:指奉献财物。荐,进献。⑥望风而靡:指见对方的威势就服服帖帖。形容畏惧之状。⑦僖公:即鲁僖公。

春秋 夏五月,宋人及楚人平[1]。

左传 宋人使乐婴齐[2]告急于晋。晋侯欲救之。伯宗[3]曰(伯宗,晋大夫):"不可。古人有言曰:'虽鞭之长,不及马腹(言非所击)。'天方授楚,未可与争。虽晋之强,能违天乎?谚曰:'高下在心[4](度时制宜)。'川泽纳污[5](受污浊),山薮藏疾[6](山之有林薮,毒害者居之),瑾瑜匿瑕[7](虽美玉之质,亦或居藏瑕秽),国君含垢[8](忍垢耻),天之道也(晋侯耻不救宋,故伯宗为言小恶不损大德之喻),君其待之[9](待楚衰)。"乃止。

使解扬[10]如宋,使无降楚,曰:"晋师悉起,将至矣。"郑人囚而献诸楚,楚子厚赂之,使反其言(反言晋不救),不许,三而许之。登诸楼车[11](楼车,车上望橹),使呼宋人而告之。遂致其君命。楚子将杀之,使与之言曰:“尔既许不谷而反之,何故?非我无信,女则弃之,速即尔刑。”对曰:“臣闻之,君能制命为义[12],臣能承命为信[13],信载义而行[14]之为利。谋不失利,以卫社稷,民之主也。义无二信,信无二命(欲为义者,不行两信。欲为信者,不受二命)。君之赂臣,不知命也。受命以出,有死无霣[15](霣,废坠也),又可赂乎?臣之许君,以成命也(成其君命)。死而成命,臣之禄[16]也。寡君有信臣,下臣获考(考成也)死[17],又何求?”楚子舍之以归。夏五月,楚师将去宋(在宋积九月,不能服宋故)。申犀稽首于王之马前,曰:“无畏[18]知死而不敢废王命,王弃言[19]焉(未服宋而去,故曰弃言)。”王不能答。申叔时仆[20],曰:“筑室反耕[21]者(示无去志),宋必听命。”从之。宋人惧,使华元夜入楚师,登子反[22]之床(兵法,因其乡人而用之,必先知其守将左右、谒者、门者之姓名,因而利道之。华元盖用此术,得以自通),起之曰:“寡君使元以病告,曰:‘敝邑易子而食[23],析骸以爨[24]。虽然,城下之盟,有以国毙[25],不能从也(古人以城下之盟为耻,故宁亡不从)。去我三十里,唯命是听。’”子反惧,与之盟而告王。退三十里。宋及楚平,华元为质。盟曰:“我无尔诈,尔无我虞(盟不书,不告)。”

公羊传　外平不书。此何以书(据十二年,楚、郑平不书)?大其平乎已也(已,二大夫)。何大乎其平乎已?庄王围宋,军有七日之粮尔,尽此不胜,将去而归尔。于是使司马子反乘堙而窥宋城,宋华元亦乘堙而出见之(堙,登城具)。司马子反曰:“子之国何如?”华元曰:“惫矣。”曰:“何如?”曰:“易子而食之,析骸而炊之。”司马子反曰:“嘻!甚矣惫!虽然,吾闻之也,围者柑马而秣之,使肥者应客,是何子之情也(围者,见围之国。秣,以粟置马口中。柑,以木衔其口,不令食粟,示有畜积。肥者,体肥之人使应客,示饱足也。情,实也)。”华元曰:“吾闻之,君子见人之厄则矜之,小人见人之厄则幸之。吾见子之君子也,是以告情于子也。”司马子反曰:“诺,勉之矣!吾军亦有七日之粮尔,尽此不胜,将去而归尔。”揖而去之,反于庄王。庄王曰:“何如?”司马子反曰:“惫矣!”曰:“何如?”曰:“易子而食之,析骸而炊之。庄王曰:“嘻!甚矣惫!虽然,吾今取此然后而归尔。”司马子反曰:“不可。臣已告之矣,军有七日之粮尔。”庄王怒曰:“吾使子往视之,子曷为告之?”司马子反曰:“以区区之宋,犹有不欺人之臣,可以楚而无乎?是以告之也。”庄王曰:“诺(先以诺受,绝子反语)。舍而止。虽然,吾犹取此然后归尔。”司马子反曰:“然则君请处于此,臣请归尔。”庄王曰:“子去我而归,吾孰与处于此?吾亦从子而归尔。”引师而去之,故君子大其平乎已也。此皆大夫也,其称人何?贬。曷为贬?平者在下也。

穀梁传　平者,成也,善其量力而反义也。人者,众辞也。平称众,上下欲之也。外平不道,以吾人之存焉道之也(吾人,谓大夫归父。存,在也)。

解义　不书宋及楚平,而曰宋人、楚人,众辞也,君臣上下同欲之也。盖宋之力屈,而楚师亦几顿矣,故皆以得平而息师为幸也。文九年,陈平不书;宣十年,郑平不书;即僖二十四年,宋及楚平犹不书也。至是年,乃书之,盖陈、蔡、郑、许已若楚之内臣,宋复不支,而南北分霸之势成矣!

注释　①平:和好。②乐婴齐:宋臣。③伯宗:晋大夫,孙伯起之子。④高下在心:处理事务,或高或下之,要用心度量裁决。⑤川泽纳污:川泽之水中容纳有污浊。⑥山薮藏疾:山林薮泽隐藏毒物。⑦瑾瑜匿瑕:美玉全面也藏有瑕疵。⑧含垢:忍受耻辱。⑨君其待之:君将待楚衰弱而后行事。⑩解扬:晋大夫。⑪楼车:用来望敌人的兵车。⑫制命为义:制定、发布命令合于道义。⑬承命为信:接受、贯彻命令叫做信守。⑭信载义而行:信用通过贯彻道义去执行。⑮霣:同“陨”,落,废弃。⑯禄:职责。

完成君命而死,是臣之职责。⑰考死:死得其所。⑱无畏:即文之无畏,为申犀之父申舟也。⑲弃言:放弃诺言,失信。⑳仆:驾车。㉑筑室反耕:使军队建造房子,让种田人返回。这里为持久之计。㉒子反:楚军主将公子侧。㉓易子而食:交换儿子而吃掉。㉔析骸以爨(cuàn):劈开尸骨烧火做饭。爨,烧火做饭。㉕以国毙:与国俱亡。

春秋　六月癸卯,晋师灭赤狄潞氏,以潞子婴儿[①]归(潞氏,赤狄别种。以国名为氏,子爵也。今山西潞城县即其地,县东北有古潞城)。

左传　潞子婴儿之夫人,晋景公之姊也。酆舒[②]为政而杀之,又伤潞子之目。晋侯将伐之,诸大夫皆曰:"不可。酆舒有三俊才[③],不如待后之人[④](俊,绝异也。后之人继酆舒者)。"伯宗曰:"必伐之。狄有五罪,俊才虽多,何补焉?不祀,一也。耆[⑤]酒,二也。弃仲章而夺黎氏地[⑥],三也(仲章,潞贤人也。黎氏,杜注:黎侯国,上党壶关县有黎亭。今山西长治县西黎侯亭是也。又山东范县有黎侯城,则黎侯失国寓卫所居之地)。虐[⑦]我伯姬,四也。伤其君目,五也。怙其俊才,而不以茂德[⑧],兹益罪也。后之人或者将敬奉德义以事神人,而申固其命[⑨](审其政令),若之何待之?不讨有罪,曰将待后,后有辞而讨焉,毋乃不可乎?夫恃才与众,亡之道也。商纣由之,故灭。天反时为灾(寒暑易节),地反物[⑩]为妖(群物失性),民反德[⑪]为乱,乱则妖灾生。故文反正为乏[⑫](文,字也。制字之体正之反为乏)。尽在狄矣。"晋侯从之。六月癸卯,晋荀林父败赤狄于曲梁(曲梁,杜注:广平曲梁县。今曲梁故城在直隶永年县东北)。辛亥,灭潞。酆舒奔卫,卫人归诸晋,晋人杀之。

公羊传　潞何以称子?潞子之为善也,躬足以亡尔(言其去俗归义,适足以亡)。虽然,君子不可不记也。离于夷狄,而未能合于中国,晋师伐之,中国不救,狄人不有(不有,犹不顾也),是以亡也。

穀梁传 灭国有三术,中国谨日(如卫侯灭邢之类),卑国月(卑国,谓附庸之属。如齐侯灭莱之类),夷狄不日(如楚灭江、黄,吴灭州来之类)。其曰潞子婴儿,贤也。

解义 宋人易子而食,析骸以爨,以待晋救,晋坐视不前,以致诸侯皆南向而事楚。晋乃用大师以灭潞氏,明年又伐甲氏及留吁,其弃诸侯而隳[13]先业,可愧莫甚矣。潞,国名,赤狄之别种也。凡灭国而奔者,不名其位,或未绝也。以归者名之,责其无兴复之志也。惟夔子不名,先儒以为无取灭之道理,亦可通。

注释 ①潞子婴儿:赤狄潞国君主。②酆(fēng)舒:潞国执政之官。③三俊才:三种超人之才艺。④待后之人:不如待其后任无能者,伺机伐之。⑤耆:特别好喝酒,同"嗜"。⑥仲章:潞国贤人。黎:本殷商古国名,在现山西省长治县西南部。⑦虐:杀。⑧不以茂德:不修美德。⑨申固其命:重新国家的命运强固。⑩反物:违反物性。⑪反德:违反为人作事的准则。⑫反正为乏:"正"字的小篆反过来是"乏"。⑬隳(huī):毁坏。

春秋 秦人伐晋。

左传 秋七月,秦桓公伐晋,次于辅氏[1](辅氏,杜注:晋地。今陕西朝邑县西北有辅氏城)。壬午[2],晋侯治兵于稷以略狄土[3](稷,杜注:晋地,河东闻喜县西有稷山。在今山西稷山县南。晋时新破狄,土地未安,度秦师之弱,故别遣魏颗拒秦,而自东行定狄地),立黎侯而还(狄夺黎土,故晋复立之)。及洛[4](晋侯还及洛也。洛,杜注:晋地),魏颗[5]败秦师于辅氏。获杜回,秦之力人也。初,魏武子[6]有嬖妾(武子,魏犨,颗之父),无子。武子疾,命颗曰:"必嫁是。"疾病[7],则曰:"必以为殉。"及卒,颗嫁之,曰:"疾病则乱[8],吾从其治[9]也。"及辅氏之役,颗见老人结草以亢杜回[10](亢,御也),杜回踬而颠[11],故获之。夜梦之曰:"余,而所嫁妇人之父也。尔用先人之治命，余是以报。"

解义　自二年秦师伐晋，晋不报秦，今十四年矣。兹复伐晋，必楚人既服郑、宋，有力征中夏之心，故使秦出师以相牵制，俾[12]晋不暇南顾耳，幸而楚旅旋卒，晋得以其间挫齐致宋。诸侯复合尚能与楚相抗，不然则诸侯骈首[13]南乡，虽欲分霸而不可得矣。

注释　①辅氏：晋地，在现陕西省大荔县东二十里有辅氏城，即其故地。②壬午：二十七日。③稷：晋地，在今山西省稷山县南五十里有稷山，山下有稷亭。传说为晋侯治兵处。略：强行占取。晋灭潞国，又夺取另外一些狄人的国土。④洛：晋地，在现大荔县东南部。⑤魏颗：魏犨之子。⑥魏武子：即魏犨。⑦疾病：古时小病称疾，大病称病。疾病连用则是病危。⑧疾病则乱：病危之时则神智昏乱不清。⑨治：与"乱"相对，神志清醒之时。⑩结草以亢杜回：把草结系起来，如同布在地上的套索，用以遮挡杜回。亢，遮挡。⑪踬而颠：被绊而扑倒。⑫俾：使。⑬骈首：头靠着头，并排。

春秋　王札子杀召伯、毛伯。

左传　王孙苏与召氏、毛氏争政（三人皆王卿士），使王子捷杀召戴公及毛伯卫（王子捷即王札子）。卒立召襄（襄，召戴公子）。

公羊传　王札子者何？长庶之号也（礼，天子庶兄冠而不名。札，其字也。不称伯仲者，避同母兄弟，知其为庶兄也）。

穀梁传　王札子者，当上之辞也。杀召伯、毛伯，不言其何也（解经不言杀其大夫）？两下相杀也（若言杀其大夫，则是上杀下，非两下相杀矣）。两下相杀，不志乎《春秋》，此其志何也？矫①王命以杀之，非忿怒相杀也，故曰以王命杀也。以王命杀则何志焉？为天下主者天也，继天者君也，君之所存者命也。为人臣而侵其君之命而用之，是不臣也；为人君而失其命，是不君也。君不君，臣不臣,此天下所以倾也。

解义 两下相杀不志於《春秋》,此其志者,矫王命以杀之也。桓、襄[2]以前,列国交相侵伐,是外诸侯不禀王命也。至王之庶长一朝,而杀世臣二人,则内卿士亦不奉王命矣,故以为非常而志之。不称子札而曰札子,诸家之说皆穿凿而不安,似史文舛误当阙所疑[3]。

注释 ①矫:假托。②桓、襄:指鲁桓公、鲁襄公。③舛误:差错,谬误。阙:同"缺"。

附录左传 晋侯赏桓子狄臣千室[1],亦赏士伯以瓜衍之县[2](士伯,士贞子。瓜衍,今山西孝义县北有瓜城)。曰:"吾获狄土,子之功也。微[3]子,吾丧伯氏[4]矣(伯,桓子字。邲之败,晋侯将杀林父,士伯谏而止)。"羊舌职[5]说是赏也(职,叔向父),曰:"《周书》所谓'庸庸祇祇[6]'者,谓此物也夫(《周书·康诰》。庸,用也。祇,敬也。言文王能用可用,敬可敬。此物,此事也)。士伯庸中行伯(言中行伯可用),君信之,亦庸士伯,此之谓明德矣。文王所以造周[7],不是过也[8]。故《诗》曰:'陈锡载周[9]。'能施也(《诗·大雅》文王篇。锡,赐也。言文王布陈大利,以赐天下,故能载行周道,福流子孙)。率是道也,其何不济?"晋侯使赵同献狄俘于周,不敬。刘康公[10]曰:"不及十年,原叔必有大咎[11],天夺之魄矣(心之精爽,是谓魂魄。为八年杀赵同传)。"

春秋 秋,螽。

解义 宣公烦於朝聘,赂遗[12]之末,竭内奉外人,事乖而戾气[13]应之矣。

注释 ①狄臣千室:狄之俘虏千家,其所耕之土地也一并赏之。②士伯:亦称士渥浊。瓜衍之县:晋国邑名,在现山西省孝义县北之瓜城。③微:无。④伯氏:指荀林父。⑤羊舌职:晋武公后代叔向之父。⑥庸庸祇祇(zhī):用其可用,敬其可敬。庸,通"用"。祇,敬。⑦造周:创立周朝。⑧不是过也:不过如此吧。⑨陈:布施。载周:即造周。载,通"哉"。⑩刘康公:即王季子,周臣。⑪原叔:即赵同。咎:即灾祸。⑫赂遗:以财物赠送或买通他人。⑬戾气:指暴戾之气。

春秋　仲孙蔑会齐高固于无娄[1](无娄,《公羊》作牟娄。杜注:杞邑。案隐四年,莒人伐杞取牟娄,时已为莒邑。杜注:疑有误)。

解义　高固自以事出,鲁宣使大夫候之於途,谄事[2]外臣,书之以示贬也。

注释　①仲孙蔑:即孟献子。②谄事:逢迎侍奉。

春秋　初税亩。

左传　初税亩,非礼也。谷出不过藉[1],以丰财也(周法:民耕百亩,公田十亩,借民力而治之,税不过此)。

公羊传　初者何?始也。税亩者何?履亩而税也[2](按亩加税)。初税亩何以书?讥。何讥尔?讥始履亩而税也。何讥乎始履亩而税?古者什一而藉(什一而借民力,以什与民,自取其一为公田)。古者曷为什一而藉?什一者,天下之中正也。多乎什一,大桀小桀[3];寡乎什一,大貉小貉[4]。什一者,天下之中正也,什一行而颂声[5]作矣。

穀梁传　初者始也。古者什一,藉而不税(借民力治公田,不税其私)。初税亩,非正也。古者三百步为里,名曰井田。井田者,九百亩,公田居一(八家皆私百亩,中百亩为公田)。私田稼不善,则非吏(非,责也。吏,田畯也。言吏急民,使不得营私田);公田稼不善,则非民(民勤私也)。初税亩者,非公之去公田而履亩十取一也,以公之与民为已悉矣(悉谓尽其力)。古者公田为居,井灶葱韭尽取焉(公田百亩中又以二十亩为八家之宅,家作一园,以种五菜,外种楸桑,以备养生送死)。

解义　始变法以厉民[6]也。古者什一,藉而不税,宣公因国用不足,既收公田之人,又履私亩而税之,是倍取於旧矣。其后作丘甲[⑦],用田赋至二犹不足,则皆宣公启之也。

注释 ①藉:通“籍”,古之税法。②履亩而税也:指按照农民每人的耕地面积多少来征税。③大桀小桀:指赋税过重,尽管程度不同,同样是暴君的行为。桀,夏代暴君。④大貉小貉(mò):貉,我国古代北方民族名。相传其实行二十税一的税制。儒家以为尧舜之道为十税一,少于十税一为行貉之道。十四五税一为大貉,十二三税一为小貉。⑤颂声:歌颂赞美之声。⑥厉民:指虐害人民。⑦丘甲:春秋时鲁国征发军用品的制度。

春秋 冬,蝝[①]生。

公羊传 未有言蝝生者,此其言蝝生何?蝝生不书(始生曰蝝,既大曰螽,蝝生例不书),此何以书?幸之也。幸之者何?犹曰受之云尔(闻灾当惧,而反幸者犹曰宜得,此灾有受之者尔)。受之云尔者何?上变古易常(谓宣公变古常制而税亩),应是而有天灾,其诸则宜于此焉变矣(人君观此则宜遇灾而惧,知所变计)。

穀梁传 蝝非灾也(初生故)。其曰蝝,非[②]税亩之灾也(非,责也)。

解义 螽之始生即为蝝,方螽於秋冬又生子,灾之及民重矣。螽飞蔽天,或来自他处,故不言生,蝝生於境内,人见其生,故异文。

注释 ①蝝:蝻,蝗的幼虫。②非:责怪。

春秋 饥。

左传 冬,蝝生,饥。幸之也(蝝,未为灾而书之者,幸其冬生,不为物害,时岁虽饥,犹喜而书之)。

解义 古者以三十年之通制国用[①],虽有凶荒,民无菜色。今宣公一遇螽蝝,遽[②]至於饥,则以平时不知务农重谷以待缓急之需也。庄二十八年,大无麦禾,而不书饥,盖当其时犹知告籴[3]以救灾也。宣公之篇,书饥者再,是既无仓廪[4]之藏,又乏救荒之策,惟坐视其民之饥而死耳。

注释　①通:往来不穷谓之通。国用:国家的开支。②遽(jù):迅速。③告籴:请求买粮。④仓廪:储藏米谷之所。

春秋　十有六年春王正月。晋人灭赤狄甲氏及留吁[1](甲氏、留吁,杜注:赤狄别种。胡氏《注》:留吁,谓之纯。留,今山西屯留县南有故城)。

左传　十六年春,晋士会帅师灭赤狄甲氏及留吁、铎辰[2](铎辰不书,留吁之属。当在今山西潞安府境)。三月,献狄俘(献于王也)。晋侯请于王。戊申[3],以黻冕[4]命士会将中军,且为太傅(代林父将中军,且加以太傅之官。黻冕,命卿之服)。于是晋国之盗逃奔于秦。羊舌职曰:"吾闻之,'禹称[5]善人(称,举也),不善人远',此之谓也夫。《诗》曰:'战战兢兢,如临深渊,如履薄冰。'善人在上也(言善人居位,则无不戒惧)。善人在上,则国无幸民[6](赏不僭,刑不滥也)。谚曰:'民之多幸,国之不幸也。'是无善人之谓也。"

解义　甲氏者,潞之馀种;留吁,其残邑也。前此,楚人围宋,晋坐视不救,诿[7]曰:"鞭长不及。"於潞氏甲氏则穷搜不已,且欑函之会无几时而灭狄者三,蔑德[8]弃信,何以宗[9]诸侯乎?

注释　①甲氏、留吁:皆为赤狄所属氏族部落名。②铎辰:为赤狄所属氏族部落名。③戊申:二十七日。④黻(fú)冕:为当时卿大夫穿戴之礼服。⑤称:举拔。⑥幸民:犯法而侥幸逃避之民。⑦诿:推托。⑧蔑德:无视道德。⑨宗:为……所尊崇。

春秋　夏,成周宣榭火[1](榭,《公羊》作谢。火,《公羊》、《穀梁》作灾)。

左传　夏,成周宣榭火,人火之也。凡火,人火曰火,天火曰灾。

公羊传 成周者何？东周也（瀍水西为王城，瀍水东下都为成周）。宣谢者何？宣宫之谢也（宣宫，宣王庙。至此不毁者，有中兴之功）。何言乎成周宣谢灾？乐器藏焉尔（夷厉之时乐器有坏，故宣王作之。）。成周宣谢灾何以书？记灾也。外灾不书，此何以书？新周也（孔子作《春秋》，上黜杞，下故宋而新周）。

穀梁传 周灾不志也，其曰宣榭何也？以乐器之所藏目之也。

解义 榭者，讲武之屋。宣王中兴南征北讨，其用武於四方必有讲肄[2]之所，即成周宣榭是也。宣榭火，而兴王之迹泯[3]矣，圣人重之而书，示不忘古也。

注释 ①成周：西周时期的东都，东周时期为王都。宣榭：古代建筑于土台上的厅堂，为讲武临观之所。②讲肄：讲论肄习，指讲学。③泯：丧失。

春秋 秋，郯伯姬来归。

左传 秋，郯伯姬来归，出[1]也（伯姬，鲁女嫁郯者）。

解义 妇人归宁曰来，出曰来归。齐人来归子叔姬，叔姬无罪强归之也。郯伯姬来归，伯姬有罪自取之也。杞叔姬亦大归[2]也，而书卒，书杞伯逆其丧归则义尚有不当绝者。郯伯姬不书卒，不书丧，归则其过必有甚於杞柏姬者矣。

注释 ①出：休弃。②大归：指妇人被夫家遗弃，永归母家。

附录左传 为毛、召之难故，王室复乱（毛、召难在前年）。王孙苏奔晋，晋人复之（毛、召之党，欲讨苏氏，故出奔）。冬，晋侯使士会平王室[1]，定王享之，原襄公相礼[2]（原襄公，周大夫），殽烝[3]（烝，升也。升殽于俎）。武子私问其故（享当体荐而殽烝，故怪问之。武，士会谥；季，其字）。王闻之，召武子曰："季氏，而弗闻乎？王享有体荐（享则半解其体而荐之，所以示俭），宴有折俎（体解节折，升之于俎,物皆可食,所以示慈惠)。公当享,卿当宴,王室之礼也(公谓诸侯。卿虽享,亦当用宴礼)。"武子归而讲求典礼,以修晋国之法(《传》言典礼之废久)。

春秋　冬,大有年[④]。

穀梁传　五谷大熟为大有年。

解义　大者,非常之词;有者,不易有也。记其有者,所以见其无也。宣公享国十有八年,而仅一有年,故以为非常而书之。

注释　①平王室:调和周王室卿士之间的矛盾。②原襄公:周王室大夫。相礼:主持典礼。主持人称相。③殽烝:古代祭祀或宴会,杀牲,将牲放在俎上叫烝。将牲体支解煮熟,连肉带骨放在俎上叫殽烝,殽即肴,宾主可食。④大有年:大丰年。

春秋　十有七年春王正月庚子,许男锡我[①]卒。

春秋　丁未,蔡侯申[②]卒。

春秋　夏,葬许昭公。

春秋　葬蔡文公。

解义　宣公华而少,实其於邦交以势利,为疏数来赴而不会其葬者多矣,乃许昭、蔡文皆会其葬,盖许、蔡为楚之私,公方附楚,故不敢略[③]许、蔡之丧,纪耳。

注释　①许男锡我:指许昭公(?—前592年),即姜锡我,为春秋诸侯国许国君主之一,在位期间为前620年—前592年。②蔡侯申:即蔡文公。在位期间为前611年—前592年。③略:忽略。

春秋　六月癸卯,日有食之。

春秋　己未,公会晋侯、卫侯、曹伯、邾子同盟于断道(断道,杜注:晋地。今山西沁州东有断梁城)。

左传　十七年春,晋侯使郤克征会于齐[①](欲为断道会)。齐顷公帷妇人[②],使观之。郤子登[③],妇人笑于房[④](跛而登阶,故笑之)。献子[⑤]怒(献子,郤克),出而誓曰:“所不此报[⑥],无能涉河。”献子先归,使栾京庐[⑦]待命于齐(栾京庐,郤克之介),曰:“不得齐事,无复命矣(使得齐之罪乃复命)。”郤子至,请伐齐,晋侯弗许。请以其私属[⑧],又弗许(私属,家众。为成二年战于鞍传)。齐侯使高固、晏弱、蔡朝、南郭偃会[⑨](晏弱,桓子)。及敛盂[⑩],高固逃归[⑪](闻郤克怒故)。夏,会于断道[⑫],讨贰[⑬]也。盟于卷楚(卷楚即断道),辞齐人。晋人执晏弱于野王[⑭],执蔡朝于原,执南郭偃于温(执三子不书,非卿。野王,杜注:野王县属河内。今河南怀庆府治)。苗贲皇[⑮]使,见晏桓子(苗贲皇,楚斗椒之子,楚灭斗氏而奔晋,食邑于苗地。晏弱时在野王,故因使而见之),归,言于晋侯曰:“夫晏子何罪?昔者诸侯事吾先君,皆如不逮,举言群臣不信(举,皆也),诸侯皆有贰志。齐君恐不得礼[⑯],故不出,而使四子来。左右或沮[⑰]之,曰:‘君不出,必执吾使。’故高子及敛盂而逃。夫三子者曰:‘若绝君好,宁归死焉[⑱]。’为是犯难[⑲]而来,吾若善逆彼,以怀来者[⑳](彼齐三人)。吾又执之,以信[㉑]齐沮,吾不既过矣乎?过而不改,而又久[㉒]之,以成其悔,何利之有焉?使反者得辞[㉓](反者高固,谓得不当来之辞),而害来者,以惧诸侯,将焉用之?”晋人缓[㉔]之,逸[㉕](缓,不拘执,使得逃去也。《传》言晋不能修礼,诸侯所以贰)。

穀梁传 同者有同也,同外楚也(不于清丘发传者,清丘,鲁不会,故重举,以包之也)。

解义 鲁、卫、曹、邾,地皆邻接於宋,宋乃四国之藩蔽也。宋折而入楚,故四国自危,晋亦惧楚,故复结是盟。其书同载,书以是要[㉖]言也。《穀梁》以为外楚,二《传》以为谋齐,盖外楚其本谋,而晋方怒齐,故亦命事於会耳。

注释 ①征会于齐:去齐国召请齐侯参加断道盟会。②帷:作动词用,让妇人躲在帷幕后面向外窥视。妇人:即齐顷公之母萧同叔子。③郤子:即郤克。登:登上台阶。④笑于房:郤克是跛子,故当其登阶,妇人笑出声来。房,正室左右的厢房。⑤献子:即郤克。⑥所不此报:若不报复这次耻辱。所,假设连词,多用于盟誓。⑦栾京庐:郤克的副手。⑧私属:郤克的宗族武装。⑨高固:即高宣子。晏弱:即晏桓子。蔡朝、南郭偃:均为齐臣。⑩敛盂:卫地,在现河南省濮阳县东南一带。⑪高固逃归:高固预料此行将有风险,故途中逃归。⑫断道:晋地名。⑬讨贰:断道盟会由晋发起,是针对楚及其盟国。讨贰,当时是要讨伐与楚结盟,与晋有二心的国家。⑭野王:地名,在现河南省沁阳县治。⑮苗贲皇:楚斗椒之子晋大夫。⑯不得礼:得不到礼遇。⑰沮:阻止。⑱若绝君好,宁归死焉:意思说,晋若弃绝两君之友好,则证明晋国无理,正义在齐。为给本国争正义,宁愿前往赴死。⑲犯难:冒着危险。⑳吾若善逆彼,以怀来者:若作应该解。我们应该好好接待他们,使来使对晋国产生怀念之情。㉑信:证实。㉒久:久执不放。㉓反者得辞:中途折返的人找到不来的理由。反者指高固。㉔缓:放松看管。㉕逸:逃跑。㉖要:简要。

附录左传　秋八月,晋师还。范武子将老[①](初受随,故曰随武子,后更受范,复为范武子),召文子[②]曰:“燮乎(文子,士会之子,燮(xiè),其名)!吾闻之,喜怒以类者鲜[③],易者实多[④](易,迁怒也)。《诗》曰:‘君子如怒,乱庶遄沮;君子如祉,乱庶遄已[⑤](《诗·小雅》。遄,速)。’君子之喜怒,以已乱也。弗已者,必益之。郤子其或者欲已乱于齐乎?不然,余惧其益之也。余将老,使郤子逞其志,庶有豸[⑥]乎(豸,解也。欲使郤子从政,快志以止乱)?尔从二三子唯敬(二三子,晋诸大夫)。”乃请老,郤献子为政。

春秋　秋,公至自会。

解义　宣公会盟,两书至,黑壤事齐而不事晋,危晋之见讨而不得释也。断道背齐,而与晋谋伐齐,危齐人之见讨也。宣公既得国以后,卑屈事齐,惟恐获戾[⑦],逮[⑧]齐惠公卒,事齐之礼渐疎[9],复附楚依晋以谋齐,内不能守礼明政,外不能讲信修睦,而倾侧[10]於强大之间,其何能国乎?

注释 ①范武子:即晋的正卿,中军帅士会。老:告老退休。②文子:名士燮,士会之子。③喜怒以类:喜怒之发,恰如其分。鲜:少。④易者实多:喜怒不以类,发台不当实在太多。⑤庶:庶几,可能。遄:迅速。沮:止。祉:喜悦。⑥豸(zhì):解决。⑦获戾:指得罪;获咎。⑧逮:到。⑨疎(shū):同"疏"。⑩倾侧:指摇摆不定。

春秋 冬十有一月壬午,公弟叔肸卒。

左传 冬,公弟叔肸卒。公母弟也。凡大子之母弟,公在曰公子,不在曰弟(以兄为尊)。凡称弟,皆母弟也(此策书之通例)。

穀梁传 其曰公弟叔肸。贤之也。其贤之何也?宣弑而非[1]之也。非之,则胡为不去也?曰兄弟也。何去而之,与之财,则曰:"我足矣。"织屦而食,终身不食宣公之食。君子以是为通恩也,以取贵乎《春秋》(宣公弑逆,故其禄不可受,兄弟无绝道,故虽非而不去,论情可以明亲亲,言义足以厉不轨,是以贵之)。

解义 叔肸为宣公母弟,生不见於策书,死不称公子,则未为大夫明矣,非大夫而书卒,以其贤也。《传》称得《春秋》之义者二,卫侯之弟鱄,以政刑无常,洁身去国;叔肸遭宣公大逆,孔怀之谊不忍奋飞[2],终身不食其禄,皆处变而得其宜[3]。然叔肸所为,内可以尽私恩,外足以维公义,故《传》於鱄曰合,於肸曰取贵,则贤於鱄远矣。

注释 ①非:责怪,反对。②孔怀之谊:指兄弟之间的情谊。不忍奋飞:指不忍离开。③宜:同"宜"。

春秋 十有八年春,晋侯、卫世子臧伐齐。

左传 十八年春,晋侯、卫太子臧伐齐(太子臧,穆公子),至于阳谷。齐侯会晋侯盟於缯[1],以公子强为质於晋。晋师还,蔡朝、南郭偃逃归。

解义　齐霸国之馀,晋文资其力以败楚。自文公[2]卒,齐不复从晋盟,晋方不竞於楚,是以问不及齐,至是以诸侯同心外楚,征会而齐不与,乃毅然亲将以伐之,实得继霸之义。鞍之战虽曰逞忿,然自是齐服,而东诸侯无贰心[3],无会不与,无役不从,与楚相抗者近百年,不可谓非谋国之善也。

注释　①缯:地名。在现今山东省阳谷县附近。②文公:指晋文公。③贰心:异心;不忠实。

春秋　公伐杞。

解义　杞世婚於鲁,杞桓公[1]鲁出且娶於鲁。僖、文[2]之世,各一来朝。宣公篡立,杞伯终其世不来朝,盖疾其躬为大恶[3],虽不能讨,而耻相附也,故憾[4]之而亲伐焉,然适以自暴其恶,而张杞之义耳。

注释　①杞桓公(?—前567年):名叫姒姑容,是杞国的第10任君主,杞成公之弟,继承其爵位。在位70年,传于其子杞孝公。②僖、文:指鲁僖公、鲁文公。③疾:恨。躬:自身。④憾:怨恨。

春秋　夏四月。

附录左传　夏,公使如楚乞师[1],欲以伐齐(公不事齐,齐与晋盟,故惧而乞师于楚。不书,微者行)。

春秋　秋七月,邾人戕鄫子于鄫[2]。

左传　秋,邾人戕鄫子于鄫。凡自虐[3]其君曰弑,自外曰戕(弑、戕皆杀也,所以别内外之名)。

公羊传　戕鄫子于鄫者何?残贼而杀之也。

穀梁传　戕犹残也,捝[4]杀也(捝,谓捶也)。

解义　戕者,残贼而杀之也。于鄫,罪[5]鄫之臣子不能救君难也。邾文公时,曾虐用鄫子,然尚以会盟于邾也,今乃使人造[6]其国都，而戕杀其君，则鄫岂虚无人乎？至邾人灭人理，而悖天常，则不待贬，而恶见矣。

注释 ①乞师：请求援兵。②戕：杀害。鄫子：鄫国国君。鄫：即鄫国（缯国），与夏同姓封国，故城遗址位于今山东省苍山县卞庄镇西北16公里处。历夏、商、周。鲁襄公6年（前567年）灭于莒。③虐：杀。④挩（tuō）：捶打。⑤罪：责备，责怪。⑥造：到，去。

春秋 甲戌，楚子旅[1]卒（旅，《穀梁》作吕。楚始书卒）。

左传 楚庄王卒。楚师不出[2]，既而用晋师（成二年战于鞍是），楚于是乎有蜀之役（在成二年冬。蜀，杜注：鲁地，泰山博县西北有蜀亭。在今山东泰安州西）。

公羊传 何以不书葬？吴、楚之君不书葬，辟其号也（葬从臣子辞当称王，故绝其葬）。

穀梁传 夷狄不卒，卒，少进也。卒而不日，日，少进也。日而不言正、不正，简之也（中国卒正则日，不正乃不日，夷狄进之则日，不论正与不正，故云简之）。

解义 楚君至是始书卒，鲁事之一如齐、晋，故著於策书也，不书葬，孔子削之也。《记》[3]曰："天无二日，土无二王"。《春秋》恐民之惑，故不称楚、越之王丧，盖辟[4]其号，而不书其葬也。楚入《春秋》百年，武、文、成、穆未敢有窥周室之心，至楚子旅而观兵问鼎，力征中夏，聘於齐、晋，直用王使过宾之礼，非[5]天夺其年不尽臣，天下之诸侯不止也。卒书其故爵，盖黜其淫名，以正君臣之名分。而先儒乃谓进之，是以爵之贵之，是以卒之，其义悖矣。

注释 ①楚子旅：即楚庄王（前614—前591），又称荆庄王，芈姓，熊氏，名旅（又作吕、侣），楚国君主，春秋五霸之一。②楚师不出：鲁派使臣去楚乞师，楚国庄王新死，故不能派兵来援助。③记:指西汉·戴圣《礼记·坊记》。④辟:同“避”。⑤非:责怪。

春秋　公孙归父如晋。

左传　公孙归父以襄仲之立公也,有宠(归父,襄仲子),欲去三桓[1]以张公室。与公谋而聘于晋,欲以晋人去之。

解义　宣公用归父之谋,欲去三桓,以张公室,其事未尝不正。而宣公薨,归父逐三桓之势益张,岂惟谋之不审[2]哉?其道固不足以胜三桓也。仲遂身为大逆,而任其子以图世族,义既不足以动人,晋政方在强家,而藉[3]其力以逐内臣,则谋亦不能以自遂。使能信任仁贤,修明政教,渐收其威柄[4],则三桓必有戢[5]志,公室可以自张,然宣公篡弑之人,岂足以语此哉!

注释　①三桓:鲁国的季孙氏、孟孙氏、叔孙氏都是桓公的后代,久在鲁国专权。②审:详细,周密。③藉:同“借”。④威柄:威权,权力。⑤戢:收敛。

春秋　冬十月壬戌,公薨于路寝[1]。

穀梁传　正寝也。

春秋　归父还自晋,至笙。遂奔齐(笙,《公羊》、《穀梁》作柽,杜注:鲁竟也)。

左传　冬,公薨。季文子[2]言于朝曰:“使我杀適[3]立庶以失大援者,仲[4]也夫(適谓子恶,襄仲杀之而立宣公。事齐通楚,以失晋援。季文子怨归父欲去三桓,故借此以为之罪)。”臧宣叔[5]怒曰(宣叔,文仲子,武仲父):“当其时不能治也,后之人何罪?子欲去之,许请去之(许,宣叔名,时为司寇)。”遂逐东门氏[6](襄仲居东门,故曰东门氏)。子家[7]还,及笙,坛帷[8],复命于介[9](除地为坛而张帷。介,副也,将去,使介复命于君)。既复命,袒、括发[10](袒,衣。以麻约发),即位哭,三踊[11]而出(依在国丧礼设哭位,公薨故)。遂奔齐。书曰:“归父还自晋。”善之也。

公羊传 还者何？善辞也。何善尔？归父使于晋，还自晋，至柽闻君薨家遣，墠帷哭君成踊（踊，辟踊也。成踊，成三日五哭踊之礼），反命乎介，自是走之齐。

穀梁传 还者，事未毕也。自晋，事毕也。与人之子守其父之殡（人之子谓归父子也，言成公与归父子共守宣公殡），捐殡而奔其父之使者，是以奔父也（捐，弃也。成公弃父之殡，逐父之使。使父命未反，而已逐之，是与亲奔父无异）。至柽，遂奔齐。遂，继事也。

解义 归父谋去三桓，会公之薨，季氏乃追论仲遂弑君之罪，而逐归父。观《传》所载，行父倡言，臧孙逐之，若无嗣君者，行父罪不容诛，而成公不足有为，亦於此可见矣。归父奉使而还，闻君薨家遣，常人当此必震惧，失常而坛帷哭君成踊，反命乎介，则犹能守礼者，惜乎！其始谋之不臧⑫也。

注释 ①路寝：指古代天子、诸侯的正厅。②季文子：即季孙行父。③適（dí）：通“嫡”。④仲：即襄仲，公孙归父之父。⑤臧宣叔：即臧孙许，臧文仲之子。⑥东门氏：襄仲家居鲁都东门，以住地为氏，称东门氏。⑦子家：即公孙归父。⑧坛帷：以帷幕遮蔽土坛。⑨介：子家的副手。⑩括发：用麻束发。⑪踊：顿足。⑫不臧：不善，不良。

卷三十一

成公(元年之二年)

成公:公名黑肱,宣公子。谥法:“安民立政曰成。”

周:定王十七年,鲁成公五年,定王崩,子简王立。

郑:襄公十五年,鲁成公四年,襄公卒,悼公费立;成六年,悼公卒,弟成公睔立。

齐:顷公九年,鲁成公九年,顷公卒,子灵公环立。

宋:文公二十一年,鲁成公二年,文公卒,子共公固立;成十五年,共公卒,子平公成立。

晋:景公继霸十年,时郤克为政;鲁成公四年,栾书为政;成十年,景公有疾,晋人立太子州蒲,是为厉公,是年景公卒;成十八年,厉公弑悼公周立,韩厥为政。

卫:穆公十年,鲁成公二年,穆公卒,子定公臧立;成十四年,定公卒,子献公衎立。

蔡:景公二年。

曹:宣公五年,鲁成公十三年,宣公卒,弟成公负刍立。

滕:文公十年,鲁成公十六年,文公卒,成公原立。

陈:成公九年。

杞:桓公四十七年。

薛:详见隐公元年。

莒:鲁成公十四年,莒子朱卒,一名渠丘公,黎比公密州立,又名买朱锄。

邾:定公二十四年,鲁成公十七年,定公卒,宣公牼立。

许:灵公二年,鲁成公十五年,许迁于叶。

小邾:详见僖公元年。

楚:共王元年,鲁成十六年,子反将中军,子重将左,战鄢陵,楚败绩,晋射共王中目,楚杀子反。

秦:桓公十五年,鲁成公十四年,桓公卒,子景公立。

吴:鲁成公七年,吴伐郯始见《经》,即吴子寿梦也,寿梦一名乘。

越:详见隐公元年。

成公(名黑肱,宣公之子,母穆姜,以定王十七年即位。《谥法》:"安民立政曰成。")。

春秋 元年春王正月,公即位。

解义 继正而行即位之礼,故书於策也。与桓、宣[1]之书即位,辞同而义异。考其事,论其世,则其实不可掩[2]矣。

注释 ①桓、宣:即鲁桓公、鲁宣公。②掩:遮蔽,遮盖。

春秋 二月辛酉,葬我君宣公。

春秋 无冰。

穀梁传 终时[1]无冰则志,此未终时而言无冰何也(言终寒时无冰,当志耳。今方建丑之月,是寒时未终)? 终无冰矣,加之寒之辞也(周二月,夏十二月也。是月于寒之中又加甚焉,过此无冰,终无复冰矣)。

解义 恒燠[2]也。周之二月,夏之十二月也,当涸阴冱寒[3],而恒燠焉,此政事舒缓[4],纪纲纵弛[5]之象也。方是时,成公幼弱,政在三家[6],公室不张[7],其象已先见矣。凡策书所载,皆经邦大训[8],人有微而不登其姓名,事有小而不记其本末,雨雹冰雪何以悉[9]书,天人一理也,万物一气也。观於阴阳寒暑之变,以察其消息盈虚[10],此敬天勤民慎於微之意也,每慎於微,则王事备矣。

注释 ①终时:指冬季结束之意。②燠(yù):暖。③涸(gù)阴冱(hù)寒:严冬寒气凝结,积冻不开。涸,遇冷凝结、凝固。冱,冻结。④舒缓:缓慢。⑤纵弛:放纵恣肆。⑥政在三家:

指鲁国政权掌握在季孙氏、孟孙氏、叔孙氏三家手中。⑦不张：指不强大。⑧经邦：治理国家。大训：先王圣哲的教言。⑨悉：详细。⑩消息盈虚：指事物的盛衰变化或行为的出处进退。

附录左传　元年春，晋侯使瑕嘉①平戎于王(平文十七年郑垂之役。詹嘉处瑕，故谓之瑕嘉)，单襄公如晋拜成②(单襄公，王卿士)。刘康公徼戎③，将遂伐之。叔服④曰："背盟而欺大国⑤，此必败。背盟，不祥；欺大国，不义；神人弗助，将何以胜？"不听，遂伐茅戎。三月癸未，败绩于徐吾氏⑥(徐吾氏，茅戎之别也。茅戎，杜注：戎别种。《水经注》：大阳县有茅亭，故茅戎邑也。《括地志》：茅戎在河北县西，当在今山西平陆县界)。

春秋　三月，作丘甲。

左传　为齐难故，作丘甲⑦(前年鲁乞师于楚，欲以伐齐，楚师不出，故惧而作丘甲)。

公羊传　何以书？讥。何讥尔？讥始丘使也(言始使丘民作甲)。

穀梁传　作，为也。丘为甲也(使一丘之民皆作甲)。丘甲，国之事也。丘作甲，非正也。丘作甲之为非正何也？古者立国家，百官具，农工皆有职以事上。古者有四民，有士民，有商民，有农民，有工民。夫甲，非人人之所能为也。丘作甲，非正也。

解义　此因齐难，而益兵⑧也。《司马法》："九夫为井，四井为邑，四邑为丘，四丘为甸。"甸赋车一乘，步卒七十二人，甲士三人。凡二十五人为一甲，三甲为一乘，一丘所出十有八人。今丘出一甲，是一甸之中百人为兵总一乘计之，增一甲矣，积三甸计之，增一乘矣。增乘增甲，虽不可考，其实皆益兵，其数皆增三之一尔。《春秋》恶其紊乱先王军赋之制，以重困农民，故特书作以讥之，作者不宜作也。

注释　①瑕嘉：即詹嘉，晋大夫。②单襄公：又名单朝，周卿士。拜成:答谢晋使周与戎和解之功劳。③刘康公:周王的母弟。徼戎:乘戎不备而侥幸取胜。④叔服:周王内史。⑤大国:指晋国。⑥徐吾氏:茅戎聚居的地方。即在此处打败周王之军。⑦作丘甲:实行丘甲制度,即每丘中人按所耕田数分摊军赋。丘,地方基层组织。⑧益兵:增加兵力。

春秋 夏,臧孙许[1]及晋侯盟于赤棘(赤棘,杜注:晋地)。

左传 闻齐将出楚师,夏,盟于赤棘(与晋盟,惧齐、楚)。

解义 季孙当国,憾[2]齐人之纳归父,又闻其将出楚师,遂急於求晋而为此盟。鲁所欲,故书及。鲁大夫特盟诸侯者五,其四书及,皆鲁志也,惟祲祥[3]书会,则邾志耳。诸侯与大夫会盟,在列国亦为降尊[4]失列,况霸主乎?季孙行父会齐侯于阳谷,而后公子遂及齐侯盟于郪丘,昔也公孙敖会晋侯于戚,今则臧孙许及晋侯盟,政教之陵迟[5],其所由来者渐矣。

注释 ①臧孙许(?—前587年):姬姓,臧氏,名许,谥宣,故史称臧宣叔。②憾:怨恨。③祲祥:地名指鲁昭公十二年仲孙貜会邾子盟子祲祥。④降尊:降抑尊贵的地位。⑤陵迟:衰微的意思。

春秋 秋,王师败绩于茅戎[1](《公羊》、《穀梁》作贸戎)。

左传 秋,王人[2]来告败(解《经》所以秋乃书)。

公羊传 孰败之?盖晋败之(以晋比侵柳围郊,知王师讨晋而败之),或曰贸戎败之(以地在贸戎故)。然则曷为不言晋败之?王者无敌,莫敢当也。

穀梁传 不言战,莫之敢敌也。为尊者讳[3]敌不讳败(讳敌,使莫为之偶。不讳败,以见其过),为亲者讳败不讳敌(讳败,惜其毁折也。不讳敌,诸侯有列国),尊尊亲亲之义也(尊谓王,亲谓鲁)。然则孰败之?晋也。

解义 王者之师,有征无战书败不书战,以茅戎不得与天子抗也。柔服远人惟在谆信明义,而设诈相邀是失其所以驭[4]戎之礼,故以自败为文,亦自反之道也。

注释　①茅戎:在今山西省陆平、解县等地。②王人:周王室所派之人。③讳:忌讳。④驭:控制。

春秋　冬十月。

穀梁传　季孙行父秃[1],晋郤克眇[2],卫孙良夫跛[3],曹公子手偻[4],同时而聘[5]于齐。齐使秃者御[6]秃者,使眇者御眇者,使跛者御跛者,使偻者御偻者(御,迎也)。萧[7]同侄子处台上而笑之(萧,国也。同,姓也。侄子,字也。其母更嫁齐惠公,生顷公。宣十二年,楚灭萧,故随其母在齐)。闻于客。客不说[8]而去,相与立胥闾[9]而语,移日不解[10](胥闾,门名)。齐人有之者,曰:"齐之患,必自此始矣(范氏宁曰:穀梁子作《传》,皆释《经》以立义,未有无其文而发《传》者,疑"冬十月"下脱"季孙行父如齐"六字)!"

附录左传　冬,臧宣叔令修赋[11]、缮完[12](治完城郭)、具守备[13],曰:"齐、楚结好,我新与晋盟,晋、楚争盟,齐师必至。虽晋人伐齐,楚必救之,是齐、楚同我[14]也(言将共伐)。知难而有备,乃可以逞[15](为二年齐侯伐我传)。"

春秋　二年春,齐侯伐我北鄙。

左传　二年春,齐侯伐我北鄙,围龙[16](龙,杜注:鲁邑。在泰山博县西南)。顷公之嬖人卢蒲就魁门[17]焉(攻龙门),龙人囚之。齐侯曰:"勿杀!吾与而盟,无入而封[18](封,竟)。"弗听,杀而膊诸城上[19](膊,磔也)。齐侯亲鼓,士陵城,三日,取龙,遂南侵及巢丘[20]。

解义　初,宣公事齐甚谨[21],聘会相继,及与晋盟,断道而怨隙成。再盟赤棘,而伐我北鄙,鲁於是乎空国兵而为鞍之战。同曰愤[22]兵务相报复,不待贬,而罪自见矣。

注释　①秃:秃顶,无头发。②眇(miǎo):瞎了一只眼。③跛:腿脚有病,走路时身体不平衡,跛脚。④偻:弯曲,不能伸展。

⑤聘:访问。⑥御:陪伴。⑦萧:诸侯国。嬴姓,始祖为"萧侯孟亏",为伯益后代,于前579年为楚庄王所灭⑧不说:说,同"悦"。不高兴,不愉快。⑨胥闾:齐国都城的门名。⑩移日:指移动日影。意思是很长一段时间。不解:不分开。⑪修赋:指实行丘甲制。⑫缮:修整武器装备。完:加固城郭。⑬具守备:准备好守城之具。⑭齐、楚同我:齐、楚两国共同以我为敌。⑮逞:解除。使危险得以解除。⑯龙:鲁地,在现山东省泰安市东南部。⑰门:攻打龙邑之城门。⑱而封:你们的边境。而,同"尔"。⑲膊:暴尸。膊诸城上:将卢蒲就魁陈尸城上。⑳巢丘:鲁地,当距龙不远,不出泰安境内。㉑谨:恭敬。㉒愤:愤怒。

春秋 夏四月丙戌,卫孙良夫帅师及齐师战于新筑,卫师败绩(新筑,杜注:卫地。今直隶魏县南有新筑城)。

左传 卫侯使孙良夫、石稷、宁相、向禽将侵齐,与齐师遇(齐伐鲁还,故遇。良夫,孙林父之父。石稷,石碏四世孙。宁相,宁俞子)。石子欲还,孙子曰:"不可。以师伐人,遇其师而还,将谓君何?若知不能,则如无出。今既遇矣,不如战也。"夏,有……(阙文,失新筑战事)。石成子曰(成子,石稷):"师败矣。子不少须,众惧尽[①]。子丧师徒,何以复命?"皆不对。又曰:"子,国卿也。陨子,辱矣(陨,见禽获)。子以众退,我此乃止(自请止,此御齐师)。"且告车来甚众(新筑人救孙桓子,故并告令军中)。齐师乃止,次于鞫居(鞫居,杜注:卫地。《后汉志》:封丘有鞫亭,即古鞫居也)。新筑人仲叔于奚救孙桓子[②],桓子是以免(于奚,守新筑大夫)。既,卫人赏之以邑(赏于奚),辞。请曲县、繁缨以朝[③],许之(曲县,轩县也。《周礼》:天子乐宫县四面,诸侯轩县,阙南方,故曲县,钟磬之属县于笱簴者。繁缨,马饰。诸侯服)。仲尼闻之曰:"惜也,不如多与之邑。唯器与名,不可以假人(器,车服。名,爵号),君之所司也。名以出信(名位不愆,为民所信),信以守器(动不失信,则车服可保),器以藏礼(车服所以表尊卑),礼以行义(尊卑有礼,各得其宜),义以生利(得其宜,则利生),利以平民[4],政之大节也。若以假人,与人政也。政亡,则国家从之,弗可止也已。"

解义　欲战者卫也,故以卫主之。卫既使世子臧与晋同伐齐,又使四大夫侵齐,及与齐师遇,石稷欲还,良夫不可,盖欲逞一笑之忿,而败国剿民有不顾也。强臣柄[5]国,其君不能主,同列不敢争,而专行无忌如此,故孔达帅师不书,至良夫而后书,著大夫之无君也。其后林父出君据邑以叛,其端已兆於此矣。

注释　①子不少须,众惧尽:须,待也。孙良夫急于求成,既败后又急于逃跑。石稷让他稍等,把军队组织一下,边阻击边撤退。如果一下子溃退下去,恐怕要全军覆没。②孙桓子:即孙良夫。③曲县:古礼,天子乐器,四面悬挂,称作"宫悬"。诸侯去其南面乐器,三面悬挂,称作"轩悬",又叫"曲悬"。大夫仅用左右两面悬挂,称作"判悬"。士仅于东面或阶间悬挂,称作"特悬"。这里指仲叔奚僭用诸侯之礼。繁缨:马身上的装饰物,也属诸侯之礼。④平民:治民。⑤柄:执掌。

春秋　六月癸酉,季孙行父、臧孙许、叔孙侨如、公孙婴齐帅师会晋郤克、卫孙良夫、曹公子首及齐侯战于鞌,齐师败绩(首,《公羊》、《穀梁》作手。鞌,杜注:齐地。《近志》云:鞌即古之历下)。

左传　孙桓子还于新筑,不入(不入国),遂如晋乞师。臧宣叔亦如晋乞师。皆主郤献子(孙桓子、臧宣叔皆不以国命,各自诣郤克,故不书)。晋侯许之七百乘(五万二千五百人)。郤子曰:"此城濮之赋[1]也(城濮之战,晋车七百乘)。有先君之明与先大夫之肃[2],故捷。克于先大夫,无能为役[3],请八百乘。"许之(六万人)。郤克将中军,士燮佐上军(范文子代荀庚),栾书将下军(代赵朔),韩厥为司马,以救鲁、卫。臧宣叔逆晋师,且道之。季文子帅师会之。

及卫地，韩献子[④]将斩人，郤献子驰，将救之，至则既斩之矣。郤子使速以徇，告其仆曰："吾以分谤也（不欲使韩子独受杀人之谤）。"

师从齐师于莘（莘，杜注：齐地）。六月壬申[⑤]，师至于靡笄[⑥]之下（靡笄，杜注：山名。徐广曰：靡当作历。《志》曰：历山即《左传》所谓靡笄之山。在今山东济南府南）。齐侯使请战，曰："子以君师，辱于敝邑，不腆敝赋[⑦]，诘朝[⑧]请见。"对曰："晋与鲁、卫，兄弟也。来告曰：'大国朝夕释憾于敝邑之地[⑨]（大国谓齐。敝邑，鲁、卫自称）。'寡君不忍，使群臣请于大国，无令舆师淹于君地[⑩]（舆，众也。淹，久也）。能进不能退，君无所辱命[⑪]（言自欲战，不须齐命）。"齐侯曰："大夫之许，寡人之愿也；若其不许，亦将见也。"齐高固入晋师，桀石以投人[⑫]（桀，担也），禽之而乘其车（既获其人，因释己车，而载所获者车），系桑本[⑬]焉，以徇齐垒（将至齐垒，以桑树击车而走，欲自异），曰："欲勇者贾余馀勇[⑭]（言己勇有馀，欲卖之）。"

注释 ①赋：出兵之数额。②肃：敏捷。③无能为役：不足以为其仆人。④韩献子：即韩厥，时为中军司马，掌军法。⑤壬申：十六日。⑥靡笄：山名，即今山东省济南市千佛山。⑦不腆敝赋：敝国军数额不充足，军力不强。⑧诘朝：明日晨。⑨敝邑之地：这里指鲁、卫二国。⑩舆师：众军。淹于君地：久停在齐国。意欲速战，以决胜负。⑪君无所辱命：不劳君之命令。这里为应战之辞。⑫桀石以投人：举起石块向晋军投掷。⑬系桑本：将桑树根系在车上。⑭贾余馀勇：买我的剩余的勇气。

癸酉[①]，师陈于鞍[②]。邴夏御齐侯，逢丑父为右。晋解张御郤克，郑丘缓为右。齐侯曰："余姑翦灭此而朝食。"不介马[③]而驰之（介，甲也）。郤克伤于矢，流血及屦，未绝鼓音[④]（中军将自执旗鼓，故虽伤而击鼓不息），曰："余病矣[⑤]！"张侯[⑥]曰（张侯，解张）："自始合[⑦]，而矢贯余手及肘[⑧]，余折以御[⑨]，左轮朱殷[⑩]，岂敢言病(朱,血色,血色久则殷。赤,黑色也。言血多污车轮,御犹不敢息)。吾子忍之!”缓[11]曰:“自始合,苟有险,余必下推车,子岂识之?然子病矣!”张侯曰:“师之耳目,在吾旗鼓,进退从之。此车一人殿[12]之,可以集事[13](殿,镇也。集,成也),若之何其以病败君之大事也?擐甲执兵[14],固即死也[15]。病未及死,吾子勉之!”左并辔,右援枹[16]而鼓,马逸[17]不能止,师从之[18](晋师从郤克车)。齐师败绩。逐之,三周华不注[19](华不注,杜注:山名。在今山东济南府城北)。

韩厥梦子舆[20]谓己曰:“且辟左右[21](子舆,韩厥父。言勿处车之左右两偏)。”故中御[22]而从齐侯(将在左,居中代御者)。邴夏曰:“射其御者,君子也。”公曰:“谓之君子而射之,非礼也。”射其左,越[23]于车下(越,队也)。射其右,毙于车中,綦毋张[24]丧车(綦毋张,晋大夫),从韩厥,曰:“请寓乘[25](寓,寄也)。”从左右,皆肘之[26],使立于后(以左右皆死,不欲使立其处。故以肘排退之)。韩厥俛[27],定其右[28](俛,俯也。右被射,仆车中,故俯安隐之)。逢丑父与公易位(见事急,故易居公处)。将及华泉(华,不注,山。泉,水也),骖絓[29]于木而止(骖,马絓也)。丑父寝于轏[30]中(轏,卧车也),蛇出于其下,以肱击之,伤而匿之[31],故不能推车而及(为韩厥所及)。韩厥执絷[32]马前(絷,马绊。执之,示修臣仆之礼),再拜稽首,奉觞加璧以进,曰:“寡君使群臣为鲁、卫请,曰:‘无令舆师陷入君地。’下臣不幸,属当戎行[33](属,适也),无所逃隐。且惧奔辟而忝两君[34],臣辱戎士,敢告不敏[35],摄官承乏[36](此皆韩厥自处臣仆,谦敬之饰言)。”丑父使公下,如华泉取饮[37](时丑父代为齐侯,故诈使公下车,欲使走逸)。郑周父御佐车[38](佐车,副车),宛茷为右,载齐侯以免。韩厥献丑父,郤献子将戮之。呼曰:“自今无有代其君任患者,有一于此,将为戮乎!”郤子曰:“人不难以死免其君。我戮之不祥,赦之以劝事君者。”乃免之。

齐侯免,求丑父,三入三出。每出,齐师以帅退。入于狄卒[39](齐师既败,皆有退心,故齐侯轻出其众,以帅厉退者。狄卒,狄人从晋讨齐者),狄卒皆抽戈楯冒之[40]。以入于卫师,卫师免之(狄、卫尚畏齐强,故不敢害)。遂自徐关[41]入(今淄川县有古徐关)。齐侯见保者[42],曰:"勉之!齐师败矣。"辟女子[43](使辟君也。齐侯单还,故妇人不辟之),女子曰:"君免乎?"曰:"免矣。"曰:"锐司徒[44]免乎?"曰:"免矣(锐司徒,主锐兵者)。"曰:"苟君与吾父免矣,可若何!"乃奔。齐侯以为有礼,既而问之,辟司徒[45]之妻也(辟司徒,主垒壁者)。予之石窌(石窌,杜注:邑名,济北卢县东有地名石窌。今属山东长清县)。晋师从齐师,入自丘舆,击马陉(丘舆、马陉,杜注:皆齐邑。在今山东益都县界)。

注释 ①癸酉:十七日。②鞍:齐地名,在现山东省济南市西部。③不介马:马不披甲。④未绝鼓音:指郤克忍痛击鼓,指挥晋军。⑤余病矣:病,负伤。我受伤了,郤克自言其伤,当是伤重不能坚持欲退之意。⑥张侯:即解张。⑦始合:开始交战。⑧矢贯余手及肘:敌箭射透了我的手和肘。⑨余折以御:折,折断箭杆。我把箭拔出折断还坚持御车。⑩左轮朱殷:血流在左边车轮上,染成黑红色。⑪缓:即郑丘缓。⑫殿:镇守住。⑬集事:成功,亦即战胜齐军。⑭擐(huàn)甲:穿着盔甲。⑮固即死也:本来就是去拼死的。⑯援枹(fú):拿起鼓槌。⑰逸:奔跑。⑱师从之:晋军紧随其后。⑲三周华不注:绕着华不注山追了三圈。华不注,山名,在现山东省济南市东北。⑳子舆:韩厥之亡父。㉑且辟左右:避开车左和车右。㉒中御:代御者居中执辔。㉓越:坠下。㉔綦(jí)毋张:晋大夫,姓綦毋名张。㉕寓乘:搭车。寄乘韩厥之车。㉖肘之:即用肘推他。肘用作动词。㉗俛:同"俯",弯下身子。㉘定其右:安置好车右的尸体。㉙絓(guà):绊住。㉚轏(zhàn):同"栈",有栈棚的车子。㉛伤而匿之:受了伤而隐瞒下来。㉜执縶:为当时之礼。㉝属当戎行:属,适、恰好之意。适逢在军旅服役。戎行,即军旅,或以为战场,战车行列亦通。㉞忝(tiǎn):辱。两君:指晋君与齐君。㉟不敏:谦词,即不才。㊱摄:代替。承乏:因缺乏人手,故由自己承当。即代御者为顷公驾车,实为俘虏齐顷公。㊲华泉:华不注山下之泉。取饮:取水。㊳佐车:副车。㊴狄卒:狄人组成的徒兵,时为晋国友军。㊵楯:同"盾"。冒:拥蔽,护卫。㊶徐关:齐地,在今山东省淄川镇西。㊷保者:守城者。㊸辟女子:有女子当齐君路,令避开。㊹锐司徒:主管锐兵的官吏。㊺辟司徒:主管壁垒的官吏。辟,通"壁"。

齐侯使宾媚人赂以纪甗、玉磬与地[1](媚人,国佐也。甗,玉甑,皆灭纪所得)。不可,则听客之所为。宾媚人致赂,晋人不可,曰:"必以萧同叔子为质(同叔,萧君之字,齐侯外祖父。子,女也。难斥言其母,故远言之),而使齐之封内尽东其亩[2](垄亩南北东西各从其宜,欲使尽东者,为晋之伐齐循垄东行为易也)。"对曰:"萧同叔子非他,寡君之母也。若以匹敌,则亦晋君之母也。吾子布大命于诸侯,而曰:'必质其母以为信。'其若王命何?且是以不孝令也。《诗》曰:'孝子不匮,永锡尔类(《诗·大雅》。言孝心不乏者,又能以孝道长赐其同类)。'若以不孝令于诸侯,其无乃非德类[3]也乎(不以孝德赐同类)?先王疆理[4]天下物土之宜,而布其利(疆,界也。理,正也。物土之宜,播植之物各从土宜),故《诗》曰:'我疆我理,南东其亩(《诗·小雅》,或南或东,从其土宜)。'今吾子疆理诸侯,而曰'尽东其亩'而已,唯吾子戎车是利,无顾土宜,其无乃非先王之命也乎?反先王则不义,何以为盟主?其晋实有阙[5]。四王之王[6]也(禹、汤、文、武),树德而济同欲[7]焉。五伯[8]之霸也(夏伯昆吾,商伯大彭、豕韦,周伯齐桓、晋文),勤而抚之,以役王命[9](役,事也)。今吾子求合诸侯,以逞无疆之欲。《诗》曰:'布政优优[10],

百禄是遒[11](《诗·商颂》:优和。遒,聚也)。'子实不优[12],而弃百禄,诸侯何害焉!不然,寡君之命使臣则有辞矣,曰:'子以君师辱于敝邑,不腆敝赋,以犒从者(战而曰犒,为孙辞)。畏君之震[13],师徒桡败[14],吾子惠徼齐国之福,不泯其社稷,使继旧好,唯是先君之敝器、土地不敢爱[15]。子又不许,请收合余烬(烬,火馀木),背城借一[16]。敝邑之幸,亦云从也。况其不幸,敢不唯命是听。'"鲁、卫谏曰(谏郤克):"齐疾我矣!其死亡者,皆亲昵也。子若不许,仇我必甚。唯子则又何求?子得其国宝(谓甗、磬),我亦得地(齐归所侵),而纾于难,其荣多矣!齐、晋亦唯天所授,岂必晋?"晋人许之,对曰:"群臣帅赋舆[17]以为鲁、卫请(赋舆,犹兵车),若苟有以借口而复于寡君[18],君之惠也。敢不唯命是听。"禽郑[19]自师逆公(禽郑,鲁大夫。归逆公会晋师)。

公羊传 曹无大夫(小国,例无大夫),公子手何以书?忧内也(从鲁为文忧鲁之不胜,而曹能助之,故不掩其功)。

穀梁传 其日,或曰日其战也,或曰日其悉也(悉,谓鲁四大夫时悉在战也。明二者皆当日)。曹无大夫,其曰公子何也?以吾之四大夫在焉,举其贵者也(不欲令内众大夫与外卑者共行战)。

解义 成公幼弱,国势未张[20],季孙一怒,遂扫境兴师,虽无人乎其君之侧,而不恤[21]也。将称元帅,略其副,策书之体也。而四卿并书,盖季孙自喜其事,诸大夫各诩[22]其功,故旧史并著之。小国之大夫不以名见,而曹公子首书亦以是也。《春秋》有仍旧史之文,以见情实寓精义者,此类是也。

注释 ①宾媚人:即国佐。纪甗、玉磬:齐灭纪国时得到的珍宝。甗(yǎn),礼器;磬,乐器。②尽东其亩:将齐国土地之田垅变为东西方向。便于晋军进攻齐国。③德类:道德法则。④疆理:划分疆界,分其地理。疆界指大的界线。如国与国之间的分界。指依据山川地形确定田垅走向和村落位置分布等。⑤

阙:过失。⑥四王:指舜、禹、汤、武。王:统一天下。四王之王:四王之所以能王天下。⑦济同欲:满足诸侯的共同愿望。⑧五伯:指齐桓、晋文、宋襄、秦穆、楚庄。⑨役王命:为王命服役、效劳。⑩布政:施政。优优:宽舒和缓貌。⑪百禄:各种福禄。遒:聚。⑫不优:不和缓、宽容。⑬震:威盛也。⑭桡(náo)败:失败,挫败。⑮爱:怜惜,吝惜。⑯背城借一:借使背城一战。⑰赋舆:兵车。⑱复于寡君:即有辞以答复寡君之命。⑲禽郑:鲁大夫。参加联军作战,从军中往迎鲁成公。⑳张:增强,扩大。㉑恤:体恤。㉒诩:夸耀。

春秋　秋七月,齐侯使国佐[①]如师。己酉,及国佐盟于袁娄(《穀梁》作爰娄。张氏洽曰:临淄县西有袁娄,或曰在淄川境)。

左传　秋七月,晋师及齐国佐盟于爰娄[②],使齐人归我汶阳之田。

公羊传　君不使乎大夫,此其行使乎大夫何?佚获[③]也(佚获者,已获而逃亡。当贱之,使与大夫敌体)。其佚获奈何?师还齐侯(还,绕),晋郤克投戟逡巡再拜稽首马前[④]。逢丑父[⑤]者,顷公之车右也,面目与顷公相似,衣服与顷公相似,代顷公当左(车,君居左,臣居右)。使顷公取饮,顷公操饮而至(顷公欲坚敌,意令不疑己),曰:"革取清者(革,更也。军中人多水泉浊,欲使远取清者,因亡去)。"顷公用是佚而不反[⑥]。逢丑父曰:"吾赖社稷之神灵,吾君已免[⑦]矣。"郤克曰:"欺三军者其法奈何(顾问执法者)?"曰:"法斮[⑧](斮,斩)。"于是斮逢丑父。己酉,及齐国佐盟于袁娄。曷为不盟于师而盟于袁娄?前此者,晋郤克与臧孙许同时而聘于齐。萧同侄子者,齐君之母也,踊于棓而窥客(踊,上也。棓,蹋板),则客或跛或眇,于是使跛者迓[⑨]跛者,使眇者迓眇者。二大夫出,相与踦闾[⑩]而语,移日[⑪]然后相去。齐人皆曰:"患之起必自此始!"二大夫归,相与率师为鞍之战,齐师大败。齐侯使国佐如师，郤克曰："与我纪侯之甗[12]，反[13]鲁、卫之侵地，使耕者东亩[14]（晋地川谷宜东亩者多，欲使齐之耕者亦东亩，是将以齐为土地。与《左传》说异），且以萧同侄子为质，则吾舍子矣。"国佐曰："与我纪侯之甗，请诺。反鲁、卫之侵地，请诺。使耕者东亩，是则土齐也。萧同侄子者，齐君之母也，齐君之母，犹晋君之母也，不可。请战，一战不胜请再，再战不胜请三，三战不胜，则齐国尽子之有也，何必以萧同侄子为质？"揖[15]而去之。郤克眣[16]鲁、卫之使[17]，使以其辞而为之请（眣，以目使人也。郤克耻伤其威，故使鲁、卫大夫以国佐辞为国佐请），然后许之。逮[18]于袁娄而与之盟（逮，追及国佐也）。

穀梁传 鞍去国五百里，爰娄去国五十里（国，齐国）。一战绵地五百里，焚雍门之茨（雍门，齐城门。茨，盖也），侵车东至海。君子闻之，曰："夫甚，甚之辞焉（言逼之太甚），齐有以取之也。"齐之有以取之何也？败卫师于新筑，侵我北鄙，敖郤献子[19]（谓笑其跛），齐有以取之也。爰娄在师之外（言师已逼其国）。郤克曰："反鲁、卫之侵地，以纪侯之甗来，以萧同侄子之母为质（齐侯与侄子同母异父昆弟，不欲斥言齐侯之母，故言侄子之母也。兼忿侄子笑），使耕者皆东其亩，然后与子盟。"国佐曰："反鲁、卫之侵地，以纪侯之甗来，则诺。以萧同侄子之母为质，则是齐侯之母也，齐侯之母犹晋君之母也，晋君之母犹齐侯之母也。使耕者尽东其亩，则是终土齐也（利其戎车侵伐易，将终以齐为土）。不可！请一战，一战不克，请再，再不克，请三，三不克，请四，四不克，请五，五不克，举国而授！"于是而与之盟。

解义 齐国佐如师，与楚屈完[20]同，而书法异，何也？楚服齐桓之义，其使屈完如师，意在受盟，故书来盟，前定之辞也。齐师既败，使国佐纳赂以求成[21]，其盟非前定也，故书如师。晋卿以一笑之辱，与诸国连兵以逞忿，义本不足以服齐，及国佐如师，又不能以德礼相属,而乱以要之。由是,国子不可,请合馀炉,背城借一[22],揖而去之。郤克使鲁、卫之使,以其词为之请,逮于袁娄而与之盟,则汲汲欲盟者晋也,故反以晋及之,若此类见曲直之绳墨矣。

注释　①国佐(？—前573):一作国差。春秋时期齐国上卿,国归父之子。谥武,称国武子。亦称宾媚人("宾"为别氏,"媚人"是媚邑大夫,媚邑在今山东禹城西北,因佐以媚大夫为正卿)。②爰娄:齐地,在现山东省临淄镇西部。③佚获:指被俘而逃脱。④逡巡:因为有所顾虑而徘徊不前。稽首:跪拜礼,施礼者屈膝跪地。⑤逢丑父:春秋时齐国大将。公元前589年,晋国与齐国发生了靡笄山(今山东济南市东北)之战。逢丑父在危急关头为营救齐君而采用李代桃僵之计,使齐顷公成功脱险。⑥佚:同"逸",逃跑。反:同"返"。⑦免:脱身免祸。⑧靳:同"斫",斩。⑨迓:迎接。⑩踦闾(jī lǘ):倚门,紧挨着门。⑪移日:日影移动,表示时间很久。⑫甗(yǎn):礼器。⑬反:同"返"。⑭使耕者东亩:将齐国土地之田垅变为东西方向。便于晋军进攻齐国。⑮揖:拱手行礼。⑯眣:用眼神暗示。⑰使:使者。⑱逮:追赶。⑲敖:叫喊,嘲笑。郤献子:即郤克。⑳屈完:芈姓,屈氏,名完,春秋时期楚国大夫。㉑求成:求和。㉒背城借一:背,背向;借,凭借;一,一战。在自己城下和敌人决一死战。多指决定存亡的最后一战。

附录左传　公会晋师于上鄍(上鄍,杜注:地阙。当在今山东阳谷县境),赐三帅先路三命之服[1](三帅:郤克、士燮、栾书),司马、司空、舆帅、候正、亚旅,皆受一命之服(晋司马、司空皆大夫,舆帅主兵车,候正主斥候,亚旅亦大夫)。

春秋　八月壬午。宋公鲍卒。

左传　八月,宋文公卒。始厚葬,用蜃炭[2],益车马,始用殉

(烧蛤为炭以瘗圹,多埋车马,用人从葬)。重器备(重,犹多也。器备,葬器甲兵之属),椁有四阿[③],棺有翰桧[④](四阿,四注椁也。翰,旁饰;桧,上饰。皆王礼)。君子谓:"华元、乐举[⑤],于是乎不臣。臣,治烦去惑[⑥]者也,是以伏死[⑦]而争。今二子者,君生则纵其惑(谓文十八年,杀母弟须),死又益其侈,是弃君于恶也。何臣之为[⑧]?"

注释 ①先路:路同"辂",车也。诸侯赐予卿大夫的礼车。三命之服:卿大夫最高规格的礼服。古代对卿大夫有"三命"、"再命"、"一命"之别,命多则尊贵,车服也随之华丽。②蜃炭:蜃烧成的灰及木炭。蜃,大蚌蛤。③椁:外棺。四阿:四面呈坡形,如房屋的建筑形式。④翰桧:棺木上的装饰。⑤华元、乐举:时为宋国执政大臣。⑥治烦去惑:治理烦乱,除去昏惑。⑦伏死:冒死。⑧何臣之为:哪里是臣子所为。

春秋 庚寅,卫侯速[①]卒(速,《公羊》作邀)。

左传 九月,卫穆公卒,晋三子自役吊焉[②],哭于大门之外[③](师还过卫,因吊之。未复命,故不敢成礼)。卫人逆之(逆,于门外设丧位),妇人哭于门内(丧位,妇人哭于堂。宾在门外,故移在门内),送亦如之。遂常以葬(至葬通行此礼)。

附录左传 楚之讨陈夏氏也[④](在宣十一年),庄王欲纳夏姬,申公巫臣曰:"不可。君召诸侯,以讨罪也。今纳夏姬,贪其色也。贪色为淫,淫为大罚。《周书》曰(《周书·康诰》):'明德慎罚[⑤]。'文王所以造周也。明德,务崇[⑥]之之谓也;慎罚,务去之之谓也。若兴诸侯,以取大罚,非慎之也。君其图之!"王乃止。子反欲取之[⑦],巫臣曰:"是不祥人也!是夭子蛮[⑧](子蛮,郑灵公,夏姬之兄,杀死无后),杀御叔[⑨](御叔,夏姬之夫,亦早死),弑灵侯[⑩](陈灵公),戮夏南[⑪](夏姬子徵舒),出孔、仪[⑫](孔宁、仪行父),丧陈国(楚灭陈),何不祥如是?人生实难,其有不获死[⑬]乎?天下多美妇人,何必是?"子反乃止。王以予连尹襄老。襄老死于邲(邲战在宣十二年),不获其尸,其子黑要⑭烝焉(黑要,襄老子)。巫臣使道焉⑮,曰:“归!吾聘女(道夏姬使归郑)。”又使自郑召之,曰:“尸可得也(襄老尸),必来逆之。”姬以告王,王问诸屈巫⑯(屈巫,巫臣)。对曰:“其信!知罃之父⑰,成公之嬖也,而中行伯⑱之季弟也(知罃父,荀首也。中行伯,荀林父也。邲之战,楚人囚知罃),新佐中军,而善郑皇戌⑲,甚爱此子⑳(谓知罃)。其必因郑而归王子㉑与襄老之尸以求之(王子,楚公子穀臣。邲之战,荀首囚之)。郑人惧于邲之役而欲求媚于晋,其必许之。”王遣夏姬归。将行,谓送者曰:“不得尸,吾不反矣。”巫臣聘诸郑(聘夏姬),郑伯许之。及共王即位,将为阳桥㉒之役(阳桥,杜注:鲁地。博县有阳桥,在今山东泰安州西北。楚伐鲁至阳桥,在是年冬),使屈巫聘于齐,且告师期。巫臣尽室以行。申叔跪㉓从其父将适郢(叔跪,申叔时之子),遇之,曰:“异哉!夫子有三军之惧㉔,而又有《桑中》㉕之喜(《桑中》,《卫风》淫奔之诗),宜㉖将窃妻以逃者也。”及郑,使介反币㉗,而以夏姬行(介,副也。币,聘物)。将奔齐,齐师新败,曰:“吾不处不胜之国。”遂奔晋,而因㉘郤至,以臣于晋(郤至,郤克族子)。晋人使为邢㉙大夫(邢,杜注:晋邑)。子反请以重币锢之(禁锢勿令仕),王曰:“止!其自为谋也,则过矣。其为吾先君谋也,则忠。忠,社稷之固也,所盖㉚多矣(盖,覆也)。且彼若能利国家,虽重币,晋将可乎?若无益于晋,晋将弃之,何劳锢焉(为七年楚灭巫臣族、晋南通吴张本)。”

注释　①卫侯速:即卫穆公。②晋三子:郤克、士燮、栾书。自役:领兵回国途中。③哭于大门之外:在大门外西侧面向东哭祭。按礼节,邻国来吊丧,应进门升堂哭祭。因三人帅师归国,军旅匆匆,不能以常礼要求。④讨陈夏氏:事见鲁宣公十一年传。⑤明德:宣扬道德。慎罚:谨慎处罚。⑥崇:提高。⑦子反:楚公子侧。取:同“娶”。⑧夭子蛮:子蛮为夏姬最早许嫁之夫,夭死。⑨御叔：夏姬次夫，夏徵舒之父。与夏姬成婚后，生子征舒，御叔亦早死。⑩灵侯：即陈灵公，因夏姬而被杀。⑪夏南：即夏徵舒，夏姬之子。⑫出孔、仪：使孔宁、仪行父出逃在外。⑬不获死：不得善终。即是说，要娶夏姬不得好死。⑭黑要：襄老之子，亦与夏姬私通。烝：指与母辈淫乱。⑮使道焉：使人示意于夏姬。道，通“导”。⑯屈巫：即巫臣。⑰知罃之父：指荀道。邲之役，知罃被楚俘获。⑱中行伯：指荀林父。⑲皇戌：郑臣。⑳此子：指知罃。㉑王子：即公子穀臣，为荀首所获。㉒阳桥：鲁地，现今山东泰安县西北部。㉓申叔跪：楚大夫，申叔时之子。㉔三军之惧：负有军事使命的警惧之心。㉕《桑中》：卫国地名，在今河南淇县境内。这里借用“桑中”一词，暗指巫臣与夏姬私约。㉖宜：殆，大概。㉗介：副使。反币：带回财礼。㉘因：通过。㉙邢：晋邑名，当在现今河南省温县东北之平皋故城。㉚盖：覆，护卫。

晋师归，范文子后入①。武子②曰（武子，士会，文子之父）：“无为吾望尔也乎③？”对曰：“师有功，国人喜以逆之，先入，必属耳目④焉，是代帅受名也，故不敢。”武子曰：“吾知免矣（谓谦逊可免祸）。”

郤伯⑤见（郤伯，郤克），公曰：“子之力⑥也夫！”对曰：“君之训也，二三子之力也，臣何力之有焉！”范叔⑦见（范叔，范文子），劳⑧之如郤伯，对曰：“庚⑨所命也，克⑩之制也，燮何力之有焉（荀庚将上军，时不出，范文子上军佐，代行，故称帅以让）！”栾伯⑪见，公亦如之，对曰：“燮之诏也，士用命也，书何力之有焉（栾书下军帅，故推功上军。《传》言晋帅克让，所以能胜）！”

春秋 取汶阳田（汶阳，《汉志》鲁国汶乡县。颜师古曰：即汶阳田。今山东泗水县东南有汶阳故城）。

公羊传 汶阳田者何？鞍之赂也。

解义　取者,得非其有之。称汶阳之田,本鲁田也,齐人反[12]我。侵地不曰来归,而书取者,恃大国兵力以得之,而不请於天王以正其疆理[13],则取之不以其道,与得非其有奚异乎?其事与取济西田[14]同,故书法不异。若龟阴、讙阐乃齐人以归於我[15],故曰归,盖归者其意也,取者非其意也。

注释　①范文子:即士燮。后入:最后入城。②武子:士会,为士燮之父。③无为吾望尔也乎:为同谓。不知我在盼望你吗?④必属耳目:必使众人耳目集中于我。属,聚。⑤郤伯:郤克。⑥力:功劳。⑦范叔:即范文子。⑧劳:慰劳。⑨庚:荀庚,荀林父之子,这时将上军,士燮为上军佐。⑩克:郤克,为中军帅。⑪栾伯:即栾书。⑫反:指归还。⑬天王:即周天子。疆理:指疆域。⑭济西田:鲁地。曾被齐国侵占,后归还鲁国。⑮龟阴、讙阐:鲁地。曾被齐国侵占,后归还鲁国。

春秋　冬,楚师、郑师侵卫。

春秋　十有一月,公会楚公子婴齐于蜀(楚书公子自婴齐始)。

左传　宣公使求好于楚。庄王卒,宣公薨,不克作好。公即位,受盟于晋(元年盟赤棘),会晋伐齐。卫人不行使于楚(不聘楚),而亦受盟于晋,从于伐齐。故楚令尹子重为阳桥之役以救齐。将起师,子重曰:"君弱(《传》曰:寡人生十年而丧先君。共王即位,至是二年,盖年十二三矣),群臣不如先大夫,师众而后可。《诗》曰:'济济多士,文王以宁(《诗·大雅》)。'夫文王犹用众,况吾侪[1]乎?且先君庄王属之曰:'无德以及远方,莫如惠恤其民,而善用之(庄王临终属群臣之辞)。'"乃大户[2](阅民户口),已责[3](弃逋责),逮鳏[4](施及老鳏),救乏[5],赦罪,悉师[6],王卒尽行[7]。彭名御戎,蔡景公为左,许灵公为右(王卒尽行,故王戎车亦行,王不在不立戎右,使御者居中,令二君当左右之位)。二君弱,皆强冠之[8]。冬,楚师侵卫,遂侵我,师于蜀(公赂之而退,故不书侵)。使臧孙[9]往

(臧孙,宣叔),辞曰:"楚远而久,固将退矣。无功而受名,臣不敢(不敢虚受退楚名)。"楚侵及阳桥,孟孙[10]请往(孟孙,孟献子),赂之以执斫、执针、织纴[11],皆百人(执斫,匠人。执针,女工。织纴,织缯布者)。公衡[12]为质(公衡,成公子),以请盟,楚人许平。

穀梁传 楚无大夫,其曰公子何也?婴齐亢[13]也。

解义 侵称师,著众也。会称婴齐,著公会楚大夫,义各有所当也。不书楚师侵伐何也?蜀,鲁地,楚师至蜀,而公遽[14]出迎,故不成乎侵伐也!以望国[15]诸侯,降班毁列,与蛮荆之大夫会,辱莫大焉!故致赂纳质[16]皆略而不书,以为不足书也。季孙以逞一笑之愤,辱国危君至此,罪不容於诛矣!

注释 ①侪(chái):辈。②大户:大规模清理户口。③已责:免除人民对国家的陈年债务。已,止。责,同"债"。④逮鳏:施舍到年老鳏夫。⑤救乏:救济生活困乏者。⑥悉师:将楚军全数调起。⑦王卒尽行:楚王亲兵也全体随行。⑧强冠之:勉强行了加冠礼。⑨臧孙:即臧孙许、臧孙叔也。⑩孟孙:即孟献子仲孙蔑。⑪执斫:指木工。执针:缝工。织纴:织工。⑫公衡:或为宣公之子,成公之弟。⑬亢:高傲。⑭遽(jù):惊惧,慌张。⑮望国:有声望的国家。⑯纳质:送纳人质。

春秋 丙申,公及楚人、秦人、宋人、陈人、卫人、郑人、齐人、曹人、邾人、薛人、鄫人盟于蜀。

左传 十一月,公及楚公子婴齐、蔡侯、许男、秦右大夫说、宋华元、陈公孙宁、卫孙良夫、郑公子去疾及齐国之大夫盟于蜀(齐大夫不书其名,非卿也)。卿不书,匮盟[1]也。于是乎畏晋而窃与楚盟,故曰匮盟(言匮乏而盟)。蔡侯、许男不书,乘楚车也,谓之失位(乘楚王车为左右,是失位也。卿不书,则称人。诸侯不书,皆不见《经》,君臣之别)。君子曰:"位其不可不慎也乎!蔡、许之君,一失其位,不得列于诸侯,况其下乎?《诗》曰:'不解[2]于位,民之攸塈[3](《诗・大雅》。言在上者勤正其位,则国安而民息。塈,息也)。'其是之谓矣。"楚师及宋,公衡逃归。臧宣叔曰:"衡父不忍数年之不宴[4](宴,乐也),以弃鲁国,国将若之何?谁居[5]?后之人必有任是[6]夫(居,语辞。言后人必有当此患)!国弃矣。"是行也,晋辟楚,畏其众也。君子曰:"众之不可以已也。大夫[7]为政,犹以众克,况明君而善用其众乎?《大誓》所谓商兆民离[8],周十人同者众也(《大誓》,《周书》。民离则弱,合则成众。言殷以散亡,周以众兴)。"

公羊传　此楚公子婴齐也,其称人何?得一贬焉尔(得一贬者,独此一事得具见其恶,故贬之尔)。

穀梁传　楚其称人何也?于是而后公得其所也(卑楚以尊公)。会与盟同月,则地会不地盟;不同月,则地会地盟。此其地会地盟何也?以公得其所,申其事也。今之屈,向之骄也。

解义　楚人序於诸国之上,主盟也。薄[9]宋之盟书会,而此书公及,何也?薄宋皆楚盟诸侯,而公往会之,此则楚师压境,公汲汲[10]欲与之盟,又诸国皆大夫,宜用以尊及卑之辞也。会书公子婴齐,而盟书楚人,何也?使[11]会书楚人,则疑於楚卿,贬称人而不见望国之君屈下於楚大夫之辱盟,书公子婴齐,而列序诸国之卿,则疑於诸侯及大夫盟会之常辞,而无以见楚大夫主盟,公及诸国从楚之非义矣。程子[12]所谓:"微辞隐义,时措从宜者",此类是也。

附录左传　晋侯使巩朔献齐捷于周[13],王弗见,使单襄公辞焉,曰:"蛮夷戎狄,不式[14]王命(式,用也),淫湎毁常,王命伐之,则有献捷,王亲受而劳之,所以惩不敬,劝有功也。兄弟甥舅[15],侵败王略(兄弟,同姓国。甥舅,异姓国。略,经略法度),王命伐之,告事而已,不献其功,所以敬亲昵,禁淫慝[16]也。今叔父[17]克遂,有功于齐(克,能也),而不使命卿[18]镇抚王室,所使来抚余一人,而巩伯实来，未有职司于王室(大国三卿，二卿命于天子。巩朔，上军大夫，名位卑不达於王室)，又奸先王之礼(谓献齐捷)，余虽欲[19]于巩伯(欲受其献)，其敢废旧典以忝叔父？夫齐，甥舅之国也(齐世与周昏，故曰甥舅)，而大师[20]之后也，宁不亦淫从其欲以怒叔父[21]，抑[22]岂不可谏诲？”士庄伯[23]不能对(庄伯，巩朔)。王使委于三吏(委，属也。三吏，三公)，礼之如侯伯克敌使大夫告庆之礼，降于卿礼一等。王以巩伯宴，而私贿之。使相[24]告之曰：“非礼也，勿籍(相，相礼者。籍，书也。王畏晋，故私宴贿以慰巩朔)。”

注释 ①匮盟：匮，乏也。缺乏诚意之盟。②解：通“懈”。③民之攸塈(xì)：即百姓得以休息。塈，休息。④衡父：即公衡。不宴：宴，安也。不安宁。⑤居：语末助词，用在句末表示疑问。⑥任是：承担此祸。⑦大夫：楚主帅子重。⑧商兆民离：商朝亿万人离心离德。⑨薄：轻视。⑩汲汲：表示急于得到的意思。⑪使：假若。⑫程子：即二程中的程颐。程颐(1033—1107)，教育家。字正叔，人称伊川先生，北宋洛阳人。为程颢之胞弟。⑬巩朔：晋大夫，又称巩伯，士庄伯。献齐捷：进献齐国俘虏。⑭不式：不用，不执行。⑮兄弟甥舅：兄弟指同姓诸侯，异姓结亲之国称甥舅。⑯慝(tè)：邪恶。⑰叔父：指晋景公。周王称同姓诸侯为伯父、叔父。⑱命卿：天子任命的执政大臣。⑲欲：喜好。⑳大师：齐始祖吕尚。㉑不：语气词，无义。从：通“纵”。㉒抑：还是。㉓士庄伯：即巩朔。㉔相：赞礼者。

卷三十二

成公（三年之六年）

春秋　三年春王正月，公会晋侯、宋公、卫侯、曹伯伐郑。

左传　三年春，诸侯伐郑，次于伯牛，讨邲之役也（伯牛，杜注：郑地。邲役在宣十二年），遂东侵郑。郑公子偃帅师御之（偃，穆公子子游），使东鄙覆诸鄤（覆，伏兵），败诸丘舆（鄤、丘舆，杜注：皆郑地。晋偏军为郑所败，故不书）。皇戌如楚献捷。

解义　阳桥之役，郑实导楚，故晋欲讨贰[1]，而宋、鲁、卫、曹亦惧楚之无厌[2]，故虽从楚盟，旋[3]复会晋以伐郑焉。宋、卫未葬，而背殡越境以从金革[4]之事，且载於策书者不称子而称爵，违礼忘亲之恶不可掩矣！

注释　①贰：背叛。②无厌：不满足。③旋：不久。④金革：指战争。

春秋　辛亥，葬卫穆公（穆，《公羊》作缪）。

解义　六月乃葬，非礼也。卫侯时，有伐郑之役，故缓期，而背殡从吉之罪，亦因以见矣。

春秋　二月，公至自伐郑。

春秋　甲子，新宫[1]灾。三日哭。

公羊传　新宫者何？宣公之宫也（三年丧毕，神主新入庙，故谓新宫）。宣宫则曷为谓之新宫？不忍言也（亲之精神所依而灾，孝子隐痛，不忍正言也）。其言三日哭何？庙灾三日哭，礼也。新宫灾何以书？记灾也。

穀梁传　新宫者，祢[2]宫也。三日哭。哀也。其哀，礼也。迫近不敢称谥，恭也。其辞恭且哀，以成公为无讥矣。

解义　先儒谓不曰宣宫，主未入也。主未入，则遇灾而哭，为非礼。但古之新庙，非毁旧更作也，不过易檐改涂而已[3]。新主未入，则旧主在焉，不应以哭为讥，若哭为得礼法不宜书，姑[4]发所疑，以备参考。

注释 ①新宫：指鲁宣公之庙。②祢(mí)：古代对已在宗庙中立牌位的亡父的称谓。③易檐：是改换屋檐的某一部分。改涂：是重新涂饰祖庙。④姑：姑且，暂且。

春秋 乙亥，葬宋文公[1]。

解义 七月而葬，僭[2]天子也，陷先君於不义，臣子之罪也。《传》载宋始厚葬，必缘糜费逾度[3]，故襄事[4]迟也。宋君背殡从戎，哀戚之意衰矣，而徒为厚葬之虚文，何益哉！

注释 ①宋文公：宋国第二十三任君主，名子鲍。②僭：冒用，超越。③缘：因为。糜费：浪费。④襄事：成事。

春秋 夏，公如晋。

左传 夏，公如晋，拜汶阳之田。

春秋 郑公子去疾帅师伐许。

左传 许恃楚而不事郑，郑子良伐许。

解义 许恃楚而不事郑，故郑伐之。然已实不明去就之义，而专意事楚，又何以责许之不共乎？许，郑之蔽[1]也，楚越许而后至郑，无许，则楚兵一出，直履郑郊乃逼之不已。徒自毁其藩篱[2]，而隳[3]内固之势，失谋亦甚矣！

注释 ①蔽：屏障。②徒：白白地。藩篱：指屏障。③隳(huī)：毁坏。

春秋 公至自晋。

解义 古者，诸侯继世，三年丧毕，以士服[1]见於王，而受命焉。鲁宣公除丧[2]而朝於齐，成公除丧而朝於晋，以事天子之礼事强邻，慢[3]上而辱国亦甚矣！

注释 ①士服：古代士人的服饰。此指诸侯之子未受爵命，服士服见于王,受爵命。②除丧:由着丧服变着吉服或由着重丧服改着轻丧服。③慢:怠慢。

附录左传　晋人归楚公子谷臣与连尹襄老之尸于楚,以求知罃。于是荀首佐中军矣(荀首,知罃父),故楚人许之。王送知罃,曰:"子其怨我乎?"对曰:"二国治戎①,臣不才,不胜其任,以为俘馘②。执事不以衅鼓(以血涂鼓曰衅),使归即戮,君之惠也。臣实不才,又谁敢怨?"王曰:"然则德③我乎?"对曰:"二国图其社稷,而求纾其民,各惩其忿④,以相宥也,两释累囚以成其好。二国有好,臣不与及,其谁敢德?"王曰:"子归,何以报我?"对曰:"臣不任受怨,君亦不任受德,无怨无德,不知所报。"王曰:"虽然,必告不谷。"对曰:"以君之灵,累臣得归骨于晋,寡君之以为戮,死且不朽。若从君之惠而免之,以赐君之外臣首(称于异国君曰外臣);首其请于寡君而以戮于宗⑤,亦死且不朽。若不获命,而使嗣宗职,次及于事⑥,而帅偏师以修封疆,虽遇执事,其弗敢违。其竭力致死,无有二心,以尽臣礼,所以报也。"王曰:"晋未可与争。"重为之礼而归之。

春秋　秋,叔孙侨如帅师围棘(棘,杜注:汶阳田之邑,在济北蛇丘县。季氏《私考》曰:今当为肥乡县地)。

左传　秋,叔孙侨如围棘,取汶阳之田。棘不服,故围之(侨如,叔孙得臣子)。

公羊传　棘者何?汶阳之不服邑也。其言围之何?不听也(不听,叛也)。

解义　棘为汶阳之邑,复故邑而民不服。盖鲁是时初税亩作丘甲⑦,赋役日重,棘虽复归故国,所以不愿为之民也欤!成公不知薄税敛、轻力役、修德政以来之,而命将董⑧师环而攻焉,失抚绥⑨之义矣!

注释　①治戎:治兵交战。②俘馘:此指俘虏。③德:用作动词,感激。④各惩其忿:各自抑止其愤怒。⑤宗:宗庙。⑥次及于事:按次序担当官职。⑦初税亩:是春秋时期鲁国在宣公十五年(公元前594年)实行的按亩征税的田赋制度,它是承认私有土地合法化的开始。丘甲:春秋时鲁国征发军用品的制度。⑧董:监督,督察。⑨抚绥:安抚,安定。

春秋 大雩。

春秋 晋郤克、卫孙良夫伐廧咎如(廧,《公羊》作将,《穀梁》作墙。廧咎如,杜注:赤狄别种)。

左传 晋郤克、卫孙良夫伐廧咎如,讨赤狄之余焉。廧咎如溃,上失民也。

解义 廧咎如,为赤狄别种。先是晋灭潞氏、甲氏及留吁,馀众散入廧咎如,故复兴。是役,此逐利之师也。楚方蹂藉中原,晋人不修霸业而敝敝①焉,惟狄之务搂与国以伐之,其为国可知矣。

注释 ①敝敝:疲困貌。

春秋 冬十有一月,晋侯使荀庚来聘(晋来聘之始)。

春秋 卫侯使孙良夫来聘。

春秋 丙午,及荀庚盟。丁未,及孙良夫盟(聘而遂盟始此)。

左传 冬十一月,晋侯使荀庚来聘,且寻盟(寻元年赤棘盟。荀庚,林父之子)。卫侯使孙良夫来聘,且寻盟(寻宣七年盟)。公问诸臧宣叔曰:"中行伯①之于晋也,其位在三②(下卿)。孙子之于卫也,位为上卿,将谁先?"对曰:"次国之上卿当大国之中,中当其下,下当其上大夫(降一等)。小国之上卿当大国之下卿,中当其上大夫,下当其下大夫(降大国二等)。上下如是,古之制也。卫在晋,不得为次国。晋为盟主,其将先之(古制:公为大国,侯、伯为次国,子、男为小国。春秋时以强弱为大小,故卫虽侯爵,犹为小国。计等则卫小国之上卿与晋大国之下卿名位正敌,以盟主,故先晋)。"丙午[③],盟晋,丁未[④],盟卫,礼也。

公羊传　此聘也,其言盟何？聘而言盟者,寻旧盟也。

穀梁传　其日,公也(《传》例:盟前定则不日,后定则日。此盟公虽在位,亦以非前定,故日之)。来聘而求盟,不言及者,以国与之也。不言其人,亦以国与之也(不言及,谓凡书来盟者,若文十五年"宋华孙来盟",宣七年"卫孙良夫来盟"是也。此先聘而后盟,故不言来盟,总言及而不复著其人,亦举国为主之辞)。不言求,两欲之也。

解义　诸侯有聘而无盟,聘,礼也,盟,非礼也。然苟出於君命,则书使来盟而不言聘,今书使来聘而别言盟,则二大夫生事而专盟也。鲁不能以礼却[⑤]之,其何能国[⑥]乎？第[⑦]书及,为公讳也。

注释　①中行伯:即荀庚,为晋之上军帅。②其位在三:当时晋以郤克为中军帅,位第一;荀首为中军佐,位第二;荀庚为上军帅,位第三,荀庚当为下卿。③丙午:十一月二十八日。④丁未:二十九日。⑤却:拒绝。⑥国:治国。⑦第:次。

春秋　郑伐许。

解义　郑专事楚而绝晋,复冯弱犯寡[①],一岁之中再伐邻国,不亦甚乎？直举国名,《传》无其说,孔氏颖达[②]以为告辞略,故史异文是也。

注释　①冯:欺陵,侵侮。犯寡:侵凌势单力弱者。②孔氏颖达:(574—648),字冲远、仲达,冀州衡水(今河北衡水市)人。隋唐间儒家学者,经学家。

附录左传　十二月甲戌,晋作[①]六军(为六军,僭也)。韩厥、赵括、巩朔、韩穿、荀骓、赵旃皆为卿,赏鞍之功也(韩厥为新中军,赵括佐之。巩朔为新上军,韩穿佐之。荀骓为新下军,赵旃佐之。晋旧有三军,今增此,故为六军)。齐侯朝于晋,将授玉(执玉为贽)。郤克趋进曰:"此行也,君为妇人之笑[②]辱也,寡君未之敢任。"晋侯享齐侯。齐侯视韩厥,韩厥曰:“君知厥也乎?”齐侯曰:“服改矣(戎、朝异服也。言服改,明识其人)。”韩厥登,举爵曰:“臣之不敢爱死,为两君之在此堂也。”荀罃[3]之在楚也,郑贾人有将置诸褚中以出[4](褚,絮也)。既谋之,未行,而楚人归之。贾人如晋,荀罃善视之,如实出已,贾人曰:“吾无其功,敢有其实乎?吾小人,不可以厚诬[5]君子。”遂适齐(《传》言知罃之贤)。

春秋　四年春,宋公使华元来聘。

左传　四年春,宋华元来聘,通嗣君[6]也。

解义　宋入《春秋》未尝聘,鲁文十一年,公子遂虽往,而宋不报也。此继晋、卫而来聘,盖以三年春同会伐郑,故以好相结耳。而六年冬,复有侵宋之师,用此见,邦交无常,惟以强国之意为向背耳。

注释　①作:扩充。②妇人之笑:指郤克为齐顷公母亲所笑一事。③荀罃:即知罃。④贾人:指商人。褚(zhǔ):盛衣物的口袋。⑤诬:欺骗。⑥通嗣君:为继位的国君通好。

春秋　三月壬申,郑伯坚卒。

春秋　杞伯来朝。

左传　杞伯来朝,归叔姬故也。

解义　明年,叔姬大归,故杞伯先修朝礼,言其故。

春秋　夏四月甲寅,臧孙许卒。

春秋　公如晋。

左传　夏,公如晋,晋侯见公,不敬。季文子曰:“晋侯必不免。《诗》曰:‘敬之敬之!天惟显思,命不易哉(《诗·颂》。言天道显明,受其命甚难,不可不敬以奉之)!’夫晋侯之命在诸侯矣[1],可不敬乎(敬诸侯,则得天命)?”

解义　公以蜀之盟,弃晋从楚,内有惧焉。故比年[2]如晋,不知礼愈繁身愈卑,徒[3]自取屈辱而已。

注释　①晋侯之命在诸侯:晋侯命运决定于诸侯的向背,如不敬,将导致诸侯离心,霸主也就做不成了。②比年:每年,连年。③徒:白白地。

春秋　葬郑襄公。

春秋　秋,公至自晋。

左传　秋,公至自晋,欲求成于楚而叛晋(以晋侯见公不敬故),季文子曰:"不可。晋虽无道,未可叛也。国大臣睦,而迩[①]于我,诸侯听[②]焉,未可以贰[③]。史佚之《志》有之,曰(史佚,周文王太史):'非我族类,其心必异。'楚虽大,非吾族也,其肯字[④]我乎(字,爱也)?"公乃止。

春秋　冬,城[⑤]郓。

解义　鲁有二郓,此西郓,即汶阳之一邑。既得汶阳,故城之以自固,虽时[⑥]亦书,重役民也。杜氏预以为备晋[⑦],盖因公之不礼於晋,意其然尔。

注释　①迩:近也。②听:服也。③未可以贰:不可以对晋存有二心。④字:爱。⑤城:筑城。⑥时:适时。⑦备:防备。

春秋　郑伯伐许。

左传　冬十一月,郑公孙申帅师疆许田(前年郑伐许,侵其田,今正其界),许人败诸展陂(展陂,杜注:许地,在今许州西北)。郑伯伐许,取鉏任、泠敦之田(鉏任、泠敦,俱在今许州境)。晋栾书将中军(代郤克),荀首佐之,士燮佐上军(荀庚将上军不行故佐独出),以救许伐郑,取氾、祭(氾、祭,杜注:郑地,成皋县东有氾水)。楚子反救郑,郑伯与许男讼焉(于子反前争曲直)。皇戌摄郑伯之辞,子反不能决也,曰:"君若辱在寡君[①],寡君与其二三臣共听两君之所欲,成其可知[②]也(欲使于楚子前决之)。不然,侧不足以知二国之成[③](侧,子反名。为明年许愬郑于楚张本)。"

解义　郑伯在丧而书爵,以吉礼从金革之事也[④]。上三年冬,书郑伐许,先儒皆以为恶郑之甚。然三年夏,书郑公子去疾帅师伐许,此年又书郑伯伐许,不应两年之间事同罪一,而或恕之,或诛之,以是知孔氏颖达谓一据旧史之文,义或然也。

注释 ①君若辱在寡君:指如果你们能前去面见我们国君。②成其可知:正确的判断就可以作出。③成:定也,定二国之事非。④吉礼:古代五礼之一。即祭祀天神、地祇、人鬼等的礼仪活动。金革:指战争。

附录左传 晋赵婴[1]通于赵庄姬(赵婴,赵盾弟。庄姬,赵朔妻。朔,盾之子)。

春秋 五年春王正月,杞叔姬来归。

穀梁传 妇人之义,嫁曰归,反曰来归。

解义 杞叔姬来归,出也。叔姬之罪无所考见,或曰疾,或曰无子,然必不安於杞而来归尔。《春秋》於内女之出与归,录之祥者,所以重人伦,为后世戒也。

注释 ①赵婴:又称楼婴、赵婴齐,为赵衰之子,赵盾之异母弟。

附录左传 五年春,原、屏放诸齐[1](放赵婴也。原同、屏季,婴之兄)。婴曰:"我在,故栾氏不作。我亡,吾二昆[2]其忧哉!且人各有能有不能(言己虽淫,而能令庄姬护赵氏),舍我何害?"弗听。婴梦天使谓己:"祭余,余福女。"使问诸士贞伯[3],贞伯曰:"不识[4]也。"既而告其人[5]曰(贞伯自告其从人):"神福仁而祸淫,淫而无罚,福也[6]。祭,其得亡乎[7](以得放遣为福)?"祭之,之明日而亡(为八年晋杀赵同、赵括传)。

春秋 仲孙蔑如宋。

左传 孟献子[8]如宋,报华元也(前年宋华元来聘)。

解义 蔑与华元交相聘问,其情厚矣。寻复迫於晋令遽[9]兴侵宋之师,谨於邦交者固如是乎?

注释　①原、屏:原即赵同,屏即赵括,二人为赵婴同母之兄。放诸齐:指将赵婴放逐到齐国。②二昆:二兄,指赵同、赵括。③士贞伯:即士贞子、士渥浊。④不识:不知。⑤既而告其人:过一会又私下告诉赵婴派来之人。⑥淫而无罚,福也:淫乱而没有受到惩罚,就是得福。⑦其得亡乎:难道能无祸吗?亡通“无”。⑧孟献子:即仲孙蔑。⑨遽(jù):遂,就。

春秋　夏,叔孙侨如会晋荀首于谷(首,《公羊》作秀。谷,杜注:齐地)。

左传　夏,晋荀首如齐逆女,故宣伯饁诸谷[①](野馈曰饁。运粮馈之,敬大国也)。

解义　谷,齐地也。他国大夫非过吾境,而使大夫往会之,非礼也。自文十一年,彭生会郤缺;宣十五年,蔑会高固。自是以后,大夫会大夫率[②]以为常,盖列国之君皆失其政矣。

注释　①宣伯:即叔孙侨如。饁(yùn):给在野外行路之人馈送食物。②率:大概。

春秋　梁山[①]崩(梁山,杜注:在冯翊夏阳县北。夏阳,今陕西韩城县)。

左传　梁山崩,晋侯以传召伯宗[②]。伯宗辟重[③],曰:“辟传(重,重载之车)!”重人[④]曰:“待我,不如捷之速也(捷,邪出)。”问其所,曰:“绛人也。”问绛事焉,曰:“梁山崩,将召伯宗谋之。”问:“将若之何?”曰:“山有朽壤而崩,可若何?国主山川(主,谓所主祭)。故山崩川竭,君为之不举[⑤],降服[⑥],乘缦(车无文),彻乐,出次[⑦](舍于郊),祝币(陈玉帛),史辞[⑧](自罪责)以礼焉。其如此而已,虽伯宗若之何?”伯宗请见之(见之于晋君),不可。遂以告而从之(从重人言)。

公羊传　梁山者何?河上之山也。梁山崩何以书?记异也。何异尔?大也。何大尔?梁山崩,壅[⑨]河三日不沂(沂,同流)。外异不书,此何以书?为天下记异也。

穀梁传 不日,何也?高者有崩道也。有崩道,则何以书也?曰梁山崩,壅遏[10]河三日不流。晋君召伯尊而问焉。伯尊来,遇辇者[11],辇者不辟。使车右下而鞭之。辇者曰:"所以鞭我者,其取道远矣(所用鞭我之间,行道则可远)。"伯尊下车而问焉,曰:"子有闻乎?"对曰:"梁山崩,壅遏河三日不流。"伯尊曰:"吾为此召我也。为之奈何?"辇者曰:"天有山,天崩之。天有河,天壅之。虽召伯尊如之何?"伯尊由忠问焉(用忠诚之心问之),辇者曰:"君亲素缟[12],帅群臣而哭之,既而祠[13]焉,斯流矣。"伯尊至。君问之,曰:"梁山崩,壅遏河三日不流。为之奈何?"伯尊曰:"君亲素缟,帅群臣而哭之,既而祠焉,斯流矣。"孔子闻之,曰:"伯尊其无绩乎,攘善[14]也(绩,功也。攘,盗也)!"

解义 梁山崩,记异也。《诗》[15]曰:"奕奕[16]梁山",盖在韩侯之国。韩灭於晋,不系之晋者,公羊子所谓为天下记异是也。古礼遭变异,有降服、乘缦、彻乐、出次,祝币,史辞之文者,皆恐惧修省之心所发著也,绛人之论於礼文备矣,若徒举其文而无实心先之,何足以弭[17]灾变乎?

注释 ①梁山:梁山有数处,此梁山当在今陕西韩城县,距黄河不远处。②传:传车。即驿站专用车。伯宗:晋大夫。③辟重:重指装载重物之车,又称大车,行速很慢。辟重就是让重车把路让开。④重人:押送重车的人。⑤不举:即食不杀牲,菜肴不丰盛、不用音乐助食。⑥降服:不着华丽衣服。⑦出次:离开寝宫,出居他处。⑧祝币史辞:祝用币,史用辞。指古代帝王祈求免灾的祭祀典礼。⑨壅(yōng):堵塞。⑩壅遏:阻塞。⑪辇者:车夫。⑫素缟:缟素。凶丧之服。⑬祠:祠求,祭神祈求。⑭攘善:犹掠美。⑮《诗》:《诗经》。⑯奕奕:高大貌。⑰弭:消除。

附录左传 许灵公愬[1]郑伯于楚(前两年郑伐许故)。六月,郑悼公如楚,讼,不胜。楚人执皇戌及子国[2](子国,郑穆公子)。故郑伯归,使公子偃请成于晋。秋八月,郑伯及晋赵同盟于垂棘。宋公子围龟为质于楚而归[3](围龟,文公子),华元享之。请鼓噪以出,鼓噪以复入(出入辄击鼓),曰:"习功华氏。"宋公杀之(宣十五年宋楚平后,华元使围龟代己为质,故怨而欲攻华氏)。

春秋　秋,大水。

春秋　冬十有一月己酉,天王[4]崩。

左传　十一月己酉[5],定王崩(子简王立传,本在虫牢下,盖月颠倒)。

春秋　十有二月己丑,公会晋侯、齐侯、宋公、卫侯、郑伯、曹伯、邾子、杞伯同盟于虫牢(虫牢,杜注:郑地。陈留封丘县北有桐牢。今桐牢亭在河南封丘县北三里)。

左传　冬,同盟于虫牢,郑服也。诸侯谋复会,宋公使向为人[6]辞以子灵之难(子灵,围龟也。宋公不欲会,以新诛子灵为辞。为明年侵宋传)。

解义　郑襄公自战邲以后,坚於附楚,至是始复从晋,故书同盟,载书以是要言也。定王之赴[7],已在诸侯之策,晋侯若罔闻[8],知而合九国之诸侯以为会盟,无王之罪,视他盟有加矣。

注释　①愬:同"诉"。许灵公向楚王控告郑伯伐许。②子国:郑穆公之子,即公子发。③公子围龟:宋文公之子,字子灵。④天王:指周定王(？—前586年),春秋时期东周国王。姓姬,名瑜。公元前606年~前586年在位。周顷王之子、周匡王之弟。在位二十一年。定王即位之时,大诸侯国对周王朝及周天子已无尊敬可言,中央权力继续削弱。⑤己酉:十二日。⑥向为人:人名,宋臣,宋桓公后代。⑦赴:同"讣",讣告,告丧,报丧。⑧罔闻:没有听说。

春秋　六年春王正月,公至自会。

解义 五年冬，天王崩。公与诸侯方为虫牢之盟，若能自会奔丧承事[①]，庶几[②]可以补过，而晏然[③]返国，若无闻焉。书至自会，所以著其不臣之罪也。

注释 ①承事：治事，受事。②庶几：或许可以。③晏然：指安定。

附录左传 六年春，郑伯如晋拜成，子游相[①]（子游，公子偃），授玉于东楹之东（《礼》：授玉两楹之间。郑伯行疾，故东过）。士贞伯曰："郑伯其死乎？自弃[②]也已！视流而行速[③]，不安其位，宜不能久[④]（视流，不端谛。东过，故言不安其位）。"

春秋 二月辛巳，立武宫[⑤]。

左传 二月，季文子以鞍之功立武宫，非礼也（鲁人自鞍之功，至今无患，故筑武军又作先君武公宫，以告成事，欲以示后世）。听于人以救其难，不可以立武。立武由己，非由人也。

公羊传 武宫者何？武公之宫也（在春秋前）。立者何？立者不宜立也。立武宫，非礼也。

穀梁传 立者，不宜立也。

解义 二昭二穆与太祖之庙而五[⑥]，诸侯之庙制也。鲁以周公为大祖，而伯禽为世室，二庙不毁，昭功德也。武公至成公十一世，其毁已久，而复立之，失礼违制，故特书。曰立，立者不宜立也。或曰明堂位，以鲁公庙为文世室，武公庙为武世室，不为无据，曰苟谓之世室，则世世不毁矣，奚[⑦]待成公而始立乎？且昭十五年有事于武宫，不言世室，则知明堂位之文妄也。

注释 ①子游：即公子偃。相：辅助郑伯行礼。②自弃：自己不尊重自己。③视流：目光流移、张望。行速：走路慌张。④宜不能久：大概不能活多久了。⑤武宫：宣扬武功的纪念建筑物。⑥昭穆：宗法制度对宗庙或墓地的辈次排列规则和次序。二世、四世、六世，位于始祖之左方，称"昭"；三世、五世、七世，位于始祖之右方,称“穆”。坟地葬位的左右次序也按此规定排列。⑦奚:哪里。

春秋　取鄟[①](鄟,杜注:附庸国)。

左传　取鄟,言易也。

公羊传　鄟者何?邾娄之邑也。曷为不系于邾娄?讳亟也(方与邾娄同虫牢之盟,旋取其邑,讳鲁背信亟也)。

穀梁传　鄟,国也。

解义　鄟,微国也。取者,取为附庸也。《公羊传》於根牟、鄟、邿,皆曰邾邑,然《春秋》未有取他国之邑而不系国者。以僖公之取须句、訾娄,皆系以邾例之,则其说不可通矣。胡氏安国[②]谓灭而书取,乃为君讳过,若项之书灭,则僖公在会,乃季孙所为,故直书,不隐,以时事考之似非其实,其辨已於灭项具之,姑存所疑,以备参考。

注释　①鄟(zhuān):诸侯小国名,在现山东省郯城县东北部。②胡氏安国:即胡安国(1074—1138),南宋时期的著名经学家和湖湘学派的创始人之一。字康侯,号青山,学者称武夷先生,后世称胡文定公。原籍福建崇安。

春秋　卫孙良夫帅师侵宋。

左传　三月,晋伯宗、夏阳说[①],卫孙良夫、宁相,郑人,伊、洛之戎,陆浑蛮氏[②]侵宋(夏阳说,晋大夫。蛮氏,杜注:戎别种。河南新城县东南有蛮城。经惟书卫孙良夫者,独卫告也),以其辞会也(辞会在前年)。师于针[③],卫人不保(不守备)。说[④]欲袭卫,曰:“虽不可入,多俘而归,有罪不及死。”伯宗曰:“不可。卫唯信晋,故师在其郊而不设备。若袭之,是弃信也。虽多卫俘,而晋无信,何以求诸侯?”乃止,师还,卫人登陴[⑤](闻说谋故)。

解义　晋命也。往年,宋实预[⑥]虫牢之盟,今一辞会,而使卫、鲁交侵之,独不思前此楚人围宋,经历三时,国几毙而不能救乎？晋景之惛[7]愚，诸大夫之很肆[8]，所以使诸侯离心而霸业不振者，皆由不能自返而责人无已也。

注释 ①夏阳说：晋国大夫。②蛮氏：即昭公十六年戎蛮。在今河南省临汝县西南。③针：卫邑名，在今河南省濮阳县附近。④说：即夏阳说。⑤陴：城上掩体之矮墙。⑥预：参与。⑦惛：同"悯"，怜悯，哀怜。⑧肆：放纵，任意行事。

附录左传 晋人谋去故绛[1]（晋复命新田为绛，故谓此故绛）。诸大夫皆曰："必居郇瑕氏之地[2]（郇、瑕，杜注：古国名。河东解县西北有郇城），沃饶而近盬[3]（盬，盐也。杜注：猗氏县盐池是），国利君乐，不可失也。"韩献子将新中军，且为仆大夫[4]（兼大仆）。公揖而入。献子从。公立于寝庭（路寝之庭），谓献子曰："何如（问诸大夫言是非）？"对曰："不可。郇瑕氏土薄水浅，其恶易覯。易覯则民愁，民愁则垫隘[5]（垫隘，羸困也），于是乎有沉溺重腿[6]之疾。不如新田[7]（新田，杜注：平阳绛县），土厚水深，居之不疾（高燥故），有汾、浍[8]以流其恶（杜注：汾水出太原，经绛北，西南入河。浍水出平阳绛县南，西入汾。恶，垢秽），且民从教，十世之利也。夫山、泽、林、盬，国之宝也。国饶，则民骄佚（财易致，则民骄侈）。近宝，公室乃贫（近宝，则民不务本），不可谓乐。"公说，从之。夏四月丁丑，晋迁于新田（为季孙如晋传）。

春秋 夏六月，邾子来朝。

春秋 公孙婴齐如晋。

左传 子叔声伯[9]如晋（声伯，婴齐）。命伐宋（晋人命）。

解义 公比年如晋，大夫又继往焉，盖与齐为仇，不得不倚[10]晋为援，是以君臣仆仆。霸政之烦苛[11]，小国之困敝[12]，於此可见矣。

注释 ①故绛：晋人称故都绛为故绛，此后迁都新田，也称新田为绛。在今山西省冀城县。②郇瑕氏之地：郇瑕为二地，古地名,在今山西省临猗县西南。③盬:即盐池。④仆大夫:即太仆,掌管宫中之事。韩献子为新中军帅并兼任此官。⑤垫隘:瘦弱。⑥沉溺重膇(zhuì):沉溺为风湿病,重膇即足肿。⑦新田:晋新迁之都。即今侯马市,距故绛五十里。⑧汾、浍:汾河、浍河,二水名,汾水流经新田西北,浍水流经新田,注入汾水。⑨子叔声伯:即公孙婴齐。⑩倚:依赖。⑪烦苛:指烦琐苛刻的政令刑法。⑫困敝:即困弊。指困顿疲惫。

春秋　壬申,郑伯费[①]卒。

左传　六月,郑悼公卒(终士贞伯之言)。

春秋　秋,仲孙蔑、叔孙侨如帅师侵宋。

左传　秋,孟献子、叔孙宣伯侵宋,晋命也。

解义　鲁、宋会师同盟,聘问相结,遽[②]以晋命而加兵於宋,非义也。兵戎有国之重事,邦交人道之大伦,听命於人不得已焉,将能立乎?鲁自战鞍,四卿并书,此又二卿并书,盖大夫益张,史承其意,而不敢略也。凡以霸令有事於邻国,多书侵,岂非本无积怨,故无志深入,而浅侵其境欤!

注释　①郑伯费:即郑悼公,即姬费,是郑国第十四任君主。他为郑襄公子,在位2年。②遽(jù):遂,就。

春秋　楚公子婴齐帅师伐郑(楚始书大夫将)。

左传　楚子重伐郑,郑从晋故也。

春秋　冬,季孙行父如晋。

左传　冬,季文子如晋,贺迁也。

解义　晋迁新田,故行父如晋。迁不书,择利自徙[①]非不得已,则常事耳。

注释　①徙:指迁。

春秋　晋栾书帅师救郑(救,《公羊》作侵)。

左传　晋栾书救郑,与楚师遇于绕角[①](绕角,杜注:郑地。杜佑《通典》:汝州鲁山县东南有绕角城)。楚师还,晋师遂侵蔡。楚公子申、公子成以申、息之师救蔡,御诸桑隧(桑隧,杜注:汝南朗陵县东有桑里,在上蔡西南)。赵同、赵括欲战,请于武子[②](武子,栾书),武子将许之。知庄子、范文子、韩献子谏曰:“不可。吾来救郑,楚师去我,吾遂至于此,是迁戮[③]也。戮而不已,又怒楚师,战必不克(迁戮不义,怒敌难当,故不克)。虽克,不令。成师以出,而败楚之二县,何荣之有焉(六军悉出,故曰成师。以大胜小,不足为荣)?若不能败,为辱已甚,不如还也。”乃遂还。于是,军帅之欲战者众,或谓栾武子曰:“圣人与众同欲,是以济事。子盍从众?子为大政[④],将酌于民者也(酌取民心以为政)。子之佐[⑤]十一人(六军之卿佐。时栾书将中军,荀首佐之。荀庚将上军,士燮佐之。郤锜将下军,赵同佐之。韩厥将新中军,赵括佐之。巩朔将新上军,韩穿佐之。荀骓将新下军,赵旃佐之),其不欲战者,三人而已(知、范、韩。)。欲战者可谓众矣。《商书》曰:‘三人占,从二人。’众故也(《商书》,《洪范》。)。”武子曰:“善钧[⑥],从众。夫善,众之主也。三卿为主,可谓众矣。从之,不亦可乎?”(传善栾书得从众之义,且为八年晋侵蔡传)

解义 楚伐郑丧,致悼公过期不葬。书栾书之救,而伐者之罪自著矣。据《左氏》,栾书未战而退师,似不成乎救,然始遇於绕角,而楚师还,继遇於桑隧,而申息之师亦未能逞,则不可谓无功矣!

注释 ①绕角:蔡国地名。在今河南省鲁山县东南部。②武子:即栾书,为中军之帅。③迁戮:转移杀戮对象,指侵蔡。④大政:中军帅,即执政大臣。⑤佐:辅佐者。⑥善钧:同样是善。钧同“均”。

卷三十三

成公(七年之九年)

春秋 七年春王正月,鼷鼠食郊牛角[①],改卜牛。鼷鼠又食其角,乃免牛。

穀梁传 不言日,急辞也(辞中促急,不容日),过有司[②]也。郊牛日展[③]斛角而知伤(斛,球球然角貌),展道尽矣,其所以备灾之道不尽也。改卜牛,鼷鼠又食其角。又,有继之辞也(前已食,故曰继)。其,缓辞也。曰:亡乎人矣,非人之所能也,所以免有司之过也。乃免牛。乃者,亡乎人之辞也。免牲者,为之缁衣纁裳[④],有司玄端[⑤],奉送至于南郊。免牛亦然。免牲不曰不郊,免牛亦然。

解义 鼷鼠,鼱鼩[⑥],物之微者;牛,有力之畜,何至为所食?盖将祭之牲,必系於牢,而设楅衡[⑦]以制其角,故不能备鼠也。始焉,食角乃有司疏於防伺[⑧],既展其伤,当知所备,而又食焉,则非有司之过矣。许氏翰[⑨]曰:小害大,下贼上,食而又食,三桓[⑩]子孙相继之象也。宣公有虞[⑪]三桓之志,至成公始弗戒[⑫]矣,理或然也。

注释 ①鼷鼠食郊牛角:鼷(xī)鼠,鼠类最小的一种。古人以为有毒,啮人畜至死不觉痛,故又称甘口鼠。小鼷鼠啮食祭祀天地之牛的角。占象者认为:郊祀为重祀,鼠失其性,使祭祀不成,谓国将败亡。②司:管理。③展:展开。④缁衣:指用黑色帛做的朝服。纁裳:指浅绛色之裳。⑤司:掌管。玄端:古代的一种黑色礼服。祭祀时,天子、诸侯、士大夫皆服之。天子晏居时亦服之。⑥鼱鼩(jīng qú):食虫类动物,形似小鼠,体小尾短。⑦楅衡:指加在牛角上的横木。用以控制牛以防触人。⑧司:管理的人。防伺：指防范伺察。伺，观察。⑨许氏翰：即许翰（？—1133年）字崧老，拱州襄邑人。生年不详，卒於宋高宗绍兴三年。著有襄陵集十二卷，《四库总目》及论语解、春秋传，《宋史本传》并传於世。⑩三桓：即鲁三桓，指鲁国的季孙氏、叔孙氏、孟孙氏三家当政。⑪虞：防范，整治。⑫戒：戒除。

春秋 吴伐郯（吴始见《经》）。

左传 七年春，吴伐郯，郯成。季文子曰："中国不振旅[①]，蛮夷入伐，而莫之或恤[②]，无吊者也夫[③]（言中国不能相悯恤）！《诗》曰：'不吊昊天，乱靡有定。'其此之谓乎（《诗·小雅》。刺在上者不能吊悯下民，故号天告乱）！有上[④]不吊，其谁不受乱（上，谓霸主）？吾亡无日矣！"君子曰："知惧如是，斯不亡矣。"

解义 楚始见《经》以州举[⑤]，继以国举；吴始见《经》即以国举，继乃称人，继乃称爵，皆旧史之文，圣人因之以著世变者也。吴自寿梦得申公巫臣[⑥]，即为楚患，至是伐郯，兵连上国，始见於《春秋》。晋人第[⑦]知通吴以制楚，不知楚抑而吴兴，其患适相等耳。

注释 ①中国不振旅：中原华夏诸国不整治军旅以威四夷。②莫之或恤：对被蛮夷侵伐之国，没有人加以存恤救援。③吊：甲骨文及金文"叔"、"吊"同一字。叔同"淑"，善。"无吊者"，即无善君。④上：指霸主。⑤举：记录。⑥寿梦：春秋时吴国的国君，在位25年，吴国的振兴始于吴王寿梦，寿梦元年为公元前585年。吴王寿梦是吴王阖闾的祖父，吴王夫差的曾祖父。申公巫臣（生卒年不详）：春秋时人。楚国申县（今河南南阳北）县尹。芈姓，屈氏，名巫，一名巫臣，字子灵。楚庄王时楚国先知式大臣。⑦第：尽管。

附录左传 郑子良相成公[①]以如晋，见，且拜师[②]（为楚伐郑张本）。

春秋　夏五月,曹伯来朝。

左传　夏,曹宣公来朝。

解义　曹与鲁为兄弟之国,徒[3]以弱小,僖、文[4]以后,屡朝於鲁,而鲁始终不闻报聘[5],邦交之非礼概可见矣。

注释　①成公:指郑成公。②拜师:拜谢去年出兵救郑。③徒:独,仅仅。④僖、文:指鲁僖公、鲁文公。⑤报聘:指派使臣回访他国。

春秋　不郊[1],犹三望[2]。

解义　《经》书犹三望者三,僖[3]三十一年,书免牲而系以犹三望,不言不郊者,免牲则不郊可知矣;宣[4]三年,书牛死,乃不郊,而系以犹三望,盖帝牛死或扳稷牛而用之[5],必言不郊,义乃不漏;若此年,既书免牛,又书不郊,因有闲[6]事不可,但言犹三望,故以不郊起之也。

注释　①郊:郊祀,古时帝王在郊外祭祀天地。②犹:还,仍然。望:遥祭,指古代帝王祭祀山川、日月、星辰。③僖:指鲁僖公。④宣:指鲁宣公。⑤帝牛:古代郊祀时所用之牛。稷(jì)牛:古代祭稷神所用的牛。稷,古代一种粮食作物,指粟或黍属。⑥闲:闲厩,古代皇家养牲口的地方。

春秋　秋,楚公子婴齐[1]帅师伐郑。

春秋　公会晋侯、齐侯、宋公、卫侯、曹伯、莒子、邾子、杞伯救郑。八月戊辰,同盟于马陵(马陵,杜注:卫地。阳平元城县东南有地名马陵,在今直隶大名府治东南)。

左传　秋,楚子重伐郑,师于汜[2](汜,杜注:郑地,在襄城县南)。诸侯救郑。郑共仲、侯羽军楚师(二子,郑大夫),囚郧公钟仪(钟仪,楚郧县大夫),献诸晋。八月,同盟于马陵[3],寻虫牢之盟,且莒服故也(虫牢盟在五年。莒本属齐,齐服,故莒从之)。晋人以钟仪归,囚诸军府[4](军藏府也。为九年晋侯见钟仪张本)。

解义 楚人频年[5]伐郑,横暴凭陵之罪不待贬而见矣[6]。晋前此救郑以大夫帅师,今则国君亲将合九国之君以扬军声,故郑恃[7]此以不屈於楚。盟蜀之后,晋霸所以复延,赖有此耳,故晋景之时书同盟者五,盖诸侯同惧楚氛之恶,欲倚[8]晋以自固,而载书以是要言耳。

注释 ①公子婴齐:即子重(?—前570年),名婴齐,春秋时楚国的令尹,是楚穆王的儿子,楚庄王的弟弟。②汜:地名,在今河南省襄城县。③马陵:卫地,位于河北省大名县东南。④军府:军用仓库。今用作囚禁战俘。⑤频年:连年,多年。⑥横暴:强横凶暴。凭凌 :侵犯,欺侮。⑦恃:依赖。⑧倚:依靠。

春秋 公[1]至自会。

解义 诸侯会而楚师退,故不以救郑至。

注释 ①公:指鲁成公。

春秋 吴入州来(州来,杜注:楚邑。淮南下蔡县。今江南寿州北有蔡国城)。

左传 楚围宋之役(在宣十四年),师还,子重请取于申、吕以为赏田[1],王许之。申公巫臣曰:"不可。此申、吕所以邑也,是以为赋,以御北方。若取之,是无申、吕也(言申、吕赖此田成邑。不得此田,则无以出兵赋而二邑坏)。晋、郑必至于汉。"王乃止。子重是以怨巫臣。子反欲取夏姬,巫臣止之,遂取以行,子反亦怨之。及共王即位,子重、子反杀巫臣之族子阎、子荡及清尹[2]弗忌及襄老之子黑要(以夏姬故,并怨黑要),而分其室[3]。子重取子阎之室,使沈尹与王子罢分子荡之室,子反取黑要与清尹之室。巫臣自晋遗二子书,曰:"尔以谗慝贪婪事君,而多杀不辜。余必使尔罢[4]于奔命以死。"巫臣请使于吴,晋侯许之。吴子寿梦说之(寿梦,季札父)。乃通吴于晋。以两之一卒[5]适吴,舍偏两之一焉[6](《司马法》:"百人为卒,二十五人为两。车九乘为小偏,十五乘为大偏。"正义曰:"以两之一",谓将二十五人也,又言"卒",谓更将百人,凡将一百二十五人適吴也。"舍偏",谓舍一偏之车九乘也,"两之一",又舍二十五人也,盖留九乘车及一两二十五人,令吴习之)。与其射御,教吴乘车,教之战陈,教之叛楚(先是吴尝属楚)。置其子[7]狐庸焉,使为行人[8]于吴。吴始伐楚,伐巢、伐徐(巢、徐,楚属国)。子重奔命(救徐、巢)。马陵之会,吴入州来[9]。子重自郑奔命[10](因伐郑而行)。子重、子反于是乎一岁七奔命。蛮夷属于楚者,吴尽取之,是以始大,通吴于上国[11]。

解义　州来,楚之附庸,迤[12]北则鲁,迤南而西则楚。楚控州来,则可以御吴;吴得之,则可以窥楚。晋之通吴亦制楚之善策[13],然不能自强於政治[14],则楚虽罢敝[15],而吴亦争雄於齐、晋矣,书吴入州来,录其始事也。

注释　①申、吕:地名。为楚北部边陲之二县,故城在今河南省南阳市西。②清尹:楚官名。③分其室:分其家产,包括土地、房屋、姬妾、奴仆以及所有财物。④罢:通"疲"。⑤两之一卒:合两偏为一卒的战车,即兵车三十辆。⑥舍偏两之一:留下卒中一偏,即兵车十五辆。⑦置其子:留下其子。⑧行人:外交人员。⑨州来:楚属国,位于今安徽省凤台县境。⑩奔命:奉命奔驰以御吴军。⑪上国:指中原诸国。⑫迤:延伸,向。⑬善策:即好主意,好办法。⑭政治:指维护统治、治理国家的活动。⑮罢敝:疲劳困乏。

春秋　冬,大雩[1]。

穀梁传　雩,不月而时,非之也。冬无为雩也。

解义　凡雩,皆因旱而举,《穀梁》谓冬无为雩,非也。周之十月,正夏之八月,是时不雨,能无雩乎?

注释　①大雩(yú):古求雨祭名。雩,古代为求雨而举行的一种祭祀。

春秋 卫孙林父[1]出奔晋。

左传 卫定公恶孙林父。冬,孙林父出奔晋(林父,良夫之子)。卫侯如晋,晋反戚[2]焉(戚,林父邑。林父出奔,戚随属晋)。

解义 孙氏世执卫政,而自结於晋之强家,故见恶於君,遂挟[3]地以奔晋,为卫患者几四十年,鲁之季氏[4]亦然。晋君不能谨持操柄[5],听於强家,私庇诸侯之叛臣,以致卫献[6]、鲁昭[7]穷於无告,而不知晋社已阴移於六卿矣[8]。履霜坚冰,由来者渐,岂不信与。

注释 ①孙林父:孙良夫之子,又称孙文子。②戚:本孙氏采邑,孙林父奔晋,其戚邑随孙氏归晋。③挟:挟带。④季氏:即季孙氏,春秋战国时,鲁国的卿家贵族。作为三桓之首,季孙氏凌驾于公室之上,掌握鲁国实权。三桓,是凌驾于公室的鲁国贵族,出自鲁桓公,包括季孙氏、叔孙氏、孟孙氏。其中,季孙氏的始祖季友,谥成,史称“成季”。⑤谨持:恪守,坚持正道。操柄:把持权柄;掌权。⑥卫献:即卫献公,姬姓,卫氏,名衎。卫国第24代国君,前576年—前559年、前546年—前544年在位。他是卫定公之子,卫殇公之兄,卫襄公之父。⑦鲁昭:即鲁昭公(前560年—前510年),名姬裯(史记作“稠”),鲁襄公之子,母齐归。鲁国之二十四代君主。前542年即位,前517年,鲁昭公伐季孙氏,但大败,逃到齐国,后辗转至晋,晋欲使昭公返鲁,鲁不纳,前510年,昭公死于晋地乾侯,终年51岁。⑧阴:暗中,暗地里。六卿:即晋国六卿,指的是自前546年—前497年在晋国出现的范、中行、智、韩、赵、魏六个世袭卿族。六卿共主国政,专擅晋权。

春秋 八年春,晋侯使韩穿来言汶阳之田,归之于齐。

左传 八年春,晋侯使韩穿来言汶阳之田,归之于齐。季文子饯之,私[1]焉(私与之言),曰:“大国制义[2]以为盟主,是以诸侯怀德畏讨,无有贰心。谓汶阳之田,敝邑之旧也,而用师[3]于齐,使归诸敝邑。今有二命曰:'归诸齐。'信以行义,义以成命,小国所望而怀也。信不可知,义无所立,四方诸侯,其谁不解体?《诗》曰:'女也不爽,士贰其行。士也罔极,二三其德(爽,差也。极,中也。《诗·卫风》。妇人怨夫不一其行,喻鲁事晋,犹女之事夫,不敢过差,而晋有罔极之心,反二三其德)。'七年之中,一与一夺,二三孰甚焉! 士之二三,犹丧妃耦,而况霸主? 霸主将德是以(以,用也),而二三之,其何以长有诸侯乎?《诗》曰:'犹之未远,是用大简[4](犹,图也。简,谏也。《诗·大雅》。言王者图事不远,故用大道谏之)。'行父[5]惧晋之不远犹而失诸侯也,是以敢私言之。"

公羊传　来言者何? 内辞也,胁我使我归之也。曷为使我归之? 鞍之战,齐师大败,齐侯归,吊死视疾[6],七年不饮酒、不食肉。晋侯闻之曰:"嘻! 奈何使人之君七年不饮酒、不食肉,请皆反[7]其所取侵地。"。

穀梁传　于齐,缓辞也,不使尽我也(若曰为之请归,不使晋制命于我)。

解义　鞍之战,晋令於齐反鲁侵地,故以汶阳归鲁。复有二命,俾[8]归於齐,义不足以宗[9]诸侯矣。然曰来言,是尚未能必鲁之听从也。而鲁侯微弱,遂以归齐,而不能保,其何能国[10]乎?

注释　①私:私下交谈。②制义:处理事务适宜。③用师:鞍之战。④犹之未远,是用大简:意为谋略无远见。犹,同"猷",谋。大简,极力规劝。简,谏。⑤行父:指季文子。⑥视疾:指侍奉或探望病人。⑦反:同"返"。⑧俾:使。⑨宗:为……所尊崇。⑩国:治理国家。

春秋　晋栾书帅师侵蔡。

左传　晋栾书侵蔡(六年未得志故),遂侵楚,获申骊[1](申骊,楚大夫)。楚师之还也(谓六年遇于绕角时),晋侵沈[2],获沈子揖初,从知、范、韩也(知庄子、范文子、韩献子)。君子曰:“从善如流,宜哉(宜有功也)!《诗》曰:‘恺悌君子[3],遐不作人(遐,远也。不,语助。作,用也。《诗·大雅》。言文王能远用善人)。’求善也夫!作人,斯有功绩矣。”是行也,郑伯将会晋师,门于许东门,大获焉(过许,见其无备,因攻之)。

解义 蔡逼於楚,故自翟泉以后,未尝从诸侯会盟,晋之侵蔡,报楚之伐郑也。大国争衡,而小国受其敝[4],可矜[5]孰甚焉!

注释 ①申骊:楚大夫。②沈:国名,在今安徽省阜阳市西北。③恺悌:平易近人。④敝:同“弊”,害。⑤可矜(jīn):可怜。

春秋 公孙婴齐[1]如莒。

左传 声伯如莒,逆也(自为逆妇而书者,因聘而逆)。

解义 先儒谓行父如陈,公孙兹如牟,婴齐如莒,皆因聘而请昏[2]纳妇,《春秋》止书曰如,不许其托公以遂私。非也。据《经》所书止聘问之恒词,治《经》者何由知其请昏纳妇,而得笔削之义乎?盖事本微细,不宜登於策书,而又无害於义,故略之耳。

注释 ①公孙婴齐(?—前574年):姬姓,子叔氏,名婴齐,谥声。鲁文公之孙,故多称公孙婴齐,叔肸之子,史称子叔声伯。②昏:同“婚”。

春秋 宋公使华元[1]来聘。

左传 宋华元来聘,聘共姬也(穆姜之女,成公姊妹,为宋共公夫人,即伯姬也)。

解义 凡列国相聘,必有事焉,非专行聘礼也。华元之来,盖图昏尔!

注释 ①华元(?—?):春秋时宋国相(今安徽省濉溪县)人。宋国大夫,为宋国六卿之一。历事宋昭公、文公、共公、平公四君。

春秋　夏,宋公使公孙寿来纳币[①]。

左传　夏,宋公使公孙寿来纳币,礼也(纳币应使卿)。

公羊传　纳币不书,此何以书?录伯姬也(伯姬守节逮火而死。贤,故详录其礼)。

解义　纳币不书,此何以书?纳币使卿,非礼也。《春秋》於共姬之归,宋自纳币、致女[②],以及三国来媵[③],备载而无遗,虽以表共姬之贤,亦以志其过、礼,其义并行,而不相悖[④]也。

注释　①纳币:亦称纳成、纳征。中国古代婚姻制度六礼中第四礼。就是男方向女方送聘礼。②致女:古代国君嫁女之后,派遣大夫前往进行聘问的一种礼式。③来媵:是指送随嫁女。④相悖:相违背、相反。

春秋　晋杀其大夫赵同、赵括。

左传　晋赵庄姬为赵婴之亡故,谮[①]之于晋侯(赵婴亡在五年),曰:"原、屏将为乱。"栾、郤为征[②](栾氏、郤氏亦征其为乱)。六月,晋讨赵同、赵括。武从姬氏畜于公宫(赵武,庄姬之子。庄姬,晋成公女。畜,养也)。以其田与祁奚[③]。韩厥言于晋侯曰:"成季[④]之勋,宣孟[⑤]之忠(成季,赵衰。宣孟,赵盾),而无后,为善者其惧矣。三代之令王,皆数百年保天之禄。夫岂无辟王[⑥],赖前哲以免也(辟,邪辟)。《周书》曰:'不敢侮鳏寡。'所以明德[⑦]也(《周书·康诰》。言文王不侮鳏寡,而德益明。欲晋景恤赵孤以法文王)。"乃立武[⑧],而反其田[⑨]焉。

解义　不去其官,杀无罪也,称国以杀,君与当国大臣共主之也。据左氏,庄姬之谮,由同、括之逐赵婴,则杀无罪可知矣。庄姬诬同、括将为乱,而栾、郤为征,则忌害赵氏而共成是狱[⑩]可知矣!

注释　①谮(zèn):说别人的坏话,诬陷,中伤。②栾、郤为征:栾氏、郤氏为庄姬之诬告作证。③祁奚:晋臣,又称祁大夫,字黄羊，晋大夫高梁伯之子。④成季：赵衰，辅佐晋文公有功劳。⑤宣孟：即赵盾，对晋忠诚。⑥辟王：邪僻的君王。⑦明德：昭明美德。⑧立武：立赵武为赵氏家族继承人。⑨反其田：将收回之赵氏田返还给他。⑩狱：冤狱。

春秋 秋七月，天子使召伯来赐公命（赐，《公羊》、《穀梁》作锡。锡命止此）。

左传 秋，召桓公来赐公命（桓公，周卿士，即召伯）。

公羊传 其称天子何？元年春王正月，正也，其余皆通矣（天王，天子皆可通称）。

穀梁传 礼有受命，无来锡命[①]，锡命非正也。曰天子何也？曰见一称也（前此，未有言天子者，今言天子，是更见一称）。

解义 成公即位八年而不入见，既逾五服一朝[②]之期，又未尝有敌忾[③]献功之事，何为而来赐命哉？天子僭赏[④]，而诸侯亦不以为德，自是以后锡命亦不见於《经》矣。书天子，或旧史从策命之文，或传写误也。

注释 ①锡命：天子有所赐予的诏命。②五服一朝：五服，血缘的亲疏关系。从自身往上数：自己、父亲、祖父、曾祖父、高祖父，同一个高祖父的血缘关系为五服。六年五服一朝。③敌忾：指抵抗所愤恨的敌人。④僭赏：赏的不是有功的人。

附录左传 晋侯使申公巫臣如吴，假道于莒。与渠丘公[①]立于池上（渠丘公，莒子朱也。渠丘，杜注：邑名，莒县有蘧里。今属山东青州府），曰："城已恶[②]！"莒子曰："辟陋在夷，其孰以我为虞[③]（虞，度也）？"对曰："夫狡焉思启封疆以利社稷者，何国蔑[④]有？唯然，故多大国矣，唯或思或纵也（思，谓思开封疆。纵，不设备）。勇夫重闭[⑤]，况国乎（为明年莒溃传）？"

春秋 冬十月癸卯，杞叔姬卒[⑥]。

左传 冬，杞叔姬卒。来归[⑦]自杞，故书。

解义　叔姬见出於杞而来归，遂卒於鲁。但称叔姬，恐其同於未嫁之女，故仍以杞书。书卒者，为他日丧归於杞也。

注释　①渠丘公：莒国君主，名朱。渠丘为莒国邑名，在今山东莒县北。②城已恶：已，太。城墙太破旧了。③以我为虞：把我国作为觊觎的对象。虞，望。④蔑：无。⑤重闭：内外门户重重关闭。⑥卒：死亡。⑦来归：指已嫁之女为夫家所弃而返母家。

春秋　晋侯使士燮来聘。

春秋　叔孙侨如会晋士燮、齐人、邾人伐郯。

左传　晋士燮来聘，言伐郯也，以其事吴故(七年郯与吴成)。公赂之，请缓师，文子[①]不可(文子，士燮)，曰："君命无贰，失信不立[②]。礼无加货，事无二[③]成(公私不两成)。君后诸侯，是寡君不得事君[④]也。燮将复之。"季孙惧，使宣伯帅师会伐郯。

解义　郯之见伐於吴，晋不能救及不得已而与吴成[⑤]，又帅诸侯以伐之。晋不能制楚而徒[⑥]欲服郑，不能制吴而反以责郯，宜其不足以宗诸侯[⑦]。而鲁人既知郯不当伐，又屈於强令而会师焉，其不能立亦可知矣。

注释　①文子：指士燮。②失信不立：完不成使命而失信于君，则无以自立。③二：即出师与缓师。④寡君不得事君：晋君不得事奉鲁君。此为外交辞令，包含与鲁绝交之意。⑤成：讲和。⑥徒：徒然，枉然。⑦宜：应该，应当。宗：为……所尊崇。

春秋　卫人来媵[①]。

左传　卫人来媵共姬，礼也。凡诸侯嫁女，同姓媵之，异姓则否(必以同姓者，参骨肉至亲，所以息阴讼)。

公羊传　媵不书，此何以书？录伯姬也。

穀梁传　媵浅事也，不志。此其志何也？以伯姬之不得其所，故尽其事也(不得其所，谓灾死也)。

解义 媵伯姬也。礼,诸侯嫁女于诸侯,以侄娣从。卫人来媵,非失礼也。以后此,齐、晋来媵,逾诸侯一娶九女之制,故备书以志非礼[②]。若以异姓,不宜来媵,为义则但书齐媵可矣,左氏之说非也!

注释 ①媵(yìng):指古代嫁女时随嫁或陪嫁的人。②备:完备。志:记录。

春秋 九年春王正月,杞伯来逆叔姬之丧[①]以归。

左传 九年春,杞桓公来逆叔姬之丧,请之也(鲁请于杞)。杞叔姬卒,为杞故也(死而反葬,故卒称杞)。逆叔姬,为我也(既弃而复逆其丧,明为鲁故)。

公羊传 杞伯曷为来逆叔姬之丧以归?内辞也,胁[②]而归之也。

穀梁传 传曰:"夫无逆出妻之丧,而为之也(言其不合为而为之,故书以见其非)。"

解义 出妇未反[③],而逆其丧,非礼也。女嫁未三月而卒,尚归葬於女氏之党[④],况出而死於母家乎?杞伯以叔姬为贤,则初不当出,以为不贤,则卒不当以归,二者必居其一矣。观其初出,不敢直归之鲁,先朝而后归焉,则惧鲁可知,其逆丧以归,必鲁人胁之耳。内女出而归者三,郯伯姬、齐子叔姬皆不书卒,以无异事,法不宜书,非谓杞叔姬贤於二姬也。

注释 ①丧:尸体。②胁:胁迫。③反:同"返"。④党:乡党,指出生的地方。

春秋 公会晋侯、齐侯、宋公、卫侯、郑伯、曹伯、莒子、杞伯,同盟于蒲(蒲,杜注:卫地。在长垣县西南)。

左传 为归汶阳之田故,诸侯贰[①]于晋(归田在前年)。晋人惧,会于蒲,以寻马陵之盟(马陵盟在七年)。季文子谓范文子曰:"德则不竞[②],寻盟何为?"范文子曰:"勤以抚之[③],宽以待之,坚强以御之,明神以要之[4],柔服而伐贰,德之次也。”是行也,将始会吴,吴人不至(为十五年会钟离传)。

解义　晋人以诸侯皆贰,故盟蒲以固结之。然诸侯之贰,以晋制命[5]不信,复命鲁以汶阳之田归之于齐也。已则无信,而要人以信,虑[6]人之异而强之同,安能保其不异哉?其书同盟,盖诸侯同惧楚,而晋复惧诸侯之贰,故载书以是要言耳。

注释　①贰:背离,怀有二心。②德则不竞:竞,强也。德行不能自强。针对晋的讲信义而发。③勤以抚之:即抚之以勤的倒装。下列句式与此同。④明神:指会盟。要:约束。⑤制命:拟订命令。⑥虑:顾虑。

春秋　公至自会。

春秋　二月伯姬归于宋。

左传　二月,伯姬归于宋。

解义　前书纳币,后书致女[1]及三国来媵,则伯姬之归,岂得不书?非以伯姬之贤而特书其归也。范氏宁[2]谓:逆者非卿,不书。以公孙寿纳币观之,逆不应使微者,诸儒以为宋公亲迎亦无可据,姑[3]发所疑,俟[4]治《经》者考焉。

注释　①致女:古代国君嫁女之后,派遣大夫前往进行聘问的一种礼式。②范氏宁:字武子,晋鄢陵人。③姑:暂且。④俟(sì):等待。

附录左传　楚人以重赂[1]求郑,郑伯会楚公子成于邓(为晋人执郑伯传)。

春秋　夏,季孙行父如宋致女。

左传　夏,季文子如宋致女,复命,公享之。赋《韩奕》之五章(《韩奕》,《诗·大雅》。其五章言蹶父嫁女于韩侯,为女相所居,莫如韩乐。以喻鲁侯有蹶父之德,宋公如韩侯,宋土如韩乐),穆姜[2]出于房,再拜,曰(穆姜,伯姬母(原文作“毋”),闻文子言宋乐,喜而出谢其行劳)："大夫勤辱，不忘先君以及嗣君，施[3]及未亡人。先君犹有望也！敢拜大夫之重勤。"又赋《绿衣》之卒章而入(《绿衣》，《诗·邶风》。取其"我思古人，实获我心"，喻文子言得己意)。

公羊传 未有言致女者，此其言致女何？录伯姬也。

穀梁传 致者，不致者也。妇人在家制[4]于父，既嫁制于夫。如宋致女，是以我尽之也(刺已嫁而犹以父制尽之)。不正，故不与内称也(内称，谓称使)。逆者微，故致女。详其事，贤伯姬也。

解义 礼，妇人三月庙见[5]而后称妇，父母使人聘问，以致成妇礼，谓之致女。伯姬贤，鲁国重之，故使卿致也。

注释 ①赂：赠送的财物。②穆姜：鲁宣公夫人，伯姬之母。③施：延续。未亡人：当时寡妇自称。④制：制约。⑤庙见：古代婚礼仪式之一。即婚后至迟三个月，须择日率新娘至夫家宗庙祭告祖先，以表示婚姻已取得夫家祖先的同意。从此，才算加入夫宗，具有参加祭祀和被祭祀的资格。在封建宗法时代，"谒舅姑"与"庙见"为成妇之礼。

春秋 晋人来媵[1]。

左传 晋人来媵，礼也。

公羊传 媵不书，此何以书？录伯姬也。

穀梁传 媵，浅事也，不志，此其志何也？以伯姬之不得其所，故尽其事也。

解义 亦媵伯姬也，伯姬贤[2]，闻[3]於四邻，故诸国争媵，信其无妒忌之行也。

注释 ①媵(yìng)：指古代嫁女时随嫁或陪嫁的人。②贤：贤惠。③闻：出名，有名望。

春秋 秋七月丙子，齐侯无野[1]卒。

春秋 晋人执郑伯。

春秋 晋栾书帅师伐郑。

左传 秋,郑伯如晋。晋人讨其贰于楚也,执诸铜鞮[②](铜鞮,杜注:晋别县,在上党)。栾书伐郑,郑人使伯蠲行成[③](伯蠲,郑行人),晋人杀之,非礼也。兵交,使在其间可也。楚子重侵陈以救郑(陈与晋故)。

穀梁传 不言战,以郑伯也。为尊者讳耻(王师败绩于贸戎是也),为贤者讳过(为齐桓讳灭项是也),为亲者讳疾(栾书以郑伯伐郑,不言战是也。郑,兄弟之国,故曰亲,君臣交兵,病莫大焉,故曰疾)。

附录左传 晋侯观于军府,见钟仪,问之曰:"南冠而絷者[④],谁也(南冠,楚冠。絷,拘执)?"有司对曰:"郑人所献楚囚也。"使税之(郑献钟仪在七年。税,解也),召而吊[⑤]之。再拜稽首。问其族[⑥],对曰:"泠人[⑦]也(泠人,乐官)。"公曰:"能乐乎?"对曰:"先父之职官也,敢有二事(言不敢学他事)?"使与之琴,操南音(南音,楚声)。公曰:"君王何如?"对曰:"非小人之所得知也。"固问之[⑧],对曰:"其为大子也,师保奉之,以朝于婴齐而夕于侧也[⑨](婴齐,令尹子重。侧,司马子反。言其尊卿敬老)。不知其他。"公语范文子,文子曰:"楚囚,君子也。言称先职,不背本也。乐操土风,不忘旧也。称大子,抑无私也(舍其近事,而远称少小,以示性所自然,明至诚)。名其二卿[⑩],尊君也。不背本,仁也。不忘旧,信也。无私,忠也。尊君,敏也。仁以接事[⑪],信以守之,忠以成之,敏以行之。事虽大,必济。君盍归之,使合晋、楚之成[⑫]。"公从之,重为之礼,使归求成(为下十二月晋、楚结成张本)。

解义 郑虽贪赂从楚,犹[⑬]朝於晋,是未告绝於晋也。晋不能招携[⑭]以礼,怀远以德[⑮],而拘其君,伐其国,戮其行成之使,暴矣!书人以执,非霸讨也。杀伯蠲不书,既执其君,举重而馀可略也。楚侵陈以救郑不书,郑无可救之善,不与其救也。

注释 ①齐侯无野:即齐顷公,姜姓,吕氏,名无野,齐惠公之子，在位17年(前598年—前582年)。②铜鞮(dī)：地名，在今山西省沁县南，此处建有晋侯的别宫。③伯蠲(juān)：人名，郑臣。行成：指议和。④南冠：楚人戴的帽子。絷(zhí)：拘禁、束缚。⑤吊：慰问。⑥族：指宗族、官职。⑦泠人：乐官，亦作"伶人"。⑧固问之：一再问之。⑨朝于婴齐：早晨向令尹子重请教。夕于侧：晚上请教于司马子反。侧，即司马子反。⑩名其二卿：在晋侯面前直呼二卿的名字。⑪接事：指处理事务。⑫合晋、楚之成：洽商晋、楚讲和的事情。⑬犹：还，仍然。⑭招携：指招引尚未归心的人。⑮怀远以德：怀远，笼络安抚远方的人。指用恩惠、德政去安抚边远地区的民众。

春秋 冬十有一月，葬齐顷公。

春秋 楚公子婴齐帅师伐莒。庚申，莒溃。

春秋 楚人入郓(郓，杜注：莒别邑。任公辅曰：东郓也)。

左传 冬十一月，楚子重自陈伐莒，围渠丘①。渠丘城恶②，众溃，奔莒。戊申③(月六日)，楚入渠丘。莒人囚楚公子平，楚人曰："勿杀！吾归而俘。"莒人杀之。楚师围莒。莒城亦恶，庚申(月十八日)，莒溃。楚遂入郓，莒无备故也(终巫臣之言)。君子曰："恃陋而不备，罪之大者也；备豫不虞④，善之大者也。莒恃其陋，而不修城郭，浃辰⑤之间，而楚克其三都，无备也夫(浃辰，十二日也)！《诗》曰：'虽有丝、麻，无弃菅、蒯⑥；虽有姬、姜⑦，无弃蕉萃⑧。凡百君子，莫不代匮⑨。'言备之不可以已也(《逸诗》也。丝麻可为布帛。菅蒯草之可用以织者。姬、姜，大国女。蕉萃，陋贱之人)。"

穀梁传 其日，莒虽夷狄，犹中国也。大夫溃莒而之楚，是以知其上为事也(臣以叛君为事，明君臣无道)。恶之，故谨而日之也(溃例月，甚之，故日)。

解义 守国之道，以安民为本，凿池筑城，必民能效死，而后可守也。莒恃[10]僻陋,不修城郭,致楚浃辰而克其三都,信无备矣。然兵至而民逃,其上则虽有金城汤池,岂足恃哉?楚之伐莒,以救郑也,莒同马陵及蒲之盟,晋坐视其危而莫之恤[11],而恶郑之从楚,执其君,以伐其国,何以为盟主乎?

注释　①渠丘:莒地名,在现今山东省莒县东南部。②城恶:城墙毁坏。③戊申:十七日。④备豫不虞:预先防备意料之外的事情。豫,预先有防备。不虞,预料之外。⑤浃辰:十二日。这里指由戊申到庚申经历地支一遍。浃,遍。辰,从子到亥十二辰。⑥菅、蒯:皆为多年生草本植物,古人用以编织席、鞋、绳索等。⑦姬、姜:姬为黄帝姓,姜为炎帝姓,指代美女。⑧蕉萃:即憔悴,指代面黄肌瘦的丑女。⑨代匮:缺此少彼。⑩恃:依赖,仗着。⑪恤:怜悯,同情。

春秋　秦人、白狄伐晋。

左传　秦人、白狄伐晋,诸侯贰[1]故也。

解义　自灭庸以来,秦、楚交合,而同心以谋[2]晋。晋方争郑,楚人伐莒,以挠[3]其东,故秦与狄复攻其西,使晋力不能支,而自屈也。

注释　①贰:怀有二心。②谋:谋取。③挠:袭扰。

春秋　郑人围许。

左传　郑人围许,示晋不急君[1]也(此秋晋执郑伯)。是则公孙申谋之,曰:"我出师以围许,为将改立君者,而纾晋使[2](纾,缓也。勿亟遣使诣晋,示欲更立君),晋必归君(为明年晋侯归郑伯张本)。"

解义　郑以晋人执其君,归咎[3]於许,而围之。且使晋知执其君为无益,而速归之也。晋不能制楚庇郑,而强以非义相要[4],诸侯皆贰,即郑岂可以力服耶!

注释　①不急君:不急于救出其君,而热衷于用兵围许。②

纾晋使:暂缓派使者去晋国。③归咎:归罪。④要(yāo):要挟。

春秋 城[1]中城。

左传 城中城,书,时也。

穀梁传 城中城者,非外民也。

解义 中城者,郛[2]之内,宫之外也。鲁惩[3]莒之无备而溃,故惧而城之。夫诸侯守在四境,故楚人城郢,谋国者以为忧;至城中城,则其为儆守[4]也益微矣。且设险於城郭之内,将独保其戚属[5]乎?故《穀梁》以为外民也。

附录左传 十二月,楚子使公子辰[6]如晋,报钟仪之使,请修好结成。

注释 ①城:筑城。②郛:古代城圈外围的大城,外城。③惩:戒止。④儆守:戒备防守。⑤戚属:亲属,亲戚。⑥公子辰:字子商,楚国太宰

卷三十四

成公（十年之十四年）

春秋　十年春。

附录左传　十年春，晋侯使籴茷如楚，报大宰子商之使也（籴茷，晋大夫。子商，楚公子辰。使在前年）。

春秋　卫侯之弟黑背[①]帅师侵郑。

左传　卫子叔黑背侵郑，晋命也。

解义　凡受大国之命，而加兵於邻国者，多书侵，盖本无积怨，不过侵扰其边境而已。黑背称弟，义见齐年来聘传。

注释　①黑背：即子叔黑背，卫穆公子，定公弟。

春秋　夏四月，五卜郊[①]，不从，乃不郊。

公羊传　其言乃不郊何？不免牲，故言乃不郊也。

穀梁传　夏，四月，不时也（郊时极于三月）。五卜强也。乃者，亡乎人之辞也。

解义　《礼》记载卜筮之辞："旬之外曰远某日，旬之内曰近某日。"是每旬而一卜也。《传》称"启蛰而郊[②]"，则周之三月，乃郊之大期。"五卜"者，盖三月三卜，四月又二卜，皆不吉，乃止也。其渎[③]甚矣。

注释　①卜郊：占卜选定日期以行郊祭。②启蛰而郊：郊应立春之后。启蛰，节气名。动物经冬日蛰伏，至春又复出活动，故称"启蛰"，今称"惊蛰"。③渎：轻慢，不敬。

春秋　五月，公会晋侯、齐侯、宋公、卫侯、曹伯伐郑。

左传　郑公子班闻叔申之谋（改立君之谋。叔申，公孙申）。三月，子如立公子繻（子如，公子班）。夏四月，郑人杀繻，立髡顽[①]（髡顽，郑成公大子）。子如奔许。栾武子曰："郑人立君，我执一人焉,何益?不如伐郑而归其君,以求成焉。”晋侯有疾。五月,晋立大子州蒲以为君,而会诸侯伐郑(州蒲,厉公。生立子为君,此父不父,子不子。《经》因书晋侯,其恶明)。郑子罕赂以襄钟(子罕,穆公子。襄钟,郑襄公之庙钟),子然盟于修泽,子驷为质(子然、子驷,皆穆公子。修泽,杜注:荥阳卷县东有修武亭。在今河南原武县北)。辛巳,郑伯归(郑伯归不书,郑不告入)。

解义 晋执郑伯久而不释,闻郑已立君,乃伐而归之,以求成[②]。不能服郑之心,而徒剿民[③]以劳诸侯,宜乎霸业之不振也。按君在而立君者,郑也。《左氏》因晋侯有疾,谓《经》所书晋侯乃太子州蒲,误矣。《春秋》辨名分,岂有生代父位而以爵书之义乎?

注释 ①髡(kūn)顽:即郑僖公。②求成:求和。③剿民:指劳民。

春秋 齐人来媵[①]。

公羊传 媵不书,此何以书?录伯姬也。三国来媵,非礼也[②],曷为皆以录伯姬之辞言之?妇人以众多为侈也(侈,大也。伯姬贤三国争媵,故侈大其能容之德也)。

解义 非[③]齐人来媵。则卫、晋之媵宜[④]以为常事,而不书。以是知《春秋》於共姬之事,录之特详,皆志鲁、宋及齐之过礼[⑤]。而后人推论,则亦有以见其贤声[⑥]之著耳。

注释 ①来媵:指送随嫁女。②三国来媵,非礼也:按周代礼俗,诸侯嫁女“以侄娣从”,即新嫁娘的妹妹和侄女也要跟随嫁过去;不仅如此,还得有另外两个诸侯国同样“以侄娣从”的三个随嫁女。这就是所谓的“诸侯一娶九女”。然而此伯姬出嫁时,竟有三个诸侯国“来媵”,致使宋共公一娶而得十二女,所以“非礼”了。③非:责怪,讥刺。④宜:应该,应当。⑤过礼:超过常礼。⑥贤声:贤明的名声。

春秋　丙午,晋侯獳[1]卒。

左传　晋侯梦大厉[2],被发及地,搏膺而踊[3],曰:"杀余孙[4],不义(厉,鬼。赵氏之先祖也。八年,晋侯杀赵同、赵括,故怒)。余得请于帝矣!"坏大门及寝门而入。公惧,入于室。又坏户。公觉,召桑田巫(桑田,杜注:晋邑)。巫言如梦。公曰:"何如?"曰:"不食新[5]矣。"公疾病,求医于秦。秦伯使医缓为之[6](缓,医名。为,犹治也)。未至,公梦疾为二竖子[7],曰:"彼,良医也。惧伤我[8],焉逃之?"其一曰:"居肓之上,膏之下[9],若我何(肓,鬲也。心下为膏)?"医至,曰:"疾不可为也。在肓之上,膏之下,攻[10]之不可(攻,熨灸),达[11]之不及(达,针),药不至焉,不可为也。"公曰:"良医也。"厚为之礼而归之。六月丙午,晋侯欲麦[12](周六月,今四月,麦始熟),使甸人[13]献麦(甸人,主为公田者),馈人[14]为之。召桑田巫,示[15]而杀之。将食,张[16],如厕,陷而卒(张,腹满也。明巫言果验)。小臣[17]有晨梦负公以登天,及日中,负晋侯出诸厕,遂以为殉。

附录左传　郑伯讨立君者,戊申,杀叔申、叔禽[18](叔禽,叔申弟)。君子曰:"忠为令德[19],非其人[20]犹不可,况不令乎(言叔申为忠,不得其人,还害身)?"

春秋　秋七月,公如晋。

左传　秋,公如晋。晋人止公,使送葬。于是籴茷未反(是春晋使籴茷至楚结成。晋谓鲁二于楚,故留公。须籴茷还,验其虚实)。冬,葬晋景公。公送葬,诸侯莫在。鲁人辱之,故不书,讳之也(讳不书晋葬也)。

解义　在礼,惟天王[21]之丧,同轨毕至[22]。鲁闻晋之丧,而君亲往焉,已卑屈而失位[23]矣。晋适有疑於鲁,而又知其不能自强,遂止之,使送葬不能以礼,为国而足恭以苟悦於人[24],耻辱乃自取耳。不书会葬,乃鲁君臣讳耻而不书於册,非孔子削之也。

注释 ①晋侯獳:即晋景公,春秋时晋国国君之一。在位19年(前599年—前581年)。②大厉:晋鬼。③搏膺而踊:搏膺为自槌其胸,踊,跳也。④杀余孙:当指鲁成公八年晋侯杀赵同、赵括事。⑤不食新:吃不到新麦。即死在尝新麦之前。⑥医缓:医生,名缓。为:诊治。⑦疾为二竖子:疾病幻化成二个小孩,在晋侯神智不清的幻觉中出现。⑧惧伤我:恐怕要伤害我们。⑨居肓之上,膏之下:待在肓的上面,膏的下面。古代医学把心尖脂肪叫膏,心脏与隔膜之间叫肓,肓上膏下为药力与针灸所不能达到的地方。⑩攻:指灸。⑪达:指针。⑫欲麦:欲尝新麦。⑬甸人:官名。主管藉田,并供给野物。⑭馈人:掌管饮食之官。⑮示:即示以新麦。⑯张:今作胀,肚子发胀。⑰小臣:宦官。⑱叔申、叔禽:叔申即为公孙申,叔禽为叔申之弟。⑲令德:美德。⑳非其人:指所忠的对象不得其人。㉑天王:指周天子。㉒同轨毕至:指海内皆至也。㉓失位:失去身份、地位。㉔足恭:指过度谦敬,以取媚于人。苟悦:苟且取悦。

春秋 冬十月(《公羊》无此三字)。

春秋 十有一年春王三月,公至自晋。

左传 十一年春,王三月,公至自晋。晋人以公为贰于楚,故止公。公请受盟,而后使归。

春秋 晋侯使郤犨[1]来聘,己丑,及郤犨盟(犨,《公羊》作州)。

左传 郤犨来聘,且莅[2]盟(郤犨,郤克从父兄弟)。

附录左传 声伯之母不聘[3](声伯之母,叔肸之妻),穆姜[4]曰:"吾不以妾为姒[5](穆姜,宣公夫人。宣公、叔肸同母昆弟。昆弟之妻,相谓为姒)。"生声伯而出之,嫁于齐管于奚。生二子而寡,以归声伯。声伯以其外弟[6]为大夫(外弟,管于奚之子,为鲁大夫),而嫁其外妹于施孝叔(孝叔,鲁惠公五世孙)。郤犨来聘,求妇于声伯。声伯夺施氏[7]妇以与之。妇人曰:"鸟兽犹不失俪(俪,偶也),子将若何?”曰:“吾不能死亡[8](言不与郤犨妇,惧忿而致祸)。”妇人遂行,生二子于郤氏。郤氏亡(郤氏亡在十七年),晋人归之施氏,施氏逆诸河,沉其二子(沉之于河)。妇人怒曰:“己不能庇其伉俪而亡之(伉,敌也),又不能字人之孤而杀之,将何以终?”遂誓施氏(誓不为之妇也。传言郤犨淫纵,所以亡)。

春秋　夏,季孙行父如晋。

左传　夏,季文子如晋报聘[9],且莅盟也。

解义　《左氏》称行父如晋报聘,且涖盟。然,据《经》止出聘之常词,似未尝复寻盟也。公止於晋,九月而后归。《传》载公请受盟,而未尝言盟公者,盖方是时,晋稍懦[10]矣,欲如阳处父之盟,文公恐诸侯携贰[11],故许鲁以成,待公既归,而后使郤犨盟公也。鲁人畏晋而报聘,岂敢使行父抗盟,晋君亦岂肯与行父盟哉?或曰晋使大夫盟行父,而鲁人讳之也。

注释　①郤犨(?—前573年):姬姓,苦成氏,名犨(chōu),春秋中期晋国卿大夫。②莅:到。③声伯:公孙婴齐。不聘:没有行媒聘之礼。④穆姜:鲁宣公夫人。声伯之父叔肸与鲁宣公为同胞兄弟,因此穆姜与声伯之母为妯娌。⑤姒:妯娌之间,年长为姒,年幼者为娣。姒,现今称嫂。⑥外弟:即声伯的异父同母弟。⑦施氏:即施孝叔。⑧死亡:死及逃亡。亡,灭。⑨报聘:指派使臣回访他国。⑩懦:懦弱。⑪文公:指晋文公。携贰:离心,有二心。

附录左传　周公楚恶惠、襄[1]之逼也(惠王、襄王之族),且与伯与争政(伯与,周卿士),不胜,怒而出。及阳樊[2],王使刘子[3]复之,盟于鄄而入。三日,复出奔晋(鄄,杜注:周邑。为明年《经》书周公出奔传)。

春秋　秋,叔孙侨如[4]如齐。

左传　秋,宣伯聘于齐,以修前好[5](鞍以前之好)。

解义 鲁、齐战鞌以后，使命[⑥]不通者几十年矣。今屈辱於晋，故使侨如通问以谢战鞌之师，捐归汶阳之忿未几复求昏，而齐卒[⑦]无报聘，盖鲁为齐弱久矣。

注释 ①惠、襄：指周惠王、周襄王的后裔族人。②阳樊：地名，晋邑。在现河南省济源县东南一带。③刘子：周臣。④叔孙侨如（生卒年不详）：春秋时鲁国大夫，姬姓，叔孙氏，名侨如，谥宣，叔孙得臣长子，史称叔孙宣伯。三桓之一，叔孙氏宗主。⑤修前好：重修鞌之战前两国之旧好。⑥使命：差遣。⑦卒：终究。

春秋 冬十月。

附录左传 晋郤至与周争鄇田（鄇，杜注：温别邑。河内怀县西南有鄇人亭。在今河南武陟县），王命刘康公、单襄公讼诸晋。郤至曰："温，吾故也，故不敢失（言温，郤氏旧邑）。"刘子、单子曰："昔周克商，使诸侯抚封（各抚有其封内之地），苏忿生以温为司寇，与檀伯达封于河（檀，周邑。在今河南河内县）。苏氏即狄，又不能于狄而奔卫（事在僖十年）。襄王劳文公而赐之温（在僖二十五年），狐氏、阳氏先处之（狐溱、阳处父先食温地），而后及子。若治其故[①]，则王官之邑也，子安得之？"晋侯使郤至勿敢争（《传》言郤至贪，所以亡）。

宋华元善于令尹子重，又善于栾武子。闻楚人既许晋籴茷成，而使归复命矣（在前年）。冬，华元如楚，遂如晋，合晋、楚之成（为明年盟宋西门外张本）。

秦、晋为成，将会于令狐[②]。晋侯先至焉，秦伯不肯涉河，次于王城[③]，使史颗盟晋侯于河东（史颗，秦大夫）。晋郤犨盟秦伯于河西（就盟王城）。范文子曰："是盟也何益？齐盟，所以质信也（齐，一心。质，成也）。会所[④]，信之始也。始之不从，其何质乎？"秦伯归而背晋成（为十三年伐秦传）。

春秋 十有二年春，周公出奔晋。

左传　十二年春,王使以周公之难来告(周公奔在前年)。书曰:“周公出奔晋。”凡自周无出(天子无外,故奔者不言“出”),周公自出故也(周公为王所复,而自绝于周,故书“出”以罪之)。

公羊传　周公者何?天子之三公也。王者无外,此其言出何?自其私土而出也(私土,谓其国)。

穀梁传　周有入无出(有入,如昭二十六年“天王入于成周”是)。其曰出,上下一见之也(上,谓僖二十四年“天王出居于郑”;下,谓今周公出奔,上下皆一见之)。言其上下之道无以存也。上虽失之,下孰敢有之(上虽有不君之失,臣下莫敢效不臣之过)?今上下皆失之矣。

解义　王臣有罪,诛戮放流惟王所命,未闻有罪而自奔也。王之所弃,天下同弃之,所至之国,宜执以归司寇[5]。今王与周公要盟[6],既盟而周公复奔,王政不纲,周公之傲悖[7]所不待言,而晋受逋逃[8],罪亦不可逭[9]矣。王子瑕、王子朝之奔不言出,以为逆乱,无所容其身,与灭国之君,在外之臣同义。不得言出,与周公居位有禄,以私忿而自出者异也。

注释　①若治其故:如果追究此邑过去的情况。②令狐:地名,在今山西省临猗县西。③王城:当在今陕西省大荔县东部。④会所:盟会的地点、场所。⑤宜:应该,应当。司寇:是中国古代官名。西周始置,位次三公,与六卿相当,与司马、司空、司士、司徒并称五官,掌管刑狱、纠察等事。⑥要盟:强迫签定盟约。⑦悖:悖逆。违背正道。⑧受:接受。逋逃:逃亡的罪人。⑨逭(huàn):免除。

春秋　夏,公会晋侯、卫侯于琐泽(琐泽,《公羊》作沙泽,杜注:地阙)。

左传　宋华元克合晋、楚之成(终前年事)。夏五月,晋士燮会楚公子罢、许偃[1](二子,楚大夫)。癸亥,盟于宋西门之外,曰:“凡晋、楚无相加戎,好恶同之,同恤菑危[2],备救凶患[3]。若有害楚，则晋伐之。在晋，楚亦如之。交贽往来[4]，道路无壅，谋其不协，而讨不庭。有渝此盟，明神殛之，俾队[5]其师，无克胙国[6]。”郑伯如晋听成（听，受也。晋、楚既成，郑往受命），会于琐泽[7]，成故也。

解义 晋厉初立，而求诸侯也。陈、许、宋、曹皆已从楚，惟鲁、卫两属，故晋会之。《左传》谓宋华元克合晋、楚，郑伯如晋听成。据《经》楚、郑不至，宋亦不与，未足信也。果晋、楚为成，所关非细，圣人岂反削而不书乎？

注释 ①公子罢、许偃：皆为楚大夫。②同恤菑危：菑为灾难危险。菑，同“灾”。有灾祸危难则相互抚恤。③备救凶患：尽力救援灾荒、患难。④交贽往来：即使者往来。贽，使者往来所携带的聘礼。⑤队：同“坠”，即颠覆。⑥无克胙国：不能保佑国家。胙，通“祚”，福佑。⑦琐泽：晋地名，在现今河北涉县。

春秋 秋，晋人败狄于交刚[1]（交刚，杜注：地阙）。

左传 狄人间[2]宋之盟以侵晋，而不设备。秋，晋人败狄于交刚。

穀梁传 中国与夷狄不言战，皆曰败之。夷狄不日。

解义 狄，白狄也。九年[3]，秦人、白狄伐晋。此先败狄，而后伐秦，是知报九年之役也。不自强於政治[4]，以攘[5]争霸之楚，而区区释憾[6]於群狄，所争益细矣！

注释 ①交刚：地名，具体不详。②间：乘……空隙。此指利用晋、楚两国在宋国结盟这个空隙。③九年：指鲁成公九年。④政治：指维护统治、治理国家的活动。⑤攘：攘除，排除。⑥释憾：指借事报复以解恨。

春秋 冬十月。

附录左传 晋郤至如楚聘，且莅盟。楚子享之，子反相，为地室而县[1]焉（县钟鼓也）。郤至将登（登堂），金奏[2]作于下（击钟而奏乐),惊而走出。子反曰:“日云莫矣,寡君须[3]矣,吾子其入也!”宾[4]曰(宾,郤至。传凡交让得宾主辞者,多曰宾主以明之):“君不忘先君之好,施及下臣,贶[5]之以大礼,重之以备乐[6]。如天之福,两君相见,何以代此?下臣不敢(言此两君相见之礼)。”子反曰:“如天之福,两君相见,无亦唯是一矢以相加遗,焉用乐(言两君战乃相见,无用此乐)?寡君须矣,吾子其入也!”宾曰:“若让之以一矢,祸之大者,其何福之为?世之治也,诸侯闲[7]于天子之事,则相朝也(王事闲缺,则修私好),于是乎有享宴之礼。享以训共俭(享有体荐,设几而不倚,爵盈而不饮,肴乾而不食,所以训共俭),宴以示慈惠(宴则折俎,相与共食)。共俭以行礼,而慈惠以布政。政以礼成,民是以息。百官承事,朝而不夕[8](不夕,言无事),此公侯之所以扞城其民[9]也(扞,蔽也。言享宴结好邻国,所以蔽扞其民)。故《诗》曰:‘赳赳武夫,公侯干城(《诗·周南·兔罝》篇。赳赳,武貌。干,扞也)。’及其乱也,诸侯贪冒,侵欲不忌,争寻常以尽其民(八尺曰寻,倍寻曰常。言争尺丈之地,以相攻伐),略其武夫,以为己腹心股肱爪牙(略,取也。言世乱则公侯制御武夫以从己志,使侵害邻国,为搏噬之用无已)。故《诗》曰:‘赳赳武夫,公侯腹心(举《诗》之正,以駮乱义。《诗》言治世,则武夫能合德公侯,外为扞城,内制其腹心之欲)。’天下有道,则公侯能为民干城,而制其腹心。乱则反之。今吾子之言,乱之道也,不可以为法。然吾子,主也,至敢不从?”遂入,卒事。归,以语范文子。文子曰:“无礼必食言,吾死无日矣夫(为十六年鄢陵战张本)!”冬,楚公子罢如晋聘,且莅盟(报郤至)。十二月,晋侯及楚公子罢盟于赤棘(赤棘,杜注:晋地)。

春秋　十有三年春,晋侯使郤锜来乞师。

左传　十三年春,晋侯使郤锜来乞师[10],将事不敬[11]。孟献子曰:“郤氏其亡乎!礼,身之干也。敬,身之基也。郤子无基。且先君之嗣卿也(郤锜,郤克子,故曰嗣卿),受命以求师,将社稷是卫，而惰，弃君命也。不亡何为（为十七年晋杀郤锜传）？”

穀梁传 乞，重辞也。古之人重师，故以乞言之也。

解义 外乞师，不书，必盟主也，而后书乞，卑辞也，见晋之无以令与国也。齐桓、晋文假[12]尊王之义，征兵侵伐，犹以禁暴讨畔为名[13]，故诸侯拱手听命。今晋以私怨报秦，则其义不足以令诸侯矣，故惧其不从，而卑辞以乞耳。

注释 ①县：通“悬”。②金奏：敲击钟以奏乐，常指庙堂音乐。③须：等待。④宾：即郤至。⑤贶（kuàng）：赏赐。⑥备乐：完备之乐，指用金乐肆夏来接待。⑦闲：闲暇。诸侯在完成王事之闲暇时间，可以相互聘享，以修私好。⑧朝而不夕：白天朝见叫朝，晚上朝见叫夕。一般无急难大事则不夕见，故“朝而不夕”为太平无事之时。⑨扞城其民：扞，蔽也。城即保护。⑩乞师：请求出兵。⑪将事不敬：奉命行事而不认真。⑫假：借用，利用。⑬禁暴：制止暴乱。畔：通“叛”。背叛，叛变。

春秋 三月，公如京师。

穀梁传 公如京师不月，月非如也（时实会晋伐秦，过京师也。公行出竟，有危则月，朝京师，理无危惧，故不月）。非如而曰如，不叛[1]京师也（因其过朝，故正其文，使若本自往）。

春秋 夏五月，公自京师，遂会晋侯、齐侯、宋公、卫侯、郑伯、曹伯、邾人、滕人伐秦。

左传 三月，公如京师。宣伯欲赐[2]（欲王赐己），请先使，王以行人[3]之礼礼焉（不加厚）。孟献子从[4]。王以为介，而重贿之[5]（介，辅相威仪者。献子相公以礼，故王重赐之）。

公及诸侯朝王，遂从刘康公、成肃公会晋侯伐秦（刘、成二公不书，兵不加秦）。成子[6]受脤于社，不敬（脤，宜社之肉也，盛以蜃器，故曰脤。宜，出兵祭社之名）。刘子曰：“吾闻之，民受天地之中[7]以生，所谓命也。是以有动作礼义威仪之则，以定命也。能者养之以福(养威仪以致福),不能者败以取祸。是故君子勤礼,小人尽力,勤礼莫如致敬,尽力莫如敦笃。敬在养神[⑧],笃在守业。国之大事,在祀与戎,祀有执膰[⑨](膰,祭肉),戎有受脤,神之大节也(交神之大节)。今成子惰,弃其命矣(惰则失中和之气),其不反乎(为成肃公卒于瑕张本)?”

注释　①叛:背叛。②宣伯欲赐:宣伯,即叔孙侨如。欲赐,欲得周王赏赐。③行人:外交官。④孟献子从:孟献子即仲孙蔑,从鲁公朝王,辅佐公行礼。⑤重贿之:重加赏赐。⑥成子:即成肃公。⑦天地之中:指天地的中和之气。⑧养神:供奉鬼神。⑨执膰:一种祭礼。即祭祀完毕后,把祭肉分与有关人员。

夏四月戊午[①],晋侯使吕相[②]绝秦(吕相,魏锜子。盖口宣已命),曰:“昔逮我献公,及穆公相好(晋献公、秦穆公),戮力同心,申之以盟誓,重之以昏姻(穆公夫人,献公之女)。天祸晋国,文公如齐,惠公如秦(辟骊姬也。不言狄、梁,举所恃大国)。无禄[③],献公即世,穆公不忘旧德,俾我惠公用能奉祀于晋(僖十年,秦纳惠公)。又不能成大勋,而为韩之师[④](僖十五年,秦伐晋,获惠公)。亦悔于厥心,用集[⑤]我文公(集,成也。纳文公在僖二十四年),是穆之成也。文公躬擐甲胄,跋履山川,逾越险阻,征东之诸侯,虞、夏、商、周之胤[⑥],而朝诸秦,则亦既报旧德矣(诸侯朝秦不见于传,盖文其词)。郑人怒君之疆埸,我文公帅诸侯及秦围郑(晋自讨郑贰于楚,郑非侵秦也,盖以此诬秦。事在僖三十年)。秦大夫[⑦]不询于我寡君,擅及郑盟(盟者秦伯,谦言大夫)。诸侯疾之,将致命于秦。文公恐惧,绥静诸侯,秦师克还无害,则是我有大造于西[⑧]也。无禄,文公即世,穆为不吊[⑨](不见吊伤),蔑死我君,寡我襄公(寡,弱也),迭[⑩]我淆地(迭,侵突也),奸绝我好,伐我保城[⑪],殄灭我费滑[⑫](伐保城,诬之。费滑,杜注:滑国都于费,即缑氏县。今河南偃师县南有缑氏故城。秦灭滑在僖三十三年),散离我兄弟[⑬](滑、晋同姓),挠乱我同盟,倾覆我国家。我襄公未忘君之旧勋,而惧社稷之陨,是以有殽之师(在僖三十三年)。犹愿赦罪于穆公,穆公弗听,而即楚谋我。天诱其衷,成王殒命(秦使斗克归楚求成。事见文十四年。文元年,楚弑成王),穆公是以不克逞志于我。穆、襄即世,康、灵即位。康公,我之自出[14](晋甥),又欲阙翦[15]我公室,倾覆我社稷,帅我蝥贼[16],以来荡摇我边疆(此亦文致之辞。蝥贼,食禾稼虫名。谓秦纳公子雍)。我是以有令狐之役(在文七年)。康犹不悛,入我河曲,伐我涑川[17](涑川,杜注:涑水出河东闻喜县,西南至蒲坂县入河。今山西蒲州东北有涑水城),俘我王官,翦我羁马,我是以有河曲之战(在文十二年)。东道之不通,则是康公绝我好也。及君之嗣也,我君景公引领西望曰:'庶抚我乎!'君亦不惠称盟(不肯称晋望而共盟),利吾有狄难(谓晋灭潞氏时),入我河县[18],焚我箕、郜[19](箕、郜,晋二邑),芟夷我农功,虔刘[20]我边陲(虔,刘,皆杀也)。我是以有辅氏之聚[21](聚,众也。在宣十五年)。"君亦悔祸之延,而欲徼福于先君献、穆,使伯车[22]来,命我景公曰(伯车,秦桓公子):'吾与女同好弃恶,复修旧德,以追念前勋,'言誓未就,景公即世,我寡君是以有令狐之会(令狐会在十一年)。君又不祥[23],背弃盟誓。白狄及君同州[24],君之仇仇,而我之昏姻也(季隗,廧咎如赤狄之女也,白狄伐而获之,纳诸文公)。君来赐命曰:'吾与女伐狄。'寡君不敢顾昏姻,畏君之威,而受命于吏。君有二心于狄,曰:'晋将伐女。'狄应且憎[25],是用告我(言狄虽应答秦,而心实憎秦无信)。楚人恶君之二三其德也,亦来告我曰:'秦背令狐之盟,而来求盟于我:"昭告昊天上帝、秦三公[26]、楚三王[27](三公,穆、康、共。三王,成、穆、庄)曰:'余虽与晋出入,余唯利是视。'不谷恶其无成德[28],是用宣之,以惩不壹。"诸侯备闻此言,斯是用痛心疾首,昵就[29]寡人。寡人帅以听命,唯好是求。君若惠顾诸侯,矜哀寡人,而赐之盟,则寡人之愿也。其承宁[30]诸侯以退(承君之意,以宁静诸侯),

岂敢徼乱。君若不施大惠,寡人不佞㉛,其不能以诸侯退矣。敢尽布之执事,俾执事实图利㉜之!"

注释　①戊午:五日。②吕相:即魏锜之子魏相。③无禄:不幸。④韩之师:指秦晋韩原之战。⑤集:成全,成就。⑥胤:后代。⑦秦大夫:实指秦穆公。这里为委婉的说法。⑧有大造于西:有大功于秦国。西,指秦国。⑨穆为不吊:秦穆公不见吊伤。⑩迭:借为轶,侵犯。⑪保城:城邑。保通"堡",小城。⑫费滑:即滑国。费为滑国都城。⑬兄弟:指姬姓兄弟国家。⑭我之自出:康公母为晋女,是晋之外甥。⑮阙翦:损害。⑯蟊(máo)贼:害虫。指秦送公子雍回晋国争位。⑰涑川:地名,在现山西省永济县东北部。⑱河县:疑为河曲之变文。⑲箕、郜:晋二地名。郜,当距箕不远。⑳虔刘:骚扰杀掠。㉑聚:战斗。㉒伯车:秦桓公之子,名针。㉓不祥:与"不吊"同义。㉔同州:即同在雍州境。㉕狄应且憎:狄人接受而又厌恶。应,受。㉖秦三公:指秦穆公、康公、共公。㉗楚三王:即楚成王、穆王、庄王。㉘无成德:即反复无常。㉙昵就:亲近。㉚承宁:止息,安宁。㉛不佞:不才。㉜图利:权衡利害。

秦桓公既与晋厉公为令狐之盟,而又召狄与楚,欲道以伐晋,诸侯是以睦于晋(晋辞多诬,故传惟据此事以正秦罪)。晋栾书将中军,荀庚佐之(代荀首)。士燮将上军(代荀庚),郤锜佐之(代士燮)。韩厥将下军(代郤锜),荀罃佐之(代赵同)。赵旃将新军(代韩厥),郤至佐之(代赵括)。郤毅①御戎,栾针②为右(郤毅,郤至弟。栾针,栾书子)。孟献子曰:"晋帅乘和,师必有大功(帅,军帅。乘,车士)。"五月丁亥,晋师以诸侯之师及秦师战于麻隧③。秦师败绩,获秦成差及不更女父④(麻隧,杜注:秦地。在今陕西泾阳县西南。成差、女父,皆秦大夫。不更,秦爵。战败绩不书,盖经文阙漏)。曹宣公卒于师。师遂济泾,及侯丽而还(泾,杜注:泾水出安定东南。《汉志》:出开头山,在今陕西平凉府西南。侯丽,杜注:秦地,在今陕西泾阳县境)。迓晋侯于新楚[5](迓,迎也。既战,晋侯止新楚。故师还过迎之。新楚,杜注:秦地,在今陕西朝邑县境)。成肃公卒于瑕(终刘子之言)。

公羊传 其言自京师何(据僖公二十八年诸侯遂围许,不言自王所)?公凿行[6]也(凿犹更造之意)。公凿行奈何?不敢过天子也(时本欲直伐秦,涂过京师,不敢过天子而不朝,故成其意,使若故朝,然后更行也)。

穀梁传 言受命,不敢叛周也(使若既朝王,而王命使伐秦。叛周,谓专征伐)。

解义 僖公[7]两朝于王所,俱书朝,此不书朝,而书如京师,仅同於如齐、如晋之文者。因会伐而行,故不成其朝。然书自京师,而以伐秦为遂事[8],又以明朝王为重,而存人臣之礼也。其辞,若志敬,而实以志不敬。此程子[9]所谓:或抑、或纵、或予、或夺,微辞隐义,时措而从宜者与。

注释 ①郤毅:郤至之弟,又称步毅。②栾针:栾书之子。③麻隧:秦地,在现陕西咸阳县北。④成差:秦军之将。不更女父:不更,即车右。女父,人名。⑤新楚:秦地,当在现今陕西大荔县境。⑥凿行:改道而行。⑦僖公:即鲁僖公。⑧遂事:成就事业;完成某事。⑨程子:即二程中的程颐。程颐(1033—1107),教育家。字正叔,人称伊川先生,北宋洛阳人。为程颢之胞弟。

附录左传 六月丁卯夜,郑公子班自訾求入于大宫,不能,杀子印、子羽(訾,杜注:郑地。十年班出奔许,今欲还为乱。子印、子羽,皆穆公子)。反军于市,己巳,子驷帅国人盟于大宫(子驷,穆公子),遂从而尽焚之,杀子如、子駹、孙叔、孙知[1](子如,公子班。子駹,班弟。孙叔,子如子。孙知,子駹子)。

春秋 曹伯庐[2]卒于师(庐,《左氏》作卢)。

左传　曹人使公子负刍[3]守,使公子欣时逆曹伯之丧(二子,皆曹宣公庶子)。秋,负刍杀其大子而自立也(宣公大子)。诸侯乃请讨之,晋人以其役之劳,请俟[4]他年。

穀梁传　《传》曰:闵[5]之也。公、大夫,在师曰师,在会曰会。

春秋　秋七月,公至自伐秦。

解义　不以京师至,而以伐秦至,明其意本不在於朝王也。

注释　①子如:即公子班。子駹(máng):子如之弟。孙叔:子如之子。孙知:子駹之子。②曹伯庐:即曹宣公姬庐(公元前?—公元前578),一名彊。春秋曹国国君。文公寿子,继文公而立。公元前595—公元前578年在位。③公子负刍:与公子欣时都是曹宣公庶子。④俟(sì):等待。⑤闵:同"悯",怜恤,哀伤。

春秋　冬,葬曹宣公。

左传　冬,葬曹宣公。既葬,子臧将亡[1](子臧,公子欣时),国人皆将从之(不义负刍故)。成公乃惧(成公,负刍),告罪,且请焉(请留子臧),乃反,而致其邑(还邑于成公。为十五年执曹伯传)。

穀梁传　葬时,正也。

春秋　十有四年春王正月,莒子朱[2]卒。

春秋　夏,卫孙林父自晋归于卫。

左传　十四年春,卫侯如晋,晋侯强见孙林父[3]焉(林父以七年奔晋。强见,欲归之),定公不可。夏,卫侯既归,晋侯使郤犨送孙林父而见之。卫侯欲辞,定姜[4]曰(定姜,定公夫人):"不可。是先君宗卿[5]之嗣也(同姓之卿),大国[6]又以为请,不许,将亡。虽恶之,不犹愈[7]于亡乎?君其忍之!安民而宥宗卿,不亦可乎?"卫侯见而复之[8](复林父位)。卫侯飨苦成叔[9](成叔,郤犨),宁惠子[10]相(惠子,宁殖)。苦成叔傲。宁子曰:"苦成家其亡乎!古之为享食也，以观威仪、省祸福也。故《诗》曰：‘兕觥其觩，旨酒思柔(《诗·小雅》。言君子好礼，饮酒皆思柔德，虽设兕觥，觩然不用。以兕角为觥，所以罚不敬。觩，陈设之貌)，彼交匪傲，万福来求⑪(彼之交于事而不惰傲，乃万福之所求)。’今夫子傲，取祸之道也(为十七年郤氏亡传)。”

解义 晋受卫国逋逃⑫，罪戾⑬之臣又强归之，林父之罪著矣，晋厉之恶显矣。卫定不能辞以大义而受之，其不能君又可知矣！

注释 ①子臧：公子欣时之字。亡：逃亡。②莒子朱：即莒渠丘公，名己朱，为春秋诸侯国莒国君主之一。在位31年(前608年—前578年)。③强见孙林父：即晋侯勉强卫侯接见孙林父，欲使其归于卫也。④定姜：卫定公夫人。⑤先君宗卿：先君指定公之父卫穆公，宗卿指孙林父之父孙良夫。孙氏与卫君同宗，孙良夫曾为卫执政大臣。⑥大国：指晋国。⑦愈：胜过、好于。⑧见而复之：卫侯召见孙林父，并恢复其职位与采邑。⑨飨苦成叔：设享礼招待苦成叔。苦成叔，即郤犨。⑩宁惠子：卫臣，即宁殖。⑪兕觥其觩四句：兕觥：古代用犀牛角制成的酒器。觩(qiú)：弯曲的样子。旨酒思柔：美酒柔和。思，语中助词。彼交匪傲：不骄不傲。彼，通“匪”。交，借为“骄”。求：聚集。⑫受：接受。逋逃：逃亡的罪人。⑬罪戾：指罪愆，罪过。

春秋 秋，叔孙侨如①如齐逆女。

左传 秋，宣伯如齐逆女。称族②，尊君命也。

春秋 郑公子喜帅师伐许。

左传 八月，郑子罕伐许，败焉(子罕，公子喜。为许所败)。戊戌，郑伯复伐许。庚子，入其郛③。许人平以叔申④之封(四年，郑公孙申疆许田，许人败之，不能定其封疆。今许以是所封田，求和于郑)。

解义　郑逼许,楚困郑。以国大小,兵力强弱,更相吞噬[5],人理亡矣。越明年[6],许迁于叶辟,郑以依楚,以晋不足恃[7]也。而襄三年,晋荀罃[8]伐许,犹以从楚为讨,何其不自反[9]与?

注释　①叔孙侨如:鲁国大夫,即叔孙宣伯。②称族:称呼族名,指称叔孙。③郛:外城。④叔申:即公孙申。⑤吞噬(shì):吞吃,吞食。⑥越明年:是指经过了第二年,或到了第三年。⑦恃:依赖。⑧荀罃:即智罃(?—前560年),姬姓,智氏,名罃,字子羽,谥号武。即智武子。因智氏出自荀氏,故又多称荀罃。春秋中期晋国卿大夫,六卿之一。⑨自反:反躬自问,自己反省。

春秋　九月,侨如以夫人妇姜氏至自齐。

左传　九月,侨如以夫人妇姜氏至自齐。舍族[1],尊夫人也(舍族,谓不称叔孙)。故君子曰:"《春秋》之称,微而显[2](辞微而义显),志而晦[3](志,记也。晦亦微也。谓约言以记事,事叙而文微),婉而成章[4](婉,曲也。谓曲屈其辞,有所辟讳,以示大顺,而成篇章),尽而不汙[5](谓直言其事,尽其事实,无所汙曲。),惩恶而劝善[6](善名必书,恶名不灭,所以为惩劝)。非圣人谁能修之?"。

穀梁传　大夫不以夫人,以夫人非正也。刺[7]不亲迎也。侨如之挈[8],由上致之也。

解义　称妇,有姑也。氏或曰衎[9],先儒皆谓诸侯当亲迎。程子独辨其非,以为亲迎者,迎於所馆,未有委宗庙社稷而远适他国以逆妇者[10]。胡氏安国[11]主《穀梁》讥不亲迎,亦谓或迎於国,或迎於境上。夫既曰迎於境上,则未入境之先安得不以大夫逆乎?以是知程子之说,不可易也。

春秋　冬十月庚寅,卫侯臧卒。

左传　卫侯有疾,使孔成子、宁惠子立敬姒之子衎以为大子[12](成子,孔达之孙。敬姒,定公妾。衎,献公)。冬十月,卫定公卒。

夫人姜氏既哭而息,见大子之不哀也,不内酌饮。叹曰:"是夫也,将不唯卫国之败,其必始于未亡人(夫,贱之之称。定姜言献公行无礼,必从己始。下言暴妾使余,是也)!乌呼!天祸卫国也夫!吾不获鱄也使主社稷(鱄,衎之母弟)。"大夫闻之,无不耸惧[13]。孙文子自是不敢舍[14]其重器于卫(孙文子,林父),尽置诸戚[15](戚,孙氏邑),而甚善晋大夫[16](备乱起,欲以为援。为襄十四年卫侯出奔传)。

春秋 秦伯卒。

注释 ①舍族:指不加称叔孙。②微而显:用辞少而含义显明。③志而晦:志,记也。记载事实而寓意精微深远,思之不尽。④婉而成章:表达婉转曲折,而又顺理成章。⑤尽而不汙:汙,不正,歪曲。直言其事,尽其情实而无所汙曲。⑥惩恶而劝善:善恶必书,以惩戒恶,劝勉善。⑦刺:讥讽。⑧挈:带领。⑨衎:借为"引"。迎接。⑩委:抛弃,舍弃。宗庙社稷:宗庙,祭祀祖先的场所。社稷,古代帝王诸侯所祭的土神和谷神。此借指国家。⑪胡氏安国:即胡安国(1074—1138),南宋时期的著名经学家和湖湘学派的创始人之一。字康侯,号青山,学者称武夷先生,后世称胡文定公。⑫敬姒:是卫定公妾。衎(kàn):即卫献公。⑬耸惧:耸同"悚",亦惧义。耸惧,震惊之意。⑭舍:放置。⑮戚:地名,孙氏采邑。⑯甚善晋大夫:极力与晋大夫交好,待卫乱时,好引以为援。

卷三十五

成公(十五年之十六年)

春秋 十有五年春王二月,葬卫定公[①]。

春秋 三月乙巳,仲婴齐[②]卒。

公羊传 仲婴齐者何(疑仲遂后,故问之)?公孙婴齐也。公孙婴齐则曷为谓之仲婴齐?为兄后也。为兄后则曷为谓之仲婴齐(据本公孙)?为人后者为之子也。(更为公孙之子,故不得复氏公孙)。为人后者为其子,则其称仲何?孙以王父字为氏也。然则婴齐孰后?后归父[③]也。归父使于晋而未反[④](宣公十八年自晋至柽奔齐),何以后之(据已绝也)?叔仲惠伯傅子赤者也(叔仲,叔彭生氏。惠,谥也),文公死,子幼,公子遂谓叔仲惠伯曰:"君幼如之何?愿与子虑之。"叔仲惠伯曰:"吾子相之,老夫抱之,何幼君之有?"公子遂知其不可与谋,退而杀叔仲惠伯,弑子赤而立宣公。宣公死,成公幼,臧宣公者相也(臧孙许,宣谥)。君死不哭,聚诸大夫而问焉曰:"昔者叔仲惠伯之事,孰为之?"诸大夫皆杂然[⑤]曰:"仲氏也,其然乎?"于是遣归父之家,然后哭君,归父使乎晋,还自晋,至柽[⑥],闻君薨家遣,墠帷哭君成踊[⑦],反命于介,自是走之齐。鲁人徐伤归父之无后也,于是使婴齐后之也。

穀梁传 此公孙也,其曰仲何也(此盖仲遂之子,据实公孙)?子由父疏[⑧]之也(父有弑君之罪,故不得言公子,父不言公子,则子不得称公孙,是见疏之罪由父故)。

解义 婴齐,仲遂[⑨]之子,归父之弟。仲遂生而赐氏,故书曰仲婴齐也,或以不称公孙为疑。是时,鲁有两婴齐,一为叔肸之子,一即仲婴齐,皆公孙也,并见於《经》。如俱称公孙,则此卒者知为何婴齐耶?《公羊》谓以弟后兄,谬矣!季孙因归父欲去三桓[10]而逐之,宁[11]有复为立后之理?果悯[12]归父何难,反其子而立之[13],而必以弟为之后乎?

注释 ①卫定公:姬姓,卫氏,名臧。卫国第24代国君,前588年—前577年在位。他是卫穆公之子,卫献公之父。②仲婴齐(?—前576年):姬姓,东门氏,名婴齐,谥昭?,以父之行次为氏,别为仲氏,又被称为公孙婴齐、子婴,是东门襄仲的儿子,公孙归父的弟弟。鲁成公时,仲婴齐为卿。③归父:即公孙归父(生卒年不详),姬姓,东门氏,名归父,字子家。春秋中期鲁国上卿,鲁庄公之孙,故曰公孙归父,东门襄仲之子。④反:同"返"。⑤杂然:混杂。⑥柽:古地名。春秋宋邑。故址在今河南省淮阳县西北。⑦墠:是指把一块地面整平,把草除干净,准备作祭祀用。踊:跳跃。⑧疏:疏远。⑨仲遂:庄公之子东门襄仲。⑩三桓:指鲁三桓,是指庆父之后孟孙氏、叔牙之后叔孙氏、季友之后季孙氏,三家都是鲁桓公的后裔,故称"三桓"。三桓是鲁国势力最大,专权时间最长的大族。⑪宁:岂,难道。⑫悯:怜悯。⑬反:同"返"。

春秋 癸丑,公会晋侯、卫侯、郑伯、曹伯、宋世子成、齐国佐、邾人同盟于戚。

解义 十三年[1],曹伯卒于师,负刍[2]杀太子自立,晋不能请於天王率诸侯以举九伐[3]之典。既逾三年,乃假[4]他事以会与之盟,而后执之,俾[5]曹人他日得以为口实[6],晋政可谓无章矣。宋公卒以六月,必有疾,而使世子出会也。

注释 ①十三年:指鲁成公十三年。②负刍:即曹负刍(?—前555年),曹成公,春秋曹国国君。曹宣公庐庶之弟(一说为庶之子)。继曹宣公而立。在位时间从公元前578—前555年为期二十三年。③九伐:古代指对九种罪恶的讨伐。④假:借用。⑤俾:使。⑥口实:可以利用的借口。

春秋　晋侯执曹伯归于京师(《公羊》作归之于)。

左传　十五年春,会于戚,讨曹成公也(讨其杀大子而自立,事在十三年)。执而归诸京师。书曰:"晋侯执曹伯。"不及其民也(恶不及民)。凡君不道于其民,诸侯讨而执之,则曰某人执某侯(称人,示众所欲执)。不然,则否(谓身犯不义者)。诸侯将见子臧于王而立之,子臧辞曰:"《前志》[1]有之,曰:'圣达节[2](圣人应天命,不拘常礼),次守节[3](谓贤者),下失节[4](愚者妄动)。'为君,非吾节也。虽不能圣,敢失守[5]乎?"遂逃,奔宋。

穀梁传　以晋侯而斥[6]执曹伯,恶晋侯也(僖二十八年,"晋人执卫侯,归之于京师",此伯讨之文也。今以侯执伯,明执之不以其罪)。不言之,急辞也。断在晋侯也(明晋之私)。

解义　二百四十二年,诸侯相执多矣,惟此称晋侯以执,当其罪又不敢自治而归于京师使即天刑[7],得侯伯讨罪之义也。或疑负刍之杀太子,《经》无明文,设有之何以不书?然以书法考之,凡执皆称人,安得谓称爵者,非霸讨乎?疑负刍之逆节[8],赴告未及,鲁史无文,圣人核知其实,而特文以见义也。

注释　①《前志》:古书、古籍。②圣达节:圣人于进退、上下皆合节操。③次守节:次一等的能不应得而不取,与而不受,以保持节义。④下失节:下等者失去节操。⑤失守:即失节。⑥斥:责备。⑦天刑:上天的法则。⑧逆节:叛逆的念头或行为。

春秋　公至自会。

春秋　夏六月,宋公固[1]卒。

左传　夏六月,宋共公卒(为下宋乱起)。

春秋　楚子伐郑。

左传　楚将北师[2](侵郑、卫)。子囊[3]曰(子囊,庄王子公子贞):"新与晋盟而背之(晋、楚盟在十二年),无乃不可乎?"子反曰:"敌利则进[4],何盟之有?"申叔时老矣,在申,闻之,曰:"子反必不免。信以守礼[⑤]，礼以庇身[⑥]，信礼之亡，欲免得乎？”楚子侵郑，及暴隧[⑦]（暴隧，《路史》曰：暴辛公采地。盖周圻内之邑，而是时为郑所有也），遂侵卫，及首止[⑧]。郑子罕侵楚，取新石（新石，杜注：楚邑。当在今河南叶县境）。栾武子欲报楚，韩献子曰：“无庸，使重其罪[⑨]，民将叛之（背盟数战，罪也）。无民，孰战（为明年晋败楚于鄢陵传）？”

解义 楚伐郑，许故也。郑昔尝[⑩]伐许，而楚不问，以郑方即[⑪]楚耳。今改从晋，故楚人恶之，而以公子喜之伐许为兵端也。

注释 ①宋公固：即宋共公，春秋时宋国第二十四任君主，本名子瑕，宋文公之子。②北师：向北方兴师，侵郑、卫也。③子囊：楚共王弟，庄王子，又称公子贞。④敌利则进：与之相对抗有利则进兵，不必管什么盟约。⑤信以守礼：以信来持守礼义。⑥礼以庇身：以持礼义来卫护自身。⑦暴隧：本为周室暴辛公采地，后属郑，当在今河南原阳县西原武县境。⑧首止：卫地，在现河南睢县东南部。⑨重其罪：加重其罪过。⑩尝：曾经。⑪即：靠近。

春秋 秋八月庚辰，葬宋共公。

穀梁传 月卒日葬，非[①]葬者也（卒当书日，葬无甚危，则当录月，今反常违例，以共公失德，不宜书葬，故日葬以表之）。此其言葬，何也？以其葬共姬，不可不葬共公也。葬共姬，则其不可不葬共公何也？夫人之义不逾君也，为贤者崇也（贤崇伯姬，故书共公葬）。

春秋 宋华元出奔晋。宋华元自晋归于宋。宋杀其大夫山。宋鱼石[②]出奔楚。

左传 秋八月，葬宋共公。于是华元为右师，鱼石为左师，荡泽[③]为司马（荡泽，公孙寿之孙），华喜为司徒（华喜，华父督之玄孙），公孙师为司城（公孙师，庄公孙），向为人为大司寇，鳞朱为少司寇(鳞朱,鳞矔孙),向带为大宰,鱼府为少宰。荡泽弱公室[4],杀公子肥(轻公室以为弱,故杀其枝党。肥,文公子)。华元曰:"我为右师,君臣之训,师所司也。今公室卑而不能正,吾罪大矣。不能治官[5],敢赖宠乎?"乃出奔晋。二华[6],戴族[7]也(华元、华喜);司城,庄族也;六官[8]者,皆桓族也(鱼石、荡泽、向为人、鳞朱、向带、鱼府)。鱼石将止华元,鱼府曰:"右师反,必讨,是无桓氏也(恐华元还讨荡泽,并及六族)。"鱼石曰:"右师苟获反,虽许之讨,必不敢(言畏桓族强)。且多大功,国人与之,不反,惧桓氏之无祀于宋[9]也。右师讨,犹有戌[10]在(向戌,桓公曾孙。言其贤,华元必不讨),桓氏虽亡,必偏(偏,不尽)。"鱼石自止华元于河上。请讨,许之,乃反。使华喜、公孙师帅国人攻荡氏,杀子山(喜、师非桓族,故使攻之。子山,荡泽)。书曰:"宋杀大夫山。"言背其族也(荡氏,宋公族。还害公室,故去族以示其罪)。鱼石、向为人、鳞朱、向带、鱼府出舍于睢上[11](睢,杜注:水名。五大夫畏同族罪及,将出奔)。华元使止之,不可。冬十月,华元自止之,不可。乃反。鱼府曰:"今不从,不得入矣。右师视速而言疾,有异志[12]焉。若不我纳,今将驰矣。"登丘而望之,则驰骋而从之(五子亦驰逐之),则决睢澨[13](澨,水涯),闭门登陴矣。左师、二司寇、二宰遂出奔楚[14](四大夫不书,独鱼石告。为十八年鱼石复入彭城传)。华元使向戌为左师,老佐[15]为司马(老佐,戴公五世孙),乐裔为司寇,以靖[16]国人。

解义　宋荡氏戕刘公室[17],华元为右师,力不能讨而奔晋,控於方伯也。晋许之讨,故桓氏惧而反元,使元怀禄[18]顾宠难於去国,则义不足以服国人,几坐视而莫知所措矣。鱼石许元讨山,而身复奔楚,盖与山同罪,恐终不免也。君子虽违不适仇国,宋为楚人所必争,而鱼石托焉他日卒介恃楚力以入彭城,则实有乱心不独与山族近可知矣。山不氏,宋人既正其罪,而告不以氏也。

注释 ①非：讥刺。②鱼石：公子目夷的曾孙。③荡泽：名山，公孙寿之孙。④弱公室：削弱公室君主势力。⑤治官：尽职责。⑥二华：指华元、华喜，皆为宋戴公之后，故称戴族。⑦戴族：宋戴公之后。⑧六官：鱼石、荡泽、向为人、鳞朱、向带、鱼府。这六人皆为宋桓公之后，称桓族。⑨无祀于宋：即在宋被灭掉。⑩戌：向戌，出自桓族。或是华元党羽。⑪睢上：睢水岸边，距宋都不远。睢水今已湮塞。⑫异志：别的想法，意即非真心挽留。⑬决睢澨：掘开睢水堤防。澨(shì)：堤防。⑭左师、二司寇、二宰：左师，鱼石。二司寇，大司寇向为人、少司寇鳞朱。二宰，太宰向带、少宰鱼府。⑮老佐：人名，宋戴公五世孙。⑯靖：平定。⑰戕：戕害。刈(yì)：杀。⑱怀禄：留恋爵禄。

附录左传 晋三郤[1]害伯宗，谮而杀之，及栾弗忌[2]（栾弗忌，晋贤大夫）。伯州犁[3]奔楚（州犁，伯宗子）。韩献子曰："郤氏其不免乎！善人，天地之纪[4]也，而骤绝之[5]，不亡何待（为十七年晋杀三郤传）？"初，伯宗每朝，其妻必戒之曰："'盗憎主人，民恶其上。'子好直言，必及于难（传见虽妇人之言不可废）。"

春秋 冬十有一月，叔孙侨如会晋士燮、齐高无咎、宋华元、卫孙林父、郑公子鳅、邾人会吴于钟离（此会吴之始，亦晋以诸侯之大夫为会之始。钟离，杜注：楚邑，淮南县。今江南凤阳县）。

左传 十一月，会吴于钟离，始通吴也。

公羊传 曷为殊[6]会吴（据楚不殊）？外吴也。曷为外也？《春秋》内其国而外诸夏，内诸夏而外夷狄。王者欲一乎天下，曷为以外内之辞言之？言自近者始也。

穀梁传 会又会，外之也。

解义 先儒因再书会，而有外吴之说，然圣人之恶吴不宜过於楚，诸侯与楚会何以无异文乎？且襄[7]五年会于戚，吴人列序则其说不可通矣，盖钟离柤向皆近吴，吴人在是而晋合诸侯以会之,非会又会,无以见事情。戚,卫地,晋合诸侯于戚,而吴人来会,安得用会又会之文哉?凡此,乃事殊文异,义各有当,而无庸曲说者也⑧。

注释　①三郤:指郤锜、郤犨、郤至。②栾弗忌:伯宗同党。③伯州犁:伯宗之子。④纪:纲纪。⑤骤绝之:骤,屡也。连杀善人,使国之纲纪断绝。⑥殊:特别。⑦襄:指鲁襄公。⑧无庸:无须。曲说:不符合常理的解说。

春秋　许迁于叶。

左传　许灵公畏逼于郑,请迁于楚。辛丑,楚公子申迁许于叶。

穀梁传　迁者,犹得其国家以往者也。其地,许复见也。

解义　避郑也。盟主不能安小国,而使之昵①楚以求安,著小国之失所也。然许逃中国②而主楚,亦岂善择所从者哉!

注释　①昵:亲近。②中国:中原。

春秋　十有六年春王正月,雨,木冰①。

公羊传　雨木冰者何?雨而木冰也。何以书?记异也。

穀梁传　雨而木冰也。志异也。《传》曰:根枝折。

解义　上温,故雨而不雪;下寒,故著木而冰。阳,上施而下不通;阴,下施而上不通也。

注释　①木冰:雨雪霜沾附于树木遇寒而凝结成冰。

附录左传　十六年春,楚子自武城使公子成以汝阴之田求成于郑(汝水之南,近郑地)。郑叛晋,子驷①从楚子盟于武城(为晋伐郑起)。

春秋　夏四月辛未,滕子②卒。

左传　夏四月,滕文公卒。

春秋　郑公子喜帅师侵宋。

左传　郑子罕伐宋,宋将鉏、乐惧败诸汋陂③(乐惧,戴公六世孙。将鉏,乐氏族。汋陂,杜注:宋地)。退,舍于夫渠[4](夫渠,杜注:宋地),不儆(宋师不儆备),郑人覆之,败诸汋陵[5](汋陵,杜注:宋地。今河南宁陵县南有汋陵城),获将鉏、乐惧。宋恃胜也。

解义 郑服於中国[6]五年矣,至是附楚而加兵於宋,诸侯之兵无宁岁[7]矣!

注释 ①子驷:即公子騑。②滕子:即滕文公。③将鉏、乐惧:二人均为宋臣。汋(què)陂:宋地,当位于今河南商丘与宁陵县之间。④夫渠:宋地名,当离汋陂不远。⑤汋陵:位于今河南省宁陵县南部。⑥中国:中原。⑦宁岁:安宁的岁月。

附录左传 卫侯伐郑,至于鸣雁(鸣雁,杜注:在陈留雍丘县西北。今河南杞县北有白雁亭),为晋故也。

春秋 六月丙寅朔,日有食之。

春秋 晋侯使栾黶[1]来乞师。

左传 晋侯将伐郑,范文子曰:"若逞吾愿,诸侯皆叛,晋可以逞[2](时厉公无道,三郤骄纵。故欲使诸侯叛,冀其惧而修德)。若唯郑叛,晋国之忧,可立俟[3]也。"栾武子曰:"不可以当吾世而失诸侯,必伐郑。"乃兴师。栾书将中军,士燮佐之(代荀庚)。郤锜将上军(代士燮),荀偃佐之(代郤锜。偃,荀庚子)。韩厥将下军,郤至佐新军,荀罃[4]居守(荀罃,下军佐。时郤犨代赵旃将新军,新上下军已罢)。郤犨如卫,遂如齐,皆乞师焉。栾黶来乞师,孟献子曰:"有胜矣(卑让有礼,故知其将胜)。"

解义 郑与楚,比征兵讨畔[5],视伐秦为有辞矣。然当是时,楚势益张,晋不能庇诸侯,故不惜卑辞以相要结也。

注释 ①栾黶(yǎn):晋国大夫。②逞:缓。③立俟:立刻等到。④荀罃:为晋下军佐,奉命留守都城。⑤征兵:征调军队。畔:同"叛"。

春秋 甲午晦[1],晋侯及楚子、郑伯战于鄢陵。楚子、郑师败绩(鄢陵,杜注:郑地,属颍川郡。按:鄢陵本鄢国,妘姓,为郑武公所灭。初仍故名,后改为鄢陵)。

左传　戊寅,晋师起。郑人闻有晋师,使告于楚,姚句耳②与往(句耳,郑大夫。与往,非使也。为先归张本)。楚子救郑,司马③将中军(子反),令尹④将左(子重),右尹子辛将右(公子壬夫)。过申,子反入见申叔时,曰:"师其何如?"对曰:"德、刑、详、义、礼、信,战之器⑤也。德以施惠,刑以正邪,详以事神,义以建利,礼以顺时,信以守物。民生厚而德正(财足则思无邪),用利而事节⑥(动不失利,则事得其节),时顺而物成(群生得所)。上下和睦,周旋不逆(动顺理),求无不具(下应上),各知其极⑦(无二心)。故《诗》曰:'立我烝民,莫非尔极(《诗·周颂》。烝,众也。极,中也。言先王立其众民,皆得中正)。'是以神降之福,时无灾害,民生敦厖⑧(敦,厚也。厖,大也),和同以听,莫不尽力以从上命,致死以补其阙⑨。此战之所由克也。今楚内弃其民(不施惠),而外绝其好(义不建利),渎齐盟⑩(不详事神),而食话言(信不守物),奸时以动⑪(礼不顺时。周四月,今二月,妨农业),而疲民以逞(刑不正邪,而苟快意)。民不知信,进退罪也⑫。人恤所底⑬(人各忧其身,不知所底至之处),其谁致死?子其勉之!吾不复见子矣。"姚句耳先归,子驷问焉,对曰:"其行速⑭,过险而不整⑮。速则失志⑯(不思虑),不整,丧列⑰。志失列丧,将何以战?楚惧不可用也。"

注释　①甲午晦:指五月三十日。②姚句耳:人名,非正式使者。③司马:子反也,又名公孙侧,为中军帅。④令尹:即子重,又名公子婴齐,为左军帅。⑤战之器:战争手段。⑥用利而事节:用利,举动有利于国而行;事节,事情合于节度。⑦各知其极:人人皆知其行为准则。⑧敦厖(máng):敦厚纯朴。⑨阙:空缺,指战死者。⑩渎齐盟:亵渎盟约。⑪奸时以动:违反时令而兴兵。⑫进退罪也:进退都是罪过。⑬人恤所底:人们为结局担忧。⑭行速:行军速度很快。⑮过险而不整:通过险阻之地,队列不整齐。⑯速则失志:行进太快则失于周密思考。⑰丧列:失去阵列。

五月,晋师济河。闻楚师将至,范文子欲反,曰:"我伪逃楚,可以纾忧。夫合诸侯,非吾所能也,以遗能者。我若群臣辑睦以事君,多矣。"武子曰:"不可。"六月,晋、楚遇于鄢陵。范文子不欲战,郤至曰:"韩之战,惠公不振旅[①](众散败也。在僖十五年)。箕之役,先轸不反命[②](死于狄也。在僖三十三年),邲之师,荀伯不复从[③](败走,不复故道。在宣十二年)。皆晋之耻也。子亦见先君之事矣。今我辟楚,又益耻也。"文子曰:"吾先君之亟战[④]也,有故[⑤]。秦、狄、齐、楚皆强,不尽力,子孙将弱。今三强服[⑥]矣(秦、狄、齐),敌楚而已。唯圣人能外内无患,自非圣人,外宁必有内忧(骄亢则忧患生也)。盍释[⑦]楚以为外惧乎?"

甲午晦,楚晨压晋军而陈。军吏患之。范匄[⑧]趋进(匄,士燮子),曰:"塞井夷灶,陈于军中,而疏行首[⑨](疏行首者,当陈前决开营垒为战道)。晋、楚唯天所授,何患焉?"文子执戈逐之,曰:"国之存亡,天也。童子何知焉?"栾书曰:"楚师轻窕,固垒而待之,三日必退。退而击之,必获胜焉。"郤至曰:"楚有六间[⑩],不可失也:其二卿[⑪]相恶(子重、子反);王卒以旧[⑫](罢老不代);郑陈而不整;蛮军而不陈;陈不违晦[⑬](晦,月终,阴之尽。故兵家以为忌);在陈而嚣(嚣,喧哗也),合而加嚣(陈合宜静,而益有声),各顾其后,莫有斗心。旧不必良[⑭],以犯天忌。我必克之。"

楚子登巢车[⑮]以望晋军(巢车,车上为橹),子重使大宰伯州犁[⑯]侍于王后(州犁,晋伯宗子,前年奔楚)。王曰:"骋而左右,何也?"曰:"召军吏也。""皆聚于中军矣!"曰:"合谋也。""张幕矣。"曰:"虔卜于先君也。""彻幕矣!"曰:"将发命也。""甚嚣,且尘上矣!"曰:"将塞井夷灶而为行也。""皆乘矣,左右执兵而下矣!"曰:"听誓[17]也。""战乎?"曰:"未可知也。""乘而左右皆下矣!"曰:"战祷[18]也。"伯州犁以公卒告王(公,晋侯)。苗贲皇[19]在晋侯之侧,亦以王卒告(贲皇,楚斗椒子。宣四年奔晋)。皆曰:"国士[20]在,且厚,不可当也(晋侯左右皆以伯州犁在楚,知晋之情。且谓楚师多,故惮合战)。"苗贲皇言于晋侯曰:"楚之良,在其中军王族而已。请分良以击其左右,而三军萃于王卒[21],必大败之。"公筮之,史曰:"吉。其卦遇《复》[22]䷗(震下坤上,复,无变),曰:'南国戚[23],射其元王中厥目(此卜者辞也。复,阳长之卦。阳气起子,南行推阴,故曰南国戚。南国势戚,则离受其咎。离为诸侯,又为目阳气激南,飞矢之象。故曰:"射其元王,中厥目。")。'国戚王伤,不败何待?"公从之(从其言而战)。

注释　①不振旅:即不能取胜。②不反命:指战死。③不复从:指失败。④亟战:屡战。⑤有故:有其特殊原因。⑥三强服:齐、秦、狄皆服于晋。⑦释:置、放下之意。⑧范匄(gài):士燮之子士匄,后谥宣子。匄同"丐"。⑨疏行首:将行列间道路隔宽。行首,行道。⑩六间:六个空子。间,间隙、弱点。⑪二卿:即子反、子重。⑫以旧:任用旧贵族。⑬不违晦:不避晦日,古人迷信,月末不宜布阵作战。⑭旧不必良:旧族子弟,一定必精良。⑮巢车:兵车的一种,高如鸟巢,以了望敌军。⑯伯州犁:晋伯宗之子,后奔楚,为楚太宰。以下为楚共王与伯州犁的对话。⑰听誓:听众号令。⑱战祷:战前祈祷。⑲苗贲皇:楚斗椒之子,后奔晋。⑳国士:国家的杰出人物。㉑萃于王卒:集中攻击王族。㉒《复》:六十四卦之一,其卦象为下震上坤。㉓南国戚:南国,即楚国。戚,局迫。

有淖于前,乃皆左右相违于淖(淖,泥也。违,辟也)。步毅[1]御晋厉公(步毅即郤毅),栾鍼为右。彭名御楚共王,潘党为右。石首御郑成公,唐苟为右。栾、范以其族夹公行[2](二族强,故在公左右)，陷于淖。栾书将载晋侯，鍼曰："书退！国有大任，焉得专之(在君前，故子名其父。大任，谓元帅之职)？且侵官[③]，冒[④]也(载公为侵官)；失官，慢也(去将而御，失官也)；离局[⑤]，奸[⑥]也(远其部曲为离局)。有三罪焉，不可犯也。"乃掀公以出于淖[⑦](掀，举也)。

癸巳[⑧]，潘尫之党与养由基蹲甲而射之[⑨]，彻七札焉(党，潘尫之子。蹲，聚也。札，层也。一发达七札，言其能陷坚)。以示王，曰："君有二臣如此，何忧于战？"王怒曰："大辱国[⑩](贱其不尚知谋)。诘朝，尔射，死艺[⑪](言汝以射自多，必当以艺死)。"吕锜梦射月(吕锜，魏锜)，中之，退入于泥。占之，曰："姬姓，日也。异姓，月也(周世姬姓尊，异姓卑)，必楚王也。射而中之，退入于泥，亦必死矣。"及战，射共王，中目。王召养由基，与之两矢，使射吕锜，中项，伏弢[⑫](弢，弓衣)。以一矢复命(言一发而中)。

郤至三遇楚子之卒，见楚子，必下，免胄而趋风[⑬](疾如风)。楚子使工尹襄问之以弓[⑭](工尹，楚官名襄。问，遗也)，曰："方事之殷[⑮]也，有韎韦之跗注[⑯]，君子也(殷，盛也。韎，赤色。跗注，戎服，若袴而属于跗，与袴连)。识见不谷而趋，无乃伤乎(恐其伤)？"郤至见客[⑰]，免胄承命[⑱]，曰："君之外臣至，从寡君之戎事，以君之灵，间蒙甲胄，不敢拜命[⑲](间，犹近也。礼，介者不拜)，敢告不宁[⑳]君命之辱，为事之故，敢肃使者(以有军事不得答，故肃使者。肃，手至地，若今揖)。"三肃使者而退。

晋韩厥从郑伯(从，逐也)，其御杜溷罗曰："速从之！其御屡顾，不在马，可及也。"韩厥曰："不可以再辱国君。"乃止(二年鞍战，韩厥已辱齐侯)。郤至从郑伯，其右茀翰胡曰："谍辂之[㉑]，余从之乘而俘以下(欲遣轻兵单进以距郑伯车前，而已自后登车以执之)。"郤至曰："伤国君有刑[㉒]。"亦止。石首曰："卫懿公唯不去其旗，是以败于荧(荧战在闵二年)。"乃内旌于弢中。唐苟谓石首曰："子在君侧，败者壹大[㉓](壹大，谓军大崩也)。我不如子，子以君免,我请止。”乃死。

注释　①步毅:即郤毅。②夹公行:护卫晋厉公前进。③侵官:侵犯他人职权。④冒:冒犯。⑤离局:离开自己的部属。⑥奸:乱。⑦掀公:掀,举。即掀起厉公的战车。淖(nào):烂泥,泥沼。⑧癸巳:为甲午日前一天。此补叙前事。⑨潘尪之党:即潘尪之子潘党。蹲甲:将甲置放一起。⑩大辱国:当时口头骂人的话。责备二只知武力,不重智谋,有辱于国。⑪死艺:死于自身技艺。⑫伏弢(tāo):伏于弓套而死。弢,弓套。⑬免胄而趋风:脱下头盔,快步前进。⑭工尹襄:工尹,官名;襄,其名。问之以弓:赠弓问好。⑮方事之殷:战事正当激烈。⑯韎韦之附注:浅红色熟牛皮军衣。韎(mèi),浅红色。附,脚背。注,连属。附注,当时军服,长至脚背。⑰客:即工尹襄。⑱免胄承命:脱下头盔,听受楚王使者之命。⑲不敢拜命:《礼记·曲礼上》载:“介者不拜。”即穿甲的人不下拜。⑳不宁:未受伤。㉑谍辂之:即另派轻兵从小道迎击。㉒伤国君有刑:伤害敌国之君亦有刑罚。㉓败者壹大:战败者应专一保护国君。壹,专一。大,指挥君。

楚师薄于险[①](薄,迫也),叔山冉谓养由基曰(叔山冉,楚人):“虽君有命(王有“死艺”命),为国故,子必射!”乃射。再发,尽殪[②]。叔山冉搏人以投[③],中车,折轼。晋师乃止(言二子皆有过人之能)。囚楚公子茷[④](为郤至见谮张本)。

栾鍼见子重之旌,请曰:“楚人谓夫旌,子重之麾也。彼其子重也。日臣之使于楚也,子重问晋国之勇。臣对曰:‘好以众整[⑤]。’曰:‘又何如(又问其馀)?’臣对曰:‘好以暇[⑥](暇,闲暇)。’今两国治戎,行人不使,不可谓整。临事而食言(食好整之言),不可谓暇。请摄饮[⑦]焉(摄,持也。持饮往饮子重)。”公许之。使行人执榼承饮[⑧](榼,饮器),造于子重,曰:“寡君乏使,使鍼御持矛[⑨]

(御,侍也)。是以不得犒从者,使某摄饮。”子重曰:“夫子[⑩]尝与吾言于楚,必是故也,不亦识乎(知其以往言好暇,故致饮)!”受而饮之。免[⑪]使者而复鼓。旦而战,见星未已。

注释 ①薄于险:被压迫在险阻之地。②再发,尽殪(yì):殪,毙也,死也。连发射两箭,射死二人。③搏人以投:抓住晋人投掷过去。④公子茷:楚王之子,又名王子发钩。⑤好以众整:爱好军队整肃一致。⑥好以暇:暇,从容闲暇。喜好从容不迫。⑦摄饮:派人代为进酒。⑧执榼承饮:端着酒器献酒。榼(kē):酒器。⑨持矛:即车右。古者车右持矛。⑩夫子:指栾鍼。⑪免:放走。

子反命军吏察夷伤[①],补卒乘[②](补死亡),缮甲兵[③],展车马[④](展,陈也),鸡鸣而食,唯命是听(欲复战)。晋人患之。苗贲皇徇曰:“蒐乘补卒,秣马利兵,修陈固列,蓐食申祷[⑤],明日复战。”乃逸楚囚(逸,纵也。故欲使楚闻其言)。王闻之,召子反谋。谷阳竖[⑥]献饮于子反(谷阳,子反内竖),子反醉而不能见。王曰:“天败楚也夫!余不可以待。”乃宵遁。

晋入楚军,三日谷(食楚粟三日)。范文子立于戎马[⑦]之前,曰:“君幼,诸臣不佞(佞,才也),何以及此?君其戒之(戒勿骄)!《周书》曰‘惟命不于常[⑧]’,有德之谓(《周书·康诰》。言胜无常命,唯德是与)。”

公羊传 晦[⑨]者何?冥[⑩]也。何以书?记异也。败者称师,楚何以不称师?王痍[⑪]也(痍,伤也)。王痍者何?伤乎矢[⑫]也(时为飞矢所中)。然则何以不言师败绩?末言尔(凡举师败绩,为重众。今伤君,则当以君为重)。

穀梁传 日事遇晦曰晦[⑬]。四体偏断曰败,此其败则目也。楚不言师,君重于师也。

解义 书楚子败绩,而不言师,何也?泓之战,宋公伤股,不书宋公败者,其师大败北,而君伤未甚,故举师为重。鄢陵,则楚师实未大困,而君集矢[14]於目,故举君为重也。若大棘之战,华元见获,鸡父之败,胡、沈君灭,则备书之。皆据事之实,以属辞[15]耳。

注释　①察夷伤:察看抚慰受伤人员。②补卒乘:补充步卒与车兵。③缮甲兵:修理甲胄和兵器。④展车马:将车马陈列检查。⑤蓐食申祷:饱餐一顿,再次祝祷。⑥谷阳竖:子反的仆臣。⑦戎马:晋厉公车马。⑧惟命不于常:意为天命不常与,只有修德才能保持它。⑨晦:昏暗不明。⑩冥:昏暗。⑪王痍:指楚王受伤。⑫矢:箭。⑬晦:不顺利,倒霉。⑭集矢:指箭射中目标。⑮属辞:指排比事实,记载历史。

春秋　楚杀其大夫公子侧[①]。

左传　楚师还,及瑕(瑕,杜注:楚地。《水经注》:肥水迳山桑县城南又东,积而为瑕陂山。桑县,在今江南蒙城县北),王使谓子反曰:"先大夫之覆师徒[②]者,君不在[③](谓子玉败城濮时,王不在军)。子无以为过,不谷之罪也。"子反再拜稽首曰:"君赐臣死,死且不朽。臣之卒实奔,臣之罪也。"子重使谓子反曰:"初陨师徒者,而亦闻之矣！盍图之(闻子玉自杀。终二卿相恶)?"对曰:"虽微先大夫有之,大夫命侧,侧敢不义(言以义命已,不敢不受)?侧亡君师,敢忘其死。"王使止之,弗及而卒。

解义　主兵者将,而御将者君,将不同心,败之道也。今子反、子重,素不相能[④],楚子在军无以御之,使敌国谋臣窥其间[⑤]而败,楚独委咎[⑥]於侧以杀之,则非法矣。故称国以杀,而不去其官。

注释　①公子侧(?—前575):名侧,字子反,郢人。春秋时楚国司马。楚庄王十七年(前597年),率楚右军参加了击败晋军的邲地之役。庄王十九年、二十年,参加围宋之战。楚共王十六年，楚、晋双方战于鄢陵（今河南鄢陵县北）。白天酣战后，夜深喝酒，醉倒不醒。楚共王极为气愤，连夜撤出战地，战斗因此失利。子反引咎自杀。②覆师徒：指晋、楚城濮之战，楚军大败。③君不在：楚王不在军中。④素不相能：指一向不和睦。能，和睦。⑤间：空隙。⑥委咎：归罪。

春秋 秋，公会晋侯、齐侯、卫侯、宋华元、邾人于沙随，不见公（沙随，杜注：宋地。梁国宁陵县有沙随亭。今沙随城在河南宁陵县西）。

左传 战之日，齐国佐、高无咎至于师（无咎，高固子）。卫侯出于卫，公出于坏隤[①]（坏隤，杜注：鲁邑。齐、卫皆后，非独鲁。明晋以侨如故不见公）。宣伯通于穆姜[②]（穆姜，成公母），欲去季、孟，而取其室（季文子、孟献子）。将行，穆姜送公，而使逐二子。公以晋难告，曰："请反而听命。"姜怒，公子偃、公子鉏趋过（二子，公庶弟），指之曰："女不可，是皆君也。"公待于坏隤，申宫[③]儆备（申敕宫备），设守而后行，是以后（后晋、楚战期）。使孟献子守于公宫。秋，会于沙随[④]，谋伐郑也（郑犹未服）。宣伯使告郤犨曰："鲁侯待于坏隤以待胜者（观晋、楚之胜负）。"郤犨将新军，且为公族大夫，以主东诸侯[⑤]（主齐、鲁之属）。取货于宣伯而诉公于晋侯，晋侯不见公。

公羊传 不见公者何？公不见见也（不为晋所见）。

穀梁传 不见公者，可以见公也。可以见公而不见公，讥在诸侯也（诸侯无解之者）。

解义 《春秋》之法：为尊亲。讳沙随之会晋不见公，辱莫大焉，而直书之，何也？是时，鲁有内难，师出后期，伯主所当矜恤[⑥]。不讨侨如，而反受其谮[⑦]，怒公不见，其曲[⑧]在晋，於鲁何与乎？直书不讳，示自反而缩[⑨]，则非义相干，不足以为辱也。

注释 ①坏隤：地名，在山东省曲阜县境内。②宣伯：即叔孙侨如。穆姜:成公之母。③申宫:即司宫,守宫。④沙随:宋地,位于河南宁陵县北一带。⑤主东诸侯:主持齐、鲁等东方诸侯联络事务。⑥矜恤:怜悯抚恤。⑦谮:诬陷,中伤。⑧曲:无理。⑨自反而缩:意思是反躬自问,正义确实在我手里。

春秋　公至自会。

公羊传　公不见见,大夫执(执季孙行父)。何以致会?不耻也。曷为不耻?公幼也(因公幼杀耻为讳辞)。

附录左传　曹人请于晋曰:"自我先君宣公即世(在十三年),国人曰:'若之何忧犹未弭(弭,息世。既葬,国人皆将从子臧,所谓忧未息)?'而又讨我寡君,以亡曹国社稷之镇公子(前年晋侯执曹伯。子臧奔宋),是大泯[①]曹也。先君无乃有罪乎?若有罪,则君列诸会矣(诸侯虽有篡弑之罪,侯伯已与之会,则不复讨。前年会于戚,曹伯在列,盟毕乃执之,故曹人以为无罪)。君唯不遗德刑,以伯诸侯[②]。岂独遗诸敝邑?敢私布之[③]。"

春秋　公会尹子、晋侯、齐国佐、邾人伐郑(王臣会伐始此)。

左传　七月,公会尹武公[④]及诸侯伐郑(尹武公,王卿士,子爵)。将行,姜又命公如初(姜,穆姜。复使公逐季、孟)。公又申守而行。诸侯之师次于郑西。我师次于督扬[⑤],不敢过郑(督扬,杜注:郑东地)。子叔声伯使叔孙豹请逆于晋师[⑥](豹,叔孙侨如弟)。为食于郑郊。师逆以至(声伯戒叔孙以必须所逆晋师至,乃食)。声伯四日不食以待之,食使者而后食(使者,豹之介。豹因请逆,遂奔齐,使其介以晋逆师至)。诸侯迁于制田[⑦](制田,杜注:荥阳宛陵县东有制泽。今制城在河南新郑县东北)。知武子佐下军,以诸侯之师侵陈,至于鸣鹿[⑧](知武子,荀罃。鸣鹿,杜注:陈国武平县西南有鹿邑。今河南鹿邑县西北有古城)。遂侵蔡。未反(侵陈、蔡不书,公不与),诸侯迁于颍上[⑨]。戊午,郑子罕宵军之,宋、齐、卫皆失军[⑩](将主与军相失。宋、卫不书,后也)。

解义 桓、文[11]之师,以尊王恤邻[12]为号,义既足以动人,而力又足以摄之,故未尝请命於王。晋霸既衰,诸侯携贰[13],故假[14]王命,且援王臣以涖[15]之。据《左氏》,伐秦之役,刘子、成子实与焉。而《经》不书,盖书刘、成会伐,则似因朝而受命於王,无以著其因伐而朝之慢。伐郑不书尹、单,则霸者征会[16]讨贰之常辞,无以见晋霸益衰,假王灵以属诸侯[17],而终不能服郑,为世变之尤大矣!

注释 ①大泯:泯,消灭。指彻底消灭。②以伯诸侯:意思是称霸诸侯。③敢私布之:意思是特此申述,敬请宽恕。④尹武公:即尹子。⑤督扬:郑国东部地名。⑥子叔声伯:鲁宣公弟叔肸之子,即公孙婴齐。叔孙豹:叔孙侨如之弟。⑦制田:地名,位于河南新郑县东北。⑧鸣鹿:位于河南鹿邑县西。⑨颍上:颍水之旁,当位于河南禹县境。⑩失军:将领与部属相失,全军溃败。⑪桓、文:指齐桓公、晋文公。⑫恤邻:体恤邻国。⑬携贰:离心,有二心。⑭假:借用。⑮涖:同"莅"。到,来临。⑯征会:征召诸侯会盟。⑰王灵:指王朝的威德。属:集结。

春秋 曹伯[1]归自京师。

左传 曹人复请于晋,晋侯谓子臧:"反[2],吾归而君(以曹人重子臧故)。"子臧反(自宋还),曹伯归。子臧尽致其邑与卿而不出。

公羊传 执而归者名,曹伯何以不名?而不言复归于曹何(据曹伯襄复归于曹)?易也(其归易,故不复举国与名)。其易奈何?公子喜时在内也(喜时,子臧)。公子喜时在内则何以易?公子喜时者仁人也。内平其国而待之,外治诸[3]京师而免之(治,讼也)。其言自京师何?言甚易也,舍是无难矣(言惟欲请之于京师,舍此之外更无危难)。

穀梁传 不言所归,归之善者也。出入不名,以为不失其国也。归为善(谓直言归而不言其国,即曹伯归自京师,不言于曹是),自某归次之(若蔡季自陈归于蔡,卫侯郑自楚复归于卫是)。

解义　负刍篡弑,恶莫大焉,而不名,不称复归,以其位未绝也。不绝其位,所以累天王也,归自京师,言天王之释有罪也。或谓当是时,周抱空名,生杀予夺不能自主,故《传》载曹人,一则请于晋,再则请于晋,而未尝遣一介[④]如周,以书法[⑤]按之,非《经》意也。晋既执而归诸京师,使王正贼杀其亲之法而加辟焉,晋何辞复为负刍解?如此则诸侯心慑[⑥],而王纲可渐举矣。《春秋》深探其本自贵者始,故以失刑[⑦]之责归天王,而讥不在晋耳。

注释　①曹伯:即曹成公(?—前555年),曹负刍,春秋曹国国君。曹宣公庐庶之弟(一说为庶之子)。继曹宣公而立。在位时间从公元前578—前555年为期二十三年。②反:同“返”。③治诸:治,此指诉讼。诉诸。④一介:一个,一介之使。⑤书法:指历史记载的措辞方式。⑥心慑:心里害怕。⑦失刑:因过失使判决量刑不当。

春秋　九月,晋人执季孙行父,舍[①]之于苕丘(苕,《公羊》作招。苕丘,杜注:晋地)。

左传　宣伯使告郤犨曰:“鲁之有季、孟,犹晋之有栾、范也,政令于是乎成。今其谋曰:‘晋政多门(政不由君),不可从也。宁事齐、楚,有亡而已,蔑从晋矣。’若欲得志于鲁,请止行父[②]而杀之,我毙蔑[③]也而事晋(行父,季文子。蔑,孟献子),蔑有贰矣。鲁不贰,小国必睦。不然,归必叛矣。”九月,晋人执季文子于苕丘。公还,待于郓(郓,杜注:鲁西邑。东郡廪丘县。东有郓城。今山东郓城县是)。使子叔声伯请季孙于晋,郤犨曰:“苟去仲孙蔑而止季孙行父,吾与子国,亲于公室(亲鲁甚于晋公室)。”对曰:“侨如之情,子必闻之矣(闻其淫慝情)。若去蔑与行父,是大弃鲁国而罪寡君也。若犹不弃,而惠徼周公之福,使寡君得事晋君。则夫二人者,鲁国社稷之臣也。若朝亡之,鲁必夕亡。以鲁之密迩仇雠,亡而为仇(仇雠谓齐、楚。言鲁属齐、楚,则还为晋雠),治之何及?”郤犨曰:“吾为子请邑。”对曰:“婴齐,鲁之常隶[4]也,敢介大国以求厚焉[5](隶,贱官。介,因也)! 承寡君之命以请,若得所请,吾子之赐多矣。又何求?”范文子谓栾武子曰:“季孙于鲁,相二君矣(二君,宣、成)。妾不衣帛,马不食粟,可不谓忠乎?信谗慝而弃忠良,若诸侯何? 子叔婴齐奉君命无私,谋国家不贰,图其身不忘其君。若虚其请[6],是弃善人也。子其图之!”乃许鲁平,赦季孙。

公羊传 执未有言舍之者,此其言舍之何? 仁之也。曰在招丘悕[7]矣(悕,悲也。仁之者,若曰在招丘,可悲矣。闵录之辞)。执未有言仁之者,此其言仁之何? 代公执也。其代公执奈何? 前此者晋人来乞师而不与,公会晋侯(会沙随也),将执公,季孙行父曰:“此臣之罪也。”于是执季孙行父。成公将会厉公(谓上伐郑。言谥者,别于沙随),会不当期(不如期),将执公。季孙行父曰:“臣有罪,执其君;子有罪,执其父;此听失之大者也(听断)。今此臣之罪也,舍臣之身,而执臣之君,吾恐听失之为宗庙羞也。”于是执季孙行父。

穀梁传 执者不舍,而舍,公所也(昭二十三年“晋人执我行人叔孙婼”不言舍。今言舍者,以公在苕丘故也);执者致,而不致,公在也(昭二十四年“婼至自晋”。行父不致者与公俱还故也)。何其执而辞也(问何以书执而言舍,复不言致)? 犹存公也(皆所以见公在苕丘)。存意,公亦存也(经未明言公所在第,据所属之辞以推其意之所存,即可知公在是也)? 公存也(必欲明公在是者,重公故也)。

解义 舍,置也。如秦获晋侯,舍诸灵台,而不以入国也,或以舍为义,非也。下书行父盟郤犨,则著其释行父矣。

注释　①舍:置,安置。②行父:季孙行父,季文子。③蔑:即仲孙蔑,孟献子。④常隶:寻常的小臣,普通的下级官吏。⑤介:仗恃。求厚:求取厚禄。⑥虚其请:使其请求落空。⑦悕:悲伤。

春秋　冬十月乙亥,叔孙侨如出奔齐。

左传　冬十月,出叔孙侨如而盟之(诸大夫共盟,以侨如为戒),侨如奔齐。

春秋　十有二月乙丑,季孙行父及晋郤犨盟于扈。

左传　十二月,季孙及郤犨盟于扈。归,刺公子偃(偃与鉏俱姜所指,独刺偃者,偃与谋),召叔孙豹于齐而立之(近此七月,声伯使豹请逆于晋,闻鲁将讨侨如,豹辟其难,先奔齐,生二子,而鲁乃召之,故襄二年豹始见《经》,《传》于此因言其终)。

春秋　公至自会。

解义　大夫执而归则致,行父不至者,公待行父偕[①]归,故举公为重也。不致,伐郑,而致会者,公之危[②]不在伐而在会,故归而以会告也。

注释　①偕:一同。②危:危险,危难。

附录左传　齐声孟子通侨如(声孟子,齐灵公母,宋女),使立[①]于高、国之间(位比二卿)。侨如曰:"不可以再罪[②]。"奔卫,亦间于卿(《传》终言侨如之佞)。晋侯使郤至献楚捷于周,与单襄公语,骤称其伐。单子语诸大夫曰:"温季其亡乎(温季,郤至)!位于七人之下(佐新军,位在八),而求掩其上(称己之伐,掩上功)。怨之所聚,乱之本也。多怨而阶乱[③],何以在位?《夏书》曰:'怨岂在明?不见是图[④](《夏书·五子之歌》。不见细微也)。'将慎其细也。今而明之,其可乎(言郤至显称己功,是明取怨咎。为明年晋杀三郤传)?"

春秋　乙酉,刺公子偃。

穀梁传　大夫曰卒，正也。先刺后名，杀无罪也（僖二十八年，“公子买戍卫，不卒戍，刺之”，是有罪者，以先列其罪）。

解义　晋不见公，而盟季孙，晋人下比之端兆於此矣。季孙之释，栾范实私之，故其归自晋也。恃[5]晋之援，肆无忌惮，幽[6]君母，杀公子，成公拱手以听，而鲁政一归[7]於季氏，皆晋之权家庇之也！

注释　①立：同“位”。②再罪：侨如担心位高遭忌。③阶乱：为祸乱制造缘由。④怨岂在明？不见是图：意思是说防止结怨不仅仅限于明显的，还应考虑那些看不见的因素。⑤恃：依赖。⑥幽：囚禁。⑦一归：全部归于。

卷三十六

成公(十七年之十八年)

春秋 十有七年春,卫北宫括帅师侵郑(括,《公羊》作结)。

左传 十七年春,王正月,郑子驷侵晋虚、滑[①](虚、滑,杜注:晋二邑)。卫北宫括救晋,侵郑,至于高氏[②](括,成公曾孙。高氏,杜注:在阳翟县西南。今属河南禹州)。

解义 卫、郑时无怨隙[③],盖晋命也。

注释 ①虚:晋邑,在现河南省偃师县境。滑:故滑国,为秦国所灭,当时属晋,后又属秦,故城在今河南省偃师县内。②高氏:地名,在现河南禹县西南一带。③怨隙:嫌隙。

春秋 夏,公会尹子、单子、晋侯、齐侯、宋公、卫侯、曹伯、邾人伐郑。

左传 夏五月,郑大子髡顽、侯獳为质于楚(侯獳,郑大夫),楚公子成、公子寅戍郑。公会尹武公、单襄公及诸侯伐郑,自戏童至于曲洧[①](戏童,《水经注》:汜水出浮戏之山。在今河南汜水县。曲洧,杜注:新汲县治曲洧城,临洧水。今洧川县属河南)。

解义 晋乘鄢陵战胜之后,假[②]王臣之重,帅诸侯以讨郑,至於再三而终不能服郑者。盖郑感楚君亲集矢[③]於其目,又晋虽幸胜而内政不修,楚虽偶败而其势实盛也。

注释 ①戏童:即戏,位于河南巩县东南。曲洧:即现河南洧川(现归尉氏县)。②假:借用,利用。③集矢:指箭射中目标。

附录左传 晋范文子反自鄢陵,使其祝宗[①]祈死(祝宗,主祭祀祈祷者),曰:"君骄侈而克敌,是天益其疾[②]也。难将作矣!爱我者唯祝我[③],使我速死,无及于难,范氏之福也。"六月戊辰,士燮卒(《传》言厉公无道,故贤臣忧惧而死)。

春秋 六月乙酉,同盟于柯陵[④](柯陵,杜注:郑西地)。

左传 乙酉,同盟于柯陵,寻戚之盟也(戚盟在十五年)。

穀梁传 柯陵之盟,谋复伐郑也。

解义 不重言诸侯见尹、单亦与盟也,王臣与诸侯要盟[⑤],於是始自是习以为常[⑥],非礼也。

注释 ①祝宗:古时卿大夫家有祝史、祝宗,祝宗为主家庙祭祀祈祷的家臣。②天益其疾:上天增加他的过失。③祝我:诅咒我。④柯陵:即嘉陵,位于河南许昌市南。⑤要盟:强迫签定盟约。⑥习以为常:指某种事情经常去做,或某种现象经常看到,也就觉得很平常了。

春秋 秋,公至自会。

左传 楚子重救郑,师于首止。诸侯还(畏楚强)。

穀梁传 不曰至自伐郑者,公不周[①]乎伐郑也(周,信也。言公逼于诸侯为此盟,意不欲更伐郑)。何以知公之不周乎伐郑?以其以会致也。何以知其盟复伐郑也?以其后会之人尽盟者也(后会,谓冬伐郑)。不周乎伐郑,则何为日也?言公之不背柯陵之盟也。

解义 不以伐致者,楚人救而诸侯还,未成乎伐也。

注释 ①周:指相信。

春秋 齐高无咎出奔莒。

左传 齐庆克通于声孟子,与妇人蒙衣乘辇而入于闳[①](庆克,庆封父。蒙衣,为妇人服,与妇人相冒。闳,巷门)。鲍牵[②]见之(鲍牵,鲍叔牙曾孙),以告国武子[③],武子召庆克而谓之。庆克久不出,而告夫人曰:“国子谪我!”夫人怒。国子相灵公以会(会伐郑),高、鲍处守(高无咎、鲍牵)。及还,将至,闭门而索客(蒐索,备奸人)。孟子诉之曰:“高、鲍将不纳君,而立公子角(角,顷公子)。

国子知④之。"秋七月壬寅,刖鲍牵而逐高无咎。无咎奔莒,高弱以卢叛⑤(弱,无咎子。卢,高氏邑)。齐人来召鲍国⑥而立之(国,牵之弟文子)。初,鲍国去鲍氏而来为施孝叔臣(施孝叔,鲁大夫)。施氏卜宰⑦,匡句须吉(宰,家臣之长。匡句须,亦施氏家臣)。施氏之宰,有百室之邑。与匡句须邑,使为宰。以让鲍国,而致邑焉。施孝叔曰:"子实吉。"对曰:"能与忠良,吉孰大焉!"鲍国相施氏忠,故齐人取以为鲍氏后。仲尼曰:"鲍庄子之知不如葵⑧,葵犹能卫其足(庄子,鲍牵。葵倾叶向日,以蔽其根,言鲍牵居乱,不能危行言孙)。"

解义　灵公不公,其听奔,其世臣以长祸乱;无咎身为卿佐,亦不能谋国正君,遂生疑间⑨,至於见逐,盖两讥之。

注释　①蒙衣:妇女外出蒙衣,为当时习俗。辇:人力推挽之车。闳:小巷门。②鲍牵:鲍叔牙曾孙。③国武子:名国佐,齐卿。④知:参与。⑤高弱:高无咎之子。卢:高氏采邑,位于山东长清县西南。⑥鲍国:鲍牵之弟,被召回之后立为鲍氏继承人。⑦卜宰:占卜决定家宰人选。家宰为当时卿大夫家总管。⑧鲍庄子:即鲍牵。葵:一种蔬菜。⑨疑间:指猜忌离间。

春秋　九月辛丑,用郊①。

公羊传　用者何?用者不宜用也,九月非所用郊也(周之九月,夏之七月,非郊时)。然则郊曷用?郊用正月上辛(正月者,岁首;上辛尤始新,皆取首先之意),或曰用然后郊(用者,先有事,如鲁人将有事于上帝,必先有事于泮宫是也)。

穀梁传　夏之始,可以承春。以秋之末承春之始,盖不可矣(郊,春事也。夏之始,亦不时。今言可者,欲明秋末之不可,故以是为犹可也)。九月用郊,用者不宜用也。宫室不设,不可以祭;衣服不修,不可以祭;车马器械不备,不可以祭;有司一人不备其职,不可以祭。祭者荐②其时也,荐其敬也,荐其美也(美,备也),非享味也。

解义 郊之不时[3]，未有甚於此者。盖成公十年，尝五卜郊而不从[4]，遂不郊。今惧卜而不从，故不卜而直用之尔。书曰用郊，盖前此未有不卜而用事者也。刘氏敞[5]谓用人以祭，非也。邾用鄫子，楚用蔡世子，皆快意於仇敌，安有杀无罪以祭上帝者。且书执、书人，然后书用，则知为用其人。若用郊，则与用牲、用币、用田赋，用致夫人，文义正同，安得凿[6]为异说乎？

注释 ①郊：郊祀，古代于郊外祭祀天地，南郊祭天，北郊祭地。②荐：进献，祭献。③不时：不适时；不合时。④尝：曾经。卜郊：占卜选定日期以行郊祭。⑤刘氏敞：即刘敞（1019—1068），字原父。世称公是先生。临江新喻（原江西新余市，今樟树市黄土岗镇）人。北宋史学家、经学家、散文家、金石学家。⑥凿：凿说，穿凿附会之说。

春秋 晋侯使荀罃来乞师。

春秋 冬，公会单子、晋侯、宋公、卫侯、曹伯、齐人、邾人伐郑。

左传 冬，诸侯伐郑（前夏未得志故）。十月庚午，围郑（不书围，畏楚救，不成围而还）。

穀梁传 言公不背柯陵之盟也。

解义 当时，楚势甚张，且挟郑为援，非假王命合诸侯以屡伐之[1]，其凭陵[2]列国必更有甚焉。先儒专以晋厉为讥议[3]，亦未究乎事理之实耳！

注释 ①非：讥刺。假：借用，利用。②凭凌：侵犯；欺侮。③讥议：讥评非议。

春秋 十有一月，公至自伐郑。

左传 楚公子申救郑，师于汝上[1]。十一月，诸侯还。

解义 前此二伐，非乞师而往，则其反[2]也，亦不以师行告庙[3]。今之伐,乞师而会,则其反也,不得不以伐告焉,故各从其实书之。

注释　①汝上:汝水岸边。②反:同“返”。③告庙:古代天子或诸侯出巡或遇兵戎等重大事件而祭告祖庙,称“告庙”。

春秋　壬申,公孙婴齐[1]卒于貍脤(脤,《公羊》作轸;《穀梁》作蜃。貍脤,杜注:地阙)。

左传　初,声伯梦涉洹(洹,杜注:洹水出汲郡林虑县,东北至魏郡长乐县入清水。今河南林县西北林虑山即洹水所出也),或与已琼瑰[2],食之,泣而为琼瑰,盈其怀(琼,玉。瑰,珠也。食珠玉,含象)。从而歌之曰:“济洹[3]之水,赠我以琼瑰。归乎!归乎!琼瑰盈吾怀乎(梦中为此歌)!”惧不敢占[4]也。还自郑(从伐郑还),壬申,至于貍脤而占之,曰:“余恐死,故不敢占也。今众繁而从余三年矣,无伤也。”言之,之莫[5]而卒(传戒数占梦)。

公羊传　非此月日也,曷为以此月日卒之(据下丁巳朔,知壬申在十月)?待君命然后卒大夫。曷为待君命然后卒大夫?前此者婴齐走之晋(走,出奔),公会晋侯,将执公。婴齐为公请,公许之,反为大夫,归至于貍轸而卒。无君命不敢卒大夫(国人未被君命,不敢使从大夫礼),公至,曰:“吾固许之,反为大夫。”然后卒之(十一月,公至自伐郑,始言其故,故引其卒日书于公至之月)。

穀梁传　十一月无壬申;壬申,乃十月也。致公而后录,臣子之义也(婴齐实以十月壬申日卒,而公以十一月还,先致公而后录其卒,先君后臣之义也)。其地,未逾竟也。

附录左传　齐侯使崔杼为大夫,使庆克佐之,帅师围卢(讨高弱)。国佐从诸侯围郑,以难请而归(请于诸侯)。遂如卢师[6],杀庆克,以谷叛[7](恶克淫乱,故杀之)。齐侯与之盟于徐关[8]而复之。十二月,卢降。使国胜[9]告难于晋,待命于清[10](胜,国佐子。使以高氏难告晋。欲讨国佐,故留其子於外。清,杜注:阳平乐县是。今山东堂邑县东南有清城。为明年杀国佐传)。

注释 ①公孙婴齐(?—前574年):姬姓,子叔氏,名婴齐,谥声。鲁文公之孙,故多称公孙婴齐,叔肸之子,史称子叔声伯。②琼瑰:玉珠。③洹:洹水,在现河南省北部,又名安阳河。④惧不敢占:古时人死,口含珠玉。此梦口含玉珠,志伯疑为凶兆,故不敢占卜。⑤之莫:至暮。⑥如卢师:到达围卢军中。⑦以谷叛:据谷邑叛齐。⑧徐关:地名,位于山东省临川镇西。⑨国胜:国佐之子。⑩清:齐邑,位于山东聊城西。

春秋 十有二月丁巳朔,日有食之。

春秋 邾子貜且[1]卒。

春秋 晋杀其大夫郤锜、郤犨、郤至。

左传 晋厉公侈[2],多外嬖[3](外嬖,爱幸大夫)。反自鄢陵,欲尽去群大夫,而立其左右[4](终士燮言)。胥童[5]以胥克之废也,怨郤氏(胥童,胥克子。宣八年郤缺废胥克),而嬖于厉公。郤锜夺夷阳五[6]田,五亦嬖于厉公。郤犨与长鱼矫争田,执而梏之,与其父母妻子同一辕(系之车辕)。既,矫亦嬖于厉公。栾书怨郤至,以其不从己而败楚师也,欲废之(鄢陵战,栾书欲固垒。郤至言楚有六间以取胜)。使楚公子茷告公(鄢陵战,晋囚公子茷以归)曰:"此战也,郤至实召寡君。以东师[7]之未至也,与军帅之不具也,曰:'此必败!吾因奉孙周[8]以事君(孙周,晋襄公曾孙悼公)。'"公告栾书,书曰:"其有焉!不然,岂其死之不恤,而受敌使[9]乎(谓鄢陵战时,楚子问郤至以弓)?君盍尝使诸周而察之?"郤至聘于周,栾书使孙周见之。公使觇[10]之,信[11](觇,伺也)。遂怨郤至。厉公田,与妇人先杀[12]而饮酒,后使大夫杀(公无道,先妇人而后卿佐)。郤至奉豕[13](进之于公),寺人孟张[14]夺之,郤至射而杀之。公曰:"季子欺余(季子,郤至。公反以为郤至夺孟张豕)。"厉公将作难,胥童曰:"必先三郤,族大多怨。去大族不逼,敌多怨有庸[15]。"公曰:"然。"郤氏闻之,郤锜欲攻公,曰:"虽死,君必危。"郤至曰:"人所以立,信、知、勇也。信不叛君,知不害民,勇不作乱。失兹三者,其谁与我?死而多怨[16],将安用之?君实有臣而杀之,其谓君何?我之有罪,吾死后矣!若杀不辜,将失其民,欲安,得乎?待命而已!受君之禄,是以聚党[17]。有党而争命[18],罪孰大焉(《传》言郤至无反心)!"壬午,胥童、夷羊五帅甲八百,将攻郤氏。长鱼矫请无用众,公使清沸魋[19]助之(清沸魋,亦嬖人),抽戈结衽[20],而伪讼者(衽,裳际)。三郤将谋于榭[21](榭,讲武堂)。矫以戈杀驹伯、苦成叔[22]于其位(驹伯,郤锜。苦成叔,郤犨。位,所坐处也)。温季[23]曰:"逃威[24]也(凶贼为害,故曰威,或曰威当为藏)!"遂趋。矫及诸其车,以戈杀之,皆尸诸朝。胥童以甲劫栾书、中行偃[25]于朝。矫曰:"不杀二子,忧必及君。"公曰:"一朝而尸三卿,余不忍益[26]也。"对曰:"人将忍君[27](人谓书与偃)。臣闻乱在外为奸,在内为轨。御奸以德,御轨以刑(德,绥远。刑治近)。不施而杀[28],不可谓德。臣逼而不讨[29],不可谓刑。德刑不立,奸轨并至。臣请行。"遂出奔狄。公使辞于二子(辞谢书与偃),曰:"寡人有讨于郤氏,既伏其辜矣。大夫无辱,其复职位。"皆再拜稽首曰:"君讨有罪,而免臣于死,君之惠也。二臣虽死,敢忘君德。"乃皆归。公使胥童为卿。公游于匠丽氏[30](匠丽,嬖大夫家),栾书、中行偃遂执公焉。召士匄[31],士匄辞。召韩厥,韩厥辞,曰:"昔吾畜于赵氏,孟姬之谗,吾能违兵[32](违,去。不与兵乱,示不与党,言此者,明己无所偏助。孟姬、赵庄姬乱在八年)。古人有言曰:'杀老牛莫之敢尸[33](尸,主也)。'而况君乎?二三子不能事君[34],焉用厥也!"

穀梁传　自祸于是起矣(厉公见杀之祸)。

解义　郤氏虽擅权结怨[35],然既为大夫,则君之股肱[36]也。厉公不明征[37]其罪,而阴用嬖幸之计,一朝而杀三卿,又不能显任忠贤，修明国政，遂用此以阶祸[38]，惜哉！

注释 ①邾子貜且：即邾定公，名曹貜且，春秋时邾国国君之一，在位42年（前614年—前573年）。②侈（chǐ）：奢靡放纵。③外嬖：宠幸的大夫。④左右：即外嬖。⑤胥童：胥克之子。⑥夷阳五：又作夷羊五，晋大夫。⑦东师：指齐、鲁、卫三国之军。⑧奉孙周：拥立孙周。孙周，即晋悼公。⑨受敌使：指鄢陵之战，楚子曾赠弓问候。⑩觇（chān）：侦察，窥探。⑪信：晋侯相信公子茷中伤郤至之语。⑫先杀：田猎合围以后，先射杀禽兽。⑬奉豕：献上所猎之野猪。⑭寺人孟张：晋厉公宦官名。⑮敌多怨有庸：以多怨之人为敌，容易成功。⑯死而多怨：叛乱致死又留下更多怨恨。⑰聚党：聚集亲族。⑱争命：抗命。⑲清沸魋（tuí）：嬖人。⑳结衽：连接衣襟。㉑谋于榭：即在公堂听讼。㉒驹伯、苦成叔：驹伯，即郤锜。苦成叔，即郤犨。㉓温季：即郤至。㉔逃威：逃避无罪被杀。威，读为畏。畏，无罪被杀。㉕中行偃：即荀偃。㉖余不忍益：厉公见一日已杀三卿，不忍心再增加了。㉗人将忍君：人将忍心杀君。人指栾书与中行偃等。㉘不施而杀：对外面的叛乱，不施恩惠而一味杀戮。㉙臣逼而不讨：权臣逼迫公室而不加讨伐。㉚匠丽氏：为厉公主工匠的嬖臣。㉛士匄：即士燮子。㉜违兵：不用兵。㉝尸：做主。㉞二三子不能事君：二三子指栾书、中行偃等一伙人。意为你们一伙不能事奉君，要杀掉他，何必用我韩厥呢？㉟擅权：专权，揽权。结怨：结下怨仇。㊱股肱：比喻左右辅佐之臣。㊲征：证明，证验。㊳阶祸：召致祸患；惹祸。

春秋 楚人灭舒庸（舒庸，杜注：东夷国。《地谱》：庐州有舒城）。

左传 舒庸人以楚师之败也（败于鄢陵），道吴人围巢[1]，伐驾，围厘、虺[2]（巢、驾、厘、虺，杜注：楚四邑。今江南庐州府境），遂恃吴而不设备。楚公子橐师袭舒庸，灭之。

解义　楚方摧败[③]，而馀威犹足蚕食远国，如使鄢陵得志，则毒被华夏可胜道哉！故观舒庸之灭，然后知鄢陵之胜，讨郑之勤，所以挫楚，而不复北师者，亦晋厉之劳绩也！

注释　①巢：古国名。其故地在今安徽省巢县东北五里。②驾、厘、虺：均为地名。驾、厘，在今安徽省无为县境。虺，在今安徽省卢江县境。③摧败：指击破、击败。

附录左传　闰月乙卯晦，栾书、中行偃杀胥童(以其劫己故)。民不与郤氏，胥童道[①]君为乱，故皆书曰："晋杀其大夫(明郤氏失民，胥童道乱，宜为国戮。《传》在今年，《经》在明春从告)。"

春秋　十有八年春王正月，晋杀其大夫胥童。

解义　宋督杀孔父、弑殇公[②]，先书弑，而称及。今栾书、荀偃杀胥童而弑厉公，则以国杀大夫为文，而书於弑君之前，盖嬖幸之臣导君於昏[③]，亡其身以及其君，故《春秋》并治其罪，以为后戒。

注释　①道：指引诱。②宋督：宋卿华父督。殇公：指宋殇公，春秋时期宋国第十五任君主，原名子与夷，宋宣公之子。③昏：昏聩，糊涂。

春秋　庚申，晋弑其君州蒲。

左传　十八年春，王正月庚申，晋栾书、中行偃使程滑弑厉公(程滑，晋大夫,)，葬之于翼[①]东门之外，以车一乘(言不以君礼葬。诸侯葬车七乘)。使荀罃、士鲂逆周子[②]于京师而立之(周子，悼公)，生十四年[③]矣。大夫逆于清原[④]，周子曰："孤始愿不及此。虽及此，岂非天乎！抑人之求君，使出命[⑤]也，立而不从，将安用君？二三子用我今日，否亦今日，共而从君，神之所福也(传言其少有才，所以能自固)。"对曰："群臣之愿也，敢不唯命是听。"庚午，盟而入(与诸大夫盟)，馆于伯子同氏(晋大夫家)。辛巳，朝于武宫，逐不臣者七人(夷羊五之属)。周子有兄而无慧，不能辨菽麦,故不可立。

穀梁传 称国以弑其君,君恶甚矣。

解义 栾书使程滑弑厉公,与赵盾之事[6]无异,而於书则没其名,何也?时无董狐、《南史》之直书[7],方柄国[8]则赴於诸侯,必有所以诿[9]其罪者。鲁史既承而书之,孔子修《经》虽知其人无所据,以革旧史也,故称国以弑,俾[10]后人得以考其实焉。前书杀三卿,继书杀胥童,而后厉公见弑,则以君臣不睦而生乱可知矣。三卿及胥童皆称国以杀,则当国大臣实与其事可知矣。栾书久执兵柄[11],三专征伐,明著於《经》。鄢陵之役,其子黡实来乞师,四卿既杀,栾氏专晋,则弑君者非书而谁哉?此笔削之义,游夏[12]所以不能赞也。

注释 ①翼:晋国旧都,在今山西省翼城县东南。②周子:即孙周,即位为晋悼公。③生十四年:悼公即位时为十四岁。④清原:地名。位于山西省稷山县东南二十里。⑤出命:发布命令。⑥赵盾之事:即赵盾弑君。赵盾(?—前601年):嬴姓,赵氏,名盾,谥号宣,时人尊称其赵孟,史料中多称之赵宣子、宣孟,春秋中前期晋国卿大夫。赵穿杀了晋灵公请赵盾回来执政,赵盾未治赵穿弑君之罪,就等于认同弑君。⑦董狐:春秋晋国太史,亦称史狐。周大史辛有的后裔,因董督典籍,故姓董氏。董狐以"赵盾弑其君"记载此事,并宣示于朝臣,以示笔伐。后人视董狐"书法不隐"亦为直书典范、良史笔法。《南史》:唐朝李延寿撰,中国历代官修正史"二十四史"之一。纪传体,共八十卷。《南史》的特点是"据实直书"。⑧柄国:柄,执掌。指执掌国家政权。⑨诿:推托。⑩俾:使。⑪兵柄:兵权,军权。⑫游夏:指孔子的徒弟子游、子夏,合成游夏;游夏之徒:孔子弟子一类的人。

春秋 齐杀其大夫国佐[1]。

左传　齐为庆氏之难故(前年国佐杀庆克),甲申晦,齐侯使士华免[2]以戈杀国佐于内宫之朝(士,刑官。华免,名。内宫之朝,夫人宫。朝,群妾处)。师逃于夫人之宫(伏兵内宫,恐不胜)。书曰:"齐杀其大夫国佐。"弃命,专杀,以谷叛故也(国佐本疾淫乱,杀庆克,齐以是讨之。嫌其罪不及死,故《传》明言其三罪)。使清人杀国胜(胜,国佐子,前年待命于清者)。国弱[3]来奔,王湫[4]奔莱(弱,胜之弟。湫,国佐党)。庆封为大夫,庆佐为司寇[5](封、佐皆庆克子)。既,齐侯反国弱,使嗣国氏,礼也(佐之罪不及不祀)。

解义　庆克作慝[6],浊乱中闺[7],齐灵不能防闲[8]其母,又受母谮而戮高、国[9],不君甚矣。国位(应为"佐")不忍一旦之忿,诛庆克,据卢以抗其君,不得谓之非叛,然其心则为其君正家法可悯也,故以累上书焉。

注释　①国佐(? —前573):一作国差。春秋时期齐国上卿,国归父之子。谥武,称国武子。②士华免:华免,人名。士,掌刑之官。③国弱:国胜之弟。④王湫:国佐党羽。⑤庆封、庆佐:皆为庆克之子。⑥慝(tè):邪恶。⑦浊乱:搅扰使之混乱。中闺:内室。⑧防闲:指防备和禁阻。⑨谮:诬陷,中伤。戮:杀。

附录左传　二月乙酉朔,晋悼公即位于朝(朝庙五日而即位)。始命百官[1],施舍、已责[2](施恩惠,舍劳役,止逋责),逮鳏寡,振废滞[3](举用旧德),匡乏困[4],救灾患,禁淫慝[5],薄赋敛,宥罪戾,节器用,时用民[6](使民以时),欲无犯时[7](不纵私欲夺农时)。使魏相、士鲂、魏颉、赵武为卿(相,魏锜子。鲂,士会子。颉,魏颗子。武,赵朔子。此四人其父祖皆有劳于晋国)。荀家、荀会、栾黡、韩无忌为公族大夫(二荀未知所出。无忌,韩厥子),使训卿之子弟共俭孝弟。使士渥浊为太傅,使修范武子之法(渥浊,士贞子。武子为景公太傅)。右行辛为司空,使修士蔿之法(辛将右行,因以为氏。士蔿,献公司空)。弁纠御戎,校正[8]属焉(弁纠,栾纠也。校正,主马官)，使训诸御[9]知义(戎士尚节义也)。荀宾为右，司士[10]属焉，使训勇力之士时使[11](司士，车右之官。勇力，皆车右也。勇力多不顺命，故训以共时之使)。卿无共御(省卿戎御)，立军尉以摄之。祁奚为中军尉，羊舌职佐之，魏绛为司马(绛，魏犨子)，张老为候奄[12](候奄，中军，主斥候之官)。铎遏寇为上军尉，籍偃为之司马(偃，籍谈父，为上军司马)，使训卒乘亲以听命[13](相亲以听上命)。程郑为乘马御，六驺[14]属焉，使训群驺知礼(程郑，荀氏别族。乘马御，乘车之仆也。六驺，六闲之驺。《周礼》：有六闲马。乘车尚礼容，故训群驺使知礼)。凡六官之长，皆民誉也(总举六官，则知群官无非其人)。举不失职，官不易方(官守其业，无相逾易)，爵不逾德，师不陵正[15]，旅不逼师(正，军将命卿也。师，二千五百人之帅。旅，五百人之帅。言上下有礼，不相陵逼)，民无谤言，所以复霸也(此以上通言悼公所行，未必皆在即位之年)。

春秋 公如晋。

左传 公如晋，朝嗣君[16]也。

春秋 夏，楚子、郑伯伐宋。宋鱼石复入于彭城(彭城，杜注：宋邑。彭城县。今江南徐州)。

左传 夏六月，郑伯侵宋，及曹门[17]外(曹门，宋城门)。遂会楚子伐宋，取朝郏[18]。楚子辛、郑皇辰侵城郜，取幽丘，同伐彭城(朝郏、城郜、幽丘，杜注：皆宋邑。朝郏，当在今河南夏邑县境。城郜、幽丘，俱在今江南萧县界)，纳宋鱼石、向为人、鳞朱、向带、鱼府焉(五子以十五年出奔楚。独言鱼石，为帅告)，以三百乘戍之而还。书曰"复入(恶其依阻大国，以兵威还，故书复入)"，凡去其国，国逆而立之，曰"入"；复其位，曰"复归"；诸侯纳之，曰"归"。以恶[19]曰复入(此四条所以明内外之援，辨顺逆之辞，通君臣取国有家之大例)。宋人患之。西鉏吾[20]曰(西鉏吾，宋大夫)："何也？若楚人与吾同恶，以德於我，吾固事之也，不敢贰矣。大国无厌，鄙我犹憾(言第恐已事之,则以我为鄙邑,犹恨不足,此可患耳)。不然,而收吾憎,使赞其政,以间吾衅,亦吾患也(谓用鱼石使佐政)。今将崇诸侯之奸,而披[21]其地(披,犹分也),以塞夷庚[22](夷庚,杜注:吴、晋往来之要道)。逞奸而携服[23](携,离也),毒诸侯而惧吴、晋。吾庸多矣[24],非吾忧也。且事晋何为?晋必恤之。"

解义　不书纳,不与纳也。诸侯世[25]国,返国而书复入,正也。大夫不世官,既见绝於君而复入焉,则其恶甚矣,不言叛者,将以乱国,非[26]直叛君而已也。

注释　①始命百官:开始任命百官,使各主其事。②已责:免除百姓对国家的欠债。责,同债。③振废滞:起用被废黜或长居下位的旧贵族。④匡乏困:救助生活困乏者。⑤禁淫慝:制止暴虐凶恶之行。⑥时用民:用民有一定时限。⑦欲无犯时:不因私欲侵占农时。⑧校正:掌马之官。⑨诸御:兵车驾御者。⑩司士:官名,即司右。⑪时使:对勇力之士加以训练,到用时,从中选取优秀者,以为车右而用之。⑫候奄:官名。又名元候、候正。⑬亲以听命:步兵、车兵协调一致,服从命令。⑭六驺(zōu):六指六闲,闲即马厩,主六厩。⑮正:正大于师,师大于旅。正、师、旅为一般官吏名位。⑯嗣君:继位的国君。⑰曹门:宋都西北城门,由此可去曹国,故称曹门。⑱朝郏:宋地,当位于河南夏邑县。⑲恶:指武力强制。⑳西鉏吾:宋臣。㉑披:分。㉒夷庚:夷,平地。庚,道也。车马往来的平道。㉓逞奸而携服:使乱臣满意,让服从之国离心。携,离。㉔吾庸多矣:庸,用也。楚国这样大,大有功用于我。㉕世:继承。㉖非:讥刺。

春秋　公至自晋。

春秋　晋侯使士匄来聘。

左传　公至自晋。晋范宣子来聘(宣子,士匄),且拜朝[1]也(拜谢公朝)。君子谓:"晋於是乎有礼。"

解义 公朝始至，而聘使即来，悼公[2]之下诸侯肃矣。此列国所以睦[3]，叛国所以服[4]也。

注释 ①拜朝：答拜鲁君去晋朝见悼公。②悼公：即晋悼公（前586年—前558年），姬姓，名周，一作纠，又称周子。春秋中期晋国少主，政治天赋超群的英主，年仅26岁称霸中原，匡复晋国霸权。③列国：各国。睦：睦邻友好。④服：信服。

春秋 秋，杞伯[1]来朝。

左传 秋，杞桓公来朝，劳[2]公，且问晋故。公以晋君语之。杞伯于是骤朝[3]於晋而请为昏[4]（为平公不彻乐张本）。

附录左传 七月，宋老佐、华喜围彭城，老佐卒焉（言所以不克彭城）。

春秋 八月，邾子[5]来朝。

左传 八月，邾宣公来朝，即位而来见也。

解义 成公季年[6]，杞、邾相继来朝，以晋悼公初立，首加礼於鲁，故二君来修旧好，欲因鲁以自通於晋耳。故自是晋合诸侯，杞与二邾无役不从也。

注释 ①杞伯：指杞桓公（？—前567年），名叫姒姑容，是杞国的第10任君主，杞成公之弟，继承其爵位。在位70年，传于其子杞孝公。②劳：慰问。③骤朝：疾速去晋朝见。④昏：指通婚。⑤邾子：指邾宣公，即曹牼（kēng），为春秋时邾国第14代君主，是邾定公的儿子。在位16年。死后，儿子邾悼公继位。⑥季年：晚年。

春秋 筑鹿囿。

左传 筑鹿囿，书，不时也。

公羊传 何以书？讥。何讥尔？有囿矣，又为也。

穀梁传 筑不志，此其志何也？山林薮泽[1]之利，所以与民共也；虞[2]之，非正也（虞，谓筑而防之）。

解义　是时大夫擅[3]国,威权日去,而公自娱於鸟兽草木,达时害民非易,所谓冥豫[4]者与。

注释　①薮泽:指水草茂密的沼泽湖泊地带。②虞:筑园防范。③擅:独揽。④冥豫:指耽于逸乐。

春秋　己丑,公薨于路寝[1]。

左传　己丑,公薨于路寝,言道[2]也(得君薨之道)。

穀梁传　路寝,正也。男子不绝妇人之手,以齐终也(齐,洁齐也)。

春秋　冬,楚人、郑人侵宋。

左传　冬十一月,楚子重救彭城,伐宋,宋华元如晋告急。韩献子为政(时栾书卒,韩厥将中军),曰:"欲求得人,必先勤之,成霸安疆[3],自宋始矣。"晋侯师于台谷以救宋(台谷,杜注:地阙),遇楚师于靡角之谷。楚师还(畏晋强也。靡角,杜注:宋地)。

解义　楚、郑侵宋,救彭城也,不书救者,不与其救也。悼公一出,而楚师还,与前楚师至,而诸侯还,规模一变矣。齐桓创霸始於平宋乱,晋文继霸始於释宋围,悼公嗣兴[4]又始於彭城之救,以宋乃诸侯之望[5],南北之枢纽也。

注释　①路寝:指古代天子、诸侯的正厅。②言道:言得君死之正道。③成霸安疆:成就霸业,安定各国之疆域。④嗣兴:继承并振兴。⑤望:希望,期望。

春秋　晋侯使士鲂来乞师(鲂,《公羊》作彭。书乞师止此)。

左传　晋士鲂来乞师(将救宋)。季文子问师数于臧武仲(武仲,宣叔子。名纥),对曰:"伐郑之役,知伯[1]实来,下军之佐也(伐郑在十七年。知伯,荀罃)。今彘季[2]亦佐下军(彘季,士鲂),如伐郑可也。事大国,无失班爵[3]而加敬焉,礼也。"从之。

解义　悼公复兴霸业,而乞师以救宋,犹遵厉公故事[4]。元年而后无复乞师,则召兵而已矣!

注释 ①知伯：即荀罃。②彘季：即士鲂。③班爵：排列爵位。④故事：旧事。

春秋 十有二月，仲孙蔑[①]会晋侯、宋公、卫侯、邾子、齐崔杼同盟于虚朾（虚朾，杜注：阙。或云即宋之虚也）。

左传 十二月，孟献子会于虚朾，谋救宋也。宋人辞诸侯而请师以围彭城（不敢烦诸侯，故但请其师。为襄元年围彭城传）。孟献子请于诸侯，而先归会葬。

解义 诸侯师至，楚、郑已退，故宋人辞诸侯而请其师以围彭城。先为此盟，鲁君在丧，故不与会，亦不遣大夫听命，悼公所以怀[②]诸侯也。

春秋 丁未，葬我君成公。

左传 丁未，葬我君成公，书，顺也（薨于路寝，五月而葬，国家安静，世適承嗣，故曰顺）。

注释 ①仲孙蔑：即孟献子（？—前542年）。姬姓，孟氏（亦称仲氏），名蔑，谥献，故史称孟献子。鲁国孟氏家族振兴的重要贡献者，春秋中期鲁国外交家，政治家。②怀：缅怀。

卷三十七

襄公(元年之六年)

襄公①:公名午,成公子,母定姒。《谥法》:"因事有功曰襄。辟土有德曰襄。"

周:简王十四年,鲁襄公元年,简王崩,子灵王立;襄二十八年,灵王崩,子景王立。

郑:成公十三年,鲁襄公二年,成公卒,子僖公髡顽立;襄七年,僖公卒,简公嘉立。

齐:灵公十年,鲁襄公十九年,灵公卒,子庄公光立;襄二十五年,庄公弑,弟景公杵臼立。

宋:平公四年。

晋:悼公复霸元年,韩厥为政;襄七年,知罃为政;襄十一年会於萧鱼,服郑;襄十三年,荀偃为政;襄十五年,悼公卒,子平公彪立;襄十九年,士匄为政;襄二十五年,赵武为政;襄二十七年,晋、楚盟於宋,南北分霸始此。

卫:献公五年,鲁襄公十四年,献公奔齐,卫立公孙剽,是为殇公;襄二十六年,殇公弑,献复归於卫;襄二十九年,献公卒,子襄公立。

蔡:景公二十年,鲁襄公三十年,景公弑,子灵公般立。

曹:成公六年,鲁襄公十八年,成公卒,子武公滕立。

滕:详见成公元年。

陈:成公二十七年,鲁襄公四年,成公卒,子哀公溺立。

杞:桓公六十五年,鲁襄公六年,桓公卒,子孝公匄立;襄二十三年,孝公卒,弟文公益姑立。

薛:详见僖公元年。

莒:犁比公五年,鲁襄公十六年,晋执犁比公;襄三十一年,犁比公弑,子展舆立。

郱:宣公三年,鲁襄公十六年,晋执宣公;襄十七年,宣公卒,悼公华立;襄十九年,晋执悼公。

许:灵公十八年,鲁襄公二十六年,灵公卒於楚,悼公买立。

小郱:鲁襄公七年,小郱穆公来朝。

楚:共王十九年,子重为令尹;鲁襄公三年,子重伐吴卒,子辛为令尹;襄五年,楚杀子辛,子囊为令尹;襄十三年,共王卒,子康王昭立;襄十五年,子庚为令尹;襄二十一年,子南为令尹;二十二年,薳子冯为令尹;襄二十五年,子木为令尹;襄二十八年,康王卒,郏敖麇立。

秦:景公五年。

吴:寿梦十四年,鲁襄公十二年,寿梦卒,诸樊立,一名遏;襄二十五年,遏门於巢卒,馀祭立,一名载;襄二十九年,馀祭卒,夷末立,一名馀昧。

越:详见隐公元年及昭公元年。

注释 ①襄公:(前575年—前542年)姓姬,名午,春秋时代鲁国的第二十二代君主。公元前573年,其父鲁成公崩,次年四岁的姬午继位,是为鲁襄公。襄公以三朝元老季孙行父为丞相,也保持鲁国的相对稳定。

襄公(名午,成公之子,母定姒。以简王十四年即位。《谥法》:"因事有功曰襄。")。

春秋 元年春王正月,公即位。

穀梁传 继正即位,正也。

解义 按九年《左氏传》曰:"会于沙随之岁,寡君以生。晋侯曰十二年矣!"则是年,公始四岁,而三年遂朝於晋,盖霸体日肆①,小国畏之,而越礼以相奉②也。

注释 ①肆:放纵,任意行事。②奉:奉承。

春秋 仲孙蔑会晋栾黡、宋华元、卫宁殖、曹人、莒人、郱人、滕人、薛人围宋彭城。

左传 元年春己亥,围宋彭城(下有二月,则此己亥为正月。正月无己亥,日误)。非宋地,追书也(成十八年,楚取彭城以封鱼石,故曰“非宋地”。夫子治《春秋》,追书系之宋)。于是为宋讨鱼石,故称宋,且不登叛人也①(登,成也。不与其专邑叛君,故使彭城还系宋),谓之宋志②(称“宋”,亦以成宋志)。彭城降晋,晋人以宋五大夫③在彭城者归,置诸瓠丘(彭城降不书,贱略之。瓠丘,杜注:晋地,河东东垣县东南有壶丘。亦曰:阳壶。《环宇记》曰:古阳壶城南临大河。今山西垣曲县东南阳壶城是也。丘大夫,鱼石、向为人,鳞朱,向带、鱼府)。齐人不会彭城,晋人以为讨。二月,齐太子光为质于晋(光,齐灵公大子)。

公羊传　宋华元曷为与诸侯围宋彭城?为宋讨也。其为宋讨奈何?鱼石走之楚,楚为之伐宋,取彭城以封鱼石。鱼石之罪奈何?以入是为罪也(说在成十八年)。楚已取之矣,曷为系之宋?不与诸侯专封也。

穀梁传　系彭城于宋者,不与鱼石,正也(鱼石人臣而取君之邑,邑以系国为正,故言“系彭城于宋,不与鱼石正也”)。

解义　据《传》,楚已取彭城,封鱼石戍之,三百乘矣,则曷为系之宋?楚不得取之,宋鱼石不得受之。楚虽专其地,君子不登叛人,所以正疆域,固封守,谨王度也④。齐国夏、卫石曼姑围戚不系之卫,此围彭城,诸侯之师与宋华元偕其事正同,而书宋彭城何也?蒯聩⑤卫之世子,时君之父也,既入于戚,则戚固其邑矣,何必系之卫哉?彭城为楚所夺,而宋之叛臣据之,必系於宋。大义始著,此《春秋》之书所以微而显也。

注释　①不登叛人:不赞同鱼石等人据邑叛君也。叛人,指鱼石等。②宋志:宋之意愿。③宋五大夫:指鱼石、向为人、鳞朱、向带、鱼府。④谨:谨守。王度:指先王的法度或王法。⑤蒯聩(kuǎikuì):春秋时卫灵公之子卫庄公,卫国第三十代君主。

春秋　夏,晋韩厥帅师伐郑(厥,《公羊》作屈)。

春秋 仲孙蔑会齐崔杼、曹人、邾人、杞人次于鄫(鄫,《公羊》作合。杜注:郑地。在陈留襄邑县东南)。

左传 夏五月,晋韩厥、荀偃帅诸侯之师伐郑,入其郛,败其徒兵于洧上(洧上,杜注:洧水出密县东,南至长平入颍。长平,在今河南西华县)。于是东诸侯之师次于鄫[1],以待晋师。晋师自郑以鄫之师侵楚焦夷[2]及陈(孟献子自鄫先归,不与侵陈、楚,故不书),晋侯、卫侯次于戚[3],以为之援。

解义 晋悼公既克彭城,禽[4]五大夫。於是伐郑,以讨其从楚纳鱼石之罪。以韩厥自足当[5]郑,不欲重勤[6]东诸侯之师,故使次[7]于鄫,以慑郑心且备楚师之出也。《传》称楚子辛救郑,而《经》不书,以郑怀集矢之[8]小德而不能以大义裁之,附楚以侵轶[9]同盟,奖助乱臣,无可救之善耳。

注释 ①鄫:郑地,位于河南睢县东南。②焦、夷:二邑本陈地,后为楚取。焦在今安徽省亳县,夷在亳县东南七十里。③戚:卫地名。④禽:通"擒"。⑤当:抵。⑥勤:劳。⑦次:驻扎。⑧集矢之:指楚共王被射中目一事。⑨侵轶:侵犯袭击。

春秋 秋,楚公子壬夫帅师侵宋。

左传 秋,楚子辛[1]救郑,侵宋吕、留(吕、留,杜注:二县。属彭城郡。今俱在徐州境)。郑子然侵宋,取犬丘(犬丘,杜注:谯国酇县东北有犬丘城。今河南永城县西北大丘集是也)。

春秋 九月辛酉,天王[2]崩。

春秋 邾子来朝。

左传 九月,邾子来朝(邾宣公),礼也。

春秋 冬,卫侯使公孙剽来聘。

春秋 晋侯使荀罃来聘。

左传 冬,卫子叔、晋知武子来聘(子叔,公孙剽),礼也。凡诸侯即位,小国朝之,大国聘焉,以继好结信,谋事补阙[3],礼之大者也。

解义　三国朝聘,《左氏》皆以为礼。杜氏预以为王赴[4]未至,《穀梁注》、《公羊疏》皆主杜氏,独胡氏安国主孙氏复[5]说,谓赴告已及。按《经》冬下无月日,后二月又无事见《经》,诸家之说无所据以辨其孰是也。

注释　①子辛:即公子壬夫。②天王:指周简王姬夷(?—前572),为周定王之子,东周第10代君王。③补阙:阙,过失也。弥补过失。④赴:同"讣",讣告。⑤孙氏复:即孙复(992—1057):字明复,号富春,晋州平阳(今山西临汾)人,又称泰山先生。北宋经学家,与胡瑗、石介一起被后人合称为"宋初三先生"。

春秋　二年春王正月,葬简王。

春秋　郑师伐宋。

左传　二年春,郑师侵宋(书伐从告),楚令也(以彭城故)。

解义　书师,著其用大众也。

附录左传　齐侯伐莱,莱人使正舆子赂夙沙卫以索马牛[1],皆百匹(正舆子,莱大夫。夙沙卫,齐寺人。索,简择好者),齐师乃还。君子是以知齐灵公之为"灵"也(《谥法》:"乱而不损曰灵。"言谥应其行)。

春秋　夏五月庚寅,夫人姜氏薨。

左传　夏,齐姜薨(齐谥也)。初,穆姜使择美槚[2],以自为榇与颂琴[3](槚,梓之属。榇,棺也。颂琴,琴名,犹言雅琴。皆欲以送终)。季文子取以葬。君子曰:"非礼也。礼无所逆,妇[4],养姑[5]者也,亏姑以成妇,逆莫大焉(穆姜,成公母。齐姜,成公妇)。《诗》曰:'其惟哲人,告之话言,顺德之行(《诗·大雅》。哲,知也。话,善也。言知者行事无不顺)。'季孙于是为不哲矣。且姜氏,君之妣[6]也(襄公適母)。《诗》曰:'为酒为醴,烝畀祖妣,以洽百礼,降福孔偕(《诗·周颂》。烝,进也。畀,与也。偕,徧也。言敬事祖妣,则鬼神降福。季孙葬姜氏不以礼,是不敬祖妣)。'"

春秋 六月庚辰,郑伯睔⑦卒。

左传 郑成公疾,子驷请息肩⑧于晋(欲辟楚役,以负担喻)。公曰:"楚君以郑故,亲集矢于其目⑨(谓鄢陵战,晋射楚王目),非异人任⑩,寡人也。若背之,是弃力与言⑪(言盟誓之言),其谁昵我?免寡人,唯二三子!"秋七月庚辰(庚辰,七月九日。《经》书六月,误),郑伯睔卒。

解义 不书葬者,成公背中国⑫,故诸侯不会其葬也。

注释 ①索马牛:清选好的马和牛。索,选择。②美槚:上等槚木。槚(jiǎ),山楸,木材细密,古人常作棺椁。③颂琴:琴名,长七尺二寸,宽一尺八寸,有二十五根弦。④妇:媳妇,即儿媳。⑤姑:婆母。⑥妣:已故的母亲。⑦郑伯睔(gùn):即郑成公睔(?—前571),姬姓,名睔。⑧息肩:即放包袱。⑨集矢于其目:指成公十六年鄢陵之战,楚共王被射中目一事。⑩非异人任:并非保护其他人。任,保。⑪弃力与言:背弃其功劳与誓言。力,功。⑫中国:中原。

春秋 晋师、宋师、卫宁殖①侵郑。

左传 于是子罕当国②(摄君事),子驷为政,子国为司马。晋师侵郑,诸大夫欲从晋。子驷曰:"官命未改(成公未葬,嗣君未免丧,故言未改。不欲违先君意)。"

穀梁传 其曰卫宁殖,如是而称于前事也(初卫侯速卒,郑人侵之,故举宁殖之报,以明称于前事)。

解义 晋、宋称师,将卑师众也;卫书宁殖,将尊师少也。考其事,而师将之当兼重见矣。上言郑伯睔卒,下书三国侵,讥伐丧也。

注释 ①宁殖(?—前553年):即宁惠子,春秋时期卫国的卿。②当国:秉政。

春秋　秋七月,仲孙蔑会晋荀罃、宋华元、卫孙林父、曹人、邾人于戚。

左传　会于戚,谋郑故也。孟献子[①]曰:“请城虎牢[②]以逼郑(虎牢,杜注:旧郑邑,后属晋)。”知武子曰:“善。鄫之会,吾子闻崔子之言,今不来矣(元年,孟献子与齐崔杼次于鄫。崔杼有不服晋之言,献子以告知武子)。滕、薛、小邾之不至,皆齐故也(三国,齐之属)。寡君之忧不唯郑。罃将复于寡君,而请于齐(以城事白晋君,而请齐会之,欲以观齐志)。得请而告,吾子之功也(得请,谓齐人应命,告诸侯会筑虎牢)。若不得请,事将在齐。吾子之请,诸侯之福也,岂唯寡君赖之(传言荀罃能用善谋)。”

解义　将城虎牢也,其未城者齐与滕,薛、小邾不至也,然大夫专会,以谋郑政在大夫矣!

注释　①孟献子:鲁卿仲孙蔑。②虎牢:即北制。

春秋　己丑,葬我小君[①]齐姜。

左传　齐侯使诸姜宗妇[②]来送葬(妇人越疆送葬,非礼)。召莱子(莱,姜姓,故召之),莱子不会,故晏弱城东阳以逼之(为六年灭莱传。东阳,杜注:齐竟上邑。今东阳城在山东临朐县东)。

公羊传　齐姜者何?齐姜与缪姜则未知其为宣夫人与?成夫人与?

春秋　叔孙豹如宋。

左传　穆叔聘于宋,通嗣君也。

春秋　冬,仲孙蔑会晋荀罃、齐崔杼、宋华元、卫孙林父、曹人、邾人、滕人、薛人、小邾人于戚,遂城虎牢。

左传　冬,复会于戚,齐崔武子及滕、薛、小邾之大夫皆会,知武子之言故也(武子言事将在齐,齐人惧,帅小国而会之)。遂城虎牢,郑人乃成。

公羊传 虎牢者何？郑之邑也。其言城之何？取之也。取之则曷为不言取之？为中国讳也。曷为为中国讳？讳伐丧也。曷为不系乎郑？为中国讳也。大夫无遂事，此其言遂何？归恶乎大夫也。

穀梁传 若言中国焉（中国犹国中也。不系虎牢于郑，如国中之邑也），内郑也（郑服罪，故内之）。

解义 郑当南北之冲③，故御楚必先服郑，而虎牢乃郑之要塞，城虎牢则郑不敢南乡，楚不得北师，而天下蒙其安，故不系于郑，示郑不得专也。自平王东迁，郑武公为卿士，王赐之虎牢以东，后失其地，郑厉公纳惠王，王复与之。然齐桓之霸说郑申侯而与之虎牢，则固未尝以虎牢为中国之轻重也。至晋厉、悼时，则近楚微国吞噬靡遗④，若陈、若蔡、若许，皆世服焉。鄢陵之后，三合诸侯连诸国之师而不能服郑，楚与郑无岁不加兵於宋，及虎牢既城，则鸡泽之盟，郑不召而自至，而陈亦改图北乡，则是役也成功甚大，而义亦无愆⑤，此圣人所以不系之郑与。

注释 ①小君：指诸侯的妻子。②诸姜宗妇：诸姜，与齐同姓之女嫁与齐国大夫为妻者。宗妇，同姓大夫之妻。③冲：交通要道。④吞噬靡遗：指被吞并殆尽。⑤无愆：没有过失。

春秋 楚杀其大夫公子申。

左传 楚公子申为右司马，多受小国之赂，以逼子重、子辛，楚人杀之。故书曰："楚杀其大夫公子申。"（言所以致国讨之文）

春秋 三年春，楚公子婴齐帅师伐吴（吴、楚争疆自此始）。

左传 三年春，楚子重伐吴，为简之师①（简，选练），克鸠兹②，至于衡山③（鸠兹，杜注：吴邑，在丹阳芜湖县东。今江南芜湖县东有鸠兹港是也。衡山，杜注：在吴兴府乌程县南。案：乌程去芜湖甚远，今江南当涂县东北有横山似为近之）。使邓廖帅组甲三百、被练④三千（组甲，漆甲成组文。被练，练袍）以侵吴。吴人要而击之⑤，获邓廖。

其能免者,组甲八十、被练三百而已。子重归,既饮至[6],三日,吴人伐楚,取驾[7]。驾,良邑也。邓廖,亦楚之良也。君子谓:“子重于是役也,所获不如所亡(当时君子)。”楚人以是咎子重。子重病之,遂遇心病而卒。

解义　楚始伐吴,以吴与於钟离之会也。楚自鄢陵以后势稍挫屈[8],畏晋与诸侯并力谋之,而吴乘其后,故先有事於吴。然国政失御,大臣相残,既与晋仇又结吴怨,适见其谋国之不臧[9]耳。

注释　①简:选拔。为简之师:在出兵前,对士卒加以挑选和训练,组成一支精干部队。②鸠兹:吴邑,当在今安徽芜湖市东南二十五里。③衡山:吴地,即今当涂县东北六十里的横山。④被练:徒兵之服,此指徒兵。⑤要而击之:要通“腰”。指拦腰攻击楚军。⑥饮至:古代礼仪,诸侯外出参加朝聘、会盟、伐,归来时在宗庙与随行者饮酒庆贺,称为饮至。⑦驾:地名,在现安徽省无为县境。⑧挫屈:屈折。⑨臧:成功。

春秋　公如晋。

左传　公如晋,始朝[1]也。

解义　童子侯不朝王[2],盖不可接[3]以成人之礼也,岂可反朝同列[4]乎?

注释　①始朝:襄公即位,首次朝见盟主。②王:指周天子。③接:接受。④同列:指地位相同者。

春秋　夏四月壬戌,公及晋侯盟于长樗[1](长樗,孔氏颖达曰:近城地)。

左传　夏,盟于长樗。孟献子相,公稽首[2]。知武子曰:“天子在,而君辱稽首,寡君惧[3]矣(稽首,事天子之礼)。”孟献子曰:“以敝邑介在东表[4],密迩仇雠(仇雠,谓齐、楚与晋争),寡君将君是望,敢不稽首(《传》言献子能固事盟主)?”

解义 春秋时,诸侯不亲盟於他国。文[5]二年,公如晋,晋人使阳处父盟公,三年请改盟,犹盟於其国,非礼也。今悼公修礼於鲁,若不敢使鲁君就已,而出盟於外以相[6]就者,然此诸侯所以睦[7]於晋也。

注释 ①长樗:疑是晋郊地名。②稽首:一种跪拜礼,叩头至地,为九拜中最重的礼仪。③寡君惧:寡君不敢承受这样大礼。④介在东表:疆域处于东方偏远的地方。⑤文:指鲁文公。⑥相:相见,会面。⑦睦:亲近。

春秋 公至自晋。

附录左传 晋为郑服故,且欲修吴好(郑服在前年),将合诸侯。使士匄告于齐曰:"寡君使匄,以岁之不易(不易,多难也),不虞之不戒,寡君愿与一二兄弟相见,以谋不协,请君临之,使匄乞盟。"齐侯欲勿许,而难为不协,乃盟于耏外(耏,杜注:水名。案:耏水,即时水也。平地出泉曰耏)。祁奚请老[1],晋侯问嗣[2]焉(嗣,续其职者)。称解狐,其仇也,将立之而卒(解狐卒)。又问焉,对曰:"午[3]也可(午,祁奚子)。"于是羊舌职[4]死矣,晋侯曰:"孰可以代之?"对曰:"赤[5]也可(赤,职之子伯华)。"于是使祁午为中军尉,羊舌赤佐之(各代其父)。君子谓:"祁奚于是能举善矣。称其仇,不为谄。立其子,不为比[6]。举其偏[7],不为党(偏,属也)。《商书》曰:'无偏无党,王道荡荡(《商书·洪范》。荡荡,平正无私)。'其祁奚之谓矣!解狐得举(未得位,故曰得举),祁午得位,伯华得官,建一官而三物[8]成(一官,军尉。物,事也),能举善也夫!唯善,故能举其类。《诗》云:'惟其有之,是以似之(《诗·小雅》。言唯有德之人,能举似已者)。'祁奚有焉。"

春秋 六月,公会单子、晋侯、宋公、卫侯、郑伯、莒子、邾子、齐世子光。己未,同盟于鸡泽(鸡泽,杜注:在广平曲梁县西南。《后汉志》:曲梁侯国有鸡泽,即春秋同盟处也。今曲梁故城在直隶广平府东北)。

左传　六月,公会单顷公及诸侯。己未[9],同盟于鸡泽[10]。晋侯使荀会逆吴子于淮上[11],吴子不至(道远多难)。

穀梁传　同者,有同也,同外楚也。

解义　是时,诸侯同心病[12]楚,郑亦因城虎牢而服焉,故载书要言同盟,书日於诸侯之下,所以别会与盟之异日也。他盟但合诸侯行盟礼,故书某日会某侯盟於某地,此则既行会礼,别日又行盟礼,故书日以隔之,其与首止、葵丘再书地异者,无大美恶[13],则举其重者而已。

注释　①祁奚:又名祁黄羊,晋大夫,当时任中军尉。请老:因年老请求退休。②嗣:继位人。③午:即祁午,为祁奚之子。④羊舌职:为祁奚的副手,此时为晋中军佐。⑤赤:羊舌职之子,羊舌赤,字伯华。⑥比:偏私。⑦偏:副手。⑧三物:物,事也,即三事,指得举、得位、得官。⑨己未:二十三日。⑩鸡泽:地名,在今河北邯郸市东北。⑪淮上:淮水之北,在今安徽省凤台县境。⑫病:不满,担忧。⑬美恶:指好坏。

春秋　陈侯使袁侨如会。

左传　楚子辛为令尹,侵欲于小国。陈成公使袁侨如会求成(袁侨,涛涂四世孙),晋侯使和组父告于诸侯。

公羊传　其言如会何?后会也。

穀梁传　如会,外乎会也(外乎会者,明本非会内也。诸侯已会,乃至耳)。于会受命也。

解义　陈自辰陵即楚[1]二十有八年,今闻郑伯受盟,乃使大夫求成於晋,本非召会,又后时[2],故书如会。

注释　①辰陵即楚:指公元前598年夏,楚国召集陈、郑等国举行辰陵会盟。陈、郑只好背晋服楚。②后时:失时;不及时。

春秋　戊寅,叔孙豹及诸侯之大夫及陈袁侨盟(诸侯在,而大夫自为盟始于此）。

左传 秋，叔孙豹及诸侯之大夫及陈袁侨盟，陈请服也。

公羊传 曷为殊[①]及陈袁侨？为其与袁侨盟也（喜得陈，故殊之）。

穀梁传 及以及，与之也（但言叔孙豹及诸侯之大夫，则无以表袁侨之得礼，故再言及，明独与袁侨，不与诸侯之大夫）。诸侯以为可与则与之，不可与则释之。诸侯盟，又大夫相与私盟，是大夫张也。故鸡泽之会，诸侯始失正矣，大夫执国权。曰袁侨，异之也（异袁侨之得礼）。

解义 虎牢既城[②]，郑人来归，而陈亦改图。郑君先至，诸侯既与之盟，而后陈袁侨至，故使大夫盟之，此悼公所以持大体也。《传》谓诸侯盟，大夫又相与私盟，为大夫张，过矣。溴梁之会[③]，诸侯不盟，而大夫盟，责大夫之专可也；此书诸侯之大夫及陈袁侨盟，则大夫奉君命以即事[④]。礼安而分明，安得谓大夫专，而诸侯失其柄[⑤]乎！

注释 ①殊：特别。②城：筑城。③溴梁之会：鲁襄公十六年（前558）春，晋平公召集鲁、卫、郑、曹、莒、邾、薛、杞、小邾等国诸侯在溴梁（今河南济源县西）相会，命令诸侯互相退回侵夺的土田。④即事：作事。⑤柄：权力。

附录左传 晋侯之弟扬干乱行于曲梁[①]（行，陈次。曲梁，晋地），魏绛戮其仆。晋侯怒，谓羊舌赤曰："合诸侯以为荣也，扬干为戮，何辱如之[②]？必杀魏绛，无失也！"对曰："绛无贰志，事君不辟难，有罪不逃刑，其将来辞[③]，何辱命[④]焉？"言终，魏绛至，授仆人书（仆人，晋侯御仆），将伏剑[⑤]。士鲂、张老止之。公读其书曰："日君乏使，使臣斯司马（斯，此也）。臣闻师众以顺为武（顺，莫敢违），军事有死无犯[⑥]为敬（守官行法，虽死不敢有违）。君合诸侯，臣敢不敬？君师不武，执事不敬，罪莫大焉。臣惧其死，以及扬干,无所逃罪。不能致训,至于用钺[7](用钺斩扬干之仆)。臣之罪重,敢有不从,以怒君心(言不敢不从戮),请归死于司寇[8]。”公跣[9]而出,曰:“寡人之言,亲爱也。吾子之讨,军礼也。寡人有弟,弗能教训,使干大命[10],寡人之过也。子无重寡人之过(魏绛死为重过),敢以为请。”晋侯以魏绛为能以刑佐[11]民矣,反役[12],与之礼食[13],使佐新军(群臣旅会,今欲显魏绛,故特为设礼食)。张老为中军司马(代魏绛),士富为候奄(代张老。士富,士会别族)。

楚司马公子何忌侵陈,陈叛故也。

春秋　秋,公至自会。

春秋　冬,晋荀罃帅师伐许。

左传　许灵公事楚,不会于鸡泽。冬,晋知武子帅师伐许。

解义　责许不会于鸡泽也。许自新城以来,困於郑,胁於楚,不与中国会盟久矣。今以陈、郑偶服,遂侈然[14]求多於许,其心褊[15]矣。宜不得许,且并陈、郑而失之也。

注释　①乱行于曲梁:乱行,扰乱队列。在曲梁扰乱军队行列。②何辱如之:什么侮辱能比上这个。③其将来辞:他将会来向君主说明。④何辱命:何劳君主下命令。⑤伏剑:抽剑自杀。⑥无犯:不违犯军纪。⑦钺:行刑所用的大斧。⑧司寇:主管司法官。⑨跣:赤足。⑩干大命:触犯军令。⑪佐:治也。⑫反役:盟会事后返国。⑬礼食:公食大夫之礼。⑭侈然:指骄纵。⑮褊(biǎn):狭小。

春秋　四年春王三月己酉,陈侯午[1]卒。

左传　四年春,楚师为陈叛故,犹在繁阳(前年,何忌之师侵陈,今犹未还。繁阳,杜注:楚地,在汝南鲖阳县南。今河南新蔡县有繁阳亭)。韩献子患之,言于朝曰:“文王帅殷之叛国以事纣,唯知时[2]也。今我易[3]之,难哉!”三月,陈成公卒。楚人将伐陈,闻丧乃止。陈人不听命[4]。臧武仲闻之,曰:“陈不服于楚,必亡。大国行礼焉而不服，在大犹有咎[5]，而况小乎？”夏，楚彭名侵陈，陈无礼故也（为下陈围顿传）。

解义 襄公名午，与陈侯同名，《经》不为国讳者。周人虽以谥易名，因而有讳。然考之《礼律》，亦有不尽讳者。后世忌讳，繁而名，实乱矣。策书所纪不宜变易[6]，故庄公名同而书同盟；僖公名申而书戊申；定公名宋而书宋公；皆临文不讳之法也。

注释 ①陈侯午：即陈成公，妫午，在位期间为前598年—前569年。②知时：知道时机不成熟。③易：改变，变更之意。④不听命：不听从楚命，不肯服楚。⑤咎：灾祸。⑥策书：指古代常用以记录史实的简册。纪：记载。

春秋 夏，叔孙豹如晋。

左传 穆叔[1]如晋，报知武子之聘也（武子聘在元年），晋侯享之。金奏《肆夏》[2]之三，不拜（《肆夏》，乐曲名。《周礼》以钟鼓奏九夏，其二曰《肆夏》；三曰《韶夏》；四曰《纳夏》。盖击钟而奏此三《夏》曲）。工歌《文王》之三[3]，又不拜（工，乐人也。《文王》之三，《大雅》之首：《文王》、《大明》、《绵》）。歌《鹿鸣》之三，三拜（《小雅》之首：《鹿鸣》、《四牡》、《皇皇者华》）。韩献子使行人子员问之，曰：“子以君命，辱于敝邑。先君之礼，藉[4]之以乐，以辱吾子。吾子舍其大[5]，而重拜其细，敢问何礼也？”对曰：“三《夏》，天子所以享元侯[6]也，使臣弗敢与闻。《文王》，两君相见之乐也，臣不敢及（及，与也）。《鹿鸣》，君所以嘉寡君也，敢不拜嘉？（歌《鹿鸣》，义取“我有嘉宾”。叔孙奉君命而来，以叔孙为嘉宾，乃所以嘉鲁君也）《四牡》，君所以劳使臣也，敢不重拜？（《诗》言使臣乘四牡，騑騑然行不止。勤，劳也。晋以叔孙来聘，故以此劳之）《皇皇者华》，君教使臣曰：‘必咨于周（《皇皇者华》，君遣使臣之诗。言忠臣奉使，能光辉君命如华之皇皇然。又当谘于忠信，以补不及。忠信为周，其诗曰：“周爰谘诹，周爰谘谋，周爰谘度，周爰谘询。”言必於忠信之人，询此四事）。’臣闻之：‘访问于善为咨（问善道），咨亲为询（问亲戚之义），咨礼为度[7]（问礼宜），咨事为诹[8]（问政事），咨难为谋（问患难）。'臣获五善[9]，敢不重拜？"

春秋　秋七月戊子，夫人姒氏薨（姒，《公羊》作弋。下定姒同）。

左传　秋，定姒薨。不殡于庙[10]，无榇[11]，不虞[12]（榇，亲身棺。季孙以定姒本贱，不欲以夫人礼卒之。虞，祭也）。匠庆[13]谓季文子曰（匠庆，鲁大夫）："子为正卿，而小君之丧不成，不终君[14]也（慢其母，是不终事君之道）。君长，谁受其咎？"初，季孙为己树六槚于蒲圃东门之外（蒲圃，场圃名。季文子树槚，欲自为榇）。匠庆请木[15]（为定姒作榇），季孙曰："略（不以道取为略）。"匠庆用蒲圃之槚，季孙不御[16]（御，止也。《传》曰遂得成礼，故经无异文）。君子曰："《志》所谓'多行无礼，必自及也'，其是之谓乎！"

解义　孔氏颖达[17]曰："二年[18]齐姜薨，葬者成公夫人也。"据《传》匠庆之言，则定姒襄公生母。王氏葆[19]曰："定[20]十五年书葬定姒，哀公之母也。"自襄至哀，历世未远，不应同谥曰"定"，文必有误。

注释　①穆叔：即叔孙豹。②《肆夏》：乐章名，其辞今已亡。③工：乐人。《文王》之三：指《诗经·大雅》中《文王》、《大明》、《绵》三篇。④藉：荐也，进献之意。⑤舍其大：指放弃重大的《肆夏》之三与《文王》之三。⑥元侯：牧伯也。诸侯之长。⑦咨礼为度：询问礼之所宜为度。⑧诹（zōu）：咨询、询问。⑨五善：指访善、咨亲、咨礼、咨事、咨难五种善德。⑩殡于庙：停棺于祖庙待葬。⑪榇：贴近死者之内棺。⑫虞：祭礼。死者葬后，生者返殡宫祭祀而安死者之灵，称虞礼。⑬匠庆：鲁大夫，名庆。⑭不终君：意为使襄公未为生母送终。⑮请木：请求为定姒作棺材的木料。⑯御：止。⑰孔氏颖达：即孔颖达（574—648），字冲远、仲达，冀州衡水（今河北衡水市）人。隋唐间儒家学者，经学家。他的《五经正义》被唐王朝颁为经学的标准解释，从而完成了中国经学史上从纷争到统一的演变过程。他是一个对中国经学具有总结和统一之功的大经学家。⑱二年：指鲁襄公二年。⑲王氏葆：即王葆，宋代学者。字彦光，昆山人。弱冠即通诸经。其学精于《春秋》，著《春秋集传》、《春秋备论》等书。⑳定：指鲁定公。

春秋 葬陈成公。

解义 陈即晋、鲁会其葬，故书。

春秋 八月辛亥，葬我小君[1]定姒。

公羊传 定弋[2]者何？襄公之母也。

解义 未逾月，而速葬，其礼略也。盖行父本不欲以夫人之礼葬，不得已于人言，则略其礼。季氏无君之心，自行父已兆其端矣[3]。

注释 ①小君：指诸侯的妻子。②定弋：即定姒。③兆：预兆。端：开端。

春秋 冬，公如晋。

左传 冬，公如晋听政[1]（受贡赋多少之政），晋侯享公。公请属鄫[2]（鄫，杜注：小国，琅邪鄫县。欲使属鲁，如须句、颛臾之比），晋侯不许。孟献子曰："以寡君之密迩于仇雠，而愿固事君，无失官命（晋官徵发之命）。鄫无赋于司马[3]（晋司马掌诸侯之赋），为执事朝夕之命敝邑，敝邑褊小，阙而为罪（阙，不共也），寡君是以愿借助焉！"晋侯许之（为明年叔孙豹、鄫世子巫如晋传）。

解义 襄公之生，至是始七岁，且有母丧，而急於朝晋，岂公所自主乎？盖行父惩於归父之事，欲专鲁而过礼以自媚於晋，不顾其君之幼弱，不能胜劳役而任礼事也。行父托言居守，而使孟献子从行。故吴人曰："国君道长，而大夫不出门"，正谓是耳。

注释 ①听政：听从别人的要求。②属鄫：使鄫归属鲁国。

其地在现山东省枣庄市东。③司马：晋司马主管诸侯的贡赋。

春秋　陈人围顿。

左传　楚人使顿间陈[1]而侵伐之(间，伺间隙)，故陈人围顿。

解义　楚围陈纳顿子，陈畏楚而不敢报，陈改事晋，楚使顿间陈而侵伐之，故陈人围顿。自会于鸡泽以后，伐许围顿，皆霸势之将兴，而晋之谋国者，皆务苟安[2]而不能保陈，终成南北分霸之势，不亦悖乎！

注释　①间陈：顿与陈相邻，楚命其伺陈有间隙则攻击。②苟安：苟且偷安。

附录左传　无终子嘉父使孟乐如晋[1](无终，杜注：山戎国名。今顺天府玉田县西有古无终城。子，爵也。嘉父，名。孟乐，其使臣)，因魏庄子[2]纳虎豹之皮，以请和诸戎(欲戎与晋和。庄子，魏绛)。晋侯曰："戎狄无亲而贪，不如伐之。"魏绛曰："诸侯新服，陈新来和，将观于我，我德则睦，否则携贰。劳师于戎，而楚伐陈，必弗能救，是弃陈也，诸华[3]必叛。戎，禽兽也[4]，获戎失华，无乃不可乎？《夏训》有之曰：'有穷后羿[5](夏训，《夏书》。有穷，杜注：国名。《水经注》：穹水出於安丰，在今英山县境。羿，有穷君之号)。'"公曰："后羿何如(怪其言不次，故问之)？"对曰："昔有夏之方衰也，后羿自鉏迁于穷石[6]，因夏民以代夏政(禹孙太康，淫放失国，夏人立其弟仲康。仲康卒，子相立，羿遂代相，号曰"有穷"。鉏，杜注：羿本国名。今直隶滑县东有鉏城)。恃其射也(羿善射)，不修民事而淫于原兽[7]。弃武罗、伯因、熊髡、龙圉(四子皆羿贤臣)，而用寒浞。寒浞，伯明氏之谗子弟也(寒，杜注：寒国，北海平寿县东有寒亭，在今山东潍县东北。伯明，其君名)。伯明后寒[8]弃之，夷羿[9]收之(夷氏)，信而使之，以为己相。浞行媚于内[10](内宫人)，而施赂于外，愚弄其民而虞羿於田(乐之以游田)，树之诈慝以取其国家，外内咸服。羿犹不悛，将归自田(羿猎还)，家众杀而亨之，以食其子[11](食羿子)。

其子不忍食诸,死于穷门[12]。靡奔有鬲氏[13](靡,夏遗臣事羿者。有鬲,杜注:国名,平原鬲县。今山东德平县东有故鬲城)。浞因羿室(就其妃妾),生浇及豷[14],恃其谗慝诈伪而不德于民。使浇用师,灭斟灌及斟寻氏[15](二国,夏同姓诸侯,后相所依。杜注:乐安寿光县东南有灌亭,北海平寿县东南有斟亭。今斟灌城在山东寿光县东北。斟寻城在山东潍县西南)。处浇于过,处豷于戈[16](过、戈,杜注:皆国名。东莱掖县北有过乡。戈在宋、郑之间。按:今山东莱州府治即过国也)。靡自有鬲氏,收二国之烬[17](烬,遗民),以灭浞而立少康[18](少康,夏后相之子)。少康灭浇于过,后杼[19]灭豷于戈(后杼,少康子)。有穷由是遂亡(浞因羿室,故不改有穷之号),失人故也。昔周辛甲[20]之为大史也,命百官,官箴王阙[21](辛甲,周武王大史。使百官各为箴辞以戒王过)。于《虞人之箴》曰(虞人掌田猎):'芒芒禹迹(芒芒,远貌),画[22]为九州,经启九道[23](启开九州之道)。民有寝庙,兽有茂草,各有攸处,德用不扰[24]。在帝夷羿,冒[25]于原兽(冒,贪也),忘其国恤[26],而思其麀牡。武[27]不可重(重,犹数也),用不恢于夏家。兽臣司原,敢告仆夫(兽臣,虞人。告仆夫,不敢斥尊)。'《虞箴》如是,可不惩乎?"于是晋侯好田,故魏绛及之。公曰:"然则莫如和戎乎?"对曰:"和戎有五利焉:戎狄荐居[28],贵货易[29]土(荐,聚也。易犹轻也),土可贾[30]焉,一也。边鄙不耸[31],民狎[32]其野,穑人[33]成功,二也(耸,惧。狎,习也)。戎狄事晋,四邻振动,诸侯威怀[34],三也。以德绥[35]戎,师徒不勤[36],甲兵不顿[37],四也(顿,坏也)。鉴于后羿,而用德度,远至迩安,五也。君其图之!"公说,使魏绛盟诸戎,修民事,田以时(《传》言晋侯能用善谋)。冬十月,邾人、莒人伐鄫。臧纥救鄫,侵邾,败于狐骀(臧纥,武仲。狐骀,杜注:邾也。鲁国蕃县东南有目台亭。今狐骀山在山东滕县东南)。国人逆丧者皆髽。鲁于是乎始髽[38](髽,麻发合。丧礼之始变),国人诵[39]之曰:"臧之狐裘,败我于狐骀(臧纥时服狐裘)。我君小子,朱儒是使。朱儒！朱儒！使我败于邾(公幼弱,故曰“小子”。臧纥短小,故曰“朱儒”。败不书,鲁人讳之)。”

春秋　五年春,公至自晋。

左传　五年春,公至自晋。

附录左传　王使王叔陈生[40]愬戎于晋(王叔,周卿士。时戎侵虢故),晋人执之。士鲂如京师,言王叔之贰于戎[41]也。

春秋　夏,郑伯使公子发来聘。

左传　夏,郑子国[42]来聘,通嗣君也(郑僖公初即位)。

解义　鲁与郑自输平来盟以后,聘使不通。终《春秋》仅见於此,则以晋霸复兴,诸侯辑睦[43]也。

注释　①无终:山戎国名。孟乐:无终国君之使者。②魏庄子:即魏绛。③诸华:指中原诸国。④戎,禽兽也:当时中原诸国,文化发达,而周边国家落后,或尚处于原始状态,故视为禽兽。⑤有穷后羿:有穷,部落名。后,君,即当时酋长。羿(yì),人名,又称夷羿。⑥鉏、穷石:鉏,地名,位于河南滑县东十五里。穷石:即穷谷,在洛阳市南。⑦淫于原兽:沉溺于田猎。⑧伯明后寒:指寒后伯明,寒国之君。⑨夷羿:即后羿。夷,种族名。⑩行媚于内:在宫内献媚。即与羿的妻妾通奸。⑪以食其子:让羿的儿子吃。⑫穷门:穷国之门。⑬靡:后羿的贵臣。有鬲氏:部落名,其地当位于山东德州市东南。⑭浇、豷(yì):二人名。⑮斟灌、斟寻氏:都是部落名。⑯过、戈:均为部落名。过在现山东掖县西北。戈在宋、郑之间。⑰烬:遗民。⑱少康:夏代君主名。⑲后杼:少康之子。⑳辛甲:本殷臣,事纣,屡谏不听,后奔周,为周公卿。㉑官箴王阙:官员须劝谏天子的过失。箴,劝谏,用作动词。㉒画:分。㉓经启九道:开辟无数大道。九,泛指很多。㉔德用不扰:人与兽互不干扰。此箴言意为田猎不能过滥。㉕冒:贪。㉖国恤:国忧。㉗武:指田猎。㉘荐居:逐水草而居。

荐,草。㉙易:轻视。㉚贾(gǔ):买。㉛不耸:不害怕。㉜狎:亲近。㉝穑(sè)人:农人。㉞威怀:因国威而慑服。㉟绥:安抚。㊱勤:劳。㊲顿:坏。㊳髽(zhuā):妇人丧服,即以麻束发,去簪。㊴诵:讽。㊵王叔陈生:周王卿士。㊶贰于戎:违背使命,对戎有二心。㊷子国:即公子发,其后为国氏。㊸辑睦:和睦。

春秋 叔孙豹[1]、鄫世子巫如晋(鄫,《穀梁》作缯,后同)。

左传 穆叔觌[2]鄫大子于晋,以成属鄫(觌,见也。前年请属鄫,故将鄫大子巫如晋以成之)。书曰:"叔孙豹、鄫大子巫如晋。"言比诸鲁大夫也。

公羊传 外相如不书,此何以书?为叔孙豹率而与之俱也。叔孙豹则曷为率而与之俱?盖舅出也(巫者,鄫前夫人、襄公母姊妹之子也,俱莒外孙,故曰舅出)。莒将灭之,故相与往殆乎晋也(殆,疑也。以凝谳于晋)。莒将灭之,则曷为相与往殆乎晋?取后乎莒也。其取后乎莒奈何?莒女有为鄫夫人者,盖欲立其出也(时莒女嫁为鄫后夫人,夫人女还嫁莒,有外孙。鄫子爱后夫人,而无子欲立其外孙,鲁因为之往谳于晋)。

穀梁传 外不言如而言如,为我事[3]往也。

解义 外相如不书,鄫世子之如晋,何以书?以鄫既属鲁,叔孙豹率而与之俱,故比诸鲁大夫耳。豹与鄫世子同如晋,而不言及,是旅[4]见於晋也,晋之汰[5]亦甚矣!

注释 ①叔孙豹(?—前537年):姬姓,叔孙氏,名豹,谥号曰"穆",故史称叔孙穆子(亦称叔孙穆叔),春秋时鲁国大夫。②觌(dí):相见。③我事:指鲁国之事。④旅:共同。⑤汰:过分。

春秋 仲孙蔑、卫孙林父会吴于善道(道,《公羊》、《穀梁》作稻。善道,杜注:地阙。按:阮胜之《南兖州记》"盱眙本吴善道地。"今属江南泗州)。

左传　吴子使寿越[1]如晋(寿越,吴大夫),辞[2]不会于鸡泽之故(三年会鸡泽,吴不至,今来谢之),且请听诸侯之好。晋人将为之合诸侯,使鲁、卫先会吴,且告会期。故孟献子、孙文子会吴于善道。

穀梁传　吴谓善伊,谓稻缓。号从中国[3],名从主人(吴之土音与中国异,其所号地形及物类,当从中国,以教殊俗,故不言伊缓,而言善稻。若人名则从其本国所称)。

解义　晋将邀吴为戚之会,鲁、卫近吴,且俱同姓,故先使通好。不言及,同受命於晋也;不列叙[4],而别言会吴者。吴人在善道,蔑与林父往会之也。

注释　①寿越:吴大夫。②辞:解释与致欠。③中国:中原。④叙:同"序"。指排列次第。

春秋　秋,大雩。

左传　秋,大雩,旱也。

春秋　楚杀其大夫公子壬夫[1]。

左传　楚人讨陈叛故[2],曰:"由令尹子辛实侵欲[3]焉。"乃杀之。书曰:"楚杀其大夫公子壬夫。"贪也。君子谓:"楚共王于是不刑[4]。《诗》曰:'周道挺挺,我心扃扃,讲事不令,集人来定(逸《诗》也。挺挺,正直也。扃扃,明察也。讲,谋也。言谋事不善,聚致贤人以定之)。'已则无信,而杀人以逞,不亦难乎?《夏书》曰:'成允成功[5](《夏书·大禹谟》。允,信也,言信成,然后有成功)。'"

解义　壬夫侵欲,固有罪矣。然楚子不能申明法教,禁之於先,及陈怨已深,伐之不服,始归咎而杀之,岂用刑之正哉?故称国以杀,罪累[6]上也。

注释　①公子壬夫(? －前568年):字子辛,春秋时期楚国的王子,父亲楚穆王。②讨陈叛故:责问陈叛楚之缘故、理由。③侵欲:索取贿赂以满足私欲。④不刑:处刑不当。⑤成允成功:完成信用才能成功。允,信。⑥累:累及,牵连到。

春秋 公会晋侯、宋公、陈侯、卫侯、郑伯、曹伯、莒子、邾子、滕子、薛伯、齐世子光、吴人、鄫人于戚。

左传 九月丙午,盟于戚,会吴,且命戍陈也(不书盟,盖不以盟告庙)。穆叔以属鄫为不利,使鄫大夫听命于会(《传》言鄫人所以见于戚会)。

公羊传 吴何以称人?吴、鄫人云则不辞。

解义 晋合诸侯,而吴来听命,与吴居其所,而诸国往会之者,异矣。故列叙而不殊会[①],其称人与鄫并列,不得云吴、鄫人也。

注释 ①叙:同"序"。指排列次第。殊:特别。

春秋 公至自会。

春秋 冬,戍陈。

公羊传 孰戍之?诸侯戍之。曷为不言诸侯戍之?离至不可得而序(离至,离别前后至也),故言我也(以鲁至时书)。

穀梁传 内辞也(不言诸侯,是鲁戍之)。

解义 诸侯受命于戚,各以师戍陈,离至不可得而序,故独书鲁戍也。齐桓不战而屈楚,晋文战而屈楚,悼公[①]通吴以制楚,又戍守陈、郑,事势各异,不可以优劣论也。

注释 ①悼公:即晋悼公(前586年—前558年),姬姓,晋氏,名周,一名纠,称晋周。前573年至前558年在位,春秋中期晋国杰出的君主,年轻而又优秀的政治家,晋国霸业的复兴者。

春秋 楚公子贞帅师伐陈。公会晋侯、宋公、卫侯、郑伯、曹伯、齐世子光救陈。十有二月,公至自救陈(曹伯下,《公羊》、《穀梁》有莒子、邾子、滕子、薛伯)。

左传 楚子囊[①]为令尹(公子贞)。范宣子曰:"我丧陈矣!楚人讨贰而立子囊,必改行[②](改子辛行),而疾讨陈。陈近于楚,民朝夕急,能无往乎?有陈,非吾事也,无之而后可。”冬,诸侯戍陈。子囊伐陈。十一月甲午,会于城棣以救之(城棣,杜注:郑地,陈留酸枣县西南有棣城。《环宇记》:有南棣城、北棣城,在阳武县北,今属河南开封府)。

穀梁传　善救陈也。

解义　晋之於陈,既勤戍於无事之时,复率救於被兵[3]之日,可谓勤矣。卒[4]不能保陈,以楚益张,而陈近焉,事势实然。然非悼公即世,必能与楚相持,不至南北分霸也。

注释　①子囊:即公子贞。②改行:改变子辛的做法。③被兵:指遭受战祸。④卒:终究。

春秋　辛未,季孙行父卒。

左传　季文子卒。大夫入敛,公在位(在阼阶西乡)。宰庀家器为葬备[1](庀,具也),无衣帛之妾,无食粟之马,无藏金玉,无重器备(器备,谓珍宝甲兵之物)。君子是以知季文子之忠于公室也。相三君[2]矣,而无私积,可不谓忠乎?

解义　先儒以《左氏》所称,多谓行父忠,慎然子赤之弑,行父非惟坐视,而又为仲遂奔走焉。及宣公既殁[3],复乘间以逐归父,而三桓之势成,孟叔且拱手以听於季氏矣。其妾不衣帛,马不食粟,乃矫情悦众[4],以自固其身家,与陈氏燠休齐民之意同[5]。故孔子讥其三思,而朱子[6]尤深恶之,洵[7]论世知人之特识也。

注释　①庀(pǐ)家器为葬备:庀,备具。备办其家之器物,供安葬之用。②三君:指鲁宣公、成公、襄公。③殁(mò):死。④矫情:指故意违反常情,表示与众不同。⑤燠休:指优恤;抚慰。齐民:平民。⑥朱子(1130—1200):指历史上著名的理学家、新儒家朱熹。其思想学说从元代开始成为中国的官方哲学,不仅深刻地影响了中国的传统思想文化,而且还远播海外,产生相当大的影响。⑦洵:诚然,实在。

春秋　六年春王三月,壬午,杞伯姑容[1]卒。

左传　六年春,杞桓公卒,始赴以名,同盟故也(杞入《春秋》,未尝书名。桓公三与成公同盟,故赴以名)。

春秋　夏,宋华弱来奔。

左传　宋华弱与乐辔少相狎[2],长相优[3],又相谤也(华弱、乐辔,皆宋大夫。狎,亲习也。优,调戏也)。子荡怒,以弓梏华弱于朝(子荡,乐辔也。张弓以贯其颈,若械之在手,故曰梏)。平公见之,曰:"司武[4]而梏于朝,难以胜矣(司武,司马)!"遂逐之。夏,宋华弱来奔。司城子罕曰:"同罪异罚,非刑也。专戮于朝[5],罪孰大焉!"亦逐子荡。子荡射子罕之门,曰:"几日而[6]不我从(言亦当见逐)!"子罕善之如初[7]。

春秋　秋,葬杞桓公。

春秋　滕子来朝。

左传　秋,滕成公来朝,始朝公也。

春秋　莒人灭鄫。

左传　莒人灭鄫,鄫恃赂也(归鲁贡,恃之而慢莒,故灭)。

穀梁传　非灭也。中国[8]日,卑国月,夷狄时。缯,中国也;而时,非灭也。家有既亡,国有既灭(家立异姓为后,则亡;国立异姓为嗣,则灭。既,尽也)。灭而不自知,由别之而不别也(立嗣宜分别同姓,而缯不别)。莒人灭缯,非灭也,非立异姓以莅祭祀,灭亡之道也。

解义　鲁既请於晋以属鄫,而中弃之。晋为盟主,坐视莒人灭同盟之国,而不能正,皆罪也。《公》、《穀》以昭[9]四年,书取鄫,疑鄫未尝灭,故有立异姓为后之说,不知莒人始灭之继又复之,使为附庸,其后鲁又取之,与郑既灭许而许复见《经》等耳。果立异姓为后,圣人宜直书其事,以为世戒,顾[10]隐其辞曰灭,则后人但知鄫之灭,而无由知其立异姓为后也。凿[11]而蔽於理,故不可从。

注释　①杞伯姑容:即杞桓公(?—前567年),名叫姒姑容,是杞国的第10任君主,杞成公之弟,继承其爵位。在位70年,传于其子杞孝公。②华弱、乐辔:华、乐两氏俱为宋戴公后裔,世代为宋国卿大夫。少相狎:狎,过分亲昵而不敬重。小时候互相亲昵。③长相优:长大了互相戏谑。优,调戏。④司武:即司马。宋国司马职掌军事。⑤专戮:专横而侮辱他人。专戮于朝:在朝廷上擅自侮辱大臣。⑥而:通"尔"。⑦善之如初:子罕虽被辱,也不敢触怒乐辔,待之如初。⑧中国:中原。⑨昭:指鲁昭公。⑩顾:顾虑;考虑。⑪凿:凿说,穿凿附会之说。

春秋　冬,叔孙豹如邾。

左传　冬,穆叔如邾,聘,且修平[1](平四年狐骀战)。

解义　公初即位,邾子来朝。四年[2]有狐骀之战,至是往聘,修平,以无忘旧好也。

注释　①修平:重修友好关系。②四年:指鲁襄公四年。

春秋　季孙宿[1]如晋。

左传　晋人以鄫故来讨,曰:"何故亡鄫(鄫属鲁,见灭,故晋责鲁)?"季武子如晋见,且听命(武子,季孙宿。始代父为卿见大国,听命受罪)。

解义　宿,行父之子也,父丧未期而遽[2]如晋。时襄公幼弱,宿代父执政,急自托於晋,而实非公意也。《传》谓晋人以鄫故来讨,非也。前年会戚已命鄫听命於会,鄫之亡,於鲁何与耶?

注释　①季孙宿:即季武子(?—前535年)。季孙行父之子。春秋时鲁国正卿,前568—前535年执政。姬姓,季氏,名宿(一作夙),谥武,史称"季武子"。②遽(jù):急,仓猝。

春秋　十有二月,齐侯灭莱。

左传 十一月，齐侯灭莱，莱恃谋[①]也（赂夙沙卫之谋也。事在二年）。于郑子国之来聘也，四月，晏弱城东阳，而遂围莱（子国聘在五年。二年晏弱城东阳，至五年四月，复讬治城，因遂围莱）。甲寅，堙[②]之环城，傅于堞（堙，土山也。堞，女墙也。周城为土山及女墙）。及杞桓公卒之月（此年三月），乙未，王湫帅师及正舆子、棠人军[③]齐师（王湫，故齐人，成十八年奔莱。正舆子，莱大夫。棠，杜注：莱邑。北海即墨县有棠乡。今县南甘棠社即古棠乡也，县属山东），齐师大败之。丁未，入莱。莱共公浮柔奔棠（浮柔，莱共公名）。正舆子、王湫奔莒，莒人杀之。四月，陈无宇献莱宗器于襄宫[④]（无宇，桓子，陈完玄孙。襄宫，齐襄公庙）。晏弱围棠，十一月丙辰，而灭之。迁莱于郳（迁莱子于郳国）。高厚、崔杼定其田（高厚，高固子）。

公羊传 曷为不言莱君出奔？国灭君死之正也。

解义 莱近齐，齐图莱久矣，自宣[⑤]七年伐莱，至是灭之。晋文、襄之世[⑥]，诸侯无敢相灭者，成、景以后开地於狄[⑦]，数灭小国，故虽悼公复霸，亦不能禁诸侯之相灭也。

注释 ①莱恃谋：指赂夙沙卫之谋。襄公二年，齐侯伐莱，莱人精选中马各百匹贿赂齐侯宠臣夙沙卫，得齐退兵。莱人恃此谋成功，而不多加防卫，故被灭。②堙（yīn）：小土山，此处用作动词。③军：抵御。④陈无宇：即陈桓子，齐臣。襄宫：齐襄公宗庙。⑤宣：即鲁宣公。⑥晋文、襄：指晋文公、晋襄公。⑦成、景：指晋成公、晋景公。

卷三十八

襄公(七年之九年)

春秋 七年春,郯子来朝。

左传 七年春,郯子来朝,始朝公也。

春秋 夏四月,三卜郊,不从[①],乃免牲。

左传 夏四月,三卜郊,不从,乃免牲。孟献子曰:“吾乃今而后知有卜筮[②]。夫郊,祀后稷以祈农事也。是故启蛰而郊,郊而后耕(启蛰,夏正建寅之月。耕谓春分)。今既耕而卜郊,宜其不从也。”

穀梁传 夏,四月,不时[③]也。三卜,礼也。乃者,亡乎人之辞也。

解义 《公》、《穀》以三卜为合礼,啖氏助及朱子皆从之[④]。此年三卜亦书,盖讥非时,非讥其渎[⑤]卜也。卜郊,止於三月,今四月而三卜,则过时[⑥]而不敬矣!

注释 ①不从:不吉利。②卜筮:二者有别,卜用龟甲,筮用蓍草,方法不同。③不时:不适时;不合时。④啖氏助:即啖助(724—770),字叔佐,唐赵州(州治在今河北赵县)人,后迁居关中。唐代儒家学者,经学家。朱子:即朱熹(1130—1200年)中国南宋思想家。为北宋以来理学之集大成者,被尊为古代理学正宗,他是中国封建社会后期影响最大的思想家,后人将他视为儒学宗师。⑤渎:轻慢,不敬。⑥过时:不合时宜。

春秋 小邾子[①]来朝。

左传 小邾穆公来朝,亦始朝公也。

春秋 城费。

左传 南遗为费宰[②](费,季氏邑)。叔仲昭伯为隧正[③](昭伯,叔仲惠伯之孙。隧正,主役徒),欲善季氏而求媚于南遗,谓遗:“请城费,吾多与而役[4]。”故季氏城费(《传》言禄去公室,季氏所以强)。

解义 费,鲁强邑也。隐[5]元年,《传》称费伯即其邑大夫,僖公[6]复以赐季友,自南遗请城,而后不独季氏世卿,而南氏亦世其邑。季氏但知大城其私邑以弱公室,而不知陪臣之拟[7]其后也。观费之城,可以知履霜坚冰[8]之戒矣!

注释 ①小邾子:即小邾穆公,曹姓,是春秋时代诸侯国小邾国君主。②费宰:费邑县宰。费为季氏私邑,费宰为季氏之家臣。③隧正:主管役徒之官。④多与而役:而同“尔”,多给你征调徒役。⑤隐:指鲁隐公。⑥僖公:指鲁僖公。⑦拟:打算。⑧履霜坚冰:履,踩、踏。踩着霜,就想到结冰的日子就要到来。比喻看到事物的苗头,就对它的发展有所警戒。

春秋 秋,季孙宿[1]如卫。

左传 秋,季武子如卫,报子叔之聘[2],且辞缓报,非贰也[3](子叔聘在元年)。

解义 比[4]书滕、郯、小邾来朝,而志大夫如晋、如卫,畏大慢小[5],邦交之非义甚矣!

注释 ①季孙宿:即季武子(?—前535年)。春秋时鲁国正卿,前568－前535年执政。姬姓,季氏,名宿(一作夙),谥武,史称“季武子”。②子叔之聘:子叔即公孙剽,于襄公元年来鲁聘问。③辞缓报,非贰:说明迟至六年后才报聘,为国多难,非是对卫有二心。④比:连续,频频。⑤畏:畏惧。慢:怠慢。

春秋 八月,螽[1]。

解义 书螽,记灾也。《经》自庄公[2]以后,螟[3]不书,螽然后书,盖不可胜书,故独举其重者耳。

注释 ①螽(zhōng):虫名。蝗类的总名。②庄公:指鲁庄公。③螟(míng):螟虫,螟蛾的幼虫。主要生活在稻茎中,吃其髓部,危害很大。

附录左传　冬十月,晋韩献子告老。公族穆子有废疾[1](穆子,韩厥长子,成十八年为公族大夫),将立之(代厥为卿)。辞曰:"《诗》曰:'岂不夙夜,谓行多露(《诗·国风》言虽欲早夜而行,惧多露之濡己。义取非礼不可妄行)。'又曰:'弗躬弗亲,庶民弗信[2]。'(《诗·小雅》。讥在位者,不躬亲政事,则庶民不奉信其命。喻己有疾,不能躬亲政事)无忌不才,让,其可乎?请立起[3]也(无忌,穆子名。起,无忌弟宣子也)!与田苏游,而曰好仁(田苏,晋贤人。苏言起好仁)。《诗》曰:'靖共尔位,好是正直。神之听之,介尔景福。'(《诗·小雅》。言君子当思不出其位,求正直之人,与之并立。如是,则神明顺之,致大福也)恤民为德(靖共其位,所以恤民),正直为正(正己心),正曲为直(正人曲),参和[4]为仁(德、正、直三者备,乃为仁)。如是,则神听之,介福[5]降之。立之,不亦可乎?"庚戌,使宣子朝,遂老。晋侯谓韩无忌仁,使掌公族大夫(为之师长)。

春秋　冬十月,卫侯使孙林父来聘。壬戌,及孙林父盟。

左传　卫孙文子来聘,且拜武子之言(缓报非贰之言),而寻孙桓子[6]之盟(盟在成三年)。公登亦登(礼,登阶,臣后君一等)。叔孙穆子相,趋进曰:"诸侯之会,寡君未尝后卫君。今吾子不后寡君,寡君未知所过。吾子其少安[7](安,徐也)!"孙子无辞[8],亦无悛容[9]。穆叔曰:"孙子必亡。为臣而君[10],过而不悛,亡之本也。《诗》曰:'退食自公,委蛇委蛇。'谓从者也。衡而委蛇必折[11](《诗·召南》。委蛇,顺貌。从,顺行。衡,横也。横不顺道,必毁折。为十四年林父逐君起本)。"

春秋　楚公子贞帅师围陈(围国书大夫,始此)。

春秋　十有二月,公会晋侯、宋公、陈侯、卫侯、曹伯、莒子、邾子于鄬(鄬,《穀梁》或作防,杜注:郑地)。

左传　楚子囊围陈,会于鄬以救之。

解义 前书伐陈，此书围陈，楚之陵暴⑫极矣。会于鄬，谋救陈也，不书救，不成救也。夫楚以十月围陈，将历一冬，而悼公始会诸侯，迁延⑬郑地，是有畏楚之心，而不能急救陈也，此陈侯⑭所以既会而逃归欤！

注释 ①穆子：韩厥长子，名无忌。废疾：残废之病。一说为久治不愈之症。②弗躬弗亲，庶民弗信：意为不能躬亲办事，则不能取信于民众。③起：穆子之弟。④参和：即德、正、直三者和为一体。⑤介福：大幅。⑥孙桓子：即孙良夫，文子之父。⑦少安：稍停，使孙林父稍后。⑧无辞：不作回答。⑨无悛容：没有改变的表示。⑩为臣而君：做臣子的俨然国君。指与鲁君并行。⑪衡：即横。强横，专横。折：毁折，挫折。⑫陵暴：轻侮。⑬迁延：徘徊，停留不前。⑭陈侯：指陈哀公，即妫弱，为春秋诸侯国陈国君主之一，他为陈成公的儿子，承袭陈成公担任该国君主，在位期间为前568年—前534年，共在位35年。

春秋 郑伯髡顽①如会，未见诸侯，丙戌，卒于鄵（髡顽，《公羊》、《穀梁》作髡原。鄵，《公羊》、《穀梁》作操，杜注：郑地）。

左传 郑僖公之为大子也，于成之十六年，与子罕适晋，不礼焉。又与子丰适楚（子丰，穆公子），亦不礼焉。及其元年②（郑僖元年，鲁襄三年），朝于晋。子丰欲愬诸晋而废之，子罕止之。及将会于鄬，子驷相，又不礼焉。侍者谏，不听；又谏，杀之。及鄵③，子驷使贼夜弑僖公，而以疟疾赴于诸侯④（《传》言《经》所以不书弑）。简公⑤生五年（僖公子），奉而立之。

公羊传 操者何？郑之邑也。诸侯卒其封内不地，此何以地？隐之也。何隐尔？弑也。孰弑之？其大夫弑之。曷为不言其大夫弑之？为中国⑥讳也。曷为为中国讳？郑伯将会诸侯于鄬，其大夫谏曰："中国不足归也，则不若与楚。"郑伯曰："不可。"其大夫曰："以中国为义，则伐我丧（据城虎牢事），以中国为强,则不若楚(言楚围陈,不能救)。"于是弑之。郑伯髡原何以名?伤而反,未至乎舍而卒也。未见诸侯,其言如会何?致其意也。

穀梁传　未见诸侯,其曰如会何也?致其志也。礼,诸侯不生名。此其生名何也?卒之名也。卒之名,则何为加之如会之上?见以如会卒也。其见以如会卒何也?郑伯将会中国,其臣欲从楚,不胜[7],其臣弑而死。其不言弑何也?不使夷狄之民加乎中国之君也(以其臣欲从楚,故谓夷狄之民)。其地,于外也。其日,未逾竟也。日卒,时葬,正也。

解义　《经》书郑伯卒,《三传》皆以为弑,故赵氏匡[8]以为疑,而胡氏安国之说尤穿凿而害义[9],不知郑人以疾讣,鲁史以卒书,孔子无所据以革之,故特文以发人之疑,而见其实也。如果以疾卒,则书郑伯髡顽如会,卒于鄵,如宋公佐[10]之卒于曲棘可矣。未达会,所自无由与诸侯相见,而曰未见诸侯,明其以欲见诸侯死也。其文与鲁君不书弑,而别见其义,使后人得考其实同,非圣人不能修,谓此类耳。以卒之名,加乎如会之上,舍此无以立文也。

注释　①郑伯髡顽:即郑僖公恽(?—前566)春秋时郑国国君,姬姓,名恽,一做髡顽,郑成公子。为太子时晋、楚均不以礼。即位后晋会诸侯于郑,子驷为相,又不以礼待之,子驷乃使人杀公而以暴病卒以告诸侯。②元年:郑僖公元年,当为鲁襄公三年。③鄵(cào):郑国地名。④疟疾:暴病。赴:同"讣"。⑤简公:郑僖公之子。⑥中国:中原。⑦胜:此指同意,赞同。⑧赵氏匡:即赵匡,唐经学家,字伯循,河东(郡治今山西永济蒲州镇)人。⑨胡氏安国:即胡安国(1074—1138),南宋时期的著名经学家和湖湘学派的创始人之一。字康侯,号青山,学者称武夷先生,后世称胡文定公。穿凿:牵强附会。⑩宋公佐:即宋元公,本名子佐，春秋时代宋国君主，在位15年（前531—前517年）。

春秋 陈侯[①]逃归。

左传 陈人患楚（楚围陈故）。庆虎、庆寅谓楚人曰："吾使公子黄[②]往而执之（二庆，陈执政大夫。公子黄，哀公弟）。"楚人从之。二庆使告陈侯于会，曰："楚人执公子黄矣！君若不来，群臣不忍社稷宗庙，惧有二图[③]。"陈侯逃归（鄬会，所以不书救）。

穀梁传 以其去诸侯，故逃之也。

解义 陈侯以国难逃归，先儒皆以背晋从楚为陈罪，义非不正而未得其情也。盖晋早不欲有陈，故范宣子[④]曰："有陈非吾事也，无之而后可。"楚人围陈，晋虽再合诸侯於鄬，而迁延不救，陈有宗社[⑤]之忧，安能以虚名从晋乎？书陈逃於会鄬之下，亦以见晋之不足恃[⑥]，而伤[⑦]陈之不得已焉耳。

注释 ①陈侯：指陈哀公。②公子黄：陈哀公之弟。③惧有二图：恐怕有另外图谋。④范宣子：即士匄（？～前548），祁姓，范氏，名匄，其名范匄。春秋时期晋国人，任晋国中军将，执掌国政，为晋悼公恢复霸业做出了贡献。⑤宗社：宗庙和社稷，泛指国家。⑥恃：依赖，依靠。⑦伤：哀伤。

春秋 八年春王正月，公如晋。

左传 八年春，公如晋，朝，且听朝聘之数[①]（晋悼复修伯业，故朝而禀其多少）。

解义 文、襄[②]之伯也，令诸侯三岁而聘，五岁而朝。鲁襄嗣位甫及八年[③]，而三朝於晋，盖季氏专鲁，欲过礼以自媚於晋[④]，故若是其勤耳。

注释 ①朝聘之数：晋悼公复修霸业，规定朝聘次数及贡献财币之数额。②文、襄：指晋文公、晋襄公。③嗣位：继承君位。甫：开始，起初。④过礼：超过常礼。自媚：指自动去谄媚、巴结他人。

春秋 夏,葬郑僖公。

公羊传 贼未讨,何以书葬?为中国[①]讳也。

附录左传 郑群公子以僖公之死也,谋子驷[②]。子驷先之[③]。夏四月庚辰[④],辟杀子狐、子熙、子侯、子丁(辟,罪也,加罪以戮之)。孙击、孙恶出奔卫(二孙,子孤之子)。

春秋 郑人侵蔡,获蔡公子燮(燮,《穀梁》作湿。后同)。

左传 庚寅[⑤],郑子国、子耳侵蔡,获蔡司马公子燮(子耳,子良之子。不言败,唯以获告)。郑人皆喜,唯子产[⑥]不顺(子产,子国子),曰:"小国无文德,而有武功,祸莫大焉。楚人来讨,能勿从[⑦]乎?从之,晋师必至。晋、楚伐郑,自今郑国不四五年,弗得宁矣。"子国怒之曰:"尔何知?国有大命,而有正卿。童子言焉,将为戮矣。"

公羊传 此侵也,其言获何?侵而言获者,适得之也(时适遇值其不备获得之)。

穀梁传 人,微者也。侵,浅事也。而获公子,公子病矣。

解义 郑子驷当国,以僖公之弑,欲自掩於晋,又阴欲致楚师,以胁国人而固与楚。考《传》侵蔡之师,使子国、子耳主之,而已不与,则其情可知矣。

注释 ①中国:中原。②谋子驷:谋划讨子驷之罪而诛之。③先之:先于群公子下手。④庚辰:十二日。⑤庚寅:二十二日。⑥子产:子国之子,又名公孙侨,为春秋时期杰出的政治家、思想家。⑦从:顺从。

春秋 季孙宿会晋侯、郑伯、齐人、宋人、卫人、邾人于邢丘。

左传 五月甲辰[①],会于邢丘,以命朝聘之数,使诸侯之大夫听命。季孙宿、齐高厚、宋向戌、卫宁殖、邾大夫会之(晋难重烦诸侯,故使大夫听命)。郑伯献捷[②]于会(献蔡捷),故亲听命。大夫不书，尊晋侯也。

榖梁传 见鲁之失正也，公在而大夫会也。

解义 邢丘之会，以命诸侯朝聘之数，非会盟、会伐之比，故重烦诸侯，而使大夫听命。郑伯以献捷与会，则公在晋而不与会者，乃晋侯加礼於鲁，与盟长樗同意[3]。先儒谓鲁君失政，实由於此则未得其情，盖四国皆大夫会，不得专，以此责季孙也。但悼公之意，本欲以德礼怀诸侯，而不知大夫之势亦由是益张耳。

注释 ①甲辰：七日。②献捷：此指郑战胜蔡后，进献所获的俘虏及战利品。③同意：指意义相同；意旨相同。

春秋 公至自晋。

春秋 莒人伐我东鄙[1]。

左传 莒人伐我东鄙，以疆鄫田[2]。

解义 莒伐鲁以疆鄫田，而霸讨不及，晋方虑楚故也。据此，则莒以兵灭鄫益[3]无可疑矣。

注释 ①东鄙：指东部边境。②疆鄫田：意思指划分确定鄫地土田的疆界。③益：更加。

春秋 秋九月，大雩[1]。

左传 秋九月，大雩，旱也。

春秋 冬，楚公子贞帅师伐郑。

左传 冬，楚子囊伐郑，讨其侵蔡也。子驷、子国、子耳欲从楚，子孔、子蟜、子展欲待晋（子孔，穆公子。子蟜，子游子。子展，子罕子）。子驷曰："《周诗》有之曰：'俟河之清，人寿几何（逸《诗》也。河水浊千年一清，喻晋之不可待）？兆云询多，职竞作罗[2]（兆，卜。询，谋也。职，主也。言既卜且谋多，则竞作罗网之难，无成功）。'谋之多族，民之多违[3]，事滋无成[4]。民急矣，姑从楚以纾吾民。晋师至，吾又从之。敬共币帛，以待来者，小国之道也。牺牲玉帛，待于二竟，以待强者而庇民焉。寇不为害，民不罢病，不亦可乎?”子展曰:“小所以事大,信也。小国无信,兵乱日至,亡无日矣。五会[5]之信(谓三年会鸡泽,五年会戚,又会城棣,七年会鄬,八年会邢丘),今将背之,虽楚救我,将安用之?亲我无成[6],鄙我是欲[7],不可从也。不如待晋。晋君方明,四军无阙,八卿和睦(四军,谓上、中、下、新军也。军有二卿),必不弃郑。楚师辽远,粮食将尽,必将速归,何患焉?舍之[8]闻之(舍之,子展名):‘杖莫如信[9]。’完守[10]以老楚,杖信以待晋,不亦可乎?”子驷曰:“《诗》云:‘谋夫孔多,是用不集(《诗·小雅》。集,就也。言人欲为政,是非相乱而不成)。发言盈庭,谁敢执其咎(言谋者多,若有不善,无适受其咎)?如匪行迈谋[11],是用不得于道(匪,彼也。行迈谋,谋于路人也。不得于道,众无适从)。’请从楚,騑也受其咎(騑,子驷名)。”乃及楚平。使王子伯骈[12]告于晋,曰(伯骈,郑大夫):“君命敝邑:‘修而车赋[13],儆而师徒,以讨乱略[14]。’蔡人不从,敝邑之人,不敢宁处,悉索敝赋[15](索,尽也),以讨于蔡,获司马燮,献于邢丘。今楚来讨曰:‘女何故称兵于蔡?’焚我郊保,冯陵我城郭。敝邑之众,夫妇男女,不遑启处[16],以相救也。翦焉[17]倾覆(翦,尽也),无所控告。民死亡者,非其父兄,即其子弟,夫人愁痛(夫人,犹人人也),不知所庇。民知穷困,而受盟于楚,孤也与其二三臣不能禁止。不敢不告。”知武子使行人子员对之曰:“君有楚命(见讨之命),亦不使一介行李[18](行李,行人也)告于寡君,而即安于楚[19]。君之所欲也,谁敢违君?寡君将帅诸侯以见于城下,唯君图之(为明年晋伐郑传)!”

解义　观《左氏》所载,则子驷志在从楚,而僖公之弑,实由之可知矣。不书郑及楚平[20],以下书诸侯伐郑,则郑之从楚不待言也。

注释　①大雩(yú):古求雨祭名。②《周诗》:以下四句为逸诗。俟河之清:等待黄河澄清。兆云询多:占卜实在太多。

兆,卜。云,词中助词。询,信,实。职竞作罗:当是自作罗网。职,主。竞,语气词。③谋之多族,民之多违:族多人杂,利害不一,想法各异。与之谋划,必然意见分歧,难于统一。④事滋无成:事情更加办不成。⑤五会:指近几年郑国参加晋主持五次盟会,即会于鸡泽、戚、城棣、鄬及邢丘。⑥无成:无终,即无好结果。⑦鄙我是欲:其欲望是把我国作为边鄙。⑧舍之:子展名。⑨杖莫如信:杖为仗之本字,人所可依仗者莫过于信义。⑩完守:坚固守备。⑪匪行迈谋:匪,彼也。行迈谋,与路人相谋。如同那个人随便与路人相谋,因而找不到正确道路而无所适从。⑫王子伯骈:郑大夫。⑬车赋:车乘。⑭乱略:扰乱疆界者,侵夺别国者。⑮悉索敝赋:尽数征调敝国之军力。⑯不遑启处:无暇安居。⑰翦焉:将被翦灭。⑱一介行李:一个使臣。一介,一个。行李,使臣。⑲安于楚:受盟于楚而求安宁。⑳平:和好。

春秋 晋侯使士匄来聘。

左传 晋范宣子[①]来聘,且拜公之辱[②](谢公舂朝),告将用师于郑。公享之,宣子赋《摽有梅》(《诗·召南》。摽,落也。梅盛极则落。宣子欲鲁及时共讨郑,取其汲汲相赴)。季武子曰:"谁敢哉(言谁敢不从命)!今譬于草木,寡君在君,君之臭味[③]也(言同类)。欢以承命,何时之有(迟速无时)?"武子赋《角弓》(《诗·小雅》。取兄弟婚姻,无相远矣之意)。宾将出,武子赋《彤弓》[④](《彤弓》,天子赐有功诸侯之诗,欲使晋君继文之业,复受彤弓于王)。宣子曰:"城濮之役,我先君文公献功于衡雍(在僖二十八年),受彤弓于襄王,以为子孙藏[⑤]。匄也,先君守官之嗣也,敢不承命?"君子以为知礼(《彤弓》之义,义在晋君。故范匄受之,所谓"知礼")。

解义 鲁之事晋甚谨[⑥],而自成公之末至襄公十二年[⑦],晋报聘[⑧]者四焉。其修礼於诸侯者厚矣,宜乎大小辑睦[⑨],而霸业复兴也。

注释　①范宣子:晋中军佐士匄也。②拜公之辱:答拜鲁襄公春季朝见晋侯。③臭(xiù)味:气味。④《彤弓》:《诗经·小雅》篇名。⑤藏:宝藏。⑥谨:郑重,恭敬。⑦成公:指鲁成公。襄公:指鲁襄公。⑧报聘:指派使臣回访他国。⑨辑睦:和睦。

春秋　九年春,宋灾(灾,《公羊》作火)。

左传　九年春,宋灾。乐喜[1]为司城以为政(乐喜,子罕也,为政卿,知将有火灾,素戒为备火之政)。使伯氏司里[2](伯氏,宋大夫。司里,里宰),火所未至,彻小屋,涂[3]大屋(大屋难彻,就涂之);陈畚挶[4],具绠缶[5](畚,篑笼。挶,土轝。绠,汲索。缶,汲器),备水器(盆<临缶>之属);量轻重(计人力所任),蓄水潦[6],积土涂[7];巡丈城(巡,行也。丈,度也),缮守备(缮,治也。行度守备之处,恐因灾有乱),表[8]火道(火起,则从其所趣摽表之)。使华臣具正徒[9](华臣,华元子,为司徒。正徒,役徒也),令隧正纳郊保[10],奔火所(隧正,官名也。五县为隧。纳聚郊野保守之民,使随火所起,往救之)。使华阅讨[11]右官,官庀其司[12](亦华元子,代元为右师。讨,治也。庀,具也。使具其官属)。向戌讨左,亦如之(向戌,左师)。使乐遄庀刑器[13],亦如之(乐遄,司寇。刑器,刑书也)。使皇郧命校正出马,工正[14]出车,备甲兵,庀武守[15](皇郧,皇父充石之后。校正主马,工正主车,使各备其官)。使西鉏吾庀府守[16](鉏吾,大宰也。府,六官之典)。令司宫、巷伯儆宫(司宫,奄臣;巷伯,寺人,皆掌宫内之事)。二师令四乡正敬享(二师,左右师也。乡正,乡大夫。享,祀也),祝宗用马于四墉[17],祀盘庚[18]于西门之外(祝,大祝。宗,宗人。墉,城也,用马祭于四城以禳火。盘庚,殷王,宋之远祖。城积阴之气,故祀之)。晋侯问于士弱曰(弱,士渥浊之子庄子):"吾闻之,宋灾,于是乎知有天道。何故(问宋何故自知天道当灾)?"对曰:"古之火正[19],或食于心,或食于咮,以出内火。是故咮为鹑火,心为大火(谓火正之官,配食于火星。建辰之月,鹑火星昏在南方,则令民放火。建戌之月,大火星伏在日下,不得见,则令民内火,禁放火)。陶唐氏之火正阏伯[20]。居商丘(阏伯,高辛氏之子。传曰"迁阏伯於商丘,主辰"。辰,大火也,今为宋星。然则商丘在宋地),祀大火,而火纪时[21]焉(谓出、内火时)。相土因之,故商主大火[22](相土,契孙,商之祖也,始代阏伯之后居商丘,祀大火)。商人阅其祸败之衅[23],必始于火,是以日知其有天道也。"(阅犹数也。商人数所更历,恒多火灾。宋是殷商之后,故知天道之灾必火)公曰:"可必乎?"对曰:"在道。国乱无象,不可知也。"

公羊传 曷为或言灾,或言火?大者曰灾,小者曰火(大者谓正寝、社稷、宗庙、朝廷也,下此则小矣)。然则内何以不言火(据西宫灾不言火)?内不言火者,甚之也(《春秋》以内当自克责,故小有火,如大有灾)。何以书?记灾也。外灾不书,此何以书?为王者之后记灾也。

穀梁传 外灾不志,此其志何也?故宋也(故犹先也,孔子之先,宋人)。

解义 据《左氏》具详宋司城救灾之政,则来告必矣,《公》、《穀》义不可通,当以来告则书为正。

注释 ①乐喜:即子罕。②伯氏:宋大夫。司里:管辖城内街巷。③涂:以泥涂封。④陈畚挶:陈列盛土的器具。畚挶(jū),器具,可以盛土,也可盛粮。⑤绠缶:绠,绳索。缶,盛水容器。二者为汲水器具。⑥蓄水潦:蓄水于池塘。⑦土涂:泥土。⑧表:标志。⑨具正徒:按规定征调徒役。⑩纳郊保:使郊外徒卒调赴国都。⑪讨:治,主管。⑫官庀其司:作为官长以督促下属各尽其责。⑬庀刑器:准备刑具。⑭工正:也是司马属官。⑮庀武守:守护武器库。⑯庀府守:主管国库的守卫。⑰用马于四墉:杀马祭祀四门城隍。⑱盘庚:宋国远祖。⑲火正:官名,职掌祭火星。⑳阏(è)伯:相传为高辛氏的后裔。现河南商丘县西南有阏伯台㉑纪时:确定时节。㉒主大火:以大火为祭祀主星。

㉓阅:考察。衅:预兆。

春秋　夏,季孙宿如晋。

左传　夏,季武子如晋,报宣子之聘也(宣子聘在八年)。

春秋　五月辛酉,夫人姜氏薨。

左传　穆姜薨于东宫[1](大子宫也。穆姜淫侨如,欲废成公,故徙居东宫。事在成十六年)。始往而筮之,遇《艮》之八[2]䷳(艮下艮上,艮。遇艮之八。盖乾爻七九,坤爻六八,其大凡也。然乾爻用九不用七,坤爻用六不用八。用九故老阳变为少阴,用六故老阴变为少阳,不用七八故少阴少阳不变。此艮卦六爻三上以九变,初四五以六变二得八,故不变是艮之八变卦为随也)。史曰:"是谓《艮》之《随》䷐(震下兑上,随)。《随》其出也[3](随非闭固之卦)。君必速出。"姜曰:"亡(亡,犹无)。是于《周易》曰:'随,元亨利贞[4],无咎(随彖辞)。'元,体之长也[5];亨,嘉之会也[6];利,义之和也;贞,事之干也[7]。体仁足以长人[8],嘉德[9]足以合礼,利物足以和义,贞固足以干事,然,故不可诬[10]也,是以虽《随》无咎。今我妇人而与于乱。固在下位而有不仁,不可谓元。不靖国家,不可谓亨。作而害身,不可谓利。弃位而姣[11](姣,淫之别名),不可谓贞。有四德者,《随》而无咎。我皆无之,岂《随》也哉?我则取恶,能无咎乎?必死于此,弗得出矣。"

附录左传　秦景公使士雃[12]乞师于楚(士雃,秦大夫),将以伐晋,楚子许之。子囊曰:"不可。当今吾不能与晋争。晋君类能而使[13]之(随所能),举不失选[14],官不易方[15](方犹宜也)。其卿让于善,其大夫不失守[16],其士竞于教,其庶人力于农穑。商工皂隶,不知迁业[17]。韩厥老矣,知罃禀焉以为政(代将中军)。范匄少于中行偃而上之,使佐中军(使匄佐中军,偃将上军)。韩起少于栾黡,而栾黡、士鲂上之,使佐上军(栾黡让起,起佐上军。黡将下军,鲂佐之)。魏绛多功,以赵武为贤而为之佐(武,新军将)。君明臣忠,上让下竞。当是时也,晋不可敌,事之而后可。君其图之!”王曰:“吾既许之矣。虽不及晋,必将出师。”秋,楚子师于武城[18]以为秦援。秦人侵晋,晋饥,弗能报也(为十年晋伐秦传)。

春秋　秋八月癸未,葬我小君穆姜(《公羊》作缪姜)。

解义　四月而葬,速也。据《左氏》,穆姜幽[19]於东宫,终成公[20]之世,至於襄公不得出,而遂薨焉。盖季氏专鲁,本怨宣公之谋去三桓[21],又恶穆姜之欲逐季孟[22],托於大义以逞其私忿。鲁君虽有悔心,而不能自主也,其速葬而略於礼,亦职此之故[23]耳。妇人从夫之谥,礼也。鲁以文姜[24]谋弑,欲配以桓公之谥,而有所不安,故别为谥。穆姜弃位而姣,从文姜之例可也。声姜、齐姜亦别为谥,则义无所处矣!

注释　①穆姜:齐女,鲁宣公夫人,谥曰穆。东宫;别宫名,非大子之宫。②遇《艮》之八:占筮得到《艮》卦,变为八。《周易》以“九”、“六”为变爻,并以此占断。此言“遇《艮》之八”并非依据《周易》。晋杜预认为此是用《连山易》或《归藏易》,然而此二易今已不可知。③《随》其出也:《随》卦有随人出走之象。④元、亨、利、贞:为《随》卦卦辞。⑤元,体之长也:元,首。首为身体最高处。⑥亨,嘉之会也:亨,即享。凡嘉礼必有享礼,享礼有主有宾,故称会。⑦贞,事之干也:贞,忠信。干,本。⑧体仁:以仁爱为本体。长人:即高于常人。⑨嘉德:嘉会。⑩诬:欺,妄。⑪弃位而姣:弃太后之尊位,而把自己修饰打扮姣美的样子,与人私通。姣:淫乱。⑫士雃(jiān):秦大夫。⑬类能而使:按人能力分类,量才适用。⑭举不失选:举拔人才,各得其所。⑮官不易方:任命官员不改变政策。⑯不失守:不失职守。⑰不知迁业:不愿改变职业。⑱武城:楚地,位于河南南阳市北。⑲幽:囚禁。⑳成公:指鲁成公。㉑三桓:是春秋时鲁大夫孟孙氏、叔孙氏、季孙氏三家的合称,分别是鲁桓公的三个儿子庆父、叔牙、季友的后裔,因为三家都是桓公后代,所以叫"三桓"。㉒季孟:指春秋时鲁国贵族季孙氏和孟孙氏。㉓职此之故:指走走形式。㉔文姜(? —前673):是春秋时期齐国国君齐僖公的女儿,鲁桓公的夫人。以才华著称于当世,所以被称为"文"。

春秋　冬,公会晋侯、宋公、卫侯、曹伯、莒子、邾子、滕子、薛伯、杞伯,小邾子、齐世子光伐郑。十有二月己亥,同盟于戏(戏,杜注:郑地)。

左传　冬十月,诸侯伐郑(郑从楚也)。庚午[1],季武子、齐崔杼、宋皇郧从荀罃、士匄门于鄟门[2]。(鄟门,郑城门。三国从中军)。卫北宫括、曹人、邾人从荀偃、韩起门于师之梁[3](师之梁,亦郑城门。三国从上军)。滕人、薛人从栾黡、士鲂门于北门(二国从下军)。杞人、郳人从赵武、魏绛斩行栗[4](二国从新军。行,道也。行栗,表道树)。甲戌[5],师于汜[6](汜,杜注:郑地,东汜),令于诸侯曰:"修器备,盛糇粮,归老幼,居疾于虎牢(使诸军疾病息其中。示将久师),肆眚[7],围郑(不书围郑,郑逆服不成围)。"郑人恐,乃行成。中行献子曰(献子,荀偃):"遂围之,以待楚人之救也而与之战。不然,无成。"知武子曰:"许之盟而还师,以敝楚人。吾三分四军[8](分四军为三部),与诸侯之锐以逆来者(来者,楚也),于我未病[9],楚不能矣(晋各一动而楚三来,故曰"不能"),犹愈于战[10]。暴骨以逞,不可以争。大劳未艾[11]。君子劳心,小人劳力,先王之制也(艾,息也。言当从劳心之劳)"诸侯皆不欲战,乃许郑成。十一月己亥,同盟于戏,郑服也。将盟,郑六卿公子騑(子驷)、公子发(子国)、公子嘉(子孔)、公孙辄(子耳)、公孙虿(子蟜)、公孙舍之(子展)及其大夫、门子(门子,卿之適子)皆从郑伯[12]。晋士庄子为载书[13](庄子,士弱),曰:"自今日既盟之后,郑国而不唯晋命是听,而或有异志者,有如此盟[14](如违盟之罚)。"公子騑趋进曰:"天祸郑国,使介居二大国之间[15]。大国不加德音而乱以要之[16],使其鬼神不获歆其禋祀，其民人不获享其土利，夫妇辛苦垫隘[17]（垫隘，犹委顿），无所底告[18]。自今日既盟之后，郑国而不唯有礼与强可以庇民者是从，而敢有异志者，亦如之。”荀偃曰：“改载书（子驷亦以所言载于策，故欲改之）。”公孙舍之曰：“昭大神，要言[19]焉。若可改也，大国亦可叛也。”知武子谓献子曰：“我实不德，而要人以盟，岂礼也哉！非礼，何以主盟？姑盟而退，修德息师而来，终必获郑，何必今日？我之不德，民将弃我，岂唯郑？若能休和[20]，远人将至，何恃于郑？”乃盟而还（遂两用载书）。晋人不得志于郑，以诸侯复伐之。十二月癸亥[21]，门其三门（三门，鄟门、师之梁、北门。癸亥，月五日）。闰月，戊寅，济于阴阪[22]，侵郑（以《长历》参校上下，此年不得有闰月戊寅。戊寅是十二月二十日。疑“闰月”当为“门五日”。晋人三分四军，更攻郑门，门各五日，晋各一攻，郑三受敌，欲以苦之。癸亥去戊寅十六日，以癸亥始攻，攻辄五日，凡十五日，郑故不服而去。阴阪，杜注：洧津）。次于阴口而还（阴口，杜注：郑地名）。子孔曰：“晋师可击也，师老而劳，且有归志，必大克之。”子展曰：“不可（《传》言子展能守信）。”

穀梁传 不异言郑，善得郑也。不致，耻不能据郑也。

解义 伐郑而书同盟，郑受盟也。下书楚子伐郑，则郑复事晋可知矣。齐桓之霸，在能服楚；晋文之霸，在能胜楚；至悼公之世，楚势益张，而诸侯畏之。欲如齐桓陉庭之师，则楚必不帖[23]往者；处父之师无损於楚之毫末，其前辙也。欲如文公城濮之战，则胜未可期；厉公胜於鄢陵，而楚张郑叛，诸侯力屈讫无成功[24]，其明徵也。故不得已，而敝[25]楚三分四军，与诸侯之锐以数伐郑，而不与楚战，使楚劳於奔命，又通吴以制其后，皆审时度势，适得其宜，其终有成功岂幸也哉！

注释 ①庚午：十一日。②鄟（zhuān）门：郑都城东门名。③师之梁：郑都城西门。④行栗：道路旁的栗树。⑤甲戌：十五日。⑥汜:东汜水,位于河南中牟县西南。⑦肆眚(shěng):宽恕有过错者。⑧三分四军:晋有上中下新四个军将其分为三部分。⑨未病:不疲惫。⑩愈于战:比决战好。⑪大劳未艾:大劳指劳心。艾,息也。君子之劳心还未停息。就是要继续与楚斗智。⑫门子:卿的嫡子。从郑伯:随郑伯参加盟会。⑬载书:记载盟书,盟辞的书。⑭有如此盟:盟誓经常用语。言如果背盟,甘愿受违盟之罚。⑮介:间也。二大国:晋与楚。⑯乱以要之:发动战乱以强行结盟。⑰垫隘:极度困乏瘦弱。⑱底告:致告,诉说。⑲要言:约言,即盟约。昭大神要言,盟约之言已昭告神明。⑳休和:美好和协。㉑癸亥:五日。㉒阴阪:洧水渡口。位于新郑县西北一带。㉓帖:顺从,驯服。㉔力屈:力竭。讫:终究。㉕敝:疲惫,困乏。

附录左传　公送晋侯。晋侯以公宴于河上,问公年,季武子对曰:"会于沙随之岁,寡君以生(沙随在成十六年)。"晋侯曰:"十二年矣!是谓一终,一星终[①]也(岁星十二岁而一周天)。国君十五而生子。冠[②]而生子,礼也,君可以冠矣!大夫盍为冠具?"武子对曰:"君冠,必以裸享之礼行之,以金石之乐节之[③](以钟磬为举动之节),以先君之祧[④]处之(冠必在庙。诸侯以始祖之庙为祧)。今寡君在行[⑤],未可具也。请及兄弟之国而假备焉。"晋侯曰:"诺。"公还,及卫,冠于成公之庙(成公,今卫献公之曾祖),假钟磬焉,礼也。

春秋　楚子伐郑。

左传　楚子伐郑(与晋成故),子驷将及楚平。子孔、子蟜曰:"与大国盟,口血未干[⑥]而背之,可乎?"子驷、子展曰:"吾盟固云:'唯强是从。'今楚师至,晋不我救,则楚强矣。盟誓之言,岂敢背之?且要盟无质[⑦](质,主也),神弗临也,所临唯信。信者,言之瑞[⑧]也(瑞,符也),善之主也,是故临之。明神不蠲[⑨]要盟

(蠲,洁也),背之可也。”乃及楚平。公子罢戎入盟[⑩](罢戎,楚大夫),同盟于中分[⑪](中分,杜注:郑城中里名)。楚庄夫人卒(共王母),王未能定郑而归。

解义 《传》称郑及楚平,同盟于中分,而《经》不书,不足书也。明年,诸侯伐郑,则郑复与楚可知矣。

附录左传 晋侯归,谋所以息民。魏绛请施舍,输积聚以贷(输,尽也。尽其积聚,以借贷于民)。自公以下,苟有积者,尽出之。国无滞积[⑫],亦无困人。公无禁利[⑬],亦无贪民。祈以币更(不用牲),宾以特牲[⑭](务崇省),器用不作,车服从给(足给事)。行之期年,国乃有节[⑮]。三驾而楚不能与争(三驾,三兴师,谓十年师于牛首,十一年师于向,其秋观兵於郑东门。自是郑遂服)。

注释 ①一星终:古人认为木星(又称岁星)一年行一次,十二年满一周天,故而十二年为一星终,而以此纪年。②冠:古代由童子至成人举行冠礼。国君举行冠礼的年龄,说法各异。晋悼公认为十二岁可以冠,十五岁可以生子。③节之:有节度。④祧(tiāo):庙。⑤行:道路。⑥口血未干:诸侯盟誓要饮血酒,口血未干形容刚刚饮过盟誓血酒,嘴上的血迹还未干,可谓时间极为短暂。⑦要盟:强加的盟约。质:诚信。⑧瑞:玉石,古人以此作凭证。⑨蠲(juān):清洁。⑩公子罢戎:楚大夫。入盟:入郑都参加盟会。⑪中分:郑都城内里巷名。⑫滞积:积压的财货。⑬公无禁利:国君没有专门的利益。⑭宾以特牲:招待宾客只用一头雄性牲畜。⑮节:法度。

卷三十九

襄公（十年之十三年）

春秋　十年春，公会晋侯、宋公、卫侯、曹伯、莒子、邾子、滕子、薛伯、杞伯、小邾子、齐世子光会吴于柤[①]（柤，杜注：楚地。今山东峄县泇口是也）。

左传　十年春，会于柤，会吴子寿梦[②]也（寿梦，吴子乘）。三月癸丑[③]，齐高厚相大子光以先会诸侯于钟离[④]，不敬（吴子未至，先从东道与东诸侯会遇，非本期地，故不书会。高厚，高固子）。士庄子曰："高子相大子以会诸侯，将社稷是卫，而皆不敬，弃社稷也，其将不免[⑤]乎（为十九年齐杀高厚、二十五年弑其君光传）！"夏四月戊午，会于柤（《经》书春，书始行也。戊午，月一日）。

穀梁传　会又会，外之也。

解义　晋率十二诸侯会吴于楚地，示[⑥]楚以得吴也。晋得吴，则楚不敢议郑；议郑则惧吴袭其后，此即齐桓远结江、黄之遗智[⑦]也。特书会吴，以吴为此会故也。

注释　①柤（zū）：楚地，位于江苏省邳县西北。②吴子寿梦：名乘，谥号兴王，在位25年（前585年—前561年），其在位时吴国开始称王。③癸丑：二十六日。④钟离：地名，位于今安徽省凤阳县东而稍北二十五里。⑤不免：不免于灾祸。⑥示：示意。⑦智：计谋；策略。

春秋　夏，五月甲午，遂灭逼阳[①]（逼，《穀梁》作傅。杜注：逼阳，妘姓国，彭城传阳县也。在今山东峄县南）。

左传　晋荀偃、士匄请伐逼阳，而封宋向戌焉（以宋常事晋，而向戌有贤行，故欲封之为附庸）。荀罃曰："城小而固，胜之不武，弗胜为笑。"固请。丙寅[②]，围之，弗克（丙寅，四月九日）。孟氏之臣秦堇父辇重如役[3](堇父,孟献子家臣)。逼阳人启门,诸侯之士门焉。县门发[4](县门,编版广长如门,施机关以县门上,有寇则发机而下之),郰人纥抉之以出门者[5](郰,杜注:鲁县东南莝城。纥,郰邑大夫,仲尼父叔梁纥也。抉,举也。门者,诸侯之士在门内者)。狄虒弥建大车之轮而蒙之以甲以为橹[6](狄虒弥,鲁人也。橹,大楯),左执之,右拔戟,以成一队(百人为队。成一队言其当百人也)。孟献子曰:"《诗》所谓'有力如虎'者也(《诗·邶风》)。"主人县布[7](逼阳人县布,以试外勇者),堇父登之,及堞而绝之。队[8]则又县之,苏而复上[9]者三。主人辞焉,乃退,带其断以徇于军三日(带其断布以示勇)。诸侯之师久于逼阳(从丙寅至庚寅二十五日,故曰久),荀偃、士匄请于荀罃曰:"水潦将降,惧不能归,请班师[10]。"知伯[11]怒(知伯,荀罃),投之以机,出于其间(出偃、匄之间),曰:"女成二事而后告余(二事:伐逼阳,封向戌)。余恐乱命[12],以不女违[13]。女既勤君而兴诸侯,牵帅老夫[14]以至于此,既无武守,而又欲易余罪,曰:'是实班师,不然克矣(谓偃、匄将言尔)'。余羸老也,可重任乎[15](不任受女此责)? 七日不克,必尔乎取之[16]!"五月庚寅[17](月四日),荀偃、士匄帅卒攻逼阳,亲受矢石[18]。甲午[19],灭之(月八日)。书曰"遂灭逼阳",言自会也。以与向戌,向戌辞曰:"君若犹辱镇抚宋国,而以逼阳光启寡君[20],群臣安矣,其何贶如之?若专赐臣,是臣兴诸侯以自封也,其何罪大焉?敢以死请。"乃予宋公。宋公享晋侯于楚丘[21],请以《桑林》(《桑林》,殷天子之乐名)。荀罃辞。荀偃、士匄曰:"诸侯宋、鲁,于是观礼(宋,王者后,鲁以周公故,皆用天子礼乐,故可观)。鲁有禘乐,宾祭用之。宋以《桑林》[22]享君,不亦可乎?"舞,师题以旌夏(师,乐师。旌夏,大旌也。题,识也。以大旌表识其行列),晋侯惧而退入于房(旌夏非常,卒见之,心偶有所畏)。去旌,卒享而还。及著雍[23],疾(著雍,杜注:晋地)。卜,桑林见(祟见于卜兆)。荀偃、士匄欲奔请祷焉。荀罃不可,曰:“我辞礼矣,彼则以之。犹㉔有鬼神,于彼加之。”晋侯有间㉕(间,疾差也),以逼阳子归,献于武宫,谓之夷俘。逼阳妘姓也。使周内史选其族嗣,纳诸霍人㉖,礼也(霍,杜注:晋邑。使周史者,示有王命)。师归,孟献子以秦堇父为右。生秦丕兹,事仲尼(言堇父以力相尚。子事仲尼,以德相高)。

穀梁传　遂,直遂㉗也。其曰遂何?不以中国从夷狄也(言时实吴会诸侯灭傅阳)。

解义　逼阳,楚与国,为吴、晋往来要地,故帅会柤之师灭之,以通吴。曰遂,继事之词也。诸侯会而灭人之国,非礼也。

注释　①遂:成功,实现。逼阳:妘姓小国,当在今山东枣庄市南一带。②丙寅:九月,初九日。③孟氏之臣:鲁孟孙氏的家奴。辇重如役:挽着重车到了战场。④县门发:悬吊的闸门放下来。县同“悬”。⑤郰人纥抉之:郰(zōu)人,郰邑大夫,即郰宰。郰,鲁邑名,在今山东曲阜县东南约四十里。纥,即叔梁纥,孔丘之父。抉,高举起。⑥狄虒(sī)弥:鲁之勇士。橹:大盾牌。⑦主人县布:指逼阳守城人从城上将布下悬。⑧队:同“坠”。⑨苏而复上:苏醒过来再上。⑩班师:还师。⑪知伯:即荀罃,中军帅。⑫乱命:扰乱军令。⑬不女违:没有违背你们。⑭老夫:知罃自称。⑮重任:任此重罪。可重任乎,能再次承担罪责吗?⑯必尔乎取之:必定取你们的首级。尔乎取即取乎尔的倒装。⑰庚寅:四日。⑱亲受矢石:亲自冒着城上的利箭飞石攻城。⑲甲午:八日。⑳光启寡君:使寡君扩大疆土。光作广,光启,即广启。㉑楚丘:卫地,位于山东省曹县东南。㉒《桑林》:殷王享用之乐舞。㉓著雍:晋地名。㉔犹:若。㉕有间:病有好转,不祈祷而愈。㉖霍人:晋邑,位于山西繁峙县东郊一带。㉗直遂:指直接达到目的;顺利获得成功。

春秋　公至自会。

穀梁传 会夷狄不致(耻与同),恶事不致(耻有恶),此其致何也? 存中国也。中国有善事则并焉(如僖四年“侵蔡,蔡溃”,“遂伐楚”,是并焉。不另书也),无善事则异之,存之也(会吴于柤,甲午,遂灭傅阳,是则若会与遂异人)。汲郑伯(汲,犹引也。郑伯髡为臣所弑而不书弑,此引而致于善事),逃归陈侯(谓鄬之会),致柤之会,存中国也。

解义 公之出,本为会吴,故归仍以会告也。

春秋 楚公子贞、郑公孙辄帅师伐宋。

左传 六月,楚子囊、郑子耳伐宋,师于訾毋(訾毋,杜注:宋地。当在今河南鹿邑县境)。庚午,围宋,门于桐门(桐门,宋城门名)。

解义 凡专将言帅师,苟二国会则先序主兵者,而不言帅师,盖诸侯犹务恤民[1],而不轻用众也。郑受晋师、楚人劳役,衅[2]起於宋,故各用重兵,而自是围灭,亦并称帅师。此春秋将变为战国之渐也。

注释 ①恤民:指忧虑人民的疾苦。②衅:争端。

春秋 晋师伐秦。

左传 晋荀罃伐秦,报其侵也(侵在九年)。

解义 秦尝[1]侵晋,故知罃以师报之。夫晋方图[2]楚,不思树秦以为援[3],而反构秦以资敌[4],非计之得者也。

注释 ①尝:曾经。②图:谋取。③树:树立,建立。援:援手。④构:构陷。资敌:指资聚,增加敌人。

附录左传 卫侯救宋,师于襄牛[1]。郑子展曰:“必伐卫,不然,是不与楚也。得罪于晋,又得罪于楚,国将若之何?”子驷曰:“国病矣!”子展曰:“得罪于二大国,必亡。病不犹愈于亡乎?”诸大夫皆以为然。故郑皇耳帅师侵卫,楚令也(亦兼受楚之敕命也。皇耳,皇戌子)。孙文子卜追之[2],献兆于定姜[3]。姜氏问繇。曰:“兆如山陵,有夫出征,而丧其雄。”姜氏曰:“征者丧雄,御寇之利也。大夫图之!”卫人追之,孙蒯[④]获郑皇耳于犬丘(蒯,孙林父子)。秋七月,楚子囊、郑子耳伐我西鄙。还,围萧[⑤],八月丙寅,克之。九月,子耳侵宋北鄙。孟献子曰:“郑其有灾乎!师竞[⑥]已甚。周犹不堪竞,况郑乎?有灾,其执政之三士[⑦]乎!”

春秋　秋,莒人伐我东鄙。

左传　莒人间[⑧]诸侯之有事也,故伐我东鄙。

解义　莒屡[⑨]同晋悼之盟,而乘间加兵於鲁,其无忌惮[⑩]甚矣!

注释　①襄牛:卫地。位于今山东省汉县境。②孙文子:卫执政之卿孙林父。卜追之:为追逐郑国占卜。③定姜:卫定公夫人,献公之母。④孙蒯:孙林父之子。⑤萧:宋邑,在今安徽省萧县北稍西十五里。⑥竞:相争。⑦执政之三士:指子驷、子国、子耳秉政。当时郑简公年少,三人操纵郑国大权。⑧间:空隙。指莒国乘隙而侵伐鲁国边境。⑨屡:多次。⑩忌惮:表现为害怕、顾虑、畏惧。

春秋　公会晋侯、宋公、卫侯、曹伯、莒子、邾子、齐世子光、滕子、薛伯、杞伯、小邾子伐郑(此三驾之一)。

左传　诸侯伐郑。齐崔杼使太子光先至于师,故长于滕。己酉[①],师于牛首[②](牛首,杜注:郑地)。

解义　齐世子光序[③]四君上,盖晋悼以齐大国,光复先至,心嘉[④]其勤,遂进之以劝来者,此伯主搂[⑤]诸侯之术也。直书其事,义自见矣。

注释　①己酉:九月二十五日。②牛首:位于河南通许县稍北一带。③序:叙述,叙说。④嘉:夸奖,赞许。⑤搂:拉拢。

春秋　冬,盗杀郑公子騑、公子发、公孙辄(騑,《公羊》、《穀梁》作斐。书盗始此)。

左传 初,子驷与尉止[1]有争,将御诸侯之师而黜其车[2](御牛首师也。黜,减损)。尉止获[3](获囚俘),又与之争[4]。子驷抑尉止曰:"尔车,非礼也。"遂弗使献[5](不使献所获)。初,子驷为田洫[6](洫,田畔沟也),司氏、堵氏、侯氏、子师氏皆丧田焉(侵四族田),故五族聚群不逞之人,因公子之徒[7]以作乱(八年,子驷所杀公子嫛等之党)。于是子驷当国,子国为司马,子耳为司空,子孔为司徒。冬十月戊辰[8],尉止、司臣、侯晋、堵女父、子师仆帅贼以入,晨攻执政于西宫之朝,杀子驷、子国、子耳,劫郑伯以如北宫。子孔知之,故不死(子孔,公子嘉。知难不告。为十九年杀公子嘉传)。书曰"盗",言无大夫焉(尉止等五人,皆士也)。子西[9]闻盗(子西,公孙夏,子驷子),不儆而出[10],尸而追盗[11](先临尸而追盗),盗入于北宫,乃归授甲。臣妾多逃,器用多丧。子产闻盗(子产,子国子),为门者[12](置守门),庀群司,闭府库,慎闭藏,完守备,成列而后出,兵车十七乘(千二百七十五人),尸而攻盗于北宫。子蟜[13]帅国人助之,杀尉止,子师仆,盗众尽死。侯晋奔晋。堵女父、司臣、尉翩[14]、司齐[15]奔宋(尉翩,尉止子。司齐,司臣子)。子孔当国(代子驷),为载书[16],以位序[17],听政辟(自群卿诸司,各守其职位,以受执政之法,不得与朝政)。大夫、诸司、门子弗顺,将诛之(子孔欲诛不顺者)。子产止之,请为之焚书[18]。子孔不可,曰:"为书以定国,众怒而焚之,是众为政也,国不亦难乎?"子产曰:"众怒难犯,专欲难成,合二难以安国,危之道也。不如焚书以安众,子得所欲,众亦得安,不亦可乎?专欲无成,犯众兴祸,子必从之。"乃焚书于仓门[19]之外(不於朝内烧,欲使远近见所烧),众而后定。

穀梁传 称盗以杀大夫,弗以上下道,恶上也(两下相杀,不志乎《春秋》,恶郑伯不能修政刑,致盗杀大夫也。以上下道,当言郑人杀其大夫)。

解义　盗杀三卿,不称其大夫者,《正义》云:“凡言其者,其所有也。君实臣之君,故书弑其君。臣实君之臣,故书杀其大夫。盗者,寇贼之名。被杀者,非盗之所有。既以盗为文,故不得言其大夫。”其说精矣。但欲书大夫,独不可,如蔡侯申例。而书曰:盗杀郑大夫某乎?盖騑者主从楚以劳[20]中国,又弑君之贼也。而发辄惟騑是从,恶积不可掩。郑不能讨,而盗得杀之,故不书大夫,当讨之贼也。不书郑人,不以讨贼之义予[21]尉止等也。

注释　①尉止:郑大夫。②黜其车:减少尉止的兵车。③获:俘获。④与之争:子驷争夺尉止之俘获。⑤弗使献:不使尉止献其所俘获。⑥田洫:田间水沟。⑦公子之徒:指襄公八年子驷辟杀子孤、子熙、子侯、子丁的族党。⑧戊辰:十四日。⑨子西:子驷之子,公孙夏。⑩不儆而出:对自家不加警戒就出去了。⑪尸而追盗:收敛尸体,而后追赶叛乱分子。⑫为门者:设置守门卫士,禁止随便出入。⑬子蟜:公孙虿。⑭尉翩:尉止之子。⑮司齐:司臣之子。⑯为载书:子孔欲一人专权,与诸大夫相盟,制定出盟约。⑰以位序:安排官员序位。⑱焚书:烧掉盟书。⑲仓门:郑国东南门。⑳劳:通“捞”。夺取。㉑予:赞许,称誉。

春秋　戍郑虎牢。

春秋　楚公子贞帅师救郑。

左传　诸侯之师城虎牢而戍之。晋师城梧[1]及制(欲以逼郑。不书城,鲁不与也。梧、制,杜注:皆郑旧地。案:《随书》荥阳县有梧桐涧,疑即梧也),士鲂、魏绛戍之。书曰“戍郑虎牢”,非郑地也,言将归焉(郑服,则欲以还郑,故系之郑,以见晋志)。郑及晋平。楚子囊救郑。十一月,诸侯之师还郑而南[2],至于阳陵[3](还,绕也。阳陵,杜注:郑地。在今河南许州西北),楚师不退。知武子欲退,曰:“今我逃楚,楚必骄,骄则可与战矣。”栾黡曰:“逃楚,晋之耻也。

合诸侯以益耻,不如死!我将独进。”师遂进。已亥,与楚师夹颍[④]而军(颍,杜注:颍水出城阳,至下蔡入淮)。子矫曰:“诸侯既有成行[⑤],必不战矣。从之将退,不从亦退(从犹服也)。退,楚必围我。犹将退[⑥]也。不如从楚,亦以退之(以退楚)。”宵涉颍,与楚人盟。栾黡欲伐郑师(伐涉颍者),荀罃不可,曰:“我实不能御楚,又不能庇郑,郑何罪?不如致怨焉而还(为后伐之资)。今伐其师,楚必救之,战而不克,为诸侯笑。克不可命[⑦](胜负难要,不可命以必克),不如还也!”丁未[⑧],诸侯之师还,侵郑北鄙而归(欲以致怨)。楚人亦还。

公羊传 孰戍之?诸侯戍之。曷为不言诸侯戍之?离至不可得而序,故言我也。诸侯已取之矣,曷为系[⑨]之郑(据莒牟夷以牟娄来奔,本杞之邑,不系于杞)?诸侯莫[⑩]之主有,故反系之郑。

穀梁传 其曰郑虎牢,决[⑪]郑乎虎牢也(二年,郑去楚从中国,故城虎牢。不言郑,使与内无异。后数反覆,故系之郑,若决绝而弃外然)。

解义 诸侯伐郑,而郑不下,於是乎顿兵虎牢为久驻,计非遣兵往戍,若戍陈比也。晋人主於扼[⑫]郑,而使之自服,肆[⑬]楚而使之自疲,故不与楚战,而惟示郑以必克之势。是以诸侯方戍郑即请成,曰戍郑虎牢,明戍其要地以阨[⑭]之,而非为郑戍也。楚书救,非善之也,盖纪其实,且见晋有成谋楚,虽欲救,而不能耳。

注释 ①梧:地名,当在虎牢附近。②还郑而南:环绕郑国而后向南进军。还同“环”。③阳陵:郑地。位于许昌市西北一带。④颍:颍水。⑤成行:已作好退兵准备。⑥犹将退:同样准备退兵。⑦克不可命:胜利并无信心。⑧丁未:二十四日。⑨系:归属。⑩莫:不。⑪决:断定。⑫扼:把守,控制。⑬肆:放纵,任意行事。⑭阨(ài):困厄,困窘。

春秋 公至自伐郑。

解义　虎牢既戍,郑将自服,故以伐致而策勋[1]焉。

注释　①策勋:把功勋记载在简策上。

附录左传　王叔陈生与伯舆争政[1](二子,王卿士)。王右伯舆[2](右,助),王叔陈生怒而出奔。及河,王复之,杀史狡以说焉[3]。不入,遂处之[4](处叔河上)。晋侯使士匄平王室,王叔与伯舆讼焉。王叔之宰与伯舆之大夫瑕禽坐狱[5]于王庭(瑕禽,伯舆属大夫。《周礼》:命夫命妇不躬坐狱讼,故使宰与属大夫对争曲直),士匄听之。王叔之宰曰:"筚门闺窦之人而皆陵其上,其难为上矣(筚门,柴门。闺窦,小户,穿壁为户,上锐下方,状如圭也。言伯舆微贱之家)!"瑕禽曰:"昔平王东迁,吾七姓从王,牲用备具。王赖之,而赐之骍旄之盟(平王徙时,大臣从者七姓。伯舆祖在其中,主为王备牺牲,共祭祀。王恃其用,故与之盟,使世守其职。骍旄,赤牛也。举骍旄者,言得重盟,不以犬鸡),曰:'世世无失职。'若筚门闺窦,其能来东底[6]乎?且王何赖焉?今自王叔之相也,政以贿成[7](随财制政),而刑放于宠(宠臣专刑,不任法)。官之师旅,不胜其富,吾能无筚门闺窦乎?唯大国图之!下而无直[8],则何谓正矣(正者,不失下之直)?"范宣子曰:"天子所右,寡君亦右之。所左,亦左之(宣子知伯舆直,不欲自专,故推之于王)。"使王叔氏与伯舆合要[9](合要辞。如今辨答也),王叔氏不能举其契(理曲无以答,故不能举其要契之辞)。王叔奔晋。不书,不告也。单靖公为卿士,以相王室。

春秋　十有一年春王正月,作三军。

左传　十一年春,季武子将作三军[10](鲁本无中军,唯上下二军,皆属于公。有事,三卿更帅以征伐。季氏欲专其民人,故假立中军,因以改作),告叔孙穆子[11]曰:"请为三军,各征其军[12](征,赋税也)。"穆子曰:"政将及子,子必不能(政者,霸国之政令。《礼》,大国三军。鲁次国而为大国之制,贡赋必重,故忧不能堪)。"武子固请之,穆子曰:"然则盟诸(穆子知季氏将复变易,故盟之)?"乃盟诸僖闳[13](僖公之门),诅诸五父之衢[14](五父衢,道名,在鲁国东南。诅,以祸福之言相要)。正月,作三军,三分公室[15]而各有其一。三子各毁其乘(坏其私乘,分以足成三军)。季氏使其乘之人,以其役邑入者,无征;不入者,倍征(役,力役。邑,赋税。设利害以惧民,驱使入已,民辟倍征,故尽属季氏)。孟氏使半为臣[16],若子若弟(取其子弟之半也。四分其乘之人,以三归公,而取其一)。叔孙氏使尽为臣(尽取子弟,以其父兄归公),不然,不舍[17]。

公羊传　三军者何?三卿也。作三军何以书?讥。何讥尔?古者上卿、下卿、上士、下士(古制诸侯有司徒、司空,上下卿各一;上士相上卿,下士相下卿。今益司马作中卿,官逾王制,故讥之)。

穀梁传　作,为也。古者天子六师,诸侯一军。作三军,非正也。

解义　《费誓》[18]称:"鲁人三郊三遂[19]。"说者谓大国三军,故三郊三遂。则三军鲁之旧也,何以谓之作,盖前此民皆属公,故车曰公车,徒曰公徒,属有侵伐之事,诸卿递将不一,其权是鲁之三军也。至是,襄公幼弱,政归季氏,遂分国民为三,三家各有其一。又各以父兄子弟分为四,季氏尽取四分,叔孙氏取子弟而以父兄归公,孟氏止取其子弟之半而以三归公,於是但有私家之军,而无公室之军矣。是以谓之作,作者不宜作也,乱王制,弱公室,故谨书之。

注释　①王叔陈生、伯舆:二人皆是周灵王的卿士。争政:即争权。②王右伯舆:周灵王助伯舆。右,助。③史狡:当是王叔陈生所憎恨的人,周灵王杀了史狡以取悦王叔陈生。说,悦。④处之:住在那里。之,指黄河边上。⑤坐狱:双方对讼,以争曲直。⑥底:意为安居。⑦政以贿成:政事要用贿赂才能办成,指贿赂公行。⑧下而无直:在下的人不能有理。直,正直有理。⑨合要:把双方相争的讼言和证辞等取来对证。⑩作三军:编制三个军。⑪叔孙穆子：叔孙豹，当时为鲁执政之卿。⑫各征其军：由季孙、叔孙、孟孙三家各有一军合成三军。⑬僖闳：鲁僖公宗庙大门。⑭诅诸五父之衢：诅，诅咒，即祭神使加祸于不守盟誓者。五父之衢：大道名，位于曲阜县东南五里。⑮三分公室：指季孙、叔孙、孟孙三家将公室军队分而为三。⑯半为臣：私邑战士的一半作奴隶兵。⑰不舍：不改编制。⑱《费誓》：《尚书·周书》篇名，又作《肸誓》、《粊誓》，是鲁侯讨伐淮夷、徐戎时在费地誓师之词。⑲三郊三遂：即三乡三遂。西周、春秋时有“国”和“野”对立的乡遂制度，在郊内设有“乡”，为“国人”居住地区；在郊外设有“遂”，为“野人”居住地区。

春秋　夏四月，四卜郊[1]，不从，乃不郊。

穀梁传　夏，四月，不时[2]也。四卜，非礼也。

解义　四卜郊，不从，事已见於僖公。但於彼书免牲，而於此书不郊者，盖言免牲，则不郊可知云不郊，则卜免牲不吉，而不敢免也。

注释　①卜郊：指用占卜选定郊祭的日期。②不时：不适时；不合时。

春秋　郑公孙舍之[1]帅师侵宋。

左传　郑人患晋、楚之故，诸大夫曰：“不从晋，国几亡。楚弱于晋，晋不吾疾[2]也(疾，急也)。晋疾，楚将辟之。何为而使晋师致死于我，楚弗敢敌，而后可固与[3]也。”子展曰：“与宋为恶，诸侯必至，吾从之盟。楚师至，吾又从之，则晋怒甚矣。晋能骤来，楚将不能，吾乃固与晋。”大夫说之，使疆场之司[4]恶于宋。宋向戌侵郑，大获。子展曰：“师而伐宋可矣。若我伐宋，诸侯之伐我必疾，吾乃听命焉，且告于楚。楚师至，吾又与之盟，而重赂晋师，乃免矣[5]。”夏，郑子展侵宋(欲以致诸侯)。

解义　郑人见楚弱于晋，故侵宋以激晋怒，使致死于郑，楚弗敢敌，然后固与晋。而不知为国之本，在修德政以自强，敦[6]信义以睦邻，徒[7]幸敌之少，懦以苟安[8]，计亦左矣！

注释 ①公孙舍之（？—前544年）：姬姓，罕氏，字子展，郑国七穆之一。②疾：怨恨。又说为“急”。③固与：指与晋牢固结好。④疆场之司：郑国守护边境的长官。⑤乃免矣：如此则可免于夹在晋、楚之间，受两面攻击之难。⑥敦：推崇，崇尚。⑦徒：只；仅仅。⑧懦：软弱无能。苟安：指只顾眼前，暂且偷安。

春秋 公会晋侯、宋公、卫侯、曹伯、齐世子光、莒子、邾子、滕子、薛伯、杞伯、小邾子伐郑（此三驾之二）。

左传 四月，诸侯伐郑。己亥[1]，齐大子光、宋向戌先至于郑，门于东门（释齐大子光所以序莒上也。向戌不书，宋公在会故）。其莫[2]，晋荀罃至于西郊，东侵旧许（旧许，杜注：许之旧国，郑新邑。案：成十五年许迁于叶，则许之旧国为郑所有，故谓之旧许）。卫孙林父侵其北鄙。六月，诸侯会于北林[3]，师于向（向，杜注：地在颍川长社县东北。今河南尉氏县西南有向城），右还[4]，次于琐（北行而西为“右还”。琐，杜注：荥阳宛陵县西有琐侯亭。在今河南新郑县北），围郑。观兵于南门，西济于济隧（济隧，杜注：水名。《水经注》：济水伏流自河而出，阴沟上源，济隧绝焉。世谓之十字沟）。

解义 是时诸侯之戍常在虎牢，故国君一集，即可声罪致讨[5]，而兵力不劳[6]，此郑所以不能支[7]也。

注释 ①己亥：十九日。②莫：同“暮”。③北林：地名，在今河南省新郑县北。④右还：转向西北。⑤声罪致讨：宣布罪状，并加讨伐。⑥劳：烦劳，麻烦。⑦支：支撑。

春秋 秋七月己未，同盟于亳城北（亳，《公羊》、《穀梁》作京。亳城，杜注：郑地。当在今河南偃师县）。

左传 郑人惧，乃行成。秋七月，同盟于亳。范宣子曰：“不慎，必失诸侯（慎，敬威仪，谨辞令）。诸侯道敝而无成[1]，能无贰乎?”乃盟,载书曰:“凡我同盟,毋蕴年(蕴积年谷,而不分灾),毋壅利[②],毋保奸[③],毋留慝[④],救灾患,恤祸乱,同好恶,奖[⑤]王室。或间兹命[⑥],司慎司盟(二司,天神),名山名川,群神群祀,先王先公(先王,诸侯之大祖。先公,始封君),七姓十二国之祖(七姓:晋、鲁、卫、郑、曹、滕,姬姓;邾、小邾,曹姓;宋,子姓;齐,姜姓;莒,己姓;杞,姒姓;薛,任姓。实十三国,言“十二”,误也),明神殛之,俾失其民,队命亡氏,踣其国家(踣,毙也)。”

春秋　公至自伐郑。

穀梁传　不以后致(谓盟在伐后),盟后复伐郑也。

解义　以前事致者见,虽同盟而未得郑也,柯陵之盟亦未能得郑,而书至异。《穀梁》以此为盟后更伐,柯陵独非盟后复伐乎?盖厉公[⑦]三伐,终不能服郑,故以常例书之。此则三驾之后,萧鱼始以会致,故前二役致伐,以见兵事之未可息而终致会,以见诸国之所由息肩[⑧]也。

注释　①道敝而无成:往来奔走疲敝且无功。②壅利:专断山川之利。③毋:不,不要。保奸:保护他国罪犯。④留慝:收留坏人。⑤奖:助。⑥或间兹命:有人违犯这些命令。间,犯。⑦厉公:即晋厉公。⑧息肩:指肩头得到休息。比喻卸除负担的责任,停留休息。

春秋　楚子、郑伯伐宋。

左传　楚子囊乞旅于秦,秦右大夫詹帅师从楚子,将以伐郑。郑伯逆之。丙子[①],伐宋(秦师不书,不与伐宋而还)。

解义　盖用公孙舍之致晋之谋也。据事以书,而郑之反复具见矣。

注释　①丙子:七月二十七日。

春秋　公会晋侯、宋公、卫侯、曹伯、齐世子光、莒子、邾子、滕子、薛伯、杞伯、小邾子伐郑,会于萧鱼(此三驾之三。萧鱼,杜注:

郑地。《路史》:少昊后,嬴姓国。修鱼即萧鱼也)。

左传 九月,诸侯悉师以复伐郑。郑人使良霄、大宰石奂[1]如楚,告将服于晋,曰:"孤以社稷之故,不能怀君。君若能以玉帛绥晋,不然则武震以摄威之,孤之愿也。"楚人执之,书曰"行人",言使人也(既成而后告,故书在萧鱼下。石奂为介,故不书)。诸侯之师观兵于郑东门,郑人使王子伯骈行成。甲戌[2],晋赵武入盟郑伯。冬十月丁亥[3],郑子展出盟晋侯。十二月戊寅[4],会于萧鱼[5](《经》书秋,史失之)。庚辰[6],赦郑囚,皆礼而归之。纳斥候[7],禁侵掠[8]。晋侯使叔肸[9]告于诸侯(叔肸,叔向也。告诸侯,亦使赦郑囚)。公使臧孙纥对曰:"凡我同盟,小国有罪,大国致讨,苟有以藉手,鲜不赦宥。寡君闻命矣。"郑人赂晋侯以师悝、师触、师蠲[10](悝、触、蠲,皆乐师名),广车、軘车淳十五乘,甲兵备(广车、軘车,皆兵车名。淳,耦也。广、軘车相耦,凡十五乘),凡[11]兵车百乘(他兵车及广、軘共百乘),歌钟二肆[12](肆,列也。县钟十六为一肆。二肆,三十二枚),及其镈磬(镈、磬,皆乐器),女乐二八(十六人)。晋侯以乐之半[13]赐魏绛,曰:"子教寡人和诸戎狄,以正诸华[14]。八年之中,九合诸侯(九合诸侯,谓五年会戚,又会城棣救陈,七年会鄬,八年会邢丘,九年盟于戏,十年会柤,又伐郑戍虎牢,十一年同盟亳城北,又会萧鱼),如乐之和,无所不谐。请与子乐之。"辞曰:"夫和戎狄,国之福也;八年之中,九合诸侯,诸侯无慝[15],君之灵[16]也,二三子之劳也,臣何力之有焉?抑臣愿君安其乐而思其终也!《诗》曰:'乐只君子,殿天子之邦(《诗·小雅》。殿,镇也)。乐只君子,福禄攸同。便蕃左右,亦是帅从(便蕃,数也。言远人相帅来服从,便蕃然在左右)。'夫乐以安德[17](和其心),义以处[18]之,礼以行之,信以守之,仁以厉[19]之(厉风俗),而后可以殿邦国,同福禄,来远人,所谓乐也。《书》曰:'居安思危(逸《书》)。'思则有备,有备无患,敢以此规。"公曰:"子之教,敢不承命。抑微子[20],寡人无以待戎[21],不能济河(渡河南服郑)。夫赏,国之典也,藏在盟府(司盟之府,有赏功之制),不可废也,子其受之!”魏绛于是乎始有金石之乐,礼也(礼,大夫有功则赐乐)。

公羊传　此伐郑也,其言会于萧鱼何?盖郑与会尔。

解义　地会而后伐,未集事[22]之辞也;伐而后地会,集事之辞也。伐郑会於萧鱼,书法与盟於召陵同,皆《经》之特笔所以序[23]霸绩也。盖自悼公能用魏绛息民[24]之策,听知罃不与楚战以逸待劳,楚不能应遂全师以服郑,而悼公信郑不疑不复以诸侯同盟,郑自此不叛晋者二十四年,则谋能制胜诚足感人之效也。不书郑会,以下书楚人执郑行人良霄,则得郑可知矣。

注释　①石㚟:人名。②甲戌:九月二十六日。③丁亥:九日。④戊寅:初一日。⑤萧鱼:当在现今许昌市。⑥庚辰:初三日。⑦纳斥候:撤回侦察、巡逻兵。⑧禁侵掠:禁止诸侯侵掠郑国。⑨叔肸(xī):即羊舌肸,字叔向。⑩师悝等:三人均为乐师。⑪凡:总共。⑫二肆:二套。⑬乐之半:郑国所献乐队的一半。⑭整顿中原诸国。⑮无慝(tè):无奸邪。意为都顺从,不违背。⑯灵:威灵。⑰安德:稳定德行,安定思想。⑱处:处置、对待。⑲厉:同“励”,勉励。⑳抑:抑或,若是。微:没有。子:您。㉑无以待戎:不能正确对待戎人。㉒集事:成事;成功。㉓序:叙述,叙说。㉔息民:指使人民休养生息。

春秋　公至自会。

穀梁传　伐而后会,不以伐郑致,得郑伯之辞也。

解义　郑与会,而服诸侯,喜之,故以会致。厉公三伐,终以伐致。悼公三伐,终以会致。揆[1]以当日情事,皆鲁史据告庙之辞以书於策[2],非圣人变易其辞以为褒贬也。

注释　①揆:揆度(kuíduó),揣测。②告庙:指古代天子或诸侯出巡或遇兵戎等重大事件而祭告祖庙。策:简策。

春秋 楚人执郑行人[①]良霄(霄,《穀梁》作宵)。

穀梁传 行人者,挈[②]国之辞也(挈,犹传也。行人,传国之辞命者)。

解义 执而不称行人,以己执也。称行人而执,以其事执也。书楚执郑行人良霄,见楚之力尽於是矣。

注释 ①行人:此指外交使节。②挈:传达。

春秋 冬,秦人伐晋。

左传 秦庶长鲍、庶长武帅师伐晋以救郑(庶长,秦爵)。鲍先入晋地,士鲂御之,少秦师而弗设备。壬午[①],武济自辅氏(从辅氏渡河),与鲍交伐[②]晋师。己丑[③],秦、晋战于栎(栎,杜注:晋地),晋师败绩,易秦故也。

解义 秦与楚婚[④],於是为楚伐晋,报十年[⑤]之伐,败晋於栎。不书晋,不告也。

注释 ①壬午:十二月初五日。②交伐:共同攻打。一说夹攻。③己丑:十二日。④婚:通婚。⑤十年:指鲁襄公十年。

春秋 十有二年春王三月,莒人伐我东鄙,围台。季孙宿帅师救台,遂入郓(台,《穀梁》作邰。杜注:琅琊费县南有台亭。今费县属山东兖州府。郓,《公羊》作运。杜注:莒邑)。

左传 十二年春,莒人伐我东鄙,围台。季武子救台,遂入郓,取其钟以为公盘。

公羊传 邑不言围,此其言围何?伐而言围者,取邑之辞也,伐而不言围者,非取邑之辞也(外取鲁邑不直言取,讳耻也)。大夫无遂事,此其言遂何?公不得为政尔。

穀梁传 伐国不言围邑,举重也(伐国重,围邑轻)。取邑不书围。安足书也(不足书而今书,盖为下事起)?遂,继事也。受命而救邰,不受命而入郓,恶季孙宿也。

解义 文[①]十二年,尝帅师城郓矣[②],鲁不能守,复为莒所取。今季孙宿因救台,而遂入之。大夫无遂事,遂者,专行不忌之辞。恶宿之擅权,而公不得为政也。

注释　①文:指鲁文公。②尝:曾经。城:筑城。

春秋　夏,晋侯使士鲂来聘。

左传　夏,晋士鲂来聘,且拜师(谢前年伐郑师)。

解义　晋悼服郑制楚,而修礼於诸侯,善持胜也!

春秋　秋九月,吴子乘卒(吴始书卒)。

左传　秋,吴子寿梦卒。临[①]于周庙,礼也(周庙,文王庙也。周公出文王,故鲁立其庙)。凡诸侯之丧,异姓临于外(于城外,向其国),同姓于宗庙(所出王之庙),同宗于祖庙(始封君之庙),同族于祢庙(父庙也。同族,谓高祖以下)。是故鲁为诸姬,临于周庙(诸姬,同姓国)。为邢、凡、蒋、茅、胙、祭临于周公之庙(即祖庙也。六国皆周公之支子,别封为国,共祖周公)。

解义　吴子书卒,以其暴盛,赴告相及,而诸侯重之也。不书葬,非不会也,削之,以避其僭号[②]与楚同例。

注释　①临:哭丧。②僭号:冒用帝王的称号。

春秋　冬,楚公子贞帅师侵宋。

左传　冬,楚子囊、秦庶长无地伐宋,师于杨梁,以报晋之取郑也(杨梁,杜注:梁国,睢阳县东有地名杨梁。《水经注》:涣水东迳阳亭北即杨梁也。在今河南归德府城东南)。

解义　据《传》,楚人率秦伐宋,不书秦,以师属楚也。自是不复有事於北方,以楚审旋卒[①],而又与吴构怨[②]耳。

注释　①楚审:即楚共王(前600年—前560年),名熊审,楚庄王之子,十岁继位,在位31年(前590年—前560年)。旋卒:没有多久,就去世了。②构怨:结怨,结仇。

附录左传　灵王求后于齐。齐侯问对于晏桓子[①],桓子对曰:“先王之礼辞有之,天子求后于诸侯,诸侯对曰:‘夫妇所生若而人(不敢誉,亦不敢毁,故曰若而人)。妾妇之子若而人(言非適也)。'无女而有姊妹及姑姊妹[2],则曰:'先守[3]某公之遗女若而人。'"齐侯许昏,王使阴里结之[4](阴里,周大夫。结,成也。为十五年刘夏逆王后传)。

春秋 公如晋。

左传 公如晋,朝,且拜士鲂之辱[5],礼也。

解义 晋侯一使人来聘,公即亲往拜之,事晋之礼过於恭矣!

注释 ①晏桓子:即晏弱,晏婴的父亲,齐国大夫。②姑姊妹:意为大姑小姑。姊妹,同父所生。③先守:意为先君。④结:结言,即口头约定。⑤辱:辱赐。谦辞,表示承蒙。

附录左传 秦嬴归于楚(秦景公妹,为楚共王夫人)。楚司马子庚[1]聘于秦(子庚,庄王子午),为夫人宁,礼也。

春秋 十有三年春,公至自晋。

左传 十三年春,公至自晋,孟献子书劳[2]于庙(书勋劳于策),礼也。

解义 桓[3]二年,《传》公至自唐,告于庙也。凡公行,告于宗庙,反行饮至、舍爵、策勋焉[4],礼也。桓十六年,《传》公至自伐郑,以饮至之礼。此年,《传》书劳于庙,故先儒通其意,谓告庙、饮至、书劳,凡三事偏行[5]一礼,则必书至,悉阙[6]则史无其文。按《曾子问》[7]:"诸侯出而反,必亲告於祖祢[8],则虽无事,反必告庙,礼也。"而《春秋》,公行多不书至,盖会盟侵伐其事繁猥[9],必有勋劳可书,或自喜其事而行饮至之礼,乃告於庙;其馀则怠[10]於礼,或丑其事而不告,则史无其文。其事无可丑而不告者,怠於礼也。齐桓之会不致,是也;事可丑而告者,自危也,成公[11]十年如晋见止,送葬而书至之类是也。

注释 ①子庚:即楚公子午,楚庄王之子。②劳:功勋。③

桓:指鲁桓公。④饮至:指诸侯朝、会、盟、伐后回宗庙饮酒庆功。庆功祝捷。舍爵:舍,置,安置。指封官加爵。策勋:把功勋记载在简策上。⑤偏行:单独而行。⑥悉:全都。阙:同“缺”。⑦《曾子问》:即《礼记》之《曾子问》。⑧祖祢:祖庙与父庙。⑨繁猥:繁多;繁琐。⑩怠:轻慢,不尊敬。⑪成公:指鲁成公。

春秋　夏,取邿[①](邿,《公羊》作诗。杜注:任城亢父县有邿亭。在今山东济宁州东南)。

左传　夏,邿乱,分为三。师救邿,遂取之(师,鲁师也)。凡书“取”,言易也(用师不劳,虽国亦曰“取”)。用大师焉曰“灭”(用力难重,虽邑亦曰灭)。弗地曰“入”(谓不有其地)。

公羊传　诗者何?邾娄之邑也。曷为不系乎邾娄?讳亟也。(讳背萧鱼之会亟)。

解义　凡书取者,或乘其衰乱,或受其溃叛,或用少师而未尝顿兵[②]劳力,皆直书取。惟鲁灭小国,有讳而书取者,视若己地而取之也。然讳之适[③]所以张之,此《传》所谓微而显者与邿微国也。

注释　①邿(shī):小国名,鲁附庸国。在现山东省济宁市南五十里。②顿兵:驻屯军队。③适:正好,恰好。

附录左传　荀罃、士鲂卒(罃,中军将。鲂,下军佐)。晋侯蒐于绵上[①]以治兵,使士匄将中军,辞曰:“伯游长[②](伯游,荀偃)。昔臣习于知伯,是以佐之,非能贤也。请从伯游。”荀偃将中军(代荀罃),士匄佐之(位如故)。使韩起将上军,辞以赵武。又使栾黡(以武位卑,故不听,更命黡),辞曰:“臣不如韩起。韩起愿上赵武[③],君其听之!”使赵武将上军(武自新军起四等,代荀偃),韩起佐之(位如故)。栾黡将下军,魏绛佐之(黡亦如故。绛自新军佐超一等,代士鲂)。新军无帅(将佐皆迁),晋侯难其人[④],使其什吏[⑤](什吏,谓十人长也),率其卒乘官属,以从于下军,礼也。晋国之民,是以大和,诸侯遂睦。君子曰:“让,礼之主也。范宣子[6]让,其下皆让。栾黡为汰[7],弗敢违也。晋国以平,数世赖之。刑善[8]也夫(刑,法也)!一人刑善,百姓休和,可不务乎?《书》曰:‘一人有庆[9],兆民赖之,其宁惟永。’其是之谓乎(《周书·吕刑》。义取上有好善之庆,则下赖其福,而长安也)?周之兴也,其《诗》曰:‘仪刑文王,万邦作孚(《诗·大雅》。言文王善用法,故能为万邦所信。孚,信也)。’言刑善也。及其衰也,其《诗》曰:‘大夫不均,我从事独贤[10](《诗·小雅》。刺幽王役使不均,故从事者怨恨。称己之劳,以为独贤,无让心)。’言不让也。世之治也,君子尚能而让其下[11],小人农力[12]以事其上,是以上下有礼,而谗慝黜远,由不争也,谓之懿德。及其乱也,君子称其功以加小人(加,陵也。君子,在位者),小人伐其技[13]以冯君子(冯,亦陵也),是以上下无礼,乱虐并生,由争善也,谓之昏德。国家之敝,恒必由之。”

春秋 秋九月庚辰,楚子审卒。

左传 楚子疾,告大夫曰:“不谷不德,少主社稷,生十年而丧先君,未及习师保[14]之教训,而应受多福(多福,谓为君)。是以不德,而亡(原文为“忘”,误)师于鄢(成十六年战鄢),以辱社稷,为大夫忧,其弘多[15]矣(弘,大也)。若以大夫之灵,获保首领以殁于地,唯是春秋窀穸[16]之事(窀,厚也。穸,夜也。厚夜,犹长夜。谓葬埋),所以从先君于祢庙者,请为‘灵’若‘厉’(欲受恶谥也。乱而不损曰灵。戮杀不辜曰厉)。大夫择焉!”莫对[17]。及五命[18]乃许。秋,楚共王卒。子囊谋谥。大夫曰:“君有命矣。”子囊曰:“君命以共,若之何毁之?赫赫[19]楚国,而君临之,抚有蛮夷,奄征南海,以属诸夏,而知其过,可不谓共乎?请谥之共’。”大夫从之(《传》言子囊之善)。

附录左传 吴侵楚,养由基[20]奔命,子庚[21]以师继之(子庚,楚司马)。养叔曰(即养由基):“吴乘我丧,谓我不能师也,必易我而不戒。子为三覆[22]以待我,我请诱之。"子庚从之。战于庸浦[23](庸浦,杜注:楚地。当在今江南无为州南),大败吴师,获公子党。君子以吴为不吊[24]。《诗》曰:"不吊昊天[25],乱靡[26]有定(《诗·小雅》。言不为昊天所恤,则致罪也。为明年会向传)。"

春秋　冬,城防。

左传　冬,城防,书事,时也。于是将早城,臧武仲请俟[27]毕农事,礼也。

解义　鲁有二防,一近宋,隐[28]十年伐宋取防是也;一近齐,隐九年公会齐侯于防是也。此所城,乃近齐之防,鲁既事晋而外齐,故城防以备之。而明年,齐卒有围成之役,则惧齐明矣。

附录左传　郑良霄、大宰石犹在楚(十一年,楚人执之至今)。石奂言于子囊曰:"先王卜征五年(先五年而卜其吉凶也。征谓巡守。征,行),而岁习其祥[29],祥习则行(五年习卜,皆同吉,乃巡狩),不习则增修德而改卜[30](不习,谓卜不吉)。今楚实不竞,行人何罪?止郑一卿[31],以除其逼(一卿,谓良霄),使睦而疾楚,以固于晋,焉用之?使归而废其使[32](言往者,郑使良霄至楚,其意欲楚执之,得有辞以坚事晋,今释使归,则郑无辞于楚,是废其本使之意),怨其君以疾其大夫,而相牵引也,不犹愈乎?"楚人归之。

注释　①绵上:地名,位于山西翼城县西一带。②伯游:荀偃字。长:指年长。③愿上赵武:愿使赵武在上面。④难其人:对新军人选感到困难。意为难以找到新军将佐的合适人选。⑤什吏:十个官吏。即新军所属之军尉、司马、怀空、舆尉、侯奄及其副手。⑥范宣子:即士匄。⑦汰:专横。专横放肆之意。⑧刑善:取法于善。⑨庆:善。⑩贤:多。⑪尚能:崇尚贤能。⑫农力:即努力。⑬伐其技:夸耀其技能。冯:凭陵。与加同义。⑭师保:指君王做太子时的师与傅。⑮弘多:太多。⑯窀穸(zhūnxī):安葬。⑰莫对:大夫不同意,故无人应对。⑱五命:共王五次下命令。⑲赫赫:形容楚国地域宽广,武力强胜。⑳养由基:即养叔,楚国大夫,善射。奔命:谓急行军中为前锋。㉑子庚:即庄王子公子午,当时为司马。㉒三覆:在三处设下伏兵。㉓庸浦:楚地,位于安徽无为县长江北岸。㉔不吊:即不善。㉕昊天:苍天,上天。㉖靡:没,没有。㉗俟(sì):等待。㉘隐:指鲁隐公。㉙岁习其祥:年年重复吉兆。习,一作袭,重复。㉚改卜:重新起卜。㉛止:留止,扣留。一卿:指良霄。㉜使归:指让良霄回国。废其使:废弃了他出使的任务。

卷四十

襄公(十四年之十六年)

春秋 十有四年春王正月,季孙宿、叔老会晋士匄、齐人、宋人、卫人、郑公孙蠆、曹人、莒人、邾人、滕人、薛人、杞人、小邾人会吴于向(蠆,《公羊》作囆,后同。向,杜注:郑地)。

左传 十四年春,吴告败于晋(前年为楚败于庸浦)。会于向,为吴谋楚故也。范宣子数[1]吴之不德也,以退[2]吴人(吴伐楚丧故)。执莒公子务娄(在会不书,非卿),以其通楚使也(莒贰于楚,故比年伐鲁)。将执戎子驹支[3](驹支,戎子名)。范宣子亲数诸朝(行之所在,亦设朝位),曰:"来!姜戎氏!昔秦人迫逐乃祖吾离于瓜州[4](四岳之后,皆姓姜又别为允姓。瓜州,杜注:地在燉煌。今陕西肃州西五百馀里古燉煌郡地),乃祖吾离被苫盖[5](苫,编茅也。盖,苫之别名),蒙[6]荆棘,以来归我先君。我先君惠公有不腆之田,与女剖分而食之(中分为剖)。今诸侯之事我寡君不如昔者,盖言语漏泄,则职女之由[7]。诘朝之事(会事),尔无与[8]焉!与将执女!"对曰:"昔秦人负恃其众,贪于土地,逐我诸戎。惠公蠲[9]其大德(蠲,明也),谓我诸戎,是四岳之裔胄也[10](四岳,尧时方伯。裔,远也。胄,后也),毋是翦弃[11]。赐我南鄙之田,狐狸所居,豺狼所嗥。我诸戎除翦其荆棘,驱其狐狸豺狼,以为先君不侵不叛之臣(不内侵,亦不外叛),至于今不贰。昔文公与秦伐郑,秦人窃与郑盟而舍戍焉,于是乎有殽之师(在僖三十三年)。晋御其上,戎亢其下(亢,犹当也),秦师不复[12],我诸戎实然。譬如捕鹿,晋人角之[13],诸戎掎之(角者,当其头。掎者,踣其足),与晋踣之[14](踣,僵也),戎何以不免?自是以来,晋之百役[15],与我诸戎相继于时(言给晋役不旷时),以从执政,犹殽志也。岂敢离逖?今官之师旅

(官犹称执事也),无乃实有所阙,以携诸侯[16],而罪我诸戎!我诸戎饮食衣服,不与华同,贽币不通[17],言语不达,何恶之能为?不与于会,亦无瞢焉(瞢,闷也)!”赋《青蝇》而退(《青蝇》,《诗·小雅》。取其“恺悌君子,无信谗言”)。宣子辞[18]焉(辞,谢),使即事于会[19],成恺悌也(成恺悌,不信谗也。不书者,戎为晋属,不得特达)。于是,子叔齐子[20]为季武子介以会,自是晋人轻鲁币[21],而益敬其使(齐子,叔老字也。言晋敬鲁使,《经》所以并书二卿)。

解义 吴来在向,诸侯会之,故曰会吴。使举上客,而叔老并书者,以卿行则不得不书矣!季孙宿以卿为介[22],而忘其亢[23],叔老介於宿,而不敢避鲁事可知矣。

注释 ①数:指责。②退:拒绝。③驹支:姜戎之君主,名驹支。④乃祖:你的祖父。瓜州:即现甘肃敦煌。又说在现秦岭高峰的南北两坡。⑤被苫盖:披着草编的遮身物,如今之蓑衣。⑥蒙:冒。⑦职女之由:当是由于你。⑧与:参加。⑨蠲(juān):显明。⑩四岳之裔胄:四岳的后代。四岳,为尧时方伯,姜姓。⑪毋是翦弃:倒装句,即毋翦弃是。翦弃,除去。⑫不复:回不去。意为覆没。⑬角之:从前面执其角。⑭掊之:使之倒毙。⑮百役:泛指所有战役。⑯携诸侯:使诸侯携贰。⑰贽币不通:财货不相往来。⑱辞:致辞谢罪。⑲即事于会:允许戎人参与诸侯盟会事宜。⑳子叔齐子:即叔老。㉑轻鲁币:减轻鲁国向霸主所献财礼。㉒介:副手。㉓亢:同“抗”。

附录左传 吴子诸樊[1]既除丧(诸樊,吴子乘之长子),将立季札[2](札,诸樊少弟)。季札辞曰:“曹宣公之卒也,诸侯与曹人不义曹君(曹君,公子负刍也,杀大子自立。事在成十三年),将立子臧。子臧去之,遂弗为也,以成曹君。君子曰:‘能守节。’君,义嗣[3]也(诸樊,適子,故曰“义嗣”)。谁敢奸君?有国,非吾节也。札虽不才,愿附于子臧,以无失节。”固立之。弃其室而耕[4]。乃舍之

(传言季札之让,且明吴兄弟相传)。

春秋　二月乙未朔,日有食之。

春秋　夏四月,叔孙豹会晋荀偃、齐人、宋人、卫北宫括、郑公孙虿、曹人、莒人、邾人、滕人、薛人、杞人、小邾人伐秦(秦、晋兵争止此)。

左传　夏,诸侯之大夫从晋侯伐秦,以报栎之役也(栎役在十一年)。晋侯待于竟,使六卿帅诸侯之师以进(经所以不称晋侯)。及泾,不济⑤(泾,杜注:水出安定朝那县,至京兆高陆县入渭)。叔向见叔孙穆子⑥。穆子赋《匏有苦叶》⑦。(《诗·邶风》。义取"深则厉,浅则揭"。言已志在必济)。叔向退而具舟,鲁人、莒人先济。郑子蟜见卫北宫懿子⑧曰(懿子,北宫括):"与人而不固,取恶莫甚焉!若社稷何?"懿子说。二子见诸侯之师而劝之济,济泾而次。秦人毒泾上流⑨,师人多死(饮毒水故)。郑司马子蟜帅郑师以进,师皆从之,至于棫林⑩(棫林,杜注:秦地。案:棫林即旧郑咸林也,今为华州,属陕西),不获成焉⑪。荀偃令曰:"鸡鸣而驾,塞井夷灶(示不反),唯余马首是瞻⑫(言进退从己)!"栾黡曰:"晋国之命,未是有也。余马首欲东。"乃归(黡恶偃自专,故弃之归)。下军从之。左史谓魏庄子曰(左史,晋大夫):"不待中行伯⑬乎(中行伯,荀偃)?"庄子曰:"夫子命从帅(夫子,谓荀偃)。栾伯,吾帅也(黡,下军帅,庄子为佐,故曰"吾帅"),吾将从之。从帅,所以待夫子也(以从命为待)。"伯游曰:"吾令实过,悔之何及,多遗秦禽⑭(军帅不和,恐多为秦所禽获)。"乃命大还。晋人谓之迁延之役⑮(迁延,却退)。栾针⑯曰:"此役也,报栎之败也。役又无功,晋之耻也。吾有二位于戎路⑰,(针,黡之弟。二位,谓黡将下军,针为戎右),敢不耻乎?"与士鞅⑱驰秦师,死焉(鞅,士匄子)。士鞅反,栾黡谓士匄曰:"余弟不欲往,而子召之。余弟死,而子来,是而子⑲杀余之弟也。弗逐,余亦将杀之。"士鞅奔秦。于是,齐崔杼、宋华阅、仲江会伐秦(仲江,宋公孙师之子),不书,惰也。向之会亦如之。卫北宫括不书于向(亦惰),书于伐秦,摄[20]也(能自整摄,从郑子蟜俱济泾)。秦伯问于士鞅曰:"晋大夫其谁先亡?"对曰:"其栾氏乎!"秦伯曰:"以其汰乎?"对曰:"然。栾黡汰虐已甚,犹可以免。其在盈[21]乎(盈,黡之子)!"秦伯曰:"何故?"对曰:"武子之德在民,如周人之思召公焉,爱其甘棠,况其子乎(武子,栾书,黡之父也。召公奭听讼于甘棠之下,周人思之,不害其树,而作勿伐之诗,在《召南》)?栾黡死,盈之善未能及人,武子所施没矣,而黡之怨实章,将于是乎在。"秦伯以为知言[22],为之请于晋而复之(为二十一年晋灭栾氏张本)。

解义 此一役,见晋悼公命将非人,委政以阶厉[23]也。夫以十三国之卿大夫帅重兵压秦境,而师出无律[24],将各异心,劳民无功。晋侯待于境上,视若赘旒[25],此皆悼公终怠,致诸臣之专恣[26]也!

注释 ①诸樊:名遏,吴王寿之嫡长子。②季札:诸樊之少弟,有贤才。③义嗣:合法继承人。诸樊为死君嫡长子,当继承,故曰义嗣。④弃其室而耕:抛弃家室,避居乡野躬耕自食。⑤不济:诸侯之师不肯渡河。⑥叔孙穆子:鲁大夫叔孙豹。⑦《匏有苦叶》:《诗经·邶风》篇名。⑧北宫懿子:即北宫括。⑨毒泾上流:秦人在泾水上游放毒物,诸侯军卒多饮水中毒而死。⑩棫林:秦地名,位于泾阳县泾水西南。⑪不获成焉:不能使秦讲和。⑫唯余马首是瞻:只看我的马头行事。⑬中行伯:即荀偃。⑭多遗秦禽:多留下人马只能为秦所擒获。⑮迁延之役:观望拖拉,将帅不和,终至无功而退的一次战役。⑯栾针:栾黡弟。⑰戎路:将帅所乘的兵车,栾黡时为戎右,居第二位。⑱士鞅:士匄之子。⑲而子:你的儿子。⑳摄:积极参与。㉑盈:栾黡之子。㉒知言:明智的话。㉓阶厉:祸害的开端,导致祸害。㉔律:组织纪律。㉕赘旒:赘,连缀;旒,旌旗上的飘带。比喻实权旁落、为大臣挟持的君主。㉖专恣:专横放肆。

春秋　己未,卫侯出奔齐(《公羊》作卫侯衎)。

左传　卫献公戒孙文子、宁惠子食①(文子,孙林父。惠子,宁殖),皆服而朝②。日旰③不召(旰,晏也),而射鸿于囿。二子从之,不释皮冠④而与之言(皮冠,田猎之冠也。既不释冠,又不与食)。二子怒。孙文子如戚⑤(戚,孙文子邑),孙蒯入使⑥(蒯,文子之子)。公饮之酒,使大师歌《巧言》之卒章(大师,掌乐大夫。《巧言》,《诗·小雅》。其卒章曰:"彼何人斯,居河之麋。无拳无勇,职为乱阶。"戚,河上邑。公欲以喻文子居河上而为乱)。大师辞,师曹⑦请为之(师曹,乐人)。初,公有嬖妾,使师曹诲之琴,师曹鞭之。公怒,鞭师曹三百。故师曹欲歌⑧之,以怒孙子以报公。公使歌之,遂诵⑨之(恐孙蒯不解故)。蒯惧,告文子。文子曰:"君忌我矣,弗先。必死(欲先公作乱)。"并帑于戚而入,见蘧伯玉⑩曰(伯玉,蘧瑗):"君之暴虐,子所知也。大惧社稷之倾覆,将若之何?"对曰:"君制其国,臣敢奸之(奸,犹犯也)?虽奸之,庸如愈乎(言逐君更立,未知当胜否)?"遂行,从近关出(惧难作,欲速出竟)。公使子蟜、子伯、子皮与孙子盟于丘宫(三子,卫群公子。疑孙子,故盟之。丘宫,杜注:近戚地),孙子皆杀之。四月己未⑪,子展⑫奔齐(子展,卫献公弟)。公如鄄(鄄,杜注:卫地),使子行于孙子(子行,群公子。使往请和),孙子又杀之。公出奔齐,孙氏追之,败公徒于阿泽(阿泽,杜注:济北东阿县西南有大泽)。鄄人执之(公徒因败散还,故为公执之)。初,尹公佗学射于庾公差,庾公差学射于公孙丁。二子⑬追公(二子,佗与差),公孙丁御公。子鱼曰(子鱼,庾公差):"射为背师,不射为戮,射为礼⑭乎(礼射不求中)。"射两軥⑮而还(軥,车轭卷者)。尹公佗曰:"子为师⑯,我则远矣⑰。"乃反之⑱。公孙丁授公辔而射之,贯臂(贯佗臂)。子鲜从公(子鲜,公母弟鱄),及竟,公使祝宗⑲

告亡,且告无罪(告宗庙)。定姜曰(定姜,公適母):“无神何告?若有,不可诬也。有罪,若何告无?舍大臣而与小臣谋,一罪也。先君有冢卿[20]以为师保,而蔑[21]之,二罪也。余以巾栉[22]事先君,而暴妾使余,三罪也。告亡而已,无告无罪。”公使厚成叔吊于卫,曰(厚成叔,鲁大夫):“寡君使瘠[23](厚成叔名),闻君不抚[24]社稷,而越[25]在他竟,若之何不吊?以同盟之故,使瘠敢私于执事[26]曰:‘有君不吊[27],有臣不敏,君不赦宥,臣亦不帅职,增淫[28]发泄,其若之何?’”卫人使大叔仪对曰(大叔仪,卫大夫):“群臣不佞,得罪于寡君。寡君不以即刑[29]而悼弃之,以为君忧。君不忘先君之好,辱吊群臣,又重恤之。敢拜君命之辱,重拜大贶[30]。”厚孙归,复命(厚孙,成叔),语臧武仲曰:“卫君其必归乎!有大叔仪以守,有母弟鱄以出,或抚其内,或营其外,能无归乎?”齐人以郲寄卫侯[31](郲,齐所灭郲国)。及其复也,以郲粮归(言其贪)。右宰谷从而逃归(谷,卫大夫),卫人将杀之。辞曰:“余不说初[32]矣(言初从君,非说之,不获已耳),余狐裘而羔袖(狐裘,至美也。以羔为袖,则少恶。喻己虽从君出,其罪不多)。”乃赦之。卫人立公孙剽(剽,穆公孙黑背子殇公),孙林父、宁殖相之,以听命于诸侯(听盟会之命)。卫侯在郲,臧纥如齐,唁[33]卫侯。卫侯与之言,虐。退而告其人[34]曰:“卫侯其不得入矣!其言粪土[35]也,亡而不变,何以复国?”子展、子鲜闻之,见臧纥,与之言,道(顺道理)。臧孙说,谓其人曰:“卫君必入。夫二子者,或輓[36]之,或推之,欲无入,得乎(为二十六年卫侯归传)?”

解义 按《春秋》,惟弑君者书某弑其君,至君为其下所出,祗书出奔而已,盖出之为言,不容而见逐之谓。言出奔,则或君无道,或臣强,皆可推其前后事迹而见之矣。出奔而名者,两君之辞,剽已立而衎不名者,剽以公孙为贵卿交诸侯以逐其君,而自取之,故绝其两君之称也。然则叔武摄[37]位,而郑亦不名,何也？叔武称子，剽称侯，称子者让之意也，称侯者，篡之实也，美恶不嫌同辞。

注释　①戒……食：即邀请…吃饭。②服而朝：二人穿好礼服命于朝。③日旰(gàn)：天色已晚。④皮冠：用白鹿皮制成的帽子，田猎时用，君见臣，臣若穿朝服，依当时礼节，应脱去皮冠。⑤戚：孙林父采邑。戚在今河南省濮阳县北。⑥孙蒯入使：孙蒯，林父之子。入使，入朝请命。⑦师曹：太师所属乐人。⑧歌：依照乐谱歌唱。⑨诵：朗诵。⑩蘧伯玉：卫臣。名瑗，谱成子。⑪己未：二十六日。⑫子展：卫献公弟。⑬二子：尹公佗与庚公差。⑭射为礼：对老师射还是不射，在二者之中选择射是合。⑮軥(qú)：车辕两端的曲木。⑯子为师：公孙丁是你的老师。⑰我则远矣：对我来说为师祖，关系较远了。⑱反之：回车再去追赶。⑲祝宗：掌祭祀的官员。⑳冢卿：指孙林父、宁殖等卿。㉑蔑：轻视。㉒巾栉：梳洗的工具。㉓瘠：厚成叔名。㉔不抚：不有。㉕越：播越，流亡。㉖执事：指卫国诸大夫。㉗不吊：不善。㉘增淫：积蓄已久。㉙不以即刑：不将臣下依法惩处。悼弃之：远弃群臣。意即流亡。㉚重拜大贶：再次拜谢鲁君赐与之抚慰、怜恤。贶，赐也。㉛以郲寄卫侯：把郲邑让卫侯寄居。郲即莱。㉜不说初：指最初跟随献公并不乐意。说，同“悦”。㉝唁：慰问失国之君称唁。又吊生曰唁。㉞其人：当为臧纥下属。㉟粪土：比喻恶劣下贱之物。此形容卫侯出言恶劣粗暴。㊱輓：前牵为輓。㊲摄：代理。

附录左传　师归自伐秦，晋侯舍[①]新军，礼也。成国不过半天子之军(成国，大国)，周为六军，诸侯之大者，三军可也。于是知朔生盈而死(朔，知罃之长子。盈，朔弟也。盈生而朔死)，盈生六年而武子卒，彘裘[②]亦幼，皆未可立也。新军无帅，故舍之(裘，士魴子。十三年，荀罃、士魴卒，子皆幼，未任为卿。故新军无帅，遂舍之)。师旷[3]侍于晋侯（师旷，晋乐大师子野）。晋侯曰："卫人出其君，不亦甚乎？"对曰："或者其君实甚。良君将赏善而刑淫，养民如子，盖之如天，容之如地。民奉其君，爱之如父母，仰之如日月，敬之如神明，畏之如雷霆，其可出乎？夫君，神之主[4]而民之望也。若困民之主[5]，匮神乏祀[6]，百姓绝望，社稷无主，将安用之？弗去何为？天生民而立之君，使司牧[7]之，勿使失性[8]。有君而为之贰[9]（贰，卿佐），使师保[10]之，勿使过度。是故天子有公，诸侯有卿，卿置侧室，大夫有贰宗，士有朋友，庶人、工、商、皂、隶、牧、圉皆有亲昵，以相辅佐也。善则赏之，过则匡之，患则救之，失则革之。自王以下，各有父兄子弟，以补察其政。史为书（谓大史，君举则书），瞽[11]为诗（瞽，盲者，为诗以风刺），工诵箴谏（工，乐人也，诵箴谏之辞），大夫规诲[12]，士传言（士卑不得径达，闻君过失，传告大夫），庶人谤[13]（庶人不与政，闻君过则诽谤），商旅于市（旅，陈也，陈其货物，以示时所贵尚），百工献艺（献其技艺，以喻政事）。故《夏书》曰：'遒人以木铎徇于路（《夏书·胤征》篇。遒人，行人之官也。木铎，木舌金铃。徇于路，求歌谣之言）。官师相规[14]，工执艺事以谏。'正月孟春，于是乎有之[15]（有遒人徇路之事），谏失常也。天之爱民甚矣。岂其使一人肆于民上，以从其淫[16]，而弃天地之性？必不然矣（传善师旷能因问尽言）。"

春秋　莒人侵我东鄙。

解义　莒自灭鄫后，七年之间四侵鲁境，是蔑[17]晋也。溴梁之执，盖有由[18]矣！

注释　①舍：撤销。②彘（zhì）裘：士鲂之子。③师旷：字子野，晋乐太师。④神之主：神灵的祭主。⑤困民之主：使百姓生计困乏。⑥匮神乏祀：缺乏对鬼神祭祀。⑦司牧：统治，治理。⑧性：天性，本性。⑨贰：辅佐。⑩师保：用作动词，即教育保护。⑪瞽（gǔ）：乐师。⑫规诲：教导。⑬谤：公开指责过失。⑭官师相规:官师规劝。官师,一官之长,地位不高。⑮有之:有遒人徇于路。⑯从其淫:放纵其邪恶。⑰蔑:蔑视,轻蔑。⑱由:原因,原由。

春秋　秋,楚公子贞[①]帅师伐吴。

左传　秋,楚子为庸浦之役故(在前年),子囊师于棠[②]以伐吴(棠,楚地。《环宇记》:六合,古棠邑。今六合县属江南),吴不出而还。子囊殿[③],以吴为不能而弗儆[④]。吴人自皋舟[⑤]之隘要而击之(皋舟,吴险阨之道),楚人不能相救。吴人败之,获楚公子宜谷(《传》言不备不可以师)。

解义　楚既不得志於北方,故构怨[⑥]于吴。《传》载是年冬,子囊卒,遗言:"必城郢。"则吴为楚患迫[⑦]矣!

注释　①公子贞:即子囊(?—前559),春秋时楚国令尹。芈姓,熊氏,名贞,字子囊。②棠:地名,在今江苏六合县西北二十五里。③殿:殿后。④儆:古同"警",警戒。⑤皋舟:吴国的险隘之道。⑥构怨:结怨;结仇。⑦迫:胁迫。

附录左传　王使刘定公赐齐侯命(将昏于齐故也。定公,刘夏之谥),曰:"昔伯舅大公[①],右我先王,股肱周室,师保万民,世胙大师,以表[②]东海。王室之不坏,繄伯舅是赖。今余命女环(环,齐灵公名)!兹率舅氏之典,纂乃祖考[③],无忝乃旧。敬之哉,无废朕命(传言王室不能命有功)!"

春秋　冬,季孙宿会晋士匄、宋华阅、卫孙林父、郑公孙虿、莒人、邾人于戚。

左传　晋侯问卫故于中行献子[④](献子,荀偃),对曰:"不如因而定之。卫有君[⑤]矣,伐之,未可以得志而勤诸侯。史佚有言曰:'因重[⑥]而抚之(重不可移,就抚安之)。'仲虺[⑦]有言曰:'亡者侮之,乱者取之,推亡固存,国之道也。'君其定卫以待时乎!"冬,会于戚,谋定卫也(定立剽)。范宣子假羽毛[⑧]于齐而弗归(析羽为旌,王者游车之所建。齐私有之,因谓之羽毛。宣子闻而借观之),齐人始贰。

解义 晋悼用师於郑,卫衎[9]无役不从,今为其臣所逐,晋当会诸侯,纳卫君,诛孙宁,以伸伯讨,乃听贼臣,立君而为会,以定其位,悼公之失莫甚於此。林父在会,以是知其谋定剽[10]也,荀偃弑君之贼,其右[11]剽也宜矣。

注释 ①伯舅大公:即姜太公吕尚。②表:显扬。③纂乃祖考:继承你的祖先。纂,继;乃,你的。④卫故:指卫国逐君的事。中行献子:荀偃,晋国执政。⑤卫有君:卫国已立公孙剽为君,即卫殇公。⑥重:指卫殇公已定位。⑦仲虺(huǐ):商汤的左相。⑧假羽毛:指借鸟羽和旄牛尾,此二物皆可用于舞,也可作旗竿或仪仗装饰。⑨衎:卫献公。⑩剽:即公孙剽(卫殇公)。⑪右:同“佑”,帮助,偏袒。

附录左传 楚子囊还自伐吴,卒。将死,遗言谓子庚[1]:“必城郢(子庚,司马,公子午也,当代子囊为令尹)。”君子谓:“子囊忠。君薨不忘增其名[2](谓前年谥君为共),将死不忘卫社稷,可不谓忠乎?忠,民之望也。《诗》曰:‘行归于周,万民所望。’忠也(《诗·小雅》。忠信为周。言德行归于忠信。即为万民所瞻仰)。”

春秋 十有五年春,宋公使向戌来聘。二月己亥,及向戌盟于刘(刘,孔氏颖达曰:《释例》地阙,盖鲁城外之近地)。

左传 十五年春,宋向戌来聘,且寻盟(报二年豹之聘,寻十一年亳之盟)。见孟献子,尤其室[3](尤,责过也),曰:“子有令闻[4],而美其室,非所望也!”对曰:“我在晋,吾兄为之,毁之重劳[5],且不敢间[6](间,非也。言献子友于兄,且不隐其实)。”

解义 公尝如晋,晋侯出国而盟公于长樗,此霸主所以怀望国[7]也。而鲁以待向戌,戌之亢[8],公之卑,为已甚矣!

注释 ①子庚:公孙午,楚国大夫,继子囊为令尹。②增其名:指楚共王去世后,为他定一个美好的谥号。③尤其室:责其居室过分华美。④令闻:好名声。⑤重劳:反复劳累。⑥不敢间:不敢以兄长所为为非。间,非。⑦望国:有名望的国家。⑧亢:高,高傲。

春秋　刘夏[①]逆王后于齐。

左传　官师从单靖公逆王后于齐[②]。卿不行,非礼也(官师,刘夏,非卿也。天子不亲迎,使上卿逆公监之,乃为合礼)。

公羊传　刘夏者何?天子之大夫也。刘者何?邑也。其称刘何?以邑氏也。外逆女不书,此何以书?过我[③]也。

穀梁传　过我,故志之也。

解义　婚姻得礼者,常事不书,失礼然后书。王后天下之母,上仪[④]天王,昏[⑤]礼莫大於是。而使士往迎,是卑其身而轻人伦之本矣。故因刘夏之过我而书之,以示非礼。不书归,与纪季姜异,鲁不为主也。

注释　①刘夏:即官师,周王室大夫,非卿士。②单靖公:春秋时期单国国君。鲁襄公十年(前563年),王室内王叔陈生与伯舆争政。周灵王偏袒伯舆,王叔陈生怒而出奔晋国。单靖公代替王叔陈生为卿士,以相王室。鲁襄公十五年(前558年),官师跟随单靖公到齐国迎接王后。③过我:途经鲁国。④仪:典范;表率。⑤昏:同"婚"。

附录左传　楚公子午为令尹(代子囊),公子罢戎为右尹,蔿子冯为大司马(子冯,叔敖从子),公子橐师为右司马,公子成为左司马,屈到为莫敖(屈到,屈荡子),公子追舒为箴尹[①](追舒,庄王子子南),屈荡为连尹,养由基为宫厩尹,以靖国人。君子谓:"楚于是乎能官人[②]。官人,国之急也。能官人,则民无觎心[③](无觊觎以求幸)。《诗》云:"嗟我怀人,置彼周行。'能官人也(《诗·周南》。行,列也。周,徧也。诗人嗟叹,言我思得贤人,置之徧于列位。是后妃之志，以官人为急）。王及公、侯、伯、子、男、甸、采、卫大夫，各居其列，所谓周行也。”郑尉氏、司氏之乱（在十年），其余盗在宋。郑人以子西、伯有、子产之故，纳赂于宋（三子之父，皆为尉氏所杀故），以马四十乘（百六十匹）与师茷、师慧（乐师也，茷、慧，其名）。三月，公孙黑为质焉（公孙黑，子皙）。司城子罕以堵女父、尉翩、司齐与之。良司臣而逸之[4]（贤而放之），托诸季武子[5]，武子置诸卞[6]。郑人醢[7]之，三人也（三人，堵女父、尉翩、司齐）。师慧过宋朝，将私焉（私，小便）。其相[8]曰（相师者）：“朝也。”慧曰：“无人焉。”相曰：“朝也，何故无人？”慧曰：“必无人焉。若犹有人，岂其以千乘之相易淫乐之矇[9]？必无人焉故也（千乘相，谓子产等也。言不为子产早杀三盗，俟赂方归，是重淫乐而轻国相）。”子罕闻之，固请而归之[10]（言子罕能改过）。

春秋 夏，齐侯伐我北鄙，围成。公救成，至遇（遇，杜注：鲁地）。

公羊传 其言至遇何？不敢进也。

解义 卫衎在齐，而季孙宿会戚以立剽，故齐来伐。鲁於是时三分其民，而公室卑弱，不足以当敌，故救成而不敢进也。季孙救台，遂入郓而不忌；公亲救成，则至遇而难前。观宿[11]之强，则知公之所以弱矣！

注释 ①箴尹：谏官。②能官人：能因能授官。③觎心：非分之心。④良司臣而逸之：认为司臣有才能而放跑了他。良，用作动词。⑤季武子：鲁正卿季孙宿。⑥卞：地名，位于山东泗水县东。⑦醢（hǎi）：古代一种酷刑，杀死后剁成肉酱。⑧相：盲人的扶持者。⑨矇：盲人。⑩固请而归之：子罕坚决请求于宋公，而后归回宋之乐师。⑪宿：季孙宿。

春秋 季孙宿、叔孙豹帅师城成郛。

左传 夏，齐侯围成，贰于晋[1]故也。于是乎城成郛。

解义　由不能救成故成郛,坏此孟氏私邑而叔季帅师城之者,三家相党以备齐为名兴大役,故其城坚固可守,卒②为鲁患而不可堕也。

注释　①贰于晋:齐与晋有二心,故伐亲晋之鲁。②卒:最终。

春秋　秋八月丁巳,日有食之。

春秋　邾人伐我南鄙。

左传　秋,邾人伐我南鄙(亦贰於晋故)。使告于晋,晋将为会以讨邾、莒(十二年、十四年,莒人伐鲁,未之讨)。晋侯有疾,乃止。冬,晋悼公卒,遂不克会(为明年会溴梁传)。

解义　邾背晋与齐①,而党②於莒,故来伐鲁,以望国而不竟如此,则民分於三桓③故也。

注释　①背:背叛。与:友好。②党:结党,结盟。③三桓:是春秋时鲁大夫孟孙氏、叔孙氏、季孙氏三家的合称,分别是鲁桓公的三个儿子庆父、叔牙、季友的后裔,因为三家都是桓公后代,所以叫"三桓"。

春秋　冬十有一月癸亥,晋侯周①卒。

解义　晋悼,贤君也。悼没,而春秋无霸矣。晋自灵、成、景、厉四世不竟周嗣服之初,慨然思复文公②之业,经营内外,卒成三驾之功。楚服其威,郑怀其德,抑何盛也!然谨於诸侯,而纵於大夫;工於抚郑,而拙於怀陈;明於治楚,而暗於治秦,君子惜焉!而尤失正者,不讨卫孙林父、宁殖逐君之恶而庇之,晋之六卿、鲁之三家、齐之崔庆陈氏视此而纵矣!

注释　①晋侯周:即晋悼公(前586年—前558年),姬姓,名周,一作纠,又称周子或孙周。春秋中期晋国少主,政治天赋超群的英主,年仅26岁称霸中原,匡复晋国霸权。②文公:指晋文公。

附录左传 郑公孙夏[①]如晋奔丧(夏,子西也),子蟜[②]送葬(言诸侯畏晋,故卿共葬)。宋人或得玉,献诸子罕。子罕弗受。献玉者曰:“以示玉人[③],玉人以为宝也,故敢献之。”子罕曰:“我以不贪为宝,尔以玉为宝,若以与我,皆丧宝也。不若人有其宝[④]。”稽首而告曰:“小人怀璧,不可以越乡(言必为盗所害)。纳此以请死也(请免死)。”子罕置诸其里[⑤],使玉人为之攻之(攻,治也),富而后使复其所[⑥](卖玉得富)。十二月,郑人夺堵狗[⑦]之妻,而归诸范氏(堵狗,堵女父之族。狗娶于晋范氏,郑人既诛女父,畏狗因范氏作乱,故夺其妻归范氏,先绝之。《传》言郑之有谋)。

春秋 十有六年春王正月,葬晋悼公。

解义 晋平[⑧]初立,见诸侯多不协,汲汲[⑨]欲会而速葬其亲,悖礼甚矣!

注释 ①公孙夏:子西,郑卿。②子蟜:公孙虿,郑卿。③玉人:指治玉的匠人。④人有其宝:各有各的宝物。⑤其里:司城子罕的乡里。⑥复其所:送那个献玉的人回乡里。⑦堵狗:堵女父的族人。⑧晋平:即晋平公,姬姓,晋氏,名彪,公元前557—前532年在位。⑨汲汲:形容急切的样子。

春秋 三月,公会晋侯、宋公、卫侯、郑伯、曹伯、莒子、邾子、薛伯、杞伯、小邾子,于溴梁。戊寅,大夫盟(溴梁,杜注:溴水出河内轵县东南,至温入河。案《尔雅》:梁莫大于溴梁。溴,水名,梁,隄也。今济源县西北原山有白涧水,即溴水也)。

左传 十六年春,葬晋悼公。平公[①]即位(平公,悼公子彪),羊舌肸为傅[②](肸,叔向也,代士渥浊),张君臣为中军司马(张老子,代其父),祁奚、韩襄、栾盈、士鞅为公族大夫(祁奚去中军尉,为公族大夫,去剧职,就间官。韩襄,无忌子),虞丘书为乘马御(代程郑)。改服修官[③],烝于曲沃(既葬,改丧服。修官,选贤能。烝,冬祭也。诸侯五月而葬,既葬,卒哭作主,然后烝、尝于庙。今晋将有溴梁之役,故速葬而烝)。警守而下[4],会于湨梁(顺河东行,故曰下)。命归侵田。以我故,执邾宣公、莒犁比公(犁比,莒子号),且曰:"通齐、楚之使。"晋侯与诸侯宴于温,使诸大夫舞,曰:"歌诗必类[5](歌古诗,当各从义类)!"齐高厚之诗不类。荀偃怒,且曰:"诸侯有异志矣!"使诸大夫盟高厚,高厚逃归。于是,叔孙豹、晋荀偃、宋向戌、卫宁殖、郑公孙虿、小邾之大夫盟曰:"同讨不庭[6](自曹以下,大夫不书,故《传》举小邾以包之)。"

公羊传　诸侯皆在是其言大夫盟何?信[7]在大夫也。何言乎信在大夫?遍刺[8]天下之大夫也。曷为遍刺天下之大夫?君若赘旒[9]然(旒,旗旒;赘,系属之辞。以旗旒为喻者,言为臣下所执,持东西莫能自主也)。

穀梁传　湨梁之会,诸侯失正[10]矣。诸侯会而曰大夫盟,正在大夫也。诸侯在而不曰诸侯之大夫,大夫不臣也。

解义　《春秋》书大夫,皆有所系[11]。救徐之役,诸侯次[12]匡,而遣大夫往,则大夫帅师实受诸侯之命也,故书曰:"公孙敖帅师及诸侯之大夫救徐。"鸡泽之会,诸侯已盟,而大夫又盟,然犹受命盟袁侨也,故书曰:"叔孙豹及诸侯之大夫及陈袁侨盟。"今湨梁之会,诸侯皆在,若大夫受命而盟,则宜书鲁卿及诸侯之大夫盟,而独书大夫,则是大夫自相与盟,非诸侯之命矣。故不以大夫系之诸侯,著诸侯失政,而大夫无诸侯也!

注释　①平公:晋悼公子,名彪。②羊舌肸:即叔向。傅,太傅。③改服:脱去丧服。改穿吉服。修官:选拔贤能。又说修理馆舍。官,通"馆"。④警守而下:布置警备,沿黄河而下。⑤歌诗必类:演唱诗一定要与舞蹈相配。⑥不庭:这里指不忠于盟主晋国的人。⑦信:信约,盟约。⑧刺:指责。⑨赘旒:赘,连缀;旒,旌旗上的飘带。比喻实权旁落、为大臣挟持的君主。⑩失正:正,通"政"。政治,政事。指政治混乱。⑪系:关联。⑫次:

驻扎。

春秋 晋人执莒子、邾子以归(执以归始此)。

解义 诸侯有罪,执之以归,而不归京师[1],已则不臣[2]。而以讨人非正也,故称晋人,而二君不名。

注释 ①京师:帝王的都城,天子之居。②不臣:不守臣子的本分,不忠君。也指犯上作乱的野心。

春秋 齐侯伐我北鄙。

解义 齐侯自柯陵之会,遂不复出,但使世子伉礼[1]出会,盖有轻诸侯之心。晋会溴梁以讨贰[2],齐独不至,乃益复伐我,三年之间师五至鲁,暴亦甚矣!

注释 ①伉礼:指以平等的礼节相待。②贰:背叛。

春秋 夏,公至自会。

解义 见公出谋齐尚未及返,而已见伐於齐也!

春秋 五月甲子,地震。

春秋 叔老会郑伯、晋荀偃、卫宁殖、宋人伐许。

左传 许男请迁于晋(欲叛楚)。诸侯遂迁许,许大夫不可。晋人归诸侯(唯以其师讨许)。郑子蟜闻将伐许,遂相郑伯以从诸侯之师(郑与许有宿怨,故其君亲行)。穆叔从公(从公归)。齐子帅师会晋荀偃(齐子,叔老)。书曰:"会郑伯。"为夷故也(夷,平也。言诸侯之卿,可以会伯、子、男,于义为平)。夏六月,次于棫林。庚寅[1],伐许,次于函氏[2](棫林、函氏,杜注:皆许地)。晋荀偃、栾黡帅师伐楚,以报宋扬梁之役(晋师独进。扬梁役在十二年)。楚公子格帅师及晋师战于湛阪[3](湛阪,杜注:襄城昆阳县北有湛水,东入汝。《水经注》:湛水出犨(chōu)县北鱼齿山东南流为湛浦,即此今叶县北有昆阳城),楚师败绩。晋师遂侵方城之外(不书,不告),复伐许而还(许未迁故)。

解义 郑非主兵,曷为会郑伯?春秋不以大夫主诸侯,则推而属之郑正君臣之分也。

注释　①庚寅：初九日。②函氏：许地，位于河南叶县北。③湛阪：地名，位于河南平顶山市北。

春秋　秋，齐侯伐我北鄙，围成(成，《左氏》作郕，今从《公羊》、《穀梁》)。

左传　秋，齐侯围郕(郕，鲁孟氏邑。贰晋，故伐鲁)，孟孺子速徼之(孟献子之子庄子速也。徼，要也)。齐侯曰："是好勇[1]，去之以为之名。"速遂塞海陉[2]而还(海陉，杜注：鲁隘道)。

解义　去年伐我，围成。今春再伐，至是又围成，甚[3]之也！

注释　①是好勇：此人好逞勇武。②海陉：指鲁、齐之间的险道。③甚：过分。

春秋　大雩。

春秋　冬，叔孙豹如晋。

左传　冬，穆叔如晋聘，且言齐故[1](言齐再伐鲁)。晋人曰："以寡君之未禘祀(禘祀，三年丧毕之吉祭)，与民之未息[2]。不然，不敢忘。"穆叔曰："以齐人之朝夕释憾[3]于敝邑之地，是以大请！敝邑之急，朝不及夕，引领西望曰：'庶几乎(庶几晋来救)！'比执事之间[4]，恐无及也！"见中行献子[5]，赋《圻父》(《圻父》，《诗·小雅》。周司马掌封畿之兵甲，故谓之圻父。诗人责圻父为王爪牙，不修其职，使百姓受困苦之忧，而无所止居)。献子曰："偃知罪矣！敢不从执事以同恤社稷，而使鲁及此。"见范宣子，赋《鸿雁》之卒章(《鸿雁》，《诗·小雅》卒章曰："鸿雁于飞，哀鸣嗷嗷。唯此哲人，谓我劬(qú)劳。"言鲁忧困，嗷嗷然若鸿雁之失所)。宣子曰："匄[6]在此，敢使鲁无鸠[7]乎(鸠，集也)？"

解义　书如晋於围成后，著鲁不能自强於政治[8]，急则求晋，非待敌保邦之策也！

注释　①齐故：指齐国又一次进攻鲁国的事。②民之未息：

百姓没有得到休养生息。③释憾：发泄愤恨。④比：及，等到。间：空暇。⑤中行献子：荀偃，晋国中军帅。⑥匄：即士匄，范宣子之名。⑦鸠：安定，安宁。⑧政治：指维护统治、治理国家的活动。

卷四十一

襄公(十七年之二十年)

春秋　十有七年春王二月庚午,邾子牼[①]卒(牼,《公羊》、《穀梁》作瞷)。

解义　去年,晋执以归。此书卒者,盖晋寻释[②]之不书,其归不告也。

注释　①邾子牼:即邾宣公,曹牼,为春秋诸侯国邾国君主第14代君主,是邾定公的儿子。在位16年(前572年–前556年)。死后,儿子邾悼公继位。②寻释:寻,顷刻,不久。指不久就被释放了。

春秋　宋人伐陈。

左传　十七年春,宋庄朝伐陈,获司徒卬,卑宋[①]也(司徒卬(áng,同"昂"),陈大夫。卑宋,不设备)。

解义　宣[②]十二年,宋师伐陈,为晋讨贰[③]也。此年,宋人伐陈,考之《左氏》,不见二国致衅[④]之由。而陈自逃归后,不复与诸侯会,其亦以晋命伐之欤!

注释　①卑宋:陈轻视宋,不设备,故败。②宣:指鲁宣公。③贰:贰心,背叛。④衅:争端。

春秋　夏,卫石买帅师伐曹。

左传　卫孙蒯田于曹隧[①](越竟而猎。蒯,林父之子),饮马于重丘[②](重丘,杜注:曹邑。《环宇记》:重丘在乘氏县东北。今山东曹县东北有乘氏故城),毁其瓶。重丘人闭门而询[③]之(询,骂也),曰:"亲逐而君,尔父为厉[④](厉,恶鬼。林父逐君在十四年)。是之不忧,而何以田为?"夏,卫石买、孙蒯伐曹(买,石稷子。孙蒯不书,非卿),取重丘。曹人诉于晋(为明年晋人执石买传)。

解义 孙蒯犯上[5]之臣，越境田猎，而遭曹人之辱，不内自省，乃挟[6]贵卿将重兵以攻其国，何义乎？

注释 ①曹隧：曹地名。②重丘：曹邑。在今山东省茌平县西南约二十里。③詬：同“诟”，骂詈，辱骂。④戾：恶。⑤犯上：指作出冒犯长辈或上级的事情。⑥挟：挟持。

春秋 秋，齐侯伐我北鄙，围桃（桃，《公羊》作洮。杜注：弁县东南有桃虚）。

春秋 齐高厚帅师伐我北鄙，围防[1]（高厚上《左氏》无齐字）。

左传 齐人以其未得志于我故（前年围成，辟孟孺子），秋，齐侯伐我北鄙，围桃。高厚围臧纥于防（防，臧纥邑）。师自阳关[2]逆臧孙，至于旅松（阳关，杜注：在泰山钜平县东。今山东宁阳县东北有阳关故城。旅松，杜注：近防地。鲁师畏齐，不敢至防）。郰叔纥、臧畴、臧贾帅甲三百，宵犯齐师，送之而复（郰（zōu）叔纥，叔梁纥。臧畴、臧贾，臧纥之昆弟也。三子与臧纥共在防，故夜送臧纥于旅松，而复还守防）。齐师去之（失臧纥故）。齐人获臧坚（坚，臧纥之族）。齐侯使夙沙卫唁之，且曰：“无死！”坚稽首曰：“拜命之辱！抑君赐不终，姑又使其刑臣礼于士[3]。”以杙抉其伤而死[4]（言使贱人来唁已，是惠赐不终也。夙沙卫，奄人，故谓之刑臣。杙，小木也，椽属）。

解义 齐君臣同来伐鲁，异道而进，分围二邑，类而书之，其恃众暴寡[5]可见矣！

注释 ①防：臧氏采邑，在现山东省泗水县西南二十八里。②阳关：地名，在今山东泰安县东南六十里。③姑：借为“故”，故意。刑臣：指宦官夙沙卫。士：臧坚自谓。④杙（yì）：木橛，一端尖锐。抉其伤：刺进伤口。⑤恃众暴寡：指以人多势众的一帮去欺凌、迫害人少势弱的一方。

春秋 九月，大雩[1]。

春秋 宋华臣[2]出奔陈。

左传　宋华阅卒。华臣弱皋比[③]之室(臣,阅之弟。皋比,阅之子。弱,侵易之),使贼杀其宰华吴。贼六人以铍杀诸卢门合左师之后[④](卢门,宋城门。合,向戌邑。后,屋后)。左师惧曰:“老夫无罪。”贼曰:“皋比私有讨于吴[⑤]。”遂幽其妻[⑥](幽吴妻也),曰:“畀余而大璧!”宋公闻之,曰:“臣也,不唯其宗室是暴,大乱宋国之政,必逐之!”左师曰:“臣也,亦卿也。大臣不顺,国之耻也。不如盖之。”乃舍之。左师为己短策[⑦],苟过华臣之门,必骋[⑧](恶之)。十一月甲午,国人逐瘈狗[⑨],瘈狗入于华臣氏,国人从之。华臣惧,遂奔陈(瘈狗,狂狗也。华臣心不自安,见逐狗而惊走)。

解义　华臣暴乱,宗室国讨不加[⑩],惧而出奔,失政刑[⑪]矣。君子违不适仇国[⑫],陈方仇宋,而臣奔焉,尤可诛也!

注释　①大雩(yú):古求雨祭名。②华臣:华阅之弟。③皋比:华阅之子。④铍:兵器,形如刀而两边有刃。卢门:宋城门。合左师之后:合左师,即向戌,其官为左师,其采邑在合乡,故称合左师。⑤吴:华吴。⑥其妻:华吴之妻。⑦为己短策:为自己准备一根短马鞭。⑧骋:快跑。⑨瘈(zhì)狗:狂犬。⑩不加:指不断加剧。⑪政刑:政令和刑罚。⑫违:违别,离别。不适:不往,不至。

春秋　冬,邾人伐我南鄙。

左传　冬,邾人伐我南鄙,为齐故也。

解义　鲁之四鄙,莒伐其东,齐伐其北,邾伐其南,其不振亦甚矣!邾之先君,以伐鲁见执於晋,故嗣子[①]叛晋,与齐在丧而兴师以修怨[②]也。此祝柯之会,所以复见执与。

注释　①嗣子:帝王或诸侯的承嗣子(多为嫡长子)。②修怨:报宿怨。

附录左传　宋皇国父为大宰,为平公筑台,妨于农收(周十一月,今九月,收敛时)。子罕请俟农功之毕,公弗许。筑者讴曰:

"泽门之皙[①],实兴我役(泽门,宋东城南门也。皇国父白皙而居近泽门)。邑中之黔[②],实尉我心(子罕黑色而居邑中)。"子罕闻之,亲执扑,以行[③]筑者(扑,杖),而抶其不勉者[④],曰:"吾侪小人,皆有阖庐[⑤]以辟燥湿寒暑。今君为一台而不速成,何以为役?"讴者乃止。或问其故,子罕曰:"宋国区区,而有诅[⑥]有祝,祸之本也(《传》善子罕分谤)。"齐晏桓子[⑦]卒(晏婴父也)。晏婴粗縗斩[⑧](斩,不缉之也。縗在胸前。粗,三升布),苴绖、带、杖[⑨],菅屦[⑩](苴,麻之有子者,取其粗也。杖,竹杖。菅屦,草屦),食鬻,居倚庐[⑪],寝苫,枕草(此礼与《士丧礼》略同。鬻,谓朝一溢米,暮一溢米。倚庐,倚东墙而为之。苫,编草也。王俭云:"夏枕凷(kuài,同"块"),冬枕草。")。其老[⑫]曰:"非大夫之礼也。"曰:"唯卿为大夫(晏子恶直已以斥时失礼,故孙辞略答家老)。"

春秋 十有八年春,白狄[⑬]来。

左传 十八年春,白狄始来(白狄,狄之别名)。

公羊传 白狄者何?夷狄之君也。何以不言朝?不能朝也。

解义 不书朝者,不能行朝礼也。《春秋》据事直书,因其来而接之则书来,义与介葛卢[⑭]同。

注释 ①泽门之皙:指皇国父。皇国父居住在泽门(宋东城南门),脸白皙。②邑中之黔:指子罕。子罕住在城内,脸色黑。③行:巡行督察。④抶(chì):鞭打。不勉者:不使劲干活的人。⑤阖庐:意即屋宇、房舍。⑥诅:诅骂之辞。⑦晏桓子:晏弱,晏婴之父。⑧晏婴:字平仲,又称晏子,齐国贤大夫。粗縗斩:即粗布做的丧服。縗斩,斩衰,古代丧服。⑨苴(jū):粗糙。苴绖,服丧时戴在头上的麻带子,苴带是系在腰上的。苴杖即竹杖。⑩菅屦(jiānjù):即草鞋。⑪倚庐:居丧时所搭的草棚。⑫老:卿大夫的家臣。⑬白狄:亦作"白翟"。我国古代少数民族之一。春秋前期主要分布于古雍州北部(今陕北一带)。前550年,因受秦国的压迫和晋国和戎政策的诱惑,东迁至今河北省石家庄一带。东迁后的白狄主要由鲜虞氏、肥氏、鼓氏、仇由氏4个氏族组成。⑭介葛卢:春秋时代东部一个少数民族国家叫介国,国君名葛卢。

春秋　夏,晋人执卫行人石买。

左传　夏,晋人执卫行人石买于长子①,执孙蒯于纯留②(长子、纯留,杜注:二县皆属上党郡。纯,《地理志》作"屯"。今俱属山西潞安府),为曹故也(前年卫伐曹)。

穀梁传　称行人,怨接于上也。

解义　石买以君命聘晋,晋人执之。晋知买伐曹之为恶,独不知孙氏逐君之为恶乎?假晋欲明天子之禁,修方伯之义,莫如正孙蒯之恶,诸侯服矣。今置所先而治所后,伯讨固若是乎?

注释　①长子:地名,即今山西长子县西郊。②纯留:本留吁国,被晋所灭。位于今山西屯留县南。

春秋　秋,齐师伐我北鄙(《穀梁》作齐侯)。

春秋　冬十月,公会晋侯、宋公、卫侯、郑伯、曹伯、莒子、邾子、滕子、薛伯、杞伯、小邾子同围齐。

左传　秋,齐侯伐我北鄙。中行献子将伐齐,梦与厉公讼,弗胜(厉公,献子所弑者),公以戈击之,首队于前,跪而戴之,奉之以走①,见梗阳之巫皋②(梗阳,杜注:晋邑,在太原晋阳县南。今山西清源县有梗阳故城。皋,巫名。梦并见之)。他日,见诸道,与之言,同(巫亦梦见献子与厉公讼)。巫曰:"今兹主必死③,若有事于东方,则可以逞(巫知献子有死征,故劝使决意伐齐)。"献子许诺。晋侯伐齐,将济河。献子以朱丝系玉二瑴④(双玉曰瑴),而祷曰:"齐环怙恃其险(环,齐灵公名),负其众庶,弃好背盟,陵虐神主(神主,民也)。曾臣彪⑤将率诸侯以讨焉(彪,晋平公名。称臣者,明上有天子，以谦告神。曾臣，犹末臣），其官臣偃实先后[6]之（守官之臣，偃，献子名）。苟捷有功，无作神羞[7]，官臣偃无敢复济（偃信巫言，故以死自誓）。唯尔有神裁之[8]！”沉玉[9]而济。

冬十月，会于鲁济[10]，寻湨梁之言，同伐齐。齐侯御诸平阴[11]，堑防门[12]而守之，广里[13]（平阴，杜注：在济北卢县东北。其城南有防，防有门。于门外作堑横行，广一里。今平阴古城在山东卢县东北）。夙沙卫曰：“不能战，莫如守险。”弗听。诸侯之士门焉，齐人多死。范宣子告析文子[14]曰（析文子，齐大夫子家）：“吾知子，敢匿情乎？鲁人、莒人皆请以车千乘自其乡入，既许之矣。若入，君必失国。子盍图之？”子家以告公，公恐。晏婴闻之曰：“君固无勇，而又闻是，弗能久矣（不能久敌晋）。”齐侯登巫山以望晋师（巫山，杜注：在卢县东北。今山东肥城县西北有孝堂山，即齐侯望晋师处）。晋人使司马斥山泽之险，虽所不至，必旆而疏陈[15]之（斥，候也。疏建旌旗以为陈，示众也）。使乘车者左实右伪[16]，以旆先[17]（伪以衣服为人形也。建旆以先驱），舆曳柴而从[18]之（以扬尘）。齐侯见之，畏其众也，乃脱归[19]（脱，不张旗帜）。丙寅晦，齐师夜遁。师旷告晋侯曰：“鸟乌之声乐[20]，齐师其遁（鸟乌得空营，故乐也）。”邢伯[21]告中行伯曰（邢伯，晋大夫邢侯也。中行伯，献子）：“有班马之声[22]（班，别也。夜遁，马不相见，故鸣），齐师其遁。”叔向告晋侯曰：“城上有乌，齐师其遁。”

十一月丁卯朔，入平阴，遂从齐师。夙沙卫连大车以塞隧而殿[23]（此卫所欲守险）。殖绰、郭最曰（殖绰、郭最，齐之勇士）：“子殿国师，齐之辱也。子姑先乎！”乃代之殿。卫杀马于隘以塞道（根二子，故塞其道，欲使晋得之）。晋州绰及之，射殖绰，中肩，两矢夹脰[24]（脰，颈也），曰：“止，将为三军获。不止，将取其衷[25]（射两矢中央）。”顾曰：“为私誓。”州绰曰：“有如日（言必不杀女，明如日）！”乃弛弓而自后缚之（反缚之）。其右具丙（州绰之右）亦舍兵而缚郭最,皆衿甲面缚[26](衿甲,不解甲),坐于中军之鼓下。晋人欲逐归者,鲁、卫请攻险(险,固城守者)。己卯[27],荀偃、士匄以中军克京兹[28](京兹,杜注:在平阴城东南)。乙酉[29],魏绛、栾盈以下军克邿(栾黡死,其子盈佐下军。邿,杜注:平阴西有邿山)。赵武、韩起以上军围卢[30](卢,齐邑),弗克。十二月戊戌[31],及秦周[32],伐雍门之萩[33](秦周,鲁大夫。赵武及之共伐萩也。雍门,齐城门)。范鞅门于雍门,其御追喜[34]以戈杀犬于门中(杀犬示间暇)。孟庄子斩其橁[35]以为公琴(庄子,孺子速也。橁,木名)。己亥[36],焚雍门及西郭、南郭。刘难、士弱率诸侯之师焚申池之竹木(二子,晋大夫。申池,齐北门池)。壬寅,焚东郭、北郭。范鞅门于扬门[37](齐西门)。州绰门于东闾[38](齐东门),左骖迫[39],还于东门中,以枚数阖[40](枚,马檛也。阖,门扇也。数其板,示不恐)。

齐侯驾,将走邮棠[41](邮棠,杜注:齐邑。今山东即墨县南有甘棠社,即古棠乡)。大子与郭荣扣马[42],曰(大子,光也。荣,齐大夫):"师速而疾,略[43]也(言欲略行其地,无久攻意)。将退矣,君何惧焉!且社稷之主,不可以轻[44],轻则失众。君必待之。"将犯之,大子抽剑断鞅,乃止。甲辰[45],东侵及潍[46],南及沂(潍,《水经注》:潍水出琅琊箕县过东武、平昌、高密、淳于迳都昌入海。箕县,在今莒州。东武故城,今为诸城县治。平昌、高密、淳于,皆在今安丘县。都昌,今昌邑县也。沂,杜注:沂水出东莞盖县至下邳入泗,盖县省入沂水县,今属山东青州府)。

穀梁传　非围而曰围(据实伐),齐有大焉,亦有病[47]焉。非大而足同焉(齐非大国,诸侯岂足同共围之与?)?诸侯同罪之也,亦病矣。

解义　凡侵、伐、围、入,未有书同者。齐背盟主数伐小国,诸侯同心围之,故特书同,见众所同恶也。或疑鞍之战,晋亦为鲁、卫伐齐,而书法各异。盖事有似同实异者,鞍之战,虽曰为鲁、卫讨,其实大夫逞其私憾[48]耳。今兹伐齐,则从众欲而出师以问齐人凭陵[49]与国之罪,非为其私,此圣人之特笔也。

注释 ①奉之以走:两手捧着头跑掉。②梗阳:晋邑,位于今山西清徐县。巫皋,巫人名。③今兹主必死:今年你一定会死。兹,年。主,此指对荀偃的称呼。④二瑴:二对。⑤曾臣彪:曾臣,陪臣。天子称臣于神,诸侯称臣于天子,故诸侯于神称曾臣。彪,晋平公名。⑥先后:此指辅佐。⑦无作神羞:不给神灵带来羞耻。⑧有神裁之:神灵制裁。有,名词词头,无义。⑨沉玉:将玉沉入水中。⑩鲁济:济水在鲁境内称为鲁济。⑪平阴:位于今山东平阴县东北。⑫堑防门:在防门挖掘沟壕。防门,地名,位于今山东平阴县东北。⑬广里:横着有一里。⑭析文子:指齐大夫子家。⑮旆而疏陈:树上旗帜,稀疏地排列军阵。⑯左实右伪:战车上左边是真人,右边则是假人。⑰以旆先:以大旗作前导。⑱舆曳柴而从:战车后面拖着树枝跟着。晋以此使尘土飞扬,如大军奔驰,此为疑兵之计。⑲脱归:离开军队脱身而回。⑳乌乌之声乐:乌鸦的叫声快乐。乌乌,指乌鸦。㉑邢伯:指晋大夫邢侯。㉒班马之声:此指战马返回的声音。㉓塞隧而殿:堵塞山中小道而殿后。㉔脰:颈项。夹脰,即一箭中左肩,一箭中右肩。㉕将取其衷:本文指将射中你的脑袋。㉖衿甲面缚:衿(jīn)甲,不脱衣甲;面缚,双手背后而绑。㉗己卯:十三日。㉘京兹:地名,位于今平阴县东南。㉙乙酉:十九日。㉚卢:位于今长清县西南。㉛戊戌:二日。㉜秦周:地名,靠近雍门。㉝雍门之萩:雍门,齐都西门名。㉞追喜:人名。㉟櫄(chūn):树木名,可用来制作琴。㊱己亥:三日。㊲扬门:齐城西北门。㊳东闾:齐东门。㊴左骖迫:车左边的战马因拥挤而盘旋不进。㊵以枚数阖:即数阖之枚。阖,门扇。枚,门上的乳钉,有如钟乳。㊶邮棠:即棠地。位于今山东平度县东南。㊷扣马:拦住马头。

扣,拦住。㊸略:掠夺财物。㊹轻:轻动,逃走。㊺甲辰:初八。㊻潍:潍水。㊼病:缺点,错误。㊽私憾:私人间的怨恨。㊾)凭陵:侵犯;欺侮。

春秋　曹伯负刍[①]卒于师。

穀梁传　闵[②]之也。

春秋　楚公子午帅师伐郑。

左传　郑子孔欲去诸大夫(欲专权),将叛晋而起楚师[③]以去之。使告子庚,子庚弗许(子庚,楚令尹公子午)。楚子闻之,使杨豚尹宜[④]告子庚曰(扬豚,邑大夫,名宜):"国人谓不谷主社稷,而不出师,死不从礼(不能承先君之业,死将不得从先君之礼)。不谷即位,于今五年,师徒不出,人其以不谷为自逸,而忘先君之业矣。大夫图之!其若之何?"子庚叹曰:"君王其谓午怀安[⑤]乎!吾以利社稷也。"见使者,稽首而对曰:"诸侯方睦于晋,臣请尝之。若可,君而继之。不可,收师而退,可以无害,君亦无辱。"子庚帅师治兵于汾[⑥](汾,杜注:襄城县东北有汾丘城。《水经注》:颍水东历罡丘城南,故汾丘城也。今襄城县属河南)。于是子蟜、伯有、子张[⑦]从郑伯伐齐(子张,公孙黑肱),子孔、子展、子西守。二子[⑧]知子孔之谋(二子,子展、子西),完守入保[⑨]。子孔不敢会楚师。楚师伐郑,次于鱼陵[⑩](鱼陵,杜注:鱼齿山也,在南阳犨县北,郑地。《水经注》:湛水源于鱼齿山。在今河南汝州东南)。右师城上棘[⑪],遂涉颍,次于旃然[⑫](将涉颍,故于水边权筑小城,以为进退之备。上棘,《郡县志》:阳翟有上棘城,在今河南禹州南。旃然,杜注:旃然水出荥阳成皋县东入汴。《水经注》:索水出京县西南嵩渚山,即古旃然水也。嵩渚山,在今河南荥阳县东南)。蔿子冯、公子格率锐师侵费滑、胥靡、献于、雍梁[⑬](胥靡、献于、雍梁,杜注:皆郑邑。河南阳翟县东北有雍氏城),右回梅山[⑭](梅山,杜注:在荧阳密县东北。今河南郑州西南有梅山),侵郑东北,至于虫牢[⑮]而反。子庚门于纯门[⑯],信于城下而还(信,再宿也)。涉于鱼齿[17]之下(杜注:鱼齿山之下有湛水,故言涉),甚雨及之,楚师多冻,役徒[18]几尽。晋人闻有楚师,师旷曰:“不害。吾骤歌北风[19],又歌南风。南风不竞(歌者,吹律以咏八风。南风音微,故曰“不竞”也。师旷唯歌南北风者,听晋、楚之强弱),多死声。楚必无功。”董叔曰(晋大夫):“天道多在西北[20](岁在豕韦,月又建亥,故曰“多在西北”),南师不时,必无功。”叔向曰:“在其君之德也。”

解义 楚之伐间[21],郑伯之出也。萧鱼以后,楚师又加郑而无功,晋悼推诚[22]之效亦见於此。

注释 ①曹伯负刍:即曹成公姬负刍(?—前555),春秋曹国国君。宣公庐庶弟(一说为庶子)。继宣公而立。前578—前555年在位。是时晋、楚争霸,曹屡参与晋会诸侯,随晋而征战。②闵:同“悯”,怜恤,哀伤。③起楚师:发动楚军。④杨豚尹宜:楚国使者名。杨,其氏;豚尹,官名,即使者;宜,使者名。⑤怀安:即自逸,贪图安逸。⑥汾:楚国北部的要隘。⑦子张:即公孙黑肱。郑国大夫。⑧二子:即子展、子西。⑨完守:完善城郭加强守备。入保:进入城堡固守。⑩鱼陵:郑国地名。⑪右师:右翼部队。城上棘:在上棘筑城。上棘,郑国地名(位于今河南禹县西北)。楚军要渡颍水,故于水边(上棘)修筑小城,作为进退之备。⑫旃然:水名。即今河南荥阳县的索河。⑬蔿子冯:楚国司马,后为令尹,蔿艾猎之子。公子格:楚国公子。费滑、胥靡、献于、雍梁:均为郑国地名,在今河南省境内。⑭右回梅山:向右绕过梅山。梅山为郑地,位于今河南郑县西南。⑮虫牢:郑国地名,位于今河南封丘县北。⑯纯门:郑国都外郭的南门。⑰鱼齿:即鱼齿山,在今河南平顶山市西北。⑱役徒:军中服杂役的人。⑲北风:此指北方曲调,南风则指南方曲调。⑳天道多在西北:天道指岁星所运行的轨道。此年岁星在豕韦,此月又建亥,故言天道多在西北。㉑间:隔阂,嫌隙。㉒推诚:以诚心相待。

春秋　十有九年春王正月,诸侯盟于祝柯(柯,《公羊》作阿。祝柯,杜注:祝柯县属济南郡。按《礼记》:"武王封黄帝之后于祝"即此。今山东长清县丰齐镇北有故城)。

左传　十九年春,诸侯还自沂上,盟于督扬[1](督扬,杜注:即祝柯也),曰:"大毋侵小。"

解义　会有王臣,而盟无王臣,则再举诸侯会盟皆有王臣,则不再言诸侯无王臣。而再举诸侯,以间[2]有异事,言各有当也。

注释　①督扬:即祝柯,位于今山东长清县东北。②间:间或。

春秋　晋人执邾子[1]。

左传　执邾悼公,以其伐我故(伐鲁在十七年)。

解义　邾屡伐鲁,不畏晋也,故又执其君,不言以归,舍[2]之也。执之,舍之,不以王命,虽当其罪,非正也!

注释　①邾子:即邾悼公,曹华,春秋诸侯国邾国君主第15代君主,是邾宣公的儿子。在位15年前(前555—前541年)。死后,儿子邾庄公继位。②舍:置,安置。此有"关押,囚禁"之意。

春秋　公至自伐齐。

公羊传　此同围齐也,何以致伐?未围齐也。未围齐则其言围齐何?抑[1]齐也。曷为抑齐?为其亟[2]伐也。或曰为其骄蹇[3],使其世子处乎诸侯之上也(即上十一年伐郑,齐世子光在莒子之上)。

穀梁传　《春秋》之义:已伐而盟复伐者则以伐致(亳城北之类),盟不复伐者则以会致(会於萧鱼之类)。祝柯之盟,盟复伐齐与?曰非也。然则何为以伐致也?曰与人同事,或执其君,或取其地(同与邾围齐,而晋执其君,鲁取其地,与盟后复伐何异)。

解义 此与僖[④]二十九年,致围许异辞,何也?盖彼以会出而遂围许,以围许为勋劳[⑤],故以围告。此以伐齐出而归,以伐齐告围,乃伐之一事耳,皆鲁史之旧,无他义也!

注释 ①抑:抑制,压制。②亟:屡次。③骄蹇:傲慢,不顺从。④僖:鲁僖公。⑤勋劳:功勋,功劳。

春秋 取邾田,自漷水(漷水,杜注:漷水出东海合乡县西南经鲁国至高平湖陆县入泗。按:合乡汉县北齐省湖陆即湖陵,在今山东鱼台县东北)。

左传 遂次于泗[①]上,疆我田(正邾鲁之界也。泗,水名)。取邾田,自漷水归之于我(邾田在漷水北,今更以漷为界,故曰取邾田)。晋侯先归。公享晋六卿于蒲圃,赐之三命之服。军尉、司马、司空、舆尉、候奄,皆受一命之服。贿荀偃束锦[②],加璧,乘马[③],先吴寿梦之鼎(荀偃,中军元帅,故贿之。五匹为束。四马为乘。寿梦,吴子乘也。献鼎于鲁,因以为名。古之献物,必有以先,故今以璧马为鼎之先)。荀偃瘅疽[④],生疡[⑤]于头(瘅疽,恶创)。济河,及著雍,病,目出。大夫先归者皆反。士匄请见,弗内。请后[⑥],曰:"郑甥[⑦]可(郑甥,荀吴。其母郑女)。"二月甲寅[⑧],卒,而视,不可含[⑨](目开口噤)。宣子盥而抚之,曰:"事吴[⑩],敢不如事主!"犹视。栾怀子曰:"其为未卒事于齐[⑪]故也乎?"乃复抚之曰:"主苟终[⑫],所不嗣事[⑬]于齐者,有如河!"乃瞑,受含。宣子出,曰:"吾浅之为丈夫也(自恨以私待人)。"

公羊传 其言自漷水何?以漷为竟[⑭]也。何言乎以漷为竟?漷移也(鲁本与邾以漷为竟,漷移入邾界,鲁随而有之)。

穀梁传 轧辞也(轧,委曲随漷水也,言取邾田之多)。其不日,恶盟也。

解义 僖公[⑮]取济西田不言曹,成公[⑯]取汶阳田不言齐,鲁地也。此言取邾田，则非鲁之旧，而恃[17]晋威以强取明矣！自漷水者，随漷水以为界也！

注释　①泗：河流名。②束锦：即锦五匹。一束十端，二端一匹。③乘马：四匹马。④瘅(dàn)疽：一种恶疾，又为脑后疽。⑤疡：即脑痈疽。⑥请后：请求指定继承人。⑦郑甥：即郑出。荀吴之母为郑女，故称荀吴为郑甥。⑧甲寅：十九日。⑨不可含：口紧闭，不能含珠玉。⑩吴：即荀吴。⑪未卒事于齐：指伐齐之事没有完成。⑫主苟终：你死后。⑬嗣事：继续从事。⑭竟：同"境"。⑮僖公：指鲁僖公。⑯成公：指鲁成公。⑰恃：依赖。

春秋　季孙宿[1]如晋。

左传　季武子如晋拜师(谢伐齐)，晋侯享之。范宣子为政(代荀偃将中军)，赋《黍苗》(《黍苗》，《诗·小雅》。喻晋君忧劳鲁国，如召伯)。季武子兴[2]，再拜稽首曰："小国之仰大国也，如百谷之仰膏[3]雨焉！若常膏之，其天下辑睦，岂唯敝邑？"赋《六月》[4](《六月》，亦《小雅》。以晋侯比吉甫，出征以匡王国)。

春秋　葬曹成公。

春秋　夏，卫孙林父[5]帅师伐齐。

左传　晋栾鲂[6]帅师从卫孙文子伐齐(栾鲂，栾氏族。为怀子之言故)。

解义　十四年[7]，林父逐卫侯衎[8]奔于齐，故独伐齐。林父之恶极矣，亦以病[9]晋侯也。

注释　①季孙宿：即季武子(？—前535年)，春秋时鲁国正卿，前568－前535年执政。姬姓，季氏，名宿(一作夙)，谥武，史称"季武子"。②兴：从座位上站起。③膏：泽，润。④《六月》：亦《小雅》篇名。为尹吉甫辅佐周宣王出征狝狁之诗。季武子以晋侯比尹吉甫。⑤孙林父(生卒年不详)：姬姓，孙氏，名林父，谥号为“文”，故史料中多称之孙文子，春秋中期卫国卿大夫，孙良夫之子。⑥栾魴：春秋时期晋国政治人物、将军。栾氏，名魴。前554年，栾魴帅师随卫国孙林父（孙文子）伐齐国。⑦十四年：指鲁襄公十四年。⑧卫侯衎：即卫献公，姬姓，卫氏，名衎。卫国第24代国君，？前576年—前559年、前546年—前544年在位。他是卫定公之子，卫殇公之兄，卫襄公之父。⑨病：不满，责备。

附录左传　季武子以所得于齐之兵，作林钟而铭鲁功焉（林钟，律名。铸钟，声应林钟，因以为名）。臧武仲谓季孙曰：“非礼也。夫铭，天子令德（天子铭德不铭功），诸侯言时计功①（举得时，动有功，则可铭也），大夫称伐（铭其功伐之劳）。今称伐则下等也（从大夫之例于三者为下等），计功则借人②也，言时则妨民多矣，何以为铭？且夫大伐小，取其所得以作彝器③，铭其功烈以示子孙，昭明德而惩无礼也。今将借人之力以救其死，若之何铭之？小国幸于大国，而昭所获焉以怒之，亡之道也（为城西郛及武城传）。”

春秋　秋七月辛卯，齐侯环④卒（环，《公羊》作瑗）。

左传　齐侯娶于鲁，曰颜懿姬，无子。其侄鬷声姬，生光，以为大子（颜、鬷二姬母姓，因以为号。懿、声皆谥。兄子曰侄）。诸子⑤仲子、戎子（诸子，诸妾姓子者。二子，皆宋女），戎子嬖。仲子生牙，属诸戎子。戎子请以为大子，许之。仲子曰：“不可。废常⑥，不祥（废立嫡之常）；间⑦诸侯，难（间，违也）。光之立也，列于诸侯矣。今无故而废之，是专黜⑧诸侯，而以难犯不祥也。君必悔之。”公曰：“在我而已。”遂东⑨大子光（徙之东鄙）。使高厚傅牙，以为大子，夙沙卫为少傅。齐侯疾，崔杼微逆光。疾病，而立之。光杀戎子，尸诸朝，非礼也。妇人无刑（无黥、刖之刑）。虽有刑，不在朝市⑩（谓犯死刑者，犹不暴尸）。夏五月壬辰晦，齐灵公卒。庄公即位（《经》书辛卯，光定位而后赴），执公子牙于句渎之丘（地名）。

以夙沙卫易已(谓卫教公易大子),卫奔高唐[11]以叛(高唐,杜注:在祝柯县西北。今山东禹城县北有古高唐城)。

春秋　晋士匄[12]帅师侵齐,至谷[13],闻齐侯卒,乃还。

左传　晋士匄侵齐,及谷,闻丧而还,礼也。

公羊传　还者何?善辞也。何善尔?大其不伐丧也。此受命乎君而伐齐,则何大乎其不伐丧?大夫以君命出,进退在大夫也。

穀梁传　还者,事未毕之辞也。受命而诛生,死,无所加其怒。不伐丧,善之也。善之则何为未毕也?君不尸[14]小事,臣不专大名,善则称君,过则称己,则民作让矣。士匄外专君命。故非之也。然则为士匄者宜奈何?宜墠帷而归命乎介[15](除地为墠,于墠张帷,反命于介,介归告君,君命乃还,不敢专也)。

解义　谷,齐地。还者,善辞也。春秋之时,侵伐四出,背殡帅师冒丧伐人者众矣。而士匄奉命出师,闻丧而还,於礼得矣。穀梁氏谓"礼,宜墠帷而归命于介,"非也。使[16]士匄未出晋境,如是焉,可也。已至齐地,则进退在士匄矣。况丧必不可伐,非进退可疑而待请者,故详书所至及还,善之也。

注释　①言时计功:举得时,动有功,则可铭。②借人:借助于他人的力量。③彝器:宗庙中的常器。④齐侯环:即齐灵公,姜姓,吕氏,名环,父齐顷公。前581年—前554年在位,期间有名相晏弱、晏婴父子相继辅政,国事清明。⑤诸子:即众姬妾。⑥废常:废弃常规。⑦间:触犯。⑧专黜:专擅而卑视。⑨东:迁移到东部边鄙之地。⑩不在朝市:不能暴尸于朝市。⑪高唐:即今山东高唐县东。⑫士匄(?—前548):祁姓,范氏,名匄,其名范匄。因范氏为士氏旁支,故又称士匄。春秋时期晋国人,史称范宣子。⑬谷:地名,即今山东东阿县南。⑭尸:担任,承担。⑮墠帷:墠,经过除草、整治的郊外的土地;帷,用幕布遮挡。此指帷幕驻扎,原地待命。介:此指传令者。⑯使:假若,假使。

附录左传 于四月丁未[①],郑公孙虿[②]卒,赴于晋大夫。范宣子言于晋侯,以其善于伐秦也(十四年晋伐秦,子蟜见诸侯之师,而劝之济泾)。六月,晋侯请于王,王追赐之大路[③],使以行[④](行葬礼),礼也。

春秋 八月丙辰,仲孙蔑[⑤]卒。

春秋 齐杀其大夫高厚。

左传 秋八月,齐崔杼杀高厚于洒蓝而兼其室[⑥](洒蓝,杜注:齐地)。书曰:"齐杀其大夫。"从君于昏[⑦]也(解《经》不言崔杼杀,而为国讨文)。

解义 杀高厚者,崔杼也。然庄公德杼援立之私[⑧],听其所为而不问,又以晋新行义於齐,欲归罪于高厚以为解[⑨],则亦公之所欲也,故以国杀,而不去其官。

注释 ①丁未:十三日。②公孙虿(?—前554年):姬姓,名虿,字子蟜,谥桓,是公子偃的儿子,郑穆公的孙子,郑国司马。③大路:天子赐给的车子。④使以行:使大路跟随送葬的行列。⑤仲孙蔑:即孟献子(?—前554年),姬姓,鲁国孟孙氏第5代宗主,名蔑,世称仲孙蔑,谥号献,是孟文伯的儿子。⑥崔杼(?—前546):又称崔子、崔武子。春秋时齐国大夫,后为齐国执政。齐惠公时为正卿,以弱冠之年有宠于惠公。惠公死,为高氏、国氏所逐,与国氏出奔卫国。后返齐,灵公时曾率军伐郑、秦、鲁、莒等国。灵公病危,迎立故太子吕光(庄公),杀太傅高厚。洒蓝:齐地名,位于临淄城郊。⑦从君于昏:服从国君的昏庸。⑧庄公:即齐庄公(?—前548年),姜姓,吕氏,名光,前553—前548年在位。德:感激。⑨解:解恨。

春秋 郑杀其大夫公子嘉[①](嘉,《公羊》作喜)。

左传 郑子孔之为政也专。国人患之,乃讨西宫之难,与纯门之师。子孔当罪(十年,尉止等作难西宫,子孔知而不言。前年,子孔召楚师至纯门),以[2]其甲及子革、子良氏之甲守(以自守)。甲辰,子展、子西率国人伐之,杀子孔而分其室。书曰:"郑杀其大夫。"专也。子然、子孔,宋子[3]之子也;士子孔,圭妫[4]之子也(子然,子革父。士子孔,子良父。宋子、圭妫,皆郑穆公妾)。圭妫之班亚宋子,而相亲也(亚,次也);士子孔亦相亲也。僖[5]之四年(郑僖四年,鲁襄六年),子然卒,简[6]之元年(郑简元年,鲁襄八年),士子孔卒。司徒孔[7]实相子革、子良之室(司徒孔,即子孔),三室如一,故及于难。子革、子良出奔楚,子革为右尹[8](子革即郑丹。为楚右尹)。郑人使子展当国,子西听政,立子产为卿。

解义 凡称国以杀大夫者,国君、大臣与谋其事,不请於天子而擅杀之也。故虽杀有罪,亦书其官。嘉召楚人伐其国,则是背畔[9]之臣,国人之所同恶,使子展、子西正名诛之,而不利其室,则当如杀良宵之例,称人以杀,而削其官矣。

注释 ①公子嘉:即子孔(?—前554年)。姬姓,名嘉,字子孔。②以:率领。③宋子:即郑穆公妾。④圭妫:亦为郑穆公妾。⑤僖:即郑僖公。⑥简:即郑简公。⑦司徒孔:即子孔。⑧右尹:楚国右尹。⑨背畔:畔同"叛"。即背叛,指背离叛变。

春秋 冬,葬齐灵公。

附录左传 齐庆封围高唐(夙沙卫以高唐叛故),弗克。冬十一月,齐侯围之,见卫[1]在城上,号之,乃下(卫下与齐侯语)。问守备焉,以无备告。揖之[2],乃登(齐侯以卫告诚,揖而礼之,欲生之也。卫志于战死,故不顺齐侯之揖,而还登城)。闻师将傅[3],食高唐人[4]。殖绰、工偻会夜缒纳师[5](因其会食。二子,齐大夫),醢卫于军。

春秋 城西郛。

左传 城西郛,惧[6]齐也。

解义 郛,外城也。鲁备齐难[7],城其国之西郛,则凡西境亦不敢保，其儆守益微矣[⑧]。

注释 ①卫：夙沙卫。因他奔高唐以叛，故齐侯围之。②揖之：指齐庄公向夙沙卫作揖。③傅：同“附”，附着，挨附。指闻齐师将挨着城墙发动进攻。④食高唐人：让高唐人饱食一顿。⑤殖绰、工偻会：均为齐国大夫。⑥惧：害怕，恐惧。⑦难：灾难，祸害。⑧儆守：戒备防守。益：更加，益发。

春秋 叔孙豹[①]会晋士匄于柯。

左传 齐及晋平，盟于大隧[②]（大隧，杜注：地阙。或曰在今高唐州境）。故穆叔会范宣子于柯。穆叔见叔向，赋《载驰》之四章（《载驰》，《卫风》。四章曰：“控于大邦，谁因谁极！”取其欲引大国以自救助）。叔向曰：“肸[③]敢不承命。”

解义 鲁惧齐，而援晋以自固。是时，政在大夫，专相为会，故详志之。

注释 ①叔孙豹：春秋时鲁国大夫。叔孙为氏，名豹，谥为“穆子”，故史书中亦曰“叔孙穆子”、“穆叔”，是鲁叔孙得臣之子。②大隧：齐国地名，在今山东高唐县。③肸：即晋国贤大夫叔向，又称羊舌肸。

春秋 城武城（武城，杜注：泰山南武城县。《通典》费县有古武城，今故城在山东费县西南）。

左传 穆叔归曰：“齐犹未也，不可以不惧。”乃城武城[①]。

附录左传 卫石共子卒（石买），悼子[②]不哀（买之子石恶）。孔成子[③]曰：“是谓蹶其本，必不有其宗（孔成子，卫大夫。蹶，拔也。为二十八年石恶出奔传）。”

春秋 二十年春王正月辛亥，仲孙速[④]会莒人盟于向（速，《公羊》作遫，后同）。

左传 二十年春，及莒平。孟庄子会莒人，盟于向，督扬之盟故也（督扬盟在前年）。

春秋　夏六月庚申,公会晋侯、齐侯、宋公、卫侯、郑伯、曹伯、莒子、邾子、滕子、薛伯、杞伯,小邾子盟于澶渊[⑤]。(澶渊,杜注:卫地,在顿丘县南。《水经注》:浮水故渎上承大河于顿丘县而北出,东迳繁阳故城。按:浮水即澶渊也。当在今内黄县之南开州之西北)。

左传　夏,盟于澶渊,齐成故也。

解义　齐之无道,诸侯围之而不服,以士匄闻丧还师,遂会于澶渊,修德来远[⑥],信有徵矣。《经》於服异,则书同盟,此齐成而盟,何以不言同?同盟云者,名生於不足也。平公[⑦]祝柯、澶渊之盟不言同,其悼公[⑧]之遗烈与。

注释　①武城:靠近齐国之晋地,在今山东嘉祥县界。②悼子:即石恶,石买之子。③孔成子:即孔蒸鉏,卫卿。④仲孙速:即孟庄子(?—前554年),姬姓,鲁国孟孙氏第5代宗主,名蔑,世称仲孙蔑。⑤澶渊:地名,位于今河南濮阳县西北。⑥修德来远:修养德行,使远方的人民都来归附我。⑦平公:即晋平公,姬姓,晋氏,名彪,公元前557—前532年在位。⑧悼公:即晋悼公(前586年—前558年),姬姓,名周,一作纠,又称周子或孙周。春秋中期晋国少主,政治天赋超群的英主,年仅26岁称霸中原,匡复晋国霸权。

春秋　秋,公至自会。

春秋　仲孙速[①]帅师伐邾。

左传　邾人骤至(骤,数也。谓十五年、十七年伐鲁),以诸侯之事,弗能报也。秋,孟庄子伐邾以报之。

解义　祝柯之会,既执邾子[②],又取其田,报亦足矣。而复伐之,不已甚乎?且夏盟而秋伐,何以盟为?

注释　①仲孙速:即孟庄子。②邾子:指邾悼公,曹华,为春秋诸侯国邾国君主第15代君主,是邾宣公的儿子。在位15年(前555年—前541年)。死后,儿子邾庄公继位。

春秋 蔡杀其大夫公子燮。蔡公子履出奔楚(燮,《穀梁》作湿)。

左传 蔡公子燮欲以蔡之晋[①](背楚),蔡人杀之。公子履,其母弟也,故出奔楚[②](欲自解)。

解义 燮之欲去楚而之晋也[③]。既以追成先志[④],又惧楚役[⑤],求纾[⑥]其民皆谋国之合义者,国人乃不顺而杀之。非其罪矣,故称国而不去其官。履惧祸出奔,自理[⑦]於楚,《春秋》据事书之,或谓贬其不与兄同志[⑧],曲说[⑨]也。

注释 ①以蔡之晋:使蔡顺服晋国。②奔楚:出逃。③去楚而之晋:指断绝与楚国交往,而依赖晋国。④先志:指先王之志。⑤役:战争。⑥纾:缓和,解除。⑦自理:为自己申诉。⑧同志:指志向相同。⑨曲说:不符合常理的解说。

春秋 陈侯之弟黄出奔楚(黄,《公羊》、《穀梁》作光。后同)。

左传 陈庆虎、庆寅畏公子黄之逼(二庆,陈卿。恐黄逼夺其政),诉诸楚曰:"与蔡司马[①]同谋(同欲之晋。蔡司马,公子燮)。"楚人以为讨。公子黄出奔楚(奔楚自理)。初,蔡文侯欲事晋,曰:"先君与于践土之盟(先君,谓父庄侯。践土盟在僖二十八年),晋不可弃,且兄弟也。"畏楚,不能行而卒(文侯卒,在宣十七年)。楚人使蔡无常[②],公子燮求从先君[③]以利蔡,不能而死。书曰:"蔡杀其大夫公子燮",言不与民同欲也(罪其违众);"陈侯之弟黄出奔楚",言非其罪也(称弟,罪陈侯及二庆)。公子黄将出奔,呼于国曰:"庆氏无道,求专陈国,暴蔑其君,而去其亲,五年不灭,是无天也(为二十三年陈杀二庆传)。"

穀梁传 诸侯之尊,弟兄不得以属通[④]。其弟云者,亲之也。亲而奔之,恶也(所以恶陈侯)。

解义 二庆诉[⑤]陈黄於楚,陈侯不能为之辨明,而使之出奔,是以一国之大不能庇其弟也。黄见恶於楚,而反奔楚,盖方是时,晋霸衰微,诸侯畏楚,欲隐身於他国,恐楚人以为讨而不能庇,故赴楚而自理[6],与蔡履同可哀也矣!

注释　①蔡司马:即公子燮。司马,官名。②使蔡无常:役使、征发蔡国没有一定限额、标准、时间、次数。③从先君:遵从先君遗志。④属通:通达,了解。⑤诉:控告。⑥自理:为自己申诉。

春秋　叔老[1]如齐。

左传　齐子初聘于齐(齐、鲁有怨,今始复通,故曰初),礼也。

春秋　冬十月丙辰朔,日有食之。

春秋　季孙宿[2]如宋。

左传　冬,季武子如宋,报向戌之聘也(向戌聘在十五年)。褚师段[3]逆之以受享(段,宋共公子子石也。迎以入国,受享礼),赋《常棣》之七章以卒(武子赋也。七章以卒,尽八章。取其"妻子好合,如鼓瑟琴。宜尔室家,乐尔妻帑"。言二国好合,宜其室家,相亲如兄弟)。宋人重贿之。归,复命,公享之。赋《鱼丽》之卒章(《鱼丽》,《诗·小雅》。卒章曰:"物其有矣,维其时矣。"喻聘宋得其时)。公赋《南山有台》(《南山有台》,《诗·小雅》。取其"乐只君子,邦家之基","邦家之光"。喻武子奉使,能为国光辉)。武子去所[4],曰:"臣不堪[5]也(去所,辟席)。"

解义　鲁自萧鱼后,连岁与强齐、邾、莒交兵,不遑聘问[6]。今始平[7]齐,遂交邻国,以寻旧好,且以结援[8]耳。

附录左传　卫宁惠子疾,召悼子曰[9](悼子,宁喜):"吾得罪于君,悔而无及也。名藏在诸侯之策,曰:'孙林父、宁殖出其君。'君入则掩之(掩恶名)。若能掩之,则吾子也。若不能,犹有鬼神,吾有馁而已,不来食[10]矣。"悼子许诺,惠子遂卒(为二十六年卫侯归传)。

注释　①叔老:齐子。②季孙宿:即季武子(?—前535

年),春秋时鲁国正卿,前568—前535年执政。姬姓,季氏,名宿(一作夙),谥武,史称“季武子”。③褚师段:宋国大夫。褚师,官名,此以官为其姓氏。段,字子石。④去所:离开座位。⑤不堪:不敢承受,不敢担当。⑥不遑:没有时间,来不及。聘问:国与国或各个方面之间遣使访问。⑦平:和好。⑧结援:结为外援。⑨召:通“诏”,告戒。悼子:即宁喜,宁惠子之子。⑩不来食:即不来受祭,意指不认悼子为儿子。

《故宫珍本丛刊》精选整理本丛书·经部

日讲春秋解义

（下册）

清康熙内府刻本

（清）库勒纳等撰

田洪整理注释

海南出版社

图书在版编目（CIP）数据

日讲春秋解义／田洪整理注释．—海口：海南出版社，2013.9
（《故宫珍本丛刊》精选整理本丛书）
ISBN 978-7-5443-4988-8

Ⅰ．①日… Ⅱ．①田… Ⅲ．①中国历史—春秋时代—编年体 ②《春秋》—研究 Ⅳ．①K225.04

中国版本图书馆 CIP 数据核字(2013)第 065227 号

日讲春秋解义

海南出版社出版发行
地　　址：海口市金盘开发区建设三横路 2 号
邮　　编：570216
网　　址：http://www.hncbs.cn
电　　话：0898-66822380；13976008648
责任编辑：李升召　熊　果
经　　销：全国新华书店
印　　刷：长沙市宏发印刷有限公司
出版日期：2013 年 9 月第 1 版　2013 年 9 月第 1 次印刷
开　　本：880mm×1230mm　1/32
印　　张：14.5+15+16
字　　数：1060 千字
书　　号：ISBN 978-7-5443-4988-8
定　　价：99.80 元

目　录

卷四十二

襄公(二十一年之二十三年)

春秋　二十有一年春王正月,公如晋。

左传　二十一年春,公如晋,拜师及取邾田也(谢十八年伐齐之师、漷水之田)。

解义　朝聘、会同[①],礼有常期。襄公以取邾田德[②]晋,而於岁首朝正之会亲往拜之[③],失礼甚矣!

注释　①朝聘:此指春秋时期,政在霸主,诸侯朝见霸主。会同:古代诸侯召见天子的通称。泛指朝会。②德:感激。③岁首:一年开始的时候。一般指第一个月。朝正:也称"贺正"、"元会"。周代每逢新年,诸侯要向周天子"朝正",即朝贺新年。

春秋　邾庶其以漆、闾丘来奔[①](漆、闾丘,杜注:二邑在高平南平阳县,东北有漆乡,西北有显闾亭。今山东邹县北有漆城,即漆乡也。显闾亭,即闾丘)。

左传　邾庶其以漆、闾丘来奔(庶其,邾大夫)。季武子[②]以公姑姊妻之,皆有赐于其从者。于是鲁多盗。季孙谓臧武仲曰:"子盍诘盗(诘,治也)?"武仲曰:"不可诘也,纥又不能。"季孙曰:"我有四封[③],而诘其盗,何故不可?子为司寇,将盗是务去[④],若之何不能?"武仲曰:"子召外盗而大礼焉,何以止吾盗?子为正卿,而来外盗;使纥去之,将何以能?庶其窃邑于邾以来,子以姬氏妻之,而与之邑,其从者皆有赐焉。若大盗礼焉以君之姑姊与其大邑,其次皂牧舆马[⑤](给其贱役,从皂至牧,凡八等之人),其小者衣裳剑带,是赏盗也。赏而去之,其或难焉。纥也闻之,在上位者,洒濯[⑥]其心,壹[⑦]以待人,轨度[⑧]其信,可明徵也(言欲纳民,于法度必信有诸己,前后所行,皆可明验),而后可以治人。夫上之所为,民之归也。上所不为而民或为之,是以加刑罚焉,而莫敢不惩。若上之所为而民亦为之,乃其所[9]也,又可禁乎?《夏书》曰:'念兹在兹(《夏书·大禹谟》。兹,此也。谓行此事,当念使可施之于此),释兹在兹(释,除也。谓欲有所治除于人,亦当顾己得无亦有之),名言兹在兹(名此事,言此事,亦皆当令可施于此),允出兹在兹(允,信也。一念信出于此,则其徵之事者,亦当在此),惟帝念功(言其责在帝,帝念功,则功可成也。此断章为义,故与《尚书》本文稍殊也)。'将谓由己壹也(言非但意念而已,当须信己诚至)。信由己壹[10],而后功可念也。"庶其非卿也,以地来,虽贱必书,重地也。

公羊传 邾娄庶其者何?邾娄大夫也。邾娄无大夫,此何以书?重地也。

穀梁传 以者,不以者也(人臣无专禄以邑叛之道)。来奔者不言出,举其接我者也。漆闾丘不言及,小大敌也。

解义 《春秋》小国大夫多不书其姓氏,庶其之书,以其接我也。以邑出为叛,叛而归鲁,则据其至鲁而言来奔,内外异辞也。《春秋》内大恶[11]讳,今受叛人直书不讳者,公时在晋,季孙宿受之也,义与公在会未归,而书灭项同。漆、闾丘不言及,大小敌也。

注释 ①邾庶其:邾国大夫。漆、闾丘:二者均为地名,或为邾庶其的采邑。②季武子(?—前535年):即季孙宿。春秋时鲁国正卿,前568—前535年执政。姬姓,季氏,名宿(一作夙),谥武,史称"季武子"。③四封:即四方边境。④将盗是务去:此句是将务去是盗的倒装。即当致力于去除盗贼。⑤皂牧舆马:贱役车马。⑥洒濯:洗。⑦壹:专诚。⑧轨度:纳入规范法度。⑨乃其所:是势所必然。⑩信由己壹:诚信由自己专一。⑪大恶:大恶行;大罪过。

附录左传 齐侯使庆佐为大夫(庆佐,崔杼党),复讨公子牙之党,执公子买于句渎之丘。公子鉏来奔。叔孙还奔燕(三子,齐公族)。

夏,楚子庚卒,楚子使薳子冯为令尹。访[①]于申叔豫(叔豫,叔时孙),叔豫曰:“国多宠而王弱,国不可为也。”遂以疾辞。方暑,阙[②]地,下冰而床[③]焉。重茧[④]衣裘(茧,绵衣),鲜食而寝。楚子使医视之,复曰:“瘠则甚矣,而血气未动。”乃使子南[⑤]为令尹(子南,公子追舒。为二十二年楚杀追舒传)。

春秋　夏,公至自晋。

春秋　秋,晋栾盈出奔楚。

左传　栾桓子娶于范宣子[⑥],生怀子[⑦](桓子,栾黡。怀子,栾盈)。范鞅[⑧]以其亡也,怨栾氏(十四年,栾黡强逐范鞅使奔秦),故与栾盈为公族大夫而不相能。桓子卒,栾祁[⑨]与其老州宾通(栾祁,桓子妻,范宣子女,盈之母也。范氏,尧后,祁姓),几亡室[⑩]矣(言乱甚)。怀子患之。祁惧其讨也,诉诸宣子曰:“盈将为乱,以范氏为死桓主[⑪]而专政矣(桓主,栾黡),曰:‘吾父逐鞅也,不怒而以宠报之(谓宣子不为黡责怒鞅,而反与鞅宠位),又与吾同官而专之(同为公族大夫),吾父死而益富。死吾父而专于国,有死而已,吾蔑从[⑫]之矣!’其谋如是,惧害于主[⑬],吾不敢不言。”范鞅为之徵(证其有此)。怀子好施,士多归之。宣子畏其多士也,信之。怀子为下卿,宣子使城著[⑭]而遂逐之(著,杜注:晋邑。在外易逐)。

秋,栾盈出奔楚。宣子杀箕遗、黄渊、嘉父、司空靖、邴豫、董叔、邴师、申书、羊舌虎、叔罴[⑮]。囚伯华、叔向、籍偃(十人,皆晋大夫,盈之党。伯华,叔向兄,羊舌虎,其弟也。籍偃,上军司马)。人谓叔向曰:“子离[⑯]于罪,其为不知[⑰]乎?”叔向曰:“与其死亡若何?《诗》曰:‘优哉游哉,聊以卒岁。’知也(《诗》,《逸诗》。言君子优游于衰世,以辟害而卒其寿,是亦知也)。”乐王鲋[⑱]见叔向曰(乐王鲋,晋大夫乐桓子):“吾为子请!”叔向弗应。出,不拜。其人[⑲]皆咎叔向。叔向曰："必祁大夫[20]（祁大夫，祁奚）。"室老闻之（室老，叔向家臣之长），曰："乐王鲋言于君无不行，求赦吾子，吾子不许。祁大夫所不能也，而曰'必由之'，何也？"叔向曰："乐王鲋，从君者也[21]，何能行？祁大夫外举不弃仇，内举不失亲，其独遗我乎？《诗》曰：'有觉[22]德行，四国顺之（《诗·大雅》。觉，正直也）。'夫子，觉者也。"晋侯问叔向之罪于乐王鲋，对曰："不弃其亲[23]，其有焉（言叔向笃亲亲，必与叔虎同谋）。"于是祁奚老矣（老，去公族大夫），闻之，乘驲[24]而见宣子，曰："《诗》曰：'惠我[25]无疆，子孙保之（《诗·周颂》。言文、武有惠训之德，加于百姓，故子孙保赖之）。'《书》曰：'圣有谟勋，明征定保[26]（《书》，《夏书》。言圣人之。谟，谋。功，勋。明有效验，可定安邦国）。'夫谋而鲜过，惠训不倦者，叔向有焉（谋鲜过，有谟勋也。惠训不倦，惠我无疆也），社稷之固也。犹将十世宥之，以劝能者。今壹不免其身，以弃社稷，不亦惑乎？鲧殛而禹兴（言不以父废子）。伊尹放太甲而相之[27]，卒无怨色（言不以一怨妨大德）。管、蔡[28]为戮，周公右王（言兄弟罪不相及）。若之何其以虎[29]也弃社稷？子为善，谁敢不勉？多杀何为？"宣子说，与之乘[30]，以言诸公而免之（共载入见公）。不见叔向而归。叔向亦不告免焉而朝（明不为私）。

初，叔向之母妒叔虎之母美而不使[31]（不使见叔向父），其子皆谏其母。其母曰："深山大泽，实生龙蛇（言非常之地多生非常之物）。彼美，余惧其生龙蛇以祸女（龙蛇，喻奇怪）。女，敝族[32]也。国多大宠[33]，不仁人间之，不亦难乎？余何爱焉！"使往视寝，生叔虎。美而有勇力，栾怀子嬖之，故羊舌氏之族及于难。栾盈过于周，周西鄙掠之[34]。辞于行人（王行人），曰："天子陪臣[35]盈，得罪于王之守臣[36]（范宣子为王所命，故曰守臣），将逃罪。罪重于郊甸[37]（谓为郊甸所侵掠。曰罪重孙辞），无所伏窜，敢布其死。昔陪臣书[38]能输力于王室（输力，谓辅晋国以翼戴天子），王施惠焉。其子黶,不能保任[39]其父之劳。大君若不弃书之力(大君,谓天王),亡臣犹有所逃。若弃书之力,而思黶之罪,臣,戮余[40]也,将归死于尉氏[41](尉氏,讨奸之官),不敢还矣。敢布四体[42](布四体,言无所隐),唯大君命焉!”王曰:“尤而效之[43],其又甚焉[44](尤晋逐盈,而自掠之,是效尤)!”使司徒禁掠栾氏者,归所取焉。使候出诸轘辕[45](候,送迎宾客之官。轘辕,杜注:轘辕关,在缑氏县东南。今河南巩县西南有轘辕山)。

解义　凡大夫出奔,皆不书逐之之人,而以自奔为文者,明其自有取奔之道也。盈不能防闲[46]其母,祸有自矣,故不以范匄逐之为文。匄之罪易见,盈之失难知也。君子违不适[47]仇国,楚,晋之仇也,盈之奔楚,欲因楚力以复入,此无君之罪也。

注释　①访:商议。②阙:同“掘”,挖。③下冰而床:地下放冰,冰上设床。④重茧:两层绵袍。⑤子南:即公子追舒。⑥栾桓子:即栾黶。娶于范宣子:娶范宣子之女为妻。范宣子,即士匄。⑦怀子:栾盈。⑧范鞅:即士鞅,为栾黶所迫奔秦。⑨栾祁:栾黶之妻,士匄之女,栾盈之母。⑩亡室:指栾氏的家财为州宾所占有。⑪死桓主:害死桓主。桓主,即栾桓子。⑫蔑从:不从。⑬主:此为栾祁称其父士匄为主。⑭著:地名,即著雍。⑮箕遗等:十人均为晋大夫,栾盈之党。⑯离:同“罹”,遭遇。⑰知:同“智”。⑱乐王鲋:晋大夫,又作乐桓子。⑲其人:叔向的下属。⑳祁大夫:即祁奚。㉑从君者也:是顺从国君的人。㉒有觉:有正直之貌。㉓亲:指羊舌虎,叔向之弟。㉔驲(rì):传车。㉕惠我:施恩惠于我。㉖圣有谟勋,明征定保:二句皆为逸书文。意指圣哲的人有谋略,有训诲,应当相信保护。谟,谋略。勋,借为训。㉗伊尹:商汤之相。太甲:商汤之孙。㉘管、蔡:即管叔、蔡叔,二人与周公并为兄弟,因助殷叛乱,为周公所杀。㉙虎:即羊舌虎。㉚与之乘:与之同乘一车。㉛不使:不使侍寝。㉜敝族:衰败的家族。㉝大宠:极为受宠信的人。㉞掠之:此指劫掠栾盈的财物。㉟陪臣:诸侯之臣在天子面前称陪臣。㊱守臣:王室守土之臣,即晋侯。㊲罪重于郊甸:又一次在天子郊外获罪。此指被劫掠。㊳书:指栾书,栾盈之祖。㊴保任:同义词连用,即保守,保全。㊵戮余:幸免于被杀戮者,即死里逃生之人。㊶尉氏:古代狱官名,晋有军尉,掌管刑戮。㊷布四体:直言不讳。㊸尤而效之:逐盈本来就错了,再去效仿它。㊹其又甚焉:过错就更大了。㊺候:候人,迎送宾客的官吏。出诸轘辕:护送出轘辕山。轘辕,山名,在河南登封县西北。㊻防闲:指防备和禁阻。㊼不适:不往,不至。

春秋 九月庚戌朔,日有食之。

春秋 冬十月庚辰朔,日有食之。

解义 历家推步之术[1],皆一百七十三日始一交会[2],去交远则日食渐少,无频[3]食之理。此年及二十四年[4]频食,古今术者不能考知。故日食虽天数之常,圣人必以为谴[5]异而书之,以警人君之怠[6]也。

注释 ①历:历法,历术。推步:推算天象历法。古人谓日月转运于天,犹如人之行步,可推算而知。②交会:是天文学专有名词。指事物相向互交的一种状态。③频:屡次。④二十四年:指鲁襄公二十四年。⑤谴:谴责。⑥怠:懒惰,松懈。

春秋 曹伯[1]来朝。

左传 冬,曹武公来朝,始见也。

解义 曹伯即位三年,此丧毕入见天子时也。不朝京师[2]而朝鲁,曾是以为礼乎?

注释 ①曹伯:即曹武公(公元前?~前528年),曹滕,一名胜。春秋曹国国君。曹成公负刍之子,继曹成公而立。在位时间从公元前555~前528年为期二十七年。既立,屡次参与晋会诸侯之盟及征战。②京师:帝王的都城。

春秋　公会晋侯、齐侯、宋公、卫侯、郑伯、曹伯、莒子、邾子于商任[①](商任,杜注:地阙)。

左传　会于商任,锢栾氏也(禁锢栾氏,使诸侯不得受)。齐侯、卫侯不敬。叔向曰:"二君者必不免。会朝,礼之经[②]也;礼,政之舆也(政须礼而行);政,身之守也(政存则身安);怠礼失政,失政不立[③],是以乱也(为二十五年齐弑光,二十六年卫弑剽传)。"知起、中行喜、州绰、邢蒯出奔齐[④],皆栾氏之党也(四子,晋大夫)。乐王鲋谓范宣子曰:"盍反州绰、邢蒯,勇士也。"宣子曰:"彼栾氏之勇也,余何获焉?"王鲋曰:"子为彼栾氏[⑤],乃亦子之勇也(言子待之如栾氏,亦为子用也)。"齐庄公朝,指殖绰、郭最曰:"是寡人之雄[⑥]也。"州绰曰:"君以为雄,谁敢不雄?然臣不敏,平阴之役,先二子鸣[⑦](前十八年,晋伐齐,及平阴,州绰获殖绰、郭最。故自比于鸡,斗胜而先鸣)。"庄公为勇爵[⑧](设爵位以命勇士。一云爵,饮酒器。设此以觞勇士)。殖绰、郭最欲与焉。州绰曰:"东闾之役,臣左骖迫,还于门中,识其枚数[⑨](事见前十八年)。其可以与于此乎?"公曰:"子为晋君也。"对曰:"臣为隶新[⑩](言事齐日浅。未得效勇耳)。然二子者,譬于禽兽,臣食其肉而寝处其皮矣。"

解义　栾氏之出,徒[⑪]以范氏私相忌怨,何有於国?而平公[⑫]受其激怒,勤动诸侯以逞[⑬]范鞅之积憾,必欲盈无所容於世,故盈发愤卒兴祸乱。此皆以私败公,足为世戒。是时,列国无事,晋无所发政,而亟[⑭]会诸侯,则知《传》称为锢栾氏,信不诬也。

注释　①商任:地名,位于河南安阳一带。②经:常规。③不立:不能立身。④知起等:四人皆为晋大夫。⑤为彼栾氏:指对待他们象栾氏一样。⑥雄:雄鸡。用以比喻勇士。⑦先二子鸣:比他们二位先鸣。⑧为勇爵:设置勇士的爵位。⑨识其枚数:记下了东间门扇上的乳钉数。识,记录。⑩为隶新:做仆隶不久。意即我初来做您的臣下。⑪徒:只,仅仅。⑫平公:晋平公。⑬逞:施展,实现。⑭亟:急切。

附录公羊 十有一月庚子,孔子①生(时岁在己酉)。

附录穀梁 庚子,孔子生。

春秋 二十有二年春王正月,公至自会。

解义 当岁之首月,而公至自会,著不朝正②於庙也。

注释 ①孔子:即孔丘(前551年9月28日<农历八月廿七>—前479年4月11日<农历二月十一>),字仲尼。排行老二,汉族人,春秋时期鲁国人。孔子是我国古代伟大的思想家和教育家,理论政治家,儒家学派创始人,世界最著名的文化名人之一。编撰了我国第一部编年体史书《春秋》。据有关记载,孔子出生于鲁国陬邑昌平乡(今山东省曲阜市东南的南辛镇鲁源村);孔子逝世时,享年73岁,葬于曲阜城北泗水之上,即今日孔林所在地。孔子的言行思想主要载于语录体散文集《论语》及先秦和秦汉保存下的《史记·孔子世家》。②朝正:也称"贺正"、"元会"。周代每逢新年,诸侯要向周天子"朝正",即朝贺新年。

附录左传 二十二年春,臧武仲如晋,雨,过御叔①(御叔,鲁御邑大夫)。御叔在其邑,将饮酒,曰:"焉用圣人②(武仲多知,时人谓之圣)!我将饮酒而已,雨行,何以圣为?"穆叔闻之曰:"不可使也,而傲使人(言御叔不任使四方),国之蠹也。"令倍其赋(古者家有国邑,故以重赋为罚。《传》言穆叔能用教)。

春秋 夏四月。

附录左传 夏,晋人征朝于郑③。郑人使少正公孙侨④对曰(少正,郑卿官也。公孙侨,子产):"在晋先君悼公九年,我寡君于是即位(鲁襄八年)。即位八月,而我先大夫子驷从寡君以朝于执事。执事不礼于寡君。寡君惧,因是行也,我二年六月朝于楚,晋是以有戏之役(在九年)。楚人犹竞,而申礼[5]于敝邑。敝邑欲从执事而惧为大尤[6],曰晋其谓我不共有礼[7],是以不敢携贰于楚。我四年三月,先大夫子蟜又从寡君以观衅[8]于楚(实朝,言观衅,饰辞也。言欲往视楚,知可去否),晋于是乎有萧鱼之役(在十一年)。谓我敝邑,迩在晋国,譬诸草木,吾臭味也,而何敢差池[9](差池,不齐一)?楚亦不竞,寡君尽其土实[10](土地所有),重之[11]以宗器,以受齐盟[12]。遂帅群臣随于执事以会岁终(朝正)。贰于楚者,子侯、石盂[13],归而讨之(石盂,石臭)。溴梁之明年(溴梁在十六年),子蟜老矣,公孙夏从寡君以朝于君,见于尝酎[14](酒之新熟,重者为酎。尝新饮酒为尝酎),与执燔[15]焉(助祭)。间二年,闻君将靖东夏[16](谓二十年澶渊盟),四月又朝,以听事期(听会期)。不朝之间,无岁不聘,无役不从。以大国政令之无常,国家罢病,不虞荐至[17](荐,仍也),无日不惕,岂敢忘职?大国若安定之,其朝夕在庭,何辱命焉?若不恤其患,而以为口实[18](谓但有徵责之言),其无乃不堪任命,而翦为仇雠,敝邑是惧。其敢忘君命?委诸执事,执事实重图之(《传》言子产有辞,所以免大国之讨)。”

春秋　秋七月辛酉,叔老卒。

附录左传　秋,栾盈自楚适齐。晏平仲言于齐侯曰:“商任之会,受命于晋[19](受锢栾氏之命)。今纳栾氏,将安用之?小所以事大,信也。失信不立[20],君其图之。”弗听。退告陈文子曰:“君人执信[21],臣人执共[22],忠信笃敬,上下同之,天之道也。君自弃也,弗能久矣(为二十五年齐弑其君光传)!”九月,郑公孙黑肱有疾,归邑于公(黑肱,子张)。召室老、宗人立段[23](段,子石,黑肱子),而使黜官、薄祭[24](黜官,无多受职)。祭以特羊[25],殷以少牢[26](四时祀,以一羊。三年盛祭,以羊豕。殷,盛也)。足以共祀,尽归其余邑。曰:“吾闻之,生于乱世,贵而能贫,民无求焉[27],可以后亡。敬共事君,与二三子。生在敬戒,不在富也。”己巳[28],伯张[29]卒。君子曰:“善戒。《诗》曰:‘慎尔侯度,用戒不虞。’郑子张其有焉(《诗·大雅》。侯,维也。义取慎法度,戒未然)。”

春秋 冬,公会晋侯、齐侯、宋公、卫侯、郑伯、曹伯、莒子、邾子、薛伯、杞伯、小邾子于沙随(邾子下,《公羊》、《穀梁》有滕子)。

左传 冬,会于沙随,复锢栾氏也(晋知栾盈在齐故)。栾盈犹在齐,晏子曰:“祸将作矣!齐将伐晋,不可以不惧(为明年齐伐晋传)。”

解义 晋闻栾盈去楚适齐,复为此会,意专在於齐也。大夫强擅,以范氏恶栾盈,而期年[30]之间再合诸侯,晋失伯者之义,不足以令诸侯矣。是以齐庄不服,虽会而阴实保盈,明年遂伐晋也。

注释 ①过御叔:看望御叔。御叔,鲁国御邑大夫。②圣人:明哲的人。③征朝于郑:征召郑人朝见。④少正公孙侨:少正,官名,即亚卿。公孙侨,即子产。⑤申礼:申明礼仪。⑥大尤:大罪。⑦不共有礼:不恭敬于有礼者。⑧观衅:观察是否有嫌隙。⑨差池:不一致。⑩土实:土产,土地所产。⑪重之:加上。⑫齐盟:即诸侯同盟。⑬子侯、石盂:为郑国二大夫。⑭尝酎(zhòu):祭名,即在尝祭时用酎祭宗庙。酎,连酿三次的醇酒。⑮与执燔:参与分得膰肉。燔同“膰”,祭肉。⑯东夏:即齐国。⑰不虞荐至:意外的事情经常发生。⑱口实:藉口,话柄。⑲受命于晋:指接晋国发出禁锢栾氏的命令。⑳失信不立:失去信用,不能立身立国。㉑君人执信:做人君要保持信用。㉒臣人执共:做人臣的要保持恭敬。㉓段:即公孙黑肱之子。㉔薄祭:祭祀从简。㉕祭以特羊:四时的常祭只用一只羊。㉖殷以少牢:殷祭用羊和猪。殷,盛祭,本应用太牢,因减省用少牢。㉗民无求焉:即无求于民。㉘己巳:二十五日。㉙伯张:即黑肱,字子张。㉚期年:一周年。

春秋　公至自会。

春秋　楚杀其大夫公子追舒。

左传　楚观起有宠于令尹子南(子南,公子追舒),未益禄,而有马数十乘(言子南偏宠观起,令富)。楚人患之,王将讨焉。子南之子弃疾为王御士①,王每见之,必泣。弃疾曰:"君三泣臣②矣,敢问谁之罪也?"王曰:"令尹之不能,尔所知也。国将讨焉,尔其居乎(问能止事我否?)?"对曰:"父戮子居,君焉用之?泄命重刑③,臣亦不为(漏泄君命,罪之重)。"王遂杀子南于朝,轘④观起于四竟。子南之臣谓弃疾,请徙子尸⑤于朝(子,子南。欲犯命取殡),曰:"君臣有礼,唯二三子(不欲犯命移尸)。"三日,弃疾请尸⑥,王许之。既葬,其徒曰:"行乎?"曰:"吾与杀吾父,行将焉入?"曰:"然则臣王乎?"曰:"弃父事仇,吾弗忍也。"遂缢而死(《传》讥康王与人子谋其父,失君臣之义)。复使薳子冯为令尹,公子齮为司马。屈建为莫敖(屈建,子本)。有宠于薳子者八人,皆无禄而多马。他日朝,与申叔豫言。弗应而退。从之,入于人中(申叔辟薳子,不欲与语)。又从之,遂归。退朝,见之(薳子就申叔家见之),曰:"子三困我于朝,吾惧,不敢不见。吾过,子姑告我。何疾我也?"对曰:"吾不免是惧⑦,何敢告子(言恐与子并罪,故不敢与子语)?"曰:"何故?"对曰:"昔观起有宠于子南,子南得罪,观起车裂。何故不惧?"自御而归,不能当道⑧(薳子惶惧,意不在御)。至,谓八人者曰:"吾见申叔,夫子所谓生死而肉骨⑨也。知我者,如夫子⑩则可(夫子,谓申叔也。如夫子,谓以义匡已)。不然,请止⑪。"辞八人者,而后王安之。

解义　追舒宠近小人,其及固宜,然楚子乃与人之子谋杀其父,贼恩害义甚矣,故以累上之辞言之。

注释　①御士:即侍御之人。②三泣臣:三次对臣哭泣。③

泄命重刑：泄露君主的命令因而加重处罚④轘（huàn）：车裂。⑤子尸：子南之尸。⑥请尸：请求收尸。⑦不免是惧：害怕不免于罪。⑧当道：车行正道。⑨生死而肉骨：使死者复生，让白骨长肉。⑩夫子：指申叔豫。⑪止：休，绝交之辞。

附录左传 十二月，郑游眅[1]将如晋（游眅，公孙虿子），未出竟，遭逆妻者[2]，夺之，以馆于邑。丁巳[3]，其夫攻子明，杀之，以其妻行（子明，游眅。十二月无丁巳。丁巳，十一月十四日也）。子展废良而立太叔[4]（良，游眅子。太叔，眅弟），曰："国卿，君之贰也，民之主也，不可以苟。请舍子明之类[5]（子明有罪，而良又不贤故）。"求亡妻者，使复其所。使游氏勿怨，曰："无昭恶也。"

春秋 二十有三年春王二月癸酉朔，日有食之。

春秋 三月己巳，杞伯匄卒。

左传 二十三年春，杞孝公卒，晋悼夫人丧之[6]（悼夫人，晋平公母，杞孝公姊妹）。平公不彻乐，非礼也。礼，为邻国阙[7]（《礼》：诸侯绝期。故以邻国责之）。

解义 杞自桓公[8]以来，与晋悼为婚姻。国，鲁礼有加焉，故其卒其葬皆得书。

注释 ①游眅（pān）：字子明，公孙虿之子。②遭逆妻者：遇上迎娶妻子的人。③丁巳：十二月无丁巳日。④良：游眅之子。太叔，即游吉，公孙虿之子，游眅之弟。⑤舍：舍弃。子明之类：指游眅之子良。⑥晋悼夫人丧之：晋悼夫人为他服丧。晋悼夫人，即杞孝公之妹，晋平公之母。⑦阙：撤乐。⑧桓公：即杞桓公（？—前567年），名叫姒姑容，是杞国的第10任君主，杞成公之弟，继承其爵位。在位70年，传于其子杞孝公。

春秋 夏，邾畀我来奔（《公羊》作鼻我）。

公羊传 邾娄鼻我者何？邾娄大夫也。邾娄无大夫，此何以书？以近书也。

解义　畀我，庶其[①]之党，书来奔，恶内也。乡[②]受邾叛人邑，今又纳其叛人，故是年冬，臧纥奔邾，邾亦受之。

注释　①庶其：即邾庶其，邾国大夫。②乡：同“向”，指从前。

春秋　葬杞孝公。

春秋　陈杀其大夫庆虎及庆寅。

左传　陈侯如楚。公子黄诉二庆于楚，楚人召之(二庆，虎及寅也。二十年，二庆谮黄，黄奔楚自理。今陈侯往，楚乃信黄，为召二庆)。使庆乐往，杀之(庆乐，二庆之族。二庆畏诛，故不敢自往)。庆氏以陈叛。夏，屈建从陈侯围陈。陈人城(治城以距君)，板队而杀人。役人相命[①]，各杀其长[②](庆氏忿其板队，遂杀筑人。故役人怒而作乱)。遂杀庆虎、庆寅。楚人纳公子黄。君子谓：“庆氏不义，不可肆[③]也。故《书》曰：‘惟命不于常[④](《周书·康诰》。言有义则存，无义则亡)。’”

穀梁传　称国以杀，罪累上也。及庆寅，庆寅累也(以庆虎及之)。

解义　庆虎与寅据国叛君，其罪大矣。楚实讨而克之，而以国杀为文，何也？盖陈侯不能正[⑤]其罪，而帅楚师以临之，使役人[⑥]惧楚而杀二庆，故不得以讨贼书。然观陈、蔡附楚，尚能藉[⑦]楚之力以制乱臣，而鲁臣之逆节[⑧]皆齐、晋成之，盖义亦有愧於楚矣，及庆寅以虎之罪而及之也。

注释　①相命：互相传令。②长：此指役夫之长。③肆：放。④惟命不于常：意即天命不常在。⑤正：正法。⑥役人：供役使的人。⑦藉：同“借”。⑧逆节：叛逆的念头或行为。

春秋　陈侯之弟黄自楚归于陈。

解义　黄之出，以[①]二庆。二庆死，则黄之归易矣。自楚者，因[②]楚力也。

注释 ①以:因为,由于。②因:依靠,凭借。

春秋 晋栾盈复入于晋,入于曲沃。

左传 晋将嫁女于吴,齐侯使析归父媵之[①],以藩[②]载栾盈及其士(藩,车之有障蔽者,使若媵妾在其中),纳诸曲沃(栾盈邑)。栾盈夜见胥午[③]而告之(胥午,守曲沃大夫)。对曰:"不可。天之所废,谁能兴之?子必不免。吾非爱死也,知不集也(集,成也)。"盈曰:"虽然,因子而死,吾无悔矣。我实不天[④],子无咎焉。"许诺。伏之,而觞曲沃人(胥午匿盈而饮其众)。乐作。午言曰:"今也得栾孺子[⑤],何如(孺子,栾盈)?"对曰:"得主而为之死,犹不死也。"皆叹,有泣者。爵行[⑥],又言。皆曰:"得主,何贰之有?"盈出,遍拜之(谢众之思己)。

四月,栾盈帅曲沃之甲,因魏献子[⑦],以昼入绛(献子,魏舒。绛,晋国都)。初,栾盈佐魏庄子[⑧]于下军(庄子,魏绛,献子之父),献子私焉,故因之(私,相亲爱)。赵氏以原、屏之难怨栾氏(成八年,庄姬谮之,栾郤为徵),韩、赵[⑨]方睦(韩起让赵武,故和睦)。中行氏[⑩]以伐秦之役怨栾氏(十四年晋伐秦,栾黡违荀偃命),而固与范氏[⑪]和亲(范宣子佐中行偃於中军)。知悼子[⑫]少,而听于中行氏(悼子,知罃之子荀盈也。少,年十七。知氏、中行氏同祖,故相听从)。程郑嬖于公(郑亦荀氏宗)。唯魏氏及七舆大夫与之(七舆,官名)。乐王鲋待坐于范宣子。或告曰:"栾氏至矣!"宣子惧。桓子曰:"奉君以走固宫[⑬],必无害也(桓子,乐王鲋。固宫,宫之有台观备守者)。且栾氏多怨,子为政,栾氏自外,子在位,其利多矣。既有利权,又执民柄[⑭](赏罚为民柄),将何惧焉?栾氏所得,其唯魏氏乎!而可强取也。夫克乱在权,子无懈矣。"公有姻丧[⑮](夫人有杞丧),王鲋使宣子墨縗冒绖[⑯],二妇人辇以如公[⑰](恐栾氏有内应距之,故为妇人服而入),奉公以如固宫。范鞅逆魏舒(用王鲋计,欲强取之),则成列既乘[⑱],将逆栾氏矣。趋进,曰:"栾氏帅贼以入,鞅之父与二三子在君所矣。使鞅逆吾子。鞅请骖乘。”持带(骖乘必持带,备堕队),遂超乘(跃登献子车),右抚剑,左援带(劫之),命驱之出。仆请(请所至),鞅曰:“之公。”宣子逆诸阶,执其手,赂之以曲沃(恐不与己同心)。

初,斐豹隶也,著于丹书[19](盖犯罪没为官奴,以丹书其罪)。栾氏之力臣曰督戎,国人惧之。斐豹谓宣子曰:“苟焚丹书,我杀督戎。”宣子喜,曰:“而杀之,所不请于君焚丹书者,有如日!”乃出豹而闭之[20](闭诸门外),督戎从之。逾隐[21]而待之(隐,短墙也),督戎逾入,豹自后击而杀之。范氏之徒在台后(公台之后),栾氏乘公门(乘,登)。宣子谓鞅曰:“矢及君屋,死之!”鞅用剑以帅卒(用剑短兵接敌,欲致死),栾氏退。摄车从之(鞅摄宣子戎车),遇栾乐(乐,盈之族),曰:“乐免之,死将讼女于天。”乐射之,不中;又注[22](注,属矢于弦也),则乘槐本[23]而覆(栾乐车栎槐而覆)。或以戟钩之,断肘而死。栾鲂伤(鲂,栾氏族)。栾盈奔曲沃,晋人围之。

公羊传　曲沃者何?晋之邑也。其言入于晋,入于曲沃何?栾盈将入晋,晋人不纳,由乎曲沃而入也。

解义　盈挟[24]齐援以入,而不称自齐潜入也,不言叛,非直叛也,劫众以敌君,直乱而已矣。曲沃,栾氏邑,盈帅曲沃之甲[25]以入晋,而兵败之后,仍入曲沃。盖当时,强臣各以利诱其私属背公,死党不复知有大义,《春秋》据实以书见诸行事者,可谓深切著明矣!

注释　①媵之:送媵妾。②藩:车上的篷布。③胥午:即曲沃大夫。④不天:不为天所庇佑。⑤栾孺子:即栾盈。⑥爵行:互相举杯。⑦魏献子;即魏舒。⑧魏庄子:即魏绛,献子之父。⑨韩、赵:即韩起、赵武。⑩中行氏:荀氏的一支。⑪范氏:即范宣子。⑫知悼子:即知盈。⑬固宫:晋侯的别宫。⑭民柄:对百姓的赏罚。⑮姻丧：即晋悼夫人丧其兄杞孝公。⑯墨縗冒绖：黑色丧服。縗，衰服；冒，冒巾；绖，腰绖。⑰二妇人辇以如公：和两个女人乘坐辇车前往晋侯那里。⑱成列既乘：军队已排列好，兵车准备完毕。⑲著于丹书：用红字记载在竹简上。⑳出豹而闭之：让斐豹出宫门然后关上宫门。㉑逾隐：跳过短墙。隐，短墙。㉒注：搭上箭。㉓乘槐本：车子碰到槐树根。㉔挟：倚仗，依恃。㉕甲：甲兵。

春秋 秋，齐侯伐卫，遂伐晋（齐始伐盟主）。

左传 秋，齐侯伐卫。先驱[1]，谷荣御王孙挥，召扬为右（先驱，前锋军）。申驱[2]，成秩御莒恒，申鲜虞之傅挚为右（申驱，次前军。傅挚，申鲜虞之子）。曹开御戎，晏父戎为右（公御右）。贰广[3]，上之登御邢公，卢蒲癸为右（贰广，公副车）。启[4]，牢成御襄罢师，狼蘧疏为右（左翼曰启）。胠[5]，商子车御侯朝，桓跳为右（右翼曰胠）。大殿[6]，商子游御夏之御寇，崔如为右（大殿，后军），烛庸之越驷乘（四人共乘殿车也）。自卫将遂伐晋。晏平仲曰："君恃勇力以伐盟主[7]，若不济，国之福也。不德而有功，忧必及君。"崔杼谏曰："不可。臣闻之，小国间大国之败而毁焉，必受其咎。君其图之！"弗听。陈文子见崔武子，曰（文子，陈完之孙须无。武子，崔杼也）："将如君何？"武子曰："吾言于君，君弗听也。以为盟主，而利其难。群臣若急，君于何有（言欲弑之以说晋）？子姑止之。"文子退，告其人曰："崔子将死乎！谓君甚，而又过之（弑君之恶，过于背盟主），不得其死。过君以义[8]，犹自抑[9]也（自抑损），况以恶乎？"

齐侯遂伐晋，取朝歌[10]（朝歌，杜注：属汲郡。今河南淇县，即古朝歌也），为二队，入孟门[11]，登大行[12]（二队，分兵为二部。孟门，杜注：晋隘道。司马贞曰：在朝歌东北。大行，杜注：山在河内郡北。《地理志》：在野王县西北。今河南河内县即河内郡野王县），张武军于荧庭（张武军,谓筑垒壁。荧庭,杜注:晋地),戍郫邵[13](取而守之。郫邵,杜注:晋邑),封少水[14](封晋尸以为京观。少水即浍水也。出今河南密县古郐城西北),以报平阴之役,乃还(平阴役在十八年)。赵胜帅东阳[15]之师以追之,获晏牦[16](赵胜,赵旃之子。东阳,杜注:晋之山东,魏郡广平以北。今山东恩县西北有东阳城。晏牦,齐大夫)。

解义　上书栾盈入曲沃,而继书齐侯伐晋,则《传》称齐阴纳盈,信而有征[17]矣。齐为平阴之役欲报晋,而未有间,故阴纳盈,以乱其国,因乘乱以伐之,度[18]晋方内难,力有所不能及也。其言遂,何意主伐晋而伐卫以先之?犹齐桓意在伐楚,而侵蔡以先之也。

注释　①先驱:先锋部队。②申驱:次前锋。③贰广:齐侯副车。④启:左翼。⑤胠:右翼。⑥大殿:即后军。⑦盟主:即晋国。⑧过君以义:用道义超过国君。⑨自抑:抑制自己。⑩朝歌:地名,即今河南淇县。⑪孟门:位于今河南辉县市西,乃太行隘道。⑫大行:即太行陉,位于今河南沁阳西北。⑬郫邵:地名,位于今河南济源县西。⑭封少水:在少水收尸封土。⑮东阳:泛指晋属太行山以东的地方。⑯晏牦:即晏莱,晏婴之子。⑰征:证明,证验。⑱度:估计,推测。

春秋　八月,叔孙豹帅师救晋,次于雍榆(榆,《公羊》、《穀梁》作渝。雍榆,杜注:晋地,汲郡朝歌县东有雍城,在今浚县西南)。

左传　八月,叔孙豹帅师救晋,次于雍榆,礼也。

公羊传　曷为先言救而后言次?先通[1]君命也。

穀梁传　言救后次,非救也。

解义　救者,赴急之师。次,止也。次于雍榆,有所畏也。不救,则畏晋之讨。往救,则畏齐之强。於是迟回观望[2],待其已去而后蹑[3]之也。然则齐桓聂北之次,岂异此欤!盖聂北之役,先言次,而后言救。按兵待时,卒能救邢,故以救终之。雍榆之役，先言救，而后言次，心持两端④，缓不及事，故以次终之。

注释 ①通：传达。②迟回观望：指迟疑观望。③蹑：跟随。④心持两端：分心，心绪不集中。

春秋 己卯，仲孙速①卒。

左传 季武子无適子，公弥②长，而爱悼子③，欲立之（公弥，公鉏。悼子，纥也）。访于申丰④，曰（申丰，季氏属大夫）："弥与纥，吾皆爱之，欲择才焉而立之。"申丰趋退，归，尽室将行。他日，又访焉，对曰："其然，将具敝车⑤而行（其然，犹必尔）。"乃止。访于臧纥，臧纥曰："饮我酒，吾为子立之。"季氏饮大夫酒，臧纥为客⑥（为上宾）。既献（已献酒），臧孙命北面重席⑦，新尊絜之⑧（酒樽既新，复澡絜之）。召悼之，降，逆之。大夫皆起。及旅⑨，而召公鉏（献酬礼毕，通行为旅），使与之齿⑩（使从庶子之礼，列在悼子下），季孙失色。

季氏以公鉏为马正⑪（马正，家司马），愠而不出。闵子马⑫见之（闵子马，闵马父），曰："子无然！祸福无门，唯人所召。为人子者，患不孝，不患无所（所，位处）。敬共父命，何常之有？若能孝敬，富倍季氏可也。奸回⑬不轨，祸倍下民可也。"公鉏然之。敬共朝夕，恪居官次⑭（次，舍也）。季孙喜，使饮己酒，而以具往（具，燕飨之具），尽舍旃⑮。故公鉏氏富，又出为公左宰（出季氏家，臣仕于公）。孟孙恶臧孙，季孙爱之。孟氏之御驺丰点好羯也⑯（羯，孟庄子之庶子，孺子秩之弟孝伯也），曰："从余言，必为孟孙（为孟孙后）。"再三云，羯从之。孟庄子疾，丰点谓公鉏："苟立羯，请仇臧氏（使孟氏与公鉏共憎臧孙）。"公鉏谓季孙曰："孺子秩，固其所⑰也（固自当立）。若羯立，则季氏信有力于臧氏矣（不应立而立之，则彼荷其恩，故功力多也。以臧氏为辞，盖讥之）。"弗应。己卯⑱，孟孙⑲卒，公鉏奉羯立于户侧（户侧，丧主）。季孙至，入，哭而出，曰："秩焉在？"公鉏曰："羯在此矣！"季孙曰："孺子长。"公鉏曰：

"何长之有？唯其才也(季孙废鉏立纥,云欲择才,故以此答之)。且夫子[20]之命也(遂诬孟孙)。"遂立羯。秩奔邾。

臧孙入,哭甚哀,多涕。出,其御曰:"孟孙之恶子也,而哀如是。季孙若死,其若之何?"臧孙曰:"季孙之爱我,疾疢也(常志相顺从,身之害)。孟孙之恶我,药石[21]也(常志相违戾,犹药石之疗疾)。美疢不如恶石[22]。夫石犹生我(愈己疾也),疢之美,其毒滋多。孟孙死,吾亡无日矣。"

春秋　冬十月乙亥,臧孙纥出奔邾。

左传　孟氏闭门,告于季秋曰:"臧氏将为乱,不使我葬(欲为公鉏仇臧氏)。"季孙不信。臧孙闻之,戒(戒,为备也)。冬十月,孟氏将辟,藉除[23]于臧氏(辟,穿藏也。于臧氏借人除葬道)。臧孙使正夫[24]助之(正夫,隧正),除于东门,甲从己[25]而视之(畏孟氏,故从甲士视作者)。孟氏又告季孙。季孙怒,命攻臧氏(见其有甲故)。乙亥[26],臧纥斩鹿门之关[27]以出(鲁南城东门),奔邾。

初,臧宣叔娶于铸[28],生贾及为而死(铸,杜注:铸国,济北蛇丘县所治。今山东肥城县有铸乡,即汉蛇丘县治也)。继室以其侄,穆姜之姨子[29]也(侄,穆姜姨母之子,与穆姜为姨昆弟)。生纥,长于公宫。姜氏爱之,故立之。臧贾、臧为出在铸。臧武仲自邾使告臧贾,且致大蔡[30]焉(大蔡,大龟),曰:"纥不佞,失守宗祧[31],敢告不吊。纥之罪,不及不祀。子以大蔡纳请,其可。"贾曰:"是家之祸也,非子之过也。贾闻命矣。"再拜受龟。使为以纳请(贾使为为己请),遂自为也(为自为请)。臧孙如防(防,臧孙邑),使来告曰:"纥非能害也,知不足也(言使甲从己,但虑事浅耳)。非敢私请!苟守先祀,无废二勋[32](二勋,文仲、宣叔),敢不辟邑[33]。"乃立臧为。臧纥致防[34]而奔齐。其人曰:"其盟我乎(谓陈其罪恶,盟诸大夫以为戒)?"臧孙曰:"无辞(废长立少,季孙所忌。故谓无辞以罪己)。"将盟臧氏,季孙召外史[35]掌恶臣,而问盟首焉(恶臣,谓奔亡者。盟首,载书之章首),对曰:"盟东门氏[36]也,曰:'毋或如东门遂,不听公命,杀适立庶(文公命立子恶,公子遂杀之,立宣公)。'盟叔孙氏也,曰:'毋或如叔孙侨如,欲废国常,荡覆公室(谓谮公与季、孟于晋)。'"季孙曰:"臧孙之罪,皆不及此。"孟椒曰:"盍以其犯门斩关?"季孙用之。乃盟臧氏曰:"无或如臧孙纥,干国之纪,犯门斩关。"臧孙闻之,曰:"国有人焉! 谁居[37]? 其孟椒[38]乎(孟椒,孟献子之孙子服惠伯。居,犹与也)!"

穀梁传 其日,正臧孙纥之出也(正其有罪)。蘧伯玉曰:"不以道事其君者,其出乎!"

解义 纥阿季氏擅[39]废立,以取亡罪也。以防不书者,鲁不知以是罪纥,特以犯门斩关盟之,故旧史唯纪其奔,而圣人因之。

注释 ①仲孙速:即孟庄子,名速。②公弥:即公鉏。③悼子:名纥。④申丰:季氏家臣。⑤具敝车:套上我的车子。⑥客:指上宾。⑦北面重席:面向北铺二层席子。⑧新尊絜之:用新酒杯并洗涤干净。⑨旅:旅酬,即宾主按尊卑长幼次序相互敬酒。⑩使与之齿:使之与别人按年龄大小排列顺序。⑪马正:大夫家司马。掌管土地的军赋。⑫闵子马:即闵马父,为人名。⑬奸回:奸邪。⑭恪居官次:谨慎地履行职责。⑮旃:之焉的合音字。⑯御驺丰点:御驺,养马兼驾车的官员。丰点,人名。羯:孟庄子之庶子,孺子秩之弟,又称孝伯。⑰固其所:本来是继承人。⑱己卯:八月十日。⑲孟孙:即仲孙速。⑳夫子:即孟庄子。㉑药石:药,中草药;石,砭石,古以石为针,可以治病。㉒美疢不如恶石:好的疾病不如坏的砭石。㉓藉除:借用役夫。㉔正夫:即正卒,正徒。适合服役的男子。㉕甲从己:甲士跟随着自己。㉖乙亥:十月初七日。㉗斩鹿门之关:斩断鹿门上的门栓。鹿门,鲁都南城东门。㉘铸:古国名,位于今山东肥城县南。㉙穆姜之姨子:穆姜妹妹的女儿。㉚大蔡:大龟。㉛失守宗祧:不能祭祀宗庙。㉜二勋：二人的功勋。二人即二位先人文仲、宣叔。㉝辟邑：离开封邑。㉞致防：献出防地。㉟外史：官名。㊱东门氏：即东门襄仲，杀嫡子恶立宣公。㊲居：疑问助词，同“欤”。㊳孟椒：孟献子之孙子服惠伯。㊴擅：擅自。

春秋　晋人杀栾盈。

左传　晋人克栾盈于曲沃，尽杀栾氏之族党。栾鲂出奔宋。书曰：“晋人杀栾盈。”不言大夫，言自外也。

公羊传　曷为不言杀其大夫？非其大夫也。

穀梁传　恶之，弗有也（不言杀其大夫，是不有之以为大夫）。

解义　自外犯[1]君而入，非复[2]晋大夫，故不言杀其大夫。称人者，讨贼之辞。

注释　①犯：冒犯。②复：恢复。

春秋　齐侯袭莒。

左传　齐侯还自晋，不入。遂袭莒，门于且于[1]（且于，杜注：莒邑。在今山东莒州境），伤股而退（齐侯伤）。明日，将复战，期于寿舒（寿舒，杜注：莒地。亦属莒州）。杞殖、华还载甲，夜入且于之隧[2]（二子，齐大夫。且于隧，狭路），宿于莒郊。明日，先遇莒子于蒲侯氏[3]（蒲侯氏，杜注：近莒之邑）。莒子重赂之，使无死，曰：“请有盟（欲以盟要二子，无致死战）。”华周[4]对曰（华周，即华还）：“贪货弃命，亦君所恶也。昏而受命，日未中而弃之，何以事君？”莒子亲鼓之，从而伐之，获杞梁[5]（杞梁，即杞殖）。莒人行成（胜大国益惧，故行成）。齐侯归，遇杞梁之妻于郊（梁战死，妻行迎丧），使吊之。辞曰：“殖之有罪，何辱命焉？若免于罪，犹有先人之敝庐在，下妾不得与郊吊[6]。”齐侯吊诸其室（传善妇人有礼）。

解义　乘人不备，掩而取之，曰：“袭”。齐侯还自伐晋，而袭莒，无名之师，盗贼之为耳。不言遂，间[7]有事也。

附录左传　齐侯将为臧纥田[8]（与之田邑）。臧孙闻之，见齐侯，与之言伐晋（齐侯自道伐晋之功），对曰："多则多矣[⑨]！抑君似鼠。夫鼠昼伏夜动，不穴于寝庙[⑩]，畏人故也。今君闻晋之乱而后作焉。宁将事之，非鼠何如？"乃弗与田（臧孙知齐侯将败，不欲受其邑，故以比鼠，欲使怒而止）。仲尼曰："知[⑪]之难也。有臧武仲之知（谓能辟齐祸），而不容于鲁国，抑有由也。作不顺而施不恕也[⑫]。《夏书》曰：'念兹在兹（言行事当常念如在己身也）。'顺事、恕施也。"

注释 ①且于：莒邑名，在山东莒县境内。②隧：狭路、隘道。③蒲侯氏：近莒之邑。④华周：即华还，齐大夫。⑤获杞梁：获，死获，即战死。杞梁，杞殖之字。⑥不得与郊吊：不能接受在郊外吊唁。⑦间：间或，断断续续。⑧为臧纥田：封给臧纥田邑。⑨多则多矣：战功多是很多了。⑩寝庙：即宗庙。⑪知：同"智"，聪明，明智。⑫作不顺：所作不顺于事理。施不恕：所为不合乎恕道。指臧纥参与季武子"废长立少"之事。

卷四十三

襄公(二十四年之二十五年)

春秋 二十有四年春,叔孙豹[1]如晋。

左传 二十四年春,穆叔如晋(贺克栾氏)。范宣子逆之,问焉,曰:"古人有言曰,'死而不朽',何谓也?"穆叔未对。宣子曰:"昔匄之祖,自虞以上,为陶唐氏(陶唐,杜注:尧所治地,大原晋阳县也),在夏为御龙氏(谓刘累。事见昭二十九年),在商为豕韦氏(豕韦,杜注:国名。东郡白马县东南有韦城。在今直隶滑县东南),在周为唐杜氏(唐杜,杜注:二国名。殷末,豕韦国于唐。周成王灭唐,迁之于杜,为杜伯。杜伯之子隰叔奔晋,四世及士会,食邑于范,复为范氏。杜,京兆杜县。今陕西西安府治东南有杜陵故城),晋主夏盟为范氏,其是之谓乎(言己世为兴家)?"穆叔曰:"以豹所闻,此之谓世禄,非不朽也。鲁有先大夫曰臧文仲,既没,其言立[2](立,谓不废绝)。其是之谓乎!豹闻之,大上有立德[3](黄、帝、尧、舜),其次有立功[4](禹、稷),其次有立言(史佚、周任、臧文仲),虽久不废,此之谓不朽。若夫保姓受氏[5],以守宗祊,世不绝祀,无国无之,禄之大者,不可谓不朽(《传》善穆叔之知言)。"

附录左传 范宣子为政,诸侯之币重。郑人病之。二月,郑伯如晋。子产寓书[6]于子西以告宣子(子西相郑伯如晋故),曰:"子为[7]晋国,四邻诸侯,不闻令德,而闻重币,侨[8]也惑之。侨闻君子长国家[9]者,非无贿之患[10],而无令名之难[11]。夫诸侯之贿聚于公室,则诸侯贰[12]。若吾子赖之(赖,恃用之),则晋国贰。诸侯贰,则晋国坏。晋国贰,则子之家坏。何没没[13]也(没没,沈灭之言)!将焉用贿?夫令名,德之舆也(德须令名以远闻)。德,国家之基也。有基无坏,无亦是务[14]乎!有德则乐,乐则能久。《诗》

云：'乐只君子，邦家之基。'有令德也夫（《诗·小雅》。言君子乐美其道，为邦家之基，所以昭令德）！'上帝临女[15]，无贰尔心。'有令名也夫（《诗·大雅》。言武王为天所临，不敢怀贰心，所以获令名）！恕思以明德[16]，则令名载而行之，是以远至迩安。毋宁[17]使人谓子'子实生我'，而谓'子浚我以生[18]'乎？象有齿以焚[19]其身，贿也（焚，毙也）。"宣子说，乃轻币。是行也，郑伯朝晋，为重币故，且请伐陈也。郑伯稽首，宣子辞。子西相，曰："以陈国之介恃大国（大国，楚也）而陵虐于敝邑，寡君是以请罪焉[20]。敢不稽首（为明年郑入陈传）。"

春秋 仲孙羯帅师侵齐。

左传 孟孝伯[21]侵齐（孝伯，仲孙羯），晋故也（前年齐伐晋故）。

解义 叔孙豹救晋无功，故孟孝伯帅师侵齐，为晋报焉。羯代速为卿[22]，未练而帅师，非礼也。

注释 ①叔孙豹（？—前537年）：姬姓，叔孙氏，名豹，谥号曰"穆"，故史称叔孙穆子（亦称叔孙穆叔），春秋时鲁国大夫。②言立：言语一直流传不衰。③大上：即太上。立德：树立德行。④立功：建立功业。⑤保姓受氏：保守承袭姓氏。⑥寓书：寄书信。⑦为：治。⑧侨：公孙侨，即子产。⑨长国家：治理国和家。⑩非无贿之患：即不患无贿。⑪无令名之难：患没有令名。令名，好名声。⑫贰：不一致，指分裂。⑬没没：即昧昧，指不明白，糊涂。⑭无亦是务：即不亦务是。务，致力，努力。能不致力于此。⑮临女：监视着你。女同"汝"，你。⑯恕思以明德：用宽恕来显示德行。⑰毋宁：即无宁，宁可。毋、无均为语首助词。无义。⑱浚我以生：靠剥削我而生存。浚，剥削，榨取。⑲焚：即偾（fèn），仆倒。⑳请罪焉：请求请罪于陈，即请求伐郑。㉑孟孝伯（？—前542年）：姬姓，鲁国孟孙氏第7代宗主，名羯，世称仲孙羯。㉒羯：指孟孝伯，即仲孙羯。速：指孟庄子，即仲孙速。

春秋　夏,楚子伐吴。

左传　夏,楚子为舟师以伐吴,不为军政①(不设赏罚之差),无功而还(为下吴召舒鸠起本)。

解义　襄②十一年楚失郑,十四年伐吴,自是舍郑不争。又十年一再伐吴,急吴而缓郑,盖楚弱而吴张③也。

注释　①不为军政:不对军队施行政教。②襄:指鲁襄公。③张:扩大,扩张。

春秋　秋七月甲子朔,日有食之,既①。

解义　《春秋》三书日食,既。桓②三年,以桓王③败。宣④八年,以楚庄⑤兴,是后则中国⑥诸侯皆受盟於楚矣。频⑦月食者,惟襄⑧二十一年九月、十月,及此年七月、八月。历法无此,先儒以为传写失真,不可强通也

注释　①既:食尽。指日全食。②桓:指鲁桓公。③桓王:指周桓王。④宣:指鲁宣公。⑤楚庄:即楚庄王。⑥中国:中原。⑦频:频繁,连续。⑧襄:指鲁襄公。

春秋　齐崔杼①帅师伐莒。

左传　齐侯既伐晋而惧,将欲见楚子。楚子使薳启强如齐聘,且请期(请会期)。齐社②,蒐军实③,使客观之。陈文子④曰(陈须无):"齐将有寇。吾闻之,兵不戢,必取其族⑤(戢,藏也。族,类也。取其族,还自害也)。"秋,齐侯闻将有晋师(夷仪之师),使陈无宇从薳启强如楚,辞(陈无宇,齐大夫。辞有晋师,未得相见),且乞师。崔杼帅师送之,遂伐莒,侵介根⑥(介根,杜注:莒邑。城阳黔陬县东北计基城是也)。

解义　齐既与莒平⑦,今复伐之,无信已甚。崔杼自虚朾⑧同盟,久专国政,至是假⑨伐莒以窃兵柄⑩,篡弑之祸其所由来者渐矣!

注释　①崔杼(？—前546):又称崔子、崔武子。春秋时齐

国大夫,后为齐国执政。齐惠公时为正卿,以弱冠之年有宠于惠公。惠公死,为高氏、国氏所逐,与国氏出奔卫国。后返齐,灵公时曾率军伐郑、秦、鲁、莒等国。②社:祭祀社神。③蒐(sōu)军实:大检阅。④陈文子:陈国的大夫,名须无。⑤族:类。取其族,指危害自己。取,危害。⑥介根:本为莒旧都,位于今山东胶县西南。⑦平:和好。⑧虚朾:古地名。春秋宋地。确址不详。旧传在今山东泗水县境,但其地去宋甚远;或以为即虚,疑在今河南睢县地。⑨假:借用,利用。⑩兵柄:兵权,军权。

春秋 大水。

解义 夷仪[①]之会,以水不克,伐齐则知水之所及广矣,非特[②]鲁之灾也。

注释 ①夷仪:晋地,位于今河北邢台市西。②特:单独,单单。

春秋 八月癸巳朔,日有食之。

春秋 公会晋侯、宋公、卫侯、郑伯、曹伯、莒子、邾子、滕子、薛伯、杞伯、小邾子于夷仪(夷仪,《公羊》作陈仪。后同)。

左传 会于夷仪,将以伐齐,水,不克。

解义 会于夷仪,帅十二诸侯之师,将以讨齐,然会而不伐,是有畏[①]也。国势不竞[②],众志不一也。曰水不克者,特辞[③]不能伐尔。下书崔杼伐我西鄙,盖知晋之无能为也!

注释 ①畏:怕,畏惧。②竞:强劲。③辞:借口,推托。

春秋 冬,楚子、蔡侯、陈侯、许男伐郑。

左传 冬,楚子伐郑以救齐,门于东门,次于棘泽[①](棘泽,在今河南新郑县东南)。诸侯还救郑(夷仪诸侯)。晋侯使张骼、辅跞致楚师[②],求御于郑(二子,晋大夫。欲得郑人自御,知其地利故也)。郑人卜宛射犬[③],吉(射犬,郑公孙)。子大叔戒之曰(大叔,游吉):“大国之人,不可与也(言不可与等。欲使卑下之)。”对曰:“无有众寡,其上[4]一也(言在己上者有常分,无大小国之异)。”大叔曰:“不然,部娄无松柏(部娄,小阜。松柏,大木,喻小国异于大国)。”二子在幄,坐射犬于外[5](二子,张骼、辅跞),既食而后食之。使御广车[6]而行(广车,兵车),己皆乘乘车[7](乘车,安车)。将及楚师,而后从之乘[8],皆踞转[9]而鼓琴(转,衣装。踞,谓坐其上)。近,不告而驰之(射犬恨,故近敌不告而驰)。皆取胄于櫜而胄[10],入垒,皆下,搏人以投[11],收禽挟囚[12]。弗待[13]而出(射犬又不待二子)。皆超乘,抽弓而射。既免,复踞转而鼓琴,曰:“公孙[14]!同乘,兄弟也。胡再不谋[15](谓不告而驰,不待而出)?”对曰:“曩[16]者志入而已,今[17]则怯也。”皆笑,曰:“公孙之亟也(亟,急也)。”楚子自棘泽还,使薳启强帅师送陈无宇(《传》言齐、楚固相结也)。吴人为楚舟师之役故(在此年夏),召舒鸠[18]人,舒鸠人叛楚(舒鸠,杜注:楚属国)。楚子师于荒浦[19](荒浦,杜注:舒鸠地),使沈尹寿与师祁犁让之[20](二子,楚大夫)。舒鸠子敬逆二子,而告无之,且请受盟。二子复命,王欲伐之。薳子[21]曰(令尹薳子冯):“不可。彼告不叛,且请受盟,而又伐之,伐无罪也。姑归息民,以待其卒。卒而不贰,吾又何求?若犹叛我,无辞有庸。”乃还(为明年楚灭舒鸠传)。

解义　晋合[22]十二国之君,畏齐不敢伐而徒[23]致。棘泽之役以患[24]郑,其无能可知矣。诸侯救郑不书,救不及事,不足录也。

注释　①棘泽:郑地,即今河南新郑县东南。②致楚师:向楚军挑战。③宛射犬:人名。④上:车上。⑤坐射犬于外:让射犬坐在账幕外面。⑥广车:攻敌之车。⑦己:指二子,即张骼、辅跞。乘车:平日所乘战车。⑧而后从之乘:而后跳下自己的战车,登上射犬的攻敌之车。⑨踞转:蹲在车后的横木上。转,即轸,车后横木。⑩櫜(gāo):盛甲胄的袋子。胄:戴上头盔。此用作动词。⑪搏人以投:与楚兵搏斗,抓住楚兵扔出去。⑫收禽挟囚:将俘虏绑住后夹在腋下。⑬弗待:此指射犬不等待二人。

⑭公孙：即射犬。⑮胡再不谋：为何两次都不商量。⑯曩(nǎng)：以往。此指前一次，即不告而驰。⑰今：指后一次，即弗待而出。⑱舒鸠：楚属国。⑲荒浦：舒鸠地名，即黄陂。⑳沈尹寿、师祁犁：二人皆为楚大夫。㉑薳子：即令尹薳子冯。㉒合：聚集，聚合。㉓徒：徒然，白白地。㉔患：忧患，忧虑。

春秋 公至自会。

春秋 陈针宜咎出奔楚。

左传 陈人复讨庆氏之党，针宜咎出奔楚。

解义 宜咎之事无闻焉，而以庆氏之党逐[1]，则其人可知矣，其后在楚为箴尹宜咎。

注释 ①逐：驱逐。

春秋 叔孙豹如京师。

左传 齐人城郏[1]（郏，王城也。于是谷、洛斗，毁王宫。故为王城之）。穆叔如周聘，且贺城。王嘉其有礼也，赐之大路[2]（为昭四年叔孙以所赐路葬张本）。

解义 据《传》："谷洛斗毁王宫[3]"，齐侯叛晋求媚[4]於天子，故为王城之，於是叔孙豹始如京师聘且贺焉。襄[5]之聘晋者九，是年春，先聘晋，冬乃聘王[6]，慢甚矣。城郏，鲁不与[7]，故不书。

注释 ①城郏(jiá)：在郏地筑城。郏，即王城，在今洛阳市。②大路：天子所赐车之总名。③谷洛斗毁王宫：《国语·周语》所载"灵王二十二年，谷洛斗，将毁王宫。"即周灵王二十二年(公元前550)冬，谷洛二水泛滥，灵王欲壅之，太子晋以民生为重，直谏阻塞之不当，被废为庶人。后洪水冲毁王宫。④求媚：讨好。⑤襄：指鲁襄公。⑥王：指周灵王。⑦与：参加。

春秋 大饥[1]。

穀梁传 五谷不升[2]为大饥。一谷不升谓之嗛[3]，二谷不升谓之饥,三谷不升谓之馑[4],四谷不升谓之康[5],五谷不升谓之大侵[6]。大侵之礼,君食不兼味[7],台榭不涂[8],弛侯[9],廷道不除[10](侯,射侯。废侯不燕射,廷内道路不修除),百官布而不制(官职修列,不可缺废,不更有造作),鬼神祷而不祀,此大侵之礼也。

解义　二谷不熟曰饥,五谷不熟曰大饥,古者备荒之政至纤且悉[11]。是年秋,虽大水,犹未至堕城郭、没仓廪[12],而遽[13]至大饥,则知备荒之无政矣!

注释　①大饥:大饥荒,严重的饥荒。②五谷不升:庄稼不生长。指灾荒之年。③嗛(qiān):歉收,不足。④馑:饥馑,荒年。⑤康:空,空虚。⑥大侵:严重歉收,大饥荒。⑦兼味:两种以上的菜肴。⑧台榭:台和榭。亦泛指楼台等建筑物。涂:涂饰。⑨弛侯:废射侯。⑩廷道不除:指廷内道路不修除。⑪纤:细微。悉:详细,详尽。⑫没:淹没。仓廪:储藏米谷之所。⑬遽(jù):就,竟。

附录左传　晋侯嬖程郑,使佐下军(代栾盈)。郑行人公孙挥[1]如晋聘(挥,子羽)。程郑问焉,曰:"敢问降阶何由(问自降下之道)?"子羽不能对。归以语然明[2](然明,鬷蔑),然明曰:"是将死矣。不然将亡。贵而知惧,惧而思降,乃得其阶[3](阶犹道也),下人而已,又何问焉?且夫既登而求降阶者,知人也,不在程郑[4]。其有亡衅[5]乎?不然,其有惑疾,将死而忧也(为明年程郑死张本)。"

春秋　二十有五年春,齐崔杼帅师伐我北鄙。

左传　二十五年春,齐崔杼帅师伐我北鄙,以报孝伯之师也(前年鲁使孟孝伯为晋伐齐)。公患之,使告于晋。孟公绰[6]曰(孟公绰,鲁大夫):"崔子将有大志,不在病我,必速归,何患焉!其来也不寇[7],使民不严[8],异于他日。"齐师徒归(徒,空也)。

解义　崔杼怀无君之心,邻国知之,而齐庄[9]贪伐国之功,利令知[10]昏，豪[11]不觉悟，宜[12]其及也！

注释　①公孙挥：即子羽，郑国大夫。②然明：即鬷（zōng）蔑，郑国大臣。③阶：适合自己才德的官位。④不在程郑：此指不是程郑一类人。⑤亡衅：逃亡的迹象。衅：征兆，迹象。⑥孟公绰：为鲁大夫。⑦不寇：不劫掠。⑧使民不严：役使百姓不严厉。⑨齐庄：指齐庄公（？—前548年）：姜姓，吕氏，名光，前553～前548年在位。⑩知：通"智"。⑪豪：同"毫"，极小。⑫宜：适宜，适合。

春秋　夏五月乙亥，齐崔杼弑其君光。

左传　齐棠公[1]之妻（棠公，齐棠邑大夫），东郭偃之姊也。东郭偃臣崔武子。棠公死，偃御武子以吊焉。见棠姜而美之，使偃取之（为己取）。偃曰："男女辨姓[2]，今君出自丁[3]（齐丁公，崔杼之祖），臣出自桓[4]，不可（桓公小白，东郭偃之祖。同姜姓，故不可昏）。"武子筮之，遇《困》䷮（坎下兑上，困）之《大过》䷛（巽下兑上，大过。困六三变为大过）。史皆曰："吉。"示陈文子，文子曰："夫从风（坎为中男，故曰"夫"。变而为巽，故曰"从风"），风陨妻[5]，不可娶也（风能陨落物者，变而陨落，故曰"妻不可娶"）。且其《繇》曰：'困于石，据于蒺藜[6]，入于其宫，不见其妻，凶（困六三爻辞）。'困于石，往不济[7]也（坎为险、为水。水之险者，石，不可以动）。据于蒺藜，所恃伤[8]也（坎为险。兑为泽。泽之生物而险者蒺藜，恃之则伤）。入于其宫，不见其妻，凶，无所归也（六三失位无应。则丧其妻，失其所归也）。"崔子曰："嫠[9]也何害？先夫当之矣（寡妇曰嫠。言棠公已当此凶）。"遂取之。庄公通焉，骤如崔氏。以崔子之冠赐人，侍者曰："不可。"公曰："不为崔子[10]，其无冠乎？"崔子因是，又以其间[11]伐晋也，曰："晋必将报。"欲弑公以说于晋，而不获间。公鞭侍人贾举而又近之，乃为崔子间公[12]（伺公间隙）。

夏五月，莒为且于之役故，莒子朝于齐（且于役在二十三年）。

甲戌，飨诸北郭。崔子称疾，不视事[13]（欲使公来）。乙亥，公问崔子（问疾），遂从姜氏[14]。姜入于室，与崔子自侧户出。公拊楹[15]而歌（歌以命姜）。侍人贾举止众从者，而入闭门（为崔子闭公。重言侍人者，别下贾举）。甲兴[16]，公登台而请，弗许；请盟，弗许；请自刃于庙，勿许。皆曰："君之臣杼疾病，不能听命。近于公宫（言崔子宫近公宫，或淫者诈称公），陪臣干掫[17]有淫者，不知二命[18]（干掫，行夜。言行夜得淫人，受崔子命讨之，不知它命。掫，夜戒有所击也）。"公逾墙。又射[19]之，中股，反队，遂弑之。贾举，州绰、邴师、公孙敖、封具、铎父、襄伊、偻堙皆死[20]（此非侍人贾举也。八子皆齐勇力之臣，为公所嬖者）。祝佗父祭于高唐（祝佗父，庄公之嬖。高唐，齐别庙），至，复命。不说弁而死于崔氏（爵弁，祭服）。申蒯侍渔[21]者（侍渔，监取鱼之官），退，谓其宰曰："尔以帑[22]免，我将死。"其宰曰："免，是反子之义[23]也。"与之皆死。崔氏杀鬷蔑于平阴（鬷蔑，平阴大夫，公外嬖。《传》言庄公所养非国士，故其死难，皆宠嬖之人）。

晏子立于崔氏之门外（晏子，平仲。闻难而来），其人曰："死乎？"曰："独吾君也乎哉？吾死也。"曰："行乎？"曰："吾罪也乎哉？吾亡也。"曰："归乎？"曰："君死，安归？君民[24]者，岂以陵民？社稷是主。臣君者，岂为其口实[25]，社稷是养（口实，禄养也）。故君为社稷死，则死之；为社稷亡，则亡之。若为己死而为己亡，非其私昵[26]，谁敢任之？且人有君[27]而弑之，吾焉得死之，而焉得亡之？将庸何[28]归（将用死亡之义，何所归趣）？"门启而入，枕尸股而哭（以公尸枕已股）。兴[29]，三踊[30]而出。人谓崔子："必杀之！"崔子曰："民之望也！舍之，得民。"卢蒲癸奔晋，王何奔莒[31]（二子，庄公党。为二十八年杀庆舍张本）。

叔孙宣伯[32]之在齐也（宣伯，鲁叔孙侨如。成十六年奔齐），叔孙还纳其女于灵公。嬖，生景公（还，齐群公子。纳宣伯女于灵公）。

丁丑,崔杼立而相之。庆封为左相。盟国人于大宫(大宫,大公庙),曰:"所不与崔、庆者。"晏子仰天叹曰:"婴所不唯忠于君利社稷者是与,有如上帝。"乃歃(盟书云,所不与崔、庆者,有如上帝。读书未终,晏子抄答易其辞,因自歃)。辛巳,公与大夫及莒子盟(莒子朝齐,遇崔杼作乱,未去,故复与景公盟)。大史书曰:"崔杼弑其君。"崔子杀之。其弟嗣书而死者,二人。其弟又书,乃舍之。南史氏闻大史尽死,执简以往。闻既书矣,乃还(南史氏,齐史之在外者。《传》言齐有直史,崔杼之罪所以闻)。

闾丘婴[33]以帷缚其妻而载之,与申鲜虞乘而出(二子,庄公近臣),鲜虞推而下之(下婴妻也),曰:"君昏不能匡,危不能救,死不能死,而知匿其昵(匿,藏也。昵,亲也),其谁纳之?"行及弇中[34](弇中,狭道),将舍。婴曰:"崔、庆其追我!"鲜虞曰:"一与一,谁能惧我(言道狭,众无所用)?"遂舍,枕辔而寝(恐失马也),食马而食。驾而行,出弇中,谓婴曰:"速驱之!崔、庆之众,不可当也(道广,众得用,故)。"遂来奔。崔氏侧[35]庄公于北郭(侧,瘗埋之。不殡于庙)。丁亥,葬诸士孙之里[36](士孙,人姓,因名里。死十三日便葬,不待五月),四翣[37](丧车之饰,诸侯六翣),不跸[38](跸,止行人),下车[39]七乘,不以兵甲(下车,送葬之车。齐旧依上公礼,九乘,又有甲兵。今皆降损)。

穀梁传 庄公失言,淫于崔氏(放言将淫崔氏,为此见弑)。

解义 齐庄公之难,贾举、州绰等十人皆死之,而不得以死节[40]称。盖平日从君於昏[41],以致乱亡,虽杀身不足以偿其责也。使其中有守义执节[42]之臣,将以死谏,岂肯相随入崔氏之宫耶!但晏婴号为贤者,平时知君之必陷於乱亡而不能谏,一旦有事,则假社稷为重[43],以自明其不必死,使后世贪生忘义者得以藉口,而先儒或是其言亦习[44]焉,而未之察耳!

注释 ①齐棠公:齐棠邑大夫。②男女辨姓:男女婚姻要区别姓氏。即同姓不通婚。③丁:齐丁公,姜太公之子。④桓:即齐桓公。丁、桓同为姜姓。⑤夫从风,风陨妻:丈夫随从风,风吹落妻子。即《困卦》的卦象是坎下兑上。坎为中男,故曰夫。三爻由阴变阳而为巽,巽为风,故曰"夫从风"。兑仍在上,故曰"风陨妻"。⑥困于石:为石头所困。据于蒺藜:站在蒺藜丛里。⑦往不济:前去不成功。⑧恃伤:依靠它就会受伤害。⑨嫠(lí):寡妇。⑩不为崔子:即不用崔子之冠。⑪间:晋国动乱的机会。⑫间公:寻找杀齐庄公的机会。⑬称疾:推说有病。不视事:不参加,不办公。⑭从姜氏:跟姜氏在一起。⑮拊楹:轻轻拍打柱子。⑯甲兴:崔子的甲士起而攻庄公。⑰干掫(zōu):巡查搜捕。⑱不知二命:其他命令一概不受。⑲又射:有人射箭。又同"有"。⑳贾举、州绰等:八人均为齐庄公所宠爱的勇士。㉑侍渔:管理渔业的人。㉒帑:家室。㉓反子之义:违反您的道义。㉔君民:作为民众的国君。㉕口实:指俸禄。㉖私昵:个人所宠爱。㉗人有君:别人有君。别人,此指崔杼。㉘庸何:同义词连用。㉙兴:站起。㉚三踊:顿跳三次。㉛卢蒲癸、王何:二人皆为齐庄公亲信。㉜叔孙宣伯:即叔孙侨如。㉝间丘婴:与申鲜虞均为庄公近臣。㉞弇(yǎn)中:地名,即今山东临淄镇西南。㉟侧:烧土为砖,以砖围砌于棺木之外。㊱士孙之里:里名。古代族人应葬于族墓,唯凶死者另葬,以示惩罚。㊲翣(shà):一种长柄扇。安葬时放在墓坑中。㊳跸:清道、警戒。㊴下车:送葬的破车子。㊵死节:为保全节操而死。㊶昏:昏聩,糊涂。㊷使:假使,假若。守义:指守节,守贞。执节:坚守节操。㊸假:借用,利用。社稷:指国家。㊹习:经常,常常。

春秋　公会晋侯、宋公、卫侯、郑伯、曹伯、莒子、邾子、滕子、薛伯、杞伯、小邾子于夷仪。

左传　晋侯济自泮(泮,杜注:阙),会于夷仪,伐齐,以报朝歌之役(朝歌役在二十三年)。齐人以庄公说[①],使隰鉏请成。庆封如师(鉏,隰朋之曾孙。庆封独使于晋,不通诸侯,故不书),男女以班[②]。赂晋侯以宗器、乐器。自六正、五吏、三十帅、三军之大夫、百官之正长、师旅及处守者,皆有赂(六正,三军之六卿。五吏,文职。三十帅,武职。皆军卿之属官。百官正长,群有司。师旅,小将帅。处守,守国者。赂,财赂)。晋侯许之。使叔向告于诸侯。公使子服惠伯对曰:"君舍有罪,以靖小国,君之惠也。寡君闻命矣!"

解义 晋会诸侯于夷仪,本谋伐齐,以报朝歌之役。崔杼弑君本以私忿,会诸侯之伐,遂以庄公之弑自解。夫庄公既死,则齐可不伐,而崔杼覆载[③]不容之恶,不可不讨。使[④]晋能申明大义,命齐人及崔氏之宗党皆安堵[⑤],而独有讨於杼,躬率诸侯进薄於城下[⑥],齐之臣庶服义怀德[⑦],各有奋心[⑧],杼之力能独抗乎?诛其贼,置其君,以定其国,则晋之六卿[⑨],鲁之三桓[⑩],皆有戢[⑪]志矣。不知出此而以赂罢兵,此晋霸所以遂衰,而终以自敝[⑫]与。

注释 ①以庄公说:以杀庄公向晋讨好。②男女以班:男女公开排列、捆绑。③覆载:覆盖与承载。指覆育包容。④使:假使,假若。⑤安堵:安定,安居。⑥躬率:亲自率领。进薄:指进迫。⑦臣庶:臣下。怀德:怀念恩德。⑧奋心:奋发之心。⑨晋之六卿:即晋国六卿,指的是自前546年—前497年在晋国出现的范、中行、智、韩、赵、魏六个世袭卿族。六卿共主国政,专擅晋权。⑩鲁之三桓:指的是春秋时鲁大夫孟孙氏、叔孙氏、季孙氏三家的合称,分别是鲁桓公的三个儿子庆父、叔牙、季友的后裔。鲁国自宣公以后,政权操纵在以季孙氏为首的"三桓"贵族手中。⑪戢:止,停止,收敛。⑫敝:弃。

附录左传 晋侯使魏舒、宛没逆卫侯[①](卫献公以十四年奔齐),将使卫与之夷仪。崔子止其帑[②],以求五鹿(崔杼欲得卫之五鹿,故留卫侯妻子于齐以质之)。

春秋　六月壬子,郑公孙舍之[3]帅师入陈。

左传　初,陈侯会楚子伐郑(在前年),当陈隧[4]者,井堙木刊[5](隧,径也。堙,塞也。刊,除也)。郑人怨之,六月,郑子展、子产[6]帅车七百乘伐陈,宵突[7]陈城(突,穿也),遂入之。陈侯扶其太子偃师奔墓(欲逃冢间),遇司马桓子(陈之司马),曰:"载余!"曰:"将巡城(不欲载公,以巡城辞)。"遇贾获(贾获,陈大夫),载其母妻,下之,而授公车。公曰:"舍[8]而母!"辞曰:"不祥(虽急,犹不欲男女无别)。"与其妻扶其母以奔墓,亦免。子展命师无入公宫,与子产亲御诸门(欲服之而已,故禁侵掠)。陈侯使司马桓子赂以宗器。陈侯免[9],拥社[10](免,丧服。拥社,抱社主。示服)。使其众,男女别而累,以待于朝(累,自囚系以待命)。子展执縶而见(縶,马缰),再拜稽首,承饮而进献(示不失臣敬)。子美入,数俘而出(子美,子产也。但数其所获人数,不将以归)。祝祓社[11],司徒致民,司马致节[12],司空致地,乃还(祓,除也。节,兵符。陈乱,故正其众官,修其所职,以安定之)。

解义　去秋,夷仪之会,楚合陈、蔡、许伐郑。是年,复会夷仪,郑虑楚复来,先帅师入陈,以夺其心。郑以蕞尔国当南北之冲[13],晋、楚之师更至叠出。自子产得政,不独修辞执礼[14],足以服[15]强大。而军政之修,守不可拔[16],攻则必克,以是知立国贵自强也。

注释　①卫侯:即卫献公。②止其帑:留下卫侯的妻子儿女。③公孙舍之(?—前544年):姬姓,罕氏,名舍之,字子展,郑国七穆之一。郑穆公之孙,故称公孙舍之,公子偃(字子罕)之子,春秋中期郑国贤臣。④当陈隧:陈国经过之地。⑤井堙木刊:井被填塞,树木被伐。刊,除。⑥子产(?—前522年):名侨,字子产,又字子美,郑国贵族,与孔子同时。他是郑穆公的孙子，所以人们又称他为公孙侨、郑子产。他自郑简公时（前554）被立为卿，公元前543年到522年执掌郑国国政，是当时最负盛名的政治家。⑦宵突：夜里突袭。宵，夜。⑧舍：安置，即同乘一车。⑨免（wèn）：丧服。⑩拥社：抱着土地神位。⑪祝祓社：向土地神祷告除灾。⑫致节：归还符节。⑬蕞（zuì）尔：形容小，多形容地区小。例：蕞尔小国，蕞尔小邦。冲：要冲。⑭修辞：修饰文辞；作文；亦指文辞或修饰文辞。执礼：执守礼制；掌赞礼之事。如：执礼以治天下。⑮服：制服。使……佩服或信服。⑯拔：改变，移动。

春秋　秋八月己巳，诸侯同盟于重丘①（重丘，杜注：齐地。《环宇记》：聊城县东北有重丘。聊城，今山东东昌府治）。

左传　秋七月己巳（己巳，七月十二日。《经》书八月，误），同盟于重丘，齐成故也。

解义　夷仪之会不书伐，以齐逆服，兵不加也。杜氏预谓："伐齐而书同盟，以明齐亦同盟，非也。"使②齐果同盟当特书诸侯及齐某盟，以著其失贼列奸之罪矣。据《经》会不书伐，而同盟书诸侯，乃中有间事之恒辞。盖晋既许齐成③，齐乱未定，崔杼既不敢自行，又惧他人见诸侯而生异议，实未尝使人出受盟耳！

注释　①重丘：齐地。②使：假使，假若。③成：讲和。

附录左传　赵文子①为政（赵武代范匄），令薄诸侯之币而重其礼。穆叔见之，谓穆叔曰："自今以往，兵其少弭矣（弭，止也）！齐崔、庆新得政，将求善于诸侯。武也知楚令尹②（令尹，屈建）。若敬行其礼，道之以文辞，以靖诸侯，兵可以弭（为二十七年晋、楚盟于宋传）。"

春秋　公至自会。

春秋　卫侯入于夷仪。

左传　卫献公入于夷仪。

公羊传　陈仪者何？卫之邑也。曷为不言入于卫？谖[3]君以弑也(谖,诈也。时卫侯为剽所逐,不能自复,诈言愿居是邑为剽臣,然后伺候间隙,使宁喜弑之)。

解义　卫侯之入夷仪,与郑伯突[4]同,而或名,或不名者。郑伯夺正以立,国人君之,诸侯助之,不知其义不可以有国也,故特书其名以绝之。若衎[5]之出奔,虽不为无罪,而非突比,故止书其爵,此轻重之权衡也。

注释　①赵文子:即赵武。②知楚令尹:与楚令尹相知。③谖:欺诈,欺骗。④郑伯突:即郑厉公突(?—前673),春秋时郑国国君,姬姓,名突。郑庄公次子。郑庄公临终前欲立其为继承人,然则大夫祭仲以废长立幼,国家必乱为由反对,遂未成立,庄公薨,郑昭公立,忽之母兄为宋庄公,宋庄公威逼利诱祭仲帮厉公夺位。⑤衎:即卫献公,姬姓,卫氏,名衎。卫国第24代国君,前576年—前559年、前546年—前544年在位。他是卫定公之子,卫殇公之兄,卫襄公之父。

春秋　楚屈建帅师灭舒鸠。

左传　楚薳子冯卒,屈建为令尹(屈建,子木)。屈荡为莫敖(代屈建)。舒鸠人卒叛(前年辞不叛)。楚令尹子木[1]伐之,及离城[2](杜注:舒鸠城)。吴人救之,子木遽以右师先(先至舒鸠),子强、息桓、子捷、子骈、子盂帅左师以退(五人不及子木,与吴相遇而退)。吴人居其间七日(居楚两军之间)。子强曰:“久将垫隘[3],隘乃禽[4]也(垫隘,虑水雨)。不如速战！请以其私卒诱之,简师[5]陈以待我(简阅精兵,驻后为陈)。我克则进,奔则亦视之,乃可以免。不然,必为吴禽。”从之。五人以其私卒先击吴师。吴师奔,登山以望,见楚师不继,复逐之,傅诸其军(吴还逐五子,至其本军)。简师会之,吴师大败。遂围舒鸠,舒鸠溃。八月,楚灭舒鸠。

解义 晋霸既衰，楚势益强，诸侯畏之，故灭国书大夫之名氏。自是，凡大夫帅师灭国，皆以名见，而不复书人矣。灭国不书大夫者，吴也，其威犹未盛於中夏[6]也。

注释 ①子木：即屈建。②离城：舒鸠邑名。③垫隘：疲弱。④禽：同"擒"。被活捉。⑤简师：挑选精锐兵士。⑥中夏：中原、华夏。

春秋 冬，郑公孙夏帅师伐陈（夏，《公羊》作虿）。

左传 郑子产献捷于晋（献入陈之功），戎服将事。晋人问陈之罪，对曰："昔虞阏父为周陶正[1]，以服事我先王（阏父，舜之后。当周之兴，阏父为武王陶正）。我先王[2]赖其利器用也，与其神明之后[3]也（舜，圣，故谓之神明），庸以元女大姬[4]配胡公（庸，用也。元女，武王之长女。胡公，阏父之子满也），而封诸陈，以备三恪（周封夏、殷后，又封舜后，谓之三恪。示敬也）。则我周之自出[5]，至于今是赖。桓公之乱[6]，蔡人欲立其出（陈桓公鲍卒，陈乱。事在鲁桓五年。蔡出，桓公子厉公）。我先君庄公奉五父而立之（五父佗，桓公弟。杀大子免而代之，郑庄公因定其位），蔡人杀之。我又与蔡人奉戴厉公，至于庄、宣，皆我之自立（陈庄公、宣公，皆厉公子）。夏氏之乱[7]，成公播荡[8]，又我之自入，君所知也（宣公十一年，陈夏徵舒弑灵公。灵公之子成公奔晋，自晋因郑而入）。今陈忘周之大德，蔑我大惠，弃我姻亲，介恃[9]楚众，以冯陵我敝邑，不可亿逞（亿，度也。逞，尽也）。我是以有往年之告（谓郑伯稽首告晋，请伐陈）。未获成命，则有我东门之役（前年陈从楚伐郑东门）。当陈隧者，井堙木刊。敝邑大惧不竟，而耻大姬。天诱其衷[10]，启敝邑心[11]。陈知其罪，授手于我。用敢献功！"晋人曰："何故侵小？"对曰："先王之命，唯罪所在，各致其辟[12]。且昔天子之地一圻[13]（方千里），列国一同[14]（方百里），自是以衰[15]（衰，差降）。今大国多数圻[16]矣！若无侵小，何以至焉？"晋人曰："何故戎服？"对曰："我先君武、庄,为平、桓卿士(郑武公、庄公为周平王、桓王卿士)。城濮之役,文公布命,曰(晋文公):'各复旧职!'命我文公戎服辅王,以受楚捷,不敢废王命故也。"士庄伯不能诘(士庄伯,士弱也),复于赵文子。文子曰:"其辞顺,犯顺不祥。"乃受之。冬十月,子展相郑伯如晋,拜陈之功(谢晋受其功)。子西复伐陈,陈及郑平。仲尼曰:"《志》有之(《志》,古书):'言以足志[17],文以足言[18](足,犹成也)。'不言,谁知其志?言之无文,行而不远[19]。晋为伯,郑入陈,非文辞不为功。慎辞哉!"

解义　郑再伐陈,取成[20]而还,陈不能报,楚不敢问。以子产方明其政刑[21],众知郑之不可侮也。

注释　①陶正:掌管制陶的官员。②先王:指周武王。③神明之后:指虞舜的后代。④元女大姬:周武王长女。大同太。胡公:阏父之子。⑤周之自出:周朝的后代,实为周的外甥。⑥桓公:指陈桓公。桓公之乱,事在鲁桓公五年。⑦夏氏之乱:指鲁宣公十年夏征舒杀陈灵公事。⑧播荡:流离失所。⑨介恃:借恃,仗着。⑩天诱其衷:上天厌恶他们。⑪启敝邑心:开启我国伐陈之心。⑫辟:刑。⑬一圻:四方各一千里。圻(qí),又作畿。⑭一同:方百里。⑮自是以衰:自此而下递减。⑯多数圻:多至几千里。⑰言以足志:言语用来表达志愿。⑱文以足言:文采用来成就完善言词,使之不至于空调无力。⑲行而不远:不能传布远方。⑳成:和解。㉑政刑:政令和刑罚。

附录左传　楚蔿掩为司马(蔿子冯之子),子木使庀赋[1](庀,治),数甲兵(阅数)。甲午,蔿掩书土田(书土地之所宜),度山林[2](度量山林之材,以共国用),鸠薮泽[3](鸠,聚也。聚成薮泽,使民不得焚燎,以备田猎之处),辨京陵[4](辨,别也。绝高曰京。大阜曰陵。别之以为家墓之地),表淳卤[5](淳卤、埆薄之地。表异,轻其赋税),数疆潦[6](疆界有流潦者,计数减其租入),规偃猪[7](偃猪,下湿之地。规度其受水多少)，町原防[8](广平曰原。防，隄也。隄防间地，不得方正如井田，别为小顷町)，牧隰皋[9](隰皋，水岸下湿，为刍牧之地)，井衍沃[10](衍沃，平美之地。则制以为井田)，量入修赋[11](量九土之所入，而治理其赋税)。赋车籍马[12](籍，疏其毛色岁齿，以备军用)，赋车兵、徒卒、甲楯之数(车兵，甲士。数器杖有常数)。既成，以授子木，礼也(得治国之礼。《传》言楚之所以兴)。

春秋 十有二月，吴子遏伐楚，门于巢[13]，卒(遏，《公羊》、《穀梁》作谒)。

左传 十二月，吴子诸樊伐楚，以报舟师之役(舟师，在二十四年)。门于巢(攻巢门)。巢牛臣[14]曰(牛臣，巢人)："吴王勇而轻，若启之(启，开门也)，将亲门。我获射之，必殪。是君也死，疆其少安！"从之。吴子门焉，牛臣隐于短墙以射之，卒。

公羊传 门于巢卒者何？入门乎巢而卒也。入门乎巢而卒者何？入巢之门而卒也。吴子谒何以名？伤而反，未至乎舍而卒也。

穀梁传 以伐楚之事门于巢，卒。也(因伐楚而经巢)。于巢者，外乎楚也(言于巢，则不在楚)。门于巢，乃伐楚也(先攻巢，乃可伐楚)。诸侯不生名，取卒之名加之伐楚之上者，见以伐楚卒也。其见以伐楚卒何也？古者大国过小邑，小邑必饰城而请罪，礼也(饰城者，修守备。请罪，问所以致师之意)。吴子谒伐楚至巢，入其门，门人射吴子，有矢创，反舍而卒。古者虽有文事，必有武备，非巢之不饰城而请罪，非吴子之自轻也(非，责。两讥之也)。

解义 举卒之名，加於伐楚之上，与七年郑伯髡顽如会卒于鄵同义[15]，皆以便文[16]耳。门于巢，谓攻其城而门焉，见遏之死於兵也[17]，若暴疾[18]过巢门而卒，则当书卒于巢。

附录左传 楚子以灭舒鸠赏子木。辞曰："先大夫蔿子之功也。"以与蔿掩(往年楚子将伐舒鸠，蔿子冯请退师以须其叛故)。晋程郑卒。子产始知然明(前年然明谓程郑将死,今如其言,故知之),问为政焉。对曰:“视民如子。见不仁者诛之,如鹰鹯之逐鸟雀也。”子产喜,以语子大叔,且曰:“他日吾见蔑之面[19]而已(蔑,然明名),今吾见其心矣。”子大叔问政于子产。子产曰:“政如农功,日夜思之,思其始而成其终。朝夕而行之,行无越思,如农之有畔。其过鲜矣。”卫献公自夷仪使与宁喜言(求复国也),宁喜许之。大叔文子闻之(大叔仪),曰:“乌乎!《诗》所谓‘我躬不说,皇恤我后[20]’者,宁子可谓不恤其后矣(《诗·小雅》。谓宁子必身受祸,不得恤其后也)。将可乎哉?殆必不可。君子之行,思其终也,思其复[21]也。《书》曰:‘慎始而敬终,终以不困(《周书》。蔡仲之命)。’《诗》曰:‘夙夜匪解,以事一人[22]。’今宁子视君不如弈棋,其何以免乎?弈(原文为“奕”,误)者举棋不定,不胜其耦[23](耦,对敌也)。而况置君而弗定乎?必不免矣。九世之卿族[24],一举而灭之。可哀也哉(宁氏出自卫武公,及喜九世也。明年卫献公归国,二十七年果杀宁喜)!”会于夷仪之岁[25],齐人城郏(在二十四年。不直言会夷仪者,别二十五年夷仪会)。其五月,秦、晋为成(自十四年十三国伐秦至是始平)。晋韩起如秦莅盟,秦伯车[26]如晋莅盟(伯车,秦伯之弟针也),成而不结[27](传为后年修成起本)。

注释　①庀赋:治理军赋。②度山林:度量山林木材。③鸠薮泽:聚集河湖渊泽的水产品。④辨京陵:区别山陵高地的情况。⑤表淳卤:标出盐碱地。⑥数疆潦:计算水淹地。疆当作“强”。⑦规偃猪:规划畜水池。⑧町原防:划分小块耕地。原防同义。⑨牧隰皋:在低洼草地上放牧。⑩井衍沃:在肥沃的土地上划定井田。⑪量入修赋:计算收入而修订赋税之法。⑫赋车籍马:征收车马。⑬门:攻门。巢:地名,在今安徽巢县东北。⑭巢牛臣:人名。⑮七年:指鲁襄公七年。郑伯髡顽:即郑僖公姬恽(公元前570~前566年在位),郑成公姬睔之子。⑯便文:

完全依照法令条文而不加更动。⑰遏:阻击,抵御。兵:兵诛,用兵器诛杀。⑱暴疾:突然发病。⑲蔑之面:蔑,醦蔑,即然明。面,面貌,然明貌丑。⑳皇:又作遑,闲暇。诗意为:我自身尚且不能被容,哪有闲暇顾念我的后代呢?㉑思其复:想到下次再做。㉒匪解:不懈怠。一人:比喻国君。㉓耦:下棋的对方。㉔九世之卿族:宁氏出自卫武公,至宁喜九世为卿。㉕会于夷仪之岁:指鲁襄公二十四年。㉖伯车:名针,秦君之弟。㉗成而不结:虽媾和而不巩固。

卷四十四

襄公（二十六年之二十七年）

春秋　二十有六年春。

附录左传　二十六年春，秦伯之弟针如晋修成（修会夷仪岁之成），叔向命召行人子员（欲使答秦命）。行人子朱曰："朱也当御[①]（御，进也。言次当行）。"三云，叔向不应。子朱怒，曰："班爵[②]同，何以黜朱于朝？"抚剑从之。叔向曰："秦、晋不和久矣！今日之事，幸而集，晋国赖之。不集，三军暴骨。子员道[③]二国之言无私，子常易之。奸以事君者，吾所能御也。"拂衣从之。人救之。平公曰："晋其庶乎[④]！吾臣之所争者大。"师旷曰："公室惧卑[⑤]。臣不心竞而力争（谓二子不心竞为忠，而抚剑拂衣），不务德而争善（争谓所行为善），私欲已侈[⑥]，能无卑乎？"

春秋　王二月辛卯，卫宁喜弑其君剽。

左传　卫献公使子鲜[⑦]为复（使为己求反国），辞。敬姒[⑧]强命之（敬姒，献公及子鲜之母）。对曰："君无信，臣惧不免。"敬姒曰："虽然，以吾故也。"许诺。初，献公使与宁喜言（言复国），宁喜曰："必子鲜在，不然必败（子鲜贤，国人信之，必欲使在其间）。"故公使子鲜。子鲜不获命于敬姒，以公命与宁喜言，曰："苟反，政由宁氏，祭则寡人。"宁喜告蘧伯玉，伯玉曰："瑗[⑨]不得闻君之出，敢闻其入（十四年，孙氏欲逐献公，瑗走，从近关出）？"遂行，从近关出。告右宰谷[⑩]（卫大夫），右宰谷曰："不可。获罪于两君（前出献公，今弑剽），天下谁畜[⑪]之（畜，犹容也）？"悼子[⑫]曰："吾受命于先人，不可以贰（悼子，宁喜。受命在二十年）。"谷曰："我请使焉而观之（观，其可还与否）。"遂见公于夷仪。反曰："君淹恤[⑬]在外十二年矣，而无忧色，亦无宽言，犹夫人[⑭]也。若不已，死无日矣。"

悼子曰："子鲜在。"右宰谷曰："子鲜在，何益？多而能亡（言子鲜为义，多不过亡出），于我何为？"悼子曰："虽然，弗可以已。"孙文子在戚，孙嘉聘于齐，孙襄居守[15]（二子，孙文子之子）。二月庚寅，宁喜、右宰谷伐孙氏，不克。伯国[16]伤（伯国，孙襄。父兄皆不在，故乘弱攻之）。宁子出舍于郊（欲奔）。伯国死，孙氏夜哭。国人召宁子，宁子复攻孙氏，克之。辛卯，杀子叔[17]及大子角（子叔，卫侯剽。言子叔，剽无谥故）。书曰："宁喜弑其君剽。"言罪之在宁氏也。

穀梁传 此不正，其日何也？殖也立之，喜也君之，正也（父立以为君，则子宜君之，以明正也）。

解义 剽虽篡立，然《春秋》之法，其实篡也。以篡书，其实为君也。以君书，剽既篡立，凡卫之臣子立於其朝者，君臣之分已定，有致难於剽者，自宜[18]以弑君书矣。先儒多谓宁喜父子反覆於二君之间，故蔽[19]其罪，犹一曲之义也。

注释 ①当御：奉职，当班。②班爵：职位级别。③道：同"导"，传达，沟通。④晋其庶乎：晋国庶几要大治吧。庶几，差不多。⑤公室惧卑：公室的地位恐怕要降低。⑥侈：多，大。⑦子鲜：卫献公母弟鱄。⑧敬姒：献公之母。⑨瑗：伯玉名。⑩右宰谷：卫大夫。⑪畜：容留。⑫悼子：即宁喜。⑬淹恤：淹留忧患，即避难。⑭犹夫人：还是那么一个人。⑮孙嘉、孙襄：孙林父之二子。⑯伯国：即孙襄。⑰子叔：即卫侯剽。⑱宜：应该，应当。⑲蔽：遮，挡。

春秋 卫孙林父[1]入于戚以叛（书叛始此）。

左传 孙林父以戚如晋（以邑属晋）。书曰："入于戚以叛。"罪孙氏也。臣之禄，君实有之。义则进，否则奉身而退[2]，专禄以周旋[3]，戮也。

解义 宋鱼石入于彭城[4]，晋栾盈入于曲沃[5]，将为乱於国而抗其君,不得以叛书。叛者,据邑而君不能讨也,故书叛自林父始。《春秋》之义,常以上下比事,而见其始也。书卫侯衎[6]出奔齐,继书会于戚,而林父在焉,则知逐君者林父其终也。书宁喜弑其君剽,孙林父入于戚以叛,继书衎归,则知宁喜之弑由衎,而林父为惧罪矣!

注释　①孙林父(生卒年不详):姬姓,孙氏,名林父,谥号为"文",故史料中多称之孙文子,春秋中期卫国卿大夫,孙良夫之子。②奉身而退:保全身身而引退。③专禄以周旋:把俸禄视为私人专有而与人周旋。④宋鱼石入于彭城:指鲁成公十八年(公元前573年),楚、郑伐宋,宋鱼石复入于彭城"这一事件,彭城即今江苏省徐州市。⑤晋栾盈入于曲沃:指鲁襄公二十三年夏,"栾盈复入于晋,入于曲沃"是也。栾盈(?—前550):姬姓,栾氏,名盈,一作"逞"。春秋时晋国人。晋国下卿,谥怀,称栾怀子。栾黡之子,栾书之孙。曲沃:晋邑。⑥卫侯衎:即卫献公。

春秋　甲午,卫侯衎复归于卫。

左传　甲午,卫侯入。书曰:"复归。"国纳之也。大夫逆于竟者,执其手而与之言。道逆者,自车揖之。逆于门者,颔之而已(颔,摇其头。言衎骄心易生)。公至,使让大叔文子曰:"寡人淹恤在外,二三子[1]皆使寡人朝夕闻卫国之言,吾子独不在[2]寡人(在,存问也。公闻文子答宁喜之言,故忿之)。古人有言曰:'非所怨勿怨。'寡人怨矣。"对曰:"臣知罪矣!臣不佞不能负羁泄,以从扞牧圉,臣之罪一也。有出者,有居者(出谓衎,居谓剽也)。臣不能贰,通外内之言以事君,臣之罪二也。有二罪,敢忘其死?"乃行,从近关出。公使止之(传言卫侯不能安和大臣)。

公羊传　此谖[3]君以弑也。其言复归何?恶剽也。曷为恶剽?剽之立于是未有说也(剽以公孙篡立位,非其次,故未有说)。然则曷为不言剽之立?不言剽之立者,以恶卫侯也(卫侯失众出奔,故恶之）。

穀梁传 日归，见知弑也（喜弑君，衎归，故录日，以见其知情）。

解义 卫侯出奔齐及入于夷仪，皆以爵称，今既得国，乃书其名，何也？使人之臣弑其君而求利焉，其恶大矣！故特书名以著其罪，而又书复归，以见国其所固有[④]也。

注释 ①二三子：卫国诸大夫。②在：存问。③谖（xuān）：欺诈，欺骗。④固有：本来就有。

附录左传 卫人侵戚东鄙（以林父叛故），孙氏诉于晋，晋戍茅氏[①]（茅氏，杜注：戚东鄙）。殖绰伐茅氏，杀晋戍三百人（殖绰，齐人。今来在卫）。孙蒯追之，弗敢击。文子曰："厉[②]之不如（厉，恶鬼。以比殖绰）！"遂从卫师，败之圉[③]（圉，杜注：卫地。今直隶开州东有圉城）。雍鉏获殖绰（雍鉏，孙氏臣）。复诉于晋（为下晋讨卫张本）。

郑伯赏入陈之功（入陈在前年）。三月甲寅朔，享子展，赐之先路、三命之服，先八邑[④]（以路及命服为邑先。八邑，三十二井）。赐子产次路、再命之服，先六邑。子产辞邑，曰："自上以下，隆杀以两[⑤]，礼也。臣之位在四（上卿子展，次卿子西。十一年良霄见《经》，十九年乃立子产为卿，故位在四），且子展之功也。臣不敢及赏礼，请辞邑。"公固予[⑥]之，乃受三邑（位次当受二邑，以公固与之，故受三邑）。公孙挥曰："子产其将知政矣！让不失礼。"

春秋 夏，晋侯使荀吴来聘。

左传 晋人为孙氏故，召诸侯，将以讨卫也。夏，中行穆子[⑦]来聘（穆子，荀吴），召公也（召公为澶渊会）。

附录左传 楚子、秦人侵吴，及雩娄[⑧]（雩娄，杜注：属安丰郡。今江南霍丘县西南有故城），闻吴有备而还。遂侵郑，五月，至于城麇[⑨]。郑皇颉戍之（皇颉、郑大夫。守城麇之邑），出，与楚师战，败。穿封戌囚皇颉，公子围与之争之（公子围，共王子，灵王也）。正于伯州犁,伯州犁曰:“请问于囚。”乃立囚(立皇颉于庭而问之)。伯州犁曰:“所争,君子也,其何不知[10](言王子围及穿封戌皆非细人,易别识也)?”上其手[11],曰:“夫子为王子围,寡君之贵介[12]弟也。”下其手,曰:“此子为穿封戌,方城外之县尹也。谁获子(上下手以道囚意)?”囚曰:“颉遇王子,弱焉(弱,败也)。”戌怒,抽戈逐王子围,弗及。楚人以皇颉归。印堇父与皇颉戍城麇(印堇父,郑大夫),楚人囚之,以献于秦。郑人取货于印氏以请之,子大叔为令正[13](主作辞令之正),以为请。子产曰:“不获。受楚之功而取货于郑,不可谓国[14],秦其不然(受楚献功,大名也。以货免之,小利。故谓秦不尔)。若曰:‘拜君之勤郑国[15],微君之惠,楚师其犹在敝邑之城下。’其可(辞如此,归功于秦则堇父可得)。”弗从,遂行。秦人不予。更币,从子产而后获之(《传》称子产之善)。

春秋 公会晋人、郑良霄、宋人、曹人于澶渊。

左传 六月,公会晋赵武、宋向戌、郑良霄、曹人于澶渊以讨卫,疆戚田。取卫西鄙懿氏六十[16]以与孙氏(懿氏,杜注:戚城西北五十里有懿城,今戚城在开州北)。赵武不书,尊公也。向戌不书,后也。郑先宋,不失所也(如期至)。于是卫侯会之(晋将执之,不得与会,故不书)。晋人执宁喜、北宫遗,使女齐[17]以先归(讨其弑君伐孙氏也。遗,北宫括之子。女齐,司马侯。归晋而后告诸侯,故《经》书在秋)。卫侯如晋,晋人执而囚之于士弱氏(士弱,晋主狱大夫)。秋七月,齐侯、郑伯为卫侯故,如晋,晋侯兼享之。晋侯赋《嘉乐》(《嘉乐》,《诗·大雅》。取其“嘉乐君子,显显令德。宜民宜人,受禄于天”)。国景子相齐侯(景子,国弱),赋《蓼萧》(《蓼萧》,《诗·小雅》。言大平泽及远,若露之在萧。以喻晋君恩泽及诸侯)。子展相郑伯,赋《缁衣》(《缁衣》,《诗·郑风》。取“适子之馆兮,还予授子之粲兮”。言不敢违远于晋)。叔向命晋侯拜二君曰:“寡君敢拜齐君之安我先君之宗祧也,敢拜郑君之不贰也(《蓼萧》、《缁衣》二诗,所趣各不同,故拜二君词异)。”国子使晏平仲私[18]于叔向,曰:“晋君宣其明德于诸侯,恤其患而补其阙,正其违而治其烦[19],所以为盟主也。今为臣执君,若之何?”叔向告赵文子,文子以告晋侯。晋侯言卫侯之罪,使叔向告二君(言自以杀晋戍三百人为罪,不以林父故)。国子赋《辔之柔矣》(逸《诗》。义取宽政以安诸侯,若柔辔之御刚马),子展赋《将仲子兮》(《将仲子》,《诗·郑风》。义取众言可畏。卫侯虽别有罪,而众人谓晋为臣执君),晋侯乃许归卫侯。叔向曰:“郑七穆[20],罕氏[21]其后亡者也。子展俭而壹[22](子展,郑子罕之子。郑穆公十一子,子展、子西、子产、伯有、子大叔、子石、伯石为七穆。子然、二子孔已亡,子羽不为卿,故唯言七穆)。”

解义 澶渊,卫地之近戚者,晋党於孙氏讨卫而疆戚田,因为此会,此晋之所以失诸侯也。夷仪之会,以赂定乱贼,此会复披[23]卫地以奖叛臣,盖晋之强家皆有弱其君之心,故与邻国之乱臣声势相倚。平公[24]暗弱听其倒行逆施而不察,岂不悖乎?晋、宋称人会者,非卿也。凡此类,宜[25]以《经》为断,而不可以《传》汩[26]之。疆戚田事本细微,故诸国皆大夫,而鲁君独亲之。吴人所讥,国君道长,而大夫不出门,盖谓此耳!

注释 ①茅氏:地名,位于戚邑东部边界。②厉:恶鬼。③围:地名,即今河南濮阳县东。④先八邑:先于八邑。古代送礼,先轻后重。⑤隆杀以两:以二数递减。隆,递减。⑥固予:坚持给予。予,同“与”。⑦中行穆子:即荀吴。⑧雩娄:地名,位于今河南商城县东。⑨城麇:地名,不详。⑩其何不知:此为暗示语。知,同“智”。⑪上其手:高抬他的手。⑫贵介:即地位高贵。⑬令正:官名,主管起草文件、命令。⑭不可谓国:不合国礼。⑮勤郑国:即勤于郑国。⑯懿氏六十:懿氏,地名。六十即六十邑。⑰女齐:晋臣,又名女叔侗、司马侯。⑱私:私语。⑲烦:乱。⑳郑七穆:即郑穆公后代的七个家庭。㉑罕氏:即子展的家族。㉒俭而壹:节俭而专一。㉓披:分开,裂开。㉔平公:指晋平公,姬姓,晋氏,名彪,公元前557—前532年在位。㉕宜:应该,应当。㉖汩:汩乱,扰乱。

春秋　秋,宋公[1]杀其世子痤(痤,《穀梁》作座)。

左传　初,宋芮司徒[2]生女子(芮司徒,宋大夫),赤而毛,弃诸堤下,共姬[3]之妾取以入(共姬,宋伯姬),名之曰弃。长而美。平公入夕[4](平公,共姬子),共姬与之食。公见弃也,而视之,尤(尤,甚也)。姬纳诸御,嬖,生佐(佐,元公)。恶而婉[5](貌恶而心顺)。大子痤美而很(貌美而心很戾),合左师[6]畏而恶之(合左师,向戌)。寺人惠墙伊戾为大子内师[7]而无宠(惠墙,氏;伊戾,名)。秋,楚客聘于晋,过宋。大子知之,请野享[8]之。公使往,伊戾请从之。公曰:"夫不恶女乎(夫,谓大子)?"对曰:"小人之事君子也,恶之不敢远,好之不敢近。敬以待命,敢有贰心乎?纵有共其外,莫共其内,臣请往也。"遣之。至,则欿,用牲[9],加书,徵之(诈作盟处,为大子反徵验),而聘告公曰:"大子将为乱,既与楚客盟矣。"公曰:"为我子,又何求?"对曰:"欲速。"公使视之,则信有焉(有盟徵)。问诸夫人[10]与左师(夫人,佐母弃也),则皆曰:"固闻之。"公囚大子。大子曰:"唯佐也能免我(以其婉也)。"召而使请,曰:"日中不来,吾知死矣。"左师闻之,聒[11]而与之语(聒,欢也。欲使佐失期)。过期,乃缢而死。佐为大子。公徐闻其无罪也,乃亨伊戾。左师见夫人之步马者(步马,习马),问之,对曰:"君夫人氏也。"左师曰:"谁为君夫人?余胡弗知?"圉人归,以告夫人。夫人使馈之锦与马,先之以玉,曰:"君之妾弃使某献。"左师改命曰:"君夫人。"而后再拜稽首受之(左师令使者改命也。《传》言宋公闇,左师谀,大子所以无罪而死)。

解义　申生之死[12],晋献终不寤。宋公既知伊戾之谗而烹之,乃於芮弃之宠爱,左师之委任,终无改焉。《大学》於"修身齐家"专以辟为戒⑬,职⑭此故耳!

注释 ①宋公:即宋平公,春秋时期宋国第二十五任君主,本名子成,宋共公之子。在位44年(前575年—前532年)。②芮司徒:宋大夫。③共姬:即宋伯姬,宋共公夫人。④平公入夕:宋平公夕时入而问安。平公,共姬之子。⑤恶而婉:面貌丑陋而性情和顺。⑥合左师:即向戌。⑦内师:大子宫内宦官之长。⑧野享:野外宴享。⑨欿(kǎn),用牲:此为伊戾之伪作,以诬陷大子。⑩夫人:即弃。⑪聒:絮语不休。⑫申生之死:申生,春秋时晋国太子,因晋献公宠姬骊姬陷害,于公元前656年自缢身亡。⑬《大学》:原为《礼记》第四十二篇。宋朝程颢、程颐兄弟把它从《礼记》中抽出,编次章句。朱熹将《大学》、《中庸》、《论语》、《孟子》合编注释,称为《四书》,从此《大学》成为儒家经典。"大学"是对"小学"而言,是说它不是讲"详训诂,明句读"的"小学",而是讲治国安邦的"大学"。小学即:"洒扫应对进退,礼乐射御书数"。"大学"是大人之学,古人十五岁入学,学习伦理、政治和哲学等"穷理正心,修礼治人"的学问,实则是学习如何参与国家政治。修身齐家:是儒家的伦理政治。指加强自身的修养,治理好家政。⑭职:由于。

春秋 晋人执卫宁喜。

公羊传 此执有罪,何以不得为伯讨?不以其罪执之也。

解义 宁喜身负大恶,晋若正其罪而执之归於京师,则为霸讨当如厉公①之执曹伯以爵称。今以伐戚杀戍而执之,以快林父之心,悖②矣!殖③与喜之恶一也,殖以附晋免,喜以背晋执。林父与喜之恶一也,林父以附④晋获庇,喜以背晋见执。然则,晋非执弑君之贼,执不附已者耳,故称人以著其罪焉。

注释 ①厉公:指晋厉公。②悖:违背道理。③殖:宁殖,卫国大夫。④附:依附,依从。

附录左传　郑伯归自晋,使子西如晋聘,辞曰:“寡君来烦执事,惧不免于戾,使夏[1]谢不敏(夏,子西名)。”君子曰:“善事大国。”

初,楚伍参与蔡大师子朝友,其子伍举与声子[2]相善也(声子,子朝之子。伍举,子胥祖父椒举也)。伍举娶于王子牟,王子牟为申公而亡(获罪出奔),楚人曰:“伍举实送之。”伍举奔郑,将遂奔晋。声子将如晋,遇之于郑郊,班荆[3]相与食,而言复故[4](班,布也。布荆坐地,共议归楚事)。声子曰:“子行也!吾必复子[5]。”

及宋向戌将平晋、楚(平在明年),声子通使于晋。还如楚,令尹子木与之语,问晋故焉,且曰:“晋大夫与楚孰贤?”对曰:“晋卿不如楚,其大夫则贤,皆卿材也。如杞、梓、皮革,自楚往也。虽楚有材,晋实用之。”子木曰:“夫独无族姻[6]乎?”对曰:“虽有,而用楚材实多。归生[7]闻之(归生,声子名):‘善为国者,赏不僭而刑不滥。’赏僭,则惧及淫人;刑滥,则惧及善人。若不幸而过,宁僭无滥。与其失善,宁其利淫。无善人,则国从之(从之亡也)。《诗》曰:‘人之云亡,邦国殄瘁[8]。’无善人之谓也(《诗·大雅》。殄,尽也。瘁,病也)。故《夏书》曰:‘与其杀不辜,宁失不经[9]。’惧失善也(《夏书·大禹谟》。不经,不用常法)。《商颂》有之曰:‘不僭不滥,不敢怠皇[10],命于下国,封建[11]厥福(《诗·商颂》。言殷汤赏不僭差,刑不滥溢,不敢怠解以自宽暇,故能为下国所命为天子)。’此汤所以获天福也。古之治民者,劝赏[12]而畏刑,恤民不倦。赏以春夏,刑以秋冬(顺天时)。是以将赏,为之加膳,加膳则饫赐[13](饫,餍也。酒食赐下,无不餍足,所谓加膳也),此以知其劝赏也。将刑,为之不举[14],不举则彻乐,此以知其畏刑也。夙兴夜寐,朝夕临政,此以知其恤民也。三者,礼之大节也。有礼无败。今楚多淫刑,其大夫逃死于四方,而为之谋主[15],以害楚国,不可救疗,所谓不能也(不能用其材)。子仪之乱(在文十四年),析公奔晋。晋人置诸戎车之殿(殿,后军),以为谋主。绕角之役,晋将遁矣,析公曰:'楚师轻窕,易震荡[16]也。若多鼓钧声[17],以夜军之,楚师必遁。'晋人从之,楚师宵溃。晋遂侵蔡,袭沈,获其君;败申、息之师于桑隧,获申丽而还(成六年,晋栾书救郑,与楚师遇于绕角,楚师还。晋侵沈,获沈子。八年,复侵楚,败申、息,获申丽)。郑于是不敢南面。楚失华夏,则析公之为也。雍子之父兄谮雍子,君与大夫不善是[18]也(不是其曲直)。雍子奔晋。晋人与之鄐[19](鄐,杜注:晋邑),以为谋主。彭城之役,晋、楚遇于靡角之谷(在成十八年)。晋将遁矣。雍子发命于军曰:'归老幼,反孤疾,二人役,归一人,简兵蒐乘,秣马蓐食,师陈焚次(次,舍也。焚舍,示必死),明日将战。'行归者而逸楚囚(欲使楚知之),楚师宵溃。晋降彭城而归诸宋,以鱼石归(在元年)。楚失东夷,子辛死之,则雍子之为也(楚东小国及陈,见楚不能救彭城,皆叛。五年,楚人讨陈叛故,杀令尹子辛)。子反与子灵争夏姬(子灵,巫臣),而雍害其事,子灵奔晋。晋人与之邢(邢,杜注:晋邑),以为谋主。扞御北狄,通吴于晋,教吴叛楚,教之乘车、射御、驱侵,使其子孤庸为吴行人焉。吴于是伐巢、取驾、克棘、入州来(驾、棘,杜注:皆楚邑。谯国酂县东北有棘亭。在今河南永城县南),楚罢于奔命,至今为患,则子灵之为也(事见成七年)。若敖之乱,伯贲之子贲皇奔晋。晋人与之苗[20](若敖乱在宣四年。苗,杜注:晋邑。今河南济源县西有苗亭),以为谋主。鄢陵之役(在成十六年),楚晨压晋军而陈,晋将遁矣。苗贲皇曰:'楚师之良,在其中军王族而已。若塞井夷灶,成陈以当之,栾、范易行[21]以诱之(栾书时将中军,范燮佐之。易行,谓简易兵备。令楚贪已,不复顾二穆之兵),中行、二郤必克二穆[22](郤锜时将上军,中行偃佐之。郤至佐新军。令此三人分良以攻二穆之兵。楚子重、子辛,皆出穆王,故曰二穆)。吾乃四萃[23]于其王族,必大败之(四萃,四面集攻之)。'晋人从之,楚师大败,王夷师熸[24](夷,伤也。熸,火灭也,军败之状),子反死之。郑叛吴兴,楚失诸侯,则苗贲皇之为也。”子木曰:“是皆然矣。”声子曰:“今又有甚于此。椒举[25]娶于申公子牟,子牟得戾而亡,君大夫[26]谓椒举:‘女实遣之!’惧而奔郑,引领南望曰:‘庶几赦余!’亦弗图也。今在晋矣。晋人将与之县,以比叔向。彼若谋害楚国,岂不为患?”子木惧,言诸王,益其禄爵而复之。声子使椒鸣[27]逆之(椒鸣,伍举子)。

春秋　八月壬午,许男宁卒于楚。

春秋　冬,楚子、蔡侯、陈侯伐郑。

左传　许灵公如楚,请伐郑(十六年晋伐许,他国皆大夫,独郑伯自行,故许恚,欲报之),曰:“师不兴,孤不归矣!”八月,卒于楚。楚子曰:“不伐郑,何以求诸侯?”冬十月,楚子伐郑。郑人将御之,子产曰:“晋、楚将平,诸侯将和(和在明年),楚王是故昧于一来。不如使逞而归,乃易成也。夫小人之性,衅于勇[28],啬于祸[29],以足其性而求名焉者,非国家之利也。若何从之(衅,动也。啬,贪也。言郑之欲与楚战者,皆衅勇贪名之人,非能为国计虑久利,不可从)?”子展说,不御寇。十二月乙酉[30],入南里(南里,杜注:郑邑。今河南新郑县南有地名南里),堕其城。涉于乐氏[31](乐氏,杜注:津名。在今河南新郑县境洧水济渡处),门于师之梁[32](郑城门)。县门发,获九人焉。涉入氾[33]而归(于氾城下涉汝水南归),而后葬许灵公(卒灵公之志,而后葬之)。

解义　楚以许故偕[34]蔡、陈伐郑。郑自萧鱼以来,至此三被楚祸,而犹未忍叛晋,则悼公[35]推诚之效也。然十八年楚公子午不得志於郑,二十四年诸侯救之,此年诸侯不救郑,亦不御[36],使楚得逞。盖是时,晋平[37]昏庸,大夫专恣[38]不在诸侯,而南北分霸之势成矣!

注释　①夏:子西名。②声子:子朝之子。③班荆:以草铺地代席。班,布、铺。④复故:返楚的事。⑤吾必复子:我一定会让你回去。子,你。⑥族姻:宗族姻亲。⑦归生:即声子。⑧殄:尽。瘁:病。⑨不经:不守常法的人。⑩怠皇:偷闲。⑪封建:大加建立。⑫劝赏:乐于赏赐。⑬饫(yù)赐:将剩余菜肴赐予下属。饫,饱。⑭举:丰盛饮食且以乐助食。⑮谋主:主要谋士。⑯震荡:震动。⑰钧声:同时击鼓,其声宏大。⑱不善是:不能调解是非。⑲鄐:地名,在今河南温县附近。⑳苗:晋邑,在今河南济源县西。㉑易行:改变阵法,率家兵先进。㉒二穆:指楚穆王二位后代子重、子辛。㉓四萃:指晋上、中、下、新四军集中攻击。㉔王夷师熸:楚王受伤,士气不振。㉕椒举:即伍举。㉖君大夫:指君及诸大夫。㉗椒鸣:伍举之子,伍奢之弟。㉘衅于勇:见有机会,就凭血气之勇。㉙啬于祸:见有祸乱则有所贪图。㉚乙酉:初五日。㉛乐氏:洧水渡口名,位于新郑县境。㉜师之梁:郑城门。㉝汜:即南汜,地名,在今河南襄城县南。㉞偕:偕同。㉟悼公:晋悼公(前586年—前558年):姬姓,晋氏,名周,一名纠,称晋周(先秦男子用氏,故不作姬周)。前573年至前558年在位,春秋中期晋国杰出的君主,年轻而又优秀的政治家,晋国霸业的复兴者。㊱御:防御,抵挡。㊲晋平:指晋平公,姬姓,晋氏,名彪,公元前557~前532年在位。㊳专恣:专横放肆。

春秋 葬许灵公。

附录左传 卫人归卫姬于晋,乃释卫侯(卫侯以女说晋,而后得免)。君子是以知平公之失政也。晋韩宣子聘于周。王使请事(问何事来聘)。对曰:“晋士起将归时事于宰旅[1],无他事矣(起,宣子名。礼:诸侯大夫入天子国称士。时事,四时贡职。宰旅,冢宰之下士。言献贡赋于宰旅,不敢斥尊)。”王闻之曰:“韩氏其昌阜于晋乎!辞不失旧。”齐人城郏之岁[2](在二十四年),其夏,齐乌余以廪丘[3]奔晋(乌余,齐大夫。廪丘,杜注:今东郡廪丘县故城是。在今山东范县东南),袭卫羊角[4],取之(羊角,杜注:廪丘县所治羊角城是。在今山东范县东南新安村);遂袭我高鱼[5](高鱼,杜注:高鱼城在廪丘县东北。今山东郓城县西高鱼乡是其地)。有大雨,自其窦[6]入(雨,故水窦开),介于其库(入高鱼库而介其甲),以登其城,克而取之。又取邑于宋。于是范宣子卒(宣子,范匄),诸侯弗能治也,及赵文子为政,乃卒治之。文子言于晋侯曰:"晋为盟主。诸侯或相侵也,则讨而使归其地。今乌余之邑,皆讨类也(言于比类宜见讨),而贪之,是无以为盟主也。请归之!"公曰:"诺。孰可使也?"对曰:"胥梁带[7]能无用师(胥梁带,晋大夫。能无用师,言有权谋)。"晋侯使往。

春秋　二十有七年春。

附录左传　二十七年春,胥梁带使诸丧邑者具车徒以受地,必周[8](诸丧邑,谓齐、鲁、宋也。周,密也。必密来,勿以受地为名)。使乌余具车徒以受封(乌余以地来,故诈许封之),乌余以其众出。使诸侯伪效乌余之封者(效,致也。使齐、鲁、宋伪若致邑封乌余者),而遂执之,尽获之。皆取其邑而归诸侯,诸侯是以睦于晋(《传》言赵文子贤,故平公虽失政,而诸侯犹睦)。

春秋　齐侯使庆封来聘。

左传　齐庆封来聘,其车美。孟孙谓叔孙曰:"庆季之车(季,庆封字),不亦美乎?"叔孙曰:"豹闻之:'服美不称[9],必以恶终。'美车何为?"叔孙与庆封食,不敬。为赋《相鼠》,亦不知也(《相鼠》,《诗·鄘风》。曰:"相鼠有皮,人而无仪。人而无仪,不死何为?"庆封不知此诗为己,言其闇甚。为明年庆封来奔传)。

解义　齐、鲁不交好者三十年,於兹景公即位始修好於四邻[10],而命庆封来聘[11],亦贤[12]於日寻侵伐者矣。

注释　①士起:起,韩起,即韩宣子。士,韩起于晋为卿,于周则称士,以示位卑。时事:四时贡职。宰旅:家宰之下士。表示尊敬。②城郏之岁:在郏筑城那年,即鲁襄公二十四年。③廪丘：齐邑，在今山东范县东南。④羊角：卫邑，在今山东郓城县西北。⑤高鱼：鲁邑，在今山东范县东南，与郓城县接界。⑥窦：指城墙的排水洞。⑦胥梁带：胥午之子，晋国大夫。⑧周：秘密。⑨称：相称。⑩兹：现在，此时。景公：即齐景公，年幼登基，在位58年（前547年—前490年在位），是齐国历史上统治时间最长的国君之一。亲政之初，他能够虚心纳谏。认真听取、采纳晏婴、弦张等人的建议，并放手贤臣治理国家。⑪聘：访问。⑫贤：胜过，超过。

春秋 夏，叔孙豹会晋赵武、楚屈建、蔡公孙归生、卫石恶、陈孔奂、郑良霄、许人、曹人于宋（奂，《公羊》作瑗，后同。晋、楚始同主盟）。

左传 宋向戌善于赵文子，又善于令尹子木，欲弭诸侯之兵以为名（欲获息民之名）。如晋，告赵孟。赵孟谋于诸大夫，韩宣子曰："兵，民之残也，财用之蠹（蠹，害物之虫），小国之大灾也。将或弭之，虽曰不可，必将许之。弗许，楚将许之，以召诸侯，则我失为盟主矣。"晋人许之。如楚，楚亦许之。如齐，齐人难之。陈文子曰："晋、楚许之，我焉得已。且人曰弭兵，而我弗许，则固携吾民[①]矣！将焉用之？"齐人许之。告于秦，秦亦许之。皆告于小国，为会于宋。

五月甲辰[②]，晋赵武至于宋。丙午，郑良霄至。六月丁未朔，宋人享赵文子，叔向为介。司马置折俎[③]，礼也（折俎，体解节折，升之于俎，合卿享宴之礼，故曰礼也。《周礼》：司马掌会同之事）。仲尼使举[④]是礼也，以为多文辞[⑤]（举，谓记录之也。宋向戌自美弭兵之意，敬逆赵武。赵武、叔向因享宴之会，展宾主之辞。故仲尼以为多文辞）。戊申[⑥]，叔孙豹、齐庆封、陈须无、卫石恶至（须无，陈文子）。甲寅[⑦]，晋荀盈从赵武至（从，后也。后武遣盈如楚）。丙辰[⑧]，邾悼公至（小国，故君自来）。壬戌，楚公子黑肱先至，成言于晋（时令尹子木止陈,遣黑肱就晋大夫成盟载之言,两相然可)。丁卯[9],宋向戌如陈,从子木成言于楚。戊辰[10],滕成公至。子木谓向戌:“请晋、楚之从交相见[11]也(使诸侯从晋、楚者,更相朝见)。”庚午,向戌复于赵孟。赵孟曰:“晋、楚、齐、秦,匹也。晋之不能于齐[12],犹楚之不能于秦也(不能服而使之)。楚君若能使秦君辱于敝邑,寡君敢不固请于齐?”壬申[13],左师复言于子木。子木使驲谒诸王[14],王曰:“释齐、秦,他国请相见也(《经》所以不书齐、秦)。”秋七月戊寅,左师至(从陈还)。是夜也,赵孟及子皙[15]盟,以齐言(子皙,公子黑肱。素要齐其辞,至盟时,不得复讼争)。庚辰[16],子木至自陈。陈孔奂、蔡公孙归生至。曹、许之大夫皆至。以藩为军[17](示不相忌),晋、楚各处其偏(晋处北,楚处南)。伯夙谓赵孟曰(伯夙,荀盈):“楚氛甚恶[18],惧难(氛,气也。言楚有袭晋之气)。”赵孟曰:“吾左还[19],入于宋,若我何(营在宋北,东头为上,故晋营在东。有急,可左回入宋东门)?”

解义　晋、楚争衡[20],诸侯各有所属。前此时叛而即楚者,不过陈、蔡、郑、许,近楚之国耳。今则南北分霸,鲁、宋、卫、曹皆以事晋者事楚,往朝会伐,而天下之大防尽溃矣。自晋士縠[21]盟垂陇以前,虽霸国之大夫不以名见也,继而内大夫与霸国之大夫离会以名见,继而齐、宋、卫之大夫众会以名见,继而郑大夫亦以名见。至此,而诸侯之大夫尽以名见,其称人者,独微国耳。盖大夫益张,礼乐征伐皆自之出[22],而列国之大防尽溃矣。此鲁侯降为家人,六卿分晋[23]之端兆也。

注释　①携吾民:使我们的百姓怀有二心,即产生怀疑。②甲辰:二十七日。③折俎:指将牲体解成一节一段,置于俎中。④举:记录。⑤多文辞:多有文饰之辞。⑥戊申:初二日。⑦甲寅:初八日。⑧丙辰:初十日。⑨丁卯:二十一日。⑩戊辰:二十二日。⑪请晋、楚之从交相见:请跟从晋国与跟从楚国的国家互相朝见。⑫不能于齐:即不能指挥齐国。⑬壬申:二十六日。⑭谒诸王:报告楚康王。⑮子晳:即楚公子黑肱。⑯庚辰:初四日。⑰以藩为军:用藩离隔开各国军队。⑱楚氛:楚军气氛。⑲左还:左转。还同“旋”。⑳争衡:争强斗胜,比试高低。㉑士縠(? —前618年):春秋时期晋国的司空。前625年六月,因为晋国讨伐卫国,士縠与鲁国孟穆伯公孙敖、宋成公、陈共公、郑穆公在垂陇会盟。㉒礼乐征伐皆自之出:意思是卿大夫是诸侯的家臣,好比诸侯是周天子封的臣,但渐渐地卿大夫也能掌管礼乐征伐了。㉓六卿分晋:春秋后期,晋国范氏、中行氏、知氏、韩氏、赵氏、魏氏六卿秉持国政,并相继改革田亩制、税制,图谋富强,相互兼并,导致晋室瓦解,最后分立为赵、韩、魏三国,史称“六卿分晋”。

春秋 卫杀其大夫宁喜。

左传 卫宁喜专,公患之。公孙免余请杀之(免余,卫大夫)。公曰:“微宁子不及此,吾与之言矣(言政由宁氏)。事未可知,只成恶名,止也。”对曰:“臣[1]杀之,君勿与知。”乃与公孙无地、公孙臣谋(二公孙,卫大夫),使攻宁氏。弗克,皆死。公曰:“臣也无罪,父子死余矣(献公出时,公孙臣之父为孙氏所杀)!”夏,免余复攻宁氏,杀宁喜及右宰谷,尸诸朝(谷不书,非卿也)。石恶将会宋之盟,受命而出。衣其尸,枕之股而哭之。欲敛以亡,惧不免,且曰:“受命矣。”乃行(行会于宋。为明年石恶奔传)。

穀梁传 称国以杀,罪累上也。宁喜弑君,其以累上之辞言之何也?尝为大夫,与之涉[2]公事矣(涉,犹历也)。宁喜由君弑君,而不以弑君之罪罪之者,恶献公也。

解义 剽[3],篡国者也,国人可讨,而宁喜尝[4]事之,以为君不得杀也,故书弑以正其罪。喜弑君者也,凡人宜[5]讨。而卫献与之要言以速其弑,与之共事而假[6]手於他人以杀之,则杀之不以其罪,故称国以杀,而不去其官。

注释　①臣:指公孙臣。②涉:涉历。③剽:卫殇公。④尝:曾经。⑤宜:应该,应当。⑥假:借用,利用。

春秋　卫侯之弟鱄[1]出奔晋(鱄,《穀梁》作专)。

左传　子鲜曰:"逐我者出(谓孙林父),纳我者死(谓宁喜),赏罚无章,何以沮劝?君失其信,而国无刑[2]。不亦难乎!且鱄实使之(使宁喜纳君)。"遂出奔晋。公使止之,不可。及河,又使止之。止使者而盟于河(誓不还),托于木门[3](木门,杜注:晋邑),不乡卫国而坐(怨之深也)。木门大夫劝之仕,不可,曰:"仕而废其事,罪也。从之,昭吾所以出也。将准愬[4]乎(从之,谓治其事也。事治则明已出欲仕,无所自愬)?吾不可以立于人之朝矣。"终身不仕。公丧之,如税服[5],终身(税即繐也。《丧服》:繐,繐裳,缕细而希,非五服之常,本无月数。痛愍子鲜,故特为此服。此服无月数,而献公寻薨。故言终身)。公与免余邑六十,辞曰:"唯卿备百邑,臣六十矣。下有上禄,乱也(此一乘之邑,非四井之邑。《论语》称千室,又云十室,明通称),臣弗敢闻。且宁子唯多邑,故死。臣惧死之速及也。"公固与之,受其半。以为少师。公使为卿,辞曰:"大叔仪不贰,能赞大事。君其命之!"乃使文子为卿(文子,大叔仪)。

公羊传　卫杀大夫宁喜,则卫侯之弟鱄曷为出奔晋?为杀宁喜出奔也。曷为为杀宁喜出奔?卫宁殖与孙林父逐卫侯而立公孙剽,宁殖病将死,谓喜曰:"黜[6]公者,非吾意也,孙氏为之。我即死,女[7]能固纳公乎?"喜曰:"诺。"宁殖死,喜立为大夫。使人谓献公曰:"黜公者,非宁氏也,孙氏为之。吾欲纳公何如?"献公曰:"子苟[8]纳我,吾请与子盟。"喜曰:"无所用盟,请使公子鱄约之(喜素信鱄)。"献公谓公子鱄曰:"宁氏将纳我,吾欲与之盟。其言曰:'无所用盟,请使公子鱄约之。'子固为我与之约矣。"公子鱄辞曰:"夫负羁絷[9],执鈇锧[10]从君东西南北,则是臣仆庶孽[11]之事也。若夫约言为信,则非臣仆庶孽之所敢与也。"献公怒曰:"黜我者,非宁氏与,孙氏凡在尔(欲以此语迫,令必约之)。"公子鱄不得已而与之约。已约,归至杀宁喜。公子鱄挈其妻子而去之,将济于河,挈其妻子而与之盟,曰:"苟有履卫地食卫粟者,昧雉彼视。(昧,割也。时割雉以为盟。曰负盟者视彼割雉)。"

穀梁传 专,喜之徒也。专之为喜之徒何也?己虽急纳其兄,与人之臣谋弑其君,是亦弑君者也。专其曰弟何也?专有是信者(言君本使专与喜为约,许以赂)。君赂不入乎喜而杀喜,是君不直乎喜也。故出奔晋,织絇[12]邯郸,终身不言卫。专之去,合乎春秋(得见几之义)。

解义 卫侯[13]食言,使鱄引咎而自窜[14],过固大矣。而鱄亦不能无过,盖始虽为兄求复,与喜要言,然宜[15]思所以置剽,俾[16]两得而无害。至於政由宁氏祭[17],则寡人则信不近义,言之必不可复者也。始谋不臧[18],终虽隐身於异国,亦差强[19]於食其言,而不知自愧者耳,先儒多以去贤鱄过矣!

注释 ①鱄:子鲜名。②无刑:刑罚无常。③托于木门:寓居在大门。木门,地名,在今河北河间县西北。④愬:诉说。愬,同"诉"。⑤如税服:穿戴丧服。税服,即繐服,丧服的一种。⑥黜:废除。⑦女:同"汝",你。⑧苟:如果。⑨羁絷:马络头和马缰绳。⑩鈇锧:古代腰斩时所用刑具。鈇,如今铡刀;锧,腰斩时所用铡刀座。⑪庶孽:妃妾所生之子。⑫织絇:编织鞋屦出卖。⑬卫侯:指卫献公。⑭窜:逃走。⑮宜:应该,应当。⑯俾:使。⑰祭:使用。⑱不臧:不善,不良。⑲差强:勉强。

春秋 秋七月辛巳[1],豹及诸侯之大夫盟于宋。

左传 辛巳,将盟于宋西门之外,楚人衷甲[2](甲在衣中,欲因会击晋)。伯州犁曰:"合诸侯之师,以为不信,无乃不可乎?夫诸侯望信于楚,是以来服。若不信,是弃其所以服诸侯也。”固请释甲。子木曰:“晋、楚无信久矣,事利而已。苟得志焉,焉用有信?”大宰[3]退(大宰,伯州犁),告人曰:“令尹将死矣,不及三年。求逞志而弃信,志将逞乎?志以发言,言以出信,信以立志,参以定之[4](志、言、信三者具,而后身安存)。信亡,何以及三(为明年子木死起本)?”赵孟患楚衷甲,以告叔向。叔向曰:“何害也?匹夫一为不信,犹不可,单毙其死[5](单,尽也。毙,踣也)。若合诸侯之卿,以为不信,必不捷矣。食言者不病[6](不病者,单毙于死),非子之患也。夫以信召人,而以僭济之。必莫之与[7]也,安能害我?且吾因宋以守病[8],则夫[9]能致死(为楚所病,则欲入宋城。夫,谓宋也),与宋致死,虽倍楚可也。子何惧焉?又不及是。曰弭兵[10]以召诸侯,而称兵[11]以害我,吾庸[12]多矣,非所患也。”季武子使谓叔孙以公命,曰:“视邾、滕[13](两事晋、楚则贡赋重,故欲比小国。武子恐叔孙不从其言,故假公命以敕之)。”既而齐人请邾,宋人请滕,皆不与盟。叔孙曰:“邾、滕,人之私也;我,列国也,何故视之?宋、卫,吾匹也。”乃盟。故不书其族,言违命也。

晋、楚争先(争先歃血)。晋人曰:“晋固为诸侯盟主,未有先晋者也。”楚人曰:“子言晋、楚匹也,若晋常先,是楚弱也。且晋、楚狎[14]主诸侯之盟也久矣(狎,更也)!岂专在晋?”叔向谓赵孟曰:“诸侯归晋之德只[15],非归其尸盟[16]也。子务德,无争先!且诸侯盟,小国固必有尸盟者(小国主辨具)。楚为晋细,不亦可乎?”乃先楚人。书先晋,晋有信也(盖孔子追正之)。

壬午[17],宋公兼享晋、楚之大夫,赵孟为客(客,一坐所尊)。子木与之言,弗能对。使叔向侍言焉,子木亦不能对也。乙酉[18],宋公及诸侯之大夫盟于蒙门[19]之外(前盟,诸大夫不敢敌公,礼也。今宋公以近在其国,故谦而重盟。蒙门,杜注:宋城门)。子木问于赵孟曰:“范武子之德何如?”对曰:“夫子之家事治,言于晋国无隐情。其祝史陈信[20]于鬼神,无愧辞[21]。"子木归,以语王。王曰:"尚矣哉!能歆[22]神人,宜其光辅五君[23]以为盟主也(五君,谓文、襄、灵、成、景)。"子木又语王曰:"宜晋之伯也!有叔向以佐其卿,楚无以当之,不可与争。"

晋荀寅遂如楚莅盟(重结晋、楚之好)。郑伯享赵孟于垂陇[24](自宋还,过郑),子展、伯有、子西、子产、子大叔、二子石[25]从(二子石,印段、公孙段)。赵孟曰:"七子从君,以宠武[26]也。请皆赋以卒君贶[27],武亦以观七子之志(诗以言志)。"子展赋《草虫》(《草虫》,《诗·召南》。曰:"未见君子,忧心忡忡,亦既见止,亦既觏(gòu)止,我心则降。"以赵孟为君子),赵孟曰:"善哉!民之主也(在上不忘降,故可以主民)。抑武也不足以当之(辞君子)。"伯有赋《鹑之贲贲》(《鹑之贲贲》,《诗·鄘风》。义取"人之无良,我以为兄,我以为君"也),赵孟曰:"床笫之言不逾阈[28],况在野乎?非使人之所得闻也(笫,箦也。此诗刺淫乱,故云床笫之言)。"子西赋《黍苗》之四章(《黍苗》,《诗·小雅》。四章曰:"肃肃谢功,召伯营之。列列征师,召伯成之。"比赵孟于召伯),赵孟曰:"寡君在,武何能焉(推善于其君)?"子产赋《隰桑》(《隰桑》,《诗·小雅》。义取思见君子,尽心以事之。曰:"既见君子,其乐如何?"),赵孟曰:"武请受其卒章(卒章曰:"心乎爱矣,遐不谓矣,中心藏之,何日忘之。"赵孟欲子产之见规诲)。"子大叔赋《野有蔓草》(《野有蔓草》,《诗·郑风》。取其"邂逅相遇,适我愿兮"),赵孟曰:"吾子之惠也(大叔喜于相遇,故赵武受其惠)。"印段赋《蟋蟀》(《蟋蟀》,《诗·唐风》。曰:"无已大康,职思其居。好乐无荒,良士瞿瞿。"言瞿瞿然顾礼仪),赵孟曰:"善哉!保家之主也,吾有望矣(能戒惧不荒,所以保家)!"公孙段赋《桑扈》(《桑扈》,《诗·小雅》。义取君子有礼文,故能受天之祜),赵孟曰:"'匪交匪敖[29]。'福将焉往(此《桑扈》诗卒章,赵孟因以取意)?若保是言也,欲辞福禄,得乎?"

卒享。文子告叔向曰:"伯有将为戮矣!诗以言志,志诬其上[30]，而公怨[31]之，以为宾荣(伯有称人之无良，是诬其上也。赵孟倡赋诗以自宠，故曰宾荣)，其能久乎？幸而后亡[32]。”叔向曰：“然。已侈[33]！所谓不及五稔[34]者，夫子之谓矣(为三十年郑杀良霄传)。”文子曰：“其余皆数世之主也。子展其后亡者也，在上不忘降(谓赋《草虫》，曰“我心则降”)。印氏其次也，乐而不荒[35](谓赋《蟋蟀》曰：“好乐无荒”)。乐以安民，不淫[36]以使之，后亡，不亦可乎？”宋左师请赏，曰：“请免死[37]之邑(欲宋君称功加厚赏，故谦言免死之邑)。”公与之邑六十。以示子罕，子罕曰：“凡诸侯小国，晋、楚所以兵威之。畏而后上下慈和，慈和而后能安靖其国家，以事大国，所以存也。无威则骄，骄则乱生，乱生必灭，所以亡也。天生五材[38](金、木、水、火、土也)，民并用之，废一不可，谁能去兵？兵之设久矣，所以威不轨而昭文德也。圣人以兴[39](谓汤、武)，乱人以废(谓桀、纣)，废兴存亡昏明之术，皆兵之由也。而子求去之，不亦诬乎？以诬道蔽诸侯，罪莫大焉。纵无大讨，而又求赏，无厌之甚也！”削而投之[40](削赏左师之书)。左师辞邑。向氏欲攻司城[41](司城，子罕)，左师曰：“我将亡，夫子[42]存我，德莫大焉，又可攻乎？”君子曰：“‘彼已之子，邦之司直[43](《诗·郑风》。司，主也)。’乐喜之谓乎(乐喜，子罕也。善其不阿向戌)？‘何以恤[44]我，我其收[45]之(《诗·周颂》。恤，忧也。收，取也)。’向戌[46]之谓乎(善向戌能知其过)？”

公羊传　曷为再言豹？殆[47]诸侯也(殆，危也)。曷为殆诸侯？为卫石恶在是也，曰恶人之徒在是矣。

穀梁传　溴梁之会，诸侯在而不曰诸侯之大夫，大夫不臣也，晋赵武耻之。豹云者，恭也(不举姓氏)。诸侯不在而曰诸侯之大夫，大夫臣也。其臣，恭也。晋赵武为之会也。

解义　楚之争霸，常始於宋，而南北分霸，卒成於宋。自向戌为弭兵之说[48]，而赵武从之，驱天下诸侯南乡而朝楚[49]，楚欲不违,而晋势益大,屈[50]矣。方是时,晋、楚皆倦[51]於兵,是以偶[52]息数年之争。而鲁师取郓,晋师败狄,至楚围篡立,大合诸侯伐吴灭赖,所谓弭兵者安在哉?溴梁之盟不书诸侯之大夫,以诸侯在会而大夫盟,故不书诸侯以罪其臣。此盟则诸侯不在,故书诸侯之大夫,以存其君义各有当也。

注释 ①辛巳:初五日。②衷甲:甲藏在衣中。③大宰:即伯州犁。④参以定之:有此三者(志、言、信)方能安定。⑤单毙其死:个人不得好死。⑥不病:不能害人。⑦与:赞同、帮助。⑧守病:防卫对我们的祸害。⑨夫:即宋军。⑩弭兵:平息战事,停止战争。⑪称兵:举兵、兴兵。⑫庸:同“用”,用处,好处。⑬视邾、滕:即比照邾、滕二国向晋、楚纳赋。⑭狎:更替。⑮只:语末助词,无义。⑯尸盟:主盟。⑰壬午:六日。⑱乙酉:九日。⑲蒙门:宋都东北门。⑳陈信:陈述忠诚。㉑无愧辞:没有虚饰的话。㉒歆:欣喜。㉓五君:五代国君。即晋文、晋襄、晋灵、晋成、晋景。㉔垂陇:郑地,位于今郑州市西北。㉕二子石:即印段、公孙段。㉖宠武:使我赵武感到荣耀。㉗以卒君贶:用来完成郑君的恩赐。㉘阈:门槛。㉙匪交匪敖:不骄不傲。匪同“不”,交同“骄”,敖同“傲”。㉚志诬其上:从心里面诬蔑其国君。㉛公怨:公开怨恨。㉜幸而后亡:即使侥幸免死其后一定逃亡。㉝已侈:骄奢过分。㉞五稔:五年。㉟乐而不荒:荒,荒唐,废乱。欢乐而不荒唐。㊱不淫:不过分。㊲免死:免于一死,谦言。㊳五材:指金、木、水、火、土。㊴圣人以兴:圣人由于兵(武力)而兴起。㊵削而投之:将书简削去字迹扔了出去。古人书于竹简或木札,书写有误则以削之。㊶司城:子罕为司城。㊷夫子:即子罕。㊸彼已之子,邦之司直:已,今本作其,语中助词。司直,主持正义。㊹恤:赐。㊺收:接受。㊻向戌(生卒年不详):子姓,向氏,名戌。春秋时宋国大夫。㊼殆:殆危,危险。㊽自向戌为弭兵之说：向戌，春秋时宋国大夫。“弭兵”(休兵，停止战争)运动是由宋国发起，前后共有两次。第一次在公元前579年，第二次在公元前546年。第二次弭兵运动是由宋大夫向戌倡议发起的，十四国诸侯会于宋，决定以晋、楚两大国为盟主，除齐、秦外，其他各国从属于晋、楚，要承担晋、楚两国给予的义务。㊾驱：逼迫，强迫。乡：同“向”。㊿屈：委屈，冤屈。51倦：疲倦，厌倦。52偶：偶然，偶尔。

附录左传　齐崔杼生成及强而寡(偏丧曰寡。寡，特也)。娶东郭姜，生明。东郭姜以孤[1]入，曰棠无咎(无咎，棠公之子)，与东郭偃相崔氏(偃，姜之弟)。崔成有疾，而废之(有恶疾也)，而立明。成请老于崔(崔，杜注：济南东朝阳县西北有崔氏城。在今山东章丘县西北)，崔子许之。偃与无咎弗予，曰：“崔[2]，宗邑也，必在宗主[3](宗邑，宗庙所在。宗主，谓崔明)。”成与强怒，将杀之。告庆封曰：“夫子之身(夫子，谓崔杼)亦子所知也，唯无咎与偃是从，父兄莫得进矣。大恐害夫子，敢以告。”庆封曰：“子姑退，吾图之。”告卢蒲嫳[4](嫳，庆封属大夫)。卢蒲嫳曰：“彼[5]，君之仇也(君，谓齐庄公)。天或者将弃彼矣。彼实家乱，子何病焉！崔之薄，庆之厚[6]也。”他日又告(成、强复告)。庆封曰：“苟利夫子，必去之！难，吾助女。”九月庚辰[7]，崔成、崔强杀东郭偃、棠无咎于崔氏之朝。崔子怒而出，其众皆逃，求人使驾，不得。使圉人驾，寺人御而出(圉人，养马者。寺人，奄士)。且曰：“崔氏有福，止余犹可(恐灭家，祸不止其身)。”遂见庆封。庆封曰：“崔、庆一也(言如一家)。是何敢然？请为子讨之。”使卢蒲嫳帅甲以攻崔氏。崔氏堞其宫[8]而守之(堞，短垣。使其众居短垣内以自守)，弗克。使国人助之，遂灭崔氏，杀成与强，而尽俘其家。其妻缢(妻，东郭姜)。嫳复命于崔子，且御而归之(嫳为崔子御)。至，则无归矣，乃缢(终“入于其宫，不见其妻凶”)。崔明夜辟[9]诸大墓(开先人之冢以藏之)。

辛巳，崔明来奔，庆封当国。楚薳罢[⑩]如晋莅盟（罢，令尹子荡。报荀盈也），晋将享之。将出，赋《既醉》（《既醉》，《诗·大雅》。曰：“既醉以酒，既饱以德。君子万年，介尔景福。”以美晋侯，比之太平君子也）。叔向曰：“薳氏之有后于楚国也，宜哉！承君命，不忘敏[⑪]。子荡将知政矣。敏以事君，必能养民。政其焉往？”崔氏之乱（在二十五年），申鲜虞来奔（申鲜虞，庄公之党），仆赁于野[⑫]，以丧庄公[⑬]（为庄公服丧）。冬，楚人召之，遂如楚为右尹（传言楚能用贤）。

春秋 冬十有二月乙亥朔，日有食之。

左传 十一月乙亥朔，日有食之。辰在申[⑭]，司历[⑮]过也，再失闰矣（谓斗建指申。周十一月，今之九月，当建戌而在申，故知再失闰也。文十一年三月甲子，至今年七十一岁，应有二十六闰。今《长历》推得二十四闰，通计少再闰）。

解义 《传》曰辰在申，再失闰矣。若十有二月当为辰在亥，则是三失闰，非再失也。杜氏预推历与《传》合，当以《传》为定。

注释 ①孤：东郭姜前夫棠公之子。②崔：邑名，在今山东济阳县东北。③宗主：即崔明。④卢蒲嫳（piè）：庆封所属大夫。⑤彼：指崔杼。⑥厚：巩固。⑦庚辰：五日。⑧堞其宫：加筑宫墙。⑨辟：同“避”，躲避。⑩薳罢（wěipí）：字子荡，后为楚国令尹。⑪敏：即所谓“敏于事”，应对敏捷。薳罢宴饮完毕，将出而赋《既醉》，甚得其时，故曰“不忘敏”。⑫仆赁于野：在郊野雇佣了仆人。⑬丧庄公：为齐庄公服丧。⑭辰在申：斗柄指向申星。辰，星名，即斗柄。⑮司历：主持司历的官。

卷四十五

襄公(二十八年之二十九年)

春秋　二十有八年春,无冰。

左传　二十八年春,无冰。梓慎曰(梓慎,鲁大夫):"今兹[①]宋、郑其饥乎?岁在星纪[②],而淫于玄枵(岁,岁星也。星纪在丑,斗牛之次。玄枵在子,虚危之次。十八年,晋董叔曰:天道多在西北。是岁,岁星在亥。至此年十一岁,故在星纪。明年,乃当在玄枵。今已在玄枵,淫行失次),以有时灾,阴不堪阳(时灾,无冰也。盛阴用事,而温无冰,是阴不胜阳,地气发泄)。蛇乘龙[③](蛇,玄武之宿,虚危之星。龙,岁星。岁星,木也。木为青龙,失次出虚危下,为蛇所乘)。龙,宋、郑之星[④]也(岁星本位在东方。东方房心为宋,角亢为郑,故以龙为宋、郑之星),宋、郑必饥。玄枵,虚中也(玄枵三宿,虚星在其中)。枵[⑤],耗名也。土虚而民耗,不饥何为(岁为宋、郑之星,今失常,淫入虚耗之次。时复无冰,地气发泄,故曰土虚民耗)?"

解义　自正月至三月为春,在夏时则十一月十二月正月也。此三月内无冰,则天道恒燠[⑥],故特书之以纪[⑦]异。

注释　①今兹:今年。②岁在星纪:岁星,即木星。木星公转周期为11.86年,古人误以为十二年,并以此纪年。古天文学家以日月所会之处为次,日月一年十二会,故有十二次,与十二宫相当。十二次其名称为降娄、大梁、实沈、鹑首、鹑火、鹑尾、寿星、大火、析木、星纪、玄枵、娵訾。星纪,即此十二星次之一,在十二支中为丑,在二十八宿中为斗宿和牛宿。③蛇乘龙:古人以岁星为木、木为青龙。而次于玄枵,玄枵相当女、虚、危三宿。虚、危古以为蛇。龙行疾而失位,出见在虚、危之下,龙在下而蛇在上,故曰蛇乘龙。④龙,宋、郑之星:此为古分野之说,以土地疆域配天上星宿。⑤枵（xiāo）：空虚。⑥天道：指天的运动变化规律。燠（yù）：暖，热。⑦纪：记载。

附录左传 夏。齐侯、陈侯、蔡侯、北燕[①]伯、杞伯、胡[②]子、沈子、白狄朝于晋[③]，宋之盟故也（陈侯、蔡侯、胡子、沈子，楚属也。宋盟曰晋、楚之从交相见，故朝晋。燕国，杜注：蓟县。今京城东偏即其地）。齐侯将行，庆封曰："我不与盟，何为于晋（以宋盟释齐、秦）？"陈文子曰："先事后贿，礼也（事大国，当先从其政事，而后荐贿，以副已心）。小事大，未获事焉，从之如志[④]，礼也（言当从大国请事，以顺其志）。虽不与盟，敢叛晋乎？重丘之盟，未可忘也（重丘盟在二十五年）。子其劝行！"

春秋 夏，卫石恶出奔晋。

左传 卫人讨宁氏之党，故石恶出奔晋。卫人立其从子[⑤]圃以守石氏之祀（恶之先石碏有功卫国故），礼也。

春秋 邾子来朝。

左传 邾悼公来朝，时事[⑥]也。

解义 邾自晋执其君，鲁取其田，微弱极矣，故亟修礼於鲁[⑦]。

注释 ①北燕：即姬姓之燕，都于蓟。②胡：归姓国，故城在今安徽阜阳县治。③于晋：指朝于晋。④从之如志：按照大国的意图而顺从它。⑤从子：兄弟之子。今称侄。⑥时事：四时朝聘。⑦亟（jí）：急切。修礼：指施行礼教。

春秋 秋八月，大雩[①]。

左传 秋八月，大雩，旱也。

附录左传 蔡侯归自晋，入于郑。郑伯享之，不敬。子产曰："蔡侯其不免乎？日[②]其过此也（往日至晋时），君使子展廷劳[③]于东门之外，而傲（廷，往也）。吾曰：'犹将更之。'今还，受享[④]而惰，乃其心也。君小国事大国，而惰傲以为已心，将得死乎？若不免，必由其子。其为君也，淫而不父(通大子班之妻)。侨[5]闻之，如是者，恒有子祸(为三十年蔡世子班弑其君传)。”

春秋　仲孙羯[6]如晋。

左传　孟孝伯如晋，告将为宋之盟故如楚也(鲁，晋属。故告晋而行)。

解义　公因宋之盟，将朝於楚，又先禀命於晋。南北分霸，列国皆疲於奔命矣！

注释　①大雩(yú)：古求雨祭名。②日：往日。③廷劳：前往慰劳。廷同“往”。④受享：接受宴请。⑤侨：即子产。⑥仲孙羯：即孟孝伯(？—前542年)，姬姓，鲁国孟孙氏第7代宗主，名羯，世称仲孙羯，谥号孝，是孟庄子的儿子。前549年，孟孝伯率军讨伐齐国。

附录左传　蔡侯之如晋也，郑伯使游吉如楚。及汉[1]，楚人还之，曰：“宋之盟，君实亲辱(君，谓郑伯)。今吾子来，寡君谓吾子姑还！吾将使驲奔问诸晋而以告(问郑君应来朝否)。”子大叔曰：“宋之盟，君命将利小国，而亦使安定其社稷，镇抚其民人，以礼承天之休[2]，此君之宪令，而小国之望也。寡君是故使吉奉其皮币[3]，以岁之不易[4]，聘于下执事(言岁有饥荒之难，故郑伯不得自朝楚)。今执事有命曰：‘女[5]何与政令之有？必使而君弃而封守，跋涉山川，蒙犯[6]霜露，以逞君心。’小国将君是望，敢不唯命是听。无乃非盟载之言，以阙君德，而执事有不利焉，小国是惧。不然，其何劳之敢惮[7]？”子大叔归，复命，告子展曰：“楚子将死矣！不修其政德，而贪昧[8]于诸侯，以逞其愿，欲久，得乎？《周易》有之，在《复》䷗(震下坤上，复)之《颐》䷚(震下艮上，颐。复上六变得颐)，曰：‘迷复，凶[9](复上六爻辞也。复，反也。阴处极位，终迷不反，故凶)。’其楚子之谓乎？欲复其愿[10](谓欲得郑朝，以复其愿)，而弃其本(不修德)，复归无所(失道已远，)，是谓迷复。

能无凶乎？君其往也！送葬而归，以快楚心。楚不几十年[11]，未能恤诸侯也（几，近也）。吾乃休吾民矣。”裨灶曰（裨灶，郑大夫裨谌）：“今兹周王及楚子皆将死。岁弃其次[12]，而旅于明年之次[13]，以害鸟帑[14]。周、楚恶之[15]（旅，客处也。岁星弃星纪之次，客在玄枵。岁星所在，其国有福，失次于北，祸冲在南。南为朱鸟，鸟尾曰帑。鹑火、鹑尾，周、楚之分，故周王、楚子受其咎。俱论岁星过次，梓慎则曰宋、郑饥，裨灶则曰周、楚王死。《传》故备举，以示卜占惟人所在）。”

九月，郑游吉如晋，告将朝于楚，以从宋之盟。子产相郑伯以如楚，舍不为坛[16]（至敌国郊，除地封土为坛，以受郊劳）。外仆[17]言曰（外仆，掌次舍者）：“昔先大夫相先君，适四国，未尝不为坛。自是至今，亦皆循之。今子草舍[18]，无乃不可乎？”子产曰：“大适小，则为坛。小适大，苟舍而已，焉用坛？侨闻之，大适小有五美：宥其罪戾，赦其过失，救其灾患，赏其德刑（刑，法也），教其不及[19]。小国不困，怀服如归。是故作坛以昭其功，宣告后人，无怠于德。小适大有五恶：说其罪戾（自解说），请其不足，行其政事（奉行大国之政），共某职贡，从其时命[20]。不然，则重其币帛，以贺其福而吊其凶，皆小国之祸也。焉用作坛以昭其祸？所以告子孙，无昭[21]祸焉可也。”

春秋　冬，齐庆封来奔。

左传　齐庆封好田而耆[22]酒，与庆舍[23]政（舍，庆封子。封当国，不自为政以付舍）。则以其内实[24]迁于卢蒲嫳氏（内实，宝物、妻妾也。移而居嫳家），易内而饮酒。数日，国迁朝焉（就于卢蒲氏朝见封）。使诸亡人得贼者，以告而反之（亡人，辟崔氏难出奔者），故反卢蒲癸。癸臣子之[25]（子之，庆舍），有宠，妻之（子之以其女妻癸）。庆舍之士谓卢蒲癸曰：“男女辨姓。子不辟宗，何也（庆氏、卢蒲氏皆姜姓）？”曰：“宗不余辟，余独焉辟之？赋诗断章[26]，余取所求焉，恶[27]识宗（言己欲求宠于庆氏，为庄公报仇，不能顾礼。如赋诗者取其一章而已)?”癸言王何而反之,二人皆嬖(二子皆庄公党),使执寝戈,而先后之(寝戈,亲近兵杖)。

公膳[28],日双鸡(卿大夫之膳食)。饔人窃更之以鹜[29](鹜,鸭也)。御者[30]知之,则去其肉而以其洎[31]馈(御,进食者。洎,肉汁也。欲使诸大夫怨庆氏,减其膳。盖癸与何之谋)。子雅、子尾[32]怒(二子,皆惠公孙)。庆封告卢蒲嫳。卢蒲嫳曰:“譬之如禽兽,吾寝处之[33]矣。”使析归父告晏平仲(欲与共谋子雅、子尾)。平仲曰:“婴之众不足用也,知无能谋也。言弗敢出(不敢泄谋),有盟可也[34]。”子家[35]曰(子家,析归父):“子之言云,又焉用盟?”告北郭子车[36](子车,齐大夫)。子车曰:“人各有以事君,非佐[37]之所能也(佐,子车名)。”陈文子谓桓子[38]曰(桓子,文子之子无宇):“祸将作矣!吾其何得?”对曰:“得庆氏之木百车于庄[39](庆封时有此木,积于六轨之道)。”文子曰:“可慎守也已(善其不志于货财)!”

卢蒲癸、王何卜攻庆氏,示子之兆,曰:“或卜攻仇,敢献其兆。”子之曰:“克,见血。”冬十月,庆封田于莱,陈无宇从。丙辰,文子使召之。请曰:“无宇之母疾病,请归。”庆季[40]卜之(季,庆封),示之兆,曰:“死。”奉龟而泣(无宇泣)。乃使归。庆嗣[41]闻之(嗣,庆封之族),曰:“祸将作矣!谓子家:‘速归(子家,庆封字)!祸作必于尝(尝,秋祭),归犹可及也。’”子家[42]弗听,亦无悛志。子息[43]曰(子息,庆嗣):“亡矣!幸而获在吴、越。”陈无宇济水而戕舟发梁[44](不欲庆封得救难)。卢蒲姜[45]谓癸曰(卢蒲姜,庆舍女):“有事而不告我,必不捷矣。”癸告之(告欲杀庆舍)。姜曰:“夫子愎(夫子,谓庆舍),莫之止,将不出,我请止之。”癸曰:“诺。”十一月乙亥,尝于大公之庙,庆舍莅事。卢蒲姜告之,且止之。弗听,曰:“谁敢者!”遂如公[46](至公所)。麻婴为尸[47],庆奊为上献[48](上献,先献者。二子皆庆氏党)。卢蒲癸、王何执寝戈。庆氏以其甲环公宫(庙在宫内)。陈氏、鲍氏之圉人为优(优俳)。庆氏之马善惊,士皆释甲束马而饮酒,且观优,至于鱼里[49](鱼里,杜注:里名。当在今山东临淄县境。优在鱼里,就观之)。栾、高、陈、鲍之徒介庆氏之甲(栾,子雅。高,子尾。陈,陈须无。鲍,鲍国)。子尾抽桷[50]击扉三(桷,椽也。扉,门阖也。以桷击扉为期),卢蒲癸自后刺子之,王何以戈击之,解其左肩。犹援庙桷[51],动于甍[52](甍,屋栋),以俎壶[53]投,杀人而后死(言其多力)。遂杀庆绳、麻婴(庆绳,庆嗅)。公惧,鲍国曰:"群臣为君故也。"陈须无以公归,税服而如内宫。

庆封归,遇告乱者,丁亥,伐西门,弗克。还伐北门,克之。入,伐内宫(陈、鲍在公所故),弗克。反,陈于岳[54](岳,杜注:里名),请战,弗许。遂来奔。献车于季武子,美泽可以鉴。展庄叔[55]见之(鲁大夫),曰:"车甚泽,人必瘁,宜其亡也。"叔孙穆子食庆封,庆封氾祭[56](礼,食有祭,示有所先也。氾祭,远散所祭,不共)。穆子不说,使工为之诵《茅鸱》(《茅鸱》,逸《诗》。刺不敬),亦不知。既而齐人来让(让鲁受庆封),奔吴。吴句余予之朱方[57](句余,吴子夷末也。朱方,杜注:吴邑。今江南镇江府治),聚其族焉而居之,富于其旧。子服惠伯谓叔孙曰:"天殆富淫人,庆封又富矣。"穆子曰:"善人富谓之赏,淫人富谓之殃。天其殃之也,其将聚而歼旃(为昭四年杀庆封传)?"——

解义 据《左氏》卢蒲癸、王何杀庆舍,逐庆封,而戮崔杼[58]。《经》不书崔杼死於家难,非以贼讨,过时而戮其尸,与郑归生[59]同,或其国不告,或虽告而义不得以讨贼书也。庄公[60]之弑,幸臣[61]从死者十人,而为之讨贼复仇亦出於幸臣,岂非卿大夫之耻与?

注释 ①汉:汉水。②承天之休:承受上天的福禄。休,福禄。③皮币:指财礼。④岁之不易:岁有饥荒灾难。⑤女:同"汝",指游吉。⑥蒙犯:冒着。⑦惮:畏。⑧贪昧:贪图进奉。⑨迷复,凶:《复》卦变为《颐》卦,则《复》卦为上六爻由阴变阳。

"迷复,凶,"即为《复》上六爻辞,意为迷了路,往回走,不吉利。⑩复其愿:实践自己的愿望。⑪不几十年:大约不超过十年的时间。几,近。⑫岁弃其次:岁星不在其位置。即岁不在星纪。⑬旅于明年之次:运行在明年的位置上。即岁在玄枵。⑭以害鸟帑:要危害鸟尾。⑮周、楚恶之:即周、楚遭受灾祸。⑯舍不为坛:设置帷官而不筑坛。古代国君至他国设坛以受郊劳。即先除野草,为一坦坪,然后积土为坛。⑰外仆:官名,主管筑坛置舍的人。⑱草舍:不除草而为舍。⑲教其不及:教导它做不到地方。⑳时命:随时下达的命令。㉑昭:同"招",招惹。㉒耆:同"嗜"。㉓庆舍:庆封之子。㉔内实:宝物妻妾。㉕癸臣子之:卢蒲癸做了子之的家臣。子之,庆舍字。㉖断章:即断章取义。春秋时外交场合常赋诗表意,赋者与听者各取所需。㉗恶:疑问代词,何。㉘公膳:办公用餐,由朝廷供给。㉙饔(yōn)人:主持割烹的厨师。鹜:鸭子。㉚御者:送饭的人。㉛洎(jì):肉汁。㉜子雅、子尾:齐大夫,二人皆为惠公之孙。㉝寝处之:即寝其皮。㉞有盟可也:即可以盟誓。㉟子家:即析归父。㊱子车:齐大夫。㊲佐:子车名。㊳桓子:即文子之子陈无宇。㊴庄:临淄城大街名。㊵庆季:即庆封。㊶庆嗣:庆封之族。㊷子家:即庆封,字子家。㊸子息:庆嗣字。㊹戕舟发梁:破坏船只,拆掉桥梁。㊺卢蒲姜:卢蒲癸之妻,庆舍之女。㊻如公:至公所,公所即太公庙。㊼尸:古代祭祀,用活人代替受祭者。㊽上献:上宾,宾长。㊾鱼里:里名。㊿桷:椽。51援庙桷:攀住太庙的屋椽。52甍(méng):栋梁。53俎壶:盛酒肉的器具。54岳:城内大街名。55展庄叔:鲁大夫。56氾祭:遍祭诸神。57朱方:吴邑名。58崔杼(?—前546):又称崔子、崔武子。春秋时齐国大夫,后为齐国执政。59归生:公子归生(?—前599):姬姓,名归生,字子家。春秋时郑国执政大臣,郑文公之子。《春秋》记载:"齐崔杼、郑归生皆加追戮，陈尸斫棺，载在方策。”⑩庄公：指齐庄公（？—前548年），姜姓，吕氏，名光，前553—前548年在位。⑪幸臣：被宠爱的臣子。

附录左传　癸巳，天王崩。未来赴，亦未书，礼也。崔氏之乱，丧群公子。故鉏在鲁，叔孙还在燕，贾在句渎之丘（在襄二十五年）。及庆氏亡，皆召之，具其器用而反其邑焉。与晏子邶殿，其鄙六十[1]（邶殿，杜注：齐百郡），弗受。子尾曰：“富，人之所欲也，何独弗欲？”对曰：“庆氏之邑足欲，故亡。吾邑不足欲也。益之以邶殿，乃足欲。足欲，亡无日矣。在外，不得宰吾一邑。不受邶殿，非恶富也，恐失富也。且夫富如布帛之有幅[2]焉，为之制度，使无迁也。夫民生厚而用利[3]，于是乎正德以幅之[4]，使无黜嫚[5]（黜，犹放也），谓之幅利。利过则为败。吾不敢贪多，所谓幅也。”与北郭佐邑六十，受之。与子雅邑，辞多受少。与子尾邑，受而稍致之[6]。公以为忠，故有宠。释[7]卢蒲嫳于北竟（释，放也）。

求崔杼之尸，将戮之，不得。叔孙穆子曰：“必得之。武王有乱臣[8]十人，崔杼其有乎？不十人，不足以葬（葬必须十人，崔氏不能令十人同心，故必得）。”既，崔氏之臣曰：“与我其拱璧[9]，吾献其柩。”于是得之。十二月乙亥[10]朔，齐人迁[11]庄公，殡于大寝[12]（路寝）。以其棺尸崔杼于市，国人犹知之，皆曰：“崔子也（始求崔杼之尸不得，故《传》云：国人皆知之）。”

春秋　十有一月，公如楚（诸夏之君始旅见于楚）。

左传　为宋之盟故，公及宋公、陈侯、郑伯、许男如楚。公过郑，郑伯不在（已在楚）。伯有廷劳于黄崖，不敬（黄崖，杜注：荥阳宛陵县西有黄水。今黄水在河南新郑县东）。穆叔曰：“伯有无戾[13]于郑，郑必有大咎。敬，民之主也，而弃之，何以承守[14]？郑人不讨，必受其辜，济泽之阿[15]，行潦之苹藻，置诸宗室[16]，季兰尸之，敬也(言取苹藻之菜于阿泽之中,使服兰之女而为之主,神犹享之,以其敬也)。敬可弃乎(为三十年郑杀良霄传)?”

及汉,楚康王卒。公欲反,叔仲昭伯曰(昭伯,叔仲带):“我楚国之为,岂为一人?行也!”子服惠伯曰:“君子有远虑,小人从迩[17]。饥寒之不恤,谁遑其后[18]?不如姑归也。”叔孙穆子曰:“叔仲子专之矣(言足专任),子服子始学者也(言未识远)。”荣成伯[19]曰(成伯,荣驾鹅):“远图者,忠也。”公遂行。宋向戌曰:“我一人之为,非为楚也。饥寒之不恤,谁能恤楚?姑归而息民,待其立君而为之备。”宋公遂反。

解义　举鲁,以见其馀也。书公朝于王,所见王纲之坠[20]。书公如楚,见霸业之衰。凡举鲁,以见其馀者,皆天下之辞也。僖[21]二十八年,郑文公始朝於楚。二十四年[22],宋成公亦如楚。自是以后,郑伯屡朝於楚。而陈、许诸君朝楚,《传》亦间见[23]。至是,则中国[24]诸侯旅朝於楚,直以事天子之礼事之矣。迨昭九年[25],而诸侯之大夫亦旅见於楚矣。迨哀四年[26],而晋亦京师楚矣。凡此,皆宋之盟,实为厉阶[27]也。

注释　①邶殿其鄙:邶殿,齐国大邑,在今山东昌邑西北郊。其,之;鄙,郊鄙。②幅:幅度,宽度。③生厚而用利:生活富裕而财产丰厚。④正德以幅之:端正道德以限制他们。⑤使无黜嫚:使他们无不足也无过分。黜,退下;嫚,借为漫,水过多为漫。⑥稍致之:全部退还国君。稍,尽。⑦释:放逐。⑧乱臣:治臣。乱,反训为治。⑨拱璧:大璧玉。⑩乙亥:初一日。⑪迁:迁葬。⑫大寝:即路寝,诸侯的正室。⑬无戾:无罪,即不治罪。⑭承守:继承守护先祖家业。⑮济泽之阿:水边的薄土。济,渡口。泽,沼泽。阿,水崖。⑯置诸宗室:用作祭品。宗室,宗庙。⑰从迩:从近,即只顾眼前。⑱恤:忧虑,顾惜。谁遑其后:谁有闲暇顾及以后。承上省“恤”字。遑,闲暇。⑲荣成伯:又叫荣驾鹅,叔肸的曾孙,鲁国大夫。⑳坠:衰落,没落。㉑僖:指鲁僖公。㉒二十四年:指鲁襄公二十四年。㉓间见:时有所见。㉔中国:中原。㉕迨:等到。昭九年:指鲁昭公九年。㉖哀四年:指鲁哀公四年。㉗厉阶:指祸端;祸患的来由。

附录左传 楚屈建[1]卒。赵文子丧之如同盟[2],礼也。

春秋 十有二月甲寅[3],天王崩。

左传 王人来告丧,问崩日,以甲寅告,故书之,以徵过也(讥其怠慢)。

春秋 乙未,楚子昭[4]卒。

解义 乙未,距甲寅四十二日,其为闰明矣。而不书闰者,见丧服之不数闰也。齐景公葬书闰月,明杀恩之非礼也。

注释 ①屈建(?—前545):屈氏,名建,字子木。屈到之子。春秋时楚令尹。②赵文子(?—前541年):嬴姓,赵氏,名武,谥献文,又称赵武、赵孟,赵盾之孙、赵朔之子,母为晋成公之姊赵庄姬。丧:吊丧。③甲寅:十二月十六日。④楚子昭:即楚康王,名昭,楚共王之子。在位十五年,即公元前559年至前545年。

春秋 二十有九年春王正月,公在楚。

左传 二十九年春,王正月,公在楚,释不朝正[1]于庙也。楚人使公亲襚[2](诸侯有遣使赗襚之礼。今楚欲遣使之比),公患之。穆叔曰:"祓殡[3]而襚,则布币[4]也(先使巫祓除殡之凶邪而行襚礼,与朝而布币无异)。"乃使巫以桃茢先祓殡[5](茢,黍穰)。楚人弗禁,既而悔之(礼,君临臣丧乃祓殡,故楚悔之)。

公羊传 何言乎公在楚?正月以存君也。

穀梁传 闵[6]公也(闵公为楚所制,故存录)。

解义 公如齐、晋,岁首阙朝正之礼亦多矣,而《经》不书,此独书者何?公迫於蛮荆[7]久留,以俟[8]其葬,而不能奔天王之丧,故特书公所在,以明其义。以是知凡君在行,国之守臣月朔必以公不朝正之故告於庙,孔子修经以为常事而削之耳。

注释　①朝正:诸侯每月初一至祖庙,杀羊致祭,然后回朝听政。前者称其为告朔、视朔或听朔,后者称其为朝庙、朝享或朝正。②襚(suì):为死者穿衣。③祓(fú)殡:驱除棺尸上的凶邪之气。祓,除凶去灾。④布币:陈列皮币。⑤桃茢:桃,桃棒;茢(liè),苕帚。桃茢祓殡为君临臣丧之礼。⑥闵:同"悯",怜恤,哀怜。⑦蛮荆:指楚国。⑧俟:等待。

附录左传　二月癸卯[①],齐人葬庄公于北郭(兵死不入兆域,故葬北郭)。夏四月,葬楚康王。公及陈侯、郑伯、许男送葬,至于西门之外。诸侯之大夫皆至于墓。楚郏敖即位(郏敖,康王子熊麇也)。王子围为令尹(围,康王弟)。郑行人子羽曰:"是谓不宜,必代之昌。松柏之下,其草不殖[②](言楚君弱,令尹强,物不两盛。为昭元年围弑郏敖起本)。"

春秋　夏五月,公至自楚。

左传　公还,及方城。季武子取卞[③](取卞邑以自益),使公冶问(问公起居,公冶,季氏属大夫),玺书追而与之(玺,印也),曰:"闻守卞者将叛,臣帅徒以讨之,既得之矣,敢告。"公冶致使而退,及舍而后闻取卞(发书乃闻之)。公曰:"欲之而言叛,只见疏也。"公谓公冶曰:"吾可以入乎(以季氏疏已,故不敢入)?"对曰:"君实有国,谁敢违君!"公与公冶冕服[④](以卿服赏之)。固辞,强之而后受。公欲无入,荣成伯赋《式微》,乃归(《诗·邶风》。曰:"式微式微,胡不归?"式,用也。义取寄寓之微陋,劝公归也)。五月,公至自楚。公冶致其邑于季氏,而终不入焉。曰:"欺其君,何必使余?"季孙见之,则言季氏如他日。不见,则终不言季氏。及疾,聚其臣,曰(大夫家臣):"我死,必无以在冕服敛,非德赏[⑤]也(言公畏季氏而赏其使,非以我有德)。且无使季氏葬我。"

穀梁传 喜之也(远之蛮国,喜得全归)。致君者,殆其往而喜其反[6],此致君之意义也。

解义 公[7]十一月如楚,至夏始归。外辱於蛮荆,内胁於强臣,危殆[8]甚矣,故返国而以告於庙也。

注释 ①癸卯:初六日。②松柏之下,其草不殖:此句以松柏比喻王子围,以草比喻郏敖。③卞:本为鲁公室邑,季武子占为已有。④冕服:卿大夫的朝服。⑤非德赏:并非因德行才赏赐我。⑥反:同"返"。⑦公:鲁襄公。⑧危殆:形势十分危险;危急。

春秋 庚午,卫侯衎[1]卒。

附录左传 葬灵王(不书,鲁不会),郑上卿有事,子展使印段往。伯有曰:"弱[2],不可(印段年少官卑)。"子展曰:"与其莫往,弱不犹愈乎?《诗》云:'王事靡盬,不遑启处(《诗·小雅》。盬(gǔ),不坚固也。启,跪也。言王事无不坚固,故不暇跪处),东西南北,谁敢宁处(谓上卿)?坚事晋、楚,以蕃[3]王室也。王事无旷[4],何常之有?"遂使印段如周(《传》言周衰,卑於晋、楚)。

春秋 阍[5]弑吴子余祭[6]。

左传 吴人伐越,获俘焉,以为阍,使守舟。吴子余祭观舟,阍以刀弑之。

公羊传 阍者何?门人也,刑[7]人也。刑人则曷为谓之阍?刑人非其人也(以刑人为阍,非其人)。君子不近刑人,近刑人则轻死之道也。

穀梁传 阍,门者也,寺人[8]也。不称名姓,阍不得齐于人。不称其君,阍不得君其君也。礼:君不使无耻,不近刑人,不狎敌[9],不迩怨[10]。贱人,非所贵也;贵人,非所刑也;刑人,非所近也。举至贱而加之吴子,吴子近刑人也。阍弑吴子余祭,仇之也(怨仇余祭,故弑之)。

解义　阍,刑人也。谓之弑,则其君也,不曰其君,贱[11]阍也。盗杀蔡侯申[12]书杀,阍书弑,以食庶人在官者之禄也。在礼,国君不近刑人,不迩怨。据《左氏》:阍,乃越俘[13],可以知违礼之起祸矣!

注释　①卫侯衎:即卫献公。②弱:年少。③蕃:同“藩”,屏藩,保护。④旷:空缺。⑤阍(hūn):守门人。⑥吴子余祭:即吴王余祭。⑦刑:服刑。⑧寺人:侍人。⑨狎敌:轻敌。⑩迩怨:指亲近怨家仇人。⑪贱:鄙视,轻视。⑫蔡侯申:即蔡昭侯,春秋末年蔡国君。蔡悼侯之弟,蔡成侯之父。名申,一作甲。公元前518—前491年在位,共28年。蔡昭侯二十八年,昭侯将朝于吴,大夫恐其复迁,乃令贼利杀昭侯;已而诛贼利以解过,而立昭侯子朔,是为蔡成侯。⑬越俘:指越国俘虏。

附录左传　郑子展卒,子皮[1]即位(子皮,罕虎。代父为上卿)。于是郑饥而未及麦,民病。子皮以子展之命,饩[2]国人粟(在丧故以父命),户一钟[3](六斛四斗曰钟),是以得郑国之民。故罕氏常掌国政,以为上卿。宋司城子罕闻之,曰:“邻于善,民之望也(民亦望君为善)。”宋亦饥,请于平公,出公粟以贷。使大夫皆贷。司城氏贷而不书[4](施而不德),为大夫之无者贷。宋无饥人。叔向闻之,曰:“郑之罕[5],宋之乐[6],其后亡者也!二者其皆得国乎(得国政)!民之归也。施而不德,乐氏加焉,其以宋升降乎(升降,随宋盛衰)!”

春秋　仲孙羯会晋荀盈、齐高止、宋华定、卫世叔仪、郑公孙段、曹人、莒人、滕子、薛人、小邾人城杞(仪,《公羊》作齐。莒人下,《公羊》、《穀梁》有邾人)。

左传　晋平公,杞出也,故治杞[7](治,理其地,修其城)。六月,知悼子合诸侯之大夫以城杞,孟孝伯会之。郑子大叔与伯石往。子大叔见大叔文子[8](卫大叔仪),与之语。文子曰:“甚乎!

其城杞也。”子大叔曰：“若之何哉？晋国不恤周宗之阙[9]，而夏肄是屏[10]（周宗，诸姬也。夏肄，杞也。肄，馀也。屏，城也）。其弃诸姬，亦可知也已。诸姬是弃，其谁归之？吉[11]也闻之，弃同即异[12]，是谓离德。《诗》曰：‘协比其邻，昏姻孔云（《诗·小雅》。言王者和协近亲，则昏姻甚归附也。云，犹旋旋归之）。’晋不邻矣，其谁云之？”齐高子容与宋司徒见知伯[13]，女齐[14]相礼（子容，高止也。司徒，华定也。知伯，荀盈也。女齐，司马侯也）。宾出，司马侯言于知伯曰：“二子皆将不免。子容专（自是也），司徒侈，皆亡家之主也。”知伯曰：“何如？”对曰：“专则速及，侈将以其力毙，专则人实毙之，将及矣（为此秋高止出奔燕，昭二十年华定出奔陈传）。”

穀梁传 古者天子封诸侯，其地足以容其民，其民足以满城以自守也。杞危而不能自守，故诸侯之大夫相帅以城之，此变之正也。

解义 齐桓[15]城卫，而诸侯归心，其志公也。晋平[16]城杞，而人疾其役[17]，其志私也。平公内不能讨卫乱，外屈於楚，以致中夏诸侯南乡而旅见[18]，乃役十一国以城，毋家动又不时诸侯之贰[19]，不亦宜乎！

注释 ①子皮：子展之子，继父为上卿。②饩：放粮。③户一钟：每户一钟。钟，相当于当时六石四斗。④不书：不书契约，即不求归还。⑤郑之罕：郑子展、子皮为罕氏。⑥宋之乐：宋子罕为乐氏。⑦治杞：修治杞国的土地、城墙。⑧大叔文子：卫大叔仪。⑨周宗之阙：周室的衰落。⑩夏肄是屏：惟保护夏代的残余。肄，余。屏，藩屏。杞为夏的后代。⑪吉：游吉，即子大叔。⑫弃同即异：抛弃同姓国，亲近异姓国。⑬高子容：即高止。宋司徒：即华定。知伯：即荀盈。⑭女齐：即司马侯。⑮齐桓：指齐桓公。⑯晋平：指晋平公。⑰疾：恨。役：奴役，使唤。⑱乡：同“向”。旅见：众人一同进见。⑲贰：背叛。

春秋　晋侯使士鞅[①]来聘。

左传　范献子来聘,拜城杞也。公享之,展庄叔执币(公将以酬宾)。射者三耦(二人为耦),公臣不足,取于家臣,家臣:展瑕、展玉父为一耦。公臣,公巫召伯、仲颜庄叔为一耦,鄫鼓父、党叔为一耦(言公室卑微,公臣不能备于三耦)。

解义　拜城杞,且俾[②]我归杞田也。以私役诸侯,又有所请,故特重其礼,而遣聘焉。

注释　①士鞅(?—前501年):祁姓,范氏,讳鞅,谥献,其名范鞅,又曰士鞅,史称范献子,士匄之子,春秋后期晋国才干卓越的政治家,外交家。②俾:使。

春秋　杞子来盟。

左传　晋侯使司马女叔侯来治杞田[①](使鲁归前侵杞田。所归少,故不书),弗尽归也。晋悼夫人[②]愠曰(夫人,平公母,杞女):“齐也取货[③]。先君若有知也,不尚[④]取之(不尚叔侯之取货)!”公告叔侯,叔侯曰:“虞、虢、焦、滑、霍、扬、韩、魏,皆姬姓也(八国皆晋所灭。杜注:焦在陕县。扬属平阳郡),晋是以大。若非侵小,将何所取?武、献[⑤]以下,兼国多矣(武公,献公,晋始盛之君),谁得治之?杞,夏余也,而即东夷。鲁,周公之后也,而睦于晋。以杞封鲁犹可,而何有焉[⑥](何有,尽归之)?鲁之于晋也,职贡不乏,玩好时至[⑦],公卿大夫相继于朝,史不绝书,府无虚月[⑧](无月不受鲁贡)。如是可矣,何必瘠鲁以肥杞?且先君而有知也,毋宁夫人[⑨],而焉用老臣(言先君毋宁怪夫人之所为,无用责我)?”杞文公来盟(鲁归其田,故来盟)。书曰“子”,贱之也(贱其用夷礼)。

解义　杞子来盟,为田故也。晋治杞田,非出於公义,鲁归杞田,亦非出於诚心,故杞子亲来要结[⑩]之。

注释　①女叔侯:即女齐。治杞田:处理鲁归还以往所取的杞田一事。②晋悼夫人:晋平公母,杞国之女。③取货:即取杞田。④不尚：不佑助。⑤武、献：即晋武公、献公。⑥何有焉：即何有于杞。⑦玩好时至：玩物按时送到。⑧府无虚月：国库没有一月不接收贡品。⑨毋宁夫人：宁可让夫人自己办理。⑩要结：邀引交结。

春秋 吴子使札来聘（吴始聘，吴始君臣并见）。

左传 吴公子札[1]来聘，见叔孙穆子，说之。谓穆子曰："子其不得死[2]乎？好善而不能择人[3]。吾闻'君子务在择人'。吾子为鲁宗卿，而任其大政，不慎举，何以堪之？祸必及子（为昭四年竖牛作乱起本）！"

请观于周乐（鲁以周公故，有天子礼乐）。使工为之歌《周南》、《召南》（此皆各依其本国歌所常用声曲），曰："美哉（美其声）！始基之矣，犹未也（犹有商纣，未尽善也）。然勤而不怨[4]矣。"为之歌《邶》、《鄘》、《卫》（邶、鄘，孔氏颖达曰：自纣城而北谓之邶，自纣城而南谓之鄘。今邶城在河南卫辉府东北，鄘城在新乡县西。武王克殷，分其地为三监。三监叛，周公灭之，以其地封康叔。故三国尽被康叔之化），曰："美哉，渊乎！忧而不困[5]者也。吾闻卫康叔、武公[6]之德如是，是其《卫风》乎（武公，康叔九世孙。听声以为别，故有疑言）？"为之歌《王》（《王·黍离》也。平王东迁，王政不行，风俗下同于诸侯，故不为雅），曰："美哉！思而不惧[7]，其周之东[8]乎？"为之歌《郑》（《诗》第七），曰："美哉！其细已甚，民弗堪也，是其先亡乎！"为之歌《齐》（《诗》第八），曰："美哉！泱泱乎！大风[9]也哉（泱泱，弘大之声）！表东海[10]者，其大公乎！国未可量也。"为之歌《豳》（《诗》第十五。豳（bīn），杜注：周之旧国，在新平漆县东北。今陕西邠州东北有豳亭、豳谷，三水县有豳城，皆是也），曰："美哉！荡[11]乎！乐而不淫，其周公之东[12]乎（荡乎，荡然也。周公遭管、蔡之变，东征三年，为成王陈后稷、先公不敢荒淫，以成王业，故言其"周公之东乎"）？"为之歌《秦》（《诗》第十一。后仲尼删定，故不同），曰："此之谓夏声[13]。夫能夏则大,大之至也,其周之旧[14]乎(秦本在西戎汧、陇之西,秦仲始有车马、礼乐。去戎狄之音而有诸夏之声,故谓之“夏声”。及襄公佐平王东迁,而受其故地,故曰“周之旧”)?”为之歌《魏》(《诗》第九。魏,姬姓国。闵元年,晋献公灭之),曰:“美哉!沨沨[15]乎!大而婉,险而易行,以德辅此,则明主也(沨沨,中庸之声。婉,约也。“险”当为“俭”字之误也)。”为之歌《唐》(《诗》第十。晋诗),曰:“思深哉!其有陶唐氏之遗民乎?不然,何忧之远也(晋本唐国,帝尧旧都)?非令德之后,谁能若是?”为之歌《陈》(《诗》第十二),曰:“国无主,其能久乎(淫声放荡,无所畏忌,故曰“国无主”)?”自《郐》以下无讥焉[16](《郐》,第十三。《曹》,第十四。郐在今河南密县东北。不复讥论之,以其微也)。为之歌《小雅》(小雅,小正,亦乐歌之常),曰:“美哉!思而不贰[17],怨而不言[18],其周德之衰乎?犹有先王之遗民焉。”为之歌《大雅》(大雅陈文王之德,以正天下),曰:“广哉!熙熙[19]乎(熙熙,和乐声)!曲而有直体[20](论其声),其文王之德乎(雅、颂,所以咏盛德形容,故但歌其美者,不皆歌变雅)?”为之歌《颂》(“颂”者,以其成功告于神明),曰:“至矣哉(言道备)!直而不倨[21],曲而不屈,迩而不逼[22],远而不携,迁而不淫[23],复而不厌(常日新),哀而不愁,乐而不荒[24],用而不匮,广而不宣(不自显),施而不费[25],取而不贪,处而不底[26](底,滞也),行而不流[27],五声和[28],八风平[29],节有度[30],守有序,盛德之所同也(颂有殷、鲁,故曰“盛德所同”)。”

见舞《象箾》《南籥》者(“象箾”,舞所执。“南籥”,以籥舞也。皆文王之乐),曰:“美哉(美其容)!犹有憾(文王恨不及已致大平)。”见舞《大武》者(武王乐),曰:“美哉!周之盛也,其若此乎!”见舞《韶濩》者(殷汤乐),曰:“圣人之弘也,而犹有惭德[31](惭于始伐),圣人之难也。”见舞《大夏》者(禹乐),曰:“美哉!勤而不德[32](尽力沟洫,勤也),非禹其谁能修之?”见舞《韶箾》者(舜乐),曰:“德至矣哉!大矣!如天之无不帱[33]也,如地之无不载也,虽[34]甚盛德,其蔑[35]以加于此矣。观止矣!若有他乐,吾不敢请已!”

其出聘也,通嗣君也(吴子馀祭嗣立)。故遂聘于齐,说[36]晏平仲,谓之曰:“子速纳邑与政[37]!无邑无政,乃免于难。齐国之政,将有所归,未获所归,难未歇也。”故晏子因陈桓子以纳政与邑,是以免于栾、高之难(栾,子雅。高,子尾。难在昭八年)。

聘于郑,见子产,如旧相识,与之缟带[38],子产献纻衣[39]焉(大带也。吴地贵缟,郑地贵纻,故各献己所贵,示不为彼货利)。谓子产曰:“郑之执政侈(侈,谓伯有),难将至矣!政必及子。子为政,慎之以礼。不然,郑国将败。”

适卫,说蘧瑗(蘧伯玉)、史狗(史朝之子文子)、史鳅(史鱼)、公子荆(字南楚)、公叔发(公叔文子)、公子朝,曰:“卫多君子,未有患也。”自卫如晋,将宿于戚[40](戚,孙文子之邑)。闻钟声焉,曰:“异哉!吾闻之也:‘辩而不德[41](辩,犹争也),必加于戮。’夫子获罪于君以在此,惧犹不足,而又何乐?夫子之在此也,犹燕之巢于幕上(言至危)。君又在殡,而可以乐乎(卫献公卒,未葬)?”遂去之(不止宿)。文子闻之,终身不听琴瑟。

适晋,说赵文子、韩宣子、魏献子,曰:“晋国其萃于三族乎!”说叔向,将行,谓叔向曰:“吾子勉之!君侈而多良(谓多以恶人为良而善之),大夫皆富,政将在家[42]。吾子好直,必思自免于难。”

公羊传　吴无君无大夫(据向之会称国),此何以有君有大夫?贤季子也。何贤乎季子?让国也。其让国奈何?谒也、余祭也、夷昧也与季子同母者四,季子弱而才,兄弟皆爱之,同欲立之以为君,谒曰:“今若是迮而与季子国(迮,起也,仓卒意),季子犹不受也,请无与子而与弟,弟兄迭[43]为君,而致国乎季子 。”皆曰:“诺。”故诸为君者,皆轻死为勇,饮食必祝,曰:“天苟有吴国,尚速有悔于予身 。”故谒也死,余祭也立。余祭也死,夷昧也立。夷昧也死,则国宜之季子者也。季子使而亡焉。僚者,长庶也即之(即位),季子使而反至而君之尔。阖庐[44]曰(阖庐,谒之长子光):“先君之所以不与子国而与弟者,凡为季子故也。将从先君之命与,则国宜之季子者也;如不从先君之命与,则我宜立者也,僚恶得为君乎?”于是使专诸刺僚(专诸,膳宰。僚耆炙鱼,因进鱼而刺之),而致国乎季子。季子不受曰:“尔弑吾君,吾受尔国,是吾与尔为篡也。尔杀吾兄,吾又杀尔,是父子兄弟相杀终身无已也。”去之延陵(延陵,吴下邑。公子无去国之义,故不越竟),终身不入吴国。

故君子以其不受为义,以其不杀为仁。贤季子则吴何以有君有大夫?以季子为臣,则宜有君者也。札者何?吴季子之名也。《春秋》贤者不名,此何以名?许夷狄者不壹而足也(当以渐进之,故季子降字而名)。季子者所贤也,曷为不足乎季子?许人臣者必使臣,许人子者必使子也(臣子尊荣,莫不欲与君父共之。《春秋》隆父子之亲,厚君臣之义。故贤者不名,而札名,以成尊于上也)。

穀梁传　吴其称子何也?善使延陵季子,故进之也。身贤,贤也,使贤,亦贤也。延陵季子之贤,尊君也(以季子之贤,吴子得进称子,是尊君也)。其名,成尊于上也。

解义　札称名称吴子使,本与楚子使椒来聘,秦伯使术来聘同。秦、楚之使,再而后书名称使。初通於鲁,鲁犹忽之吴。则晋以楚故,数合诸侯以会之,鲁又尝奉晋命特遣国卿偕卫卿以会之,其重吴也,久矣!故始通,而旧史所书,一同於秦、楚耳。先儒乃谓孔子特称名以贬札,而推原其故,以为辞国而生乱。不思札之辞国,乃在聘鲁之后,而预贬之,何义乎?自盟宋以后,中夏诸侯尽朝於楚,吴、楚方仇,故历聘[45]上国以联远交,且以观诸侯之乡背[46],而其后楚求诸侯於晋以伐吴,此当日邦交之情实也。

注释　①公子札:又名季札,吴王寿梦第四子。②不得死:

不能寿终。③不能择人:不能选择人才。④勤而不怨:百姓勤劳而不怨恨。⑤忧而不困:忧伤而不困窘。⑥康叔、武公:康叔,周公弟。武公,康叔九世孙。⑦思而不惧:忧思而不恐惧。⑧周之东:指周东迁以后的乐诗。⑨大风:大国的音乐。⑩表东海:为东方各国的表率。⑪荡:荡然平易。⑫周公之东:指周公东征之事。⑬夏声:西方的乐声。古称西方为夏。⑭周之旧:秦国为西周旧地。⑮沨沨(féng):浮泛。⑯郐:相传为祝融氏之后,在今河南郑州市南,为郑武公所灭。自郐以下,尚有曹风。讥:批评,评论。⑰思而不贰:思文、武之德,无叛逆之心。⑱怨而不言:有怨恨而不表达出来。⑲熙熙:和乐。⑳曲而有直体:抑扬曲折而本体刚正。㉑直而不倨:正直而不倨傲。㉒迩而不逼:亲近而不侵迫。㉓迁而不淫:迁移而不淫乱。㉔乐而不荒:欢乐而不荒淫。㉕施而不费:施舍而不耗费。㉖处而不底:安处而不停滞。㉗行而不流:行动而不流荡。㉘五声和:宫、商、角、徵、羽五声和谐。㉙八风平:八方之气协调。㉚节有度:节拍有节度。㉛惭德:惭愧之德。季札或以商汤伐纣为犯上。㉜勤而不德:勤劳而不自以为有德。㉝帱(dào):覆盖。㉞虽:同"唯"。㉟蔑:无。㊱说:同"悦"。㊲纳邑与政;使封邑与政权归于公。㊳缟带:白色大带。㊴纻衣:纻麻所织的衣服。㊵戚:孙文子采邑。㊶辩而不德:既为变乱而又不修德行。辩,同"变"。㊷政将在家:政权将归于大夫家。㊸迭:交换,轮流。㊹阖庐:姬姓,吴氏,名光,吴王夷末之子。故又称"公子光"。春秋时吴国第24任君主,活动于春秋末期,公元前514至公元前496年在位,著名军事家,部分史书认为为"春秋五霸"之一。㊺历聘:指多次访问。㊻乡背:指正面和反面。乡,通"向"。

春秋 秋九月,葬卫献公。

春秋 齐高止出奔北燕(北燕始见《经》)。

左传　秋九月,齐公孙虿、公孙灶放其大夫高止于北燕(止,高厚之子。虿,子尾。灶,子雅)。乙未,出。书曰:“出奔。”罪高止也(实放书“奔”,所以示罪)。高止好以事自为功,且专,故难及之。

穀梁传　其曰北燕,从史文也(以时有直言燕者,故知从史文)。

解义　据《传》,齐公孙虿、公孙灶放高止于北燕。君放大夫可也,臣放大夫不可以训,故以出奔书。

春秋　冬,仲孙羯如晋。

左传　冬,孟孝伯如晋,报范叔也(范叔,士鞅。此年夏来聘)。

附录左传　为高氏之难故,高竖①以卢叛(竖,高止子)。十月庚寅,闾丘婴帅师围卢。高竖曰:“苟请高氏有后,请致邑。”齐人立敬仲②高之曾孙宴鄚(敬仲,高傒),良敬仲③也(良犹贤也)。十一月乙卯,高竖致卢而出奔晋,晋人城绵④而置旃。郑伯有使公孙黑⑤如楚(黑,子晳),辞曰:“楚、郑方恶,而使余往,是杀余也。”伯有曰:“世行⑥也(言世为行人)。”子晳曰:“可则往,难则已,何世之有?”伯有将强使之。子晳怒,将伐伯有氏,大夫和之。十二月己巳,郑大夫盟于伯有氏。裨谌⑦曰:“是盟也,其与几何⑧?《诗》曰:‘君子屡盟,乱是用⑨长(《诗·小雅》)。’今是长乱之道也。祸未歇也,必三年而后能纾⑩。”然明曰:“政将焉往?”裨谌曰:“善之代不善,天命也,其焉辟子产⑪?举不逾等,则位班⑫也(班次应知政)。择善而举,则世隆也(为世所高)。天又除之,夺伯有魄(丧其精神,为子产驱除),子西即世,将焉辟之?天祸郑久矣,其必使子产息之,乃犹可以戾⑬(戾,定也)。不然,将亡矣。”

注释　①高竖:高止之子。②敬仲:高傒。鄚:即高偃。鄚偃音近可通。③良敬仲:认为敬仲贤良。良,用作动词。以……贤良。④绵:绵上,即介山。在今山西介休县东南。⑤公孙黑:字子晳,驷氏,子西之弟,郑国大夫。⑥世行:意思是,你家世代都是外交使节。行,行人,办外交的使者。⑦裨谌:郑国大夫。⑧其与几何:即“其几何欤”的变句,意思是:“能管多长时间呢?”其意思是不能长久。⑨用:因为,由于。⑩纾:解除。⑪其焉辟子产:政权怎能避开子产?辟,同“避”。⑫位班:子产的职位,论班次应执国政,即按班次子产应该执政了。⑬戾:安定。

卷四十六

襄公(三十年之三十一年)

春秋 三十年春王正月,楚子使薳罢来聘(罢,《公羊》作颇)。

左传 三十年春,王正月,楚子使薳罢来聘,通嗣君也(郏敖即位)。穆叔问:"王子之为政何如(王子围为令尹)?"对曰:"吾侪小人,食而听事,犹惧不给命而不免于戾,焉与知政?"固问焉,不告。穆叔告大夫曰:"楚令尹将有大事,子荡将与焉(子荡,薳罢),助之匿其情矣。"

解义 公逾年在楚,郏敖新即位,使薳罢来聘。鲁以君行,而楚以大夫报,行霸主之礼于中国,非晋平、赵武之责而何哉?

附录左传 子产相郑伯以如晋,叔向问郑国之政焉。对曰:"吾得见与否,在此岁也。驷、良方争,未知所成[①](驷,子皙。良,伯有)。若有所成,吾得见,乃可知也。"叔向曰:"不既和矣乎?"对曰:"伯有侈而愎,子皙好在人上,莫能相下也。虽其和也,犹相积恶[②]也,恶至无日矣(为此年秋良霄出奔传)。"

三月癸未,晋悼夫人食舆人之城杞者(舆,众也。城杞在往年)。绛县人或年长矣,无子,而往与于食。有与疑年[③],使之年(使言某年)。曰:"臣小人也,不知纪年。臣生之岁,正月甲子朔,四百有四十五甲子矣,其季于今三之一[④]也(所称正月,夏正月也。三分六甲之一,得甲子甲戌,尽癸未)。"吏走问诸朝,师旷曰:"鲁叔仲惠伯会郤成子于承匡之岁也(在文十一年)。是岁也,狄伐鲁。叔孙庄叔于是乎败狄于咸,获长狄侨如及虺也豹也,而皆以名其子。七十三年矣。"史赵曰(史赵,晋大史):"亥有二首六身,下二如身,是其日数也(古亥字,二画在上,三人在下,故以二为首,以六为身。下首之二画竖置身旁,当为㤅字,则是老人始生至今之日数,盖以二首为二万，六身为六千六百六十日也）。”士文伯曰（文伯，士弱之子）：“然则二万六千六百有六旬也。”赵孟问其县大夫，则其属也（属赵武）。召之，而谢过焉，曰：“吾不才，任君之大事，以晋国之多虞，不能由吾子（由，用也），使吾子辱在泥涂[5]久矣，武之罪也。敢谢不才。”遂仕之，使助为政。辞以老。与之田，使为君复陶（复陶，主衣服之官），以为绛县师（县师，掌地域，辨其夫家人民），而废其舆尉[6]（以役孤老故）。于是，鲁使者在晋，归以语诸大夫。季武子曰：“晋未可媮[7]也（媮，薄也）。有赵孟以为大夫，有伯瑕以为佐（伯瑕，士文伯），有史赵、师旷而咨度焉，有叔向、女齐以师保其君。其朝多君子，其庸可媮乎？勉事之而后可（传言晋所以不失诸侯）。”夏四月己亥，郑伯及其大夫盟（驷、良争故）。君子是以知郑难之不已也。

春秋 夏四月，蔡世子般弑其君固[8]。

左传 蔡景侯为大子般娶于楚，通[9]焉。太子弑景侯（终子产言有子祸）。

穀梁传 其不日，子夺父政，是谓夷[10]之。

解义 不言其父而言其君者，君於世子有父之亲、有君之尊，故互举以尽其义也。

注释 ①成：调停。②恶：厌恶、不满。③疑年：怀疑他的年龄。④其季于今三之一：即其最后一个甲子到今日为三分之一周甲。⑤辱在泥涂：屈居下面。⑥舆尉：主持征役的官吏。⑦媮（tōu）：轻视。⑧般：指蔡灵侯，即姬般。固：指蔡景侯。⑨通：私通，通奸。⑩夷：夷戮，杀戮。

春秋 五月甲午。宋灾。宋伯姬卒（伯姬上，《公羊》、《穀梁》无宋字）。

左传 或叫于宋大庙（叫，呼也），曰：“譆譆！出出[1]（譆譆，热也。出出，戒伯姬）！”鸟鸣于亳社[2]（殷社），如曰：“譆譆（皆火妖也)。”甲午[3],宋大灾。宋伯姬卒,待姆也(姆,女师)。君子谓:“宋共姬,女而不妇[4]。女待人(待人而行),妇义事[5]也。(义,从宜也。伯姬时年六十左右)”

穀梁传　取卒之日,加之灾上者,见以灾卒也。其见以灾卒奈何?伯姬之舍失火,左右曰:“夫人少辟[6]火乎?”伯姬曰:“妇人之义,傅母[7]不在,宵不下堂[8]。”左右又曰:“夫人少辟火乎?”伯姬曰:“妇人之义,保母不在,宵不下堂。”遂逮[9]乎火而死。妇人以贞为行者也,伯姬之妇道尽矣。详其事,贤伯姬也。

解义　连书灾与卒,而贯以日,见以灾卒也。伯姬年逾六十,虽辟火以全生不害为贞,而致死以守礼,妇道尽矣!而宋之臣子缓救以死其君母,罪可胜诛哉!

注释　①譆譆、出出:象声词。②亳社:殷社。古代建国必先立社。殷都亳,故称。③甲午:初五日。④女而不妇:行女道,非妇道。女,闺女;妇,媳妇。⑤义事:据具体情况便宜从事。⑥辟:同“避”。⑦傅母:古时负责辅导、保育贵族子女的老年妇人。⑧宵:夜。下堂:指离开殿堂。⑨逮:到,及。

春秋　天王杀其弟佞夫[1](《公羊》作年夫)。

左传　初,王儋季卒(儋季,周灵王弟),其子括将见王,而叹。单公子愆期为灵王御士,过诸廷(愆期行过王廷),闻其叹而言曰:“乌乎!必有此[2]夫(欲有此朝廷之权)!”入以告王,且曰:“必杀之!不戚而愿大,视躁而足高[3],心在他矣。不杀,必害。”王曰:“童子何知?”及灵王崩,儋括欲立王子佞夫(佞夫,灵王子,景王弟),佞夫弗知。戊子,儋括围蒍,逐成愆[4](成愆,蒍邑大夫)。成愆奔平畤[5]。(平畤,杜注:周邑)。五月癸巳,尹言多、刘毅、单蔑、甘过、巩成杀佞夫[6](五子,周大夫)。括、瑕、廖奔晋(括,廖不书,贱也)。书曰“天王杀其弟佞夫。”罪在王也(以佞夫不知故)。

穀梁传　《传》曰:诸侯且不首恶,况于天子乎?君无忍亲之义。天子、诸侯所亲者,唯长子、母弟耳。天王杀其弟佞夫,甚之也。

解义 郑伯克段于鄢不书弟[⑦],段不弟也。今天王之杀佞夫书弟,则知非佞夫之罪也。儋括之乱,佞夫不知,而以嫌[⑧]见杀,过矣!

注释 ①天王:周天子。佞夫:灵王之子。②必有此:一定想占有此。此,即朝廷。③视躁而足高:眼光张皇不定而抬脚又高。④成愆:蒍邑大夫。⑤平畤:周邑,离洛阳不远。⑥尹言多等:此五人皆为周大夫。⑦郑伯:指郑庄公(前757—前701年),名寤生,郑国第三代国君,前743至前701年在位。段:指叔段,郑庄公母弟。⑧嫌:嫌疑。

春秋 王子瑕奔晋。

解义 儋括之乱,佞夫见杀,瑕惧祸而奔,则必与闻乎儋括之谋矣!瑕与子朝皆为逆乱无所容身,避罪逃窜,与守官保禄而出奔者异,故皆不言出。

附录左传 六月,郑子产如陈莅盟。归,复命。告大夫曰:"陈,亡国也,不可与也。聚禾粟,缮城郭,恃此二者,而不抚其民。其君弱植,公子侈,大子卑,大夫敖,政多门,以介于大国,能无亡乎?不过十年矣(为昭八年楚灭陈传)。"

春秋 秋七月,叔弓如宋,葬宋共姬(共姬上,《穀梁》无宋字)。

左传 秋七月,叔弓如宋,葬共姬也。

公羊传 外夫人不书葬,此何以书?隐之也。何隐尔?宋灾,伯姬卒焉。其称谥何?贤也。何贤尔?宋灾,伯姬存焉,有司复曰:"火至矣,请出。"伯姬曰:"不可。吾闻之也,妇人夜出,不见傅母不下堂。傅至矣,母未至也。"逮乎火而死。

穀梁传 外夫人不书葬,此其言葬何也?吾女也;卒灾,故隐而葬之也。

解义　鲁高共姬之义,故使卿共葬事。内女之葬不书,遭变然后书。庄四年齐侯葬纪伯姬,三十年葬纪叔姬,此年葬共姬,皆非常也。

春秋　郑良霄出奔许,自许入于郑,郑人杀良霄。

左传　郑伯有耆酒,为窟室,而夜饮酒(窟室,地室),击钟[①]焉,朝至未已[②]。朝者曰:"公[③]焉在(家臣,故谓伯有为公)?"其人曰:"吾公在壑谷[④](壑谷,窟室)。"皆自朝布路[⑤]而罢(布路,分散)。既而朝(伯有朝郑君),则又将使子晳如楚,归而饮酒。庚子[⑥],子晳以驷氏之甲伐而焚之。伯有奔雍梁(雍梁,杜注:郑地),醒而后知之,遂奔许。

大夫聚谋,子皮曰:"《仲虺之志》云:'乱者取之,亡者侮之。推亡固存,国之利也。'罕、驷、丰同生(罕,子皮。驷,子晳。丰,公孙段也。三家本同母兄弟)。伯有汰侈,故不免。"人谓子产:"就直助强[⑦](时谓子晳直,三家强)!"子产曰:"岂为我徒[⑧](徒,党也。言不以驷、良为党)?国之祸难,谁知所敝?或主强直[⑨],难乃不生(言能强能直,则可弭难。今三家未能,伯有方争)。姑成吾所[⑩](欲以无所附著为所)。"辛丑[⑪],子产敛伯有氏之死者而殡之,不及谋而遂行(不与於国谋)。印段从之(义子产)。子皮止之,众曰:"人不我顺,何止焉?"子皮曰:"夫人礼于死者,况生者乎?"遂自止之。壬寅[⑫],子产入。癸卯[⑬],子石入(子石,印段)。皆受盟于子晳氏。乙巳[⑭],郑伯及其大夫盟於大宫。盟国人於师之梁之外(师之梁,郑城门)。

伯有闻郑人之盟已也,怒。闻子皮之甲不与攻己也,喜。曰:"子皮与我矣。"癸丑,晨,自墓门之渎[⑮]入(墓门,郑城门),因马师颉介于襄库,以伐旧北门(马师颉,子羽孙)。驷带率国人以伐之(驷带,子西子,子晳之宗主)。皆召子产。子产曰:"兄弟而及此,吾从天所与。"伯有死于羊肆(羊肆,市列),子产禭[⑯]之,枕之股而哭之，敛而殡诸伯有之臣在市侧者。既而葬诸斗城（斗城，杜注：郑地名。今河南陈留县南有斗城）。子驷氏欲攻子产，子皮怒之曰："礼，国之干也，杀有礼，祸莫大焉（葬伯有为有礼）。"乃止。于是游吉如晋还，闻难不入，复命于介。八月甲子⑰，奔晋。驷带追之，及酸枣（酸枣，杜注：陈留县。今河南延津县北有古城）。与子上盟（子上，驷带），用两珪质于河。使公孙肸入盟大夫。己巳，复归（游吉归）。书曰"郑人杀良霄。"不称大夫，言自外入也（既出，位绝，非复郑大夫）。

于子蟜之卒也（子蟜，公孙虿，卒在十九年），将葬，公孙挥与裨灶晨会事焉。过伯有氏，其门上生莠。子羽曰："其莠犹在乎（子羽，公孙挥。以莠喻伯有）？"于是岁在降娄，降娄中而旦（降娄，奎娄也。周七月，今五月，降娄中而天明）。裨灶指之曰："犹可以终岁（指降娄也。岁星十二年而一终），岁不及此次也已（不及降娄）。"及其亡也，岁在娵訾之口（娵訾，营室东壁。二十八年，岁星淫在玄枵，今三十年在娵訾。是岁星停在玄枵二年）。其明年，乃及降娄。仆展从伯有，与之皆死（仆展，郑大夫，伯有党）。羽颉出奔晋，为任大夫（羽颉，马师颉。任，杜注：晋县，属广平郡。今直隶任县东南有古任城）。

鸡泽之会（在三年），郑乐成奔楚，遂适晋。羽颉因之，与之比，而事赵文子，言伐郑之说焉。以宋之盟故，不可。子皮以公孙鉏为马师（鉏，子罕之子，代羽颉）。

穀梁传 不言大夫，恶之也。

解义 称人以杀而不言大夫，讨贼之辞也。不言复入，方出而遽归，与宋鱼石、晋栾盈去国数年而复入者异也。不言叛者，将不利於国非据邑以自保不得书叛也。

注释 ①击钟：指奏乐。②朝至未已：朝见的人已经来到，他喝酒还不停止。③公：即伯有。④壑谷：即窟室。⑤布路：分散。⑥庚子：十一日。⑦就直助强：靠近正直的，帮助强大的。

⑧徒:同党。⑨或主强直:有人言主政者,强大而正直。⑩姑成吾所:姑且保住我的地位。⑪辛丑:十二日。⑫壬寅:十三日。⑬癸卯:十四日。⑭乙巳:十六日。⑮墓门之渎:郑城门的排水沟。⑯襚:衣其尸,小敛。⑰甲子:初六日。

春秋　冬十月,葬蔡景公。

公羊传　贼未讨何以书葬?君子辞也(君子为中国讳,弑父耻重,故隐之)。

穀梁传　不日卒而月葬,不葬者也。卒而葬之,不忍使父失民于子也(不书葬,则与失民同,故曰:不忍使父失民于子)。

解义　《春秋》大法,君弑而贼不讨,则不书葬。蔡景公之葬何以书?遍刺天下之诸侯也。在礼,知生者吊,知死者伤。世子弑君,覆载所不容也,不能致讨,而使人往会其葬,以礼於生者,人理灭矣!

附录左传　楚公子围杀大司马蔿掩而取其室(蔿掩,二十五年为大司马)。申无宇曰(无宇,芋尹):"王子必不免。善人,国之主也。王子相楚国,将善是封殖[①],而虐之,是祸国也。且司马,令尹之偏[②],而王之四体也。绝民之主,去身之偏,艾[③]王之体,以祸其国,无不祥大焉(不祥无大於是)!何以得免(为昭十三年楚弑灵王传)?"

春秋　晋人、齐人、宋人、卫人、郑人、曹人、莒人、邾人、滕人、薛人、杞人、小邾人会于澶渊,宋灾故。

左传　为宋灾故,诸侯之大夫会,以谋归[④]宋财。冬十月,叔孙豹会晋赵武、齐公孙虿、宋向戌、卫北宫佗(佗,北宫括之子)、郑罕虎(虎,子皮)及小邾之大夫,会于澶渊。既而无归于宋,故不书其人。君子曰:"信其不可不慎乎!澶渊之会,卿不书,不信也夫!诸侯之上卿,会而不信,宠名皆弃(宠,谓族也),不信之不可也如是!《诗》曰:'文王陟降,在帝左右。'信之谓也(《诗·大雅》。言文王之所以能上接天，下接人，动顺帝者，唯以信）。又曰：‘淑慎尔止，无载尔伪[5]（《逸诗》也。言当善慎举止，无载行诈伪）。’不信之谓也。”书曰“某人某人会于澶渊，宋灾故。”尤[6]之也。不书鲁大夫，讳之也。

公羊传 宋灾故者何？诸侯会于澶渊，凡为宋灾故也。会未有言其所为者，此言所为何？录伯姬也。诸侯相聚，而更宋之所丧（更，复也），曰死者不可复生，尔财复矣。此大事也。曷为使微者？卿也。卿则其称人何？贬。曷为贬？卿不得忧诸侯也（大夫之义，得忧内，不得忧外，所以抑臣道也）。

穀梁传 会不言其所为，其曰宋灾故何也？不言灾故，则无以见其善也。其曰人何也？救灾以众。何救焉？更宋之所丧财也。澶渊之会，中国不侵伐夷狄[7]，夷狄不入中国，无侵伐八年。善之也，晋赵武、楚屈建之力也。

解义 会未有言所为者，此会书宋灾故，与桓二年稷之会书成宋乱同，乃程子[8]所谓“春秋大义数十，炳如日星”者也。世子弑君之恶不能讨，宋之灾已过时矣，而合十二国为会以更其财，不亦颠[9]乎？使不书宋灾故，则习其读者疑於欲讨蔡般而不果矣！列国书人，归财细事，卿不行也。鲁与宋姻亲，使卿会葬，则周恤[10]之事必多，故是役转不与耳。

注释 ①封殖：培养。②偏：辅佐。③芟：读为刈，斩除。④归：馈赠，即今之捐赠。⑤淑慎尔止，无载尔伪：逸诗，淑，善。慎，谨慎。止，举止。载，行为。⑥尤：罪。⑦中国：中原。夷狄：古称东方部族为夷，北方部族为狄。常用以泛称除华夏族以外的各族。⑧程子：即二程中的程颐 程颐（1033—1107），教育家。字正叔，人称伊川先生，北宋洛阳人。为程颢之胞弟。⑨颠：颠倒。⑩周恤：周济，抚恤。

附录左传 郑子皮授子产政（伯有死，子皮知政，以子产贤，故让之),辞曰:“国小而逼[1](逼近大国),族大宠多,不可为也。”子皮曰:“虎[2]帅以听,谁敢犯子?子善相之,国无小,小能事大,国乃宽[3]。”子产为政,有事伯石[4](伯石,公孙段。有事,欲使之),赂与之邑。子大叔曰:“国,皆其国也(言郑大夫共忧郑国事)。奚独赂焉?”子产曰:“无欲实难。皆得其欲,以从其事,而要其成[5],非我有成,其在人乎(言事成犹在我,非在他也)?何爱[6]于邑?邑将焉往(言犹在国)?”子太叔曰:“若四国何?”子产曰:“非相违也,而相从也(言赂以邑,欲为和顺),四国何尤[7]焉?《郑书》有之曰(郑国史书):‘安定国家,必大焉先[8](先和大族)。’姑先安大,以待其所归。”既,伯石惧而归邑,卒与之。伯有既死,使大史命伯石为卿,辞。大史退,则请命焉(请大史更命已)。复命之,又辞。如是三,乃受策入拜。子产是以恶其为人也(恶其虚饰),使次己位(畏其作乱,故宠之)。子产使都鄙有章[9](国都及边鄙车服尊卑,各有分部),上下有服[10](公卿大夫,服不相逾),田有封洫(封,疆也。洫,沟也),庐井有伍(庐,舍也。九夫为井。使五家相保)。大人之忠俭者(大人谓卿大夫),从而与之[11]。泰侈者,因而毙之。丰卷将祭[12],请田[13]焉(田,猎)。弗许,曰:“唯君用鲜(鲜,兽),众给而已[14](众臣祭,以刍豢为足)。”子张怒,退而征役(子张,丰卷。召兵,欲攻子产)。子产奔晋,子皮止之而逐丰卷。丰卷奔晋。子产请其田里[15](请於公不没入),三年而复之,反其田里及其入[16]焉(田里所收入)。从政一年,舆人诵之,曰:“取我衣冠而褚之[17](褚,畜也。奢侈者畏法,故畜藏),取我田畴而伍之。孰杀子产,吾其与之!”及三年,又诵之,曰:“我有子弟,子产诲之。我有田畴,子产殖[18]之。子产而死,谁其嗣之(《传》言郑所以兴)?”

春秋　三十有一年春王正月。

附录左传　三十一年春,王正月,穆叔至自会(澶渊会还),见孟孝伯,语之曰:“赵孟将死矣。其语偷,不似民主。且年未盈五十，而谆谆焉[19]如八九十者，弗能久矣（成二年，战於鞍，赵朔已死，於是赵文子始生。至襄三十年会澶渊，盖年四十七八，故言“未盈五十”）。若赵孟死，为政者其韩子乎（韩子，韩起）！吾子盍与季孙言之，可以树善，君子也（言韩起有君子之德）。晋君将失政矣，若不树焉，使早备鲁（使韩子早为鲁备），既而政在大夫，韩子懦弱，大夫多贪，求欲无厌，齐、楚未足与也，鲁其惧[20]哉！”孝伯曰：“人生几何？谁能无偷？朝不及夕，将安用树？”穆叔出而告人曰：“孟孙将死矣。吾语诸赵孟之偷也，而又甚焉。”又与季孙语晋故（如与孟孙言），季孙不从。及赵文子卒（在昭元年），晋公室卑[21]，政在侈家[22]。韩宣子为政，为能图诸侯。鲁不堪晋求，谗慝弘多[23]，是以有平丘之会（平丘会在昭十三年，晋人执季孙意如）。

齐子尾害闾丘婴，欲杀之，使帅师以伐阳州[24]（阳州，杜注：鲁地，在东平西北，盖齐鲁竟上邑）。我问师故[25]。夏五月，子尾杀闾丘婴以说于我师。工偻洒、渻灶、孔虺、贾寅出奔莒[26]（四子，婴之党）。出群公子（为昭十年栾高之难复群公子起本）。

春秋 夏六月辛巳[27]，公薨於楚宫[28]。

左传 公作楚宫（适楚，好其宫，归而作之）。穆叔曰：“《大誓》云：‘民之所欲，天必从之。’君欲楚也夫！故作其宫。若不复适楚，必死是宫也。”六月辛巳，公薨于楚宫。叔仲带窃其拱璧[29]，以与御人，纳诸其怀而从[30]取之，由是得罪（得罪，谓鲁人薄之，故子孙不得志於鲁）。

穀梁传 楚宫，非正也。

解义 楚宫，别宫也。公适楚，美其宫，归而作之，遂薨於此。鲁至襄公，季孙宿[31]专行无忌，诸大夫则而象[32]之，三桓[33]益强，四邻交侵，内失其政柄[34]，而外弱於邾、莒，其所以致此者，以公履危[35]而怀安，不能自强於政治，非独以承国於幼弱也！

注释 ①逼：逼近大国。②虎：子皮名。③宽：宽缓。④伯石:即公孙段。⑤要其成:取得成功。要,求,取。⑥爱:吝惜。⑦尤:斥责。⑧大焉先:大者于先。优先照顾大族。⑨使都鄙有章:让城市和边境地区一切事物都有一定的规章。都,城市。鄙,边境。⑩上下有服:上下尊卑各有职责。服,事、职。⑪从而与之:听从并亲近他。与,亲近。⑫丰卷:郑国大夫,字子张,丰氏。按:丰氏是郑国的大族之一。⑬请田:向子产请求田猎(意在猎取祭品)。⑭唯君用鲜:只有国君才用新杀的动物作祭品。鲜,指新杀的动物。众给而已:一般人只用普通的祭品就可以了。⑮请其田里:请求郑简公保留丰卷的土地、住宅。里,住宅。⑯其入:封地的收入,指丰卷奔晋三年中封地全部收入。⑰取我衣冠而褚之:子产把我的衣冠没收贮藏起来。褚,通"贮"。⑱殖:种植,栽培。⑲谆谆焉:絮叨不休的样子。⑳惧:陷入困境。㉑卑:下降。㉒侈家:指贪求无厌的大夫家族。㉓弘多:很多。弘,大、多。㉔阳州:为鲁邑,在今山东东平县北。㉕问师故:责问齐何故伐我。㉖工偻洒等:四人皆为闾丘婴之党。㉗辛巳:二十八日。㉘楚宫:楚式宫殿。㉙拱璧:襄公的大璧。㉚从:随即,后来。㉛季孙宿(? —前535年):春秋时鲁国正卿,前568－前535年执政。姬姓,季氏,名宿(一作夙),谥武,史称"季武子"。㉜象:仿效。㉝三桓:是春秋时鲁大夫孟孙氏、叔孙氏、季孙氏三家的合称,分别是鲁桓公的三个儿子庆父、叔牙、季友的后裔,因为三家都是桓公后代,所以叫"三桓"。㉞政柄:政治权力。㉟履危:处于危险的境地。

春秋　秋九月癸巳,子野卒。

左传　立胡女敬归[①]之子子野(胡,归姓之国。敬归,襄公妾),次于季氏。秋九月癸巳,卒,毁[②]也。立敬归之娣齐归之子公子裯(齐,谥。裯,昭公名),穆叔不欲,曰:"大子死,有母弟则立之,无则立长。年钧[③]择贤,义钧则卜,古之道也。非適嗣,何必娣之子(言子裯非適嗣)?且是人也,居丧而不哀,在戚而有嘉容[4],是谓不度。不度[5]之人,鲜不为患。若果立之,必为季氏忧。"武子不听,卒立之。比及葬,三易衰[6],衰衽[7]如故衰(言其嬉戏无度)。于是昭公十九年矣,犹有童心,君子是以知其不能终也(为昭二十五年公孙於齐传)。

穀梁传 子卒日,正也。

解义 《传》称子野以毁卒,先儒以为书名未终丧也,不薨不葬,未逾年也。但据《经》所书,则与子般、子赤见弑者无异。按《传》"立胡女敬归之子子野,次於季氏"。既为嗣子则当宅忧於殡宫[8],而次於季氏则其情事不可推,而所以卒者亦不可考矣!此一《经》之大义,姑[9]发所疑,以备先儒所未及,不可以无辨也。

注释 ①胡女敬归:胡,归姓国。敬归,襄公妾。②毁:哀痛过度。③钧:同"均",相同。④在戚:父母死称在戚。嘉容:喜色。⑤不度:不孝。⑥三易衰:三次更换丧服。⑦衰衽:丧服的衣襟。⑧宅忧:处在父母丧事期间。殡宫:停放灵柩的房舍。⑨姑:暂且。

春秋 己亥,仲孙羯卒。

左传 己亥,孟孝伯卒(终穆叔言,子貜嗣为大夫,是为僖子)。

春秋 冬十月,滕子来会葬。

左传 冬十月,滕成公来会葬,惰[1]而多涕。子服惠伯曰:"滕君将死矣!怠于其位,而哀已甚,兆于死所矣。能无从[2]乎(为昭三年滕子卒传)?"

解义 礼诸侯之丧,士吊,大夫送葬。今滕子亲会,而鲁受之,皆非礼也。

注释 ①惰:不恭敬。②从:指随其后而死。

春秋 癸酉[1],葬我君襄公。

左传　癸酉,葬襄公。

附录左传　公薨之月,子产相郑伯以如晋,晋侯以我丧故,未之见也。子产使尽坏其馆之垣而纳车马焉。士文伯[2]让之,曰:"敝邑以政刑之不修,寇盗充斥(充,满;斥,见。言其多),无若诸侯之属辱在寡君[3]者何?是以令吏人完[4]客所馆,高其闬闳[5](闬,闾也),厚其墙垣,以无忧客使。今吾子坏之,虽从者能戒,其若异客何?以敝邑之为盟主,缮完葺墙[6](葺,覆也),以待宾客,若皆毁之,其何以共命[7]?寡君使匄请命(正义曰:匄,士文伯名)。"对曰:"以敝邑褊小,介于大国,诛求无时[8],是以不敢宁居,悉索敝赋,以来会时事。逢执事之不间,而未得见,又不获闻命,未知见时[9],不敢输币[10],亦不敢暴露。其输之,则君之府实也,非荐陈之,不敢输也(荐陈,犹献见也)。其暴露之,则恐燥湿之不时而朽蠹,以重敝邑之罪。侨闻文公之为盟主也,宫室卑庳[11],无观台榭[12],以崇大诸侯之馆。馆如公寝,库厩[13]缮修,司空以时平易道路[14](易,治也),圬人以时塓馆宫室[15](圬人,涂者。塓,涂也)。诸侯宾至,甸设庭燎[16](庭燎,设火於庭),仆人巡宫,车马有所,宾从有代[17](代客役),巾车脂辖[18](巾车,主车之官),隶人牧圉[19],各瞻其事(瞻视客所当得),百官之属,各展其物(展,陈也)。公不留宾[20],而亦无废事,忧乐同之,事则巡[21]之(巡,行也),教其不知,而恤其不足。宾至如归,无宁灾患(无宁,宁也)?不畏寇盗,而亦不患燥湿。今铜鞮之宫[22]数里(铜鞮,晋离宫),而诸侯舍于隶人[23](舍如隶人舍)。门不容车,而不可逾越。盗贼公行,而天厉不戒(厉犹灾也。言水潦无时)。宾见无时,命不可知。若又勿坏,是无所藏币,以重罪也。敢请执事,将何以命之?虽君之有鲁丧,亦敝邑之忧也(言郑与鲁,亦有同姓之忧)。若获荐币,修垣而行,君之惠也,敢惮勤劳?"文伯复命,赵文子曰:"信!我实不德,而以隶人之垣以赢[24]诸侯(赢,受也),是吾罪也。"使士文伯谢不敏焉。

晋侯见郑伯，有加礼[25]，厚其宴好而归之。乃筑诸侯之馆。叔向曰："辞之不可以已也如是夫！子产有辞[26]，诸侯赖[27]之，若之何其释辞也？《诗》曰：'辞之辑矣，民之协[28]矣。辞之绎矣，民之莫矣（《诗·大雅》。言辞辑睦则民协同，辞说绎则民安定。莫，犹定也）。'其知之矣。"郑子皮使印段如楚，以适晋告，礼也（得事大国之礼）。

春秋 十有一月，莒人弑其君密州。

左传 莒犁比公生去疾及展舆（犁比，莒子密州之号），既立展舆（立以为世子），又废之。犁比公虐，国人患之。十一月，展舆因国人以攻莒子，弑之，乃立（展舆立为君）。去疾奔齐，齐出也（母，齐女）。展舆，吴出也（为明年奔吴传）。书曰"莒人弑其君买朱鉏（买朱鉏，密州之字）。"言罪之在也（罪在鉏也）。

解义 称人以弑者，一国之人所欲弑也。莒子虐，莒人弑之，立展舆，《春秋》称莒人，则罪不在展舆矣。《左传》"展舆因国人以攻莒子"，陆氏淳谓"以"当作"之"传文偶误，后儒承误而不敢辄改，盖得其义。

注释 ①癸酉：二十一日。②士文伯：即士匄。③辱在寡君：朝见寡君。④完：修缮。⑤高其闬闳：加高大门。闬（hàn）、闳，皆指门。⑥完：借为院。⑦共命：供给所求。命，所求。⑧诛求无时：索求贡献无一定时候。诛，责。⑨见时：进见的时间。⑩输币：送交财物礼品。⑪卑庳（bēi）：低矮。⑫无观台榭：没有可供观望的台榭。⑬库厩：仓库马棚。⑭以时：按时。平易：平整使之平坦。⑮圬（wū）人：泥工。塓（mì）：涂抹墙壁。⑯甸：即甸师，官名。庭燎：大火把。⑰宾从有代：宾客的随从有人代为值班。⑱巾车脂辖：巾车，主管车子的官员。脂辖，为车轴上油。辖，安在车轴末端的挡铁，以不使车轮脱落。此指车轴。⑲隶人牧圉：隶人，掌客馆的洒扫。牧，养牛者。圉，养马者。⑳公不留宾:文公不使宾客滞留,来到就接见。㉑巡:安抚。㉒铜鞮之宫:晋离宫,在今山西沁县南。㉓舍于隶人:居于隶人之舍。㉔羸:接受、接待。㉕加礼:增加礼仪。㉖有辞:善辞令。㉗赖:利。㉘协:协调,团结。

附录左传　吴子使屈狐庸聘于晋(屈狐庸,巫臣之子也,成七年适吴为行人),通路也(通吴、晋之路)。赵文子问焉,曰:"延州来季子[1]其果立乎(延州来,季札邑)?巢陨诸樊(在二十五年),阍戕戴吴[2](在二十九年。戴吴,余祭),天似启之[3],如何?"对曰:"不立。是二王之命[4]也,非启季子也。若天所启,其在今嗣君乎(嗣君,谓夷昧)!甚德而度[5],德不失民,度不失事(审事情),民亲而事有序,其天所启也。有吴国者,必此君之子孙实终之。季子,守节者也。虽有国,不立。"

十二月,北宫文子[6]相卫襄公以如楚(文子,北宫佗。襄公,献公子),宋之盟故也。过郑,印段廷劳于棐林,如聘礼而以劳辞[7](用聘礼,而用郊劳之辞)。文子入聘(报印段)。子羽为行人,冯简子与子大叔逆客。事毕而出,言于卫侯曰:"郑有礼,其数世之福也,其无大国之讨乎!《诗》曰:'谁能执[8]热,逝不以濯(《诗·大雅》。濯,以水濯手)。'礼之于政,如热之有濯也。濯以救热[9],何患之有?"(此以上,文子辞)

子产之从政也,择能而使之。冯简子能断大事,子大叔美秀而文,公孙挥能知四国之为[10](知诸侯所欲为),而辨于其大夫之族姓、班位、贵贱、能否[11],而又善为辞令,裨谌能谋,谋于野则获[12](得所谋也),谋于邑则否[13](此才性之敝)。郑国将有诸侯之事,子产乃问四国之为于子羽,且使多为辞令。与裨谌乘以适野,使谋可否。而告冯简子,使断之。事成,乃授子大叔使行之,以应对宾客。是以鲜有败事。北宫文子所谓有礼也(传迹子产行事,以明北宫文子之言)。

郑人游于乡校(乡之学校),以论执事(论其得失)。然明谓子产曰:“毁乡校,何如(患人於中谤议国政)?”子产曰:“何为? 夫人朝夕退而游焉[14],以议执政之善否。其所善者,吾则行之。其所恶者,吾则改之。是吾师也,若之何毁之? 我闻忠善以损怨[15](为忠善,则怨谤息),不闻作威以防怨。岂不遽止[16],然犹防川,大决所犯,伤人必多,吾不克救也。不如小决使道[17](道,通也)。不如吾闻而药[18]之也(以为己药石)。”然明曰:“蔑也今而后知吾子之信可事也。小人实不才,若果行此,其郑国实赖之,岂唯二三臣?”

仲尼闻是语也,曰:“以是观之,人谓子产不仁,吾不信也。”

子皮欲使尹何为邑[19](为邑大夫)。子产曰:“少,未知可否?”子皮曰:“愿[20],吾爱之,不吾叛也(愿,谨善也。叛,达也)。使夫[21]往而学焉,夫亦愈知治矣(夫,谓尹何)。”子产曰:“不可。人之爱人,求利之也。今吾子爱人则以政,犹未能操刀而使割也,其伤实多。子之爱人,伤之而已,其谁敢求爱于子? 子于郑国,栋也,栋折榱[22]崩,侨将厌[23]焉,敢不尽言? 子有美锦,不使人学制[24]焉。大官、大邑,身之所庇也,而使学者制焉,其为美锦,不亦多乎(言视美锦之重,多於官邑)? 侨闻学而后入政,未闻以政学者也。若果行此,必有所害。譬如田猎,射御贯[25]则能获禽(贯,习也),若未尝登车射御,则败绩厌覆是惧[26],何暇思获?”子皮曰:“善哉! 虎不敏。吾闻君子务知大者、远者,小人务知小者、近者。我,小人也。衣服附在吾身,我知而慎之。大官、大邑所以庇身也,我远而慢之。微子之言,吾不知也。他日我曰:‘子为郑国,我为吾家,以庇焉,其可也。’今而后知不足。自今,请虽吾家,听子而行。”子产曰:“人心之不同,如其面焉。吾岂敢谓子面如吾面乎? 抑心所谓危[27],亦以告也。”子皮以为忠,故委政焉[28]。子产是以能为郑国(传言子产之治,乃子皮之力)。

卫侯在楚,北宫文子见令尹围之威仪[29],言于卫侯曰:“令尹似君[30]矣!将有他志,虽获其志,不能终也。《诗》曰:‘靡不有初,鲜克有终。’终之实难,令尹其将不免?”公曰:“子何以知之?”对曰:“《诗》云:‘敬慎威仪,惟民之则[31]。’令尹无威仪,民无则焉。民所不则[32],以在民上,不可以终。”公曰:“善哉!何谓威仪?”对曰:“有威而可畏[33]谓之威,有仪而可象[34]谓之仪。君有君之威仪,其臣畏而爱之,则而象之[35],故能有其国家,令闻长世[36]。臣有臣之威仪,其下畏而爱之,故能守其官职,保族宜家。顺是[37]以下皆如是,是以上下能相固[38]也。《卫诗》曰:‘威仪棣棣,不可选也[39](《诗·邶风》。棣棣,富而闲也。选,数也)。’言君臣、上下、父子、兄弟、内外、大小皆有威仪也。《周诗》曰:‘朋友攸摄[40],摄以威仪(《诗·大雅》。攸,所也。摄,佐也)。’言朋友之道,必相教训以威仪也。《周书》数[41]文王之德,曰(《周书·武成》):‘大国畏其力,小国怀其德。’言畏而爱之也。《诗》云:‘不识不知,顺帝之则。’言则而象之也(《大雅》。又言文王行事,无所斟酌,惟在则象上天)。纣囚文王七年,诸侯皆从之囚。纣于是乎惧而归之,可谓爱之。文王伐崇,再驾[42]而降为臣,蛮夷帅服[43],可谓畏之。文王之功,天下诵而歌舞之,可谓则之,文王之行,至今为法,可谓象之。有威仪也。故君子在位可畏,施舍可爱,进退可度,周旋[44]可则,容止可观,作事可法,德行可象,声气可乐,动作有文,言语有章[45],以临其下,谓之有威仪也。”

注释　①延州来季子:即季札。季札初封于延陵,后又加封州来,故称延州来季子。果立:最终能立为国君。②阍戕戴吴:戴吴(即余祭)被阍人所杀。③天似启之:上天好象为季札开启为君之门。④二王之命:两位国王的命运。⑤甚德而度:甚有德行,而且合于法度。⑥北宫文子:即北宫佗。⑦如聘礼而以劳辞:仪节如聘问之礼,而用慰劳之辞。⑧执:忍受。⑨救热:消除炎热。⑩四国之为:四方诸侯的政令。⑪能否:才能大小。⑫谋于野则获:在野外谋划就正确。⑬谋于邑则否:在城内谋划就失当。⑭夫人:那些人。夫,指示代词。退而游焉:干完事而在那里游玩。⑮损怨:减少怨言。⑯遽止:马上防止。⑰道:同“导”。⑱药:药石。用作动词,即治疗已病。⑲为邑:担任邑宰。⑳愿:谨慎,老实。㉑夫:即尹何。㉒榱(cuī):屋椽。㉓厌:通“压”。㉔学制:学习裁剪。㉕射御贯:即熟习射箭驾车。贯,今作惯。㉖败绩厌覆是惧:老是担心翻车被压。㉗抑心所谓危:不过心里认为是危险的。抑,转折连词。㉘委政焉:委政于之。把政事托付给他。㉙威仪:即仪表。㉚似君:像国君。㉛敬慎威仪,惟民之则:敬慎,恭敬谨慎。则,准则。㉜不则:不效法。㉝有威而可畏:有威严而使人生畏。㉞有仪而可象:有仪表而使人仿效。㉟则而象之:以之为准则而且仿效。㊱令闻长世:好名声流传于后世。㊲顺是:顺着这个次序。㊳相固:互相巩固。㊴威仪棣棣,不可选也:此言卫诗,因邶、鄘均并入卫。棣棣,安和的样子。选,计算。㊵摄:佐,辅助。㊶数:列举。㊷再驾:二次出兵。㊸帅服:相继归服。帅,通“率”。㊹周旋:应酬。㊺章:条理。

卷四十七

昭公(元年之二年)

昭公:公名稠,襄公子,母齐归。在位二十五年,孙於齐,在外八年,凡三十二年薨於乾侯。《谥法》:“威仪恭明曰昭。”

周:景王四年,鲁昭公二十二年,景王崩,王猛立,是年卒,王室乱,弟敬王立;昭二十三年,尹氏立王子朝;昭二十六年,敬王入於成周,子朝奔楚。

郑:简公二十五年,鲁昭公十二年,简公卒,子定公宁立;昭二十八年,定公卒,献公虿立。

齐:景公七年。

宋:平公三十五年,鲁昭公十年,平公卒,子元公佐立;昭二十五年,元公卒,子景公头曼立。

晋:平公十七年,赵武为政,鲁昭公元年冬,赵武卒,韩起为政;鲁昭公十年,平公卒,子昭公夷立;鲁昭公十六年,晋昭公卒,子顷公去疾立;昭二十八年,魏舒为政;昭三十年,顷公卒,子定公午立。

卫:襄公三年,鲁昭公七年,襄公卒,子灵公元立。

蔡:灵公二年,鲁昭公十一年,楚杀蔡灵公,灭蔡;昭十三年,楚平王封蔡,蔡侯庐立,是为平公;昭二十年,平公卒,太子朱立;昭二十一年,朱奔楚,平公弟悼公东国立;昭二十三年,悼公卒,弟昭公申立。

曹:武公十四年,鲁昭公十四年,武公卒,子平公须立;昭十八年,平公卒,子悼公午立;昭二十七年,悼公卒,弟声公野立;昭三十二年,平公弟通弑声公代立,是为隐公。

滕:成公三十五年,鲁昭公三年,成公卒,悼公宁立;昭二十八年,悼公卒,顷公结立。

陈:哀公二十八年,鲁昭公八年,哀公卒,楚灭陈;昭十三年,楚平王封陈,陈侯吴立,是为惠公。

杞：文公九年，鲁昭公六年，文公卒，子平公郁厘立；昭二十四年，平公卒，子悼公成立。

薛：鲁昭公三十一年，薛献公谷卒，入《春秋》薛始书名，子襄公定立。

莒：展舆元年，鲁昭公元年，齐纳莒公子去疾，是为著丘公，展舆奔吴；昭十四年，著丘公卒，子郊公立，是年奔齐，著丘之弟庚舆立，是为共公；昭二十三年，庚舆来奔，齐纳郊公。

邾：悼公十五年，鲁昭公元年，悼公卒，庄公穿立。

许：悼公六年，鲁昭公九年，迁於夷；昭十八年，迁於白羽；昭十九年，悼公弑，斯立。

小邾：穆公十三年，鲁昭公十七年，小邾穆公来朝。

楚：郏敖四年，鲁昭公元年，楚围弑而自立，改名虔，是为灵王，楚薳罢为令尹；昭十三年，灵王弑，平王居立，即弃疾，子旗为令尹；昭十四年，杀成然，子暇为令尹；昭二十三年，子常为令尹；昭二十六年，平王卒，昭王轸立。

秦：景公三十六年，鲁昭公五年，景公卒，子哀公立。

吴：夷末二年，鲁昭公十五年，夷末卒，子僚立；昭二十七年，僚弑，阖庐立，一名光诸樊子。

越：鲁昭公五年，越会楚伐吴，始见《经》即书人。

昭公（名稠，襄公之子，母齐归。以景王四年即位，在位二十五年，孙於齐（在外八年）。《谥法》："威仪恭明曰昭"）。

春秋　元年春王正月，公即位。

穀梁传　继正即位，正也。

解义　子野[1]卒於季氏，季氏既以毁[2]告，则自当行即位之礼，如常矣。襄公夙有憾於季氏[3]，自楚而返，几不敢入。其后，昭公又为季氏所逐。凡《传》所载，昭公临丧不戚[4]，及穆叔议其不当立，皆季氏之党之诬辞耳！

注释　①子野：鲁襄公之子，襄公妾胡国之女敬归所生。②毁：毁死。因居丧过哀致死。③夙：旧，平素。憾：怨恨。④戚：

忧愁,悲哀。

春秋　叔孙豹会晋赵武、楚公子围[①]、齐国弱、宋向戌、卫齐恶、陈公子招、蔡公孙归生、郑罕虎、许人、曹人于虢(国弱,《公羊》作国酌。齐恶,《公羊》作石恶。罕虎,《公羊》作轩虎。虢,《公羊》作漷;《穀梁》作郭;杜注:郑地)。

左传　元年春,楚公子围聘于郑,且娶于公孙段氏,伍举为介[②]。将入馆,郑人恶之(知楚怀诈),使行人子羽与之言,乃馆于外(舍城外)。既聘,将以众逆。子产患之,使子羽辞,曰:"以敝邑褊小,不足以容从者,请墠[③]听命(欲於城外除地为墠,行昏礼)!"令尹命大宰伯州犁对曰:"君辱贶寡大夫围,谓围:'将使丰氏抚有而室[④](丰氏,公孙段)'。围布几筵,告于庄、共之庙而来(庄王、共王,围之祖、父)。若野赐之,是委君贶于草莽[⑤]也!是寡大夫不得列于诸卿也(言不得从卿礼)!不宁[⑥]唯是,又使围蒙其先君(蒙,欺也),将不得为寡君老[⑦](大臣称老。惧辱命而黜退),其蔑以复矣。唯大夫图之!"子羽曰:"小国无罪,恃实其罪[⑧](恃大国而无备则是罪)。将恃大国之安靖已,而无乃包藏祸心以图之。小国失恃而惩诸侯,使莫不憾[⑨]者,距[⑩]违君命,而有所壅塞不行是惧!不然,敝邑,馆人之属也(馆人,守舍人也),其敢爱丰氏之祧[⑪]?"伍举知其有备也,请垂橐[⑫]而入(垂櫜,示无弓)。许之。

正月乙未[⑬],入,逆而出。遂会于虢,寻宋之盟也(宋盟在襄二十七年)。祁午谓赵文子曰:"宋之盟,楚人得志于晋。今令尹之不信,诸侯之所闻也。子弗戒,惧又如宋。子木之信称于诸侯,犹诈晋而驾焉[⑭](诈谓衷甲),况不信之尤者乎?楚重得志于晋,晋之耻也。子相晋国以为盟主,于今七年矣(襄二十五年为政。以春言,故云七年)!再合诸侯(襄二十五年会夷仪,二十六年会澶渊),三合大夫(襄二十七年会宋,三十年会澶渊及今会虢也),服齐、狄,宁东夏(襄二十八年齐侯、白狄朝晋),平秦乱(襄二十六年秦、晋为成),城淳于[15](襄二十九年城杞之淳于,杞迁都),师徒不顿[16],国家不罢,民无谤讟[17],诸侯无怨,天无大灾,子之力也。有令名矣,而终之以耻[18],午也是惧。吾子其不可以不戒!"文子曰:"武[19]受赐矣!然宋之盟,子木有祸人之心,武有仁人之心,是楚所以驾于晋也。今武犹是心也,楚又行僭[20](僭,不信),非所害[21]也。武将信以为本,循[22]而行之。譬如农夫,是穮是蓘[23](穮,耘也。壅苗为蓘),虽有饥馑,必有丰年(言耕鉏不以水旱息,必获丰年之收)。且吾闻之:'能信不为人下。'吾未能也。《诗》曰:'不僭不贼,鲜不为则。'信也(《诗·大雅》。贼,害人也)。能为人则者,不为人下矣。吾不能是难[24],楚不为患。"楚令尹围请用牲,读旧书,加于牲上而已(旧书,宋之盟书。楚恐晋先歃,故欲从旧书。加于牲上,不歃血,《经》所以不书盟)。晋人许之。

三月甲辰[25],盟。楚公子围设服离卫[26](设君服,二人执戈陈於前,以自卫。离,陈也)。叔孙穆子曰:"楚公子美矣,君哉!"郑子皮曰:"二执戈者前矣(礼,君行,有二执戈在前)!"蔡子家曰:"蒲宫有前[27],不亦可乎(公子围在会,特缉蒲为王殿屋屏蔽(原文为"蔽屏"),以自殊异。言既造王宫而居之,虽服君服,无所怪也)?"楚伯州犁曰:"此行也,辞而假之[28]寡君(闻诸大夫讥之,故言"假"以饰令尹过)。"郑行人挥曰:"假不反矣!"伯州犁曰:"子姑忧子皙之欲背诞[29]也(襄三十年,郑子皙杀伯有,背命放诞,将为国难。言子且自忧此,无为忧令尹)。"子羽曰:"当璧[30]犹在(子羽,行人挥。当璧,谓弃疾。事在昭十三年),假而不反,子其无忧乎?"齐国子曰:"吾代二子愍[31]矣(国子,国弱也。二子,谓王子围及伯州犁)!"陈公子招曰:"不忧何成[32],二子乐矣。"卫齐子曰:"苟或知之,虽忧何害(齐子,齐恶。言先知为备,虽有忧难,无所损害)?"宋合左师曰:"大国令,小国共。吾知共而已。"晋乐王鲋曰:"《小旻》之卒章善矣,吾从之(《小旻》,《诗·小雅》。其卒章义取非唯暴虎冯河之可畏也,不敬小人亦危殆。王鲋从斯义,故不敢讥公子围)。”

退会,子羽谓子皮曰:“叔孙绞而婉[33](绞,切也。讥其似君,反谓之美,故曰婉),宋左师简而礼[34](无所臧否,故曰简。共事大国,故曰礼),乐王鲋字而敬[35](字,爱也。不犯凶人,所以自爱敬),子与子家持之(子,子皮。子家,蔡公孙归生。持之,言无所取与),皆保世[36]之主也。齐、卫、陈大夫其不免乎?国子代人忧,子招乐忧,齐子虽忧弗害。夫弗及而忧,与可忧而乐,与忧而弗害,皆取忧之道也,忧必及之。《大誓》曰:‘民之所欲,天必从之。’(《大誓》,《周书》)三大夫兆忧[37],忧能无至乎?言以知物[38],其是之谓矣(物,类也。察言以知祸福之类)。”

公羊传　此陈侯之弟招也,何以不称弟(据八年称弟)?贬。曷为贬?为杀世子偃师贬。曰陈侯之弟招杀陈世子偃师。大夫相杀称人,此其称名氏以杀何(后八年事)?言将自是弑君也(明其欲弑君,故令与弑君而立者同文。孔瑗弑君,本谋在招)。今将尔,词曷为与亲弑者同?君亲无将,将而必诛焉。然则曷为不于其弑焉贬(据未弑也)?以亲者弑,然后其罪恶甚,《春秋》不待贬绝而罪恶见者,不贬绝以见罪恶也。贬绝然后罪恶见者,贬绝以见罪恶也。今招之罪已重矣,曷为复贬乎此(据弃疾不豫贬)?著招之有罪也。何著乎招之有罪(据弃疾不著)?言楚之托乎讨招以灭陈也(八年楚灭陈。讨招之意不明,故豫则於此,明楚先以正罪讨招,乃灭陈也)。

解义　自向戌为弭兵之说[39],而赵武从之,至是楚人再先於晋,而齐亦从盟矣。晋既再屈,楚围篡立,遂合诸侯伐吴、诛齐庆封、执徐子、灭陈、灭蔡,兵祸之烈,诸侯之屈辱危亡,前此所未有也。向戌之以诬道蔽诸侯[40],赵武以偷安祸列国,罪不容於诛矣!

注释　①公子围:即王子围,时为楚令尹。②介:副使。③

墠(shàn):祭祀所用的平地。④丰氏:即公孙段。抚有:有。抚、有为同义词连用。⑤委君贶于草莽:把国君的恩赐丢在草丛中。委,弃。贶,赐。⑥宁:语中助词,无义。⑦老:卿老,上卿。⑧恃实其罪:意为依赖大国而不防备,则是罪。⑨憾:怨恨。⑩距:同"拒"。⑪祧:祖庙。⑫櫜:古时盛衣甲弓矢的口袋。⑬乙未:十五日。⑭驾:驾陵。诈晋而驾:宋之盟,楚子木穿着衬甲参加盟会,凌驾于晋。⑮淳于:城邑名,位于今山东安丘县。⑯顿:疲弊,损伤。⑰谤讟(dú):诽谤。⑱终之以耻:以蒙受耻辱而终结。⑲武:赵文子之名。⑳僭:不守信。㉑非所害:晋不是楚所能伤害的。㉒循:依照。㉓是穮(biao)是蓘(gǔn):言辛勤耕作。穮,田间除草。蓘,培土。㉔不能是难:难于不能。㉕甲辰:二十五日。㉖设服离卫:摆设国君的服饰仪仗,两卫士执戈侍立。离通俪,一对。㉗蒲宫有前:蒲宫,楚君离宫。有前,有执戈卫士立于前。㉘辞而假之:经请示而借来的。㉙子皙之欲背诞:指襄公三十年郑子皙杀伯有,背命放诞,将为国难。㉚当璧:指公子弃疾,后为楚平王。㉛愍:同"闵",忧。㉜不忧何成:不忧而乐何以成事。㉝绞而婉:恰当而婉转,含而不露。㉞简而礼:言简而合于礼。㉟字而敬:自爱而恭敬。㊱保世:保持世代禄位。㊲兆忧:开忧患之先兆。㊳言以知物:从言语来验证事情。㊴向戌:春秋时宋国大夫。弭兵:平息战事;停止战争。㊵诬道:欺诈之道。蔽:欺骗,蒙骗。

春秋　三月,取郓。

左传　季武子伐莒,取郓,莒人告于会。楚告于晋曰:"寻盟未退[1](寻弭兵之盟),而鲁伐莒,渎[2]齐盟,请戮其使(时叔孙豹在会,欲戮之)。"乐桓子相赵文子(桓子,即王鲋),欲求货于叔孙而为之请,使请带[3]焉(难指求货,故以带为辞),弗与。梁其踁[4]曰(踁,叔孙家臣):"货以藩身,子何爱焉?"叔孙曰:"诸侯之会,卫社稷也。我以货免，鲁必受师（言不戮其使，必伐其国）。是祸之也，何卫之为？人之有墙，以蔽恶也（喻已为国卫，如墙为人蔽）。墙之隙坏，谁之咎也（咎在墙）？卫而恶之[5]，吾又甚焉（罪甚墙）。虽怨季孙，鲁国何罪？叔出季处[6]，有自来矣（季孙守国，叔孙出使，所从来久），吾又谁怨？然鲋也贿，弗与，不已。”召使者，裂裳帛而与之，曰：“带其褊矣（言带褊尽，故裂裳，示不相逆）。”赵孟闻之，曰：“临患不忘国，忠也。思难不越官[7]，信也（谓言叔出季处）；图国忘死，贞也；谋主三者[8]，义也（三者，忠、信、贞）。有是四者，又可戮乎？”乃请诸楚曰：“鲁虽有罪，其执事[9]不辟难（执事，谓叔孙），畏威而敬命矣。子若免之，以劝左右可也。若子之群吏处不辟污[10]（污，劳事），出不逃难，其何患之有？患之所生，污而不治，难而不守，所由来也。能是二者，又何患焉？不靖其能[11]，其谁从之（安靖贤能，则众附从）？鲁叔孙豹可谓能矣，请免之以靖能者。子会而赦有罪，又赏其贤，诸侯其谁不欣焉望楚而归之，视远如迩？疆埸之邑，一彼一此，何常之有？王伯[12]之令也，引[13]其封疆，而树之官（引，正也）。举之表旗，而著之制令（旌旗以表贵贱。为诸侯作制度法令，使不得相侵犯）。过则有刑[14]，犹不可壹[15]。于是乎虞有三苗[16]（三苗，饕餮，放三危者），夏有观、扈（观，杜注：观国，顿丘卫县。今山东观城县西有古观国城。扈，杜注：在始平鄠县。今陕西鄠县北有古城。《书·序》曰：“启与有扈战于甘之野。”），商有姺、邳（姺、邳，杜（原文为“柱”，误）注：二国，商诸侯。邳，今下邳县。《竹书纪年》“商外壬元年，姺人、邳人叛，”即此），周有徐、奄（徐、奄，杜注：二国皆嬴姓。《书·序》曰：“成王伐淮夷，遂践奄。”徐即淮夷。今山东曲阜县旧城即古奄地）。自无令王[17]，诸侯逐进（逐，犹竞也），狎主齐盟[18]，其又可壹乎？恤大舍小，足以为盟主，又焉用之[19]（焉用治小事）？封疆之削[20]，何国蔑有？主齐盟者，谁能辩[21]焉（辩，治也）？吴、濮有衅，楚之执事岂其顾盟[22]（吴在东，濮在南。杜注：建宁郡南有濮夷。在今云南界）？莒之疆事，楚勿与知㉓，诸侯无烦㉔，不亦可乎？莒、鲁争郓，为日久矣，苟无大害于其社稷，可无亢㉕也（亢，御）。去烦宥善，莫不竞劝㉖。子其图之！"固请诸楚，楚人许之，乃免叔孙。

令尹享赵孟，赋《大明》之首章（《大明》，《诗·大雅》。言文王明明照於下，故能赫赫盛於上。令尹意在首章，故特称以自光大）。赵孟赋《小宛》之二章（《小宛》，《诗·小雅》。取其"各敬尔仪，天命不又"。言天命一去，不可复还，以戒令尹）。事毕，赵孟谓叔向曰："令尹自以为王矣，何如？"对曰："王弱，令尹强，其可哉（言可成）！虽可，不终㉗。"赵孟曰："何故？"对曰："强以克弱而安之，强不义也（安於胜君，是强而不义）。不义而强，其毙必速。《诗》曰：'赫赫宗周㉘，褒姒灭之。'强不义也（《诗·小雅》。褒姒，幽王后。王惑焉，而行不义，遂至灭亡。言虽赫赫盛强，不义足以灭之）。令尹为王，必求诸侯。晋少懦㉙矣，诸侯将往。若获诸侯，其虐滋甚㉚。民弗堪也，将何以终？夫以强取，不义而克㉛，必以为道㉜。道以淫虐㉝，弗可久已矣（为十二年楚弑灵王传）！"

公羊传 郓者何？内之邑也。其言取之何？不听也。

解义 季孙宿救台遂入郓，欲取而未得，故承莒乱伐而取之。其事与归父伐邾取绎同，而书法异，何也？使㉞书伐莒取郓，则疑於始讨贼而终得赂，但书取郓，则攻夺而已矣！

注释 ①退：结束。②渎：轻慢，亵渎。③请带：索要带子。不便直言索贿，以要带子为暗示。④梁其踁：叔孙的家臣。⑤卫而恶之：本为保卫社稷反而受到攻伐。⑥叔出季处：叔孙出使，季孙守国。⑦不越官：不忘记职守。⑧谋主三者：以忠、信、贞为谋事主导。⑨执事：指叔孙豹。⑩处不辟污：在国内不避污浊。意为处理国事不避困难。⑪靖其能：安靖贤能。⑫王、伯：三王五霸。⑬引：正。⑭过则有刑：越过边境则处罚之。⑮壹：一成不变。犹不可壹：如此还不能使边界一成不变。⑯三苗：以下均为历代反抗当时王朝的诸侯。⑰自无令王:自从没有英明的帝王。⑱狎主齐盟:交替主持结盟。狎,更,代。齐,通“斋”。⑲用之:治小事。焉用之:何必管这类边界争端小事。⑳削:削小。㉑辩:治。㉒顾盟:顾及盟约。㉓勿与知:不要参与过问。㉔无烦:不烦劳诸侯出兵伐鲁。㉕亢:庇护、捍卫。㉖竞劝:竞相勉励为善。㉗不终:不得善终。㉘赫赫宗周:非常显赫的周王室。㉙少懦:稍衰弱。㉚滋甚:更厉害。㉛不义而克:行不义而成功。㉜必以为道:必以不义为常道。㉝道以淫虐:以荒淫暴虐为常道。㉞使:假若。

附录左传　夏四月,赵孟、叔孙豹、曹大夫入于郑(会罢过郑),郑伯兼享[①]之。子皮戒[②]赵孟(戒享期),礼终,赵孟赋《瓠叶》(受所戒,礼毕而赋《诗》。《瓠叶》,《诗·小雅》,义取古人不以微薄废礼,虽瓠叶兔首,犹与宾客享之)。子皮遂戒穆叔,且告之(告以赵孟赋《瓠叶》)。穆叔曰:“赵孟欲一献[③](《瓠叶》诗义取薄物而以献酬,知欲一献),子其从之!”子皮曰:“敢乎?”穆叔曰:“夫[④]人之所欲也,又何不敢?”及享,具五献之笾豆于幕下[⑤](朝聘之制,大国之卿五献)。赵孟辞,私于子产曰:“武请于冢宰[⑥]矣(冢宰,子皮。请,谓赋《瓠叶》)。”乃用一献。赵孟为客,礼终乃宴。穆叔赋《鹊巢》(《鹊巢》,《诗·召南》。喻晋君有国,赵孟治之)。赵孟曰:“武不堪[⑦]也。”又赋《采蘩》(亦《诗·召南》。义取蘩菜薄物,可以荐公侯,享其信,不求其厚),曰:“小国为蘩[⑧],大国省穑[⑨]而用之,其何实非命[⑩](穑,爱也)?”子皮赋《野有死麇》之卒章(亦《诗·召南》。卒章,喻赵孟以义抚诸侯,无以非礼相加陵)。赵孟赋《常棣》(《常棣》,《诗·小雅》。取其“凡今之人,莫如兄弟”。言欲亲兄弟之国),且曰:“吾兄弟比以安[⑪],龙[⑫]也可使无吠(受子皮之诗)。”穆叔、子皮及曹大夫兴[⑬],拜,举兕爵[⑭],曰:“小国赖子,知免于戾[⑮]矣(兕爵,罚不敬。言小国蒙赵孟德比以安,自知免此罚戮)。”饮酒乐。赵孟出,曰:“吾不复此矣。”

天王使刘定公劳赵孟于颍，馆于洛汭[16]（王，景王。定公，刘夏。洛汭，杜注：在河南巩县南。水曲流为汭）。刘子曰：“美哉禹功（见河、洛而思禹功），明德远矣！微禹，吾其鱼乎[17]！吾与子弁冕端委[18]，以治民临诸侯（端委，礼衣），禹之力也。子盍亦远绩[19]禹功，而大庇民乎？”对曰：“老夫罪戾是惧，焉能恤远？吾侪偷食[20]，朝不谋夕，何其长也？”刘子归，以语王曰：“谚所谓老将知而耄及之者[21]（耄，乱也），其赵孟之谓乎！为晋正卿，以主诸侯，而侪[22]于隶人，朝不谋夕，弃神人[23]矣。神怒民叛，何以能久？赵孟不复年矣（言将死，不复见明年）。神怒，不歆[24]其祀；民叛，不即其事[25]。祀事不从，又何以年（为此冬赵孟卒张本）？”

叔孙归，曾夭[26]御季孙以劳之。旦及日中不出（恨季孙伐莒，使已几被戮）。曾夭谓曾阜[27]曰（阜，叔孙家臣）：“旦及日中，吾知罪矣。鲁以相忍[28]为国也，忍其外不忍其内，焉用之（欲受楚戮，是忍其外。日中不出，是不忍其内）？”阜曰：“数月于外（言叔孙劳役在外数月），一旦于是[29]，庸何伤[30]？贾而欲赢，而恶嚣[31]乎（言譬如商贾求赢利者，不得恶喧嚣之声）？”阜谓叔孙曰：“可以出矣！”叔孙指楹曰：“虽恶是，其可去乎（楹，柱也。以喻鲁有季孙，犹屋有柱）？”乃出见之。

郑徐吾犯[32]之妹美（犯，郑大夫），公孙楚聘之矣（楚，子南。穆公孙），公孙黑又使强委禽[33]焉（禽，雁也。纳采用雁）。犯惧，告子产。子产曰：“是国无政[34]，非子之患也。唯所欲与。”犯请于二子，请使女择焉。皆许之，子晳盛饰入[35]，布币而出（子晳，公孙黑。布陈贽币）。子南[36]戎服入。左右射，超乘[37]而出。女自房观之，曰：“子晳信美矣，抑子南夫也（言丈夫）。夫夫妇妇[38]，所谓顺也。”适子南氏。子晳怒，既而櫜甲[39]以见子南，欲杀之而取其妻。子南知之，执戈逐之。及冲[40]（冲，交道），击之以戈。子晳伤而归,告大夫曰:“我好见之,不知其有异志也,故伤。”

大夫皆谋之。子产曰:“直钧[41],幼贱有罪[42]。罪在楚也(先聘,子南直也。子南用戈,子皙直也。子产力未能讨,故钧其事,归罪於楚)。”乃执子南而数之,曰:“国之大节有五,女皆奸[43]之:畏君之威,听其政,尊其贵,事其长,养其亲。五者所以为国也。今君在国,汝用兵焉,不畏威也。奸国之纪,不听政也(奸国之纪,谓伤人)。子皙,上大夫,女,嬖大夫[44],而弗下之,不尊贵也。幼而不忌[45],不事长也(忌,畏也)。兵其从兄[46](子皙,子南之从兄),不养亲也。君曰:‘余不女忍杀[47],宥女以远[48]。’勉,速行乎,无重而罪!”

五月庚辰,郑放游楚[49]于吴(游楚,即子南),将行子南[50],子产咨于大叔[51](大叔,游楚之兄子)。大叔曰:“吉不能亢身,焉能亢宗(亢,蔽也)?彼,国政也,非私难也。子图郑国,利则行之,又何疑焉?周公杀管叔而蔡蔡叔[52](蔡,放也),夫岂不爱?王室故也。吉若获戾,子将行之,何有于诸游(为二年郑杀公孙黑传)?”

春秋　夏,秦伯之弟鍼出奔晋。

左传　秦后子[53]有宠于桓,如二君于景[54](后子,秦桓公子,景公母弟鍼也。其权宠如二君)。其母曰:“弗去,惧选(选,数也。恐景公数其罪而加戮)。”癸卯,鍼适晋,其车千乘。书曰:“秦伯之弟鍼出奔晋。”罪秦伯也(罪失教)。

后子享晋侯,造舟于河(造舟为梁,通秦、晋之道),十里舍车[55](一舍八乘,为八反之备),自雍[56]及绛(雍绛相去千里)。归取酬币(备九献之仪,始礼自齐其一,故续送其八酬酒币),终事八反[57](每十里以八乘车,各以次载币相授而还,不径至,故言“八反”。千里用车八百乘,其二百乘以自随。《传》言秦鍼之奢富)。司马侯问焉,曰:“子之车,尽于此而已乎?”对曰:“此之谓多矣!若能少此,吾何以得见(言已坐车多,故出奔)?”女叔齐[58]以告公,且曰:“秦公子必归。臣闻君子能知其过，必有令图[59]。令图，天所赞也。”

后子见赵孟。赵孟曰：“吾子其曷归[60]（问何时当归）？”对曰：“鍼惧选于寡君，是以在此，将待嗣君。”赵孟曰：“秦君何如？”对曰：“无道。”赵孟曰：“亡乎[61]？”对曰：“何为？一世无道，国未艾[62]也（艾，绝也）。国于天地，有与立[63]焉（言欲辅助之者多）。不数世淫[64]，弗能毙也。”赵孟曰：“天乎？”对曰：“有焉。”赵孟曰：“其几何？”对曰：“鍼闻之，国无道而年谷和熟，天赞之也。鲜不五稔[65]。”赵孟视荫，曰：“朝夕不相及，谁能待五（荫，日景。赵孟意衰，以日景自喻，故言如此）？”后子出，而告人曰：“赵孟将死矣。主民，玩岁而愒日[66]（玩、愒皆贪也），其与几何[67]？”

公羊传 秦无大夫，此何以书？仕[68]诸晋也。曷为仕诸晋？有千乘之国，而不能容其母弟，故君子谓之出奔也。

穀梁传 诸侯之尊，弟兄不得以属通[69]。其弟云者，亲之也。亲而奔之，恶也。

解义 鍼者，秦桓公之子，景公母弟也。桓公爱其少子，宠赉[70]优厚，鍼遂富拟[71]於君，所以出奔也。国家强干弱枝，衣服礼秩[72]皆有差等，非徒为国远虑，亦以善全其所爱耳。鍼以公子，至有车千乘，则其人亦非能守礼秉义者。然既奔之，后能自知其过，必有令图，是以终得返国与！

注释 ①兼享：同时享用。②戒：告。③一献：士饮酒之礼，即主人向宾客进酒一次，其他食品亦相应减少。④夫：指示代词，那。⑤具五献之笾豆于幕下：在东房准备了五献的食品用具。笾豆，盛食品的礼器。笾，以竹制成；豆，以木制成。⑥冢宰：指子皮，为郑上卿。⑦不堪：不敢当。⑧蘩：谷名白蒿，菊科植物。此言贡品菲薄。⑨省穑：减省爱惜。穑，通“啬”，爱惜。⑩何实非命：何敢不从命。⑪比：亲密。比以安：亲密相安。⑫尨（páng）：狗。⑬兴：站起来。古人席地而坐，兴即站起来，起立后拜谢。⑭兕(sì)爵:用犀牛角制成的酒杯。⑮戾:罪。⑯洛汭:洛水岸边,其地位于今河南巩县洛水曲流处。⑰吾其鱼乎:我们或许成了鱼吧。⑱弁冕端委:弁冕,古时卿大夫的礼帽。端委,礼服。⑲绩:同“继”。⑳吾侪偷食:如我之辈不过苟且偷安,混饭过日子。㉑老将知:老了将聪明。知同“智”。耄及之:糊涂接着来到。耄:八十岁日耄昏乱,糊涂。㉒侪:等。㉓弃神人:丢弃神灵、百姓。㉔歆:享。㉕不即其事:不从事职事。即,就。㉖曾夭:季孙的家臣。㉗曾阜:叔孙的家臣。㉘相忍:相互忍让。㉙一旦于是:即一旦劳于是的省略。㉚庸何伤:有什么妨碍呢?㉛嚣:指市场上的喧嚣声。㉜徐吾犯:郑大夫。㉝委禽:古代婚礼,又称为纳采,纳采用雁,故称为委禽。㉞无政:政事混乱不修。㉟子皙:即公孙黑。盛饰:装扮华丽。㊱子南:即公孙楚。㊲超乘:跃上车。㊳夫夫妇妇:丈夫要像丈夫,妻子要像妻子。㊴櫜甲:即衷甲,内衬甲衣。㊵冲:大道四通之处。㊶直钧:双方理由均等。钧,同“均”。㊷幼贱有罪:年幼且地位低下的有罪。㊸奸:犯。㊹嬖大夫:即下大夫。㊺忌:敬。㊻兵其从兄:用武器伤害堂兄。从兄,同祖或同伯叔之子年长于己者均称为从兄。㊼不女忍杀:不忍杀女的倒装句。女同“汝”。我不忍心杀你。㊽宥女以远:赦免你的死罪逐于远方。㊾游楚:即子南。㊿行子南:使子南行。(51)大叔:即游吉,为游氏宗主。(52)蔡蔡叔:放逐蔡叔。前一“蔡”字用作动词,即放逐。(53)后子:秦桓公子,景公母弟,名鍼。(54)如二君于景:在景公时,如同有两个国君。(55)十里舍车:每隔十里,停车若干辆。(56)雍:秦都城,今陕西凤翔县。(57)终事八反:享礼结束,取币往返八次。后子享晋侯,用最隆重的九献之礼。九献则须用酬币九次。第一次酬币,后子先载于车,其余八次酬币,则须一次一次取于车,或后子欲藉酬币而多献贿于晋侯。(58)女叔齐:即司马侯。(59)令:善。令图:善谋。

⑥⓪曷归：何时归国。⑥①亡乎：秦国会灭亡吗？⑥②艾：绝。⑥③与立：帮助扶持。⑥④数世淫：连续几代荒淫。⑥⑤鲜不五稔：至少还可以历年。⑥⑥玩岁而愒日：习厌岁月，旷废时日。愒(kài)，旷废。⑥⑦其与几何：即其几何欤的变句。⑥⑧仕：通"事"。从事；做事。⑥⑨属通：通达，了解。⑦⓪宠赉：指帝王的赏赐。⑦①拟：效法。⑦②礼秩：指礼仪等第和爵禄品级。

附录左传　郑为游楚乱故，六月丁巳[①]，郑伯及其大夫盟于公孙段氏，罕虎、公孙侨、公孙段、印段、游吉、驷带私盟于闺门[②]之外，实薰隧[③]（闺门，郑城门。薰隧，门外道名。实之者，为明年子产数子皙罪称"薰隧盟"起本）。公孙黑强与于盟，使大史书其名，且曰七子（自欲同于六卿，故曰"七子"）。子产弗讨（子皙强，讨之恐乱国）。

春秋　六月丁巳，邾子华[④]卒。

春秋　晋荀吴帅师败狄于大卤[⑤]（大卤，《公羊》、《穀梁》作大原；杜注：大原晋阳县）。

左传　晋中行穆子败无终及群狄于大原（即大卤也。无终，山戎），崇卒[⑥]也。将战，魏舒曰："彼徒我车，所遇又厄[⑦]（地险不便车），以什共车[⑧]必克（更增十人，以当一车之用）。困诸厄，又克。请皆卒（去车为步卒），自我始。"乃毁车以为行[⑨]，五乘为三伍[⑩]（乘车者，车三人，五乘十五人。今改去车，更以五人为伍，分为三伍）。荀吴之嬖人不肯即卒，斩以徇。为五陈以相离[⑪]，两于前，伍于后，专为右角，参为左角，偏为前拒（皆临时处置之名），以诱之。翟[⑫]人笑之。未陈而薄之[⑬]，大败之。

公羊传　此大卤也，曷为谓之大原？地物从中国[⑭]，邑人名从主人。原者何？上平曰原，下平曰隰[⑮]。

穀梁传　《传》曰：中国曰大原，夷狄曰大卤。号从中国，名从主人。

解义　悼公[16]复霸,魏绛[17]请和戎,曰劳师于戎,而楚伐陈必不能救。晋既委诸侯于楚,而又有事於狄,此楚围所以得假讨贼之名[18],以并吞陈、蔡与。

注释　①丁巳:九日。②闺门:郑城门。③实薰隧:盟地就在薰隧。薰隧,闺门外道路名。④邾子华:指邾悼公,即曹华,为春秋诸侯国邾国君主第15代君主,是邾宣公的儿子。在位15年。死后,儿子邾庄公继位。⑤大卤:旧太原之别称。⑥崇卒:重用步兵。⑦戹:地势狭隘险要。⑧以什共车:每车配备十人。⑨行:步卒行列。⑩五乘为三伍:五辆战车的人员编为三个伍。伍,五人为伍,为战斗最小组织。⑪为五陈以相离:列成五种阵势以相互联系。离,通"丽",附丽。⑫翟:同"狄"。⑬未陈而薄之:乘敌未列阵式而迫近攻击。⑭中国:中原。⑮隰(xí):低湿的地方。⑯悼公:晋悼公。⑰魏绛(生卒年不详):姬姓,魏氏,名绛,谥号为庄,故史称魏庄子,春秋时晋国卿。⑱围:即王子围,时为楚令尹。假:借用,利用。

春秋　秋,莒去疾[1]自齐入于莒。

左传　莒展舆[2]立,而夺群公子秩[3]。公子召去疾于齐(去疾奔齐,在襄三十一年)。秋,齐公子鉏纳去疾。

解义　去疾以名系国,与齐小白[4]同,明其当有国也。於次[5]去疾为长,以君弑出奔,而国人召之,则其复无恶可知矣!

注释　①莒去疾:即莒著丘公,己去疾,在位13年(前541年—前529年)。②莒展舆:即莒废公,己姓,名展舆,为春秋诸侯国莒国君主之一。在位1年。③秩:俸禄,指禄米或土地。④齐小白:即齐桓公(?—前643),名小白,春秋时期齐国的国君,"春秋五霸"之首,前685—前643年在位。⑤次:顺序。

春秋　莒展舆出奔吴(展下,《公羊》、《穀梁》无舆字)。

左传　展舆奔吴。

解义 展舆之立逾年矣，与郑忽、曹羁异[①]，而不称爵，其罪大也。为弑君者所立，既立乎其位，而不能讨贼，则不可以有国矣！以名系国，以其尝[②]为世子，与郑突、曹赤无先君之命者异也[③]。其奔吴，本吴出也！

注释 ①郑忽：郑昭公（？—前695），春秋时郑国国君，姬姓，名忽，郑庄公长子。曹羁：曹君姬羁，春秋曹国国君。庄公射姑子，继庄公而立。前671—前670年在位。既立，戎（我国古代称西方的民族）伐曹。羁奔陈。②尝：曾经。③郑突：郑厉公（？—前673）春秋时郑国国君，姬姓，名突。郑庄公次子。曹赤：曹僖公姬赤（？—前662），一名夷。春秋曹国国君。继曹羁而立。公元前670—公元前662年在位。

春秋 叔弓帅师疆郓田。

左传 叔弓帅师疆郓田，因莒乱也（此春取郓，今正其疆界）。于是莒务娄、瞀胡及公子灭明以大厖与常仪靡奔齐[①]（三子，展舆党。大厖、常仪靡，杜注：莒二邑。当在今莒州北竟）。君子曰："莒展之不立，弃人也夫（夺群公子秩，是弃人）！人可弃乎？《诗》曰：'无竞维人[②]。'善矣（《诗·周颂》。言惟得人，则国家强）。"

公羊传 疆郓田者何？与莒为竟[③]也。与莒为竟，则曷为帅师而往？畏莒也。

穀梁传 疆之为言，犹竟也。

解义 取郓不书，帅师者乘莒乱出其不意而取之为易。今欲固[④]其所得，则莒人来争，必矣。故动大众，使卿将以疆之，胁莒以必从也[⑤]。

注释 ①务娄、瞀胡、公子灭明：皆为展舆同党。大厖、常仪靡：为莒之二邑，其地位于今山东莒县西北。②无竞维人：意为要强大只有拥有人才。③竟：同"境"。④固：巩固。⑤胁：胁迫。从：顺从，依从。

春秋　葬邾悼公。

解义　邾、滕、薛,小国也。秦,远国也。皆至昭公,而书葬,鲁衰甚矣。待小国如大国,远国如近国。

附录左传　晋侯有疾,郑伯使公孙侨如晋聘,且问疾①。叔向问焉,曰:"寡君之疾病,卜人曰:'实沈、台骀为祟。'史莫之知,敢问此何神也?"子产曰:"昔高辛氏②有二子(高辛,帝喾),伯曰阏伯,季曰实沈,居于旷林③,不相能④也(旷林,杜注:地阙)。日寻⑤干戈,以相征讨。后帝不臧⑥(后帝,尧也),迁阏伯于商丘,主辰⑦(商丘,杜注:宋地。即今河南商丘县。辰,大火也)。商人是因⑧,故辰为商星(商人,汤先相土封商丘,因阏伯故国,祀辰星)。迁实沈于大夏⑨,主参⑩(大夏,杜注:今晋阳县。即大原也。参,水星)。唐人是因,以服事夏、商(唐人,若刘累之等)。其季世曰唐叔虞。当武王邑姜方震大叔⑪(邑姜,武王后。怀胎为震。大叔,即叔虞),梦帝谓己:'余命而子曰虞,将与之唐⑫,属诸参⑬,而蕃育其子孙。'及生,有文在其手曰:'虞',遂以命之。及成王灭唐而封大叔⑭焉,故参为晋星。由是观之,则实沈,参神也。昔金天氏有裔子曰昧⑮,为玄冥师⑯,生允格、台骀(金天氏,帝少皞。玄冥,水官。昧为水官之长)。台骀能业其官⑰,宣⑱汾、洮(汾、洮,杜注:二水名。《后汉志》:闻喜有洮水。今闻喜县属山西),障⑲大泽,以处大原⑳。帝㉑用嘉之(帝,颛顼),封诸汾川㉒。沈、姒、蓐、黄㉓,实守其祀(四国,台骀之后)。今晋主汾而灭之矣。由是观之,则台骀,汾神也。抑此二者㉔,不及君身㉕。山川之神,则水旱疠疫之灾,于是乎禜㉖之(《周礼》:"四曰禜。"祭为营攒,用币,以祈福祥)。日月星辰之神,则雪霜风雨之不时,于是乎禜之。若君身,则亦出入㉗饮食哀乐之事也,山川星辰之神,又何为焉"?侨闻之,君子有四时:朝以听政,昼以访问,夕以修令,夜以安身。于是乎节宣其气㉘,勿使有所壅闭湫底㉙,以露㉚其体(湫,集也。底,滞也。露,羸也。节宣失时则血气集滞而体羸露)。兹心不爽,而昏乱百度[31](爽,明也)。今无乃壹之(同四时也),则生疾矣。侨又闻之,内官[32]不及同姓(内官,嫔御),其生不殖(殖,长也),美先尽矣,则相生疾(同姓之相与,先美矣。美极则尽,尽则生疾),君子是以恶之。故《志》曰:'买妾不知其姓,则卜之。'违此二者[33],古之所慎也(壹四时,取同姓。二者,古人所慎)。男女辨姓,礼之大司也。今君内实有四姬焉[34](同姓姬四人),其无乃是也乎?若由是二者,弗可为也已(为,治也)。四姬有省犹可,无则必生疾矣(据异姓,去同姓,故言省)。"叔向曰:"善哉!肸未之闻也。此皆然矣。"叔向出,行人挥送之。叔向问郑故焉,且问子皙。对曰:"其与几何?无礼而好陵人,怙富而卑其上,弗能久矣。"晋侯闻子产之言,曰:"博物[35]君子也。"重贿之。

晋侯求医于秦。秦伯使医和视之,曰:"疾不可为也。是谓:'近女室[36],疾如蛊[37](蛊,惑疾)。非鬼非食[38],惑以丧志[39](惑女色而失志)。良臣将死,天命不佑。'"公曰:"女不可近乎?"对曰:"节之。先王之乐,所以节百事也。故有五节[40](五声之节),迟速本末以相及,中声以降[41],五降[42]之后,不容弹矣(此谓先王之乐得中声,声成五降而息也。降,罢退)。于是有烦手淫声[43],慆堙心耳[44],乃忘平和,君子弗听也(五降不息,则杂声并奏。慆,慢也。书无,即慆淫)。物亦如之,至于烦[45],乃舍也已,无以生疾。君子之近琴瑟,以仪节也,非以慆心也(为心之仪节,使动不过度)。天有六气[46](谓阴、阳、风、雨、晦、明也),降生五味(谓金味辛、木味酸、水味咸、火味苦、土味甘,皆由阴、阳、风、雨而生),发为五色(辛色白,酸色青,咸色黑,苦色赤,甘色黄。发,见也),徵为五声(白声商,青声角,黑声羽,赤声徵,黄声宫。徵,验也),淫生六疾[47](淫,过也)。六气曰阴、阳、风、雨、晦、明也。分为四时,序为五节[48],过则为灾。阴淫寒疾(寒过则为冷),阳淫热疾(热过则喘渴),风淫末疾[49](末,四肢也。风为缓急),雨淫腹疾(雨湿之气为泄注),晦淫惑疾[50](晦,夜也。为宴寝过节,则心惑乱),明淫心疾(明,昼也。思虑烦多,心劳生疾)。女,阳物而晦时[51],淫则生内热惑蛊之疾(女常随男,故言"阳物"。家道常在夜,故言"晦时")。今君不节不时[52],能无及此乎?"出,告赵孟。赵孟曰:"谁当良臣?"对曰:"主[53]是谓矣!主相晋国,于今八年,晋国无乱,诸侯无阙,可谓良矣。和闻之,国之大臣,荣其宠禄,任其大节[54],有灾祸兴而无改[55]焉(改,改行以救灾),必受其咎。今君至于淫以生疾,将不能图恤社稷,祸孰大焉!主不能御[56],吾是以云也。"赵孟曰:"何谓蛊?"对曰:"淫溺惑乱之所生也。于文,皿虫为蛊(文,字也。皿,器也。器受蛊,害者为蛊)。谷之飞[57]亦为蛊(谷久积则变为飞虫,名曰蛊)。在《周易》,女惑男,风落山,谓之《蛊》䷑(《巽》下《艮》上,《蛊》。《巽》为长女,为风。《艮》为少男,为山。少男说长女,非匹,故惑。山木得风而落)。皆同物也(物,犹类也)。"赵孟曰:"良医也。"厚其礼归之。

春秋　冬十有一月己酉,楚子麇[58]卒(麇,《公羊》、《穀梁》作卷)。

左传　楚公子围使公子黑肱、伯州犁城犨、栎、郏[59](黑肱,王子围之弟子皙也。犨、栎、郏,杜注:犨县,属南阳;郏县,属襄城;栎,河南阳翟县。三邑本郑地。今犨县故城在河南鲁山县东南。郏县,属河南汝州),郑人惧。子产曰:"不害。令尹将行大事[60],而先除二子也(二子,谓黑肱、伯州犁)。祸不及郑,何患焉?"冬,楚公子围将聘于郑,伍举为介。未出竟[61],闻王有疾而还。伍举遂聘。十一月己酉[62],公子围至,入问王疾,缢而弑之。遂杀其二子幕及平夏[63](皆郏敖子)。右尹子干出奔晋(子干,王子比)。宫厩尹子皙出奔郑。杀大宰伯州犁于郏。葬王于郏,谓之郏敖。使赴于郑,伍举问应为后之辞焉(问赴者)。对曰:"寡大夫围。"伍举更之曰:"共王之子围为长(伍举更赴辞,使从礼。此告终称嗣,不以篡弑赴诸侯)。”子干奔晋,从车五乘。叔向使与秦公子同食(食禄同),皆百人之饩[64]。赵文子曰:“秦公子富。”叔向曰:“底[65]禄以德(底,致也),德钧以年[66],年同以尊。公子以国,不闻以富。且夫以千乘去其国,强御已甚。《诗》曰:‘不侮鳏寡,不畏强御(《诗·大雅》)。’秦、楚,匹也。”使后子与子干齿[67](以年齿为高下而坐)。辞曰:“鍼惧选,楚公子不获,是以皆来,亦唯命(不获,不得自安。言唯主人命所处)。且臣与羁齿[68],无乃不可乎(后子先来仕,欲自同于晋臣,为主人。子干后来奔,以为羁旅之客)?史佚有言曰:‘非羁何忌(忌,敬也。欲谦以自别)?’”楚灵王即位(灵王,公子围也,即位易名“熊虔”),薳罢为令尹,薳启强为大宰。郑游吉如楚,葬郏敖,且聘立君。归,谓子产曰:“具行器矣!楚王汰侈而自说其事[69],必合诸侯。吾往无日矣。”子产曰:“不数年,未能也(为四年会申传)。”

解义 据《传》及他书言麇为围所弑者不可悉数,而《经》书卒,或曰以申之会为诸侯讳也。夫乱贼不讨,如成宋乱宋灾故之类。圣人皆明著其罪,何以讳为?或曰麇以病卒,实非弑也,则诸传记所云岂尽妄[70]乎?盖楚无齐、晋太史之直书[71],列国之史皆承其伪赴[72],无所据以革之,与郑伯髡顽[73]等耳。

注释 ①问疾:探视疾病。②高辛氏:帝喾(kù)。③旷林:旷野之林。大森林。④不相能:互不相容,不能和睦相处。⑤寻:用。⑥后帝不臧:后帝,帝尧。不臧,不善,即不以为善。⑦主辰:以辰来定时节。辰,大火星,即心宿,亦名商星。⑧商人是因:商朝人沿袭下来。⑨大夏:即今太原市。⑩主参:以参星定时节。参,参宿即水星,有星七颗,即猎户星座。⑪邑姜:武王后,齐太公姜尚之女。震:怀孕。⑫与之唐:给他唐国。⑬属诸参:属于参星。⑭封大叔:大叔即叔虞,成王同母弟。叔虞封为唐侯,其子燮父改为晋侯。⑮金天氏:少昊,黄帝之子,名契。裔子:后代子孙。⑯玄冥师:水官之长。玄冥,水官。⑰业其官:以其官为世业。⑱宣:疏通。⑲障:筑堤防治理。⑳大原:高平地带。㉑帝:颛顼。㉒汾川:汾水流域。㉓沈、姒、蓐、黄:四国名,均为台骀的后代。㉔二者:指实沈、台骀。㉕不及君身:与晋君的疾病无关。㉖禜(yíng):一种祈福除灾的祭名,即聚草木而束之,设为祭处,以祭名求神鬼,去祸祈福。㉗出入:逸劳。㉘节宣其气:有节制地散发、畅通血液气脉。即调节气脉,使之畅通。㉙壅闭湫底:四字义近,即阻塞凝滞。㉚露:同"羸",弱。㉛百度:百事的节度。㉜内官:国君的姬妾。㉝二者:指作息无度及娶同姓之美女。㉞内实:宫内姬妾。四姬:姬姓者四人。㉟博物:常识渊博。㊱近女室:亲近女色。㊲蛊:惑疾。㊳非鬼非食:非由于鬼神,也非由于饮食。㊴惑以丧志:迷惑女色而丧失心志。㊵五节:五声的节奏。㊶迟速本末以相及,中声以降:宫商角徵羽五声,有迟有速,有本有末,调和而得中和之声,然后降于无声。㊷五降:弹奏五次得协和之音而平息。㊸烦手淫声:繁复的手法和靡靡之音。怠惰,过度。㊹堙心耳:使心中不定,耳朵淤塞。慆(tāo),淫。堙,塞。㊺烦:过度。㊻六气:指阴阳,风雨,晦明六种气象。㊼六疾:指下文的寒、热、末、腹、惑、心诸疾。㊽五节:五声之节。㊾末疾:四肢之疾。㊿晦淫惑疾:淫乱过度则得思维混乱之疾。51阳物:女阴常随男阳,故云阳物。晦时:男女同寝常在夜间,故云晦时。52不节不时:不节制性欲,近女色不分昼夜。53主:指赵武。54大节:大事。55无改:赵孟为正卿。不能使君改正好色之过。56御:禁止。57谷之飞:谷物中生出的飞虫。58楚子麇:即楚郏敖。芈(mǐ)熊员,姓芈名员,也称楚熊员,谥号为楚郏敖。春秋时代楚国的第二十八任君王,在位4年(前544年—前541年)。59犨(chōu)、郏:本为郑邑,后归楚。60行大事:指弑君之事。61竟:同"境"。62己酉:初四日。

⑥③幕、平夏:楚王二子名。⑥④饩(xì):口粮,食物。⑥⑤底:致。这里是取得之意。⑥⑥钧:通“均”。年:年龄。⑥⑦齿:并列。⑥⑧羁:客居,寄居。这里指子干。与羁齿:与羁旅之客并列。⑥⑨汰侈:骄傲奢侈。说:同“悦”。⑦⓪妄:胡乱,荒诞不合理。⑦①直书:据实书写。⑦②伪赴:指虚假的讣告。⑦③郑伯髡顽:即郑僖公,姬姓,名髡顽,一名恽,为春秋诸侯国郑国君主之一,是郑国第十六任君主。他为郑成公子,在位5年(公元前570—前566年)。

春秋 楚公子比[①]出奔晋。

解义 郑伯髡顽以如会道卒,故可变文,以发[②]人之疑,而楚麇则无可因之事也。然围与比皆公子,围专兵柄,麇卒而比奔,围遂得国,而麇之子不立,则其情亦不可掩矣!

注释 ①公子比:楚共王之子,公子围之弟。②发:引起。

附录左传 十二月,晋既烝[①](烝,冬祭也),赵孟适南阳,将会孟子余[②](孟子余,赵衰,赵武之曾祖。其庙在于晋之南阳温县。往会祭之)。甲辰朔,烝于温(赵氏烝祭。甲辰,十二月朔)。庚戌,卒(十二月七日。终刘定公、秦后子之言)。郑伯如晋吊,及雍乃复(传言大夫强,诸侯畏而吊之)。

春秋 二年春,晋侯使韩起来聘。

左传 二年春,晋侯使韩宣子来聘(公即位故。宣子,韩起),且告为政而来见(代赵武为政),礼也。观书于太史氏,见《易》《象》与《鲁春秋》,曰:“周礼尽在鲁矣(《易象》,上下经之象辞。《鲁春秋》,史记之策书。《春秋》遵周公之典以序事,故曰“周礼”)。吾乃今知周公之德,与周之所以王也。”公享之。季武子赋《绵》之卒章(《绵》,《诗·大雅》。卒章义取文王有四臣,故能兴起。以晋侯比文王,以韩子比四辅)。韩子赋《角弓》[③](《角弓》,《诗·小雅》。取其“兄弟昏姻,无胥远矣”)。季武子拜,曰:“敢拜子之弥缝[④]敝邑,寡君有望矣(谓以兄弟之义)。”武子赋《节》之卒章(《节》,《诗·小雅》。卒章取“式讹尔心,以畜万邦”,以美晋德)。既享,宴于季氏,有嘉树焉,宣子誉之。武子曰:“宿敢不封殖此树,以无忘《角弓》。”遂赋《甘棠》⑤(《甘棠》,《诗·召南》。召伯息于甘棠之下,诗人思之,而爱其树。武子欲封殖嘉树如甘棠,以宣子比召公)。宣子曰:“起不堪也,无以及召公。”宣子遂如齐纳币(为平公聘少姜)。见子雅。子雅召子旗⑥(子旗,子雅之子),使见宣子。宣子曰:“非保家之主也,不臣⑦(志气亢)。”见子尾。子尾见强⑧(强,子尾之子),宣子谓之如子旗。大夫多笑之,唯晏子信之,曰:“夫子⑨,君子也(夫子,韩起)。君子有信,其有以知之矣。”自齐聘于卫。卫侯享之,北宫文子赋《淇澳》(《淇澳》,《诗·卫风》。美武公也。言宣子有武公之德)。宣子赋《木瓜》(《木瓜》,亦《卫风》。义取欲厚报以为好)。

解义　前此,晋之聘鲁者九,未闻以上卿执政承使者,盖晋益衰,故视列国如匹敌,犹鲁益衰,则视邾、薛如大国耳!

注释　①烝:冬祭。②会:求福除灾的祭祀。孟子余:赵衰,赵武的曾祖父。③《角弓》:《诗经·小雅》篇名。义取兄弟之国宜相亲附。④弥缝:补救行事之缺陷。⑤《甘棠》:《诗经·召南》篇名。诗意为赞颂吾公之德。武子赋此诗想将宣子比召公。⑥子旗:子雅之子。⑦不臣:其言谈举止傲慢不恭。⑧强:子尾之子。⑨夫子:指韩起。

附录左传　夏四月,韩须如齐逆女(须,韩起子。逆少姜)。齐陈无宇送女,致少姜①。少姜有宠于晋侯,晋侯谓之少齐(为立别号,所以宠异之)。谓陈无宇非卿,执诸中都②(中都,杜注:晋邑。在西河界休县东南。今山西平遥县西北有中都古城)。少姜为之请曰:“送从逆班③(班,列也),畏大国也,犹有所易,是以乱作(韩须,公族大夫。陈无宇,上大夫。言齐畏晋,改易礼制,使上大夫送,遂致此执辱之罪。盖少姜谦以示讥)。”

春秋　夏,叔弓如晋。

左传 叔弓聘于晋，报宣子也（此春韩宣子来聘）。晋侯使郊劳。辞曰："寡君使弓来继旧好，固曰：'女无敢为宾！'彻命[4]于执事（彻，达也），敝邑弘[5]矣。敢辱郊使？请辞。"致馆。辞曰："寡君命下臣来继旧好，好合使成[6]，臣之禄[7]也（禄，荣也）。敢辱大馆？"叔向曰："子叔子知礼哉（子叔，子叔弓）！吾闻之曰：'忠信，礼之器[8]也。卑让，礼之宗[9]也。'辞不忘国，忠信也（谓称旧好）。先国后己[10]，卑让也（谓始称敝邑之弘。次称臣之禄）。《诗》曰：'敬慎威仪，以近有德。'夫子近德矣（《诗·大雅》）。"

春秋 秋，郑杀其大夫公孙黑。

左传 秋，郑公孙黑将作乱，欲去游氏而代其位（游氏，大叔之族），伤疾作而不果[11]。驷氏[12]与诸大夫欲杀之（驷氏，黑之族）。子产在鄙[13]，闻之，惧弗及，乘遽[14]而至。使吏数之[15]，曰："伯有之乱（在襄三十一年），以大国之事，而未尔讨[16]也。尔有乱心，无厌，国不女堪[17]。专伐伯有，而罪一也。昆弟争室，而罪二也（谓争徐吾犯之妹）。薰隧之盟，女矫[18]君位，而罪三也（谓使大史书七子）。有死罪三，何以堪之？不速死，大刑将至。"再拜稽首，辞曰："死在朝夕，无助天为虐。"子产曰："人谁不死？凶人不终[19]，命也。作凶事，为凶人。不助天，其助凶人乎？"请以印为褚师[20]（印，子皙之子。褚师，市官）。子产曰："印也若才，君将任之。不才，将朝夕从女。女罪之不恤，而又何请焉？不速死，司寇将至。"七月壬寅[21]，缢。尸诸周氏之衢，加木[22]焉（书其罪于木，以加尸上）。

解义 黑怙强[23]而好乱干国之纪，数矣！君大夫畏而不敢诛，会其疾而后幸胜焉。则所以讨罪者，非其道矣。故称国以杀，而不去其官。

注释 ①致：送至夫家。致少姜：护送少姜去晋国成婚。②中都：邑名。③送从逆班：送亲的人与迎亲的人地位相等。④彻命:上达使命。⑤弘:弘大,光大。⑥成:完成使命。⑦禄:福。⑧器:容器。⑨宗:主。⑩先国后己:先称国称君,后称臣之福禄。⑪不果:不成。⑫驷氏:公孙黑之族。⑬鄙:边境之邑。⑭遽:传车。可经驿站换车马,日夜快速奔跑。⑮数之:责数其罪名。⑯未尔讨:未讨伐你的罪过。⑰国不女堪:国家不容忍你。⑱矫:假托。⑲凶人不终:恶人不得善终。⑳印:公孙黑之子。褚师:市官。㉑壬寅:初一日。㉒加木:书其罪名于木板,放在尸体上。㉓怙强:以有强大力量而自恃。

春秋　冬,公如晋,至河乃复。季孙宿如晋。

左传　晋少姜卒。公如晋,及河。晋侯使士文伯来辞,曰:"非伉俪也。请君无辱!"公还,季孙宿遂致服[①]焉(致少姜之襚服)。叔向言陈无宇于晋侯曰:"彼何罪?君使公族逆之,齐使上大夫送之。犹曰不共[②],君求以[③]贪。国则不共(逆卑于送,是晋国不共),而执其使。君刑已颇[④],何以为盟主?且少姜有辞。"冬十月,陈无宇归。十一月,郑印段如晋吊(吊少姜)。

公羊传　其言至河乃复何?不敢进也。

穀梁传　耻如晋,故著有疾[⑤]也。公如晋而不得入,季孙宿如晋而得入,恶季孙宿也。

解义　季孙久自结於晋以擅[⑥],鲁自襄公之末君臣之衅[⑦]已开,故嗣君[⑧]丧毕而朝霸国,季孙畏公之诉己於晋也,故使晋辞[⑨]公而后己入焉。《公》、《穀》所传,实得其情,盖晋之强家与季孙同志[⑩],故计无不行。观此,则子野之卒,书法与见弑者不殊[⑪],不可谓非笔削[⑫]之大义也,不然圣人作《经》岂若是混而无别哉!

注释　①致服:送少姜丧葬之服。②共:同恭。③以:通"已",太。君王的要求太过分。④颇:偏。⑤疾:怨恨。⑥擅:超越职权,自作主张。⑦衅:缝隙,争端。⑧嗣君:继位的国君。⑨辞:推辞,不接受。⑩同志:指志同道合。⑪子野:鲁襄公之子,襄公妾胡国之女敬归所生。不殊:没有区别;一样。⑫笔削:笔指记载,削指删改,古时在竹简、木简上写字,要删改得用刀刮去,后用做请人修改文章的敬辞。此特指《春秋》。

卷四十八

昭公(三年之五年)

春秋 三年春王正月。

附录左传 三年春，王正月，郑游吉如晋，送少姜之葬。梁丙与张趯见之[①](二子，晋大夫)。梁丙曰："甚矣哉！子之为此来也(卿共妾葬，过礼甚)。"子大叔曰："将得已[②]乎？昔文、襄之霸也[③]，其务不烦诸侯。令诸侯三岁而聘，五岁而朝，有事而会，不协而盟。君薨，大夫吊，卿共葬事。夫人，士吊，大夫送葬。足以昭礼命事谋阙[④]而已(朝聘以昭礼，盟会以谋阙)，无加命矣(命有常)。今嬖宠[⑤]之丧，不敢择位，而数于守适[⑥](不敢以其位卑，而令礼数如守适夫人)，唯惧获戾，岂敢惮烦？少姜有宠而死，齐必继室。今兹吾又将来贺，不唯此行也。"张趯曰："善哉！吾得闻此数[⑦]也。然自今，子其无事矣。譬如火[⑧]焉(火，心星)，火中，寒暑乃退[⑨](心以季夏昏中而暑退，季冬旦中而寒退)。此其极也，能无退乎？晋将失诸侯，诸侯求烦不获[⑩](言将不能复烦诸侯)。"二大夫退。子大叔告人曰："张趯有知，其犹在君子之后[⑪]乎(讥其无隐讳)！"

春秋 丁未，滕子原[⑫]卒(原，《公羊》作泉)。

左传 丁未，滕子原卒。同盟，故书名。

附录左传 齐侯使晏婴请继室于晋(复以女继少姜)，曰："寡君使婴曰：'寡人愿事君，朝夕不倦，将奉质币[⑬]，以无失时，则国家多难，是以不获[⑭]。不腆先君之适(谓少姜)，以备内官，焜耀[⑮]寡人之望，则又无禄，早世殒命，寡人失望。君若不忘先君之好，惠顾齐国，辱收寡人[⑯]，徼[⑰]福于大公、丁公(二公，齐先君)，照临敝邑，镇抚其社稷，则犹有先君之适及遗姑姊妹若而人[⑱](言如常人,不敢誉)。君若不弃敝邑,而辱使董振[19]择之(董,正也。振,整也。言选择,精审也),以备嫔嫱,寡人之望也。'"韩宣子使叔向对曰:"寡君之愿也。寡君不能独任其社稷之事,未有伉俪。在缞绖之中,是以未敢请。君有辱命,惠莫大焉。若惠顾敝邑,抚有晋国,赐之内主[20],岂唯寡君,举群臣实受其贶。其自唐叔以下,实宠嘉之。"

既成昏[21](许昏成),晏子受礼(受宾享之礼)。叔向从之宴,相与语。叔向曰:"齐其何如(问兴衰)?"晏子曰:"此季世[22]也,吾弗知。齐其为陈氏矣!公弃其民,而归于陈氏。齐旧四量[23],豆、区、釜、钟。四升为豆,各自其四,以登[24]于釜(四豆为区,区斗六升。四区为釜,釜六斗四升。登,成也)。釜十则钟(六斛四斗)。陈氏三量,皆登一[25]焉,钟乃大矣(登,加也。加一,谓加旧量之一也。以五升为豆,五豆为区,五区为釜,则区二斗,釜八斗,钟八斛)。以家量贷[26],而以公量收之(贷厚而收薄)。山木如市,弗加于山[27]。鱼盐蜃蛤,弗加于海(贾如在山、海,不加贵)。民参其力,二入于公,而衣食其一(言公重赋敛)。公聚朽蠹,而三老[28]冻馁(三老,谓上寿、中寿、下寿,皆八十已上,不见养遇)。国之诸市,屦贱踊贵[29](踊,刖足者屦,言刖多)。民人痛疾,而或燠休[30]之(燠休,痛念之声。谓陈氏也),其爱之如父母,而归之如流水,欲无获民,将焉辟之?箕伯、直柄、虞遂、伯戏[31](四人皆舜后,陈氏之先),其相胡公、大姬[32],已在齐矣(胡公,四人之后,周始封陈之祖。大姬,其妃也。言陈氏将有国。其先祖鬼神已共在齐)。"叔向曰:"然。虽吾公室,今亦季世也。戎马不驾,卿无军行[33],公乘[34]无人,卒列无长(百人为卒。言人皆非其人,非其长)。庶民罢[35]敝,而公室滋侈。道殣[36]相望,而女富溢尤[37](嬖宠之家)。民闻公命,如逃寇仇。栾、郤、胥、原、狐、续、庆、伯[38],降在皂隶(八姓,晋旧臣之族也。皂隶,贱官)。政在家门[39],民无所依,君日不悛[40],以乐慆忧(慆,藏也)。公室之卑,其何日之有？谗鼎之铭[41]曰(谗，鼎名也)：‘昧旦丕显[42]，后世犹怠(昧旦，早起也。丕，大也。言夙兴以务大显，后世犹解怠)。’况日不悛，其能久乎？”晏子曰：“子将若何？”叔向曰：“晋之公族尽矣。肸闻之，公室将卑，其宗族枝叶先落，则公从之。肸之宗十一族，唯羊舌[43]氏在而已。肸又无子(无贤子)。公室无度，幸而得死，岂其获祀？”初，景公欲更晏子之宅，曰：“子之宅近市，湫隘嚣尘[44]，不可以居，请更诸爽垲[45]者(爽，明。垲，燥)。”辞曰：“君之先臣容焉，臣不足以嗣之，于臣侈矣。且小人近市，朝夕得所求，小人之利也。敢烦里旅[46](旅，众也。不敢劳众为己宅)？”公笑曰：“子近市，识贵贱乎？”对曰：“既利之，敢不识乎？”公曰：“何贵何贱？”于是景公繁于刑[47]，有鬻踊者。故对曰：“踊贵屦贱。”既已告于君，故与叔向语而称之。景公为是省于刑。君子曰：“仁人之言，其利博哉。晏子一言而齐侯省刑。《诗》曰：‘君子如祉[48]，乱庶遄[49]已(《诗·小雅》。如，行也。祉，福也。遄，疾也。言君子行福，则庶几乱疾止也)。’其是之谓乎！”及晏子如晋，公更其宅，反，则成矣。既拜(拜谢新宅)，乃毁之，而为里室，皆如其旧(本坏里室，以大晏子之宅，故复之)。则使宅人反之(还其故室)，曰：“谚曰：‘非宅是卜，唯邻是卜(卜良邻)。’二三子[50]先卜邻矣(二三子，谓邻人)，违卜不祥。君子不犯[51]非礼(去俭即奢为非礼)，小人不犯不祥，古之制也。吾敢违诸乎？”卒复其旧宅。公弗许，因陈桓子以请，乃许之。

夏四月，郑伯如晋，公孙段相，甚敬而卑，礼无违者。晋侯嘉焉，授之以策(策，赐命之书)，曰：“子丰[52]有劳于晋国(子丰，段之父)，余闻而弗忘。赐女州田(州，杜注：县，属河内郡。本周邑)，以胙[53]乃旧勋。”伯石[54]再拜稽首，受策以出。君子曰：“礼，其人之急[55]也乎！伯石之汰也，一为礼于晋，犹荷其禄[56]，况以礼终始乎？《诗》曰：‘人而无礼，胡不遄死？’其是之谓乎！”

初，州县，栾豹之邑也(豹，栾盈族)。及栾氏亡(在襄二十三年)，范宣子、赵文子、韩宣子皆欲之。文子曰："温，吾县也(州本属温。温，赵氏邑)。"二宣子曰："自郤称以别郤[57]，三传[58]矣(郤称，晋大夫，始受州。自是州与温别)。晋之别县不唯州，谁获治之?"文子病之，乃舍之。二子曰："吾不可以正议[59]而自与也。"皆舍之。及文子为政，赵获[60]曰(获，文子子)："可以取州矣。"文子曰："退！二子[61]之言，义也(二子，二宣子也)。违义，祸也。余不能治余县，又焉用州？其以徼祸也？君子曰：'弗知实难[62]。'知而弗从[63]，祸莫大焉。有言州必死。"丰氏故主韩氏(旧以韩氏为主人)，伯石之获州也，韩宣子为请之，为其复取之之故(为七年丰氏归州张本)。

春秋　夏，叔弓如滕。五月，葬滕成公(滕始书葬)。

左传　五月，叔弓如滕，葬滕成公，子服椒为介。及郊，遇懿伯之忌，敬子不入(忌，怨也。懿伯，椒之叔父。敬子，叔弓也。叔弓礼椒，为之辟仇)。惠伯曰(惠伯，子服椒)："公事有公利，无私忌，椒请先入。"乃先受馆。敬子从之(《传》言叔弓之有礼)。

解义　鲁未尝会小国之葬。以襄公之葬，滕子亲来，故厚报而使卿共事。夫天王之葬，鲁有不会，或使微者往。比事以观，而其罪益著矣！

注释　①梁丙、张趯(tì)：二人为晋大夫。②得已：意为不得不如此。已，止。③文、襄：晋文公、襄公。④昭礼命事谋阙：宣扬礼仪，发布命令，商议补救缺失。⑤嬖宠：即少姜。⑥数于守适：礼数超过正妻。守适，国君原配。守，内官为长。适，同"嫡"。⑦数：礼数。⑧火：大火，星名。⑨火中，寒暑乃退：大火星夏末黄昏时在天空中，暑气渐消，冬末天明时在天空中，寒气渐退。⑩不获：不得。⑪之后：之列。⑫滕子原：即滕成公，姬原，为春秋诸侯国滕国君主之一。前 573 年—前 539 年在位。⑬质币：财礼。⑭不获：不能自来。⑮焜(kūn)：明。焜耀：明照之意。⑯辱收寡人:承蒙抚恤寡人。⑰徼:求。⑱先君之适:谓原配所生。遗姑姊妹:非原配所生。若而人:若干人。⑲董振:同义词连用,即慎重。⑳内主:内宫之主,即正夫人。㉑成昏:定婚。㉒季世:末代,衰世。㉓四量:四种计量器。㉔登:升。即以五升为豆,五豆为区,五区为釜。㉕登一:升一。㉖以家量贷:有私家的量器借出。㉗弗加于山:价格不高于山上。㉘三老:年老致仕者。一说三老指上寿、中寿、下寿,皆八十以上的老人。或以为三老指工老、商老、农老。㉙屦贱踊贵:麻鞋便宜,假足很贵。屦,麻鞋。踊,假足。一说为扶持之杖。此言受刑者很多。㉚燠休:厚赐。㉛箕伯等:四人皆舜的后代,陈氏的先祖。㉜胡公、大姬:胡公,周始封陈氏之祖;大姬,胡公之妃。㉝无军行:不帅兵。㉞公乘:公室的战车。㉟罢:通"疲"。㊱道殣(jìn):路上饿死者。殣:饿死于道路而草草掩埋之冢。㊲女富溢尤:嬖宠之家的财富多得容纳不下。㊳栾、郤、胥等:此为晋国八大家庭,即栾枝、郤缺、胥臣、先轸、狐偃、续简伯、庆郑、伯宗。㊴政在家门:由赵、韩等执政之卿把持国政。㊵君日不悛:君一天也不肯改过。㊶谗鼎:鼎名。㊷昧旦丕显:凌晨即起,可大为显赫。昧旦,欲亮未亮之时。㊸羊舌:食邑名。叔向以叔为族,以羊舌为氏。㊹湫隘嚣尘:低湿狭小,喧闹又多尘埃。㊺爽垲:明亮高爽。垲(kǎi),高而干燥。㊻里旅:官名,掌卿大夫之家宅。㊼繁于刑:滥施刑罚。㊽祉:福。㊾遄:疾速。㊿二三子:指邻人。51不犯:不击触犯。52子丰:公孙段之父。53胙:酬报。54伯石:公孙段。55急:急需。56荷其禄:接受它的福禄。57称以别:郤称为晋大夫。别,划分为二。即将此地划分为州与温两县。58三传:州地开始属郤称采邑,后传于赵氏,又传于栾豹。故云三传。59正议:公正的主张。以公正之议论责人而自得其邑。60赵获:赵文子之子。61二子:指二宣子。62弗知实难:难在不知祸由何起。

㊿知而弗从：知祸端而不避之。

附录左传 晋韩起如齐逆女（为平公逆）。公孙虿[1]为少姜之有宠也，以其子更公女而嫁公子（更嫁公女）。人谓宣子："子尾欺晋，晋胡受之？"宣子曰："我欲得齐而远其宠（宠，谓子尾），宠将来乎？"

秋七月，郑罕虎如晋，贺夫人，且告曰："楚人日征[2]敝邑，以不朝立王之故（楚灵王新立）。敝邑之往，则畏执事，其谓寡君'而固有外心。'其不往，则宋之盟云（云"交相见"）。进退罪也。寡君使虎布之。"宣子使叔向对曰："君若辱有寡君[3]，在楚何害？修宋盟也。君苟思盟，寡君乃知免于戾矣。君若不有寡君，虽朝夕辱于敝邑，寡君猜[4]焉。君实有心，何辱命焉？君其往也！苟有寡君，在楚犹在晋也。"张趯使谓太叔曰："自子之归也（归在此年春），小人粪除[5]先人之敝庐，曰子其将来。今子皮实来，小人失望。"大叔曰："吉贱，不获来（贱，非上卿），畏大国，尊夫人也。且孟曰：'而将无事。'吉庶几焉（孟，张趯也。庶几如趯言）。"

春秋 秋，小邾子来朝。

左传 小邾穆公来朝。季武子欲卑之[6]，穆叔曰："不可。曹、滕、二邾，实不忘我好，敬以逆之，犹惧其贰。又卑一睦焉（一睦，谓小邾），逆群好[7]也？其如旧而加敬焉！《志》曰：'能敬无灾。'又曰：'敬逆来者，天所福也。'"季孙从之。

解义 昭公即位之初，大国来聘，小国来朝。虽仍邦交之旧，然权臣擅[8]国，公室无民。昭公中主[9]，无大过人之材，故不能拨乱反正，而先儒刻责[10]之深，亦未得其实也！

注释 ①公孙虿：子尾。②征：责问。③辱有寡君：承蒙有真心于寡君。④猜：疑。⑤粪除：扫除。粪，除土。⑥卑之：以低于诸嬖、宠臣。⑦逆群好：将背离与鲁结好诸国。⑧擅：独揽，占有。⑨中主：中等才德的君主。⑩刻责：严加责备；严格要求。

春秋　八月,大雩[①]。

左传　八月,大雩,旱也。

附录左传　齐侯田[②]于莒(莒,齐东竟),卢蒲弊见,泣且请曰:"余发如此种种[③],余奚能为(嫳,庆封之党。襄二十八年,放之于竟。种种,短也。自言衰老,不能复为害)?"公曰:"诺,吾告二子(二子,子雅、子尾)。"归而告之。子尾欲复之,子雅不可,曰:"彼其发短而心甚长,其或寝处我矣。"九月,子雅放卢蒲弊于北燕(恐其复作乱)。

春秋　冬,大雨雹。

春秋　北燕伯款出奔齐。

左传　燕简公多嬖宠,欲去诸大夫而立其宠人。冬,燕大夫比[④]以杀公之外嬖(比,相亲比)。公惧,奔齐。书曰:"北燕伯款出奔齐。"罪之也。

穀梁传　其曰北燕,从史文也。

解义　凡国君出奔,不言其逐之者,亦不著其所以出。燕大夫杀君之宠人,以胁而出之,其罪大矣!而第[⑤]书款奔,所谓存王法,不诛其人身也!

注释　①大雩(yú):古求雨祭名。②田:田猎。③自言衰老发短,无力再作乱。种种:短的样子。④比:勾结。⑤第:仅,只。

附录左传　十月,郑伯如楚,子产相。楚子享之,赋《吉日》(《吉日》,《诗·小雅》。宣王田猎之诗。楚王欲与郑伯共田,故赋之)。既享,子产乃具田备[①],王以田江南之梦[②](楚之云梦,跨江南北)。齐公孙灶[③]卒(灶,子雅)。司马灶[④]见晏子,曰(司马灶,齐大夫):"又丧子雅矣。"晏子曰:"惜也!子旗不免,殆哉[⑤](以其不臣。子旗,子雅之子)!姜族弱矣,而妫[⑥]将始昌(妫,陈氏)。二惠竞爽,犹可(子雅、子尾皆齐惠公之孙。竞,强也。爽,明也),又弱一个焉,姜其危哉!”

春秋 四年春王正月,大雨雹(雹,《公羊》、《穀梁》俱作雪)。

左传 大雨雹。季武子问于申丰曰(申丰,鲁大夫):“雹可御乎?”对曰:“圣人在上,无雹,虽有,不为灾。古者,日在北陆[7]而藏冰(陆,道也。谓夏十二月,日在虚危,冰坚而藏之);西陆[8],朝觌[9]而出之(谓夏三月,日在昴毕,蛰蟲出而用冰。春分之中,奎星朝见东方)。其藏冰也,深山穷谷,固阴沍寒[10],于是乎取之(沍,闭也。必取积阴之冰,所以道达其气,使不为灾)。其出之也,朝之禄位[11],宾食丧祭,于是乎用之。其藏之也,黑牲、秬黍,以享司寒[12](黑牡,黑牲也。秬,黑黍也。司寒,玄冥,北方之神。故物皆用黑。有事于冰,故祭其神)。其出之也,桃弧、棘矢[13],以除其灾(桃弓棘箭,所以禳除凶邪,将御至尊故)。其出入也时。食肉之禄[14],冰皆与焉(食肉之禄,谓在朝廷治其职事就官食者)。大夫命妇,丧浴用冰。祭寒[15]而藏之(享司寒),献羔而启之(二月春分献羔、祭韭,始开冰室),公始用之(公先用,优尊)。火出而毕赋[16](火星昏见东方,谓三月、四月中)。自命夫、命妇,至于老疾,无不受冰。山人[17]取之,县人传之(山人,虞官也。县人,遂属),舆人纳之,隶人藏之。夫冰以风壮[18],而以风出[19](顺春风而散用)。其藏之也周,其用之也遍,则冬无愆阳[20](愆,过也。谓冬温),夏无伏阴[21](伏阴,谓夏寒),春无凄风,秋无苦雨,雷出不震[22],无灾霜雹[23],疠疾不降,民不夭札[24]。今藏川池之冰,弃而不用(既不藏深山穷谷之冰,又火出不毕赋,有馀则弃之)。风不越而杀[25],雷不发而震(越,散也。言阴阳失序,雷风为害)。雹之为灾,谁能御之?《七月》之卒章,藏冰之道[26]也(《七月》,《诗·豳风》。卒章曰:“二之日凿冰冲冲”,谓十二月凿而取之。“三之日纳于凌阴”,凌阴,冰室也。“四之日其蚤,献羔祭韭”,谓二月春风,蚤开冰室,以荐宗庙)。”

解义 季氏专国,有无君之心,阴阳失位,故冬春之间大雨雹者。再而申丰乃以为藏冰非法之故,或有畏而不敢正言,或党附季孙曲为之说㉗,以蔽㉘君之听要之,皆名教㉙之罪人也!

注释　①田备:田猎用具。②以:与,和。后省宾语。梦:云梦泽。③公孙灶:即子雅。④司马灶:齐国大夫。⑤殆哉:以其傲慢不臣,故很危险了。⑥妫,陈氏。⑦北陆:指虚宿和危宿。地球公转至此为小寒与大寒,这时为夏历十二月,当极冷之时。⑧西陆:指昴宿和毕宿。昴、毕诸星早晨出现,则取出藏冰,其时应是清明、谷雨,当夏历四月。⑨朝觌(dí):早晨出现。⑩固阴冱寒:凝滞阴寒之气。固冱(hù)同义,凝固。⑪朝之禄位:指卿大夫士等官员。⑫司寒:为冬神玄冥。冬在北陆,故用黑色。⑬桃弧、棘矢:用桃木弓、荆棘箭挂在冰室门口以消除灾祸。⑭食肉之禄:禄位足以食肉者。指吃肉的官吏。⑮祭寒:即祭祀司寒之神。⑯火出而毕赋:大火星出现分配完毕。大火星于黄昏时出现,则为夏历三月,此时食肉者皆可得冰。⑰山人:即山虞,小官,执掌山林之政令。⑱冰以风壮:冰因寒风而坚。⑲而以风出:由于春风而取出。⑳愆阳:愆,过也,过阳即过暖冬暖。㉑伏阴:阴寒。㉒不震:雷鸣不击伤。㉓无灾霜雹:霜雹不成灾。㉔夭札:短命为夭,因流行病死亡曰札。得瘟病而夭死。㉕风不越而杀:风不散而草木凋零。㉖藏冰之道:藏冰的道理。㉗党附:结党阿附。曲为之说:形容周密而详审的谎言。㉘蔽:欺骗,隐瞒。㉙名教:名声与教化。

附录左传　四年春,王正月,许男如楚,楚子止之,遂止郑伯,复田江南,许男与焉(前年楚子已与郑伯田江南,故言“复”)。使椒举如晋求诸侯,二君待之(郑、许二君)。椒举致命曰:“寡君使举曰:‘日①君有惠,赐盟于宋(宋盟在襄二十七年),曰:晋、楚之从,交相见也。以岁之不易,寡人愿结欢于二三君。’使举请间②。君若苟无四方之虞,则愿假宠③以请于诸侯。”晋侯欲勿许。司马侯曰:“不可。楚王方侈,天或者欲逞其心,以厚其毒[④]而降之罚,未可知也。其使能终,亦未可知也。晋、楚唯天所相[⑤],不可与争。君其许之,而修德以待其归。若归于德,吾犹将事之,况诸侯乎?若适淫虐,楚将弃之,吾又谁与争?”公曰:“晋有三不殆[⑥],其何敌之有?国险而多马,齐、楚多难(多篡弑之难)。有是三者,何乡[⑦]而不济?”对曰:“恃险与马,而虞[⑧]邻国之难,是三殆也。四岳[⑨](东岳岱、西岳华、南岳衡、北岳恒)、三涂(三涂,杜注:在河南陆浑县南。《水经注》:伊水历崖口,山峡也。壁立如阙,即古三涂山。在今河南嵩县)、阳城(阳城,杜注:在阳城县东北。今河南登封县北车岭山是也)、大室(大室,杜注:在阳城县西北,即嵩高也。在今河南登封县北)、荆山(荆山,杜注;在新城沶乡县南。在今湖广南漳县西南)、中南[⑩](中南,杜注:在始平武功县南。在今陕西长安县南),九州之险也,是不一姓。冀之北土(燕、代),马之所生,无兴国焉。恃险与马,不可以为固也,从古以然。是以先王务修德音以亨[⑪]神人(亨,通也),不闻其务险与马也。邻国之难,不可虞也。或多难以固其国,启其疆土;或无难以丧其国,失其守宇[⑫](于国则四垂为宇)。若何虞难?齐有仲孙之难而获桓公[⑬],至今赖之(仲孙,公孙无知。事在庄九年)。晋有里、平之难[⑭]而获文公,是以为盟主(里克、丕郑,事在僖九年)。卫、邢无难,敌亦丧之[⑮](闵二年,狄灭卫。僖二十五年,卫灭邢)。故人之难,不可虞也。恃此三者,而不修政德,亡于不暇[⑯],又何能济?君其许之!纣作淫虐,文王惠和[⑰],殷是以陨,周是以兴,夫岂争诸侯?”乃许楚使。使叔向对曰:“寡君有社稷之事,是以不获春秋时见(言不得自往,谦辞)。诸侯,君实有之,何辱命焉?”椒举遂请昏[⑱](盖楚子使举时,兼使求昏),晋侯许之。楚子问于子产曰(子产时从郑简公在楚):“晋其许我诸侯乎?”对曰:“许君。晋君少安[⑲],不在诸侯。其大夫多求(贪也),莫匡其君。在宋之盟,又曰如一,若不许君,将焉用之

(焉用宋盟)?”王曰:“诸侯其来乎?”对曰:“必来。从宋之盟,承君之欢,不畏大国(大国,晋也),何故不来?不来者,其鲁、卫、曹、邾乎?曹畏宋,邾畏鲁,鲁、卫逼于齐而亲于晋,唯是[20]不来。其余,君之所及也,谁敢不至?”王曰:“然则吾所求者,无不可乎?”对曰:“求逞于人[21],不可;与人同欲,尽济。”

春秋　夏,楚子、蔡侯、陈侯、郑伯、许男、徐子、滕子、顿子、胡子、沈子、小邾子、宋世子佐、淮夷会于申(楚子专会诸侯始此)。

左传　夏,诸侯如楚,鲁、卫、曹、邾不会。曹、邾辞以难,公辞以时祭[22],卫侯辞以疾(如子产言)。郑伯先待于申。六月丙午[23],楚子合诸侯于申。椒举言于楚子曰:“臣闻诸侯无归,礼以为归[24]。今君始得诸侯,其慎礼矣。霸之济否,在此会也。夏启有钧台[25]之享(启,禹子。钧台,杜注:河南阳翟县南有钧台陂,在今河南禹州城北关外),商汤有景亳[26]之命(景亳,杜注:河南巩县西南有汤亭,或言亳,即偃师。按:今河南偃师县南有景山即此),周武有孟津之誓(孟津,即盟津也),成有岐阳之蒐(周成王归自奄,大蒐于岐山之阳。岐山,杜注:在扶风美阳县西北。在今陕西岐山县境),康有酆宫之朝(酆,杜注:在始平鄠县东,有灵台。《括地志》:鄠县东三十五里有丰宫,今属陕西西安府),穆有涂山之会(周穆王会诸侯于涂山。涂山,杜注:在寿春东北。今山在江南怀远县东南),齐桓有召陵之师[27](在僖四年),晋文有践土之盟[28](在僖二十八年)。君其何用?宋向戌、郑公孙侨在,诸侯之良也,君其选[29]焉(选择所用)。”王曰:“吾用齐桓。”王使问礼于左师与子产。左师曰:“小国习之,大国用之,敢不荐闻[30]?”献公合诸侯之礼六(其礼六仪也。宋公爵,故献公礼)。子产曰:“小国共职,敢不荐守[31]?”献伯、子、男会公之礼六(郑,伯爵,故献伯、子、男会公之礼。其礼同,所从言之异)。君子谓合左师善守先代[32],子产善相小国。王使椒举侍于后,以规过[33](规正二子之过)。卒事,不规。王问其故,对曰:“礼,吾所未见者有六[34]焉,又何以规

(左师、子产所献六礼,楚皆未尝行)?"宋大子佐后至,王田于武城,久而弗见。椒举请辞焉(请王辞谢之)。王使往,曰:"属[35]有宗祧之事于武城(言为宗庙田猎),寡君将堕币[36]焉,敢谢后见(堕,布也,输也。恨其后至,故言将因诸侯会,布币乃相见)。"徐子,吴出也,以为贰焉,故执诸申。楚子示诸侯侈[37],椒举曰:"夫六王二公[38]之事(六王:启、汤、武、成、康、穆也。二公:齐桓、晋文),皆所以示诸侯礼也,诸侯所由用命也。夏桀为仍[39]之会,有缗[40]叛之(仍、缗,杜注:皆国名)。商纣为黎之蒐,东夷叛之(黎,杜注:东夷国名)。周幽为大室之盟,戎狄叛之(大室,中岳)。皆所以示诸侯汰也,诸侯所由弃命也。今君以汰,无乃不济乎?"王弗听。子产见左师曰:"吾不患楚矣,汰而愎谏[41],不过十年。"左师曰:"然。不十年侈,其恶不远,远恶而后弃。善亦如之,德远而后兴(为十三年楚弑其君传)。"

解义 晋霸始衰,齐首背之,平公[42]犹屡合诸侯以讨焉。自齐庄公死,齐与晋平,晋侯自是不复出与会盟,故楚虔[43]遂合诸侯借讨乱之名以逞其贪暴,虽虔终自败,而天下之大势遂不可复挽矣!其原皆由晋政不纲[44],诸卿植党[45],列国强家争附之以固其私,而怠[46]於公义也!春秋之初,乱臣贼子,国人、邻国皆应时[47]致讨,其后乃有受其赂而不讨与之会,以定其位者。至於楚虔,则天下诸侯奉为盟主,而属服焉。以晋之季世[48]屡以赂释乱贼而不讨,诸侯离心,势已外溃,六卿则而象之,权复内移,以至流毒於生民如是其烈也!

注释 ①日:昔日。②请间:请于闲暇时听从寡人的请求。间,暇。③假宠:假借威宠。即借光。④厚其毒:加深其危害。⑤相:助。⑥三不殆:言晋有三方面可恃而不危殆。⑦乡:同"向"。⑧虞:乐。⑨四岳:指东岳泰山,西岳华山,南岳衡山,北岳恒山。⑩三涂:即三涂山,俗名崖口,在今河南嵩县西南伊水之北。阳城:俗名城山岭,在今河南登封县东南。大室:即今河南登封县的嵩山。荆山:在今湖北南漳县西八十里。中南:即陕西西安市南的终南山,又名秦山,秦岭。⑪亨:即享。⑫守宇:所守之疆土。⑬仲孙之难:事见庄公八年、九年传。获:成就。⑭里、平之难:事见僖公九年传。里,里克;平,平郑。⑮敌亦丧之:敌人灭亡了它。闵公二年狄灭卫,僖公二十五年卫灭邢。⑯亡于不暇:即不暇于亡。意为挽救危亡还来不及。⑰惠和:慈惠和善。⑱请昏:求婚。⑲少安:安于小事,无大志。少,小。⑳唯是:因此。㉑求逞于人:在别人那里求得快意。㉒时祭:按时祭祀祖先。㉓丙午:十六日。㉔礼以为归:归服于有礼者。㉕钧台:位于今河南禹县。㉖景亳:位于今河南商丘北。㉗召陵之师:见僖公四年。㉘践土之盟:见僖公二十八年。㉙选:择哪种方式会诸侯。㉚荐闻:献其所闻。㉛荐守:献其所奉守的礼仪。㉜善守先代:善于奉守前代的礼仪。㉝规过:纠正礼仪之失。㉞六:指左师、子产所献六礼。㉟属:适逢。㊱堕币:即输币,以财礼祭献于宗庙。㊲示诸侯侈:对诸侯表现骄侈。㊳六王二公:六王指启、汤、武、成、庚、穆。二公即齐桓、晋文。㊴仍:古国名,太昊风姓后代,位于今山东金乡县东北。㊵有缗:即缗国,帝舜后代,姚姓。位于今山东金乡县东北。㊶愎谏:固执己见,拒谏。㊷平公:即晋平公,姬姓,晋氏,名彪,公元前557—前532年在位。即位之初(前557年),与楚国发生湛阪之战,获得胜利。㊸楚虔:即楚灵王,初名围,即王位后改名虔。(公元前540年—公元前529年在位)。楚共王的儿子,楚康王的弟弟,杀了侄儿楚郏敖自立。㊹原:缘故,原因。纲:治理。㊺植党:结党,树立党羽。㊻怠:轻慢,不尊敬。㊼应时:顺应时势。㊽季世:末世,末代。

春秋　楚人执徐子。

解义 吴、晋通使[①],道必由徐[②]。徐,吴出也,故虽属楚,而不禁吴、晋之通,故楚既与之会,而又执之。不言归者,在会而执,寻释[③]之也。

注释 ①通使:互派使者。②道:道路。由:经过。③寻释:不久就被释放了。寻,不久。

春秋 秋七月,楚子、蔡侯、陈侯、许男、顿子、胡子、沈子、淮夷伐吴。

左传 秋七月,楚子以诸侯伐吴。宋大子、郑伯先归(《经》所以更叙诸侯)。宋华费遂、郑大夫从。

春秋 执齐庆封,杀之。

左传 使屈申围朱方(朱方,杜注:吴邑,庆封所封也。屈申,屈荡子),八月甲申,克之。执齐庆封而尽灭其族(庆封以襄二十八年奔吴。八月无甲申,日误)。将戮庆封。椒举曰:"臣闻无瑕者可以戮人。庆封唯逆命,是以在此(逆命谓性不恭顺),其肯从于戮乎(言不肯默而从戮)?播于诸侯,焉用之?"王弗听,负之斧钺,以徇于诸侯,使言曰:"无或如齐庆封,弑其君,弱其孤[①],以盟其大夫(齐崔杼弑君,庆封其党也,故以弑君罪责之)。"庆封曰:"无或如楚共王之庶子围,弑其君、兄之子麇而代之,以盟诸侯。"王使速杀之。

公羊传 此伐吴也,其言执齐庆封何?为齐诛也。其为齐诛奈何?庆封走之吴,吴封之于防。然则曷为不言伐防?不与诸侯专封也。庆封之罪何?胁齐君而乱齐国也。

穀梁传 此入而杀,其不言入何也?庆封封乎吴钟离(言时杀庆封自于钟离,实不入吴)。其不言伐钟离何也?不与吴封也。庆封其以齐氏何也?为齐讨也。灵王使人以庆封令于军中,曰:"有若齐庆封弑其君者乎?"庆封曰:"子一息,我亦且一言。"曰:"有若楚公子围弑其兄之子而代之为君者乎?"军人粲然皆笑

(粲然,盛笑貌)。庆封弑其君而不以弑君之罪罪之者,庆封不为灵王服也,不与楚讨也。《春秋》之义:用贵治贱,用贤治不肖,不以乱治乱也。孔子曰:"怀恶而讨,虽死不服。"其斯之谓与!

解义　《春秋》书杀他国大夫之法有二,凡有罪而当诛者,曰某人杀某,若楚人杀陈徵舒是也;无罪者书执而杀之,若执蔡世子有以归用之,执陈行人干徵师[2]杀之是也。庆封有与弑其君之罪,而不书杀齐庆封,庆封不为楚虔服也。怀恶而讨,虽死不服,故不得纯以讨贼之辞书。

注释　①弱其孤:削弱国君的孤儿。孤,指齐景公。②干徵师:陈国大夫徵师。因采邑于干邑,而称干徵师。

春秋　遂灭赖(赖,《公羊》、《穀梁》俱作厉)。

左传　遂以诸侯灭赖。赖子面缚衔璧,士袒,舆榇[1]从之,造于中军。王问诸椒举,对曰:"成王克许(在僖六年),许僖公如是,王亲释其缚,受其璧,焚其榇。"王从之。迁赖于鄢(鄢,杜注:楚邑)。楚子欲迁许于赖,使斗韦龟与公子弃疾城之而还(为许城也。斗韦龟,子文之玄孙)。申无宇曰:"楚祸之首[2],将在此矣。召诸侯而来,伐国而克,城竟莫校[3](谓筑城与外竟,诸侯无与争)。王心不违[4],民其居乎(言将有事,不得安也)?民之不处,其谁堪[5]之?不堪王命,乃祸乱也。"

穀梁传　遂,继事也。

春秋　九月,取鄫。

左传　九月,取鄫,言易也。莒乱,著丘公立而不抚鄫(著丘公,去疾也),鄫叛而来,故曰取。凡克邑不用师徒[6]曰取。

公羊传　其言取之何?灭之也。灭之则其言取之何?内大恶讳也。

解义　襄六年,莒人灭鄫,尚未绝其祀[7],以为附庸。今鲁复取之莒,不书伐莒,鄫叛而来,不用师徒也。

注释　①舆榇:抬着棺材。②首:开端。③城竟莫校:在边境筑城无人抗争。④王心不违:王之意愿都得实现,无所违。⑤堪:禁受,承受。⑥师徒:指军队。⑦祀:祀舍,庙宇。

附录左传　郑子产作丘赋[①](丘,十六井,当出马一匹,牛三头。今子产别赋其田,如鲁哀公十一年之用田赋)。国人谤之,曰:"其父死于路[②](谓子国为尉氏所杀),已为虿[③]尾(谓子产重赋,毒害百姓)。以令于国,国将若之何?"子宽[④]以告(子宽,郑大夫)。子产曰:"何害?苟利社稷,死生以之。且吾闻为善者不改其度,故能有济也。民不可逞,度不可改(度,法也)。《诗》曰:'礼义不愆,何恤于人言(逸《诗》)。'吾不迁矣(迁,移也)。浑罕[⑤]曰(浑罕,子宽):"国氏[⑥]其先亡乎!君子作法于凉,其敝犹贪(凉,薄也)。作法于贪,敝将若之何?姬在列者[⑦](在列国也),蔡及曹、滕其先亡乎!逼而无礼(蔡逼楚,曹、滕逼宋)。郑先卫亡,逼而无法[⑧](逼晋、楚)。政不率[⑨]法,而制于心。民各有心,何上之有(子产权时救急,浑罕讥之正道)?"

冬,吴伐楚,入棘、栎、麻[⑩](棘、栎、麻,杜注:皆楚东鄙邑。谯国酂县东北有棘亭,汝阴新蔡县东北有栎亭。今河南新蔡县北野栎店即古栎城也。魏收志:安阳县治。麻城,在今江南砀山县境),以报朱方之役(朱方役在此年秋)。楚沈尹射奔命于夏汭[⑪](夏汭,杜注:汉水曲入江,今夏口也。亦曰汉口在今湖广江夏县。吴兵在东北,楚盛兵在东南,以绝其后),咸尹宜咎城钟离(宜咎本陈大夫,襄二十四年奔楚),薳启强城巢,然丹[⑫]城州来(然丹,郑穆公孙,襄十九年奔楚)。东国[⑬]水,不可以城(东国,即赖之故国也)。彭生罢赖之师[⑭](彭生,楚大夫。罢斗韦龟城赖之师)。

春秋　冬十有二月乙卯,叔孙豹卒。

左传　初,穆子去叔孙氏,及庚宗[⑮](成十六年辟侨如之难。庚宗,杜注:鲁地。今山东泗水县有庚宗亭),遇妇人,使私为食而宿焉[16]。问其行,告之故,哭而送之(妇人闻而哭之)。适齐,娶于国氏,生孟丙、仲壬。梦天压己,弗胜(穆子梦也)。顾而见人,黑而上偻[17](上偻,肩伛),深目而豭喙(口象猪)。号之曰:“牛!助余!”乃胜之。旦而皆召其徒,无之[18](徒,从者)。且曰:“志之[19](志,识也)。”及宣伯[20]奔齐(宣伯,侨如,穆子之兄。成十六年奔齐),馈之(穆子馈宣伯)。宣伯曰:“鲁以先子[21]之故,将存吾宗,必召女。召女,何如?”对曰:“愿之久矣(盖忿言)。”鲁人召之,不告而归。既立,所宿庚宗之妇人,献以雉[22]。问其姓[23](女生曰姓。谓子也),对曰:“余子长矣,能奉雉而从我矣。”召而见之,则所梦也。未问其名,号之曰:“牛!”曰:“唯[24]”。皆召其徒,使视之,遂使为竖[25](竖,小臣)。有宠,长使为政[26](为家政)。公孙明[27]知叔孙于齐(公孙明,齐大夫子明),归,未逆国姜[28],子明取之(国姜,孟仲母)。故怒,其子长而后使逆之(子,孟丙、仲壬)。田于丘莸(丘莸,杜注:地名),遂遇疾焉。竖牛欲乱其室而有之,强与孟盟,不可(欲使从己,孟不肯)。叔孙为孟钟[29],曰:“尔未际(际,接也。孟未与诸大夫相接见),飨大夫以落[30]之(以豭猪血衅钟曰落)。”既具(飨礼具),使竖牛请日[31](请飨日)。入,弗谒。出,命之日[32](诈命日)。及宾至,闻钟声。牛曰:“孟有北妇人之客[33](北妇人,国姜也。客谓公孙明)。”怒,将往,牛止之。宾出,使拘而杀诸外[34](杀孟丙),牛又强与仲[35]盟,不可。仲与公御莱书观于公[36](莱书,公御士名。仲与之私游观于公宫),公与之环。使牛入示[37]之(示叔孙)。入,不示。出,命佩之[38]。牛谓叔孙:“见仲[39]而何(而何,如何)?”叔孙曰:“何为?”曰:“不见,既自见矣(言仲已自往见公)。公与之环而佩之矣。”遂逐之,奔齐。疾急[40],命召仲,牛许而不召。杜泄[41]见,告之饥渴,授之戈(杜泄,叔孙氏宰也。牛不食叔孙,叔孙怒,欲使杜泄杀之)。对曰:“求之而至,又何去焉?”竖牛曰:“夫子疾病,不欲见人。”使置馈于个[42]而退(个,东西厢)。牛弗进,则置虚[43],命彻[44]

(写器令空,示若叔孙已食,命去之)。十二月癸丑,叔孙不食。乙卯,卒(三日绝粮)。牛立昭子而相之(昭子,叔孙豹之庶子叔孙婼)。公使杜泄葬叔孙。竖牛赂叔仲昭子与南遗(昭子,叔仲带也。南遗,季氏家臣),使恶杜泄于季孙而去之(憎泄不与己同志)。杜泄将以路葬㊺,且尽卿礼(路,王所赐叔孙车)。南遗谓季孙曰:"叔孙未乘路,葬焉用之?且冢卿㊻无路,介卿㊼以葬,不亦左㊽乎(冢卿,谓季孙。介,次也。谓叔孙)?"季孙曰:"然。"使杜泄舍路。不可,曰:"夫子受命于朝,而聘于王(夫子,谓叔孙聘。在襄二十四年,)。王思旧勋而赐之路。复命而致之君,君不敢逆王命而复赐之,使三官㊾书之。吾子为司徒,实书名㊿(谓季孙也。书名,定位号)。夫子为司马,与工正书服[51](谓叔孙也。服,车服之器,工正所书)。孟孙为司空,以书勋。今死而弗以[52],是弃君命也。书在公府而弗以,是废三官也。若命服,生弗敢服,死又不以,将焉用之?"乃使以葬。季孙谋去中军。竖牛曰:"夫子固欲去之(诬叔孙以媚季孙)。"

注释 ①丘赋:丘为乡间基层组织,原隶属采邑主。丘赋即按田亩征收军赋。鲁国于成公元年曾作丘甲,疑与此相同。②其父死于路:子产之父子国被尉氏所杀。③虿(chài):蝎子尾巴。④子宽:郑大夫。⑤浑罕:即子宽。⑥国氏:即子产家族。郑国公族,其公孙一代常以父之字为氏。子产之父公子发字子国,为郑穆公之子。本人公孙侨,故以"国"为氏。其它如子游之子称游楚,子罕之子子展称罕氏等。⑦姬在列者:姬姓列国。⑧逼:近,即邻近大国。逼而无法:郑逼近晋、楚,又不守旧法。⑨率:循。⑩棘、栎、麻:均为楚地名。棘:今河南永城县以南。栎:今河南新蔡县北二十里。麻:今安徽砀山县东北二十五里。⑪沈尹射:沈,县名,县长曰尹。射,人名。下文箴尹宜咎同此。夏汭:地名,位于今安徽凤台县西南。⑫然丹:郑穆公孙,于襄公十九年奔楚。⑬东国:楚以东部地区为东国,钟离、巢、州来及赖皆属东部邑。⑭彭生:楚大夫。罢赖之师:撤除赖地筑城之军。⑮穆子:即叔孙豹。庚宗:鲁地名,位于今山东泗水县东。⑯宿:与妇人私通。使私为食而宿焉:私下为己预备膳食而宿于其家。⑰上偻:上身佝偻,驼背。⑱无之:无所梦之人。⑲志之:命人记下梦中人形象。⑳宣伯:即叔孙侨如,穆子之兄。㉑先子:即宣伯先人。㉒献以雉:妇人向穆子献雉,隐含有子之意。㉓姓:子。㉔唯:应答之辞。㉕竖:小臣。㉖为政:主家政。㉗公孙明:齐大夫,字子明。与叔孙相知。㉘国姜:即孟丙、仲壬之母。㉙为孟钟:为孟丙铸一口钟。㉚落:古代凡器用,如钟、鼓之类,置于宗庙先以猪、羊或鸡之血祭之,称为衅。然后享宴,称为落,如今之落成典礼。衅不必享,落则享客。㉛请日:请穆子确定宴享日期。㉜命之日:即假传穆子确定的宴享日期。㉝北妇人之客:北妇人,即国姜。客,指公孙明。㉞杀诸外:拘杀孟丙于外。㉟仲:即仲壬。㊱莱书:人名,昭公御者。观于公:在公宫游观。㊲入示:入室以示穆子。㊳命佩之:诈以穆子之命使仲壬佩带。㊴见仲:使仲晋见昭公。㊵疾急:病危。㊶杜泄:叔孙氏家臣之长。㊷置馈于个:把食物放在厢房里。个,厢房。㊸置虚:将食物倒掉。㊹命彻:命令撤去食具。㊺路:路车,此指天子所赐的大路车。以路葬:用周王赐叔孙之车陪葬。㊻冢卿:正卿。冢,大。㊼介卿:次卿。介,次。㊽左:不顺。㊾三官:即下文的司徒、司马、司空。㊿书名:定位号。51服:车服。此指与路车相称的名种饰器。52以:用。

春秋　五年春王正月,舍中军。

左传　五年春,王正月,舍中军,卑公室也(罢中军。季孙称左师,孟氏称右师,叔孙氏则自以叔孙为军名)。毁中军于施氏[1],成诸臧氏[2](季孙不欲亲其议,敕二家会诸大夫发毁置之计,又取其令名)。初作中军,三分公室而各有其一。季氏尽征[3]之,叔孙氏臣其子弟[4],孟氏取其半[5]焉。及其舍之也,四分公室,季氏择二(简择取二分),二子各一。皆尽征之,而贡于公。以书。使杜泄告于殡,曰(告叔孙之柩):“子固欲毁中军,既毁之矣,故告。”杜泄曰:“夫子唯不欲毁也,故盟诸僖闳[6],诅诸五父之衢(皆在襄十一年)。”受其书而投之(投,掷也),帅士而哭之(痛叔孙之见诬)。叔仲子谓季孙曰:“带受命于子叔孙曰:‘葬鲜[7]者自西门(不以寿终为鲜。西门,非鲁朝正门)。’”季孙命杜泄(命使从西门)。杜泄曰:“卿丧自朝[8],鲁礼也。吾子为国政,未改礼,而又迁[9]之(迁,易也)。群臣惧死,不敢自也(自,从也)。”既葬而行(以辟祸)。仲[10]至自齐(仲壬闻丧而来),季孙欲立之。南遗曰:“叔孙氏厚则季氏薄。彼实家乱,子勿与知,不亦可乎?”南遗使国人助竖牛以攻诸大库之庭(攻仲壬也。鲁城内有大庭氏之虚,于其上作库)。司宫[11]射之,中目而死。竖牛取东鄙三十邑,以与南遗(取叔孙氏邑)。昭子即位,朝其家众,曰:“竖牛祸叔孙氏,使乱大从[12](使从于乱。一云:“使乱大和顺之道。”),杀嫡立庶,又披其邑[13],将以赦罪(披,析也。谓以邑与南遗。昭子不知竖牛饿杀其父,故但言其见罪),罪莫大焉。必速杀之。”竖牛惧,奔齐。孟、仲之子杀诸塞关[14]之外(齐、鲁界上关),投其首于宁风[15]之棘上(宁风,杜注:齐地)。仲尼曰:“叔孙昭子之不劳[16],不可能也(不以立己为功劳)。周任有言曰:‘为政者不赏私劳,不罚私怨。’《诗》云:‘有觉德行,四国顺之(《诗·大雅》。觉,直也。言德行直则四方顺从之)。’”初,穆子之生也,庄叔以《周易》筮之(庄叔,穆子父得臣也),遇《明夷》䷣(《离》下《坤》上,《明夷》)之《谦》䷎(《艮》下《坤》上,《谦》。《明夷》初九变为《谦》),以示卜楚丘(楚丘,卜人姓名)。曰:“是将行(行,出奔),而归为子祀[17](奉祭祀)。以谗人入,其名曰牛,卒以馁死[18]。《明夷》,日也(《离》为日)。日之数十[19](甲至癸),故有十时[20],亦当十位(日中当王,食时当公,平旦为卿,鸡鸣为士,夜半为皂,人定为舆,黄昏为隶,日入为僚,晡时为仆,日昳为台,隅中日出,阙不在第,尊王公,旷其位)。自王已下,其二为公,其三为卿。日上其中[21](日中盛明,故以当王),食日[22]为二(公位),旦日[23]为三(卿位)。《明夷》之《谦》,明而未融[24],其当旦乎(融,朗也。《离》在《坤》下,日在地中之象。又变为《谦》,谦道卑退,故曰"明而未融"。日明未融,故曰"其当旦乎"),故曰:'为子祀(庄叔,卿也。卜豹为卿,故知为子祀)'。日之《谦》,当鸟,故曰'明夷于飞(《离》为日、为鸟,《离》变为《谦》,日光不足,故当鸟。鸟飞行,故曰"于飞")'。明之未融,故曰'垂其翼[25](于日为未融,于鸟为垂翼)'。象日之动[26](日动,物也。虽有夷伤,其动不爽,君子象之),故曰'君子于行[27](《明夷》初九,得位有应,君子象也。在明伤之世,居谦下之位,故将辟难而行)'。当三在旦[28],故曰'三日不食(旦位在三,又非食时,故曰"三日不食")'。《离》,火也。《艮》,山也。《离》为火,火焚山,山败(《离》、《艮》合体故)。于人为言[29](《艮》为言),败言为谗(为《离》所焚,故言败),故曰'有攸往,主人有言',言必谗也(《离》变为《艮》,故言有所往。往而见焚,故主人有言。言而见败,故必谗言)。纯[30]《离》为牛(《易》,"《离》上《离》下,《离》,畜牝牛,吉"。故言纯《离》为牛),世乱谗胜,胜将适[31]《离》,故曰'其名曰牛(《离》焚山则《离》胜,譬世乱则谗胜,山焚则《离》独存,故知名牛也。竖牛非牝牛,故不吉)'。谦不足,飞不翔[32](谦道冲退,故飞不远翔),垂不峻,翼不广[33](峻,高也。翼垂下,故不能广远),故曰'其为子后乎(不远翔,故知不远去)'。吾子,亚卿也,抑少不终[34](旦日,正卿之位。庄叔父子,世为亚卿,位不足以终尽卦体,盖引而致之)。"

公羊传　舍中军者何?复古也。然则曷为不言三卿?五亦有中,三亦有中(言襄十一年作三军时,不言作中军者,以五军有中,三军亦有中。若言作中军,便疑是五之中,故变言作三军。今则竟言舍中军矣)。

穀梁传　贵复正[35]也。

解义　初作三军，三分公室而各有其一，及其舍之也，四分公室，季氏择二，二家各一，皆尽征之而贡于公，盖季孙乘襄公之幼弱，作三军以夺公室之民，而孟叔之民尚有属公者，至是则无一民之属於公。而季氏得二，兵强权盛，不独公若缀旒[36]，即二家亦不得不为属役[37]矣。兵权有国之司命，三纲兵政之本原，观中军之作舍，而昭公见逐之势成矣。季氏无君，其臣则而效之，南蒯叛[38]，阳货专[39]，而季斯囚，亦必至之理也。三军之作舍皆自季氏，而《经》书之若国政何也？季氏专鲁数世矣！惟行父[40]既老，数年中孟孙蔑、叔孙豹少与邦交之事[41]。宿[42]嗣父位，则聘问大国，盟会诸侯，皆宿专之。襄公幼弱，豹、蔑皆贤，三军之作非宿为之而谁哉？至昭公时，则宿专制鲁政又积二十馀年，其主三军之舍，固不待言矣！

注释　①毁中军于施氏：在施氏家里谋划撤去中军之事。施氏，公子施父之族。②成诸臧氏：在臧氏家里达成协议。臧氏，公子子臧之族。③尽征：鲁国军队，无论士卒车乘，皆出于国都近郊。三家的私兵，则出自其采邑。无论采邑或近郊之民，出卒乘者季氏免其田赋；不出卒乘者，加倍征其田赋。尽征即或征卒乘，或征田赋。④臣其子弟：即将青壮的士卒作为奴隶兵，老弱者作为自由民。子弟，指青壮年。⑤取其半：一半为自由民，出军粮、田赋；一半仍为奴隶，为奴隶兵、农业奴隶。⑥僖闳：僖公宗庙门口。⑦鲜：不得寿终。⑧自朝：自朝门出，朝门为正门，即鲁南门。⑨迁：变易也，言季孙未修改鲁礼而以己意加以改变。⑩仲：即仲壬。⑪司宫：季孙家的阉臣。⑫大从：重大的条理，常规。⑬披：分。披其邑：分叔孙三十邑与南遗。⑭塞关：齐、鲁边界关口，关外即齐地。⑮宁风：齐地名。⑯不劳：不酬劳对己有功之人。⑰归为子祀：回国为您祭祀。⑱卒以馁死：馁，饿。最终因饥饿而死。⑲日之数十：古代传说尧时天有十日。

一说从甲至癸十天干。⑳十时:古人分一昼夜为十时,即鸡鸣昧旦、旦(日出)大昕、日中、日昃、夕、昏(日旰、日入)宵、夜中等名。㉑日上其中:日由地中升起,此为上。㉒食日:昧旦。㉓旦日:日出。㉔融:大明。明而未融:融为大明,明夷为明入地中,黑暗之时。㉕垂其翼:黎明时,天未大亮,鸟之翅膀还垂着。㉖象日之动:日处地中,随其动而趋向光明。㉗君子于行:君子处乱世,亦应避难而行。㉘当三在旦:位在第三(卿位)相当旦时,尚未到食时。㉙于人为言:艮为言,为口。㉚纯:偶。㉛适:归于。㉜不翔:不能远飞。㉝不广:不能广远。㉞少不终:虽老寿,仍不得善终。少,小。㉟复正:恢复正规;恢复正统。㊱缀旒(zhuì liú):比喻君主为臣下挟持,大权旁落。㊲属役:聚集下役。指仆役,佣人。㊳南蒯叛:南蒯,鲁国大夫季平子的家臣。前530年,南蒯叛鲁降齐。㊴阳货专:阳货又名阳虎,季氏家臣。季氏专鲁国之政,而阳货专季氏之政。㊵行父:即季孙行父(?—前568年),春秋时期鲁国的正卿,前601年—前568年执政。姬姓,季氏,谥文,史称“季文子”。㊶孟孙蔑:即孟献子(?—前542年),姬姓,孟氏(亦称仲氏),名蔑,谥献,故史称孟献子。鲁国孟氏家族振兴的重要贡献者,春秋中期鲁国外交家,政治家。叔孙豹(?—前537年):姬姓,叔孙氏,名豹,谥号曰“穆”,故史称叔孙穆子(亦称叔孙穆叔),春秋时鲁国大夫。㊷宿:即季孙宿(?－前535年),春秋时鲁国正卿,前568－前535年执政。姬姓,季氏,名宿(一作夙),谥武,史称“季武子”。

春秋　楚杀其大夫屈申。

左传　楚子以屈申为贰于吴,乃杀之。以屈生为莫敖[1](生,屈建子),使与令尹子荡如晋逆女。过郑,郑伯劳子荡于汜,劳屈生于菟氏[2](汜、菟氏,杜注:皆郑地)。晋侯送女于邢丘。子产相郑伯,会晋侯于邢丘(《传》言楚强,诸侯畏敌其使)。

解义 屈申,楚重臣也。楚灵疑忌而戮之[3],以为贰[4]于吴,而未有显迹[5],毋乃欲加之罪乎[6]?然申为人臣,君弑不能讨,国乱不能去,北面而事寇仇[7],其见杀也,亦自取焉耳!

注释 ①莫敖:春秋时楚国的官名。②蒐氏:郑地名,位于今河南尉氏县西北四十里。③楚灵:指楚灵王,初名围,即王位后改名虔。(前540年—前529年在位)。楚共王的儿子,楚康王的弟弟,杀了侄儿楚郏敖自立。疑忌:猜疑妒忌。④贰:背叛。⑤显迹:显现迹象。⑥毋乃:莫非;岂非。欲加之罪:欲,要。想要给人加上个罪名。指随心所欲地诬陷人。⑦北面:方位词,指面朝北方。古代君主面朝南坐,臣子朝见君主则面朝北,所以对人称臣为北面。寇仇:仇人;仇敌。

春秋 公如晋。

左传 公如晋,自郊劳至于赠贿[1],无失礼。晋侯谓女叔齐曰:"鲁侯不亦善于礼乎?"对曰:"鲁侯焉知礼?"公曰:"何为?自郊劳至于赠贿,礼无违者,何故不知?"对曰:"是仪也,不可谓礼。礼所以守其国,行其政令,无失其民者也。今政令在家[2](在大夫),不能取也。有子家羁[3],弗能用也(羁,庄公玄孙懿伯也)。奸大国之盟,陵虐小国(谓代莒取郓)。利人之难[4](谓往年莒乱取鄫),不知其私(不自知有私难)。公室四分,民食于他[5](他,谓三家)。思莫在公,不图其终(无为公谋终始者)。为国君,难将及身,不恤其所。礼之本末,将于此乎在[6],而屑屑焉习仪以亟[7]。言善于礼,不亦远乎?"君子谓:"叔侯于是乎知礼(时晋侯亦失政,叔齐以此讽谏)。"

解义 昭公如晋凡七,见止者一,及河而不至者五,惟此年得成礼,而反然以莒人之诉几复见止,盖季氏自结於晋之强家再世矣!乘乱而取郓者季氏,受其逋逃[8]叛邑者季氏,乃欲止公,晋侯之不明诸臣之党恶[9]。季孙之窃国专利多方以陷其君,先儒皆置而不论,独苛责[⑩]公,不知公之过惟娶於吴,盖欲借吴以抗季氏,其他实未见失德。凡《左氏》所讥,皆季氏之诬词,传者习焉而不察耳!

注释　①郊劳:为迎宾礼仪;赠贿:为送宾礼仪;昭公于此皆合宜。②在家:在私家。谓鲁国政权已掌握在卿大夫手中。③子家羁:人名,即懿伯。④利人之难:利用莒国动乱之机而取鄫。⑤他:指季氏等三家。⑥于此乎在:在于此乎的倒装句。⑦屑屑焉:烦细忙碌不安的样子。亟:急。⑧逋逃:逃亡,流亡。⑨党恶:结党作恶。⑩苛责:苛刻地责备。

附录左传　晋韩宣子如楚送女,叔向为介。郑子皮、子大叔劳诸索氏[①](索氏,杜注:河南成皋县东有大索城。今在荥阳县东北)。太叔谓叔向曰:“楚王汏侈已甚,子其戒之。”叔向曰:“汏侈已甚,身之灾也,焉能及人?若奉吾币帛,慎吾威仪,守之以信,行之以礼,敬始而思终,终无不复(事皆可复行),从而不失仪(从,顺也),敬而不失威,道之以训辞[②],奉之以旧法[③],考之以先王(以先王之礼成其好),度之以二国(度晋、楚之势而行之),虽汏侈,若我何?”及楚,楚子朝其大夫,曰:“晋,吾仇敌也。苟得志焉,无恤其他。今其来者,上卿、上大夫也。若吾以韩起为阍[④](刖足使守门),以羊舌肸为司宫[⑤](加宫刑),足以辱晋,吾亦得志矣。可乎?”大夫莫对。薳启强曰:“可。苟有其备,何故不可?耻匹夫不可以无备,况耻国乎?是以圣王务行礼,不求耻人,朝聘有珪(珪以为信),享覜[⑥]有璋(享,飨也。覜,见也。既朝聘而享见也)。小有述职[⑦](诸侯適天子曰述职),大有巡功[⑧](天子巡守曰巡功)。设机而不倚,爵盈而不饮(言务行礼);宴有好货(宴饮以货为好。衣服、车马,在客所无),飧有陪鼎[⑨](熟食为飧。陪,加鼎所以厚殷勤),入有郊劳,出有赠贿,礼之至也。国家之败,失之道也(失朝聘宴好之道),则祸乱兴。城濮之役,晋无楚备,以败于邲(言兵祸始于城濮)。邲之役,楚无晋备,以败于鄢。自鄢以来,晋不失备,而加之以礼,重之以睦,是以楚弗能报而求亲焉。既获姻亲,又欲耻之,以召寇仇,备之若何?谁其重此[10]?若有其人,耻之可也。若其未有,君亦图之。晋之事君,臣曰可矣:求诸侯而麇[11]至(麇,群也);求昏而荐女,君亲送之,上卿及上大夫致之。犹欲耻之,君其亦有备矣。不然,奈何?韩起之下,赵成、中行吴、魏舒、范鞅、知盈(皆三军之将佐也。成,赵武之子。吴,荀偃之子);羊舌肸之下,祁午、张趯、籍谈、女齐、梁丙、张骼、辅跞、苗贲皇[12],皆诸侯之选[13]也。韩襄为公族大夫,韩须受命而使矣(襄,韩无忌子。须,起之门子,年虽幼,已任出使)。箕襄、邢带(二人,韩氏族)、叔禽、叔椒、子羽(皆韩起庶子),皆大家也。韩赋七邑,皆成县也[14](成县,赋百乘也)。羊舌四族[15],皆强家也(铜鞮伯华、叔向、叔鱼、叔虎兄弟四人)。晋人若丧韩起、杨肸[16],五卿八大夫(五卿,赵成以下。八大夫,祁午以下)辅韩须、杨石[17](石,叔向子食我也),因其十家九县(韩氏七,羊舌氏四,而言十家,举大数也。羊舌四家,共二县,故但言"强家"),长毂[18]九百(长毂,戎车也。县百乘),其余四十县,遗守[19]四千(计遗守国者,尚有四千乘),奋其武怒,以报其大耻,伯华谋之(伯华,叔向兄),中行伯、魏舒帅之(伯,中行吴),其蔑不济矣。君将以亲易怨(失婚姻之亲),实无礼以速寇,而未有其备,使群臣往遗之禽[20],以逞君心,何不可之有?"王曰:"不谷之过也,大夫无辱(谢薳启强)。"厚为韩子礼。王欲敖[21]叔向以其所不知,而不能(言叔向之多知),亦厚其礼。韩起反,郑伯劳诸圉[22](圉,杜注:郑地。在今杞县南)。辞不敢见,礼也(以奉使君命未反故)。郑罕虎如齐,娶于子尾氏(自为逆也)。晏子骤[23]见之,陈桓子问其故,对曰:"能用善人,民之主也(谓授子产政)。"

春秋 夏,莒牟夷以牟娄及防、兹[24]来奔(防兹,杜注:城阳平昌县西南有防亭,姑幕县东北有兹亭。今平昌故城在山东安丘县西南,姑幕故城在诸城县西北)。

左传　夏,莒牟夷以牟娄及防兹来奔。牟夷非卿而书,尊地也。

公羊传　莒牟夷者何?莒大夫也。莒无大夫,此何以书?重地也。其言及防兹来奔何?不以私邑累公邑也。

穀梁传　以者,不以者也。来奔者不言出(以其方向内也)。及防兹,以大及小也。莒无大夫,其曰牟夷何也?以其地来也。以地来则何以书也?重地也。

解义　《春秋》於邾、莒大夫例不书姓名,微也。然以地叛,虽贱必名,终为不义不可灭矣!以娄牟及防兹,以公邑及私邑也。季孙宿为鲁盗,故邾、莒之盗以气类而相从。襄二十一年公如晋,邾庶其以地来奔,宿纳之。今公如晋,莒牟夷以地来奔,宿又纳之。襄公如楚,宿取卞,公惧不敢入。今又乘公之适晋,亟招叛人俾㉕莒诉而致讨於公,盖时欲置其君於罟擭㉖陷阱之中。他年见逐,而终不能归,其兆已见於此矣!

注释　①索氏:地名,位于今河南荥阳县西。②训辞:前代圣人的言语。③旧法:故事、旧礼。④阍:刖足使为守门人。⑤司宫:加宫刑使为阉臣。⑥享覜(tiào):宴享进见。覜,见。⑦述职:诸侯朝见天子,陈述职事,称述职。⑧巡功:即巡狩。⑨陪鼎:另外增加的菜肴。飧为熟食。⑩重此:任此,即承当此责任。⑪麇:通“群”。⑫祁午等:以下八人为羊舌肸之下的贤大夫。⑬选:所选拔的良臣。⑭韩氏有七邑之赋,这七邑皆为县。成:盛、大。⑮羊舌四族:指叔向及其兄弟伯华、叔鱼、叔虎。⑯杨肸:叔向采邑在杨,故又称杨肸。⑰韩须、杨石:韩须为韩起之子,杨石为叔向之子。⑱长毂:战车。⑲遗守:留守之兵车。⑳往遗之禽:送去做晋国的俘虏。㉑敖:同“傲”。㉒圉:地名,位于今河南杞县南。㉓骤:屡。㉔牟娄、防、兹:皆为莒地。牟娄在今山东诸城县西，防在今山东安丘县西南，兹在今山东诸城县北。㉕俾：使。㉖罟擭（gǔ huò）：捕取禽兽的工具，即扣网。

春秋 秋七月，公至自晋。

左传 莒人诉于晋（诉鲁受牟夷）。晋侯欲止公[1]，范献子曰："不可。人朝而执之，诱也。讨不以师，而诱以成之，惰也。为盟主而犯此二者，无乃不可乎？请归之，间而以师讨焉。"乃归公。秋七月，公至自晋。

解义 莒人以受牟夷诉于晋，几[2]被执辱，历三时乃得归，故以告於庙也。

注释 ①止公：扣留鲁昭公。②几：几乎。

春秋 戊辰，叔弓帅师败莒师于蚡泉[1]（蚡，《公羊》作喷；《穀梁》作贲。杜注：鲁地。《地谱》云：鲁东竟之地）。

左传 莒人来讨（讨受牟夷），不设备。戊辰，叔弓败诸蚡泉，莒未陈也。

公羊传 喷泉者何？直泉也（谓此泉直上而出）。直泉者何？涌泉也。

穀梁传 狄人谓贲泉失台，号从中国[2]，名从主人。

解义 中军既毁，季孙自为一军，力全而势强。二家共为一军，力分而势弱，不独公为所制，而二家亦属役[3]焉。故取郓受叛者季孙，而莒人来讨则使叔弓应敌也。

注释 ①泉：地名，在莒、鲁交界处。②中国：中原。③属役：指聚集下役。仆役，佣人。

春秋 秦伯[1]卒。

公羊传 何以不名？秦者夷也，匿嫡之名也（谓嫡子生，而不名令于四竟，择勇猛者立之）。其名何（文十八年，"秦伯罃卒"；宣四年，"秦伯稻卒"书名）？嫡得之也，言罃、稻独以嫡得立。

解义 《经》书诸侯之卒，不名者多矣。当时不以名赴[2]，史承[3]而书之,圣人不能益[4]也。《传》者於此独曲为之说,误矣!

注释　①秦伯:即秦景公(?—前537年)嬴姓,名石。秦景公是秦桓公的长子,治理秦国长达39年,将秦国势力不断推向中原。②赴:同"讣",讣告。③承:承袭。④益:增加。

春秋　冬,楚子、蔡侯、陈侯、许男、顿子、沈子、徐人、越人伐吴(越始见《经》)。

左传　冬十月,楚子以诸侯及东夷伐吴,以报棘、栎、麻之役(役在四年)。薳射以繁扬[1]之师,会于夏汭(薳射,楚大夫。会楚子也)。越大夫常寿过帅师会楚子于琐[2](琐,杜注:楚地。当在今江南霍丘县东)。闻吴师出,薳启强帅师从之,遽不设备,吴人败诸鹊岸[3](鹊岸,杜注:庐江舒县有鹊尾渚。今江南繁昌县西南大江中有鹊洲)。楚子以驲至于罗汭[4](罗,水名)。吴子使其弟蹶由犒师,楚人执之,将以衅鼓[5]。王使问焉,曰:"女卜来吉乎?"对曰:"吉。寡君闻君将治兵于敝邑,卜之以守龟[6],曰:'余亟使人犒师,请行以观王怒之疾徐,而为之备,尚克知之[7](言吴令龟如此)。'龟兆告吉,曰:'克可知也。'君若欢焉,好逆使臣,滋敝邑休怠[8],而忘其死,亡无日矣。今君奋焉[9],震电冯怒[10](冯,盛也),虐执使臣,将以衅鼓,则吴知所备矣。敝邑虽羸,若早修完,其可以息师[11](息楚之师)。难易有备,可谓吉矣。且吴社稷是卜,岂为一人?使臣获衅军鼓,而敝邑知备,以御不虞,其为吉孰大焉?国之守龟,其何事不卜?一臧一否[12],其谁能常之?城濮之兆,其报在邲[13](城濮之战,楚卜吉,其效乃在邲)。今此行也,其庸[14]有报志?"乃弗杀。楚师济[15]于罗汭,沈尹赤会楚子(沈尹赤,楚大夫),次于莱山[16]。薳射帅繁扬之师,先入南怀,楚师从之。及汝清(南怀、汝清,杜注:皆楚界。当在今江淮间),吴不可入(有备)。楚子遂观兵[17]于坻箕之山(坻箕之山,今江南巢县南有踌躇山。《舆地志》:即坻箕山也)。是行也,吴早设备,楚无功而还,以蹶由归。楚子惧吴,使沈尹射待命于巢,薳启强待命于雩娄,礼也[18](善有备)。

解义 楚病[19]吴,故通越以制吴,犹晋病楚故通吴,以制楚也。越常寿过[20]始见《经》而称人,越骤强也,或曰不可云沈子、徐、越伐吴,犹戚之会吴以鄫,故称人耳。楚虔[21]身负大恶,王法所不宥[22]也,而恃强逞暴,为修怨之师,诸侯及徐、越从之,有党恶之罪,先儒乃以为善楚而进越,过矣!

附录左传 秦后子[23]复归于秦(元年奔晋),景公卒故也(终五稔之言)。

注释 ①繁扬:地名,位于今河南新蔡县境。②琐:楚地,位于今安徽霍丘县东。③鹊岸:地名,位于今安徽无为县南到铜陵市北沿长江北岸地区。④罗汭:即汨罗江,位于今湖南汨罗县。⑤衅鼓:杀之以其血涂祭新鼓。⑥守龟:职掌龟卜者。⑦尚克知之:差不多能知道。⑧滋敝邑休怠:滋,增益也。增益敝国懈怠之心。⑨奋焉:勃然。⑩震电冯怒:雷霆盛怒。⑪息师:阻止、对抗楚军。⑫臧否:吉凶。⑬城濮之兆,其报在邲:城濮晋楚之战,楚卜吉,而实败,则此吉兆应验在邲之胜。报,报应。⑭其庸:反诘副词连用,岂。⑮济:渡水。⑯莱山:今河南光山南一百五十里的天台山。⑰观兵:阅兵。⑱礼也:设备以防吴,是合理的。⑲病:不满,责备。⑳常寿过:越大夫。㉑楚虔:即楚灵王,初名围,即王位后改名虔。(公元前540年—公元前529年在位)。楚共王的儿子,楚康王的弟弟,杀了侄儿楚郏敖自立。㉒宥(yòu):宽容,饶恕,原谅。㉓秦后子:昭公元年奔晋。

卷四十九

昭公(六年之八年)

春秋 六年春王正月,杞伯益姑[1]卒。

左传 六年春,王正月,杞文公卒,吊如同盟,礼也。

解义 晋平公[2]杞出也,故命鲁归其侵地,有未尽者复以让鲁。今杞以丧赴,而鲁会其葬,畏晋故也。杞复称伯,岂平公厚其母家,为请於王而复[3]之与!

注释 ①杞伯益姑:即杞文公(前?年–前536年),名叫姒益姑,是杞国的第12任君主,杞孝公之弟,继承其爵位。杞文公将国都迁至淳于(今山东省安丘县东北)。文公在位14年,传于其弟杞平公。②晋平公:姬姓,晋氏,名彪,公元前557~前532年在位。即位之初(前557年),与楚国发生湛阪之战,获得胜利。③复:恢复。

春秋 葬秦景公[1](秦始书葬)。

左传 大夫如秦,葬景公,礼也(合士吊大夫送葬之礼)。

附录左传 三月,郑人铸刑书[2](铸刑书于鼎,以为国之常法)。叔向使诒[3]子产书,曰:"始吾有虞于子(虞,度也。言准度子产以为己法),今则已矣。昔先王议事以制[4],不为刑辟[5],惧民之有争心也(临事制刑,不豫设法也。法豫设,则民知争端)。犹不可禁御,是故闲之以义[6],纠之以政,行之以礼,守之以信,奉之以仁,制为禄位以劝其从[7](劝从教),严断刑罚以威其淫[8]。惧其未[9]也,故诲之以忠,耸[10]之以行(耸,惧也),教之以务[11](时所急),使之以和[12](说以使民),临之以敬,莅之以强,断之以刚(义断恩)。犹求圣哲之上,明察之官(上,公王也。官,卿大夫也),忠信之长,慈惠之师[13],民于是乎可任使也,而不生祸乱。民知有辟,则不忌于上

(权移于法,故民不畏上),并有争心,以征于书[14],而徼幸以成之(因危文以生争,缘徼幸以成其巧伪),弗可为矣。夏有乱政[15]而作《禹刑》,商有乱政而作《汤刑》,周有乱政而作《九刑》(言不能议事以制),三辟之兴,皆叔世[16]也。今吾子相郑国,作封洫[17](在襄三十年),立谤政[18](作丘赋,在四年),制参辟[19],铸刑书(制参辟,谓用三代之末法),将以靖民,不亦难乎?《诗》曰[20]:'仪式刑文王之德,日靖四方(《诗·周颂》。言文王以德为仪式,故能日有安靖四方之功。刑,法也)。'又曰:'仪刑文王,万邦作孚(《诗·大雅》。言文王作仪法,为天下所孚信也)。'如是,何辟之有(言惟以德与信,不以刑也)?民知争端[21]矣,将弃礼而征于书。锥刀之末[22],将尽争之(锥刀末,喻小事)。乱狱滋丰,贿赂并[23]行,终子之世,郑其败乎!肸闻之,国将亡,必多制(数改法),其此之谓乎!"复书曰:"若吾子之言,侨不才,不能及子孙[24],吾以救世也。既不承命,敢忘大惠(以见箴戒为惠)?"士文伯曰:"火见[25],郑其火乎[26](火,心星也。周五月昏见)?火未出而作火以铸刑器,藏争辟[27]焉。火如象之,不火何为(象,类也。同气相求,火未出而用火,相感而致灾)?"

春秋 夏,季孙宿如晋。

左传 夏,季孙宿如晋,拜莒田也(谢前年受牟夷邑不见讨)。晋侯享之,有加笾(笾豆之数,多于常礼)。武子退,使行人告曰:"小国之事大国也,苟免于讨,不敢求贶。得贶不过三献[28](《周礼》:"大夫三献")。今豆有加,下臣弗堪,无乃戾也。"韩宣子曰:"寡君以为欢也。"对曰:"寡君犹未敢,况下臣,君之隶也,敢闻加贶?"固请彻加而后卒事。晋人以为知礼,重其好货。

解义 宿受牟夷叛邑[29],时公[30]在晋,莒诉於晋,公几见止。故宿如晋,拜莒田,自比於晋隶[31],足恭以媚[32]。晋重自托,以倾[33]其君,此公数如晋所以拒而不纳[34]也。

注释 ①秦景公(?—前537年):嬴姓,名石。先秦时期男子称氏不称姓,虽为嬴姓却不叫嬴石。秦景公是秦桓公的长子,治理秦国长达39年,将秦国势力不断推向中原。②铸刑书:将刑法铸于鼎上。③诒:送给。④议事以制:衡量事之轻重,据以断刑。议,度,量。制,断。⑤刑辟:刑律。不为刑辟:不预先制定法律条文。⑥闲之以义:用道义来防制。闲,防范、限制。⑦劝其从:勉励顺从者。⑧以威其淫:威胁那些放纵者。⑨未:未能奏效。⑩耸:奖励。⑪务:业务,专业。⑫使之以和:用和悦的态度使用他们。⑬上、官、长、师:四者为各级官长。上指执政的卿相;官指主事的官员;长指乡长;师为掌教化的老师。⑭征于书:引刑律条文为证。⑮乱政:违犯政令。⑯叔世:晚期衰世。⑰作封洫:事见襄公三十年传。⑱立谤政:指作丘赋,郑人谤之。见昭公四年传。⑲参辟:或指刑律的三种,或三项内容。参同三。辟,法也。⑳《诗》曰:以下二句出自《周颂·我将》篇。仪、式、刑三字同义连用,义为效法。㉑争端:指刑书,即征于书。㉒锥刀之末:锥刀为刻字的工具,锥刀之末喻刑书的每字每句。㉓并:遍。㉔及子孙:虑及子孙。㉕火见:大火星出现。㉖火:火灾。郑其火:郑国将发生火灾。㉗藏争辟:隐藏着刑律的争端。㉘贶:赐也。三献:献酒三次,为大夫应受之礼,季孙为卿,但这次卿相当大国之大夫,故言"不过三献"。㉙宿:指公孙宿,姬姓,名宿,一作公孙成,鲁国公族,孟懿子时的成宰。牟夷:莒国大夫。㉚公:指鲁昭公。㉛隶:隶仆,仆役。㉜足恭以媚:过度谦敬,以取媚于人。㉝倾:倾覆。㉞纳:接受。

春秋　葬杞文公。

春秋　宋华合比出奔卫。

左传　宋寺人柳有宠(有宠于平公),大子佐恶之。华合比曰:"我杀之。"柳闻之,乃坎、用牲、埋书(诈为盟处),而告公曰:"合比将纳亡人[1]之族(亡人,华臣也。襄十七年奔卫),既盟于北郭矣。”公使视之,有焉,遂逐华合比,合比奔卫。于是华亥[2]欲代右师(亥,合比弟),乃与寺人柳比[3],从为之征[4],曰“闻之久矣。”公使代之(代合比为右师),见于左师[5](向戌),左师曰:“女夫[6]也。必亡(夫谓华亥)!女丧而宗室,于人何有?人亦于女何有?《诗》曰:‘宗子维城,毋俾城坏,毋独斯畏[7](《诗·大雅》,言宗子之固若城。俾,使也)。’女其畏哉(为二十年华亥出奔传)!”

解义 宋平公既以伊戾之谮,杀世子痤,又以柳之谮,逐华合比,前后憸[8]谋如出一辙。然非向戌为伊戾征,华亥为柳征,平公犹未必深信而不疑,以至绝父子之恩,睽[9]君臣之义也。阉寺[10]祸人,国家必廷臣[11]与之合其奸,乃必售[12]伊、柳戌亥之覆辙,可不戒哉?

注释 ①亡人:指出奔于陈的华臣。②华亥:华合比之弟。③比:勾结。④征:证。⑤左师:向戌。⑥女夫:轻视之词。亦作“而夫”。⑦见《大雅·板》。意为宗子好比卫护守族的城墙。不要损坏城墙。⑧憸(xiān):奸邪。⑨睽:通“暌”。分离,隔开。⑩阉寺:指宦官。⑪廷臣:指朝臣。⑫售:施展。

附录左传 六月丙戌[1],郑灾(终士文伯之言)。楚公子弃疾如晋,报韩子也(报前年送女)。过郑,郑罕虎、公孙侨、游吉从郑伯以劳诸柤[2](柤,杜注:郑地)。辞不敢见,固请见之,见,如见王(见郑伯如见楚王。言弃疾恭而有礼),以其乘马八匹私面(私见郑伯)。见子皮如上卿[3](如见楚卿),以马六匹。见子产,以马四匹。见子大叔,以马二匹。禁刍牧[4]采樵,不入田(不犯田种),不樵树[5],不采蓺[6](蓺,种也),不抽屋,不强匄[7]。誓曰:“有犯命者,君子废,小人降。”舍不为暴,主不慁宾[8](慁,患也)。往来如是。郑三卿[9]皆知其将为王也(三卿:罕虎、公孙侨、游吉)。韩宣子之适楚也,楚人弗逆[10]。公子弃疾及晋竟,晋侯将亦弗逆。叔向曰:“楚辟我衷(辟,邪也。衷,正也),若何效辟?《诗》曰:‘尔之教矣,民胥效矣(《诗·小雅》。言上教下效)。'从我而已,焉用效人之辟?《书》曰:'圣作则[11](逸《书》。则,法也)。'无宁以善人为则,而则人之辟乎?匹夫为善,民犹则之,况国君乎?"晋侯说,乃逆之(《传》言叔向知礼)。

春秋　秋九月,大雩。

左传　秋九月,大雩,旱也。

春秋　楚薳罢[12]帅师伐吴。

左传　徐仪楚[13]聘于楚(仪楚,徐大夫)。楚子执之,逃归。惧其叛也,使薳泄伐徐(薳泄,楚大夫)。吴人救之。令尹子荡帅师伐吴,师[14]于豫章,而次于乾溪[15](豫章,当在江北淮水南。乾溪,杜注:在谯国城父县南。今江南亳州东南有乾溪,与城父村相近)。吴人败其师于房钟[16](房钟,杜注:吴地。当在今寿州蒙城县界),获宫厩尹弃疾[17](斗韦龟之父)。子荡归罪于薳泄而杀之(不以败告,故不书)。

解义　楚频年[18]伐吴,终未能得志。故自是以后,遂舍吴而肆毒[19]於陈、蔡也。

注释　①丙戌:七日。②柤:郑地,邻近郑都。③如上卿:如见楚上卿。④刍牧:割草放牧。⑤樵树:伐树为柴。⑥蓺:今作艺,即蔬菜瓜果。不采艺:不采摘种植之蔬菜水果。⑦强匄:强行乞讨。匄同丐。⑧慁(hùn):忧,烦劳。慁宾,即不以宾为患。⑨三卿:指罕虎、公孙侨、游吉。⑩弗逆:不郊迎。⑪圣作则:句出逸书。作则,作出准则。⑫薳罢:薳氏,名罢,字子荡。春秋时楚令尹。楚康王十四年(前546年),赴晋参加盟会,应对敏捷,深得晋人赞许。⑬仪楚:徐国君主,此聘于楚国时或为太子。⑭师:出师。⑮乾溪:位于今安徽亳县东南七十里。⑯房钟:位于今安徽蒙城县西南。⑰宫厩尹:楚国官名。弃疾:斗韦龟的父亲。⑱频年:连年,多年。⑲肆毒:任意残杀和迫害。

春秋　冬,叔弓[1]如楚。

左传 冬,叔弓如楚聘,且吊败[2]也(吊为吴所败)。

解义 鲁远於楚,而婚於吴,遂不与申之会[3]。至是震楚兵威[4],故使弓先聘,而明年遂朝之也。

注释 ①叔弓:指鲁国公族婴齐,字叔弓,是鲁国大夫。②吊败:慰问楚与吴国战争的失败。③申之会:指公元前538年,即鲁昭公4年,楚会蔡、陈、郑、许、徐、滕、顿、胡、沈、小邾之君及宋世子佐、淮夷于申(今河南省南阳北)。④震:震惊,惊惧。兵威:军队的威势。

春秋 齐侯伐北燕。

左传 十一月,齐侯如晋,请伐北燕也。士匄相士鞅,逆诸河,礼也(士匄,晋大夫。或作王正)。晋侯许之。十二月,齐侯遂伐北燕,将纳简公(简公,北燕伯。三年出奔齐)。晏子曰:"不入。燕有君矣,民不贰。吾君贿,左右谄谀,作[1]大事不以信,未尝可也(为明年暨齐平传)。"

解义 晋人纳捷菑[2]於邾,非正也,而能以义自反,故特书不克纳,以著其迁善改过[3]之美。齐侯纳北燕伯,正也,而终以赂止。故第书伐燕,而不书不克纳,以示其本无定燕之心,惟恃强以凌弱耳。

注释 ①作:起,兴。②捷菑(zì):邾国公子,邾文公之子。邾文公妃元齐姜生定公,二妃晋姬生捷菑。文公卒,邾人立定公,捷菑奔晋。③迁善改过:指改正过失而向善。

春秋 七年春王正月,暨齐平。

左传 七年春,王正月,暨齐平,齐求之也。癸巳[1],齐侯次于虢[2](虢,杜注:燕竟。当在今直隶沧州界)。燕人行成,曰:"敝邑知罪,敢不听命?先君之敝器,请以谢罪。"公孙皙[3]曰(皙,齐大夫):"受服而退,俟衅而动,可也。"二月戊午[4],盟于濡上[5](濡上,杜注:濡水出高阳县东北,至河间郑县入易水。当在今直隶安州任丘之间)。燕人归燕姬,赂以瑶瓮、玉椟、斝耳[6](瑶,玉也。椟,匮也。斝耳,玉爵),不克而还。

穀梁传　平者,成也。暨犹暨暨也,暨者不得已也,以外及内曰暨。

解义　我所欲曰及,不得已曰暨。是时,昭公结昏强吴,无汲汲[7]附齐之意,其与齐平,乃齐求于鲁,故曰:暨。至定公八年,鲁再侵齐,结怨大国,惧而请平,乃鲁求於齐,故曰:及也。《左传》:"齐求之也",乃正解鲁暨齐平之义。后乃及齐、燕之事,而杜氏预[8]遂谓燕暨齐平,误矣。书暨齐平正,与及齐平,及郑平之文同,且叔孙婼[9]旋如齐莅盟,则此为内平,审[10]矣。若外平,则当用宋人及楚人平之例。

注释　①癸巳:十八日。②虢:燕国边境城地,在现今河北任丘县西北。③公孙皙:齐国大夫。④戊午:十四日。⑤濡上:濡,水名。濡上当在现河北省任丘县西北。⑥瑶瓮:玉制酒器。玉椟:用玉石装饰的柜子。斝(jiǎ)耳:两旁带耳的酒杯。⑦汲汲:表示急于得到的意思。⑧杜氏预:即杜预(222—285),字元凯,京兆杜陵(今陕西西安东南)人,西晋时期著名的政治家、军事家和学者,灭吴统一战争的统帅之一。功成之后,耽思经籍,博学多通,多有建树,被誉为"杜武库"。著有《春秋左氏经传集解》及《春秋释例》等。⑨叔孙婼:即叔孙昭子(?—前517年),姬姓,叔孙氏,名婼,一名舍,谥号曰"昭",史称叔孙昭子。叔孙豹之子,春秋时代鲁国政治家、外交家,三桓之一——叔孙氏宗主,继承乃父叔孙豹的优异才干,又公忠谋国的纯臣。⑩审:慎重,小心谨慎。

附录左传　楚子之为令尹也,为王旌以田(析羽为旌,王旌游至于轸)。芋尹无宇断之,曰:"一国两君,其谁堪之?"及即位,为章华之宫(章华,杜注:南郡华容县。今湖广监利县东有华容城),纳亡人以实之。无宇之阍入焉(有罪,亡入章华宫)。无宇执之,有司弗与,曰:“执[1]人于王宫,其罪大矣。”执而谒诸王(执无宇焉)。王将饮酒,无宇辞曰:“天子经略[2](经营天下,略有四海,故曰经略),诸侯正封[3](封疆有定分),古之制也。封略之内,何非君土?食土之毛,谁非君臣(毛,草也)?故《诗》曰:‘普天之下,莫非王土。率土之滨,莫非王臣(《诗·小雅》。滨,涯也)。’天有十日[4](甲至癸),人有十等(王至台),下所以事上,上所以共神也。故王臣公,公臣大夫,大夫臣士,士臣皂,皂臣舆,舆臣隶,隶臣僚,僚臣仆,仆臣台。马有圉,牛有牧[5](养马曰圉,养牛曰牧),以待百事。今有司曰:‘女胡执人于王宫?’将焉执之?周文王之法曰:‘有亡,荒阅[6](荒,大也。阅,蒐也。有亡人当大蒐其众)’,所以得天下也。吾先君文王[7],作《仆区》之法[8](《仆区》,刑书名),曰:‘盗所隐器[9](隐盗所得器),与盗同罪’,所以封汝[10]也(行善法,故能启疆北至汝水)。若从有司,是无所执逃臣也。逃而舍之,是无陪台[11]也(言皆将逃)。王事无乃阙乎?昔武王数纣之罪,以告诸侯曰:‘纣为天下逋逃主,萃渊薮[12](萃,集也。天下逋逃,悉以纣为渊薮集而归之)’,故夫致死焉[13](人欲致死讨纣)。君王始求诸侯而则纣,无乃不可乎?若以二文之法取之[14],盗有所在矣(言王亦为盗)。”王曰:“取而臣以往,盗有宠[15],未可得也(盗有宠,灵王自谓)。”遂赦之(为莽灵王张本)。

春秋 三月,公如楚。

左传 楚子成章华之台(台,杜注:在华容城内。今监利县北有章华台),愿与诸侯落之[16](宫室始成,祭之为落)。大宰薳启强曰:“臣能得鲁侯。”薳启强来召公,辞曰:“昔先君成公[17],命我先大夫婴齐[18]曰:‘吾不忘先君之好,将使衡父[19]照临楚国(衡父,公衡),镇抚其社稷,以辑宁尔民’。婴齐受命于蜀[20](蜀盟在成二年),奉承以来,弗敢失陨[21],而致诸宗祧。曰我先君共王,引领北望,日月以冀(冀鲁朝)。传序相授[22],于今四王矣(四王,共、康、郏敖及灵王)。嘉惠未至,唯襄公之辱临我丧(襄公二十八年,如楚吊康王丧)。孤与其二三臣,悼心失图[23](在哀丧故),社稷之不皇,况能怀思君德(皇,暇也。言有大丧,多不暇)!今君若步玉趾,辱见寡君,宠灵楚国,以信蜀之役,致君之嘉惠,是寡君既受贶矣,何蜀之敢望(言不敢望如蜀复有质子)?其先君鬼神,实嘉赖之,岂唯寡君?君若不来,使臣请问行期[24](问鲁见伐之期),寡君将承质币而见于蜀,以请先君之贶。"公将往,梦襄公祖(祖,祭道神)。梓慎[25]曰:"君不果行[26]。襄公之适楚也,梦周公祖而行。今襄公实祖,君其不行。"子服惠伯曰:"行。先君未尝适楚,故周公祖以道之。襄公适楚矣,而祖以道君,不行,何之?"三月,公如楚,郑伯劳于师之梁[27](郑城门)。孟僖子为介,不能相仪[28](僖子,仲孙貜)。及楚,不能答郊劳(为下僖子病不能相礼张本)。

解义　据《左氏》楚子成章华之台,愿与诸侯落之,而薳启强自谓能得鲁侯。盖知季孙擅[29]国,鲁君若寄生,闻楚有命,季氏必迫公以出而不敢违。若宋、卫之君尚能专有其国,恐驰词执礼[30]以抗非义之请而不赴,则楚威为之顿[31]也!

注释　①执:指执无宇之阍。②经略:经营疆界。经,计度,筹划,经营。略,界。③正封:治理封土。④天有十日:古人以天干记日,同甲至癸循环一次为十,称十日。⑤圉、牧:圉为养马人,牧为养牛人。不在十等之列。⑥有亡,荒阅:奴隶中有逃亡者,大搜捕。荒,大。阅,搜索。⑦文王:指楚文王。⑧《仆区》之法:关于窝藏的法令。仆,隐。区(ōu),匿。⑨盗所隐器:隐匿盗贼的所得赃物。⑩封汝:扩张封疆至汝水。⑪陪台:逃亡复抓获的奴隶,在十等之下。⑫萃渊薮:萃,集也。聚集的渊薮。渊为鱼所藏处,薮为兽所聚处。⑬夫致死焉:人们拼命攻打纣王。夫,人。⑭二文:周文王及楚文王。取之:逮捕盗贼。⑮盗有宠:楚王自指。⑯与诸侯落之:与诸侯同庆章华台之落成。⑰成公:鲁成公。⑱婴齐:楚令尹子重,为薳强之先祖。⑲衡父:鲁成公之子公衡也。⑳受命于蜀:指楚与鲁在蜀地结盟,自谦受鲁君之命。㉑失陨:失落,丢弃。㉒传序相授:世代相传。㉓悼心失图:心中摇摆,拿不定主意。㉔请问行期:请问会盟的日期。㉕梓慎:鲁大夫,善卜筮。㉖不果行:不能成行。㉗师之梁:郑都西门。㉘不能相仪:不能辅助昭公行礼仪。㉙擅:独揽,占有。㉚执礼:执守礼制。㉛顿:停顿。很短时间的停止。

春秋 叔孙婼如齐莅盟[①](婼,《公羊》作舍。后同)。

穀梁传 莅,位也。内之前定之辞谓之莅,外之前定之辞谓之来。

春秋 夏四月甲辰朔,日有食之。

左传 夏四月甲辰朔,日有食之。晋侯问于士文伯曰:“谁将当日食[②]?”对曰:“鲁、卫恶之[③],卫大鲁小。”公曰:“何故?”对曰:“去卫地,如鲁地[④]。(卫地,豕韦也。鲁地,降娄也。日食于豕韦之末,及降娄之始乃息,故祸在卫大,在鲁小也。周四月,今二月,故日在降娄)。于是有灾,鲁实受之(灾发于卫,而鲁受其馀祸)。其大咎,其卫君乎?鲁将上卿(八月卫侯卒,十一月季孙宿卒)。”公曰:“《诗》所谓‘彼日而食,于何不臧’者,何也(感日食而问《诗》)?”对曰:“不善政之谓也。国无政,不用善,则自取谪于日月之灾,故政不可不慎也。务三而已,一曰择人,二曰因民,三曰从时。”

附录左传 晋人来治杞田(前女叔侯不尽归,今公适楚,晋人恨,故复来治),季孙将以成[⑤]与之(成,孟氏邑,本杞田)。谢息为孟孙守,不可(谢息,僖子家臣)。曰:“人有言曰:‘虽有挈瓶之知[⑥],守不假器,礼也(挈瓶,汲者,喻小知。为人守器,犹知不以借人)。’夫子从君[⑦](夫子,谓孟僖子,从公如楚),而守臣[⑧]丧邑,虽吾子亦有猜焉(言季孙亦将疑我不忠)。”季孙曰:“君之在楚,于晋罪也。又不听晋,鲁罪重矣。晋师必至,吾无以待之,不如与之,间晋而取诸杞。吾与子桃[9](桃,杜注:鲁国卞县东南有桃虚),成反,谁敢有之?是得二成也。鲁无忧而孟孙益邑,子何病焉?”辞以无山,与之莱、柞[10](莱、柞,杜注:二山),乃迁于桃(谢息迁也)。晋人为杞取成。

楚子享公于新台[11](章华台也),使长鬣[12]者相(鬣,须也,欲先夸鲁侯),好以大屈(宴好之赐。大屈,弓名)。既而悔之。薳启强闻之,见公。公语之,拜贺。公曰:“何贺?对曰:“齐与晋、越欲此久矣。寡君无适与也,而传诸君,君其备御三邻[13](齐、晋、越)。慎守宝矣,敢不贺乎?”公惧,乃反之(《传》言楚灵不信,所以不终)。

郑子产聘于晋。晋侯疾,韩宣子逆客,私焉,曰:“寡君寝疾,于今三月矣,并走群望[14](晋所望杞山川,皆走往祈祷),有加而无瘳。今梦黄熊入于寝门,其何厉鬼也?”对曰:“以君之明,子为大政,其何厉之有?昔尧殛鲧于羽山(羽山,杜注:在东海祝其县西南。今山东沂州东有山高四里其西为羽渊),其神化为黄熊,以入于羽渊[15]。实为夏郊,三代祀之(鲧,禹父,夏郊祭之,历殷、周二代,又通在群神之数,并见祀)。晋为盟主,其或者未之祀也乎?”韩子祀夏郊[16],晋侯有间,赐子产莒之二方鼎(莒所贡)。子产为丰施[17]归州田于韩宣子(丰施,郑公孙段之子。三年,晋以州田赐段。此年正月,段卒),曰:“日君以夫公孙段为能任其事,而赐之州田,今无禄早世[18],不获久享君德。其子弗敢有,不敢以闻于君,私致诸子。”宣子辞。子产曰:“古人有言曰:‘其父析薪[19],其子弗克负荷(荷,担也。以微薄喻贵重)’。施将惧不能任其先人之禄,其况能任大国之赐?纵吾子为政而可,后之人若属有疆场之言,敝邑获戾,而丰氏受其大讨。吾子取州,是免敝邑于戾,而建置[20]丰氏也。敢以为请。”宣子受之,以告晋侯。晋侯以与宣子。宣子为初言(初言,谓与赵文子争州田),病有之,以易原县于乐大心[21](乐大心，宋大夫。原，晋邑，以赐乐大心也）。

郑人相惊以伯有，曰“伯有至矣[22]（襄三十年，郑人杀伯有。言其鬼至）”，则皆走，不知所往。铸刑书之岁二月（在前年），或梦伯有介而行[23]，曰：“壬子[24]，余将杀带[25]也（驷带助子皙杀伯有。壬子，六年三月三日）。明年壬寅[26]，余又将杀段也（公孙段，丰氏党。壬寅，此年正月二十八日）。”及壬子，驷带卒，国人益惧。齐、燕平之月[27]（此年正月）壬寅，公孙段卒。国人愈惧。其明月[28]，子产立公孙泄及良止以抚之[29]，乃止（公孙泄，子孔之子也。襄十九年，郑杀子孔。良止，伯有子也，立以为大夫，使有宗庙）。子大叔问其故，子产曰：“鬼有所归，乃不为厉，吾为之归也。”大叔曰：“公孙泄何为（子孔不为厉，问何为复立泄）？”子产曰：“说也。为身无义而图说（伯有无义，以妖鬼故立之。恐惑民，并立泄，使若自以大义存诛绝之后者，以解说民心），从政有所反之，以取媚也（民不可使知之，故治政或当反道以求媚于民）。不媚，不信（说而后信之）。不信，民不从也。”及子产适晋，赵景子[30]问焉（景子，晋中军佐赵成），曰：“伯有犹能为鬼乎？”子产曰：“能。人生始化曰魄（魄，形也），既生魄，阳曰魂（阳，神气也）。用物精多[31]，则魂魄强（物，权势）。是以有精爽，至于神明（精者神之未著，爽者明之未昭）。匹夫匹妇强死（强死，不病也），其魂魄犹能冯依于人[32]，以为淫厉，况良霄[33]，我先君穆公之胄，子良[34]之孙，子耳[35]之子，敝邑之卿，从政三世矣。郑虽无腆，抑谚曰‘蕞尔[36]国’，而三世执其政柄，其用物也弘矣，其取精也多矣。其族又大，所冯厚矣。而强死，能为鬼，不亦宜乎（《传》言子产之博敏）？”

子皮之族饮酒无度，故马师氏与子皮氏有恶（马师氏，公孙鉏之子罕朔也。襄三十年，马师颉出奔，公孙鉏代之为马师，与子皮俱同一族）。齐师还自燕之月（在此年二月），罕朔杀罕魋（魋，子皮弟）。罕朔奔晋。韩宣子问其位于子产（问朔可使在何位）。子产曰：

"君之羁臣[37],苟得容以逃死,何位之敢择?卿违,从大夫之位(谓以礼去者,降位一等),罪人以其罪降(罪重则降多),古之制也。朔于敝邑,亚大夫也,其官,马师也(大夫位,马师职)。获戾而逃,唯执政所置之。得免其死,为惠大矣,又敢求位?"宣子为子产之敏也,使从嬖大夫(为子产故,故降一等,不以罪降)。

春秋　秋八月戊辰,卫侯恶[38]卒。

左传　秋八月,卫襄公卒。晋大夫言于范献子曰:"卫事晋为睦,晋不礼焉,庇其贼人而取其地[39](贼人,孙林父。其地,戚也),故诸侯贰。《诗》曰:'鹡鸰在原,兄弟急难(《诗·小雅》。鹡鸰,雝渠也。飞则鸣,行则摇,喻兄弟相救于急难,不可自舍)。'又曰:'死丧之威,兄弟孔怀(威,畏也。言有死丧,则兄弟宜相怀思)。'兄弟之不睦,于是乎不吊(不相吊恤),况远人,谁敢归之?今又不礼于卫之嗣,卫必叛我,是绝诸侯也。"献子以告韩宣子。宣子说,使献子如卫吊,且反戚田[40]。卫齐恶[41]告丧于周,且请命。王使成简公如卫吊(简公,王卿士),且追命襄公曰:"叔父陟恪[42],在我先王之左右,以佐事上帝。余敢高圉、亚圉[43](二圉,周之先。为殷诸侯,亦受殷王追命者)?"

穀梁传　乡曰卫齐恶(在元年),今曰卫侯恶,此何为君臣同名也?君子不夺人名,不夺人亲之所名,重其所以来也,王父名子也(不夺人名,谓亲之所名,明臣虽欲改,君不当听也。君不听臣易名者,欲使重父命也。父受命名于王父,王父卒,则听王父之命名之)。

春秋　九月,公至自楚。

左传　九月,公至自楚。孟僖子病不能相礼[44](不能相仪答郊劳,以此为己病),乃讲学之,苟能礼者[45]从之。及其将死也(二十四年孟僖子卒,传终言之),召其大夫曰:"礼,人之干也。无礼,无以立。吾闻将有达[46]者曰孔丘(僖子卒时,孔子年三十五),圣人之后也(圣人,殷汤),而灭于宋(孔子六代祖孔父嘉,为宋督所杀,其子奔鲁)。其祖弗父何,以有宋[47]而授厉公(弗父何,孔父嘉之高祖,宋闵公之子,厉公之兄。何嫡嗣当立,以让厉公)。及正考父(弗父何之曾孙),佐戴、武、宣[48](皆宋君),三命兹益共[49](三命,上卿。言位高益共)。故其鼎铭云:'一命而偻,再命而伛,三命而俯(俯共于伛,伛共于偻)。循墙而走(言不敢安行),亦莫余敢侮。饘[50]于是,鬻[51]于是,以糊余口(于是鼎中为饘鬻。饘鬻,餬属,言至俭)。'其共也如是。臧孙纥有言曰:'圣人有明德者,若不当世(不当大位,谓正考父),其后必有达人。'今其将在孔丘乎?我若获没,必属说与何忌于夫子,使事之(说,南宫敬叔。何忌,孟懿子。皆僖子之子),而学礼焉,以定其位(知礼则位安)。"故孟懿子与南宫敬叔师事仲尼[52]。仲尼曰:"能补过者,君子也。《诗》曰:'君子是则是效(《诗·小雅》)。'孟僖子可则效已矣。"

解义 公[53]如楚,必致危之,故以告於庙也。

注释 ①莅盟:参加盟会。②当日食:承当日蚀的灾祸。古人迷信,以日蚀为上天的谴责。③恶之:受其凶恶。④去卫地如鲁地:日蚀开始时先在卫地分野,后在鲁地分野结束。古以天空星宿分为十二次,配属于各国,用来占卜吉凶,名日分野。⑤成:本为杞田,后为孟氏邑。⑥挈瓶之知:喻小智小惠。挈瓶,即垂瓶者,汲水者。⑦夫子从君:夫子,指孟僖子。从君,从公如楚。⑧守臣:谢息自指。⑨桃:地名,在今山东汶上县东北三十五里之桃乡。⑩莱、柞:二山名,位于山东莱芜县境。⑪新台:指章华台。⑫长鬣:指高大强壮。鬣(liè),即长胡须。⑬三邻:指齐、晋、越三邻国。⑭并走群望:晋所望祀山川,皆前往祈祷。望即望祭。⑮羽渊:羽山之水汇集处。⑯祀夏郊:在郊祭时以夏鲧配享。⑰丰施:郑公孙段长子。⑱禄:福也。早世:早死。公孙段死于本年正月。⑲析薪:劈柴。此喻勤劳创业。⑳建置:扶持。㉑乐大心:宋大夫。㉒伯有:郑前任执政,作乱被杀。伯有至矣:

伯有之鬼魂来了。㉓介:披甲。介而行:披甲而行。㉔壬子:昭公六年三月三日。㉕带:驷带,助子皙杀伯有。㉖壬寅:昭公七年正月二十七日。㉗齐、燕平之月:即昭公七年正月。㉘其明月:即公孙段死第二月。㉙公孙泄、良止:公孙泄为子孔之子。良止为伯有之子。㉚赵景子:赵武之子晋中军佐赵成。㉛用物精多:用以滋养形体、精神之物精美丰富,则身体强壮精神健旺。㉜冯依于人:凭借依附在他人身上。㉝良霄:即伯有。㉞子良:公子去疾。㉟子耳:公孙辄。㊱蕞尔:小小的。㊲羁臣:羁旅之臣。㊳卫侯恶:即卫襄公,姬姓,卫氏,名恶。卫国第27代国君,前543年—前535年在位。他是卫献公之子,卫灵公之父。㊴庇其贼人而取其地:指庇护孙林父而取戚地。㊵反戚田:归还戚田给卫国。㊶齐恶:卫国大夫。㊷陟恪:升天。㊸高圉、亚圉:均为周朝先代、殷时贤诸侯。㊹病不能相礼:病,担忧、苦恼。担忧不精通礼仪而不能助君行礼。㊺能礼者:精通礼仪者。㊻达:达礼。㊼有宋:据有宋国,即做国君。㊽戴、武、宣:三人皆宋君。㊾三命兹益共:三命,即上卿。兹益,同义词连用,更加。共,同"恭"。㊿饘:稠粥。51鬻:稀粥。52孟懿子、南宫敬叔:孟僖子二子。孟懿子即何忌,南宫敬叔即说。53公:鲁昭公。

附录左传　单献公弃亲用羁(献公,周卿士,单靖公之子,顷公之孙。羁,寄客也)。冬十月辛酉,襄、顷之族杀献公而立成公[①](襄公,顷公之父。成公,献公弟)。

春秋　冬十有一月癸未,季孙宿卒。

左传　十一月,季武子卒。晋侯谓伯瑕曰[②](伯瑕,士文伯):"吾所问日食,从矣,可常[③]乎(卫侯、武子皆卒故)?"对曰:"不可。六物不同[④](各异时),民心不一[⑤](政教殊),事序不类[⑥](有变易),官职不则[⑦](治官居职非一法),同始异终,胡可常也?《诗》曰:'或燕燕居息,或憔悴事国(《诗·小雅》。言不同)。'其异终也如是。"

公曰："何谓六物？"对曰："岁、时、日、月、星、辰，是谓也。"公曰："多语寡人辰，而莫同(如北辰、大辰之类，其义莫同)。何谓辰？"对曰："日月之会，是谓辰，故以配日(谓以子丑配甲乙)。"

解义　自季友至行父[⑧]，虽专鲁国，臣节尚无显悖。至宿[⑨]则乘君幼而分其民，据其土，称兵邦域，招纳叛人，谄事[⑩]霸国，深结强家，以间阻[⑪]其君。襄公自楚归至不敢入，他日意如逐君，乃宿之遗谋耳！

注释　①成公：献公之弟。②伯瑕：即士文伯。③常：常以此占卜。④六物不同：六物指岁、时、日、月、星、辰，皆指时间。六物不同即时间不同。⑤民心不一：民所受政权不同而思想各异。⑥事序不类：事变发生顺序不同。⑦官职不则：治官居职各有其法，无统一规则。⑧季友：春秋鲁桓公季子，即鲁桓公最小的儿子，鲁庄公弟，因手掌中生成一"友"字文，遂以为名，号成季，故称季友，又称"公孙友"。行父：即季孙行父(？—前568年)。春秋时期鲁国的正卿，前601年—前568年执政。姬姓，季氏，谥文，史称"季文子"。⑨宿：即季孙宿(？—前535年)。春秋时鲁国正卿，前568－前535年执政。姬姓，季氏，名宿(一作夙)，谥武，史称"季武子"。⑩谄事：逢迎侍奉。谄，奉承，巴结。⑪间阻：阻隔，间隔。

春秋　十有二月癸亥，葬卫襄公[①]。

左传　卫襄公夫人姜氏无子(姜氏，宣姜)，嬖人[②]婤姶生孟絷。孔成子梦康叔谓己[③]："立元(成子，卫卿，孔达之孙烝鉏也。元，孟絷弟，梦时元未生)，余使羁之孙圉与史苟相之(羁，烝鉏子。苟，史朝子)。"史朝亦梦康叔谓己："余将命而子苟与孔烝鉏之曾孙圉相元。"史朝见成子，告之梦，梦协。晋韩宣子为政聘于诸侯之岁(在二年)，婤姶生子，名之曰元。孟絷之足不良，弱行(跛也)。孔成子以《周易》筮之，曰："元尚享卫国主其社稷(令蓍辞)。"遇

《屯》[4]䷂(《震》下《坎》上,《屯》)。又曰:“余尚立絷,尚克嘉之(嘉,善也)。”遇《屯》䷂之《比》[5]䷇(《坤》下《坎》上,《比》。《屯》初九爻变)。以示史朝。史朝曰:‘元亨’,又何疑焉(《周易》曰:“《屯》,元亨。”)?”成子曰:“非长之谓乎(言《屯》之元亨,谓年长,非谓名元)?”对曰:“康叔名之,可谓长矣。孟非人也,将不列于宗,不可谓长。且其繇曰‘利建侯(繇,卦辞)’。嗣吉,何建(嗣子有常位,故无所建)?建非嗣也。二卦皆云(谓再得《屯》卦,皆有建侯之文),子其建之。康叔命之,二卦告之,筮袭于梦,武王所用也,弗从何为(《大誓》曰:“朕梦协朕卜,袭于休祥,戎商必克。”此武王辞)?弱足者居[6](跛则偏弱,居其家,不能行),侯主社稷,临祭祀,奉民人,事鬼神,从会朝,又焉得居?各以所利[7],不亦可乎(孟跛利居,元吉利建)?”故孔成子立灵公(灵公,元也)。十二月癸亥,葬卫襄公。

春秋　八年春。

附录左传　八年春,石言于晋魏榆[8](魏榆,杜注:晋地。今山西榆次县西北有故城。《通典》曰:“晋魏榆,邑也。”)。晋侯问于师旷曰:“石何故言?”对曰:“石不能言,或冯[9]焉(谓有精神凭依石而言)。不然,民听滥[10]也(滥,失也)。抑臣又闻之曰:‘作事不时[11],怨讟动于民,则有非言之物而言。’今宫室崇侈,民力凋尽,怨讟[12]并作,莫保其性(性,命也)。石言,不亦宜乎?”于是晋侯方筑虒祁之宫[13](虒祁,杜注:地名,在绛西四十里,临汾水。在今山西曲沃县西)。叔向曰:“子野[14]之言,君子哉(子野,师旷字)!君子之言,信而有征[15],故怨远于其身。小人之言,僭而无征[16],故怨咎及之。《诗》曰:‘哀哉不能言,匪舌是出,唯躬是瘁(《诗·小雅》。不能言,谓不知言理。僭而无信,自取瘁病,故哀之)。哿矣能言,巧言如流,俾躬处休。’其是之谓乎(哿嘉也。巧言如流谓言之而顺叙,信而有征,自取安逸。师旷此言,缘问流转,终归于谏,故以比巧言如流也。当叔向时,《诗》义如此,故与今说《诗》者小异)?是宫也成,诸侯必叛,君必有咎,夫子知之矣(为十年晋侯彪卒传)。”

春秋 陈侯之弟招杀陈世子偃师。

左传 陈哀公元妃郑姬,生悼[17]大子偃师,二妃生公子留,下妃[18]生公子胜。二妃嬖,留有宠,属诸司徒招与公子过[19](招及过皆哀公弟)。哀公有废疾[20]。三月甲申[21],公子招、公子过杀悼大子偃师,而立公子留。

穀梁传 乡曰陈公子招(在元年),今曰陈侯之弟招何也?曰尽其亲,所以恶招也(尽其亲,谓既称公子又称弟。招,先君之公子,今君之母弟)。两下相杀,不志乎《春秋》,此其志何也?世子云者,唯君之贰也。云可以重之存焉,志之也。诸侯之尊,弟兄不得以属通。其弟云者,亲之也。亲而杀之,恶也。

解义 陈招以介弟为司徒[22],不顾宗社[23]以逞其私。杀嫡立庶,致楚乘衅[24]以灭陈,故不称公子。而变文书弟,所以甚[25]招之恶,而著陈侯失亲亲之道也!

注释 ①卫襄公:姬姓,卫氏,名恶。卫国第27代国君,前543年—前535年在位。他是卫献公之子,卫灵公之父。②嬖人:受宠爱的人。指姬妾。③孔成子:卫国卿,即下文的孔烝鉏。康叔:卫国始祖。④《屯》:卦名,《周易》六十四卦之第三,卦象为下震上坎。⑤《比》:卦名,《周易》六十四卦之第八,卦象为下坤上坎。⑥弱足者居:足跛不能行,宜居于家中。⑦各以所利:孟絷师足。⑧魏榆:晋地,位于山西榆次县西北。⑨或冯:有所凭借。冯,凭依。⑩滥:失实。⑪作事不时:兴土木不在农闲之时。⑫怨讟:怨恨抱怨。⑬虒(sī)祁之宫:宫名,在现山西侯马市附近。⑭子野:师旷字。⑮信而有征:诚实而有证据。⑯僭而无征:虚假而无信验。⑰悼:偃师的谥号。⑱下妃:三妃。⑲司徒招、公子过:二人皆衰公弟。⑳废疾:久治不愈之症。㉑甲申:十六日。㉒介弟:对自己弟弟的爱称。司徒:官名,为六卿之一。

㉓宗社:指国家。㉔乘衅:利用机会,趁空子。㉕甚:加重。

春秋　夏四月辛丑,陈侯溺[1]卒。

左传　夏四月辛亥[2],哀公缢[3](忧恚自杀,《经》书辛丑从赴)。

解义　陈侯因偃师之变,恚[4]而卒。则其托留於公子招,所以宠留而非有杀偃师之心也。楚弃疾立公子比,而灵王缢,《春秋》书比弑其君,招杀偃师,而哀公缢,不书招弑其君何也?招方当国,不肯以先君之缢赴,旧史承而书之,与郑伯髡顽、楚子麇同[5]。

注释　①陈侯溺:指陈哀公,即妫弱,为春秋诸侯国陈国君主之一,他为陈成公的儿子,承袭陈成公担任该国君主,在位期间为前568年—前534年,共在位35年。②辛亥:十三日。③缢:因忧虑过度而自缢身亡。④恚(huì):恨,怒。⑤郑伯髡顽,即郑僖公姬恽(公元前570—前566年在位),郑成公姬睔之子。麇:即郏敖,楚国君,在位4年(前544年—前541年),公子围之兄康王之子。

春秋　叔弓如晋。

左传　叔弓如晋,贺虒祁也(贺宫成)。游吉相郑伯以如晋,亦贺虒祁也。史赵见子大叔[1],曰:"甚哉,其相蒙[2]也!可吊也,而又贺之?"子大叔曰:"若何吊也?其非唯我贺,将天下实贺(言诸侯畏晋,非独郑)。"

解义　楚成章华之台,而召诸侯以落之。晋成虒祁之宫,而诸侯毕[3]贺,小国之困敝[4]极矣。

注释　①子大叔:即游吉。②相蒙:相欺骗。蒙,欺骗。③毕:全部,都。④困敝:即困弊。

春秋　楚人执陈行人干徵师[1]杀之。

左传　干徵师赴于楚(干徵师,陈大夫),且告有立君。公子胜诉之于楚(以招、过杀偃师告),楚人执而杀之(杀干徵师)。公子留奔郑。书曰“陈侯之弟招杀陈世子偃师”，罪在招也；“楚人执陈行人干徵师杀之”，罪不在行人也。

穀梁传 称人以执大夫，执有罪也。称行人，怨接于上也。

解义 陈杀世子罪在於招，行人何辜而以为戮[2]乎？盖楚灵因陈乱以为利，欲震怖[3]其国而取之，故杀人以行其诈[4]耳！

注释 ①干徵师：陈国行人。②戮：杀戮。③震怖：使……惊恐。④诈：欺骗。

春秋 陈公子留出奔郑。

解义 留书公子是为招所立，而犹不敢安於其位，故不以偃师之狱[1]归之。

注释 ①狱：罪，罪案。

春秋 秋，蒐[1]于红（书蒐始此。红，杜注：鲁地。沛国萧县西有红亭，远疑萧县。今属江南徐州府）。

左传 秋，大蒐于红，自根牟至于商、卫[2]，革车千乘（根牟，杜注：鲁东界。琅邪阳都县有牟乡。商，杜注：宋地。鲁西竟接宋、卫也）。

公羊传 蒐者何？简车徒[3]也。何以书？盖以罕书也。

穀梁传 正也。因蒐狩以习用武事，礼之大者也。艾兰以为防（兰，香草也。防，为田之大限），置旃以为辕门（《周礼》“通帛曰旃”。辕门，卬车以其辕表门），以葛覆质以为槷（质，椹也。槷，门中臬。葛或为褐），流旁握，御轚者不得入（流旁握，谓车两轊头，各去门边空握。握，四寸也。轚挂则不得入门）。车轨尘（尘不出辙），马候蹄（发足相应，迟疾相投），掩禽旅（掩取众禽），御者不失其驰，然后射者能中。过防弗逐，不从奔之道也（战不逐奔之义）。面伤不献（嫌诛降），不成禽不献（恶虐幼少）。禽虽多，天子取三十焉。其余与士众，以习射于射宫（取三十以共干豆宾客之庖。射宫，泽宫），射而中,田不得禽则得禽;田得禽而射不中,则不得禽。是以知古之贵仁义而贱勇力也(射以不争为仁,揖让为义)。

解义　《春秋》凡五书蒐,皆曰大蒐,著僭[4]也。此《传》亦言大蒐于红,自根牟至于商卫革车千乘,而《经》无大字,阙文也。在他公不书,惟书於昭、定之世,何也?鲁僭大蒐之礼,亦如郊禘[5]之不可胜书,惟昭、定之际,公无尺土一民,而三桓[6]用天子之礼以简私家之军,实尤非常之变不赦之恶也!

注释　①蒐(sōu):打猎,意在阅兵。②根牟:鲁东境,在现山东莒县西南五十里。商、卫:指宋国和卫国边境。③简车徒:简,检阅;车,战车;徒,指士兵。检阅军队。④僭(jiàn):超越本分,古代指地位在下的冒用在上的名义或礼仪、器物。⑤郊禘:指到郊外祭祀的礼节。⑥三桓:是春秋时鲁大夫孟孙氏、叔孙氏、季孙氏三家的合称,分别是鲁桓公的三个儿子庆父、叔牙、季友的后裔,因为三家都是桓公后代,所以叫"三桓"。

附录左传　七月甲戌[1],齐子尾卒,子旗欲治其室(子旗,栾施)。丁丑,杀梁婴[2](梁婴,子尾家宰)。八月庚戌[3],逐子成、子工、子车[4](三子,齐大夫,子尾之属。子成,顷公子固。子工,成之弟铸。子车,顷公之孙捷),皆来奔,而立子良氏之宰(子良,子尾之子高强也。子旗为子立宰)。其臣曰(子尾家臣):"孺子长矣(孺子谓子良),而相吾室[5],欲兼我也。"授甲,将攻之。陈桓子善于子尾,亦授甲,将助之。或告子旗,子旗不信。则数人告。将往,又数人告于道,遂如陈氏。桓子将出矣,闻之而还(闻子旗至),游服而逆之(去戎备,著常游戏之服)。请命(问桓子所至),对曰:"闻强氏[6]授甲将攻子,子闻诸?"曰:"弗闻。""子盍亦授甲?无宇[7]请从。"子旗曰:"子胡然?彼孺子也,吾诲之犹惧其不济,吾又宠秩之[8](谓为之立宰)。其若先人何?子盍谓之(谓之使无攻我)?《周书》曰:'惠不惠,茂不茂[9](《周书·康诰》。言当施惠于不惠者,劝勉于不勉者,茂,勉也)。'康叔所以服弘大也(服,行也)。"桓子稽颡曰:"顷、灵福子[10](顷公、灵公,乐氏所事之君),吾犹有望。"遂和之如初(和栾、高二家)。

春秋 陈人杀其大夫公子过。

左传 陈公子招归罪于公子过而杀之(言招所以不死而得放)。

解义 称人以杀,而不去其官,国乱无政,众人擅杀[11],非讨贼之辞也!盖偃师之死,招实主谋,孔奂与焉,而非过之所欲也,招恶其异己,反加罪焉。《经》书招杀偃师於前,书楚师灭陈杀奂於后,而过称大夫,则不与杀世子明矣!

注释 ①甲戌:初八日。②丁丑:十一日。梁婴:子尾家臣总管。③庚戌:十四日。④子成等:三人均为齐大夫,属子尾一派。⑤相吾室:即为吾室立宰。⑥强氏:子良。⑦无宇:陈桓子之名。⑧宠秩之:宠信并为他立宰。⑨惠不惠,茂不茂:施惠于不感激施惠之人,劝勉于不听劝勉之人。⑩顷、灵福子:顷、灵,齐二国君。福子,保佑您。⑪擅杀:未经批准而擅自诛杀。

春秋 大雩[1]。

春秋 冬十月壬午,楚师灭陈。执陈公子招,放之于越。杀陈孔奂(奂,《公羊》作瑗)。

左传 九月,楚公子弃疾帅师奉孙吴[2]围陈(孙吴,悼大子偃师之子惠公),宋戴恶会之(戴恶,宋大夫)。冬十一月壬午,灭陈(壬午,十月十八日。《传》言十一月,误)。舆嬖[3]袁克,杀马毁玉以葬(舆,众也。袁克,嬖人之贵者,欲厚葬哀公)。楚人将杀之,请置之(置马、玉)。既又请私(私尽君臣恩),私于幄,加绖[4]于颡而逃。使穿封戌为陈公[5](戌,楚大夫。灭陈为县,使戌为县公),曰:"城麇之役,不谄(成麇役在襄二十六年。戌与灵王争皇颉)。"侍饮酒于王,王曰:"城麇之役,女知寡人之及此,女其辟寡人乎?"对曰:"若知君之及此,臣必致死礼,以息[6]楚(息,宁静也)。”晋侯问于史赵,曰:“陈其遂亡乎?”对曰:“未也。”公曰:“何故?”对曰:“陈,颛顼之族也(陈祖舜,舜出颛顼)。岁在鹑火[7],是以卒灭,陈将如之(颛顼氏以岁在鹑火而灭,火盛而水灭)。今在析木之津[8],犹将复由(箕、斗之间有天汉,故谓之析木之津。由,用也)。且陈氏得政于齐而后陈卒亡(物莫能两盛)。自幕至于瞽瞍[9],无违命(幕,舜之先。瞽瞍,舜父)。舜重之以明德,置德于遂(遂,舜后,盖殷之兴,存舜之后而封遂),遂世守之。及胡公不淫[10],胡周赐之姓,使祀虞帝。臣闻盛德必百世祀,虞之世数未也[11]。继守将在齐,其兆既存[12]矣(言陈氏兴盛于齐,形兆已见)。”

穀梁传　恶楚子也。

解义　楚庄[13]讨陈之乱,有善有恶,故先书楚人杀陈夏徵舒[14],而后及其入国纳乱臣之事,是非不相掩也。楚围[15]则恃强逞暴,利[16]陈之土地而灭之,非有讨贼之义,故先书灭陈。

注释　①大雩(yú):古求雨祭名。②孙吴:陈惠公名。悼太子郾师的儿子。③舆嬖:掌管车乘的宠幸大夫。④绖(dié):麻带。服丧用。⑤穿封戌:楚国大夫。陈公:陈县之长。这时楚国已灭陈为县。⑥息:平定。⑦岁:岁星,即木星。鹑火:星次名。岁在鹑火:上古纪年法之一。⑧析木:星次名。津:天汉,即银河。⑨幕:舜的祖先。瞽瞍,舜的父亲。⑩胡公不淫:即胡公满,字不淫。陈国始祖。⑪世数未也:虞舜世代之数未满一百。⑫其兆既存:陈氏在齐兴旺之征兆已然有了。⑬楚庄:楚庄王。⑭夏徵舒:生卒不详,字子南,陈国大夫,其父名夏御叔,又称少西氏。其母即大名鼎鼎的夏姬。⑮楚围:指楚灵王。⑯利:以……为利。

春秋　葬陈哀公。

穀梁传　不与楚灭,闵[1]公也。

解义　陈已灭矣，非我往会葬而书，与庄四年齐侯葬纪伯姬同耳。彼曰齐，盖上无齐灭纪之文，不书齐侯，则未知孰葬之。今已书楚师灭陈，则下三事皆蒙[2]上文而书耳！

注释　①闵：同“悯”，怜恤，哀伤。②蒙：承接。

卷五十

昭公(九年之十二年)

春秋　九年春,叔弓[①]会楚子于陈。

左传　九年春,叔弓、宋华亥、郑游吉、卫赵黡会楚子于陈。

解义　此与宣[②]十五年,公孙归父会楚子于宋同。楚子在彼,鲁自使卿往,修礼致敬[③],非楚子召之使会也!

注释　①叔弓:即公孙婴齐(?—前527年),字叔弓,鲁国大夫。②宣:鲁宣公。③修礼:指施行礼教。致敬:表示恭敬,表达敬意。

春秋　许迁于夷。

左传　二月庚申,楚公子弃疾迁许于夷,实城父[①](时改城父为夷,杜注:城父县属谯郡。今江南亳州东南有城父故城),取州来淮北之田以益之[②]。伍举授许男田。然丹迁城父人于陈,以夷濮西田益之(以夷田在濮水西者与城父人)。迁方城外人于许(成十五年,许迁于叶,因谓之许。今许迁于夷,故以方城外人实其处。《传》言灵王使民不安)。

解义　许世服於楚,而畏郑欲迁都近楚,故以自迁为文。若楚强[③]之,则当书楚人迁许,如宋人迁宿,齐人迁阳。

注释　①实城父:实为城父。②益之:增加许之田也。③强:强迫。

附录左传　周甘人与晋阎嘉争阎田(甘人,甘大夫襄也。阎嘉,晋阎县大夫)。晋梁丙、张趯率阴戎伐颍(阴戎,杜注:陆浑之戎。颍,杜注:周邑)。王使詹桓伯辞于晋(辞,责让之。桓伯,周大夫),曰:"我自夏以后稷[①],魏、骀、芮、岐、毕,吾西土也(在夏世以后稷功,受此五国为西土之长。骀,杜注:在始平武功县所治釐城县。今属陕西乾州,古鳌城在县南)。及武王克商,蒲姑、商奄[2],吾东土也(蒲姑,杜注:乐安博昌县北有蒲姑城。今蒲姑故城在山东博兴县东南);巴、濮、楚、邓,吾南土也;肃慎、燕、亳,吾北土也(肃慎,杜注:在玄菟北三千馀里。《孔疏》:玄菟在辽东北,今属盛京)。吾何迩封[3]之有?文、武、成、康之建母弟[4],以蕃屏周,亦其废队是为[5],岂如弁髦而因以敝之(弁谓缁布冠,髦谓童子垂髦。凡加冠之礼,先用缁布冠,敛括垂髦。三加之后,去缁布冠,不复用,故言"因以敝之")?先王居梼杌于四裔,以御螭魅(言梼杌,略举四凶之一),故允姓之奸,居于瓜州[6](允姓,阴戎之祖,与三苗俱放三危者),伯父惠公归自秦,而诱以来(僖二十二年"秦晋迁陆浑之戎于伊川"),使逼我诸姬,入我郊甸,则戎焉取之。戎有中国,谁之咎也(咎在晋)?后稷封殖天下,今戎制之,不亦难乎(后稷修封强,殖五谷,今戎得之,唯以畜牧)?伯父图之。我在伯父,犹衣服之有冠冕,木水之有本原,民人之有谋主也(民,人。谋主,宗族之师长)。伯父若裂冠毁冕,拔本塞原,专弃谋主,虽戎狄其何有余一人[7]?"叔向谓宣子曰:"文之伯也,岂能改物(言未能改正朔,易服色)?翼戴天子而加之以共。自文以来,世有衰德而暴灭宗周,以宣示其侈,诸侯之贰,不亦宜乎?且王辞直,子其图之。"宣子说。王有姻丧[8],使赵成如周吊,且致阎田与襚,反颍俘[9]。王亦使宾滑执甘大夫襄以说于晋(宾滑,周大夫),晋人礼而归之。

春秋 夏四月,陈灾(灾,《公羊》、《穀梁》作火)。

左传 夏四月,陈灾。郑裨灶曰:"五年,陈将复封。封五十二年而遂亡。"子产问其故,对曰:"陈,水属也(陈,颛顼之后,故为水属),火,水妃也(火畏水,故为之妃),而楚所相也(相,治也。楚之先祝融,为高辛氏火正,主治火事)。今火出而火陈[10](火,心星也。火出,于周为五月,而以四月出者,以《长历》推,前年误置闰),逐楚而建陈也(水得妃而兴)。妃以五成,故曰五年(妃,合也。五行各相妃合,得五而成,故五岁而陈复封,为十三年陈侯吴归于陈传)。岁五及鹑火[11],而后陈卒亡,楚克有之,天之道也,故曰五十二年(是岁岁在星纪,五岁及大梁,而陈复封。自大梁四岁而及鹑火,后四周四十八岁,凡五及鹑火,五十二年。天数以五为纪,故五及鹑火,火盛水衰)。”

公羊传　陈已灭矣,其言陈火何?存陈也,曰存陈悕矣(悕,悲也)。曷为存陈?灭人之国,执人之罪人(罪人,招也),杀人之贼(孔瑗,弑君贼也),葬人之君,若是则陈存悕矣(楚为无道,托讨贼行义,陈臣子辟门虚心待之,而灭其国,悲之也)。

穀梁传　国曰灾,邑曰火。火不志,此何以志?闵[12]陈而存之也。

解义　陈已灭於楚,而《春秋》犹书陈灾,犹邶、鄘已灭於卫[13],而删《诗》[14]仍其故号,所以存先王之建国也。凡外灾告则书,楚已县[15]陈,使穿封戌[16]守之,必不遣使告於诸侯。盖叔弓会楚子于陈,目击其事,归语[17]陈故,而鲁史书之耳!

注释　①自夏以后稷:在夏代因后稷之功。②商奄:在今山东曲阜城东。③迩封:近封。④建母弟:封母弟以建国封土。⑤废队是为:为防止废坏坠落。⑥瓜州:在甘肃敦煌。⑦何有余一人:言心中怎能有我这天子。⑧姻丧:外亲之丧。⑨反颍俘:遣返攻颍时的俘虏。⑩火出而火陈:大火星出现而陈有火灾。⑪岁五及鹑火:岁星五年到达鹑火。⑫闵:同“悯”,怜恤,哀伤。⑬邶、鄘:古国名。⑭删《诗》:指孔子删《诗》之说。出自《史记·孔子世家》。⑮县:置县。⑯穿封戌:楚国大夫。⑰语:谈论。

附录左传　晋荀盈如齐逆女(自为逆),还,六月,卒于戏阳(戏阳,杜注:魏郡内黄县北有戏阳城)。殡于绛,未葬。晋侯饮酒,乐。膳宰屠蒯趋入,请佐公使尊(执尊酌酒),许之。而遂酌以饮工(工,乐师师旷也),曰:“女为君耳,将司聪也(乐所以聪耳)。辰在子卯,谓之疾日(疾,恶也。纣以甲子丧,桀以乙卯亡,故国君以为忌日)。君彻宴乐,学人舍业[1](学人,谓习乐之人),为疾故也。君之卿佐,是谓股肱。股肱或亏[2],何痛如之?女弗闻而乐,是不聪也。"又饮外嬖[3]嬖叔(外都大夫之嬖者)曰:"女为君目,将司明[4]也(职在外,故主视)。服以旌礼,礼以行事,事有其物(物,类也),物有其容(容,貌也)。今君之容,非其物也(有卿佐之丧而作乐欢会,故曰非其物),而女不见。是不明也。"亦自饮也,曰:"味以行气[5],气以实志(气和则志充),志以定言(在心为志,发口为言),言以出令。臣实司味,二御失官,而君弗命,臣之罪也(工与嬖叔,侍御君者,失官,不聪明)。"公说,彻酒。初,公欲废知氏[6]而立其外嬖,为是悛[7]而止。秋八月,使荀跞佐下军以说焉(荀跞,盈之子知文子也。佐下军,代父也)。

春秋　秋,仲孙貜[8]如齐。

左传　孟僖子如齐殷聘[9],礼也。

春秋　冬,筑郎囿。

左传　冬,筑郎囿,书,时也。季平子欲其速成也,叔孙昭子曰:"《诗》曰:'经始勿亟,庶民子来(《诗·大雅》。言文王始经营灵台,非急疾之,众民自以子义来,欢乐为之)。'焉用速成?其以勦[10]民也?无囿犹可,无民其可乎?"

解义　季孙既窃鲁国,又欲离公於民,故娱[11]公以耳目之观,而亟督其功役,公尚不悟,故他日见逐。《传》载如释重负之言,必季氏之诬辞,久而不能辨也!

注释　①学人舍业:学习音乐的人停止习乐。②卿为君之股肱,卿死如君丧失股肱。③外嬖:在外部之宠臣。④司明:外臣为君之眼目,使君明察也。⑤味以行气:口味是用来使血气畅通。⑥知氏:即荀盈。⑦悛:改也。⑧仲孙貜(jué):即孟僖子(?—前518年),姬姓,鲁国孟孙氏第8代宗主,名貜,世称仲孙貜,谥号僖,是孟孝伯的儿子。⑨殷聘:以丰厚礼品聘问。⑩

剿(jiǎo):劳苦。⑪娱:娱乐,消遣。

春秋　十年春王正月。

附录左传　十年春,王正月,有星出于婺女[①](客星也,不书,非孛)。郑裨灶言于子产曰:"七月戊子,晋君将死。今兹岁在颛顼之虚[②](岁,岁星也。颛顼之虚为玄枵),姜氏、任氏实守其地[③](姜,齐姓。任,薛姓。齐、薛二国守玄枵之地)。居其维首[④],而有妖星[⑤]焉,告邑姜也(客星居玄枵之维首。邑姜,齐大公女,晋唐叔之母。星占,婺女为既嫁之女,织女为处女。邑姜,齐之既嫁女,妖星在婺女,齐得岁,故知祸归邑姜)。邑姜,晋之妣[⑥]也。天以七纪[⑦](二十八宿,四七)。戊子,逢公以登,星斯于是乎出[⑧](逢公,殷诸侯居齐地者。逢公将死,妖星出婺女,时非岁星所在,故齐自当祸,而以戊子日卒)。吾是以讥[⑨]之(为晋侯彪卒传)。"

春秋　夏,齐栾施来奔(齐,《公羊》作晋)。

左传　齐惠栾、高氏皆耆酒[⑩](栾、高二族,皆出惠公),信内多怨,强于陈、鲍氏而恶之。

夏,有告陈桓子曰:"子旗、子良将攻陈、鲍。"亦告鲍氏。桓子授甲而如鲍氏,遭子良醉而骋(欲及子良醉,故聘告鲍文子),遂见文子[⑪](文子,鲍国),则亦授甲矣。使视二子[⑫](二子,子旗、子良),则皆将饮酒。桓子曰:"彼虽不信[⑬](彼传言者),闻我授甲,则必逐我。及其饮酒也,先伐诸?"陈、鲍方睦,遂伐栾、高氏。子良曰:"先得公[⑭],陈、鲍焉往(欲以公自辅助)?"遂伐虎门[⑮](欲入,公不听,故伐公门)。晏平仲端委[⑯]立于虎门之外,四族[⑰]召之,无所往[⑱](四族,栾、高、陈、鲍)。其徒曰:"助陈、鲍乎?"曰:"何善[⑲]焉?""助栾、高乎?"曰:"庸愈[⑳]乎?""然则归乎?"曰:"君伐,焉归?"公召之而后入。公卜使王黑以灵姑銔率[㉑],吉,请断三尺[㉒]焉而用之(王黑,齐大夫。灵姑銔,公旗名。断三尺,不敢与君同)。五月庚辰,战于稷[㉓](稷,杜注:祀后稷之处。六国时,齐有稷下馆,在今山东临淄县西)，栾、高败，又败诸庄[24](庄，六轨之道)。国人追之，又败诸鹿门(鹿门，齐城门)。栾施、高强来奔。陈、鲍分其室。晏子谓桓子:"必致诸公。让，德之主也，让之谓懿德。凡有血气，皆有争心，故利不可强(不可强取)，思义为愈。义，利之本也，蕴利生孽[25](蕴，畜也。孽，妖害也)。姑使无蕴乎！可以滋长。"桓子尽致诸公，而请老于莒(莒，杜注:齐邑)。桓子召子山[26](子山、子商、子周，襄三十一年子尾所逐群公子)，私具幄幕、器用、从者之衣屦，而反棘焉(棘，杜注:子山故邑。齐国西安县东有戟里亭。《后汉志》作棘里。今临淄县西北有棘里亭)。子商亦如之，而反其邑。子周亦如之，而与之夫于[27](子周本无邑，故更与之。夫于，杜注:济南於陵县西北有于亭。今於陵城在山东长山县南)。反子城、子公、公孙捷[28](三子，八年子旗所逐)，而皆益其禄。凡公子、公孙之无禄者，私分之邑[29]。国之贫约孤寡者，私与之粟。曰:"《诗》云:'陈锡载周'，能施也(《诗·大雅》。言文王能布陈大利，以赐天下，行之周徧)，桓公是以霸。"公与桓子莒之旁邑，辞。穆孟姬[30]为之请高唐，陈氏始大(穆孟姬，景公母。传言陈氏所以兴)。

解义 高强不书，非卿也。栾、高、陈、鲍以私憾[31]生争至动干戈於国中，不忌[32]其君之故也。陈氏遂阶此以窃国[33]，有国者之操柄可不谨与[34]！

注释 ①婺女:星名即女宿。②颛顼之虚:即玄枵，在二十八宿中为女、虚、危三宿。③姜氏、任氏实守其地:姜氏，齐国；任氏，薛国。二国的分野为玄枵。④居其维首:婺女处于玄枵三宿的首位。⑤妖星:指出于婺女之星，或客星，或新星。⑥妣:母已故称先妣。⑦天以七纪:天用七记数。此指二十八宿分布四方，每方七宿。⑧星斯于是乎出:妖星在这个时候出现。⑨讥:卜以问疑，此以星象占卜。⑩栾、高氏:二氏皆出于惠公。栾，即栾施，字子旗；高，高强，字子良。⑪文子:鲍国。⑫二子:子旗、子良。⑬彼虽不信:彼指传言者。传言者所讲的话虽不属实。⑭得公:意为挟持齐景公。先得公:先把齐景公控制起来,再迫使景公号令国人。⑮虎门:景公路寝之南门。⑯端委:朝服。⑰四族:栾、高、陈、鲍。⑱无所往:皆不前往相助。⑲何善:有何善行值得相助。⑳庸愈:岂能取胜。庸,岂。愈,胜。㉑王黑:齐大夫。灵姑銔:齐桓公龙旗名。㉒断三尺:王黑以大夫而用齐侯旗,实为奉齐侯之命,故请截断三尺以示恭敬。㉓稷:齐国都城城门。㉔庄:城内大街名。㉕蕴利生孽:积累利益产生妖害。㉖子山:及子商、子周均为襄公三十一年子尾所逐群公子。㉗夫于:邑名,位于山东长山废县附近。㉘子城、子公、公孙捷:三子于昭公八年为子旗所逐。㉙私分之邑:将自己的私邑分给他们。㉚穆孟姬:齐景公之母。高唐:位于山东高唐县东三十五里。㉛私憾:私人间的怨恨。㉜忌:顾忌,害怕,畏惧。㉝阶:阶缘,凭藉。阶此:借此。㉞操柄:把持权柄;掌权。谨:谨防。

春秋 秋七月,季孙意如、叔弓、仲孙貜帅师伐莒(意,《公羊》作隐。后同)。

左传 秋七月,平子伐莒,取郠(平子,即季孙意如。郠,杜注:莒邑。当在今山东沂水县界),献俘,始用人于亳社[①](以人祭殷社)。臧武仲在齐,闻之,曰:"周公其不飨鲁祭乎!周公飨义,鲁无义[②]。《诗》曰:'德音孔昭,视民不恌(《诗·小雅》。恌,偷也。言明德君子必爱民。不敢偷薄)。'恌之谓甚矣,而壹用之,将谁福哉(壹,同也,同人于畜牲)?"

解义 既舍中军,公室无兵,三家各帅其众,故并书於策。叔弓在行,或曰所将乃叔孙氏之兵,虽曰家徒,犹使公臣帅之,以此见婼[③]之贤也。或曰婼居守,而叔弓佐意如也。自是讫[④]春秋鲁有四卿,而权归三家,公若寄寓[⑤]矣!

注释 ①用人于亳社:在亳社杀人用作祭祀。②无义:杀人以为祭故曰无义。③婼:指叔孙婼(?—前517年),姬姓,叔孙氏,名婼,一名舍,谥号曰"昭",史称叔孙昭子。④讫:起。⑤寄寓:寄居,依附。

春秋 戊子,晋侯彪卒。

左传 戊子,晋平公卒(如裨灶之言)。郑伯如晋,及河,晋人辞之。游吉[1]遂如晋(礼,诸侯不相吊,故辞)。

春秋 九月,叔孙舍如晋,葬晋平公。

左传 九月,叔孙婼、齐国弱、宋华定、卫北宫喜、郑罕虎、许人、曹人、莒人、邾人、薛人、杞人、小邾人如晋,葬平公也(经不书诸侯大夫者,非盟会)。郑子皮将以币[2]行(见新君之贽)。子产曰:"丧焉用币?用币必百两(载币用车百乘),百两必千人,千人至,将不行(行,用也)。不行,必尽用之(不得见新君,将自费用尽)。几千人而国不亡(言千人之费不可数)?"子皮固请以行。既葬,诸侯之大夫欲因见新君。叔孙昭子曰:"非礼也。"弗听。叔向辞之,曰:"大夫之事毕矣(送葬礼毕)。而又命孤,孤斩焉[3]在衰绖之中。其以嘉服[4]见,则丧礼未毕。其以丧服见,是重受吊也。大夫将若之何?"皆无辞以见。子皮尽用其币,归,谓子羽曰:"非知之实难,将在行之。夫子知之矣,我则不足(言已由子产之戒,既知其不可,而遂行之,是我之不足)。《书》曰:'欲败度,纵败礼(《商书·大甲》篇)。'我之谓矣。夫子知度与礼矣,我实纵欲而不能自克也。"昭子至自晋,大夫皆见。高强见而退。昭子语诸大夫曰:"为人子,不可不慎也哉!昔庆封亡,子尾多受邑而稍致诸君[5],君以为忠而甚宠之。将死,疾于公宫[6],辇而归,君亲推之。其子不能任,是以在此。忠为令德,其子弗能任,罪犹及之,难[7]不慎也?丧夫人之力(夫人谓子尾),弃德旷宗[8],以及其身,不亦害乎?《诗》曰:'不自我先,不自我后。'其是之谓乎(《诗·小雅》。言祸乱不在他,正当己身。以喻高强身自取此祸)!"

春秋　十有二月甲子,宋公成[9]卒(成,《公羊》作戌)。

左传　冬十二月,宋平公卒。初,元公[10]恶寺人柳。欲杀之(元公,平公大子佐也)。及丧,柳炽炭于位[11](以温地),将至,则去之(使公坐其处)。比葬,又有宠(言元公好恶无常)。

春秋　十有一年春王二月,叔弓如宋。葬宋平公(二月,《公羊》作正月)。

左传　十一年春,王二月,叔弓如宋,葬平公也。

春秋　夏四月丁巳,楚子虔诱蔡侯般,杀之于申(虔,《穀梁》或作乾)。

左传　景王问于苌弘曰(苌弘,周大夫):"今兹诸侯,何实吉?何实凶?"对曰:"蔡凶。此蔡侯般弑其君之岁也,岁在豕韦[12],弗过此[13]矣(襄三十年,蔡世子般弑其君,岁在豕韦。至今十三岁,岁复在豕韦)。楚将有之,然壅也(壅积其恶)。岁及大梁[14],蔡复,楚凶,天之道也(楚灵王弑立之年,岁在大梁,至昭十三年,岁复在大梁。美恶周必复,故知楚凶)。"楚子在申,召蔡灵侯。灵侯将往,蔡大夫曰:"王贪而无信,唯蔡于感[15](恨其不服顺),今币重而言甘,诱我也,不如无往。"蔡侯不可。三月丙申,楚子伏甲而飨蔡侯于申,醉而执之。夏四月丁巳[16],杀之,刑[17]其士七十人。

公羊传　楚子虔何以名?绝。曷为绝之?为其诱讨也。此讨贼也(蔡侯般弑父而立),虽诱之,则曷为绝之?怀恶而讨不义,君子不予也。

穀梁传　何为名之也?夷狄之君诱中国之君而杀之[18],故谨而名之也。称时,称月,称日,称地,谨之也。

解义　蔡般覆载[19]不容之贼,人人得而诛之。圣人乃名楚虔而爵蔡般何也?楚虔身为篡弑,《春秋》之义不以乱治乱,且既与般会申,又再会伐吴,岂以般为贼哉?今谋取其国,重币甘言诱以会而杀之,则为诱蔡侯杀之于申而已。至般之罪已前见,苟有人心者,皆知其宜绝也。而蔡之臣子奉以为君,鲁吊其丧,诸侯数与之会,成其为君久矣,故不从州吁、无知之例,而以爵书,所以著诸侯之罪也!

注释　①游吉(?—前507):字太叔,公孙虿之子。春秋时郑国正卿。②币:拜见新君之礼物。③斩焉:哀痛貌。④嘉服:吉服。⑤稍:渐渐。诸:之于的合音词。君:指齐君。⑥疾于公宫:子尾在齐侯宫中发病。⑦难(nuó):奈何的合音。⑧旷宗:指荒废宗庙祭祀。⑨宋公成:即宋平公,宋国第二十五任君主,本名子成,宋共公之子。⑩元公:宋平公大子,名佐。⑪炽炭于位:把炭火放在太子佐的丧位,以暖地。⑫豕韦:星名,即二十八宿之室宿。⑬弗过此:蔡国遭遇凶事不超过此年。⑭大梁:十二星次之一,在二十八宿为胃、昴、毕三宿。⑮感:通"憾",恨。唯蔡于感:蔡邻楚之大国,有时不顺从楚,故为楚所怨恨。⑯丁巳:初七日。⑰刑:处死,杀。⑱夷狄:古称东方部族为夷,北方部族为狄。常用以泛称除华夏族以外的各族。中国:中原。⑲覆载:天地。

春秋　楚公子弃疾帅师围蔡。

左传　公子弃疾帅师围蔡。韩宣子问于叔向曰:"楚其克乎?"对曰:"克哉!蔡侯获罪于其君(谓弑逆),而不能其民[①],天将假手于楚以毙之,何故不克?然肸闻之,不信以幸[②],不可再也。楚王奉孙吴以讨于陈,曰:'将定而国。'陈人听命,而遂县[③]之(事在八年)。今又诱蔡而杀其君,以围其国,虽幸而克,必受其咎,弗能久矣。桀克有缗以丧其国,纣克东夷而陨其身。楚小位下,而亟暴于二王[④],能无咎乎?天之假助不善,非祚[⑤]之也,厚其凶恶而降之罚也。且譬之如天,其有五材[⑥]而将用之,力尽而敝之,是以无拯,不可没振(金木水火土五者为物,用久则必有敝尽,敝尽则弃捐,故言无拯。拯犹救助也。不可没振,犹没不可复振)。"

解义　灭不言围,蔡人效死固守,以待诸侯之救,故书围以病[7]晋也!

注释　①不能其民:不能得民之心。②不信以幸:不守信用而侥幸成功。③县:用作动词,置县。④亟:屡。二王:指夏桀、商纣。⑤祚:福。⑥五材:金木水火土。⑦病:责备。

春秋　五月甲申,夫人归氏薨。

左传　五月,齐归薨(胡女,归姓,齐谥也。敬归之娣,昭公之母)。

春秋　大蒐于比蒲[1]。

左传　大蒐于比蒲,非礼也。

公羊传　大蒐者何?简车徒[2]也。何以书?盖以罕[3]书也。

解义　鲁之大蒐已为僭礼[4],况齐归未葬乎!盖方是时,鲁君若寄寓[5],君自有丧,三家自蒐,以为与公室无与也。三家据国久之,而民亦忘君,此阳州之孙季氏所以晏然[6],而鲁众亦安之若素[7]与!

注释　①蒐(sōu):阅兵。比蒲:鲁地名。②简车徒:简,检阅;车,战车;徒,指士兵。检阅军队。③罕:稀,少。④僭礼:越礼。⑤寄寓:寄居。⑥晏然:安宁;安定。⑦安之若素:指安然相处,和往常一样,不觉得有什么不合适。

春秋　仲孙貜会邾子,盟于祲祥[1](祲祥,《公羊》作侵羊。祲祥,杜注:地阙)。

左传　孟僖子会邾庄公,盟于祲祥,修好,礼也。泉丘[2]人有女(泉丘,杜注:鲁邑。当在今山东宁阳泗水间),梦以其帷幕孟氏之庙,遂奔僖子,其僚[3]从之(邻女为僚友者,随而奔)。盟于清丘之社,曰:"有子,无相弃也(二女自共盟)。"僖子使助薳氏之簉[4](簉,副倅也。礼有副车、倅车,皆副贰之车也。薳氏之女先为僖子副妾,别居在外,故僖子纳泉丘人女,令副助之)。反自祲祥,宿于薳氏,生懿子及南宫敬叔于泉丘人。其僚无子，使字[5]敬叔（字，养也）。

解义 郲、鲁之争为日已久。自襄之季年郲子来朝[6]，昭[7]元年鲁会郲葬，至是盟于祲祥，以修旧好。君有大丧，而季氏大蒐於国中，孟孙会盟於境外，不惟[8]鲁人不知有君，而邻国亦不知鲁之有君矣！

注释 ①祲祥：地名，位于今山东曲阜县境内。②泉丘：当位于山东宁阳、泗水两县之间。③僚：邻女。④薳氏：或为僖公子正室，或以为僖子别邑名。篴：即妾。⑤字：抚养。⑥襄：鲁襄公。季年：晚年。⑦昭：鲁昭公。⑧惟：惟独。

春秋 秋，季孙意如会晋韩起、齐国弱、宋华亥、卫北宫佗、郑罕虎、曹人、杞人于厥慭（厥慭，《公羊》作屈银，杜注：地阙）。

左传 楚师在蔡（向四月之师），晋荀吴谓韩宣子曰："不能救陈，又不能救蔡，物以无亲[1]（人情所以不附），晋之不能，亦可知也已！为盟主而不恤亡国，将焉用之？"秋，会于厥慭[2]，谋救蔡也。郑子皮将行，子产曰："行不远。不能救蔡也。蔡小而不顺，楚大而不德，天将弃蔡以壅楚，盈而罚之。蔡必亡矣，且丧君而能守者，鲜矣。三年，王其有咎乎！美恶周必复，王恶周矣（元年，楚子弑君而立，岁在大梁。后二年，十三岁，岁星周，复于大梁）。"晋人使狐父请蔡于楚[3]，弗许（狐父，晋大夫）。

解义 宋之盟以弭兵[4]召诸侯，楚背盟肆暴，晋合八国之大夫纵不能如次陉之师声罪致讨，亦可以大义责楚。所以使狐父往请重自卑屈，而楚弗许者，由陈、蔡有弑君之祸，晋皆不讨，诸侯离心，而楚借讨乱以为名。晋人虽欲执辞申义，其势不能，且诸卿各营其私，莫肯尽力於国事，故为楚所料也！三纲[5]，军政之本，岂不信与？

注释 ①物以无亲：别人因而不来亲附。物，人。②厥慭：卫地名。③狐父：晋大夫。请蔡于楚：请楚撤去围蔡之师。④弭兵:平息战事;停止战争。⑤三纲:君为臣纲、父为子纲、夫为妻纲,合称三纲。

附录左传　单子[1]会韩宣子于戚(单子,单成公),视下言徐[2]。叔向曰:"单子其将死乎!朝有著定[3](著定,朝内列位常处,谓之表著),会有表[4](野会,设表以为位),衣有襘[5],带有结(襘,领会。结,带结也)。会朝之言,必闻于表著之位,所以昭事序[6]也。视不过结、襘之中[7],所以道[8]容貌也。言以命之,容貌以明之,失则有阙。今单子为王官伯,而命事于会[9],视不登带[10],言不过步[11],貌不道容,而言不昭矣。不道,不共;不昭,不从(貌正曰共,言顺曰从)。无守气矣(为是年冬单子卒起本)。"

春秋　九月己亥,葬我小君齐归。

左传　九月,葬齐归,公不戚。晋士之送葬者,归以语史赵。史赵曰:"必为鲁郊[12](言昭公必出在郊野,不能有国)。"侍者曰:"何故?"曰:"归姓[13]也,不思亲[14],祖不归[15]也(姓,生也。言不思亲则不为祖考所归祐)。"叔向曰:"鲁公室其卑乎?君有大丧,国不废蒐(指比蒲)。有三年之丧,而无一日之戚。国不恤丧[16],不忌君[17]也。君无戚容,不顾亲也。国不忌君,君不顾亲,能无卑乎?殆其失国(为二十五年公孙于齐传)。"

公羊传　齐归者何?昭公之母也。

春秋　冬十有一月丁酉,楚师灭蔡,执蔡世子有以归,用之。(有,《穀梁》作友)

左传　冬十一月,楚子灭蔡,用隐大子[18]于冈山(蔡世子有谥隐,灵公之子,蔡侯庐之父)。申无宇曰:"不祥。五牲[19]不相为用,况用诸侯乎?王必悔之。"

公羊传　此未逾年之君也,其称世子何?不君灵公,不成其子也(灵公弑逆,《春秋》不与其为君,故其子亦不得为君,以继其父也)。不君灵公,则曷为不成其子?诛君之子不立。非怒也,无继也

(父诛,子当绝)。恶乎用之?用之防也。其用之防奈何?盖以筑防也(持其足,以头筑防,恶不以道)。

穀梁传 此子也(诸侯在丧称子),其曰世子何也?不与楚杀也。一事注乎志(有一暴虐之事必笔之于书),所以恶楚子也。

解义 书灭,书执,书以归,用之详其事,以重楚恶也。灭而以归未有言执者,言执弗臣之辞也。沈子嘉书以归,杀之既降服也。有称世子,父死国危不忍立乎其位也。父母之仇,不共戴天,与民守国,效死[20]不降,至於力屈就擒,虐用其身而不顾也,则有之为世子之道得矣!

注释 ①单子:单成公。周王使臣。②视下言徐:目光向下,言语迟缓。③著定:朝见时有既定的位置。④表:会见时位次所立标志。⑤襘(guì):衣服左右衿交叉。⑥昭事序:表明事情有条理。⑦视不过结、襘之中:目光不低于带结与衣领之中。⑧道:治,端正。⑨命事于会:在盟会宣告王命。⑩视不登带:目光下垂,不高于衣带。⑪言不过步:发言声音甚微,一步以远即听不见。⑫为鲁郊:寄食于鲁之郊外。⑬归姓:齐归之子。姓,生。⑭不思亲:母死无悲戚之容。⑮祖不归:祖宗不归依、助佑。⑯恤丧:哀痛死者。⑰不忌君:不畏惧国君。⑱用隐大子:即杀隐太子以祭。隐太子即世子友。⑲五牲:即牛、羊、豕、犬、鸡。⑳效死:卖力而不顾生命。

附录左传 十二月,单成公卒(终叔向之言)。楚子城陈、蔡、不羹(不羹有二,杜注:襄城县东南有不羹城,定陵西北有不羹亭。今按:在河南襄城县东南者西不羹也,在舞阳县北者东不羹,即定陵之不羹亭也)。使弃疾为蔡公。王问于申无宇曰:“弃疾在蔡,何如?”对曰:“择子莫如父,择臣莫如君。郑庄公城栎而置子元焉,使昭公不立(子元,郑公子。庄公置子元于栎。桓十五年,厉公因之,以杀栎大夫檀伯,遂居栎,卒使昭公不安位而见杀)。齐桓公城谷而置管仲焉,至于今赖之(城谷在庄三十二年)。臣闻五大[①]不在边,五细[②]不在庭(古者,以五行建官,故曰五官。五官之长,专盛过节,则不可居边。细弱不胜任,亦不可居朝廷)。亲不在外,羁不在内[③],今弃疾在外,郑丹在内(襄十九年,丹奔楚)。君其少[④]戒。"王曰:"国有大城[⑤],何如?"对曰:"郑京、栎实杀曼伯[⑥](曼伯,檀伯也。厉公得栎,又并京),宋萧、亳实杀子游(在庄十二年),齐渠丘实杀无知(在庄九年。渠丘,杜注:雍廪邑,齐国西安县),卫蒲、戚实出献公(蒲,杜注:宁殖邑。戚,杜注:孙林父邑。出献公在襄十四年),若由是观之,则害于国。末大必折,尾大不掉[⑦],君所知也(为十三年陈蔡作乱传)。"

春秋　十有二年春,齐高偃帅师纳北燕伯于阳(阳,杜注:阳即唐燕别邑,中山有唐县。今直隶唐县东有故城是也)。

左传　十二年春,齐高偃纳北燕伯款于唐,因其众[⑧]也。

公羊传　伯于阳者何?公子阳生也。子[⑨]曰:"我乃知之矣(子谓孔子。乃,乃是岁也。时孔子年二十三,具知其事)。"在侧者曰:"子苟知之,何以不革。"曰:"如尔所不知何(如,犹奈也。盖子以见而改之,人以不见而疑之,非所以《传》信故宁,因而不革,所以教天下之慎也)?《春秋》之信史也,其序则齐桓、晋文,其会则主会者为之也,其词则丘[⑩]有罪焉尔。"

穀梁传　纳者,内不受也。燕伯之不名何也?不以高偃挈[⑪]燕伯也。

解义　款[⑫]之出书名,共[⑬]国也。纳之则不名,正君臣之分也。燕伯入阳,卫侯入夷仪,皆为乱臣所迫逐,因大国之力而入,故书法同。不得入於国,为在国之臣子所拒也!

注释　①五大:指太子、母弟、贵宠公子、公孙、累世正卿等五种人。②五细:隐公三年传:"贱妨贵,少陵长,远间亲,新间旧,小加大"。五细即指贱、少、远、新、小等五种人。③羁:别国寄居之客卿。羁不在内:寄居之臣不宜在朝内任要职。④少:

稍。⑤大城：高大坚固之城。⑥曼伯：即子仪，事参庄公十四年传。⑦掉：摇。⑧因其众：因唐邑多数人愿意让北燕伯款回来，故先护其入唐。⑨子：孔子。⑩丘：孔丘，即孔子。⑪挈（qiè）：带，领。⑫款：燕伯款。⑬共：通"恭"，恭敬。

春秋 三月壬申，郑伯嘉[1]卒。

左传 三月，郑简公卒，将为葬除[2]（除葬道）。及游氏之庙[3]（游氏，子大叔族），将毁焉。子大叔使其除徒[4]执用以立，而无庸毁（用，毁庙具），曰："子产过女，而[5]问何故不毁，乃曰：'不忍庙也！诺，将毁矣（教毁庙者之辞）！'"既如是，子产乃使辟之。司墓之室[6]有当道者（司墓之室，掌公墓大夫徒属之家），毁之，则朝而堋[7]；弗毁，则日中而堋（堋，下棺）。子大叔请毁之，曰："无若诸侯之宾何（不欲久留宾）！"子产曰："诸侯之宾，能来会吾丧，岂惮日中？无损于宾，而民不害，何故不为？"遂弗毁，日中而葬。君子谓："子产于是乎知礼。礼，无毁人以自成也。"

春秋 夏，宋公使华定来聘。

左传 夏，宋华定来聘，通嗣君也（宋元公新立）。享之，为赋《蓼萧》，弗知，又不答赋（《蓼萧》，《诗·小雅》。义取"燕笑语兮，是以有誉处兮"，乐与华定燕语也。又曰："既见君子，为龙为光"，欲以宠光宾也。又曰："宜兄宜弟，令德寿凯"，言宾有令德，可以寿乐也。又曰："和鸾雍雍，万福攸同"，言欲与宾同福禄也）。昭子曰："必亡。宴语之不怀[8]（怀，思也），宠光之不宣[9]（宣，扬也），令德之不知，同福之不受[10]，将何以在（为二十年华定出奔传）？"

附录左传 齐侯、卫侯、郑伯如晋，朝嗣君也（晋昭公新立）。

春秋 公如晋，至河乃复。

左传 公如晋（亦朝嗣君），至河乃复。取郠之役（在十年），莒人诉于晋，晋有平公之丧，未之治也，故辞公。公子慭[11]遂如晋（慭，鲁大夫）。

穀梁传　季孙氏不使遂乎晋也。

解义　前此，公两如晋，仅一见焉。至是往朝嗣君，复为所拒，《传》载以取郠之故辞公。夫纳莒之叛臣叛邑，伐其国又披[12]其地者，皆季孙所为也。明年晋执意如[13]，则亦知罪之所在矣。而公每如晋则见却[14]，盖晋之诸臣皆曲为季氏地而不使公得尽其辞。《穀梁》谓"季氏不使遂乎晋"，盖得其情矣！

注释　①郑伯嘉：即郑简公（前570—前530）春秋时郑国国君，姬姓，名嘉，郑僖公子。②为葬除：为送葬清除道路。③游氏之庙：游氏之祖庙，同其所处地防碍丧车通过。将被拆除。游氏，为子大叔之族。④除徒：清道的徒众。⑤而：假设连词，若。⑥司墓之室：掌公墓者的房子。⑦朝而堋：早晨就可下葬。堋（bèng）：下葬。⑧不怀：即不思念。⑨宠光之不宣：宠光即宠信，光耀。宣，扬。⑩同福之不受：华定不答赋，故曰不受。⑪公子憖：鲁大夫。⑫披：分开，裂开。⑬意如：季孙意如。⑭却：拒绝。

附录左传　晋侯享诸侯，子产相郑伯，辞于享，请免丧[1]而后听命（简公未葬）。晋人许之，礼也。晋侯以齐侯宴，中行穆子[2]相。投壶[3]，晋侯先。穆子曰："有酒如淮，有肉如坻[4]（淮，杜注：水名。坻，水中高地）。寡君中此，为诸侯师[5]。"中之。齐侯举矢，曰："有酒如渑[6]，有肉如陵（渑，杜注：水出齐国临淄县北，入时水。陵，大阜也）。寡人中此，与君代兴[7]。"亦中之。伯瑕[8]谓穆子曰（伯瑕，士文伯）："子失辞。吾固师诸侯矣，壶何为焉，其以中俊[9]也（言投壶中，不足为俊异）？齐君弱吾君[10]，归弗来矣（欲与晋君代兴，是弱之）！"穆子曰："吾军帅强御[11]，卒乘竞劝，今犹古也，齐将何事？"公孙傁[12]趋进曰（傁，齐大夫）："日旰君勤[13]，可以出矣！"以齐侯出（《传》言晋之衰）。

春秋　五月，葬郑简公

左传　六月,葬郑简公(《经》书五月,误)。

春秋　楚杀其大夫成熊(熊,《公羊》作然,《穀梁》作虎)。

左传　楚子谓成虎若敖之余也⑭,遂杀之(成虎,令尹子玉之孙,与斗氏同出于若敖。宣四年,斗椒作乱,今楚子信谗而托讨若敖之馀)。或谮成虎于楚子,成虎知之而不能行。书曰:"楚杀其大夫成虎。"怀宠也。

解义　虔⑮以猜忌信谗杀无罪之大夫,故以累上之辞书。

注释　①免丧:服丧期满。时郑定公有父丧未毕。②中行穆子:即荀吴。③投壶:古代主客宴饮娱乐,有投壶之礼。壶用来盛箭,口较大,颈狭长,腹大,内盛豆。箭用楛或荆棘做成,不去皮,取其坚且重。箭投中壶内,被豆弹出。多中者胜,少者负,胜者请负者饮酒。④坻:水中高地。⑤师:长。⑥渑:渑水,出临淄西北。⑦代兴:代之而兴盛。⑧伯瑕:士文伯。⑨其以中俊:岂能把投中看作俊异。⑩弱吾君:以为我君软弱。⑪强御:强梁。⑫公孙傁:齐大夫。⑬日旰君勤:天晚了,国君疲劳。⑭成虎:又作成熊,令尹子玉之孙,若敖氏后代。若敖之余:若敖氏余党。若敖氏之灭在宣公四年。⑮虔:楚灵王。

附录左传　晋荀吴伪会齐师者,假道于鲜虞(鲜虞,杜注:白狄别种,在中山新市县。今直隶新乐县西南有新市故城,其地有鲜虞亭),遂入昔阳①(昔阳,杜注:肥国都,今藁城县西南有昔阳亭。《水经注》谓之鼓聚)。秋八月壬午,灭肥②,以肥子绵皋归(肥,杜注:白狄巨鹿下曲阳县西有肥累城,在今藁城县西南。绵皋,肥子名。为下晋伐鲜虞起)。周原伯绞虐(原伯绞,周大夫原公)其舆臣,使曹逃③(舆,众也。曹,群也)。冬十月壬申朔,原舆人逐绞而立公子跪寻④(跪寻,绞弟),绞奔郊⑤(郊,杜注:周邑)。甘简公⑥无子(甘简公,周卿士),立其弟过。过将去成、景⑦之族(成公、景公皆过之先君),成、景之族赂刘献公⑧(欲使杀过。刘献公亦周卿士,刘定公子)。丙申,杀甘悼公⑨

(悼公即过),而立成公之孙鳅(鳅,平公)。丁酉,杀献大子之傅庾皮之子过(过,刘献公大子之傅),杀瑕辛[10]于市,及宫嬖绰、王孙没、刘州鸠、阴忌、老阳子(六子,周大夫,及庾过,皆甘悼公之党。《传》言周衰,甘、原二族所以遂微)。

春秋　秋七月。

春秋　冬十月,公子慭出奔齐(慭,《公羊》作整)。

左传　季平子立,而不礼于南蒯[11](蒯,南遗子)。南蒯谓子仲[12](子仲,公子慭):"吾出季氏,而归其室于公(室,季氏家财)。子更其位[13]。我以费为公臣。"子仲许之。南蒯语叔仲穆子[14],且告之故(穆子,叔仲带之子叔仲小)。季悼子[15]之卒也(悼子,武子之子,平子父),叔孙昭子以再命为卿。及平子伐莒,克之,更受三命(十年,平子伐莒,以功加三命。昭子亦以例加三命)。叔仲子欲构二家[16](欲构,使相憎),谓平子曰:"三命逾父兄,非礼也(言昭子受三命,自逾其先人)。"平子曰:"然。"故使昭子[17](使昭子自贬黜)。昭子曰:"叔孙氏有家祸,杀嫡立庶,故婼[18]也及此(祸在四年)。若因祸以毙[19]之,则闻命矣。若不废君命,则固有著[20]矣(著,位次)。"昭子朝,而命吏曰:"婼将与季氏讼,书辞无颇(颇,偏也)。"季孙惧,而归罪于叔仲子[21]。故叔仲小、南蒯、公子慭谋季氏。慭告公,而遂从公如晋。南蒯惧不克,以费叛如齐。子仲还,及卫,闻乱,逃介而先[22](介,副使)。及郊,闻费叛,遂奔齐(言及郊,解《经》所以书出)。南蒯之将叛也,其乡人或知之,过之而叹,且言曰:"恤恤乎,湫乎,攸乎[23](恤恤,忧患。貌湫,愁隘。貌攸,悬危貌)!深思而浅谋,迩身[24]而远志,家臣而君图[25],有人矣哉(言今有此人,微以感之)!"南蒯枚筮[26]之(不指其事,泛卜吉凶),遇《坤》䷁(《坤》下《坤》上,《坤》)之《比》䷇[27](《坤》下《坎》上,《比》。《坤》六五爻变),曰:"黄裳元吉[28](《坤》六五爻辞)。"以为大吉也,示子服惠伯,曰:"即[29]欲有事,何如?"惠伯曰:"吾尝学此矣,忠信之事则可,不然必败。外强内温,忠也(《坎》险故强,《坤》顺故温。强而能温,所以为忠)。和以率贞[30],信也(水和而土安正。和、正,信之本也)。故曰'黄裳元吉'。黄,中之色[31]也。裳,下之饰也。元,善之长也。中不忠,不得其色(言非黄)。下不共[32],不得其饰(不为裳)。事不善,不得其极[33](失中德)。外内倡和为忠(不相违也),率事以信为共(率犹行也),供养三德[34]为善(三德,谓正直、刚克、柔克也),非此三者弗当[35](忠、共、善三者)。且夫《易》,不可以占险,将何事也?且可饰乎[36](夫《易》,犹此《易》,谓"黄裳元吉"之卦。问其何事,欲令从下之饰)?中美能黄,上美为元,下美则裳,参成可筮[37](参美尽备,吉可如筮)。犹有阙也,筮[38]虽吉,未也。"将适费(蒯自其家迁适费),饮乡人酒。乡人或歌之曰:"我有圃,生之杞[39]乎(言南蒯在费,欲为乱,如杞生于园圃,非宜也。杞,世所谓枸杞也)!从我者子[40]乎(子,男子之通称。言从己可不失今之尊),去我者鄙乎,倍[41]其邻者耻乎(邻犹亲也)!已乎已乎,非吾党之士乎(已乎已乎,言自遂不改)!"平子欲使昭子逐叔仲小(欲以自解说)。小闻之,不敢朝。昭子命吏谓小待政于朝,曰:"吾不为怨府[42](言不能为季氏逐小,生怨祸之聚。为明年叔弓围费传)。"

解义 按《左氏》季孙意如不礼于南蒯,蒯与公子慭谋去之。慭以告公未几而败[43],蒯以费叛,慭遂奔齐。至是,则公与季氏之衅[44]已显著,季氏之谋公益急矣!

注释 ①昔阳:鼓国之都城,位今河北晋县西。鼓为鲜虞属国。②肥:国名,亦鲜虞属国,位今河北藁城县西南七里。③曹逃:成群逃走。④跪寻:原伯绞之弟。⑤郊:周地。⑥甘简公:周卿士。⑦成、景:成公、景公,皆为过的先君。⑧刘献公:周卿士。⑨甘悼公:即过。⑩瑕辛:及宫嬖绰等六人皆为周大夫。⑪南蒯:南遗之子,季氏费邑宰。⑫子仲:公子慭。⑬子更其位:让子仲代替季平子之位为卿。⑭叔仲穆子:叔仲带之子叔仲小也,南蒯向其告知欲逐出季平子原因。⑮季悼子:季武子之子,平子之父。⑯构二家:离间二家的关系。二家指季平子与叔孙昭子。⑰使昭子:使昭子自贬黜。⑱婼:昭子名。⑲因祸以毙:因祸乱被讨而倒台。⑳著:著定,位次。㉑叔仲子:即叔仲小。㉒逃介而先:丢下副使先逃回国。㉓湫乎攸乎:忧愁。愁。湫,借为愁。攸,借为悠。悠,忧。㉔迩身:南蒯身为季氏家臣,故曰迩身。㉕家臣而君图:身为家臣却为国君谋划。㉖枚筮:古代卜筮首先告其所问之事,如不告,就为枚卜或枚筮,即隐匿其事而占筮。㉗《坤》、《比》:二卦名。㉘黄裳元吉:《坤》卦六五爻辞。㉙即:假设连词,若。㉚和以率贞:以《比》卦来说,坤为土,坎为水,土水相合则和。率,行。贞,卜问。即用和顺来行卜问的事情。㉛中之色:内衣的颜色。中,义有双关,此借为衷,即亵衣,内衣。㉜共:同"恭"。㉝不得其极:不能和准则相合。极,标准,准则。㉞供养三德:崇尚三种德行。三德指忠、信、极。㉟弗当:不合卦辞所测。㊱可饰乎:言能否在下位而恭敬。㊲参成可筮:三美具备方合于卦辞的预测。参同"叁"。㊳筮:指卦辞。㊴杞:杞柳。杞柳本生水旁,而生于圃,喻所得违其所欲。㊵子:古代男子的美称。㊶倍:通"背",背叛。㊷怨府:怨恨聚集处。㊸公:鲁昭公。未几:没有多久;很快。㊹衅:缝隙,争端。

春秋　楚子伐徐。

左传　楚子狩于州来,次于颍尾[①](颍尾,杜注:颍水之尾在下蔡西。按:颍水入淮处在今江南颍上县与寿州接界,谓之颍口),使荡侯、潘子、司马督、嚣尹午、陵尹喜帅师围徐以惧吴[②](五子,楚大夫。嚣陵,二县名。徐,吴与国,故围之以逼吴)。楚子次于乾溪,以为之援(乾溪,杜注:在谯国城父县南)。雨雪,王皮冠,秦复陶[③](秦所遗羽衣也),翠被[④](以翠羽饰被),豹舄(以豹皮为履),执鞭以出(执鞭以教令),仆析父从(仆析父,楚大夫)。右尹子革夕(子革,郑丹。夕,莫见)，王见之，去冠、被，舍鞭(敬大臣)，与之语曰："昔我先王熊绎[⑤]，与吕级、王孙牟、燮父、禽父，并事康王(熊绎，楚始封君。吕级，齐大公之子丁公。牟，卫康叔子康伯。燮父，晋唐叔子。禽父，周公子伯禽)，四国皆有分[⑥](四国，齐、晋、鲁、卫。分，珍宝之器)，我独无有。今吾使人于周，求鼎以为分，王其与我乎？"对曰："与君王哉！昔我先王熊绎，辟在荆山(荆山，杜注：在新城沶乡县南)，筚路蓝缕，以处草莽。跋涉山林，以事天子。唯是桃弧、棘矢，以共御王事(筚，荆柴。路，车也。蓝缕，衣敝。桃弧、棘矢，以御不祥。言楚在山林，少所出有)。齐，王舅[⑦]也(成王母，齐大公女)。晋及鲁、卫，王母弟[⑧]也。楚是以无分，而彼皆有。今周与四国服事君王，将唯命是从，岂其爱鼎？"王曰："昔我皇祖伯父昆吾[⑨]，旧许是宅[⑩]。今郑人贪赖[⑪]其田，而不我与。我若求之，其与我乎(陆终氏生六子，长曰昆吾，少曰季连。季连，楚之祖，故谓昆吾为伯父。昆吾常居许地。许既南迁，故云"旧许"。时地属郑)？"对曰："与君王哉！周不爱鼎，郑敢爱田？"王曰："昔诸侯远我而畏晋，今我大城陈、蔡、不羹，赋皆千乘，子与有劳焉。诸侯其畏我乎？"对曰："畏君王哉！是四国者，专足畏也(四国，陈、蔡、二不羹)，又加之以楚，敢不畏君王哉！"工尹路请曰："君王命剥圭以为鏚柲[⑫]，敢请命(鏚，斧也。柲，柄也。破圭以饰斧柄。请命，请制度之命)。"王入视之。析父谓子革："吾子，楚国之望也！今与王言如响，国其若之何(讥其顺王心如响应声)？"子革曰："摩厉以须[⑬]，王出，吾刃将斩矣(以己喻锋刃，欲自摩厉以斩王之淫慝)。"王出，复语。左史倚相趋过(倚相，楚史名)。王曰："是良史也，子善视之。是能读《三坟》、《五典》、《八索》、《九丘》[⑭](皆古书名。孔安国云："伏羲、神农、黄帝之书，谓之《三坟》，言大道也。少昊、颛顼、高辛、唐、虞之书，谓之《五典》，言常道也。""八卦之说，谓之《八索》，求其义也。九州之志，谓之《九丘》。丘，聚也。言九州所有，土地所生，风气所宜，皆聚此书也。")。"对曰："臣尝问焉。昔穆王欲肆其心[15],周行天下,将皆必有车辙马迹焉。祭公谋父[16]作《祈招》之诗,以止王心,王是以获没于祗宫[17](谋父,周卿士。祈父,周司马,招其名。祭公方谏游行,故指司马官而言。《诗逸》。祗宫,王之离宫。获没,不见篡弑)。臣问其诗而不知也。若问远焉,其焉能知之?"王曰:"子能乎(能谓举其辞)?"对曰:"能。其诗曰:'祈招之愔愔[18],式昭德音(愔愔,安和貌。式,用也。昭,明也)。思我王度,式如玉,式如金(金玉,取其坚重)。形[19]民之力,而无醉饱之心[20](言国之用民,当随其力任,如金冶之器,随器而制形。故言形民之力,去其醉饱过淫之心)。'"王揖而入,馈不食,寝不寐,数日(深感子革之言),不能自克,以及于难。仲尼曰:"古也有志:'克己复礼,仁也'。信善哉!楚灵王若能如是,岂其辱于乾溪?"

解义　徐世服於楚,其再见伐,以吴故也。楚虔自会申以后,执徐子,围朱方,迁赖于鄢,灭陈、蔡,至是又亲围徐,自谓天下莫敢违。不知众叛亲离,祸已伏积,而不可解矣!

注释　①颍尾:颍水入淮处,又称颍口。②荡侯等:五人均为楚大夫。③秦复陶:秦国所赠羽衣。④翠被:翠羽披肩。被同"披"。⑤熊绎:楚始封君。⑥四国皆有分:四国指齐、晋、鲁、卫。分,珍宝之器。⑦王舅:周成王母邑姜,为齐太公女。吕伋为齐太公之子,故为成王舅。⑧王母弟:鲁姬旦,卫康叔为周武王母弟,晋唐叔则为周成王母弟。⑨昆吾:楚远祖之兄。⑩旧许是宅:旧许,许国,地在现河南许昌市,后迁于叶,又迁于夷,故其地为郑所得,称为旧许。宅,居。⑪赖:利。⑫剥圭以为鏚柲:破圭玉以作斧柄之饰物。⑬摩厉以须:磨刀剑而等待。摩厉,今作磨砺。须,等待。⑭《三坟》、《五典》、《八索》、《九丘》:都是古书名,仅有书名,没有内容留下。⑮穆王:周穆王。肆:放纵,恣意。⑯祭公谋父:周公的孙子,谋父是他的名。⑰祗宫:穆王行宫，筑于南郑，即今陕西华县北。⑱祈：求。招：或作昭，指明德。愔愔：音 yīn，安和貌。⑲形：表现。⑳醉饱之心：指纵欲之心。

春秋 晋伐鲜虞。

左传 晋伐鲜虞，因肥之役也（肥役在此年）。

穀梁传 其曰晋，狄之也。其狄之何也？不正其与夷狄交伐中国[1]，故狄称之也（鲜虞，姬姓，白狄也。地居中山，故曰中国。夷狄谓楚。时楚灭陈蔡，围徐，晋亦伐鲜虞，是谓交伐中国）。

解义 昔阳之役，假道鲜虞及返役，遂因鲜虞之不备而伐之。夫楚虔篡弑之贼，连用诈谋，以灭陈、灭蔡。晋不能反其道，惇信明义以属诸侯[2]，而师其诈谋，庸何[3]愈於楚，贬而书号，恶之深也！

注释 ①中国：中原。②惇信明义：惇，重视；信，诚实。重视信实，明白理义。属：聚集。③庸何：何，什么。

卷五十一

昭公(十三年)

春秋 十有三年春,叔弓帅师围费。

左传 十三年春,叔弓围费(前年,南蒯以费叛故),弗克,败焉(不书,讳之)。平子怒,令见费人执之以为囚俘。冶区夫曰(区夫,鲁大夫):"非也。若见费人,寒者衣之,饥者食之,为之令主[①],而共[②]其乏困。费来如归,南氏亡矣,民将叛之,谁与居邑?若惮之以威,惧之以怒,民疾而叛,为之聚[③]也。若诸侯皆然[④],费人无归,不亲南氏,将焉入矣?"平子从之,费人叛南氏(费叛南氏在明年。《传》终言其效)。

解义 南蒯,季氏家臣,据邑以叛,至命正卿举大众围之若敌国,然家臣强,大夫弱也。季孙以所恶於下者,事其上而不忠於君,南蒯则而象之不亦宜乎[⑤]!《春秋》之法,不书内叛,盖尺地一民皆归三家,南蒯之叛,叛季氏也。季氏安得以叛治蒯哉?然书围费,则其实不可掩矣!季氏之私邑叛,而使卿率师以讨之,已俨然若鲁国之君。此昭公之逐,所以民不知君而安於季氏也!

注释 ①为之令主:做费邑人的好主人。②共:同"供"。③为之聚:如同恐吓手段对费人,费人将憎恨季氏而背叛他这等于为南氏聚民。④若诸侯皆然:如果诸侯皆如季氏那样,见费人就捉,费人无所归,只有归依南氏。⑤不亦宜乎:不也是应该的吗!

春秋 夏四月,楚公子比自晋归于楚,弑其君虔于乾谿(谿,《穀梁》作溪)。

左传 楚子之为令尹也,杀大司马薳掩而取其室(在襄三十年)。及即位,夺薳居田(居,掩之族);迁许而质许围(迁许在九年。围,许大夫)。蔡洧有宠于王,王之灭蔡也,其父死焉(楚灭蔡在十一年。洧仕楚,其父在国,故死),王使与于守而行(使洧守国,王行至乾谿)。申之会,越大夫戮焉(越大夫常寿过也。申会在四年)。王夺斗韦龟中犨,又夺成然邑而使为郊尹。蔓成然故事蔡公(斗韦龟,令尹子文玄孙。中犨,杜注:邑名。成然,韦龟子。郊尹,治郊竟大夫。蔡公,弃疾也。故犹旧也。韦龟以弃疾有当璧之命,故使成然事之),故薳氏之族及薳居、许围、蔡洧、蔓成然,皆王所不礼也。因群丧职之族,启越大夫常寿过作乱,围固城,克息舟,城而居之(息舟,杜注:楚邑,城之坚固者。一云:固城、息舟,楚二邑)。

观起之死也,其子从在蔡,事朝吴,曰:"今不封[①]蔡,蔡不封矣。我请试之(观起死在襄二十二年。朝吴,故蔡大夫声子之子。观从以父死怨楚,故欲试作乱)。"以蔡公之命召子干、子皙(二子皆灵王弟。元年,子干奔晋,子皙奔郑),及郊,而告之情(告以蔡公不知谋),强与之盟,入袭蔡。蔡公将食,见之而逃(不知其故,惊起辟之)。观从使子干食(居蔡公之床,食其食),坎,用牲,加书,而速行(伪与蔡公盟,示众以验)。己徇于蔡[②]曰(己,观从也):"蔡公召二子,将纳之,与之盟而遣之矣,将师而从之(诈言蔡公将以师助二子)。"蔡人聚,将执之(执观从)。辞曰:"失贼成军,而杀余,何益(贼谓二子。言蔡公已成军,杀己不解罪)?"乃释之。朝吴曰:"二三子若能死亡,则如违之,以待所济(违蔡公命)。若求安定,则如与之,以济所欲[③](与蔡公)。且违上,何适而可(上谓蔡公)?"众曰:"与之。"乃奉蔡公,召二子而盟于邓[④],依陈、蔡人以国(国陈、蔡而依之)。楚公子比、公子黑肱、公子弃疾、蔓成然、蔡朝吴帅陈、蔡、不羹、许、叶之师,因四族之徒,以入楚(四族:薳氏,许围,蔡洧,蔓成然)。及郊,陈、蔡欲为名,故请为武军[⑤](欲筑垒壁以示后人,为复仇之名)。蔡公知之曰:"欲速。且役病[⑥]矣,请藩而已。"乃藩为军。蔡公使须务牟与史猈先入,因正仆人杀大子禄及公子罢敌(须务牟、史猈,楚大夫,蔡公之党。正仆,大子之近官。禄、罢敌,皆灵王子)。公子比为王,公子黑肱为令尹,次于鱼陂(鱼陂,杜注:竟陵县城西北有甘鱼陂。在今湖广景陵县西北)。公子弃疾为司马,先除王宫。使观从从师于乾谿,而遂告之(从乾谿之师,告使叛灵王),且曰:"先归复所,后者劓。"师及訾梁[7]而溃。

王闻群公子之死也,自投于车下,曰:"人之爱其子也,亦如余乎?"侍者曰:"甚焉。小人老而无子,知挤于沟壑矣(挤,坠也)。"王曰:"余杀人子多矣,能无及此乎?"右尹子革曰:"请待于郊,以听国人(听国人之所与)。"王曰:"众怒不可犯也。"曰:"若入于大都而乞师于诸侯。"王曰:"皆叛矣。"曰:"若亡于诸侯,以听大国之图君[8]也。"王曰:"大福不再,只取辱焉。"然丹[9]乃归于楚(弃王而归)。王沿夏,将欲入鄢[10](夏,杜注:汉别名。顺流为沿)。芋尹无宇之子申亥曰:"吾父再奸[11]王命(谓断王旌,执人章华宫),王弗诛,惠孰大焉?君不可忍[12],惠不可弃,吾其从王。"乃求王,遇诸棘闱[13]以归(棘,里名。闱,门也)。夏五月癸亥,王缢于芋尹申亥氏。申亥以其二女殉而葬之。

公羊传　此弑其君,其言归何(据齐阳生入恶不言归)?归无恶于弑立也。归无恶于弑立者何?灵王为无道,作乾谿之台,三年不成,楚公子弃疾胁比而立之。然后令于乾谿之役曰:"比已立矣,后归者不得复其田里。"众罢而去之,灵王经而死。

穀梁传　自晋,晋有奉焉尔。归而弑,不言归,言归非弑也(《传》例曰:"归为善,自某归次之。"然则弑君不得言归,言归,比不弑之一验也)。归一事也,弑一事也,而遂言之,以比之归弑,比不弑也(归与弑其事各异,自宜别书之,而今连言之,是比之归,适遇君弑尔,比不弑之二验也)。弑君者日,不日,比不弑也(据文元年"夏四月丁未,楚世子商臣弑其君髡",书日,此不日,比不弑君之三验也)。

解义 楚虔篡立之初，比已奔晋，未尝一日为虔之臣，《春秋》乃以大恶归之，何也？贼可讨而不可代也！虔之篡弑，当其时力不能讨，而隐身於晋，郏敖二子见戕无后，则自洁其身可矣，乃自晋复归，倡乱而据其位，则为弑其君而已。此圣人所以辨公私之义，而严⑭乱贼之诛也！

注释 ①封：恢复。②己徇于蔡：自己对蔡人宣布。③与之：赞助蔡公。以济所欲：以成就复国之愿望。④邓：蔡国旧都，现河南漯河市东南。⑤请为武军：此则指筑起壁垒，树立陈、蔡军旗。⑥役病：随军夫役太疲劳了。⑦訾梁：楚地名，在现河南信阳县。⑧听大国之图君：逃往大国，听从大国以武力纳君返国。⑨然丹：子革。⑩鄀：楚别都，位于今湖北宣城县西南。⑪奸：干犯也。⑫君不可忍：对君不可太狠心，太残忍。⑬棘闱：地名。⑭严：严肃。

春秋 楚公子弃疾杀公子比(杀，《公羊》作弑)。

左传 观从谓子干曰："不杀弃疾，虽得国，犹受祸也。"子干曰："余不忍也。"子玉①曰(子玉，观从)："人将忍子，吾不忍俟也②。"乃行。国每夜骇曰："王入矣(相恐以灵王也)！"乙卯③夜，弃疾使周走而呼曰："王至矣！"国人大惊。使蔓成然走告子干、子皙曰："王至矣！国人杀君司马(司马谓弃疾也)，将来矣！君若早自图也，可以无辱。众怒如水火焉，不可为谋。"又有呼而走至者曰："众至矣！"二子④皆自杀。丙辰⑤，弃疾即位，名曰熊居(名，改名也)。葬子干于訾，实訾敖⑥(不成君，无谥号者，楚皆谓之敖)。杀囚，衣之王服而流诸汉，乃取而葬之，以靖国人。使子旗⑦为令尹(子旗，蔓成然)。

楚师还自徐⑧(前年围徐之师)，吴人败诸豫章，获其五帅⑨(豫章，杜注：当在江北淮水南，盖后徙在江南。五帅，荡侯、潘子、司马督、嚣尹午、陵尹喜)。

平王封陈、蔡,复迁邑[⑩](复九年所迁邑),致群赂[⑪](始举事时所货赂),施舍宽民,宥罪举职。召观从,王曰:“唯尔所欲。”对曰:“臣之先,佐开卜[⑫]。”乃使为卜尹。使枝如子躬聘于郑,且致犨、栎之田[⑬](枝如、子躬,楚大夫。犨、栎,本郑邑,楚中取之。平王新立,故还以赂郑)。事毕,弗致。郑人请曰:“闻诸道路,将命寡君以犨、栎,敢请命。”对曰:“臣未闻命。”既复,王问(原文为“闻”,误)犨、栎。降服[⑭]而对,曰(降服,如今免冠也,谢违命):“臣过失命,未之致也。”王执其手,曰:“子毋勤[⑮]。姑归,不谷有事,其告子也(善其有权)。”

他年芋尹申亥以王柩告,乃改葬之。初,灵王卜,曰:“余尚[⑯]得天下。”不吉,投龟,诟[⑰]天而呼曰:“是区区者而不余畀[⑱],余必自取之。”民患王之无厌[⑲]也,故从乱如归。初,共王无冢适[⑳],有宠子五人,无适立[㉑]焉。乃大有事于群望[㉒],而祈曰(群望,星辰山川):“请神择于五人者,使主社稷。”乃遍以璧见于群望,曰:“当璧而拜者,神所立也,谁敢违之?”既,乃与巴姬密埋璧于大室之庭[㉓](巴姬,共王妾。大室,祖庙),使五人齐[㉔],而长入拜(从长幼以次拜)。康王跨之(过其上也),灵王肘加焉,子干、子皙皆远之。平王弱,抱而入,再拜,皆厌纽[㉕](微见璧纽以为审识)。斗韦龟属成然焉(知其将立故),且曰:“弃礼违命,楚其危哉(弃礼,弃立长之礼,而卜于神。违命,违当璧之命,而立康王也)!”

子干归,韩宣子问于叔向曰:“子干其济乎?”对曰:难。”宣子曰:“同恶[㉖]相求,如市贾焉(同利以相求),何难?”对曰:“无与同好,谁与同恶?取国有五难:有宠而无人,一也(人,贤人);有人而无主[㉗],二也(须内主为应);有主而无谋,三也;有谋而无民,四也;有民而无德,五也。子干在晋十三年矣,晋、楚之从,不闻达者,可谓无人。族尽亲叛,可谓无主。无衅而动,可谓无谋(召子干时,楚未有大衅)。为羁终世[㉘],可谓无民(终身客晋,是无民)。亡无爱征[29]，可谓无德（楚人无爱念之者）。王虐而不忌（灵王暴虐，无所畏忌，将自亡），楚君子干，涉五难以弑旧君，谁能济之（言楚借君子干以弑灵王，终无能成）？有楚国者，其弃疾乎！君陈、蔡，城外属焉[30]（城，方城也。时穿封戌既死，弃疾并领陈事）。苛慝不作[31]，盗贼伏隐，私欲不违[32]（不以私欲违民事），民无怨心。先神命之[33]（先神谓群望）。国民信之，芈[34]姓有乱，必季实立[35]，楚之常也。获神，一也（当璧拜）；有民，二也（民信之）；令德，三也（无苛慝）；宠贵，四也（贵妃子又君陈蔡）；居常，五也（弃疾，季）。有五利以去五难，谁能害之？子干之官，则右尹也。数其贵宠，则庶子也。以神所命，则又远之。其贵亡矣，其宠弃矣，民无怀焉，国无与焉，将何以立？”宣子曰：“齐桓、晋文，不亦是乎[36]（皆庶贱）？”对曰：“齐桓，卫姬[37]之子也，有宠于僖（卫姬，齐僖公妾）。有鲍叔牙、宾须无、隰朋以为辅佐，有莒、卫以为外主（齐桓出奔莒、卫其母家），有国、高[38]以为内主。从善如流，下善齐肃[39]（下善，谦下于善人），不藏贿，不从欲[40]，施舍不倦，求善不厌，是以有国，不亦宜乎？我先君文公，狐季姬之子也，有宠于献[41]。好学而不贰，生十七年，有士五人[42]。有先大夫子余、子犯以为腹心[43]，有魏犨、贾佗以为股肱（士五人，狐偃、赵衰、颠颉、魏武子、司空季子也。子馀，即赵衰。子犯，即狐偃。，魏犨，即魏武子。贾佗不在五人列，盖叔向所贤），有齐、宋、秦、楚以为外主[44]（齐妻以女，宋赠以马，楚王享之，秦伯纳之），有栾、郤、狐、先以为内主[45]（谓栾枝、郤縠、狐突、先轸也）。亡十九年，守志弥笃。惠、怀弃民[46]（惠公、怀公，不恤民也），民从而与之。献无异亲，民无异望（献公之子九人，唯文公在），天方相晋，将何以代文？此二君者，异于子干。共有宠子[47]，国有奥主（谓弃疾）。无施于民，无援于外，去晋而不送，归楚而不逆，何以冀国[48]？”

公羊传 比已立矣，其称公子何（据齐公子商人弑其君舍立，未逾年见弑称君）？其意不当也（不欲当君位）。其意不当，则曷为加弑焉尔?比之义宜乎效死不立。大夫相杀称人,此其称名氏以弑何?言将自是为君也(故使与弑君而立者同文)。

穀梁传　当上之辞也。当上之辞者,谓不称人以杀,乃以君杀之也(称人以杀,谓若“卫人杀州吁于濮”是也。今比实不弑,故以君杀大夫之辞言之)。讨贼以当上之辞,杀,非弑也(实有弑君之罪,则人人皆欲杀,宜称人以杀之。今言“楚公子弃疾杀公子比”,明弃疾所杀,非弑君之人,比之不弑又一验也)。比之不弑有四(其三在前传,合此为四)。取国者称国以弑(若比欲取国而弑君,则当直云楚比弑其君虔,如“卫州吁弑其君完”、“齐无知弑其君诸儿”之类。不应言公子也),楚公子弃疾杀公子比,比不嫌[49]也(今弃疾杀之,又言杀公子比,不言弑其君,是比无欲为君之嫌)。《春秋》不以嫌代嫌(不以乱治乱之义)。弃疾主其事,故嫌也(比实无弑君之罪,而弃疾主杀之,是弃疾有欲为君之嫌)。

解义　弃疾立比为王,己为司马,则已君比矣,宜以弑书,而曰公子比何也?比之立,及其见杀,不过旬月,君臣之分未定也。若书弑其君比,则疑於齐舍[50]为嗣世之正,书楚人杀比,则弃疾疑於石碏、雍廪得讨贼之义[51],故以公子杀公子书,而弃疾险诈怙乱[52]窃国之罪不可掩矣!

注释　①子玉:即观从。②忍俟:忍心等待。不忍俟:不忍心等待灾祸降临。③乙卯:十七日。④二子:指子干、子晳。⑤丙辰:十八日。⑥訾敖:楚君无谥者,以葬地加敖字为名号。⑦子旗:即蔓成然。⑧还自徐:前年楚师围徐,今解围而还。⑨五帅:楚军围徐之五帅,即荡侯、潘子、司马督、嚣尹午、陵尹喜也。⑩封陈、蔡:立陈惠公关于陈,蔡平公庐于蔡,使复其故国。复迁邑:使迁走的邑人返回。⑪致群赂:赏赐有功之臣。⑫佐开卜:卜师的助手。⑬致犨、栎之田:交还犨、栎二地。犨、栎本郑邑,楚取之。⑭降服:脱去上服,以示请罪。⑮毋勤:不必降服自辱。

⑯尚:庶几。表示希冀的副词。⑰诟:骂也。⑱区区者:灵王小视天下,以为微不足道。区区,小、少也。不余畀:不肯付予我。⑲患王之无厌:担忧灵王贪得无厌,不断兴师扰民。⑳冢适:嫡长子。㉑无适立:不知立谁。适,专主。㉒大有事于群望:遍祭名山大山。㉓巴姬:共王妾。大室:祖庙。㉔齐:同斋。㉕厌纽:压纽。纽,璧鼻,有孔,可穿绳。㉖同恶:共恶。谓共恶灵王。㉗无主:无内应。㉘为羁终世:终身客居晋国,与国人不亲。㉙亡无爱征:子干逃亡晋国,国人没有爱恋思念的迹象。㉚城外属焉:方城山以外归属于他。㉛苛慝不作:烦琐和邪恶没有发生。㉜私欲不违:不因私欲而违乱。㉝先神命之:指再拜皆厌纽。㉞芈(mǐ):即楚国。㉟必季实立:季为少子,小儿子。必定是小儿子得立君。㊱不亦是乎:齐桓、晋文不也是庶子出亡而得立吗?㊲卫姬:齐僖公妾。㊳国、高:指国氏、高氏,皆为齐上卿。㊴下善齐肃:下善,一般行动。齐肃,疾速。㊵不从欲:不放纵情欲。㊶献:晋献公,文公之父。㊷五人:指狐偃、赵衰、颠颉、魏武子、司空季子。㊸子余、子犯:即赵衰、狐偃。㊹齐、宋、秦、楚以为外主:谓齐妻以女,宋赠以马,楚王享之,秦伯纳之。㊺栾、郤、狐、先:指栾枝、郤縠、狐突、先轸。㊻惠、怀:指晋惠公、怀公。㊼宠子:指弃疾。㊽何以冀国:有何希望享有国家。㊾嫌:嫌恨,怨恨。㊿齐舍:齐后废公,姜姓,吕氏,名舍,齐昭公之子。昭公二十年(613年)在位,仅五个月,昭公之弟吕商人于十月弑吕舍自立,是为齐懿公。51石碏:春秋时卫国人。卫桓公十六年(前719)州吁杀桓公而自立为君,未能和其民。石厚向其父请教安定君位之法,他假意建议石厚从州吁往陈,通过陈桓公以朝觐周天子。旋请陈拘留两人,由卫使右宰丑杀州吁于濮(今安徽亳县东南),又使其家宰獳羊肩杀石厚于陈。当时称他能"大义灭亲"。雍廪:又作雍林,生卒年不详,春秋时期齐国大夫。约活动

于齐襄公、齐桓公时期。公孙无知弑齐襄公,自立为国君。当初,公孙无知曾经虐待过雍廪,所以当公孙无知即位后的第二年(前685年)春天,雍廪杀公孙无知。52险诈:阴险狡诈。怙乱:指乘乱取利。

春秋 秋,公会刘子[1]、晋侯、齐侯、宋公、卫侯、郑伯、曹伯、莒子、邾子、滕子、薛伯、杞伯、小邾子于平丘(平丘,杜注:陈留长垣县西南。汉置平丘县,晋废。今故城在河南陈留县北)。

左传 晋成虒祁(在八年),诸侯朝而归者皆有贰心。为取郪故(取郪在十年),晋将以诸侯来讨。叔向曰:"诸侯不可以不示威。"乃并征会[2],告于吴。秋,晋侯会吴子于良[3](良,杜注:下邳有良城县。在今江南邳州)。水道不可,吴子辞,乃还。七月丙寅[4],治兵于邾南[5],甲车四千乘(三十万人),羊舌鲋摄司马(鲋,叔向弟),遂合诸侯于平丘[6]。子产、子大叔相郑伯以会。子产以幄幕[7]九张行(幄幕,军旅之帐)。子大叔以四十,既而悔之,每舍,损焉。及会,亦如之[8](亦九张也。《传》言子产之适宜,大叔之从善)。次于卫地,叔鲋[9]求货于卫,淫刍荛者[10](欲使卫患之而致货)。卫人使屠伯馈叔向羹,与一箧锦[11](屠伯,卫大夫),曰:"诸侯事晋,未敢携贰,况卫在君之宇下,而敢有异志?刍荛者异于他日,敢请之(请止之)。"叔向[12]受羹反锦(受羹示不逆其意,且非货),曰:"晋有羊舌鲋者,渎货无厌[13],亦将及矣(将及祸)。为此役[14]也(役,事也),子若以君命赐之,其已。"客从之,未退,而禁之(禁刍荛者)。

解义 晋自重丘[15]以后,会盟皆大夫。至是,昭公[16]即位,会楚内乱,再合诸侯、刘子临之正可以有为之机也。叔向号称贤者,不能导其君,树德修礼,以怀诸侯,而反欲胁之以威。不知晋政多门,诸卿各固其私,甲车虽众,莫肯尽力於公,其为列国所窥察久矣!是以齐欲废盟,郑人争承,鲁有违言,而晋自是不能复合诸侯,列国君大夫皆旅见[17]於楚矣!

注释 ①刘子:刘献公,周王卿士。②并征会:征召所有诸侯会见。并,遍。③良:地名,位于今江苏邳县新治东南。④丙寅:二十九日。⑤治兵于邾南;位于邾国南境检阅军队。⑥平丘:地名,位于今河南封丘县东。⑦幄幕:军旅用之帐篷,盖在上面称幕,围在四周称幄,皆以布为之。⑧如之:指子大叔所带幄幕同子产一样仅剩九张。⑨叔鲋:即羊舌鲋,叔向之弟。⑩淫刍荛者:放纵砍柴草的人。⑪一箧锦:箧为狭长方形盒子,中盛美锦。⑫叔向:姬姓,羊舌氏,名肸,字叔向。春秋后期晋国贤臣,公族大夫。⑬渎货无厌:贪求财货不知满足。⑭役:事。⑮重丘:指重丘之盟。前548年5月,齐国内乱,大臣崔杼弑杀齐庄公,立庄公异母弟公子杵臼为君,是为齐景公。晋国立即抓住机会,组织联军出兵伐齐。齐国执政的崔杼、庆封向联军求和。7月12日(己巳),晋、齐、宋、鲁、卫、郑、曹、莒、邾、滕、杞、小邾十二国国君在重丘(齐地,一说在今山东省聊城县东南,一说在今山东省德州市东北)结盟。重丘之盟的缔结标志着中原联盟的重新稳固。⑯昭公:即晋昭公(?—前526年)。姬姓,晋氏,名夷。晋平公之子。公元前531年至公元前526年在位。六年卒,子顷公去疾立。⑰旅见:众人一同进见。

春秋 八月甲戌,同盟于平丘。公不与盟。

左传 晋人将寻盟,齐人不可(有贰心故)。晋侯使叔向告刘献公[①]曰(献公,王卿士刘子):"抑齐人不盟,若之何?"对曰:"盟以底信(底,致也)。君苟有信,诸侯不贰,何患焉?告之以文辞,董之以武师,虽齐不许,君庸[②]多矣(庸,功也。讨之有辞,故功多)。天子之老[③],请帅王赋[④],'元戎[⑤]十乘,以先启行',迟速唯君(欲佐晋讨齐)。"叔向告于齐,曰:"诸侯求盟,已在此矣。今君弗利[⑥],寡君以为请。"对曰:"诸侯讨贰,则有寻盟。若皆用命,何盟之寻(托用命以拒晋)?"叔向曰:"国家之败,有事而无业,事则不经

(业,贡赋之业)。有业而无礼,经则不序(须礼而有次序)。有礼而无威,序则不共(礼须威严而后共)。有威而不昭,共则不明[7](威须昭告神明,而后信义著)。不明弃共,百事不终,所由倾覆也(信义不明则弃威,不威弃礼。无礼无经,无经无业,故百事不成)。是故明王之制,使诸侯岁聘以志业[8](志,识也),间朝以讲礼,再朝而会以示威,再会而盟以显昭明。志业于好[9](聘也),讲礼于等(朝也)。示威于众(会也),昭明于神(盟也)。自古以来,未之或失也。存亡之道,恒由是兴。晋礼主盟,惧有不治。奉承齐牺[10],而布诸君(齐盟之牺牲),求终事也。君曰:'余必废之,何齐之有?'唯君图之,寡君闻命矣!"齐人惧,对曰:"小国言之,大国制之,敢不听从?既闻命矣,敬共以往,迟速唯君。"叔向曰:"诸侯有间[11]矣,不可以不示众。"八月辛未,治兵[12],建而不旆[13](建立旌旗,不曳其旆。旆,游也)。壬申,复旆之。诸侯畏之(军将战则旆,故曳旆以恐之)。邾人、莒人诉于晋曰:"鲁朝夕伐我,几亡矣。我之不共,鲁故之以[14]。"晋侯不见公,使叔向来辞曰:"诸侯将以甲戌[15]盟,寡君知不得事君矣,请君无勤(托谦辞以绝鲁)。"子服惠伯对曰:"君信蛮夷之诉(蛮夷,谓邾、莒),以绝兄弟之国,弃周公之后,亦唯君。寡君闻命矣。"叔向曰:"寡君有甲车四千乘在,虽以无道行之,必可畏也,况其率道[16],其何敌之有?牛虽瘠,偾于豚上[17],其畏不死(偾,仆也)?南蒯、子仲之忧,其庸可弃乎(弃犹忘也)?若奉晋之众,用诸侯之师,因邾、莒、杞、鄫之怒,以讨鲁罪,间其二忧(因南蒯、子仲二忧为间隙),何求而弗克?"鲁人惧,听命(不敢与盟)。

甲戌,同盟于平丘,齐服也(《经》所以称同)。令诸侯日中造于除[18](除地为坛,会盟处)。癸酉,退朝。子产命外仆速张于除(张幄幕),子大叔止之,使待明日。及夕,子产闻其未张也,使速往,乃无所张矣(地已满也。《传》言子产每事敏于大叔)。及盟,子产争承[19](承,贡赋之次),曰:"昔天子班贡,轻重以列[20],列尊贡重,周之制也(公侯地广,故所贡者多)。卑而贡重者,甸服[21]也(甸服,谓天子畿内共职贡者)。郑伯,男也,而使从公侯之贡,惧弗给也,敢以为请。诸侯靖兵[22],好以为事。行理之命[23](行理,使人,通聘问者),无月不至,贡之无艺(艺,法制),小国有阙,所以得罪也。诸侯修盟,存小国也。贡献无极,亡可待也。存亡之制,将在今矣。"自日中以争,至于昏,晋人许之。既盟,子大叔咎之曰:"诸侯若讨,其可渎[24]乎(渎,易也)?"子产曰:"晋政多门,贰偷之不暇,何暇讨?国不竞亦陵[25],何国之为?"

穀梁传 同者有同也,同外楚也。公不与盟者,可以与而不与,讥在公也。其日,善是盟也。

解义 楚弃疾立,内施德惠,外抚邻国,晋人恐惧,又诸侯多贰[26],故载书要言曰同。不书诸侯,刘子亦与盟也。或谓揭[27]公於不与盟之上,则是不与盟之意主於鲁,非也!沙随[28]不见公,不可言公不见晋侯,此不与盟,不可言诸侯不盟公,属辞之体然也。若鲁不愿盟,则其赴会何为乎?

注释 ①刘献公:周王卿士。②庸:功。③老:卿士。天子之老:周王之卿士、三公,自称于诸修日天子之老。④王赋:周王的军队。⑤元戎:大车。⑥弗利:不以会盟为有利。即不参与。⑦不明:不显明,著明。⑧志业:记住自己的职责。⑨志业于好:志,识也。识其贡赋之业。⑩奉承齐牺:奉上盟会所用之牺牲。⑪有间:诸侯与晋有间隙,有二心。⑫治兵:军事演习。⑬建而不旆:建立旌旗而不加飘带。旆,即旒,旌旗飘带。⑭鲁故之以:即以鲁之故。⑮甲戌:初七日。⑯率道:循道。⑰偾于豚上:压在小猪身上。偾,仆。⑱造于除:到盟会处。造,至。除,除地为坛。⑲争承:争贡赋的次序。⑳列:地位。㉑甸服:天子畿内供职贡者,亦即距王城千里以内之地。㉒靖兵:息兵罢战。㉓行理之命:行理即行旅,指晋之使者。㉔渎:忽视、轻慢。㉕不竞亦陵:不竞争也被欺凌。㉖贰:背叛。㉗揭:高举。㉘沙随:即沙随之会,事在前551年。

春秋　晋人执季孙意如以归。

左传　公不与盟。晋人执季孙意如,以幕蒙之,使狄人守之。司铎射[①]怀锦,奉壶饮冰,以蒲伏[②]焉(司铎射,鲁大夫。蒲伏窃往饮季孙。冰,箭筩盖,可以取饮)。守者御之[③],乃与之锦而入。晋人以平子[④]归,子服湫[⑤]从(湫,惠伯)。

解义　三家[⑥]不臣之罪,至意如极矣!擅兵取邑,中分鲁国,以自封殖,至使君若赘旒[⑦],民忘其上。讨而执之,固其宜[⑧]矣,而不得为霸讨,何也?晋人若能徵[⑨]邾、莒赴诉之辞,究[⑩]南蒯、子仲奔叛之故,请於天子以大义诛意如,正三桓[⑪]之罪,归其地与民於公[⑫],则鲁国顺正,诸侯威怀[⑬],而霸事可复兴矣!乃徒[⑭]辱鲁君,而不察其情,虽执意如,而不正其罪,安得为霸讨乎?盖由诸卿曲庇[⑮]季氏,而晋君亦不得为政尔!

注释　①司铎射:鲁大夫。司铎,官名。②蒲伏:即匍匐而入。③御之:阻止他。④平子:即季孙意如。⑤子服湫:即子服惠伯。⑥三家:鲁大夫,季孙氏、孟孙氏、叔孙氏(又称孟孙、叔孙、季孙)。⑦赘旒:赘,连缀;旒,旌旗上的飘带。比喻实权旁落、为大臣挟持的君主。⑧宜:应该。⑨徵:证验。⑩究:追究。⑪三桓:是春秋时鲁大夫孟孙氏、叔孙氏、季孙氏三家的合称,分别是鲁桓公的三个儿子庆父、叔牙、季友的后裔,因为三家都是桓公后代,所以叫"三桓"。⑫公:鲁昭公。⑬顺正:和顺正直,不邪辟。威怀:威服和怀柔。指威德并用。⑭徒:白白地。⑮曲庇:曲意包庇、袒护。

附录左传　子产归,未至,闻子皮卒,哭,且曰:"吾已(已犹决竟),无为为善矣,唯夫子知我(言子皮知己之善)。"仲尼谓:"子产于是行也,足以为国基[1]矣。《诗》曰:‘乐只君子,邦家之基(《诗·小雅》)。’子产,君子之求乐者也。”且曰:“合诸侯,艺贡事[2],礼也(艺,治也)。”

春秋 公[3]至自会。

公羊传 公不与盟者何?公不见与盟也(言不为晋所许)。公不见与盟,大夫执何以致会?不耻也。曷为不耻?诸侯遂乱,反陈、蔡,君子耻不与焉(时诸侯将讨弃疾,弃疾乃封陈、蔡之君,使说诸侯,诸侯由是遂还,不复讨楚,楚乱遂成,故云尔)。

解义 公虽不与盟,然已与平丘之会[4]矣,故以会致。

注释 ①基:根基,柱石。②艺贡事:制定贡赋的限度。③公:鲁昭公。④平丘之会:指鲁昭公十三年,即公元前529年,鲁昭公会刘子、晋侯等于平丘。

附录左传 鲜虞人闻晋师之悉起也(五年《传》曰:“遗守四千。”今甲车四千乘,故为悉起),而不警边,且不修备。晋荀吴自著雍以上军侵鲜虞,及中人[1](中人,杜注:中山望都县西北有中人城。在今直隶唐县境),驱冲竞[2](驱冲车与狄争逐),大获而归。

春秋 蔡侯庐归于蔡。陈侯吴归于陈。

左传 楚之灭蔡也,灵王迁许、胡、沈、道、房、申于荆焉(灭蔡在十一年。许、胡、沈,小国也。道、房、申,皆故诸侯,楚灭以为邑。徙其人于荆山。房,杜注:汝南有吴房县,即房国。今河南遂平县有吴房城)。平王即位,既封陈、蔡,而皆复之,礼也。隐大子之子庐归于蔡,礼也。悼大子之子吴归于陈,礼也(隐大子,世子有也。庐,蔡平侯。悼大子,偃师也。吴,陈惠公)。

公羊传 此皆灭国也,其言归何(据归者有国辞)?不与诸侯专封也。

穀梁传 善其成之,会而归之,故谨而日之(二国获复,平丘盟之力也。故于其归,追述前盟谨日之,以美其功)。此未尝有国也,使如失国辞然者,不与楚灭也。

解义　陈、蔡皆见灭於楚矣,庐与吴未尝有国也,而书归于蔡,归于陈,如固有其国者。然先王建国,非楚虔所得灭也。庐与吴未尝有位也,而书蔡侯、陈侯,如固有其位者。然周室班爵[3],非楚弃疾所得封也,不言自楚,义亦如此。

注释　①中人:地名,位于今河北唐县西北三十里。②驱冲竞:驱使冲车以争逐。冲,陷阵的兵车。③班爵:颁授爵位。

春秋　冬十月,葬蔡灵公。

左传　冬十月,葬蔡灵公,礼也(国复,成礼以葬也)。

穀梁传　变之[1]不葬有三(变之,谓改常礼):失德不葬,弑君不葬,灭国不葬。然且葬之,不与楚灭,且成诸侯之事也。

解义　当蔡世子有被围,诸侯环视不救,及庐复国,乃相率而葬灵公。灵公者,世子般也,曾是以为邦交之礼乎?

注释　①变之:改变常礼。

春秋　公如晋,至河乃复。

左传　公如晋。荀吴谓韩宣子曰:"诸侯相朝,讲旧好也,执其卿而朝其君,有不好焉,不如辞之。"乃使士景伯辞公于河(士景伯,文伯之子弥牟也)。

解义　公如晋,请季孙也。晋复拒公,盖晋卿阴庇意如[1],固将归之,故辞公而专以市[2]其私德耳!

注释　①阴庇:覆荫庇护。意如:指季孙意如(?—前505),春秋时鲁国正卿。姬姓,季氏,谥平,史称"季平子"。②市:买好,讨好。

春秋　吴灭州来。

左传　吴灭州来。令尹子期请伐吴,王弗许,曰:"吾未抚民人,未事鬼神,未修守备,未定国家,而用民力,败不可悔。州来在吴,犹在楚也。子姑待之(《传》言平王所以能有国)。"

解义 州来，楚之附庸，实边邑也。成[1]六年，吴尝入焉，兹[2]复乘楚乱而灭之。十九年[3]，《传》载楚城[4]州来，是吴虽灭之，而不能有也。

附录左传 季孙犹在晋，子服惠伯私于中行穆子曰："鲁事晋，何以不如夷之小国？鲁，兄弟也，土地犹大，所命能具。若为夷弃之，使事齐、楚，其何瘳[5]于晋（瘳，差也，犹言益也）？亲亲、与大、赏共、罚否，所以为盟主也。子其图之。谚曰：'臣一主二[6]。'吾岂无大国（言不合则去而他事，鲁尚有齐、楚，不独晋也）？"穆子告韩宣子，且曰："楚灭陈、蔡，不能救，而为夷执亲，将焉用之？"乃归季孙。惠伯曰："寡君未知其罪，合诸侯而执其老[7]。若犹有罪，死命可也（死晋命也）。若曰无罪而惠免之，诸侯不闻，是逃命也，何免之？为请从君惠于会（欲于会盟时见遣，以暴鲁之无罪，争国体也）。"宣子患之，谓叔向曰："子能归季孙乎？"对曰："不能。鲋也能。"乃使叔鱼[8]（鲋，字叔鱼）。叔鱼见季孙曰："昔鲋也得罪于晋君（襄二十一年叔鱼坐叔虎与栾氏党，并得罪），自归于鲁君。微武子之赐[9]，不至于今（武子，平子之祖）。虽获归骨于晋，犹子则肉之[10]，敢不尽情？归子而不归，鲋也闻诸吏，将为子除馆于西河（西使近河），其若之何？"且泣（泣以信其言）。平子惧，先归。惠伯待礼[11]（待见遣之礼）。

注释 ①成：鲁成公。②兹：现在。③十九年：指鲁昭公十九年。④城：筑城。⑤瘳（chōu）：本指病好了，这里引申为好处的意思。⑥臣一主二：一臣有二主，如不合道，臣可择主而事。⑦老：天子之卿及诸侯之卿都叫老。⑧叔鱼：即羊舌鲋。⑨微：如果没有。武子：季平子的祖父。⑩犹子则肉之：肉之，使白骨生肉，亦即死而复生之意。⑪待礼：等待赦免之礼。

卷五十二

昭公(十四年之十八年)

春秋　十有四年春,意如至自晋。

左传　十四年春,意如至自晋,尊晋罪己也(以舍族为尊晋罪己)。尊晋、罪己,礼也(礼,修己而不责人)。

穀梁传　大夫执则致,致则名。意如恶,然而致,见君臣之礼也(大夫有罪,则宜废。既不能废,不得不尽为君臣之恩,故曰“见君臣之礼”)。

解义　邾、莒之诉,晋人明知罪在意如,而摈公不盟。虽屈於公义,姑[1]执意如而不正其罪,不返邾、莒邑田,寻听自归。盖意如深结晋之强家,以阨[2]其君,利则归己,而危辱[3]则推君,其恶极矣！故於至自晋,特去氏以著其罪,与叔孙婼之见执而归异也!

注释　①姑:暂且。②阨:同“厄”。困苦、灾难。③危辱:危险与屈辱。

附录左传　南蒯之将叛也(在十二年),盟费人。司徒老祁、虑癸伪废疾[1](二人,南蒯家臣),使请于南蒯曰:“臣愿受盟而疾兴,若以君灵不死,请待间[2]而盟(间,差也)。”许之。二子因民之欲叛也,请朝众而盟(欲因合众以作乱)。遂劫南蒯曰:“群臣不忘其君(君谓季氏),畏子以及今三年,听命矣。子若弗图,费人不忍其君,将不能畏子矣。子何所不逞欲?请送子(送使出奔)。”请期五日(南蒯请期,冀有变)。遂奔齐。侍饮酒于景公。公曰:“叛夫[3](戏之)。”对曰:“臣欲张公室也(张,强也)。”子韩晳曰(齐大夫):“家臣而欲张公室,罪莫大焉(言越职)。”司徒老祁、虑癸来归费(归鲁),齐侯使鲍文子致之。

春秋　三月，曹伯滕卒。

春秋　夏四月。

附录左传　夏，楚子使然丹简上国之兵于宗丘（上国，杜注：在国都之西。西方居上流，故谓之上国。宗丘，杜注：楚地。当在今湖广归州境），且抚其民。分贫，振穷；长孤幼，养老疾，收介特（介特，单身民也。收聚不使流散），救灾患，宥[④]孤寡，赦罪戾；诘奸慝[⑤]，举淹滞[⑥]；礼新叙旧[⑦]（新，羁旅也）；禄勋合亲[⑧]；任良物官（物，事也。准事能以任官）。使屈罢简东国之兵于召陵，亦如之（兵在国都之东者）。好于边疆，息民五年，而后用师，礼也。

春秋　秋，葬曹武公。

春秋　八月，莒子去疾卒。

左传　秋八月，莒著丘公卒，郊公不戚（郊公，著丘公子）。国人弗顺，欲立著丘公之弟庚舆（庚舆，莒共公）。蒲余侯恶公子意恢而善于庚舆（蒲余侯，莒大夫兹夫也。意恢，莒群公子），郊公恶公子铎而善于意恢（铎亦群公子）。公子铎因蒲余侯而与之谋曰："尔杀意恢，我出君而纳庚舆。"许之（为下冬杀意恢传）。

解义　昭公时，薛、杞微国，无不会其葬者，何独於莒则不往？盖意如专国，怒其尝诉己耳。或以为著丘公无谥，《春秋》不书其葬，误矣！

注释　①伪废疾，假装生病。废，借为发。②间：稍痊愈。③叛夫：如同今言叛徒，为齐景公戏言。④宥：宽缓其赋税。⑤诘：禁治。诘奸慝：禁治奸诈邪恶之徒。⑥淹滞：沉沦下位的人才。⑦礼新叙旧：礼遇新人，安排旧好。⑧禄勋合亲：赏有功，睦亲族。

附录左传　楚令尹子旗有德于王（子旗，蔓成然。有佐立之德），不知度。与养氏比，而求无厌（养氏，子旗之党，养由基之后）。王患之。九月甲午，楚子杀斗成然，而灭养氏之族。使斗辛居郥,以无忘旧勋(辛,子旗之子郥公辛)。

春秋 冬,莒杀其公子意恢。

左传 冬十二月,蒲余侯兹夫杀莒公子意恢,郊公奔齐。公子铎逆庚舆于齐。齐隰党、公子锄送之,有赂田(莒赂齐以田)。

穀梁传 言公子而不言大夫,莒无大夫也。莒无大夫而曰公子意恢,意恢贤也。曹、莒皆无大夫。其所以无大夫者,其义异也(曹小,莒夷,故异)。

解义 意恢以国杀为文,而不去其族,非其罪也。公子铎首乱不见於《经》者,韩愈[5]谓:"《春秋》书王法,不诛其人之身。"若此类者多矣!

附录左传 晋邢侯与雍子争鄐[1]田(邢侯,楚申公巫臣之子也。雍子,亦故楚人),久而无成[2]。士景伯如楚(士景伯,晋理官),叔鱼摄理(摄,代景伯),韩宣子命断旧狱,罪在雍子。雍子纳其女于叔鱼,叔鱼蔽罪邢侯(蔽,断也)。邢侯怒,杀叔鱼与雍子于朝。宣子问其罪于叔向。叔向曰:"三人同罪,施生戮死[3]可也(施,行罪也)。雍子自知其罪而赂以买直[4],鲋也鬻狱[5],刑侯专杀[6],其罪一也。己恶而掠美为昏[7],贪以败官为墨(墨,不洁之称),杀人不忌为贼。《夏书》[8]曰:'昏、墨、贼,杀(《逸书》。三者皆死刑)。'皋陶之刑也。请从之。"乃施邢侯而尸雍子与叔鱼于市。仲尼曰:"叔向,古之遗直也(言叔向之直,有古人遗风)。治国制刑,不隐于亲[9](谓国之大问,已所答当也。至于他事,则宜有隐),三数叔鱼之恶,不为末减。曰义[10]也夫,可谓直矣(于义未安,直则有之)。平丘之会,数其贿[11]也(谓言渎货无厌),以宽卫国,晋不为暴。归鲁季孙,称其诈也(谓言鲋也能),以宽鲁国,晋不为虐。邢侯之狱,言其贪也(谓言鲋也鬻狱),以正刑书,晋不为颇[12]。三言而除三恶,加三利(三恶,暴、虐、颇也。三利,宽鲁、卫,正刑书),杀亲益荣,犹义也夫!"

春秋 十有五年春王正月，吴子夷末卒（《公羊》作夷昧）。

春秋 二月癸酉，有事于武宫。籥[13]入，叔弓卒。去乐，卒事。

左传 十五年春，将禘于武公，戒百官（齐戒）。梓慎曰："禘之日，其有咎乎！吾见赤黑之祲[14]，非祭祥也，丧氛也（祲，妖氛也。盖见于宗庙。氛，恶气也）。其在莅事[15]乎？"二月癸酉[16]，禘，叔弓莅事，籥入而卒。去乐，卒事，礼也。

公羊传 其言去乐卒事何？礼也。君有事于庙，闻大夫之丧去乐，卒事。大夫闻君之丧，摄主[17]而往（主，谓已主祭者。臣闻君之丧，义不可以不即行，故使兄弟若宗人，摄行主事而往。不废祭者，古礼也）。大夫闻大夫之丧，尸事毕而往（宾尸事毕而往也）。

穀梁传 君在祭乐之中，闻大夫之丧，则去乐卒事，礼也（祭乐者，君在庙中祭作乐）。君在祭乐之中，大夫有变，以闻可乎？大夫，国体也（君之卿佐，是谓股肱，故曰国体）。古之人重死，君命无所不通（死者不可复生，重莫大焉。是以君虽在祭乐之中，大夫死，以闻可也）。

解义 有事，谓有祭事也。祭主於诚悫[18]故当祭，虽大夫之丧不得以闻若有事于武宫，叔弓莅事而卒，则为之彻[19]乐而卒事，亦礼之可。以义起者，盖缘先祖之心，见大臣之卒，不忍闻乐，缘主祭者之心视已设之馔[20]，不忍中辍[21]，则去乐，而卒事可矣！弓之卒，正当籥入时，故举籥入及其去之，则诸乐皆彻，故云去乐，非独去籥舞也！

注释 ①鄐：晋邢侯邑名。②久而无成：争执甚久而调解无成。③施生戮死：生者杀而陈尸，死者暴尸。④买直：买来胜诉。⑤鬻狱：卖法。⑥专杀：擅自杀人。⑦己恶而掠美为昏：己有罪恶反而掠取他人之美就是昏乱。此指雍子。⑧《夏书》：《逸书》。⑨不隐于亲：不包庇亲人。叔鱼为叔向弟，虽亲无私隐。

⑩曰义：行义。⑪数其贿：责其贪得无厌。⑫颇：偏。⑬籥(yuè)：古代祭祀备有乐舞，乐有文舞、武舞。文执羽籥，武执干戚。入庙时，先文后武。⑭赤黑之祲：红黑色的邪恶之气。祲(jìn)，不详之气。⑮莅事：临事。指主持祭礼的人。⑯癸酉：十五日。⑰摄主：指代理君职者或代理主事者。⑱诚悫(què)：诚朴；真诚。⑲彻：撤去。⑳馔(zhuàn)：食品，食物。㉑中辍：中止；中断。

春秋　夏，蔡朝吴出奔郑(朝，《公羊》作昭。无出字)。

左传　楚费无极害朝吴之在蔡也(朝吴，蔡大夫，有功于楚平王，故无极恐其有宠，疾害之)，欲去之。乃谓之曰："王唯信子，故处子于蔡。子亦长矣，而在下位，辱。必求之，吾助子请。"又谓其上之人曰(蔡人在上位者)："王唯信吴，故处诸蔡，二三子莫之如也。而在其上，不亦难乎？弗图[①]，必及于难。"夏，蔡人逐朝吴。朝吴出奔郑。王怒，曰："余唯信吴，故置诸蔡。且微吴，吾不及此。女何故去之？"无极对曰："臣岂不欲吴？然而前知其为人之异也[②]。吴在蔡，蔡必速飞。去吴，所以翦其翼也(以鸟喻也。言吴在蔡，必能使蔡速强而背楚)。"

解义　朝吴，蔡之世臣。蔡之复也，本谋实出於吴，而至不安於宗国[③]，则逐之非蔡侯意也。陈、蔡世服於楚，虽以欲背楚，得罪者必奔楚以自诉，而吴奔郑，其不容於楚可知矣！蔡虽复国，而国内之臣，楚实制其存亡，其何能国乎？

注释　①弗图：不图谋除掉他。②前：以前，早些时候。异：异于常人。③宗国：同姓诸侯国。

春秋　六月丁巳朔，日有食之。

附录左传　六月乙丑，王大子寿卒(周景王子)。秋八月戊寅，王穆后崩(大子寿之母也。《传》为晋荀跞如周葬穆后起)。

春秋　秋，晋荀吴帅师伐鲜虞。

左传 晋荀吴帅师伐鲜虞，围鼓[1]（鼓，杜注：白狄之别。巨鹿下曲阳县有鼓聚。在今直隶晋州西）。鼓人或请以城叛，穆子[2]弗许。左右曰："师徒不勤，而可以获城，何故不为？"穆子曰："吾闻诸叔向曰：'好恶不愆，民知所适，事无不济。'或以吾城叛，吾所甚恶也。人以城来，吾独何好焉？赏所甚恶，若所好何（无以复加所好）？若其弗赏，是失信也，何以庇民？力能则进，否则退，量力而行。吾不可以欲城而迩奸[3]，所丧滋多。"使鼓人杀叛人而缮守备。围鼓三月，鼓人或请降，使其民见，曰："犹有食色[4]，姑修而城。"军吏曰："获城而弗取，勤民而顿兵[5]，何以事君？"穆子曰："吾以事君也。获一邑而教民怠，将焉用邑？邑以贾怠，不如完旧[6]（完犹保守），贾怠无卒[7]（不能善终），弃旧不祥。鼓人能事其君，我亦能事吾君。率义不爽（爽，差也），好恶不愆，城可获而民知义所（知义所在也。荀吴必其能获，故因以示义），有死命而无二心，不亦可乎！"鼓人告食竭力尽，而后取之。克鼓而反，不戮一人，以鼓子鸢鞮归（鸢鞮，鼓君名）。

解义 十二年，晋伐鲜虞，今又遣命卿率大众以伐之。盖诸卿各营其私，务近攻以辟[8]土壤。而荆楚之横肆，小国之摧残，绝不以介[9]於心也！

注释 ①鼓：国名，姬姓，白狄的一支，时属鲜虞。国境位于今河北晋县。②穆子：即荀吴。③迩奸：接近奸邪。④食色：从脸色上看，还有饭吃。⑤顿兵：损坏兵器。⑥完旧：坚持不懈。⑦无卒：没有得到好结果。⑧辟：开辟。⑨介：介意。

春秋 冬，公[1]如晋。

左传 冬，公如晋，平丘之会故也（谢季孙免归）。

解义 十三年[2]公如晋，为意如[3]请，而意如不使公得达者，恐公以情诉，惧晋侯之意或移而正己之罪也。今意如既释[4]，可无他虞[5]，故听公一朝而又止焉！比事以观，则晋屡拒公，皆意如主之可知矣!

注释　①公:指鲁昭公。②十三年:指鲁昭公十三年。③意如:季孙意如。④释:释放。⑤虞:忧虑。

附录左传　十二月,晋荀跞如周,葬穆后,籍谈为介。既葬,除丧,以文伯[①]宴,樽以鲁壶(文伯,荀跞也。鲁壶,鲁所献壶樽)。王曰:"伯氏,诸侯皆有以镇抚王室,晋独无有,何也(感鲁壶而言也。镇抚王室,谓贡献之物)?"文伯揖籍谈(文伯无辞,揖籍谈使对),对曰:"诸侯之封也,皆受明器于王室(谓明德之分器),以镇抚其社稷,故能荐彝器于王(彝,常也。谓可常宝之器,若鲁壶之属)。晋居深山,戎狄之与邻,而远于王室。王灵不及,拜戎[②]不暇,其何以献器?"王曰:"叔氏[③],而忘诸乎(叔,籍谈字)?叔父[④]唐叔,成王之母弟也,其反无分乎?密须[⑤]之鼓,与其大路,文所以大蒐也(密须,杜注:姞姓国也,在安定阴密县。今阴密故城在陕西灵台县西)。阙巩[⑥]之甲,武所以克商也(阙巩国所出铠)。唐叔受之以处参虚[⑦],匡有戎狄(参虚,实沈之次,晋之分野)。其后襄之二路[⑧](周襄王所赐晋文公大路、戎路),鍼钺,秬鬯[⑨](鍼,斧也。钺,金钺),彤弓,虎贲,文公受之,以有南阳之田(事在僖二十八年),抚征东夏[⑩],非分而何?夫有勋而不废,有绩而载,奉之以土田,抚之以彝器,旌之以车服,明之以文章,子孙不忘,所谓福也。福祚之不登[⑪],叔父焉在(言福祚不在叔父,当在谁邪)?且昔而高祖孙伯黡,司晋之典籍,以为大政,故曰籍氏(孙伯黡,晋正卿,籍谈九世祖)。及辛有之二子董之晋,于是乎有董史(辛有,周人。其二子適晋为大史,籍黡与之共董督晋典,因为董氏,董狐其后)。女[⑫],司典[⑬]之后也,何故忘之?"籍谈不能对。宾出,王曰:"籍父其无后乎!数典而忘其祖[⑭](忘祖业)。"籍谈归,以告叔向。叔向曰:"王其不终乎!吾闻之:'所乐必卒焉。'今王乐忧,若卒以忧[⑮],不可谓终[⑯]。王一岁而有三年之丧二焉(谓后崩大子卒。礼,父为长子三年,夫为妻期必三年然后娶,则亦有三年之义,又天子绝期惟服三年,故通谓之三年丧),于是乎以丧宾宴,又求彝器,乐忧甚矣,且非礼也。彝器之来,嘉功之由[17],非由丧也。三年之丧,虽贵遂服[18],礼也(天子诸侯除丧当在卒哭,今王既葬而除,故讥其不遂)。王虽弗遂,宴乐以[19]早,亦非礼也。礼,王之大经也。一动而失二礼,无大经矣(失二礼,谓既不遂服,又设宴乐)。言以考典,典以志经,忘经而多言举典,将焉用之(为二十二年王室乱传)?"

春秋 十有六年春。

附录左传 十六年春,王正月,公在晋,晋人止公。不书,讳之也(犹以取郓故)。

春秋 齐侯伐徐。

左传 齐侯伐徐。二月丙申[20],齐师至于蒲隧[21](蒲隧,杜注:徐地。下邳取虑县东有蒲如陂。在今江南虹县北)。徐人行成。徐子及郯人、莒人会齐侯,盟于蒲隧,赂以甲父[22]之鼎(甲父,杜注:古国名。高平昌邑县东南有甲父亭。今昌邑城在山东金乡县西北)。叔孙昭子曰:"诸侯之无伯,害哉[23]!齐君之无道也,兴师而伐远方,会之,有成而还,莫之亢[24]也,无伯也夫!《诗》曰:'宗周既灭,靡所止戾。正大夫离居,莫知我肄(《诗·小雅》。戾,定也。肄,劳也。言执政大夫离居异心,无有念民劳者)。'其是之谓乎(传言晋之衰)!"

解义 此为晋伯既衰,齐景公争伯之始事也。然景公不能明政教以收国众,修德礼以属诸侯[25],而区区於邻近之国,称兵以逐利。将以求霸,不亦左[26]乎?

注释 ①文伯:即荀跞。②拜戎:服戎,使戎归服。③叔氏:指籍谈。④叔父:周王对诸侯同姓者,无论辈份,俱称伯父或叔父。⑤密须:古国名,被周文王所征服,得其鼓与大路,用以田猎检阅。⑥阙巩:古国名,被周武王所灭。⑦参虚:即实沈之次,晋国的分野。⑧襄之二路:周襄王所赐晋文公大路、戎路。参僖公二十八年传。⑨秬鬯(jùchàng):古代以黑黍和郁金香草酿造的酒,用于祭祀降神及赏赐有功的诸侯。⑩东夏:齐、鲁、郑、宋诸国,皆在晋东,故称东夏。⑪福祚:福佑。登:记也。⑫女:同“汝”,你。⑬司典:指孙伯黡。⑭数典:举出典故。忘其祖:忘其祖宗之业。⑮卒以忧:王既乐忧,亦将死于忧。⑯终:善终,即寿终正寝。⑰嘉功之由:即由嘉功。⑱遂服:指完成服丧。遂:终。⑲以:通“已”。已:太。⑳丙申:十四日。㉑蒲隧:地名,位于今江苏睢宁县西南。㉒甲父:古国名,在今山东金乡县南。㉓害哉:更加害怕。㉔亢:抵御。㉕德礼:道德与礼教。属:集合。㉖左:错误,荒谬。

春秋　楚子诱戎蛮子杀之(戎蛮,《公羊》作戎曼,杜注:河南新城县东南有蛮城,在今河南汝州西南)。

左传　楚子闻蛮氏之乱也,与蛮子之无质也(质,信也),使然丹诱戎蛮子嘉杀之,遂取蛮氏。既而复立其子焉,礼也。

公羊传　楚子何以不名(据诱蔡侯名)?夷狄相诱,君子不疾[①]也。曷为不疾?若不疾乃疾之也(以为固当常然者,乃所以为恶也)。

解义　楚子之诱一也,而或名,或不名者,虔[②]以篡弑之贼而灭先王之建国,弃疾[③]虽乘乱取国,而非亲为弑逆,虽杀戎蛮子,而复立其子,其恶之小大有差也!蔡侯与戎蛮子之见杀一也,而或名,或不名者,蔡般[④]弑父与君,蛮氏乱而无质,其罪之轻重有差也!程子[⑤]所谓“时措从宜者”,此类是矣!

注释　①疾:恶。②虔:即楚灵王,芈熊虔,在位12年(前541年—前529年)。原名围,即位后改名虔。③弃疾:即楚平王(?—公元前516年),春秋时期楚国国王。在位13年(前528年—前516年)。芈姓,熊氏,名弃疾,一名居,楚共王之子。④蔡般:指蔡灵侯,即姬般,为春秋诸侯国蔡国君主之一,他为蔡景侯的儿子,蔡平侯之兄。于前543年杀蔡景侯后,承袭该国君主,在位期间为前542年—前531年,共12年。⑤程子:即二程中的程颐(1033—1107),教育家。字正叔,人称伊川先生,北宋洛阳人。为程颢之胞弟。

附录左传 三月,晋韩起聘于郑,郑伯享之。子产戒曰:"苟有位于朝,无有不共恪。"孔张后至,立于客间(孔张,子孔之孙)。执政御之[①](执政掌位列者。御,止也),适客后。又御之,适县间[②](县,乐肆)。客从而笑之。事毕,富子[③]谏曰(富子,郑大夫,谏子产也):"夫大国之人,不可不慎也,几为之笑而不陵我?我皆有礼,夫犹鄙我。国而无礼,何以求荣?孔张失位,吾子之耻也。"子产怒曰:"发命之不衷(衷,当),出令之不信,刑之颇类(缘事类以成偏颇),狱之放纷,会朝之不敬,使命之不听,取陵于大国,罢民而无功,罪及而弗知,侨之耻也。孔张,君之昆孙[④],子孔[⑤]之后也(昆,兄也。子孔,郑襄公兄,孔张之祖父),执政[⑥]之嗣也(子孔尝执郑国之政),为嗣大夫,承命以使,周于诸侯,国人所尊,诸侯所知。立于朝而祀于家(卿得自立庙于家),有禄于国,有赋于军(军出,卿赋百乘),丧祭有职,受脤、归脤[⑦](受脤,谓君祭,以肉赐大夫。归脤,谓大夫祭,归肉于公。皆社之戎祭也),其祭在庙[⑧](谓助君祭),已有著位,在位数世,世守其业,而忘其所,侨焉得耻之?辟邪之人而皆及执政,是先王无刑罚也。子宁以他规我。"

宣子[⑨]有环,其一在郑商(玉环,同工共璞,自共为双)。宣子谒[⑩]诸郑伯,子产弗与,曰:"非官府之守器也,寡君不知。"子大叔、子羽谓子产曰:"韩子亦无几求,晋国亦未可以贰。晋国、韩子,不可偷也。若属有谗人交斗其间,鬼神而助之,以兴其凶怒,悔之何及?吾子何爱于一环,其以取憎于大国也,盍求而与之?"子产曰:"吾非偷晋而有二心,将终事之,是以弗与,忠信故也。侨闻君子非无贿之难,立而无令名之患。侨闻为国非不能事大字小之难,无礼以定其位之患。夫大国之人,令于小国,而皆获其求,将何以给之?一共一否,为罪滋大。大国之求,无礼以斥之,何餍之有?吾且为鄙邑,则失位矣(不复成国)。若韩子奉命以使,而求玉焉,贪淫甚矣,独非罪乎?出一玉以起二罪[11],吾又失位,韩子成贪,将焉用之?且吾以玉贾罪,不亦锐[12]乎(锐,细小也)?"韩子买诸贾人,既成贾矣,商人曰:"必告君大夫。"韩子请诸子产曰:"日起请夫环,执政弗义,弗敢复也。今买诸商人,商人曰,必以闻,敢以为请。"子产对曰:"昔我先君桓公,与商人皆出自周(郑本在周畿内,桓公东迁与商人俱),庸次比耦[13](庸,用也。用次更相从耦耕),以艾杀[14]此地,斩之蓬蒿藜藿,而共处之。世有盟誓,以相信也,曰:'尔无我叛,我无强贾(无强市其物),毋或匄夺[15]。尔有利市宝贿,我勿与知。'恃此质誓[16],故能相保,以至于今。今吾子以好来辱[17],而谓敝邑强夺商人,是教敝邑背盟誓也,毋乃不可乎!吾子得玉而失诸侯,必不为也。若大国令,而共无艺[18],郑,鄙邑也,亦弗为也。侨若献玉,不知所成[19],敢私布之。"韩子辞玉,曰:"起不敏[20],敢求玉以徼二罪?敢辞之(《传》言子产知礼,宣子能改过)。"

夏四月,郑六卿饯宣子于郊。宣子曰:"二三君子请皆赋,起亦以知郑志。"子齹赋《野有蔓草》(子齹(cí),子皮之子婴齐也。《野有蔓草》,《诗·郑风》。取其"邂逅相遇,适我愿兮")。宣子曰:"孺子善哉!吾有望矣(君子相愿,己所望也)。"子产赋郑之《羔裘》[21](言郑,别于唐《羔裘》也。取其"彼其之子,舍命不渝","邦之彦兮",以美韩子)。宣子曰:"起不堪也(不堪国之司直)。"子大叔赋《褰裳》(《褰裳》诗曰:"子惠思我,褰裳涉溱。子不我思,岂无他人。"盖思大国之勤己也)。宣子曰:"起在此,敢勤子至于他人乎?"子大叔拜。宣子曰:"善哉,子之言是!不有是事,其能终乎(韩起不欲令郑求他人。子大叔拜以答之,所以晋、郑终善)?"子游赋《风雨》(子游,驷带之子驷偃也。《风雨》诗取其“既见君子,云胡不夷”),子旗赋《有女同车》(子旗,公孙段之子丰施也。《有女同车》,取其“洵美且都”,爱乐宣子之志),子柳赋《萚兮》(子柳,印段之子印癸也。《萚兮》诗取其“倡子和女”,言宣子倡,已将和从之)。宣子喜曰:“郑其庶[22]乎!二三君子以君命贶起,赋不出郑志[23](六诗皆《郑风》,故曰不出郑志),皆昵燕好也(昵,亲也。赋不出其国,以示亲好)。二三君子,数世之主也,可以无惧矣。”宣子皆献马焉,而赋《我将》(《我将》,《诗·颂》。取其“日靖四方”,“我其夙夜,畏天之威”,言志在靖乱,畏惧天威)。子产拜,使五卿皆拜,曰:“吾子靖乱,敢不拜德?”宣子私觐于子产以玉与马,曰:“子命起舍夫玉,是赐我玉而免吾死也,敢不藉手[24]以拜(以玉马藉手拜谢子产)?”

春秋 夏,公至自晋。

左传 公至自晋。子服昭伯语季平子曰(昭伯,惠伯之子子服回也,随公从晋还):“晋之公室,其将遂卑矣。君幼弱,六卿强而奢傲,将因是以习,习实为常,能无卑乎?”平子曰:“尔幼,恶识国?”

解义 公[25]以去年冬如晋,今夏始书至,逾三时而后归。去国之久,惟僖公[26]会淮,襄公[27]如楚,及此为皆受制於大国,而不使即归也。考其时则微,《传》而事著矣!晋人明知罪在意如而释之,明知与公无与而反止焉!意如之陷公至於此极。其后,公谋讨之,亦势不容已!不幸无成,而《传》者及诸儒皆责公之妄举,过矣!

注释 ①执政御之:执政,即司正,主管典礼者。御,阻挡。②县间:悬挂钟、磬乐器的空隙间。③富子:郑大夫。④昆孙:昆,兄也。子孔为郑襄公之兄,孔张之祖父,故称孔张为“君之昆孙”。⑤子孔:郑襄公兄,孔张的祖父。⑥执政:子孔曾执郑国之政。⑦受脤归脤(shèn):诸侯祭社,以祭肉赐大夫,称受脤;大夫祭社,也归肉于公,叫归脤。⑧其祭在庙:辅助国君在宗庙祭祀。⑨宣子:晋韩起。⑩谒:请求。⑪起二罪:一共一否导自郑国之罪,又助韩起成贪欲之罪。⑫锐:细小。⑬庸次比耦:共同合作。⑭艾杀:铲除,清除。⑮毋或匄夺:不乞求,不掠夺。⑯质誓:信守盟誓。⑰以好来辱:带着友好屈尊光临。⑱无艺:无极。⑲成:利益。⑳敏:聪明、机敏。㉑《羔裘》:《诗经·郑风》之《羔裘》篇,以与《唐风》、《桧风》之《羔裘》相别。㉒庶:庶几兴盛。㉓郑志:郑诗,郑风。㉔藉手:假借手中薄礼。㉕公:鲁昭公。㉖僖公:鲁僖公。㉗襄公:鲁襄公。

春秋　秋八月己亥,晋侯夷[①]卒。

左传　秋八月,晋昭公卒。

解义　晋自平公[②],弛其操柄[③],政在大夫。盟宋以后,会盟征伐,楚实专之。昭公[④]嗣立,仅一会大夫,幸楚虔覆败[⑤],国有内忧,未遑[⑥]外事。诸侯复合於平丘,正可以有为之时,而信义不立,军政不修,邾、莒虽诉,侵地不反[⑦];刍荛[⑧]之淫,叔鲋[⑨]无诛,徒以盛兵示威,而齐、郑已窥其衅[⑩]矣!且曲庇季氏[⑪],重困鲁侯[⑫],诸侯心贰[⑬],不亦宜乎?此虽由昭公之无志,亦因世卿擅国,积重而难返也!

注释　①晋侯夷:即晋昭公(?—前526年):姬姓,晋氏,名夷。晋平公之子。前531年至前526年在位。②平公:即晋平公,姬姓,晋氏,名彪,公元前557~前532年在位。③弛:放松,松懈。操柄:把持权柄;掌权。④昭公:晋昭公。⑤楚虔:即楚灵王。覆败:倾覆败亡。⑥遑:闲暇。⑦反:同“返”。⑧刍荛:割草打柴的人。⑨叔鲋(fù):即羊舌鲋(前580年—前531年),一名叔鲋,字叔鱼,春秋时期晋国贵族,名将羊舌斗克之后。⑩衅:缝隙。⑪曲庇:曲意包庇、袒护。季氏:季孙意如。⑫鲁侯:指鲁昭公。⑬贰:背叛。

春秋 九月,大雩[①]。

左传 九月,大雩,旱也。

附录左传 郑大旱,使屠击、祝款、竖柎[②]有事于桑山(三子,郑大夫)。斩其木,不雨。子产曰:"有事于山,蓺山林[③]也(蓺,养护令繁殖),而斩其木,其罪大矣。"夺之官邑。

春秋 季孙意如如晋。

春秋 冬十月,葬晋昭公。

左传 冬十月,季平子[④]如晋葬昭公。平子曰:"子服[⑤]回之言犹信(自往见之,乃信回言),子服氏有子哉!"

春秋 十有七年春,小邾子[⑥]来朝。

左传 十七年春,小邾穆公来朝,公与之燕。季平子赋《采叔》(《采叔》,《诗·小雅》。取其"君子来朝,何锡与之",以穆公喻君子),穆公赋《菁菁者莪》(《菁菁者莪》,亦《诗·小雅》,取其"既见君子,乐且有仪",以答《采叔》)。昭子曰:"不有以国[⑦],其能久乎(嘉其能答赋,言其贤,故能久有国)?"

解义 鲁既卑矣,小国犹有朝者。晋亦卑矣,诸侯犹有朝者。但操柄[⑧]下移,内政不修,国终无与立耳!

注释 ①雩(yú):古代为求雨而举行的一种祭祀。②屠击、祝款、竖柎:三人都是郑国大夫。③蓺山林:养护山林植被,令其繁茂。蓺(yì):同"艺"。④季平子:即季孙意如。⑤子服:即子服昭伯。⑥小邾子:即小邾穆公。⑦不有以国:若无治国的人才。不有,假设连词。以,为。⑧操柄:把持权柄;掌权。

春秋 夏六月甲戌朔,日有食之。

左传 夏六月甲戌朔,日有食之。祝史[①]请所用币[②](礼,正阳之月日食,当用币于社,故请之)。昭子曰:"日有食之,天子不举,伐鼓于社;诸侯用币于社,伐鼓于朝。礼也。"平子御之,曰:"止也。唯正月朔[③],慝[④]未作,日有食之,于是乎有伐鼓用币,礼也。

其余则否。”大史曰:“在此月也(正月,谓建巳正阳之月也。于周为六月,于夏为四月。慝,阴气也。四月纯阳用事,阴气未动而侵阳,灾重,故有伐鼓用币之礼也。平子以为六月非正月,故大史答言在此月也)。日过分而未至(过春分而未夏至),三辰[5]有灾(三辰,日月星也。日月相侵,又犯是宿,故三辰皆为灾)。于是乎百官降物[6](降物,素服),君不举,辟移时[7](辟正寝过日食时),乐奏鼓,祝用币,史用辞(用辞以自责)。故《夏书》曰:‘辰不集于房[8](《夏书·胤征》篇。集,安也。房,舍也。日月不安其舍则食),瞽奏鼓,啬夫[9]驰,庶人走[10](啬夫,主币之官。车马曰驰,步曰走,为救日食备也)。’此月朔之谓也。当夏四月,是谓孟夏(言此六月当夏家之四月)。”平子弗从。昭子退曰:“夫子将有异志,不君君[11]矣(安君之灾,是不复以君为君矣)。”

春秋　秋,郯子来朝。

左传　秋,郯子来朝,公与之宴。昭子问焉,曰:“少皞氏鸟名官,何故也(少皞,金天氏,黄帝之子,己姓之祖也)?”郯子曰:“吾祖也,我知之。昔者黄帝氏以云纪,故为云师而云名[12](黄帝,轩辕氏,姬姓之祖也。黄帝受命有云瑞,故以云纪事。百官师长皆以云为名,号缙云氏,盖其一官也);炎帝氏以火纪,故为火师而火名(炎帝,神农氏,姜姓之祖也。亦有火瑞,以火纪事,名百官);共工氏以水纪,故为水师而水名(共工,以诸侯霸有九州者,在神农前,大皞后。亦受水瑞,以水名官);大皞氏以龙纪,故为龙师而龙名(大皞,伏羲氏,风姓之祖也。有龙瑞,故以龙为官)。我高祖少皞挚之立也,凤鸟适至,故纪于鸟,为鸟师而鸟名。凤鸟氏,历正也(凤鸟知天时,故以名历正之官);玄鸟[13]氏,司分[14]者也(玄鸟,燕也,以春分来,秋分去);伯赵[15]氏,司至者也(伯赵,伯劳也。以夏至鸣,冬至止);青鸟氏,司启者也(青鸟,鸧鴳也。以立春鸣,立夏止);丹鸟[16]氏,司闭[17]者也(丹鸟,锦鸡也。以立秋来,立冬去,入大水为蜃。上四鸟皆历正之属官)。祝鸠[18]氏,司徒也(祝鸠,鷦鸠也。鷦鸠孝,故为司徒,主教民);鴡鸠[19]氏,司马也（鴡鸠，王鴡也。鸷而有别，故为司马，主法制）；鳲鸠[20]氏，司空也（鳲鸠，鴶鵴也。鳲鸠平均，故为司空，平水土）；爽鸠[21]氏，司寇也（爽鸠，鹰也。鸷，故为司寇，主盗贼）；鹘鸠氏，司事也（鹘鸠，鹘雕也。春来冬去，故为司事）。五鸠，鸠民者也（鸠，聚也。治民上聚，故以鸠为名）。五雉[22]，为五工正[23]（五雉，雉有五种。西方曰鷷雉，东方曰鶅雉，南方曰翟雉，北方曰鵗雉，伊洛之南曰翚雉。贾逵云：鷷雉，攻木之工也。鶅雉，抟埴之工也。翟雉，攻金之工也。鵗雉，攻皮之工也。翚雉，设五色之工也），利器用、正度量，夷民者也（夷，平也）。九扈为九农正（扈有九种也。春扈鳻鶞，夏扈窃玄，秋扈窃蓝，冬扈窃黄，棘扈窃丹，行扈唶唶，宵扈啧啧，桑扈窃脂，老扈鷃鷃。以九扈为九农之号，各随其宜以教民事。贾逵云："春扈鳻鶞，相五上之宜，趣民耕种者也。夏扈窃玄，趣民耘苗者也。秋扈窃蓝，趣民收敛者也。冬扈窃黄，趣民盖藏者也。棘扈窃丹，为果驱鸟者也。行扈唶唶，昼为民驱鸟者也。宵扈啧啧，夜为农驱兽者也。桑扈窃脂，为蚕驱雀者也。老扈鷃鷃，趣民收麦令不得晏起者也。"），扈民[24]无淫者也（扈，止也）。自颛顼[25]的以来，不能纪远，乃纪于近，为民师而命以民事，则不能故也（颛顼氏，代少皞者，德不能致远瑞，故以民事命官）。"仲尼闻之，见于郯子而学之（于时仲尼年二十八）。既而告人曰："吾闻之：'天子失官[26]，学在四夷'，犹信（《传》言圣人无常师）。"

春秋　八月，晋荀吴帅师灭陆浑之戎（《公羊》作贲浑戎，《穀梁》无之字）。

左传　晋侯使屠蒯如周（屠蒯，晋侯之膳宰也。以忠谏见进），请有事于雒与三涂[27]。苌弘谓刘子曰："客容猛，非祭也，其伐戎乎？陆浑氏甚睦于楚，必是故也。君其备之！"乃警戎备。九月丁卯[28]，晋荀吴帅师涉自棘津（棘津，杜注：河津名。在今河南胙城县北），使祭史先用牲于雒。陆浑人弗知，师从之。庚午[29]，遂灭陆浑，数之以其贰于楚也。陆浑子奔楚，其众奔甘鹿[30]（甘鹿，杜注：周地。今河南宜阳县有鹿蹄山，甘水所出）。周大获（先警戒备故）。宣子梦文公携荀吴而授之陆浑,故使穆子帅师,献俘于文宫[31](欲以应梦)。

解义　僖[32]二十二年,秦、晋迁陆浑之戎于伊川,非戎自逼居内地也! 又不闻其侵败王略[33],而晋忽以诈灭之,贪暴极矣! 若谓其贰于楚,则诸侯皆贰,何独于陆浑有讨乎?

注释　①祝史:祝官、史官的合称。②所用币:所用祭品。③正月朔:周历六月初一。④慝:阴气。⑤三辰:指日月星。⑥降物:素服。⑦辟移时:避开正寝,等到过了日蚀。⑧辰不集于房:意为日、月与地球成一条直线排列,不在正常的轨道。⑨啬夫:乡邑官名。⑩庶人走:庶人奔走相告。⑪不君君:不以国君为君。⑫故为云师而云名:传说黄帝受命有云瑞,故以云记事。春官为青云,夏官为缙云,秋官为白云,冬官为黑云,中官为黄云。⑬玄鸟:即燕子。⑭分:指春分、秋分。燕子春分来,秋分去。⑮伯赵:即伯劳。⑯丹鸟:现为锦鸡,亦名天鸡。⑰闭:指立秋、立冬。丹鸟立秋来,立冬去。⑱祝鸠:鷦鸠,即鹁鸪,性情忠孝,故为司徒,掌教民。⑲鴡鸠:王鴡,雕类,又名鹗,性情凶猛,故为司马主法律。⑳鸤鸠:今名布谷,每年谷雨后始鸣,夏至后乃止,性均平,故为司空主平土。㉑爽鸠:鹰,性鸷,故为司寇主盗贼。㉒五雉:指西方鷷雉,东方鶅雉,南方翟雉,北方鵗雉,伊、洛之南翚雉五种。㉓五工正:五种工匠之长。㉔扈民:止民。㉕颛顼:继少皞之古代帝王。㉖失官:丧失命官之义。㉗有事:即祭祀。雒、三涂:雒指洛水,三涂位于今河南嵩县西南。㉘丁卯:二十四日。㉙庚午:二十七日。㉚甘鹿:地名,位于今河南宜阳县东南。㉛文宫:晋文公庙。㉜僖:鲁僖公。㉝侵败:损害败坏。王略:指王法,国法。

春秋　冬,有星孛于大辰[1]。

左传　冬,有星孛于大辰,西及汉(夏之八月,辰星见在天汉西。

今孛星出辰西,光芒东及天汉)。申须曰(申须,鲁大夫):“彗所以除旧布新也。天事恒象[2](天道恒以象类告示人),今除于火,火出必布[3]焉。诸侯其有火灾乎(今火向伏,故知当须火出,乃布散为灾)?”梓慎曰:“往年吾见之,是其徵也(徵,始有形象而微也),火出而见(前年火出时)。今兹火出而章,必火入而伏[4](随火行也)。其居火也久矣(历二年),其与不然乎(言必然也)?火出,于夏为三月(谓昏见),于商为四月,于周为五月。夏数得天[5](得天正)。若火作,其四国当之,在宋、卫、陈、郑乎?宋,大辰之虚[6]也(大辰,大火。宋分野);陈,大皞之虚也(大皞居陈,木火所自出);郑,祝融[7]之虚也(祝融,高辛氏之火正,居郑),皆火房也。星孛天汉,汉,水祥也(天汉,水也)。卫,颛顼之虚也,故为帝丘,其星为大水[8](卫星营室,营室,水也),水,火之牡也[9](牡,雄也)。其以丙子若壬午作乎?水火所以合也(丙午火,壬子水,水火合而相薄,水少而火多,故水不胜火)。若火入而伏,必以壬午,不过其见之月(火见周之五月)。”郑裨灶言于子产曰:“宋、卫、陈、郑将同日火,若我用瓘斝玉瓒[10],郑必不火(瓘,珪也。斝,玉爵也。瓒,勺也。欲以禳火)。”子产弗与(以为天灾流行,非禳所息故也,为明年宋、卫、陈、郑灾传)。

公羊传 孛者何?彗星也。其言于大辰何?在大辰也。大辰者何?大火也(大火,心也。东方苍龙七宿之一,在中最明,以候四时,故曰大辰。辰,时也)。大火为大辰,伐为大辰(伐,谓参伐也。伐星在参傍,与参连体,大火与伐,天所以示民时早晚,天下所取正,故同为大辰),北辰亦为大辰(北辰,北极,居天之中,以正四时,故亦谓之大辰)。何以书?记异也。

穀梁传 一有一亡曰有。于大辰者,滥于大辰也(刘向曰:“大辰者,大火也。不曰孛于大火,而曰大辰者,谓滥于苍龙之体,不独加大火。”)。

解义 大辰,心星也。《前汉书·五行志》云:“心,天子之象也。”《天文志》云:“心三星,中星曰明堂,天子位为大辰,彗加於心,其祲[11]大矣!”当其时,申须、梓慎、裨灶皆以为火灾[12]。至宋,胡氏安国[13]则以为应在后五年,王室子朝之乱。《春秋》纪灾异而不言其事应,见人君当谨天戒修德以弭灾[14],而事应则不可以常也,必求其说,则时有不应,而转以天变为不足畏矣!

注释　①孛:即慧星,俗称扫帚星。大辰:大火星,即心宿。②恒象:常常象征吉凶。③火出必布:大火星再出现,必散布为灾。④火入而伏:秋季大火星始入,火灾即消失。⑤夏数得天:夏代历数与天道相合。⑥大辰之虚:大火星的分野。⑦祝融:高辛氏的火正,居郑地。⑧大水:营室。⑨水,火之牡:言水火相配,水为雄,火为雌。牡,雄。⑩瓘斝玉瓒:礼器名。瓘(guàn):玉圭。斝(jiǎ):玉爵。瓒:盛灌鬯(chàng)酒之勺,以圭玉为柄。⑪祲(jìn):不祥之气。⑫梓慎:鲁国的大夫,春秋时期最有名的阴阳家之一,他生活在鲁襄公、昭公时期。裨灶:春秋时期郑国大夫,精通象纬学。⑬胡氏安国:即胡安国(1074—1138),南宋时期的著名经学家和湖湘学派的创始人之一。字康侯,号青山,学者称武夷先生,后世称胡文定公。⑭弭(mǐ)灾:消除灾害。

春秋　楚人及吴战于长岸(长岸,杜注:楚地。今江南当涂县西南有西梁山与东梁山夹江相对,亦曰天门山。《郡国志》:春秋,楚获吴馀皇处也)。

左传　吴伐楚。阳匄[1]为令尹(阳匄,穆王曾孙令尹子瑕),卜战,不吉。司马子鱼曰:“我得上流,何故不吉(子鱼,公子鲂也。顺江而下,易用胜敌)。且楚故,司马令龟[2],我请改卜。”令曰:“鲂也,以其属[3]死之,楚师继之,尚大克之”。吉。战于长岸,子鱼先死,楚师继之,大败吴师,获其乘舟馀皇(馀皇,舟名)。使随人与后至者守之,环而堑之,及泉(环,周也),盈其隧炭,陈以待命(隧,出入道。炭,火也。盈路置火,以防吴人,言其守之严密)。吴公子光请于其众,曰(光,诸樊子阖庐):“丧先王之乘舟,岂唯光之罪,众亦有焉。请藉取之,以救死(藉众之力以取舟)。”众许之。使长鬣者④三人,潜伏于舟侧(长鬣,多髭须。与吴人异形状,诈为楚人),曰:“我呼馀皇,则对,师夜从之(师,吴师也)。”三呼,皆迭对⑤。楚人从而杀之,楚师乱,吴人大败之,取馀皇以归(《传》言吴光有谋)。

公羊传 诈战不言战,此其言战何(据於越败吴于槜李)?敌⑥也(俱无胜负,不可言败,故言战)。

穀梁传 两夷狄曰败(於越败吴于槜李是也),中国与夷狄亦曰败⑦(晋荀吴败狄于大卤是也)。楚人及吴战于长岸,进楚子,故曰战。

解义 楚先胜吴,吴复胜楚,胜负相敌,故言战,不言败。据《传》五年⑧,吴尝败楚于鹊岸,不书。六年,败楚于房钟,不书,书伐吴而已。至是,始书战,著其国势匹敌,而抗兵相加也!

注释 ①阳匄:即子瑕。楚令尹。②令龟:即命龟。占卜前向神报告所要卜问的事叫做命龟。③其属:子鱼私家之军。④长鬣(liè)者:高大健壮的人。⑤迭对:更替回答。⑥敌:势均力敌。能力相等。⑦中国:中原。夷狄:古称东方部族为夷,北方部族为狄。常用以泛称除华夏族以外的各族。⑧五年:指鲁昭公五年。

春秋 十有八年春。

附录左传 十八年春,王二月乙卯①,周毛得杀毛伯过而代之(毛伯过,周大夫。得,过之族)。苌弘曰:“毛得必亡,是昆吾稔之日也②(昆吾,夏伯。稔,熟也。侈恶积熟,以乙卯日与桀同诛),侈故之以。而毛得以济侈③于王都,不亡何待(为二十六年毛伯奔楚传)!”

春秋 王三月,曹伯须卒。

左传 三月,曹平公卒(为下会葬见原伯张本)。

春秋　夏五月壬午,宋、卫、陈、郑灾。

左传　夏五月,火始昏见。丙子[4],风。梓慎曰:“是谓融风[5],火之始也(东北曰融风。融风,木也。木,为火母,故曰火之始)。七日,其火作乎(从丙子至壬午七日。壬午,水火合之日,故知当火作)!”戊寅[6],风甚。壬午,大甚。宋、卫、陈、郑皆火。梓慎登大庭氏[7]之库以望之(大庭氏,杜注:古国名,在鲁城内。鲁于其处作库。高显,故登以望气,参近占以审前年之言),曰:“宋、卫、陈、郑也。”数日,皆来告火。裨灶曰:“不用吾言,郑又将火(前年裨灶欲用瓘斝禳火,子产不听。今复请用之)。”郑人请用之,子产不可。子大叔曰:“宝,以保民也。若有火,国几亡。可以救亡,子何爱焉?”子产曰:“天道远,人道迩,非所及也,何以知之?灶焉知天道?是亦多言矣,岂不或信(多言者或时有中)?”遂不与,亦不复火。郑之未灾也,里析告子产曰:“将有大祥[8](里析,郑大夫。祥,变异之气),民震动,国几亡。吾身泯焉,弗良及[9]也(言将先灾死)。国迁其可乎?”子产曰:“虽可,吾不足以定迁矣(子产知天灾不可逃,非迁所免,故托以知不足)。”及火,里析死矣,未葬,子产使舆三十人,迁其柩。火作,子产辞晋公子、公孙于东门(晋人新来,未入者)。使司寇出新客,禁旧客勿出于宫(为其知国情,不欲令去)。使子宽、子上巡群屏摄[10],至于大宫(二子,郑大夫。屏摄,祭祀之位。大宫,郑祖庙。巡行宗庙,不使火得及之)。使公孙登徙大龟(登,开卜大夫)。使祝史徙主祏[11]于周庙,告于先君(祏,庙主石函。周庙,厉王庙也。有火灾,故合群主于祖庙,易救护)。使府人、库人各儆其事。商成公儆司宫[12](商成公,郑大夫),出旧宫人,置诸火所不及。司马、司寇列居火道(备非常也),行火所焮[13](焮,炙也)。城下之人,伍列登城(备奸也)。明日,使野司寇各保其征(野司寇,县士也。戒使各保其所应受所征役之人,皆令具备,以待上命)。郊人助祝史除于国北(为祭处于国北方,就大阴禳火),禳火于玄冥、回禄[14](玄冥,水神。回禄,火神),祈于四鄘[15](鄘,城也。城积土,阴气所聚,故祈祭之,以禳火之馀灾)。书焚室而宽其征,与之材。三日哭,国不市。使行人告于诸侯。宋、卫皆如是。陈不救火,许不吊灾,君子是以知陈、许之先亡也(不义,所以亡)。

公羊传 何以书?记异也。何异尔?异其同日而俱灾也。外异不书,此何以书?为天下记异也。

穀梁传 其志,以同日也。其日,亦以同日也。或曰人有谓郑子产曰:"某日有灾"。子产曰:"天者神,子恶之?"是人也,同日为四国灾也。

解义 四国同日而灾,非人力所为也!《传》载裨灶豫知其兆,请禳[16]而子产不许,盖知天道之远一以人事为凭,故灶言郑又当火,卒[17]亦不应,观此益信。古人以德消变,人事诚修在天之祸福,实有可移之理矣!

注释 ①乙卯:十五日。②昆吾稔之日:昆吾恶贯满盈的日子。昆吾,祝融之后,陆终次子,封于帝丘,与夏桀同日亡。③济侈:以侈成事。④丙子:初七日。⑤融风:东北风。一说为立春木风,火之母,火始生。⑥戊寅:初九日。⑦大庭氏:古国名,在鲁国都城内,鲁在其故址建库。⑧祥:变异之气。⑨弗良及:意为先于火灾而死。良,能。⑩屏摄:祭祀的处所。⑪主祏(shí):安放神主的石函。⑫商成公:郑大夫。司宫:巷伯、寺人之官。⑬行火所焮:巡行救火。焮(xìn):火所燃烧的地方。⑭玄冥、回禄:玄冥,水神;回禄,火神。⑮四鄘:四面城墙。⑯禳(ráng):祈祷消除灾殃。⑰卒:终究,终于。

春秋 六月,邾人入鄅(鄅,杜注:妘姓国。在琅琊开阳县。今山东沂州北有开阳故城)。

左传 六月,鄅人藉稻[1](其君自出藉稻,盖履行之)。邾人袭鄅,鄅人将闭门。邾人羊罗摄其首[2]焉(斩得闭门者头),遂入之,尽俘以归。鄅子曰:“余无归矣。”从帑[3]于邾,邾庄公反鄅夫人,而舍其女(为明年宋伐邾起)。

春秋　秋,葬曹平公。

左传　秋,葬曹平公。往者见周原伯鲁[4]焉(原伯鲁,周大夫),与之语,不说学。归以语闵子马[5]。闵子马曰:“周其乱乎?夫必多有是说,而后及其大人(大人,在位者)。大人患失而惑[6](患有学而失道者以惑其意),又曰:‘可以无学,无学不害。’不害而不学,则苟而可。于是乎下陵上替[7],能无乱乎?夫学,殖也(殖,生长也。言学之进德,如农之殖苗,日新月盛),不学将落,原氏其亡乎?”

附录左传　七月,郑子产为火故,大为社(为,治也),祓禳于四方[8],振除火灾,礼也。乃简兵大蒐,将为蒐除[9](治兵于庙,城内地迫,故除广之)。子大叔之庙在道南,其寝在道北,其庭小[10](庭,蒐场也)。过期三日,使除徒陈于道南庙北,曰:“子产过女而命速除,乃毁于而乡[11](毁女所乡)。”子产朝,过而怒之(怒不毁),除者南毁。子产及冲[12],使从者止之曰:“毁于北方[13](言子产仁,不忍毁人庙)。”火之作也,子产授兵登陴。子大叔曰:“晋无乃讨乎(辞晋公子、公孙而授兵,似若叛晋)?”子产曰:“吾闻之,小国忘守则危,况有灾乎?国之不可小,有备故也。”既,晋之边吏让郑曰:“郑国有灾,晋君、大夫不敢宁居,卜筮走望[14],不爱牲玉。郑之有灾,寡君之忧也。今执事撊然[15]授兵登陴(撊然,劲忿貌),将以谁罪?边人恐惧,不敢不告。子产对曰:“若吾子之言,敝邑之灾,君之忧也。敝邑失政,天降之灾,又惧谗慝之间谋之,以启贪人,荐为敝邑不利,以重君之忧。幸而不亡,犹可说也。不幸而亡,君虽忧之,亦无及也。郑有他竟,望走在晋(言郑虽与他国为竟,每瞻望晋归赴之)。既事晋矣,其敢有二心(《传》言子产有备)?”

春秋　冬,许迁于白羽。

左传 楚左尹王子胜言于楚子曰:“许于郑,仇敌也,而居楚地,以不礼于郑(十五年,平王复迁邑,许自夷还居叶,恃楚而不事郑)。晋、郑方睦,郑若伐许,而晋助之,楚丧地矣。君盍迁许?许不专于楚。郑方有令政⑯。许曰:‘余旧国也(许先郑封)。’郑曰:‘余俘邑⑰也(隐十一年,郑灭许而复存之,故曰我俘邑)。’叶⑱在楚国,方城外之蔽也。土不可易⑲(易,轻也),国不可小(谓郑),许不可俘,仇不可启,君其图之。”楚子说。冬,楚子使王子胜迁许于析,实白羽(于《传》时白羽改为析)。

注释 ①鄅人藉稻:鄅姓国,在今山东临沂县北。鄅人,鄅国君。藉稻,巡行踏勘藉田,以劝农耕种。②摄其首:斩守门人的首级而持之。③从帑:跟随妻子儿女。④原伯鲁:周大夫。⑤闵子马:又名闵马父,鲁臣。⑥患失而惑:担心失去官位因而不明事理。⑦下陵上替:下面欺凌上面,上面废弛怠惰。⑧祓禳于四方:祭祀四方之神以祈求消灾除患。⑨将为蒐除:将要为检阅清除场地。⑩其庭小:指子太叔庙、寝之庭狭小,故必须拆毁其庙或寝。⑪乡:同“向”。除徒所向,为子太叔之庙。⑫冲:十字路口,交通要道。⑬北方:北方为子太叔之寝。⑭走望:四出祭祀名山大川。⑮撊然:凶猛貌。⑯令政:善政。⑰余俘邑:许迁后,郑得其地,故称为俘邑。⑱叶:楚国邑名。此时为许国都城。⑲易:轻视。

卷五十三

昭公(十九年之二十一年)

春秋 十有九年春。

附录左传 十九年春,楚工尹赤迁阴于下阴[①](阴,杜注:阴县,属南乡郡。今湖广光化县西汉水西岸有古阴县城),令尹子瑕城郏[②](郏亦楚邑)。叔孙昭子曰:"楚不在诸侯矣!其仅自完也,以持其世而已(迁阴城郏,皆欲以自完守)。"楚子之在蔡也,郹阳封人之女奔之[③](郹阳,杜注:蔡邑。当在今新蔡县境),生大子建。及即位,使伍奢为之师(伍奢,伍举之子,伍员之父)。费无极为少师,无宠焉,欲谮诸王,曰:"建可室[④]矣(室,妻也)。"王为之聘于秦,无极与逆,劝王取之,正月,楚夫人嬴氏至自秦[⑤](为下拜夫人起)。

春秋 宋公伐邾。

左传 郳夫人,宋向戌之女也,故向宁请师(宁,向戌子也,请宋公伐邾)。二月,宋公伐邾,围虫[⑥](虫,杜注:邾邑。当在今山东济宁州境)。三月,取之。乃尽归郳俘。

解义 天下无霸,邾以蕞尔小邦[⑦]逞其暴横,而宋元於此能一正入郳之乱,此所谓声罪执言之师也!

注释 ①阴:阴地戎人。下阴:位于今湖北光化县西。②郏:本为郏邑,后属楚。③郹(jú)阳:蔡邑名,位于今河南新蔡县。奔:私奔。娶女不依礼曰奔。④可室:可以娶妻成家了。⑤至自秦:从秦来。⑥虫:邾邑名。位于今山东济宁县境。⑦蕞尔小邦:形容地域极小的国家。

春秋 夏五月戊辰[①],许世子止弑其君买。

左传 夏,许悼公疟。五月戊辰,饮大子止之药卒(止独进药,不由医)。大子奔晋。书曰:"弑其君。"君子曰:"尽心力以事君，舍药物可也（药物有毒，当由医，非凡人所知。讥止不舍药物，所以加弑君之名）。”

穀梁传　日弑，正卒也（凡弑不书日，此弑而日，知买为正卒也）。正卒，则止不弑也。不弑而曰弑，责止也（责止不尝药）。止曰："我与夫弑者。"不立乎其位，以与其弟虺。哭泣歠飦粥[2]，嗌[3]不容粒（嗌，喉也），未逾年而死，故君子即止自责而责之也（就其有自责心，故以备礼责之）。

解义　许悼公饮世子止之药而卒，事与楚商臣、蔡般异[4]，而同以弑书，何也？药出於止，而君死於药，则止虽非弑，而弑君之罪止有不得辞[5]者，故加弑焉！所以教天下之为臣子者也。其异於商臣、般者，过与故之不同耳[6]，其心不同。而《春秋》之文一施之，何以辨乎？观商臣、般立乎其位，而止则弗立乎其位，比事以推，而止之不志乎弑亦可见矣！且许与陈、蔡皆密迩[8]於楚，许且近迁于白羽矣！楚虔[7]能假讨贼之名以灭陈、蔡，何弃疾[9]遂释许而不问乎？此又可寻迹推理而知之者也！

注释　①戊辰：初五日。②歠飦粥：歠（chuò），饮；喝。粥，相当于现在的稀粥，飦（zhān）又写作饘，是稠粥。③嗌（yì）：咽喉。④楚商臣：即楚穆王（？—前614）熊氏，名商臣。春秋时楚国国君，前625－前614年在位。蔡般：指蔡灵侯，即姬般，为春秋诸侯国蔡国君主之一，他为蔡景侯的儿子，蔡平侯之兄。于前543年杀蔡景侯后，承袭该国君主，在位期间为前542年—前531年，共12年。⑤辞：推辞，推托。⑥过：过失。故：故意。⑦密迩：贴近；靠近。⑧楚虔：楚灵王。⑨弃疾：楚平王。

春秋　己卯，地震。

解义　《经》书地震者五，而昭公之世再见。地，臣道[1]也，义主安静，时季孙僭窃[2]，臣道失常，天心谴告[3]，而昭公漫不知省[4]，其及宜[5]矣！

注释　①臣道:为臣的道理和本分。②僭窃:越分窃取。此指僭窃者。③谴告:谴责警告。④知省:知所省察或省悟。⑤及:此指祸及昭公。宜:应该。

附录左传　邾人、郳人、徐人会宋公。乙亥[①],同盟于虫(终宋公伐邾事)。楚子为舟师以伐濮[②](濮,杜注:南夷)。费无极言于楚子曰:"晋之伯也,迩于诸夏,而楚辟陋,故弗能与争。若大城城父[③],而置大子焉,以通北方,王收南方,是得天下也。"王说,从之。故大子建居于城父。令尹子瑕聘于秦,拜夫人也(为明年谮大子张本)。

春秋　秋,齐高发帅师伐莒。

左传　秋,齐高发帅师伐莒(莒不事齐故)。莒子奔纪鄣[④](纪鄣,杜注:莒邑也,东海赣检县东北有纪城。今山东莒州即江南赣榆县界)。使孙书伐之(孙书,陈无宇之子子占也)。初,莒有妇人,莒子杀其夫,已为嫠妇[⑤](寡妇为嫠)。及老,托[⑥]于纪鄣,纺焉以度而去之[⑦](因纺纑,连所纺,以度城高下而藏之,待外攻者,欲报仇。去,藏也)。及师至,则投诸外(系绳城上,而投其所垂于外,随之以出)。或献诸子占,子占使师夜缒而登(缘绳登城)。登者六十人。缒绝。师鼓噪,城上之人亦噪。莒共公惧,启西门而出。七月丙子[⑧],齐师入纪[⑨](《传》言怨不在大)。

解义　齐景有争霸之心,因莒不事齐,遂兴是役。夫不以德义服人,而徒计近功,侵凌弱小,以晏子[⑩]为之辅佐,亦不能有所匡正[⑪],则所谓显君[⑫]者何足称哉!

注释　①乙亥:五月十二日。②濮:百濮。在今河南宝丰县东。③城父:楚城父,位于今河南宝丰县东四十里。④纪鄣:莒邑,在今江苏赣榆县北。⑤嫠(lí)妇:寡妇。⑥托:寄居。⑦纺焉以度而去之:纺线搓成绳子,量了城墙高度就收藏起来。⑧丙子:十四日。⑨纪:即纪鄣。⑩晏子:即晏婴(前578年—前500

年),字仲,谥平,习惯上多称平仲,又称晏子,夷维人(今山东高密)。齐国上大夫。春秋后期一位重要的政治家、思想家、外交家。⑪匡正:纠正,改正,匡扶正义。⑫显君:为闻名天下之君。

春秋 冬,葬许悼公。

公羊传 贼未讨何以书葬?不成于弑也。曷为不成于弑?止进药而药杀也。止进药而药杀,则曷为加弑焉尔?讥子道①之不尽也。其讥子道之不尽奈何?曰:"乐正子春②之视疾也(乐正子春,曾子弟子,以孝名闻),复加一饭则脱然③愈,复损一饭则脱然愈,复加一衣则脱然愈,复损一衣则脱然愈(脱然,疾除貌也。言消息得其节)。"止进药而药杀,是以君子加弑焉尔(失其消息多少之宜),曰:"许世子止弑其君买,是君子之听④止也(听,治止罪)。葬许悼公,是君子之赦⑤止也(原止进药,本欲愈父之病,无害父之意,故赦之)。赦止者,免止之罪辞也。"

穀梁传 日卒时葬,不使止为弑父也。曰子既生,不免乎水火,母之罪也;羁贯成童⑥,不就师傅,父之罪也(羁贯,谓交午(原文为"笄")剪发以为饰。成童,八岁以上);就师学问无方,心志⑦不通,身之罪也;心志既通,而名誉不闻,友之罪也;名誉既闻,有司⑧不举,有司之罪也;有司举之,王者不用,王者之过也。许世子不尝药,累及许君⑨也(许君不授子以师傅,使不识尝药之义,故累及之)。

解义 许止弑君与赵盾⑩弑君,皆圣人特笔。然晋灵公不书葬,而许悼公书葬者,赵盾力能讨贼而不讨,不得不终诛之。若⑪许止痛父之死,咎⑫己之深,未逾年而卒,则其心可知矣!故上书弑以著止有弑君之事,此书葬以明止实无弑君之心,一立法甚严,一待人以恕也!

注释 ①子道:子女对父母应遵循的道德规范。②乐正子春:(生卒年待考),鲁国人。著名战国早期曾子门下弟子、思想家。他推广了曾子的孝悌学说,为后世广为传播。③脱然:舒适貌。多指疾病脱体。④听:治理;判断。⑤赦:免除和减轻刑罚。⑥羁贯:古时成童发式,女曰羁,男曰贯。后泛指童年。成童:年龄稍大的儿童。或谓八岁以上,或谓十五岁以上,说法不一。⑦心志:意志;志气。⑧有司:指官吏。古代设官分职,各有专司,故称有司。⑨许君:指许悼公。⑩赵盾(?—前601年):嬴姓,赵氏,名盾,谥号宣,时人尊称其赵孟,史料中多称之赵宣子、宣孟,春秋中前期晋国卿大夫,赵衰之子,杰出的政治家、战略指挥家。⑪若:如,像。⑫咎:责备。

附录左传　是岁也,郑驷偃卒。子游[①]娶于晋大夫,生丝,弱[②](子游,驷偃也。弱,幼少)。其父兄立子瑕[③](子瑕,子游叔父驷乞)。子产憎其为人也(憎子瑕),且以为不顺[④],弗许,亦弗止。驷氏耸[⑤](耸,惧)。他日,丝以告其舅。冬,晋人使以币如郑,问驷乞之立故。驷氏惧,驷乞欲逃。子产弗遣。请龟以卜,亦弗予。大夫谋对,子产不待而对客曰:"郑国不天[⑥],寡君之二三臣,札瘥夭昏[⑦](大死曰札,小疫曰瘥,短折曰夭,未名曰昏),今又丧我先大夫偃。其子幼弱,其一二父兄惧队[⑧]宗主,私族于谋而立长亲(于私族谋之)。寡君与其二三老[⑨]曰:'抑天实剥乱[⑩]是,吾何知焉?'谚曰:'无过乱门。'民有兵乱,犹惮过之,而况敢知天之所乱?今大夫将问其故,抑寡君实不敢知,其谁实知之?平丘之会(在十三年),君寻旧盟曰:'无或失职。'若寡君之二三臣,其即世者,晋大夫而专制其位,是晋之县鄙也,何国之为?"辞客币[⑪]而报其使(遣人报晋使)。晋人舍之。

楚人城州来。沈尹戌曰:"楚人必败(十三年,吴县州来,今就城而取之。戌,庄王曾孙叶公诸梁父也)。昔吴灭州来,子旗请伐之。王曰:'吾未抚吾民。'今亦如之,而城州来以挑吴,能无败乎?"侍者曰:"王施舍不倦,息民五年,可谓抚之矣。"戌曰:"吾闻抚民者，节用于内，而树德于外，民乐其性[12]，而无寇仇。今宫室无量，民人日骇，劳罢死转[13]（转，迁徙也），忘寝与食，非抚之也。”

郑大水，龙斗于时门之外洧渊[14]（时门，郑城门。洧渊，杜注：洧水出荥阳密县东南，至颍川长平入颍。按：今洧水自密县东流经新郑县南门，又东会于溱水，谓之双洎河即洧渊也）。国人请为禜[15]焉，子产弗许，曰：“我斗，龙不我觌也（觌，见也）。龙斗，我独何觌焉？禳之，则彼其室也（渊，龙之室）。吾无求于龙，龙亦无求于我。”乃止也（《传》言子产之知）。令尹子瑕言蹶由[16]于楚子曰（蹶由，吴王弟。五年，灵王执以归）：“彼何罪？谚所谓‘室于怒，市于色[17]’者，楚之谓矣（言灵王怒吴子，而执其弟，犹人忿于室家，而作色于市人）。舍前之忿可也。”乃归蹶由（言楚子能用善言）。

春秋 二十年春王正月。

附录左传 二十年春，王二月己丑[18]，日南至[19]（是岁朔旦，冬至之岁也。当言正月己丑朔，日南至。时史失闰，闰更在二月后。故《经》因史而书正月，《传》更具于二月，记南至日，以正历也）。梓慎望氛（氛，气也。时鲁侯不行登台之礼，使梓慎望气）曰：“今兹宋有乱，国几亡，三年而后弭[20]。蔡有大丧（为宋华、向出奔，蔡侯卒传）。”叔孙昭子曰：“然则戴、桓也[21]（戴族，华氏；桓族，向氏）！汰侈无礼已甚，乱所在也（《传》言妖由人兴）。”费无极言于楚子曰：“建与伍奢将以方城之外叛。自以为犹宋、郑也，齐、晋又交辅之，将以害楚。其事集矣。”王信之，问伍奢。伍奢对曰：“君一过多矣（一过，纳建妻），何信于谗？”王执伍奢（忿奢切言）。使城父司马奋扬杀大子，未至，而使遣之（知大子冤，故遣令去）。三月，大子建奔宋。王召奋扬，奋扬使城父人执已以至。王曰：“言出于余口，入于尔耳，谁告建也？”对曰：“臣告之。君王命臣曰：‘事建如事余。’臣不佞，不能苟贰。奉初以还[22]（奉初命以周旋），不忍后命[23]，故遣之。既而悔之，亦无及已。”王曰：“而敢来，何也？”对曰：“使而失命，召而不来,是再奸[24]也。逃无所入。"王曰:"归。"从政如他日(善其言,舍使还)。无极曰:"奢之子材,若在吴,必忧楚国,盍以免其父召之。彼仁,必来。不然,将为患。"王使召之,曰:"来,吾免而父。"棠[25]君尚谓其弟员曰(棠君,奢之长子尚也,为棠邑大夫。员,尚弟子胥):"尔适吴,我将归死。吾知不逮(自以知不及员),我能死,尔能报。闻免父之命,不可以莫之奔也;亲戚[26]为戮,不可以莫之报也。奔死免父,孝也;度功而行,仁也(仁者贵成功);择任而往,知也(员任报仇);知死不辟,勇也(尚为勇)。父不可弃[27](俱去为弃父),名不可废(俱死为废名),尔其勉之,相从为愈[28](言愈于同奔共死也)。"伍尚归。奢闻员不来,曰:"楚君、大夫其旰食[29]乎(将有吴忧,不得早食)!"楚人皆杀之。员如吴,言伐楚之利于州于[30](州于,吴子僚)。公子光曰:"是宗为戮而欲反其仇,不可从也。"员曰:"彼[31]将有他志(光欲弑僚,不利员用事,故破其议,而员亦知之)。余姑为之求士,而鄙以待之[32](计未得用,故进勇士以求入于光,退居边鄙)。"乃见鱄设诸[33]焉(鱄诸,勇士),而耕于鄙(为二十七年吴弑僚传)。

春秋　夏,曹公孙会[34]自鄸出奔宋(鄸,《穀梁》作梦。杜注:曹邑。在今山东曹州北)。

公羊传　奔未有言自者,此其言自何?畔[35]也。畔则曷为不言其畔?为公子喜时之后讳也,《春秋》为贤者讳。何贤乎公子喜时?让国也。其让国奈何?曹伯庐卒于师(在成十三年),则未知公子喜时从与,公子负刍从与(喜时,曹伯庐弟。负刍,喜时庶兄),或为主于国,或为主于师(古者诸侯师出,世子率众守国。其次宜为君者,持棺絮从,所以备不虞,或时疾病相代行,史文不具,故传疑之)。公子喜时见公子负刍之当主也,逡巡[36]而退。贤公子喜时则曷为为会讳?君子之善善也长,恶恶也短,恶恶止其身,善善及子孙,贤者子孙,故君子为之讳也。

榖梁传 自梦者，专乎梦也（能专制梦）。曹无大夫，其曰公孙何也？言其以贵取之，而不以叛也（会以公孙之贵而得梦，既而不以之叛，明曹君无道，致令其奔，非会之罪，故书公孙以善之）。

解义 春秋时，臣能专其邑，无不叛其国者。故《经》於大夫自其邑出奔者，皆先书叛，以正其罪。如宋华亥、向宁、华定自南里出奔楚，先书入南里以叛；宋公之弟辰自萧来奔，先书入萧以叛是也。此书自鄸出奔，以见鄸乃会㊲之世邑，所得专制，而不敢据邑以要㊳君，与身在国都仓卒见逐者异耳，或谓为公子喜时之后贤之，非也！《春秋》之义，善善恶恶，各以其事，何有贤其祖，而遂褒其子孙乎？且会为喜时之子孙，亦无所考。《公羊》未见国史所传事迹，多未可信也！

注释 ①子游：即驷偃。②弱：幼小。③子瑕：即驷乞，子游之弟。④不顺：不立子而立弟，不合常法。⑤耸：恐惧。⑥不天：不获天福。⑦札瘥夭昏：因疫疠而死曰札，病死曰瘥，短命而死曰夭，无名而死曰昏。⑧队：同"坠"，绝也。⑨二三老：郑国卿大夫。⑩剥乱：同义词连用。⑪辞客币：退回礼品，表示拒绝其指责。⑫性：即生。⑬罢：通"疲"。转：指死而弃尸野外。⑭洧渊：洧水发源于阳城山，流经新郑县南成渊。⑮禜（yíng）：驱除灾害的祭祀。⑯蹶由：吴王的弟弟。昭公五年楚灵王拘捕他来楚国。⑰室于怒，市于色：即"怒于室，色于市"的倒装。色，指表现出怒色。⑱己丑：初一日。⑲南至：冬至。⑳弭：安定。㉑戴、桓：指戴族，华氏；桓族，向氏。㉒奉初以还：奉初命以周旋。㉓后命：即杀大子。㉔再奸：再次违犯王命。㉕棠：地名。当在今河南遂平县西北。㉖亲戚：有多种含义，此指父母。㉗父不可弃：兄弟皆逃为弃父，是不孝。㉘相从为愈：比之相从俱死为好。㉙旰食：即晚食。言楚国从此多难，君臣连吃饭也要晚了。㉚州于：吴子僚。㉛彼：指公子光。㉜鄙以待之：退处于野以待之。

㉝鱄设诸:一作专诸。人名。㉞公孙会:春秋时期曹国的公孙、大夫,父亲公子欣时(子臧),祖父曹宣公。㉟畔:同“叛”。㊱逡巡:因为有所顾虑而徘徊不前。㊲会:曹公孙会。㊳要(yāo):要挟。

附录左传 宋元公无信多私,而恶华、向。华定、华亥与向宁谋曰:“亡愈于死,先诸(欲先作乱)?”华亥伪有疾,以诱群公子。公子问之,则执之。夏六月丙申①,杀公子寅、公子御戎、公子朱、公子固、公孙援、公孙丁,拘向胜、向行于其廪②(八子皆公党)。公如华氏请焉,弗许,遂劫之(劫公)。癸卯③,取大子栾与母弟辰、公子地以为质(栾,景公也。辰及地皆元公弟。一云皆大子栾兄弟)。公亦取华亥之子无戚、向宁之子罗、华定之子启,与华氏盟,以为质(为此冬华、向出奔传)。

春秋 秋,盗杀卫侯之兄絷(絷,《公羊》、《穀梁》作辄)。

左传 卫公孟絷狎齐豹(公孟,灵公兄也。齐豹,齐恶之子,为卫司寇。狎,轻也),夺之司寇与鄄④(鄄,杜注:豹邑),有役则反之(絷足不良,故有役则以官邑还豹使行),无则取之。公孟恶北宫喜、褚师圃,欲去之(喜,贞子)。公子朝通于襄夫人宣姜⑤(宣姜,灵公嫡母),惧,而欲以作乱。故齐豹、北宫喜、褚师圃、公子朝作乱。

初,齐豹见宗鲁于公孟(荐,达也),为骖乘焉。将作乱,而谓之曰:“公孟之不善,子所知也。勿与乘,吾将杀之。”对曰:“吾由子事公孟,子假吾名焉,故不吾远也(言子借我以善名,故公孟亲近我)。虽其不善,吾亦知之。抑以利故,不能去,是吾过也。今闻难而逃,是僭⑥子也(使子言不信也)。子行事乎,吾将死之,以周⑦事子(周犹终竟也),而归死于公孟,其可也。”

丙辰⑧,卫侯在平寿⑨(平寿,杜注:卫下邑),公孟有事于盖获⑩之门外(有事,祭也。盖获,卫郭门),齐子氏帷于门外而伏甲焉(齐豹之家)。使祝蛙置戈于车薪以当门(要其前),使一乘从公孟以出(亦如前车置戈于薪,寻其后)。使华齐御公孟,宗鲁骖乘。及闳[11]中(闳,曲门中),齐氏用戈击公孟,宗鲁以背蔽之,断肱,以中公孟之肩,皆杀之。

公闻乱,乘,驱自阅门[12]入(阅门,卫城门名),庆比御公,公南楚骖乘,使华寅乘贰车[13](公副车)。及公宫,鸿骝魋驷乘于公(鸿骝魋复就公乘,一车四人),公载宝以出。褚师子申遇公于马路之衢,遂从(从公出)。过齐氏,使华寅肉袒,执盖以当其阙[14](肉袒,示不敢与齐氏争。执盖,蔽公而去。阙,空也。以盖当待从空阙之处)。齐氏射公,中南楚之背,公遂出。寅闭郭门(不欲令追者出),逾而从公(逾郭出)。公如死鸟[15](死鸟,杜注:卫地),析朱鉏宵从窦[16]出,徒行从公(朱鉏,成子黑背孙)。

齐侯使公孙青聘于卫(青,顷公之孙)。既出,闻卫乱,使请所聘。公曰:"犹在竟内,则卫君也。"乃将事[17]焉(行聘事)。遂从诸死鸟,请将事。辞曰:"亡人不佞,失守社稷,越在草莽,吾子无所辱君命。"宾曰:"寡君命下臣于朝,曰:'阿下执事[18](阿,比也。命已使比卫臣下)。'臣不敢贰。"主人曰:"君若惠顾先君之好,照临敝邑,镇抚其社稷,则有宗祧在。"乃止。

卫侯固请见之,不获命,以其良马见(为相见之礼),为未致使[19]故也(故不敢以客礼见)。卫侯以为乘马(喜其敬己,故贵其物)。宾将掫[20](掫,行夜),主人辞曰:"亡人之忧,不可以及吾子。草莽之中,不足以辱从者[21]。敢辞。"宾曰:"寡君之下臣,君之牧圉也。若不获扞外役[22],是不有寡君也。臣惧不免于戾[23],请以除死。"亲执铎[24],终夕与于燎(设火燎以备守)。

齐氏之宰渠子召北宫子(北宫喜也)。北宫氏之宰不与闻谋,杀渠子,遂伐齐氏,灭之。丁巳晦[25],公入,与北宫喜盟于彭水[26]之上。秋七月戊午朔,遂盟国人。八月辛亥[27],公子朝、褚师圃、子玉霄、子高鲂出奔晋(皆齐氏党)。闰月戊辰[28],杀宣姜(与公子朝通谋故)。卫侯赐北宫喜谥曰贞子(灭齐氏故),赐析朱鉏谥曰成子(胥从公故),而以齐氏之墓予之(皆未死而赐谥及墓田,《传》终而言之)。

卫侯告宁于齐,且言子石[29](子石,公孙青,言其有礼)。齐侯将饮酒,遍赐大夫曰:"二三子之教也。"苑何忌[30]辞,曰(何忌,齐大夫):"与于青之赏,必及于其罚。在《康诰》曰:'父子兄弟,罪不相及(《尚书·康诰》)。'况在群臣?臣敢贪君赐以干先王?"

琴张闻宗鲁死(琴张,孔子弟子,字子开,名牢),将往吊之。仲尼曰:"齐豹之盗,而孟絷之贼,女何吊焉?君子不食奸(知公孟不善而受其禄,是食奸也),不受乱(许豹行事,是受乱也),不为利疚于回[31](疚,病;回,邪也。以利故不能去,是病身于邪),不以回待人(知难不告,是以邪待人),不盖不义(以周事豹,是盖不义),不犯非礼(以二心事絷,是非礼)。"

公羊传　母兄称兄,兄何以不立?有疾也。何疾尔?恶疾也。

穀梁传　盗,贱也。其曰兄,母兄也。目卫侯,卫侯累也(恶卫侯不能保护其兄,乃为盗所杀)。然则何为不为君也?曰有天疾者,不得入乎宗庙。辄者何也?曰两足不能相过(聚合不解,如见绊絷也),齐谓之綦,楚谓之踙,卫谓之辄。

解义　《左氏》以为齐豹杀之也,豹为卫司寇,何以盗书?胡氏安国[32]谓:"罪在宗鲁,宗鲁,孟絷之骖乘,法应书盗。"此求其说而不得也。宗鲁虽与闻其事,而作乱者实豹。今释豹不诛,归狱[33]宗鲁,於义为颇[34]。然则《经》所谓盗实齐豹耳,豹具官於卫,变文书盗,所以甚卫灵之无政刑也[35]。以千乘之国[36],不能卫其母兄,制其祸乱,使盗贼窃发,兄死身危,几亡其国,故书盗以著之。至豹以守嗣大夫为盗贼之事,是亦盗贼而已矣!

注释　①丙申:初九日。②廪:米仓。③癸卯:十六日。④

鄄(juàn):齐豹之邑,位于今山东鄄城县西北。⑤宣姜:灵公嫡母。⑥僭:失信。⑦周:终。⑧丙辰:六月二十九日。⑨平寿:卫下邑。⑩盖获:卫郭门。⑪闳:曲门。⑫阅门:卫都偏侧城门。⑬贰车:副车。⑭当其阙:遮挡空缺处。⑮死鸟:地名。⑯窦:城墙的排水口。⑰将事:将行聘礼。⑱阿下执事:屈附执事。执事指卫侯。⑲未致使:即未行聘礼。⑳掫(zōu):巡夜打更。㉑从者:指公孙青。㉒扞外役:在外执行巡夜之役。㉓戾:即罪。㉔铎:大铃。㉕丁巳晦:六月三十日。㉖彭水:水名。㉗辛亥:二十五日。㉘戊辰:十二日。㉙子石:公孙青。㉚苑何忌:齐大夫。㉛不为利疚于回:不因为利益而为邪恶所病。疚,病。回,邪恶。㉜胡氏安国:即胡安国(1074—1138),南宋时期的著名经学家和湖湘学派的创始人之一。字康侯,号青山,学者称武夷先生,后世称胡文定公。㉝归狱:指归罪。㉞颇:颇偏,不公平。㉟甚:责备。政刑:政令和刑罚。㊱千乘之国:拥有一千辆兵车的国家。春秋时指中等诸侯国。

春秋 冬十月,宋华亥、向宁、华定出奔陈(宁,《公羊》作甯)。

左传 宋华、向之乱,公子城、公孙忌、乐舍、司马强、向宜、向郑、楚建、郳甲出奔郑(城,平公子。舍,乐喜孙。宜、郑皆向戌子。建,楚平王亡大子。甲,小邾穆公子。八子,皆宋大夫。公子党,辟难出)。其徒与华氏战于鬼阎[①](八子之徒众也。鬼阎,杜注:颍川长平县西北有阎亭。今河南陈州西华县东北阎仓亭城是也),败子城。子城适晋(别走至晋。为明年子城以晋师至起本)。

华亥与其妻必盥而食所质公子者而后食。公与夫人每日必适华氏,食公子而后归。华亥患之,欲归公子。向宁曰:“唯不信,故质其子。若又归之,死无日矣。”

公请于华费遂[②],将攻华氏(费遂,大司马,华氏族)。对曰:“臣不敢爱死,无乃求去忧而滋长乎(恐杀大子,忧益长)!臣是以惧,敢不听命?"公曰:"子死亡有命,余不忍其訽[3](訽,耻也。)。"

冬十月,公杀华、向之质而攻之。戊辰[4],华、向奔陈,华登奔吴(登,费遂之子,党华、向者)。向宁欲杀大子,华亥曰:"干君而出,又杀其子,其谁纳我?且归之有庸[5](可以为功善)。"使少司寇牼[6]以归(牼,华亥庶兄。以三公子归公也),曰:"子之齿长矣,不能事人,以三公子为质[7],必免(质,信也。送公子归,可以自明不叛之信)。"公子既入,华牼将自门行(从公门去)。公遽见之,执其手曰:"余知而无罪也,入,复而所[8](所,所居官)。"

春秋　十有一月辛卯,蔡侯卢卒(庐,《左氏》作卢。按:十三年,蔡侯庐归于蔡,《左氏》亦作庐,此应误)。

附录左传　齐侯疥,遂痁[9](痁,疟疾),期而不瘳[10],诸侯之宾问疾者多在(多在齐)。梁丘据与裔款言于公曰[11](二子,齐嬖大夫):"吾事鬼神丰,于先君有加矣。今君疾病,为诸侯忧,是祝史之罪也。诸侯不知,其谓我不敬。君盍诛于祝固、史嚚以辞宾(欲杀嚚、固以辞谢来问疾之宾)?"公说,告晏子。晏子曰:"日[12]宋之盟(宋盟在襄二十七年),屈建问范会[13]之德于赵武。赵武曰:'夫子之家事治,言于晋国,竭情无私。其祝史祭祀,陈信不愧[14]。其家事无猜,其祝史不祈[15]。'建以语康王[16](楚王),康王曰:'神人无怨,宜夫子之光辅五君,以为诸侯主也。'"公曰:"据与款谓寡人能事鬼神,故欲诛于祝史。子称是语,何故?"对曰:"若有德之君,外内不废(无废事),上下无怨,动无违事,其祝史荐信[17],无愧心矣。是以鬼神用飨,国受其福,祝史与焉(与受国福)。其所以蕃祉老寿[18]者,为信君使也,其言忠信于鬼神。其适遇淫君,外内颇邪,上下怨疾,动作辟违[19],从欲厌私[20]。高台深池,撞钟[21]舞女,斩刈民力,输掠其聚[22](输,堕也),以成其违[23],不恤后人。暴虐淫从,肆行非度[24],无所还忌[25](还犹顾也),不思谤讟,不惮鬼神,神怒民痛,无悛[26]于心。其祝史荐信,是言罪也。其盖失数美[27]，是矫诬[28]也。进退无辞，则虚以求媚。是以鬼神不飨其国以祸之，祝史与焉。所以夭昏孤疾[29]者，为暴君使也。其言僭嫚[30]于鬼神。"公曰："然则若之何？"对曰："不可为也（言非诛祝、史所能治）：山林之木，衡鹿[31]守之；泽之萑蒲[32]，舟鲛[33]守之；薮之薪蒸[34]，虞候[35]守之。海之盐蜃[36]，祈望[37]守之（衡鹿、舟鲛、虞候、祈望，皆官名也。言公专守山泽之利，不与民共）。县鄙之人，入从其政。逼介之关[38]，暴征其私（介，隔也。迫近国都之关。言边鄙既入服政，后近关又征夺其私物，使民重困也）。承嗣大夫，强易其贿（承嗣大夫，世位者）。布常无艺（布政无法制），征敛无度；宫室日更，淫乐不违。内宠之妾，肆夺于市；外宠之臣，僭令于鄙（诈为教令）。私欲养求，不给则应[39]（所求不给则应之以罪）。民人苦病[40]，夫妇皆诅。祝有益也，诅亦有损。聊、摄以东[41]（聊、摄，杜注：齐西界也。平原聊城县有摄城，在今山东聊城县东北），姑、尤以西[42]（姑、尤，杜注：齐东界也。姑水、尤水皆在城阳郡东南入海。姑水，即今山东黄县之大姑河。尤水，即今掖县之小姑河），其为人也多矣。虽其善祝，岂能胜亿兆人之诅？君若欲诛于祝史，修德而后可。"公说，使有司宽政，毁关，去禁，薄敛，已责[43]（除逋责）。

十二月，齐侯田于沛[44]（疾愈行猎。沛，杜注：泽名），招虞人[45]以弓，不进[46]（虞人，掌山泽之官）。公使执之，辞曰："昔我先君之田也，旃以招大夫，弓以招士，皮冠以招虞人。臣不见皮冠，故不敢进。"乃舍之。仲尼曰："守道不如守官[47]（君招当往，道之常也。非物不进，官之制也），君子韪[48]之（韪，是也）。"

齐侯至自田，晏子侍于遄台[49]（台名），子犹[50]驰而造焉（子犹，梁丘据）。公曰："唯据与我和夫！"晏子对曰："据亦同也，焉得为和？"公曰："和与同异乎？"对曰："异。和如羹焉，水火醯[51]醢盐梅以烹鱼肉，燀[52]之以薪（燀，炊也）。宰夫[53]和之，齐之以味，济其不及，以泄其过（泄，减也）。君子食之，以平其心。君臣亦然。君所谓可而有否焉,臣献其否以成其可(献君之否,以成君可)。君所谓否而有可焉,臣献其可以去其否。是以政平而不干,民无争心。故《诗》曰:‘亦有和羹,既戒既平(《诗·商颂》。言中宗能与贤者和齐可否,其政如羹,敬戒且平。和羹备五味,异于大羹)。鬷嘏[54]无言,时靡有争(鬷,緫也。嘏,大也。言緫大政能使上下如和羹)。’先王之济五味,和五声[55]也,以平其心,成其政也。声亦如味,一气(乐须气以动),二体(舞者有文武),三类(风、雅、颂),四物(杂用四方之物以成器),五声(宫、商、角、徵、羽),六律(黄钟、大蔟、姑洗、蕤宾、夷则、无射也。阳声为律,阴声为吕。此十二月气),七音(宫、商、角、徵、羽、变宫、变徵也。周武王伐纣,自午及子凡七日。王因此以数合之,以声昭之,故以七周其数,以律和其声,谓之七音),八风(八方之风。东北曰条风又名融风,东方曰明庶风,东南曰清明风,南方曰景风又名凯风,西南曰凉风,西方曰阊阖风,西北曰不周风,北方曰广莫风),九歌[56](九功之德,皆可歌也。六府、三事谓之九功。水、火、金、木、土、穀,谓之六府。正德、利用、厚生,谓之三事),以相成也(言此九者合,然后相成为和乐)。清浊,小大,短长,疾徐,哀乐,刚柔,迟速,高下,出入,周疏,以相济也(周,密也)。君子听之,以平其心。心平,德和。故《诗》曰:‘德音不瑕[57](《诗·豳风》。义取心平则德音无瑕阙)。’今据不然。君所谓可,据亦曰可;君所谓否,据亦曰否。若以水济水,谁能食之?若琴瑟之专一[58],谁能听之?同之不可也如是。”

饮酒乐。公曰:“古而无死,其乐若何?”晏子对曰:“古而无死,则古之乐也,君何得焉?昔爽鸠氏始居此地(爽鸠氏,少皞氏之司寇),季荝因之(季荝,虞夏诸侯,代爽鸠氏者),有逢伯陵因之(逢伯陵,殷诸侯,姜姓),蒲姑氏因之(浦姑氏,殷周之间代逢公者),而后大公因之。古若无死,爽鸠氏之乐,非君所愿也。”

郑子产有疾,谓子大叔曰:“我死,子必为政。唯有德者能以宽服民,其次莫如猛。夫火烈,民望而畏之,故鲜死焉。水懦弱,民狎而玩之,则多死焉。故宽难(难以治)。”疾数月而卒。大叔为政,不忍猛而宽。郑国多盗,取人于萑苻之泽[59](萑苻,杜注:泽名。疑即中牟泽于泽中劫人也)。大叔悔之,曰:“吾早从夫子,不及此。”兴徒兵以攻萑苻之盗,尽杀之,盗少止。仲尼曰:“善哉!政宽则民慢,慢则纠之以猛。猛则民残[60],残则施之以宽。宽以济[61]猛,猛以济宽,政是以和。《诗》曰:‘民亦劳止,汔可小康。惠此中国[62],以绥四方。’施之以宽也(《诗·大雅》。汔,其也。周厉王暴虐,民劳于苛政,故诗人刺之,欲其施之以宽)。‘毋从诡随(诡人随人,无正心,不可从),以谨无良。式遏寇虐,惨不畏明。’纠之以猛也(惨,曾也。言为寇虐,曾不畏明法者,亦当用猛政纠治之)。‘柔远能迩[63],以定我王。’平之以和也。又曰:‘不竞不絿,不刚不柔(《诗·商颂》。言汤政得中和。絿,急也)。布政优优,百禄是遒(优优,和也。遒,聚也)。’和之至也。”及子产卒,仲尼闻之,出涕曰:“古之遗爱也(子产见爱,有古人之遗风)。”

注释 ①鬼阎:宋地名,位于今河南西华县东北。②华费遂:宋大司马,华氏之族。③詬:同“诟”,羞耻。④戊辰:十三日。⑤有庸:有功。⑥桎:华亥庶兄。⑦质:信,送回人质,自明不叛君之信。⑧所:所居官。复而所:恢复你所居之官。⑨痁(shān):疟疾。⑩期:一年。期而不瘳:一年也未病愈。⑪梁丘据、裔款:皆齐景公所宠幸的大夫。⑫日:往日。⑬范会:士会。⑭陈信不愧:陈述真实情况不愧心。⑮祝史不祈:祝、史无祈求鬼神之事。⑯康王:楚康王。⑰荐信:陈述实情。荐,进言。⑱蕃祉老寿:蕃,繁衍;祉,福;老寿,健康长寿。⑲辟违:邪僻逆理。⑳从欲厌私:放纵情欲,满足私心。㉑撞钟:奏乐。㉒输掠其聚:掠取百姓财物。㉓成其违:铸成其过。㉔非度:不过法度。㉕还忌:顾忌。㉖悛:改。㉗盖失数美:掩盖过失,列举美善。㉘矫诬:虚诈欺骗。㉙夭昏孤疾:与蕃祉老寿相对,短命无福之意。

㉚僭嫚:欺诈轻侮。㉛衡鹿:管理山林的官吏。㉜萑蒲:芦苇。㉝舟鲛:管理水泽的官吏。㉞薪蒸:柴木。㉟虞候:管理柴木的官吏。㊱蜃:大蛤。㊲祈望:管理水产的官吏。㊳逼介之关:迫近国都的关卡。㊴不给则应:不满足就治罪。应,应之以罪。㊵苦病:痛苦困顿。㊶聊、摄:齐西境。聊,位于今山东聊城县西北。摄,即聂,也在聊城境内。㊷姑、尤:齐东界。姑,即大姑河,源出山东招远县会仙山,南流经莱阳县西南。尤,即小姑河,源出掖县北马鞍山,南流入大姑。㊸已责:责同"债",豁免积欠租税。㊹沛:地名,位于今山东博兴县南。㊺虞人:掌山泽之官。㊻进:进见。㊼守道不如守官:守道义不如守官位。㊽韪(wěi):是,对。㊾遄(chuán)台:位于今山东临淄县东,今名歇马亭。㊿子犹:梁丘据。51醯(xī):醋。52燀(chǎn):烧火。53宰夫:厨师。54鬷嘏(zōnggǔ):鬷同"奏",即进。嘏今作假。55五声:宫、商、角、徵、羽。56一气:声音需由气发动。二体:乐舞二种,即文舞,武舞。一说为阳刚、阴柔。三类:指《风》、《雅》、《颂》。四物:杂用四方之物以成器。五声:宫、商、角、徵、羽。六律:指黄钟、大蔟、姑洗、蕤宾、夷则、无射。七音:五声再加上变音、变徵,共七种音阶。八风:八方之风。九歌:歌九功之德。九功,即六府三事,详见文公七年。57德音不瑕:见《豳风·狼跋》。瑕,玉面上的痕斑,比喻小毛病。58专一:专奏一个声调。59萑苻(huánfú):即萑蒲、芦苇一类的水草。60残:伤害。61济:调剂。62惠:厚爱。中国:此指西周王畿。63柔:安抚。能:亲善。

春秋　二十有一年春。

附录左传　二十一年春,天王将铸无射(周景王也。无射,钟名,律中无射)。泠州鸠[1]曰(伶,乐官。州鸠其名):"王其以心疾死乎?夫乐,天子之职也。夫音,乐之舆[2]也(乐因音而行)。而钟,音之器也(音由器以发)。天子省风以作乐[3],器以钟之[4](钟,聚也。以器聚音),舆以行之[5]。小者不窕[6](窕,细而不满),大者不槬[7](槬,横大不入),则和于物[8],物和则嘉成[9](嘉乐成也)。故和声入于耳而藏于心,心亿则乐(亿,安也)。窕则不咸(不充满人心),槬则不容(心不堪容),心是以感,感实生疾。今钟槬矣,王心弗堪,其能久乎(为明年天王崩传)?"

春秋 王三月,葬蔡平公。

左传 三月,葬蔡平公。蔡大子朱失位,位在卑(不在适子位,以长幼齿)。大夫送葬者归,见昭子[10]。昭子问蔡故,以告。昭子叹曰:"蔡其亡乎!若不亡,是君也必不终。《诗》曰:'不解于位,民之攸塈[11](《诗·大雅》。塈,息也)。'今蔡侯始即位,而适卑[12],身将从之(为蔡侯朱出奔传)。"

春秋 夏,晋侯使士鞅[13]来聘(书聘止此)。

左传 夏,晋士鞅来聘,叔孙为政[14](叔孙昭子以三命为国政)。季孙欲恶诸晋(憎叔孙在己上位),使有司以齐鲍国归费之礼为士鞅(鲍国归费,在十四年。牢礼各如其命数。鲁人失礼,故为鲍国七牢)。士鞅怒,曰:"鲍国之位下,其国小,而使鞅从其牢礼,是卑敝邑也。将复诸寡君。"鲁人恐,加四牢焉,为十一牢(言鲁不能以礼事大国,且为哀七年吴徵百牢起)。

解义 晋顷即位五年始通,嗣君盖霸业既隳[15],六乡睢盱相忌[16],邦交不暇及也。於时,士鞅怒鲁礼,好不结财求无艺[17],诸侯外之,而晋亦不复遣聘矣!

注释 ①州鸠:乐官名。②乐之舆:音乐的载体。此以车作比喻。③省风以作乐:视察风俗来制作乐曲。省,观。风,风土民俗。④器以钟之:以器聚音。钟,聚。⑤舆以行之:用声音来表现。⑥小者不窕:小乐器发音不细弱。⑦不槬(huà):不粗大,新铸的无射钟声音洪大刺耳。⑧和于物:使事物和谐。⑨嘉成:美好的音乐而形成。⑩昭子:鲁大夫叔孙舍。⑪不解于位,民之攸塈:意为居其位而不懈怠,百姓得以休息。解,同“懈”。塈(xì),息,归。⑫适卑:站在下位。⑬士鞅(?—前501年):祁姓,范氏,讳鞅,谥献,其名范鞅,又曰士鞅,史称范献子,士匄之子,春秋后期晋国才干卓越的政治家,外交家。士鞅在晋国朝堂活跃长达半个世纪,他的贪得无厌使得晋国霸权在他的手上彻底崩塌。⑭为政:此为主持接待宾客。⑮嗣君:继位的国君。隳(huī):毁坏;崩毁。⑯六乡:百里内为六乡。睢盱:睁眼仰视貌。忌:猜忌,憎恨。⑰无艺:没有定法;没有常道。

春秋　宋华亥、向宁、华定自陈入于宋南里以叛(叛,《公羊》作畔。南里,杜注:宋城内里名。在今河南商丘县境)。

左传　宋华费遂生华貙(chū)、华多僚、华登。貙为少司马,多僚为御士[①](公御士),与貙相恶,乃谮诸公曰:“貙将纳亡人(亡人华亥等)。”亟言之。公曰:“司马以吾故,亡其良子[②](司马,华费遂。良子,谓华登)。死亡有命,吾不可以再亡之。”对曰:“君若爱司马,则如亡。死如可逃,何远之有(言亡可以逃死,勿虑其远,以恐动公)?”公惧,使侍人召司马之侍人宜僚,饮之酒而使告司马(告使逐貙)。司马叹曰:“必多僚也。吾有谗子而弗能杀,吾又不死,抑君有命,可若何?”乃与公谋逐华貙,将使田孟诸而遣之。公饮之酒,厚酬之(酬酒币),赐及从者。司马亦如之(亦如公赐)。张匄尤之(张匄,华貙臣。尤,怪赐之厚),曰:“必有故。”使子皮承宜僚以剑而讯之[③](子皮,华貙)。宜僚尽以告。张匄欲杀多僚,子皮曰:“司马老矣,登之谓甚(言登亡,伤司马心已甚),吾又重之,不如亡也。”五月丙申[④],子皮将见司马而行,则遇多僚御司马而朝。张匄不胜其怒,遂与子皮、臼任、郑翩杀多僚(任、翩亦貙家臣),劫司马以叛,而召亡人。壬寅[⑤],华、向入。乐大心、丰愆、华牼御诸横[⑥](横,杜注:梁国睢阳县南有横亭)。华氏居卢门[⑦],以南里叛（卢门，宋东城南门）。六月庚午[⑧]，宋城旧鄘及桑林之门而守之[⑨]（旧鄘，故城也。桑林，城门名）。

公羊传 宋南里者何？若曰因诸者然（因诸者，齐故刑人之地。公羊子，齐人，故以齐喻也。《博物志》云："周曰囹圄，齐曰因诸。"）。

穀梁传 自陈，陈有奉焉尔。入者，内弗受也。其曰宋南里，宋之南鄙也。以者，不以者也。叛，直叛也（言不作乱）。

解义 华、向首祸於国，结党以奔。今乘隙而入，外挟吴、楚，将覆宗邦[⑩]，罪不胜诛矣！《春秋》书叛，于戚、于朝歌、于萧，皆不系之国。此独曰宋南里者，戚与朝歌及萧皆其所食私邑，若[⑪]南里则宋国城内之里名，是华、向与宋分国而居，不止窃邑而已，故书入于宋南里，以深罪叛臣逼胁其君已甚之词也。曰自陈者，因陈之力，陈亦有罪焉尔！

注释 ①御士：宋公御车。②良子：指华登。③子皮：即华貙。承宜僚以剑：把剑架在宜僚脖子上。④丙申：十四日。⑤壬寅：二十日。⑥横：地名，位于今河南商丘县西南。⑦卢门：宋郊之城门。⑧庚午：十九日。⑨旧鄘：宋都旧城。桑林：宋都城门名。⑩挟：倚仗，依恃。覆：颠覆；灭亡。宗邦：指国家。⑪若：如。

春秋 秋七月壬午朔[①]，日有食之。

左传 秋七月壬午朔，日有食之。公问于梓慎曰："是何物也（物，事也），祸福何为？"对曰："二至、二分（二至，冬至、夏至。二分，春分、秋分），日有食之，不为灾。日月之行也，分，同道也[②]；至，相过也[③]（二分日夜等，故言同道。二至长短极，故言相过）。其他月则为灾，阳不克也，故常为水[④]（阴侵阳，是阳不胜阴）。"

解义 昭公之世，日食凡七见。时天下强臣多抗其君，而季氏之僭逼[⑤]尤甚。梓慎不能因公之问[⑥]，告以省德消变[⑦]，乃云分至不为灾。按《诗·十月之交》，即夏正八月，秋分之月也，而云:"日有食之,亦孔之丑[8]。"七年,四月甲辰朔日食,春分之月也,而云"鲁、卫恶之。"安在其不为灾邪?即行有常度,天运固然遇灾,而惧之心亦当无时不儆凛也[9]!

注释　①壬午朔:初一日。②分,同道也:春分、秋分时昼夜相等,称为同道。③至,相过也:夏至、冬至时,或日极长夜极短,或日极短夜极长,称为相过。④阳不克也,故常为水:古人知日蚀是日光为月所遮蔽,又认为日为火为阳,月为水为阴,故认为日蚀是阳不胜阴,而常为水灾。⑤僭逼:越分胁迫君上。⑥梓慎:是鲁国的大夫,春秋时期最有名的阴阳家之一,他生活在鲁襄公、昭公时期。公:鲁昭公。⑦省德:修德。消变:消除灾异。⑧日有食之,亦孔之丑:意思是天上的太阳呀,出现日食了,是多么的不光彩。⑨儆:使人警醒。凛:严肃。

春秋　八月乙亥,叔辄[1]卒(辄,《公羊》作痤)。

左传　于是叔辄哭日食(意在于忧灾)。昭子曰:"子叔将死,非所哭也。"八月,叔辄卒。

解义　辄,叔弓之子,无事业见《经》独书其卒,卿卒必书也!

注释　①叔辄:叔弓之子,鲁大夫。叔弓(?—前527年),中国春秋时期鲁国的大夫,他是鲁文公的玄孙、叔肸的曾孙、子叔声伯之孙、叔老之子,多次出使列国。

附录左传　冬十月,华登以吴师救华氏(登前年奔吴)。齐乌枝鸣[1]戍宋(乌枝鸣,齐大夫)。厨人濮曰(濮,宋厨邑大夫):"《军志》有之:'先人有夺人之心,后人有待其衰。'盍及其劳且未定也伐诸?若入而固,则华氏众矣,悔无及也。"从之。丙寅[2],齐师、宋师败吴师于鸿口[3](鸿口,杜注:梁国睢阳县东有鸿口亭。在今商丘、虞城二县界),获其二帅公子苦雂、偃州员(二帅,吴大夫)。华登帅其余以败宋师。公欲出(出奔),厨人濮曰:"吾小人,可藉死

(可借使死难)而不能送亡[4],君请待之。”乃徇曰:“杨徽[5]者,公徒也(徽,识也。所以相别)。”众从之。公自杨门[6]见之(杨门,睢阳正东门名扬门),下而巡之,曰:“国亡君死,二三子之耻也,岂专孤之罪也?”齐乌枝鸣曰:“用少莫如齐致死,齐致死莫如去备(备,长兵也)。彼多兵矣,请皆用剑。”从之。华氏北,复即[7]之。厨人濮以裳裹首而荷以走,曰:“得华登矣!”遂败华氏于新里(新里,华氏所取邑)。翟偻新居于新里[8],既战,说甲于公而归[9](翟偻新,公臣。居华氏地而助公战)。华妵[10]居于公里,亦如之妵,华氏族,故助华氏,亦如偻新说甲归)。十一月癸未[11],公子城以晋师至(城以前年奔晋)。曹翰胡会晋荀吴、齐苑何忌、卫公子朝救宋(翰胡,曹大夫。苑何忌,齐大夫。公子朝前年出奔晋,今还卫)。丙戌[12],与华氏战于赭丘[13](赭丘,杜注:宋地。《后汉志》:陈国长平县有赭丘城。当在今河南陈州西北境)。郑翩愿为鹳,其御愿为鹅[14](郑翩,华氏党。鹳、鹅皆陈名)。子禄御公子城,庄堇为右(子禄,向宜)。干犨御吕封人华豹,张匄为右(皆华氏党)。相遇,城还。华豹曰:“城也!”城怒而反之(反还战),将注[15],豹则关[16]矣(注,傅矢。关,引弓)。曰:“平公[17]之灵,尚辅相余(平公,公子城之父)。”豹射,出其间(出子城、子禄之间)。将注,则又关矣。曰:“不狎,鄙[18](狎,更也。谓豹频射,不使已得更递,是可鄙)!”抽矢(豹止不射)。城射之,殪(豹死)。张匄抽殳[19]而下(殳长丈二,在车边),射之,折股。扶伏[20]而击之,折轸[21](折城车轸)。又射之,死(匄死)。干犨请一矢[22](求死),城曰:“余言汝于君(欲活之)。”对曰:“不死伍乘,军之大刑也(同乘共伍当皆死)。干刑而从子,君焉用之?子速诸。”乃射之,殪(犨又死)。大败华氏,围诸南里。华亥搏膺[23]而呼,见华貙,曰:“吾为栾氏[24]矣(晋栾盈还入,作乱而死,事在襄二十三年)。”貙曰:“子无我迋[25](迋,恐也)。不幸而后亡。”使华登如楚乞师。华貙以车十五乘,徒七十人,犯师而出(犯公师出送华登),食于睢上[26],哭而送之,乃复入(入南里)。楚薳越帅师将逆华氏。大宰犯谏曰(犯楚,大宰):“诸侯唯宋事其君,今又争国,释君而臣是助,无乃不可乎?”王曰:“而告我也后,既许之矣(为明年华向出奔楚传)。”

春秋　冬,蔡侯朱出奔楚(朱,《穀梁》作东)。

左传　蔡侯朱出奔楚。费无极取货于东国[27](东国,隐大子之子,平侯庐之弟,朱叔父也),而谓蔡人曰:“朱不用命于楚,君王将立东国。若不先从王欲,楚必围蔡。”蔡人惧,出朱而立东国。朱愬[28]于楚,楚子将讨蔡。无极曰:“平侯与楚有盟,故封(盟于邓,依陈、蔡人以国)。其子有二心,故废之(子谓朱也)。灵王杀隐大子,其子与君同恶,德君必甚。又使立之,不亦可乎?且废置在君[29],蔡无他矣(言权在楚,则蔡无他心)。”

穀梁传　东者,东国也。何为谓之东也?王父诱而杀焉(楚子虔诱蔡侯般,杀之于申),父执而用焉(执蔡世子有以归,用之),奔而又奔之。曰东,恶之而贬之也(奔既罪矣,又奔仇国,恶莫大焉)。

解义　费无极取货东国,胁国人出朱而立之,谗人[30]之为害如此。或疑此书朱出奔楚,后书东国卒于楚,朱无归入卒葬之文,东国无出奔之事,疑即东国,而误为朱。然《左氏》记沈尹戌之,言亦曰出蔡侯朱,而《史记·蔡世家》亦曰:“隐大子之子东国攻平侯子,而代立。”则朱、东国固两人也。《穀梁》经文特因后书东国而误尔!

注释　①乌枝鸣:齐大夫。②丙寅:十七日。③鸿口:地名,位于今河南虞城县西北。④不能送亡:不能护送君王出逃。⑤杨徽:徽为标志,指旌旗之类。⑥杨门:宋都正东门。⑦即:追。⑧新里:地名,为华氏所取,位于今开封市东。⑨说:同“脱”。归,归附。⑩华妵:华氏族,亦不助华氏而投公。⑪癸未:初四日。⑫丙戌:初七日。⑬赭丘:宋地名。⑭鹳、鹅:皆军阵名。⑮

注:搭箭。⑯关:引满弓。⑰平公:公子城之父。此名为临阵祈祷。⑱不狎,鄙:狎,更替也。不更替互射,可鄙。⑲殳(shū):兵器名。⑳扶伏:同"匍匐"。㉑轸:车厢四面的衡木。㉒请一矢:即受一箭求死。㉓拊膺:拍胸。㉔栾氏:指晋栾盈作乱而死,事在襄公二十三年。㉕迋(kuāng):恐惧,恐吓。㉖睢上:水名,今已埋没,位于今河南商丘县境。㉗东国:蔡平侯庐的弟弟,蔡侯朱的叔父。㉘愬:同"诉"。㉙废置在君:置,立。蔡君之废立由楚君决定。㉚谗人:指爱说别人坏话的人。

春秋 公如晋,至河乃复。

左传 公如晋,及河,鼓[①]叛晋(晋克鼓在十五年。至是叛晋属鲜虞)。晋将伐鲜虞[②],故辞公。

解义 晋伐鲜虞,何妨於邦交。而以此为辞以却[③]公,盖意如之谋公益[④]急。晋之权家党季氏以弱[⑤]其君,而晋君亦不得自为政矣!

注释 ①鼓:古国名,春秋时鼓子国,祁姓,子爵,白狄之别种。即今河北晋县(一说藁城市)。②鲜虞:古族名。春秋时白狄的一支,常受晋国的侵犯。分布在今河北境内,以正定为中心。春秋末年建立中山国。③却:拒绝。④益:更加。⑤弱:侵害。

卷五十四

昭公(二十二年之二十五年)

春秋 二十有二年春,齐侯伐莒。

左传 二十二年春,王二月甲子,齐北郭启帅师伐莒(启,齐大夫。北郭佐之后)。莒子将战,苑羊牧之谏曰(牧之,莒大夫):"齐帅贱,其求不多,不如下之。大国不可怒也。"弗听,败齐师于寿馀(寿馀,杜注:莒地。当在今安丘县境)。齐侯伐莒(怒败),莒子行成。司马灶如莒莅盟(灶,齐大夫),莒子如齐莅盟,盟于稷门之外(稷门,齐城门)。莒于是乎大恶其君(为明年莒子来奔传)。

解义 十九年,齐高发伐莒,莒犹不服,故齐侯复伐之。明年,莒子来奔,齐迫之也!

春秋 宋华亥、向宁、华定自宋南里出奔楚。

左传 楚薳越使告于宋曰(前年薳越帅师迎华氏):"寡君闻君有不令之臣为君忧,无宁以为宗羞[①]?寡君请受而戮之。"对曰:"孤不佞,不能媚[②]于父兄(华、向,公族也,故称父兄),以为君忧,拜命之辱。抑君臣日战,君曰'余必臣是助',亦唯命。人有言曰:'唯乱门之无过'。君若惠保敝邑,无亢不衷[③],以奖乱人,孤之望也。唯君图之!"楚人患之(患宋以义距之)。诸侯之戍谋曰:"若华氏知困而致死,楚耻无功而疾战,非吾利也。不如出之,以为楚功,其亦能无为也已(言华氏不能复为宋患)。救宋而除其害,又何求?"乃固请出之。宋人从之。己巳[④],宋华亥、向宁、华定、华貙、华登、皇奄伤、省臧、士平出奔楚(华貙已下五子不书,非卿)。宋公使公孙忌为大司马(代华费遂),边卬为大司徒(卬,平公曾孙,代华定),乐祁为司城(祁,子罕孙乐祁犁),仲几为左师(几,仲江孙,代向宁),乐大心为右师(代华亥),乐挽为大司寇(輓,子罕孙),以靖国人(终梓慎之言,三年而后弭)。

穀梁传 自宋南里者,专也(专制南里)。

解义 齐庆封、卫公孟驱再奔,皆不书,必尝入叛也。而后书,讥佚[5]贼也。华向叛宋奔陈,又自陈入宋,披[6]据国都,逾年复出奔楚,往来三年,出入自如,此天下之极变也。其曰自宋南里者,讥宋之释有罪。曰出奔楚者,罪楚之奖乱纳叛,而诸侯之大夫怠於救患,略而不书,罪亦见矣!

注释 ①宗羞:宗庙的耻辱。②媚:取悦。③无亢不衷:不要保护不善之人。亢,保护。④己巳:二十一日。⑤佚:放纵。⑥披:打开。

春秋 大蒐于昌间[1](间,《公羊》作奸)。

穀梁传 秋而曰蒐。此春也,其曰蒐何也?以蒐事也。

解义 何以书?讥。何讥尔?公不与,非礼也。三纲,军政之本,古者寓戎事[2]於田狩,以辨上下定民志,非仅娴[3]驰射击刺之末也。今鲁政在大夫,公无军行军政之本,亡矣!何以蒐?为曰大志僭[4]也。言昌间,非蒐所也。

注释 ①大蒐:以田猎之名举行的军事演习。②戎事:军事;战事。③娴:熟练。④僭:冒用在上者的职权、名义行事。

春秋 夏四月乙丑,天王崩。

左传 王子朝、宾起有宠于景王(子朝,景王之长庶子。宾起,子朝之傅),王与宾孟说之,欲立之(孟即起也。王语宾孟,欲立子朝为大子)。刘献公之庶子伯蚠事单穆公(献公,刘挚。伯蚠,刘狄。穆公,单旗),恶宾孟之为人也,愿杀之。又恶王子朝之言,以为乱[1],愿去之(子朝有欲位之言,故刘蚠恶之)。宾孟适郊,见雄鸡自断其尾。问之,侍者曰:“自惮其牺也(畏其为牺牲奉宗庙,故自残毁)。”遽归告王,且曰:“鸡其惮为人用乎?人异于是(鸡牺虽见宠饰,然卒当见杀。若人见宠饰,则当贵盛,故言异于是)。牺者,实用人,人牺[2]实难,已牺何害(牺者,宠牲之名,因以喻宠子,言设使宠人如宠牺,则不宜假疏远者,以宠致反为己患,惟所宠实己亲属,则于己无害矣。人喻子猛,已喻子朝也)?”王弗应(十五年大子寿卒,王立子猛。后复欲立子朝而未定,宾孟感鸡,盛称子朝,王心许之,故不应)。夏四月,王田北山,使公卿皆从,将杀单子、刘子(北山,杜注:洛北芒也。一作邙山。在今河南洛阳县东北。王知单、刘不欲立子朝,欲因田猎先杀之)。王有心疾,乙丑,崩于荣锜氏(乙丑,四月十九日。荣锜,杜注:河南巩县西有荣锜涧。今属河南河南府)。戊辰,刘子挚卒(二十二日),无子,单子立刘蚠(蚠,献公之庶子,事单子故)。五月庚辰[3],见王(见王猛),遂攻宾起,杀之(党子朝故),盟群王子于单氏。

附录左传　晋之取鼓也(在十五年),既献,而反鼓子焉(献于庙),又叛于鲜虞。六月,荀吴略东阳(略,行也。东阳,杜注:晋之山东邑,魏郡广平以北),使师伪籴者负甲以息于昔阳之门外(昔阳,故肥子所都),遂袭鼓,灭之。以鼓子鸢鞮归,使涉佗守之(守鼓之地。涉佗,晋大夫)。

春秋　六月,叔鞅如京师,葬景王,王室乱(如京师止此)。

左传　丁巳[4],葬景王。王子朝因旧官、百工之丧职秩者,与灵、景之族以作乱(灵、景之族,灵王、景王之子孙)。帅郊、要、饯之甲,以逐刘子(郊、要、饯,杜注:三邑,周地,刘子,伯蚠也)。壬戌,刘子奔扬(扬,杜注:周邑)。单子逆悼王于庄宫以归(悼王,子猛也)。王子还夜取王以如庄宫(王子还,子朝党也。不欲使单子得王猛,故取之)。癸亥[5],单子出(失王故)。王子还与召庄公谋,曰(庄公,召伯奂,子朝党):“不杀单旗,不捷(旗,单子也)。与之重盟,必来。背盟而克者多矣。”从之。樊顷子曰(顷子,樊齐,单、刘党):“非言[6]也,必不克。”遂奉王以追单子(王子还奉王)。及领,大盟而复(领,杜注:周地。重盟而还),杀挚荒以说(委罪于荒)。刘子如刘(归其采邑),单子亡。乙丑,奔于平畤(知王子还欲背盟故。平畤,杜注:周地),群王子追之。单子杀还、姑、发、弱、鬷、延、定、稠(八子,灵、景之族,因战杀之),子朝奔京[7](其党死故)。丙寅[8],伐之(单子伐京),京人奔山。刘子入于王城(子朝奔京,故得入)。辛未,巩简公败绩于京。乙亥[9],甘平公亦败焉(甘、巩二公,周卿士,皆为子朝所败)。叔鞅至自京师(葬景王还),言王室之乱也。闵马父曰:"子朝必不克,其所与者,天所废也(闵马父,闵子马,鲁大夫。天所废,谓群丧职秩者)。"

公羊传 何言乎王室乱?言不及外也(宫谓之室。刺周内乱,故变京师言王室)。

穀梁传 乱之为言,事未有所成也(尹氏立子朝,刘氏、单氏立王猛,俱未定也)。

解义 三月而葬,乱故也。不曰京师乱者,言京师则通乎上下,言王室则其父兄子弟自乱之,乱自内作也。惠、襄之世[10],不书王室乱者。颓、带之乱[11],周有君,天下有王,未足以言乱也。景王崩,王猛未能定其位,子朝争国,是时周有两天子,其乱与颓带异矣,故特书之。

注释 ①乱:违礼。指王子朝有自立的欲望。②人牺:充当他人的牺牲。③庚辰:初四日。④丁巳:六月十一日。⑤癸亥:十七日。⑥非言:不是善言。⑦京:地名,非郑之京邑,当在洛阳西南。⑧丙寅:二十日。⑨乙亥:二十九日。⑩惠:指周惠王,(卒于前653年或前652年),姓姬,名阆,东周第五代国王,在位时间为公元前676-652年。谥号惠王。他是周庄王的儿子,在位25年,病死,葬处不明。襄:指周襄王(?—前619年),姓姬,名郑,东周第六代国王,谥号襄王。襄王是周惠王的儿子,《史记·周本纪》称襄王在位32年。⑪颓、带之乱:指周惠王初,王子颓之乱和周襄王十八年王子带之乱。

春秋 刘子、单子以王猛居于皇(皇,杜注:河南巩县西南有黄亭。在今河南府)。

左传　单子欲告急于晋,秋七月戊寅,以王如平時,遂如圃车[1],次于皇(出次以示急。戊寅,七月三日,《经》书六月,误也。圃车,周地)。

公羊传　其称王猛何?当国也。

穀梁传　以者,不以者也。王猛嫌也(直言王猛,不言王子,是有当国之嫌)。

解义　言刘、单以王猛者,猛位未定,不能自立,其进退在二子也。臣不可以乎君,然在单、刘则无贬。前言王室乱,后言二子以王猛居于皇,则二子有不得已焉者,而非为其私也。于皇未得有京师也,居者有土,当得位之称。不书出,王者无外也。

注释　①圃车:地名与皇地临近。

春秋　秋,刘子、单子以王猛入于王城(王城,杜注:郏鄏,河南县。《括地志》:城本周公所筑,自平王以下都此。至敬王乃迁都成周,至赧王又居王城也。在今河南洛阳县城内西偏)。

左传　刘子如刘。单子使王子处守于王城(处,子猛党),盟百工于平宫(平宫,平王庙)。辛卯,鄩肸[1]伐皇(鄩肸,子朝党),大败,获鄩肸。壬辰,焚诸王城之市(焚鄩肸)。八月辛酉,司徒丑以王师败绩于前城[2](丑,悼王司徒。前城,杜注:子朝所得邑。服虔曰:即泉戎地),百工叛(司徒丑败故)。己巳,伐单氏之宫,败焉(为单氏所败)。庚午,反伐之(单氏反伐百工)。辛未,伐东圉(百工所在。东圉,杜注:洛阳东南有圉乡)。冬十月丁巳,晋籍谈、荀跞帅九州之戎及焦、瑕、温、原之师,以纳王于王城(丁巳在十月,《经》书秋误。九州戎,陆浑戎,十七年灭,属晋。州,乡属也,五州为乡。焦、瑕、温、原,杜注:晋四邑)。庚申,单子、刘盆以王师败绩于郊(为子朝之党所败),前城人败陆浑于社[3](前城,子朝众。社,杜注:周地。按:黄河西自偃师界入巩县有五社渡)。

公羊传 王城者何？西周也。其言入何？篡辞也。

穀梁传 以者，不以者也。入者，内弗受也。

解义 猛何以称王？盖未逾年不可以称天王，又不可以诸侯例称子。独言子，则似鲁之子冠王於子，又与他王子相乱，故称王系猛，乃嗣王④未逾年之常称无可疑也。君前臣名，刘、单不名，而王名者，非王无以定一尊，非名无以辨其人。且在礼，临文不讳⑤，况史册所书，以传信於后世，又非敷奏⑥文告之比也。

注释 ①鄩肸（xúnxī）：周朝大夫，王子朝党与。②前城：位于今洛阳市东南三十里，伊水东岸。③社：位于今河南巩县北。④嗣王：继位之王。⑤临文不讳：临，及；讳，避讳。作文时不须避讳。⑥敷奏：陈奏，向君上报告。

春秋 冬十月，王子猛卒。

左传 十一月乙酉，王子猛卒（乙酉在十一月，《经》书十月，误。虽未即位，周人谥曰悼王），不成丧也（释所以不称王崩）。己丑，敬王①即位（敬王，王子猛母弟王子匄），馆于子旅氏（子旅，周大夫）。十二月庚戌，晋籍谈、荀跞、贾辛、司马督（司马乌）帅师军于阴（籍谈所军），于侯氏（荀跞所军），于溪泉（贾辛所军。杜注：巩县西南有明溪泉），次于社（司马督所次）。王师军于汜，于解，次于任人（王师分在三邑。解，杜注：洛阳西南有大解小解。大解城在今洛阳县南，小解城在县西南）。闰月，晋箕遗、乐徵，右行诡济师，取前城（三子，晋大夫。济师，渡伊、洛），军其东南。王师军于京楚（京楚，子朝所在）。辛丑，伐京，毁其西南。

公羊传 此未逾年之君也，其称王子猛卒何？不与当也（不当成其为君）。不与当者，不与当父死子继、兄死弟及之辞也。

穀梁传 此不卒者也（未成君也）；其曰卒，失嫌也（猛本有当国之嫌，其卒则失嫌，故录之）。

解义 生则书王，明实为嗣②。死乃称子，正其为天王未逾年之子。尊未成也，降成君，故不言崩，又不可言薨，故通称卒。

注释　①敬王：王子猛母弟王子匄。②嗣：王位继承人。

春秋　十有二月癸酉朔，日有食之(此月有庚戌，又以长历推校前后，当为癸卯朔，书癸酉误)。

春秋　二十有三年春王正月。

附录左传　二十三年春，王正月壬寅朔，二师围郊(二师，王师、晋师也。围郊在叔鞅卒前，经书在后，从赴)。癸卯[①]，郊、鄩溃(鄩，杜注：河南巩县西南有地名鄩中。郊、鄩二邑，皆子朝所得)。丁未[②]，晋师在平阴(平阴，杜注：河阴县。今故城在河南府孟津东)，王师在泽邑(泽邑，贾逵曰：泽即翟泉也)。王使告间[③](子朝败故)，庚戌[④]，还(晋师还)。

春秋　叔孙舍如晋。

春秋　癸丑，叔鞅卒。

春秋　晋人执我行人叔孙舍。

左传　邾人城翼[⑤](翼，杜注：邾邑)，还，将自离姑[⑥](离姑，杜注：邾邑。在今费县南。从离姑则道径鲁之武城)。公孙鉏[⑦]曰(鉏，邾大夫)："鲁将御我。"欲自武城还，循山而南(至武城而还，依山南行，不欲过武城)。徐鉏、丘弱、茅地[⑧]曰(三子，邾大夫)："道下(谓此山道下湿)，遇雨，将不出，是不归也。"遂自离姑(过武城)。武城人塞其前，断其后之木而弗殊[⑨](殊，绝也)。邾师过之，乃推而蹶之(蹶，仆也)。遂取邾师，获鉏、弱、地(取邾师不书，非公命)。

邾人诉于晋，晋人来讨。叔孙舍如晋，晋人执之。书曰："晋人执我行人叔孙婼。"言使人也。晋人使与邾大夫坐[⑩](坐讼曲直)。叔孙曰："列国之卿，当小国之君，固周制也(在礼，卿得会伯、子、男，故曰当小国之君)。邾又夷也。寡君之命介子服回[⑪]在(子服回，鲁大夫，为叔孙之介副)，请使当之，不敢废周制故也。"乃不果坐[⑫]。

韩宣子使邾人取其众，将以叔孙与之（与邾使执之）。叔孙闻之，去众与兵而朝（示欲以身死）。士弥牟[13]谓韩宣子曰（弥牟，士景伯）："子弗良图[14]，而以叔孙与其仇，叔孙必死之。鲁亡叔孙，必亡邾。邾君亡国，将焉归？子虽悔之，何及？所谓盟主，讨违命也。若皆相执，焉用盟主（听邾众取叔孙，是为诸侯皆得辄相执）？"乃弗与，使各居一馆[15]（分别叔孙、子服回）。士伯听其辞而诉诸宣子，乃皆执之（二子辞不屈故）。士伯御叔孙，从者四人，过邾馆以如吏（欲使邾人见叔孙之屈辱）。先归邾子。士伯曰："以刍荛之难[16]，从者之病[17]，将馆子于都[18]（都，别都，谓箕也）。"叔孙旦而立，期焉（立，待命也。从旦至暮为期）。乃馆诸箕。舍子服昭伯于他邑（别囚之）。

范献子求货于叔孙，使请冠焉（以求冠为辞）。取其冠法[19]，而与之两冠，曰："尽矣（既送作冠模法，又进二冠以与之，伪若不解其意）。"为叔孙故，申丰以货如晋（欲行货以免叔孙）。叔孙曰："见我，吾告女所行货。"见，而不出（留申丰不使得出，不欲以货免）。吏人之与叔孙居于箕者，请其吠狗[20]，弗与。及将归，杀而与之食之（示不爱）。叔孙所馆者，虽一日必葺[21]其墙屋，去之如始至（不以当去而有所毁坏）。

解义　取邾师，疆吏为之耳。季孙当国，夙[22]与邾仇，故疆吏承其意而启衅[23]焉，乃蔽罪[24]於行人，晋政之无章甚矣！盖三家叔孙氏尚不忘君，故中军作舍皆不与季氏同心。意如将逐其君，故恶君於晋并及叔孙，而晋之强臣为之谋主，遂明知叔孙无罪而横加执辱耳！

注释　①癸卯：初二日。②丁未：六日。③间：本意为病情好转，此为乱势稍平，空一段时间再看。④庚戌：初九日。⑤翼：邾邑名。位于山东费县西南九十里。⑥离姑：邾邑，从离姑，则途经鲁国的武城，过邻国必假道。⑦公孙鉏：邾大夫。⑧徐鉏、丘弱、茅地:三人名,皆邾大夫。⑨弗殊:树木伐倒而不使断绝。殊,绝。⑩坐:古代诉讼双方对面争辩是非称“坐”。⑪子服回:鲁大夫,叔孙的副手。⑫不果坐:始终不去争论。⑬士弥牟:士景伯。⑭子弗良图:即子图弗良。⑮使各居一馆:指叔孙、子服回各居一馆。⑯刍荛之难:柴薪难以供给。⑰从者之病:侍从辛苦。过于疲劳。⑱都:别处都邑。⑲冠法:帽子的尺寸大小。法,模、型。⑳吠狗:其狗善吠,故称吠狗。看门吠叫之狗。㉑葺:修补。㉒夙:旧;平素。㉓启衅:引发嫌隙;挑起争端。㉔蔽罪:判罪。

春秋　晋人围郊(郊,杜注:周邑)。

公羊传　郊者何?天子之邑也。曷为不系于周?不与伐天子也。

解义　郊,子朝邑,晋遣大夫助王围郊,而《经》以人书,微[①]之也。当是时,天子蒙尘[②],晋为方伯[③],不躬率诸侯以赴其急,而徐遣大夫帅偏师往援[④],是养乱也。书晋人围郊,而不能勤王[⑤]之罪见矣!

注释　①微:卑贱,轻视。②蒙尘:指帝王失位逃亡在外,蒙受风尘。③方伯:古代诸侯中的领袖之称,谓一方之长。④徐:缓慢。偏师:旧时指在主力军翼侧协助作战的部队。今指主力军以外的部分军队。⑤勤王:指君主制国家中君王有难,而臣下起兵救援君王。

附录左传　夏四月乙酉[①],单子取訾[②],刘子取墙人、直人[③](三邑属子朝者。訾,杜注:在河南巩县西南。墙人,今河南新安县东北有白墙村,疑即其处)。六月壬午[④],王子朝入于尹[⑤](尹,杜注:尹氏之邑。今山西汾州有尹吉甫墓,即古尹城也)。癸未[⑥],尹圉诱刘佗杀之(尹圉,尹文公也。刘佗,刘蚠族,敬王党)。丙戌[⑦],单子从阪道[⑧],刘子从尹道[⑨]伐尹。单子先至而败,刘子还(单子败故)。己丑[⑩],召伯奂、南宫极[11]以成周人戍尹(二子,周卿士,子朝党。奂,召庄公)。庚寅[12],单子、刘子、樊齐以王如刘[13](辟子朝,出居刘子邑)。甲午[14],王子朝入于王城,次于左巷(近东城)。秋七月戊申[15],鄩罗[16]纳诸庄宫(鄩罗,周大夫,鄩肸之子)。尹辛败刘师于唐(尹辛,尹氏族。唐,杜注:周地。《后汉志》:洛阳有唐聚。在今洛阳县东)。丙辰[17],又败诸鄩。甲子[18],尹辛取西闱[19](西闱,杜注:周地)。丙寅[20],攻蒯[21],蒯溃(蒯,敬王邑。杜注:河南县西南蒯乡是也。在今洛阳县西南。于是敬王居狄泉。尹氏立子朝)。

春秋 夏六月,蔡侯东国[22]卒于楚。

解义 因朝於楚而卒也。王父见杀,父见用已,乃结楚嬖臣[23]以逐其君,而又朝之,三纲[24]绝矣!不书葬,鲁不会也。

注释 ①乙酉:十四日。②訾:周地,有东、西二訾,此为西訾,位于今巩县西南。③墙人、直人:二地名,位于今河南新安县境。④壬午:十二日。⑤尹:地名,位于今河南洛宁县境。⑥癸未:十三日。⑦丙戌:十六日。⑧阪道:偏僻的道路。⑨尹道:正路。⑩己丑:十九日。⑪召伯奂、南宫极:二人皆周卿士。⑫庚寅:二十日。⑬刘:刘子之邑。⑭甲午:二十四日。⑮戊申:初九日。⑯鄩罗:周大夫,鄩肸之子。⑰丙辰:十七日。⑱甲子:二十五日。⑲西闱:在洛阳西南。⑳丙寅:二十七日。㉑蒯:位于今洛阳市西北。㉒蔡侯东国:即蔡悼侯,姓姬,名东国,为春秋诸侯国蔡国君主之一,他为蔡灵侯的孙子,蔡平侯的侄孙,隐太子姬友的儿子,蔡昭侯的哥哥。于前521年杀前任君主蔡平侯之子,自己担任君主,在位期间为前521年—前519年,共3年。㉓嬖臣:受宠幸的近臣。㉔三纲:指君为臣纲、父为子纲、夫为妻纲,合称三纲。

春秋 秋七月,莒子庚舆[1]年来奔。

左传 莒子庚舆虐而好剑,苟铸剑,必试诸人。国人患之。

又将叛齐。乌存[②]帅国人以逐之(乌存,莒大夫)。庚舆将出,闻乌存执殳而立于道左,惧将止死。苑羊牧之[③]曰(牧之亦莒大夫):"君过之!乌存以力闻可矣,何必以弑君成名?"遂来奔。齐人纳郊公[④](郊公,著丘公之子,十四年奔齐)。

解义　庚舆入国不书,而书其出,以奔鲁故志之。於是,齐人纳郊公,郊公出入皆不书,微[⑤]之也。微之为义或以国,或以位,或以人,或以事。《春秋》达王事[⑥],若郊公之类名氏不登於史策者众矣!

注释　①庚舆:即莒共公,己庚舆,在位9年(前528年—前519)。②乌存:莒大夫。③苑羊牧之:莒大夫。④郊公:著丘公之子。⑤微:小,细小。⑥达:记录,记载。王事:王命差遣的公事。特指朝聘、会盟、征伐等王朝大事。

春秋　戊辰,吴败顿、胡、沈、蔡、陈、许之师于鸡父[①],胡子髡、沈子逞灭,获陈夏啮[②](父,《穀梁》作甫。逞,《公羊》作楹,《穀梁》作盈。鸡父,杜注:楚地。安丰县南有鸡备亭。今安丰故城在江南寿州西南,鸡备亭又在其城西南)。

左传　吴人伐州来,楚薳越帅师及诸侯之师奔命救州来(令尹以疾从戎,故薳越摄其事)。吴人御诸钟离。子瑕[③]卒,楚师熸[④](子瑕即令尹,不起所疾也。吴、楚之间谓火灭为熸。言其军人无复气势)。吴公子光曰:"诸侯从于楚者众,而皆小国也。畏楚而不获已,是以来。吾闻之曰:'作事威克其爱,虽小必济(克胜也,军事尚威)'。胡、沈之君幼而狂(狂,无常),陈大夫啮壮而顽,顿与许、蔡疾楚政。楚令尹死,其师熸。帅贱、多宠,政令不壹(帅贱,薳越非正卿也。军多宠人,政令不壹于越)。七国同役不同心(七国,楚、顿、胡、沈、蔡、陈、许),帅贱而不能整,无大威命,楚可败也,若分师先以犯胡、沈与陈,必先奔。三国败,诸侯之师乃摇心矣。诸侯乖乱,楚必大奔。请先者去备薄威[⑤](示之以不整以诱之),后者敦陈整旅⑥。"吴子从之。戊辰晦⑦,战于鸡父(七月二十九日,违兵忌晦战,击楚所不意)。吴子以罪人三千,先犯胡、沈与陈(囚徒不习战,以示不整),三国争之⑧。吴为三军以系⑨于后,中军从王,光帅右,掩余帅左(掩馀,吴王寿梦子)。吴之罪人或奔或止,三国乱。吴师击之,三国败,获胡、沈之君及陈大夫。舍胡、沈之囚,使奔许与蔡、顿,曰:"吾君死矣!"师噪而从之,三国奔(三国,许、蔡、顿),楚师大奔。

书曰:"胡子髡、沈子逞灭,获陈夏啮。"君臣之辞也(君,社稷之主,与宗庙共其存亡者,故称灭。大夫轻,故曰获。获,得也)。不言战,楚未陈也。

公羊传 此偏战⑩也,曷为以诈战⑪之辞言之?不与夷狄之主中国也⑫(序上言战,别主客之直不直也。今吴序上而言战,则主中国辞也)。然则曷为不使中国主之?中国亦新夷狄也(王室乱诸侯莫肯救,则与吴无以异)。其言灭获何?别君臣也,君死于位曰灭,生得曰获,大夫生死皆曰获。不与夷狄之主中国,则其言获陈夏啮何?吴少进也(能结日偏战,行少进,故从中国辞治之)。

穀梁传 中国不言败,此其言败,何也?中国不败,胡子髡、沈子盈其灭乎?其言败,释其灭也(若师不败,则君无由灭也)。获陈夏啮。获者,非与之辞也,上下之称也(君曰灭,臣曰获,君臣之称)。

解义 楚以诸侯之师与吴战,六国先败,楚师遂奔,故不书楚,诸侯之师略而不序者。顿、胡、沈则君将⑬,陈、蔡、许则大夫将,言战则未陈⑭,言败绩则灭获不同,故总言吴以诈取胜,於前而以君与大夫序六国,於后或曰灭或曰获,别君臣也。国君社稷之主,与宗庙共存亡,是以称灭。大夫轻,故言获,获生得也!

注释 ①鸡父:楚地,位于今河南固始县东南。②夏啮:妫姓,夏氏,名啮,春秋时期陈国的大夫。③子瑕:楚令尹。④熠

(jiān):士气低落。⑤去备薄威:放松警备,减少军威。显示松懈涣散的样子,用以诱敌。⑥敦陈整旅:加强军阵,整顿师旅,待敌而战。⑦戊辰晦:七月二十九日。⑧争之:争获俘虏。⑨系:紧随。⑩偏战:指各据一面而战。⑪诈战:指出其不意的攻击。⑫夷狄:古称东方部族为夷,北方部族为狄。常用以泛称除华夏族以外的各族。中国:中原。⑬将:带领。⑭陈:陈军列阵。

春秋　天王居于狄泉。尹氏立王子朝(狄泉,杜注:洛阳城内大仓西南池水也。时在城外,定元年城成周,乃绕之入城,亦曰翟泉。在洛阳县东,故洛阳城中今堙)。

公羊传　此未三年,其称天王何?著有天子也。

穀梁传　始王也。其曰天王,因其居而王之也(天子逾年即位称王,敬王逾年而出,故曰始王。虽不在国行即位之礼,王者以天下为家,故居于狄泉称王)。立者,不宜立者也。朝之不名何也?别嫌[①]乎尹氏之朝也(若但言尹氏立朝,则嫌朝是尹氏之子,故言王子以别之)。

解义　敬王,王猛之母弟,得继正统[②]。时景王崩已逾年,故称天王,以明其正。狄泉在王城东,直称天王居于狄泉,而不言立者,著天下有王矣,立者不宜立也!天下既有王,则尹氏不宜立子朝也。称立而目尹氏,盖曰独尹氏所欲立异於石碏立晋[③],而书卫人以著其为众人所欲立也!朝已僭号[④],犹称王子言莫之君也!《传》称尹圉,而《经》书尹氏,著世卿之擅权乱国为后戒也!

注释　①嫌:避忌。②正统:出自儒教圣经《春秋》一书,又称法统、道统、礼仪之统,意思是以宗周为正,尊先王法五帝,为天下一统。③石碏立晋:此指石碏立卫公子晋。石碏:春秋时卫国大夫。《春秋》曰:"石碏,纯臣也,恶州吁而厚与焉。'大义灭亲',其是之谓乎!"④朝:指子朝。僭号:冒用帝王的称号。

春秋　八月乙未，地震。

左传　八月丁酉①，南宫极震②（《经》书乙未地震，鲁地也。丁酉，南宫极震，周地亦震也，为屋所压而死）。苌弘谓刘文公曰："君其勉之！先君之力可济也（文公，刘蚠。先君，谓蚠之父献公也。献公欲立子猛，未及而卒）。周之亡也，其三川③震（谓幽王时。三川，泾、渭、洛水也。地动，川岸崩）。今西王④之大臣亦震，天弃之矣（子朝在王城，故谓西王）！东王⑤必大克（敬王居狄泉，在王城之东，故曰东王）。"

附录左传　楚大子建之母在郹（郹，杜注：郹阳也，蔡邑。应在今新蔡境。平王娶秦女，废大子建，故母归其家），召吴人而启之。冬十月甲申⑥，吴大子诸樊入郹（杜注：诸樊，吴王僚之大子。按，吴子遏号诸樊，王僚是遏之弟子，先儒又以为遏弟，何容僚子乃取遏号为名，恐传写之误），取楚夫人与其宝器以归（夫人，大子建母）。楚司马薳越追之，不及。将死，众曰："请遂伐吴以徼之⑦。"薳越曰："再败君师，死且有罪（此年秋败于鸡父，设往复败为再败）。亡君夫人，不可以莫之死也。"乃缢于薳澨（薳澨，杜注：楚地。在今湖广京山县境）。

春秋　冬，公如晋，至河，有疾，乃复（至河下，《公羊》、《穀梁》又有公字）。

左传　公为叔孙故如晋，及河，有疾而复（此年春，晋为邾人执叔孙，故公如晋请之）。

公羊传　何言乎公有疾乃复？杀耻也（因有疾以杀畏晋之耻）。

穀梁传　疾不志，此其志何也？释不得入乎晋也。

解义　昭公两朝晋而一见止，五如晋而四不得入。今复如晋，为叔孙请也。公知季孙构⑧己於晋，往必不纳，故托疾以返，盖至是而意如与公有不能并立之势矣！明年公孙不之晋而之齐，盖稔知⑨晋之强家与意如之交甚固耳！

注释　①丁酉：二十七日。②南宫极震：南宫极因地震房屋坍塌而死。③三川:即泾、渭、洛水。④西王:子朝在王城,故称西王。⑤东王:敬王居狄泉,在王城之东,故称东王。⑥甲申:十六日。⑦徼:同"邀",求取。徼之:侥幸取胜。⑧构:挑拨离间。⑨稔知:熟悉,熟知;犹素知。

附录左传　楚囊瓦为令尹(囊瓦,子囊之孙子常也,代阳匄),城郢(楚用子囊遗言,已筑郢城矣。今畏吴,复增修以自固)。沈尹戌曰:"子常[1]必亡郢!苟不能卫,城无益也。古者,天子守在四夷(德及远);天子卑,守在诸侯。诸侯守在四邻(邻国为之守);诸侯卑,守在四竟(裁自完)。慎其四竟,结其四援,民狎其野[2](狎,安习也),三务[3]成功(春、夏、秋三时之务),民无内忧,而又无外惧,国焉用城?今吴是惧而城于郢,守已小矣。卑之不获,能无亡乎(不获守四竟)?昔梁伯沟其公宫而民溃(在僖十八年)。民弃其上,不亡何待?夫正其疆埸,修其土田,险其走集[4](走集,边竟之垒辟),亲其民人,明其伍候[5](使民有部伍,相为候望),信其邻国,慎其官守,守其交礼(交接之礼),不僭不贪[6],不懦不耆[7](耆,强也),完其守备,以待不虞,又何畏矣?《诗》曰:'无念尔祖,聿修厥德(《诗·大雅》。无念,念也。义取念祖考,则述治其德以显之)。'无亦监乎?[8]若敖、蚡冒至于武、文(四君皆楚先君之贤者)?土不过同[9](方百里为一同),慎其四竟,犹不城郢。今土数圻[10](方千里为圻),而郢是城,不亦难乎(为定四年吴入楚传)?"

春秋　二十四年春。

附录左传　二十四年春,王正月辛丑[11],召简公、南宫嚚以甘桓公见王子朝(简公,召庄公之子召伯盈也。嚚,南宫极之子。桓公,甘平公之子)。刘子谓苌弘曰:"甘氏又往矣。"对曰:"何害?同德度义。《大誓》曰:'纣有亿兆夷人[12],亦有离德。余有乱[13]臣十人,同心同德。'此周所以兴也。君其务德,无患无人。"戊午[14],王子朝入于邬[15](邬,杜注:缑氏西南有邬聚)。

春秋 王二月丙戌，仲孙貜卒。

春秋 叔孙舍[16]至自晋(《左氏》、《穀梁》无叔孙字)。

左传 晋士弥牟逆叔孙于箕(将礼而归之)。叔孙使梁其踁[17]待于门内(踁，叔孙家臣)，曰："余左顾而欬[18]，乃杀之(疑士伯来杀已，故谋杀之)。右顾而笑，乃止。"叔孙见士伯，士伯曰："寡君以为盟主之故，是以久子[19](久执子以谢邾)。不腆[20]敝邑之礼，将致诸从者。使弥牟逆吾子。"叔孙受礼而归。二月，婼至自晋，尊晋也(贬婼族，所以尊晋。婼，行人，故不言罪已)。

穀梁传 大夫执则致，致则挈，由上致之也(上谓宗庙也。致臣于庙，则直挈其名而已，所谓君前臣名)。

解义 婼之至二《传》皆去氏[21]，《公羊》独书氏，所传授异耳！疏《公羊》者以为意如有罪[22]，故去其氏，叔孙无罪，故无贬文。胡氏安国[23]主其说，义似可从。盖婼之见执，实非其罪，而以礼自卫，终不辱国，固不可与意如同也！

注释 ①子常：即囊瓦。②狎：习惯。狎其野：安习于田野农事。③三务：春夏秋三时的农事。务，事务。④走集：边境的壁垒。⑤伍候：伍为户籍单位，五家为伍；候：伺望侦察。伍候为边境上负责伺望侦察的民间组织。⑥僭：差失。贪：过滥。⑦耆：强。⑧无：句首助词，无义。监：鉴。⑨同：领土方百里为一同。⑩圻(qí)：土地方千里为一圻。⑪辛丑：初五日。⑫夷：语辞，无义。纣有亿兆之民，而脱离善德。⑬乱：治。反义相训。⑭戊午：二十二日。⑮郏：地名，位于今河南偃师市南。⑯叔孙舍：鲁国大夫。"舍"，《左氏》、《穀梁》作"婼"字。⑰梁其踁：叔孙家臣。⑱欬：同"咳"，咳嗽。⑲久子：久留您于晋。⑳不腆：不富厚，自谦之辞。㉑婼：叔孙舍。二传：指《左传》、《穀梁传》。㉒疏：注解，注释。意如：指季孙意如(？—前505)，春秋时鲁国正卿。姬姓，季氏，谥平，史称"季平子"。㉓胡氏安国：即胡安国(1074—1138),南宋时期的著名经学家和湖湘学派的创始人之一。字康侯,号青山,学者称武夷先生,后世称胡文定公。

附录左传　三月庚戌[①],晋侯使士景伯莅问周故(就问子朝、敬王,知谁曲直),士伯立于乾祭而问于介众[②](乾祭,王城北门。介,大也)。晋人乃辞王子朝,不纳其使(以众言子朝曲故)。

春秋　夏五月乙未朔[③],日有食之。

左传　夏五月乙未朔,日有食之。梓慎曰:"将水(阴胜阳,故曰将水)。"昭子曰:"旱也。日过分而阳犹不克,克必甚,能无旱乎(过春分,阳气盛时,而不胜阴,阳将猥出,故为旱)?阳不克莫[④],将积聚也(阳气莫然不动,乃将积聚)。"

附录左传　六月壬申[⑤],王子朝之师攻瑕及杏[⑥],皆溃(瑕、杏,敬王邑)。郑伯如晋,子大叔相,见范献子。献子曰:"若王室何?"对曰:"老夫其国家不能恤,敢及王室。抑人亦有言曰:'嫠不恤其纬[⑦](嫠,寡妇也。织者常苦纬少,寡妇所宜忧),而忧宗周之陨,为将及[⑧]焉(恐祸及己)。'今王室实蠢蠢焉[⑨](蠢蠢,动扰貌),吾小国惧矣。然大国之忧也,吾侪何知焉?吾子其早图之!《诗》曰:'缾之罄矣,惟罍之耻[⑩](《诗·小雅》。罍,大器。缾,小器。常禀于罍者,而所受罄尽,则罍为无馀,故耻之)。'王室之不宁,晋之耻也。"献子惧,而与宣子图之(宣子,韩起)。乃征会于诸侯,期以明年(为明年会黄父传)。

春秋　秋八月,大雩。

左传　秋八月,大雩,旱也(终如叔孙之言)。

春秋　丁酉,杞伯郁厘卒(郁,《公羊》作鬱)。

附录左传　冬十月癸酉,王子朝用成周之宝珪于河(祷河求福)。甲戌,津人得诸河上(珪自出水)。阴不佞以温人南侵[⑪](不佞,敬王大夫。晋以温兵助王南侵子朝),拘得玉者,取其玉,将卖之,则为石。王定而献之,与之东訾(喜得玉故。东訾,杜注:巩县西南訾城是也。今巩县西南有訾店，以有西訾，故言东以别之）。

春秋 冬，吴灭巢。

左传 楚子为舟师以略吴疆。沈尹戌曰："此行也，楚必亡邑。不抚民而劳之，吴不动而速之（速，召也），吴踵楚，而疆埸无备（踵，蹑楚后），邑能无亡乎？"越大夫胥犴劳王于豫章之汭[12]（汭，水曲）。越公子仓归[13]王乘舟，仓及寿梦[14]帅师从王（寿梦，越大夫），王及圉阳[15]而还（圉阳，杜注：楚地）。吴人踵楚[16]，而边人不备，遂灭巢及钟离而还（锺离不书，告败略）。沈尹戌曰："亡郢之始，于此在矣。王一动而亡二姓之帅（二姓之帅，守巢、锺离大夫），几如是而不及郢？《诗》曰：'谁生厉阶[17]，至今为梗[18]（《诗·大雅》。厉，恶；阶，道；梗，病也）？'其王之谓乎（为定四年吴入郢传）？"

解义 巢，楚属国，而近吴。吴将谋楚，故先翦[19]其与国。与国尽，则及於楚，此入郢之渐也！杜氏预[20]以巢为楚邑，非也！胜国曰灭，获邑曰取，国大而邑轻，不可同辞。

注释 ①庚戌：十五日。②乾祭：王城北门。介众：大众。③乙未朔：初一日。④莫：同"暮"。不克莫：即不克阴。⑤壬申：八日。⑥瑕、杏：周敬王邑名。⑦嫠不恤其纬：嫠，寡妇。纬，织布的纬线。⑧将及：祸将及于己身。⑨蠢蠢焉：动乱的样子。⑩缾之罄矣，惟罍之耻：缾（píng）、罍（léi）皆为古代盛酒器，缾亦作瓶，器小；罍，器大。罄，空。句意为瓶中无酒，罍中必空。此以瓶喻王室，以罍喻晋，晋虽为诸侯，实强大。⑪阴不佞：周敬王大夫。温：晋国邑名，原属周。⑫汭：河流转弯的地方。⑬归：通"馈"，赠送。⑭寿梦：越国大夫。⑮圉阳：楚国地名。⑯踵楚：踵，脚后跟。此为名词动用，紧跟，紧随着。⑰厉阶：等于说祸端。厉：恶，凶。阶：由低升高的阶梯。⑱梗：病，灾祸。⑲翦：同"剪"。⑳杜氏预：即杜预（222—285），字元凯，京兆杜陵（今陕西西安东南）人，西晋时期著名的政治家、军事家和学者，灭吴统一战争的统帅之一。耽思经籍，博学多通，多有建树，被誉为“杜武库”。著有《春秋左氏经传集解》及《春秋释例》等。

春秋　葬杞平公。

春秋　二十有五年春，叔孙舍如宋。

左传　二十五年春，叔孙婼[①]聘于宋，桐门右师见之[②](右师，乐大心，居桐门)。语，卑宋大夫，而贱司城氏[③](司城氏，乐氏之大宗也。卑，贱，谓其才德薄)。昭子[④]告其人曰：“右师其亡乎！君子贵其身而后能及人，是以有礼(唯礼可以贵身，贵身故尚礼)。今夫子卑其大夫而贱其宗，是贱其身也(贱人，人亦贱己)，能有礼乎？无礼必亡。”宋公享昭子，赋《新宫》(逸《诗》)。昭子赋《车辖》(《诗·小雅》。周人思得贤女以配君子。昭子将为季孙逆宋公女，故赋之)。明日宴，饮酒，乐。宋公使昭子右坐[⑤](坐宋公右以相近，言改礼坐)，语相泣[⑥]也。乐祁佐(助宴礼)，退而告人曰：“今兹君与叔孙，其皆死乎？吾闻之：‘哀乐而乐哀[⑦](可乐而哀。可哀而乐)，皆丧心也。’心之精爽，是谓魂魄。魂魄去之，何以能久(为此冬叔孙、宋公卒传)？”

季公若之姊为小邾夫人(平子庶姑，与公若同母，故曰公若姊)，生宋元夫人(平子外姊)，生子以妻季平子。昭子如宋聘，且逆之。公若从(从昭子)，谓曹氏[⑧]勿与(曹氏，宋元夫人)，鲁将逐之。曹氏告公，公告乐祁。乐祁曰：“与之。如是，鲁君必出。政在季氏三世[⑨]矣(文子、武子、平子)，鲁君丧政四公[⑩]矣(宣、成、襄、昭)。无民而能逞其志者，未之有也。国君是以镇抚其民。《诗》曰：‘人之云亡，心之忧矣[⑪]。’(《诗·大雅》。言无人则忧患至)鲁君失民矣，焉得逞其志？靖以待命犹可，动必忧(为下公孙传)。”

解义　此季孙意如将娶于宋，而舍[⑫]为之纳聘且逆妇也。国君逆女则使卿，今意如以己私婚遣公室之正卿，则名虽为臣而实行鲁君之事，其专恣[⑬]不臣甚矣！尚何待昭公孙齐而后擅鲁哉[14]？

注释　①叔孙婼：即叔孙舍。②桐门右师：乐大心为右师，居桐门。③司城氏：乐祁此时为司城，为乐氏大宗。④昭子：即叔孙婼。⑤右坐：坐在右边近处，便于交谈。⑥语相泣：谈话中都流了眼泪。⑦哀乐而乐哀：当哀而乐，当乐而哀。⑧曹氏：即宋元夫人。小邾君为曹姓。⑨三世：指文子、武子、平子。⑩四公：指宣、成、襄、昭四公。⑪人之云亡，心之忧矣：见《大雅·瞻仰》。云，语辞。人民离去，心忧于此。⑫舍：即叔孙舍。⑬专恣：专横放肆。⑭尚：尚且。孙：同"逊"。逃遁。齐：指齐国。

春秋　夏，叔诣会晋赵鞅[1]、宋乐大心，卫北宫喜、郑游吉[2]、曹人、邾人、滕人、薛人、小邾人于黄父[3]（诣，《公羊》、《穀梁》作倪，后同。大心，《公羊》作世心，后同。黄父，即黑壤，晋地）。

左传　夏，会于黄父，谋王室也。赵简子令诸侯之大夫输王粟，具戍人（简子，既鞅），曰："明年将纳王（纳王于王城）。"子大叔见赵简子，简子问揖让周旋之礼焉。对曰："是仪也，非礼也。"简子曰："敢问何谓礼？"对曰："吉也闻诸先大夫子产曰：'夫礼，天之经也（经者，道之常）。地之义也（义者，利之宜），民之行也（行者，人所履）。'天地之经，而民实则之。则天之明[4]（日月星辰，天之明），因地之性（高下刚柔，地之性），生其六气[5]（谓阴、阳、风、雨、晦、明），用其五行（金、木、水、火、土）。气为五味（酸、咸、辛、甘、苦），发为五色（青、黄、赤、白、黑），章为五声（宫、商、角、徵、羽），淫则昏乱，民失其性（滋味声色，过则伤性）。是故为礼以奉之：为六畜、五牲[6]、三牺[7]，以奉五味（六畜，马、牛、羊、鸡、犬、豕。五牲，麋、鹿、麐、狼、兔。三牺，祭天地宗庙三者谓之牺）；为九文[8]、六采[9]、五章[10]，以奉五色（九文，谓山、龙、华虫、宗彝、藻、火、粉米、黼、黻也。六采，画缋之事，杂用天地四方之色，青与白，赤与黑，玄与黄，皆相次，谓之六色。五章，青与赤谓之文，赤与白谓之章，白与黑谓之黼，黑与青谓之黻，五色备谓之绣);为九歌、八风、七音、六律,以奉五声;为君臣、上下,以则地义(君臣有尊卑,法地有高下);为夫妇、外内,以经二物(夫治外,妇治内,各治其物);为父子、兄弟、姑姊、甥舅、昏媾、姻亚,以象天明(六亲和睦,以事严父,若众星之共辰极也。妻父曰昏,重昏曰媾。婿父曰姻,两婿相谓曰亚),为政事、庸力、行务,以从四时(在君为政,在臣为事,民功曰庸,治功曰力,行其德教,务其时要,礼之本也);为刑罚、威狱,使民畏忌,以类其震曜[11]杀戮(雷震电曜,天之威也。圣人作刑戮,以象之);为温慈、惠和,以效天之生殖长育。民有好、恶、喜、怒、哀、乐,生于六气(此六者,皆禀阴阳风雨晦明之气)。是故审则宜类[12],以制六志(为礼以制好恶喜怒哀乐六志,使不过节)。哀有哭泣,乐有歌舞,喜有施舍,怒有战斗;喜生于好,怒生于恶。是故审行信令,祸福赏罚,以制死生。生,好物也;死,恶物也;好物,乐也;恶物,哀也。哀乐不失,乃能协于天地之性,是以长久。"简子曰:"甚哉,礼之大也!"对曰:"礼,上下之纪,天地之经纬也(经纬,错居以相成者),民之所以生也,是以先王尚之。故人之能自曲直以赴礼[13]者,谓之成人(曲直以弼其性)。大,不亦宜乎?"简子曰:"鞅也请终身守此言也。"宋乐大心曰:"我不输粟。我于周为客?若之何使客[14]?"晋士伯曰:"自践土[15]以来,宋何役之不会,而何盟之不同?曰'同恤王室[16]',子焉得辟之?子奉君命,以会大事,而宋背盟,无乃不可乎?"右师不敢对,受牒[17]而退。士伯告简子曰:"宋右师必亡。奉君命以使,而欲背盟以干盟主,无不祥大焉[18](言不善无大此者。为定十年宋乐大心出奔传)。"

解义　王室之乱,四年诸侯无一念及者。至是晋以郑游吉之语赧然内惭[19],始合诸大夫谋之。而方是时大夫皆谋弱公室以私便[20]身图,安知勤王之义哉?虽勉从人言为会以塞[21]天下之议,而期以来年。及来年王入成周,子朝奔楚,晋与诸国无见焉!则空有此会,而诸大夫之罪不待贬而著矣!

注释 ①赵鞅(？—前475年)：嬴姓，赵氏，原名名鞅，后名志父，谥号简。时人尊称其赵孟，史书中多称之赵简子，亦称赵简主。②游吉(？—前507)：字太叔，公孙虿之子。春秋时郑国正卿。年少有仪度，支持子产改革，受到重视，前522年继子产执政。长于外交辞令，多次出使晋、楚大国，为政先宽后猛。③黄父：地名，在今山西沁水县西北。④天之明：指日、月、星、辰。⑤六气：指阴阳、风雨、晦明。⑥五牲：牛、羊、豕、犬、鸡。⑦三牺：即以牛、羊用于祭天、地、宗庙，称为三牺。⑧九文：九种文采，即龙、山、华虫、火、宗彝五种画于衣上，藻、粉米、黼、黻四者绣于裳上。⑨六采：六种色彩，即青、白、赤、黑、玄、黄六色。⑩五章：青与赤谓之文，赤与白谓之章，白与黑谓之黼，黑与青谓之黻，五色备谓之绣。⑪震曜：雷震电曜。⑫审则宜类：慎重效法，适当仿效。⑬自曲直以赴礼：意为从不同方面，或委屈其本性，或顺从其性情以遵循礼。⑭使客：指使宾客。⑮践土：指僖公二十八年践土之盟。⑯同恤王室：此为当时的盟辞。⑰牒：简札。⑱无不祥大焉：即“不祥莫大焉”的变句。无，莫。⑲赧然：形容难为情的样子，羞愧的样子。惭：惭愧。⑳私便：个人的利益。㉑塞：搪塞；应付。

春秋 有鸜鹆[1]来巢(鸜，《公羊》作鹳)。

左传 “有鸜鹆来巢”，书所无也。师己曰(师己，鲁大夫)：“异哉！吾闻文、武之世，童谣有之，曰：‘鸜之鹆之，公出辱之(言鸜鹆来，则公出辱也)。鸜鹆之羽(羽，飞貌)，公在外野，往馈之马。鸜鹆跦跦[2](跦跦，跳行貌)，公在乾侯[3]，征褰与襦(褰，袴)。鸜鹆之巢，远哉遥遥。稠父丧劳，宋父以骄(稠父，昭公。死外，故丧劳。宋父，定公。代立，故以骄)。鸜鹆鸜鹆，往歌来哭(昭公生出歌，死还哭)。’童谣有是，今鸜鹆来巢，其将及乎(将及祸也)？”

公羊传 何以书？记异也。何异尔？非中国[4]之禽也，宜穴又巢也。

穀梁传　一有一亡曰有。来者,来中国也。鸜鹆穴者而曰巢,或曰:增之也(如增言巢尔,其实不巢也)。

解义　《考工记》曰:"鸜鹆不逾济[5]。"鲁在汶南[6],其所本无,今忽有之,故书曰:"有。"又其物穴处,今而巢居,阴当阳位,臣逐君象也,使[7]昭公能以德消异,则无其应矣!

注释　①鸜鹆:即八哥。鸜(qú):古同"鸲"。②跦跦:跳行貌。③乾侯:晋邑名,在今河北成安县东南。④中国:中原。⑤济:济水。古水名,发源于今河南省济源县西王屋山,原在山东境内与黄河并行入渤海。后因黄河改道,下游被黄河淹没。现在黄河下游的河道就是原来济水的河道。⑥汶南:古汶水以南,即今大汶河以南。其发源于山东省泰莱山区,汇泰山山脉、蒙山支脉诸水,自东向西流经莱芜、新泰、泰安等县、市,又经东平湖流入黄河。⑦使:假若,假使。

春秋　秋七月上辛,大雩[1];季辛,又雩。

左传　秋,书再雩,旱甚也。

公羊传　又雩者何?又雩者非雩也,聚众以逐季氏也。

穀梁传　季者,有中之辞也。又,有继之辞也(中,中辛。缘有上辛大雩,故言又也)。

解义　季辛不言大,蒙[2]上文也。旱既大甚,因一月再雩,而志其僭且数也[3]!

注释　①大雩:古求雨祭名。②蒙:承继。③僭:过分。数:多。

春秋　九月己亥,公孙于齐[1],次于阳州[2](己亥,《穀梁》作乙亥。阳,《公羊》作杨。阳州,杜注:齐鲁竟上邑。今山东东平州东北有阳州城是也)。

左传　初,季公鸟[3]娶妻于齐鲍文子,生申(公鸟,季公亥之兄,平子庶叔)。公鸟死,季公亥与公思展与公鸟之臣申夜姑相其室(公亥即公若。展,季氏族)。及季姒与饔人檀通[④],而惧(季姒,即文子女。饔人,食官。檀,名),乃使其妾抶已,以示秦遄之妻[⑤],曰(秦遄,鲁大夫。妻,公鸟妹):"公若欲使余,余不可而抶余。"又诉于公甫[⑥],曰(公甫,平子弟):"展与夜姑将要余(要劫我以非礼)。"秦姬以告公之[⑦](公之,亦平子弟),公之与公甫告平子。平子拘展于卞[⑧]而执夜姑,将杀之。公若泣而哀之,曰:"杀是,是杀余也。"将为之请。平子使竖勿内,日中不得请。有司逆命(请杀生之命),公之使速杀之。故公若怨平子。

季、郈之鸡斗(季平子、郈昭伯二家相近,故鸡斗)。季氏介其鸡[⑨](介,甲也。为鸡著甲),郈氏为之金距。平子怒(怒不下己),益宫于郈氏(侵其室以自益),且让之。故郈昭伯亦怨平子。臧昭伯之从弟会(昭伯,臧为子),为谗于臧氏,而逃于季氏,臧氏执旃[⑩]。平子怒,拘臧氏老[⑪]。将禘于襄公,万[⑫]者二人,其众万于季氏[⑬](万,舞也。于礼,公当三十六人)。臧孙曰:"此之谓不能庸[⑭]先君之庙(不能用礼也)。"大夫遂怨平子。

公若献弓于公为[⑮](公为,昭公子务人),且与之出射于外,而谋去季氏。公为告公果、公贲[⑯](果、贲皆公为弟)。公果、公贲使侍人僚柤告公。公寝,将以戈击之(佯怒),乃走。公曰:"执之。"亦无命也(独言执之,无敕命)。惧而不出,数月不见,公不怒。又使言,公执戈以惧之[⑰],乃走。又使言,公曰:"非小人之所及也(小人谓僚柤)。"公果自言,公以告臧孙,臧孙以难(言难逐)。告郈孙,郈孙以可,劝。告子家懿伯(名羁,庄公玄孙),懿伯曰:"谗人以君侥幸,事若不克,君受其名(受恶名),不可为也。舍民数世,以求克事,不可必[⑱]也。且政在焉,其难图也。"公退之(退使去)。辞曰:"臣与闻命矣,言若泄,臣不获死[⑲]。"乃馆于公(恐受泄命之罪,故留公宫以自明)。

叔孙昭子如阚[20](阚,杜注:鲁邑),公居于长府[21](长府,官府名)。九月戊戌[22],伐季氏,杀公之于门,遂入之。平子登台而请曰:"君不察臣之罪,使有司讨臣以干戈,臣请待于沂上以察罪(沂上,杜注:鲁城南自有沂水)。"弗许。请囚于费[23],弗许。请以五乘亡,弗许。子家子[24]曰:"君其许之! 政自之出久矣,隐民多取食焉(隐约穷困)。为之徒者众矣,日入慝作[25],弗可知也(慝,奸恶也。日冥,奸人将起叛君助季氏,不可知)。众怒不可蓄也(季氏众),蓄而弗治,将蕴[26](蕴,积也)。蕴蓄,民将生心。生心,同求将合[27](与季氏同求叛君者)。君必悔之。"弗听。郈孙曰:"必杀之。"公使郈孙逆孟懿子[28](懿子,仲孙何忌)。叔孙氏之司马鬷戾言于其众曰:"若之何?"莫对。又曰:"我,家臣也,不敢知国。凡[29]有季氏与无,于我孰利?"皆曰:"无季氏,是无叔孙氏也。"鬷戾曰:"然则救诸!"帅徒以往,陷西北隅以入(陷公围也)。公徒释甲,执冰[30]而踞(冰,椟丸盖。或云积丸是箭箙,其盖可以取饮。言无战心也)。遂逐之(逐公徒)。孟氏使登西北隅,以望季氏。见叔孙氏之旌,以告。孟氏执郈昭伯,杀之于南门之西,遂伐公徒。子家子曰:"诸臣伪劫君者,而负罪以出,君止(诸臣,谓公若等。使若非公本意,君自可止不出)。意如[31]之事君也,不敢不改[32]。"公曰:"余不忍也。"与臧孙如墓谋(辞先君,且谋所奔),遂行。己亥[33],公孙于齐,次于阳州。

穀梁传　孙[34]之为言,犹孙也。讳奔也。次,止也。

解义　内讳奔曰孙,不忍斥言[35],故隐之书次,以公去国失其所也。阳州,齐、鲁境上邑,将求援於齐未敢直前,故野次[36]以待命也。夫季氏之恶极矣! 说者谓昭公不知威权[37]去已,而逞一朝之忿欲骤正之[38],求凶之道。以是咎公固然,然於意如逐君篡国之慭[39],反一无所责,若本无罪而祇为公讥者,则大失是非之正,灭人纪[40]矣!

注释 ①公:鲁昭公。孙:同“逊”,逃奔。②阳州:齐邑,位于今山东东平县北。③季公鸟:季公亥之兄。④季姒:公鸟之妻。饔人檀:季氏家臣中掌饮食者,名檀。⑤秦遄之妻:秦遄,鲁大夫。其妻为公鸟之妹。⑥公甫:即公甫靖,季孙纥之子。⑦秦姬:秦遄之妻。公之:名鞅。⑧卞:地名,在今山东泗水县东。⑨介其鸡:为鸡戴上甲,即制作小铠甲著于鸡头。一说介作芥,即将芥子捣成粉末,撒在鸡翼上,可以迷敌方的眼睛。⑩旃:之焉的合音字。⑪老:家臣头子。⑫万:乐舞名。⑬万于季氏:到季氏那里跳万舞。⑭庸:酬功。不能使昭公成祭祀之功于先君之庙。⑮公为:昭公之子务人。⑯公果、公贲:皆公为之弟。⑰以惧之:用戈吓唬一下而已,并未真击。⑱不可必:即无把握。⑲不获死:不得善终,不得好死。⑳阚:鲁邑名,位于今山东南旺湖。㉑长府:府库名。㉒戊戌:十一日。㉓费:季氏采邑。㉔子家子:子家羁,子家懿伯。㉕日入慝作:太阳落山后,邪恶将会发生,奸恶之徒起来。㉖蕰:同“蕴”,即积聚。㉗同求将合:与季氏同心者将纠合一起。㉘孟懿子:即仲孙何忌。㉙凡:大概、概略说。㉚冰:箭筒盖。㉛意如:季平子名。㉜不敢不改:季氏不敢不改变对君王的侮慢态度。㉝己亥:九月十二日。㉞孙:同“逊”,逃奔。㉟斥言:谓直言指责过失。㊱野次:指止宿于野外。㊲威权:威势和权力。㊳忿:生气,恨。骤:急,突然。㊴憝(duì):坏,恶。㊵人纪:人之纲纪,指立身处世的道德规范。

春秋 齐侯唁[①]公于野井(野井,杜注:济南祝阿县东有野井亭。在今齐河县东济河北岸)。

左传 齐侯将唁公于平阴,公先于野井。齐侯曰:“寡人之罪也。使有司待于平阴,为近故也(平阴,齐地。齐侯自咎,本不敕有司远诣阳州,而欲近会于平阴,故令鲁侯过共,先至野井,远来迎己,自责以射公)。”书曰:“公孙于齐,次于阳州,齐侯唁公于野井。”礼也。将求于人,则先下之,礼之善物也(物,事也。谓先往至野井)。齐侯曰:"自莒疆以西,请致千社[2](二十五家为社。千社,二万五千家),以待君命(待君伐季氏之命)。寡人将帅敝赋以从执事,唯命是听,君之忧,寡人之忧也。"公喜。子家子曰:"天禄不再[3],天若胙[4]君,不过周公[5],以鲁足矣。失鲁,而以千社为臣(为齐臣),谁与之立[6],且齐君无信,不如早之晋。"弗从。

臧昭伯率从者将盟,载书[7]曰:"戮力壹心,好恶同之。信罪之有无(信,明也。处者有罪,从者无罪),缱绻[8]从公(缱绻,不离散),无通外内。"以公命示子家子。子家子曰:"如此,吾不可以盟,羁也不佞,不能与二三子同心,而以为皆有罪[9](从者陷君,留者逐君,皆有罪也)。或欲通外内(通外内之言,彼此解说),且欲去君(去君,伪负罪出奔,不必缱绻从公)。二三子好亡而恶定,焉可同也?陷君于难,罪孰大焉?通外内而去君,君将速入,弗通何为?而何守焉(何必守公)?"乃不与盟。

公羊传　唁公者何?昭公将弑季氏(言弑误),告子家驹曰:"季氏为无道,僭[10]于公室久矣,吾欲弑之,何如?"子家驹曰:"诸侯僭于天子,大夫僭于诸侯久矣。"昭公曰:"吾何僭矣哉?"子家驹曰:"设两观[11](礼,天子外阙两观,诸侯内阙一观),乘大路(礼,天子大路,诸侯路车,大夫大车,士饰车),朱干,玉戚,以舞《大夏》[12](干,楯也。以朱饰楯。戚,斧也。以玉饰斧。《大夏》,夏乐。周所以舞夏乐者,王者始起,未制作之时,取先王之乐与己同者,假以风化天下,天下大同乃自作乐取夏乐者,与周俱文也),八佾以舞《大武》[13],此皆天子之礼也。且夫牛马,维娄[14](系马曰维,系牛曰娄)委己者也而柔[15]焉(委食己者。柔,顺也。言牛马犹顺喂己之人,喻民受季氏惠自当从之),季氏得民众久矣,君无多辱焉。"昭公不从其言,终弑而败焉。走之齐,齐侯唁公于野井,曰:"奈何君去鲁国之社稷?"昭公曰:"丧人不佞,失守鲁国之社稷,执事以羞(谦自比齐下执事,言以羞及君)。"再拜颡[16](谢见唁也)。庆子家驹曰(庆,贺也):"庆子免君于大难矣。"子家驹曰:"臣不佞,陷君于大难,君不忍加之以鈇锧[17],赐之以死。"再拜颡。高子执箪食与四脡脯[18](屈曰朐,申曰脡),国子执壶浆,曰:"吾寡君闻君在外,馂饔[19]未就(馂,熟食。饔,熟肉。未就,未成也),敢致糗于从者。"昭公曰:"君不忘吾先君,延及丧人,锡之以大礼。"再拜稽首,以衽[20]受(衽,衣下裳当前者。乏器,谦不敢求索)。高子曰:"有夫不祥(犹曰人皆有夫不善),君无所辱大礼(礼,臣受君锡,答拜,谓之拜命谓之辱。高子见昭公拜辱大卑,故曰君无所辱大礼)。"昭公盖祭而不尝(食必祭,示有所先。不尝,待礼让也)。景公曰:"寡人有不腆[21]先君之服,未之敢服;有不腆先君之器,未之敢用,敢以请。"昭公曰:"丧人不佞,失守鲁国之社稷,执事以羞,敢辱大礼,敢辞。"景公曰:"寡人有不腆先君之服,未之敢服,有不腆先君之器,未之敢用,敢固以请。"昭公曰:"以吾宗庙之在鲁也,有先君之服,未之能以服;有先君之器,未之能以出,敢固辞。"景公曰:"寡人有不腆先君之服,未之敢服;有不腆先君之器,未之敢用,请以飨乎从者。"昭公曰:"丧人其何称(行礼,宾主当各有所称。昭公失国,不敢仍故称,故谦而问之)?"景公曰:"孰君而无称?"昭公于是噭然而哭(噭然,哭声。感景公言而自伤),诸大夫皆哭。既哭,以人为菑(菑,周埒垣也。所以分别内外,卫威仪也),以幦[22]为席(幦,车覆笭),以鞌[23]为几,以遇礼相见(以诸侯出相遇之礼相见)。孔子曰:"其礼与其辞足观矣(言外讥之)!"

穀梁传 吊失国曰唁。唁公不得入于鲁也。

解义 凡唁,皆造[24]其所居。公方孙[25]齐求援,故齐侯以唁为名而实拒公之适[26]己也。书齐侯唁,非与其能唁也,讥其无救灾恤患之实,徒行虚礼,而诚不在焉耳!

注释 ①唁:慰问。②千社:二万五千户。二十五户为一社。③天禄不再：上天的福禄不会二次降给君王。④胙：通“祚”，赐福。⑤不过周公：不会超过周公。周公，即指鲁国。⑥立：即复位。⑦载书：盟书。⑧缱绻：坚决。⑨皆有罪：认为从者陷君于危难，留者逐君，都有罪。⑩僭：超过；过分。⑪两观：宫门前两边的望楼。⑫《大夏》：指夏禹时的歌舞。⑬八佾：是古代的一种乐舞，因共有八行八列而称作“八佾”。按照礼法规定，只有天子才能使用这种制度的乐舞。《大武》：是周代编创的歌颂武王伐纣获得胜利的乐舞作品，属《六舞》之一。⑭维娄：指系缚；羁縻。何休注：“系马曰维，系牛曰娄。”⑮柔：顺。⑯颡(sǎng)：额，脑门儿。⑰鈇锧：古代腰斩时所用刑具。鈇，如今铡刀；锧，腰斩时所用铡刀座。⑱箪食：装在箪筒里的饭食。脡(tǐng)：条状的干肉。脯：肉干。⑲馂饔(jùnyōng)：指煮熟的食物。⑳衽(rèn)：衣襟，衣袖。㉑腆：平善；美好。㉒幦(mì)：古代车前横木上的覆盖物。㉓鞌(ān)：同“鞍”。㉔造：到，去。㉕孙：同“逊”，逃奔。㉖适：归向。

春秋　冬十月戊辰，叔孙舍卒。

左传　昭子自阚归，见平子。平子稽颡[①]，曰：“子若我何？”昭子曰：“人谁不死？子以逐君成名，子孙不忘，不亦伤乎！将若子何？”平子曰：“苟使意如得改事君，所谓生死而肉骨也。”昭子从公于齐，与公言。子家子命适公馆者执之(恐从者知叔孙谋)。公与昭子言于幄内，曰将安众而纳公。公徒[②]将杀昭子，伏诸道。左师展告公(展，鲁大夫)，公使昭子自铸[③]归(辟伏兵)。平子有异志(不欲复纳公)。冬十月辛酉[④]，昭子齐[⑤]于其寝，使祝宗祈死。戊辰[⑥]，卒(耻为平子所欺，故祈而自杀)。左师展将以公乘马而归(欲与公俱轻归)，公徒执之。

解义　昭公之祸，原於叔孙氏之司马，婼[⑦]果愤意如见欺，即宜正鬷戾之罪而诛之[⑧]，以剪季氏之羽翼而徐为之图，今乃付之无可奈何之命，则非忠矣！至祈死之说本不可信。此年春婼聘宋，与宋公对语而泣，乐祈已知其魂魄去矣，何待於祈哉！

注释 ①稽颡：屈膝下拜，以额触地，投降时行之。②公徒：昭公之徒众。③铸：地名，在今山东肥城南。④辛酉：初四日。⑤齐：同“斋”。⑥戊辰：十一日。⑦婼：即叔孙昭子（？—前517年），姬姓，叔孙氏，名婼，一名舍，谥号曰“昭”，史称叔孙昭子。⑧意如：季平子名。宜：应该，应当。鬷戾：鬷氏，名戾，叔孙昭子时的叔孙氏司马。

附录左传 壬申[1]，尹文公涉于巩[2]，焚东訾，弗克（文公，子朝党，于巩县涉洛水也。东訾，杜注：敬王邑）。

春秋 十有一月己亥[3]，宋公佐卒于曲棘[4]（曲棘，杜注：宋地，陈留外黄县城中有曲棘里。当在今河南杞县境）。

左传 十一月，宋元公将为公故如晋（请纳公）。梦大子栾即位于庙，已与平公服而相之（栾，元公子。平公，元公父）。旦，召六卿。公曰：“寡人不佞，不能事父兄（父兄谓华、向），以为二三子忧，寡人之罪也。若以群子之灵，获保首领以殁，唯是楄柎所以藉幹者[5]（楄柎，棺中笭床也。幹，骸骨也），请无及先君（欲自贬损）。”仲几对曰：“君若以社稷之故，私降昵宴，群臣弗敢知（昵，近也。降昵宴，谓损声乐饮食之事）。若夫宋国之法，死生之度，先君有命矣。群臣以死守之，弗敢失队。臣之失职，常刑不赦。臣不忍其死，君命祗辱（言君命必不行，祗，适也）。”宋公遂行。己亥，卒于曲棘。

公羊传 曲棘者何？宋之邑也。诸侯卒其封内不地，此何以地？忧内也（时闻昭公见逐，欲纳之，故曰忧内）。

穀梁传 邡公也[6]（邡，谋也）。

解义 曲棘，宋地。诸侯以境内为家，故行而卒於境内者，不书其地，盖以为常事，而告辞不及也。宋元公以公[7]故，将如晋以谋纳公,故告辞独详而载於册书。夫元公之女为意如妻,乃能不昵[8]私爱急於正伦恤患[9],贤於当时诸侯远矣!故不削其卒地以别之。

注释　①壬申:十五日。②尹文公:子朝之党。涉于巩:在巩县涉水过洛河。③己亥:十三日。④曲棘:地名,位于今河南兰考县东南。⑤楄柎(pián fù):古时棺木下面垫尸体的木板。藉幹:指骸骨。⑥邡公:谋纳鲁昭公。⑦公:鲁昭公。⑧昵:亲近。⑨恤患:指济人于患难。

春秋　十有二月,齐侯取郓。

左传　十二月庚辰[1],齐侯围郓(欲取以居公)。

公羊传　外取邑不书?此何以书?为公[2]取之也。

穀梁传　取,易辞也。内不言取,以其为公取之,故易言之也。

解义　郓,鲁邑。书齐侯取之何也?齐不自取,而为公取郓使居之,盖无意於纳公也。使[3]齐侯移围郓之师直指鲁郊,执意如而归之京师,复昭公於鲁,则义声振於天下矣!乃不能讨贼以正大义,而姑取郓以塞己责[4],故书以讥之。胡氏安国乃谓公已绝於鲁,而见逐於季氏为不君,此害义之言,非《经》指也!

附录左传　初,臧昭伯如晋,臧会窃其宝龟偻句[5](会昭伯从弟。偻句,龟所出地名),以卜为信与僭(僭,不信也),僭吉。臧氏老将如晋问(问昭伯起居),会请往(代家老行)。昭伯问家故[6](故,事也),尽对。及内子与母弟叔孙,则不对(内子,昭伯妻。不对,若有他故)。再三问,不对。归,及郊,会逆,问,又如初。至,次于外而察之,皆无之。执而戮之,逸,奔郈。郈鲂假使为贾正焉[7](郈,杜注:在东平无盐县东南。今山东东平州东四十里有郈城。鲂假,郈邑大夫。贾正,掌货物,若市吏)。计于季氏(送季簿)。臧氏使五人以戈楯伏诸桐汝之闾[8](桐汝,杜注:里名)。会出,逐之,反奔,执诸季氏中门之外。平子怒,曰:“何故以兵入吾门?”拘臧氏老。季、臧有恶(相怨恶)。及昭伯从公,平子立臧会(立以为臧氏后)。会曰:“偻句不余欺也(言不信果验)。”

楚子使薳射城州屈,复茄[9]人焉(还复茄人于州屈)。城丘皇,迁訾人焉(迁訾人于丘皇)。使熊相禖郭[10]巢,季然郭卷(使二大夫为巢、卷筑郭也。卷,杜注:卷城在南阳叶县南。今河南叶县西南有建城故城即其地)。子太叔闻之,曰:“楚王将死矣。使民不安其土,民必忧,忧将及王,弗能久矣(为明年楚子居卒传)。”

注释 ①庚辰:二十四日。②公:鲁昭公。③使:假若。④姑:暂且。塞:搪塞;应付。⑤宝龟:用于占卜的龟甲。偻(lǚ)句:本地名,产龟甲,因以为龟甲之名。⑥故:事。⑦郈鲂假:郈邑大夫。郈,位于今山东东平县东南四十里。贾正:掌管市场买卖的官长。⑧闾(lǘ):里门。⑨茄:近淮水之小邑,使其居民回州屈居住。⑩郭:筑内城。

卷五十五

昭公(二十六年之二十八年)

春秋 二十有六年春王正月。

附录左传 二十六年春,王正月庚申①,齐侯取郓。

春秋 葬宋元公。

左传 葬宋元公,如先君,礼也(善宋人违命以合礼)。

解义 昭公在外,而鲁於诸侯之丧每②遣使会葬,则意如之专鲁与君无异矣!

注释 ①庚申:初五日。②每:常常,经常。

春秋 三月,公至自齐,居于郓。

左传 三月,公至自齐,处于郓,言鲁地也。

穀梁传 公次于阳州,其曰至自齐何也(公但至阳州,未至齐)?以齐侯之见公,可以言至自齐也。居于郓者,公在外也。至自齐,道义不外公也(君虽在外,犹以在国之礼录之,是崇君之道)。

解义 公来自野井,初未及齐国都,而曰至自齐。野井,齐地,故也入鲁境故书至,犹在外故书地。居者有其土地人民之称,若曰鲁地,非意如之所得有,所以存公也。郑伯突失国而取栎以居,卫侯衎失国而取夷仪以居,皆书曰入。此不言入,内辞也,为尊者亲者讳。使若适他国而返居於郓,存一国之防也!

春秋 夏,公围成。

左传 夏,齐侯将纳公,命无受鲁货。申丰从女贾(丰、贾二人,皆季氏家臣),以币锦二两(二丈为一端,二端为一两,所谓匹也。二两,二匹),缚一如瑱(瑱,充耳。缚,卷也。急卷使如充耳,易怀藏),适齐师。谓子犹之人高齮(子犹,梁丘据。齮,子犹家臣):"能货子犹,为高氏后,粟五千庾(言若能为我行货于子犹,当为请,使得为高氏后。

又当致粟五千庾。庾，十六斗，凡八千斛）。”高齮以锦示子犹，子犹欲之。齮曰：“鲁人买之，百两一布①（布陈之，以百两为数。言买此甚多），以道之不通，先入币财（财，犹材也）。”子犹受之，言于齐侯曰：“群臣不尽力于鲁君者，非不能事君也。然据有异焉（异，犹怪也）。宋元公为鲁君如晋，卒于曲棘。叔孙昭子求纳其君，无疾而死（俱在前年）。不知天之弃鲁耶，抑鲁君有罪于鬼神，故及此也？君若待于曲棘，使群臣从鲁君以卜焉。若可，师有济也。君而继之，兹②无敌矣。若其无成，君无辱③焉。”齐侯从之，使公子鉏帅师从公（鉏，齐大夫）。

成④大夫公孙朝谓平子曰：“有都以卫国也，请我受师（以成邑御齐师）。”许之。请纳质⑤，弗许，曰：“信女，足矣。”告于齐师曰：“孟氏，鲁之敝室⑥也。用成已甚⑦，弗能忍也，请息肩⑧于齐（公孙朝诈齐师言欲降，使来取成）。”齐师围成。成人伐齐师之饮马于淄者，曰：“将以厌众⑨（以厌众心，不欲使知已降也。淄，杜注：水出泰山梁父县西北入汶，汉梁父在今泗水县北）。”鲁成备而后告曰：“不胜众（告齐言众不欲降，已不能胜）。”

师及齐师战于炊鼻（季氏师拒公。炊鼻，杜注：鲁地）。齐子渊捷从泄声子（声子，鲁大夫），射之，中楯瓦（瓦，楯脊）。繇朐汰辀⑩，匕入者三寸（入楯瓦也。朐，车軏。辀，车辕。繇，过也。汰，矢激。匕，矢镞也）。声子射其马，斩鞅⑪，殪。改驾，人以为鬷戾也而助之（人，鲁人也。鬷戾，叔孙氏司马）。子车⑫曰：“齐人也（子车，即渊捷）。”将击子车，子车射之，殪。其御曰：“又之（又欲使射馀人）。”子车曰：“众可惧也，而不可怒也。”子囊带从野泄，叱之（囊带，齐大夫。野泄，即声子）。泄曰：“军无私怒，报乃私也，将亢⑬子。”又叱之（子囊复叱），亦叱之（野泄亦叱也。言齐无战心，但相叱）。冉竖射陈武子，中手（冉竖，季氏臣。武子，陈子强），失弓而骂（武子骂）。以告平子，曰：“有君子白皙，鬒须眉⑭，甚口⑮。”平子曰：“必子强也,无乃亢诸?”对曰:“谓之君子,何敢亢之(伪言不敢违季氏)?”林雍羞为颜鸣右,下(皆鲁人,羞为右,故下车战)。苑何忌取其耳(何忌,齐大夫),颜鸣去之(其右见获,惧而去之)。苑子之御曰:“视下顾[16](复欲使苑子击其足)。”苑子刜林雍,断其足。𨇤而乘于他车以归(刜,砍也。𨇤,一足行),颜鸣三入齐师,呼曰:“林雍乘(言鲁人皆致力于季氏,不以私怨而相弃)!”

穀梁传　非国不言围。所以言围者,以大公也(崇大其事)。

解义　齐侯谋纳公,使公子鉏帅师围成,不书公以齐师,而直曰公围成,恶齐受季氏之赂,虽得其师不足以也。《春秋》凡公出在境内而返,不书至。定公在国而致围成,所以著公之危弱,攻私邑如敌国也。昭公已去国而不致围成者,所以存公如公之在国也。然昭公既孙[17],自他国返,必书至,惟自围成而复居於郓,不言至,亦以示内外之别耳!

注释　①一布:一堆。②兹:则。③无辱:不必亲自出征。④成:本孟氏邑,位于今山东宁阳县北。⑤纳质:交上人质。⑥敝室:凋敝没落家族。⑦用成已甚:役使成邑的民力财力太过分。⑧息肩:卸下负担。此处指请降。⑨厌众:使众心服。⑩繇朐汰辀:由曲木穿过车辕。⑪斩鞅:射断马颈皮带。⑫子车:即子渊捷。⑬亢:同“抗”,抵挡。⑭鬒须眉:胡须眉毛黑且密。鬒,黑、稠发。⑮甚口:善于骂人。⑯视下顾:眼睛向下看。⑰孙:同“逊”。逃遁。

附录左传　四月,单子如晋告急。五月戊午[1],刘人败王城之师于尸氏(刘人,刘蚠之属。王城,子朝之徒。尸氏,杜注:在巩县西南偃师城。《汉志》:偃师有尸乡。今河南偃师县西南新蔡镇即古尸乡也)。戊辰[2],王城人、刘人战于施谷(施谷,杜注:周地),刘师败绩。

春秋　秋,公会齐侯、莒子、邾子、杞伯,盟于鄟陵(鄟,《公羊》作剸。鄟陵,杜注:地阙)。

左传 秋,盟于鄟陵,谋纳公也。

解义 霸统既绝,参盟复作,此齐景假[3]纳公之名以纠合也。十六年,齐、徐、郯、莒尝盟于蒲隧;十九年,宋、邾、郳尝盟于虫,则诸侯固有不待霸主而自盟会者矣。至是始书以晋不复能有诸侯也,晋不主盟而后齐专盟矣!

注释 ①戊午:初五日。②戊辰:十五日。③假:借用,利用。

春秋 公至自会,居于郓。

穀梁传 公在外也。至自会,道义不外公也。

解义 凡公行返而告庙则书,至昭公居郓,非宗庙之所在,何以书?曾子问云:"君去其国,大宰取群庙之主以从。"则昭公之去郓而返,亦或告於祖祢[1]。顾季氏强悖[2],专有鲁国,当时史官阿附[3],必不书至,圣人以所见之世而特志耳!

注释 ①祖祢(mí):指祖庙与父庙。②强悖:倔强悖逆。③阿附:迎合附和。

附录左传 七月己巳[1],刘子以王出(师败,惧而出)。庚午[2],次于渠(渠,杜注:周地。按:即周阳渠也。在今洛阳县,亦名九曲渎)。王城人焚刘(烧刘子邑)。丙子[3],王宿于褚氏(褚氏,杜注:洛阳县南有褚氏亭。在今洛阳县东)。丁丑[4],王次于萑谷。庚辰[5],王入于胥靡。辛巳[6],王次于滑(萑谷,杜注:周地。按:距洛九十里有大谷,汉设关于此,萑谷盖其支径。胥靡、滑,杜注:皆周地,本郑邑。今河南偃师县东南有胥靡城,县南有缑氏故城,即古滑地也)。晋知跞、赵鞅帅师纳王,使女宽守阙塞(女宽,晋大夫。阙塞,杜注:洛阳西南伊阙口也。今洛阳县南阙塞山是)。

春秋 九月庚申,楚子居卒。

左传 九月,楚平王卒。令尹子常欲立子西(子西,平王之长庶),曰:"大子壬弱(壬,昭王也),其母非适也,王子建实聘之。子西长而好善。立长则顺,建善则治。王顺国治,可不务乎?"子西怒曰:"是乱国而恶君王也(言王子建聘之,是彰平王之恶)。国有外援,不可渎[7]也(外援,秦也)。王有适嗣,不可乱也。败亲、速仇[8](不立壬,秦将来讨,是速仇也)、乱嗣,不祥,我受其名(受恶名)。赂吾以天下,吾滋[9]不从也。楚国何为?必杀令尹!"令尹惧,乃立昭王。

春秋　冬十月,天王入于成周(成周,杜注:洛阳。今故城在县东北)。

公羊传　成周者何?东周也(在王城之东,故曰东周)。其言入何?不嫌也(据入者篡词,既曰天王,则不嫌为篡矣)。

穀梁传　周,有入无出也(王者无外,不言出)。

解义　因狄泉故称入,惠王、襄王入皆不书,此曷为书?幸之也。王室乱,入无足讳焉尔!其不曰入于京师,而云成周者,成周在王城之东,曰下都。王城为洛之上都,时子朝据王城,故王入城周以居,子朝既奔,馀党尚在王城,敬王畏逼[10],遂都成周,故以地名书之,著其实也!

注释　①己巳:十七日。②庚午:十八日。③丙子:二十四日。④丁丑:二十五日。⑤庚辰:二十八日。⑥辛巳:二十九日。⑦渎:轻慢。⑧败亲速仇:亲指楚平王,仇指秦国。⑨滋:益也。⑩畏逼:惧怕受子朝余党胁迫。

春秋　尹氏、召伯、毛伯以王子朝奔楚。

左传　冬十月丙申[1],王起师于滑。辛丑[2],在郊(郊,杜注:子朝邑),遂次于尸。十一月辛酉[3],晋师克巩(知跞、赵鞅之师)。召伯盈逐王子朝(伯盈本党子朝,晋师克巩,知其不成,逐之而逆敬王),王子朝及召氏之族、毛伯得、尹氏固、南宫嚚奉周之典籍以奔楚(尹、召二族皆奔,故称氏。重见尹固名者,为后还见杀)。阴忌奔莒以叛(阴忌,子朝党。莒,杜注:周邑)。召伯逆王于尸,及刘子、单子盟。遂军圉泽，次于堤上（圉泽、堤上，杜注：皆周地。按：圉泽即东圉之泽也。在今洛阳县东境）。癸酉[4]，王入于成周。甲戌[5]，盟于襄宫（襄王庙）。晋师使成公般戍周而还（般，晋大夫）。十二月癸未[6]，王入于庄宫（庄宫，在王城）。

王子朝使告于诸侯曰："昔武王克殷，成王靖四方，康王息民，并建[7]母弟，以蕃屏周。亦曰：'吾无专享文、武之功，且为后人之迷败倾覆，而溺入于难，则振救之。'至于夷王，王愆于厥身（夷王，厉王父也。愆，恶疾），诸侯莫不并走其望[8]，以祈王身。至于厉王，王心戾虐，万民弗忍，居王于彘[9]（不忍害王也。厉王之末，周人流王于彘）。诸侯释位[10]，以间王政（间，犹与也。周、召二公与治王之政事，号曰"共和"）。宣王有志，而后效官（宣王，厉王子。彘之乱，宣王尚少。召公虎取而长之。效，授也）。至于幽王（宣王子），天不吊[11]周，王昏不若，用愆厥位（若，顺也。愆，失也）。携王奸命，诸侯替之，而建王嗣，用迁郏鄏[12]（携王，幽王少子伯服也。王嗣，宜臼也。幽王后申姜，生大子宜臼。王幸褒姒，生伯服，欲立之而杀大子。大子奔申，申伯与鄫及西戎伐周，战于戏。幽王死，诸侯废伯服而立宜臼，是为平王，东迁郏鄏）。则是兄弟之能用力于王室也。至于惠王，天不靖周，生颓祸心，施于叔带，惠、襄辟难，越去王都（惠王，平王六世孙。颓，惠王庶叔也。庄十九年作乱，惠王适郑。襄王，惠王子。叔带，襄王弟。僖二十四年，叔带作难，襄王处氾）。则有晋、郑，咸黜不端（黜，去也。晋文杀叔带，郑厉杀子颓，为王室去不端直之人），以绥定王家。则是兄弟之能率[13]先王之命也。在定王六年，秦人降妖[14]（定王，襄王孙。定王六年，鲁宣八年），曰：'周其有頿王（頿（zī），口上须），亦克能修其职。诸侯服享[15]，二世共职（二世，谓灵、景）。王室其有间王位[16]，诸侯不图，而受其乱灾（间王位，本谓子朝。今子朝以为王猛。受乱灾，本谓楚。今子朝以为晋）。'至于灵王，生而有頿（灵王，定王孙）。王甚神圣，无恶于诸侯。灵王、景王，克终其世

(景王,灵王子)。今王室乱,单旗、刘狄,剥乱天下,壹行不若[17](单旗,穆公也。刘狄,刘盆也。壹,专也)。谓:‘先王何常之有(言无常法)? 唯余心所命,其谁敢讨之?’帅群不吊之人(吊,至也),以行乱于王室。侵欲无厌,规求[18]无度,贯渎鬼神(贯,习也),慢弃刑法,倍奸齐盟,傲很[19]威仪,矫诬先王。晋为不道,是摄是赞[20](摄,持也),思肆其罔极[21]。兹不谷震荡播越[22],窜在荆蛮(不谷,子朝自谓),未有攸底[23]。若我一二兄弟甥舅[24],奖顺天法[25],无助狡猾,以从先王之命,毋速天罚,赦图不谷(赦其忧而图其难),则所愿也。敢尽布其腹心,及先王之经,而诸侯实深图之! 昔先王之命曰:‘王后无適,则择立长。年钧以德,德钧以卜。’王不立爱,公卿无私,古之制也。穆后及大子寿早夭即世(在十五年),单、刘赞私立少,以间先王(间错先王之制),亦唯伯仲叔季图之(伯仲叔季,总谓诸侯)!”闵马父闻子朝之辞,曰:“文辞以行礼也。子朝干景之命,远晋之大,以专其志,无礼甚矣,文辞何为(传终王室辞)?”

穀梁传　远矣,非也(非,责也。奔篡君之贼,其责远矣)。奔,直奔也。

解义　尹氏世卿,秉政擅权,书立朝,书以朝奔楚,著始终怙恶不悛也,并举召、毛,治其党也。奔不言出者,篡贼窃逃,以逭[26]天讨,无所出也,故比於国灭之君与在境外之臣,但以奔书。曰奔楚,则楚受篡贼之罪亦见矣!

注释　①丙申:十六日。②辛丑:二十一日。③辛酉:十一日。④癸酉:二十三日。⑤甲戌:二十四日。⑥癸未:四日。⑦建:分封。⑧并走其望:一起祭祀其境内的名山大川。⑨彘(zhì):地名,位于今山西霍县。⑩释位:离开其位。⑪吊:保佑。⑫郏鄏:即洛阳。⑬率:遵循。⑭降妖:出现妖言。⑮诸侯服享:使诸侯顺服享有国家。⑯间王位:乘隙谋求王位。⑰壹行不若:

专行不顺之事。⑱规求：贪求。⑲傲很：无视。⑳摄、赞：二词同义，佐助。㉑肆其罔极：放纵其贪得无厌的欲望。㉒震荡播越：动荡流离。㉓底：止。㉔兄弟甥舅：兄弟指同姓诸侯，甥舅指异姓诸侯。㉕奖顺天法：成全顺从上天的法度。㉖逭（huàn）：逃避。

附录左传 齐有彗星（出齐之分野），齐侯使禳之。晏子曰："无益也，只取诬焉。天道不谄（谄，疑也），不贰其命，若之何禳之？且天之有彗也，以除秽也。君无秽德，又何禳焉？若德之秽，禳之何损[1]？《诗》曰：'惟此文王，小心翼翼，昭事上帝，聿怀多福。厥德不回，以受方国（《诗·大雅》。翼翼，共也。聿，惟也。回，违也。言文王德不违天人，故四方之国归往之）。'君无违德，方国将至，何患于彗？《诗》曰：'我无所监，夏后及商。用乱之故，民卒流亡（《逸诗》也。言追监夏、商之亡，皆以乱故）。'若德回乱，民将流亡，祝史之为，无能补也。"公说，乃止。

齐侯与晏子坐于路寝，公叹曰："美哉室！其谁有此乎（景公自知德不能久有国，故叹也）？"晏子曰："敢问何谓也？"公曰："吾以为在德。"对曰："如君之言，其陈氏乎！陈氏虽无大德，而有施于民。豆区釜钟之数，其取之公也簿（谓以公量收），其施之民也厚（谓以私量贷）。公厚敛焉，陈氏厚施焉，民归之矣。《诗》曰：'虽无德与女，式[2]歌且舞（《诗·小雅》。义取虽无大德，要有喜说之心，欲歌舞之。式，用也）。'陈氏之施，民歌舞之矣。后世若少惰，陈氏而不亡，则国其国[3]也已。"公曰："善哉！是可若何？"对曰："唯礼可以已之。在礼，家施不及国，民不迁，农不移，工贾不变（守常业），士不滥[4]（不失职），官不滔[5]（滔，慢也），大夫不收公利（不作福）。"公曰："善哉！我不能矣。吾今而后知礼之可以为国也。"对曰："礼之可以为国也久矣。与天地并。君令臣共[6]，父慈子孝，兄爱弟敬，夫和妻柔，姑慈妇听，礼也。君令而不违，臣共而不贰，父慈而教，子孝而箴[7]（箴，谏也）；兄爱而友，弟敬而顺；夫和而义，妻柔而正；姑慈而从（从，不自专），妇听而婉（婉，顺也），礼之善物也。”公曰：“善哉！寡人今而后闻此礼之上[8]也。”对曰：“先王所禀[9]于天地，以为其民也（禀，受也。为，治也），是以先王上之。”

春秋　二十有七年春，公如齐。公至自齐，居于郓。

左传　二十七年春，公如齐。公至自齐，处于郓，言在外也（在外邑故书地）。

穀梁传　公在外也。

春秋　夏四月，吴弑其君僚。

左传　吴子欲因楚丧而伐之（前年楚平王卒），使公子掩余、公子烛庸帅师围潜[10]（二子，皆王僚母弟。潜，杜注：楚邑。在庐江六县西南。今江南霍山县东北有灊（qián）城）。使延州来[11]季子聘于上国（季子本封延陵，后复封州来，故曰延州来），遂聘于晋，以观诸侯（观强弱）。楚莠尹然，工尹麇帅师救潜（二尹，楚官。然、麇其名）。左司马沈尹戌帅都君子与王马之属以济师[12]（都君子，在都邑之士有复除者。王马之属，王之养马官属校人也），与吴师遇于穷[13]（穷，《水经注》：水出安丰县穷谷。在今江南霍丘县西）。令尹子常以舟师及沙汭[14]而还（沙汭，杜注：水名。《水经注》：沙南流至义成县西南入淮。在今江南怀远县东北）。左尹郤宛、工尹寿帅师至于潜，吴师不能退（遇穷之师，当吴前潜之师要吴后，故吴不得退去）。吴公子光曰：“此时也，弗可失也（欲因以弑王）。”告鱄设诸曰（鱄设诸，二十年伍员所见勇士）：“上国有言曰：‘不索何获？’我，王嗣也（光，吴王诸樊子，故曰王嗣），吾欲求之。事若克，季子虽至（至，谓聘还），不吾废也。”鱄设诸曰：“王可弑也。母老子弱，是无若我何[15]（欲以老弱讬光）。”光曰：“我，尔身也（言我身犹尔身）。”

夏四月，光伏甲于堀室[16]而享王（堀地为室）。王使甲坐于道,及其门。门阶户席,皆王亲也,夹之以铍。羞者献体⑰改服于门外(羞,进食也。献体,解衣),执羞者坐行⑱而入(坐行,膝行),执铍者夹承之(承执羞者),及体以相授⑲也(铍及进羞者体,以所食授王)。光伪足疾,入于堀室(恐难作,王党杀己,故辟之)。鱄设诸置剑于鱼中以进(全鱼炙,故可置剑),抽剑刺王,铍交于胸⑳(交鱄设诸胸),遂弑王。阖庐以其子为卿㉑(子,鱄诸子)。季子至,曰:"苟先君无废祀,民人无废主,社稷有奉,国家无倾,乃吾君也。吾谁敢怨?哀死事生,以待天命。非我生乱,立者从之㉒,先人之道也(吴自诸樊以下兄弟相传,而不立适,是乱由先人起也。季子自知力不能讨光,故云尔)。"复命哭墓(复使命于僚墓),复位而待(复本位待光命)。吴公子掩余奔徐,公子烛庸奔钟吾㉓(钟吾,杜注:小国。《汉志》:东海郡司吾。今江南宿迁县西北有司吾城)。楚师闻吴乱而还(为后谮郤宛起)。

解义 此公子光使鱄诸弑之,而称国何也?光既弑立,自以诸樊之冢嗣㉔,假言㉕国之臣民皆欲弑僚而还国於己,故以众弑赴㉖於诸侯。《春秋》不书人而书国,所以发后人之疑使考之而得其实也。先儒多以吴之乱责季子,惟赵氏鹏飞曰:使季子不逃而受之,亦不免於乱,何则季子之终,将授之谁哉?受之,而身当其乱,孰若逃之,而自洁其身乎?此笃论㉗也!

注释 ①禳之何损:如果德行污秽,禳祭也不会减损。②式:句首语助词,无义。③国其国:陈氏取代齐君,统治齐国。④不滥:不失职。⑤滔:怠慢。⑥共:通"恭"。⑦箴:规劝、谏止。⑧上:同"尚",尊尚。⑨禀:承受。⑩潜:楚地,位于今安徽霍山县东北。⑪延州来:季子原本封在延陵,后复封州来,故称延州来。⑫都君子:都邑亲兵。王马:公马。济师:增援部队。⑬穷:地名,在今安徽堆县西南。⑭沙汭:位于今安徽怀远县东北。⑮是无若我何:此为我无若是何的变句,意为我没有办法安置老母、弱子。⑯堀室:窟室,即地下室。⑰羞者献体:进食的人赤身露体。羞,食品。此用作动词。⑱坐行:膝行,即跪着行走。⑲及体以相授:刀剑顶着身体,相传递呈。⑳铍交于胸:鱄设诸刺中王僚,卫士也用铍交叉刺入鱄设诸胸部。㉑阖庐:即公子光。其子:鱄设诸之子。㉒立者从之:立为国君的人就服从他。㉓钟吾:小国,为吴所灭,位于今江苏宿迁县东北。㉔冢嗣:嫡长子。㉕假言:虚言,假话。㉖赴:同"讣",讣告。㉗笃论:犹确论。确切的评论。

春秋　楚杀其大夫郤宛(郤,《穀梁》作郄)。

左传　郤宛直而和,国人说之。鄢将师为右领[1](右领,官名),与费无极比而恶之(恶郤宛)。令尹子常贿而信谗,无极谮郤宛焉,谓子常曰:"子恶[2]欲饮子酒(子恶,郤宛)。"又谓子恶:"令尹欲饮酒于子氏。"子恶曰:"我,贱人也,不足以辱令尹。令尹将必来辱[3],为惠已甚。吾无以酬之,若何?"无极曰:"令尹好甲兵,子出之,吾择焉(择此以进子常)。"取五甲五兵[4],曰:"置诸门,令尹至,必观之,而从以酬之(曰,无极辞)。"及飨日,帷诸门左(张帷,陈甲兵其中)。无极谓令尹曰:"吾几祸子。子恶将为子不利,甲在门矣,子必无往。且此役[5]也(此春救潜之役),吴可以得志[6],子恶取赂焉而还,又误群帅,使退其师,曰:'乘乱不祥。'吴乘我丧,我乘其乱,不亦可乎?"令尹使视郤氏,则有甲焉。不往,召鄢将师而告之(告子恶门有甲兵,将害己)。将师退,遂令攻郤氏,且爇[7]之(爇,烧也)。子恶闻之,遂自杀也。国人弗爇,令曰:"不爇郤氏,与之同罪。"或取一编菅[8]焉,或取一秉秆[9]焉(编菅,苫也。秉,把也。秆,藁也),国人投之,遂弗爇也。令尹炮[10]之(炮,燔郤宛),尽灭郤氏之族党,杀阳令终[11]与其弟完及佗与晋陈[12]及其子弟(令终,阳匄子。晋陈,楚大夫,皆郤氏党)。晋陈之族呼于国曰:"鄢氏、费氏自以为王,专祸楚国,弱寡王室,蒙王与令尹以自利也。令尹尽信之矣，国将如何？”令尹病之（为下杀无极张本）。

解义 郤宛之死，费无极谮诸囊瓦杀之[13]。而《经》以国杀为文，罪楚君也。君无道，以令其臣致擅杀大夫而无忌，纪纲[14]亡矣！故以累上之辞书之。

注释 ①右领：官名。②子恶：即郤宛。③必来辱：一定屈尊前来。④五甲五兵：五领甲，五种兵器。⑤此役：指救潜之役。⑥吴可以得志：可以得志于吴的倒装句。⑦爇（ruò）：烧，放火焚烧。⑧编菅：草编、草席。意有人拿来盖房茅草。⑨一秉秆：一把禾杆。秉，把。⑩炮：焚烧。⑪阳令终：阳匄之子。⑫晋陈：楚大夫，郤氏之党。⑬谮：诬陷。囊瓦：囊氏，名瓦，字子常，春秋时期楚国的令尹。⑭纪纲：指法度。

春秋 秋，晋士鞅、宋乐祁犁、卫北宫喜、曹人、邾人、滕人会于扈[1]。

左传 秋，会于扈，令戍周，且谋纳公也。宋、卫皆利纳公，固请之。范献子取货于季孙，谓司城子梁与北宫贞子曰[2]（子梁，宋乐祁也。贞子，卫北宫喜）：“季孙未知其罪，而君伐之，请囚，请亡，于是乎不获。君又弗克，而自出也。夫岂无备而能出君乎？季氏之复，天救之也。休公徒之怒，而启叔孙氏之心。不然，岂其伐人而说甲执冰以游？叔孙氏惧祸之滥，而自同于季氏，天之道也。鲁君守齐[3]，三年而无成。季氏甚得其民，淮夷与之，有十年之备，有齐、楚之援（公虽在齐，言齐不致力），有天之赞，有民之助，有坚守之心，有列国之权，而弗敢宣也（宣，用也），事君如在国（书公行，告公至，是也）。故鞅以为难。二子皆图国者也，而欲纳鲁君，鞅之愿也，请从二子以围鲁。无成，死之。”二子惧，皆辞。乃辞小国，而以难复（以难纳白晋君）。

解义 扈之会，谋纳公，而以货解，无贬辞者，以令戍周故也。是时,大夫同恶相济,齐景为鄟陵之盟,而梁丘据入季氏之锦[4];晋顷为扈之会,而士鞅纳季氏之货。二君懵然无知[5],以为鲁之休戚无关於己,孰知田常韬祸於齐[6],六卿[7]伏忧於晋,厝火积薪[8]而不悟。使二君能为鲁讨贼,亦足以詟[9]内盗之志也。

注释　①扈:郑地,位于今河南原阳县西。②子梁:宋乐祁。北宫贞子:卫北宫喜。③守齐:请求齐国援助。④锦:锦囊,锦制的袋子。⑤懵然无知:懵,无知的样子。一无所知的样子。⑥田常:春秋时齐国大臣。妫姓,田(陈)氏,名恒,后人因避汉文帝刘恒讳称他为田常,亦称田成子。田乞之子。韬:隐藏。⑦六卿:即晋六卿,是指晋国赵氏、魏氏、韩氏、智氏、范氏、中行氏。⑧厝火积薪:厝(cuò),放置;薪,柴草。把火放到柴堆下面。比喻潜伏着很大危险。⑨詟(zhé):震慑。

春秋　冬十月,曹伯午[1]卒。

春秋　邾快来奔。

公羊传　邾娄快者何?邾娄之大夫也,邾娄无大夫。此何以书?以近书也。

解义　快之来奔,从其类也。意如逐君专国,又诱人之臣,使之叛其君而己为之逋逃[2]主,罪可胜诛乎?《春秋》书之,以深恶季氏也!

注释　①曹伯午:即曹悼公姬午(?—前515年),春秋曹国国君。平公須子,继平公而立。前524—前515年在位。②逋逃:戴罪逃亡之人。

附录左传　孟懿子、阳虎伐郓(阳虎,季氏家臣。伐郓,欲夺公)。郓人将战,子家子曰:“天命不慆久矣(慆,疑也。言弃君不疑)。使君亡者,必此众也。天既祸之,而自福也,不亦难乎?犹[1]有鬼神,此必败也。乌呼!为无望也夫,其死于此乎!”公使子家子如晋,公徒败于且知[2](且知,杜注:近郓地)。

楚郤宛之难，国言[3]未已，进胙者莫不谤令尹[4]（进胙，国中祭祀也。谤，诅也）。沈尹戌言于子常曰："夫左尹与中厩尹[5]（中厩尹，阳令终），莫知其罪，而子杀之，以兴谤讟[6]，至于今不已。戌也惑之。仁者杀人以掩谤，犹弗为也。今吾子杀人以兴谤，而弗图，不亦异乎？夫无极，楚之谗人也，民莫不知。去朝吴（在十五年），出蔡侯朱（在二十一年），丧大子建，杀连尹奢（在二十年），屏王之耳目，使不聪明。不然，平王之温惠共俭，有过成、庄，无不及焉。所以不获诸侯，迩无极也。今又杀三不辜[7]，以兴大谤（三不辜：郤氏、阳氏、晋陈氏），几及子矣。子而不图，将焉用之？夫鄢将师矫子之命，以灭三族，国之良也，而不愆位[8]（鄢将师矫灭三良罪也。在位无愆过，言失刑）。吴新有君（光新立也），疆埸日骇，楚国若有大事，子其危哉！知者除谗以自安也，今子爱谗以自危也，甚矣其惑也！"子常曰："是瓦[9]之罪，敢不良图。"九月己未，子常杀费无极与鄢将师，尽灭其族，以说于国。谤言乃止。

春秋 公如齐。

左传 冬，公如齐，齐侯请飨[10]之。子家子曰："朝夕立于其朝，又何飨焉？其饮酒也。"乃饮酒，使宰献，而请安[11]（比公于大夫也。礼，君不敌臣，宴大夫，使宰为主。献，献爵也。请安，齐侯请自安，不在坐也）。子仲之子曰重[12]，为齐侯夫人，曰："请使重见（子仲，鲁公子慭。十二年奔齐。行饮酒礼，而欲使重见，从宴媟也）。"子家子乃以君出（辟齐夫人）。

春秋 公至自齐，居于郓。

解义 公朝齐者二，会齐者一，每行必书至，书居[13]系臣民之望也。据《左氏》仲孙何忌[14]、阳虎伐郓，公徒败于且知，而《经》不书，存君也。上之与下有征无战，况见伐於其臣而又败乎？故削之。

注释 ①犹：如果。②且知：在郓地附近。③言：指谤言。

④胙:祭庙用的牲肉。谤:公开批评指责。⑤左尹:郤宛。中厩尹:阳令终。⑥谤讟(dú):怨恨毁谤。⑦三不辜:指郤宛、阳令终、晋陈三人。⑧不愆位:在其职位上无过失。⑨瓦:囊瓦,即令尹子常。⑩飨:享礼,是诸侯聘问时最隆重的礼仪。⑪请安:齐侯请离席自安。⑫子仲:即鲁公子慭。子:女儿。⑬居:居住地。⑭仲孙何忌:即孟懿子。

附录左传　十二月,晋籍秦致诸侯之戍于周,鲁人辞以难(经所以不书戍周。籍秦,籍谈子)。

春秋　二十有八年春王三月,葬曹悼公。

春秋　公如晋,次于乾侯(乾侯,杜注:在魏郡斥丘县,晋竟内邑。今直隶成安县东南有斥丘古城)。

左传　二十八年春,公如晋,将如乾侯(齐侯卑公,故适晋)。子家子曰:"有求于人,而即其安[①],人孰矜[②]之?其造于竟(欲使次于竟以待命)。"弗听。使请逆于晋。晋人曰:"天祸鲁国,君淹恤[③]在外。君亦不使一个辱在寡人[④],而即安于甥舅[⑤],其亦使逆君(言自使齐逆君)?"使公复于竟而后逆之(言公不能用子家,所以见辱)。

穀梁传　公在外也。

解义　昭公不见礼於齐,故如晋,言次,不得入也。次于阳州,犹曰齐、鲁之境也。次于乾侯,则进退维谷,羁旅[⑥]之人耳。齐犹致恤患[⑦]之文,晋则拒而不受。盖党[⑧]意如以弱其君者,晋诸卿之本谋也,岂肯忽为公而背季氏哉!

注释　①即其安:在其地安居。②矜:怜悯。③淹恤:滞留。④一个:一位使者。在:存问。⑤甥舅:指齐国。⑥羁旅:长久寄居他乡。⑦恤患:谓济人于患难。⑧党:结伙。

春秋　夏四月丙戌,郑伯宁卒(宁,《公羊》作甯)。

春秋　六月,葬郑定公。

附录左传 晋祁胜与邬臧通室[①](二子,祁盈家臣也。通室,易妻),祁盈将执之(盈,祁午之子),访于司马叔游(叔游,司马叔侯之子)。叔游曰:"《郑书》[②]有之:'恶直丑正[③],实蕃有徒(《郑书》,古书名。言害正直者,实多徒众。丑,亦恶也)。'无道立矣,子惧不免(言世乱谗胜)。《诗》曰:'民之多辟,无自立辟[④](《诗·大雅》。辟,邪也。辟,法也)。'姑已,若何?"盈曰:"祁氏私有讨,国何有焉[⑤]?"遂执之。祁胜赂荀跞,荀跞为之言于晋侯,晋侯执祁盈(以其专戮)。祁盈之臣曰:"钧[⑥]将皆死,慭使吾君闻胜与臧之死以为快(慭,发语之音。吾君,谓祁盈)。"乃杀之。夏六月,晋杀祁盈及杨食我[⑦](杨,杜注:叔向邑。食我,叔向子伯石也)。食我,祁盈之党也,而助乱,故杀之。遂灭祁氏、羊舌氏。

初,叔向欲娶于申公巫臣氏(夏姬女也),其母欲娶其党[⑧]。叔向曰:"吾母多而庶鲜[⑨],吾惩舅氏矣(嫌母氏性不旷)。"其母曰:"子灵[⑩]之妻杀三夫,一君,一子,而亡一国、两卿矣(子灵,巫臣。妻,夏姬也。三夫,陈御叔、楚襄老及巫臣也。时巫臣已死。一君、陈灵公。一子,夏徵舒。一国,陈也。两卿,孔宁、仪行父)。可无惩乎?吾闻之:'甚美必有甚恶',是郑穆少妃姚子之子,子貉[⑪]之妹也(子貉,郑灵公夷)。子貉早死,无后,而天钟美于是(是,夏姬也。子貉死在宣四年),将必以是大有败也。昔有仍氏生女,黰[⑫]黑而甚美(有仍,古诸侯也。美发为黰),光可以鉴(发肤光色,可以照人),名曰玄妻(以发黑故)。乐正后夔取之(夔,舜典乐之君长),生伯封,实有豕心,贪惏无餍[⑬],忿纇无期,谓之封豕(纇,戾也。封,大也)。有穷后羿灭之(羿,篡夏后者),夔是以不祀。且三代之亡[⑭],共子之废[⑮],皆是物也(夏以妺喜,殷以妲己,周以褒姒,三代所由亡也。共子,晋申生,以骊姬废)。女何以为哉?夫有尤物,足以移人,苟非德义,则必有祸。"叔向惧,不敢取。平公强使取之,生伯石(伯石,杨食我)。伯石始生,子容之母走谒诸姑[⑯](子容母,叔向嫂,伯华妻也。姑,叔向母),曰:“长叔姒[17]生男(兄弟之妻相谓姒)。”姑视之,及堂,闻其声而还,曰:“是豺狼之声也。狼子野心,非是,莫丧羊舌氏矣。”遂弗视。

春秋　秋七月癸巳,滕子宁卒(宁,《公羊》作甯)。

附录左传　秋,晋韩宣子卒,魏献子[18]为政(献子,魏舒)。分祁氏之田以为七县(七县,邬、祁、平陵、梗阳、涂水、马首、盂也),分羊舌氏之田以为三县(铜鞮、平阳、杨氏)。司马弥牟为邬大夫[19](邬,杜注:大原邬县。在今山西介休县东北),贾辛为祁大夫(祁,杜注:大原祁县。今山西祁县东南有古城),司马乌为平陵大夫(平陵,亦曰大陵。今山西文水县东北有大陵故城),魏戊为梗阳大夫(戊魏,舒庶子。梗阳,杜注:在大原晋阳县南。今山西清源县南有梗阳城),知徐吾为涂水大夫(徐吾,知盈孙。涂水,杜注:大原榆次县。今山西榆次县西南有涂水故城),韩固为马首大夫(固,韩起孙。马首,《元和志》:故城在寿阳县东南。今县属山西大原府),孟丙为盂大夫(盂,杜注:大原盂县。即今山西盂县也),乐霄为铜鞮大夫(铜鞮,杜注:上党铜鞮县。今山西沁州西南有故城),赵朝为平阳大夫(朝,赵胜曾孙。平阳,杜注:平阳县。今故城在山西临汾县西南),僚安为杨氏大夫(杨氏,杜注:平阳杨氏县。今古杨城在山西洪洞县南,又名危城村)。谓贾辛、司马乌为有力于王室(二十二年纳王故。乌,即司马督),故举之。谓知徐吾、赵朝、韩固、魏戊,馀子之不失职,能守业者也(卿之庶子为馀子)。其四人者,皆受县而后见于魏子,以贤举[20]也(四人,司马弥牟、孟丙、乐霄、僚安也。受县而后见,言采众而举,不以私也)。

魏子谓成鱄[21](鱄,晋大夫):“吾与戊也县,人其以我为党[22]乎?”对曰:“何也?戊之为人也,远不忘君,近不逼同[23](不逼同位),居利思义[24],在约思纯[25](无滥心),有守心而无淫行。虽与之县,不亦可乎?昔武王克商,光[26]有天下。”其兄弟之国者十有五人,姬姓之国者四十人,皆举亲也。夫举无他,唯善所在,亲疏一也。《诗》曰：'唯此文王，帝度其心。莫其德音，其德克明。克明克类，克长克君。王此大国，克顺克比。比于文王，其德靡悔。既受帝祉，施于孙子(《诗·大雅》。美文王能王大国，受天福，施及子孙)。'心能制义曰度，德正应和曰莫(莫然清静)，照临四方曰明，勤施无私曰类(施而无私，物得其所，无失类也)，教诲不倦曰长(教诲长人之道)，赏庆刑威[27]曰君(作福作威，君之职也)，慈和遍服曰顺(唯顺，故天下徧服)，择善而从之曰比(比方善事，使相从也)，经纬天地曰文(经纬相错，故织成文)。九德不愆[28]，作事无悔(九德，上九曰也。皆无愆过，则动无悔吝)，故袭[29]天禄，子孙赖之。主之举也，近文德矣，所及其远哉！"

贾辛将适其县，见于魏子。魏子曰："辛来！昔叔向适郑，鬷蔑恶[30](鬷蔑，郑然明。恶，貌丑)，欲观叔向，从使之收器者而往(从，随也。随使人应敛俎豆者)，立于堂下。一言而善。叔向将饮酒，闻之，曰：'必鬷明[31]也(素闻其贤，故闻其言而知之)。'下，执其手以上，曰'昔贾大夫恶(贾国之大夫。恶亦丑也)，娶妻而美，三年不言不笑，御以如皋[32](为妻御之皋泽)，射雉，获之。其妻始笑而言。贾大夫曰："才之不可以已，我不能射，女遂不言不笑夫！"今子少不飏[33](颜貌不显扬)，子若无言，吾几失子矣。言之不可以已也如是。'遂如故知。今女有力[34]于王室，吾是以举女(因贾辛有功而后举之，言人不可无能)。行乎！敬之哉！毋堕乃力[35]！"仲尼闻魏子之举也，以为义，曰："近不失亲(谓举魏戊)，远不失举(以贤举)，可谓义矣。"又闻其命贾辛也，以为忠："《诗》曰：'永言配命[36]，自求多福'，忠也(《诗·大雅》。永，长也。言能长配天命，致多福者，唯忠)。魏子之举也义，其命也忠，其长有后于晋国乎！"

春秋　冬，葬滕悼公。

附录左传　冬，梗阳人有狱，魏戊不能断，以狱[37]上(上魏子)。其大宗赂以女乐[38](讼者之大宗),魏子将受之。魏戊谓阎没、女宽曰[39](二人,魏子之属大夫):“主以不贿闻于诸侯,若受梗阳人,贿莫甚焉。吾子必谏。”皆许诺。退朝,待于庭(待于魏子之庭)。馈[40]入,召之(召二大夫食)。比置[41],三叹。既食,使坐(更命之令坐)。魏子曰:“吾闻诸伯叔,谚曰:‘唯食忘忧。’吾子置食之间三叹,何也?”同辞而对曰:“或赐二小人酒,不夕食(或,他人也。言饥甚)。馈之始至,恐其不足,是以叹。中置[42],自咎曰:‘岂将军食之,而有不足?’是以再叹(魏子,中军帅,故谓之将军)。及馈之毕,愿以小人之腹为君子之心,属厌而已[43](属,足也。言小人之腹饱,犹知厌足。君子之心亦宜然)。”献子辞梗阳人(《传》言魏氏所以兴)。

注释　①通室:互与其妻通奸。②《郑书》:郑国先代之书。③恶直丑正:嫉害正直者。恶、丑同义。④立辟:陷入邪恶。⑤国何有焉:与国有何关系。⑥钧:同。⑦杨食我:叔向之子伯石。杨,叔向邑名。⑧娶其党:娶其娘家亲族。⑨庶鲜:庶兄弟少。⑩子灵:即巫臣。⑪子貉:即郑灵公,于鲁宣公四年即位,为公子归生所杀。⑫黰(zhěn):即鬒(zhěn),发密而黑。⑬贪惏无餍:暴戾无极。惏,亦作类,戾,愤怒乖戾无休止。⑭三代之亡:指夏桀宠妹喜,殷纣宠妲己,周幽宠褒姒,皆因之被灭亡。⑮共子之废:指太子申生,因晋献公宠骊姬而废。⑯子容之母:伯华之妻,叔向之嫂。走谒诸姑:跑去告诉婆婆。⑰长叔姒:大弟媳。⑱魏献子:魏舒。⑲邬大夫:邬县大夫,为统治并领有此县之人。⑳以贤举:因有贤能而举荐选拔。㉑成鱄:晋大夫。㉒党:偏袒。㉓逼同:威迫同列。不逼同:不逼迫同位之人。㉔居利思义:有了利益想到道义。㉕在约思纯:处在贫困之中而无滥心。㉖光:借为广。㉗赏庆刑威:即赏善刑恶。㉘九德不愆:九种德行都能作到而无过失。㉙袭:承受。㉚恶:貌丑。㉛鬷明:即鬷(zōng)

蔑,又称然明。㉜皋:沼泽。㉝少不飏:稍不显扬。即外貌不太好看而不显扬。㉞力:功。㉟毋堕乃力:不要使你的功绩损毁。㊱配命:合天命。㊲狱:诉讼案件。㊳大宗:宗族中始祖之嫡长子所在的一宗。女乐:古代之歌舞伎。㊴阎没、女宽:晋国大夫。㊵馈:饭菜。㊶比置:摆完酒菜食品。㊷中置:菜上到一半。㊸属(zhǔ):适,恰好。厌:足。已:止。

卷五十六

昭公(二十九年之三十二年)

春秋 二十有九年春,公至自乾侯,居于郓,齐侯使高张来唁[①]公。

左传 二十九年春,公至自乾侯,处于郓。齐侯使高张来唁公,称主君[②](比公于大夫)。子家子曰:"齐卑君矣,君祗辱[③]焉。"公如乾侯。

穀梁传 唁公不得入于鲁也。

解义 不以自晋致者,未至晋都不得与晋侯相见,故书至自乾侯。齐侯、荀跞[④]唁公皆地,此何以不地?唁于野井,齐地也。唁于乾侯,晋地也。今在郓,乃鲁地,故但书来。

注释 ①唁:慰问。②主君:春秋时卿大夫的家臣称卿大夫为主君。③祗辱:只是自取辱。④荀跞(前548年—前493年):姬姓,智氏,名跞,谥"文"。春秋后期晋国六卿,智氏之主,荀盈嫡长子,中行吴族侄。智氏家族复兴的奠基人。

附录左传 三月己卯[①],京师杀召伯盈、尹氏固及原伯鲁之子(皆子朝党也。称伯鲁子,终不说学)。尹固之复也(二十六年,尹固与子朝俱奔楚而道还),有妇人遇之周郊,尤之[②],曰:"处则劝人为祸,行则数日而反,是夫也,其[③]过三岁乎?"夏五月庚寅[④],王子赵车入于鄻以叛[⑤],阴不佞败之(赵车,子朝之馀也。鄻,杜注:周邑。阴不佞,周大夫)。

春秋 公如晋,次于乾侯。

左传 平子每岁贾马(贾,买也),具从者之衣屦,而归之于乾侯。公执归[⑥]马者,卖之(卖其马),乃不归马。卫侯来献其乘马曰启服[⑦](启服,马名),堑而死[⑧](堕堑死也),公将为之椟(为作棺)。

子家子曰："从者病矣，请以食之。"乃以帏裹之（礼曰，敝帏不弃，为埋马也）。公赐公衍羔裘，使献龙辅[9]于齐侯（龙辅，玉名），遂入[10]羔裘。齐侯喜，与之阳谷[11]（阳谷，杜注：齐邑）。公衍、公为之生也，其母偕出（出之产舍）。公衍先生，公为之母曰："相与偕出，请相与偕告（留公衍母，使待己，共白公）。"三日，公为生，其母先以告，公为为兄。公私喜于阳谷而思于鲁，曰："务人[12]为此祸也（务人，公为也。始与公若谋逐季氏）。且后生而为兄，其诬也久矣。"乃黜之，而以公衍为大子。

解义 书次于乾侯，复不见受也。公稔知晋之强臣党於意如[13]，今绝望於齐，不得已而求於晋，迹愈勤而计愈左矣[14]！使[15]公定居於郓，郓犹不至於溃也。

注释 ①己卯：十三日。②尤之：指责，责怪他。③其：同"岂"。④庚寅：二十五日。⑤赵车：子朝的余党。鄻（liǎn）：周邑。⑥归：通"馈"，送。⑦启服：马名。⑧堑而死：堕于坑而死。⑨龙辅：龙纹美玉。⑩入：献上。⑪阳谷：齐国城邑。⑫务人：即公务。⑬稔知：熟知，素知。党：偏袒。意如：即季孙意如（？—前505），春秋时鲁国正卿。姬姓，季氏，谥平，史称"季平子"。⑭迹：足迹。左：偏，差错。⑮使：假若，假使。

春秋 夏四月庚子，叔诣卒。

穀梁传 季孙意如曰："叔倪无病而死。此皆无公也，是天命也（言皆天命使鲁无君尔），非我罪也。

春秋 秋七月。

附录左传 秋，龙见于绛郊（绛，晋国都）。魏献子问于蔡墨[1]曰（蔡墨，晋大史）："吾闻之，虫莫知[2]于龙，以其不生得[3]也。谓之知，信乎？"对曰："人实不知，非龙实知（言龙无知，乃人不知之耳）。古者畜龙，故国有豢龙氏，有御龙氏[4]（豢、御，养也）。"献子曰："是二氏者，吾亦闻之，而不知其故，是何谓也？"对曰："昔有飂叔安[5](飂,杜注:古国也。《汉志》:南阳湖阳县故廖国。师古曰:《左传》作飂。今湖阳故城在河南唐县南。叔安,飂君名),有裔子曰董父,实甚好龙,能求其耆[6]欲以饮食之,龙多归之。乃扰畜[7]龙(扰,顺也),以服事帝舜。帝赐之姓曰董,氏曰豢龙(豢龙,官名。官有世功,则以官氏)。封诸鬷川[8],鬷夷氏其后也(鬷川,杜注:鬷水上夷,皆董姓)。故帝舜氏世有畜龙。及有夏孔甲,扰于有帝[9](孔甲,少康之后九世君也。其德能顺于天),帝赐之乘龙[10],河、汉[11]各二(合为四),各有雌雄,孔甲不能食,而未获豢龙氏。有陶唐氏既衰,其后有刘累(刘累,尧之子孙),学扰龙于豢龙氏,以事孔甲,能饮食之。夏后嘉之,赐氏曰御龙(夏后,孔甲),以更豕韦之后(更,代也。以刘累代彭姓之豕韦。累寻迁鲁县。豕韦复国,至商而灭。累之后世,复承其国为豕韦氏,见在襄二十四年)。龙一雌死,潜醢以食夏后(潜,藏也。藏以为醢,明龙不知)。夏后飨之,既而使求之(求致龙也)。惧而迁于鲁县(不能致龙,故惧。鲁县,杜注:鲁阳也。今河南鲁山县东北有鲁阳故城),范氏其后也(晋范氏)。”献子曰:“今何故无之?”对曰:“夫物,物有其官,官修其方(方,法术),朝夕思之。一日失职,则死及之(失职有罪)。失官不食[12](不食禄)。官宿[13]其业(宿,犹安也),其物乃至(设水官修则龙至)。若泯弃之,物乃坻伏[14](坻,止。伏,匿),郁湮不育[15](郁,滞也。湮,塞也。育,生也)。故有五行[16]之官,是谓五官。实列受氏姓[17],封为上公,祀为贵神。社稷五祀[18],是尊是奉(五官之君长能修其业者,死皆配食於五行之神,为王者所尊奉)。木正[19]曰句芒(正,官长也。取木生句曲而有芒角也,其祀重),火正曰祝融(祝融,明貌,其祀犁),金正曰蓐收(秋物摧蓐而可收也,其祀该),水正曰玄冥(水阴而幽冥,其祀修及熙),土正曰后土(土为群物主,故称后也,其祀句龙。在家则祀中霤,在野则为社)。龙,水物也。水官弃[20]矣,故龙不生得。不然,《周易》有之,在《乾》䷀(《乾》下《乾》,上《乾》)之《姤》䷫(《巽》下《乾》上,《姤》。《乾》初九变)，曰：‘潜龙勿用(《乾》初九爻辞)。’其《同人》䷌(《离》下《乾》上，《同人》。《乾》九二变)曰：‘见龙在田[21](《乾》九二爻辞)。’其《大有》[22]䷍(《乾》下《离》上，《大有》。《乾》九五变)曰：‘飞龙在天[23](《乾》九五爻辞)。’其《夬》[24]䷪(《乾》下《兑》上，《夬》。《乾》上九变)曰：‘亢龙有悔[25](《乾》上九爻辞)。’其《坤》䷁(《坤》下《坤》上，《坤》。《乾》六爻皆变)曰：‘见群龙无首，吉[26](《乾》用九爻辞)。’《坤》之《剥》[27]䷖(《坤》下《艮》上，《剥》。《坤》上六变)曰：‘龙战于野(《坤》上六爻辞)。’若不朝夕见，谁能物之(物，谓上六卦所称龙各不同也。今说《易》者，皆以龙喻阳气，如史墨之言，则为皆是真龙)？”献子曰：“社稷五祀，谁氏之五官也？”对曰：“少皞氏有四叔(少皞，金天氏)，曰重、曰该、曰修、曰熙，实能金、木及水(能治其官)。使重为句芒(木正)，该为蓐收(金正)，修及熙为玄冥(二子相代为水正)，世不失职，遂济穷桑，此其三祀也(穷桑，少皞之号，杜注：地在鲁北)。颛顼氏有子曰犁，为祝融(犁为火正)；共工氏有子曰句龙，为后土(共工在大皞后，神农前，以水名官。其子句龙，能平水土)，此其二祀也。后土为社；稷，田正也(掌播殖也)。有烈山氏之子曰柱为稷(烈山氏，神农世诸侯)，自夏以上祀之(祀柱)。周弃亦为稷(弃，周之始祖，能播百榖。汤既胜夏，废柱而以弃代之)，自商以来祀之(传言蔡墨之博物)。”

春秋 冬十月，郓溃。

公羊传 邑不言溃，此其言溃何(据国曰溃，邑曰叛)？郛之也(郛，郭)。曷为郛之？君存焉尔(昭公居之，故从国言溃。不言国之，言郛之者，公失国也)。

穀梁传 溃之为言，上下不相得也。上下不相得则恶矣，亦讥公也。昭公出奔，民如释重负。

解义 此意如闻公如乾侯，诱其民溃散[28]叛公，使公不得更入郓也，自是公遂削迹[29]於鲁。论者多咎[30]公之失民，而不知季氏专国已历三世,加意如凶威[31]所胁,民之从之实以耳濡目染之有素,而非一朝一夕之故也!

注释　①蔡墨:晋大夫。②知:同智。③生得:活捉。④豢、御:养。一词同义。⑤飂叔安:飂(liǎo),国名,也作蓼。叔安,国君名。⑥耆:同“嗜”。⑦扰畜:驯养。⑧鬷(zōng)川:封地名,位于今山东定陶县北。⑨有帝:天帝。有,名词词头。⑩乘龙:驾车之龙,四龙为乘龙。⑪河、汉:黄河、汉水。⑫不食:不食俸禄。⑬宿:长久。⑭坻伏:隐伏。⑮郁湮不育:抑郁不能生长。⑯五行:即金、木、水、火、土。⑰列受氏姓:代代相传继承姓氏。⑱社稷五祀:社为地神,稷为谷神。五祀,即掌管五行之神。⑲正:官长。⑳弃:废弃。㉑见龙在田:此为《乾》卦九二爻辞。意思是龙出现在田野里。㉒《大有》:卦名,卦象为乾下离上。此卦是《乾》卦九五阳爻变为阴爻而来。㉓飞龙在天:此为《乾》卦九五爻辞。意思是龙飞上云天。㉔《夬》:卦名,卦象为乾下兑上。该卦为《乾》卦上九爻由阳变阴而来的。㉕亢龙有悔:此为《乾》卦上九爻辞。意思是龙升至极点必有忧悔。㉖见群龙无首,吉:此为《乾》卦用九辞。意思是见到群龙没有领头的,吉利。㉗《坤》之《剥》:《坤》变为《剥》卦。《剥》:卦名,卦象为坤下艮上。此卦为《坤》卦六爻由阴变阳而来。㉘溃散:被打垮而逃散。㉙削迹:消踪匿迹。㉚咎:怪罪,责备。㉛凶威:凶恶的威势。

附录左传　冬,晋赵鞅、荀寅帅师城汝滨(赵鞅,赵武孙也。荀寅,中行荀吴之子。汝滨,杜注:晋所取陆浑地。陆浑,今嵩县,汝水在县南),遂赋晋国一鼓[①]铁,以铸刑鼎(令晋国各出功力,共鼓石为铁,计令一鼓而足,因军役而为之,故言遂),著范宣子所为刑书焉。

仲尼曰:“晋其亡乎!失其度矣。夫晋国将守唐叔之所受法度,以经纬其民,卿大夫以序守之(序,位次也)。民是以能尊其贵，贵是以能守其业。贵贱不愆，所谓度也。文公是以作执秩[2]之官，为被庐之法[3]（在僖二十七年），以为盟主。今弃是度也，而为刑鼎，民在[4]鼎矣，何以尊贵（弃礼征书，故不尊贵）？贵何业之守（民不奉上，则上失业）？贵贱无序，何以为国？且夫宣子之刑，夷之蒐也，晋国之乱制也（夷蒐在文六年，一蒐而三易中军帅，贾季、箕郑之徒遂作乱，故曰乱制），若之何以为法？蔡史墨曰（蔡史墨即蔡墨）："范氏、中行氏其亡乎！中行寅为下卿，而干上令，擅作刑器，以为国法，是法奸也。又加范氏焉，易之[5]，亡也（范宣子刑书中既废矣，今复变易兴之，是成其咎）。其及赵氏，赵孟与焉。然不得已，若德，可以免（铸刑鼎本非赵鞅意。为定十三年荀寅、士吉射人朝歌以叛传）。"

春秋 三十年春王正月，公在乾侯。

左传 三十年春，王正月，公在乾侯。不先书郓与乾侯，非公，且征[6]过也（徵，明也。先此二十七年、二十八年，公在郓，二十九年公在乾侯，而《经》不释朝正之礼者。盖以公尚在竟内，至是郓溃客寄乾侯，故书所在，责公不能系臣民之望，明有过也）。

穀梁传 中国不存公。存公，故也（中国犹国中也）。

解义 公去社稷於今五年，每岁首[7]不书公者在鲁封内则无适而非其所，鲁固未尝无君也。至是郓溃客寄乾侯，非其所矣！故岁首必书公之所在，盖以存君不与季氏之专国也，不书居非其地也！

注释 ①鼓：重量单位，四石为一鼓，合当时四百八十斤。②执秩：掌管官爵位次。这里为官名。③被庐之法：指僖公二十七年，晋文公蒐于被庐，修订唐叔之法而制成的晋国法律。④在：审察，察看。⑤易之：指范宣子刑书改变被庐之法。⑥征：表明。⑦岁首：一年开始的时候。一般指第一个月。

春秋 夏六月庚辰，晋侯去疾[1]卒。

春秋　秋八月,葬晋顷公。

左传　夏六月,晋顷公卒。秋八月,葬。郑游吉吊,且送葬,魏献子使士景伯诘之,曰:"悼公之丧,子西吊,子蟜送葬。今吾子无贰[②],何故(吊、丧共使)?"对曰:"诸侯所以归晋君,礼也。礼也者,小事大,大字[③]小之谓。事大在共其时命[④](随时共所求),字小在恤其所无。以敝邑居大国之间,共其职贡,与[⑤]其备御不虞之患,岂忘共命(言不敢忘共命,以所备御者多,不及办之)?先王之制:诸侯之丧,士吊,大夫送葬;唯嘉好[⑥]、聘享、三军之事,于是乎使卿。晋之丧事,敝邑之间,先君有所助执绋[⑦]矣(绋,輓索也。礼,送葬必执绋)。若其不间,虽士大夫有所不获数矣(不得如先王礼数)。大国之惠,亦庆其加[⑧],而不讨其乏,明底其情[⑨],取备而已,以为礼也(庆,善也。底,致也。加,谓君自会葬,礼数有加者。乏,谓不及士吊大夫葬之数者但能致其情,而仪文袛取略备)。灵王之丧(在襄二十九年),我先君简公在楚,我先大夫印段实往,敝邑之少卿也。王吏不讨,恤所无也。今大夫曰:'女盍从旧[⑩]?'旧有丰有省,不知所从。从其丰,则寡君幼弱,是以不共。从其省,则吉在此矣。唯大夫图之。"晋人不能诘(传言大叔之敏)。

春秋　冬十有二月,吴灭徐,徐子章羽奔楚(羽,《公羊》作禹)。

左传　吴子使徐人执掩余,使钟吾人执烛庸(二十七年奔故),二公子奔楚,楚子大封[⑪],而定其徙[⑫]。使监马尹大心逆吴公子,使居养[⑬](养,杜注:即所封之邑。今河南沈丘县东有养城)。莠尹然、左司马沈尹戌城之(城养),取于城父与胡田以与之[⑭](胡田,杜注:故胡子之地)。将以害吴也。子西谏曰:"吴光新得国,而亲其民,视民如子,辛苦同之,将用之也。若好[⑮]吴边疆,使柔服焉,犹惧其至。吾又强其仇以重怒之,无乃不可乎!吴,周之胄裔也,而弃在海滨,不与姬通[⑯]。今而始大,比于诸华。光又甚文[17]，将自同于先王。不知天将以为虐乎，使翦丧吴国而封大异姓[18]乎？其抑亦将卒以祚[19]吴乎？其终不远矣（言其事行可知不久）。我盍姑亿[20]吾鬼神，而宁吾族姓，以待其归。将焉用自播扬焉（亿，安也。归，善恶之归。播扬犹劳动也）？”王弗听。

吴子怒。冬十二月，吴子执钟吴子，遂伐徐，防山以水之[21]（防壅山水以灌徐）。己卯，灭徐。徐子章禹断其发，携其夫人，以逆吴子（断发自刑，示惧）。吴子唁[22]而送之，使其迩臣[23]从之，遂奔楚。楚沈尹戌帅师救徐，弗及，遂城夷（夷，城父），使徐子处之。

解义　诸侯见灭出奔众矣，如灭谭、灭弘、灭温，皆不名者。强暴加於小弱，力不能胜而奔，义未绝也。章羽断其发以逆[24]吴子，则既降矣！降而后奔，岂有兴复之志哉？故名之，以著其位之既绝也！

注释　①去疾：即晋顷公，原名姬弃疾，晋昭公子，在位14年（前525至前512），在位时期，六卿逐渐壮大，积极向公室夺权。②无贰：即没有二人，仅游吉一人。③字：抚爱。④共其时命：恭敬地按时执行命令。共同“恭”。⑤与：参与。⑥嘉好：即朝会。⑦执绋：挽灵车的大绳，意为送葬。⑧庆其加：以其于常礼有所增加为善。庆，善。⑨明底其情：明白致其诚心。底，致。⑩女盍从旧：你们何不按照旧例。⑪大封：厚封土地。⑫定其徙：确定其徒居之处。⑬养：即所封邑名，位于今河南沈丘县南。⑭城父、胡：二邑名，城父即夷；胡，位于今安徽阜阳市。⑮好：修好。⑯不与姬通：不与姬姓诸国往来。⑰文：有知识。⑱封大异姓：使异姓国疆域扩大。⑲祚：赐福，保佑。⑳亿：安。㉑防山：在山中筑堤坝，用来蓄水。防：堤，用为动词。水：用水冲灌。用为动词。㉒唁：安慰，抚慰。㉓迩臣：近臣。㉔逆：迎接。

附录左传　吴子问于伍员曰：“初而言伐楚（在二十年），余知其可也，而恐其使余往也，又恶人之有余之功也。今余将自有之矣,伐楚何如?"对曰:"楚执政众而乖[1],莫适任患。若为三师以肄[2]焉(肄,劳也),一师至,彼必皆出。彼出则归,彼归则出,楚必道敝[3]。亟肄以罢之[4],多方以误之。既罢而后以三军继之,必大克之。"阖庐从之,楚于是乎始病(为定四年吴入郢传)。

春秋　三十有一年春王正月,公在乾侯。

左传　三十一年春,王正月,公在乾侯,言不能外内[5]也(外、内不容,所以久在乾侯)。

春秋　季孙意如会晋荀跞于适历(跞,《公羊》、《穀梁》作栎。适历,杜注:晋地)。

左传　晋侯将以师纳公。范献子曰:"若召季孙而不来,则信不臣[6]矣。然后伐之,若何?"晋人召季孙,献子使私焉,曰:"子必来,我受其无咎[7]。"季孙意如会晋荀跞于适历[8]。荀跞曰:"寡君使跞谓吾子:'何故出君?有君不事,周有常刑,子其图之!'"季孙练冠麻衣跣行(示忧慼),伏而对曰:"事君,臣之所不得也,敢逃刑命(言愿事君,君不肯还,不敢辟罪)?君若以臣为有罪,请囚于费,以待君之察也,亦唯君。若以先臣之故,不绝季氏,而赐之死。若弗杀弗亡,君之惠也,死且不朽。若得从君而归,则固臣之愿也。敢有异心?"

解义　意如出[9]君,晋不致讨,而使荀跞会之,悖亦甚矣!夫晋之六卿犹意如也。取货季氏,互为唇齿[10],而肯背赂以伤其类哉?晋侯蔽而不察,卒致昭公客死,亦从自及也。书曰:"意如会晋荀跞于适历",罪晋之辞也!

注释　①乖:背戾不和。②肄:通"肆",指突然袭击旋即撤退。③道敝:楚军奔走于道路而疲敝不堪。④亟:屡屡。罢:通"疲"。⑤不能外内:不能去国外,又不能回国内。⑥不臣:不合于臣道。⑦受其无咎:保其无灾祸。⑧适历:晋地名。⑨出:驱逐。⑩唇齿:嘴唇牙齿。比喻双方关系密切,相互依存。

春秋 夏四月丁巳，薛伯谷卒。

左传 薛伯谷卒，同盟，故书（入《春秋》来，薛始书名，故《传》发之）。

春秋 晋侯使荀跞唁公于乾侯。

左传 夏四月，季孙从知伯[①]如乾侯（知伯，荀跞）。子家子曰："君与之归。一惭之不忍，而终身惭[②]乎？"公曰："诺。"众曰："在一言矣，君必逐之（言晋既忧君，君一言使晋，晋必逐之）。"荀跞以晋侯之命唁公，且曰："寡君使跞以君命讨于意如，意如不敢逃死，君其入也！"公曰："君惠顾先君之好，施及亡人，将使归粪除[③]宗祧以事君，则不能见夫人[④]。已所能见夫人者，有如河[⑤]（夫人，谓季孙）！"荀跞掩耳而走，曰（怪公所言，示不忍听）："寡君其罪之恐[⑥]，敢与知鲁国之难？臣请复于寡君。"退而谓季孙："君怒未怠[⑦]，子姑归祭[⑧]（归摄君事）。"子家子曰："君以一乘入于鲁师，季孙必与君归。"公欲从之，众从者胁公，不得归（《传》言君弱，不能自主）。

穀梁传 唁公不得入于鲁也，曰："既为君言之矣，不可者意如也。"

解义 在晋地，故不言来，荀跞既会意如，而复以晋侯之命唁公者。适历之会意如，愿从君归，盖恃范鞅[⑨]受其无咎而姑为欺人之语。荀跞阴喻其意，故阳以空言劝公入以塞责[⑩]，及得公不能见夫人语，遂藉以为辞，而意如之谋遂矣！晋定公初立，有嗣[⑪]霸之志，观成周之城，召陵之会，则欲以师纳公未尝不出於诚，而荀、范[⑫]表里为奸，多方以把持之，卒不得伸其志，其所由来者渐矣！

注释 ①知伯：即荀跞。②惭：愧，羞。③粪除：扫除。④夫人：那个人，指季孙意如。⑤有如河：有河神作证。⑥其罪之恐：恐其获罪。⑦未怠：未缓解、松驰。⑧归祭：回去主持祭祀。即代理国君事宜。⑨范鞅：晋六卿之一。⑩塞责：敷衍了事。⑪嗣：接续，继承。⑫荀、范：指荀跞、范鞅。

春秋　秋，葬薛献公。

附录左传　秋，吴人侵楚，伐夷，侵潜、六[1]（夷、潜、六，杜注：皆楚邑。夷在今亳州。故潜城、六城，俱在今寿州，俱属江南）。楚沈尹戌帅师救潜，吴师还。楚师迁潜于南冈[2]而还。吴师围弦。左司马戌（即沈尹戌）、右司马稽帅师救弦，及豫章。吴师还。始用子胥之谋也（谋在前年）。

春秋　冬，黑肱以滥来奔（肱，《公羊》作弓。滥，杜注：东海昌虑县。今昌虑故城在山东滕县东南）。

左传　冬，邾黑肱以滥来奔，贱而书名，重地故也（黑肱非命卿，故曰贱）。

君子曰："名之不可不慎也如是。夫有所名，而不如其已（有所，谓有地也。言虽有名，不如无名。已，止也）。以地叛，虽贱，必书地，以名其人。终为不义，弗可灭已。是故君子动则思礼，行则思义，不为利回[3]，不为义疚[4]。或求名而不得，或欲盖而名章[5]，惩不义也。齐豹为卫司寇，守嗣大夫，作而不义，其书为'盗'（此求名而不得也。二十年，豹杀卫侯兄，欲求不畏强御之名）。邾庶其、莒牟夷、邾黑肱以土地出，求食而已，不求其名，贱而必书（所谓欲盖而名章也。庶其奔，在襄二十一年。牟夷奔，在五年）。此二物[6]者，所以惩肆而去贪也（齐豹书盗，惩肆也。三叛人书名，去贪也）。若艰难其身（身为艰难），以险危大人（大人，在位者），而有名章彻[7]（谓得勇名），攻难之士将奔走之（攻犹作也。奔走犹赴趣也）。若窃邑叛君，以徼大利而无名（谓不书其人名），贪冒[8]之民将置力焉（尽力为之，无所顾惮）。是以《春秋》书齐豹曰'盗'，三叛人名，以惩不义，数恶无礼，其善志[9]也（数，列也。恶逆无礼，皆数列而不遗，记事之善者也）。故曰：《春秋》之称[10]微而显（文微而义著），婉而辨

(辞婉而旨别)。上之人能使昭明(上之人,谓在位者。在位者能行其法,非贱人所能),善人劝焉,淫人惧焉,是以君子贵之。”

公羊传　文何以无邾娄?通滥也(此邾娄,黑弓矣。《春秋》之文何以无邾娄,盖欲通滥为国,故使之无所系也)。曷为通滥?贤者子孙宜有地也。贤者孰谓?谓叔术[11]也(叔术,邾娄颜公之弟,或曰群公子)。何贤乎叔术?让国也。其让国奈何?当邾娄颜之时(颜,颜公也),邾娄女有为鲁夫人者,则未知其为武公与,懿公与(武、懿,鲁二公)。孝公幼,颜淫九公子于宫中,因以纳贼,则未知其为鲁公子与,邾娄公子与。臧氏之母,养公者也。君幼则宜有养者,大夫之妾,士之妻,则未知臧氏之母者曷为者也?养公者必以其子入养(不离人母子,因以娱公也),臧氏之母闻有贼,以其子易公,抱公以逃,贼至,凑公寝而弑之(直抵公所寝之处而弑之)。臣有鲍广父与梁买子者(二子,皆鲁大夫),闻有贼,趋而至,臧氏之母曰:“公不死也,在是,吾以吾子易公矣。”于是负孝公之周,诉天子。天子为之诛颜而立叔术,反孝公于鲁。颜夫人者(颜公之夫人),妪盈女也,国色也,其言曰:“有能为我杀杀颜者,吾为其妻(杀颜者,鲍广父、梁买子也)。”叔术为之杀杀颜者,而以为妻。有子焉,谓之盱。夏父者,其所为有于颜者也(为颜公夫人时所生也)。盱幼而皆爱之(叔术、妪盈女皆爱之),食必坐二子于其侧而食之。有珍怪之食,盱必先取足焉。夏父曰:“以来,人未足,而盱有余(以来,犹曰以是,物来置我前也。夏父自谓言我尚未足,而盱所得独多)”。叔术觉焉(觉,悟也。知少争食,长必争国),曰:“嘻!此诚尔国也夫!”起而致国于夏父,夏父受而中分之,叔术曰:“不可!”三分之,叔术曰:“不可!”四分之,叔术曰:“不可!”五分之,然后受之。公扈子者,邾娄之父兄也(当夫子作《春秋》时,于邾娄君为父兄之行。公扈者,氏也),习乎邾娄之故,其言曰:“恶有言人之国贤若此者乎!”诛颜之时,天子死,叔术起而致国于夏父。

当此之时,邾娄人常被兵于周,曰:“何故死吾天子(当让国时,邾娄曾受讨罪之兵,于周曰:何故敢以天子为死,违生时命而立夏父乎?此天子死则让。初,无妻嫂惑儿争食之验也)?”通滥,则文何以无邾娄?天下未有滥也(既通滥为国,则宜特以国见,何以文无邾娄,盖以天下实未有滥国,《春秋》新通之耳)。天下未有滥,则其言以滥来奔何?叔术者,贤大夫也,绝之,则为叔术不欲绝,不绝,则世大夫也,大夫之义不得世(此解不言滥黑弓意),故于是推而通之也(就窃邑以出之文推而变通之,其文皆同,而但无邾娄,则既可以全叔术之心,亦可以无世大夫之嫌矣!)。

穀梁传　其不言邾黑肱何也(据襄二十一年“邾庶其以漆闾丘来奔”言邾)?别乎邾也(邾以滥邑封黑肱,故别之若国)。其不言滥子何也(据既别之为国,则应书其爵)?非天子所封也。来奔,内不言叛也。

解义　凡窃邑以出者,虽贱必书其名,惩不义也!昭公在外,孰受之?受之者意如也。不令[12]之臣以类相从,邾快、黑肱接踵而至,意如实为之招也,不言邾,史阙文。

注释　①六:地名,位于今安徽六安县北。②南冈:在潜地之北。③回:违背。不为利回:不因为贪利而违礼。④疚:内心痛苦。不为义疚:不因为弃义而内疚。⑤章:同“彰”,显明。⑥二物:指齐豹书“盗”,黑肱等三人贱而书名两件事。物:事。⑦章彻:显明。章同“彰”,彻与彰同义。⑧贪冒:贪夺。冒有侵义。⑨善志:善于纪事的人。⑩称:述也,记述史实。⑪叔术:邾娄颜公之弟。⑫不令:不善;不肖。

春秋　十有二月辛亥朔,日有食之。

左传　十二月辛亥朔,日有食之。是夜也,赵简子梦童子赢而转以歌[1](赢,赢体也。转,宛转也)。旦占诸史墨,曰:“吾梦如是,今而日食,何也(简子之梦适与日食会,疑咎在己,故问之)?”对曰:“六年及此月也,吴其入郢乎!终亦弗克(史墨知梦非日食之应,故释日食之咎,而不释梦)。入郢,必以庚辰(庚日有变,日在辰尾,故曰以庚辰。定四年十一月庚辰,吴入郢),日月在辰尾[②](辰尾,龙尾也。周十二月,今之十月,日月合朔于辰尾而食)。庚午[③]之日,日始有谪。火胜金,故弗克(谪,变气也。庚午十月十九日,去辛亥朔四十一日。虽食在辛亥,更以始变为占也。午,南方,楚之位也。午,火;庚,金也。日以庚午有变,故灾在楚。楚之仇敌惟吴,故知入郢必吴。火胜金者,金为火妃,夫妻相得而强,楚盛之兆,故终不克。食在辛亥,亥,水也。水数六,故六年)。”

春秋 三十有二年春王正月,公在乾侯。

左传 三十二年春,王正月,公在乾侯。言不能外内,又不能用其人[④]也(其人,谓子家羁)。

解义 三年之间岁首皆书公在乾侯,其义一也。而《左氏》各为之说凿[⑤]矣!

注释 ①羸:同“裸”。转以歌:指边跳舞边应着节奏唱歌。②辰尾:星宿名。苍龙七宿的第六宿。③庚午:周历十月十九。④其人:指子家羁等人。⑤说凿:凿说,指穿凿附会之说。

春秋 取阚[①]。

公羊传 阚者何?邾娄之邑也。曷为不系乎邾娄?讳亟[②]也(去年受滥,今复取阚,故以为亟)。

解义 阚,鲁群公墓之所在,盖内邑也。公旅寄乾侯,非有兵力,特以先君坟墓在焉,遣人诱而取之。书此,以著季氏据国,公无尺土,虽得鲁邑,犹取之於外云尔!

注释 ①阚(Kàn):古地名。在今山东省汶上县。②亟:急切。

春秋 夏,吴伐越。

左传 夏,吴伐越,始用师于越也。史墨曰:“不及四十年,越其有吴乎(存亡之数,不过三纪。岁星三周三十六岁,故曰不及四十年,哀二十二年,越灭吴,去此三十八岁)!越得岁而吴伐之[①],必受其凶(此年岁在星纪。星纪,吴越之分也。岁星所在,其国有福。吴先用兵,故反受其殃)。"

解义　此著吴、越之始事也。吴方抗楚,越议[②]其后,自是吴、楚、越不相为下,而齐、晋二大国之患专在强臣,天下之势又一变矣!

注释　①岁:岁星,即木星。越得岁:指当时岁星在斗宿,斗为越分野。②议:谋。

春秋　秋七月。

春秋　冬,仲孙何忌会晋韩不信、齐高张、宋仲几、卫世叔申、郑国参、曹人、莒人、薛人、杞人、小邾人城成周(世叔,《穀梁》作大叔。莒人下,《公羊》有邾娄人,《穀梁》有邾人)。

左传　秋八月,王使富辛与石张如晋,请城成周(富辛、石张,周大夫。敬王徒都成周,以其狭小,故请城之)。天子曰:"天降祸于周,俾我兄弟并有乱心[①],以为伯父[②]忧。我一二亲昵甥舅,不皇启处[③],于今十年(谓二十三年,二师围郊,至于今),勤戍五年(谓二十八年,晋籍秦致诸侯之戍,至于今)。余一人无日忘之,闵闵焉如农夫之望岁[④],惧以待时[⑤](闵闵,忧貌)。伯父若肆大惠,复二文[⑥]之业,驰周室之忧(二文,谓文侯仇、文公重耳。弛,解也),徼文、武之福,以固盟主,宣昭令名,则余一人有大愿矣。昔成王合诸侯,城成周,以为东都,崇文德焉。今我欲徼福假灵[⑦]于成王,修成周之城,俾戍人无勤,诸侯用宁,蝥贼远屏[⑧](蝥贼,喻灾害),晋之力也。其委诸伯父,使伯父实重图之。俾我一人无征[⑨]怨于百姓,而伯父有荣施[⑩],先王庸之(庸,功也。先王之灵,以为大功)。"

范献子谓魏献子曰:"与其戍周,不如城之。天子实云,虽有后事,晋勿与知可也。从王命以纾诸侯[⑪],晋国无忧。是之不务，而又焉从事？”魏献子曰：“善！”使伯音[12]对曰（伯音，韩不信）：“天子有命，敢不奉承，以奔告于诸侯。迟速衰序[13]（衰序，差次也），于是焉在（在周所命）。”

冬十一月，晋魏舒、韩不信如京师，合诸侯之大夫于狄泉，寻盟（寻平丘盟），且令城成周。魏子南面[14]（居君位）。卫彪傒[15]曰（彪傒，卫大夫）：“魏子必有大咎。干位[16]以令大事，非其任也。《诗》曰：‘敬天之怒，不敢戏豫。敬天之渝，不敢驰驱（《诗·大雅》。戒王者，当敬畏天之谴怒不可游戏逸豫驰驱自恣渝变也）。’况敢干位以作大事乎？”

己丑[17]，士弥牟营[18]成周，计丈数[19]（计所当城之丈数），揣高卑（度高曰揣），度厚薄，仞[20]沟洫（度深曰仞），物[21]土方，议远迩（物，相也。相取土之方面，远近之宜），量事期[22]（知事几时毕），计徒庸[23]（知用几人功），虑材用（知费几财用），书糇粮[24]（知用几粮食），以令役于诸侯，属役赋丈[25]（赋所当城丈尺），书以授帅[26]（帅诸侯之大夫），而效诸刘子。韩简子临之，以为成命[27]（效，致也。刘子，王卿士。简子，韩起。孙，不信也。临履其事，以命诸侯。《经》所以不书魏舒）。

穀梁传　天子微，诸侯不享覲[28]。天子之在者，惟祭与号[29]（祭，谓郊禘。号，谓称王）。故诸侯之大夫相帅以城之，此变之正也。

解义　不曰城京师，而曰城成周，纪实也。王城，自平王东迁以来，天子世世居之，其城完固。敬王避子朝之党居於成周，遂定都焉。以其狭小，不足以容众又旧，为迁殷[30]顽民之地，其城圮[31]恶，故扩而新之。诸侯大夫承王命往城，礼之所宜，故其词平无所予，亦无贬焉！

注释　①俾：使。兄弟：指王子朝之党。②伯父：王对同姓诸侯之称。指晋侯。③不皇启处：无暇安居。④闵闵焉：忧愁的样子。岁：收割。⑤惧以待时：怀着畏惧心情期待平定叛乱之时。⑥二文:指晋文侯、晋文公。⑦假灵:与徼福义近,即求福。⑧蝥贼远屏:将坏人放逐到远方去。屏,放逐。⑨征:召。⑩荣施:荣功。⑪纾:缓。纾诸侯:使诸侯撤戍周之兵而缓解其负担。⑫伯音:即韩不信。⑬迟速衰序:指筑城的进度与工作量的分配。衰,差。⑭南面:面向南,居君位。⑮彪傒:卫大夫。⑯干位:越位。⑰己丑:十四日。⑱营:经营,即制定方案。⑲丈数:长度。⑳仞:测量深度。㉑物:考察。㉒量事期:预算完工日期。㉓徒庸:人力工时。㉔书糇(hóu)粮:记载所需粮食。㉕属役赋丈:分配各国出劳役多少,完成工程若干。㉖帅:诸侯国的大夫。㉗成命:既定方案。㉘享觐:朝见天子进献贡品。㉙祭:指郊禘。号:指王号。㉚殷:中国古代朝代名,商代的后期,由盘庚起称"殷"。㉛圮(pǐ):塌坏,倒塌。

春秋　十有二月己未,公薨于乾侯。

左传　十二月,公疾,遍赐大夫(从公者),大夫不受。赐子家子双琥[1],一环,一璧,轻服[2](琥,玉器刻为虎形。轻服,细好之服),受之。大夫皆受其赐。己未,公薨。子家子反赐于府人[3],曰:"吾不敢逆君命也。"大夫皆反其赐。书曰:"公薨于乾侯。"言失其所也。

赵简子问于史墨曰:"季氏出其君,而民服焉,诸侯与之,君死于外,而莫之或罪也。"对曰:"物生有两,有三,有五,有陪贰[4]。故天有三辰(谓有三),地有五行(谓有五),体有左右(谓有两),各有妃耦(谓陪贰)。王有公,诸侯有卿,皆有贰也。天生季氏,以贰鲁侯,为日久矣。民之服焉,不亦宜乎?鲁君世从其失[5],季氏世修其勤,民忘君矣。虽死于外,其谁矜之?社稷无常奉,君臣无常位,自古以然。故《诗》曰:'高岸为谷,深谷为陵(《诗·小雅》。言高下有变易)。'三后之姓[6],于今为庶,王所知也(三后,虞、夏、商)。在《易》卦,雷乘《乾》曰《大壮》䷡(《乾》下《震》

上,《大壮》。《震》在《乾》上,故曰雷乘《乾》),天之道也(《乾》为天子,《震》为诸侯,而在《乾》上,君臣易位,臣大强壮,若天上有雷)。昔成季友,桓之季也,文姜之爱子也,始震[7]而卜。卜人谒之,曰:'生有嘉闻[8],其名曰友,为公室辅。'及生,如卜人之言,有文在其手曰'友',遂以名之。既而有大功于鲁(立僖公),受费以为上卿。至于文子、武子(文子,行父;武子,宿),世增其业,不废旧绩。鲁文公薨,而东门遂杀适立庶[9],鲁君于是乎失国(失国权),政在季氏,于此君也,四公[10]矣。民不知君,何以得国?是以为君,慎[11]器与名,不可以假人(器,车服。名,爵号)。

解义 昭公八年於外,以齐、晋大夫与意如声势相倚,迭为辅车[12],故卒不能入。史墨[13]之言谓鲁民忘君,而君臣无常位,以此儆[14]君,善矣!然率天下之强臣而为篡夺之谋,未必非此言启之。且慎器与名,此可以责鲁之先君,而非所以责昭公也。观《春秋》始终,书法皆以示尊君之义,而罪臣子,讥诸侯。胡氏安国徒以不能复国为公咎[15],过矣!

注释 ①琥:玉琥。②轻服:细好之服。③府人:管理府库的官吏。④陪贰:等于说配偶,指事物相辅相成的一面。⑤从:通"纵"。失:通"佚"。⑥三后:指虞、夏、商。姓:子孙。他们的后代子孙已成为平民。⑦震:通"娠"。⑧嘉闻:美名闻于世。⑨东门遂:鲁国臣子,即公子遂、东门襄仲。适:通"嫡"。⑩四公:宣、成、襄、昭。⑪慎:谨慎对待。⑫辅车:颊辅与牙床。一说车夹木与车舆。比喻事物互为依存的利害关系。⑬史墨:春秋时晋国大夫,中国春秋末期思想家。姓蔡,名墨,生卒年不可考。官为晋太史,故称史墨。⑭儆:告诫,警告。⑮徒:只;仅仅。咎:过失,罪过。

卷五十七

定公(元年之四年)

定公:公名宋,襄公庶子,昭公弟。《谥法》:“安民大虑曰定。”

周:敬王十一年。

郑:献公五年,鲁定公九年,献公卒,子声公胜立。

齐:景公三十九年。

宋:景公八年。

晋:定公三年,晋魏舒为政,是年卒,范鞅为政;鲁定公十三年,晋逐范中行氏,赵鞅归于晋。自是晋知氏、韩氏、魏氏、赵氏并强,分晋之势成矣。

卫:灵公二十六年。

蔡:昭侯十年。

曹:隐公元年,鲁定公四年,声公弟露弑隐公代立,是为靖公;定八年,靖公卒,子伯阳立。

滕:顷公五年。

陈:惠公二十一年,鲁定公四年,惠公卒,子怀公柳立;定八年,怀公卒,子闵公越立。

杞:悼公九年,鲁定公四年,悼公卒,子隐公乞立;是年七月,隐公弟过弑隐公自立,是为僖公。

薛:襄公二年,鲁定公十二年,襄公卒,子比立;定十三年,比弑惠公夷立,又名寅。

莒:郊公。

邾:庄公三十三年,鲁定公三年,庄公卒,子隐公益立。

许:许男斯十四年,鲁定公六年,郑灭许,以斯归弟元公成立。

小邾:详见昭公元年。

楚:昭王七年,鲁定公四年,吴入楚,楚令尹子常奔郑,昭王复国,子西为令尹。

秦:哀公二十八年,鲁定公九年,哀公卒,孙惠公立。

吴:阖庐六年,鲁定公四年,吴入楚,於越入吴;定十四年,於越败吴于槜李,阖庐伤而卒,子夫差立。

越:越子允常,鲁定公四年,越入吴;定十四年,允常卒,子句践立,吴阖庐闻允党死,率师伐越,句践袭,败吴于槜李,射杀阖庐。

定公(名宋,襄公之子,昭公之弟。以敬王十一年即位。《谥法》:“安民大虑曰定。”)。

春秋 元年春王。

公羊传 定何以无正月?正月者,正即位也(本有有正月者,正诸侯之即位)。定无正月者,即位后也(即位在正月后,故不书正月)。即位何以后?昭公在外,得入不得入,未可知也。曷为未可知?在季氏也。定、哀多微辞[①],主人习其读而问其传(读谓经,传谓训诂),则未知己之有罪焉尔(此假设言之,主人谓定、哀也。设使定、哀习其经,问其传解诂,则不知己之有罪。於是此孔子畏时君,上以讳尊隆恩,下以辟害容身,慎之至也)。

穀梁传 不言正月,定无正也。定之无正何也?昭公之终非正终也,定之始非正始也。昭无正终,故定无正始。不言即位,丧在外也。

解义 定公未即位,先书元年春者,追书之也。书王,不书正月者,昭公卒於外,嗣子[②]为贼臣所废。定公未立,意如自以为君颁朔於庙[③],故《春秋》黜之。书王,明王法以治之也。不书正月,著国无主,而正朔[④]无所承,且见定公受国,季氏不得正其始也,或谓无事不书非也。隐、庄元年,皆事在三月,定元年亦事在三月,然隐、庄皆书正月,则定公不书正月之为无正,始可知矣!

注释　①微辞:隐晦的批评。②嗣子:指有权继承的嫡子。③意如:即季孙意如。颁朔:指君主将历书颁给王公百官,领受历书后再颁布给百姓,此称之为“颁朔之礼”。④正和朔分别为一年和一月的开始。

春秋　三月。晋人执宋仲几于京师(大夫专执于是始)。

左传　元年春,王正月辛巳,晋魏舒合诸侯之大夫于狄泉[①],将以城成周。魏子莅政(莅,临也。代天子大夫为政)。卫彪傒曰:“将建天子[②](立天子之居),而易位[③]以令,非义也。大事奸义,必有大咎。晋不失诸侯,魏子其不免乎!”是行也,魏献子属役于韩简子及原寿过(原寿过,周大夫),而田于大陆,焚[④]焉(大陆,杜注:《禹贡》:大陆在钜鹿北。嫌绝远,疑此田在汲郡吴泽荒芜之地。火田,并见烧也。《尔雅》:广平曰陆。按:吴泽陂在今河南修武县北,一名太白陂),还,卒于宁(宁,杜注:修武县,近吴泽。孔氏颖达曰:宁即修武城也。今故城在县治西)。范献子去其柏椁,以其未复命而田也(范献子代魏子为政,去其柏椁,示贬之)。

孟懿子会城成周(不书,公未即位),庚寅,栽(栽,设板筑)。宋仲几不受功[⑤],曰:“滕、薛、郳,吾役也(欲使三国代宋受役)。”薛宰曰:“宋为无道,绝我小国于周,以我适楚,故我常从宋。晋文公为践土之盟,曰:‘凡我同盟,各复旧职。’若从践土,若从宋,亦唯命。”仲几曰:“践土固然(固曰从旧,薛旧为宋役)。”薛宰曰:“薛之皇祖奚仲,居薛以为夏车正(奚仲为夏禹掌车服大夫)。奚仲迁于邳,仲虺居薛,以为汤左相(仲虺,奚仲之后)。若复旧职,将承王官,何故以役诸侯?”仲几曰:“三代各异物,薛焉得有旧(言居周世,不得以夏、殷为旧)?为宋役,亦其职也。”士弥牟曰:“晋之从政者新(言范献子新为政,未习故事),子姑受功。归,吾视诸故府(求故事)。”仲几曰:“纵子忘之,山川鬼神其忘诸乎?”士伯怒,谓韩简子曰:“薛征于人(典藉故事,人所知也),宋征于鬼(取证于鬼神），宋罪大矣。且已无辞而抑我以神，诬我也。启宠纳侮（《书》，《说命》篇。语谓：开宠过分，则纳受侵侮），其此之谓矣。必以仲几为戮[6]。"乃执仲几以归。三月，归诸京师（知以归不可，故复归之京师）。

城三旬而毕，乃归诸侯之戍。齐高张后，不从诸侯（后期不及诸侯之役）。晋女叔宽曰："周苌弘、齐高张皆将不免。苌叔违天，高子违人（天既厌周德，苌弘欲迁都以延其祚，故曰违天。诸侯相率以崇天子，而高子后期，故曰违人）。天之所坏，不可支也。众之所为，不可奸也（为哀三年周人杀苌弘、六年高张来奔张本）。"

公羊传 仲几之罪何？不蓑[7]城也（若今以草衣城是也。礼，诸侯为天子治城，各有分丈尺，宋仲几不治所主）。其言于京师何（据城言成周，执不地）？伯讨[8]也（明以天子事执之）。伯讨，则其称人何？贬。曷为贬？不与大夫专执[9]也。曷为不与？实与而文不与。文曷为不与？大夫之义，不得专执也。

穀梁传 此其大夫，其曰人何也？微[10]之也。何为微之？不正其执人于尊者之所也，不与大夫之伯讨也。

解义 《春秋》之义，诸侯不得专执，况大夫乎？宋仲几会城成周，而不受功，义所当讨。然在尊者之侧请命而执，归於司寇可也，既不请命又不归於王，以陪臣而擅执人於天子之侧，无王甚矣！故不以城为王事而略晋大夫之罪。

注释 ①狄泉：周朝地名，在周都城内。②建天子：为天子建城池。③易位：上年传说"魏子南面"，臣而居君位，所以说"易位"。④焚：焚烧薮泽之草木，以驱围野兽助猎，称为火田。⑤不受功：不接受摊派的工程。⑥戮：羞辱。⑦蓑：用草覆盖；掩。此指修城。⑧伯讨：指方伯讨伐有罪的诸侯。⑨专执：擅自捕人。⑩微：轻视。

春秋 夏六月癸亥，公之丧至自乾侯。戊辰，公即位。

左传　夏，叔孙成子逆公之丧于乾侯(成子，叔孙婼之子)。季孙曰："子家子亟言于我，未尝不中吾志也。吾欲与之从政，子必止[①]之，且听命焉(众士皆谘问子家子)。"子家子不见叔孙，易几[②]而哭(几，哭会也。不欲见叔孙，故朝夕哭不同会)。叔孙请见子家子，子家子辞，曰："羁未得见，而从君以出(出时成子未为卿)。君不命而薨，羁不敢见(言未受昭公之命，讬辞以拒叔孙)。"叔孙使告之曰："公衍、公为实使群臣不得事君(二子始谋逐季氏)。若公子宋主社稷，则群臣之愿也(宋，昭公弟定公)。凡从君出而可以入者，将唯子是听。子家氏未有后，季孙愿与子从政，此皆季孙之愿也，使不敢以告(不敢，叔孙成子名)。"对曰："若立君，则有卿士、大夫与守龟[③]在，羁弗敢知。若从君者，则貌而出者，入可也(貌出，谓以义从公，与季氏无实怨)；寇而出者，行可也(谓与季氏为寇仇者)。若羁也，则君知其出也，而未知其入也，羁将逃也。"丧及坏隤[④]，公子宋先入，从公者皆自坏隤反(出奔)。六月癸亥，公之丧至自乾侯。戊辰[⑤]，公即位(诸侯薨，五日而殡，殡则嗣子即位。癸亥，昭公丧至，五日殡于宫，定公乃即位)。

公羊传　癸亥，公之丧至自乾侯，则曷为以戊辰之日然后即位？正棺于两楹之间，然后即位(正棺者，象既小敛夷于堂。昭公死于外，不得以君臣礼治其丧，故示尽始死之礼。礼，始死于北牖下，浴于中霤，饭含于牖下，小敛于户内，夷于两楹之间；诸侯三日小敛夷，而絰殡而成服，故戊辰然后即位)。子沈子曰："定君乎国(定昭公之丧礼于国)，然后即位。"即位不日，此何以日？录乎内也(内事详录)。

榖梁传　殡然后即位也(周人殡于西阶之上)。定无正，见无以正也。逾年不言即位，是有故公也(谓昭公在外故)；言即位，是无故公也。即位，授受之道也(先君见授，后君乃受，故须棺在殡，乃言即位)。先君无正终，则后君无正始也；先君有正终，则后君有正始也。戊辰，公即位，谨之也。定之即位，不可不察也。公即位,何以日也?戊辰之日,然后即位也。癸亥,公之丧至自乾侯,何为戊辰之日然后即位也?正君乎国,然后即位也(诸侯五日而殡,今以君始死之礼治之,故须殡而后言即位)。沈子曰:"正棺乎两楹之间,然后即位也(两楹之间,君听治之处)。"内之大事日,即位,君之大事也,其不日,何也?以年决者,不以日决也。此则其日何也?著之也。何著焉?逾年即位,厉也(厉,危也。公丧在外,逾年六月,乃得即位,危,故日之),于厉之中又有义焉(先君未殡,则后君不得即位)。未殡,虽有天子之命犹不敢,况临诸臣乎?周人有丧,鲁人有丧,周人吊,鲁人不吊。周人曰:"固吾臣也,使人可也。"鲁人曰:"吾君也,亲之者也,使大夫则不可也。"故周人吊,鲁人不吊,以其下成、康[⑥]为未久也(周道尚明)。君至尊也,去父之殡而往吊犹不敢,况未殡而临诸臣乎?

解义　昭公薨,至是阅[⑦]七月而丧始至,而定之即位乃在是月之戊辰,盖迟速进退为意如所制,不得专也。凡即位皆於朔日[⑧],故不书日,定公待昭公丧至即位,不以时,故书日。

注释　①止:留。②几:哭会,哭泣的场所。③守龟:天子、诸侯占卜用的龟,用以决断大事。④坏隤(tuí):地名,位于今山东曲阜县境内。⑤戊辰:二十六日。⑥成、康:指西周初周成王、周康王。⑦阅:经历。⑧朔日:指每月的第一天,即初一。

春秋　秋七月癸巳,葬我君昭公。

左传　季孙使役如阚公氏,将沟[①]焉(阚,鲁群公墓所在。季孙恶昭公,欲沟绝其兆域,不使与先君同。公氏犹言公之墓宅)。荣驾鹅曰:"生不能事,死又离之[②],以自旌[③]也(驾鹅,鲁大夫荣成伯。旌,章也)。纵子忍之,后必或耻之。"乃止。季孙问于荣驾鹅曰:"吾欲为君谥,使子孙知之(为恶谥)。"对曰:"生弗能事,死又恶之,以自信[④]也。将焉用之?"乃止。秋七月癸巳,葬昭公于墓道南。孔子之为司寇也(在定公十年后),沟而合诸墓(明臣无贬君之义)。

解义　昭公薨,逾半载始以丧归,归甫逾月而遽葬[5]。见季氏肆逆无礼於先君,而鲁之臣子党恶[6]而不能正也!

注释　①沟:挖沟。②离之:指将昭公墓和祖茔隔离。③自旌:自彰其恶。旌:表明。④自信:自我申明。信,同"申"。⑤甫:刚刚,才。遽(jù):急忙,匆忙。⑥党恶:结党作恶。

春秋　九月,大雩[1]。

穀梁传　雩月,雩之正也。秋大雩,非正也。冬大雩。非正也。秋大雩,雩之为非正何也(冬,禾稼既成,犹雩,则非礼可知。秋禾嫁始苗,嫌当须雨,故问也)?毛泽未尽,人力未竭,未可以雩也(凡地之所生谓之毛。言秋百谷之润泽未尽也。人力未竭,谓耕耘之功未毕)。雩月,雩之正也,月之为雩之正何也?其时穷人力尽然后雩,雩之正也。何谓其时穷人力尽?是月不雨,则无及矣;是年不乂,则无食矣,是谓其时穷人力尽也。雩之必待其时穷人力尽何也?雩者,为旱求者也。求者请也,古之人重请。何重乎请?人之所以为人者,让也。请道去让也,则是舍其所以为人也,是以重之。焉请哉?请乎应上公。古之神人有应上公者,通乎阴阳,君亲帅诸大夫道之而以请焉(其祷辞曰:"方今大旱,野无生稼,寡人当死,百姓何谤?不敢烦民请命,愿抚万民,以身塞无状。")。夫请者,非可诒托而往也(诒托犹假寄),必亲之者也,是以重之。

解义　凡书大,皆讥其僭[2]。此则昭公丧未逾年,而用盛乐,以雩变尤甚矣!

注释　①大雩:古求雨祭名。②僭:僭越,指超出本分行事。

春秋　立炀宫。

左传　昭公出,故季平子祷于炀公[1]。九月,立炀宫(平子逐君,惧而请祷于炀公,昭公死于外,自以为获福,故立其宫)。

公羊传　炀宫者何?炀公之宫也(春秋前炀公也)。立者何?立者不宜立也,立炀宫,非礼也。

穀梁传 立者,不宜立者也。

解义 炀公,考公弟也。鲁之以弟继兄,盖始於此。意如舍嫡嗣不立,而立定公,定公乃昭公之弟。恐人议己,於是而立炀宫,其意若谓鲁一生一及其由来旧矣！今定公以弟而继昭公,亦犹炀公之以弟而继考公也。夫宫庙即远,有毁而无立,今逞私逾典以立久祧[2]之宫,诬妄[3]已甚。书立者,不宜立也。

注释 ①炀公:鲁先君考公酉之弟,名熙。考公卒,炀公继承兄位。季氏欲废公衍而立昭公之弟,效炀公嗣位故事,故祈祷于炀公。②祧(tiāo):祭祀直系远祖。③诬妄:指以不实之词蒙骗人。

附录左传 周巩简公弃其子弟,而好用远人(简公,周卿士。远人,异族也。为明年巩氏贼简公张本)。

春秋 冬十月,陨霜杀菽[1](陨,《公羊》作賈)。

公羊传 何以书?记异也。此灾菽也,曷为以异书?异大乎灾也(异者,非常而可怪。周十月,夏八月,微霜用事,未可杀菽而杀,故曰异)。

穀梁传 未可以杀而杀,举重(举杀豆,则杀草可知)。可杀而不杀,举轻(不杀草,则不杀菽亦显,僖三十三年“賈霜不杀草”是也)。其曰菽,举重也。

解义 周十月,今八月也。《月令》九月霜始降,八月阴气未盛,非陨霜之候,而至於杀菽,异矣！菽,耐霜之谷,盖物之难杀者,言杀菽,则馀物可知。故穀梁子曰:“举重。”

注释 ①陨霜杀菽:指未到霜时而严霜下,使大豆等植物枯死无收获。占象者谓是臣下专权妄行诛罚之征兆。菽(shū):豆类的总称。

春秋 二年春王正月。

附录左传 二年夏四月辛酉,巩氏之群子弟贼[1]简公。

春秋　夏五月壬辰,雉门及两观灾[②]。

公羊传　其言雉门及两观灾何?两观微[③]也(雉门两观,皆天子之制,门为其主,观为其饰,故微也)。然则曷为不言雉门灾及两观,主灾者两观也(时灾从两观起)。时灾者两观,则曷为后言之?不以微及大也。何以书?记灾也。

穀梁传　其不曰雉门灾及两观何也?灾自两观始也,不以尊者亲灾也(尊,谓雉门。亲,近也)。先言雉门,尊尊也。

解义　言及雉门与两观俱灾也。桓宫、僖宫灾不言及者,二庙分明,故不必言。此不言及,则嫌[④]於雉门之两观独灾耳!

注释　①贼:杀害。②雉门:古代诸侯之宫门名。一说天子之宫门名。两观:宫门前两边的望楼。③微:精妙。④嫌:疑。

春秋　秋,楚人伐吴。

左传　桐叛楚(桐,杜注:小国,庐江舒县西南有桐乡。今江南桐城县北有古桐城,与庐江县接界)。吴子使舒鸠氏诱楚人(舒鸠,杜注:楚属国),曰:"以师临我(教舒鸠诱楚,使以师临吴),我伐桐,为我使之无忌(吴伐桐也,伪若畏楚师之临已,而为伐其叛国以取媚者。欲使楚不忌吴,所谓多方以误之)。"秋,楚囊瓦伐吴,师于豫章(从舒鸠言)。吴人见[①]舟于豫章(伪将为楚伐桐),而潜师于巢(实欲以击楚)。冬十月,吴军楚师于豫章,败之(楚不忌吴故)。遂围巢,克之,获楚公子繁(繁,守巢大夫)。

附录左传　邾庄公与夷射姑饮酒,私出(射姑,邾大夫,出辟酒)。阍[②]乞肉焉。夺之杖以敲之(为明年邾子卒传)。

春秋　冬十月,新作雉门及两观。

公羊传　其言新作之何?修大也。修旧不书,此何以书?讥。何讥尔?不务乎公室也(不务如公室之礼)。

穀梁传　言新,有旧也。作,为也,有加其度也。此不正,其以尊者亲之何也(不正,谓更扩大之,不合法度也。据当讳,而以雉门亲新作之下)？虽不正也，于美犹可也(灾恶，故尊雉门，推灾而远之。今新作美好之事，虽尊雉门可以亲之)。

解义 雉门，公宫南门之中门也。按《明堂位》："天子五门，皋、库、雉、应、路。"鲁有库、雉、路三门，库门制似天子皋门，雉门制似天子应门。天子外阙两观，诸侯外阙一观，鲁设两观，僭也！既灾，则不当更作。今复为之，其制度无损，故书新作，讥其僭而不能革[③]也。南门，亦书新作者，彼以本有而改作之，其高大过常，非故制也。延厩[④]言新不言作者，因旧而葺之，非去旧复为者，比言各有当也！

注释 ①见(xiàn)：使出现。②阍：守门人。③革：改变，取消。④厩(jiù)：马棚，泛指牲口棚。

春秋 三年春王正月，公如晋，至河，乃复。

解义 意如逐君客死於外，皆晋大夫为之羽翼，其交甚亲。今公立往朝，而晋复辞公者，盖意如之谋，不使公得见晋侯，所以操纵其君，使之一切听己也！

春秋 二月辛卯[①]，邾子穿卒(二月，《公羊》、《穀梁》作三月)。

左传 三年春二月辛卯，邾子在门台(门上有台)，临廷[②]。阍以瓶水沃[③]廷。邾子望见之，怒。阍曰："夷射姑旋焉(旋，小便)。"命执之(见其不洁，执射姑)，弗得，滋怒。自投于床，废于炉炭(废，堕也)，烂[④]，遂卒。先葬以车五乘，殉五人(欲藏中之洁，故先内车及殉，别为便房，盖其遗命)。庄公卞急[⑤]而好洁，故及是(卞，躁疾也)。

春秋 夏四月。

春秋 秋，葬邾庄公。

附录左传 秋九月，鲜虞[⑥]人败晋师于平中(平中，杜注：晋地)，获晋观虎，恃其勇也(为五年士鞅围鲜虞张本)。

春秋 冬，仲孙何忌及邾子盟于拔(拔，《公羊》、《穀梁》作枝。

拔,杜注:地阙)。

左传　冬,盟于郯(郯,杜注:即拔也),修邾好也(公即位,故修好)。

解义　鲁大夫而盟诸侯,邾丧未期而出会盟,盖交⑦失之。

注释　①辛卯:二十九日。②临廷:面对着庭院。③沃:洒,浇水、泼水。④烂:因烧伤而感染。⑤卞急:性情急躁。⑥鲜虞:古族名。春秋时白狄的一支,分布在今河北境内。⑦交:交互,指双方。

附录左传　蔡昭侯为两佩①与两裘,以如楚(佩,佩玉也),献一佩一裘于昭王。昭王服之,以享蔡侯。蔡侯亦服其一。子常欲之,弗与,三年止之。唐成公②如楚,有两肃爽③马(成公,唐惠侯之后。肃爽,骏马名),子常欲之,弗与,亦三年止之。唐人或相与谋,请代先从者,许之。饮先从者酒,醉之,窃马而献之子常。子常归唐侯。自拘于司败(窃马者自拘),曰:"君以弄马之故,隐君身(隐,忧约也),弃国家,群臣请相夫人④以偿马,必如之(相,助也。夫人,谓养马者)。"唐侯曰:"寡人之过也,二三子无辱⑤。"皆赏之。蔡人闻之,固请而献佩于子常。子常朝,见蔡侯之徒,命有司曰:"蔡君之久也,官不共⑥也(言楚所以礼遣蔡侯之物,不共备故)。明日,礼不毕⑦(遣蔡侯之礼),将死。"蔡侯归,及汉,执玉而沈,曰:"余所有济汉而南者,有若大川(自誓不复与楚)。"蔡侯如晋,以其子元与其大夫之子为质焉,而请伐楚(为明年会召陵张本)。

春秋　四年春王二月癸巳,陈侯吴卒。

春秋　三月,公会刘子、晋侯、宋公、蔡侯、卫侯、陈子、郑伯、许男、曹伯、莒子、邾子、顿子、胡子、滕子、薛伯、杞伯、小邾子、齐国夏于召陵,侵楚(晋、楚交兵止此)。

左传　四年春三月,刘文公合诸侯于召陵,谋伐楚也(文公,王官伯也。晋人假王命以讨楚之久留蔡侯,故曰"文公合诸侯")。晋荀寅求货于蔡侯,弗得。言于范献子曰:"国家方危,诸侯方贰,将以袭敌,不亦难乎!水潦方降,疾疟方起,中山⑧不服(中山,鲜虞),弃盟取怨(晋、楚同盟于宋),无损于楚,而失中山,不如辞蔡侯。吾自方城⑨以来,楚未可以得志(晋败楚,侵方城,在襄十六年),只取勤⑩焉。"乃辞蔡侯。

晋人假羽旄于郑,郑人与之(析羽为旌,王者游车之所建,郑私有之,因谓之羽旄,借观之)。明日,或旆⑪以会(或,贱者。继旐曰旆,令贱人施其旆,执以从会,示卑郑)。晋于是乎失诸侯(《传》言晋无礼,所以遂弱)。

解义　是时晋、楚皆衰,其大夫用事而贪於贿相类也。诸侯两贰⑫,而楚求无厌,陵蔑⑬与国,故蔡人发愤请师於晋,晋於是大合诸侯。陈、许、顿、胡素役⑭於楚者,皆同心而北向天子之老涖⑮焉,其势可有为。而六卿⑯惧君胜楚以归而夺之权,故乞赂以离蔡,假旄以卑郑,用散诸侯之师以隳⑰其君之功,而固其私,至以十八国之众潜掠楚境无功而还。《春秋》据实而书,以深罪晋君之失政,谋国者之不忠也,而晋自是亦不能国矣!

注释　①佩:佩玉。②唐成公:唐国君主。唐为楚附庸小国。③肃爽:骏马名。肃爽本为一种羽毛洁白如练,头高颈长的雁,因得马与之相似,故名。④夫人:那个人,指养马人。⑤无辱:不应受刑辱。⑥官不共:官吏不供给礼品。⑦礼不毕:毕,完备。礼品不完备。⑧中山:即鲜虞,战国时为中山国。⑨方城:晋楚方城之战发生在襄公十六年。⑩只取勤:仅劳师费财。勤:即劳。⑪旆:指旗帜末梢燕尾状的重旒。⑫贰:背叛。⑬陵蔑:凌侮蔑视。⑭役:战事。⑮涖(lì):到,来临。⑯六卿:指晋六卿。⑰隳(huī):指毁坏,崩毁。

春秋　夏四月庚辰,蔡公孙姓帅师灭沈,以沈子嘉归,杀之

(姓,《公羊》作归姓。后同)。

左传　沈人不会于召陵,晋人使蔡伐之。夏,蔡灭沈。

解义　书灭沈於会召陵之后,盟皋鼬之前,著侵楚无功而释憾[①]於微弱之沈,徒[②]以重楚人之怒耳。蔡之视沈,犹楚视蔡也,楚实病[③]已,乃以所恶者加之沈,覆其国而戕其君[④],不义甚矣!故书杀,以正其罪。

注释　①释憾:指借事报复以解恨。②徒:只,仅仅。③病:损害,祸害。④覆:颠覆,灭亡。戕:杀害。

春秋　五月,公及诸侯盟于皋鼬(皋鼬,《公羊》作浩油,杜注:繁昌县东南有城皋亭。在今河南临颍县界)。

左传　将会,卫子行敬子[①]言于灵公曰(子行敬子,卫大夫):"会同难[②](难得宜),啧有烦言[③],莫之治也(啧,至也。烦言,忿争)。其使祝佗从(祝佗,大祝子鱼)!"公曰:"善。"乃使子鱼。子鱼辞,曰:"臣展四体[④],以率旧职[⑤],犹惧不给而烦刑书[⑥],若又共二[⑦](共二职),徼大罪也。且夫祝,社稷之常隶也。社稷[⑧]不动,祝不出竟,官之制也(社稷动,谓国迁)。君以军行,祓社衅鼓[⑨](师出,先有事祓祷于社,谓之宜社。于是杀牲,以血涂鼓鼙,为衅鼓),祝奉以从(奉社主也),于是乎出竟。若嘉好之事(谓朝会),君行师从,卿行旅从,臣无事焉。"公曰:"行也。"

及皋鼬[⑩](将盟),将长蔡于卫[⑪](欲令蔡先卫歃)。卫侯使祝佗私于苌弘曰:"闻诸道路,不知信否。若闻蔡将先卫,信乎?"苌弘曰:"信。蔡叔,康叔之兄也[⑫],先卫,不亦可乎?"子鱼曰:"以先王观之,则尚德也。昔武王克商,成王定之,选建明德,以蕃屏周。故周公相王室,以尹天下(尹,正也),于周为睦[⑬](以盛德见亲厚)。分鲁公以大路,大旂(鲁公,伯禽也。大路,金路,锡同姓诸侯车。交龙为旂,《周礼》:"同姓以封。"),夏后氏之璜(璜,美玉名),封父之繁弱[⑭](封父,杜注:古诸侯也。今河南封丘县治西北有封父亭。繁弱,大弓名)，殷民六族，条氏、徐氏、萧氏、索氏、长勺氏、尾勺氏。使帅其宗氏，辑其分族[15]，将其类丑[16](丑，众也)，以法则周公，用即命于周(即，就也)。是使之职事于鲁，以昭周公之明德。分之土田陪敦[17](陪，增也。敦，厚也。土地增厚凡七百里)，祝、宗、卜、史(大祝、宗人、大卜、大史，凡四官)，备物、典策(典策，春秋之制)，官司、彝器(官司，百官也。彝器，常用器)。因商奄[18]之民(商奄，东方之国，令属鲁)，命以伯禽，而封于少皞之虚[19](伯禽，策命篇名。如《君陈》、《君牙》类也。少皞虚，杜注：曲阜也，在鲁城内)。分康叔以大路、少帛[20]、綪茷、旃旌[21](少帛，杂帛也。綪茷，大赤，取染草名也。通帛为旃，析羽为旌)、大吕(钟名)，殷民七族，陶氏、施氏、繁氏、锜氏、樊氏、饥氏、终葵氏；封畛土略，自武父以南，及圃田之北竟(畛，涂所径也。略，界也。武父，杜注：卫北界。圃田，杜注：郑薮名)，取于有阎[22]之土，以共王职(有阎，杜注：卫所受朝宿邑，盖近京畿)。取于相土之东都[23]，以会王之东蒐(为汤沐邑，王东巡守，以助祭泰山)。聃季[24]授土(聃季，周公弟，司空)，陶叔授民(陶叔，司徒)，命以《康诰》[25]，而封于殷虚[26](《康诰》,《周书》。殷虚，朝歌也)。皆启以商政，疆以周索[27](皆，鲁、卫也。启，开也，居殷故地，因其风俗，开导以旧政，疆理土地以周法。索，法也)。分唐叔以大路，密须[28]之鼓(密须，杜注：国名)，阙巩[29](甲名)，沽洗[30](钟名)，怀姓[31]九宗，职官五正(怀姓，唐之馀民。九宗，一姓为九族。职官五正。殷时五官，居在唐地，世为贵族，以赐唐叔，使主领之，所以荣宠唐叔也)。命以《唐诰》[32]，而封于夏虚[33](《唐诰》，诰命篇名。夏虚，杜注：大夏，大原晋阳也)，启以夏政(亦因夏风俗，开用其政)，疆以戎索(大原近戎而寒，不与中国同，故自以戎法)。三者皆叔[34]也，而有令德，故昭之以分物。不然，文、武、成、康之伯犹多，而不获是分也，唯不尚年[35]也。管蔡启商[36]，惎间王室[37](惎，毒也。谓以殷叛)。王于是乎杀管叔而蔡蔡叔(蔡，放也)，以车七乘，徒七十人(与蔡叔车徒而放之)。其子蔡仲，改行帅德[38]，周公举之，以为己卿士（为周公臣）。见诸王而命之以蔡[39]（命为蔡侯），其命书云：‘王曰：胡[40]（胡，蔡仲名）！无若尔考[41]之违王命也。’若之何其使蔡先卫也？武王之母弟八人，周公为大宰，康叔为司寇，聃季为司空，五叔[42]无官，岂尚年哉（五叔，管叔鲜、蔡叔度、成叔武、霍叔处、毛叔聃也）！曹，文之昭也[43]（文王子，与周公异母）；晋，武之穆也[44]（武王子）。曹为伯甸[45]，非尚年[46]也（以伯爵居甸服，言小）。今将尚之，是反先王也。晋文公为践土之盟，卫成公不在，夷叔，其母弟也，犹先蔡（践土、召陵二会，《经》书蔡在卫上，霸主以国大小之序也。子鱼所言，盟歃之次）。其载书云：‘王若曰，晋重（文公）、鲁申（僖公）、卫武（叔武）、蔡甲午（庄侯）、郑捷（文公）、齐潘（昭公）、宋王臣（成公）、莒期（兹丕公也。齐序郑下，周之宗盟，异姓为后）。’藏在周府，可覆视也。吾子欲复文、武之略[47]（略，道也），而不正其德，将如之何？”苌弘说，告刘子，与范献子谋之，乃长卫侯于盟。

反自召陵，郑子大叔未至而卒。晋赵简子为之临，甚哀，曰：“黄父之会[48]（在昭二十五年），夫子语我九言，曰：‘无始乱（无为祸首），无怙富，无恃宠，无违同，无敖礼[49]，无骄能（以能骄人），无复怒（复，重也），无谋非德（非所谋也），无犯非义（《传》言简子能用善言，所以遂兴）。’”

穀梁传　后而再会，公志于后会也。后，志疑也（公畏强楚，疑于侵之，故后者，更谋也）。

解义　《春秋》之例，王官与会而不与盟，则书诸侯盟，如葵丘之盟是也。会盟皆与，则不书诸侯，如柯陵、鸡泽、平丘之盟是也。此言诸侯，则刘子不盟可知矣。公后至，不与会而与盟，则复称公会诸侯盟，如盟于薄、盟于扈是也。此年，公与於召陵之会，则非后矣。会与盟，公皆与，而刘子不与，则但当书诸侯盟于皋鼬，如祝柯、重丘会盟。殊[50]地之例，而又书公及者，所以著公受国於意如。因如晋见却[51],而汲汲[52]求为此盟也。

注释 ①子行敬子:卫大夫。②会同难:朝会难于协同。③啧有烦言:啧,争论、争辩。将要争论不休。④展四体:四体,四肢。从事工作,即动手跑腿。⑤率旧职:承袭先人的职责。⑥不给:不能尽职。烦刑书:触犯刑律。⑦共二:供奉第二种职务。⑧社稷:土地神和谷神。⑨祓社衅鼓:对社稷之神进行祭祷,并杀牲以血涂鼓。⑩皋鼬:地名,位于今河南临颍县南。⑪长蔡于卫:使蔡先于卫歃血。⑫蔡叔、康叔:蔡叔为蔡国始封君,康叔为卫国始封君。⑬睦:亲厚。⑭封父之繁弱:封父,国名,其地位于今河南封丘县。繁弱,古时良弓名。⑮分族:其余小宗之族。⑯类丑:附属此六族的奴隶。⑰陪敦:附庸。⑱商奄:国名,位于今曲阜县境。⑲少皞之虚:即曲阜,虚同"墟"。⑳少帛:即小白,旗名。㉑綪茷、旃旌:均为旗名。綪(qiàn),大赤色。㉒有阎:卫所受朝宿邑,在京畿附近。㉓相土之东都:即今河南商丘县,一说为今河南濮阳县。相土,殷商之祖。㉔聃季:周公弟,司空。㉕《康诰》:周书。㉖殷虚:朝歌,位于今河南淇县。㉗疆以周索:按照周朝的制度划疆理土。㉘密须:国名,位于今甘肃灵台县西。㉙阙巩:指代铠甲。㉚沽洗:亦作姑洗,钟名。㉛怀姓:即隗国,指晋西北诸族。㉜《唐诰》:诰命篇名。㉝夏虚:位于今山西太原市一带。㉞三者皆叔:三者指周公、康叔、唐叔。或为武王之弟,或为成王之弟。㉟不尚年:不崇尚年龄。㊱启商:引诱商人。㊲惎(jì):教唆。惎间:谋犯。㊳改行帅德:改变行为遵循善德。帅同"率",循。㊴命之以蔡:任命做蔡侯。㊵胡:蔡仲名。㊶考:已故之父称考。㊷五叔:指管叔、蔡叔、成叔、曹叔、霍叔。㊸曹,文之昭:曹国是文王的后代。曹叔为文王之子,周公异母弟。㊹晋,武之穆:晋国是武王的后代。晋始封君唐叔为周武王之子。㊺伯甸:以伯爵居甸服。㊻非尚年:曹叔长于唐叔虞,而封地远,故云不崇尚年龄。㊼略:道,规章。㊽黄父之会:在鲁昭公二十五年。㊾敖礼:傲视有礼之人。敖同“傲”。㊿殊:不同。(51)却:拒绝。(52)汲汲:表示急于得到的意思。

春秋　杞伯成[1]卒于会(成,《公羊》作戊)。

解义　不言卒于师者,以不成乎伐楚也。

注释　①杞伯成:即杞悼公(?—前506年),名叫姒姓,名成,是杞国的第14任君主,杞平公之子,继承其爵位。在位12年。

春秋　六月,葬陈惠公。

解义　此见陈侯背殡出会也。君在殡,则辞会可也。

春秋　许迁于容城(容城,杜注:阙)。

解义　许四迁,皆受楚令,悉[1]以自迁为文,许所欲也。容城,盖析之近地。

注释　①悉:尽,全。

春秋　秋七月,公至自会。

解义　不致[1],侵楚无功也,故以会告庙[2]。

注释　①不致:指不会引起某种后果。②告庙:古代天子或诸侯出巡或遇兵戎等重大事件而祭告祖庙,称“告庙”。

春秋　刘卷卒。

公羊传　刘卷者何?天子之大夫也。外大夫不卒,此何以卒?我主之也。

穀梁传　此不卒而卒者,贤之也。寰内诸侯也,非列土诸侯,此何以卒也?天王崩,为诸侯主也(昭二十二年景王崩,尝以宾主之礼相接,故书其卒)。

解义　畿内[1]诸侯不同列国,故不言刘子卷卒。先儒谓刘子,定内难有大功於王室,特书其卒葬。然单旗[2]之功与刘子同,而不书卒。尹氏擅权亦书卒[3],则其义不可通矣!盖召陵之会,刘子与焉,会罢而卒,故来赴於鲁,而鲁史书之耳!

注释 ①畿内:古称王都及其周围千里以内的地区。②单旗:周大夫。③尹氏:周世卿。擅权:专权,揽权。

春秋 葬杞悼公。

春秋 楚人围蔡。

左传 秋,楚为沈故,围蔡。

春秋 晋士鞅、卫孔圉帅师伐鲜虞(圉(yǔ),《公羊》作圄)。

解义 晋伐楚则利在诸侯,伐鲜虞则利在六卿。故楚围蔡不救,而中山[1]是伐。比事书之,而晋卿保利营私不恤[2]国事之恶著矣!

注释 ①中山:即鲜虞。春秋战国时期的一个小诸侯国叫中山国。中山国的前身是北方狄族鲜虞部落,为姬姓白狄。②不恤:不顾及;不顾惜。

春秋 葬刘文公[1]。

公羊传 外大夫不书葬。此何以书?录我主也(以主我恩录之)。

解义 尹氏、王子虎皆不书葬,此书葬,以鲁特往会也。

注释 ①刘文公(?—前506年):春秋时期刘国国君,名狄,一名卷,又作蚠,子爵。

春秋 冬十有一月庚午,蔡侯以吴子及楚人战于柏举,楚师败绩。楚囊瓦[1]出奔郑(柏举,《公羊》作伯莒,《穀梁》作伯举,杜注:楚地。当在今湖广麻城县境。吴始书子)。

左传 伍员[2]为吴行人以谋楚。楚之杀郤宛也(在昭二十七年),伯氏之族出(郤宛党)。伯州犁之孙嚭为吴大宰以谋楚。楚自昭王即位,无岁不有吴师。蔡侯因之,以其子乾与其大夫之子为质于吴。

冬,蔡侯、吴子、唐侯伐楚(唐侯不书,兵属于吴、蔡)。舍舟于淮汭(吴乘舟从淮来,过蔡而舍之),自豫章与楚夹汉(豫章,杜注:汉东江北地名)。左司马戌谓子常曰:“子沿汉而与之上下[3](沿,缘也。缘汉上下,遮使勿渡),我悉方城外以毁其舟,还塞大隧、直辕、冥厄[4](大隧、直辕、冥厄,《地理通释》即义阳之黄岘、武阳、平靖三关也,黄岘、平靖俱在今河南信阳州南,武阳在州东南),子济汉而伐之,我自后击之,必大败之。”既谋而行。武城黑[5]谓子常曰(黑,楚武城大夫):“吴用木也,我用革也(用,军器),不可久也。不如速战。”史皇[6]谓子常:“楚人恶子而好司马[7](史皇,楚大夫。司马,沈尹戌),若司马毁吴舟于淮,塞城口[8]而入(城口,三隘道之总名),是独克吴也。子必速战,不然不免。”乃济汉而陈,自小别至于大别[9](小别,山名,在今湖广汉川县北,一名甑山。大别,亦山名,在今湖广汉阳县东北,一名鲁山)。三战,子常知不可(知吴不可胜),欲奔。史皇曰:“安求其事,难而逃之,将何所入?子必死之,初罪必尽说[10](言致死以克吴,可以免贪贿致寇之罪)。”

十一月庚午[11],二师陈于柏举[12](二师,吴、楚师)。阖庐之弟夫概王,晨请于阖庐[13]曰:“楚瓦不仁(瓦,子常名),其臣莫有死志,先伐之,其卒必奔。而后大师继之,必克。”弗许。夫概王曰:“所谓‘臣义而行,不待命’者,其此之谓也。今日我死,楚可入也。”以其属五千,先击子常之卒。子常之卒奔,楚师乱,吴师大败之。子常奔郑。史皇以其乘广[14]死(以战死)。

公羊传　吴何以称子?夷狄也,而忧中国[15]。其忧中国奈何?伍子胥[16]父诛乎楚,挟弓而去楚,以干[17]阖庐。阖庐曰:“士之甚(士,贤士),勇之甚,将为之兴师而复仇于楚。”伍子胥复曰:“诸侯不为匹夫兴师,且臣闻之,事君犹事父也。亏君之义,复父之仇,臣不为也。”于是止。蔡昭公朝乎楚,有美裘焉,囊瓦求之,昭公不与,为是拘昭公于南郢,数年然后归之。于其归焉,用事乎河,曰:“天下诸侯,苟有能伐楚者,寡人请为之前列。”楚子闻之怒。为是兴师,使囊瓦将而伐蔡。蔡请救于吴,伍子胥复曰:“蔡非有罪也,楚人为无道,君如有忧中国之心,则若时可矣。”于是兴师而救蔡。曰:“事君犹事父也,此其为可以复仇奈何?”曰:“父不受诛(不受诛,罪不当诛也),子复仇可也。父受诛,子复仇,推刃之道也(一往一来曰推刃),复仇不除害(不得兼仇其子,恐复害己而杀之)。朋友相卫,而不相迿[18](迿,先也。不先击刺,所以伸孝子之恩),古之道也。”

穀梁传 吴其称子何也?以蔡侯之以之,举其贵者也(贵谓子也)。蔡侯之以之,则其举贵者何也?吴信中国而攘夷狄,吴进矣。其信中国而攘夷狄奈何?子胥父诛于楚也(子胥父,伍奢也。为楚平王所杀),挟弓持矢而干阖庐。阖庐曰:“大之甚,勇之甚!”为是欲兴师而伐楚,子胥谏曰:“臣闻之:君不为匹夫兴师。且事君犹事父也。亏君之义,复父之仇,臣弗为也。”于是止。蔡昭公朝于楚。有美裘,正是日囊瓦求之,昭公不与。为是拘昭公于南郢(南郢,楚郡),数年然后得归。归乃用事乎汉(用事者,祷汉水神),曰:“苟诸侯有欲伐楚者,寡人请为前列焉!”楚人闻之而怒,为是兴师而伐蔡。蔡请救于吴。子胥曰:“蔡非有罪,楚无道也。君若有忧中国之心,则若此时可矣!”为是兴师而伐楚。何以不言救也?救大也。

解义 师能左右之曰以曰蔡侯以吴子者,盖谋出於蔡,而吴为之用也。荆楚横暴,蔡尤被毒[19],盖尝夷之为县,诱般而杀之,用世子有出蔡侯朱又拘吴於南郢,数年而后归,今复兴师围其国,陵暴[20]极矣!晋不足恃[21],故蔡侯不得已而乞师於吴,吴子为之大败楚师,囊瓦奔郑。《春秋》据事直书,而蔡人累世[22]之仇赖吴以复。晋失其政,不足以宗诸侯,举可见矣!吴子亲行,君重於师,故不得不书爵。《传》以为进之非也,诸侯积忿於楚,吴能败之,故旧史喜其事而称爵,或未可知。以为孔子特起褒进之文,则於通《经》之义,皆不可通矣!

注释　①瓦:子常名。②伍员:春秋末期吴国大夫、军事家,名员,字子胥,楚国人。③与之上下:与吴军周旋,不要让吴军渡过汉水。④大隧、直辕、冥厄:汉东三隘道,即今豫鄂交界三关。东为九里关,即大隧;中为武胜关,即直辕;西为平靖关,即冥厄。⑤武城黑:楚武城大夫。武城,位于今河南信阳市东北。⑥史皇:楚大夫。⑦司马:沈尹戌。⑧城口:三隘道的总称。⑨小别、大别:二山名。⑩尽说:全部解除。说,通"脱"。⑪庚午:十八日。⑫二师:吴、楚之军队。柏举:地名,在今湖北麻城东北。⑬阖庐:即吴王阖闾,又名阖庐,姓姬,名光,吴王诸樊之子,故又称"公子光"。春秋末期吴国国君,公元前514至前496年在位。⑭乘广:楚王或主帅所统率的兵车。⑮中国:中原。⑯伍子胥:春秋末期吴国大夫、军事家,名员,字子胥,楚国人。⑰干:求,求取。⑱相迿(xùn):指争先动手。⑲毒:害,伤害。⑳陵暴:欺侮。㉑恃:依赖。㉒累世:好几代,数代。

春秋　庚辰,吴入郢(郢,《公羊》、《穀梁》作楚)。

左传　吴从楚师,及清发[①](清发,杜注:水名。《水经注》:涢水南迳石岩山北亦谓之清水。在今湖广安陆县西石门山下),将击之。夫概王曰:"困兽犹斗,况人乎?若知不免而致死,必败我。若使先济者知免,后者慕之,蔑有斗心矣。半济而后可击也。"从之。又败之。楚人为食,吴人及之,奔。食而从之[②],败诸雍澨[③](雍澨,今湖广京山县西南有三澨水,雍澨其一也),五战及郢。

己卯,楚子取其妹季芈畀我[④]以出(《世族谱》:季芈、畀我,皆平王女。服虔云:畀我,季芈之字。未知孰是),涉雎[⑤](雎,杜注:水出新城昌魏县,东南至枝江县入江。今湖广当阳县北有沮水,相传即楚昭王西涉处)。针尹固与王同舟,王使执燧象[⑥]以奔吴师(烧火燧系象尾,使赴吴师,惊却之)。

庚辰[⑦],吴入郢,以班处宫[⑧](以尊卑班次处楚王宫室)。子山[⑨]

处令尹之宫(子山,吴王子),夫概王欲攻之,惧而去之,夫概王入之(言吴无礼,所以不能遂克)。

左司马戌及息[10]而还(息,杜注:汝南新息也。闻楚败,故还),败吴师于雍澨,伤。初,司马臣阖庐(尝在吴为阖庐臣),故耻为禽焉。谓其臣曰:“谁能免吾首[11]?”吴句卑曰:“臣贱,可乎?”司马曰:“我实失子[12],可哉(失不知子贤)!”三战皆伤,曰:“吾不用也已。”句卑布裳,刭而裹之(司马已死,刭取其首),藏其身而以其首免(《传》言司马之忠壮)。

楚子涉睢,济江,入于云中[13](云中,杜注:云梦泽中,所谓江南之梦。盖云梦一泽跨江南北)。王寝,盗攻之,以戈击王。王孙由于以背受之。中肩。王奔郧[14],钟建[15]负季芈以从(钟建,楚大夫),由于徐苏而从(以背受戈,故当时闷绝)。郧公辛[16]之弟怀将弑王,曰:“平王杀吾父,我杀其子,不亦可乎(辛,蔓成然之子斗辛也。昭十四年楚平王杀成然)?”辛曰:“君讨臣,谁敢仇之?君命,天也,若死天命,将谁仇?《诗》曰:‘柔亦不茹,刚亦不吐,不侮矜寡,不畏强御。’唯仁者能之(《诗·大雅》。言仲山甫不辟强陵弱)。违强[17]陵弱,非勇也。乘人之约,非仁也。灭宗废祀[18],非孝也(弑君罪应灭宗)。动无令名,非知也。必犯是,余将杀女。”斗辛与其弟巢以王奔随。吴人从之,谓随人曰:“周之子孙在汉川者,楚实尽之。天诱其衷,致罚于楚,而君又窜之(窜,匿也)。周室何罪?君若顾报周室,施及寡人,以奖天衷[19],君之惠也。汉阳之田,君实有之。”楚子在公宫之北(随公宫也),吴人在其南。子期[20]似王(子期,昭王兄公子结),逃王,而已为王[21],曰:“以我与之,王必免。”随人卜与之,不吉。乃辞吴曰:“以随之辟小而密迩于楚,楚实存之,世有盟誓,至于今未改。若难而弃之,何以事君?执事之患,不唯一人(一人,楚王)。若鸠楚竟[22],敢不听命。”吴人乃退。鑪金[23]初宦于子期氏,实与随人要言[24](要言无以楚王与吴,并欲脱子期)。王使见,辞,曰:“不敢以约为利。”王割子期之心[25],以与随人盟(当心前割取血以盟,示其至心)。

初,伍员与申包胥友(包胥,楚大夫)。其亡也,谓申包胥曰:“我必复[26]楚国(复,报也)。”申包胥曰:“勉之!子能复之,我必能兴之。”及昭王在随,申包胥如秦乞师,曰:“吴为封[27]豕、长蛇,以荐食上国(荐,数也),虐始于楚。寡君失守社稷,越[28]在草莽。使下臣告急,曰:‘夷德无厌,若邻于君,疆埸之患也(吴有楚,则与秦邻)。逮吴之未定,君其取分[29]焉(与吴共分楚地)。若楚之遂亡,君之土也。若以君灵抚之,世以事君。’”秦伯使辞焉,曰:“寡人闻命矣。子姑就馆,将图而告。”对曰:“寡君越在草莽,未获所伏(伏,犹处也)。下臣何敢即安?”立,依于庭墙而哭,日夜不绝声,勺饮不入口七日。秦哀公为之赋《无衣》[30](《诗·秦风》。取其“王于兴师,修我戈矛,与子同仇,与子偕作,与子偕行”),九顿首而坐(《无衣》三章,章三顿首),秦师乃出(为明年包胥以秦师至张本)。

公羊传　吴何以不称子?反夷狄也。其反夷狄奈何?君舍[31]于君室,大夫舍于大夫室,盖妻[32]楚王之母也。

穀梁传　日入,易无楚也。易无楚者,坏宗庙,徙陈器,挞[33]平王之墓。何以不言灭也?欲存楚也。其欲存楚奈何?昭王[34]之军败而逃,父老送之,曰:“寡人不肖[35],亡先君之邑。父老反[36]矣,何忧无君?寡人且用此入海矣!”父老曰:“有君如此其贤也!”以众不如吴,以必死不如楚。相与击之,一夜而三败吴人,复立(楚复立也)。何以谓之吴也?狄之也。何谓狄之也?君居其君之寝,而妻其君之妻;大夫居其大夫之寝,而妻其大夫之妻。盖有欲妻楚王之母者。不正乘败人之绩而深为利,居人之国,故反其狄道也。

解义　郢,楚都。书入郢,见楚之大国都犹不能守也。凡书入者,皆破其国都也。楚地数千里,若书入楚,则不足以见破其国都之实矣！吴不称子，从其恒[37]称。《穀梁》以为不正[38]其乘人之败而深为利，则诸入国者皆然，何独贬於吴乎？

注释 ①清发：水名，为涢水支流，位于今湖北安陆县境。②食而从之：吃了楚军做的饭又追赶。③雍澨（shì）：地名，位于今湖北京山县境。④季芈畀我：楚昭王的妹妹。畀为我名，芈为姓，季为排行第四。⑤睢：水名，即为沮水，今枝江县东北。⑥燧象：燃火燧系象尾，使象群奔吴师。⑦庚辰：二十八日。⑧班处宫：按爵位尊卑等次分居楚王君臣的宫室。⑨子山：吴王之子。⑩息：楚地，在今河南息县西南。⑪免吾首：谓不使吴人得我尸首。⑫失子：即不叫你贤能。⑬云中：即云梦泽。云梦泽跨长江南北，此指南云梦。⑭郧：今湖北京山县、安陆县一带。⑮钟建：楚大夫。⑯郧公辛：蔓成然之子斗辛。⑰违强：避强。⑱灭宗废祀：弑王，会犯下宗族被灭绝，祖先之祀被废止的大罪。⑲以奖天衷：以助成上天的意志。⑳子期：楚昭王之兄公子结。面貌与昭王相似。㉑为王：着楚王衣饰。将自己扮成楚王。㉒鸠楚竟：鸠，安也。竟通“境”。㉓鑪（lú）金：子期家臣。㉔要言：约言。㉕割子期之心：割破子期胸部取血。㉖复：同覆，倾覆、颠覆。㉗封：大。㉘越：离散，等于说流浪。㉙取分：与吴共分楚之土地。㉚《无衣》：《诗经·秦风》篇名。㉛舍：居住。㉜妻：以……为妻。㉝挞：鞭挞。㉞昭王：即楚昭王熊壬（约前523年—前489年），芈姓，熊氏，又名轸。楚平王之子。西元前516年，楚平王死，不满10岁的太子壬继立，改名熊轸（珍），是为昭王。㉟不肖：不才，不贤。㊱反：同“返”。㊲恒：常。㊳正：正法，治罪。

卷五十八

定公(五年之八年)

春秋　五年春王三月辛亥朔,日有食之(三月,《公羊》作正月)。

附录左传　五年春,王人杀子朝于楚(因楚乱也。终闵马父之言)。

春秋　夏,归粟[①]于蔡。

左传　夏,归粟于蔡,以周亟[②],矜无资[③](亟,急也)。

公羊传　孰归之?诸侯归之。曷为不言诸侯归之?离至,不可得而序,故言我也。

穀梁传　诸侯无粟,诸侯相归粟,正也。孰归之?诸侯也。不言归之者,专辞也(若独主于鲁),义迩[④]也(言迩近之事,不足具列诸侯)。

解义　《春秋》贵义,不贵惠[⑤]。蔡为楚困,而不能救,今见楚败吴胜乃归蔡粟,徒[⑥]为吴而已,无救灾之实也。二《传》以为诸侯归之,《经》略不序,盖鲁与诸侯皆以晋命归粟。书鲁事,则可包诸侯,与城楚丘、戍[⑦]陈同义。

注释　①粟:粮食。②周亟:救急。③矜无资:怜悯无粮食。资,粮。④迩:近。⑤惠:恩惠。⑥徒:独,仅仅。⑦戍:戍守。

春秋　於越入吴。

左传　越入吴,吴在楚也。

公羊传　於越者何?越者何?於越者,未能以其名通也(不能与中国通,故从其俗称,曰於越)。越者,能以其名通也(能与中国通,则以中国之辞称之曰越)。

解义　於越者,其自称者也。越者,中国称之者也。考之

《经》,入吴败吴,皆越人来告,故书於越。吴伐越则吴来告也,故止书越。

春秋 六月丙申[①],季孙意如卒。

左传 六月,季平子行东野(东野,杜注:季氏邑),还,未至,丙申,卒于房(房,盖近费之地)。阳虎将以玙璠敛(玙璠,美玉,君所佩),仲梁怀弗与(怀亦季氏家臣),曰:“改步改玉[②](步谓行也。《玉藻》云:“君行接武,大夫继武。”又云:“公侯佩山玄玉,大夫佩水苍玉。”是君臣步玉不同)。”阳虎欲逐之,告公山不狃。不狃曰:“彼为君也,子何怨焉(不狃,季氏臣费宰子泄也。为君,不欲使僭)?”既葬,桓子行东野(桓子,意如子季孙斯),及费。子泄为费宰,逆劳于郊,桓子敬之。劳仲梁怀,仲梁怀弗敬(怀时从桓子行,轻慢子泄)。子泄怒,谓阳虎:“子行之乎(行,逐怀也。为下阳虎囚桓子起)?”

解义 内大夫有罪,而身不见讨,则《春秋》不书其卒,公子翚是也。意如卒何以书?见定公忘大义而念私劳,使逐君之贼生安其位,卒用卿礼也!

注释 ①丙申:十七日。②改步改玉:古礼,越是尊贵之人,其步行慢而短,卑贱之人步履则长而快。步履不同,则佩玉也不同。

春秋 秋七月壬子,叔孙不敢卒。

附录左传 申包胥以秦师至,秦子蒲、子虎帅车五百乘以救楚(五百乘,三万七千五百人)。子蒲曰:“吾未知吴道(言未知制吴之法术)。”使楚人先与吴人战,而自稷会之,大败夫概王于沂(稷、沂,杜注:皆楚地。当在今河南桐柏县境)。吴人获薳射于柏举(薳射,楚大夫),其子帅奔徒以从子西,败吴师于军祥(军祥,杜注:楚地。当在今湖广随州西南)。秋七月,子期、子蒲灭唐[①](从吴伐楚故)。九月,夫概王归,自立也(自立为吴王,号夫概)。以与王战而败,奔楚,为堂溪[②]氏(《传》终言之)。吴师败楚师于雍澨,秦师又败吴师。吴师居麇(麇,杜注:地名。今湖广巴陵县东有麇城),子期将焚之,子西曰:“父兄亲暴骨焉,不能收,又焚之,不可(前年楚人与吴战,多死麇中,言不可并焚)。”子期曰:“国亡矣!死者若有知也,可以歆旧祀(言焚吴复楚,则祭祀不废),岂惮焚之?”焚之,而又战,吴师败。又战于公婿之溪(公婿之溪,杜注:楚地名),吴师大败,吴子乃归。囚闉舆罢,闉舆罢请先,遂逃归(舆罢,楚大夫。请先至吴而逃归。言吴惟得楚一大夫,复失之,所以不克)。叶公诸梁之弟后臧从其母于吴,不待而归(诸梁,司马沈尹戌之子叶公子高也。吴入楚,获后臧之母。楚定,臧弃母而归)。叶公终不正视(不义之)。

乙亥[③],阳虎囚季桓子及公父文伯(文伯,季桓子从父昆弟也),而逐仲梁怀。冬十月丁亥[④],杀公何藐(藐,季氏族)。己丑[⑤],盟桓子于稷门之内(稷门,鲁南城门)。庚寅[⑥],大诅[⑦],逐公父歜及秦遄,皆奔齐(歜即文伯也。秦遄,平子姑婿也。《传》言季氏之乱)。

楚子入于郢(吴师已归)。初,斗辛闻吴人之争宫也,曰:“吾闻之:‘不让则不和,不和不可以远征。’吴争于楚,必有乱。有乱则必归,焉能定楚?”

王之奔随也,将涉于成臼(成臼,杜注:江夏竟陵县有臼水,出聊屈山,西南入汉。今湖广汉川有臼子河,西南与汉水合,即臼水也),蓝尹亹涉其帑[⑧](亹,楚大夫),不与王舟。及宁,王欲杀之。子西曰:“子常唯思旧怨以败,君何效焉?”王曰:“善。使复其所[⑨],吾以志前恶(恶,过也)。”王赏斗辛、王孙由于、王孙圉、钟建、斗巢、申包胥、王孙贾、宋木、斗怀(九子皆从王有大功者)。子西曰:“请舍怀也(以初谋弑王也)。”王曰:“大德灭小怨,道也(终从其兄,免王大难,是大德)。”申包胥曰:“吾为君也,非为身也。君既定矣,又何求?且吾尤[⑩]子旗,其又为诸(子旗,蔓成然也。以有德于平王,求欲无厌,平王杀之。在昭十四年)?”遂逃赏。王将嫁季芈,季芈辞曰:“所以为女子,远丈夫也。钟建负我矣。”以妻钟建,以为乐尹

（司乐大夫）。

王之在随也，子西为王舆服以保路，国于脾泄（失王，恐国人溃散，故伪为王车服，立国脾泄，以保安道路人。脾泄，杜注：楚邑。当在今湖广荆州府境）。闻王所在，而后从王。王使由于城麇（于麇筑城），复命，子西问高厚焉，弗知。子西曰："不能，如辞（言自知不能，当辞勿行）。城不知高厚，小大何知？"对曰："固辞不能，子使余也。人各有能有不能。王遇盗于云中，余受其戈，其所犹在。"袒而示之背，曰："此余所能也。脾泄之事，余亦弗能也（传言昭王所以复国，有贤臣也）。"

春秋　冬，晋士鞅帅师围鲜虞⑪。

左传　晋士鞅围鲜虞，报观虎之役也（三年鲜虞获晋观虎）。

解义　鲜虞近晋，晋强家实利其土以培私封⑫，屡伐不克，故复围之。

注释　①唐：位于今湖北枣阳县东南唐城镇。②堂溪：溪谷名，位于今河南遂平县西北。③乙亥：九月二十八日。④丁亥：十日。⑤己丑：十二日。⑥庚寅：十三日。⑦诅：祈求鬼神加灾祸于某人。⑧帑：通"孥（nú）"，妻子和子女。⑨复其所：恢复原来职务。⑩尤：责怪。⑪鲜虞：古族名。春秋时白狄的一支，常受晋国的侵犯。分布在今河北境内，以河北平山为中心。春秋末年建立中山国。⑫私封：古时国君所赐的私人领地。

春秋　六年春王正月癸亥，郑游速帅师灭许，以许男斯归（速，《公羊》作遨。后同）。

左传　六年春，郑灭许，因楚败也。

解义　郑虐於许久矣！许依楚抗郑，至於四迁。今吴入郢，许无所援，郑遂灭之。哀元年以后，许复见者，楚祸既定，复建许也。自隐十一年，郑入许，而齐、郑之党合，天下遂无王，至是郑灭许，而齐、郑之党又合，天下遂无霸，盖晋、楚俱弱，势复一变，而《春秋》以终矣！

春秋　二月，公侵郑。

左传　二月，公侵郑，取匡[①]，为晋讨郑之伐胥靡也(胥靡，杜注：周地。周儋翩因郑人以作乱，郑为之伐胥靡，故晋使鲁讨之。匡，杜注：郑地。取匡不书，归之晋)。往不假道于卫；及还，阳虎使季、孟自南门入[②]，出自东门(阳虎将逐三桓，使得罪于邻国)，舍于豚泽[③]。卫侯怒，使弥子瑕[④]追之(弥子瑕，卫嬖大夫)。公叔文子老矣(文子，公叔发)，辇而如公，曰："尤人而效之，非礼也。昭公之难，君将以文之舒鼎[⑤](卫文公之鼎)，成之昭兆[⑥](宝龟)，定之鞶鉴(鞶带而以镜为饰也)，苟可以纳之，择用一焉。公子与二三臣之子，诸侯苟忧之，将以为之质(为质，求纳鲁昭公)。此群臣之所闻也。今将以小忿蒙旧德，无乃不可乎！大姒[⑦]之子(大姒，文王妃)，唯周公、康叔为相睦也[⑧]。而效小人[⑨]以弃之，不亦诬[⑩]乎！天将多[⑪]阳虎之罪以毙之，君姑待之，若何？"乃止(止不伐鲁师)。

解义　自宣[⑫]十八年，公伐杞后，鲁无君将者八十年。至是陪臣执国，以三桓[⑬]专兵为口实欲窃兵权，故托公以出师耳！当是时，晋霸既失，诸侯皆离，令不能行，故讨郑之师虽出晋命，实阳虎主其谋，欲徼祸[⑭]邻国，危鲁师以逞其欲，故书侵，以志其挟私启衅[⑮]，非有辅霸讨乱之实也！

注释　①匡：郑邑，即今河南长垣县的匡城。②季、孟：指季桓子、孟献子。③豚泽：卫国都城东门外地名。④弥子瑕：卫灵公的宠臣。⑤文之舒鼎：卫文公的舒鼎。⑥成之昭兆：成，卫成公，文公子。昭兆，宝龟。⑦大姒：文王妃。⑧周公、康叔：鲁、卫的始祖。⑨小人：指阳虎。⑩诬：骗。⑪多：增加。⑫宣：鲁宣公。⑬三桓：是春秋时鲁大夫孟孙氏、叔孙氏、季孙氏三家的合称，分别是鲁桓公的三个儿子庆父、叔牙、季友的后裔，因为三家都是桓公后代，所以叫"三桓"。⑭徼祸：招致祸害。⑮启衅：引发嫌隙;挑起争端。

春秋 公至自侵郑。

春秋 夏,季孙斯、仲孙何忌如晋。

左传 夏,季桓子如晋,献郑俘也(献此春取匡之俘)。阳虎强使孟懿子往报夫人之币[1]。晋人兼享之(贱鲁,故不复两设礼)。孟孙立于房外,谓范献子曰:"阳虎若不能居鲁,而息肩于晋,所不以为中军司马者,有如先君(称先君以徵其言,若欲使晋,必厚待之)!"献子曰:"寡君有官,将使其人[2](择得其人)。鞅何知焉?"献子谓简子曰:"鲁人患阳虎矣,孟孙知其衅[3],以为必适晋,故强为之请,以取入焉(欲令晋人闻虎当逃走,故强设请讬之辞,因此言以入晋,令晋素知之)。"

解义 《春秋》书内卿并使者二。遂、得臣[4]如齐,见仲遂邪谋之始。此年,斯、何忌如晋,见阳虎专权,二卿为其所胁,行止[5]惟命,他日为乱之端兆[6]也。然不介晋权乱未敢发,故因如晋变文书介副,以著其祸之所自起耳!

注释 ①报夫人之币:回报晋夫人之聘礼。当时聘礼没有单独回报夫人的。②使其人:选择任用称职之人。③衅:征兆。④遂、得臣:即仲孙遂和叔孙得臣,两人均为鲁大夫。⑤行止:行动;活动。⑥端兆:端倪;迹象。

附录左传 四月己丑,吴大子终累败楚舟师(终累,阖庐子,夫差兄),获潘子臣、小唯子[1](二子,楚舟师之帅)及大夫七人。楚国大惕,惧亡。子期又以陵师[2]败于繁扬(陵师,陆军)。令尹子西喜曰:"乃今可为矣(言知惧而后可治)。"于是乎迁郢于鄀,而改纪[3]其政,以定楚国(《传》言楚赖子西以安)。周儋翩率王子朝之徒,因郑人将以作乱于周(儋翩,子朝馀党)。郑于是乎伐冯、滑、胥靡、负黍、狐人、阙外(郑伐周六邑,在鲁伐郑取匡前。于此见者,为戎周起也。负黍,杜注:阳城县西南有负黍亭。今河南登封县负黍聚,一名黄城是也。狐人，《后汉志》：颍阴县有狐宗乡，古狐人亭也。在今河南临颍县。阙外，即伊阙外之邑。在今洛阳县南阙塞山下）。六月，晋阎没戍周，且城胥靡（为下天王出居姑莸起）。

春秋　秋，晋人执宋行人乐祁犁。

左传　秋八月，宋乐祁言于景公曰："诸侯唯我事晋，今使不往，晋其憾矣。"乐祁告其宰陈寅（以与公言告之）。陈寅曰："必使子往。"他日，公谓乐祁曰："唯寡人说子之言，子必往。"陈寅曰："子立后而行（寅知晋政多门，往必有难，故使乐祁立后而往），吾室亦不亡，唯君亦以我为知难而行也。"见溷④而行（溷，乐祁子也。见于君，立以为后）。赵简子逆，而饮之酒于绵上⑤，献杨楯⑥六十于简子（杨，木名）。陈寅曰："昔吾主⑦范氏，今子主赵氏，又有纳焉。以杨楯贾祸，弗可为也已（知范氏必怨，将得祸）。然子死晋国，子孙必得志于宋（以其为国死）。"范献子言于晋侯曰："以君命越疆而使，未致使⑧而私饮酒，不敬二君⑨，不可不讨也。"乃执乐祁。

解义　晋自八卿擅权⑩，上下相陵⑪，倾轧⑫之谋已非一日。今范鞅为政而赵鞅⑬主，宋乐祁此欲夺执政之权，非为一宋行人争得失也！范鞅知之，故必执乐祁以伐其谋。各逞私图⑭，不顾国体，乱政⑮亟行，内外相竞，而晋之祸遂不可止，自是三家之势成矣！

注释　①潘子臣、小唯子：楚舟师统帅。②陵师：陆军。指在陆上作战的部队，因吴楚之地多江河。③纪：治理。④见溷：让溷拜见景公。溷（hùn），乐祁之子。⑤绵上：即山西翼城县西小绵山。⑥杨楯（dùn）：古代武器名，即盾牌。黄杨木所制之盾。⑦主：事奉。⑧致使：报告使命。⑨二君：指晋定公与宋景公。⑩擅权：专权，揽权。⑪相陵：相互侵扰。⑫倾轧（yà）：排挤打击。⑬赵鞅（？—前458年）：即赵简子，春秋末年晋国正卿。赵鞅又名志父,亦称赵孟。⑭私图:个人的图谋;企图。⑮乱政:败坏政治。

春秋 冬,城[①]中城。

穀梁传 城中城者,三家张[②]也(三家侈张,故公惧而修内城)。或曰,非外民也。

解义 是时,政在三家,公室无民,岂能役众修城以备外患?盖阳虎[③]欲去三桓,故托惧齐、郑而城中城,将挟公以自固耳!

注释 ①城:筑城。②张:展开,进行。③阳虎(生卒年不详):姬姓,阳氏,名虎,一名货。春秋后期鲁国人,季孙氏家臣。

春秋 季孙斯、仲孙忌帅师围郓。

公羊传 此仲孙何忌也,曷为谓之仲孙忌?讥二名,二名非礼也。

解义 昭公二十五年,齐侯取郓以居公[①]。三十年,郓溃,遂贰[②]於齐。至是,阳虎谋倾[③]季氏胁使围郓,以构[④]齐而绝其外援。明年,国夏来伐,连岁兵争,盖始於此。仲孙忌不言何,阙文。

注释 ①公:鲁昭公。②贰:背叛。③倾:倾覆。④构:得罪,结怨。

附录左传 阳虎又盟公及三桓[①]于周社,盟国人于亳社,诅于五父之衢(为八年阳虎作乱起)。冬,十二月,天王处于姑莸[②](姑莸,杜注:周地),辟儋翩之乱也(为明年单、刘逆王张本)。

春秋 七年春王正月。

附录左传 七年春二月,周儋翩入于仪栗[③]以叛(仪栗,杜注:周邑)。齐人归郓、阳关,阳虎居之以为政(郓、阳关,杜注:皆鲁邑,中贰于齐,齐今归之。不书者,为虎所专之)。

春秋 夏四月。

附录左传 夏四月,单武公、刘桓公败尹氏于穷谷(尹氏复党儋翩,共为乱也。武公,穆公子。桓公,文公子)。

春秋　秋,齐侯、郑伯盟于咸(诸侯始复特盟。咸,杜注:卫地)。

左传　秋,齐侯、郑伯盟于咸,征会于卫。

解义　齐、郑之盟,叛晋也。霸统绝,诸侯散。特盟复起自齐桓[4]以来未之有也,於是再见诸侯无齐盟矣!是故,于石门志诸侯之合也,于咸志诸侯之散也。

注释　①三桓:指季孙、孟孙、叔孙三族。②姑蔑:周地。③仪栗:周朝邑名。④齐桓:指齐桓公。

春秋　齐人执卫行人北宫结[1]以侵卫。

穀梁传　以,重辞也。卫人重北宫结(齐以卫重结,故执以侵之)。

春秋　齐侯、卫侯盟于沙(沙,《公羊》作沙泽,杜注:阳平元城县东南有沙亭。在今直隶元城县东)。

左传　卫侯欲叛晋,诸大夫不可。使北宫结如齐,而私于齐侯曰:"执结以侵我(欲以齐师惧诸大夫)。"齐侯从之,乃盟于琐[2](琐,杜注:即沙也。《晋地道记》"元城县有琐阳城。"为明年涉佗捘卫侯手张本)。

解义　齐每视晋为强弱,晋强则同诸侯以附晋,晋弱则合诸侯以自强。而鲁、卫、郑又视齐、晋之强弱以为向背[3]者也。至是,晋既益衰,楚复新败,吴、越之势未及北方,齐遂乘间纠合,既盟郑,复劫卫。自此以后齐、卫合党次五氏、次垂葭、次渠除。至哀元年,遂伐晋,而天下之变益纷[4]矣!

注释　①北宫结:春秋时期卫国的卿。②琐:晋国地名。③向背:趋向和背弃,支持和反对。④纷:纷乱。

春秋　大雩。

春秋　齐国夏帅师伐我西鄙。

左传　齐国夏伐我(齐叛晋故)。阳虎御季桓子,公敛处父御孟懿子(处父,孟氏家臣成宰公敛阳),将宵军[1]齐师。齐师闻之,堕,伏而待之(堕毁其车以诱敌,而设伏兵)。处父曰:“虎不图祸,而必死。”苫夷[2]曰:“虎陷二子于难(苫夷,季氏家臣。二子,季、孟),不待有司,余必杀女。”虎惧,乃还,不败(《传》言陪臣强,能自相制。季、孟不敢有心)。

解义 诸侯惟鲁事[3]晋。齐叛晋与郑盟,故为郑伐且报郓之围也。

注释 ①军:名词动用,攻击的意思。②苫夷:鲁国臣子,又叫苫越。③事:侍奉。

春秋 九月,大雩。

解义 《经》书雩祭二十有一,惟昭二十五年及是秋再书雩,志灾甚,且言渎[1]也!

注释 ①渎:烦琐。

春秋 冬十月。

附录左传 冬十一月戊午,单子、刘子逆王于庆氏[1](庆氏,守姑莸大夫)。晋籍秦送王。己巳,王入于王城(己巳,十二月五日,有日无月),馆于公族党氏[2](党氏,周大夫),而后朝于庄宫[3](庄王庙)。

春秋 八年春王正月,公侵齐。

左传 八年春,王正月,公侵齐(报前年伐我西鄙),门于阳州。士皆坐列(言无斗志),曰:“颜高之弓六钧[4](高,鲁人。三十斤为钧,六钧,百八十斤。古称重,故以为异强)。”皆取而传观之。阳州人出,颜高夺人弱弓,籍丘子鉏击之[5](子鉏,齐人),与一人俱毙(毙,仆也)。偃[6],且射子鉏,中颊,殪(子鉏死)。颜息射人中眉(颜息,鲁人),退曰:“我无勇,吾志其目也(以自矜)。”师退,冉猛伪伤足而先(猛,鲁人,欲先归)。其兄会乃呼曰:“猛也殿[7](会见师退而猛不在列,乃大呼诈言,猛在后殿。《传》言鲁无军政)!”

解义　报国夏之伐也。是时,三家专鲁,阳虎用事[8],实使[9]公,将欲归怨於公也!

注释　①庆氏:驻守姑蔑的大夫。②党氏:周大夫。③庄宫:庄王庙。④颜高:鲁国臣子。六钧:古一钧三十斤。⑤籍丘子鉏:齐国人。⑥偃:仰卧,仰面倒下。⑦猛:即冉猛,鲁国人。殿:镇守军后掩护撤退。⑧用事:指当权。⑨使:支使,迫使。

春秋　公至自侵齐。

附录左传　二月己丑[1],单子伐谷城,刘子伐仪栗(讨儋翩之党。谷城,杜注:在河南县西。今洛阳县西北有古城)。辛卯,单子伐简城,刘子伐盂,以定王室(简城、盂,皆周邑。今河南河内县西北有邘台镇,古盂国也。《传》终王室之乱)。

赵鞅言于晋侯曰:“诸侯唯宋事晋,好逆其使,犹惧不至。今又执之,是绝诸侯也。”将归乐祁。士鞅曰:“三年止之(执祁在六年),无故而归之,宋必叛晋。”献子私谓子梁[2]曰(献子,范鞅。子梁,乐祁):“寡君惧不得事宋君,是以止子。子姑使溷代子(溷,乐祁子)。”子梁以告陈寅,陈寅曰:“宋将叛晋,是弃溷也,不如待之(留待,勿以子自代)。”乐祁归,卒于大行(大行,杜注:晋东南山)。士鞅曰:“宋必叛,不如止其尸以求成焉。”乃止诸州[3](州,杜注:晋地。为明年宋公使乐大心如晋张本)。

春秋　二月,公侵齐。

左传　公侵齐,攻廪丘之郛[4]。主人焚冲[5](冲,战车),或濡马褐[6]以救之(马褐,马衣),遂毁之(毁郛)。主人出,师奔(攻郛人少,故遣后师走往助之)。阳虎伪不见冉猛者,曰:“猛在此,必败(阳州之役,猛先归。言若在此,必复败)。”猛逐之(逐廪丘人),顾而无继,伪颠。虎曰:“尽客气[7]也(言非勇)。”苫越生子(苫越,苫夷),将待事而名之。阳州之役获焉,名之曰阳州(欲比侨如)。

春秋　三月,公至自侵齐。

穀梁传 公如,往时致月,危致也。往月致时,危往也。往月,致月,恶之也。

春秋 曹伯露[8]卒

春秋 夏,齐国夏帅师伐我西鄙。

左传 夏,齐国夏、高张伐我西鄙(报上二侵)。

解义 以公不与咸、沙之盟,且报再侵也。自围郓以后,齐、鲁之兵六见,然于齐称伐,于鲁称侵,曲直[9]强弱可见矣!

注释 ①二月无己丑日,或以为三月之误。②子粱:即乐祁。③州:晋国邑名。止诸州:将乐祁之尸身留在州地,不令归宋。④郛:外城。⑤主人焚冲:廪丘守将烧毁攻城的战车。⑥濡马褐:浸湿粗麻布短衣。⑦客气:虚心假意,不是真正勇气,故易于泄气。⑧曹伯露:即曹靖公姬露(?—公元前502年),春秋曹国国君。平公须子,声公野弟。杀隐公通而自立。前506—前502年在位。⑨曲直:是非;有理无理。

春秋 公会晋师于瓦[1](瓦,杜注:卫地,东郡燕县东北有瓦亭。今直隶滑县东南瓦冈集,即其地也)。

左传 晋士鞅、赵鞅、荀寅救我。公会晋师于瓦。范献子执羔[2],赵简子、中行文子皆执雁。鲁于是始尚羔(礼,卿执羔,大夫执雁。鲁则卿、大夫并执雁。今见士鞅执羔,始令卿执之。记礼废之久也)。

解义 晋将救鲁,公亲至瓦,以逆[3]会之。比其至,则齐师已去,救不及事,故不书救。士鞅不书,辞当然也。使[4]书会晋士鞅,则似以他事会,而不知晋以师来,与救之后期及齐师已退矣!

注释 ①瓦:地名,位于今河南滑县瓦岗集。②羔:小羊羔。③逆:迎接。④使:假如,如果。

春秋 公至自瓦。

解义　此特相会,往来称地之例[①]也,故不以会致。

注释　①例:例证。

春秋　秋七月戊辰,陈侯柳[①]卒。

春秋　晋士鞅帅师侵郑,遂侵卫(士,《公羊》作赵)。

左传　晋师将盟卫侯于鄟泽[②](自瓦还,就卫地盟)。赵简子曰:"群臣谁敢盟卫君者(前年卫叛晋属齐,简子意欲摧辱之)?"涉佗、成何曰[③](二子,晋大夫):"我能盟之。"卫人请执牛耳[④](盟礼,尊者莅牛耳。卫侯与晋大夫盟,自以当莅牛耳,故请)。成何曰:"卫,吾温、原也,焉得视诸侯[⑤]?"将歃,涉佗挼[⑥]卫侯之手,及捥[⑦](挼,挤也。血至捥)。卫侯怒,王孙贾[⑧]趋进,曰(贾,卫大夫):"盟以信礼也(信,犹明也)。有如卫君,其敢不唯礼是事,而受此盟也。"卫侯欲叛晋,而患诸大夫。王孙贾使次于郊,大夫问故(问不入之故)。公以晋诟[⑨]语之(诟,耻也),且曰:"寡人辱社稷,其改卜嗣,寡人从焉。"大夫曰:"是卫之祸,岂君之过也?"公曰:"又有患焉。谓寡人:'必以而子与大夫之子为质。'"大夫曰:"苟有益也,公子则往。群臣之子,敢不皆负羁绁[⑩]以从?"将行。王孙贾曰:"苟卫国有难,工商未尝不为患,使皆行而后可(欲以激怒国人)。"公以告大夫,乃皆将行之。行有日[⑪](有期日),公朝国人,使贾问焉,曰:"若卫叛晋,晋五伐我,病何如[⑫]矣?"皆曰:"五伐我,犹可以能战。"贾曰:"然则如叛之,病而后质焉,何迟之有?"乃叛晋。晋人请改盟,弗许。

秋,晋士鞅会成桓公,侵郑(桓公,周卿士),围虫牢,报伊阙也(六年郑伐周阙外,晋为周报之)。遂侵卫(讨叛)。

解义　郑伯与齐为咸之盟,卫侯与齐为沙之盟,二国皆为齐叛晋,故两侵之。曰遂,继事也。曰侵,义不足以服人,而力复不胜小,有侵掠[⑬]而遂返也。

注释　①陈侯柳:即陈怀公,妫姓,名柳,为春秋诸侯国陈国君主之一,他为陈惠公儿子,承袭陈惠公担任该国君主,在位期间为前505年—前502年,共在位4年。②鄟泽:卫地名。③涉佗、成何:二人为晋大夫。④请执牛耳:请晋臣执牛耳。执牛耳,指主持会盟的人。⑤视诸侯:同诸侯一样看待。⑥捘(zùn):推。⑦捥(wàn):腕。及捥,血流到腕。⑧王孙贾:卫大夫。⑨诟:羞辱,侮辱。⑩羁绁:马笼头,马缰绳。⑪行有日:已定起程日期。⑫病何如:危及国家将如何。⑬侵掠:侵犯掠夺。

春秋 葬曹靖[①]公。

春秋 九月,葬陈怀公

春秋 季孙斯、仲孙何忌帅师侵卫。

左传 九月,师侵卫,晋故也。

解义 为晋命[②],无可声[③]之罪,故书侵。

注释 ①曹靖:即曹靖公姬露。②命:指派。③声:声讨。

春秋 冬,卫侯、郑伯盟于曲濮(曲濮,杜注:卫地,盖濮水曲折之处。在今山东濮州境)。

解义 前年公[①]侵郑,今年二卿[②]侵卫,皆为晋故。而士鞅[③]又自帅师侵之,故二国同为此盟,以固其交,备晋也。

注释 ①公:鲁定公。②二卿:指季孙斯、仲孙何忌,同为鲁国大夫。③士鞅(?—前501年):祁姓,范氏,讳鞅,谥献,其名范鞅,又曰士鞅,史称范献子,士匄之子,春秋后期晋国才干卓越的政治家,外交家。

春秋 从祀[①]先公。

左传 季寤、公鉏极[②]、公山不狃皆不得志于季氏(季寤,季桓子之弟。公鉏极,公弥曾孙,桓子族子。公山不狃,费宰),叔孙辄无宠于叔孙氏(辄,叔孙氏之庶子),叔仲志不得志于鲁(志,叔仲带之孙,为国人所薄)。故五人因[③]阳虎。阳虎欲去三桓,以季寤更季氏(代桓子),以叔孙辄更叔孙氏(代武叔),己更孟氏(阳虎自代懿子)。冬十月,顺祀先公而祈焉(将作大事,欲以顺祀取媚)。辛卯[4](十月二日),禘于僖公[5](不于大庙者,顺祀之义,当退僖公,惧于僖神,故于僖庙行顺祀)。

公羊传　从祀者何?顺祀也(复文公之逆祀)。文公逆祀,去者三人(谏不从而去之)。定公顺祀,叛者五人(谏不以礼而去曰叛。叛与去皆不书者,微也)。

穀梁传　贵复正也(文公逆祀今复正)。

解义　从祀之说,二《传》及诸家皆以为正闵、僖[6]之位,独蜀人冯山[7]以为昭公至是始得从祀於太庙。而胡氏安国[8]取之於当日事情为近,盖意如出[9]君於外,既薨七月不得以时归葬,葬又绝其兆域[10],不得同於先君,则其主久未得从昭穆祔祭宜矣[11]!至是意如已卒,阳虎将杀季斯乱鲁国,欲著季氏之罪,取说[12]於众,以售其奸[13],遂以昭公之主从祀太庙,事虽顺而情实逆[14],故《春秋》特书"从祀先公"於"盗窃宝玉、大弓"之上,以发后人之疑。而考其实焉,若文公逆祀[15],则臧文仲[16]所为,非季氏之恶也。但《春秋》每书宫庙,必举其谥[17],又昭公葬已书谥,疑已祔庙[18]。《左氏传》曰:"顺祀先公而祈焉。"盖自远及近遍祀鲁之先公,以祈神祐而请罪季氏也,义亦可通!

注释　①从祀:指配享,附祭。②公鉏极:季氏族子。③因:依靠。④辛卯:初二日。⑤禘于僖公:禘为三年大祭先君之礼,应在大庙举行。⑥闵、僖:指鲁闵公、鲁僖公。⑦冯山(?—1094):初名献能,字允南,普州安岳茗山镇(今四川安岳龙台镇)人,冯澥之父。著有《安岳集》二十卷,工诗,今存诗集十二卷,《四库总目》传于世。⑧胡氏安国:即胡安国(1074—1138),南宋时期的著名经学家和湖湘学派的创始人之一。字康侯,号青山,学者称武夷先生,后世称胡文定公。⑨出:驱逐。⑩兆域:墓地四周的疆界。亦以称墓地。⑪昭穆:宗法制度对宗庙或墓地的辈次排列规则和次序。祔祭:指在祠庙中配享、附祭。宜:适宜。⑫说(yuè):同“悦”。⑬以售其奸:售,销售。指用来推行他的奸计。⑭逆:颠倒。⑮文公:鲁文公。逆祀:违反上下位次的祭祀。⑯臧文仲(? —公元前617年):姬姓,臧氏,名辰,谥文。臧哀伯次子,谥文,故死后又称臧文仲。春秋时鲁卿,世袭司寇,执礼以护公室。⑰谥(shì):谥号。指古代帝王或大官死后评给的称号。⑱祔庙:祔祭后死者于先祖之庙。

春秋 盗窃宝玉、大弓。

左传 壬辰①,将享季氏于蒲圃而杀之,戒都车②曰:“癸巳③至(都邑之兵车也。阳虎欲以壬辰夜杀季孙,明日癸巳,以都车攻二家)。”成宰公敛处父告孟孙,曰:“季氏戒都车,何故?”孟孙曰:“吾弗闻。”处父曰:“然则乱也,必及于子,先备诸?”与孟孙以壬辰为期(处父期以兵救孟氏。壬辰,先癸巳一日)。

阳虎前驱,林楚御桓子,虞人以铍④盾夹之,阳越殿(越,阳虎从弟),将如蒲圃。桓子咋⑤谓林楚曰(咋,暂也):“而先皆季氏之良也,尔以是继之(欲使楚免己于难,以继其先人之良)。”对曰:“臣闻命后(后,晚也)。阳虎为政,鲁国服焉。违之,征死⑥。死无益于主。”桓子曰:“何后之有?而能以我适孟氏乎?”对曰:“不敢爱死,惧不免主。”桓子曰:“往也。”孟氏选圉人⑦之壮者三百人,以为公期⑧筑室于门外(实以备难,不欲使人知,故伪筑室于门外,因得聚众。公期,孟氏支子)。林楚怒马及衢而骋,阳越射之,不中,筑者阖门(季孙既得入,乃闭门)。有自门间射阳越,杀之。阳虎劫公与武叔⑨,以伐孟氏(武叔,叔孙不敢之子州仇也)。公敛处父帅成人,自上东门⑩入(鲁东城之北门。入救孟氏),与阳氏战于南门之内,弗胜。又战于棘下⑪(棘下,杜注:城内地名),阳氏败。阳虎说甲如公宫,取宝玉、大弓以出,舍于五父之衢,寝而为食。其徒曰:“追其将至。”虎曰:“鲁人闻余出,喜于征死(征,召也。阳虎召季氏于蒲圃,将杀之,今得脱,必喜,故言喜于召死),何暇追余?"从者曰:"嘻(惧声)!速驾!公敛阳在。"公敛阳[12]请追之,孟孙弗许(畏阳虎)。阳欲杀桓子(欲因乱讨季氏,以强孟氏),孟孙惧而归之。子言辨舍爵于季氏之庙而出[13](子言,季寤。辨,犹周遍也。遍告庙饮酒,示无惧)。阳虎入于讙[14]、阳关以叛(叛不书,略家臣)。

公羊传　盗者孰谓?谓阳虎也。阳虎者,曷为者也?季氏之宰也。季氏之宰,则微者也,恶乎得国宝而窃之?阳虎专季氏,季氏专鲁国,阳虎拘季孙,孟氏与叔孙氏迭而食之。睋而锓其板曰[15](以指爪刻其馈器之上,敛藏衣物之板):"某月某日,将杀我于蒲圃,力能救我,则于是(于是时)。"至乎日若时而出。临南者,阳虎之出也(姊妹之子谓之出,或曰从其家出而仕于公),御之,于其乘焉(上车时),季孙谓临南曰:"以季氏之世世有子,子可以不免我死乎(以义责之)?"临南曰:"有力不足,臣何敢不勉。"阳越者,阳虎之从弟也,为右(为季孙车右,实卫之)。诸阳之从者,车数十乘,至于孟衢(孟氏衢也。四达,可以横去),临南投策而坠之(策,马捶也),阳越下取策,临南駷马,而由乎孟氏(捶马御走)。阳虎从而射之,矢著于庄门(庄门,孟氏所入门名)。然而,甲起于琴如(甲,公敛处父所帅也。琴如,地名。二家知出期,故于是时起兵)。弑不成,却反,舍于郊,皆说然息(说,解舍。然,犹如)。或曰:"弑千乘之主而不克(时季氏邑至千乘),舍此可乎?"阳虎曰:"夫孺子[16]得国而已(孺子谓季氏得国,谓获免得专国也),如丈夫[17]何(丈夫,虎自谓)?"睋而曰:"彼哉!彼哉(望见公敛处父师,再言彼哉彼哉者,切遽意)!趣驾。"既驾,公敛处父帅师而至,慬然后得免,自是走之晋。宝者何?璋判白[18](判,半也。半珪曰璋,白藏天子,青藏诸侯。不言璋言玉者,珪、璧、琮、璜、璋五玉尽亡之也。《传》独言璋者,所以郊天,尤重也),弓绣质(质,拊也。言大者,力千斤),龟青纯(纯,绿也。谓绿甲曰髯也。千岁之龟青髯,明于吉凶。《经》不言龟者,从宝省文)。

穀梁传 宝玉者,封圭[19]也(始封之圭)。大弓者,武王之戎弓也。周公受赐,藏之鲁。非其所以与人而与人,谓之亡;非其所取而取之,谓之盗。

解义 盗,阳虎也,家臣贱,名氏不见,故曰盗。宝玉、大弓,先公分器,不能谨守而盗得窃诸公宫[20],鲁之无人、无政於此极矣!

附录左传 郑驷歂[21]嗣子大叔为政(歂,驷乞子子然也。为明年杀邓析张本)。

注释 ①壬辰:初三日。②戒都车:向都邑之兵车发布命令。③癸巳:初四日。④铍:长刀。⑤咋:同"乍",突然。⑥征死:招死。⑦圉人:奴隶。⑧公期:孟氏支子。⑨武叔:叔孙州仇。⑩上东门:鲁东城的东门。⑪棘下:城内地名。⑫公敛阳:即公敛处父。⑬子言:即季寤。辨舍爵:斟酒遍告祖宗。此为古人出奔告别之礼。⑭讙:位于今山东宁阳县西北。⑮睋:通"俄",俄顷,不久。锓(qǐn):雕刻。⑯孺子:指季氏。⑰丈夫:阳虎自称。⑱璋:古玉器名。判:半。⑲封圭:诸侯始受封时天子所赐之圭。⑳公宫:君王的宫殿。㉑驷歂:驷乞之子,子然。

卷五十九

定公(九年之十二年)

春秋 九年春王正月。

附录左传 九年春,宋公使乐大心盟于晋,且逆乐祁之尸。辞,伪有疾。乃使向巢如晋盟(巢,向戌曾孙),且逆子梁之尸(子梁,乐祁)。子明谓桐门右师出(子明,乐祁子溷。右师,乐大心,子明族父也。右师时往子明舍,子明逐使去),曰:"吾犹衰绖[①],而子击钟,何也(忿其不逆父丧,因责其无同族之恩)?"右师曰:"丧不在此故也。"既而告人曰:"己衰绖而生子(己,子明也),余何故舍钟?"子明闻之,怒,言于公曰:"右师将不利戴氏[②](乐氏,戴公族),不肯适晋,将作乱也。不然无疾。"乃逐桐门右师。(逐之在明年,终叔舍之言)

郑驷歂杀邓析,而用其《竹刑》(邓析,郑大夫。昭六年子产铸刑书,析别造刑法,书之竹简,谓之《竹刑》)。君子谓子然:"于是不忠(子然,驷歂)。苟有可以加于国家者,弃其邪可也(加,犹益也。弃,不责其邪恶也)。《静女》之三章,取彤管焉(《诗·邶风》。彤管,赤管笔。女史记事规诲之所执。《静女》诗三章,虽说美女,义在彤管记事,为妇人大法,故全篇取之,不弃上下之二章也)。《竿旄》'何以告之',取其忠也(《诗·鄘风》。录《竿旄》诗者,取其中心愿告人以善道也。言此二诗,皆以一善见采,而邓析不以一善存身)。故用其道,不弃其人。《诗》云:'蔽芾甘棠,勿翦勿伐、召伯所茇(《诗·召南》。召伯决讼于蔽芾甘棠之下,诗人思之,不伐其树。茇,草舍也)。'思其人犹爱其树,况用其道而不恤其人乎?子然无以劝能矣(《传》言子然嗣太叔为政,郑所以衰弱)。"

春秋 夏四月戊申,郑伯虿卒(虿,《公羊》作囆)。

春秋 得宝玉、大弓。

左传 夏，阳虎归宝玉、大弓（无益近用，而祗为名，故归之）。书曰“得”，器用也。凡获器用曰得（器用，谓物之成器可为人用者），得用焉曰获（谓用器物以有获，若麟为田获，俘为战获）。

六月，伐阳关（讨阳虎）。阳虎使焚莱门（莱门，阳关邑门）。师惊，犯之而出，奔齐，请师以伐鲁，曰：“三加必取之（三加兵于鲁）。”齐侯将许之。鲍文子谏曰（文子，鲍国）：“臣尝为隶于施氏矣（施氏，鲁大夫。成十七年，齐人召文子而立之，于今七十四年，文子盖九十馀矣），鲁未可取也。上下犹和，众庶犹睦，能事大国（大国，晋也），而无天灾，若之何取之？阳虎欲勤齐师也，齐师罢，大臣必多死亡，己于是乎奋其诈谋。夫阳虎有宠于季氏，而将杀季孙，以不利鲁国，而求容焉。亲富不亲仁，君焉用之？君富于季氏，而大于鲁国，兹阳虎所欲倾覆也。鲁免其疾，而君又收之，无乃害乎！”齐侯执阳虎，将东之。阳虎愿东（阳虎欲西奔晋，知齐必反已，故诈以东为愿），乃囚诸西鄙。尽借邑人之车，锲其轴，麻约[③]而归之（锲，刻也。欲绝追者）。载葱灵[④]（葱灵，辎车，前后有蔽），寝于其中而逃。追而得之，囚于齐。又以葱灵逃，奔晋，适赵氏。仲尼曰：“赵氏其世有乱乎（受乱人故）！”

公羊传 何以书？国宝也。丧之书，得之书。

穀梁传 其不地何也？宝玉、大弓在家则羞，不目羞也（国之大宝，在家则羞也。况陪臣专之乎！耻甚而不目其地）。恶得之？得之堤下。或曰，阳虎以解众也。

解义 宝玉、大弓，既窃於盗，何以复得？盖阳虎惧鲁师将至，遗於道路，以为缓追之计耳！追者获之，以归故府。故书曰“得”，幸之也，且明佚[⑤]盗也。不地，未出境也。

注释 ①衰绖：丧服。②戴氏：指宋国。③麻约：以麻捆束车轴。④载葱灵：在车上装载衣物。葱灵，载衣物的车子。⑤

佚:失。

春秋　六月,葬郑献公[1]。

春秋　秋,齐侯、卫侯次[2]于五氏(五氏,杜注:晋地。盖晋大夫邯郸午之私邑。今直隶邯郸县西有五氏城,亦曰寒氏城)。

左传　秋,齐侯伐晋夷仪[3](为卫讨也)。敝无存之父将室之(无存,齐人。室之,为取妇),辞,以与其弟,曰:"此役也不死,反,必娶于高、国(言欲有功还取贵族之女)。"先登,求自门出,死于溜[4]下(斗死于门屋溜下也)。东郭书让登(登城非人所乐,故让众使后,而已先登),犁弥从之,曰:"子让而左,我让而右,使登者绝而后下(恐书先下,故又谲以让之。下,入城也)。"书左,弥先下。书与王猛息(战讫共止息。王猛,齐人)。猛曰:"我先登。"书敛甲[5],曰:"曩者之难,今又难焉(敛甲起欲击猛)!"猛笑曰:"吾从子如骖之靳(靳,车中服马也。外二马谓之骖,少次服后,盖不敢与书争)。"

晋车千乘在中牟(救夷仪也。中牟,杜注:荥阳有中牟县,回远,疑非也。《正义》:荡阴县西有牟山,中牟盖在山侧。今河南汤阴县西有中牟城,在牟山下是其地也)。卫侯将如五氏(齐侯在五氏,将往助之),卜过之(道过中牟,畏晋,故卜),龟焦(兆不成)。卫侯曰:"可也。卫车当其半,寡人当其半,敌矣(卫侯怒晋甚,不复顾卜,欲以身当五百乘)。"乃过中牟。中牟人欲伐之,卫褚师圃亡在中牟(褚师圃,卫旧大夫),曰:"卫虽小,其君在焉,未可胜也。齐师克城而骄(城,谓夷仪也),其帅又贱(帅,东郭书),遇,必败之。不如从齐。"乃伐齐师,败之(获齐车五百乘,事见哀十五年)。齐侯致禚、媚、杏于卫(三邑,杜注:皆齐西界。媚,当在今禹城县。杏,当在今博平县)。

齐侯赏犁弥,犁弥辞,曰:"有先登者,臣从之,皙帻而衣狸制(皙,白也。帻,齿上下相值。制,裘也)。"公使视东郭书,曰:"乃夫子也,吾贶子[6]。"公赏东郭书,辞曰:"彼宾旅也(言弥与己若宾主相让。旅,俱进退)。"乃赏犁弥。齐师之在夷仪也,齐侯谓夷仪人曰:“得敝无存者,以五家免(给其五家,令常不共役事)。”乃得其尸。公三襚之(襚,衣也。比殡,三加襚,深礼厚之)。与之犀轩与直盖(犀轩,以犀皮为饰卿之车也。直盖,高盖),而先归之。坐引者,以师哭之(停丧车以尽哀也。君方为位而哭,故挽丧者不敢立),亲推之三(齐侯自推丧车轮三转)。

解义 齐、卫伐晋不书伐,而书次者,盖二国虽有玩晋之心,而晋势尚强,未敢轻伐。聊[7]次五氏,以观其衅[8],故不以伐告。其后又次于垂葭,又次于渠蒢。至哀元年而后伐,则其欲有所逞也久矣!

注释 ①郑献公:春秋时郑国第十九任君主。姬姓,名虿,为郑定公子,在位十三年。②次:驻扎。③夷仪:位于今河北邢台市西。④溜(liù):屋檐流水的地方。⑤敛甲:紧束甲衣。⑥吾贶子:我把奖赏让给你。⑦聊:姑且。⑧衅:事端。

春秋 秦伯卒。

春秋 冬,葬秦哀公。

解义 秦自晋悼以后,寖[1]不见於《经》。盖退保西陲[2],军旅、朝聘之事不交於中国,卒、葬得书,从告也!

注释 ①寖:同“浸”,逐渐,渐渐。②西陲:特指西周、东周时期秦人的居住地。

春秋 十年春王三月,及齐平[1]。

左传 十年春,及齐平。

解义 平[2]侵齐之怨也!时诸侯惟鲁从晋,至是亦叛,列国无盟主矣!及者,内志也,一国所欲,故不称公。

注释 ①平:讲和,和好。②平:平息。

春秋 夏,公会齐侯于夹谷。公至自夹谷(夹,《公羊》《穀梁》作颊。夹谷,杜注:即祝其也。《地理志》:济南淄川县西南有甲山,亦名夹山,一名祝山,上有夹谷台。案:淄川去鲁甚远,今莱芜县有夹谷峪,《名胜志》以为莱兵劫鲁侯处,意近之)。

左传　夏,公会齐侯于祝其,实夹谷。孔丘相。犁弥言于齐侯曰:“孔丘知礼而无勇,若使莱人以兵劫鲁侯,必得志焉(莱人,齐灭莱所俘之人)。”齐侯从之。孔丘以公退,曰:“士,兵之(以兵击莱人)!两君合好,而裔夷之俘[①],以兵乱之(裔,远也),非齐君所以命诸侯也。裔不谋夏,夷不乱华,俘不干盟[②],兵不逼好[③]。于神为不祥(盟将告神,犯之为不善),于德为愆义[④],于人为失礼,君必不然。”齐侯闻之,遽辟之(辟去莱兵也)。

将盟,齐人加于载书曰:“齐师出竟,而不以甲车三百乘从我者,有如此盟(如此盟诅之祸)。”孔丘使兹无还揖对曰(无还,鲁大夫):“而不反我汶阳之田,吾以共命者,亦如之(要盟不洁,故略不书)。”

齐侯将享公,孔丘谓梁丘据曰:“齐、鲁之故(旧典),吾子何不闻焉?事既成矣(会事成),而又享之,是勤执事也。且牺、象不出门(牺、象,酒器,牺尊、象尊也),嘉乐不野合(嘉乐,钟、磬也)。飨而既具[⑤],是弃礼也。若其不具,用秕稗也(秕,谷不成者。稗,草之似谷者。言享不具礼,秽薄若秕稗)。用秕稗,君辱,弃礼,名恶,子盍图之?夫享,所以昭德也。不昭,不如其已也。”乃不果享(孔子知齐侯怀诈,故以礼拒之)。

齐人来归郓、欢、龟阴之田(阳虎九年以此奔齐。《经》在围卫下,而《传》在前者,次鲁事。郓、欢、龟阴,杜注:三邑皆汶阳田。泰山博县北有龟山,阴田在其北也。今龟山在新泰县西南泗水县东北)。

穀梁传　离会不致(二国会曰离),何为致也?危之也。危之,则以地致何也?为危之也。其危奈何?曰颊谷之会,孔子相焉。两君就坛,两相相揖。齐人鼓噪而起(群呼曰噪),欲以执鲁君。孔子历阶而上,不尽一等(阶,会坛之阶),而视归乎齐侯,曰:“两君合好,夷狄之民何为来?”为命司马[⑥]止之。齐侯逡巡[⑦]而谢曰："寡人之过也。"退而属[8]其二三大夫曰："夫人率其君与之行古人之道(属,语也。夫人谓孔子),二三子独率我而入夷狄之俗,何为?"罢会,齐人使优施舞于鲁君之幕下(优,俳。施,其名也。欲嗤笑鲁君)。孔子曰："笑君者罪当死!"使司马行法焉,首足异门而出。齐人来归郓、欢、龟阴之田者,盖为此也。因是以见虽有文事,必在武备,孔子于颊谷之会见之矣。

解义 齐、鲁相仇始於阳虎,至是虎败。孔子与闻国政既已讲信修睦[9],而与齐平。齐景志在求霸,亦欲亲鲁以为援,遂欢然释憾会于夹谷,成礼而还。《左氏》、《穀梁》载却莱兵索汶阳田事,皆欲侈张[10]圣人,而不知其陋[11]也!夫圣人过化存神[12],从容揖让,暴慢自戢[13],如《传》所称,则春秋战国之士多优为之,而谓孔子出此乎?

注释 ①裔夷之俘:偏远的东夷俘虏。裔,指中原以外的地区。②干盟:干犯盟会。③逼好:威逼友好。④愆义:损害大义。⑤飨而既具:享礼的器具全部具备。既,尽,全部。⑥司马:官名。职位位次三公,与六卿相当,与司徒、司空、司士、司寇并称五官,掌军政和军赋。⑦逡巡:因为有所顾虑而徘徊不前。⑧属:同"嘱",嘱咐。⑨讲信修睦:修,建立;睦,和睦。人与人之间,国与国之间,讲究信用,谋求和睦。⑩侈张:夸大。⑪陋:浅陋。⑫过化存神:过,经过;存,保存,具有。圣人所到之处,人民无不被感化,而永远受其精神影响。⑬暴慢:凶暴傲慢。自戢:自已收敛。

春秋 晋赵鞅帅师围卫。

左传 晋赵鞅围卫,报夷仪也(前年齐为卫伐晋夷仪)。

初,卫侯伐邯郸午于寒氏①(邯郸,杜注:广平县。今直隶邯郸县西南有故城。午,晋邯郸大夫。寒氏即五氏也。前年卫人助齐伐五氏),城其西北②而守之,宵熸③(午众宵散)。及晋围卫,午以徒七十人门于卫西门，杀人于门中(卫开门与午斗)，曰：“请报寒氏之役。”涉佗曰：“夫子则勇矣，然我往，必不敢启门。”亦以徒七十人，旦门焉，步左右[4]，皆至而立，如植[5](佗先至，步行门左右，然后其徒皆至，而立如植木不动，以示整)。日中不启门，乃退。

反役，晋人讨[6]卫之叛故，曰：“由涉佗、成何。”于是执涉佗以求成于卫(捘卫侯手故)。卫人不许，晋人遂杀涉佗。成何奔燕。君子曰：“此之谓弃礼，必不钧[7](言必见杀，不得与人等)。《诗》曰：‘人而无礼，胡不遄死[8]。’涉佗亦遄矣哉(《诗·鄘风》。遄，速也)！”

解义　讨五氏之次[9]也。晋自召陵以后，凡用兵书侵，以义之不足以服人也。此役书围，以力之不足以服人也！

注释　①邯郸午：邯郸本卫邑，后属晋。午，邑宰名。寒氏：即五氏，位于今邯郸市西。②城其西北：攻破寒氏城西北隅。③宵熸(jiān)：寒氏守军夜间溃逃四散。④步左右：走到城门左右两边。⑤如植：像树木一样。⑥讨：责问。⑦必不钧：二人所犯罪过轻重必定不同。⑧人而无礼，胡不遄死：句见《鄘风·相鼠》。遄，速。⑨次：驻止，驻扎。

春秋　齐人来归郓、欢、龟阴田(田上，《穀梁》有之字)。

公羊传　齐人曷为来归运、欢、龟阴田？孔子行乎[1]季孙，三月不违(不言行乎定公者，政在季氏)，齐人为是来归之。

解义　取济西，取汶阳，言取不言归，以其介[2]大国而得之，故书曰“取”。归济西，归欢及阐，言归不言来，以其请之而后得，非彼自以归也。此则齐人服义，自以地归鲁，非假兵力智计而得之[3]，与前后归田者异，故言来归。

注释　①行乎：所作所为。②介：凭借，依靠。③假：凭借。智计：计谋，智谋。

春秋　叔孙州仇、仲孙何忌帅师围郈[1]。

左传 初,叔孙成子欲立武叔,公若藐固谏曰(藐,叔孙氏之族):“不可。”成子立之而卒。公南[②]使贼射之,不能杀(公南,叔孙家臣,武叔之党射公若)。公南为马正,使公若为郈宰。武叔既定,使郈马正侯犯杀公若,弗能。其圉人曰:“吾以剑过朝,公若必曰:‘谁之剑也?’吾称子以告,必观之。吾伪固,而授之末[③],则可杀也(圉人,武叔之圉人。伪为固陋不知礼者,以剑锋末授之,欲因推而杀之)。”使如之,公若曰:“尔欲吴王我乎[④](见剑向己,逆呵之。鱄诸杀吴王,亦用剑刺之)?”遂杀公若。侯犯以郈叛(犯以不能副武叔命,故叛),武叔懿子围郈,弗克。

春秋 秋,叔孙州仇、仲孙何忌帅师围郈(郈,《公羊》作费)。

左传 秋,二子[⑤]及齐师复围郈,弗克。叔孙谓郈工师驷赤曰(工师,掌工匠之官):“郈非唯叔孙氏之忧,社稷之患也。将若之何?”对曰:“臣之业,在《扬水》卒章之四言矣(《扬水》,《诗·唐风》。卒章四言曰“我闻有命”)。”叔孙稽首(谢其受己命)。驷赤谓侯犯曰:“居齐、鲁之际,而无事,必不可矣(无所服事)。子盍求事于齐以临民[⑥]?不然,将叛。”侯犯从之。齐使至,驷赤与郈人为之宣言[⑦]于郈中曰(诈为齐使言):“侯犯将以郈易于齐,齐人将迁郈民。”众凶惧[⑧]。驷赤谓侯犯曰:“众言异矣(不与始同)。子不如易于齐,与其死也。犹是郈也[⑨],而得纾焉,何必此(言以郈易取齐邑,与郈无异,胜于守郈为叛人所杀)?齐人欲以此逼鲁,必倍与子地。且盍多舍甲于子之门,以备不虞?”侯犯曰:“诺。”乃多舍甲[⑩]焉。侯犯请易于齐,齐有司观郈,将至。驷赤使周走[⑪]呼曰:“齐师至矣!”郈人大骇,介[⑫]侯犯之门甲,以围侯犯。驷赤将射之(伪为犯射郈人)。侯犯止之,曰:“谋免我[⑬]。”侯犯请行,许之(郈人四许之马)。赤先如宿[⑭](宿,杜注:故宿国),侯犯殿。每出一门,郈人闭之(闭其后门)。及郭门,止之,曰:“子以叔孙氏之甲出,有司若诛之,群臣惧死。”驷赤曰:“叔孙氏之甲有物[⑮],吾未敢以出(物,识也。赤还救侯犯也)。”犯谓驷赤曰:“子止而与之数[16](数甲以相付)。”驷赤止,而纳鲁人。侯犯奔齐,齐人乃致郈(致其名簿也,为下武叔如齐传)。

解义　郈,叔孙氏邑,书围,则叛可知。以二卿伐之,自夏至秋再围而不克,则家臣之强亦可知矣!春秋之始,王室初卑[17],诸侯擅命[18],其后诸侯少怠[19],而大夫倾[20]公室以自张,至是家臣复拟[21]其后,争为叛窃,逆道弥甚[22],召祸[23]弥速。而春秋以终,此天下之势也!

注释　①郈(hòu):叔孙氏邑名。②公南:叔孙家臣,武叔之党。③伪固而授之末:假装不懂礼而以剑锋递给公若。末,尖。④尔欲吴王我乎:你想把我当作吴王吗?吴王,即吴王僚。⑤二子:指武叔、公南。⑥临民:统治百姓。⑦宣言:制造谣言。⑧凶惧:轰动不安。⑨犹是郈也:意为以郈换取齐国另一个邑,所得无异于郈地。⑩舍甲:存放皮甲。⑪周走:跑遍全邑。⑫介:穿戴。⑬谋免我:谋划如何免除我的祸难。⑭宿:齐邑,位于今山东东平县东南。⑮有物:有标志、记号。⑯数:查点。⑰卑:衰微,衰弱。⑱擅命:擅自发号施令,不受节制。⑲怠:懒惰,松懈。⑳倾:倾覆,操纵。㉑拟:效法,仿效。㉒逆道:违背事理。弥:更加,越发。㉓召祸:招来灾祸。

春秋　宋乐大心出奔曹。

春秋　宋公子地出奔陈(地,《公羊》作池)。

左传　宋公子地嬖[1]蘧富猎(地,宋景公弟,辰之兄也),十一分其室,而以其五与之(与富猎也)。公子地有白马四。公嬖向魋,魋[2]欲之(向魋,司马桓魋也),公取而朱其尾鬣以与之(与向魋)。地怒,使其徒抶[3]魋而夺之。魋惧,将走。公闭门而泣之,目尽肿。母弟辰曰:“子分室以与猎也,而独卑魋,亦有颇[4]焉。子为君礼(礼,辟君也),不过出竟,君必止子。”公子地奔陈,公弗止。

辰为之请,弗听。辰曰:"是我迋[5]吾兄也(迋,欺也)。吾以国人出,君谁与处?"冬,母弟辰暨仲佗、石彄出奔陈(佗,仲几子。彄,褚师段子,皆宋卿。众之所望,故言国人)。

春秋 冬,齐侯、卫侯、郑游速会于安甫(安甫,《公羊》作鞍,杜注:安甫地阙)。

解义 盟咸,盟沙,特相盟耳!今则诸国参会,益无惮於晋矣[6]!

注释 ①嬖:宠爱。②魋(tuí):向魋,宋大司马桓魋。③抶(chì):鞭打。④颇:偏见不公正。⑤迋(kuāng):通"诳",欺骗。⑥益:更加。惮:怕,畏惧。

春秋 叔孙州仇如齐。

左传 武叔聘于齐(谢致郈也。《传》在辰奔后,《经》书在前,从告),齐侯享之,曰:"子叔孙!若使郈在君之他竟,寡人何知焉?属与敝邑际[1],故敢助君忧之(以致郈得叔孙)。"对曰:"非寡君之望也。所以事君,封疆社稷是以[2](以,犹为也)。敢以家隶[3]勤君之执事?夫不令[4]之臣,天下之所恶也。君岂以为寡君赐(言义在讨恶也)?"

解义 夹谷之会,齐人既归鲁田,侯犯[5]奔齐,齐又致郈,故卿往谢之。

注释 ①际:交界。②以:为。③家隶:家臣,指侯犯。④令:即善。⑤侯犯:春秋时期郈邑人,为马正出身,仗着身高力大,武术超群而野心勃勃,他心目中崇拜的人物是阳虎,他想要挟持叔孙氏,控制"三桓",总揽鲁国大权。

春秋 宋公之弟辰暨[1]仲佗、石彄出奔陈(暨下,《公羊》、《穀梁》有宋字)。

解义 宋大夫公子母弟奔者三。乐大心以谗[2]奔,公子地以向魋[3]之嬖奔,辰为地请留不许,亦以魋奔也!仲佗、石彄称暨,暨者不得已之辞,见胁於辰,不能自主也!宋公以宠魋故奔,其二弟辰以地故自绝於君,又率二卿以行。佗、彄身为卿佐[4],有君不事而惟辰是从,皆罪也。一书而并见矣!

注释　①暨:和,及,与。②谗:谗害。谗毁迫害。③向魋(tuí):宋大司马。④卿佐:指辅佐国君的执政大臣。

春秋　十有一年春,宋公之弟辰及仲佗、石彄、公子地自陈入于萧[1]以叛(萧,杜注:宋邑)。

穀梁传　宋公之弟辰。未失其弟也(言未失其为弟之道)。及仲佗、石彄、公子地。以尊及卑也。自陈。陈有奉焉尔。入于萧以叛。入者,内弗受也。以者,不以也。叛,直叛也。

春秋　夏四月。

春秋　秋,宋乐大心自曹入于萧。

左传　十一年春,宋公母弟辰暨仲佗、石彄、公子地入于萧以叛。秋,乐大心从之,大为宋患,宠向魋故也。

解义　出奔陈,则称暨。入于萧以叛,则称及,及非不得已之辞,得已而不已者也!辰虽始祸,而佗、彄与地果於从逆,其罪无别,故不称暨。叛人群聚於萧,而大心自曹入之,其从叛可知矣!故不书叛。

注释　①萧:宋邑,位于今安徽萧县西北。

春秋　冬,及郑平[1]。叔还如郑莅[2]盟(涖,《公羊》、《穀梁》作莅)。

左传　冬,及郑平,始叛晋也。

解义　鲁自僖公以来,世服於晋,及范荀纳货[3],同盟解体,齐张於东,郑、卫先往,鲁及齐平,然犹未显与晋绝也。至是鲁、郑同盟,四国之好成,晋遂失诸侯,不可复收矣!

注释　①平:和好。②莅:莅,到。莅临。③范荀:晋国大夫。纳货:指接受贿赂。

春秋 十有二年春,薛伯定[1]卒。

春秋 夏,葬薛襄公。

解义 《春秋》书薛伯卒者三,盖至是晋霸既衰,三桓[2]强盛,自比於小国,邦交始通,故赴[3]及而鲁必会其葬也。不书月,曰史略之。

注释 ①薛伯定:即薛襄公(?—前498年),是春秋时代薛国国君,任姓,伯爵,名定。鲁定公十二年(前498年)春季,薛伯定去世。夏季,安葬,谥号襄公。②三桓:即指鲁国卿大夫孟孙氏、叔孙氏和季孙氏。③赴:同"讣",讣告。

春秋 叔孙州仇帅师堕[1]郈。

穀梁传 堕,犹取也。

春秋 卫公孟彄帅师伐曹。

左传 十二年夏,卫公孟彄伐曹,克郊[2](郊,杜注:曹邑。当在今山东曹县界)。还,滑罗[3]殿(罗,卫大夫)。未出,不退于列(未出曹竟,罗不退在行列之后)。其御曰:"殿而在列,其为无勇乎?"罗曰:"与其素厉[4],宁为无勇(素,空也。厉,猛也。言伐小国当如畏者以诱致之)。"

解义 此及十三年再书卫驱伐曹,著列国无盟主也!彄,卫侯兄絷子。絷,字公孟,故其子以字为氏。

注释 ①堕:毁坏。②郊:曹邑名,位于今山东菏泽县界。③滑罗:卫大夫。④素厉:空有勇猛之名。素,空。厉,猛。

春秋 季孙斯、仲孙何忌帅师堕费。

左传 仲由[1]为季氏宰,将堕三都(仲由,子路。三都,费、郈、成也。强盛将为国害,故欲毁之),于是叔孙氏堕郈。季氏将堕费,公山不狃、叔孙辄帅费人以袭鲁(不狃,费宰)。公与三子[2]入于季氏之宫,登武子之台。费人攻之,弗克。入及公侧(至台下)。仲尼命申句须、乐颀[3]下,伐之(二子,鲁大夫。孔子时为司寇),费人北。国人追之,败诸姑蔑[④](姑蔑,鲁地。《括地志》:在泗水县东。今县治东南有故城)。二子[⑤]奔齐(二子,不狃、叔孙辄),遂堕费。

公羊传　曷为帅师堕郈、帅师堕费?孔子行乎季孙,三月不违,曰:"家不藏甲,邑无百雉[⑥]之城。"于是帅师堕郈、帅师堕费。雉者何?五板而堵[⑦],五堵而雉,百雉而城。

解义　堕都之事,孔子因其机[⑧]而为之。盖三家[⑨]之城其邑,将以自利也。而家臣凭倚[⑩]其城,数叛而不能制[⑪],非独鲁患之,三家亦患之矣!孔子行乎季孙,制国[⑫]以礼,谓都城无过百雉,适[⑬]有动乎三家之心,於是各帅其众自堕其邑,绝不疑其害己,此固有不言而信,不怒而威者矣!堕郈以一卿,堕费以二卿者,费强於郈故也。

注释　①仲由:字子路,孔子弟子。②三子:季孙、叔孙、孟孙。③申句须、乐颀:二人为鲁大夫。④姑蔑:地名,位于今山东泗水县东四十五里。⑤二子:即公山不狃、叔孙辄。⑥百雉:指城墙的长度达三百丈。是春秋时国君的特权。雉,古代计算城墙面积的单位。长三丈高一丈为一雉。⑦五板而堵:说积高五板而成一堵。板长长度为八尺。⑧机:时机。⑨三家:即指鲁国卿大夫孟孙氏、叔孙氏和季孙氏三家。⑩凭倚:依仗,倚托。⑪制:制服。⑫制国:执掌国政。⑬适:正好,恰好。

春秋　秋,大雩。

春秋　冬十月癸亥,公会齐侯盟于黄(齐,《公羊》作晋。误)。

解义　隐[①]六年盟于艾,齐、鲁为盟之始也。而齐霸遂[②]兴,书以志诸侯之合。此盟于黄,齐、鲁为盟之终也。而晋霸遂失,书以志诸侯之散,此亦《春秋》之始终也!

注释　①隐:鲁隐公(前722年—前712年)名息姑,鲁国第十三代国君。②遂:表明。

春秋　十有一月丙寅朔,日有食之。

春秋 公至自黄。

春秋 十有二月,公围成[1]。公至自围成。

左传 将堕成,公敛处父[2]谓孟孙:“堕成,齐人必至于北门(成在鲁北竟故)。且成,孟氏之保障也,无成,是无孟氏也。子伪不知,我将不堕。”冬十二月,公围成,弗克。

穀梁传 非国言围。围成,大公也。何以致?危之也。何危尔?边乎齐也。

解义 三家,孟氏最弱,季叔为强。费、郈已堕,而成不堕者,盖因公敛处父之言,觉其不利於己,而三家之虑变矣!且费、郈之叛,荐[3]为叔季之害,而公敛在成方有功於孟氏,则孟氏之不肯以师堕也,固宜[4]。故《经》不言三家,直书公,公行非越境,不书至,致围成,危之也。

注释 ①成:位于今山东宁阳县东北,为鲁之北境,与齐相邻。②公敛处父:成邑宰。③荐:屡次。④宜:应该,应当。

卷六十

定公(十三年之十五年)

春秋 十有三年春,齐侯、卫侯次于垂葭[①](葭,《公羊》作瑕。《穀梁》无卫侯字。垂葭,杜注:改名郹氏,高平钜野县西南有郹亭。今属济宁州)。

左传 十三年春,齐侯、卫侯次于垂葭,实郹氏。使师伐晋,将济河。诸大夫皆曰:“不可。”邴意兹曰(意兹,齐大夫):“可。锐师伐河内[②](河内,杜注:汲郡。今河南卫辉府治),传必数日而后及绛(传,告晋)。绛不三月,不能出河,则我既济水矣。”乃伐河内。

齐侯皆敛诸大夫之轩[③],唯邴意兹乘轩(以其言当)。

齐侯欲与卫侯乘(共载),与之宴,而驾乘广[④],载甲焉。使告曰:“晋师至矣!”齐侯曰:“比君之驾也,寡人请摄[⑤](以己车摄代卫车)。”乃介[⑥]而与之乘,驱之。或告曰:“无晋师(传言齐侯轻,所以不能成功)。”乃止。

春秋 夏,筑蛇渊囿(蛇渊囿,《水经注》:蛇水又西迳铸城西。京相璠曰:济北有蛇丘城,城下有水,鲁囿也。今蛇丘故城在山东肥城县南)。

解义 杜氏预以为书不时也,此与受女乐事[⑦]正相类,盖孔子去,而鲁君臣之志荒[⑧]矣!

注释 ①垂葭:即郹氏,位于今山东菏泽西北。②河内:原属卫国,卫迁都后属晋。位于今河南汲县。③敛:收回。轩:车。④驾乘广:套好战车。乘广:楚兵车名,齐亦有之。⑤摄:代御者驾车。⑥介:穿上甲衣。⑦乐事:乐于从事所作的事。⑧荒:迷乱。

春秋 大蒐[①]于比蒲。

春秋 卫公孟彄帅师伐曹。

春秋 秋,晋赵鞅入于晋阳以叛。

左传 晋赵鞅谓邯郸午曰:“归我卫贡五百家,吾舍诸晋阳(十年,鞅围卫,卫人惧,贡五百家。鞅置之邯郸,今欲徙于晋阳。杜注:晋阳,赵鞅邑)。”午许诺。归,告其父兄,父兄皆曰:“不可。卫是以为邯郸[2](言卫以五百家在邯郸,故与邯郸亲),而置诸晋阳,绝卫之道[3]也。不如侵齐而谋[4]之(侵齐则齐当来报,欲因惧齐而徙,则卫与邯郸好不绝)。”乃如之,而归之于晋阳(欲如是谋而后归卫贡)。赵孟怒,召午,而囚诸晋阳(鞅不察其谋,谓不用命,故囚之)。使其从者说剑而入,涉宾[5]不可(涉宾,午家臣)。乃使告邯郸人曰:“吾私有讨于午也,二三子唯所欲立(午,鞅同族,别封邯郸,故使邯郸人更立午宗亲)。”遂杀午。赵稷、涉宾以邯郸叛(稷,午子)。夏六月,上军司马籍秦围邯郸。邯郸午,荀寅之甥也;荀寅,范吉射之姻也(婿父曰姻。寅子娶吉射女),而相与睦。故不与围邯郸,将作乱(攻赵鞅)。董安于闻之(安于,赵氏臣),告赵孟,曰:“先备诸?”赵孟曰:“晋国有命,始祸者死,为后可也。”安于曰:“与其害于民,宁我独死(惧见攻,必伤害民),请以我说。”赵孟不可。秋七月,范氏、中行氏[6]伐赵氏之宫,赵鞅奔晋阳。晋人围之。

穀梁传 以者,不以者也。叛,直叛也。

解义 鞅入晋阳以拒范中行,而直书曰叛者,惟辟[7]作威,邯郸午无罪,而赵鞅专杀不忌[8],其心已无君矣!及荀范伐之,鞅不诉於君而擅兴晋阳之甲[9],非叛而何?土地人民皆君所有也,鞅始欲夺邯郸之民,以自封殖[10],终则据君之邑与同列相攻,使得逃於王法,则乱贼无所惧矣!

注释 ①蒐:狩猎。②卫是以为邯郸:卫国用这五百家帮助邯郸。③绝卫之道:断绝和卫国的友好之路。④侵齐而谋:用侵袭齐国的办法去谋划使五百家迁到晋阳去。侵齐,则齐必报复,再以惧齐而迁走。⑤涉宾:邯郸赵午的家臣。⑥范氏、中行氏:

范氏即士吉射,中行氏即荀寅。⑦辟:君主。⑧忌:害怕,畏惧。⑨甲:甲兵,军队。⑩封殖:指聚敛财货。

春秋　冬,晋荀寅、士吉射入于朝歌以叛(荀寅下,《公羊》有及字)。

左传　范皋夷①无宠于范吉射,而欲为乱于范氏(皋夷,范氏侧室子)。梁婴父嬖于知文子②(文子,荀跞),文子欲以为卿。韩简子与中行文子相恶③(简子,不信也。中行文子,荀寅),魏襄子亦与范昭子相恶④(襄子,曼多也。昭子,士吉射)。故五子谋(五子:范皋夷、梁婴父、荀跞、韩不信、魏曼多),将逐荀寅而以梁婴父代之,逐范吉射而以范皋夷代之。荀跞言于晋侯曰:"君命大臣,始祸者死,载书在河⑤(为盟书沈之河)。今三臣始祸,而独逐鞅,刑已不钧矣。请皆逐之。"

冬十一月,荀跞、韩不信、魏曼多奉公以伐范氏、中行氏,弗克。

二子⑥将伐公,齐高强曰:"三折肱知为良医(强,子尾子。昭十年奔鲁,遂适晋。言历疾痛多,然后深知良医治疗之法)。唯伐君为不可,民弗与也。我以伐君在此矣。三家⑦未睦(三家,知、韩、魏),可尽克也。克之,君将谁与?若先伐君,是使睦也。"弗听,遂伐公。国人助公,二子败,从而伐之。丁未,荀寅、士吉射奔朝歌。

解义　人臣不忌⑧其君,未有不终於乱者也。晋大夫不忌其君,为日已久,自卫孙林父逐君⑨,晋卿实为之主,其后意如出君⑩,又从而把持之,翼助⑪他国之乱臣,皆有欲为乱之心也。而其君冥然⑫不悟,一听⑬其所为,及是⑭而三卿俱叛,岂一朝一夕之故哉!

注释　①范皋夷:范氏侧室子。②梁婴父:晋大夫。知文子:荀跞。③韩简子:韩起之孙韩不信。中行文子:即荀寅。④

魏襄子:魏舒之孙曼多。范昭子:即士吉射。⑤载书在河:盟书沉在河中,昭告神明。⑥二子:指范氏、中行氏。⑦三家:指荀跞、韩不信、魏曼多。⑧忌:害怕,畏惧。⑨孙林父(生卒年不详):姬姓,孙氏,名林父,谥号为"文",故史料中多称之孙文子,春秋中期卫国卿大夫,孙良夫之子。孙氏为卫武公之后,世代为卫国世卿,孙林父自代父为卿以来,为人专横且好逞强。逐:驱逐。⑩意如:季孙意如(?—前505),春秋时鲁国正卿。姬姓,季氏,谥平,史称"季平子"。出:驱逐。⑪翼助:辅助。⑫冥然:愚昧无知。⑬一听:指完全听信。⑭及是:到这时候。

春秋 晋赵鞅归于晋。

左传 韩、魏以赵氏为请。十二月辛未,赵鞅入于绛,盟于公宫。

公羊传 此叛也,其言归何?以地正国[①]也。其以地正国奈何?晋赵鞅取晋阳之甲以逐荀寅与士吉射。荀寅与士吉射者,曷为者也?君侧之恶人也。此逐君侧之恶人,曷为以叛言之?无君命也。

穀梁传 此叛也,其以归言之何也?贵其以地反[②]也(以晋阳归晋)。贵其以地反,则是大利也?非大利也,许悔过也。许悔过,则何以言叛也?以地正国也。以地正国则何以言叛?其入无君命也。

解义 归,易辞也。韩魏为之请,晋侯许之,复而寅与吉射去国[③]出奔,无有难之者,故其归为易。《春秋》书之,以著叛逆之臣安然归国,见晋之无人也。叛臣至於书归,则佚[④]贼不足录矣!先儒以归为善辞,遂谓鞅有叛迹而无叛心,非也!卫孙林父亦书归,何善之有?

注释 ①正国:治理国家。②反:同"返"。③去国:离开本国。④佚:弃用,逃亡。

春秋　薛弑其君比[①]。

解义　称国以弑,与晋州蒲、莒庶其、吴僚同,国小而其事失传,无可考矣!

注释　①比:薛国国君。

附录左传　初,卫公叔文子朝而请享灵公(欲令公临其家)。退,见史鰌而告之。史鰌曰:"子必祸矣。子富而君贪,罪其及子[①]乎!"文子曰:"然。吾不先告子,是吾罪也。君既许我矣,其若之何?"史鰌曰:"无害。子臣,可以免(言能执臣礼)。富而能臣,必免于难,上下同之(言尊卑皆然)。戍[②]也骄,其亡乎(戍,文子之子)!富而不骄者鲜,吾唯子之见。骄而不亡者,未之有也。戍必与焉。"及文子卒,卫侯始恶于公叔戍,以其富也。公叔戍又将去夫人之党[③](灵公夫人南子党,宋朝之徒),夫人诉之曰:"戍将为乱。"

春秋　十有四年春,卫公叔戍来奔。卫赵阳出奔宋(卫赵阳,《公羊》、《穀梁》作晋赵阳)。

左传　十四年春,卫侯逐公叔戍与其党,故赵阳奔宋,戍来奔(终前传史鱼之言)。

附录左传　梁婴父恶董安于,谓知文子曰:"不杀安于,使终为政于赵氏,赵氏必得晋国。盍以其先发难也,讨于赵氏?"文子使告于赵孟曰:"范、中行氏虽信为乱,安于则发之,是安于与谋乱也。晋国有命,始祸者死。二子既伏其罪矣,敢以告(告使讨安于)。"赵孟患之。安于曰:"我死而晋国宁,赵氏定,将焉用生?人谁不死,吾死莫[④]矣。"乃缢而死。赵孟尸诸市,而告于知氏曰:"主命戮罪人,安于既伏其罪矣,敢以告。"知伯从赵孟盟(知伯,荀跞),而后赵氏定,祀安于于庙(赵氏庙)。

春秋　二月辛巳,楚公子结、陈公孙佗人帅师灭顿,以顿子牂归(二月,《公羊》作三月。孙,《公羊》作子。牂,《公羊》作臉)。

左传 顿子牂欲事晋，背楚而绝陈好。二月，楚灭顿。

解义 楚患[⑤]列国百馀年，柏举[⑥]既败，其威始戢[⑦]，诸侯皆贰[⑧]，而陈犹比而从之。至是国势渐复，以顿弃楚即晋，与召陵之会，而陈旧尝围顿，与之有怨，遂连兵灭之，以动诸侯。自是楚威复振，灭胡疆、蔡克、戎蛮，以通少习胁晋，而晋至以京师事楚、越十有八年，及滑公[⑨]之身而为楚所灭矣！《春秋》书之，以罪楚之肆虐[⑩]，而陈助强灭邻，实自毙也！

注释 ①其及子：灾祸将降到你的身上。②戌：公叔戌，公叔文子的儿子。③夫人之党：夫人指卫灵公夫人南子，其党指宋朝等人。④莫：同"暮"，迟暮。⑤患：祸患，祸害。⑥柏举：古地名。春秋楚地。此指柏举之战，春秋后期时吴、楚两国发生的一场战役。公元前506年，楚围蔡，吴救之，大败楚师于此。故址在今湖北麻城市境。⑦戢(jí)：收敛，收藏。⑧贰：背叛。⑨滑公：即晋闵公姬缗。⑩肆虐：任意残杀或迫害。

春秋 夏，卫北宫结来奔。

左传 夏，卫北宫结来奔，公叔戌之故也。

春秋 五月，於越败吴于槜李。吴子光卒(槜，《公羊》作醉。槜李，杜注：吴郡嘉兴县南醉李城。今槜李城在浙江嘉兴县南)。

左传 吴伐越(报五年越入吴)。越子句践御之(句践，允常子)，陈于槜李。句践患吴之整也，使死士再禽焉[①]，不动(使死士再掠阵。如高固入晋师，桀石投人，禽之，以徇齐垒)。使罪人三行，属剑于颈(以剑注颈)，而辞曰："二君有治(治军旅)，臣奸旗鼓[②](犯军令)，不敏于君之行前，不敢逃刑，敢归死。"遂自刭也。师属之目[③]，越子因而伐之，大败之。灵姑浮[④]以戈击阖庐(姑浮，越大夫)，阖庐伤将指[⑤]，取其一屦[⑥](其足大指见斩，遂失屦，姑浮取之)。还，卒于陉，去槜李七里(释《经》所以不书灭)。

夫差使人立于庭(夫差，阖庐嗣子)，苟出入，必谓己曰："夫差！而忘越王之杀而父乎?”则对曰:“唯,不敢忘!”三年,乃报越(后三年,哀元年)。

解义　书败,诈战也。系“卒”[7]於“败”下,见以伤卒。不书灭,还兵而陨[8],非阵殁[9]者。比去檇李未远,故不地。

注释　①死士:敢死之士。禽:通“擒”。②奸:违犯。旗鼓:指代军令。③属之目:注目而视。④灵姑浮:越国大夫。⑤将指:足大指。⑥取其一屦:灵姑浮得到阖庐的一只鞋。⑦卒:死。⑧陨:同“殒”,死亡。⑨阵殁:阵亡。

春秋　公会齐侯、卫侯于牵(牵,《公羊》作坚,又作掔,杜注:魏郡黎阳县东北有牵城。今故牵城在直隶内黄县之西南,濬县之北)。

左传　晋人围朝歌,公会齐侯、卫侯于脾、上梁之间[1](脾、上梁间,杜注:即牵),谋救范、中行氏(齐、鲁叛晋,故助范、中行也)。析成鲋、小王桃甲[2]率狄师以袭晋(二子,晋大夫,范、中行氏之党),战于绛中,不克而还。士鲋[3]奔周,小王桃甲入于朝歌。

春秋　公至自会。

春秋　秋,齐侯、宋公会于洮。

左传　秋,齐侯、宋公会于洮,范氏故也(谋救范氏)。

解义　卫、郑、鲁皆与齐盟,惟宋尚未绝晋,至是始为此会,盖亦从於齐也。《传》谓牵、洮二会,皆谋救范、中行氏。是时,卫有公叔戌[4]之难,宋有公子辰之难。齐景不能为二国定乱,乃合谋以助晋之叛臣。卫、宋不能自治其叛臣,而惟齐之从党,逆奖乱世变不可复问矣！此春秋降为战国之自也!

注释　①脾、上梁之间:也就是牵,卫地。②析成鲋、小王桃甲:两人都是晋国大夫。③士鲋:即析成鲋。④公叔戌:又名公叔朱,春秋时期卫国的卿。

春秋　天王使石尚来归脤[1](周鲁之交止此,书天王止此)。

公羊传　石尚者何?天子之士也(天子上士以名氏通)。脤者何？俎实[②]也(实俎肉也)。腥曰脤，熟曰膰[③]。

穀梁传 脤者何也？俎实也，祭肉也。生曰脤，熟曰膰。其辞石尚，士也(辞犹书也)。何以知其士也？天子之大夫不名。石尚欲书《春秋》(欲著名于《春秋》)，谏曰："久矣周之不行礼于鲁也！请行脤。"贵复正也。

解义 祭肉曰脤。礼，诸侯入朝助祭，然后受俎。实周衰，列国职贡[④]不修，祀[⑤]事不相，而特使石尚归脤於鲁者。盖晋霸已失，王室无所恃赖[⑥]，故借此以亲同姓之国。自是王使不见於《经》，盖周室益微，使命不复加於诸侯矣！

注释 ①脤(shèn)：古代王侯祭社稷所用的肉。归脤：指赠送祭社稷或祭宗庙所用的生肉。归，通"馈"。②俎实：指俎上所盛祭献的食品。俎(zǔ)：古代祭祀时放祭品的器物。③膰(fán)：烤肉使熟。④职贡：指春秋时诸侯国向周王朝进贡的制度。⑤祀：祭祀。⑥恃赖：依赖。

春秋 卫世子蒯聩[①]出奔宋。

左传 卫侯为夫人南子召宋朝[②](南子，宋女也。朝，宋公子，旧通于南子，在宋呼之)，会于洮。大子蒯聩献盂[③]于齐，过宋野(蒯聩，卫灵公大子。盂，杜注：邑名。就会献之，故自卫行而过宋邑)。野人歌之曰："既定尔娄猪[④]，盍归吾艾豭[⑤](娄猪，求子猪也，得牡则定，以喻南子。艾，老也。豭，牡豕，以喻宋朝)。"大子羞之，谓戏阳速[⑥]曰："从我而朝少君[⑦](速，大子家臣。少君，南子)，少君见我，我顾，乃杀之。"速曰："诺。"乃朝夫人。夫人见大子，大子三顾，速不进。夫人见其色，啼而走(见大子色变，知欲杀己)，曰："蒯聩将杀余。"公执其手以登台。大子奔宋，尽逐其党。故公孟彄出奔郑，自郑奔齐。

大子告人曰："戏阳速祸余。"戏阳速告人曰："大子则祸余。大子无道，使余杀其母。余不许，将戕[⑧]于余；若杀夫人，将以余说[9]。余是故许而弗为,以纾余死。谚曰:'民保于信。'吾以信义[10]也(使义可信,不必信言)。"

解义　蒯聩出奔,书世子罪灵公[11]也,南子之恶甚矣!其欲去世子,如哀姜乱,鲁骊姬乱。晋盖恶其斥己之淫,而以欲弑诬之,灵公惑於其谮不能明辨,致使奔宋。宋,南子家也,使[12]蒯聩果负谋杀南子之名以出,乃敢奔其母家乎?以此知《左氏》所记特南子之谗言,非实录也!

注释　①蒯聩(kuǎi kuì):即卫后庄公,姬姓,卫氏,名蒯聩。卫国第30代国君,前480年—前478年在位。卫后庄公与卫国第12代国君卫扬的谥号相同,均为"庄公",为了区别,故称"后庄公"。他是卫灵公之子,卫出公之父。②宋朝:宋国公子,貌美,私通于南子。③盂:卫邑名。④娄猪:发情的母猪。喻南子。⑤艾豭:漂亮的公猪。艾,美,喻宋朝。⑥戏阳速:大子家臣。⑦少君:君夫人称少君即小君,指南子。⑧戕:残杀。⑨将以余说:将归罪于我以解脱自己。说通"脱"。⑩吾以信义:我以义为信。⑪灵公:即卫灵公(?—前493年),春秋时期卫国第28代国君,姬姓,卫氏,名元。前534年－前493年在位。他是卫襄公之子,卫后庄公之父,卫出公之祖父。⑫使:假若。

春秋　卫公孟彄[1]出奔郑。

春秋　宋公之弟辰自萧来奔。

解义　辰奔而入,叛,叛而复奔,三书宋公之弟,著其失弟,道又以见宋国之无政也。书自萧,罪据邑也。书来奔,讥纳[2]叛也。

注释　①公孟彄(生卒年待考):著名春秋时期卫国上卿、将领。是卫国的贵族,与卫国君主的长子蒯聩关系很好。②纳:接受。

春秋　大蒐[1]于比蒲(书蒐止此)。

解义　《春秋》田狩之事,公行者必书公。公观鱼于棠,公狩于郎，皆是也。自昭之蒐红政在三桓[2]，蒐田之礼虽公自行，皆不曰公。观下书邾子来会，则公亲蒐明矣！而不书公，足以知公之不得为政，而大夫专国也！

注释 ①蒐：狩猎。②昭：鲁昭公。三桓：即指鲁国卿大夫孟氏、叔孙氏和季氏。

春秋 邾子来会公。

解义 诸侯相见於郤[1]地，曰会。今公蒐於国内，而邾子来会，非其地也。此与公及齐侯遇于谷，萧叔朝公同。来者既非，受者亦失，交讥之也。

注释 ①郤(xì)：空闲。

春秋 城莒父及霄(莒父、霄，皆鲁邑。在今莒州境)。

解义 讥劳民，与城诸防，城诸郓同例。是岁无冬，史阙[1]文。

注释 ①阙：同"缺"。

附录左传 冬十二月，晋人败范、中行氏之师于潞[1](潞，晋地)，获籍秦、高强(二子，党范氏者。终景王言籍父无后)。又败郑师及范氏之师于百泉[2](郑助范氏，故并败之。百泉，卫地。在今河南卫辉府西北苏门山下卫源也)。

春秋 十有五年春王正月，邾子[3]来朝(邾朝止此)。

左传 十五年春，邾隐公来朝(隐公，邾子益)。子贡[4]观焉。邾子执玉高，其容仰。公受玉卑，其容俯(玉，朝者之贽)。子贡曰："以礼观之，二君者，皆有死亡焉。夫礼，死生存亡之体也。将左右周旋，进退俯仰，于是乎取之；朝祀丧戎，于是乎观之。今正月相朝，而皆不度[5](不合法度)，心已亡矣。嘉事不体[6]，何以能久(嘉事，朝礼)？高仰，骄也；卑俯，替[7]也。骄近乱，替近疾。君为主，其先亡乎(为此年公薨、哀七年以邾子益归传)！"

解义 邾子以前会为未成礼，於岁首[8]复朝，未几[9]奔鲁之丧。盖削弱已甚，又齐、鲁同盟，晋霸既失，邾无所恃[10]，故惧鲁而卑屈至此。

注释　①潞:位于今山西潞城县东北。②百泉:地名,位于今河南辉县市西北。③邾子:指邾隐公,曹姓,名益,为春秋诸侯国邾国君主第17代君主,是邾庄公的儿子。第一次在位19年,被吴国俘虏废黜,后来逃到鲁国、齐国。吴王夫差立他的儿子邾桓公继位。前473年,越王勾践灭吴,扶植邾隐公复位。④子贡:卫国人,姓端木名赐,字子贡,为孔子弟子中杰出的外交家。⑤不度:不合乎礼仪规范。⑥体:指礼。⑦替:废,怠,衰落。⑧岁首:一年开始的时候。一般指第一个月。⑨未几:没有多久,很快。⑩恃:依赖,依靠。

春秋　鼷鼠食郊牛[①],牛死,改卜牛。

公羊传　曷为不言其所食(据食角)?漫[②]也。

穀梁传　不敬莫大焉(不敬,故天灾最甚)。

春秋　二月辛丑,楚子灭胡,以胡子豹[③]归。

左传　吴之入楚也(在四年),胡子尽俘楚邑之近胡者。楚既定,胡子豹又不事楚,曰:"存亡有命,事楚何为?多取费焉。"二月,楚灭胡。

解义　召陵之侵,顿、胡之君皆与,是后楚有吴患不能报。前年灭顿,今复灭胡,盖不得逞於中国[④]而吞噬小弱,以快其宿憾[⑤]也!

注释　①鼷鼠:家鼠的一种,俗称小家鼠。郊牛:古帝王郊祭时尚未卜日祭祀的牛。②漫:满,遍。③胡子豹:春秋时期胡国末代国君,子爵,名豹。吴王阖闾攻入楚都时,胡子豹攻占了临近胡国的楚国城邑。楚国复国,胡子豹也不事楚,说:"存亡有命,事楚何为?多取费焉。"鲁定公十五年(前495年)二月辛丑,楚昭王灭胡,俘虏胡子豹。④中国:中原。⑤宿憾:旧日结下的仇恨。

春秋 夏五辛亥,郊[1]。

公羊传 曷为以夏五月郊(据鲁郊当卜春三正也,又养牲于滌宫不过三月)? 三卜之运也。(运,转也。已卜春三正不吉,复转卜也。夏三月,周五月,得二吉,故五月郊也)。

春秋 壬申,公薨于高寝。

左传 夏五月壬申,公薨。仲尼曰:"赐不幸言而中,是使赐多言者也。"

穀梁传 高寝,非正也。

解义 高寝,宫名。定公乘[2]昭公之后,政在季氏。值阳虎既奔[3],三桓[4]亦微,孔子为政,纲纪粗立,正可以有为之时。而惛[5]於女乐,不竟其用,至其末年,会牵、会洮、城莒父、城霄,无非助乱劳民之举,鲁之益弱宜[6]矣!

注释 ①郊:郊祀,古时帝王在郊外祭祀天地。②乘:继。③值:遇到。阳虎(生卒年不详):姬姓,阳氏,名虎,一名货。春秋后期鲁国人,季孙氏家臣。④三桓:即指鲁国卿大夫孟氏、叔孙氏和季氏。⑤惛:同"昏",迷乱;糊涂。⑥宜:应该,应当。

春秋 郑罕达帅师伐宋(罕,《公羊》作轩)。

左传 郑罕达败宋师于老丘(罕达,子齹(cī)之子。老丘,杜注:宋地。今河南陈留县北有老丘城)。

解义 宋公子地[1]奔郑,郑为之伐宋,欲取地以居之。自此二国构兵[2],与隐公[3]初年,公子冯事正相类。盖霸统既绝,诸侯无所系属,各竟其私,而莫[4]之能禁也!

注释 ①公子地(?—?):子姓,名地,是春秋时宋国宋元公的儿子,宋景公的弟弟,母弟辰、公子褍秦的哥哥。②构兵:交兵,交战。③隐公:鲁隐公。④莫:没有谁。

春秋 齐侯、卫侯次[1]于渠蒢(渠蒢,《公羊》作籧(jǔ)蒢。宋地)。

左传　齐侯、卫侯次于蘧挐，谋救宋也(蘧挐，即渠蒢)。

解义　五氏、垂葭之次，皆为谋晋。至是复出兵观望，而明年遂有伐晋之举。《左氏》以为救宋，非也！郑从齐方坚[2]，齐得卫、得鲁，皆郑谋之最。后宋始附齐，其交未久，齐不应救宋以仇郑。且郑非强国，合齐、卫以敌之，亦何惧而不果哉？

注释　①次：驻扎。②坚：牢固。

春秋　邾子来奔丧(诸侯始奔丧)。

公羊传　其言来奔丧何？奔丧非礼也。

穀梁传　丧急，故以奔言之(奔丧之制，日行百里，故《传》言急，所以申匍匐之情也)。

解义　周衰，小国以事天子之礼事大国。天子崩葬，诸侯皆无奔丧会葬之事。而鲁君尝奔齐、晋之丧，会楚之葬，《经》不书，讳[1]之也。邾子、滕子来奔丧会葬而皆书者，志其礼之僭[2]也！

注释　①讳：避讳。②僭：超越本分。

春秋　秋七月壬申，姒氏卒(姒，《穀梁》作弋)。

左传　秋七月壬申，姒氏卒。不称夫人，不赴，且不祔[1]也。

公羊传　姒氏者何？哀公[2]之母也。何以不称夫人？哀未君也。

穀梁传　妾辞也(不言夫人薨)。哀公之母也。

解义　成风、敬嬴皆书薨、书夫人[3]，而定姒不书夫人，书卒。或谓哀公初立未成君，又丧在殡[4]，不及尊其母，故鲁史所书如是，理或然[5]也！

注释　①祔：祭名，新死者与祖先合在一起祭祀。按古礼，夫人死了。要与祖姑合祭。②哀公：鲁哀公。③成风、敬嬴：成风，鲁僖公之母；敬嬴，鲁宣公之母。④殡：指鲁定公的丧葬事务。⑤或然：或许可能。

春秋　八月庚辰朔，日有食之。

春秋 九月,滕子来会葬。

春秋 丁巳,葬我君定公,雨,不克葬。戊午,日下昃[①],乃克葬(昃,《穀梁》作稷)。

左传 葬定公。雨,不克襄事[②],礼也(襄,成也。雨而成事,若汲汲于欲葬)。

穀梁传 葬既有日,不为雨止,礼也。雨不克葬,丧不以制也。乃,急辞也,不足乎日之辞也。(见宣八年葬敬嬴传)。

解义 国君葬具无不备,故不为雨止,雨不克葬,讥不能葬也。事与宣公葬敬嬴同,葬敬嬴言日中[③]而克葬,此言日下昃,乃克葬,日中则裕於日昃矣[④]! 故穀梁子曰:"乃,急辞也"。

注释 ①昃(zè):太阳偏西,日暮时。②不克襄事:襄,成也。因下雨,未能完成葬事。③日中:指中午。④裕:宽裕。日昃:太阳偏西。

春秋 辛巳,葬定姒。

左传 葬定姒。不称小君[①],不成丧也(公未葬而夫人薨,不赴不祔,故不称小君。反哭于寝,故书葬)。

公羊传 定姒何以书葬?未逾年之君也(哀未逾年),有子则庙,庙则书葬。

解义 葬不称小君,不备夫人之礼,著其实也! 礼并有丧葬,则先母而后父。今定公薨在五月,姒氏卒在七月,丧不同月,葬各有期,是以先葬定公,若同月则定姒当先葬矣!

注释 ①小君:诸侯之妻称"小君"。

春秋 冬,城漆。

左传 冬,城漆。书,不时[①]告也(实以秋城,冬乃告庙)。

解义 二丧葬事毕,又兴土功[②],其困民也,甚矣!

注释 ①不时:不适时;不合时。②土功:指筑城工程。

卷六十一

哀公(元年之五年)

哀公①:公名将,定公之子。盖夫人定姒所生。《谥法》:恭仁短折曰哀。

周:敬王二十六年。敬王四十一年,孔子卒。鲁哀公十九年,敬王崩,子元王立,此据《左传》所载。按诸本:敬王崩,或作哀公十七年、十八年,或作哀公二十年,未详孰是。

郑:声公七年;声公二十二年孔子卒。

齐:景公五十四年,鲁哀公五年,景公卒,安孺子荼立,是年弑悼公阳生立;哀十年,悼公弑子简公壬立;哀十四年,田常弑简公立其弟骜为平公,而相之专其国权,齐自是为田氏矣!

宋:景公二十三年;景公三十八年,孔子卒。

晋:定公十八年,晋霸衰微;鲁哀公十三年,会吴于黄池,吴始称伯。

卫:灵公四十一年,鲁哀公二年,灵公卒,孙出公辄立,是年晋纳卫太子蒯聩于戚,父子争国;哀十五年,蒯聩入是为庄公,辄出奔;哀十七年,庄公弑立公孙般师,十二月齐伐卫,立公子起,执般师以归;哀十八年,卫逐起,辄复入。

蔡:昭侯二十五年,鲁哀公四年,昭侯弑子成侯立。

曹:伯阳八年,鲁哀公八年,宋灭曹。

滕:顷公十六年,鲁哀公四年,顷公卒,子隐公虞母立;哀十一年,隐公卒。

陈:闵公八年,鲁哀公十六年,楚灭陈杀闵公。

杞:僖公十二年,鲁哀公八年,僖公卒,子闵公维立。

薛:惠公三年,鲁哀公十年,惠公卒。

莒:郊公。

邾:隐公十一年,鲁哀公七年,鲁入邾执邾子益;哀八年,归吴又讨邾子，囚诸楼台，栫之以棘，使诸大夫奉子革以为政；哀十年，邾子益来奔。

许：元公十年，鲁哀公十三年，元公卒。

小邾：详见昭公元年。

楚：昭王二十二年，鲁哀公六年，昭王卒，子惠王章立；哀十六年，楚白公胜杀令尹子西，攻惠王，叶公攻白公，白公自杀，惠王复国；哀十八年，惠王卒。

秦：惠公七年，鲁哀公三年，惠公卒，子悼公立；鲁哀十八年，悼公卒，子共公立。

吴：夫差[②]二年，鲁哀公元年，入越栖[③]越于会稽，越行成[④]；哀十年，吴诛伍员[⑤]；哀十四年，会晋黄池，越入吴；哀二十年，越围吴；哀二十二年，越灭吴。

越：句践[⑥]二年，鲁哀公元年，吴入越栖于会稽以行成，用大夫种、范蠡为政[⑦]；哀十四年入吴；哀二十年围吴；哀二十一年，始来聘鲁；哀二十二年灭吴，乃以兵北渡淮，与齐、晋诸侯会于徐州，周元王使人赐句践胙为伯，越兵横行于江淮东，诸侯毕贺，号称霸王。

注释 ①哀公：即鲁哀公（？—前468），姬姓，名将，为春秋诸侯国鲁国君主之一，是鲁国第二十六任君主。他为鲁定公儿子，承袭鲁定公担任该国君主，在位27年（前494—前468年）。②夫差（？—前473年）：姬姓，春秋时期吴国第25任国王，在位时期为前495年—前473年。为了洗雪其父阖闾败给越王勾践的耻辱，夫差励精图治，吴国也迅速增强。③栖：居留，停留。④行成：指议和。⑤伍员：春秋末期吴国大夫、军事家，名员，字子胥，楚国人。⑥句践：即勾践（约公元前520年—前465年），会稽（绍兴）人，大禹后裔，春秋末期越国的君主。越王允常之子。因卧薪尝胆、灭吴称霸而名垂千古。⑦大夫种、范蠡：二人皆越大夫。大夫种位为大夫，名种。范蠡，字少伯，生卒年不详，春秋楚国宛（今河南南阳）人。春秋末著名的政治家、军事家和实业家。后人尊称“商圣”。

哀公(名蒋,定公之子,母定姒,以敬王二十六年即位。十四年西狩获麟,春秋终。《谥法》:"恭仁短折曰哀。")

春秋 元年春王正月,公即位。

春秋 楚子、陈侯、随侯、许男围蔡。

左传 元年春,楚子围蔡,报柏举也(在定四年)。里而栽[①](栽,设板筑为围垒,周匝去蔡城一里),广丈,高倍(垒厚一丈,高二丈)。夫屯(夫,兵也。垒未成,故令人屯守蔡)昼夜九日[②],如子西之素[③](子西本计,为垒当用九日而成)。蔡人男女以辨(辨,别也。男女各别,系累而出降),使疆于江、汝之间而还[④](使蔡徙都于江北、汝水之南。欲令近楚,为私属)。蔡于是乎请迁于吴(楚还,蔡人更叛楚就吴,为明年蔡迁州来传)。

解义 随属楚,不与会盟,至是楚人德其免昭王於难[⑤],列於诸侯,故见《经》。许既灭,复见者,楚封之也。楚徙[⑥]蔡於江、汝之间,不书迁蔡,实未迁也。胡氏安国[⑦]乃谓迁蔡而书围,见楚子复仇为可恕[⑧],此大失《春秋》之旨。入郢者,吴也。楚不能报吴,而搂二、三小国,以释憾[⑨]於蔡,既已悖[⑩]矣!且楚诱杀蔡侯般,而灭其国,用隐太子拘蔡昭侯,蔡之仇楚岂在入郢下?岂蔡宜得报,而楚独不宜得报乎?观楚频年灭顿、灭胡,何仇之复,其志直欲蚕食小国不尽并诸侯不止耳,而以复仇之说恕之,误矣!

注释 ①里而栽:离蔡都城一里构筑堡垒。②夫屯昼夜九日:役夫屯驻九昼夜。③素:预定计划。④江、汝之间:长江之北,汝水之南。⑤德:通"得"。取得,获得。昭王:即楚昭王熊壬(约前523年~前489年),芈姓,熊氏,又名轸。楚平王之子。西元前516年,楚平王死,不满10岁的太子壬继立,改名熊轸(珍),是为昭王。⑥徙:迁徙,迁移。⑦胡氏安国:指胡安国(1074—1138),南宋时期的著名经学家和湖湘学派的创始人之一。字康侯，号青山，学者称武夷先生，后世称胡文定公。⑧恕：宽恕。⑨释憾：指借事报复以解恨。⑩悖：违背道理。

附录左传 吴王夫差败越于夫椒[①]，报槜李也（槜李，役在定十四年。夫椒，杜注：吴郡吴县西南大湖中椒山。《通典》：包山一名夫椒。即西洞庭山也。在今江南吴县西南）。遂入越。越子以甲楯五千，保于会稽[②]（会稽，杜注：上会稽山也。在会稽山阴县南。《水经注》：古防山也。《周礼》：扬州之镇在今浙江会稽县东南）。使大夫种[③]因吴大宰嚭以行成（种，越臣，文种也），吴子将许之。伍员曰："不可。臣闻之：树德莫如滋，去疾莫如尽。昔有过浇杀斟灌以伐斟鄩（浇，寒浞子，封于过者。二斟，夏同姓诸侯。襄四年《传》曰："浇用师灭斟灌。"），灭夏后相[④]（夏后相，启孙。后相失国，依于二斟，复为浇所灭）。后缗[⑤]方娠，逃出自窦[⑥]（后缗，相妻），归于有仍（后缗，有仍氏女），生少康[⑦]焉，为仍牧正[⑧]（牧官之长）。惎[⑨]浇，能戒之（惎，毒也。戒，备也）。浇使椒[⑩]求之（椒，浇臣），逃奔有虞[⑪]，为之庖正[⑫]，以除其害（虞舜后诸侯也。杜注：梁国有虞县。今故虞城在河南虞城县南。庖正，掌膳羞之官。赖此得不见杀也）。虞思[⑬]于是妻之以二姚，而邑诸纶[⑭]（思，有虞君也。虞思自以二女妻少康。姚，虞姓。纶，杜注：虞邑。今虞城县东南有故纶城）。有田一成[⑮]，有众一旅[⑯]（方十里为成，五百人为旅），能布其德，而兆其谋[⑰]（兆，始），以收夏众，抚其官职（襄四年《传》曰："靡自有鬲氏，收二国之烬，以灭浞而立少康。"）。使女艾谍浇[⑱]（女艾，少康臣。谍，候也），使季杼诱豷[⑲]（豷，浇弟。季杼，少康子后杼也），遂灭过、戈[⑳]，复禹之绩（过，杜注：浇国。戈，杜注：豷国）。祀夏配天，不失旧物[㉑]。今吴不如过，而越大于少康，或将丰之，不亦难乎（言与越成，是使越丰大，必为吴难）？句践能亲而务施，施不失人，亲不弃劳。与我同壤而世为仇雠，于是乎克而弗取，将又存之，违天而长寇仇（犹言天与不取），后虽悔之，不可食已[㉒]（食，消也。已，止也）。姬[㉓]之衰也，日可俟[㉔]也（姬，吴姓）。介在蛮夷,而长寇仇,以是求伯[25],必不行矣。"弗听。退而告人曰:"越十年生聚[26],而十年教训[27],二十年之外,吴其为沼[28]乎!"(谓吴宫室废坏,当为污池。为二十二年越入吴起本)三月,越及吴平。吴入越,不书,吴不告庆[29],越不告败也。

春秋　鼷鼠食郊牛[30],改卜牛("郊牛"下,《穀梁》有"角"字)。

春秋　夏四月辛巳,郊[31]。

穀梁传　此该之变而道之也(该,备也。《春秋》书郊终于此,故于此备说郊之变。变谓郊非其时,或牲被灾害)。于变之中又有言焉(于灾变之中,又有可善而言者):鼷鼠食郊牛角,改卜牛,志不敬也。郊牛日展觓角[32]而知伤,展道尽矣(展道虽尽,所以备灾之道不尽,讥哀公不敬,故致大变)。郊自正月至于三月,郊之时也。夏四月郊,不时也。五月郊,不时也。夏之始,可以承春;以秋之末承春之始,盖不可矣(不时之中,有差别。夏始承春,方秋之末,犹为可也)。九月用郊,用者,不宜用者也(在成十七年)。郊三卜,礼也(三卜,即《传》末以十二月上辛卜之说);四卜非礼也(僖三十一年、襄十一年皆四卜);五卜,强也(成十年五卜)。卜免牲者,吉则免之,不吉则否。牛伤,不言伤之者,伤自牛作也,故其辞缓(宣三年"郊牛之口伤",以牛自伤,故辞缓)。全曰牲,伤曰牛,未牲曰牛,其牛一也,其所以为牛者异(已卜日成牲而伤之曰牛,与未卜日未成牲之牛,二者不同)。有变而不郊,故卜免牛也。已牛矣,其尚卜免之何也(灾伤,不复以郊,怪复卜免之)?礼,与其亡也,宁有(礼,与其无卜,宁尝有卜)。尝置之上帝矣,故卜而后免之,不敢专也。卜之不吉则如之何?不免,安置之,系而待六月上甲始庀[33]牲,然后左右之(庀,具也。待具后牲,然后左右前牛,惟我所用,不复须卜,已有新牲故也。《周礼》曰:"司门掌授管键,以启闭国门","祭祀之牛系焉"。然则未左右时,监门者养之)。子之所言者,牲之变也,而曰我一该郊之变而道之何也(此弟子问穀梁子之词)?我以六月上甲始庀牲,十月上甲始系牲。十一月、十二月牲虽有变,不道也(牲有变则改卜牛,以不妨郊事,故不言其变),待正月然后言牲之变,此乃所以该郊(至郊时然后言其变,重其妨郊也。十二月不道,自前可知也。至正月然后道,则二月、三月亦可知也。此所以该郊,言其变道尽)。郊,享道也,贵其时,大其礼,其养牲虽小不备可也(享者饮食之道。牲有变,则改卜牛,郊日已逼,庀系之礼,虽小不备,合时得礼,用之可也)。子不志三月卜郊何也(弟子以《经》不书,而《穀梁》独言之,故复问也。三月,谓十二月、正月、二月也)?郊自正月至于三月,郊之时也(有变乃志,常事不书)。我以十二月下辛卜正月上辛,如不从,则以正月下辛卜二月上辛;如不从,则以二月下辛卜三月上辛,如不从,则不郊矣(意欲郊而卜不吉,故曰不从。郊必用上辛者,取其新洁莫先也)。

解义 定公薨,未及小祥㉞,而僭㉟行天子之郊礼。释凶服从吉㊱,则为不孝於亲,矧㊲郊之祭也。丧者不敢哭,凶服不敢入国门。今在丧而蒇事㊳,则为不敬於天,一举而犯三不韪㊴焉!郊之失礼,未有甚於此者也。

注释 ①夫椒:越地,位于今浙江绍兴县北。②保于会稽:守住会稽。会稽,即会稽山,位于今浙江绍兴县东南。③种:文种,字禽,楚国南郢人。④夏后相:夏代国君,夏启之孙,名相。后相失国,依于二斟,复为浇所灭。⑤后緍:后相妻,有仍氏女。⑥窦:城墙洞。⑦少康:后緍遗腹子,夏代中兴帝王。⑧牧正:牧官之长。⑨惎(jì):心怀仇恨。⑩椒:浇臣。⑪有虞:部落名,虞舜之后。⑫庖正:掌饮食之官。⑬虞思:有虞酋长名,姚姓,以二女妻少康。⑭纶:地名,今河南虞城县东南。⑮成:方十里为成。⑯旅:五百人为旅。⑰兆其谋:开始实施复国计划。兆,始。⑱使女艾谍浇:让女艾打入浇处做间谍。女艾,少康臣。⑲季杼:少康之子。豷(yì):浇弟。⑳过、戈:过,浇之国名。戈,豷之国名。㉑旧物:原来的天下。㉒指无法挽回。㉓姬:吴姓,此指吴国。㉔日可俟:计日可待。㉕伯:霸主。㉖生聚:生息积聚。㉗教训:教育训练。㉘吴其为沼:吴将为越灭,宫室毁坏为池沼。㉙告庆:通告战事获胜。㉚鼷鼠:家鼠的一种,俗称小家鼠。郊牛:郊牛 古帝王郊祭时尚未卜日祭祀的牛。㉛郊:郊祀。㉜斛角:上曲的角。㉝庀:具备,备办。㉞小祥:指亡者过世满一周年之日。㉟僭:超越本分。㊱释:脱下。凶服:指丧服。㊲矧(shěn):况且,何况。㊳蒇事:指事情办理完成。蒇(chǎn),完成;解决。㊴不韪:不是,过错。

附录左传　夏四月,齐侯、卫侯救邯郸,围五鹿[①](赵稷以邯郸叛,范、中行氏之党也。五鹿,杜注:晋邑)。吴之入楚也(在定四年),使召陈怀公。怀公朝国人而问焉,曰:"欲与楚者右,欲与吴者左。陈人从田[②],无田从党[③](都邑之人无田者,随党而立,不知所与,故直从所居。田在西者居右,田在东者居左)。"逢滑当公[④]而进(当公,不左不右),曰:"臣闻国之兴也以福,其亡也以祸。今吴未有福,楚未有祸。楚未可弃,吴未可从。而晋,盟主也,若以晋辞吴,若何?"公曰:"国胜君亡,非祸而何(楚为吴所胜)?"对曰:"国之有是多矣,何必不复。小国犹复,况大国乎?臣闻国之兴也,视民如伤,是其福也(如伤,恐惊动)。其亡也,以民为土芥,是其祸也。楚虽无德,亦不艾杀其民[⑤]。吴日敝于兵[⑥],暴骨如莽[⑦](草之生于广野,莽莽然,故曰草莽),而未见德焉。天其或者正训楚也!祸之适吴,其何日之有[⑧]?"陈侯从之。及夫差克越,乃修先君之怨[⑨]。秋八月,吴侵陈,修旧怨也(传言吴不修德而修怨,所以亡)。

春秋　秋,齐侯,卫侯伐晋。

左传　齐侯、卫侯会于乾侯,救范氏也,师及齐师、卫孔圉、鲜虞人伐晋,取棘蒲[⑩](鲁师不书,非公命也。孔圉,孔烝鉏曾孙。鲜虞,狄师,贱故不书。棘蒲,晋地。今赵州城内有棘蒲社)。

解义　前此,齐、卫伐晋夷仪、河内,皆不书诸侯,犹有所忌,未成乎伐也。至是晋益衰,无异於列国,齐、卫遂连兵伐之。《春秋》特书,以著霸统之绝也。王道尽,而霸统复亡,世变於是穷[11]矣!

注释 ①五鹿:晋邑名。今河北大名县东。②从田:根据田地的方位而分立左右,即田在东者居左,为吴;田在西者居右,为楚。③从党:附亲族而立。④当公:不左不右正对着陈怀公。⑤艾:同刈。艾杀即斩杀。⑥日敝于兵:每日都疲敝于战事。⑦莽:原野之草。⑧何日之有:言日子不多。⑨先君之怨:指定公四年吴入楚时,陈怀公不应阖庐之召所结之怨。⑩棘蒲:晋地,今河北赵县境内。⑪穷:处境恶劣。

附录左传 吴师在陈,楚大夫皆惧,曰:"阖庐唯能用其民,以败我于柏举。今闻其嗣又甚焉,将若之何?"子西曰:"二三子恤不相睦,无患吴矣。昔阖庐食不二味,居不重席,室不崇坛[1](平地作室,不起坛也),器不彤镂[2](彤,丹也。镂,刻也),宫室不观[3](观,台榭),舟车不饰,衣服财用,择不取费[4](选取坚厚,不尚细靡)。在国,天有灾疠,亲巡其孤寡,而共其乏困。在军,熟食者分[5],而后敢食(必须军士皆分熟食,不敢先食。分,犹遍也)。其所尝者,卒乘与焉[6](所尝甘珍)。勤恤其民而与之劳逸,是以民不罢劳,死知不旷[7](知身死不见旷弃)。吾先大夫子常易之,所以败我也。今闻夫差次[8]有台榭陂池焉(过再宿曰次。积土为高曰台,有木曰榭。鄣泽曰陂,积水曰池),宿有妃嫱嫔御[9]焉(妃嫱,贵者。嫔御,贱者。皆内官)。一日之行,所欲必成,玩好必从。珍异是聚,观乐是务,视民如仇,而用之日新[10]。夫先自败也已。安能败我(为二十二年越灭吴张本)?"

春秋 冬,仲孙何忌帅师伐邾。

解义 邾之事鲁至[11]矣!前年邾子来奔丧,今逾年而遽[12]伐之,盖鲁之强臣利取邾田,不复知有礼义也!

注释　①室不崇坛:房屋不建在高坛上。②器不彤镂:器物不加雕饰。③不观:不筑楼台亭阁。④择不取费:选其实用,不尚华美。⑤熟食者分:煮熟的饭菜使军士都能分到。⑥其所尝者,卒乘与焉:其所吃的甘珍异味,士兵也都能得到。⑦不旷:不会白死。旷,空。⑧次:住处。⑨妃嫱嫔御:皆宫中女官,妃嫱为贵者,嫔御为贱者。⑩用之日新:役使百姓天天变化,没有止境。⑪至:极,最。⑫遽(jù):急,仓猝。

附录左传　冬十月,晋赵鞅伐朝歌(讨范、中行氏)。

春秋　二年春王二月,季孙斯、叔孙州仇、仲孙何忌帅师伐邾,取漷东田及沂西田。癸巳,叔孙州仇、仲孙何忌及邾子盟于句绎(书盟止此。句绎,杜注:邾地。应在今山东邹县境)。

左传　二年春,伐邾,将伐绞①(绞,杜注:邾邑。当在今滕县境)。邾人爱其土,故赂以漷、沂②之田而受盟。

穀梁传　取漷东田,漷东,未尽也。及沂西田,沂西,未尽也(以其言东西,则知其未尽也)。三人伐而二人盟何也?各盟其得也(季孙不得田,故不与盟)。

解义　邾自昭公③时诉鲁於晋,叔孙、季孙见执。今晋失霸,邾子惧,比来④朝会,三卿犹以为憾⑤,帅师伐取其田。复盟以要之,三子皆书,不举重者,各将其兵政不自公⑥出也。三人伐而二人盟,《穀梁》以为各盟其所得也。莫强於季孙,何独无得?季氏志在灭邾,二田不足充其欲。又以昭公伐意如、阳虎囚桓子皆赖叔仲之救,故以田归二家,使与邾盟,以示已不屑与。且包藏祸心⑦,欲复图其国,而未肯盟也。

注释　①绞:邾邑,位于今山东滕县北。②漷、沂:二水沟,皆流经邾境。③昭公:鲁昭公。④比来:近来。⑤憾:怨恨。⑥公:鲁哀公公室。⑦包藏祸心:包藏:隐藏,包含;祸心:害人之心。心里怀着害人的恶意。

春秋 夏四月丙子，卫侯元[1]卒。

左传 初，卫侯游于郊，子南[2]仆（子南，灵公子郢）。公曰："余无子，将立女（蒯聩奔，无太子）。"不对。他日，又谓之。对曰："郢不足以辱社稷，君其改图。君夫人在堂，三揖[3]在下（三揖，卿、大夫、士也。孤卿特揖，大夫以其等旅揖，士旁三揖。见《周礼·司士》）。君命只辱。"夏，卫灵公卒。夫人曰："命公子郢为大子，君命也。"对曰："郢异于他子（言用意不同）。且君没于吾手[4]（言公殁时已在左右），若有之，郢必闻之。且亡人[5]之子辄在（辄，蒯聩之子出公也，灵公适孙）。"乃立辄。

春秋 滕子来朝（滕朝止此。诸侯来朝亦止此）。

春秋 晋赵鞅帅师纳卫世子[6]蒯聩于戚。

左传 六月乙酉[7]，晋赵鞅纳卫大子于戚。宵迷[8]，阳虎曰："右河而南[9]，必至焉（戚在河东。是时晋军已渡河，师夜行失道。阳虎忆渡处在戚之北，河既北流，据水所向，则东为右，故欲出河右而南行也）。"使大子絻[10]（絻，始发丧之服），八人衰绖，伪自卫逆者（欲为卫人逆，故衰绖成服）。告于门，哭而入，遂居之。

公羊传 戚者何？卫之邑也。曷为不言入于卫？父有子，子不得有父也（明父得有子而废之，子不得有父之所有，故夺其国）。

穀梁传 纳者，内弗受也。帅师而后纳者，有伐也。何用弗受也？以辄不受也，以辄不受父之命，受之王父也。信父而辞王父，则是不尊王父也。其弗受，以尊王父也。

解义 蒯聩之出与纳，《春秋》再以世子书，则知蒯聩为无辜而被此名以出，故正其名而谓之世子，所谓与之继世者也。书纳于戚，见为辄所拒，而不得入於卫也。程子[11]谓纵令蒯聩得罪於父不得复立，辄亦不得背父而不与其国，为辄计者委於所可立，使不失君之社稷[12]，而身从父则义矣。《穀梁》尊王父之说非也！

注释　①卫侯元:即卫灵公(?—前493年),春秋时期卫国第28代国君,姬姓,卫氏,名元。前534年－前493年在位。他是卫襄公之子,卫后庄公之父,卫出公之祖父。②子南:卫灵公之子,名郢。③三揖:指卿、大夫、士。④君没于吾手:意为侍候国君至死。⑤亡人:指太子蒯聩。⑥世子:周代时,天子、诸侯的嫡子称"世子"。⑦乙酉:十七日。⑧宵迷:日暮天黑以后迷路。⑨右河而南:右行渡河往南。⑩絻(wèn):古代丧服之一,脱帽,以布包发。⑪程子:即二程中的程颐(1033—1107),教育家。字正叔,人称伊川先生,北宋洛阳人。为程颢之胞弟。历官汝州团练推官、西京国子监教授。⑫社稷:指国家。

春秋　秋八月甲戌,晋赵鞅帅师及郑罕达帅师战于铁,郑师败绩(铁,《公羊》作栗,又作秩,杜注:铁,丘名。在戚城南。今直隶开州北有戚城,其南为王合里,即铁丘也,)。

左传　秋八月,齐人输范氏粟,郑子姚、子般送之[①](子姚,罕达。子般,驷弘)。士吉射逆之,赵鞅御之,遇于戚。阳虎曰:"吾车少,以兵车之旆[②],与罕、驷兵车先陈(旆,先驱车也。以先驱车益其兵车以示众)。罕、驷自后随而从之,彼见吾貌,必有惧心(晋人先陈,郑人随之,不知其虚实,见车多必惧)。于是乎会之(会,合战),必大败之。"从之。卜战,龟焦(兆不成)。乐丁[③]曰(乐丁,晋大夫):"《诗》曰:'爰始爰谋,爰契我龟(《诗·大雅》。言先人事,而后卜筮)。'谋协以故,兆询可也(询,咨询也。故兆,始纳卫大子,卜得吉兆。言今既谋同,可不须更卜)。"简子誓曰:"范氏、中行氏,反易天明[④](不事君也),斩艾百姓,欲擅晋国而灭其君。寡君恃郑而保焉。今郑为不道,弃君助臣,二三子顺天明,从君命,经德义,除诟耻,在此行也。克敌者,上大夫受县,下大夫受郡(《周书·作雒篇》:千里百县,县有四郡),士田十万(十万亩也),庶人工商遂[⑤](得遂进仕),人臣隶圉免[⑥](去斯役)。志父[⑦]无罪,君实图之(志父,赵简子之改名也。言已事济，君当图其赏）。若其有罪，绞缢以戮，桐棺三寸，不设属辟[8]（属辟，棺之重数。王棺四重，君再重，大夫一重），素车朴马[9]（以载柩），无入于兆[10]（兆，葬域），下卿之罚也（为众设赏，自设罚，所以能克敌）。"

甲戌[11]，将战，邮无恤[12]御简子（邮无恤，王良也），卫大子为右。登铁[13]上，望见郑师众，大子惧，自投于车下。子良授大子绥而乘之[14]，曰："妇人也（言其怯）。"简子巡列，曰："毕万，匹夫也。七战皆获，有马百乘，死于牖下[15]（毕万，晋献公卿也。皆获，有功。死于牖下，言得寿终）。群子勉之，死不在寇（言有命）。"繁羽御赵罗，宋勇为右[16]（三子，晋大夫）。罗无勇，麇之[17]（麇，束缚也）。吏诘之，御对曰："痁[18]作而伏（痁，疟疾也）。"卫大子祷曰："曾孙蒯聩敢昭告皇祖文王、烈祖康叔、文祖襄公（蒯聩，襄公之孙）：郑胜乱从[19]（胜，郑声公名。释君助臣，为从乱），晋午[20]在难（午，晋定公名），不能治乱，使鞅讨之（鞅，简子名）。蒯聩不敢自佚[21]，备持矛焉（戎右持矛）。敢告无绝筋，无折骨，无面伤，以集大事，无作三祖[22]羞。大命[23]不敢请，佩玉不敢爱（不敢爱，故以祈祷）。"

郑人击简子中肩，毙[24]于车中（毙，踣也），获其蜂旗[25]（蜂旗，旗名）。大子救之以戈，郑师北，获温大夫赵罗（罗无勇，故郑师虽北，犹获罗）。大子复伐之，郑师大败，获齐粟千车。赵孟喜曰："可矣（赵孟，简子）。"傅傁[26]曰（傅傁，简子属也）："虽克郑，犹有知在，忧未艾也。"

初，周人与范氏田，公孙尨[27]税焉（尨，范氏臣，为范氏收周人所与田之税）。赵氏得而献之（得尨以献简子），吏请杀之。赵孟曰："为其主也，何罪？"止而与之田（还其所税）。及铁之战，以徒五百人宵攻郑师，取蜂旗于子姚之幕下，献曰："请报主德。"追郑师。姚、般、公孙林殿而射，前列多死（晋前列）。赵孟曰："国无小。"既战，简子曰："吾伏弢呕血（弢，弓衣），鼓音不衰，今日我上也(功为上)。"大子曰:"吾救主于车,退敌于下,我,右之上也。"邮良曰:"我两靷将绝[28],吾能止之(止,使不绝),我,御之上也。"驾而乘材[29],两靷皆绝(材,横木。明细小也。《传》言简子不让下自伐)。

解义　春秋舍[30]齐、秦、楚外,无与晋战者,盖无能晋敌[31]也。今以蕞尔[32]之郑而赵鞅帅师与战,幸而胜之,其衰甚矣!书及所以辨主客皆言帅师,其众敌也。

注释　①子姚、子般:即罕达、驷弘。②旆:大将的旗。③乐丁:晋大夫。④反易天明:违背天命。明,通命。⑤遂:做官,古代庶人工商世承其业,不得仕进。⑥人臣隶圉免:做人奴隶的使之成为自由民。⑦志父:即赵鞅。⑧属辟:外棺。⑨素车朴马:装运棺材的车马不加装饰。⑩兆:兆域,即同族人的墓地。⑪甲戌:八月七日。⑫邮无恤:即王良。⑬铁:丘名。位于今河南濮阳县西北。⑭子良:即邮无恤。绥:绳索。⑮死于牖下:意为得以善终。牖,窗户。⑯繁羽、赵罗、宋勇:三人都是晋大夫。⑰麇之:绑在车上。麇,束缚。⑱痁:疟疾。⑲郑胜乱从:郑胜扰乱常道。郑胜,郑声公名。⑳午:晋定公。㉑佚:同"逸",安逸。㉒三祖:即皇祖、烈祖、文祖。㉓大命:死生之命。㉔毙:仆倒。㉕蜂旗:旗名。㉖傅傁:赵简子的下属。㉗公孙龙:范氏家臣。㉘靷(yǐn):字当做靳引车前的皮索。绝:断。㉙乘:意即载。材:木料。㉚舍:丢开,除开。㉛敌:匹敌,力量相当。㉜蕞尔:形容小(多形容地区小)。

春秋　冬十月,葬卫灵公。

春秋　十有一月,蔡迁于州来。蔡杀其大夫公子驷(书迁止此)。

左传　吴泄庸如蔡纳聘,而稍纳师[①]。师毕入,众知之(泄庸,吴大夫。元年,蔡请迁于吴,中悔,故因聘袭之)。蔡侯告大夫,杀公子驷以说(言不时迁者,驷之为),哭而迁墓(将迁,与先君辞,故哭)。冬,蔡迁于州来。

解义　州来灭於吴。蔡之徙[2],此实吴人迁之,而《经》以自迁为文者,楚既疆[3]蔡,蔡背楚请迁於吴而中悔,及其事急又委罪[4]执政,谋之不臧谁之咎也[5]?故《经》以自迁为文。而杀公子驷则书大夫而称国,见君与用事大臣擅杀之,而不以其罪也!

注释　①稍纳师:逐渐把吴军接进蔡国都城。②徙:迁徙,迁移。③疆:划定界限。④委罪:推委罪责。⑤不臧:不善,不良。咎:指过失,罪过。

春秋　三年春,齐国夏、卫石曼姑帅师围戚。

左传　三年春,齐、卫围戚,求援于中山(中山,鲜虞)。

公羊传　齐国夏曷为与卫石曼姑帅师围戚?伯讨也。此其为伯讨奈何?曼姑受命乎灵公[1]而立辄(灵公者,蒯聩之父),以曼姑之义为固,可以拒之也(拒之者,为灵公命故)。辄者曷为者也?蒯聩之子也。然则曷为不立蒯聩而立辄?蒯聩为无道,灵公逐蒯聩而立辄。然则辄之义可以立乎?曰:"可。"其可奈何?不以父命辞王父命(不以蒯聩命辞灵公命),以王父命辞父命,是父之行乎子也(重本尊统之义);不以家事辞王事(以父见废故,辞让不立,是家私事)。以王事辞家事,是上之行乎下也。

穀梁传　此卫事也,其先国夏何也?子不围父也。不系戚于卫者,子不有父也(子有父者,戚系卫,则为大夫属于卫)。

解义　主兵者卫也,而齐助子围父,逆乱人伦,莫甚於此。故恶其不义,以为兵首,所以深罪其党恶,而训天下后世讨乱贼之法也。戚不书卫,承前纳卫世子蒯聩之文也,其义与围宋彭城异者,彭城已披[2]於楚,故还系之宋。戚,卫地,而卫世子居之,何用复书卫乎?

注释　①灵公:卫灵公。②披:分开,裂开。

春秋　夏四月甲午,地震。

春秋　五月辛卯[①],桓宫、僖宫灾。

左传　夏五月辛卯,司铎[②]火(司铎,宫名)。火逾公宫,桓、僖灾[③](桓公、僖公庙)。救火者皆曰:"顾府(言常人爱财)。"南宫敬叔至,命周人出御书,俟于宫(敬叔,孔子弟子南宫阅。周人,司周书典籍之官。御书,进于君者也),曰:"庀女[④]而不在,死(庀,具也)。"子服景伯至,命宰人[⑤]出礼书(景伯,子服何也。宰人,冢宰之属),以待命:"命不共[⑥],有常刑。"校人乘马[⑦],巾车脂辖[⑧](校人,掌马。巾车,掌车。乘马,使四四相从,为驾之易。以脂膏辖为行之易)。百官官备[⑨],府库慎守,官人肃给(国有火灾,恐有变难,故慎为备)。济濡帷幕,郁攸[⑩]从之(濡物于水,出用为济。郁攸,火气也。徒之为备),蒙葺公屋(以濡物冒覆公室)。自大庙始,外内以悛[⑪](悛,次也。先尊后卑,以次救之),助所不给。有不用命,则有常刑,无赦。公父文伯至,命校人驾乘车(备缓急)。季桓子至,御公立于象魏[⑫]之外(象魏,门阙),命救火者伤人[⑬]则止,财可为也。命藏《象魏》(《周礼》,正月县教令之法于象魏,使万民观之,故谓其书为象魏),曰:"旧章不可亡也。"富父槐至,曰:"无备而官办[⑭]者,犹拾渖[⑮]也(槐,富父终生之后。渖,汁也。言不备而责办,不可得)。"于是乎去表之藁[⑯](表,表火道。风所向者,去其槁积),道还公宫[⑰](开除道,周匝公官,使火无相连)。孔子在陈,闻火,曰:"其桓、僖乎(言桓、僖亲尽而庙不毁,宜为天所灾)!"

公羊传　此皆毁庙也,其言灾何?复立也。曷为不言其复立(据立武宫言立)?《春秋》见者不复见也(于哀公时立,即于哀公时灾,既书灾,则立可见,故得省文)。何以不言及(据雉门及两观)?敌也(亲过高祖,亲疏敌等)。何以书?记灾也。

穀梁传　言及则祖有尊卑(解《经》不言及僖),由我言之则一也(远祖恩无差降如一,故不言及)。

解义 桓、僖亲尽[18]而宫存者,盖季氏出於桓立於僖,世专国政,隆[19]其私恩,而不毁焉耳!不书及二宫,分明且祖无尊卑也。

注释 ①辛卯:二十八日。②司铎:官署名。③桓、僖灾:桓公、僖公庙被火烧毁。④庀女:即庀于女,意为托你保护好。庀(pǐ),借为庇。⑤宰人:即宰夫,掌管法令礼数的官员。⑥命不共:奉命不能尽职尽责。⑦校人乘马:校人把马四匹一列编好。校人,掌国君马匹的官员。⑧巾车脂辖:巾车给车轴涂上油。巾车,车官之长。⑨官备:坚守岗位。⑩郁攸:灭火器具。⑪外内以悛:先内后外,依次扑救。悛,次。⑫象魏:古代诸侯宫室有三门,库门、雉门、路门。雉门即宫室南门。雉门两旁,积土为台,台上筑重屋叫楼。楼可以观望,故称为观。国家的法令常悬于观上,故又叫做象魏。⑬伤人:受伤之人。⑭官办:百官各尽职守。⑮浀:汁水。⑯去表之藁(gǎo):清除火道上的干枯易燃物。⑰道还公宫:环绕公宫开辟火巷。还,同"环"。⑱亲尽:《礼记》有"有五世而迁之宗"的说法,就是一个贵族爵位最多可以向下继承五代,五代以后就认为是与最初的受封者"亲尽"了,不能算成祖宗的这一支继承爵位。⑲隆:尊崇。

春秋 季孙斯、叔孙州仇帅师城启阳(启,《公羊》作开启。阳,本鄅国后,属鲁,杜注:琅琊开阳县。今山东沂州北有故城)。

解义 启阳,故鄅国。昭[1]十八年,邾人袭鄅,鄅子从帑[2]于邾。其地在邾东鄙[3]近费,鲁既取漷东、沂西田,因夺而城之,惧其难,故以师,季氏以叔孙附已,故与同城,而地则季氏得之。

注释 ①昭:鲁昭公。②帑:指国家库藏的金帛。③东鄙:东部边境。

春秋 宋乐髡帅师伐曹。

解义 曹奉[1]乐大心入萧以叛,宋方有乱,故且从齐盟,未暇[②]致讨。今闻齐景耄[③]而无畏抡齐,故修曹之怨也[④]!

注释　①奉:辅助。②未暇:指没有时间顾及。③耄:年老昏乱。④修:整治。怨:怨恨,仇恨。

附录左传　刘氏、范氏世为婚姻(刘氏,周卿士。范氏,晋大夫),苌弘事刘文公(为之属大夫),故周与[①]范氏。赵鞅以为讨。六月癸卯,周人杀苌弘(终违天之祸)。

春秋　秋七月丙子,季孙斯卒。

左传　秋,季孙有疾,命正常[②]曰:"无死(正常,桓子之宠臣,欲付以后事,故敕令勿从己死)。南孺子[③]之子,男也,则以告而立之(南孺子,季桓子之妻。言若生男,告公而立之)。女也,则肥[④]也可(肥,康子)。"季孙卒,康子即位。既葬,康子在朝(在公朝也)。南氏生男,正常载以如朝,告曰:"夫子有遗言,命其圉臣[⑤]曰:'南氏生男,则以告于君与大夫而立之。'今生矣,男也,敢告。"遂奔卫。康子请退(退,辟位也)。公使共刘[⑥]视之(共刘,鲁大夫),则或杀之矣,乃讨之(讨杀者)。召正常,正常不反(畏康子也)。

春秋　蔡人放其大夫公孙猎于吴。

解义　猎盖驷[⑦]之党,蔡实背楚迋[⑧]吴,以自启衅[⑨]而委[⑩]之罪,故不去其官。而称人,言国乱无政,众人擅放之也。

注释　①与:亲近。②正常:季孙家臣。③南孺子:季孙的妻子。④肥:季康子。⑤圉臣:自谦之词,意即贱臣。⑥共刘:鲁国大夫。⑦驷:指公子驷,蔡国大夫。⑧迋(kuāng):通"诓",欺骗。⑨衅:争端。⑩委:推卸。

春秋　冬十月癸卯,秦伯卒。

春秋　叔孙州仇、仲孙何忌帅师围邾。

解义　邾子已受盟于句绎[①],今逾年而复围之,其弃信肆虐甚矣[②]!

注释　①句绎:邾地。在今山东邹县境。②弃信:失信;违背信义。肆虐：任意残杀或迫害。

附录左传 冬十月，晋赵鞅围朝歌，师于其南（范、中行所在）。荀寅伐其郛（伐其北郭围），使其徒自北门入，己犯师而出（使在外救己之徒击赵氏，围之北门，因外内攻得出）。癸丑，奔邯郸。十一月，赵鞅杀士皋夷[①]，恶范氏也。

春秋 四年春王二月庚戌，盗杀蔡侯申（二月，《公羊》作三月。杀，《公羊》、《穀梁》作弑）。

左传 四年春，蔡昭侯将如吴，诸大夫恐其又迁也，承（承，惩也，盖楚言），公孙翩逐而射之（翩，蔡大夫），入于家人[②]而卒。以两矢门之（翩以矢自守其门）。众莫敢进。文之锴[③]后至（锴，蔡大夫），曰："如墙而进，多而杀二人（并行如墙俱进）。"锴执弓而先，翩射之，中肘。锴遂杀之。故逐公孙辰，而杀公孙姓、公孙盱[④]（盱，即霍也）。

公羊传 弑君，贱者穷[⑤]诸人，此其称盗以弑何（据宋人弑其君处臼称人）？贱乎贱者也（贱于称人者）。贱乎贱者孰谓？谓罪人也（蔡侯近罪人，卒逢其祸，故以为人君深戒）。

穀梁传 称盗以弑君，不以上下道道也（以上下道道者，若卫祝吁弑其君完之类是。直称盗，不在人伦之序）。内其君而外弑者，不以弑道道也（襄七年"郑伯将会中国，其臣欲从楚，不胜其臣，弑而死"，"不使夷狄之民，加乎中国之君"，故曰"郑伯髡原如会，未见诸侯。丙戌，卒于操"，是不以弑道道也）。《春秋》有三盗：微杀大夫谓之盗（十三年冬，"盗杀陈夏区夫"是），非所取而取之谓之盗（定八年，阳货取宝玉大弓是），辟中国[⑥]之正道以袭利谓之盗（即杀蔡侯申者是）。

解义 称盗，称杀，窃发[⑦]而未得其主名也。《左氏》以弑蔡侯为公孙翩，既得其主名，翩虽贱，亦当从"齐邴歜、阎职弑商人"之例[⑧]而书人、书弑，则其说未可据也。国君行，则师从，居有兵卫；而为盗所杀，见蔡之无臣子也。不言君，盗不得君[⑨]其君也。以盗为文,故不得言弑。其与“阍弑吴子”[10]异者,阍则有主名而食庶人在官者之禄也。宣[11]十七年,书蔡侯申卒,而此复书蔡侯申,盖传写之误。

注释　①士皋夷:即范皋夷,范氏庶子。②家人:平民百姓的家。③文之锴:蔡昭侯之臣。④公孙盱:即公孙霍。⑤穷:聚集。⑥中国:中原。⑦窃发:暗中发动。⑧“齐邴歜、阎职弑商人”:邴歜(chù)、阎职:二人皆齐国大夫。商人:即齐懿公,名字叫姜商人。此指鲁文公十八年(前 609 年),邴歜、阎职弑杀齐懿公。⑨君:以……为君。⑩“阍弑吴子”:《穀梁传》襄公二十九年载:“阍弑吴子余祭。”《左传》载:“吴人伐楚,获俘焉,以为阍,使守舟。吴子余祭观舟,阍以刀弑之。”阍(hūn):守门,守门人。⑪宣:鲁宣公。

春秋　蔡公孙辰[1]出奔吴。

解义　书公孙辰出奔於盗杀蔡侯申之后,则辰与闻[2]乎弑矣!

注释　①公孙辰:蔡国大夫。②闻:听说,知道。

春秋　葬秦惠公[1]。

春秋　宋人执小邾子。

解义　伐曹、执邾子,盖齐景[2]图霸无成,而宋亦有志於争权也。与宋襄[3]执滕子、围曹同例。

注释　①秦惠公:前 500 年—前 491 年在位,秦夷公之子,秦夷公早死,故秦哀公以夷公子惠公继位。惠公立十年卒,子悼公立。②齐景:即齐景公(?—前 490 年):姜姓,名杵臼。春秋后期齐国国君,齐灵公之子,齐庄公之弟,前 547 年—前 490 年在位。③宋襄:即宋襄公(?—公元前 637 年):在《史记》、《汉书·诸王侯表序》被列为“春秋五霸”。于前 650 年至前 637 年在位。

春秋 夏,蔡杀其大夫公孙姓、公孙霍。

春秋 晋人执戎蛮子赤归于楚(蛮,《公羊》作曼。书执止此)。

左传 夏,楚人既克夷虎[①](夷虎,蛮夷叛楚者),乃谋北方。左司马眅、申公寿余、叶公诸梁致蔡于负函[②],致方城之外于缯关[③](三子,楚大夫也。此蔡之故地人民,楚因以为邑。致之者,会其众也。负函、缯关,杜注:皆楚地。负函当在今信阳州境),曰:"吴将溯[④]江入郢,将奔命焉。"为一昔[⑤]之期,袭梁及霍[⑥](一昔,一夜也。伪辞当备吴,夜结期,明日便袭梁、霍,使不知之。梁、霍,杜注:梁,河南梁县西南故城也。梁南有霍阳山,皆蛮子之邑)。

单浮余围蛮氏,蛮氏溃(浮馀,楚大夫)。蛮子赤奔晋阴地(阴地,杜注:河南山北自上雒以东至陆浑)。司马起丰、析与狄戎[⑦](楚司马眅也。丰析,杜注:析县属南乡郡,析南有丰乡,皆楚邑。今河南淅川县及内乡县之西北境皆析地也。丰乡城在淅川县西南。发此二邑人及戎狄),以临上雒。左师军于菟和(菟和,杜注:山在上雒东。今陕西商州东有菟和山),右师军于仓野(仓野,杜注:在上雒县。今商州东南有仓野聚),使谓阴地之命大夫士蔑曰(命大夫,别县监尹):"晋、楚有盟,好恶同之。若将不废,寡君之愿也。不然,将通于少习[⑧]以听命(少习,杜注:商县武关也。今武关在商州东少习山下。言将开道以伐晋)。"士蔑请诸赵孟。赵孟曰:"晋国未宁,安能恶于楚,必速与之。"士蔑乃致九州之戎[⑨](九州戎在晋阴地陆浑者)。将裂田[⑩]以与蛮子而城之(以诈蛮子),且将为之卜[⑪](卜城)。蛮子听卜,遂执之,与其五大夫,以畀[⑫]楚师于三户(三户,杜注:丹水县北有三户亭。今三户城在淅川县西南)。司马致邑立宗[⑬]焉,以诱其遗民(楚复诈为蛮子作邑,立其宗主),而尽俘以归。

公羊传 赤者何?戎曼子之名也。其言归于楚何(据执曹伯畀宋人,不言归于宋)?子北宫子曰:"辟伯晋而京师楚也(晋人执戎曼子归于楚,若不书戎曼子名,则与伯执归京师同文,故辟其文而名之)。"

解义　霸主执列国之君归於京师,正也。今执而与楚,宜从执曹伯畀宋人之例[14],乃与归于京师同文,以著世变,见情实晋与天下诸侯皆有罪焉耳!

注释　①夷虎:叛楚的蛮夷人。②致蔡于负函:在负函召集蔡人。负函,地名,位于今河南信阳县境。③缯关:位于今河南方城县。④溯:逆流而上。⑤昔:夕,一夜。⑥梁、霍:二地名,梁位于今河南临汝县西,霍位于梁西南。⑦起:发动。丰、析:楚国地名。⑧少习:山名,在晋国。⑨九州之戎:指陆浑一带的少数民族。⑩裂田:分给土地。⑪为之卜:为其卜筑城之日。⑫畀(bì):交给。⑬致邑立宗:给予城邑,立其宗主。⑭宜:应该,应当。畀:交给。

春秋　城西郛。

春秋　六月辛丑,亳社[1]灾(亳,《公羊》作蒲)。

公羊传　蒲社者何(据鼓用牲于社,不言蒲)?亡国之社也。社者封也(封土为社),其言灾何(据封土非火所能烧)?亡国之社,盖揜[2]之,揜其上而柴其下(故火得烧之。揜柴之者,绝不得使通天地四方,以为有国者戒)。蒲社灾何以书?记灾也。

穀梁传　亳社者,亳之社也。亳,亡国也(亳即殷也,殷都亳,故谓之亳)。亡国之社以为庙屏,戒也(立亳社于庙外,以为屏蔽,取其不得通天,人君瞻之而致戒心)。其屋,亡国之社不得达上也。

解义　《记》曰:丧国之社屋之。武王克商,班[3]其社於诸侯,使为鉴戒屋之故。有灾,据《左氏》七年以邾子益来献于亳社,则新作亳社之屋可知矣!不书者,以其当作,故不志也。

注释　①亳社:殷社。古代建国必先立社。殷都亳,故称。②揜(yǎn):同"掩"。③班:分布,设置。

春秋　秋八月甲寅,滕子结[1]卒。

春秋　冬十有二月,葬蔡昭公。

春秋 葬滕顷公。

附录左传 秋七月,齐陈乞、弦施、卫宁跪救范氏(陈乞,僖子。弦施,弦多)。庚午,围五鹿[2]。九月,赵鞅围邯郸。冬十一月,邯郸降。荀寅奔鲜虞,赵稷奔临[3](临,杜注:晋邑。今直隶临城县东有故城)。十二月,弦施逆之,遂堕临(逆稷,纳之他邑。以临险固,故毁之)。国夏伐晋,取邢、任、栾、鄗、逆畤、阴人、盂、壶口(八邑,杜注:晋地。栾在赵国平棘县西北。鄗即高邑县也。潞县东有壶口关,今直隶栾城县及赵州北境皆古栾邑地。柏乡县北故城镇即故鄗城地。逆畤,《水经注》:谓之曲逆水。今曲逆故城在完县东南。壶口关在山西黎城县东北大行山口)。会鲜虞,纳荀寅于柏人[4](柏人,杜注:晋邑。赵国柏人县。今直隶唐山县西有故城)。

春秋 五年春,城毗(毗,《公羊》作比,又作芘)。

春秋 夏,齐侯伐宋。

解义 定[5]十四年,齐与宋会洮,至此忽伐之者,齐方挟诸侯以伐晋,而宋人伐曹、执小邾子,欲与争霸,故讨之。然景公,内实不能正其国,而惟力是竞,是以郑、卫、鲁、宋虽从之,而不心服也!

注释 ①滕子结:即滕顷公(?—前491年),姬姓,名结,子爵。是春秋时代诸侯国滕国君主。滕国作为小国,向鲁国朝贡。鲁哀公四年(前491年)秋八月甲寅,滕子结去世。冬十二月,葬滕子,谥号顷公。②五鹿:位于今河北大名县东。③临:位于今河北临城县西南十里。④柏人:位于今河北隆尧县西南尧城镇。⑤定:鲁定公。

春秋 晋赵鞅帅师伐卫。

左传 五年春,晋围柏人,荀寅、士吉射奔齐。初,范氏之臣王生恶张柳朔,言诸昭子[1],使为柏人[2](为柏人宰也。昭子,范吉射)。昭子曰:"夫非而仇乎?"对曰:"私仇不及公,好不废过,恶不去善,义之经也。臣敢违之?”及范氏出[③](出柏人奔齐),张柳朔谓其子:“尔从主,勉之!我将止死,王生授我[④]矣(授我死节)。吾不可以僭[⑤]之(僭,不信也)。”遂死于柏人(为吉射距晋伐死)。夏,赵鞅伐卫,范氏之故也,遂围中牟。

解义　是时,齐方弱[⑥]晋,而列国诸侯坚於党[⑦]齐者卫、郑耳。荀寅、士吉射乃赵鞅之仇,卫实庇之,鞅度[⑧]齐兵力强盛,未可与争,寅、射附卫未可猝[⑨]动,於是计纳蒯聩以为卫主[⑩],故为之伐卫。前此,晋师皆书侵,此独书伐者,赵鞅欲释私憾,故用大师而伐国围邑,志在必克也!

注释　①昭子:即范吉射。②为柏人:作柏人的邑宰。③出:逃出柏人,出逃到齐。④授我:使我死于节操。⑤僭:不守信。⑥弱:侵害。⑦党:结伙。⑧度:考虑。⑨猝:突然地。⑩计:谋划,打算。蒯聩:卫灵公之子卫庄公,卫国第三十代君主。

春秋　秋九月癸酉,齐侯杵臼[①]卒(杵,《公羊》作处)。

左传　齐燕姬生子,不成而死(燕姬,景公夫人。不成,未冠也),诸子鬻姒之子荼嬖(诸子,庶公子也。鬻姒,景公妾。荼,安孺子)。诸大夫恐其为大子也,言于公曰:“君之齿长矣,未有大子,若之何?”公曰:“二三子间于忧虞,则有疾疢[②]。亦姑谋乐,何忧于无君(景公意欲立荼而未发,故以此言塞大夫请)?”公疾,使国惠子、高昭子立荼(惠子,国夏。昭子,高张),置群公子于莱(莱,杜注:齐东鄙邑。今山东黄县东南有莱子城)。秋,齐景公卒。冬十月,公子嘉、公子驹、公子黔奔卫,公子鉏、公子阳生来奔(皆景公子在莱者)。莱人歌之曰:“景公死乎不与埋,三军之事乎不与谋。师[③]乎师乎,何党之乎[④](师,众也。党,所也。之,往也。称谥,盖葬后而为此歌,哀群公子失所)?”

春秋　冬,叔还如齐。

春秋　闰月,葬齐景公。

公羊传 闰不书,此何以书(遽楚子昭卒不书闰)? 丧以闰数也(谓丧服大功以下诸丧,当以闰月为数)。丧曷为以闰数(据卒不书闰)? 丧数略也(略犹杀也。以恩杀,故并闰数)。

穀梁传 不正其闰也(闰月,附月之馀日,丧事不数)。

解义 凡丧,以年断者,不以闰数。以月断者,则以闰数。三年之丧,二十五月而毕,苟[5]数闰,则二年内已有二十五月,安得谓之三年? 且以闰数而书,则崩薨卒葬凡有闰者,皆宜书,何独书? 於此故知,书闰者,讥其以闰月葬,失丧事不数[6]之义也!

附录左传 郑驷秦富而侈,嬖大夫[7]也,而常陈卿之车服于其庭。郑人恶而杀之。子思曰:"《诗》曰:'不解[8]于位,民之攸塈[9](子思,子产子国参也。《诗·大雅》。攸,所也。塈,息也)。'不守其位,而能久者鲜矣。《商颂》曰:'不僭不滥[10],不敢怠皇[11],命以多福(僭,差也。滥,溢也。皇,暇也。言驷秦违《诗》、《商颂》,故受祸)。'"

注释 ①齐侯杵臼:即齐景公。②疾疢(chèn):疾病。疢,热病。③师:众。④党:所。何党:何处。之:往。⑤苟:如果,假使。⑥不数:数不清;无数。⑦嬖大夫:下大夫。⑧解:同懈。⑨攸:所。塈:息。⑩僭:超越本分,过分。滥:溢,等于说自满。⑪皇:通"遑",闲暇。

卷六十二

哀公(六年之十年)

春秋　六年春,城[1]郲瑕(瑕,《公羊》作葭。书城止此。郲瑕,杜注:任城亢父县北有郲娄城。在今山东济宁州南)。

解义　郲瑕,如鲁济之类。鲁有负瑕,故称郲以别之。不书取,盖未尝取而强城,见鲁之弱[2]郲也!

注释　①城:筑城。②弱:欺负。

春秋　晋赵鞅帅师伐鲜虞。

左传　六年春,晋伐鲜虞,治范氏之乱也(四年,鲜虞纳荀寅于柏人)。

解义　昭[1]十二年,楚虔方炽[2],而晋伐鲜虞;十五年,楚平[3]初立,布德於诸侯,而荀吴[4]再伐之。定[5]四年,召陵罢会,士鞅及卫孔圉会伐[6];五年,吴方入郢,士鞅又伐之,於是尽失诸侯。此年,复有赵鞅之师,则晋霸之衰皆由诸大夫贪伐鲜虞以自封殖故也!

注释　①昭:鲁昭公。②炽:兴盛,昌盛。③楚平:即楚平王(?—前516年),在位13年。芈姓,熊氏,名弃疾。④荀吴(?—前519年):姬姓,中行氏,名吴,谥穆。⑤定:鲁定公。⑥士鞅(?—前501年):祁姓,范氏,讳鞅,谥献,春秋后期晋国才干卓越的政治家,外交家。孔圉(前6世纪—前480年):即孔文子,中国春秋时期卫卿。

春秋　吴伐陈。

左传　吴伐陈,复修旧怨也(元年未得志故)。楚子曰:"吾先君与陈有盟,不可以不救。"乃救陈,师于城父[1](陈盟在昭十三年)。

春秋 夏,齐国夏及高张来奔。

左传 齐陈乞伪事高、国者(高张、国夏受命立荼,陈乞欲害之,故先伪事焉),每朝必骖乘[2]焉。所从必言诸大夫(言其罪过),曰:"彼皆偃蹇,将弃子之命(偃蹇,骄敖)。皆曰:'高、国得君[3],必逼我,盍去诸?'固将谋子,子早图之。图之,莫如尽灭之。需,事之下也[4](需,疑也)。"及朝,则曰:"彼虎狼也(彼谓诸大夫),见我在子之侧,杀我无日矣。请就之位[5](欲与诸大夫谋高、国,故求就之)。"又谓诸大夫曰:"二子者祸矣(言高、国二子)!恃得君而欲谋二三子,曰:'国之多难,贵宠之由,尽去之而后君定。'既成谋矣,盍及其未作也,先诸?作而后悔,亦无及也。"大夫从之。

夏六月戊辰[6],陈乞、鲍牧(牧,鲍圉孙)及诸大夫,以甲入于公宫。昭子闻之,与惠子乘如公(昭子,高张。惠子,国夏),战于庄[7],败(高、国败也。庄,六轨之道)。国人追之,国夏奔莒,遂及高张、晏圉、弦施来奔(圉,晏婴之子。圉、施不书,非卿)。

解义 陈乞将立阳生,故先逐国、高,国、高奔,而后陈乞弑君之谋得遂矣!故先书二卿之奔於弑君之前,以著难所自作,而国、高不能卫上,委君而逃之罪亦见矣!

注释 ①城父:此为北城父,位于今河南宝丰县东。②骖乘:古时乘车,尊者居左,御者居中,车右居右以防不测。③高、国得君:高、国立君荼,故得君信任。④需,事之下:疑虑不决是下策。⑤请就之位:请让我投靠到他们那一边。⑥戊辰:二十三日。⑦庄:临淄城内大城。

春秋 叔还会吴于柤。

解义 齐景既卒,吴欲争霸,鲁先往会之。

春秋 秋七月庚寅,楚子轸卒。

左传 秋七月,楚子在城父,将救陈。卜战,不吉;卜退,不吉。王曰:"然则死也!再败楚师,不如死(前已败于柏举,今若退还,亦是败)。弃盟逃仇,亦不如死。死一也,其死仇[①]乎!"命公子申[②]为王,不可;则命公子结[③],亦不可;则命公子启[④](申,子西;结,子期;启,子闾;皆昭王兄),五辞而后许。将战,王有疾。庚寅[⑤],昭王攻大冥[⑥](大冥,杜注:陈地。在今河南项城县境。吴师所在也),卒于城父。子闾退,曰:"君王舍其子而让,群臣敢忘君乎?从君之命,顺也(从命许立)。立君之子,亦顺也。二顺不可失也。"与子西、子期谋,潜师闭涂,逆越女之子章[⑦],立之而后还(闭涂,不通外使也。越女,昭王妾。章,惠王)。

是岁也,有云如众赤鸟,夹日以飞,三日。楚子使问诸周大史。周大史曰:"其当王身[⑧]乎(日为人君,妖气守之,故以为当王身。云在楚上,唯楚见之,故祸不及他国)!若禜[⑨]之,可移于令尹、司马(禜,禳也)。"王曰:"除腹心[⑩]之疾,而置诸股肱[⑪],何益?不谷不有大过,天其夭诸?有罪受罚,又焉移之?"遂弗禜。

初,昭王有疾。卜曰:"河为祟。"王弗祭。大夫请祭诸郊,王曰:"三代命祀,祭不越望[⑫](诸侯望祀竟内山川星辰)。江、汉、睢、漳,楚之望也(四水在楚界)。祸福之至,不是过也。不谷虽不德,河非所获罪也。"遂弗祭。

孔子曰:"楚昭王知大道矣!其不失国也,宜哉!《夏书》曰:'惟彼陶唐,帅彼天常[⑬],有此冀方[⑭]。今失其行,乱其纪纲,乃灭而亡(《夏书·五子之歌》也。唐虞及夏同都冀州,不易地而亡,由于不知大道故)。'又曰:'允出兹在兹。'由已率常可矣(《夏书·大禹谟》。言信出已,则福亦在已)。"

附录左传　八月,齐邴意兹来奔(高、国党)。

春秋　齐阳生入齐。齐陈乞弑其君荼(荼,《公羊》作舍)。

左传　陈僖子使召公子阳生(僖子,陈乞。召在七月,今在八月下,记事之次)。阳生驾而见南郭且于[⑮](且于,齐公子鉏,与阳生同奔,居鲁南郭),曰:"尝献马于季孙,不入于上乘,故又献此,请与子乘之(畏在家人闻其言,故欲二人共载以试马为辞)。"出莱门而告之故(鲁郭门也)。阚止[16]知之,先待诸外(阚止,阳生家臣子我也。待外,欲俱去)。公子曰:"事未可知,反,与壬[17]也处(壬,阳生子简公)。"戒之,遂行(戒使无泄言)。逮夜,至于齐,国人知之(故以昏至,不欲令人知也。国人知而不言,言陈氏得众)。僖子使子士之母[18]养之(隐于僖子家内。子士母,僖子妾),与馈者皆入[19](僖子又令阳生随馈食之人入处公宫)。

冬十月丁卯,立之。将盟(盟诸大夫),鲍子醉而往。其臣差车[20]鲍点曰(点,鲍牧臣也。差车,主车之官):"此谁之命也?"陈子曰:"受命于鲍子。"遂诬鲍子曰:"子之命也(见其醉,故诬之)。"鲍子曰:"女忘君之为孺子牛而折其齿乎?而背之也(孺子,荼也。景公尝衔绳为牛,使荼牵之,荼顿地,故折其齿)!"悼公[21]稽首,曰(悼公,阳生):"吾子奉义而行者也。若我可,不必亡一大夫(言已可为君,必不怨鲍子)。若我不可,不必亡一公子(公子,自谓也。恐鲍子杀已,故要之)。义则进,否则退,敢不唯子是从?废兴无以乱,则所愿也。"鲍子曰:"谁非君之子?"乃受盟。使胡姬以安孺子[22]如赖(胡姬,景公妾也。安,孺子之号。赖,杜注:齐邑)。去[23]鬻姒(荼之母),杀王甲,拘江说,囚王豹于句窦之丘(三子,景公嬖臣,荼之党也)。

公使朱毛告于陈子,曰(朱毛,齐大夫):"微子则不及此。然君异于器,不可以二。器二不匮,君二多难[24],敢布诸大夫。"僖子不对而泣,曰:"君举不信群臣乎?以齐国之困,困又有忧(内有饥荒之困,又有兵革之忧)。少君不可以访,是以求长君,庶亦能容群臣乎!不然,夫孺子何罪?"毛复命,公悔之(悔失言)。毛曰:"君大访于陈子,而图其小可也(大谓国政。小谓杀荼)。"使毛迁孺子于骀[25],不至,杀诸野幕之下,葬诸殳冒淳[26](恐骀人不从,故毛驻于野,张帐而杀之。骀,杜注:齐邑。殳冒淳,杜注:地名。《路史》:

殳,成国,一名冒泽,实以冬杀,《经》书秋者,史书秋记始事,遂连其死通以冬告鲁)。

公羊传　弑而立者不以当国之辞言之,此其以当国之辞言之何(据齐公子商人弑其君舍而立,书公子)?为谖[27]也。此其为谖奈何?景公谓陈乞曰:"吾欲立舍何如?"陈乞曰:"所乐乎为君者,欲立之则立之,不欲立则不立(贵自专也)。君如欲立之,则臣请立之。"阳生谓陈乞曰:"吾闻子盖将不欲立我也。"陈乞曰:"夫千乘之主,将废正而立不正,必杀正者(晋世子申生是也)。吾不立子者,所以生子者也,走矣!"与之玉节而走之(节,信也。析玉与阳生,留其半,为后当迎之,合以为信,防称矫也。奔不书者,未立为嗣)。景公死,而舍立。陈乞使人迎阳生,于诸其家(于诸,置也,齐人语也)。除景公之丧(期而小祥,服期者除),诸大夫皆在朝,陈乞曰:"常之母有鱼菽之祭(常,陈乞子。重难言其妻,故云尔。齐俗妇人首祭事。言鱼豆者,示薄陋无所有),愿诸大夫之化[28]我也(言欲以薄陋馀福共宴饮)。"诸大夫皆曰:"诺。"于是皆之陈乞之家,坐,陈乞曰:"吾有所为甲[29](甲,铠),请以示焉。"诸大夫皆曰:"诺。"于是使力士举巨囊而至于中霤[30](巨囊,大囊。中央曰中霤),诸大夫见之,皆色然而骇[31](色然,惊骇貌)。开之,则闯然公子阳生也(闯,出头貌)。陈乞曰:"此君也已!"诸大夫不得已,皆逡巡[32]北面,再拜稽首[33]而君之尔(知陈乞有备,故不得已,遂君之),自是往弑舍。

穀梁传　阳生入而弑其君,以陈乞之何也?不以阳生君荼也,其不以阳生君荼何也?阳生正,荼不正。不正则其曰君何也?荼虽不正,已受命矣(已受命于景公而立,故可言君)。入者,内弗受也。荼不正,何用弗受?以其受命,可以言弗受也(先君已命立之,于义可以拒之)。阳生其以国氏何也?取国于荼也。

解义　阳生之入,与小白[34]书入同。然小白之入齐无君,阳生之入齐有君，则不得与小白比。系阳生於齐者，以上文无所蒙[35]，下不言归，不书齐阳生，将不知其为何国公子，非以其当有国而系之齐也！弑荼者朱毛，得国者阳生，曷为不以罪？齐无知者罪阳生而归狱[36]于乞，於是齐政由陈氏矣！彼阳生者一亡公子而已，乞不有无君之心，则阳生何由而入？荼何自而弑？《春秋》明正其罪，所以正首恶，杜乱源也！

注释 ①死仇：死于与仇敌交战中。②公子申：子西，为楚令尹。③公子结：子期。④公子启：子间。⑤庚寅：十六日。⑥大冥：位于今河南项城县。⑦越女：越王勾践之女。章为昭王子，即位为惠王。⑧当王身：日为君，日为妖气缠绕，只有楚国见之，故此灾当楚王之身。⑨禜（yǒng）：禳祭。⑩腹心：楚王以腹心自比。⑪股肱：以股肱比令尹、司马。⑫不越望：不超越本国境内的山川。⑬帅彼天常：帅同率，循也。遵循上天之常道。⑭冀方：即中国（中原）。⑮南郭且于：即齐公子鉏。⑯阚止：阳生家臣子我。⑰壬：阳生之子。⑱子士之母：陈僖子妾。⑲入：入处公宫。⑳差车：鲍牧家管车之官。㉑悼公：即公子阳生。㉒安孺子：齐国君主荼。在位不到一年，年幼被杀，无谥号，称为安孺子。㉓去：遣送他处。㉔君二多难：君有两个，便多祸患。㉕骀：位于今山东临朐县。㉖殳冒淳：地名。㉗谖（xuān）：欺诈，欺骗。㉘化：同食共饮。㉙甲：铠甲。㉚中霤（liù）：中央。㉛色然：变色貌。骇：惊骇。㉜逡巡：因为有所顾虑而徘徊不前。㉝稽首：古代的一种跪拜礼，为“九拜”之一。行礼时，施礼者屈膝跪地。㉞小白：即齐桓公（前716—前643年），春秋五霸之首，公元前685－前643年在位，春秋时代齐国第十五位国君，吕氏，姓姜名小白。㉟蒙：启蒙，发端。㊱归狱：归罪。

春秋 冬，仲孙何忌帅师伐邾。

解义 既城瑕，则邾无所恃，故明年遂有入邾之役，此其始事也。

春秋　宋向巢帅师伐曹。

春秋　七年春，宋皇瑗帅师侵郑。

左传　七年春，宋师侵郑，郑叛晋故也（定八年，郑始叛）。

解义　宋连岁[①]有事於曹，意郑为援而侵之。《左氏》以为为晋故也。宋之叛晋久矣！岂复为晋讨郑乎？

注释　①连岁：连年。

春秋　晋魏曼多[①]帅师侵卫。

左传　晋师侵卫，卫不服也（五年，晋伐卫，至今未服）。

春秋　夏，公会吴于鄫（鄫，《穀梁》作缯）。

左传　夏，公会吴于鄫（吴欲霸中国）。吴来征百牢[②]，子服景伯对曰："先王未之有也。"吴人曰："宋百牢我（是时，吴过宋，得百牢），鲁不可以后宋[③]。且鲁牢晋大夫过十（晋大夫，范鞅也。在昭二十一年），吴王百牢，不亦可乎？"景伯曰："晋范鞅贪而弃礼，以大国惧[④]敝邑，故敝邑十一牢之。君若以礼命于诸侯，则有数[⑤]矣（有常数）。若亦弃礼，则有淫[⑥]者矣（淫，过也）。周之王也，制礼，上物不过十二（上物，天子之牢），以为天之大数[⑦]也（天有十二次，故制礼象之）。今弃周礼，而曰必百牢，亦唯执事。"吴人弗听。景伯曰："吴将亡矣！弃天而背本[⑧]（违周为背本）。不与，必弃疾[⑨]于我（言放其凶疾）。"乃与之。大宰嚭召季康子（嚭，吴大夫），康子使子贡辞。大宰嚭曰："国君道长[⑩]（盖言君长大于道路），而大夫不出门，此何礼也？"对曰："岂以为礼？畏大国也（畏大国，不敢虚国尽行）。大国不以礼命于诸侯，苟不以礼，岂可量也？寡君既共命焉，其老[⑪]岂敢弃其国？大伯端委[⑫]以治周礼，仲雍[⑬]嗣之，断发文身，臝以为饰[⑭]，岂礼也哉？有由然也（大伯，周大王之长子。仲雍，大伯弟也。大伯、仲雍让其弟季历，俱适荆蛮，遂有民众。大伯卒，无子。仲雍嗣立，不能行礼致化，故效吴俗。言其权时制宜以辟灾害，非以为礼也。端委，礼衣）。”反自鄫，以吴为无能为也（弃礼，知其不能霸也）。

解义 比年[15]书会吴，所以著公之失谋於始，而遗患[16]於后也。

注释 ①魏曼多：即魏襄子，名叫魏侈，又名魏曼多、魏哆，是春秋战国时期晋国附属国魏国的君主。②百牢：牛羊猪三牲齐备为一牢。百牢即牛羊猪各百头。③后宋：薄于宋。④惧：恐惧，使动用法。⑤有数：有常数。⑥淫：过分。⑦天之大数：古代以天空为十二次，故制礼以十二为天之大数。⑧背本：吴与周围为姬姓，尊周礼，今背之是背本。⑨弃疾：加害。⑩国君道长：吴王自吴至鄫，路途遥远，故曰道长。⑪老：老臣，指季氏。⑫端委：端，玄端之衣；委，委貌之冠。二者皆为周统一前礼服。⑬仲雍：吴太伯之弟。⑭赢以为饰：作为赤身裸体的装饰。赢（luǒ）或作裸。⑮比年：连年。⑯遗患：留下后患。

春秋 秋，公伐邾。八月己酉，入邾，以邾子益[1]来。

左传 季康子欲伐邾，乃飨大夫以谋之。子服景伯曰：“小所以事大，信也。大所以保小，仁也。背大国，不信（大国，吴也）。伐小国，不仁。民保于城[2]，城保于德，失二德者，危，将焉保（二德，信与仁也）？”孟孙曰：“二三子以为何如（怪诸大夫不言，故指问之）？恶贤而逆[3]之（孟孙贤景伯，欲使大夫不逆其言。恶，犹安也）？”对曰：“禹合诸侯于涂山[4]，执玉帛者万国（诸大夫对也。诸侯执玉，附庸执帛）。今其存者，无数十焉。唯大不字[5]小，小不事大也（言诸侯相伐，古来已然）。知必危，何故不言（知伐邾必危，自当言，今不言者，不危故也。大夫以答孟孙所怪，且阿附季孙）？鲁德如邾，而以众加之[6]，可乎（孟孙忿答大夫。言不可）？”不乐而出（季、孟意异，佞直不同，故罢飨）。

秋，伐邾，及范门[7]（邾郭门也），犹闻钟声（邾不御寇）。大夫谏,不听,茅成子[8]请告于吴(成子,邾大夫茅夷鸿),不许,曰:"鲁击柝[9]闻于邾(言其近),吴二千里,不三月不至,何及于我?且国内岂不足(言足以距鲁)?"成子以茅叛(茅,杜注:高平西南有茅乡亭。在今山东金乡县西北),师遂入邾,处其公宫,众师昼掠(掠取财物),邾众保于绎[10](绎,杜注:邾山也。在邹县北。今峄山,一名邾峄山。在邹县东南)。师宵掠,以邾子益来(益,邾隐公也。昼夜掠,传言康子无法),献于亳社(以其亡国与殷同),囚诸负瑕[11]。负瑕故有绎[12](负瑕,杜注:鲁邑。高平南平阳县西北有瑕丘城。在今山东滋阳县西。前者鲁得邾之绎,民使在负瑕,故使相就以辱之)。邾茅夷鸿以束帛乘韦[13],自请救于吴(无君命,故言"自"),曰:"鲁弱晋而远吴,冯恃其众(冯,依),而背君之盟,辟[14]君之执事(辟,陋),以陵我小国。邾非敢自爱也,惧君威之不立。君威之不立,小国之忧也。若夏盟于鄫衍鄫[15](鄫衍,即鄫也),秋而背之,成求而不违(言鲁成其所求,无违逆也),四方诸侯,其何以事君?且鲁赋[16]八百乘,君之贰[17]也(贰,敌也。鲁以八百乘之赋贡于吴,言其国大)。邾赋六百乘,君之私[18]也(为私属)。以私奉贰[19],唯君图之。"吴子从之(为明年吴伐我传)。

公羊传　入不言伐,此其言伐何?内辞也,若使他人然(讳获诸侯,故不举重而两书,使若鲁公伐而去,他人入之以来者)。邾娄子益何以名?绝。曷为绝之?获也。曷为不言其获?内大恶讳也。

穀梁传　以者,不以者也。益之名,恶也(恶其不能死社稷)。《春秋》有临天下之言焉,有临一国之言焉,有临一家之言焉。其言来者,有外鲁之辞焉(非已内,有从外来者曰来。今鲁侯身自以归而曰来,是外之也)。

解义　三家欲并邾[20],而使公主兵,盖迫於三子不得已也。获[21]则三家享其利,讨[22]则公受其恶。《春秋》以讳不在公,故直书而不避也。不言灭,明年鲁归邾子禾能有其国也。在外曰以归,在内曰以来,内外之别也。

注释 ①邾子益:即邾隐公,前506年—前486年在位,曹姓,名益,为春秋诸侯国邾国君主第17代君主,是邾庄公的儿子。第一次在位19年,被吴国俘虏废黜,后来逃到鲁国、齐国。吴王夫差立他的儿子邾桓公继位。前473年,越王勾践灭吴,扶植邾隐公复位。②民保于城:百姓由城来保护。③恶贤而逆:何贤而迎。即哪一种意见贤明我就接受。④涂山:位于今河南嵩县西南。⑤字:养,爱抚。⑥以众加之:用大军压迫。⑦范门:邾郭门。⑧茅成子:邾大夫茅夷鸿。⑨击柝:敲梆子。古以击柝为巡夜警戒。⑩保于绎:守卫在绎。绎,位于今山东邹县东南峄山。⑪负瑕:位于今山东兖州市西。⑫有绎:即有绎地人。⑬束帛乘韦:帛十端,熟牛皮四张。⑭辟:鄙陋。⑮衍:即鄫。⑯赋:军赋,指兵车。⑰贰:陪贰;副贰,即副手。⑱私:私属。⑲以私奉贰:把下属交给副手。意为加强了副手的力量。⑳三家:即三桓,即指鲁国卿大夫孟氏、叔孙氏和季氏。并:并吞。㉑获:收获,获利。㉒讨:征伐,发动攻击。

春秋 宋人围曹。

春秋 冬,郑驷弘帅师救曹。

左传 宋人围曹。郑桓子思曰(桓,谥):"宋人有曹,郑之患也。不可以不救。"冬,郑师救曹,侵宋。

初,曹人或梦众君子立于社宫(社宫,社也),而谋亡曹,曹叔振铎请待公孙强,许之(振铎,曹始祖)。旦而求之曹,无之(无所谓公孙强者)。戒其子曰:"我死,尔闻公孙强为政,必去之。"及曹伯阳即位,好田弋。曹鄙人公孙强好弋[1],获白雁,献之,且言田弋之说[2],说之。因访政事,大说之。有宠,使为司城以听政。梦者之子乃行。强言霸说于曹伯,曹伯从之,乃背晋而奸[3]宋。

宋人伐之,晋人不救。筑五邑于其郊,曰黍丘、揖丘、大城、钟、邘[④](为明年入曹传。黍丘,杜注:梁国。下邑县西南有黍丘亭。按:下邑,即今河南之夏邑县,亭在县西南。揖丘,当在今曹县界。大城,当在今曹州界。钟,当在今定陶县界。邘,亦在定陶境内)。

解义　列国无盟主,诸侯擅侵伐,更相吞噬[⑤]。书围曹,罪宋也。自鲁救晋后,凡晋、楚之救皆不书。此书救曹,以大国不能援,而诸侯自相救,为世道之穷[⑥]也!

注释　①弋:将细丝系在箭上射取飞鸟。②田弋:田为打猎。说:指田猎的技艺。③奸:犯,侵犯。④邘(yú):地名。⑤吞噬(shì):吞吃;吞食。⑥穷:处境恶劣。

春秋　八年春王正月,宋公入曹,以曹伯阳[①]归。

左传　八年春,宋公伐曹,将还,褚师子肥[②]殿(子肥,宋大夫)。曹人诟[③]之,不行(诟,詈(lì)辱也。不行,殿兵止也),师待之[④]。公闻之,怒,命反之,遂灭曹。执曹伯及司城强以归,杀之(终曹人之梦)。

公羊传　曹伯阳何以名?绝。曷为绝之?灭也。曷为不言其灭?讳同姓之灭也。何讳乎同姓之灭?力能救之而不救也(力能获邾娄而不救曹,故责之)。

解义　宋公灭曹,而《经》书入,先儒以为灭者亡国之善辞,曹不书灭,言自灭也。考之《春秋》所书,曹久困於宋,非有大恶,不幸而亡,与诸国灭者无以异,何独文致其罪以为自灭,或又以为曹亡。《春秋》之终,孔子至此不忍书灭,此皆以私意穿凿附会[⑤]而不知其於义无当也。宋之入曹,盖取其地而不绝其祀[⑥],故不以灭告。观孟子时有曹交为曹君之弟,则战国之世,曹尚未亡,如陈、蔡、许灭而复存之类耳!

注释　①曹伯阳:姬伯阳(?—公元前487),春秋曹国末代国君。靖公露子,继靖公而立。公元前502—公元前487年在位。②褚师子肥:宋大夫。③诟:辱骂。④师待之;宋师停下来等待殿后之军。⑤穿凿附会:穿凿,把讲不通的硬要讲通;附会,把不相干的事拉在一起。生拉硬扯的解释,把讲不通的或不相干的道理、事情硬扯在一起进行解释。⑥祀:祭祀。

春秋 吴伐我(书伐我始此)。

左传 吴为邾故,将伐鲁,问于叔孙辄①(辄,故鲁人)。叔孙辄对曰:“鲁有名而无情②(有大国名,无情实),伐之,必得志焉。”退而告公山不狃(不狃,亦故鲁人)。公山不狃曰:“非礼也。君子违,不适仇国③(违,奔亡也)。未臣④而又伐之,奔命焉⑤,死之可也(未臣所适之国,若有伐本国者,则可还奔命,死其难)。所托也则隐(曾所因讬,则为之隐恶)。且夫人之行⑥也,不以所恶废乡⑦。今子以小恶而欲覆宗国,不亦难乎(辄,鲁公族,故谓之“宗国”)?若使子率,子必辞,王将使我。”子张病之⑧(子张,辄也)。王问于子泄⑨(子泄,不狃),对曰:“鲁虽无与立(缓时若无能自立),必有与毙(急则人人知惧,皆将同死战);诸侯将救之,未可以得志焉。晋与齐、楚辅之,是四仇⑩也(与鲁而四)。夫鲁,齐、晋之唇,唇亡齿寒,君所知也。不救何为?”

三月,吴伐我,子泄率,故道险,从武城⑪(故由险道,欲使鲁成备)。初,武城人或有因于吴竟田焉(侨田吴界),拘鄫人之沤菅⑫者,曰:“何故使吾水滋⑬(鄫人亦侨田吴。滋,浊也)?”及吴师至,拘者道之,以伐武城,克之(鄫人教吴,必可克)。王犯⑭尝为之宰,澹台子羽⑮之父好焉。国人惧(王犯,吴大夫,故尝奔鲁为武城宰,澹台子羽,武城人,孔子弟子也。其父与王犯善,国人惧其为内应),懿子⑯谓景伯:“若之何?”对曰:“吴师来,斯与之战,何患焉?且召之而至,又何求焉?”吴师克东阳⑰而进,舍于五梧⑱。明日,舍于蚕室⑲(三邑,杜注:鲁地。东阳,今名关阳镇。在山东费县西南。又县西有五梧城,即古五梧也。蚕室亦应在县西北境)。公宾庚、公甲叔子与战于夷[20],获叔子与析朱鉏(公宾庚、公甲叔子并析朱鉏为三人,皆同车。传互言之)。献于王,王曰:"此同车,必使能,国未可望也(同车能俱死,是国能使人,故不可望得)。"明日,舍于庚宗[21],遂次于泗上[22]。微虎[23]欲宵攻王舍(微虎,鲁大夫),私属徒七百人,三踊[24]于幕庭(于帐前设格,令士试跃之),卒三百人,有若[25]与焉(卒,终也。终得三百人任行。有若,孔子弟子。与,在三百人中),及稷门之内(三百人行至稷门)。或谓季孙曰:"不足以害吴,而多杀国士[26],不如已也。"乃止之。吴子闻之,一夕三迁(畏微虎)。

吴人行成(求与鲁成),将盟。景伯曰:"楚人围宋,易子而食,析骸而爨(cuàn)(在宣十五年),犹无城下之盟。我未及亏,而有城下之盟,是弃国也。吴轻而远,不能久,将归矣。请少待之。"弗从。景伯负载[27],造于莱门[28](负载书,将欲出盟),乃请释子服何于吴[29],吴人许之。以王子姑曹[30]当之,而后止(释,舍也。鲁恐吴不信,欲留景伯为质。既得吴之许,复求吴王之子以交质。吴人不欲留王子,故遂两止)。吴人盟而还(不书盟,讳耻)。

解义　前此书侵伐,必言四鄙[31],见鲁之边鄙[32]犹有守御之备也。至是吴师直造国都,则鲁之四境藩屏荡然[33],而国不足为国矣!

注释　①叔孙辄:叔孙辄与公山不狃于鲁定公十二年率费入袭鲁,兵败奔齐,后逃到吴国。②无情:无实。③不适仇国:不逃往与本国结仇之国。④未臣:即没有在所到之国做官。⑤奔命焉:指为本国奔走效命。⑥行:离国。⑦废乡:祸害乡土。⑧子张病之:子张,公孙辄;病之,悔恨前言失误。⑨子泄:公山不狃。⑩四仇:晋、齐、楚援救鲁国,成为吴之四敌国。⑪武城:此为南武城,其地多山,位于今山东费县西南。⑫沤菅:浸泡澮草,剥下茎皮以为绳索。⑬滋:污染。滋,读为滓。⑭王犯:吴大夫,曾经逃到鲁为武城宰。⑮澹台子羽:武城人,孔子弟子,其父与王犯相好。⑯懿子：即孟孙。⑰东阳：地名。⑱五梧：当在东阳西北，位于山东平邑县西。⑲蚕室：位于今平邑县境。⑳夷：鲁地名。㉑庚宗：位于今山东泗水县东。㉒泗上：位于今泗水县。㉓微虎：鲁大夫。㉔三踊：跳跃三次。㉕有若：孔子弟子。㉖国士：国内杰出的人才。㉗载：盟书。负载，带上盟书。㉘莱门：鲁郭门。㉙释子服何于吴：使子服景伯到吴国做人质。释，舍。㉚王子姑曹：吴王之子。㉛四鄙：四方边境地区。㉜边鄙：边疆。㉝藩屏：屏障。荡然：毁坏，消失。

春秋 夏，齐人取讙及阐（阐，《公羊》作僤。后同。杜注：阐在东平刚县北。今山东宁阳县。本鲁阐邑地，故刚城在县东北）。

左传 齐悼公之来也（在五年），季康子以其妹妻之，即位而逆之。季鲂侯[1]通焉（鲂侯，康子叔父），女言其情，弗敢与也。齐侯怒，夏五月，齐鲍牧率师伐我，取讙及阐。

公羊传 外取邑不书，此何以书？所以赂齐也。曷为赂齐？为以邾娄子益来也。

穀梁传 恶内也。

解义 凡内失邑不书，自我与之则书取，此与济西田是也。鲁人邾，而以其君来致，齐以为辞，故致赂以说[2]之。不书伐，兵未加[3]也。

注释 ①季鲂侯：季康子叔父。②说：同"悦"，取悦，讨好。③加：施加，强加。

附录左传 或谮胡姬[1]于齐侯（胡姬，景公妾。六年，以安孺子如赖者），曰："安孺子之党也。"六月，齐侯杀胡姬（《传》言齐侯无道，所以不终）。

春秋 归邾子益于邾。

左传 齐侯使如吴请师，将以伐我，乃归邾子（齐未得季姬，故请师也。吴前为邾讨鲁，惧二国同心，故归邾子）。邾子又无道，吴子使大宰子余[②]讨之(子余,大宰嚭),囚诸楼台,栫[③]之以棘(栫,雍也)。使诸大夫奉大子革[④]以为政(革,邾大子桓公也。为十年邾子来奔传)。

穀梁传　益之名,失国也(于王法当绝故)。

解义　先书吴伐我,又书齐取二邑,然后书归邾子于邾,则是畏吴惧齐不胜困挫,而后归之也。

注释　①胡姬:齐景公妾。②子余:即大宰嚭。③栫(jiàn):篱笆,这里用为动词,指用篱笼围住。④大子革:邾桓公。

春秋　秋七月。

附录左传　秋,及齐平。九月,臧宾如如齐莅盟,齐闾丘明来莅盟(宾如,臧会子。闾丘明,婴之子也。盟不书,略之),且逆季姬以归,嬖。鲍牧又谓群公子曰:"使女有马千乘乎(有马千乘,使为君也。鲍牧本不欲立阳生,故讽动群公子)?"公子诉之。公谓鲍子:"或谮子[①],子姑居于潞以察之(潞,杜注:齐邑)。若有之,则分室以行。若无之,则反子之所。"出门,使以三分之一行。半道,使以二乘。及潞,麇[②]之以入(麇,束缚也),遂杀之。

春秋　冬十有二月癸亥,杞伯过卒。

春秋　齐人归讙及阐。

左传　冬十二月,齐人归讙及阐,季姬嬖故也。

解义　归不言来者,齐本取讙、阐,胁鲁归邾子。今既听命,则齐遂[③]所欲,非以鲁能改过迁善服其义而归之也。归济西田言我,此不言我者,济西田不独我有之,而所归独吾故封讙与阐则无疑焉耳!

注释　①或谮子:有人诬陷你。②麇(kun):捆绑。③遂:实现。

春秋　九年春。

附录左传 九年春,齐侯使公孟绰辞师于吴(齐与鲁平,故辞吴师)。吴子曰:“昔岁寡人闻命。今又革之,不知所从,将进受命于君(为十年吴伐齐传)。”

春秋 王二月,葬杞僖公①。

春秋 宋皇瑗帅师取郑师于雍丘(雍丘,杜注:雍丘县属陈留郡。今河南杞县治)。

左传 郑武子剩②之嬖许瑕求邑,无以与之(剩,罕达也。瑕,武子之属)。请外取,许之(瑕请取于他国)。故围宋雍丘③。宋皇瑗围郑师(许瑕师),每日迁舍(作垒堑成,辄徙舍合其围),垒合④,郑师哭。子姚救之,大败(子姚,武子剩也)。二月甲戌⑤,宋取郑师于雍丘,使有能者无死(惜其能也),以郑张与郑罗归⑥(郑之有能者)。

公羊传 其言取之何?易也。其易奈何?诈之也(诈谓陷阱奇伏之类)。

穀梁传 取,易辞也。以师而易取,郑病⑦矣(以师之重,而宋以易得之,则郑师将弱矣)。

解义 取郑师者,掩袭⑧而尽俘以归也。观《左氏》所载,使有能者无死而止,以二人归则杀人多矣!春秋之末特书取师者二,盖诈力相倾,奇变滋起,故甚其谲⑨恶其尽。谢氏所谓著其祸之大者是也。

注释 ①杞僖公(?—前487年):姒姓,名遂(一说名过),是杞国的第16任君主,杞隐公之弟,于隐公即位当年杀了兄长,自立为君主,在位19年,传于其子杞湣公。②武子剩:又称子姚,即罕达。武,谥号。③雍丘:位于今河南杞县境。④垒合:堡垒连成一体。⑤甲戌:十四日。⑥郑、张、郑罗:郑国有才能的人。⑦病:困难。⑧掩袭:突然袭击。⑨谲(jué):诡诈,狡诈。

春秋 夏,楚人伐陈。

左传　夏,楚人伐陈,陈即[①]吴故也。

解义　六年[②]吴伐陈,楚昭[③]救之,卒於城父,不克而还。陈以无援,故即吴,楚惠[④]不念己之不能庇陈而愤其背己,今年伐陈,明年公子结复伐之,十三年[⑤]公子申又伐之。终春秋之世,陈困於楚,弗克自振。备书其事,而楚人暴横[⑥]不道之罪著矣!

注释　①即:靠近,友好。②六年:指鲁哀公六年。③楚昭:即楚昭王熊壬(约前523年—前489年),芈姓,熊氏,又名轸。楚平王之子。④楚惠:即楚惠王,春秋晚期、战国初期的楚国君主,在位五十七年(前488年—前432年)。⑤十三年:指鲁哀公十三年。⑥暴横:犹横行。

春秋　秋,宋公伐郑。

左传　宋公伐郑(报雍丘)。

解义　宋自齐景之殁[①],妄图兴霸。前年以曹伯阳归,郑不能救;今又取郑师,其志益骄,以郑为易与,遂亲师师以伐其国,明年偏师[②]再伐,十二年向巢又伐,至十三年而丧师於岩,与雍丘之后得失相当,盖所自取也!

注释　①齐景:齐景公,前547年—前490年在位。殁(mò):死。②偏师:指主力军以外的部分军队。

附录左传　秋,吴城邗[①],沟通江、淮(邗,杜注:于邗江筑城穿沟,东北通射阳湖,西北至宋口入淮,通粮道。广陵邗江是也)。

晋赵鞅卜救郑,遇水适火[②](水火之兆),占诸史赵、史墨、史龟(皆晋史)。史龟曰:"是谓沈阳[③](火阳得水,故沈),可以兴兵(兵,阴类也,故可以兴兵)。利以伐姜[④],不利子商[⑤](姜,齐姓,火帅之后,火弱故伐利。子商,姓属水,故伐不利)。伐齐则可,敌宋不吉。"史墨曰:"盈[⑥],水名也。子[⑦],水位也(赵鞅,姓盈。宋,姓子。水盈坎乃行,子姓又得北方水位)。名位敌,不可干也(二水俱盛,故言"不可干")。炎帝为火师(神农有火瑞,以火名官),姜姓其后也。水胜火,伐姜则可。”史赵曰:“是谓如川之满,不可游也(既盈而得水位,故为如川之满,不可游,言其波流盛)。郑方有罪,不可救也(郑以嬖宠伐人,故以为有罪)。救郑则不吉,不知其他。”阳虎以《周易》筮之,遇《泰》☷☰(《乾》下《坤》上,《泰》)之《需》☵☰(《乾》下《坎》上,《需》。《泰》六五变),曰(原文无“曰”):“宋方吉,不可与也(不可与战。《泰》六五曰:“帝乙归妹以祉,元吉。”帝乙,纣父。阴而得中,类王者嫁妹,得如其愿,受福禄而大吉)。微子启,帝乙[8]之元子也。宋、郑,甥舅也(宋、郑,为婚姻甥舅之国。宋微子之后,今卜得帝乙卦,故以为宋吉)。祉,禄也。若帝乙之元子归妹[9],而有吉禄,我安得吉焉?”乃止。

春秋 冬十月。

附录左传 冬,吴子使来儆[10]师伐齐(前年齐与吴谋伐鲁,齐既与鲁成而止,故吴恨之,反与鲁谋伐齐)。

春秋 十年春王二月,邾子益来奔。

左传 十年春,邾隐公来奔。齐甥也,故遂奔齐(终子贡之言)。

解义 益[11]先为鲁所俘,复之未几而自失其国[12],又来奔鲁,其不知耻甚矣!

注释 ①邗(hán):位于今扬州市北。②水适火:占卜时所得兆象。③沈阳:沈(chén):同“沉”。水为阳,为流向火,所以说沈阳。④姜:姜姓国,指齐国。⑤子商:指宋国,宋为殷商的后代。⑥盈:即嬴,赵国祖先姓嬴。⑦子:即子商。⑧帝乙:商代君主,纣王的父亲。元子:长子。⑨归妹:嫁女。妹,少女。⑩儆:儆戒,通告。⑪益:邾子益。⑫复:复位。未几:没有多久。

春秋 公会吴伐齐。三月戊戌,齐侯阳生卒。

左传 公会吴子、邾子、郯子伐齐南鄙,师于鄎[1](鄎,杜注:齐地。邾、郯不书,兵并属吴)。齐人弑悼公,赴[2]于师(以说吴)。吴子三日哭于军门之外。徐承[3]帅舟师，将自海入齐（承，吴大夫），齐人败之，吴师乃还。

解义　阳生之死，《传》书弑，而《经》书卒。杜氏预[4]谓："以疾赴。"以事势推之，齐为大国，其止吴师小嫌[5]也，齐人何至遽[6]弑其君以说乎？盖当时以吴师在齐，而悼公适毙，遂以为弑耳。《传》如此类，皆未可信，信《经》可也。

注释　①师：用为动词，驻扎。郎（xī）：齐地。②赴：同"讣"。赴于师：将齐侯死讯讣告吴师，以取悦于吴。③徐承：吴国大夫。④杜氏预：即杜预（222—285），字元凯，京兆杜陵（今陕西西安东南）人，西晋时期著名的政治家、军事家和学者，灭吴统一战争的统帅之一。功成之后，耽思经籍，博学多通，多有建树，被誉为"杜武库"。著有《春秋左氏经传集解》及《春秋释例》等。⑤小嫌：小仇隙，小嫌疑。⑥遽（jù）：急，突然。

春秋　夏，宋人伐郑。

春秋　晋赵鞅帅师侵齐。

左传　夏，赵鞅帅师伐齐（《经》书"侵"，以"侵"告），大夫请卜之。赵孟[1]曰："吾卜于此起兵（谓往岁卜伐宋不吉，利以伐姜，故令兴兵），事不再令（再令，渎也），卜不袭吉[2]（袭，重也），行也。"于是乎取犁及辕[3]（犂、辕，杜注：犂，一名隰。济南有隰阴县。祝阿县西有辕城。今山东临邑县西有漯阴故城，即齐犂邑。禹城县西北有瑗城，即辕也），毁高唐之郭，侵及赖而还。

解义　乘吴之乱，伐齐之丧，无名甚矣！故书侵。

注释　①赵孟：即赵鞅。②卜不袭吉：袭，重也。再卜也不会重得吉兆。③犁、辕：都是齐国地名。

春秋　五月，公至自伐齐。

春秋　葬齐悼公[1]。

春秋　卫公孟彄自齐归于卫。

解义　彄，蒯聩[2]之党。今归于卫，是从辄[3]而背蒯聩也。故《春秋》后蒯聩入国，彄复奔齐。

注释　①齐悼公：姜姓，吕氏，名阳生，父齐景公，前488年—前485年在位。田乞立齐悼公，开齐国田氏贵族专齐政的先河。齐悼公四年，吴、鲁攻打齐国南方时，齐大夫鲍牧与齐悼公有矛盾，乘机杀死齐悼公，立其子壬，即齐简公，从此田氏成为齐国的最大专权世家。②蒯聩：即卫后庄公，姬姓，卫氏，名蒯聩。卫国第30代国君，前480年—前478年在位。卫后庄公与卫国第12代国君卫扬的谥号相同，均为"庄公"，为了区别，故称"后庄公"。他是卫灵公之子，卫出公之父。③辄：即卫出公，姬姓，卫氏，名辄。卫国第29代国君，前492年—前481年、前476年—前456年在位。他是卫灵公之孙、卫后庄公之子，卫悼公之侄。

春秋　薛伯夷卒（夷，《公羊》：作寅）。

春秋　秋，葬薛惠公。

附录左传　秋，吴子使来复儆师（伐齐未得志，故为明年吴伐齐传）。

春秋　冬，楚公子结帅师伐陈。吴救陈（书救止此）。

左传　冬，楚子期伐陈。吴延州来季子救陈，谓子期曰："二君不务德（二君，吴楚），而力争诸侯，民何罪焉？我请退，以为子名，务德而安民。"乃还（季子，吴王寿梦少子也。寿梦以襄十二年卒，至今七十七岁。寿梦卒，季子已能让国，年当十五六，至今盖九十馀）。

解义　陈之祸，吴为之也。吴不挟陈以从己，则楚、陈无衅，何用救？为书救，著其志在争。诸侯非真有扶危恤患之义，盖与楚之救郑同耳！

卷六十三

哀公(十一年之十四年)

春秋　十有一年春,齐国书帅师伐我。

左传　十一年春,齐为鄎故(鄎在前年),国书、高无丕帅师伐我,及清[①](清,杜注:齐地。济北卢县东有清亭。卢县今长清县也)。季孙谓其宰冉求[②]曰(冉求,鲁人,孔子弟子):"齐师在清,必鲁故也。若之何?"求曰:"一子守,二子从公御诸竟[③]。"季孙曰:"不能(自度力不能使二子)。"求曰:"居封疆之间(封疆,竟内近郊地)。"季孙告二子,二子不可。求曰:"若不可,则君无出。一子帅师,背城而战。不属者[④],非鲁人也(属,臣属也。言不战为不臣)。鲁之群室,众于齐之兵车(群室,都邑居家)。一室[⑤]敌车,优矣。子何患焉?二子之不欲战也宜,政在季氏。当子之身[⑥],齐人伐鲁而不能战,子之耻也。大不列于诸侯矣。"季孙使从于朝,俟于党氏之沟[⑦](党氏沟,杜注:朝中地名)。武叔呼而问战焉(问冉求),对曰:"君子有远虑,小人何知?"懿子[⑧]强问之,对曰:"小人虑材而言[⑨],量力而共者也(言所问,非己材力所及,故不能言)。"武叔曰:"是谓我不成丈夫也(知冉求非己不欲战,故不对)。"退而蒐乘[⑩],孟孺子泄[⑪]帅右师(孺子,懿子之子武伯彘),颜羽御,邴泄为右[⑫](二子,孟氏臣)。冉求帅左师,管周父御,樊迟[⑬]为右(樊迟,名须,鲁人,孔子弟子)。季孙曰:"须也弱。"有子[⑭]曰:"就用命焉(虽年少,能用命。有子,冉求也)。"季氏之甲七千,冉有以武城人三百为己徒卒(步卒,精兵)。老幼守宫,次于雩门[⑮]之外(雩门,南城门)。五日,右师从之(五日乃从,言不欲战)。公叔务人[⑯]见保者而泣(务人,公为,昭公子。保,守城者),曰:"事充政重[⑰](事充,繇役烦。政重,赋税多),上不能谋,士不能死,何以治民?吾既言之矣,敢不勉乎!”

师及齐师战于郊,齐师自稷曲[18](稷曲,杜注:郊地名),师不逾沟。樊迟曰:“非不能也,不信子也。请三刻[19]而逾之(与众三刻约信)。”如之,众从之。师入齐军(冉求之师)。右师[20]奔,齐人从之,陈瓘、陈庄涉泗[21](二陈,齐大夫)。孟之侧[22]后入以为殿(之侧,孟氏族,字反),抽矢策其马,曰:“马不进也。”林不狃之伍曰:“走乎(不狃,鲁士。五人为伍)?”不狃曰:“谁不如[23]?”曰:“然则止[24]乎?”不狃曰:“恶贤[25]?”徐步而死(言鲁非无壮士,但季孙不能使)。师获甲首八十(冉求所得),齐人不能师。宵,谍曰:“齐人遁。”冉有请从之三,季孙弗许。

孟孺子语人曰:“我不如颜羽,而贤于邴泄(二子与孺子同车)。子羽锐敏(子羽,颜羽。锐敏,言欲战),我不欲战而能默[26]。泄曰:‘驱之[27](言驱马欲奔)。’”公为与其嬖僮汪锜乘,皆死,皆殡[28]。孔子曰:“能执干戈以卫社稷,可无殇[29]也(时人疑童子当殇)。”冉有用矛于齐师,故能入其军。孔子曰:“义[30]也(言能以义勇。不书战,不皆陈也。不书败,胜负不殊)。”

解义 《春秋》详内而略外,故外之侵伐书国,而鲁书四鄙[31]。此以国言之者,胡氏安国[32]谓曲在我特书伐我,非也!按《传》载“老幼守宫,次于雩门之外,师及齐师战于郊,右师奔齐人从之,至于涉泗”,则兵实加[33]国都矣!故直言伐我,明与他伐异耳。自哀公[34]已前,诸侯来伐,无兵及近郊者。至是政在季氏,生事启衅[35],二家不肯同力。前之吴师,后之齐师,召之而来,傅[36]国都而止。《春秋》两书伐我,所以著鲁之益衰,不能守其四封[37],而至见陵[38]之甚也!

注释 ①清:地名,位于今山东东阿县境。②冉求:鲁国人,孔子弟子。③一子、二子:指季、叔、孟三孙。④不属者:不参加战斗的人。属,臣属。⑤一室:季氏一家。⑥当子之身:在您在世的时候。⑦党氏之沟:公宫与党氏之间的沟名。⑧懿子:孟孙何忌。⑨虑材而言:考虑才能而说话。⑩蒐乘:检阅兵车。⑪孺子泄:孟懿子之子。⑫颜羽、邴泄:二人为孟氏家臣。⑬樊迟:又名樊须,孔子弟子。⑭有子:即冉求。⑮雩门:鲁南城门。⑯公叔务人:即公为,昭公之子。⑰事充政重:徭役繁,赋税多。政,征。⑱稷曲:近郊地名。齐军由此向鲁军发起攻击。⑲三刻:申明号令三次。⑳右师:孟孺子泄所率领的军队。㉑陈瓘、陈庄:二陈均为齐国大夫。㉒孟之侧:孟氏之族人。㉓谁不如:谁不愿意逃跑。㉔止:留下来与敌决战。㉕恶贤:有何高尚。恶:疑问代词,哪里。㉖默:主帅不欲,心中虽不赞成,但能沉默不语。㉗驱之:驱车逃奔。㉘皆殡:皆予以殡殓。㉙殇:未成年而死,其丧服比成人降一等。㉚义:宜,有利。㉛四鄙:四方边境地区。㉜胡氏安国:即胡安国(1074—1138),南宋时期的著名经学家和湖湘学派的创始人之一。字康侯,号青山,学者称武夷先生,后世称胡文定公。㉝加:侵凌。㉞哀公:鲁哀公。㉟启衅:引发嫌隙,挑起争端。㊱傅:靠近,迫近。㊲四封:四面疆界。㊳陵:同"凌",侵犯,欺侮。

春秋　夏,陈辕颇出奔郑(辕,《公羊》作袁)。

左传　夏,陈辕颇出奔郑。初,辕颇为司徒,赋封田以嫁公女(封内之田,悉赋税之)。有余,以为已大器[①](大器,钟鼎之属)。国人逐之,故出。道渴,其族辕咺进稻醴[②]、梁糗[③]、腶脯[④]焉(醴,浊酒也。糗,乾饭也。腶脯,捶脯施姜桂也)。喜曰:"何其给也?"对曰:"器成而具(具此醴糗)。"曰:"何不吾谏?"对曰:"惧先行[⑤](恐言不从,先见逐)。"

春秋　五月,公会吴伐齐。甲戌,齐国书帅师及吴战于艾陵,齐师败绩,获齐国书(书战书获止此。齐、鲁交兵亦止。此艾陵,杜注:齐地)。

左传 为郊战故,公会吴子伐齐(欲以报也)。五月,克博[6],壬申[7],至于嬴[8](博、嬴,杜注:齐邑。二县皆属泰山。今泰安州东南有博阳故城)。中军[9]从王(吴中军),胥门巢将上军,王子姑曹将下军,展如将右军(三将,吴大夫)。齐国书将中军,高无丕将上军,宗楼将下军。陈僖子谓其弟书:"尔死,我必得志(书,子占也。欲获死事之功)。"宗子阳与闾丘明相厉也(相劝厉致死。子阳,宗楼也)。桑掩胥御国子(国书),公孙夏曰:"二子必死(亦劝勉之)。"将战,公孙夏命其徒歌《虞殡》(《虞殡》,送葬歌曲。示必死)。陈子行命其徒具含玉[10](子行,陈逆也。具含玉,亦示必死)。公孙挥命其徒曰:"人寻约[11],吴发短[12](约,绳也。八尺曰寻。吴发短,欲以绳贯其首)。"东郭书曰:"三战必死,于此三矣(三战,夷仪、五氏与今)。"使问弦多以琴[13](弦多,齐人也。六年奔鲁),曰:"吾不复见子矣(言将死战)。"陈书曰:"此行也,吾闻鼓而已,不闻金矣(军以鼓进,以金退。不闻金,言将死也。《传》言吴师强,齐人皆自知将败)。"

甲戌[14],战于艾陵[15],展如败高子(齐上军败),国子败胥门巢(吴上军亦败)。王卒助之,大败齐师。获国书、公孙夏、闾丘明、陈书、东郭书,革车八百乘,甲首三千,以献于公(公以兵从,故以劳公)。

将战,吴子呼叔孙,曰:"而事何也(问何职)?"对曰:"从司马(从吴司马所命)。"王赐之甲、剑、铍[16],曰:"奉尔君事,敬无废命。"叔孙未能对,卫赐进,曰(赐,子贡,孔子弟子):"州仇奉甲从君。"而拜。

公使大史固归国子之元[17](归于齐也。元,首也。吴以献鲁),置之新箧[18],褽之以玄纁[19],加组带[20]焉(褽,荐也)。置书于其上,曰:"天若不识不衷[21],何以使下国[22](言天识不善,故杀国子)?"

解义 公会伐,而不与战也。盖自季孙擅鲁,陵暴[23]小国,披[24]其田邑,皆三桓共之。而危辱之地,则使公试焉,由来旧[25]

矣！齐怨已深,复假㉖吴师以挑其祸,故迫公自行。叔孙以世行从,而季、孟不出。盖败则公受其殃㉗,胜亦公主其怨也。鲁师不出,公徒寡约㉘,不足以战。而从吴司马,如陈、蔡之君附於楚乘。故特书公会吴伐齐於前,复大书齐国书及吴战於后,以发疑端㉙,见情实而著季孙之恶也！先儒谓属辞之法,当然非也。使㉚鲁师成列,公实与战,则书公会吴伐齐。甲戌及齐国书战于艾陵可矣,即欲著国书志为此战,书齐国书帅师及我师、吴师战于艾陵可矣。何故迂其义,而为公不与战之辞哉？书获国书,又书师败绩,见师将皆陨㉛,与大棘之战同。《传》曰大夫生死皆曰获,故国书、华元无异辞。

注释　①大器:钟鼎类器物。②稻醴:稻米酿制的甜酒。③梁糗:小米干饭。④腶脯:碫制的干肉。⑤先行:先逐我。⑥博:地名,位于今山东泰安县东南。⑦壬申:二十五日。⑧嬴:地名,位于今山东莱芜县西北。⑨中军:指吴中军,以下三将均为吴大夫。⑩含玉:葬礼有死者含玉,此表示必死的决心。⑪人寻约:每人准备八尺长的绳子。⑫吴发短:古代战场斩首数级,常以发连结。吴人剪发,则用绳子。此言激励将士,多获成功。⑬问弦多以琴:问候弦多并赠送一把琴。⑭甲戌:五月二十七日。⑮艾陵:位于今山东莱芜县东境。⑯铍:长剑。⑰元:首级。⑱箧:小箱子。⑲褽之以玄纁:用红色和黑色的丝帛作垫子。⑳组带:丝带。㉑不识不衷:不了解其行不正。不衷,不正、邪恶。㉒使下国:让下国得胜。下国:弱小之国,鲁自指。㉓陵暴:侵侮。㉔披:劈开,裂开。㉕旧:长久。㉖假:借用,利用。㉗殃:祸害。㉘指公徒人少,力量薄弱。㉙疑端:犹疑问;疑心。㉚使:假若。㉛陨:同"殒",死亡。

附录左传　吴将伐齐,越子率其众以朝焉,王及列士,皆有馈赂。吴人皆喜,唯子胥惧,曰:"是豢吴也夫(豢,养也。若人养牺牲，非爱之，将杀之）！”谏曰：“越在我，心腹之疾也。壤地同[①]，而有欲于我（欲得吴）。夫其柔服，求济其欲也，不如早从事焉（从事，击之）。得志于齐，犹获石田[②]也，无所用之（石田，不可耕）。越不为沼[③]，吴其泯矣，使医除疾，而曰：‘必遗类焉’者，未之有也。《盘庚之诰》曰：‘其有颠越不共[④]，则劓殄无遗育，无俾易种[⑤]于兹邑（《盘庚》，《商书》。颠越不共，从横不承命者也。劓，割也。殄，绝也。育，长也。易种，转生种类）。’是商所以兴也。今君易之，将以求大，不亦难乎？”弗听，使于齐，属其子于鲍氏，为王孙氏（私使人至齐属其子，改姓为王孙，欲以辟吴祸）。反役，王闻之，使赐之属镂[⑥]以死（役，艾陵役也。属镂，剑名），将死，曰：“树吾墓槚[⑦]，槚可材也。吴其亡乎！三年，其始弱矣。盈必毁，天之道也（为十三年越入吴起）。”

春秋 秋七月辛酉，滕子虞母卒。

附录左传 秋，季孙命修守备，曰：“小胜大，祸也。齐至无日矣。”

春秋 冬十有一月，葬滕隐公。

春秋 卫世叔齐出奔宋。

左传 冬，卫太叔疾[⑧]出奔宋（疾即齐也）。初，疾娶于宋子朝（子朝，宋人，仕卫为大夫），其娣嬖（娣，所娶女之娣）。子朝出（出奔）。孔文子[⑨]使疾出其妻而妻之。疾使侍人诱其初妻之娣[⑩]，置于犁（犁，杜注：卫邑），而为之一宫，如二妻。文子怒，欲攻之。仲尼止之。遂夺其妻。或淫于外州[⑪]（外州，杜注：卫邑），外州人夺之轩以献（轩，车也，以献于君）。耻是二者，故出。卫人立遗[⑫]（疾弟），使室孔姞[⑬]（文子女，疾妻）。疾臣向魋纳美珠焉，与之城鉏[⑭]（城鉏，杜注：宋邑。今直隶滑县东有鉏城）。宋公求珠，魋不与，由是得罪。及桓氏[⑮]出（在十四年），城鉏人攻太叔疾，卫庄公复之。使处巢[⑯]，死焉。殡于郧，葬于少禘[⑰]（终言疾之失所。巢、郧、少禘,杜注:皆卫地。今巢亭在河南睢州)。

初,晋悼公子慭亡在卫,使其女仆而田(仆,御。以猎)。大叔懿子[18]止而饮之酒(懿子,太叔仪之孙),遂聘之,生悼子[19](悼子,太叔疾)。悼子即位,故夏戊[20]为大夫(夏戊,悼子甥)。悼子亡,卫人翦夏戊[21](翦,削其爵邑)。

孔文子之将攻大叔也,访于仲尼。仲尼曰:"胡簋之事[22],则尝学之矣(胡簋,礼器名。夏曰胡,周曰簋)。甲兵之事,未之闻也。"退,命驾而行,曰:"鸟则择木,木岂能择鸟(以鸟自喻)?"文子遽止之,曰:"圉岂敢度其私[23],访卫国之难也(圉,文子名。度,谋也)。"将止(仲尼止)。鲁人以币召之,乃归(于是自卫反鲁,乐正,《雅》、《颂》各得其所)。

解义　《经》书内外大夫奔者六十,於定、哀之世尤多[24]。盖政在大夫,各欲自专,始则相猜相忌,终乃相攻相逐也。

注释　①壤地同:同居于一块土地。②石田:石头田地,不能耕种。③越不为沼:意思是不把越除掉。沼,泽。④颠越不共:狂乱不听命。⑤易种:蔓延种苗。⑥属镂:剑名。⑦槚:即楸树。落叶乔木,可成材,常与松树一同栽于坟地。⑧太叔疾:即世叔齐。⑨孔文子:卫卿孔圉。⑩娣:太叔疾所娶女之妹,随娣陪嫁而得宠幸。⑪或淫于外州:又在外州与一女人通奸。外州,卫地名。⑫遗:太叔疾的弟弟。⑬使室孔姞:让他娶了孔姞。孔姞,即孔文子女,太叔疾之妻。⑭城鉏:宋邑,位于今河南滑县东。⑮桓氏:即向魋。⑯巢:卫地名。⑰郧、少禘:卫二地名。⑱大叔懿子:即世叔申。⑲悼子:即太叔疾。⑳夏戊:悼子的外甥。㉑翦夏戊:削其爵位,没收其家产。㉒胡簋(guǐ):即簠簋。簠(fǔ):祭祀或宴享时用来盛稻粱之类的方形器。簋:祭祀或宴享时用来盛黍稷的圆形器。胡簋之事:指祭祀、朝聘等礼仪。㉓圉:孔文子之名。度:谋划。㉔定、哀:即鲁定公、鲁哀公。

附录左传 季孙欲以田赋[①]（丘赋之法，因其田财，通出马一匹，牛三头。今欲别其田及家财，各为一赋，故言田赋），使冉有访诸仲尼。仲尼曰："丘不识也。"三发（三发问），卒曰："子为国老，待子而行，若之何子之不言也？"仲尼不对（不公对）。而私于冉有曰："君子之行也，度于礼，施取其厚，事举其中，敛从其薄。如是则以丘亦足矣（丘，十六井，出戎马一匹，牛三头，是赋之常法）。若不度于礼，而贪冒无厌，则虽以田赋，将又不足。且子季孙若欲行而法，则周公之典在。若欲苟而行，又何访[②]焉？"弗听（为明年用田赋传）。

春秋 十有二年春，用田赋。

左传 十二年春，王正月，用田赋（终前年事）。

公羊传 何以书？讥。何讥尔？讥始用田赋也（田，谓一井之田。赋者，敛取其财物也。礼，税民公田，不过什一，军赋十井不过一乘。哀公外慕强吴，空尽国储，故复用田赋，过什一）。

穀梁传 古者公田什一，用田赋非正也（古者五口之家，受田百亩，为官田十亩，是为私得其什，而官税其一，故曰"什一"。今乃弃中平之法，而田财并赋，言其赋民甚矣）。

解义 用者，不宜[③]用也。田赋之说，杜预、范宁皆云："丘赋之法"，因其田财，通出马一匹，牛三头。今别其田及家财，各出此赋，则是比先王之制加倍不翅[④]矣！况家财有无难均说，未可信要之。赋之本义专为出军，计丘而出兵车赋之常法，今计田而出，故曰田赋。盖春秋，诸侯会盟礼繁，兵戎事广，不能复守先王之籍[⑤]，故鲁用不足。则初税亩，益兵则作丘甲[⑥]，至哀公远事强吴，事充政重二犹不足，复用田赋，盖托以军用，加敛於田，计田而出货财也。其数之多寡则不可考，大约税亩多乎什一[⑦]，田赋又多乎税亩矣！税亩，私田始有征也；田赋，私田又加征也！

注释 ①此指把田产从财产中划出来另外征税。②访：询问。③不宜:不应该。④不翅:过多。⑤籍:征籍。中国古代各种捐税的统称。⑥税亩:是春秋时期鲁国在宣公十五年(公元前594年)实行的按亩征税的田赋制度,它是承认私有土地合法化的开始。它取得了预期效果,鲁国财政收入大幅增加,诸侯列国纷纷仿效。丘甲:春秋时鲁国征发军用品的制度。⑦什一:古代赋税制度,十分税一,称“什一”。

春秋　夏五月甲辰,孟子卒。

左传　夏五月,昭[①]夫人孟子卒。昭公娶于吴,故不书姓(讳娶同姓,故谓之“孟子”,若宋女)。死不赴[②],故不称夫人(不称夫人,故不言薨)。不反哭,故不言葬小君[③](反哭者,夫人礼也。以同姓故,不成其夫人丧)。孔子与吊,适季氏,季氏不絻,放绖[④]而拜(孔子始老,故与吊。絻,丧冠也。孔子以小君礼往吊,季孙不服丧,故去绖,从主人节制)。

公羊传　孟子者何?昭公之夫人也。其称孟子何?讳娶同姓,盖吴女也。

穀梁传　孟子者何也?昭公夫人也。其不言夫人何也?讳取同姓也。

解义　孟子,吴女,昭公之夫人。其生也,昭公既谓之孟子,故史亦因之不改。不书夫人,书卒,著季氏逐其君又黜其夫人也[⑤]。观《左氏》记,孔子与吊,而季孙不絻,放绖而拜,则知当时不以小君待之矣!不书葬,不成丧也。

注释　①昭:鲁昭公。②不赴:不讣告诸侯。③小君:诸侯之妻称“小君”。④放绖:去除丧服。⑤逐:驱逐。黜:罢免。

春秋　公会吴于橐皋[①](橐皋,杜注:在淮南逡道县东南。今江南巢县西北有柘皋镇,即古吴邑也)。

左传　公会吴于橐皋。吴子使大宰嚭请寻盟(寻鄫盟)。公不欲,使子贡对曰:“盟所以周信[②]也(周,固也),故心以制之(制其义),玉帛以奉之,言以结之,明神以要之。寡君以为苟有盟焉,弗可改也已。若犹可改,日盟何益?今吾子曰:‘必寻[3]盟。’若可寻也,亦可寒也。”乃不寻盟。

春秋 秋,公会卫侯、宋皇瑗于郧(郧,《公羊》作运。杜注:郧,发阳也。广陵海陵县东南有发繇亭,今江南如皋县东立。发坝,古发阳也,亦名古郧)。

左传 吴征会于卫。初,卫人杀吴行人且姚而惧,谋于行人子羽[4](卫大夫)。子羽曰:“吴方无道,无乃辱吾君,不如止也。”子木[5]曰(卫大夫):“吴方无道,国无道,必弃疾[6]于人。吴虽无道,犹足以患卫。往也。长木之毙,无不摽[7]也(摽,击)。国狗之瘈[8],无不噬也(瘈,狂也。噬,齧也)。而况大国乎?”

秋,卫侯会吴于郧。公及卫侯、宋皇瑗盟,而卒辞吴盟。吴人藩卫侯之舍(藩,篱也。围其馆舍)。子服景伯谓子贡曰:“夫诸侯之会,事既毕矣,侯伯致礼[9],地主归饩[10](侯伯致礼,以礼宾也。地主,所会主人也。饩,生物),以相辞也(各以礼相乱让)。今吴不行礼于卫,而藩其君舍以难之[11](难,困苦也),子盍见大宰?”乃请束锦[12]以行(以赂吴)。语及卫故[13](若本不为卫请者),大宰嚭曰:“寡君愿事卫君,卫君之来也缓,寡君惧,故将止之。”子贡曰:“卫君之来,必谋于其众。其众或欲或否,是以缓来。其欲来者,子之党也。其不欲来者,子之仇也。若执卫君,是堕党而崇仇也[14](堕,毁也)。夫堕子者得其志矣!且合诸侯而执卫君,谁敢不惧?堕党崇仇,而惧诸侯,或者难以霸乎!”大宰嚭说,乃舍卫侯。卫侯归,效夷言[15]。子之[16]尚幼(子之,公孙弥牟),曰:“君必不免,其死于夷乎!执焉,而又说其言,从之固矣(后出公辄卒死于越)。”

春秋 宋向巢帅师伐郑。

左传 宋郑之间有隙地[17]焉,曰弥作、顷丘、玉畅、岩、戈、锡(凡六邑。今杞县东北有玉帐或云古玉畅也)。子产与宋人为成,曰:

"勿有是[18](俱弃之)。"及宋平、元之族自萧奔郑(在定十五年),郑人为之城岩、戈、锡(以处平、元之族)。九月,宋向巢伐郑,取锡,杀元公之孙,遂围岩。十二月,郑罕达救岩。丙申[19],围宋师(此事,《经》在"十二月螽"上,而《传》本在下,更具列其月以为别者,丘明本不以为义例,故不皆齐同)。

春秋　冬十有二月,螽(螽,《公羊》作蝝)。

左传　冬十二月,螽。季孙问诸仲尼,仲尼曰:"丘闻之,火伏而后蛰者毕[20](火伏在今十月)。今火犹西流,司历过也(犹西流,言未尽没。知是九月,历官失一闰)。"

公羊传　何以书?记异也。何异尔?不时也(蝝者,与阴杀俱藏。周十二月,夏之十月,不当见,故为异)。

解义　杜氏预以为失闰,虽书十二月,实今九月,气尚温,故螽然。明年九月,螽。又十二月,螽。虫灾亟[21]作而不时,沴气[22]所感,非关闰也。

注释　①橐皋(tuó gāo):吴地,位于今安徽巢县西北。②周信:巩固信用。③寻:把冷的东西温暖过来。④子羽:卫大夫。⑤子木:卫大夫。⑥弃疾:加害。⑦摽:击。⑧国狗之瘈:狗发疯。意为家狗发了疯,无所不咬。⑨侯伯:指盟主。伯:长。侯伯致礼:盟主向来宾致礼。⑩归:通馈。饩:食物。⑪藩:围。难之:使之为难。⑫束锦:五匹锦。五匹为束。⑬故:事。⑭堕党崇仇:打击亲近者,抬高仇恨者。⑮效夷言:效仿夷人说话。夷言指吴、越方言。⑯子之:人名,卫臣,名公孙弥牟。⑰隙地:两国间未开垦之地。⑱勿有是;两国都不独有此地。⑲丙申:二十八日。⑳火伏:大火星在天空消失。蛰者:昆虫蛰伏。㉑亟(qì):屡次。㉒沴(lì)气:灾害不祥之气。

春秋　十有三年春,郑罕达帅师取宋师于岩。

左传　十三年春,宋向魋救其师(救前年围岩师)。郑子剩使徇曰(子剩,罕达):"得桓魋者有赏。"魋也逃归,遂取宋师于岩,获成讙、郜延[①](二子,宋大夫)。以六邑为虚[②](空虚之,各不有)。

公羊传 其言取之何?易也。其易奈何?诈反[③]也(反,报也。前宋行诈取郑师,今郑复行诈取之,苟相报偿,不以君子之道,故曰诈反)。

穀梁传 取,易辞也。以师而易取,宋病[④]矣。

解义 书取师,罪其以多杀为功不仁之甚也!宋、郑自老丘之役,彼此结怨,悉其诈力[⑤],必欲尽敌而后已[⑥]。此春秋将变,而为战国之势也。

注释 ①成讙、郜延:二人都是宋大夫。②虚:使之成为空邑,双方都不占有。③诈反:指以诈欺手段回报。④病:困顿,不利。⑤悉:知道。诈力:欺诈与暴力。⑥尽敌:全歼敌军。

春秋 夏,许男成[①]卒(成,《公羊》作戊)。

春秋 公会晋侯及吴子于黄池[②](书会止此。黄池,杜注:陈留封丘县南有黄亭,近济水。在今河南封丘县西南)。

左传 夏,公会单平公[③]、晋定公、吴夫差于黄池(单平公,周卿士)。

公羊传 吴何以称子?吴主会也。吴主会则曷为先言晋侯?不与夷狄之主中国[④]也。其言及吴子何?会两伯之辞也。不与夷狄之主中国,则曷为以会两伯之辞言之?重吴也。曷为重吴?吴在是,则天下诸侯莫敢不至也。

穀梁传 黄池之会,吴子进乎哉!遂子矣。吴,夷狄之国也,祝发文身[⑤](祝,断也。文身,刻画其身以为文也),欲因鲁之礼,因晋之权,而请冠、端而袭(端,玄端服。袭,犹著也)。其藉[⑥]于成周(藉谓贡献),以尊天王。吴进矣!吴,东方之大国也,累累致小国以会诸侯,以合乎中国。吴能为之,则不臣乎(言其臣也)?吴进矣!王,尊称也。子,卑称也。辞尊称而居卑称,以会乎诸侯,以尊天王。吴王夫差曰:"好冠来!"孔子曰:"大矣哉!夫差未能言冠而欲冠也(不知冠有差等,唯欲好冠)。"

解义　黄池之会,《左氏》曰先晋,《国语》曰先吴,后之说《经》者互有所主。夫宋之盟晋国方强,而卒先楚人则谓晋定之,不能先吴似也。吴方在会,而边遽⑦以越乱告,则谓吴内惕⑧而不敢复争,亦似也。惟赵氏匡以为吴、晋敌礼而会如宾主然⑨,故《晋史》即云晋为先,而《吴语》即云吴先歃⑩,各自护其主。《春秋》据其事实以两霸之辞言之,故曰及。此於情事为合。吴称子,为与晋侯同为会主,故不称人。《穀梁》以为进之,非也!黄池近鲁,前此鲁数与吴会,故是会公独往。不更序诸侯,诸侯实未至,非大会而末言之也。

注释　①许男成:指许元公,即姜成(许成),字後恩。为春秋诸侯国许国君主之一,在位期间为前503年—前482年。②黄池:地名,位于今河南封丘县境。③单平公:周卿士。④中国;中原。⑤祝发文身:削短头发,刻画其身。指中原以外地区异族的风俗服制。⑥藉:进贡。⑦边遽:指边境警报。遽,驿车。古时以边地的驿车传递警报,故称。⑧惕:警惕。⑨赵氏匡:即赵匡,唐经学家,字伯循,河东(郡治今山西永济蒲州镇)人。仕唐,官至洋州刺史。生卒年不详,其主要事迹在大历年间(766—779年)。敌礼:指平等相待之礼。⑩歃(shà):歃血。古人盟会时,嘴唇涂上牲畜的血,表示诚意,如"歃血为盟"。

春秋　楚公子申帅师伐陈。

解义　乘吴出会,而伐陈,畏强陵弱①之实见矣!

注释　①陵弱:欺凌弱者。

春秋　於越入吴。

左传　六月丙子①,越子伐吴,为二隧(隧,道也)。畴无余、讴阳自南方②,先及郊(二子,越大夫)。吴大子友、王子地、王孙弥庸、寿于姚自泓[3]上观之(观越师。泓,杜注:水名)。弥庸见姑蔑[4]之旗,曰:"吾父之旗也。不可以见仇而弗杀也(姑蔑,杜注:越地,东阳大末县。今浙江龙游县有姑蔑城。弥庸父为越所获,故姑蔑人得其旗)。"大子曰:"战而不克,将亡国。请待之。"弥庸不可,属徒五千(属,会也),王子地助之。乙酉[5],战,弥庸获畴无余,地获讴阳。越子至,王子地守。丙戌[6],复战,大败吴师。获大子友、王孙弥庸、寿于姚。丁亥[7],入吴。吴人告败于王,王恶其闻也,自刭七人于幕下(以灭口)。

秋七月辛丑[8],盟,吴、晋争先。吴人曰:"于周室,我为长(吴为大伯后,故为长)。"晋人曰:"于姬姓,我为伯[9](为侯伯)。"赵鞅呼司马寅曰:"日旰[10]矣,大事未成,二臣之罪也[11](寅,晋大夫。旰,晚也。大事,盟也。二臣,鞅与寅)。建鼓整列,二臣死之,长幼[12]必可知也。"对曰:"请姑视之。"反,曰:"肉食者无墨[13](墨,气色下)。今吴王有墨,国胜[14]乎(国为敌所胜)?大子死乎?且夷德轻[15],不忍久,请少待之。"乃先晋人。

吴人将以公见晋侯,子服景伯对使者曰:"王合诸侯,则伯帅侯牧以见于王(伯,王官伯。侯牧,方伯)。伯合诸侯,则侯帅子男以见于伯(伯,诸侯长)。自王以下,朝聘玉帛不同。故敝邑之职贡于吴,有丰于晋,无不及焉,以为伯也。今诸侯会,而君将以寡君见晋君,则晋成为伯矣,敝邑将改职贡。鲁赋于吴八百乘,若为子男,则将半邾[16]以属于吴(半邾,三百乘),而如邾以事晋(如邾,六百乘)。且执事以伯召诸侯,而以侯终之,何利之有焉?"吴人乃止。既而悔之(谓景伯欺之),将囚景伯,景伯曰:"何也立后于鲁矣[17](何,景伯名)。将以二乘与六人从,迟速唯命。"遂囚以还。及户牖[18](户牖,杜注:陈留外黄县西北。东昏城是今故城,在河南兰阳县东北),谓大宰曰:"鲁将以十月上辛,有事于上帝先王,季辛而毕。何世有职焉,自襄以来,未之改也(鲁襄公)。若不会,祝宗将曰:‘吴实然(吴人信鬼,故以是恐之)。’且谓鲁不共,而执其贱者七人,何损焉?”大宰嚭言于王曰:“无损于鲁,而只为名(適为恶名),不如归之。”乃归景伯。

吴申叔仪乞粮于公孙有山[19]氏(申叔仪,吴大夫;公孙有山,鲁大夫,旧相识),曰:“佩玉繠[20]兮,余无所系之(繠然服饰备也,已独无以系佩。言吴王不恤下)。旨酒一盛兮,余与褐之父睨之[21](一盛,一器也。睨,视也。褐,寒贱之人。言但得视,不得饮)。”对曰:“粱[22]则无矣,粗[23]则有之。若登首山以呼曰:‘庚癸[24]乎!’则诺(粱,精米。粗,粗粝也。首山,地阙。庚,西方,主谷。癸,北方,主水。军中不得出粮,故为私隐。《传》言吴子不与士共饥渴,所以亡)。”王欲伐宋,杀其丈夫而囚其妇人(以宋不会黄池故。言吴子悖惑)。大宰嚭曰:“可胜也,而勿能居也。”乃归。

解义　吴方争中国之诸侯,越遂[25]乘其无备而入之。《春秋》继书於黄池之后,所谓因事属辞,见吴子之勤远略而忘近忧也!

注释　①丙子:十一日。②畴无余、讴阳:二人都是越大夫。③泓:水名。④姑蔑:越国地名。⑤乙酉:二十日。⑥丙戌:二十一日。⑦丁亥:二十二日。⑧辛丑:初六日。⑨伯:霸主,晋自文公之后一直是诸侯霸主。⑩旰:晚。⑪二臣:指赵鞅与司马寅。⑫长幼:即先后。⑬墨:面色灰暗。⑭国胜:国为敌所胜。⑮夷德轻:夷人轻佻不稳重。⑯半邾:取邾赋一半。则半邾为三百乘。⑰何:景伯名“何”。⑱户牖:地名。位于今河南兰考县东北。⑲公孙有山:鲁国大夫。⑳繠(ruǐ):下垂的样子。㉑褐之父:贫贱之老者。睨:斜视。㉒粱:精细小米。㉓粗:粗粮。㉔庚癸:古分货为甲乙丙丁十等。庚癸为下等货。㉕遂:于是,就。

春秋　秋,公至自会。

春秋　晋魏曼多[1]帅师侵卫(《公羊》无曼字。霸国侵伐止此。

晋事亦止此)。

公羊传 此晋魏曼多也,曷为谓之晋魏多(据上七年言曼多)?讥二名,二名非礼也!

解义 此霸国侵伐之终事也!晋主夏[2]盟,威动天下,今其衰也。赵鞅、魏曼多数加兵[3]於卫,而卒[4]不能服,岂力不足哉!强家多门,各自封殖,不在诸侯志於怙权[5]营私而已。

注释 ①魏曼多:即魏襄子,名叫魏侈,魏哆,是春秋末期战国初期晋国附属国魏国的君主。②夏:华夏,中原。③加兵:指发动战争,以武力进攻。④卒:最终。⑤怙权:犹专权。

春秋 葬许元公。

春秋 九月,螽。

春秋 冬十有一月,有星孛[1]于东方。

公羊传 孛者何?彗星也。其言于东方何?见于旦[2]也(旦者,日方出。时宿不复见,故言东方,知为旦)。何以书?记异也(周十一月,夏九月,日在房心。房心,天子明堂布政之庭,于此旦见,与日争明者,诸侯放恣之象)。

解义 不言宿者,平旦[3]众星皆没,而孛乃见,故不言所在之次。

注释 ①孛(bèi):指光芒强盛的彗星。②旦:早晨。③平旦:清晨。

春秋 盗杀陈夏区夫(区,《公羊》作驱)。

解义 春秋之季,世变日异,至於盗兴而专杀国君大夫,则乱极矣!区夫,徵舒[1]之后,徵舒戮於楚,而陈人犹使世执国政,《经》因其为盗所杀而书之,与书宋华孙同。

注释 ①徵舒:即夏徵舒(生死不详),字子南,陈国大夫,其父名夏御叔,又称少西氏。其母即大名鼎鼎的夏姬。

春秋 十有二月,螽。

解义　二年之内三书螽,见田赋为害,民力穷而天变作①也。

注释　①作:发生。

附录左传　冬,吴及越平①(终伍员之言)。

春秋　十有四年春,西狩获麟。

左传　十四年春,西狩于大野②,叔孙氏之车子鉏商获麟(大野,杜注:高平钜野县东北大泽是也。今山东嘉祥县西有获麟堆。车子,微者。鉏商,名。麟,麕身牛尾,狼额马蹄,有五采,腹下黄,高丈二),以为不祥,以赐虞人③(时所未尝见,故怪之。虞人,掌山泽之官)。仲尼观之,曰:"麟也。"然后取之(言鲁史所以得书获麟)。

公羊传　何以书?记异也。何异尔?非中国之兽也。然则孰狩之?薪采者也。薪采者则微者也,曷为以狩言之?大之也。曷为大之?为获麟大之也。曷为为获麟大之?麟者,仁兽也。有王者则至,无王者则不至。有以告者曰:"有麕而角者。"孔子曰:"孰为来哉!孰为来哉!"反袂拭面,涕沾袍。颜渊死,子曰:"噫!天丧予。"子路死,子曰:"噫!天祝予(祝,断也)。"西狩获麟,孔子曰:"吾道穷矣。"《春秋》何以始乎隐?祖之所逮闻也(讬记高祖以来事,可及问闻知者),所见异辞,所闻异辞,所传闻异辞。何以终乎哀十四年?曰:"备矣!"君子曷为为《春秋》?拨乱世,反诸正,莫近诸《春秋》。则未知其为是与?其诸君子乐道尧、舜之道与?末不亦乐乎尧、舜之知君子也?制《春秋》之义,以俟后圣,以君子之为,亦有乐乎此也(君子,谓孔子。乐者乐其贯通百王而无间)。

穀梁传　引取之也。狩地不地,不狩也。非狩而曰狩,大获麟,故大其适也。其不言来,不外麟于中国也。其不言有,不使麟不恒于中国也。

解义　冬猎曰狩,大野在鲁西,故言西狩。常事不书,书之为获麟,记异也。《春秋》绝笔於此,杜氏预谓感麟而作,因以为终,诸儒多从之。学《公》、《穀》者则谓文成致麟,而胡氏因之。此皆世儒欲推尊孔子,而未得其实也。谓文成致麟,则麟出而死,安得为瑞?谓感麟而作,则无麟将不作乎?且周衰,乱臣贼子接迹於世,孔子道既不行,作《春秋》以明王法,视诸《经》尤重且急,而直待前卒之二年始从事,於此理不宜然。或又谓义在《春秋》,不在起止。孔子得《鲁史》,记自隐公至获麟,遂删修之。然《国史》编年之体,按年纪事至年终乃止。则哀十四年之事,《鲁史》自当备录,何为忽至於十四年春而遂止乎?盖麟仁兽,圣世之嘉瑞,时无盛王出,而遇获,圣心能无感乎?故伤之而遂绝笔焉!与凤至图出之叹同善乎!朱子之言曰:获麟之说不敢定,谓书成致麟亦不敢定,谓感麟而作,大概非时而出,见戕[4]於人,自是不祥。此可以息众说之穿凿[5]矣!

注释 ①平:讲和。②大野:地名,位于今山东巨野县北。③虞人:掌山泽之官。④戕(qiāng):杀害。⑤穿凿:指非常牵强地解释,把没有某种意思的说成有某种意思。

卷六十四

哀公(十五年之二十七年)

附录鲁史(自此以下至十六年皆鲁史记之文,弟子欲存,孔子卒,故并录以续《春秋》)。

春秋 小邾射以句绎来奔[①](句绎,杜注:地名)。

左传 小邾射以句绎来奔(射,小邾大夫。春秋止于获麟。故射不在三叛人之数。孔子弟子既续书鲁策以系于《经》,丘明亦随而传之,终于哀公以卒前事),曰:"使季路要[②]我,吾无盟矣(子路信诚,人素服之,故不须盟)。"使子路,子路辞。季康子使冉有谓之曰:"千乘之国,不信其盟,而信子之言,子何辱焉?"对曰:"鲁有事于小邾,不敢问故,死其城下可也。彼不臣而济其言(济,成也),是义之[③]也。由[④]弗能。"

注释 ①句绎:位于今山东邹县东南。②要:约。③义之:以其不臣为义。④由:子路名。

春秋 夏四月,齐陈恒执其君,置于舒州(舒州,今山东滕县东南薛城是)。

左传 齐简公之在鲁也,阚止有宠焉(简公,悼公阳生子壬。阚止,子我。事在六年)。及即位,使为政。陈成子惮之,骤顾诸朝(成子,陈常。心不安,故数顾之)。诸御鞅言于公曰(鞅,齐大夫):"陈、阚不可并也,君其择焉(择用一人)。"弗听。

子我夕(夕视事),陈逆杀人,逢之(陈逆,子行,陈氏宗也。子我逢之),遂执以入。陈氏方睦(宗族和),使疾,而遗之潘沐,备酒肉焉(使诈病,因内潘沐,并得内酒肉。潘,米汁,可以沐头),飨守囚者,醉而杀之,而逃。子我盟诸陈于陈宗(失陈逆,惧其反为患,故盟之)。

初,陈豹欲为子我臣(豹,亦陈氏族),使公孙言己(言己,介达之)，已有丧而止。既而言之，曰："有陈豹者，长而上偻[①](肩背偻)，望视[②](目望阳)，事君子必得志，欲为子臣。吾惮其为人也(恐多诈)，故缓以告。"子我曰："何害？是其在我也。"使为臣。他日，与之言政，说，遂有宠，谓之曰："我尽逐陈氏，而立女，若何？"对曰："我远于陈氏矣(言已疏远)。且其违者，不过数人(违，不从也)，何尽逐焉？"遂告陈氏。子行曰(子行，陈逆)："彼得君，弗先，必祸子。"子行舍于公宫(子行逃，而隐于陈氏。今又隐于公宫)。

夏五月壬申[③]，成子兄弟四乘如公(成子之兄弟，昭子庄、简子齿、宣子夷、穆子安、廪丘子意兹、芒子盈、惠子得，凡八人，二人共一乘)。子我在幄(幄，帐也。听政之处)，出，逆之。遂入，闭门(成子入，反闭门，不纳子我)。侍人御之(子我侍人)，子行杀侍人(素在内，故得杀人)。公与妇人饮酒于檀台，成子迁诸寝(徙公使居正寝)。公执戈，将击之(疑其欲作乱)。大史子余曰："非不利也，将除害也。"成子出舍于库(以公怒故)，闻公犹怒，将出，曰："何所无君？"子行抽剑，曰："需，事之贼也[④]。谁非陈宗？所不杀子者，有如陈宗(言子若欲出，我必杀子)！"乃止。

子我归，属徒，攻闱与大门(闱，宫中小门。大门，宫门也)，皆不胜，乃出。陈氏追之，失道于弇中，适丰丘(弇中，狭路。丰丘，杜注：陈氏邑)。丰丘人执之，以告，杀诸郭关(齐关名)。成子将杀大陆子方(子方，子我臣)，陈逆请而免之。以公命取车于道(子方取道中行人车)，及耏[⑤]，众知而东之(知其矫命，夺车遂使东)。出雍门(齐城门也)，陈豹与之车，弗受，曰："逆为余请，豹与余车，余有私焉。事子我而有私于其仇，何以见鲁、卫之士(《传》言陈氏务施)？"东郭贾奔卫(贾，即子方)。庚辰[⑥]，陈恒执公于舒州[⑦]。公曰："吾早从鞅之言，不及此(悔不诛陈氏)。"

注释　①长而上偻：高个子而有些驼背。②望视：眼睛向上看。③壬申：十三日。④需，事之贼也：犹豫不定，是事情的大害。⑤郲(ér)：地名，在齐、鲁交界处。⑥庚辰：二十一日。⑦舒州：位于今河北大城县境。

春秋　庚戌，叔还卒。

春秋　五月庚申朔，日有食之。

春秋　陈宗竖出奔楚。

春秋　宋向魋入于曹以叛(曹，杜注：八年宋灭曹以为邑)。

左传　宋桓魋之宠害于公(恃宠骄盈)，公使夫人骤请享焉，而将讨之(夫人，景公母。欲因享讨之)。未及，魋先谋公，请以鞍易薄(鞍，杜注：向魋邑。薄，杜注：公邑。欲因易邑，为公享宴而作乱)，公曰："不可。薄，宗邑也(宗庙所在)。"乃益鞍七邑，而请享公焉(伪喜于受赐)。以日中为期，家备尽往(甲兵之备)。公知之，告皇野曰："余长魋也(少长育之。皇野，司马子仲)，今将祸余，请即救。"司马子仲曰："有臣不顺，神之所恶也，而况人乎？敢不承命。不得左师不可(左师，向魋兄向巢也)，请以君命召之。"左师每食击钟。闻钟声，公曰："夫子将食。"既食，又奏(奏乐)。公曰："可矣。"以乘车往，曰："迹人来告曰(主迹禽兽者)：'逢泽有介麇焉(逢泽，杜注：《地理志》云在荥阳开封县东北，疑非。盖宋都睢阳去开封四百馀里，或宋都之旁别有逢泽不可考)。'公曰：'虽魋未来，得左师，吾与之田，若何(皇野称公命)？'君惮告子(难以游戏烦大臣)。野曰：'尝私[1]焉。'君欲速，故以乘车逆子。"与之乘，至，公告之故，拜，不能起[2]。司马曰(即皇野)："君与之言(使公与要誓)。"公曰："所难子者，上有天，下有先君(言不使祸难及子)。"对曰："魋之不共，宋之祸也，敢不唯命是听。"司马请瑞焉(瑞，符节，以发兵)，以命其徒攻桓氏(桓氏，向魋)。其父兄故臣曰："不可(司马故臣与桓魋无怨者)。"其新臣曰："从吾君之命。"遂攻之。子颀骋而告桓司马(子颀，桓魋弟。桓司马即魋也)。司马欲入(入攻君)，子车止之

(车亦魋弟),曰:“不能事君,而又伐国,民不与也,只取死焉。”向魋遂入于曹以叛。

注释 ①尝私:试着以私人关系说说看。②不能起:惊恐得站不起来。

春秋 莒子狂卒。

春秋 六月,宋向魋自曹出奔卫。宋向巢来奔。

左传 六月,使左师巢伐之。欲质大夫以入焉(巢不能克魋,恐公怒,欲得国内大夫为质,还入国),不能。亦入于曹,取质(不能得大夫,故入曹,劫曹人子弟而质之,欲以自固)。魋曰:“不可。既不能事君,又得罪于民,将若之何?”乃舍之(舍曹子弟)。民遂叛之。向魋奔卫。向巢来奔,宋公使止之,曰:“寡人与子有言矣,不可以绝向氏之祀。”辞曰:“臣之罪大,尽灭桓氏可也。若以先臣之故,而使有后,君之惠也。若臣,则不可以入矣。”

司马牛致其邑与珪焉,而适齐(牛,桓魋弟也。珪,守邑符信)。向魋出于卫地,公文氏攻之(公文氏,卫大夫),求夏后氏之璜[1]焉。与之他玉,而奔齐,陈成子使为次卿。司马牛又致其邑焉,而适吴[2](不欲与魋同国)。吴人恶之,而反。赵简子召之,陈成子亦召之。卒于鲁郭门之外,阬氏葬诸丘舆(阬氏,鲁人也。丘舆,杜注:泰山南城县西北有舆城,今山东费县西舆城是。录其卒葬所在,愍贤者失所)。

注释 ①璜:玉璜。②适吴:到了吴国。

春秋 齐人弑其君壬于舒州。

左传 甲午,齐陈恒弑其君壬于舒州(壬,简公也)。孔丘三日齐[1],而请伐齐三。公曰:“鲁为齐弱久矣,子之伐之,将若之何?”对曰:“陈恒弑其君,民之不与者半。以鲁之众,加齐之半,可克也。”公曰:“子告季孙。”孔子辞(辞不告)。退而告人曰:“吾以从大夫之后也,故不敢不言(尝为大夫而去,故言后)。”

春秋　秋,晋赵鞅帅师伐卫。

春秋　八月辛丑,仲孙何忌卒。

左传　初,孟孺子泄将圉马于成(泄,孟懿子之子孟武伯也。圉,畜养也。成,杜注:孟氏邑)。成宰公孙宿不受,曰:"孟孙为成之病,不圉马焉(病,谓民贫困)。"孺子怒,袭成。从者不得入,乃反。成有司使,孺子鞭之(恨恚,故鞭成有司之使人)。秋八月辛丑,孟懿子卒。成人奔丧,弗内。袒免哭于衢[2],听共[3](请听命共使),弗许。惧,不归(不敢归成,为明年成叛传)。

注释　①齐:通"斋"。②免(wèn):穿上丧服。衢:邑中大路。③共:同"供"。听命供驱使。

春秋　冬,陈宗竖自楚复入于陈,陈人杀之。

春秋　陈辕买出奔楚。

春秋　有星孛。

春秋　饥。

春秋　十有五年春王正月,成叛。

左传　十五年春,成叛于齐。武伯伐成,不克,遂城输[1](以逼成)。

春秋　夏五月,齐高无丕出奔北燕。

左传　夏,楚子西、子期伐吴,乃桐汭(桐汭,杜注:宣城广德县西南有桐水,出白石山西北,人丹阳湖)。陈侯使公孙贞子吊焉(吊为楚所伐),及良而卒(良,杜注:吴地),将以尸入(《聘礼》:"若宾死,未将命,则既敛于棺,造于朝,介将命。")。吴子使大宰嚭劳,且辞曰:"以水潦之不时,无乃廪然陨大夫之尸(廪然,倾动貌),以重寡君之忧。寡君敢辞。"上介芋尹盖对曰(盖,陈大夫,贞子上介):"寡君闻楚为不道,荐[2]伐吴国,灭厥民人。寡君使盖备使,吊君之下吏(备,犹副也)。无禄,使人逢天之戚,大命陨队[3],绝世于良,废日共积(废行道之日,以共具殡敛所积聚之用),一日迁次(一日即迁次,不敢留君命)。今君命逆使人曰:'无以尸造于门[4]。'是我寡君之命委于草莽(原文为"葬",误)也。且臣闻之曰:'事死如事生,礼也。'于是乎有朝聘而终,以尸将事之礼(朝聘道死,以尸行事)。又有朝聘而遭丧之礼(遭所聘之丧)。若不以尸将命,是遭丧而还也,无乃不可乎!以礼防民,犹或逾之。今大夫曰:'死而弃之',是弃礼也。其何以为诸侯主?先民有言曰:'无秽虐士(虐士,死者)。'备使奉尸将命,苟我寡君之命达于君所,虽陨于深渊,则天命也,非君与涉人[5]之过也。"吴人内之(传言芋尹盖知礼)。

注释 ①输:鲁地名,在成地附近。②荐:屡次,多次。③队:同"坠"。④以尸造于门:把灵柩放在国君大门外。⑤涉人:掌管渡河之吏。

春秋 郑伯伐宋。

春秋 秋八月,大雩。

左传 秋,齐陈瓘如楚(瓘,陈恒之兄子玉也)。过卫,仲由见之,曰:"天或者以陈氏为斧斤,既斫丧公室,而他人有之,不可知也。其使终飨之,亦不可知也。若善鲁以待时,不亦可乎?何必恶焉(仲由事孔子,故为鲁言)?"子玉曰:"然,吾受命矣,子使告我弟(弟,成子也)。"

春秋 晋赵鞅帅师伐卫。

春秋 冬,晋侯伐郑。

春秋 及齐平。

左传 冬,及齐平。子服景伯如齐,子赣为介,见公孙成(公孙成,成宰公孙宿也),曰:"人皆臣人,而有背人之心。况齐人虽为子役,其有不贰乎(言子叛鲁,齐人亦将叛子)?子,周公之孙也,多飨[1]大利,犹思不义。利不可得,而丧宗国,将焉用之(丧宗国,谓以邑入齐,使鲁有危亡之祸)?"成曰:"善哉!吾不早闻命(《传》言仲尼之徒,皆忠于鲁国)。"

陈成子馆客[2],曰:"寡君使恒告曰:'寡人愿事君如事卫君(言卫与齐同好,而鲁未肯)。'"景伯揖子赣而进之。对曰:"寡君之愿也。昔晋人伐卫(在定八年),齐为卫故,伐晋冠氏,丧车五百(在定九年。冠氏,杜注:阳平馆陶县),因与卫地,自济以西,禚、媚、杏以南,书社五百(二十五家为一社,籍书而致之)。吴人加敝邑以乱(在八年),齐因其病,取讙与阐(亦在八年)。寡君是以寒心。若得视卫君之事君也,则固所愿也。"成子病之,乃归成。公孙宿以其兵甲入于嬴(嬴,杜注:齐邑)。

注释　①飧:受。②馆客:在馆舍接见客人。

春秋　卫公孟彄出奔齐。

左传　卫孔圉取大子蒯聩之姊,生悝(孔圉,孔文子也。蒯聩姊,孔伯姬)。孔氏之竖[1]浑良夫长而美,孔文子[2]卒,通于内(通伯姬)。大子在戚,孔姬使之焉(使良夫诣大子所)。大子与之言曰:"苟使我入获国,服冕乘轩,三死无与(冕,大夫服。轩,大夫车。三死,死罪三)。"与之盟,为请于伯姬(良夫为大子请)。

闰月,良夫与大子入,舍于孔氏之外圃(圃,园)。昏,二人蒙衣而乘(二人,大子与良夫。蒙衣,为妇人服也),寺人罗御,如孔氏。孔氏之老栾宁问之,称姻妾以告(自称婚姻家妾)。遂入,适伯姬氏。既食,孔伯姬杖戈而先,大子与五人介[3],舆豭[4]从之(舆豭豚,欲以盟)。迫孔悝于厕[5],强盟之(孔氏专政,故劫令逐辄),遂劫以登台。栾宁将饮酒,炙未熟,闻乱,使告季子[6](季子,子路也,为孔氏邑宰)。召获[7]驾乘车(召获,卫大夫,驾乘车者,不欲战),行爵食炙,奉卫侯辄来奔。

季子将入,遇子羔[8]将出(子羔,卫大夫高柴,孔子弟子,将出奔),曰:"门已闭矣。"季子曰:"吾姑至焉。"子羔曰:"弗及,不践其难(谓政不及已)。"季子曰:"食焉,不辟其难。"子羔遂出。子路入,及门,公孙敢门焉[9](守门),曰:“无入为也(言辄已出)。”季子曰:“是公孙也,求利焉而逃其难。由不然,利其禄,必救其患。”有使者出,乃入(因门开而入)。曰:“大子焉用孔悝?虽杀之,必或继之(言己必继孔悝为难攻大子)。”且曰:“大子无勇,若燔台,半,必舍孔叔[10]。”大子闻之,惧,下石乞、盂黡敌子路(二子,蒯聩党)。以戈击之,断缨[11]。子路曰:“君子死,冠不免[12](不使冠在地)。”结缨而死。孔子闻卫乱,曰:“柴也其来,由也死矣。”

孔悝立庄公(庄公,蒯聩也。鲁史书于明年春。从告)。庄公害故政,欲尽去之(故政,辄之臣),先谓司徒瞒成曰:“寡人离[13]病于外久矣,子请亦尝之。”归告褚师比,欲与之伐公,不果(比,褚师声子,为明年瞒成奔起)。

注释 ①竖:僮仆。②孔文子:即孔圉。③介:披甲。④豭(jiā):雄性猪。⑤厕:通侧,指背人的地方。⑥季子:即子路,当时是孔悝的邑宰。⑦获:人名。⑧子羔:卫大夫高柴,孔子弟子。⑨公孙敢:孔悝家臣。门:守门,用为动词。⑩孔叔:指孔悝。⑪缨:系在颔下的冠带。缨断帽子就会掉下来。⑫冠不免:不使帽子掉地。⑬离:同“罹”,经历忧患。

春秋 十有六年春王正月己卯,卫世子蒯聩自戚入于卫,卫侯辄来奔。

春秋 二月,卫子还成出奔宋。

左传 十六年春,瞒成、褚师比出奔宋(瞒成,即子还成。以伐庄公,不果故奔)。卫侯使鄢武子[1]告于周曰(武子,卫大夫肸也):“蒯聩得罪于君父君母,逋窜于晋。晋以王室之故,不弃兄弟[2],置诸河上[3](河上,戚也)。天诱其衷,获嗣守封焉。使下臣肸敢告执事。”王使单平公对曰:“肸以嘉命来告余一人。往谓叔父,余嘉乃成世[4],复尔禄次。敬之哉!方天之休[5](言天方授尔以休),弗敬弗休[6],悔其可追(《传》终蒯聩之事)?”

注释　①鄢武子:卫大夫肹。②兄弟:同姓之国。③河上:即戚地。④嘉乃成世:赞许你继承先世。⑤方天之休:保有上天的恩赐。⑥弗敬弗休:不恭敬上天就不会赐福。

春秋　夏四月己丑[①],孔丘卒(仲尼既告老去位,犹书"卒"者,鲁之君臣,宗其圣德,殊而异之。鲁襄二十二年生,至今七十三也。四月十八日,乙丑,无己丑。己丑,五月十二日。日月必有误。孔子作《春秋》,终於"获麟",《公羊》、《穀梁》、《经》是也。弟子欲记圣师之卒,故采《鲁史记》以续夫子之《经》,而终于此。丘明因随而作《传》,终于哀公。自此已下,无复《经》矣)。

左传　夏四月己丑,孔丘卒。公诔[②]之曰:"旻天不吊,不憖遗一老[③]。俾屏[④]余一人以在位(仁覆闵下,故称旻天。吊,恤也。憖,且也。屏,蔽也),茕茕余在疚[⑤]。呜呼哀哉!尼父[⑥]。无自律(疚,病也。律,法也。言丧尼父无以自为法)。"

子赣曰:"君其不没于鲁乎!夫子[⑦]之言曰:'礼失则昏,名失则愆。'失志为昏,失所为愆。生不能用,死而诔之,非礼也。称一人[⑧],非名也(天子称一人,非诸侯之名)。君两失[⑨]之。"

注释　①己丑:十一日。②诔(lěi):悼辞。③不憖遗一老:不肯姑且留下一位国老。憖(yìn):姑且。④俾屏:使他保护。俾,使。屏,蔽。⑤茕茕(qióng):孤独无依的样子。疚:病。⑥尼父:孔子名丘,字仲尼。父,尊称。⑦夫子:指孔丘。⑧一人:余一人的省称,为当时天子的自称。⑨两失:失礼、失名。

六月,卫侯饮孔悝酒于平阳[①](平阳,杜注:东郡燕县东北有平阳亭。今直隶滑县韦城南有平阳城是也),重酬之,大夫皆有纳[②]焉(纳财贿也)。醉而送之,夜半而遣之。载伯姬于平阳而行(载其母俱去),及西门(平阳门),使贰车反祏于西圃[③](使副车还取庙主。西圃,孔氏庙所在。祏,藏主石函)。子伯季子初为孔氏臣,新登于公(升为大夫),请追之,遇载祏者,杀而乘其车。许公为反祏[④](孔悝怪载祏者久不来，使公为反逆之），遇之，曰：“与不仁人争，明无不胜。”必使先射，射三发，皆远许为。许为射之，殪（《传》言子伯不仁，所以死）。或以其车从（从公为），得祏于橐中。孔悝出奔宋。

楚大子建之遇谗也，自城父奔宋（在昭十九年）。又辟华氏之乱于郑（在昭二十年），郑人甚善之。又适晋，与晋人谋袭郑，乃求复[5]焉。郑人复之如初。晋人使谍于子木[6]，请行而期[7]焉（请行袭郑之期。子木，即建也）。子木暴虐于其私邑，邑人诉之。郑人省之，得晋谍焉。遂杀子木。其子曰胜，在吴。子西欲召之，叶公[8]曰（叶公子高，沈诸梁也）：“吾闻胜也诈而乱，无乃害乎？”子西曰：“吾闻胜也信而勇，不为不利，舍诸边竟[9]，使卫藩[10]焉。”叶公曰：“周仁[11]之谓信（周，亲也），率义之谓勇。吾闻胜也好复言，而求死士[12]，殆有私乎（私谋复仇）？复言，非信也。期死[13]，非勇也（期，必也）。子必悔之。”弗从。召之使处吴竟，为白公（白，杜注：楚邑。汝阴褒信县西南有白亭）。请伐郑，子西曰：“楚未节[14]也（言国新复，政令尚无节度）。不然，吾不忘也。”他日，又请，许之。未起师，晋人伐郑，楚救之，与之盟。胜怒，曰：“郑人在此，仇不远矣（比子西于郑人）。”

胜自厉剑，子期之子平见之，曰：“王孙[15]何自厉也？”曰：“胜以直闻，不告女，庸[16]为直乎？将以杀尔父。”平以告子西。子西曰：“胜如卵，余翼而长之（以鸟为喻）。楚国第[17]（用士之次第），我死，令尹、司马，非胜而谁？”胜闻之，曰：“令尹之狂也！得死[18]，乃非我。”子西不悛。胜谓石乞[19]曰（石乞，胜之徒）：“王与二卿士（二卿士，子西、子期），皆五百人当之，则可矣。”乞曰：“不可得也（五百人不可得）。”曰：“市南有熊宜僚者，若得之，可以当五百人矣。”乃从白公而见之，与之言，说。告之故，辞。承之以剑[20]（按剑指其喉），不动。胜曰：“不为利谄，不为威惕，不泄人言以求媚者，去之。”

注释　①平阳:位于今河南滑县东南。②有纳:纳以财货。③祏:盛神主的石函。西圃:孔子庙所在地。④许公为反祏:许公为,人名,孔氏臣。反祏,返回迎接神主石函。⑤求复:要求复居郑国。⑥子木:大子建的字。⑦请行而期:晋间谍准备回晋并约定袭郑的日期。⑧叶公:即子高,沈诸梁。⑨舍:安置。竟,同境。⑩卫藩:守卫边防。⑪周仁:亲近仁爱。⑫死士:不怕死的人。⑬期死:不畏死。⑭未节:不合法度。楚国新复,还未恢复正常秩序。⑮王孙:胜为楚平王嫡孙,故称之为王孙。⑯庸:岂,反诘副词。⑰第:若,假设连词。⑱得死:能善终。言必杀子。⑲石乞:胜的下属。⑳承之以剑:把剑架在脖子上。

吴人伐慎[①](慎,杜注:汝阴慎县。今江南颍上县西北有慎城),白公败之。请以战备[②]献(所得铠杖兵器,欲因献用之以为乱),许之。遂作乱。秋七月,杀子西、子期于朝,而劫惠王。子西以袂掩面而死(惭于叶公)。子期曰:"昔者吾以力事君,不可以弗终。"抉豫章[③]以杀人而后死(以效其多力。豫章,大木)。石乞曰:"焚库弑王,不然不济。"白公曰:"不可。弑王,不祥;焚库,无聚,将何以守矣?"乞曰:"有楚国而治其民,以敬事神,可以得祥,且有聚矣,何患?"弗从。

叶公在蔡(蔡迁州来,楚并其地),方城之外皆曰:"可以入[④]矣。"子高曰:"吾闻之,以险侥幸者,其求无餍,偏重必离[⑤](险,犹恶也。所求无餍,则不安。譬如物偏重则离败,欲须其毙而讨之)。"闻其杀齐管修[⑥]也而后入(管修,楚贤大夫,故齐管仲之后。杀贤则失民)。

白公欲以子闾[⑦]为王(子闾,平王子启,五辞王者),子闾不可,遂劫以兵。子闾曰:"王孙若安靖楚国,匡正王室,而后庇焉,启之愿也,敢不听从。若将专利以倾王室,不顾楚国,有死不能。"遂杀之,而以王如高府[⑧](高府,楚别府),石乞尹门[⑨](为门尹),圉公阳穴宫[⑩],负王以如昭夫人[⑪]之宫(公阳,楚大夫。昭夫人,王母,越女)。

叶公亦至,及北门,或遇之,曰:“君胡不胄[12]? 国人望君如望慈父母焉。盗贼之矢若伤君,是绝民望也。若之何不胄?”乃胄而进。又遇一人曰:“君胡胄? 国人望君如望岁焉[13](岁,年谷也),日月以几[14](冀君来)。若见君面,是得艾[15]也(艾,安也)。民知不死,其亦夫有奋心,犹将旌君以徇于国(旌,表也),而又掩面以绝民望,不亦甚乎?”乃免胄而进(言叶公得民心)。遇箴尹固,帅其属,将与[16]白公。子高曰:“微二子[17]者,楚不国矣(二子,子西、子期也。柏举之败,二子功多)。弃德从贼,其可保[18]乎?”乃从叶公。使与国人以攻白公。白公奔山而缢,其徒微之[19](微,匿也)。生拘石乞而问白公之死焉,对曰:“余知其死所,而长者[20]使余勿言(长者,谓白公也)。”曰:“不言将烹。”乞曰:“此事克则为卿,不克则烹,固其所[21]也,何害?”乃烹石乞。王孙燕奔頯黄氏[22](燕,胜弟。頯黄,杜注:吴地。在今宁国府境)。

沈诸梁兼二事[23](二事,令尹、司马),国宁,乃使宁[24]为令尹(子西之子,子国也),使宽[25]为司马(子期之子),而老于叶(《传》终言之)。

卫侯占梦,嬖人(以能占梦见爱)求酒于大叔僖子[26](僖子,大叔遗),不得,与卜人比[27]而告公曰:“君有大臣在西南隅,弗去,惧害(托占卜梦而言)。”乃逐大叔遗。遗奔晋。卫侯谓浑良夫曰:“吾继先君而不得其器,若之何(国之宝器,辄皆将去)?”良夫代执火者[28]而言,曰(将密谋,屏左右):“疾与亡君,皆君之子也。召之而择材焉可也(召辄),若不材,器可得也(辄若不材,可废其身,因得其器)。”竖[29]告大子(大子疾)。大子使五人舆豭从己,劫公而强盟之(盟求必立己),且请杀良夫。公曰:“其盟免三死(盟在十五年)。”曰:“请三之后,有罪杀之。”公曰:“诺哉!”

注释 ①慎:地名,位于今安徽颍上县以北。②战备:战场所缴获甲兵。③抉豫章:拔掉一棵樟树。豫章,即樟木。④可以入:可入郢都讨伐白公叛乱。⑤偏重必离:不公正则众心必然分裂。⑥齐管修:管修自齐到楚,为阴大夫。⑦子间:楚平王之子启。⑧高府:楚官府库名。⑨尹门:守卫高府大门之长。⑩圉公阳穴宫:圉公阳,楚大夫。穴宫,在宫墙上挖洞。⑪昭夫人:楚惠王母,越女。⑫胄:头盔,此用作动词。⑬岁:谷熟。望岁:农民盼望好年景。⑭几:同"冀",盼望。⑮艾:安。⑯与:协助。⑰二子:指子西、子期。⑱保:安。⑲微之:藏匿白公尸体。⑳长者:指白公胜。㉑固其所:本来就是这样的下场。㉒王孙燕:白公胜之弟。頯(kuí)黄氏:吴地名,位于今安徽宣城县境。㉓沈诸梁:即叶公。二事:指令尹、司马二职。㉔宁:子西的儿子子国。㉕宽:子期的儿子。㉖大叔僖子:卫臣,即大叔遗。㉗比:私下串通。㉘执火者:掌灯之人。㉙竖:宫中小臣。

左传　十七年春,卫侯为虎幄于藉圃[①](于藉田之圃,新造幄幕,皆以虎兽为饰),成,求令名者,而与之始食焉。大子请使良夫(以良夫应为令名)。良夫乘衷甸两牡[②](衷甸,一辕,卿军),紫衣狐裘(紫衣,君服),至,袒裘[③],不释剑而食(食而热,故偏袒,亦不敬)。大子使牵以退,数之以三罪[④]而杀之(三罪:紫衣,袒裘,带剑)。

三月,越子伐吴。吴子御之笠泽[⑤](笠泽,今江南吴县西南太湖是也),夹水而陈。越子为左右句卒[⑥](句卒,钩伍相著,别为左右屯),使夜或左或右,鼓噪而进。吴师分以御之。越子以三军潜涉,当吴中军而鼓之,吴师大乱,遂败之(左右句卒为声势以分吴军,而三军精卒并力击其中军,故得胜也)。

晋赵鞅使告于卫曰:"君之在晋也,志父[⑦]为主。请君若[⑧]大子来,以免志父。不然,寡君其曰,志父之为也(谓已教使不来)。"卫侯辞以难。大子又使椓[⑨]之(椓,诉父,欲速得其处)。

夏六月,赵鞅围卫。齐国观、陈瓘救卫(国观,国书之子),得晋人之致师[10]者。子玉[11]使服而见之(释囚服,服其本服),曰:“国子实执齐柄,而命瓘曰:‘无辟晋师。’岂敢废命?子又何辱[12](言不须来致师,自将往战)?”简子曰:“我卜伐卫,未卜与齐战。”乃还(畏子玉)。

楚白公之乱,陈人恃其聚而侵楚(聚,积聚也)。楚既宁,将取陈麦。楚子问帅于大师子谷与叶公诸梁,子谷曰:“右领差车与左史老[13],皆相令尹、司马以伐陈,其可使也(言此二人,皆尝辅相子西、子期伐陈,今复可使)。”子高曰:“率贱[14],民慢之,惧不用命焉(右领、左史,皆楚贱官)。”子谷曰:“观丁父,鄀[15]俘也,武王[16]以为军率,是以克州、蓼,服随、唐,大启群蛮。彭仲爽,申俘也,文王以为令尹,实县申、息[17],朝陈、蔡[18],封畛于汝[19](开封畛比至汝水)。唯其任也,何贱之有?”子高曰:“天命不謟[20](謟,疑也)。令尹有憾于陈(十五年,子西伐吴,陈使贞子吊吴,以此为恨),天若亡之,其必令尹之子是与,君盍舍焉(舍右领与左史)?臣惧右领与左史有二俘之贱,而无其令德也。”王卜之,武城尹[21]吉(武城尹,子西子公孙朝)。使帅师取陈麦。陈人御之,败,遂围陈。秋七月己卯[22],楚公孙朝帅师灭陈(终郑裨灶言,五及鹑火,陈卒亡)。

王与叶公枚[23]子良以为令尹(枚卜,不斥言所卜以令龟。子良,惠王弟)。沈尹朱曰:“吉,过于其志(志,望也)。”叶公曰:“王子[24]而相国,过将何为(过相,将为王也)?”他日,改卜子国而使为令尹(子国,宁也)。

卫侯梦于北宫,见人登昆吾之观(杜注:卫有观在于昆吾氏之虚。今濮阳城中。按:濮阳即今直隶开州,州西南有濮阳县城,城中有昆吾台),被发北面而噪曰[25]:“登此昆吾之虚,绵绵生之瓜(绵绵,瓜初生也。良夫言已有以小成大之功,若瓜之初生,谓使卫侯得国)。余为浑良夫,叫天无辜(本盟当免三死,而并数一时之事为三罪,杀之,故自谓无辜)。”公亲筮之,胥弥赦[26]占之(赦,卫筮史),曰:“不害。”与之邑,置之,而逃奔宋(言卫侯无道,卜人不敢以实对,惧难而逃也)。卫侯贞㉗卜(正卜梦之吉凶),其繇曰:"如鱼竀㉘尾(竀,赤也,鱼劳则尾赤),衡流而方羊㉙。裔焉(横流方羊,不能自安。裔,水边。言卫侯将若此鱼)大国㉚,灭之将亡。阖门塞窦,乃自后逾㉛(此皆繇辞)。"

注释　①虎幄:刻有虎形花纹的小木房。藉圃:园圃名。②衷甸两牡:一辕两马之车。③袒裘:敞开皮袍,露出内衣。④三罪:即紫衣、袒裘、不释剑。⑤笠泽:即吴淞江。⑥句卒:军阵名。即左右两队相勾联而别为左右。⑦志父:即赵鞅。⑧若:或。⑨椓(zhuó):控诉,毁谤。⑩致师:单车挑战。⑪子玉:即陈瓘。⑫子又何辱:何劳你来挑战。⑬右领、左史:皆官名。⑭率贱:都做过俘虏。率同"帅",主帅地位低下。⑮鄀:国名。⑯武王:楚武王。⑰县申、息:使申、息成为楚国两个县。⑱朝陈、蔡:使陈、蔡来朝。⑲封畛于汝:开拓封疆至汝水流域。⑳謟:怀疑。㉑武城尹:子西之子公孙朝。㉒已卯:初八日。㉓卜枚卜:为选官而占卜。㉔王子:子良为惠王弟,故曰王子。㉕被:同"披"。噪:喊叫。㉖胥弥赦:卫筮史。㉗贞:问。㉘竀(chēng):浅红色。㉙衡流而方羊:横穿急流而彷徨不前。衡,同"横"。方羊,即彷徨。㉚裔焉大国:言卫侯将流亡大国。㉛自后逾:从后墙跳出。

冬十月,晋复伐卫(春伐未得志故),入其郛。将入城,简子曰:"止。叔向有言曰:'怙乱灭国者无后(不欲乘人之衰)。'"卫人出庄公而与晋平,晋立襄公之孙般师而还。

十一月,卫侯自鄄入,般师出(辟蒯聩也)。初,公登城以望,见戎州①(戎州,杜注:戎邑。今山东曹县有楚丘故城。汉置已氏县,即戎州也)。问之,以告。公曰:"我姬姓也,何戎之有焉?"翦之②(削坏其邑聚)。公使匠久③(久不休息)。公欲逐石圃④(石圃,卫卿,石恶从子),未及而难作。辛巳⑤,石圃因匠氏攻公,公闭门而请,弗许。逾于北方⑥而队,折股(终如卜言,乃自后逾)。戎州人攻之,大子疾、公子青逾从公（青，疾弟），戎州人杀之。公入于戎州己氏（己氏，戎人姓）。初，公自城上见己氏之妻发美，使髡[7]之，以为吕姜髢[8]（吕姜，庄公夫人。髢，髲也）。既入焉，而示之璧，曰："活我，吾与女璧。"己氏曰："杀女，璧其焉往？"遂杀之而取其璧。卫人复公孙般师而立之。十二月，齐人伐卫，卫人请平。立公子起（起，灵公子），执般师以归，舍诸潞（潞，杜注：齐邑）。

公会齐侯，盟于蒙（齐侯，简公弟平公敖也。蒙，杜注：在东莞蒙阴县西。今山东蒙阴县西有故城），孟武伯[9]相。齐侯稽首[10]，公拜[11]。齐人怒，武伯曰："非天子，寡君无所稽首。"武伯问于高柴曰："诸侯盟，谁执牛耳（执牛耳，尸盟者）？"季羔曰[12]："鄫衍之役[13]，吴公子姑曹（季羔，高柴也。鄫衍在七年）。发阳之役，卫石魋（发阳郧也。在十二年。石魋，石曼姑之子）。"武伯曰："然则彘[14]也（彘，武伯名也。鄫衍则大国执，发阳则小国执。据时执者无常，故武伯自以为可执）。"

宋皇瑗[15]之子麇（jūn）（瑗，宋右师），有友曰田丙，而夺其兄鄺（chán）般邑以与之。鄺般愠而行，告桓司马之臣子仪克（克在下邑，不与魋乱，故在）。子仪克适宋，告夫人[16]曰："麇将纳桓氏。"公问诸子仲[17]（子仲，皇野）。初，子仲将以杞姒之子非我为子（为适子。杞姒，子仲妻）。麇曰："必立伯也（伯，非我兄），是良材。"子仲怒，弗从，故对曰："右师[18]则老矣，不识麇也（言右师老，不能为乱，麇则不可知）。"公执之（执麇）。皇瑗奔晋，召之（召令还）。

注释 ①戎州：戎人之邑。②翦之：驱散戎人村落，掠走其财物。③使匠久：役使匠人长久不让休息。④石圃：卫卿。⑤辛巳：十二日。⑥北方：北面宫墙。⑦髡：剃发。⑧以为吕姜髢：作为吕姜的假发。吕姜，庄公夫人。髢（dí）：假发。⑨孟武伯：即孟孺躬子泄。⑩稽首：叩头。⑪拜：拱手鞠躬为礼。⑫季羔：即高柴。⑬役:事,指结盟之事。⑭彘:武伯名。⑮皇瑗:宋百师。⑯夫人:指宋景公母。⑰子仲:即皇野。⑱右师:即皇瑗。

左传　十八年春,宋杀皇瑗。公闻其情,复皇氏之族,使皇缓为右师(言宋景公无常也。缓,瑗从子)。

巴人伐楚,围鄾[①](鄾,杜注:楚邑。今湖广襄阳县东北有鄾城)。初,右司马子国之卜也,观瞻曰:"如志(子国未为令尹时,卜为右司马,得吉兆,如其志。观瞻,楚开卜大夫观从之后)。"故命之(命以为右司马)。及巴师至,将卜帅。王曰:"宁[②]如志,何卜焉(宁,子国也)?"使帅师而行。请承[③](承,佐),王曰:"寝尹、工尹[④],勤先君者也(柏举之役,寝尹吴由于以背受戈,工尹固执燧象奔吴师,皆为先君勤劳)。"三月,楚公孙宁、吴由于、薳固败巴师于鄾,故封子国于析[⑤]。

君子曰:"惠王知志(知用其意)。《夏书》曰'官占,唯能蔽志,昆命于元龟(《书》,《大禹谟》。官占,卜筮之官。蔽,断也。昆,后也。言当先断意,后用龟也)。'其是之谓乎!《志》曰:'圣人不烦[⑥]卜筮。'惠王其有焉!"

夏,卫石圃逐其君起,起奔齐。卫侯辄自齐复归,逐石圃,而复石魋与大叔遗(皆蒯聩所逐)。

注释　①鄾(yōu):地名,位于今湖北襄阳旧城东北。②宁:子国名。③请承:请求任命辅佐之官。④寝尹、工尹:寝尹,指吴由于。工尹,即箴尹固。⑤析:地名,位于今河南内乡县。⑥不烦:不用。

左传　十九年春,越人侵楚,以误吴也(误吴,使不为备)。夏,楚公子庆、公孙宽追越师,至冥[①](冥,杜注:越地),不及,乃还。

秋,楚沈诸梁伐东夷(报越),三夷男女及楚师盟于敖[②](从越之夷三种。敖,杜注:东夷地)。

冬,叔青如京师,敬王崩故也(言敬王能终其世,终苌弘言东王必大克。叔青,叔还子)。

注释 ①冥:越地名。②敖:东夷地名,位于今浙江滨海处。

左传 二十年春,齐人来征会。夏,会于廪丘[①]。为郑故,谋伐晋(十五年,晋伐郑)。郑人辞诸侯,秋,师还(终叔向言晋公室卑)。

吴公子庆忌骤谏吴子,曰:"不改,必亡。"弗听。出居于艾[②](艾,杜注:吴邑。豫章有艾县。今艾城在江西宁州西),遂适楚。闻越将伐吴,冬,请归平越,遂归。欲除不忠者以说于越[③],吴人杀之。

十一月,越围吴。赵孟降于丧食[④](赵孟,襄子无恤,时有父简子之丧)。楚隆[⑤]曰(楚隆,襄子家臣):"三年之丧,亲昵之极也。主又降之,无乃有故乎!"赵孟曰:"黄池之役,先主与吴王有质[⑥](黄池,在十三年。先主,简子。质,盟信也),曰:'好恶同之。'今越围吴,嗣子[⑦]不废旧业而敌之(嗣子,襄子自谓。欲敌越救吴),非晋之所能及也,吾是以为降。"楚隆曰:"若使吴王知之,若何?"赵孟曰:"可乎?"隆曰:"请尝之。"乃往。

先造于越军,曰:"吴犯间上国多矣,闻君亲讨焉,诸夏之人莫不欣喜,唯恐君志之不从。请入视之。"许之。告于吴王曰:"寡君之老无恤,使陪臣隆敢展谢[⑧]其不共。黄池之役,君之先臣志父[⑨]得承齐盟,曰:'好恶同之。'今君在难,无恤不敢惮劳。非晋国之所能及也,使陪臣敢展布之。"王拜稽首曰:"寡人不佞[⑩],不能事越,以为大夫忧,拜命之辱。"与之一箪[⑪]珠(箪,小笥),使问[⑫]赵孟,曰:"句践将生忧寡人,寡人死之不得矣。"王曰:"溺人必笑[⑬],吾将有问也(以自喻所问不急,犹溺人不知所为而反笑),史黯[⑭]何以得为君子(史黯,晋大夫。蔡墨云:"不及四十年,吴当亡。"吴王感问此也)?"对曰:"黯也进不见恶[⑮],退无谤言。"王曰:"宜哉。"

注释　①廪丘:齐地,位于今河南范县东。②艾:吴邑,位于今江西修水县西。③不忠者:反对与越国和好的人。说:解说。④丧食:服丧期间的饮食。⑤楚隆:赵孟家臣。⑥质:盟信。⑦嗣子:赵孟自指。⑧展谢:致歉谢罪。⑨志父:即赵鞅。⑩不佞:不才,没有才能。⑪箪:竹编小盒。⑫问:赠送。⑬溺人必笑:快要淹死的人必然要笑一笑。⑭史黯:即史墨,晋臣。⑮进不见恶:在朝为官,不为人所厌恶。

左传　二十一年夏五月,越人始来(越既胜吴,欲霸中国,始遣使适鲁)。

秋八月,公及齐侯、邾子盟于顾[①](顾,杜注:齐地。今山东范县东南有顾城)。齐人责稽首(责十七年齐侯为公稽首,不见答),因歌之曰:"鲁人之皋[②],数年不觉,使我高蹈[③](皋,缓也。高蹈,犹远行也。言鲁人皋缓,数年不知答齐稽首,故使我高蹈来为此会)。唯其儒书[④]。以为二国忧(二国,齐、邾也。言鲁据周礼,不肯答稽首,令齐邾远至)。"

是行也,公先至于阳谷(先期至)。齐闾丘息曰(息,闾丘明之后):"君辱举玉趾,以在[⑤]寡君之军。群臣将传遽[⑥]以告寡君,比其复也,君无乃勤。为仆人之未次[⑦](次,舍也),请除馆于舟道(舟道,杜注:齐地)。"辞曰:"敢勤仆人?"

注释　①顾:齐地,位于今河南范县东南。②皋:即浩倨,简略不恭。③高蹈:因怒而跳跃。④儒书:儒家之书。⑤在:存问,慰劳。⑥传遽:同义词连用,驿车。⑦未次:未准备好馆舍。

左传　二十二年夏四月,邾隐公自齐奔越,曰:"吴为无道,执父立子。"越人归之,大子革奔越(邾隐公八年为吴所囚,十年奔齐)。

冬十一月丁卯[①],越灭吴。请使吴王居甬东[②](甬东,杜注:越地,会稽句章县东海中洲也。按:海中洲即舟山,今之定海县县东有翁山,即甬东也),辞曰:"孤老矣,焉能事君?"乃缢。越人以归[③](以其尸归，终史墨、子胥之言也)。

注释 ①丁卯：二十七日。②甬东：即今浙江定海县东之翁山。③以归：以吴王之尸归越。

左传 二十三年春，宋景曹[①]卒(景曹，宋元公夫人，小邾女，季桓子外祖母)。季康子使冉有吊，且送葬，曰："敝邑有社稷之事，使肥与有职竞焉[②](肥，康子名。竞，遽也)，是以不得助执绋，使求从舆人[③](求，冉有名。舆，众也)。曰：'以肥之得备弥甥[④]也(弥，远也。康子父之舅氏，故称弥甥)，有不腆先人之产马，使求荐诸夫人之宰，其可以称旌繁乎(称，举也。繁，马饰繁缨也。终乐祁之言，政在季氏)?'"

夏六月，晋荀瑶[⑤]伐齐(荀瑶，荀跞之孙知伯襄子)。高无丕帅师御之。知伯视齐师，马骇，遂驱之，曰："齐人知余旗，其谓余畏而反也。"乃垒而还。

将战，长武子[⑥]请卜(武子，晋大夫)。知伯[⑦]曰："君告于天子，而卜之以守龟于宗祧，吉矣，吾又何卜焉？且齐人取我英丘[⑧](英丘，晋地)，君命瑶，非敢耀武也，治英丘也。以辞伐罪足矣，何必卜?"

壬辰[⑨]，战于犁丘(犁丘，杜注：隰也。今山东临邑县有犁丘亭)。齐师败绩，知伯亲禽颜庚[⑩](颜庚，齐大夫颜涿聚)。

秋八月，叔青如越，始使越也。越诸鞅来聘，报叔青也。

注释 ①景曹：宋元公夫人，景公之母。②肥：季康子名。职竞：事务繁忙。③求：冉有名。舆人：贱役，此指送葬推车的人。④弥甥：远房外孙。季桓子为宋景公之亲外甥，康子为桓子之子，于景公隔一代，称为弥甥。⑤荀瑶：荀跞之孙。⑥长武子：晋大夫。⑦知伯：即荀瑶，为荀跞之孙。⑧英丘：晋地名。⑨壬辰：二十六日。⑩颜庚：齐大夫颜涿聚。

左传 二十四年夏四月，晋侯将伐齐，使来乞师，曰："昔臧文仲以楚师伐齐,取谷(在僖二十六年)。宣叔以晋师伐齐,取汶阳(在成二年)。寡君欲徼福于周公,愿乞灵[①]于臧氏(以臧氏世胜齐故)。"臧石帅师会之,取廪丘(臧石,宾如之子)。军吏令缮[②],将进(晋军吏也。缮,治战备)。莱章[③]曰(莱章,齐大夫):"君卑政暴,往岁克敌(禽颜庚),今又胜都[④](取廪丘)。天奉多矣,又焉能进?是躗言[⑤]也(躗,过也)。役将班矣!"晋师乃还。饩臧石牛[⑥](生曰饩),大史[⑦]谢之,曰(晋大史):"以寡君之在行,牢礼不度[⑧](不如礼度),敢展谢之(终臧氏有后于鲁)。"

邾子又无道,越人执之以归(终子赣之言),而立公子何[⑨]。何亦无道(何,大子革弟)。

公子荆[⑩]之母嬖(荆,哀公庶子),将以为夫人,使宗人[⑪]衅夏献其礼(宗人,礼官也)。对曰:"无之。"公怒曰:"女为宗司,立夫人,国之大礼也,何故无之?"对曰:"周公及武公娶于薛(武公,敖也),孝、惠娶于商(孝公,称。惠公,弗皇。商,宋也),自桓以下娶于齐(桓公始娶文姜),此礼也则有。若以妾为夫人,则固无其礼也。"公卒立之,而以荆为大子。国人始恶之(恶公)。

闰月[⑫],公如越,得大子适郢(适郢,越王大子。得,相亲说也),将妻公,而多与之地。公孙有山使告于季孙,季孙惧,使因大宰嚭而纳赂焉,乃止(嚭,故吴臣也。季孙恐公因越讨己,故惧)。

注释　①灵:福,威灵。②令缮:下令修治好作战用品。③莱章:齐大夫。④都:大邑,即廪丘。⑤躗(wèi)言:大话。⑥饩臧石牛:用活牛慰劳臧石。⑦大史:晋太史。⑧不度:不合礼仪标准。⑨何:太子革之弟。⑩公子荆:鲁哀公庶子。⑪宗人:官名,掌宗室礼仪。⑫闰月:闰十月。

左传　二十五年夏五月庚辰[①],卫侯出奔宋(卫侯辄也)。卫侯为灵台于藉圃,与诸大夫饮酒焉。褚师声子袜[②]而登席(古者见君解袜),公怒,辞曰:"臣有疾,异于人(足有创)。若见之,君将嗀[3]之（嗀，呕吐也），是以不敢。”公愈怒，大夫辞之，不可（共辞谢公，公不可解）。褚师出，公戟其手[4]（手屈肘如戟形），曰：“必断而足。”闻之，褚师与司寇亥乘，曰：“今日幸而后亡[5]（恐死，以得亡为幸）。”

公之入也，夺南氏[6]邑（南氏，子南之子公孙弥牟），而夺司寇亥政。公使侍人纳公文懿子之车于池（懿子，公文要。公有忿，使人投其车于池水中）。初，卫人翦夏丁氏（在十一年），以其帑赐彭封弥子[7]（彭封弥子，弥子瑕）。弥子饮公酒，纳夏戊之女，嬖，以为夫人。其弟期[8]，大叔疾之从孙甥[9]也（期，夏戊之子。姊妹之孙为从孙甥，与孙同列），少畜于公，以为司徒。夫人宠衰，期得罪。公使三匠久。公使优狡盟拳弥[10]（狡，俳优名。拳弥，卫大夫。使俳优盟之，欲耻辱也），而甚近信之。故褚师比、公孙弥牟、公文要、司寇亥、司徒期因三匠与拳弥以作乱（比袜，登席者。弥牟，丧邑者。要，失车者。亥，夺政者。期，得罪者），皆执利兵，无者执斤[11]（斤，工匠所执）。使拳弥入于公宫（信近之，故得入），而自大子疾之宫噪以攻公。鄄子士[12]请御之（鄄子士，卫大夫）。弥援其手，曰：“子则勇矣，将若君何？不见先君[13]乎？君何所不逞欲[14]（先君，蒯聩也。乱不速奔，故为戎州所杀）？且君尝在外矣，岂必不反？当今不可，众怒难犯，休而易间也。”乃出。将适蒲[15]（蒲，杜注：近晋邑。今直隶长垣县，故蒲城是），弥曰：“晋无信，不可。”将适鄄[16]（鄄，杜注：齐晋界上邑。弥诈不知谋，故公信之），弥曰：“齐、晋争我，不可。”将适泠[17]（泠，杜注：近鲁邑），弥曰：“鲁不足与，请适城鉏以钩越[18]（城鉏，杜注：近宋邑。宋南近越转相钩牵），越有君。”乃适城鉏。弥曰：“卫盗不可知也，请速，自我始。”乃载宝以归（欺卫君，言君以宝自随，将致卫盗，请速行。己为先发，而因载宝归卫也）。

公为支离之卒[19]（支离，陈名），因祝史挥以侵卫（挥，卫祝史）。卫人病之。懿子知之（知挥为内间），见子之[20]（子之，公孙弥牟文子也),请逐挥。文子曰:“无罪。”懿子曰:“彼好专利而妄[21]。夫见君之入也,将先道[22]焉(若见君有入势,必道助之)。若逐之,必出于南门而适君所(虽知其为君间,不审察,私共评之)。夫越新得诸侯,将必请师焉。”挥在朝,使吏遣诸其室(难面逐之,先逐其家)。挥出,信[23],弗内(再宿为信)。五日,乃馆诸外里[24](外里,公所在),遂有宠,使如越请师(请师伐卫,求入)。

六月,公至自越(前年行,今还)。季康子、孟武伯逆于五梧[25](五梧,杜注:鲁南鄙)。郭重仆(为公仆),见二子,曰:“恶言多矣,君请尽之(二子不臣之言甚多,欲使公尽听之)。”公宴于五梧,武伯为祝(祝,上寿酒),恶郭重,曰:“何肥也(訾毁其貌)!”季孙曰:“请饮彘[26]也。以鲁国之密迩仇雠[27],臣是以不获从君,克免于大行,又谓重也肥。”公曰:“是食言多[28]矣,能无肥乎(以诮三桓之数食言)?”饮酒不乐,公与大夫始有恶(为二十七年公孙郲起)。

注释　①庚辰:二十五日。②袜:穿着袜子。穿袜入席为不恭。③㱿(hù):呕吐。④戟其手:以手叉腰作戟形,为人发怒时一种常见姿态。⑤幸而后亡:出逃不被断足算是幸运。⑥南氏:即公孙弥牟。⑦彭封弥子:即弥子瑕。⑧期:夏戊之子。因其姊得宠而做了司徒之官。⑨从孙甥:姊妹之孙,即从外孙。⑩优狡:优人,名狡。拳弥:卫大夫。⑪斤:斧头。⑫鄄子士:卫大夫。⑬先君:指蒯聩。⑭逞欲:快意。⑮蒲:地名,位于今河南长垣县东。⑯鄄:位于今山东鄄城西北。⑰泠:近鲁邑。⑱城鉏:位于今河南滑县东。钩越:与越国联络。⑲支离之卒:支离,分散,把大队分散成许多小股。⑳子之:即公孙弥牟。㉑专利而妄:专横好利而胆大妄为。㉒道:引导。㉓信:住两晚。㉔外里:卫侯驻地,在城鉏附近。㉕五梧:鲁国南部边邑。㉖彘(zhì):孟武伯名。㉗密迩:靠得很近。仇雠:指齐国。㉘食言多:一语双关,表面是说郭重,实质是指责三桓。

左传 二十六年夏五月,叔孙舒帅师会越皋如、后庸、宋乐茷,纳卫侯(舒,武叔之子文子也。皋如、后庸,越大夫。乐茷,宋司城子潞。卫侯,辄也)。文子欲纳之(文子,弥牟),懿子曰:"君愎而虐,少待之,必毒于民,乃睦于子矣。"卫师侵外州,大获(越纳辄之师)。出御之,大败(卫师败)。掘褚师定子[①]之墓,焚之于平庄[②]之上(定子,褚师比之父也。平庄,陵名)。

文子使王孙齐私于皋如[③],曰(齐,卫大夫王孙贾之子昭子也):"子将大灭卫乎?抑纳君而已乎?"皋如曰:"寡君之命无他,纳卫君而已。"文子致众而问焉,曰:"君以蛮夷伐国,国几亡矣。请纳之。"众曰:"勿纳。"曰:"弥牟亡而有益,请自北门出(欲以观众心)。"众曰:"勿出。"重赂越人,申开守陴[④]而纳公(申,重也。开重门而严设守备,欲以恐公,使不敢入),公不敢入。师还,立悼公(悼公,蒯聩庶弟公子黚也),南氏相之,以城鉏与越人。公曰:"期[⑤]则为此(司徒期也)。"令苟有怨于夫人[⑥]者,报之(夫人,期姊也。怒期而不得加戮,故敕宫女令困苦期姊)。司徒期聘于越(为悼公聘)。公攻而夺之币。期告王(越王),王命取之。期以众取之。公怒,杀期之甥之为大子者(忿期而及其姊为夫人者,遂复及夫人之子)。遂卒于越(终言之也。终效夷言,死于夷)。

宋景公无子,取公孙周之子得与启,畜诸公宫(周,元公孙子高也。得,昭公也。启,得弟),未有立焉。于是皇缓为右师,皇非我为大司马,皇怀为司徒(皇怀,非我从昆弟),灵不缓为左师(不缓,子灵围龟之后),乐茷为司城(茷,乐溷子),乐朱鉏为大司寇(朱鉏,乐輓子)。六卿三族降听政[⑦](三族,皇、灵、乐也。降,和同也),因大尹以达(大尹,近官有宠者,六卿因之以自通达于君)。大尹常不告,而以其欲称君命以令。国人恶之。司城欲去大尹,左师曰:"纵之,使盈其罪。重而无基,能无敝[⑧]乎(言势重而无德以为基,必败)?"

冬十月,公游于空泽[⑨](空泽,杜注:宋邑。在今河南虞城县东)。

辛巳[10],卒于连中[11](连中,馆名)。大尹兴空泽之士千甲[12](甲士千人),奉公自空桐入,如沃宫[13](奉公尸也。空桐,杜注:梁国虞县东南有地名空桐。今虞城县空桐泽有空桐亭。沃宫,宋都内宫名)。使召六子[14],曰:“闻下有师[15],君请六子画[16](画,计策)。”六子至,以甲劫之,曰:“君有疾病,请二三子盟。”乃盟于少寝之庭,曰:“无为公室不利。”大尹立启,奉丧殡于大宫[17]。三日,而后国人知之。司城茷使宣言于国曰:“大尹惑蛊其君而专其利,今君无疾而死,死又匿之,是无他矣,大尹之罪也(言大尹所弑)。”

得梦启北首而寝于卢门之外[18](卢门,宋东门。北首,死象。在门外,失国也),已为乌而集于其上,咮[19]加于南门,尾加于桐门[20](桐门,北门)。曰:“余梦美,必立。”

大尹谋曰:“我不在盟(少寝盟但以君命盟六卿,大尹不盟),无乃逐我,复盟之乎?”使祝为载书,六子在唐盂(唐盂,杜注:地名)。将盟之。祝襄以载书告皇非我(襄,祝名),皇非我因子潞[21]、门尹得[22]、左师谋曰(子潞,乐茷。门尹得,乐得):“民与我,逐之乎?”皆归授甲,使徇于国曰:“大尹惑蛊其君,以陵虐公室。与我者,救君者也。”众曰:“与之。”大尹徇曰:“戴氏、皇氏将不利公室(戴氏即乐氏),与我者,无忧不富。”众曰:“无别(恶其号令与君无别)。”戴氏、皇氏欲伐公[23](公,谓启),乐得曰:“不可。彼以陵公有罪,我伐公,则甚焉。”使国人施[24]于大尹(施罪于大尹),大尹奉启以奔楚,乃立得。司城为上卿,盟曰:“三族共政,无相害也。”

卫出公自城鉏使以弓问子赣,且曰:“吾其入乎?”子赣稽首受弓,对曰:“臣不识也。”私于使者曰:“昔成公孙于陈(僖二十八年,卫成公奔楚,遂适陈),宁武子、孙庄子为宛濮之盟而君入(在僖二十八年)。献公孙[25]于卫齐(在襄十四年),子鲜、子展为夷仪之盟而君入(在襄二十六年)。今君再在孙[26]矣(谓十五年孙鲁,今又孙宋),内不闻献之亲,外不闻成之卿,则赐不识所由入也。《诗》

曰:‘无竞[27]惟人,四方其顺之(《诗·周颂》。言无强惟得人也)。’若得其人,四方以为主,而国于何有?”

注释 ①褚师定子:褚师比之父。②平庄:陵墓名。③皋如:越国大臣。④申开守陴:郭门、城门、城上女墙、内门都一齐大开。⑤期:司徒期。⑥夫人:司徒期之姊。⑦六卿三族降听政:六卿指右师、左师、司马、司徒、司城、司寇。三族指皇、灵、乐。降听政,共同听政。⑧敝:败。⑨空泽:位于今河南虞城县南。⑩辛巳:初四日。⑪连中:馆名。⑫千甲:甲士千人。⑬沃宫:宋都内宫名。⑭六子:六卿。⑮下:下邑。闻下有师:闻听下邑有敌军到来。⑯画:谋划对策。⑰大宫:宋国祖庙。⑱北首:头朝北,死象。卢门:宋国东门。⑲咮(zhòu):鸟嘴。⑳桐门:北门。㉑子潞:即乐茷。㉒门尹得:即乐得,任门尹之职。㉓公:指大尹所立的新君启。㉔施:施加,加给。㉕孙:同“逊”,本国的君主或夫人出逃他国,称为“逊”。㉖再在孙:指卫出公十三年逃亡鲁国,今又逃亡宋国。㉗竞:强也。意为没有别的强,只有得贤人强。

左传 二十七年春,越子使后庸来聘,且言邾田,封于骀上[①](欲使鲁还邾田,封竟至骀上)。

二月,盟于平阳[②](平阳,杜注:西平阳。孔氏颖达曰:高平南有平阳县,在今山东邹县西南),三子[③]皆从(季康子、叔孙文子、孟武伯,皆从后庸盟)。康子病之[④],言及子赣,曰:“若在此,吾不及此夫(盖子赣十二年尝辞吴盟,故思之)!”武伯曰:“然。何不召?”曰:“固将召之。”文子曰:“他日请念(言季孙不能用子贡,临难而思之)。”

夏四月己亥[⑤],季康子卒。公吊焉,降礼[⑥](礼不备)。

晋荀瑶帅师伐郑,次于桐丘[⑦]。郑驷弘请救于齐(弘,驷歂子)。齐师将兴,陈成子属孤子[⑧],三日朝(属会死事者之子,使朝三日,以礼之)。设乘车两马,系五邑[⑨]焉(乘车两马,大夫服。又加之以五邑)。召颜涿聚[10]之子晋,曰:"隰之役,而父死焉(隰役在二十三年)。以国之多难,未女恤也。今君命女以是邑也,服车而朝,无废前劳。"乃救郑。及留舒[11](留舒,杜注:齐地。今山东东阿县西南有留舒城),违谷七里,谷人不知(言其整违去也)。及濮,雨,不涉(濮,杜注:水自陈留酸枣县傍河东北经济阴至高平入济)。子思[12]曰(子思,国参):"大国[13]在敝邑之宇下,是以告急。今师不行,恐无及也。"成子衣制[14],杖戈(制,雨衣也),立于阪上,马不出者,助之鞭之。知伯闻之,乃还(畏其得众心),曰:"我卜伐郑,不卜敌齐。"使谓成子曰:"大夫陈子,陈之自出。陈之不祀,郑之罪也(十七年,楚灭陈,非郑之罪。盖知伯诬辞)。故寡君使瑶察陈衷焉(衷,善也)。谓大夫其恤陈乎?若利本之颠,瑶何有焉?"成子怒曰:"多陵人者皆不在[15],知伯其能久乎?"

中行文子[16]告成子曰(文子,荀寅,此时奔在齐):"有自晋师告寅者,将为轻车千乘,以厌齐师之门,则可尽也。"成子曰:"寡君命恒曰:'无及寡[17],无畏众。'虽过千乘,敢辟之乎?将以子之命告寡君(成子疑其有为晋之心也)。"文子曰:"吾乃今知所以亡(自恨己无知)。君子之谋也,始衷终皆举[18]之,而后入[19]焉(谋一事,则当虑此三变,然后入而行之,所谓君子三思)。今我三不知而入之,不亦难乎?"

公患三桓之侈[20]也,欲以诸侯去之(欲求诸侯师,以逐三桓)。三桓亦患公之妄也,故君臣多间[21]。公游于陵阪,遇孟武伯于孟氏之衢[22],曰:"请有问于子,余及死乎(问可得寿死否)?"对曰:"臣无由知之。"三问,卒辞不对。公欲以越伐鲁,而去三桓。秋八月甲戌,公如公孙有陉氏(有陉氏即有山氏),因孙[23]于邾,乃遂如越。国人施公孙有山氏(以公自其家出故也。终子赣之言,君不没于鲁)。

悼[24]之四年,晋荀瑶帅师围郑(悼公,哀公之子。哀公出孙,鲁人立之)。未至,郑驷弘曰:“知伯愎而好胜,早下之,则可行也。”乃先保南里以待之(保,守也。南里在城外)。知伯入南里,门[25]于桔柣之门。郑人俘酅魁垒(酅魁垒,晋士),赂之以知政(欲使反为郑),闭其口而死。将门(将攻郑门),知伯谓赵孟:“入之。”对曰:“主在此(主谓知伯。言何不自入)。”知伯曰:“恶而无勇,何以为子(恶,貌丑也。简子奔废嫡子伯鲁,而立襄子,故知伯言其丑且无勇,何以立为子)?”对曰:“以能忍耻,庶无害赵宗乎!”知怕不悛,赵襄子由是惎知伯(惎,毒也),遂丧之。知伯贪而愎,故韩、魏反而丧之(《史记》,晋懿公之四年,鲁悼公之十四年,知伯帅韩、魏围赵襄子于晋阳。韩、魏反与赵氏谋,杀知伯于晋阳之下,在《春秋》后二十七年)。

注释 ①骀(tái)上:即狐骀,位于今山东滕县东南。②平阳:位于今山东邹县。③三子:指季康子、叔孙文子、孟武伯。④病之:以盟为耻。⑤己亥:二十五日。⑥降礼:哀公对季康子怨恨已久,故吊丧时,降低等级,不备礼数。⑦桐丘:位于今河南扶沟县西。⑧属孤子:集合为国战死者的儿子。属:会见。⑨系五邑:将策书放在五个袋子里。邑,即裛(yì),书囊。⑩颜涿聚:即颜庚。⑪留舒:位于今山东东阿县旧治东北。⑫子思:郑子产之子国参。⑬大国:指晋。⑭衣制:穿着雨衣。⑮不在:没有结果。⑯中行文子:荀寅,曾为晋执政之卿,此时奔在齐。⑰及:打击。无及寡:不追击少量敌军。⑱举:谋。⑲入:上告而实行。⑳侈:猖狂、放肆。㉑间:间隙,矛盾。㉒衢:邑中大路。㉓孙:逃遁。㉔悼:鲁悼公,哀公的儿子。名宁。㉕门:做动词用,攻门。

《〈故宫珍本丛刊〉精选整理本丛书》

出版信息

御定六壬直指 已出版,分上下卷共二册,每套98元(平装)。清内府刻本,不著撰者。六壬是我国最古老的预测吉凶的方法之一,与(奇门)遁甲、太乙(神数)合称“三式”,并被尊为“三式”之首;其法以占时加地盘取四课,以四课克贼发三传,以三传与干支的生克论吉凶。本书卷上为直指,即介绍六壬的基本理论和具体操作方法;卷下为析义,即对六壬的每一课(共720课)的课体、课义进行分析解释并给出断辞。

渊海子平 已出版,每册45元(平装)。本书是我国古代最经典、最有代表性的命书(俗称算八字);命术相传始于先秦鬼谷子,至唐李虚中系统化,至宋徐子平即完善,故命术又称子平术,本书即为徐子平撰;子平以生人之年月日时四柱论命,以日为主,形成了一个非常完善自洽的理论系统。

平砂玉尺经 已出版,每册40元(平装)。元刘秉忠述,明刘基解,赖从谦发挥。我国古代看风水有三合理论一派,本书即是该派理论的经典著作;其法以二十四山分属水木火金,且以龙脉入首时左旋右旋分属阳阴,并配合五行十二支来论二十四山的龙脉、坐山、立向及水之来去的生旺墓绝;消砂拨水则以四大水口是否合法判断阴阳宅的吉凶。

水龙经 已出版,每册35元(平装)。晋郭景纯著,清蒋平阶编辑,清抄本。本书是专论水龙的经典著作;该书论述了水形有屈曲、回顾、绕抱、斜飞、直冲、反跳及来去分合的区别,又从理气天星、方位及喝形呼穴方面进行了探源,并说明其吉凶。

鲁班经 已出版,每册24元(平装)。本书包括三种古籍:《鲁班经》,明午荣汇编,该书认为,建筑中常用的只砖片瓦、尺地寸木都与吉凶紧密相联,建筑物中的前后左右、高低尺寸也与祸福息息相关;《择日全纪》,明胡文焕德父校正,该书介绍古人怎样选择吉日;《秘诀仙机》,未另著撰者,该书则介绍古代禳解各种灾祸时常用的一些符咒。

阴阳五要奇书 已出版,分上中下共三册,每套128元(平装)。本书包括五种古籍:《郭氏元经》、《璇玑经》、《阳明按索》、《佐元直指》、《三白宝海》,另附录《八宅明镜》。分别为晋郭璞、晋赵载、明陈复心、明刘伯温、元幕讲禅师、宋杨筠松著。前五种古籍实为明代选编的"选择(择吉)学"丛书,其中特别介绍了各种吉凶神煞及其趋避方法;附录《八宅明镜》,宋杨筠松著,该书则介绍了东四命、西四命人配东四宅、西四宅的理论和方法,为"风水(地理)学"的一个流派。

河洛理数 已出版,每册40元(平装)。宋陈抟著,宋邵康节述。本书以易经和河图洛书为本,以易之卦爻配合生人的年月日时八字,来判断人或事的吉凶。

梅花易数 已出版,每册25元(平装)。宋邵雍撰。本书或以年月日时起卦、或以字的笔画数起卦、或以某物的数目起卦,即所谓随物起数、随数起卦,然后利用易经、易理进行分析,以判断人或事的吉凶;此外,本书还详细介绍了我国传统"拆字术"的理论和方法。

御定六壬金口合占 已出版,分上中下共三册,每套共95元(平装)。原书将六壬720课每课都分列"天时、射覆、行人、田宅、谒见、捕猎、疾病、出行、文信、来意、婚姻、迁移、孕产、失物"等14项古人常欲占断的事项并逐项给出了断辞;这些断辞都是根据六壬和金口诀两种方法的原理联合做出的。为了方便读者比较,我们将仅根据六壬做出的断辞(即《御定六壬直指析义》720课的全部内容)分别排在"合占"每一课的后面。由于原书没有关于六壬和金口诀的基本知识的介绍,为了方便初学者学习,本书将《故宫珍本丛刊》中的《御定六壬直指》和《官板大六壬神课金口诀》二书改成了简体横排并加注释,作为本书的一部分,一并出版。

增广太平惠民和剂局方 已出版,每册40元(平装)。原书系宋徽宗诏命措置药局检阅方书陈承、太医令裴宗元、库部郎中提辖措置药局陈师文共同编纂,本书则为日本前典药头橘亲显奉朝廷之命领衔整理汇校并作序,享保庚戌(1730年)官刻本。本书包括《太平惠民和剂局方》及三个附录:《图经本草药性总论》、《局方指南总论》《诸品药石炮制总论》。《局方》,凡十卷,介绍了近八百个方剂,并载明主治病症。三个附录则分别介绍:数百味中药的药性、主治及产地;中医的基本原理和用药原则,各类疾病的证候,主要疾病的诊断和治疗原则;每味中药的炮制方法。

种杏仙方　内府药方　药性分类　已出版,每册 24.80 元(平装)。《种杏仙方》,明万历名医龚廷贤撰,凡四卷,介绍了 99 类疾病的治疗药方,每类疾病的疗方多至数个,甚至十数个;另有三个附录:经验秘方、日用杂方、续劝善良规四"十歌"。《内府药方》,清宫太医院御药房用书,不著撰者;凡四卷,分风痰、痰嗽、伤寒、暑湿、燥火、脾胃、眼科、疮科、妇科、小儿、补益、泻泄、气滞、痰症、杂治共十五"门",各门下分列常用效方,共近五百个,每方之下详载药物、剂量、炮制方法等。《药性分类》,清宫太医院御药房用书,不著撰者,不分卷,但分脾胃、肝胆、肺大肠、肾膀胱、心小肠、痈疽破伤共六"门";每门之下又分若干类,共收中药近四百味;每味药品载明功能、主治、宜忌、相畏、相恶、禁忌等内容。

三合集　卫生汇录　已出版,每册 20 元(平装)。《三合集》乃明代名医张继科平素所积医案及治疗经验,共约七十馀项,包括各类病例;每例均包含病症、诊断、治疗药方等多项内容。因其临证"必以脉合证,证合药,药合脉",故其书名曰"三合"。《卫生汇录》,清抄本,不著撰者,包括养生保健,祛病延年,居家防患等丰富内容共十章:"食鉴本草",介绍各种食物的药性;"食愈方",介绍治疗各种疾病的食物处方;"经验良方",介绍治疗各种疾病的简易良方;"起居饮食各法",介绍日常保健美容等的方法;"长寿谱",介绍道德修养、性生活与长寿的关系;"救命针",介绍日常保健养生的理念;"居家应世养生调摄各法",介绍日常保健养生的具体方法;"养生延年要法",介绍饮食起居养生方法;"保元益寿秘诀",从原理、运动、饮食、起居、月令等多方面介绍保元益寿的方法;"居家必知",介绍居家保证安全卫生的方法。

名医类编　已出版,每册 24.80 元(平装)。清顺治刘泽芳撰,清顺治程应旌类编。本书主要内容可分三大部分。第一部分介绍诊断方法,即切脉的要领和各种脉象。第二部分介绍药性,作者编成了 240 首四言歌诀,每首四句,介绍了 240 味常用中药的药性和主治。第三部分内容最丰富，分门别类地介绍了治疗十类常见疾病的近千个处方及其炮制方法。

日讲易经解义 已出版，每册45元（平装） **日讲书经解义** 已出版，每册38元（平装） **日讲春秋解义** 已出版，分上中下三册，每套99.80元（平装） **日讲四书解义**（即出） **日讲礼记解义**（即出） 这五种书均由清康熙帝御定并作序，为清宫经筵日讲的教科书，后均收入清乾隆《四库全书》。此次整理，后三种均采用《四库全书》本作底本。现在市场上各种儒家经典的注本甚多，但比较起来，此次海南出版社出版的这五种"日讲"系列都有其特别精彩之处，即清帝师日讲所作的"解义"部分。该部分总结吸收了汉宋以来诸大儒的心得体会，又结合给皇帝、皇族和大臣们讲课的实际需要，对经典原文进行了准确、深刻、通俗的串讲，确实是"词近而旨远，语约而道宏"。（《四库全书总目提要》语）。

御注孝经 已出版，每册28元（平装）。本书实际包含了三位皇帝御注的《孝经》，即：清顺治帝《御注孝经》、清雍正帝《御纂孝经集注》和唐玄宗《孝经注疏》。此次整理，惟后一种采用《四库全书》本作底本。《孝经》流传既广，注本亦多，而此三种注本，则更有其独特之处，《四库全书总目提要》云：此注本"语其平易，则人人可知可行；语其精微，则圣人亦覃思于阐绎"；使《孝经》"无一义之不彰，无一人之不喻"。

御注道德经 即出。清顺治帝御注。古往今来《道德经》的注本不计其数，而此注本却有其独道之处，《四库全书总目提要》云：该注本"皆即寻常日用亲切说明，使读者销争竞而还淳朴，为独超于诸解之上。"该注本体例，先随原文注释较难懂字词的意思；然后每一章末再串讲该章原文的意义，该串讲极有特点：不注重与原文字、词、句的对应，惟注重对该章意义的阐明。此次整理，体例照旧，对较难字词进行了注音释义，并将顺治帝的串讲部分译成了白话文；此外，还将《道德经》原文中重要的词语编制了一个索引，作为附录。